D1697436

Anton-Rupert Laireiter & Heiner Vogel (Hrsg.)
Qualitätssicherung
in der Psychotherapie und psychosozialen Versorgung
Ein Werkstattbuch

dgvt VERLAG

Qualitätssicherung

in der Psychotherapie und psychosozialen Versorgung
Ein Werkstattbuch

herausgegeben von

Anton-Rupert Laireiter & Heiner Vogel

Mit einem Geleitwort von Klaus Grawe

Deutsche Gesellschaft für Verhaltenstherapie
Tübingen
1998

Dr. phil. Anton-Rupert Laireiter
Institut für Psychologie
der Universität Salzburg
Hellbrunnerstr. 34
A-5020 Salzburg

Dipl.-Psych. Heiner Vogel
Institut für Psychotherapie und Medizinische Psychologie
Universität Würzburg
Klinikstr. 3
D-97070 Würzburg

Die Deutsche Bibliothek - CIP-Einheitsaufnahme
Qualitätssicherung in der Psychotherapie und psychosozialen Versorgung ; ein Werkstattbuch / Deutsche Gesellschaft für Verhaltenstherapie, Tübingen. Hrsg. von Anton-Rupert Laireiter & Heiner Vogel. - Tübingen : Dgvt-Verl., 1998
ISBN 3-87159-019-3

© 1998 dgvt-Verlag, Tübingen
Deutsche Gesellschaft für Verhaltenstherapie
Postfach 13 43
72003 Tübingen

Umschlaggestaltung: Irene Maier, Salzburg (Auguste Rodin: „Der Schreitende")
Satz: VMR Monika Rohde, Bonn
Gesamtherstellung: fgb freiburger graphische betriebe, Freiburg

ISBN 3-87159-019-3

Inhaltsverzeichnis

Geleitwort von *Klaus Grawe* 9
Vorwort der Herausgeber 11

I. Einführung

Qualitätssicherung in der Psychotherapie und psychosozialen Versorgung – Einblicke in die Werkstatt
Anton-Rupert Laireiter & Heiner Vogel 17

II. Konzeptionelle und theoretische Grundlagen

Qualitätssicherung in der Psychotherapie: Grundlagen, Realisierungsansätze, künftige Aufgaben
Rüdiger Nübling & Jürgen Schmidt 49

Partizipatives Qualitätsmanagement in psychosozialen Beratungsstellen: Hintergründe, Anforderungen und Möglichkeiten von Qualitätsicherung nach dem Münchener-Modell
Wolfgang Gmür & Florian Straus 75

III. Ambulante Psychotherapie

Qualitätssicherung in der ambulanten Praxis: Ein Modell und seine kritische Evaluierung
Karl H. Seipel 103

Qualitätssicherung ambulanter Psychotherapie: Erste Ergebnisse einer Evaluierung der Verhaltenstherapie-Ambulanz der Technischen Universität Braunschweig
Wolfgang Schulz, Heike Hoyer & Kurt Hahlweg 135

Akzeptanzstudie zur Einführung eines Qualitätssicherungssystems in der ambulanten Integrativen Psychotherapie aus Therapeutensicht
Wolfgang Hass, Michael M. Märtens & Hilarion G. Petzold 157

Figurationsanalyse – Ein Konzept und Computerprogramm für die Prozeß- und Ergebnisevaluation in der Therapiepraxis
Klaus Grawe & Claudia Baltensberger 179

PSYCHO-DOK. Allgemeines Dokumentationssystem für Psychotherapie: Beschreibung und Funktionen im Rahmen des Qualitätsmanagements von Psychotherapie
Anton-Rupert Laireiter, Karin Lettner & Urs Baumann 209

Qualitäts-Monitoring: Ein praktikables Ergebnis-Feedback-System für die Psychotherapie
Urs Braun 225

Prozeßkontrolle für die ambulante Psychotherapie: Ein Beitrag zur Qualitätssicherung aus der Perspektive psychotherapeutischer Praxistätigkeit
Wolfgang Palm 253

IV. Stationäre Psychotherapie

Aspekte der Qualitätssicherung in der stationären Verhaltensmedizin
Michael Broda 277

Qualitätssicherung in der stationären psychoanalytischen Psychotherapie
Elmar J. Mans 291

Qualitätssicherung in der stationären psychodynamischen Gruppenpsychotherapie: Konzepte und Probleme
Bernhard Strauß 317

Interne Qualitätssicherung in der stationären psychosomatischen Rehabilitation: Erfahrungen mit dem „zweigleisigen Modell"
Rüdiger Nübling & Jürgen Schmidt 335

Beobachten, Dokumentieren, Bewerten, Steuern: Qualitätsmanagement in der stationären Psychotherapie
Hans Kordy & Wolfgang Hannöver 355

V. Psychiatrische Versorgung

Elemente der Qualitätssicherung in der Psychiatrie
Wolfgang Gaebel & Markus Schwarz 377

Basisdokumentation in der Psychiatrie
Stefan Krischker, Heribert Fleischmann & Clemens Cording 401

VI. Weitere Bereiche der psychosozialen Versorgung

Qualitätssicherung und Qualitätsmanagement im Rahmen
der ambulanten Psychotherapie mit Kindern, Jugendlichen und
ihren Bezugspersonen
Dorothee Rückert & Hans Wolfgang Linster 421

Die Anwendung eines Qualitätsmanagementsystems nach EN ISO
9001 in einer heilpädagogisch kinderpsychiatrischen Beobachtungs-
und Therapiestation
Wolfgang Menz 457

Qualitätssicherung in der Suchtbehandlung
Johannes Lindenmeyer & Ralf Schneider 477

VII. Rahmenbedingungen der Qualitätssicherung

Versorgungsstrukturelle Aspekte der Qualitätssicherung
Sören Schmidt-Bodenstein 493

Ambulante Psychotherapie im außervertraglichen Bereich – Das
Qualitätssicherungsmodell des Medizinischen Dienstes der
Krankenversicherung in Hessen
Carmen Bender & Detlev Huber 511

Qualitätssicherung und Wissenschaft: Eine spannungsvolle Geschichte
Ulrike Willutzki 535

VIII. Aspekte von Prozeß- und Ergebnisqualität

Qualitätszirkel und Projektgruppen im Bereich stationärer und
ambulanter psychotherapeutischer Versorgung
Hans-Christof Gierschner & Klaus Piwernetz 547

Ergebnisqualität – Reichweite eines Konzeptes in Psychiatrie
und Psychotherapie
Walter Spöhring & Matthias Hermer 559

Die Lebensqualitätsdimension in der Qualitätssicherung
Gernot Lauer 575

IX. Ausbildungsqualität und Qualitätssicherung der Ausbildung in Psychotherapie

Einige Überlegungen zu den empirischen Grundlagen für Qualitätsstandards in der Psychotherapie-Ausbildung
Armin Kuhr 595

Qualitätssicherung in der Verhaltenstherapie-Ausbildung
Marlis Reimer, Peter Schüler & Walter Ströhm 621

Qualitätssicherung durch Psychotherapie-Supervision
Renate Frank 647

Qualitätssicherung durch Evaluation in der Psychotherapie-Ausbildung: Ein Beitrag aus dem Bereich der Integrativen Therapie
Hilarion G. Petzold, Wolfgang Hass & Michael Märtens 683

X. Qualitätsicherung in der Diskussion

Zertifizierung für Psychotherapiepraxen als Zukunftschance?
Eduard Geisler 715

Kundenorientierung in Psychiatrie und Psychotherapie – Zur Metamorphose von Patienten in Kunden
Matthias Hermer 747

Dokumentationssysteme, Qualitätszirkel, Qualitätsmanagement – Neue Machtinstrumente für alte Spiele oder neue Werkzeuge zur Steigerung der therapeutischen Qualität?
Ralf Adam 767

Qualitätssicherung durch Gutachterverfahren: Aber – wie qualitätsgesichert ist das Verfahren selbst?
Hans-Ulrich Köhlke 785

XI. Ausblick

Qualitätssicherung in Psychotherapie und psychosozialer Versorgung – Auf der Suche nach geeigneten Werkzeugen für ein zerbrechliches Material
Heiner Vogel & Anton-Rupert Laireiter 835

AutorInnenverzeichnis 861

Stichwortregister 877

Geleitwort

Dieses Buch kommt zur rechten Zeit. Die Begriffe Qualitätskontrolle, Qualitätssicherung, Qualitätsmanagement sind in aller Munde, aber für viele Therapeuten sind die mit diesen Begriffen verbundenen Anforderungen unvorbereitet auf sie zugekommen. Man sieht sich mit neuen Anforderungen konfrontiert, ohne genau zu wissen, wie man sich dazu stellen soll und welche konkreten Möglichkeiten es gibt, ihnen gerecht zu werden. Was gegenwärtig nottut, ist erst einmal die Herausbildung eines neuen Qualitäts*bewußtseins*. Dafür ist eine möglichst breite Diskussion erforderlich.

Da ist die breite Perspektive, die mit diesem Buch eingenommen wird, gerade recht. Es kommen viele Stimmen zu Wort, die durchaus nicht alle übereinstimmen. Genau so sollte es in der gegenwärtigen Situation sein. Es muß erst einmal eine breite Diskussion darüber stattfinden, was Begriffe wie Qualität und Qualitätssicherung, auf die Psychotherapie angewandt, überhaupt bedeuten sollen oder können. Erst als Ergebnis einer solchen Diskussion werden sich allmählich Normen herausbilden können, die eine Chance haben, als allgemein verbindlich angesehen zu werden. Das Spektrum der Beiträge reicht von solchen mit ganz prinzipiellen Überlegungen bis zu solchen mit konkreten Vorschlägen dazu, wie Qualitätskontrolle und Qualitätssicherung in der Psychotherapie verwirklicht werden können.

Mir ist kein anderes Buch bekannt, das diese aktuelle Thematik so breit und unvoreingenommen aufgreift. Den Herausgebern ist dafür zu danken, daß sie so viel Heterogenität und Vielfalt ermöglicht und hergestellt haben. Trotz aller unterschiedlichen Meinungen und Ansätzen vermittelt das Buch eine klare Botschaft: Qualitätsgesichtspunkten muß in der Psychotherapie verbindlichere Beachtung zuteil werden, als es bisher der Fall war. Qualitätskontrolle ist immanenter Bestandteil der Professionalisierung der Psychotherapie. Diese selbst ist unaufhaltsam. Deswegen ist auch das Thema der Qualitätssicherung, das scheinbar so plötzlich über uns hereingebrochen ist, mehr als eine Modeerscheinung. Die Einführung verbindlicher Qualitätsanforderungen wird das Gesicht der Psychotherapie nachhaltig verändern, mehr als die meisten sich dies wohl heute vorstellen. Deswegen ist es wichtig und ratsam, sich jetzt mit dieser Anforderung auseinanderzusetzen. Das Buch bietet dazu einen guten Einstieg. Ich wünsche seinen Herausgebern sowie seinen Autorinnen und Autoren, daß es von vielen gelesen werden wird.

Bern, im Dezember 1997 *Klaus Grawe*

Vorwort der Herausgeber

Die Idee, ein solches Buch herauszugeben, entstand anläßlich des 11. Kongresses für Klinische Psychologie und Psychotherapie der Deutschen Gesellschaft für Verhaltenstherapie (DGVT) im Februar 1996 in Berlin, bei dem das Thema „Qualitätssicherung" durch einen eigenen Themenblock des Erstherausgebers und auch durch eine Reihe anderer Beiträge in anderen Symposien bereits einen hohen Stellenwert hatte. Die Bedeutung dieses Themas hat in den letzten beiden Jahren in der öffentlichen und fachlichen Diskussion jedoch noch weiter zugenommen. Dies zeigt sowohl die Zahl der in der Zwischenzeit erschienenen Bücher und Arbeiten in den diversen Fachzeitschriften wie auch die zunehmende Anzahl der zu diesem Thema abgehaltenen Symposien, Tagungen und Kolloquien. Damit verbindet sich auch eine intensive Diskussion und Entwicklungsarbeit, die eine rasche Entwicklung in der Konzeptbildung und der praktischen Umsetzung von Modellen nach sich zieht.

Der Begriff der Qualitätssicherung taucht sowohl in der Psychotherapie wie auch in der übrigen psychosozialen Versorgung immer häufiger als gewichtiges Schlagwort auf. Dies war ein Grund für die Herausgeber, in dem Buch nicht nur die Psychotherapie im engeren Sinn zu berücksichtigen, sondern den Fokus auch auf andere Bereiche der psychosozialen Versorgung einschließlich ihrer strukturellen Rahmenbedingungen zu erweitern.

Die Diskussion zum Thema Qualitätssicherung ist voll im Gange. Gleichzeitig repräsentiert das Thema selbst die permanente Unvollendetheit, den ständigen Prozeß der Verbesserung einer Leistung in der Struktur und in den Prozessen ihrer Erbringung. Qualitätssicherung ist nicht, wie oft fälschlich behauptet wird, Forschung, Evaluation oder bloße Datenerhebung. Qualitätssicherung bedeutet im Bereich der Dienstleistung – und dazu gehören auch Gesundheitsdienstleistungen wie die Psychotherapie und psychosoziale Versorgung – eine ständige selbstkritische Reflexion über die Strukturen und Prozesse der Leistungserbringung und das ständige Bemühen um Verbesserung der Leistungserbringung im Interesse der PatientInnen und KlientInnen. Dieser Tatsache wird in dem Buch in zweifacher Art und Weise Ausdruck verliehen, zum einen durch den Untertitel, zum anderen durch die Titelgraphik. Der Untertitel des Buches lautet: „Ein Werkstattbuch". Damit soll zum Ausdruck gebracht werden, daß vieles am Thema noch nicht vollendet ist und daß die ExpertInnen und Betroffenen im Moment vor allem mit der Entwicklung von Modellen und Konzepten und deren Erprobung und Diskussion beschäftigt sind. Das Buch will einen Einblick in diese Werkstatt der Entwicklung und Erprobung geben, es will Diskussionen nachvollziehbar machen und über erste Erfahrungen mit Modellen und Methoden berichten.

Die Titelgraphik stellt eine Bronze-Plastik von Auguste Rodin dar, die den Titel „Der Schreitende" trägt. Durch den bewußten Verzicht auf Darstellung von Kopf und Arme gelang Rodin eine Reduktion auf das Wesentliche und eine Verdichtung der zentralen Aussage und Bedeutung dieser Plastik, nämlich die der Bewegung. Das Moment der Bewegung trifft – übertragen auf das Thema dieses Buches – in zweierlei Hinsicht auf Zentrales: Zum einen soll durch diese Titelgraphik dem Kern aller Qualitätssicherungs-Maßnahmen, der in einem permanenten Prozeß der Beobachtung/Reflexion und Verbesserung und Veränderung besteht, bildhafter Ausdruck verliehen werden, wobei dieser Prozeß, verstanden als „geistige Bewegung", unspezifisch in bezug auf die Art der ausgeführten Tätigkeit abläuft – ebenso, wie Rodins Darstellung der körperhaften Bewegung keine individuellen Züge trägt. Zum anderen stellen Bewegung und Voranschreiten gerade in der gegenwärtigen Phase der Diskussion um das Thema Qualitätssicherung, in der sich – wie bereits erwähnt – vieles im Fluße befindet, die zentralen Momente dar.

Qualitätssicherung – richtig verstanden – stellt eine intensive Entwicklungschance für alle Beteiligten dar und stellt auf diese Weise für PraktikerInnen, ForscherInnen, Fachgesellschaften, Universitäten, PolitikerInnen, Verantwortliche und MitarbeiterInnen der psychosozialen Versorgung und die betroffene PatientInnen in gleicher Weise eine Herausforderung dar. Die Wissenschaft ist hier in besonderer Weise gefordert, die Sicht der PraktikerInnen und die Bedürfnisse der Praxis zu berücksichtigen und Modelle und Methoden – etwa der Einzelfallevaluation, der Dokumentation und der Diagnostik – zu entwickeln, die vor allem für die Praxis und die praktische Anwendung in der alltäglichen therapeutischen und psychosozialen Arbeit tauglich sind. Die PraktikerInnen der Psychotherapie und psychosozialen Arbeit erhalten durch die Qualitätssicherung die fundamentale Chance, sich an dem Prozeß der Konzeptentwicklung aktiv zu beteiligen, die Effektivität ihrer alltäglichen Arbeit unter Beweis zu stellen, sich dem Vorwurf der Beliebigkeit ihres Handeln entgegenzustellen und ihre klinische Kompetenz in die verschiedenen wissenschaftlichen Fragestellungen in diesem Zusammenhang einzubringen.

Besonders sind auch die psychotherapeutischen Fachgesellschaften gefordert, sich auf ihre theoretischen und methodischen Grundlagen zu beziehen und sich ihrer Funktion als Vertreter psychotherapeutischer und psychosozialer Kompetenz zu besinnen. Im konstruktiven Dialog zwischen PraktikerInnen und ForscherInnen wären dabei Leitlinien für qualitätsvolles Handeln in der psychosozialen Versorgung zu formulieren, und in maßvoller Integration von wissenschaftlichem Anspruch und praxisbezogenen Möglichkeiten wären Regeln für das Management und die Sicherstellung der praktischen Tätigkeit in Psychotherapie und psychosozialer Versorgung vorzugeben.

Qualitätssicherung stellt auch für die Träger von Einrichtungen der psychosozialen Versorgung und für die Krankenkassen eine Herausforderung dar, denn die Qualität der psychosozialen Versorgung stellt einen Wettbewerbsparameter dar, an dem sich die Nutzer und „Kunden" dieser Einrichtungen, die Versicherten und ihre Angehörigen, orientieren werden. Dies gilt im übrigen auch für die Ausbildungseinrichtungen, deren Qualität ebenfalls von den Ausbildungsinteressierten immer stärker unter die Lupe genommen werden wird. Die Ausbildungsqualität ist darüber hinaus eine zentrale Voraussetzung für die Qualität der Behandlungs- und Beratungsleistungen der PraktikerInnen. Ausbildungseinrichtungen tragen daher ein besonders hohes Maß an Verantwortung für die Qualität der psychotherapeutischen und psychosozialen Versorgung.

Vorwort der Herausgeber

Qualitätssicherung stellt vor allem auch für die Politik und die Verantwortlichen für die Struktur der psychosozialen Versorgung eine intensive Herausforderung dar, denn schließlich ist es an ihnen gelegen, Modelle einer bedarfsgerechten psychosozialen Versorgung zu entwickeln und umzusetzen, die den Bedürfnissen der Betroffenen gerecht werden und nicht primär den Anbietern oder der Politik selbst. Es ist zu erwarten, daß ihre Leistung von den BürgerInnen auch danach beurteilt werden wird, wie sehr es ihnen gelingt, psychosoziale Versorgungsrealitäten zu schaffen, die den BürgerInnen die bestmögliche Behandlung garantieren. Nicht selten fühlen sich diese diesbezüglich gegenwärtig noch im Stich gelassen.

Das Buch ist so konzipiert, daß es einen breiten Überblick über die meisten der eben angesprochenen Themen gibt. Es kommen sowohl VertreterInnen der Psychotherapie wie auch weiterer Bereiche der psychosozialen Versorgung zu Wort, es werden Modelle und Entwicklungen im Bereich der ambulanten und stationären Psychotherapie, der Verhaltenstherapie wie der Psychoanalyse, der psychosozialen Beratung und der Psychotherapie bei Kindern und Jugendlichen und ihren Angehörigen vorgestellt. Es wird auch auf die gesetzlichen und strukturellen Rahmenbedingungen der Qualitätssicherung eingegangen, ebenso wie auch kritischen Stimmen zu verschiedenen Konzepten und Methoden der Qualitätssicherung das Wort gegeben wurde. VertreterInnen von Forschung und Universitäten tragen genauso ihre Meinung vor wie PraktikerInnen in den verschiedenen Feldern und Bereichen der Psychotherapie und psychosozialen Versorgung. Der Bedeutung der Ausbildung in Psychotherapie entsprechend wurde diesem Thema ein eigener Abschnitt gewidmet. In den meisten Fällen sind die Arbeiten so geordnet, daß umfangreichere oder Überblicksarbeiten am Beginn eines jeden Abschnittes stehen und spezifischere weiter hinten gereiht sind, was jedoch nicht heißen soll, daß diese weniger aktuell sind. Das Buch kann auf verschiedene Weise bearbeitet werden. Es kann systematisch, Abschnitt für Abschnitt, durchgearbeitet werden, es können aber auch nur einzelne Abschnitte oder auch nur einzelne Arbeiten, die von Interesse sind, gelesen werden.

Die Arbeit, die mit der Herausgabe eines Buches diesen Umfanges verbunden ist, kann von zwei Personen allein nicht bewältigt werden. In dem zweijährigen Prozeß seiner Konzeption und Gestaltung waren verschiedene Personen beteiligt, denen an dieser Stelle zu danken ist. An erster Stelle gebührt der Dank den AutorInnen selbst, die den zum Teil recht intensiven Überarbeitungs- und Änderungswünschen der Herausgeber mit sehr viel Geduld und Bereitschaft nachkamen. Unser besonderer Dank gilt aber Frau Irene Maier, die dieses Buch redaktionell betreute und dabei viel Energie aufwandte, um alle Texte, Tabellen, Abbildungen und vor allem die Literaturverzeichnisse trotz der Uneinheitlichkeit, die interdisziplinäre Arbeit mit sich bringt, in ein einheitliches Ganzes zu bringen. Diese Aufgabe hat sie großartig erfüllt. Von ihr stammt auch die Idee zur Titelgraphik. Auch dafür sei ihr gedankt.

Ein weiterer Dank gilt dem Lektor des DGVT-Verlages, Herrn Otmar Koschar, der das Projekt über die beiden Jahre hin mit großer Geduld begleitete und es in der letzten Phase nicht an Energie mangeln ließ, es noch fristgerecht abzuschließen.

Die deutsche Sprache hat bestimmte Probleme mit der gechlechtsspezifischen Schreibweise von personbezogenen Substantiva. Der Sensibilität dieses Problems entsprechend wollten die Herausgeber ihren AutorInnen keine diesbezüglichen Regelungen vorgeben, sondern es ihnen überlassen, in welcher Form sie die Tatsache würdigen wollten, daß in jedem Fall personbezogener Substantiva jeweils sowohl Frauen wie auch Männer gemeint sind. Wie immer die einzelnen AutorInnen dieses Problem gelöst haben, an dieser Stelle soll für das gesamte Buch betont werden, daß bei weiblicher Schreibweise Personen männlichen Geschlechts genauso angesprochen sind, wie umgekehrt bei vornehmlichem Gebrauch der männlichen Schreibweise die Frauen.

Abschließend möchten die Herausgeber der Hoffnung Ausdruck verleihen, daß es mit der vorliegenden Sammlung von Beiträgen zum Thema Qualitätssicherung gelungen ist, die Diskussion um diese aktuellen Herausforderungen der psychosozialen und psychotherapeutischen Versorgung bereichert und angeregt zu haben. Sie hoffen weiters, daß es damit möglich wurde, auch die Breite und Tiefe des Feldes aufzuzeigen. Für die weitere Entwicklung des Themas ist zu wünschen, daß hinreichend Zeit bleibt, die Vor- und Nachteile der einzelnen Ansätze ausführlich zu diskutieren und die Entwicklung des Feldes durch Sachinteressen und nicht durch Eigeninteressen leiten zu lassen. In dem gesamten Prozeß soll und muß auch berücksichtigt werden, daß die Sicherstellung und Verbesserung der Qualität von Psychotherapie und psychosozialer Versorgung nicht nur Aufgabe einer individuellen Einrichtung und eines jeden einzelnen Behandlers ist, sondern auch die der verantwortlichen PolitikerInnen, Beamten, Träger der Einrichtungen und der Krankenkassen selbst. Das Problem kann nur in solidarischer Aktion aller Betroffenen, auch der PatientInnen, gelöst werden. Seine Lösbarkeit hängt primär jedoch auch von den strukturellen Rahmenbedingungen (Versorgungsgesetze, Psychotherapeutengesetz etc.) und den zur Verfügung gestellten finanziellen Ressourcen ab.

Salzburg und Würzburg, Januar 1998 *Anton-Rupert Laireiter*
Heiner Vogel

I.
Einführung

Qualitätssicherung in der Psychotherapie und psychosozialen Versorgung – Einblicke in die Werkstatt

Anton-Rupert Laireiter & Heiner Vogel

Inhalt:

1. Vorbemerkungen 18
2. Rahmenbedingungen und Ursachen für die zunehmende Betonung des Qualitätsdenkens in der Gesundheitsversorgung und Psychotherapie 19
3. Zur Geschichte der Qualitätsidee – Die Entwicklung von Qualitätssicherung und Qualitätsmanagement innerhalb und außerhalb des Gesundheitswesens 21
4. Qualitätssicherung in der Psychotherapie und psychosozialen Versorgung – Einblicke in die Werkstatt und Überblick über die Beiträge des Buches 27
   - 4.1 Konzeptuelle und theoretische Grundlagen 28
   - 4.2 Ambulante Psychotherapie 28
   - 4.3 Stationäre Psychotherapie 30
   - 4.4 Psychiatrische Versorgung 32
   - 4.5 Weitere Bereiche der psychosozialen Versorgung 32
   - 4.6 Rahmenbedingungen der Qualitätssicherung 33
   - 4.7 Aspekte von Prozeß- und Ergebnisqualität 35
   - 4.8 Ausbildungsqualtität und Qualitätssicherung der Ausbildung in Psychotherapie 36
   - 4.9 Qualitätssicherung in der Diskussion 38
   - 4.10 Ausblick 40
5. Zur Lesbarkeit des Buches 41

1. Vorbemerkungen

Das Buch trägt den Untertitel „Ein Werkstattbuch". Damit soll vermittelt werden, daß sich Entwicklung und Diskussion in diesem Feld noch in vollem Gange befinden und daß noch viele Fragen offen und viele Modelle erst am Entstehen sind. Das Buch zeigt daher die Fachleute bei der Arbeit und gibt unter verschiedenen Perspektiven und auf verschiedenen Ebenen Einblick in die Werkstatt der „Qualitätssicherung in der Psychotherapie und psychosozialen Versorgung". Dabei kann der Leser[1] bereits Fertiges, aber auch noch manches Ungefertigte betrachten; er kann manches anschauen, das sich noch in Planung befindet, und er kann einige Werkstücke sehen, die von den Beteiligten in bezug auf ihre Eignung für den Zweck des Unterfangens noch kritisch beäugt werden. Der Betrachter erhält auf diese Weise, so denken wir, einen guten Einblick in den Stand der Entwicklung. In diesem Sinn soll das Buch auch zu weiteren Entwicklungen anregen, vor allem auch dadurch, daß offene Punkte und Diskussionsfelder aufgezeigt werden.

Der Großteil der in diesem Buch enthaltenen Arbeiten beschäftigt sich mit der Qualitätssicherung von Psychotherapie. Dieser Bereich ist in der gegenwärtigen Diskussion von besonderer Bedeutung, weil die Kosten- und Leistungsträger auch aufgrund gesetzlicher Vorschriften hier besondere Anstrengungen einfordern. Um jedoch zu betonen, daß die Sicherstellung und ständige Verbesserung der Qualität psychotherapeutischer Dienstleistungen nicht nur eine Aufgabe der Psychotherapie allein, sondern der gesamten psychosozialen und Gesundheitsversorgung ist, wurde der Titel des Buches erweitert in *„Qualitätssicherung in der Psychotherapie und psychosozialen Versorgung"*. Darüber hinaus besteht eine so enge gegenseitige Abhängigkeit zwischen Psychotherapie und anderen Bereichen und Formen psychosozialer Versorgung, daß es kein sinnvoller Ansatz wäre, Qualitätssicherung ausschließlich in der Psychotherapie allein betreiben zu wollen. Ebenso wird die Qualität der Psychotherapie auch ganz wesentlich von den Rahmenbedingungen der psychosozialen Versorgung mitbestimmt, was deren Einbeziehung in die Qualitätsdiskussion zusätzlich nötig macht.

Der folgende Einleitungsbeitrag hat zwei Aufgaben: Zunächst soll in groben Zügen aufgezeigt werden, wie es zu der im vorliegenden Buch dokumentierten Entwicklung gekommen ist. Daran anschließend wird ein Überblick über die verschiedenen Teile des Buches und die darin enthaltenen Arbeiten gegeben. Ein kritisches Resümee des Entwicklungsstandes wird im Abschlußkapitel (vgl. Vogel, in diesem Band) gegeben. Dort werden auch mögliche Perspektiven und Weiterentwicklungen der Qualitätssicherung in der Psychotherapie und psychosozialen Versorgung thematisiert.

---

1. Im folgenden Text wird bei personbezogenen Substantiva der flüssigeren Lesbarkeit wegen die männliche Form gewählt. Diese versteht sich aber als geschlechtsneutral; Frauen sind daher jeweils explizit mitangesprochen.

2. Rahmenbedingungen und Ursachen für die zunehmende Betonung des Qualitätsdenkens in der Gesundheitsversorgung und Psychotherapie

Die Sicherstellung und Gewährleistung der Mindestqualität einer Ware oder Dienstleistung durch Hersteller oder Dienstleistungsgeber zählt zu den wichtigen Errungenschaft der modernen Industriegesellschaft. Es drängt sich die Frage auf, welche Bedingungen dafür verantwortlich waren. Mit Sicherheit spielen die zunehmende Konkurrenz der Anbieter und damit verbunden auch Wirtschaftlichkeits- und Kostengründe eine Rolle. Es darf aber auch vermutet werden, daß ebenso Aspekte des Konsumentenschutzes und der „Haftungsrechte" der Käufer und die damit verbundene Haftungspflicht der Erzeuger für die Mindestqualität ihrer Produkte eine Rolle gespielt haben.

In das Gesundheits- und Sozialwesen wurde das Thema „Qualitätssicherung" erst sehr viel (ca. 40 Jahre) später eingeführt. Es hat aber den Anschein, daß nicht nur die Bedingungen dafür (Kostengründe, Garantie einer Mindestqualität, Patientenrechte) mit denen der Industrie vergleichbar sind (vgl. Laireiter, 1995), man orientierte sich auch bei der Modellentwicklung und -einführung in vielem am Vorbild der industriellen Qualitätssicherung. Dennoch sind Ansätze der Qualitätssicherung, wie Kolkmann (1995) ausführt, in Psychotherapie und psychosozialer Versorgung nicht neu, es gibt viele traditionelle Formen der Sicherstellung und Garantie einer Mindestqualität der Behandlungsleistungen in diesem Feld (vgl. Nübling & Schmidt, Einleitungskapitel in diesem Band), wie das Verfügen über strukturierte Ausbildungsmodelle, die Durchführung von Kontrollanalysen und Supervisionen, die kontinuierliche Überwachung der eigenen therapeutischen Tätigkeit durch Verlaufsdiagnostik und die regelmäßige Überprüfung der Ergebnisse einer Behandlung (im besonderen in der Verhaltenstherapie durch Baseline-Erhebungen, Verlaufs- und Erfolgsmessungen). Neu ist also weniger der Anspruch der Garantie eines Mindeststandards als vielmehr die systematische Implementierung der Qualitätsphilosophie und von Methoden der ständigen Leistungsverbesserung. Folgende sechs Gründe könnten für diese Entwicklung verantwortlich sein:

1. *Humanitäre und gesundheitspolitische Aspekte:* Die mangelnde Gesundheit eines Großteils der Weltbevölkerung ist ein ernstzunehmendes ökonomisches und humanitäres Problem, das seit Anfang des 20. Jahrhunderts zu verschiedenen Initiativen zur Verbesserung der Gesundheitsversorgung und zur Hebung und Sicherstellung ihrer Standards Anlaß gegeben hat und nach dem Zweiten Weltkrieg durch die Gründung der Weltgesundheitsorganisation WHO weltweite und professionelle Formen annahm. In diesem Zusammenhang wurde in der zweiten Hälfte der 70er Jahre das WHO-Programm „Gesundheit 2000" implementiert, in dessen „Endziel 31" festgelegt wurde, daß jeder Mitgliedsstaat der WHO bis zum Jahre 1990 effektive Verfahren der Sicherstellung und ständigen Verbesserung seines Gesundheitswesens zu entwickeln habe. Davon betroffen sind auch die Psychotherapie und die psychosoziale Versorgung.
2. *Gesundheitsgesetzliche Aspekte:* Im Anschluß daran bzw. aufgrund dieser Rah-

menrichtlinien der WHO wurden in vielen Staaten der westlichen Welt gesetzliche Vorschriften zur Verbesserung und Sicherstellung der Qualität ihres Gesundheitswesens beschlossen (z.B. in Großbritannien, in den Niederlande, den skandinavischen Ländern, den USA u.a.; vgl. Gaebel, 1995). In Deutschland wurde Qualitätssicherung mit dem „Gesundheitsreformgesetz" von 1988 (Sozialgesetzbuch V) erstmals verankert und mit dem „Gesundheitsstrukturgesetz" von 1991 ausführlicher dargelegt (vgl. Gaebel & Wolpert, 1994; KBV, 1993; Selbmann, 1995). Qualitätssicherung wurde in diesen Vorschriften als gemeinsame Aufgabe von Leistungserbringern- und Kostenträgern beschrieben (vgl. Nübling & Schmidt, Einleitungskapitel in diesem Band).
3. *Ökonomische Aspekte:* Ein weiterer wesentlicher Grund ist in den Finanzierungsproblemen der Leistungen im Gesundheitswesen zu sehen. Mit Qualitätssicherungs-Maßnahmen verbindet sich die Hoffnung auf effizientere Nutzung bestehender finanzieller Ressourcen. Es ist allerdings gleich an dieser Stelle zu vermerken, daß eine am Patienten orientierte Qualitätssicherung die Hoffnung auf sofortige Kostendämpfung nur sehr begrenzt erfüllen dürfte (Kolkmann, 1995; Richter, 1996).
4. *Patientenschutz und Patientenrechte:* Von großer Bedeutung für die Integration der Qualitätsphilosophie in das Gesundheitswesen sind rechtliche Vorgaben zum Konsumenten- und Patientenschutz, die dem Patienten den Anspruch auf die bestmögliche Behandlung und Versorgung garantieren (vgl. Geisler, in diesem Band). Auf professioneller Seite korrespondieren damit die Berufspflichten und die berufsethischen Richtlinien der Gesundheitsberufe. Alle diese Kodices (z.B. für Psychologen: APA, 1992, dt. 1993; BDP, 1993; DGVT, 1995; für Ärzte gelten entsprechende Ärztliche Berufsordnungen) verpflichten den Praktiker berufsrechtlich wie ethisch, seinen Patienten nach dem neuesten Stand der Entwicklung zu behandeln. Dies beinhaltet eine explizite Verpflichtung zur ständige Kontrolle und Verbesserung der Qualität der eigenen therapeutischen Leistungen.
5. *Versorgungspolitische Aspekte:* Was für die genannten Berufsgruppen (vgl. oben) gilt, ist in entsprechender Weise auch für die Kostenträger, d.h. die Sozialleistungsträger (insbesondere die Rentenversicherungsträger und Krankenkassen) und die kommunalen und überörtlichen Körperschaften relevant: Auch sie haben die Verpflichtung, bei der Verwendung ihrer Gelder nach Qualitätsgesichtspunkten zu handeln. Sie haben Behandlungen zu fördern und Kosten für solche zu ersetzen, die psychisches, somatisches und soziales Leiden zweckmäßig, effektiv und effizient behandeln (vgl. Bender & Huber sowie Schmidt-Bodenstein, in diesem Band).
6. *Wissenschaftliche Aspekte:* Jedes Arzneimittel durchläuft bis zu seiner endgültigen Zulassung zur Routineversorgung einen umfangreichen Forschungs- und Evaluationsprozeß, der nach Linden (1987) vier Phasen beinhaltet, die Labor- oder präklinische Phase, die hypothesengenerierende, die hypothesentestende und die Routineüberwachungsphase. Auch von nicht-pharmakologischen Interventionen wäre zu fordern, daß ihre Wirkungen und Nebenwirkungen ähnlich aufwendig untersucht werden (Baumann & Reinecker-Hecht, 1991), eine Forderung, die für die ersten drei Phasen von den meisten Verfahren der Psychotherapie nur schwer ein-

zulösen ist. Allerdings, und dies betont auch Kordy (1992), ist jedes psychotherapeutische Verfahren einer ständigen Routineüberwachung zugänglich (von Linden, 1987, „Phase-IV" genannt), was aufgrund der Probleme in Phase I bis III von jedem psychotherapeutischen Verfahren ständig durchgeführt werden sollte (vgl. dazu auch Hass, Märtens & Petzold sowie Schulz, Hoyer & Hahlweg, in diesem Band). Die kontinuierliche Überwachung der Ergebnisse einer Intervention im Feld ist eine wichtige Phase des Qualitätssicherungs- und -verbesserungsprozesses (vgl. Selbmann, 1995) und sollte daher neben routinemäßigen Qualitätsüberwachungen im Einzelfall ein zweiter wichtiger Ast von Qualitätssicherungs- und -verbesserungsprogrammen sein.

Es wird also deutlich, daß vor allem die Verknappung der Ressourcen sowie politische und fachinterne Gründe wesentlich zur Einführung von Qualitätssicherungsprogrammen in das Gesundheitsweisen beigetragen haben. Wenngleich dieses Thema bei vielen Praktikern nicht besonders beliebt ist, da Qualitätssicherung von allen Beteiligten zusätzlichen (Arbeits- und Finanzierungs-) Aufwand verlangt (Geissler, in diesem Band; Richter, 1994, 1996), so wird doch immer wieder die Annahme betont, daß eine effektive und vor allem auch effiziente (kosteneffektive) Weiterentwicklung des Gesundheitssystems nur durch wirksame Programme der Qualitätssicherung möglich ist (Richter, 1994, 1996). Eine Evaluation dieser Hypothese steht noch aus.

3. Zur Geschichte der Qualitätsidee – Die Entwicklung von Qualitätssicherung und Qualitätsmanagement innerhalb und außerhalb des Gesundheitswesens

Wie einleitend schon gesagt, kann das Aufkommen der Qualitätsidee auf zwei Bedingungen zurückgeführt werden, die zunehmende Konkurrenz zwischen verschiedenen Anbietern eines Erzeugnisses und die Erringung von Konsumentenschutzrechten und Haftungsverpflichtungen von Herstellern für Produktmängel (vgl. auch Fine & Meyer, 1983). Es ist daher nicht verwunderlich, daß eine ausführlichere Qualitätsdiskussion in der Industrie erst nach dem Ersten Weltkrieg aufkam, genauer in den 20er und 30er Jahren, als man in vermehrtem Maße begann, für den privaten Markt zu produzieren (z.B. Elektrogeräte, Autos, Maschinen etc.; vgl. Fine & Meyer, 1983).

Ähnlich wie übrigens Jahrzehnte später in der Medizin (vgl. Donabedian, 1985) ging man dabei ursprünglich so vor, daß man sogenannte „Endkontrollen" einführte und schadhafte Stücke oder Erzeugnisse ausschied („Ausschuß"). Der Nachteil dieser Methode ist, daß sie bei einfach zu überprüfenden Erzeugnissen zwar leicht ausführbar ist, jedoch bei komplexeren Fabrikaten wie Autos oder Elektrogeräten die Kosten nur wenig reduziert, da schadhafte Produkte erzeugt, aber nicht verkauft werden können. Zudem wird die Qualität der ausgelieferten Fabrikate nicht sonderlich verbessert, da ja nicht alle fertiggestellten Waren überprüft werden können, sondern immer nur Stichproben davon. Deshalb ging man nach Fine und Meyer (1983) ab etwa 1930 dazu über, Qualitätskontrollen in die Produktion einzubauen. Shewart war einer der ersten, der dazu die statistische Basis lieferte und sogenannte „process-cards" entwickelte, welche die Arbeiter selbst bearbeiten konnten, und auf deren Basis das Management mit Hilfe einfacher statistischer Prozeduren Fehlerhäufigkeiten relativ leicht erkennen und vorhersagen konnte. Die Ergebnisse dieser Prozeßmessungen und daraus abgeleitete Fehlererwartungen stellten dann im nächsten Schritt die Basis für produktionsverbessernde und, wenn möglich, auch präventive Methoden der Qualitätssicherung dar. Diese Form der Qualitätssicherung nannte Shewart „Prozeßkontrolle" (Fine & Meyer, 1983), da durch die Kontrolle des Produktionsprozesses auch eine Kontrolle und Prävention von Qualitätsmängeln im Endprodukt möglich waren. Die Anleihe, die Donabedian (1966) von diesen Ansätzen für seine Konzeption der Qualitätssicherung im Gesundheitswesen machte, ist offensichtlich. Auch er sieht ja bekanntlich in der Prozeßqualität medizinischer Behandlung eine wesentliche Voraussetzung für eine hohe Ergebnisqualität derselben.

Wie Fine und Meyer (1983) weiter ausführen, blieben beide Arten der Qualitätskontrolle (statistische Prozeß- und stichprobenweise Ergebniskontrolle) die beiden zentralen Methoden der Qualitätssicherung in der amerikanischen und westeuropäischen Wirtschaft der nächsten 30 bis 35 Jahre. Die entscheidende Weiterentwicklung erlebte das Konzept der Qualitätssicherung durch die aufkommende japanische Industrie nach dem Zweiten Weltkrieg, die aufgrund der kriegs- und kriegsfolgebedingten Zerstörungen einen vollkommenen Neuaufbau betreiben und sich gegen die Vormachtstellung der amerikanischen Industrie behaupten mußte. Dies erschien den Japanern nur auf der Basis einer massiven Verbesserung ihrer Produktqualität, als dem entscheidenden Wettbewerbsvorteil gegenüber der amerikanischen und europäischen Industrie, möglich. Die Japaner hatten dabei die Möglichkeit, auf junge und in Amerika enttäuschte Ingenieure zurückgreifen zu können. Die beiden wichtigsten sind nach Selbmann (1995) Deming und Juran, die ab 1945 begannen, das Konzept der „*Qualitäts-Steuerungs-Zirkel*" (kurz „*Qualitätszirkel*" genannt) zu entwickeln. Damit war die Entwicklung moderner Qualitätsmanagement-Konzepte, die von den für die Beteiligten häufig demotivierenden externen Kontrollmodellen abgingen und auf interne (Selbst-) Kontroll- und (Selbst-) Steuerungssysteme der betroffenen Arbeitseinheiten umstiegen, eingeleitet. Denn im Gegensatz zu Shewart forcierten Deming und Juran nicht so sehr das Kontrollmodell, bei dem die Arbeiter lediglich Beobachtungs- und Registrierungsfunktionen auszuüben hatten (die Verbesserungsmaßnahmen wurden bei Shewart primär von außen, dem Mangaement, gesetzt), sondern sie integrierten in den Produktionsprozeß neben der Erfassung der Prozeßqualität auch Methoden, die auf eine unmittelbare Verbesserung derselben durch die Arbeiter selbst ausgerichtet sind (=interne Qualitätssicherung) und nicht mehr von außen kommen (=externe Qualitätssicherung). Die von ihnen eingeführten Qualitätszirkel boten die Möglichkeit, daß sich Arbeiter und Produzenten über Fehler, Fehlerursachen und deren Veränderung auf der Basis systematischer Qualitätsstandards und Qualitätsbeobachtungen gemeinsam verständigen konnten.

Handlungstheoretisch betrachtet hat die interne Qualitätssicherung den Vorteil, daß die Sicherstellung der Qualität eines Produktes durch selbstgenerierte Standards und Maßnahmen als motivierender und mit mehr Selbstverantwortung verbunden anzusehen ist als die fremdkontrollierte, die sogar zu Reaktanz (Abwehr, Widerstand) führen kann. Damit ist auch die Chance höher, daß die Orientierung an Qualitätsstandards zu einem direkten Bestandteil der Handlungsstruktur eines in der Produktion tätigen

Arbeiters wird, als bei einer als Fremdkörper erlebten Vorschrift, die einzuhalten ist. Ein weiterer wichtiger Faktor, der zusätzlich auf die Motivation der beteiligten Arbeiter wirkte, war, daß sie für qualitätsverbessernde Maßnahmen und Ideen belohnt und an den durch Qualitätsverbesserungen erreichten Gewinnen beteiligt wurden.

Qualitätskonzepte dieser Art sind eng verbunden mit einem Abrücken von statischen Kontrollmodellen hin zu dynamischen, auf der Basis von Regelkreismodellen operierenden Qualitätsmanagement-Systemen, an denen die verschiedenen Ebenen der Produktion beteiligt sind. Zusätzlich sind sie prospektiv auf die ständige Verbesserung der Qualität ausgerichtet („forward-oriented") und auf die Beteiligung der „Erzeuger von Qualität" in diesen Prozeß durch verschiedene Motivierungs- und Belohnungsstrategien.

Durch die Erkenntnis, daß Qualitätsmanagement-Konzepte nicht nur die Produktion im engeren Sinn betreffen können, sondern auch deren Rahmenbedingungen, wie Verwaltung, Zulieferung, Logistik etc. einbeziehen müssen, kam es zur Ausweitung dieser Vorstellungen auf die anderen Bereiche der Industrie und natürlich auch des Handels – die Idee des *„Total Quality Management"* war geboren.

Verbunden mit ständigen Wirtschaftlichkeits- und Gewinnmaximierungsstrategien schafften es die Japaner, innerhalb von 10 bis 15 Jahren weltweit die qualitativ hochwertigsten und gleichzeitig auch billigsten Produkte in fast allen Branchen, die sie betraten, auf den Markt zu bringen. Diese Tatsache hatte eine enorme Bewegung zur Folge. Bald begann man in den USA und Westeuropa, die Konzepte der Japaner zu übernehmen und sie in die eigene Wirtschaft zu integrieren (Fine & Meyer, 1983). Um die Wissenschafter und Mitarbeiter von Firmen zu Höchstleistungen auf dem Gebiet der Qualitätssicherung zu stimulieren, wurden in allen drei Industrieregionen sogenannte „Qualitätspreise" („quality awards") für besondere Leistungen auf dem Gebiet der Qualitätsforschung eingerichtet (Japan: Deming Award; USA: Malcolm Baldrige Award; Europa: Europäischer Qualitätspreis; vgl. dazu ausführlicher: Selbmann & Überlaa, 1982).

Heute ist in Industrie, Handel und Dienstleistungsgewerbe die Idee der Qualitätssicherung nicht mehr wegzudenken. Dies gilt insbesondere seit Beginn der 80er Jahre, als mit der Entwicklung von Qualitätsnormen begonnen wurde, internationale Standards für Qualitätssicherungs-Systeme in den verschiedenen gesellschaftlichen Sektoren festzuschreiben. Es gibt mittlerweile verschiedene derartige Systeme; das bedeutendste ist sicherlich das der Internationalen Standardisierungs-Organisation in Genf (ISO-9000 ff.)[2] das auf die amerikanische Qualitätsnorm zurückgreift. Dieses System ist primär an der (Qualitäts-)Normierung von Prozeßabläufen seiner verschiedenen Schnittstellen nach innen und außen (Mitarbeiter, Händler, Kunden etc.) interessiert und schreibt damit fest, nach welchen Standards die Qualität der Organisationsstruktur, die Prozeßabläufe und – in wenigen Bereichen – auch die Ergebnisqualität eines individuellen Betriebes zu etablieren und zu bewerten ist. Obwohl es aus verschiedenen Gründen kritisiert wird (vgl. z.B. Geisler, in diesem Band), hat es sich in den

---

2. In Deutschland wird diese Norm üblicherweise als DIN- oder DIN/EN-Norm 9000ff. bezeichnet. Dabei steht DIN für „Deutsches Institut für Normierung" (früher: Deutsche Industrie-Norm) und EN für „Europa-Norm".

letzten Jahren als ein wichtiges Instrument bewährt, um betriebliche Abläufe transparent und so einer Optimierung zugänglich zu machen. Dies belegt auch die Tatsache, daß die meisten Qualitätszertifizierungen auf dieses System zurückgreifen (vgl. Lamprecht, 1993). Interessant ist auch, daß seine Anwendungsmöglichkeit mittlerweile auch im Gesundheitssystem erprobt und diskutiert wird (Baumgärtel, 1996; Bertelmann, Jansen & Fehling, 1996; Menz, in diesem Band; Rüssmann-Stöhr, 1996), wenngleich sie dort durchaus nicht einhellig positiv, sondern auch kritisch bis ablehnend beurteilt wird (Baumgärtel, 1996; Geisler, in diesem Band).

Innerhalb des Gesundheitswesens, so betont Donabedian (1985), war es in den USA Codman, der sich ab ca. 1910 intensiver mit der Frage des Erreichens von Ergebnisstandards medizinischer Behandlungen beschäftigte. Er betonte zwar noch sehr stark die persönliche Verantwortung des Arztes, sah aber auch bereits den Zusammenhang zwischen vorhandenen Versorgungsstrukturen (z.B. Anzahl der Ärzte, Schwestern, Niveau der medizinischen Ausstattung) und der möglichen Qualität der Gesundheitsversorgung. Zudem entwickelte er 1916 ein System des Monitorings von „end results". Auch in Europa begann man um diese Zeit mit ernsthaften Versuchen, die medizinische Versorgung, nicht nur quantitativ, sondern auch qualitativ zu verbessern. So war in Wien etwa Semmelweis mit der Frage der Sicherung der Qualität medizinischer Leistungen in der Geburtshilfe beschäftigt. Seine bekannten Maßnahmen betrafen sowohl die Struktur- wie die Prozeßqualität. So führte er hygienische Mindeststandards ein und formulierte Anforderungen an die Abläufe in der Geburtshilfe, welche die Sterilität in den Kreissälen sichern sollten.

Waren diese und weitere ähnliche Versuche bis in die 50er Jahre eher punktueller Natur, kam es ab Mitte der 60er Jahre in den USA zu einer systematischen Auseinandersetzung mit dem Thema der Qualitätssicherung in der Gesundheitsversorgung. Donabedian (1966) gehörte dabei sicherlich zu jenen Akteuren, die das Feld der medizinischen Qualitätssicherung ähnlich revolutionierten wie Deming die japanische Industrie. Er unterteilte den Qualitätsbegriff in der medizinischen Versorgung in drei Subkonzepte (Struktur-, Prozeß- und Ergebnisqualität) und hob die Bedeutung der Ergebnisqualität für die Gesundheitsversorgung hervor. Im weiteren stellte er fest, daß Strukturen der Gesundheitsversorgung (Strukturqualität) und Prozesse der Versorgung und Behandlung (Prozeßqualität) zentrale Determinanten der Ergebnisse von Versorgung und Behandlung darstellen. Auf ihn geht auch die Differenzierung in Versorgungsqualität (Systemebene) und Behandlungsqualität (Ebene individueller Behandlungen) zurück. Weiterhin konzipierte er verschiedene Methoden der Qualitätssicherung, die viele der heute wichtigen Qualitätsverbesserungs- und -Sicherungselemente in sich bergen, wie die kontinuierliche Qualitätserfassung, die Identifikation von Qualitätsabweichungen und Interventionen zur Sicherstellung der Qualität sowie deren Evaluation.

Diesen Entwicklungen waren große gesundheitspolitische Veränderungen in den USA in den 60er und 70er Jahren vorausgegangen. Das staatliche Programm „Medicare" war 1965 ins Leben gerufen worden und setzte den Staat als Kostenträger für die medizinische Versorgung älterer Menschen ein, was zu einer enormen Ausweitung der öffentlich zu finanzierenden Kosten im Bereich des Gesundheitswesens führte. Bedingt durch einen weiteren Anstieg der Behandlungskosten als Folge der psychosozialen und medizinischen Betreuung von Korea- und Vietnam-Kriegs-Veteranen wurden erstmals in der Geschichte der USA kostendämpfende Maßnahmen im Gesundheitswesen nötig (Palmer, 1988). Ein weiterer nicht zu übersehender Grund für die Notwendigkeit der Einführung qualitätssichernder Strukturen und Maßnahmen in den USA liegt in der andersartigen Rechtskultur. In den USA werden Rechtsklagen wegen Fehlbehandlungen oder Kunstfehler weitaus häufiger als bei uns eingebracht. Aus diesem Grund ist es für jeden Arzt und jedes Krankenhaus zur Absicherung notwendig, Standards und Kriterien für eine adäquate Behandlung zu besitzen und sich streng an diese zu halten.

So waren es vermutlich beide Aspekte (Ausweitung staatlicher Gesundheits-Etats, Rechtsabsicherung), die ab Mitte der 70er Jahre zu einer systematischen Implementierung qualitätssichernder Maßnahmen in das Gesundheitssystem der USA beitrugen. Die Festlegung von Standards und die Überprüfung ihrer Einhaltung wurde dem zentralen Akkreditierungskomitee der Regierung für Gesundheitseinrichtungen (Joint Commission on Accreditation of Health Care Organizations/JCAHO; Zlotnik, 1992) und für Spitäler (Joint Commission on Accreditation of Hospitals/JCAH; Sabatino, 1992) übergeben. Diese führen die Zertifizierung aller Spitäler und Einrichtungen im Gesundheitswesen durch und wachen darüber, daß im Gesundheitswesen – und damit auch in der Psychotherapie – Versorgungs- und Behandlungsstandards zum Einsatz kommen. Die Arbeit dieser Kommissionen, die in den USA auch auf Bundesstaats- und Bezirksebene wirksam sind, hat wesentlich zur Durchsetzung qualitätsbezogener Ziele im Gesundheitswesen beigetragen (Palmer, 1988; Sabatino, 1992). Weitere öffentlich-rechtliche Organisationen, die in den USA über die Sicherstellung der Qualität im Gesundheitswesen wachen, sind die „Professional Standards Review Organizations" (PSRO's) und deren Nachfolger, die „Quality Peer Review Organizations" (QPRO's), sowie eine Reihe von öffentlichen und privatrechtlich organisierten Trägern von Krankhäusern, Spitälern, Gesundheitszentren und sonstigen Versorgungseinrichtungen (vgl. dazu ausführlicher Sabatino, 1992). Ohne den Besitz eines Qualitätsmanagement-Programms und ohne regelmäßige Zertifizierung desselben durch die angesprochenen staatlichen oder privaten Stellen kann heute in den USA kein Spital auf öffentliche Zuschüsse oder die Finanzierung seiner Leistungen durch öffentliche Geldgeber oder andere Träger mehr hoffen.

Dem Vorbild der oben genannten Kommissionen folgten eine Reihe von Berufsverbänden, die die Akkreditierung ihrer Mitglieder selbst übernahmen. Im Bereich der Psychotherapie sind dies vor allem die American Psychiatric Association und die verschiedenen psychologischen Berufsvereinigungen (z.B. American Psychological Association; vgl. Zaro & Kilburg, 1982), die ihrerseits sehr umfangreiche Kriterien zur Akkreditierung von Psychiatern, klinischen Psychologen und Psychotherapeuten erließen, ebenso wie sie Standards zur Behandlung psychischer und somatischer Störungen entwickelten (vgl. Giles, 1991). Die durch die Berufsverbände und die Akkreditierungs-Kommissionen eingeforderten Standards beziehen sich primär auf die Sicherung der Strukturqualität, weniger auf die Ergebnis- und Prozeßqualität, wenngleich in den letzten Jahren vermehrte Bemühungen in diese Richtung in Gang gesetzt wurden (Zusman, 1988).

Da sich die Kostenseite durch die bisher gesetzten Rahmenbedingungen und Interventionen nur wenig entschärfen ließ, waren weitere Schritte nötig. So haben die privaten Krankenversicherer (Health Maintenance Organizations/HMO's), die einen Teil der sogenannten „Managed Care Systems" (MCS's) repräsentieren, ihrerseits Qualitätssicherungs-Maßnahmen eingeführt. Diese sind primär auf die Ergebnisqualität und erst sekundär auf die Prozeßqualität gerichtet (Giles, 1991; Palmer, 1988; Sabatino, 1992). Im Bereich der Psychotherapie ist es ihr primäres Anliegen, effektive und kostengünstige psychotherapeutische Methoden zum Einsatz zu bringen (vgl. dazu auch Austad & Berman, 1991; Hoyt & Austad, 1992; MacLean, 1991). Besondere Kritik wird von diesen Einrichtungen sowohl an den bisherigen staatlichen Kriterien und insbesondere an den Kriterien der Berufsverbände geübt. Ihrer Meinung nach hätten die Berufsverbände bisher zu wenig Augenmerk auf die Effektivität und Effizienz der von ihren Mitgliedern durchgeführten Behandlungen und eingesetzten Methoden gerichtet (vgl. dazu auch Giles, 1991). Ausgelöst durch diese Kritik wird daher dieses Thema in letzter Zeit vor allem im Rahmen der American Psychological Association stärker und auch öffentlich diskutiert (z.B. Austad & Berman, 1991; Berman & Austad, 1991), allerdings nicht nur befürwortend (Fraser, 1996; Miller, 1996).[3]

Derartige Forderungen ebenso wie die Betonung der Ergebnisqualität durch die HMO's und MHC's verändern die Entwicklung im Bereich der Qualitätssicherung von Psychotherapie neuerlich, wobei die Ergebnisqualität, wie bereits bei Donabedian (1966), sowie die individuelle Effektivität des Therapeuten stärker in den Mittelpunkt gerückt werden. Bei dieser Entwicklung werden traditionelle Modelle der Qualitätssicherung, insbesondere bezogen auf die Prozeß- und Ergebnisqualität, mit neueren Ansätzen der „Managed Care", die vor allem die Effizienz (Wirtschaftlichkeit) der Behandlungen in das Zentrum ihrer Aufmerksamkeit stellen, verbunden (vgl. Palmer, 1988; Sabatino, 1992). In Deutschland ist diese Entwicklung noch zu erwarten.

Die Diskussion zur Qualitätssicherung setzte in Europa einige Jahre später als in den USA ein, zunächst in Großbritannien (Parry, 1992), dann in den Niederlanden (Reerink, 1984) und später auch in den skandinavischen Ländern (vgl. z.B. Pylkkänen, 1989). In Deutschland wurden die entsprechenden Gesetze und Verordnungen für die Medizin und Psychotherapie Ende der 80er, Anfang der 90er Jahre erlassen (vgl. oben, sowie ausführlicher Gaebel, 1995; Gaebel & Wolpert, 1994; KBV, 1993; Kolkmann, 1995; Nübling & Schmidt, Einleitungskapitel zu diesem Band; Prößdorf, 1995; Trenckmann & Spengler, 1995). Die Entwicklung in Deutschland und den anderen deutschsprachigen Staaten (Österreich, Schweiz) kann aufgrund der relativ spät erlassenen Gesetze auf die Erfahrungen der USA und der übrigen westeuropäischen Länder zurückgreifen. Sie hat jedoch den Nachteil, erst jetzt entsprechende Programme, Maßnahmen und Forschungsbemühungen in Gang setzen zu müssen. Dennoch lassen sich bereits erste sehr interessante Entwicklungen beobachten (vgl. Gaebel, 1995; Grawe & Braun, 1994; Kordy, 1992; Kordy & Lutz, 1995; Lutz, 1997; Potreck-Rose,

---

3. Grawe, Donati und Bernauer (1994) fordern übrigens aufgrund der Ergebnisse ihrer Metaanalysen auch für den deutschsprachigen Raum eine explizite Berücksichtigung von Effektivitäts- und Effizienzkriterien bei der Zulassung von Psychotherapiemethoden zur öffentlich finanzierten Gesundheitsversorgung.

1993; Richter, 1994). Welcher Art diese sind, soll unter anderem auch in diesem Buch dokumentiert werden.

In diesem Zusammenhang ist es wichtig, auf bereits erschienene Arbeiten hinzuweisen, die die Entwicklung in den deutschsprachigen Ländern dokumentieren (u.a. Arbeitsgruppe Qualitätssicherung, 1994; Baumgärtel, 1996; Berger & Gaebel, 1997; Bobzien, Stark & Straus, 1996; Gaebel, 1995; Haug & Stieglitz, 1995; Hell, Bengel & Krüger, 1997; KBV, 1993; Laireiter, 1995; Lutz, 1997; Richter, 1994; Spörkel, Birner, Frommelt & John, 1995, Vogel, 1993). Diese – wie auch die Beiträge des vorliegenden Buches – belegen die intensive Arbeit an Methoden und Programmen der Qualitätssicherung im Gesundheitswesen in Deutschland, Österreich und der Schweiz, weshalb es durchaus angebracht ist, diese intensive Tätigkeit mit der Metapher einer Werkstatt, in der vieles entwickelt, bearbeitet und verbessert wird, zu versehen.

4. Qualitätssicherung in der Psychotherapie und psychosozialen Versorgung – Einblicke in die Werkstatt und Überblick über die Beiträge des Buches

Ein Blick in das Inhaltsverzeichnis des Buches macht deutlich, wie breit der Themenbereich der Qualitätssicherung und des Qualitätsmanagements in der psychosozialen Versorgung aufgefächert ist. Er reicht von Konzepten und Modellen in der stationären Psychotherapie, Psychiatrie, Rehabilitation und Verhaltensmedizin über die ambulante Psychotherapie bis hin zur psychosozialen Beratung, Suchtbehandlung und der institutionellen Therapie und Beratung bei Kindern und Jugendlichen und deren Bezugspersonen. Im weiteren umfaßt er fertige Konzepte und Modelle, die vor allem den stationären Bereich der psychosozialen Versorgung betreffen, und solche, die Modellcharakter haben und sich – von der Entwicklung her gesehen – erst im Experimentierstadium befinden.

Auf den ersten Blick scheint es so, als ob die Qualitätssicherungs-Diskussion im stationären Bereich der Versorgung in seiner Entwicklung weiter gediehen sei als in der ambulanten psychosozialen Versorgung. In diesem finden sich eine Reihe elaborierter und gut evaluierter Modelle (z.B. das sogenannte „Heidelberger Modell" von Kordy und Lutz, oder das Fünf Punkte-Programm der Rentenversicherungsträger). Bei näherem Hinsehen zeigt sich aber, daß es für Einrichtungen im ambulanten Setting durchaus auch eine Reihe interessanter Konzepte zur Qualitätssicherung gibt, sowohl für den Bereich niedergelassener Praxen als auch für den Bereich psychosozialer Beratungseinrichtungen.

Von seiner Zielsetzung her betrachtet ist das Buch vier Schwerpunkten gewidmet: erstens der Darstellung von Modellen und Programmen der Qualitätssicherung in verschiedenen Bereichen der psychosozialen Versorgung (der ambulanten und stationären Psychotherapie, der Psychiatrie und verschiedenen Bereichen der psychosozialen Versorgung), zweitens den Rahmenbedingungen und strukturellen Aspekten der Qualitätssicherung (z.B. gesetzlichen Aspekten, Sichtweisen der Krankenkassen, dem Verhältnis von Forschung und Praxis etc.), drittens der Ausbildung in Psychotherapie und viertens Themen, die im Feld kontrovers diskutiert werden (z.B. die Zertifizierung von Einrichtungen und Praxen nach DIN/EN 9000 ff. oder die Messung der Ergebnisqualität psychosozialer Tätigeit) oder bislang noch nicht ausreichend berücksichtigt worden sind (z.B. Lebensqualität, Kunden- bzw. Nutzerorientierung). Im folgenden Abschnitt soll ein kurzer Überblick über die verschiedenen Teile des Buches und der darin enthaltenen Arbeiten gegeben werden.

4.1 Konzeptuelle und theoretische Grundlagen

Dem Buch sind zwei Grundlagenarbeiten vorangestellt. In der ersten geben *Nübling und Schmidt* eine Einführung in die Begrifflichkeit und die bisherigen Entwicklungen zur Qualitätssicherung im Bereich der Psychotherapie. In der zweiten Arbeit, von *Gmür und Straus*, wird im Vergleich zu Nübling und Schmidt – von den Herausgebern so gewünscht – stärker auf Begriffe und Modelle des modernen Qualitätsmanagements und deren Anwendung, speziell in der psychosozialen Beratungsstellenarbeit und der Psychotherapie, eingegangen. Nübling und Schmidt stellen demgegenüber in ihrem Beitrag stärker die klassischen Ansätze (Struktur-, Prozeß-, Ergebnisqualität, Qualitätssicherung, interne vs. externe Qualitätssicherung) dar und geben einen Überblick über die bisherige Entwicklung in der Qualitätssicherung der Psychotherapie in Deutschland.

4.2 Ambulante Psychotherapie

Der zweite Abschnitt des Buches beschäftigt sich mit der ambulanten Psychotherapie. Einleitend stellt *Seipel* ein konkretes Modell der Qualitätssicherung einer ambulanten Praxis dar, das von ihm und seinen MitarbeiterInnen in ihrer ambulanten Praxisgemeinschaft, die gleichzeitig auch Ausbildungspraxis im Rahmen der Ausbildung in Verhaltenstherapie ist, entwickelt und durchgeführt wird. Wichtig an dieser Arbeit ist die sorgfältige Darstellung der Qualitätsstandards (insbesondere der Struktur- und Prozeßqualität) und der bisherigen Erfahrungen mit und Probleme bei der Implementierung eines solchen Qualitätssicherungs-Systems. Wie er verweisen auch andere Psychotherapeuten (z.B. Palm, in diesem Band) auf die unbedingte Notwendigkeit der Verfügbarkeit finanziell erschwinglicher Software zur Durchführung des Routinemonitorings psychotherapeutischer Fallverläufe (vgl. dazu auch bereits Laireiter, 1994).

Es folgen zwei Arbeiten, die sich mit der empirischen Evaluation von Behandlungen bzw. der Implementierung von Qualitätssicherungs-Systemen in die psychotherapeutischen Praxis beschäftigen.

Schulz, Hoyer und Hahlweg berichten im Sinne einer Phase-IV-Studie über die Evaluation der bisher im Rahmen der psychotherapeutischen Ambulanz des psychologischen Instituts der Technischen Universität Braunschweig durchgeführten Psychotherapien. Die Befunde zeigen durchwegs sehr positive Resultate und bestätigen damit, daß routinemäßig angewandte Verhaltenstherapie bei der Behandlung verschiedener

Störungen sehr erfolgreich ist und zu deutlichen Veränderungen bei den behandelten Patienten beiträgt.

Hass, Märtens und Petzold beschreiben ihrerseits eine Studie zur Erforschung der Akzeptanz der Einführung eines Routinemonitoring-Systems bei niedergelassenen Therapeuten. Die Ergebnisse weisen auf eine deutliche Akzeptanz des Systems, das sowohl evaluative wie auch prozessuale Elemente abbildet, durch die beteiligten Psychotherapeuten und Klienten hin. Zudem zeigt sich, daß die Einführung des Evaluationssystems nach Einschätzung der beteiligten Therapeuten zu einer Verbesserung der psychotherapeutischen Prozeßqualität und zu einer regelmäßigen Reflexion der therapeutischen Arbeit zwischen Patient und Therapeut beiträgt, ein Effekt, der im Sinne der Qualitätssicherung angestrebt wird.

Die nächsten vier Arbeiten sind Methoden des Prozeß- und Ergebnismonitorings von (primär ambulanter) Psychotherapie gewidmet. In der ersten (*Grawe & Baltensperger*) wird die von Grawe entwickelte „Figurationsanalyse" als Methode zur Prozeß- und Ergebnisevaluation von Psychotherapie vorgestellt. Die Autoren haben mit viel Aufwand in den letzten Jahren ein breit applikables Computerprogramm entwickelt, das sowohl ein Dokumentationsmodul wie auch verschiedene Methoden zur Verlaufs- und Prozeß- und zur Ergebnisevaluation von Psychotherapie enthält. Das System kann sowohl in Psychotherapiepraxen wie auch in ambulanten und stationären Einrichtungen der Psychotherapie und psychosozialen Versorgung verwendet werden, wie es auch zur Forschung und zur Evaluation von „Alltagsbehandlung" angewendet werden kann. Ähnliches gilt im übrigen auch für das von *Laireiter, Lettner und Baumann* in mehrjähriger Arbeit entwickelte Psychotherapie-Dokumentationssystem „PSYCHO-DOK". Auch dieses ist breit einsetzbar, wurde allerdings primär zur Dokumentation im engeren Sinne entwickelt. Es umfaßt eine modular erweiterbare Basisdokumentation und eine umfassende Verlaufsdokumentation, welche sowohl durch den Psychotherapeuten selbst wie auch, über speziell dafür entwickelte Instrumente, durch den Patienten zu bearbeiten ist. Es werden die der Konstruktion dieses Systems zugrundeliegenden theoretischen Überlegungen, der Prozeß und die Prinzipien der Konstruktion genauso dargestellt wie Anwendungsmöglichkeiten im Rahmen der Qualitätssicherung von Psychotherapie.

Braun geht in seiner Arbeit von dem an der Berner Psychotherapeutischen Forschungsstelle entwickelten Qualitätsmonitoringsystem, das auch der „Figurationsanalyse" von Grawe und Baltensperger (in diesem Band) zugrundeliegt, aus und macht Vorschläge für ein für die ambulante Psychotherapiepraxis geeignetes System des Qualitätsmonitorings. Diese beinhalten, wie entsprechende Vorschläge in der Literatur auch (Fydrich, Laireiter, Saile & Engberding, 1996; Schulte, 1993), sowohl evaluative (Prä-Post-Katamnesemessungen) wie auch prozessuale (Prozeßerfassung, Therapeut-Patient-Beziehung) Elemente. Aufgrund hoher Aktualität geht Braun insbesondere auf Möglichkeiten und Methoden der Evaluation individueller Zielerreichung ein. Wegen der Einfachheit ihrer Anwendung aber auch wegen ihrer individuellen Applizierbarkeit dürften Methoden des „goal-attainment-scaling" in Zukunft einen hohen Stellenwert für die individuelle Therapieevaluationen einnehmen.

In der letzten Arbeit dieses Abschnittes stellt *Palm* ein von ihm selbst entwickeltes Prozeß-und Evaluationssystem, das bereits computerisiert ist, dar. Auch dieses System beinhaltet Prä-Post-Evaluationen sowie Verlaufs-Evaluationen und Prozeßmessungen. Im Gegensatz zur „Figurationsanalyse" von Grawe und Baltensperger ist dieses System auf die (ökonomische) Anwendung in der Praxis hin ausgerichtet: Die verwendeten Skalen sind sehr kurz, wichtige Teile der Prozessdokumentation werden nicht vom Therapeuten, sondern vom Patienten vor oder nach jeder Stunde bearbeitet. Wie bei der „Figurationsanalyse" kann die Verlaufsmessung auch zur ständigen Rückmeldung an den Patienten verwendet werden, ebenso wie der Verlauf der Symptomatik im Rahmen einer Psychotherapie natürlich auch ein ständiges Feedback für den Therapeuten bereithält und ihm über die Effektivität seiner Interventionen Auskunft gibt (vgl. dazu auch Kordy & Hannöver, in diesem Band; Lutz, 1997). Der Unterschied zur „Figurationsanalyse" liegt vor allem darin, daß das System von Palm u.a. keine Möglichkeit besitzt, individuelle Therapieeffekte vor dem Hintergrund relevanter Vergleichsgruppen zu bewerten (= Figurationen zu bilden).

Aufgrund ihrer Bedeutung für das Routinemonitoring von Psychotherapie in der ambulanten Praxis ist zu hoffen, daß diese Systeme in Zukunft mehr Beachtung finden und zu einem einheitlichen Routine-Monitoring-System für Psychotherapie erweitert werden. Dies würde der Entwicklung der Qualitätssicherung in der ambulanten Psychotherapie wichtige Impulse geben.

4.3 Stationäre Psychotherapie

Im Gegensatz zur ambulanten Psychotherapie existieren in der stationären Psychotherapie bereits seit einigen Jahren eine Reihe von größeren Modellprojekten und seit kurzem auch einige routinemäßig implementierte Qualitätssicherungs-Programme (vgl. dazu auch den Beitrag von Nübling und Schmidt im Grundlagenteil dieses Buches). Die bedeutendsten bisher entwickelten Programme sind:

- das zweigleisige Modell der psychosomatischen Rehabilitationskliniken (vgl. die zweite Arbeit von *Nübling und Schmidt* in diesem Band),
- das Reha-Qualitätssicherungsprogramm der Rentenversicherungsträger (Nübling & Schmidt, Einleitungskapitel zu diesem Band; Tiefensee & Koch, 1997; Paar, 1997; Schaub & Schliehe, 1994) und
- das „Heidelberger Modell der aktiven internen Qualitätssicherung" von Kordy und Lutz, 1995; vgl. die Arbeit von *Kordy & Hannöver,* in diesem Band).

Darüber hinaus gibt es natürlich noch eine Reihe weiterer kleinerer Programme, die sowohl im Rahmen von verhaltensmedizinischen wie auch psychoanalytischen Kliniken realisiert werden (vgl. dazu ausführlicher die Arbeiten von *Broda,* von *Mans* und von *Strauß,* in diesem Band).

Zentrales Merkmal aller Qualitätssicherungs-Programme im stationären Bereich ist ihre Multimodalität. Sie bestehen in der Regel aus mehreren Elementen und unterschiedlichen Strukturen und erfassen nicht nur die konkrete Behandlung als solche, sondern auch die klinikinternen Abläufe und die Kommunikation zwischen den verschiedenen Abteilungen. Im Mittelpunkt der meisten Programme steht die „Basisdokumentation", die die strukturellen Randbedingungen, die Prozesse und die Ergebnisse individueller Therapien abbildet und auf diese Weise einen ständigen Überblick über den Stand, die Prozesse und die Ergebnisse der Behandlungen in einer Einrichtung ermöglicht (vgl. die Beiträge von *Broda, Nübling & Schmidt, Kordy & Hannöver*, in diesem Band). Als weitere Qualitätssicherungs- und -verbesserungselemente sind darüber hinaus in allen Programmen die regelmäßig stattfindenden klinikinternen Fortbildungen, Fachsupervisionen, kollegialen Intervisionen, die Stations- und Behandlungskonferenzen sowie die Mitarbeit in regelmäßig stattfinden Qualitätsarbeitsgruppen, den „Qualitätszirkeln", zu sehen.

Von ihrem Ablauf und ihrer Struktur her gesehen unterscheiden sich die drei oben erwähnten und bereits sehr elaborierten Modelle deutlich voneinander. So besitzen das „Heidelberger" und das „zweigleisige Modell" einen Schwerpunkt in der internen Qualitätssicherung mit externer Unterstützung (in den Qualitätszirkeln und den unabhängigen Ergebnisevaluationen), das „Fünf-Punkte-Programm" der Rentenversicherungsträger besitzt einen deutlichen Schwerpunkt in externen Maßnahmen (Weitergabe des Klinikkonzepts und der Patiententherapiepläne an die Träger zum Zwecke der vergleichenden Prüfung; externes Qualitätsscreening und Patientenbefragungen); lediglich die Qualitätszirkel repräsentieren ein internes Element der Qualitätssicherung (Häussler, 1996). Das zweigleisige Modell von Schmidt und Nübling (vgl. *Nübling & Schmidt*, in diesem Band) wiederum ergänzt die Routinedokumentation von Prozeß- und Ergebnisqualität durch wiederkehrende Evaluationen des Behandlungserfolges der einzelnen Kliniken und deren gegenseitigen Vergleich, was ebenfalls als ein Element der externen Qualitätssicherung angesehen werden kann (Selbmann, 1995).

Ein weiterer wesentlicher Unterschied zwischen den drei Modellen besteht in ihrem unterschiedlichen Geltungsanspruch. Beziehen sich das „Heidelberger" und das „zweigleisige Modell" primär auf die Ergebnisqualität und ihre Sicherstellung, so legt das „Fünf-Punkte-Programm" einen deutlichen Schwerpunkt auf die Prozeß- *und* die Ergebnisqualität und bezieht die Strukturqualität ebenfalls mit ein (Klinikkonzept, Patiententherapiepläne). Darüber hinaus ist es das bisher einzige flächendeckende Programm im Bereich der Gesundheitsversorgung in Deutschland. Die beiden anderen Modelle entstanden aus Modellprojekten, die ursprünglich an einigen wenigen Einrichtungen (Kliniken, Stationen) erprobt worden sind. Wie die beiden Arbeiten jedoch zeigen (*Nübling & Schmidt*; *Kordy & Hannöver*) wurden beide Modelle in der Zwischenzeit von einer Reihe weiterer Kliniken und Einrichtungen übernommen.

Die Ergebnisevaluationen des „zweigleisigen Modells", ebenso wie die von *Strauß* (in diesem Band) berichteten Studien sind der sogenannten „Phase-IV-Forschung" nach Linden (1987) zuzuordnen und stellen damit einen Beitrag zur Feststellung der Ergebnisqualität von Psychotherapie in der Routineversorgung dar. Es ist allerdings klar, daß derartige Evaluationsstudien nicht mit der Sicherstellung und des Managements von Ergebnisqualität gleichzusetzen sind. Letztere beziehen sich auf individuelle Psychotherapien, die referierten Studien können als wichtige Nachweise für die prinzipielle Ergebnisqualität dieser Methoden angesehen werden und können damit z.B. der Entwicklung von Ergebnisstandards dienen. Mit Selbmann (1995) sollte man Evaluation jedoch nicht mit Qualitätssicherung gleichsetzen.

4.4 Psychiatrische Versorgung

Die Psychiatrie stellt einen Versorgungsbereich dar, in dem Psychotherapie als eine Behandlungsmethode unter mehreren zur Anwendung kommt. Aus diesem Grund sind Strukturen und Elemente der Qualitätssicherung in der Psychiatrie auch von direkter Relevanz vor allem für die stationäre Psychotherapie. *Gaebel und Schwarz* geben in ihrer Arbeit einen Überblick über den Stand der Entwicklung und Diskussion der Qualitätssicherung, vor allem in der stationären Psychiatrie. Verschiedene Abschnitte ihrer Arbeit beziehen auch die ambulante Psychiatrie ein. So wurden im Rahmen der Deutschen Gesellschaft für Psychiatrie, Psychotherapie und Nervenheilkunde (DGPPN) eine Reihe von Maßnahmen zur Sicherstellung und Verbesserung der Qualität der ambulanten Psychiatrie und deren Behandlung getroffen, z.B. der Erarbeitung von Standards der Diagnostik und Behandlung psychischer Störungen nach ICD-10, was der Entwicklung von prozessualen Behandlungsstandards (=Standards der Prozeßqualität) entspricht (vgl. dazu Gaebel, 1995). Ferner ist im Rahmen dieser Maßnahmen eine Überarbeitung und Verbesserung der ICD-10-Kriterien für die Primärversorgung geplant, wie auch eine Reihe anderer Maßnahmen (Medikamentenüberwachung, Qualitätszirkelarbeit etc.).

Einen wichtigen Bestandteil der psychiatrischen Qualitätssicherung, der stationären wie der ambulanten, stellt die von Cording und Mitarbeitern erarbeitete Basisdokumentation „BADO" dar, deren Entwicklung und Möglichkeiten ausführlich in dem Beitrag von *Krischker, Fleischmann und Cording* erörtert werden. Diese neu entwickelte Basisdokumentation setzt eine bereits seit den 70er und 80er Jahren bestehende Tradition fort und ist jetzt, vor allem auch aufgrund der Möglichkeiten moderner elektronischer Datenverarbeitung, in der Lage, wie Krischker et al. ausführen, verschiedenste Datenanalysen durchzuführen und so qualitätsrelevante Fragestellungen für Einzelpraktiker, Einzelkliniken oder Klinikverbünde zu analysieren. Das System kann so, wie übrigens andere Dokumentationssysteme auch (vgl. die Arbeiten von Braun, von Grawe und Baltensperger, von Palm und von Laireiter et al., in diesem Band), als Basis für verschiedene Qualitätssicherungs-Strategien dienen, wie z.B. regelmäßiges Prozeß- und Ergebnismonitoring, „peer-reviews in Qualitätszirkeln" (vgl. dazu auch Richter, 1996; Scheidt, 1996) oder regelmäßig durchgeführte „self-audits" (=Analysen der Qualität der eigenen Behandlung durch den Praktiker selbst) (vgl. dazu auch Cording, 1995).

4.5 Weitere Bereiche der psychosozialen Versorgung

Die nächsten drei Arbeiten sind der Qualitätssicherung in der Psychotherapie bei Kindern und Jugendlichen und der Suchttherapie gewidmet.

Rückert und Linster geben zunächst einen Überblick über den Stand der Entwicklung von Ansätzen zur Qualitätssicherung der Behandlung von Kindern und Jugendlichen und deren Bezugspersonen. Dabei gehen sie von den Besonderheiten der Psychotherapie bei Kindern und Jugendlichen aus. Ausführlich beschäftigen sie sich dann mit den Anforderungen und Chancen der Erarbeitung eines Qualitätssicherungs-

Handbuches, eines sicher zentralen Bestandteils der Qualitätssicherung in (größeren) Institutionen (vgl. auch Nienhaus, Schreiner-Kürten & Wilker, 1997).

Menz stellt anschließend ein konkretes Projekt zur Implementierung eines Qualitätsmanagement-Systems nach DIN/EN-9001 in einer heilpädagogischen Einrichtung der Kinder- und Jugendpsychiatrie dar. Der Autor zeigt dabei, mit welchen Schritten die Implementierung erfolgte, und welche Form das System letztendlich angenommen hat. Er berichtet auch über die Zertifizierung des Systems durch eine staatlich anerkannte Zertifizierungsstelle und kommt abschließend zu dem Schluß, daß sich durch die Einführung des Systems durchaus sehr positive Entwicklungen in der Therapiestation ergeben haben. Der Autor zeigt damit auch, daß die DIN-EN-Qualitätsnormen, die üblicherweise in Handel, Industrie und im Dienstleistungssektor eingesetzt werden, auch im Gesundheits- und Sozialbereich angewendet werden können (vgl. für ähnliche Vorhaben Fiegenbaum, Tuschen & Florin, 1997).

Lindenmeyer und Schneider behandeln in ihrem Beitrag das Thema der Qualitätssicherung im Bereich der stationären Suchttherapie. Ausgehend von einem Überblick über die Anforderungen an Qualitätssicherungs-Systeme stationärer Suchttherapie zeigen sie, daß für Qualitätssicherung heute bereits eine breite Palette nützlicher Instrumente zur Verfügung steht, die vor allem aus der empirischen Evaluationsforschung, die im Bereich der Suchtforschung eine lange Geschichte hat, bezogen werden. Anschließend werden die wichtigsten Bestandteile eines Qualitätssicherungs-Systems auf den Ebenen der Struktur-, Prozeß- und Ergebnisqualität für stationäre Suchttherapie ausführlicher diskutiert.

4.6 Rahmenbedingungen der Qualitätssicherung

Qualitätssicherung als Element des Versorgungs- und Behandlungssystems ist ohne gesetzliche und professionelle Rahmenbedingungen nicht vorstellbar. Wie weiter oben bereits berichtet, waren die Ausgangspunkte für die Entwicklungen in Deutschland wie auch in anderen europäischen Staaten das Globalziel 31 der WHO und die darauf beruhenden Veränderungen gesetzlicher Vorgaben in den einzelnen Mitgliedsstaaten. Im SGB V wird in den §§ 135-138 die Qualitätssicherung der Gesundheitsversorgung und damit auch der psychotherapeutischen Versorgung den Leistungserbringern wie den Kostenträgern gemeinsam überantwortet.

Dies führte dazu, daß die KBV 1993 sogenannte Qualitätssicherungs-Richtlinien beschloß (vgl. KBV, 1993), die die bereits seit Ende der 60er Jahre bestehenden und mehrfach modifizierten Psychotherapie-Richtlinien und Psychotherapie-Vereinbarungen (Faber & Haarstrick, 1994) miteinschließen.

Die in diesem Teil des Buches zusammengestellten Arbeiten beschreiben verschiedene Aspekte dieser strukturellen Rahmenbedingungen etwas ausführlicher.

Zunächst geht *Schmidt-Bodenstein* auf die bestehenden Strukturen des Delegationsverfahrens und das Qualitätssicherungs-Verfahren der Psychotherapie-Richtlinien ein, um im zweiten Teil seiner Arbeit Weiterentwicklungen und Zukunftsperspektiven aus der Sicht der gesetzlichen Krankenkassen in diesem Bereich zu skizzieren.

Die Arbeit von *Bender und Huber* bezieht sich auf den außervertraglichen Bereich der ambulanten Psychotherapie und stellt Kriterien und Verfahren der Sicherstellung der Qualität dieses weiterhin wichtigen psychotherapeutischen Versorgungsbereiches dar. Die Bedeutung der von den Autoren für den Medizinischen Dienst der Krankenkassen (MDK) in Hessen entwickelten und mittlerweile bereits in einer Reihe anderer Regionen von den MDK's verwendeten Kriterien, die sich im übrigen an den Vorgaben der Psychotherapie-Richtlinien orientieren, zeigt sich an der Tatsache, daß mehr als 50% aller psychotherapeutischen Leistungen von Diplompsychologen über das sogenannte Erstattungsverfahren abgewickelt werden (Vogel, 1996). Den MDK's und den von ihnen eingesetzten Kriterien der Struktur- Prozeß- und Ergebnisqualität kommt deshalb eine große Bedeutung in der Sicherstellung der Qualität von ambulanter Psychotherapie zu.

Die von Schmidt-Bodenstein sowie die von Bender und Huber vorgestellten Verfahren zur Sicherstellung der Qualität der ambulanten Psychotherapie stellen für viele niedergelassene Psychotherapeuten eine große Hürde und eine häufig als nicht sonderlich sinnvoll wahrgenommene Erschwernis im Zugang zur Kostenübernahme von Psychotherapie durch die Krankenkassen dar. Diese Kritik wird von Köhlke (in diesem Band) auch sehr deutlich in die Diskussion eingebracht. Es verwundert deshalb auch nicht, daß, wie Schmidt-Bodenstein (in diesem Band) schreibt, auch auf seiten der Krankenkassen über Modifikationen des Verfahrens nachgedacht wird. Andererseits muß man allerdings auch zur Kenntnis nehmen, daß das Begutachtungsverfahren von namhaften Fachvertretern, allen voran den Verfassern des Fachgutachtens zum Psychotherapeutengesetz (Meyer, Richter, Grawe, v.d. Schulenburg & Schulte, 1991), trotz der bekannten Probleme in seinen Grundzügen gutgeheißen wird.

Ein ganz andere Rahmenbedingung der Qualitätssicherung wird von *Willutzki* thematisiert, nämlich das Verhältnis von Wissenschaft und Forschung. Willutzki berücksichtigt dabei sowohl die Seite und die Interessen der Forscher am Feld der Qualitätssicherung wie auch die der Praktiker. Sie kommt zu der Ansicht, daß Forschung für die Sicherstellung und Verbesserung der Qualität von Psychotherapie wichtig ist, insbesondere dann, wenn ForscherInnen es schaffen, die Kluft zwischen Wissenschaft und Praxis in der Psychotherapie zu überwinden. Allerdings – und dies betont sie besonders – müssen die ForscherInnen, um zu einer fruchtbaren Zusammenarbeit beizutragen, dabei auf die Verfolgung allzu hochgesteckter und zu sehr von Eigeninteressen getragener Ziele verzichten. Erhebungsinstrumente (wie z.B. Dokumentationssysteme oder Evaluationsinstrumente) müssen an die Bedingungen der Praxis angepaßt und für deren Ansprüche geschaffen sein, wollen sie als praxistauglich gelten. Sie dürfen nicht, wie das Zielke (1993) etwas überspitzt formuliert hat, nur zur Publikation geeignet sein, sondern sie müssen das Datum ihrer Erstpublikation deutlich überleben! Dasselbe gilt natürlich auch für alle anderen Instrumente und Methoden der Qualitätssicherung.

4.7 Aspekte von Prozeß- und Ergebnisqualität

Einige Arbeiten dieses Buches beziehen sich nicht auf bestimmte Anwendungsfelder oder Qualitätssicherungs-Konzepte, sondern beschäftigen sich mit unterschiedlichen Aspekten der Prozeß- und Ergebnisqualität von Psychotherapie und deren Sicherstellung. In der ersten dieser Arbeiten beschäftigen sich *Gierschner und Piewernetz* mit Methoden der Sicherstellung der Prozeß- und Ergebnisqualität. Sie stellen zwei Arten von Qualitäts-Arbeitsgruppen, Qualitätszirkel und Projektgruppen, und ihre Anwendungsmöglichkeiten im Rahmen der Psychotherapie und psychosozialen Institutionen dar.

Was die Bedeutung des Begriffes und das Verständnis dieser Gruppen betrifft, gibt es sehr häufig Mißverständnisse und Fehlinterpretationen, weshalb es sinnvoll scheint, an dieser Stelle einige Klärungen anzubringen. Zunächst ist es wichtig zu betonen, daß Qualitätszirkel ein Bestandteil eines Qualitätssicherungs-Systems sind. Ihre Funktion ergibt sich aus diesem. Dies bedeutet auch, daß die Aufgaben und Funktionen von Qualitätszirkeln in Abhängigkeit vom jeweiligen Gesamtsystem zu sehen sind. So kann ein Qualitätszirkel die Aufgabe besitzen, die organisatorischen Abläufe einer Station zu optimieren, womit er in seiner Funktion den Stations- oder „Übergabegesprächen" sehr nahe kommt. Ein Qualitätszirkel kann aber auch die Aufgabe einer übergeordneten Funktionseinheit bekommen und aus Qualitätsbeauftragten verschiedener Einrichtungen oder Abteilungen bestehen, die sich regelmäßig treffen, um bestimmte Themen zu erörtern. Im Rahmen der ambulanten Psychotherapie wird die Aufgabe von Qualitätszirkeln häufig mit Fallsupervision oder -Intervision gleichgesetzt, was von der eigentlichen Intention dieser Gruppen her gesehen nicht richtig ist. Denn auch im Rahmen der ambulanten Psychotherapie hat Qualitätszirkelarbeit spezifische Aufgaben (Richter, 1996). Beide Konzepte (Supervision, Qualitätszirkel) sind daher weder inhaltlich noch funktional identisch, wenngleich sie natürlich ähnliche Ziele verfolgen. Kurz gesagt könnte man folgende Unterscheidung treffen: Supervision bezieht sich auf die Sicherstellung und Verbesserung der laufenden (Routine-)Arbeit, während Qualitätszirkelarbeit eine Ebene darüber ansetzt und sich mit Qualitätsmängeln und deren längerfristiger Verbesserung nach dem Konzept des expertengeleiteten „peer-review"[4] beschäftigt (Bahrs, Gerlach & Szecsenyi, 1995). Ein weiterer Unterschied ist, daß Qualitätszirkel Bestandteile von Qualitätssicherungs-Systemen sind, und ihre Ergebnisse in der Regel an die anderen Elemente derselben weitergegeben werden.

---

4. Der Begriff „peer-review" bezieht sich auf die Begutachtung von Aspekten der Struktur-, Prozeß- und Ergebnisqualität (analog der Begutachtung eines Artikels eines Fachwissenschafters durch zwei oder drei andere aus dem Fachgebiet) und der Erarbeitung von Verbesserungsvorschlägen unter Verwendung spezifischer und erlernbarer Analyse-, Problemlöse- und Kreativitätsmethoden, die unter Anleitung eines geschulten Moderators eingesetzt werden. Es geht dabei darum, Probleme, Schwachstellen, Abläufe etc. der betreffenden Arbeitsbereiche oder der psychotherapeutischen Praxis zu analysieren, Lösungsvorschläge zu erarbeiten und zu präsentieren und diese Lösungsvorschläge – dies ist zentral – als Bestandteil der Qualitätszirkelarbeit umzusetzen und ihre Effekte durch die Gruppe zu evaluieren (vgl. dazu auch Lutz, Lauer, Leeb, Bölle & Kordy, 1994).

Wenngleich Qualitätszirkel sowohl in der Allgemeinmedizin wie auch in den verschiedenen anderen Bereichen der psychosozialen und Gesundheitsversorgung durch die KBV-Vorgaben (vgl. KBV, 1993) mittlerweile einen zentralen Stellenwert in den entsprechenden Qualitätssicherungs-Bemühungen besitzen, fehlt es bislang an einer breiten und umfangreichen Evaluation ihrer Effekte, vor allem in bezug auf ihre zentrale Intention, die Verbesserung der Qualität der Behandlung und Versorgung. Es sind allerdings, wie verschiedentlich berichtet (Fritzsche et al., 1996; Härter & Berger, 1997; Paar, 1997; Scheidt, 1996), entsprechende Projekte im Gang, so daß mit Ergebnissen für die nächsten Jahre zu rechnen ist.

In der nächsten Arbeit diskutieren *Spöhring und Hermer* die Ergebnisqualität als eine wichtige Dimension der Qualitätssicherung, die zwar zentral, in der Praxis aber nur sehr schwer zu realisieren ist. Gerade in der Psychotherapie ist es, wie die Autoren hervorheben, streng genommen nicht möglich, Standards oder Erwartungswerte für die Ergebnisqualität zu formulieren. Weder ist die gegenwärtige Psychotherapieforschung imstande, für bestimmte Verfahren oder psychotherapeutische Methoden Ergebnisstandards vorzugeben (bei Patient X ist mit Verfahren Y bei lege artis-Anwendung das Ergebnis Z zu erreichen), noch ist die Psychotherapie selbst als linearer Prozeß zu konzipieren, der derartige lineare Wirkungsannahmen als besonders sinnvoll erscheinen läßt. Ergebnisqualität ist, wie die Autoren deshalb auch betonen, eine Zielebene, die im Rahmen der psychotherapeutischen Tätigkeit eher als ständige Perspektive im Auge behalten werden muß, als daß sie eindeutig festgelegt werden könnte. Das Psychotherapieergebnis verstehen die Autoren deshalb als ein Konstrukt, das nur multimodal gedacht und auch so konzipiert werden muß. Die relevanten Dimensionen dieses multimodalen Konstrukts werden in den weiteren Ausführungen der Autoren dargestellt.

Eine von verschiedenen Autoren als wichtig angesehene Dimensionen der Ergebnisqualität ist die Lebensqualität. Dies hebt vor allem *Lauer* in seinem Beitrag hervor. Gleichzeitig stellt er jedoch fest, daß die konkrete Verwendung dieser Dimension zur Bestimmung der Ergebnisqualität in der Praxis weit hinter ihrer theoretisch postulierten Bedeutung nachhinkt. Diese Vernachlässigung der Lebensqualitätsdimension ist weder inhaltlich noch methodisch gerechtfertigt, gibt es doch bereits verschiedene Verfahren, auch deutschsprachige, die methodisch akzeptabel und daher in der Lage sind, dieses Konstrukt zu erfassen. Als einziges Manko der von Lauer vorgestellten Verfahren ist ihre teilweise geringe Ökonomie anzusehen (Interviewmethoden, hohe Itemanzahl, lange Dauer der Erfassung); es sollte daher in Zukunft der Entwicklung ökonomischerer Verfahren ein erhöhtes Augenmerk geschenkt werden.

4.8 Ausbildungsqualität und Qualitätssicherung der Ausbildung in Psychotherapie

Die Ausbildungsqualität stellt, wie eingangs bereits erläutert, einen eigenständigen Qualitätssicherungs-Bereich dar, der – weil er zu einem wichtigen Faktor der psychotherapeutischen Strukturqualität beiträgt – (dem Ausbildungs- und Kenntnisstand der BehandlerInnen) für die Behandlungs- und Versorgungsqualität und deren Sicherstellung von großer Bedeutung ist.

Im ersten Beitrag erörtert *Kuhr* empirische Kriterien für die zukünftige Ausbildung in Psychotherapie. Dabei kommt er zu der Erkenntnis, daß eine allzu enge psychotherapieschulenbezogene Vermittlung theoretischer und methodischer Kenntnisse den Anforderungen der Praxis nicht gerecht wird – eine Erkenntnis, die den momentanen Gepflogenheiten und vor allem auch den Regelungen der Psychotherapie-Richtlinien der KBV und des in Vorbereitung befindlichen Psychotherapeutengesetzes widerspricht. Zukünftige Ausbildungsmodelle sollten, so betont Kuhr, stärker die interpersonale Ebene zwischen Therapeut und Klient berücksichtigen und den Erwerb psychotherapeutischer Methoden effektiv gestalten. Effektiver Methodenerwerb könnte durch die Beobachtung erfahrener Praktiker, eine intensive Praxisanleitung und Supervision und eine ausreichende klinische Erfahrung besonders gut erzielt werden. Weiterhin sind die meisten Psychotherapeuten der Ansicht, daß für eine effektive Ausbildung auch eine intensive Selbsterfahrung in den gelernten Methoden und Strategien nötig ist.

Welche Standards für die Struktur-, Prozeß- und Ergebnisqualität der Ausbildung und für anerkannte Ausbildungsinstitute aufgestellt werden könnten, wird in der Arbeit von *Reimer, Schüler und Ströhm* erläutert. Die Autoren verstehen die in ihrem Artikel dargestellten Vorgaben und Strukturen als Orientierungsrahmen für Qualitätsstandards der Ausbildung, und es bleibt zu hoffen, daß damit die Diskussion über dieses Thema angeregt wird.

Frank geht in ihrer Arbeit auf die Rolle und Funktion der Supervision als qualitätssicherndes Element der Behandlungs- und Ausbildungsqualität ein. Sie referiert eine Reihe von Befunden, die belegen, wie wichtig Praxisanleitung und Supervision für einen effektiven Erwerb von Behandlungskompetenz sind. Des weiteren macht die Arbeit deutlich, daß Supervision auch nach Beendigung der Ausbildung einen zentralen Stellenwert für die Sicherstellung und Verbesserung der psychotherapeutischen Behandlungsqualität besitzt, weshalb sie auch im späteren Berufsleben regelmäßig betrieben werden sollte.

Die letzte Arbeit dieses Teils stammt aus dem Bereich der Integrativen Therapie und berichtet über eine Ausbildungsevaluation des Fritz-Perls-Instituts (*Petzold, Hass & Märtens*). Was für die Behandlungsqualität gilt, gilt auch für die Ausbildungsqualität: Es gibt bislang kaum ernstzunehmende Versuche, Gesamtausbildungen in Psychotherapie zu evaluieren (vgl. dazu auch Binder, 1993). Es ist beinahe nichts bekannt über die Effekte von Ausbildung auf die Prozeß- und Ergebnisqualität von Psychotherapie, und wir wissen nicht, ob Ausbildungen überhaupt etwas zum Erwerb psychotherapeutischer Handlungskompetenzen beitragen (vgl. dazu auch Kuhr, in diesem Band). Für die Zukunft wäre deshalb eine nachhaltige Verstärkung der Ausbildungsevaluation als zentraler Bestandteil der Sicherstellung und Verbesserung der Ausbildungsqualität zu fordern. Die von den Autoren vorgestellte Studie kann als Beispiel einer solchen Ausbildungsevaluation angesehen werden, wobei natürlich zu berücksichtigen ist, daß die Studie auf Selbstbeurteilungen der Ausbildungsteilnehmer beruht und andere Methoden der Evaluation von Ausbildungen, wie sie etwa Kirkpatrick (1979) vorschlägt (Erfassung der Ergebnisqualität durch Patientenbefragung, Analyse der Prozeßqualität durch Beobachtungsmethoden etc.), in ihr nicht enthalten sind. Dies ist kein unbedingtes Manko, denn „Kunden"-Beurteilungen sind ein wichtiges

Element der Qualitätserfassungen. Sie sollten aber gerade im Bereich der Evaluation der Ausbildungsqualität durch andere Methoden und Strategien ergänzt werden, was allerdings, wie Binder (1993) und Matarazzo und Garner (1992) ausführen, in der bisherigen Ausbildungsforschung nicht sehr häufig geschehen ist.

Es ist zu hoffen, daß in Zukunft auch Ausbildungsevaluationen von anderen psychotherapeutischen Richtungen vorgelegt werden, damit auf diese Weise nachvollzogen werden kann, welche Effekte diese Ausbildungsgänge erbringen und welchen Stellenwert Gesamtausbildung wie auch die einzelnen Teile daraus für den Erwerb psychotherpeutischer Kompetenz besitzen.

4.9 Qualitätssicherung in der Diskussion

„Qualitätssicherung" war von Anfang an ein Thema, das für viele als Reiz- und für einige als Modewort galt, wie Kordy (1992) ausführte. Dies scheint auch heute noch so zu sein, zwar nicht mehr grundsätzlich, aber doch zentrale Punkte betreffend. Ein solcher Punkt, der gegenwärtig sehr heftig diskutiert wird, bezieht sich auf die Sinnhaftigkeit der Einführung internationaler Qualitätsnormen in den Bereich der Psychotherapie und damit verbunden auf die Frage, ob die Qualitätssicherung stationärer Psychotherapieeinrichtungen wie ambulanter Psychotherapiepraxen nach diesen Normen ausgerichtet und danach regelmäßig zertifiziert werden soll. Neben einigen Befürwortern (Bertelmann et al., 1996; Fiegenbaum et al., 1997; Menz, in diesem Band) gibt es auch entschiedene Gegner dieser Idee. So führt *Geisler* nach einer kurzen Einführung in das DIN/EN-9000 ff.-Qualitätsnormensystem und dessen kritischer Kommentierung 12 Thesen aus, die dafür sprechen, dieses System nicht auf die Psychotherapie zu übertragen, sondern, sofern gewünscht, auf andere Normensysteme, z.B. das Europäische Qualitätsnormensystem der *„European Foundation of Quality Management"* (E.F.Q.M.) (vgl. de Raad & Fuhr, 1997), das für diese Aufgaben besser geeignet scheint, zurückzugreifen. Es ist zu hoffen, daß durch diese engagierte Arbeit die Diskussion über die Zweckmäßigkeit der Einführung von Zertifizierungen in die Psychotherapie vertieft fortgeführt wird.

Ein zentrales Anliegen der DIN-EN-Qualitätsnormen ist die Kundenorientierung der Dienstleistungs- oder Produktionseinrichtung wobei verschiedene „Kunden" unterschieden werden können: interne (Mitarbeiter) und externe (Zulieferer, Abnehmer, Patienten etc.) sowie primäre, sekundäre und tertiäre[5].

Welche Bedeutung die Übernahme des Kundenbegriffs für das Versorgungssystem – insbesondere die Psychiatrie, aber auch die Psychotherapie – besitzt, und welche Konsequenzen dieses nach sich zieht, diskutiert *Hermer* in seinem Beitrag. Der Autor läßt dabei erkennen, daß der Kundenbegriff durchaus auch zu positiven Konsequenzen führen und zu einer Emanzipierung der Patienten beitragen kann; er enthält aller-

---

5. Unter primären Kunden versteht man im Gesundheitswesen üblicherweise die Patienten; ein sekundärer Kunde wäre der Kostenträger einer Therapie (z.B. Krankenkasse) sowie bei minderjährigen Patienten die Erziehungsberechtigten (Eltern, Fürsorge, Erzieher etc.); tertiäre Kunden sind solche, die mittelbar von der Behandlung betroffen sind, z.B. Lehrer, Schule, andere Therapeuten etc. (vgl. dazu auch Menz, in diesem Band).

dings auch Elemente, die im Zusammenhang mit Psychiatrie und Psychotherapie nicht sonderlich passen und zu ungewöhnlichen, vielleicht sogar absurden Rollenerwartungen beitragen können. Das grundsätzliche Problem der Übernahme des Kundenbegriffs aus den Qualitätsnormen auf die Psychotherapie besteht darin, daß der Begriff „Kunde" Rollenelemente (im soziologischen Sinn) umfaßt, die mit Rolleninhalten und -erwartungen, wie sie üblicherweise an Psychotherapie-Patienten gestellt werden, nicht übereinstimmen. So impliziert der Kundenbegriff im zwischenmenschlichen Umgang eine Instrumentalisierung, die der therapeutischen Beziehung nicht angemessen erscheint, zumindest nicht in den meisten Phasen einer Therapie. Andererseits allerdings impliziert der Kundenbegriff Rollen- und Interaktionselemente, die das Therapeut-Patient-Verhältnis positiv beeinflussen können und vor allem die Selbstbestimmtheit des Patienten, seine Eigenverantwortung, seine Autonomie und eine bestimmte Form von Partnerschaft zwischen Therapeut und Patient betonen, was herkömmlichen Rollenvorgaben (im Rahmen des sogenannten medizinischen Modells: Klient, Patient) nicht in dem Maße enthalten. In diesem Sinn beinhaltet der Kundenbegriff emanzipatorische Elemente und kann zu einer Verbesserung des Status des Patienten gegenüber seinem Therapeuten beitragen. Die Tatsache, daß der Kundenbegriff im Bereich der Psychotherapie viele Fragen offen läßt, hat dazu geführt, daß z.B. Patientenverbänden wie die Aktion Psychisch Kranke, diesen Begriff nicht verwenden, sondern den des *„Nutzers"* psychosozialer Einrichtungen. Dieser Begriff wird dem Dienstleistungscharakter von Psychotherapie und dem Aspekt der Inanspruchnahme durch den Patienten eher gerecht und versucht gleichzeitig eine neue, eher emanzipatorische Rollendefinition von Patienten bzw. Klienten einzuführen, in der aber die ökonomischen Assoziationen entfallen.

Adam, der als Praktiker sehr viel Erfahrung mit Qualitätssicherung besitzt, beschreibt aus einer grundsätzlich positiven Haltung heraus Probleme und Schwierigkeiten des „Qualitätssicherungs-Alltags", die sowohl die Routinedokumentation wie auch die Qualitätszirkelarbeit betreffen. Zur Verhinderung von Störungen durch Eigeninteressen bei Qualitätsdiskussionen und der Durchführung von Qualitätssicherung schlägt er die Einführung sogenannter „Planungszellen" als Alternativen zur eigenständigen Entwicklung von Qualitätszielen durch die jeweilige Einrichtung vor. Diese Planungszellen bestehen aus Angehörigen der Bevölkerung und aus Fachleuten, deren Aufgabe die informationsmäßige Aufbereitung der Themen für die eigentlichen Mitarbeiter dieser Zellen (=Angehörige der Bevölkerung) ist. Die Qualitätsplanungs- und -kontrollarbeit wird von diesen allein durchgeführt und zu Expertisen verarbeitet, die dann in das Qualitätsmanagement-System aufgenommen und weiter verarbeitet werden. Nach dem Bericht des Autors haben sich diese Gruppen im Bereich der Wirtschaft bisher gut bewährt.

Ein gänzlich anderes, sehr brisantes Thema, wird von *Köhlke* in der letzten Arbeit dieses Teils des Buches zur Diskussion gestellt, die Sinnhaftigkeit des Gutachterverfahrens nach den Psychotherapie-Richtlinien der KBV. In einer sehr differenzierten Analyse untersucht der Autor, ob die Ziele des Verfahrens (Wirtschaftlichkeitsprüfung, Zweckmäßigkeitsprüfung, Qualitätssicherung) mit der gegenwärtigen Art der Umsetzung erreicht werden können. Er kommt zu dem Schluß, daß das Verfahren für die ihm zugedachten Aufgaben wenig geeignet ist und selbst mit Qualitätsproblemen zu kämpfen hat, da es zum einen beinahe mehr kostet, als es potentiell erspart und zum anderen – was gewichtiger erscheint – kaum oder gar nicht in der Lage ist, die Indikation und Qualität der beantragten Psychotherapien richtig zu beurteilen. Dies ist jedem Ausbilder bekannt, der Abschlußfälle zu beurteilen hat. Ein Ausbildungsteilnehmer, der bestimmte Sachverhalte gut lesbar und vielleicht mit etwas Esprit gewürzt darstellen kann, hat es mit der Anerkennung seiner Arbeit sicher leichter als jemand, dem dies schwerer fällt. Wer von beiden die bessere Therapie durchführt bzw. durchgeführt hat, kann aus den Berichten nicht erschlossen werden. Dies gilt auch für die Anträge auf Übernahme der Therapiekosten – noch viel mehr im Zeitalter von Computern und von Textverarbeitungsprogrammen, in denen von gewitzten Gutachtern selbst im Rahmen von Dokumentationssystemen Textbausteine für Erst- und Folgeanträge mitverkauft werden.

4.10 Ausblick

Im letzten Teil des Buches geben *Vogel und Laireiter* ein Resümee über den Stand der Entwicklung und stellen die wichtigsten Positionen und Diskussionen zusammenfassend dar. Dabei wird von ihnen noch einmal herausgearbeitet, was das Wesen der Qualitätssicherung ist: der ständige Versuch, die Qualität des professionellen Handelns zu verbessern und dazu systematische Mittel einzusetzen, wovon als die wichtigsten Dokumentations- und Evaluationssysteme sowie die Erarbeitung von Standards und die regelmäßige Überprüfung ihrer Erreichung anzusehen sind. Die ständige Reflexion des eigenen therapeutischen Handelns in Supervision und Qualitätszirkelarbeit gewinnt dabei eine zentrale Bedeutung. Entsprechend sollte in Zukunft auch der (Weiter-)Entwicklung und Vereinheitlichung derartiger Methoden großes Gewicht zugemessen werden. Dabei gilt hier, wie in vielen anderen Bereichen der Qualitätssicherung auch: Die Standards wie die Systeme müssen praxistauglich sein und dürfen keinen überzogenen Anspruch vertreten, sie müssen in einer vertretbaren Zeit bearbeitet werden können und müssen Informationen erbringen, die dem Praktiker und vor allem dem Nutzer der psychotherapeutischen Leistung, dem Patienten, dienlich sind. Sollten diese Forderungen nicht erfüllt sein, werden sie vielleicht nur dem Forscher/Autor, keinesfalls aber dem Praktiker vor Ort und den Patienten/Klienten einen greifbaren Nutzen bringen.

Qualitätssicherung von Psychotherapie und psychosozialer Versorgung obliegt nicht nur dem einzelnen Praktiker vor Ort, sie obliegt dem gesamten System der Gesundheitsversorgung. Gerade auf der Ebene der strukturellen Rahmenbedingungen der Versorgungsqualität orten Vogel und Laireiter jedoch einigen Nachholbedarf. Ohne entsprechende Verbesserungen in diesen Rahmenbedingungen können fruchtbare Qualitätsverbesserungen auf der Ebene des einzelnen Versorgers, sei es eine Klinik oder ein niedergelassener Praktiker, nicht wirklich greifen. Es ist daher gerade diese Ebene, die in Zukunft vermehrter Aufmerksamkeit bedarf.

Ein weiterer wichtiger Bereich, der in Zukunft ebenfalls vermehrt unter dem Aspekt der Qualität und ihrer ständigen Verbesserung betrachtet werden muß, ist die Ausbildung in Psychotherapie. Für diese können zum gegenwärtigen Zeitpunkt zwar bereits einige wichtige Standards formuliert werden (vgl. Kuhr sowie Reimer et al., in diesem Band), dennoch mangelt es an allgemein verbindlichen Kriterien und vor allem an verbindlichen Strukturen ihrer Umsetzung. Diese werden vermutlich wohl erst durch ein Psychotherapeutengesetz erbracht werden können. Es ist daher zu hoffen, daß in diesem der Aspekt der Ausbildungsqualität und ihrer Sicherstellung die ihr entsprechende Würdigung erfährt.

Deutlicher Entwicklungsbedarf besteht nach Vogel und Laireiter auch bei der Klärung der Perspektive derjenigen, für die die Qualitätssicherung eigentlich gedacht ist, den Klienten und Patienten. Dabei sollte vor allem eruiert werden, welche Erwartungen diese an die psychotherapeutischen Leistungen haben, insbesondere an die Ergebnisse der psychotherapeutischen Behandlungen. Zur Klärung dieser Fragen wäre vor allem die Forschung aufgerufen. Dabei sollte es aber nicht nur darum gehen, Informationen und Daten über die Wünsche und Erwartungen der Patienten zu erheben, sondern auch Modelle und Methoden einer aktiven Partizipation der Patienten an der Qualitätsdiskussion zu entwickeln, d.h. der Teilnahme an der Erstellung von Standards, der Beurteilung von Qualität und der Bearbeitung von Qualitätsproblemen (vgl. dazu auch Adam, in diesem Band). Gleichzeitig wäre es aber auch wichtig, sachgerechte Informationen über psychotherapeutische Leistungen, unterschiedliche Durchführungsformen und Zielsetzungen, Evaluationsergebnisse und Zugangswege zur Verfügung zu stellen. Zwar gibt es bereits eine große Anzahl an Patienteninformationen und -ratgebern, in denen wichtiges Wissen vermittelt und spezifisches, zielführendes psychotherapeutisches Vorgehen charakterisiert wird, zu oft aber mangelt es noch an breiter Information für die Patienten, wo sie die auf diese Weise angepriesenen Behandlungen auch absolviert werden können, was sie kosten und wie lange sie dauern. Zur Vermittlung der benötigten Informationen sind nicht nur die Fachverbände und die Berufsvereinigungen gefragt, sondern vor allem auch das Versorgungssystem selbst, welches seinerseits auch entsprechende Angebote bereitstellen müßte.

5. Zur Lesbarkeit des Buches

Bereits im Vorwort wurde von den Herausgebern darauf hingewiesen, daß das Buch die volle Breite der gegenwärtigen Diskussion zum Thema Qualitätssicherung abzudecken versucht. Dies impliziert natürlich auch eine große Heterogenität in den Beiträgen. Das Buch hat keineswegs den Anspruch, ein Lehrbuch zu sein, sondern es soll dem interessierten Leser einen Einblick in die verschiedenen Bereiche des aktuellen Standes der Qualitätssicherung geben. In diesem Sinn kann es natürlich auf sehr unterschiedliche Art und Weise gelesen werden, etwa vom Anfang bis zum Ende. Es können aber auch nur einzelne Abschnitte oder Kapitel fundierter bearbeitet werden. Es obliegt dem Leser, zu entscheiden, was für ihn interessant und wichtig ist. Um dennoch eine gewisse Orientierung zu ermöglichen, wurden die Texte der einzelnen Abschnitte so geordnet, daß allgemeine und Überblicksartikel an ihren Beginn und solche, die spezifischere oder selektivere Inhalte thematisieren, weiter nach hinten gesetzt wurden. Diese Reihung dient einzig der Orientierung und sagt nichts über die Qualität der Arbeiten aus.

Zudem ist zu hoffen, daß dieses Einleitungskapitel den Leser in die Lage versetzen konnte, für sich zu entscheiden, welche Arbeiten für ihn, sein Interesse oder seinen Arbeitsbereich von Relevanz sind.

Literaturverzeichnis

American Psychological Association (1992). Ethical principles of psychologists and code of conduct. *American Psychologist, 47*, 1597–1611. [dt. Übersetzung, 1993, in I. Vogt & E. Arnold (Hrsg.), Sexuelle Übergriffe in der Therapie (S. 76–97). Tübingen: dgvt-Verlag].

Arbeitsgruppe Qualitätssicherung (Hauke, E., Bauer, H., Dittl, E.E., Dopplinger, H., Holzner, J.H., Ingruber, H., Korn, A., Krczal, A., Krepler, R., Kriegl, M., Mechtler, R., Moser, G., Neumann, M., Peter, G., Pokieser, H., Rathkolb, O., Rohrer, G., Ruzicka, P., Spängler, P., Veit, F. & Wolner, E.) (1994). *Leitfaden zur Qualitätssicherung im Krankenhaus. Hinweise für die praktische Anwendung*. Wien: Bundesministerium für Gesundheit und Konsumentenschutz.

Austad, C.S. & Berman, W.H. (Eds.). (1991). *Psychotherapy in managed health care. The optimal use of time and resources*. Washington, DC: American Psychological Association.

Bahrs, O., Gerlach, F.M. & Szecsenyi, J. (1995). *Ärztliche Qualitätszirkel. Leitfaden für den niedergelassenen Arzt* (2. Aufl.). Köln: Deutscher Ärzteverlag.

Baumann, U. & Reinecker-Hecht C. (1991). Psychotherapie-Evaluation. In K.P. Kisker, H. Lauter, J.E. Meyer, C. Müller & E. Strömgren (Hrsg.), *Psychiatrie der Gegenwart* (Bd. 1., Neurosen, Psychosomatische Erkrankungen, Psychotherapie, 4. Aufl., S.353–372). Berlin: Springer.

Baumgärtel, F. (Hrsg.). (1996). Qualitätsmanagement. [Themenheft]. *Report Psychologie, 21* (Heft 11 / 12).

Berger, M. & Gaebel, W. (Hrsg.). (1997). *Qualitätssicherung in der Psychiatrie*. Berlin: Springer.

Berman, W.H. & Austad, C.S. (1991). Managed mental health care: Current status and future directions. In C.S. Austad & W.H. Berman (Eds.), *Psychotherapy in managed health care. The optimal use of time and resources* (pp. 264–278). Washington, DC: American Psychological Association.

Bertelmann, M., Jansen, J. & Fehling, A. (1996). Qualitätsmanagement in der psychotherapeutischen Praxis. *Report Psychologie, 21*, 892–901.

Berufsverband Deutscher Psychologen (BDP) (1993). Berufsordnung für Psychologen. In I. Vogt & E. Arnold (Hrsg.), Sexuelle Übergriffe in der Therapie (S. 51–60). Tübingen: dgvt-Verlag.

Binder, J.L. (1993). Is it time to improve psychotherapy training? *Clinical Psychology Review, 13*, 301–318.

Blanck, R.R. & DeLeon, P.H. (1996). Managed Care: Strongly conflicting views. *Professional Psychology: Research and Practice, 27*, 323–324.

Bobzien, M., Stark, W. & Straus, F. (1996). *Qualitätsmanagement*. Alling: Sandmann.

Braun, R. (1995). Die Qualitätssicherer: Eine neue Plage für frei niedergelassene Diplom-Psychologen. *Psychotherapeutenforum, 4/95*, 56–59.

Cording, C. (1995). Basisdokumentation und Ergebnisqualität. In W. Gaebel (Hrsg.), *Qualitätssicherung im psychiatrischen Krankenhaus* (S. 173–182). Wien: Springer.

Deutsche Gesellschaft für Verhaltenstherapie (DGVT) (1995). *Ethische Rahmenrichtlinien der DGVT und Kommentare*. (Verabschiedet auf der Mitgliederversammlung am 10.3.1995). Tübingen: dgvt-Verlag.

Donabedian, A. (1966). Evaluating the quality of medical care. *Milbank Memorial Funds Quarterly, 44*, 166–203.

Donabedian, A. (1985). Twenty years of research on the quality of medical care: 1964–1984. *Evaluation of the Health Professions, 8*, 243–265.

Faber, F.R. & Haarstrick, R. (1994). *Kommentar Psychotherapie-Richtlinien*. (3. Aufl.). Neckarsulm: Jungjohann Verlagsgesellschaft.

Fiegenbaum, W., Tuschen, B. & Florin, I. (1997). Qualitätssicherung in der Psychotherapie. *Zeitschrift für Klinische Psychologie, 26*, 138–149.

Fine, D.J. & Meyer, E.R. (1983). Quality assurance in historical perspective. *Hospital and Health Services Administration, 28*, 94–121.

Fraser, J.S. (1996). All that glitters is not always gold: Medical offset effects and managed behavioral health care. *Professional Psychology: Research and Practive, 27*, 335–344.

Fritzschke, K., Sandholzer, H., Albota, M., Höger, C., Pelz, J., Deter, H.-C., Bohlen, U., Brucks, U., Härter, M. & Schmidt, B. (1996). Qualitätssicherung und Qualitätsmanagement in der Psychosomatischen Grundversorgung. Erste Ergebnisse eines Demonstrationsprojektes. *Psychotherapeut, 41*, 326–330.

Fydrich, T., Laireiter, A.-R., Saile, H. & Engberding, M. (1996). Diagnostik und Evaluation in der Psychotherapie: Empfehlungen zur Standardisierung. *Zeitschrift für Klinische Psychologie, 25*, 161–168.

Gaebel, W. (1995). Qualitätssicherung diagnostischer und therapeutischer Maßnahmen im psychiatrischen Krankenhaus. In W. Gaebel (Hrsg.), *Qualitätssicherung im psychiatrischen Krankenhaus* (S. 87–108). Wien: Springer.

Gaebel, W. & Wolpert, E. (1994). Qualitätssicherung in der Psychiatrie. Ein neues Referat der Deutschen Gesellschaft für Psychiatrie, Psychotherapie und Nervenheilkunde (DGPPN). *Spektrum der Psychiatrie und Nervenheilkunde, 1*, 4–13.

Giles, T.R. (1991). Managend mental health care and effective psychotherapy – A step in the right direction. *Journal of Behavior Therapy and Experimental Psychiatry, 22*, 83–86.

Grawe, K. & Braun, U. (1994). Qualitätskontrolle für die Praxis. *Zeitschrift für Klinische Psychologie, 23*, 242–267.

Grawe, K., Donati, R. & Bernauer, F. (1994). *Psychotherapie im Wandel. Von der Konfession zur Profession*. Göttingen: Hogrefe Verlag für Psychologie.

Härter, H. & Berger, M. (1997). Qualitätszirkel – eine Maßnahme der Qualitätssicherung in der ambulanten psychiatrisch-psychotherapeutischen Versorgung. In M. Berger & W. Gaebel (Hrsg.), *Qualitätssicherung in der Psychiatrie* (S. 89–98). Berlin: Springer.

Häussler, B. (1996). Qualitätszirkel und Ansätze von umfassendem Qualitätsmanagement in Rehabilitationskliniken. In T. Schott, B. Badura, P. Wolf & P. Wolters (Hrsg.), *Neue Wege in der Rehabilitation* (S. 135–155). Weinheim: Juventa.

Haug, H.-J. & Stieglitz, R.-D. (Hrsg.). (1995). *Qualitätssicherung in der Psychiatrie.* Stuttgart: Enke.

Hell, D., Bengel, J. & Krüger, M.K. (1997). *Qualitätssicherung in der psychiatrischen Versorgung. Modelle und Projekte in der Schweiz und in Deutschland.* Basel: Karger.

Hoyt, M.R. & Austad, C.S. (1992). Psychotherapy in a staff model health maintenance organization: Providing and assuring quality care in the future. *Psychotherapy, 29,* 119–129.

Kassenärztliche Bundesvereinigung (KBV) (1993). Richtlinien der Kassenärztlichen Bundesvereinigung für Verfahren der Qualitätssicherung (Qualitätssicherungsrichtlinien der KBV) gemäß § 135 Abs.3 SGB V. *Deutsches Ärzteblatt, 90,* 1148–1149.

Kirkpatrick, D.L. (1979). Techniques for evaluating. *Training and Development Journal, 33,* 78–92.

Kolkmann, F.W. (1995). Qualitätssicherung aus der Sicht der Bundesärztekammer. In W. Gaebel (Hrsg.), *Qualitätssicherung im psychiatrischen Krankenhaus* (S. 11–20). Wien: Springer.

Kordy, H. (1992). Qualitätssicherung: Erläuterungen zu einem Reiz- und Modewort. *Zeitschrift für Psychosomatische Medizin und Psychoanalyse, 38,* 310–324.

Kordy, H. & Lutz, W. (1995). Das Heidelberger Modell: Von der Qualitätskontrolle zum Qualitätsmanagement stationärer Psychotherapie durch EDV-Unterstützung. *Psychotherapie Forum, 3,* 197–206.

Laireiter, A.-R. (1994). Dokumentation psychotherapeutischer Fallverläufe. *Zeitschrift für Klinische Psychologie, 23,* 236–241.

Laireiter, A.-R. (1995). Qualitätssicherung von Psychotherapie: II. Expertenbericht und Gutachten [unter Mitarbeit von S. Himmelbauer, E. Dobernig & C. Thiele]. In A.-R. Laireiter, H. Knauer & U. Baumann (Hrsg.), *Expertenbericht und Gutachten: „Qualitätssicherung von Psychotherapie" an das Bundesministerium für Wissenschaft, Forschung und Kunst* (S. 20–166). Salzburg: Institut für Psychologie.

Lamprecht, J.L. (1993). *ISO 9000 – Vorbereitung zur Zertifizierung.* Hamburg: Behr.

Linden, M. (1987). *Phase-IV-Forschung.* Berlin: Springer.

Lutz, W. (1997). *Evaluation eines Qualitätssicherungsprogramms in der Psychotherapie.* Regensburg: S. Roderer.

Lutz, W., Lauer, G., Leeb, B., Bölle, M. & Kordy, H. (1994). Was sind und wozu nützen Qualitätszirkel in der Pscyhotherapie? In F. Lamprecht & R. Johnen (Hrsg.), *Salutogenese. Ein neues Konzept in der Psychosomatik* (S. 241–253). Frankfurt a. M.: Verlag für Akademische Schriften VAS.

MacLean, B. (1991). Developing a meaningful quality assurance program. *The Arts in Psychotherapy, 18,* 51–58.

Matarazzo, R.G. & Garner, A.M. (1992). Research on training for psychotherapy. In D.K. Freedheim (Ed.), *History of psychotherapy. A century of change* (pp. 850–877). Washington, DC: American Psychological Association.

Meyer, A.E., Richter, R., Grawe, K., Graf v. d. Schulenburg, J.M. & Schulte, B. (1991). *Forschungsgutachten zu Fragen eines Psychotherapeutengesetzes.* Hamburg: Universitäts-Krankenhaus Hamburg-Eppendorf.

Miller, I.J. (1996). Managed care is harmful to outpatient mental health services: A call for accountability. *Professional Psychology: Research and Practice, 27,* 349–363.

Nienhaus, R., Schreiner-Kürten, K. & Wilker, F.-W. (1997). *Qualitätssicherung für Psychologen. Definition, Inhalte, Methoden*. Bonn: Deutscher Psychologen Verlag.

Paar, G.H. (1997). Das Qualitätssicherungsprogramm der Rentenversicherungsträger. Perspektiven des Anwenders aus einer psychosomatischen Fachklinik. *Psychotherapeut, 42*, 156–162.

Palmer, R.H. (1988). The challanges and prospects for quality assessment and assurance in ambulatory care. *Inquiry – The Journal of Health Care Organization Provision and Financing, 25*, 119–131.

Parry, G. (1992). Improving psychotherapy services: Applications of research, audit and evaluation. *British Journal of Clinical Psychology, 31*, 3–19.

Potreck-Rose, F. (1993). Bericht über die Arbeitstagung zur „Qualitätssicherung in der psychosomatischen und psychotherapeutischen Medizin" vom 26.–27.11.1992 in Freiburg. *Psychotherapie, Psychosomatik & Medizinische Psychologie, 43*, 304–305.

Prößdorf, K. (1995). Qualitätssicherung aus Sicht der Deutschen Krankenhausgesellschaft. In W. Gaebel (Hrsg.), *Qualitätssicherung im psychiatrischen Krankenhaus* (S. 21–27). Wien: Springer.

Pylkkänen, K. (1989). A quality assurance program for psychotherapy: The Finnish experience. *Psychoanalytic Psychotherapy, 4*, 13–22.

Raad, G. de & Fuhr, H. (1997). Die EFQM zeigt Wege zur Qualitätsverbesserung auf. *QualiMed, 5*, 4–6.

Reerink, E. (1984). Qualitätssicherung in den Niederlanden – Erfahrungen mit der interkollegialen Qualitätssicherung im Krankenhaus. In H.-K. Selbmann (Hrsg.), *Qualitätssicherung ärztlichen Handelns* (Beiträge zur Gesundheitsökonomie, Bd.16, S. 61–84). Gerlingen: Bleicher.

Richter, R. (1994). Editorial: Qualitätssicherung von Psychotherapie. *Zeitschrift für Klinische Psychologie, 23*, 233–236.

Richter, R. (1996). Die qualitätsgesicherte Psychotherapie-Praxis: Entwurf einer Leitlinie. Konzept für Qualitätssicherungs-Maßnahmen in der ambulanten psychotherapeutischen Versorgung. *Psychotherapeutenforum, 3/96*, 6–9.

Rüssmann-Stöhr, Ch. (1996). Zertifizierung nach ISO 9000 für eine Werkstatt für Behinderte: Warum überhaupt und wie anfangen? *Report Psychologie, 21*, 910–933.

Sabatino, F. (1992). Clinical quality initiatives: The search for meaningful and accurate measures. *Hospitals, 66*, 26–29.

Schaub, E. & Schliehe, F. (1994). Ergebnisse der Reha-Kommission und ihre Bedeutung für das Qualitätssicherungsprogrammm der Rentenversicherung. *Deutsche Rentenversicherung, 11/94*, 101–110.

Scheidt, C.E. (1996). Qualitätssicherung in der Psychotherapeutischen Medizin. Mitteilung der Qualitätssicherungsbeauftragten eines Zusammenschlusses von AWMF-Fachgesellschaften. *Psychotherapeut, 41*, 250–253.

Schulte, D. (1993). Wie soll Therapieerfolg gemessen werden. *Zeitschrift für Klinische Psychologie, 22*, 374–393.

Selbmann, H.-K. (1995). Konzept und Definition medizinischer Qualitätssicherung. In W. Gaebel (Hrsg.), *Qualitätssicherung im psychiatrischen Krankenhaus* (S. 3–10). Wien: Springer.

Selbmann, H.-K. & Überla, K.K. (Hrsg.). (1982). *Quality assessment of medical care.* Gerlingen: Bleicher.

Spörkel, H., Birner, U., Frommelt, B. & John, T.P. (Hrsg.). (1995). *Total Quality Management: Forderungen an Gesundheitseinrichtungen.* Berlin: Quintessenz.

Tiefensee, J. & Koch, U. (1997). Qualitätssicherung in der medizinischen Rehabilitation. In F. Petermann, (Hrsg.), *Rehabilitation. Verhaltensmedizinische Ansätze* (2. Aufl., S. 509–528). Göttingen: Hogrefe Verlag für Psychologie.

Trenckmann, U. & Spengler, A. (1995). Qualitätssicherung im psychiatrischen Krankenhaus – Möglichkeiten, Erfordernisse, Grenzen. In W. Gaebel (Hrsg.), *Qualitätssicherung im psychiatrischen Krankenhaus* (S: 28–38). Wien: Springer.

Vogel, H. (1993). Was heißt Qualitätssicherung in der Psychotherapie? *Verhaltenstherapie und psychosoziale Praxis, 25,* 93–100.

Vogel, H. (1996). Ambulante Psychotherapieversorgung – Eine kritische Übersicht. *Verhaltenstherapie und psychosoziale Praxis, 28,* 105–126.

Zaro, J.S. & Kilburg, R.R. (1982). The role of APA in the development of quality assurance in psychological practice. *Professional Psychology – Research and Practice, 13,* 112–118.

Zielke, M. (1993). Basisdokumentation in der stationären Psychosomatik. *Praxis der Klinischen Verhaltensmedizin und Rehabilitation, 6,* 218–227.

Zlotnik, C. (1992). A public health quality assurance system. *Public Health Nursing, 9,* 133–137.

Zusman, J. (1988). Quality assurcance in mental health care. *Hospital and Community Psychiatry, 39,* 1286–1290.

II.

Konzeptionelle und theoretische Grundlagen

II.

Qualitätssicherung in der Psychotherapie:
Grundlagen, Realisierungsansätze, künftige Aufgaben

Rüdiger Nübling & Jürgen Schmidt

Inhalt:

1. **Einleitung** 50
2. **Grundlagen der Qualitätssicherung** 51
   - 2.1 Definition von Qualität, Qualitätsdimensionen 51
   - 2.2 Paradigma der Qualitätssicherung 53
   - 2.3 Qualitätsmanagement 53
   - 2.4 Qualität und Wirtschaftlichkeit 55
   - 2.5 Kardinalfragen der Qualitätssicherung 55
   - 2.6 Interne und externe Qualitätssicherung 57
   - 2.7 Methoden und Verfahren der Qualitätssicherung 57
3. **Überblick über bisherige Vorschläge, Modellprojekte und Maßnahmen** 58
   - 3.1 Allgemeine Vorschläge und Beschlüsse 58
     - 3.1.1 Vorschläge im Forschungsgutachten zum Psychotherapeutengesetz 58
     - 3.1.2 Maßnahmen psychotherapeutischer Fachgesellschaften 59
     - 3.1.3 Qualitätssicherungs-Richtlinien der Kassenärztlichen Bundesvereinigung 61
   - 3.2 Empirisch gestützte Qualitätssicherungs-Maßnahmen 61
     - 3.2.1 Basisdokumentation 61
     - 3.2.2 Das „Berner Modell" einer Qualitätskontrolle in der Psychotherapiepraxis 62
     - 3.2.3 „Heidelberger Modell" 63
     - 3.2.4 „Zweigleisiges Modell" in psychosomatischen Rehabilitationskliniken 63
     - 3.2.5 Modellprojekt „Qualitätssicherung in der Psychosomatik" . 64
     - 3.2.6 Reha-Qualitätssicherungsprogramm der Rentenversicherung 64
4. **Zukunftsaufgaben einer Qualitätssicherung in der Psychotherapie** 67

1. Einleitung

Qualitätssicherung (QS), genauer die „Sicherung der Qualität der Leistungserbringung", wurde 1989 für den Bereich der gesetzlichen Krankenversicherung in Deutschland vom Gesetzgeber (§ 135-139 SGB V) als gemeinschaftliche Aufgabe von Kostenträgern und Leistungserbringern festgeschrieben. Hierbei sind *alle* medizinischen Leistungsbereiche der Krankenversicherung einzubeziehen. Ziel dieser Regelungen war und ist, durch geeignete QS-Maßnahmen einen für alle Patienten gleichmäßig hohen medizinischen Leistungsstandard jeweils im ambulanten und stationären Versorgungsbereich zu gewährleisten.

Der anfänglich eher zögerlichen Reaktion von „Leistungserbringern" (z.B. Akutkliniken, Reha-Kliniken, Praxen) und ihrer Standesorganisationen (Berufsverbände, Fachgesellschaften) folgte eine Flut von Aktivitäten. Das Thema Qualitätssicherung oder Qualitätsmanagement ist zunehmend häufig auf medizinischen und psychosomatischen Fachkongressen präsent, und es sind eine Reihe fundierter Publikationen erschienen. Es wurden QS-Gremien auf unterschiedlichen Ebenen gebildet, Realisierungsvorschläge bzw. QS-Konzeptionen entwickelt und z.T. umfassende QS-Programme eingeführt. Darüber hinaus wurden u.a. zwei spezielle Fachgesellschaften („Gesellschaft für Angewandtes Qualitätsmanagement im Gesundheits- und Sozialwesen e.V.", und „GQMG – Gesellschaft für Qualitätsmanagement in der Gesundheitsversorgung e.V.") sowie zwei Periodikas („Qualitätsmanagement in Klinik und Praxis" und „Gesundheitsökonomie & Qualitätsmanagement") gegründet.

Die gesetzlichen Bestimmungen gelten ebenso für den Bereich der psychotherapeutischen/psychosomatischen Versorgung. Auch hier war die Entwicklung zunächst zögerlich. Es wurde auf der einen Seite von „Qualitätssicherung" als einem Reiz- und Modewort gesprochen, mitunter wurde sie auch als „Zumutung" empfunden (Kordy, 1992). Häufig wurde auch argumentiert, daß die Wirksamkeit von Psychotherapie durch eine Vielzahl von Studien belegt und daß QS in der Psychotherapie deshalb überflüssig sei. Daß diese Sichtweise einem Grundmißverständnis von QS entspricht – Qualität muß für die Behandlungs*routine* erzeugt und immer wieder neu belegt werden –, findet erst in den letzten Jahren einen breiteren Konsens. Andererseits wird gerade für den Bereich der Psychotherapie – nicht zu Unrecht – darauf hingewiesen, daß u.a. mit Balintgruppen, Supervision, kollegialer Intervision seit Jahren praktizierte und verankerte Formen der QS bestehen (Scheidt, 1996). Trotz dieser und weiterer „Hinderungsgründe" hat es auch hier seit 1989 eine Vielzahl von QS-Initiativen und QS-Projekten gegeben.

Der vorliegende Beitrag befaßt sich in seinem ersten Teil mit einigen Grundlagen bzw. Grundbegriffen der Qualitätssicherung. Im zweiten Teil der Arbeit wird versucht, einen Überblick über wesentliche Vorschläge zum Aufbau einer QS-Infrastruktur bzw. von QS-Systemen sowie über derzeit laufende Modellprojekte und Maßnahmen zu geben. Bei letzteren wird dabei ein Schwerpunkt auf empirisch gestützte Maßnahmen gelegt und u.a. auf das „Heidelberger Modell", das „Berner Modell", auf das „Zweigleisige Modell" oder das „Fünf-Punkte-Programm" der Rentenversicherung eingegangen. Eine Reihe von verbundenen Arbeitsfeldern, in denen ebenfalls QS-Initiativen gestartet bzw. QS-Konzepte entwickelt und umgesetzt werden/wurden, können an dieser Stelle nur erwähnt werden. So sei z.B. auf die Arbeiten von Gaebel (1995; Gaebel & Schwarz in diesem Band) für die Psychiatrie, auf Mattejat und Remschmidt (1995) für die Kinder- und Jugendpsychiatrie, auf Fachverband Sucht (1995; vgl. auch Lindenmeyer & Schneider in diesem Band) für die Abhängigkeitserkrankungen oder auf Fritzsche et al. (1996) für die psychosomatische Grundversorgung verwiesen.

2. Grundlagen der Qualitätssicherung

Nach wie vor ist festzuhalten, daß der Begriff QS mannigfaltig interpretiert wird; teilweise wird „jedes Computerprogramm, jeder Erhebungsbogen und jede Fortbildungsveranstaltung zur Qualitätssicherung erklärt" (Pietsch-Breitfeld, Krumpaszky, Schelp & Selbmann, 1994, S. I6). Zurecht wird auf eine teilweise inflationäre Verwendung des Begriffes (Koch & Schulz, 1997) hingewiesen. In den internationalen Normen (z.B. DIN ISO 9000 bis 9004) ist ein Trend erkennbar, vom Begriff „Qualitätssicherung" Abschied zu nehmen und eher Bezeichnungen wie „Qualitätssicherungssysteme" und „Qualitätsmanagement", die als Weiterentwicklungen des ursprünglichen QS-Konzepts verstanden werden, zu verwenden (Pietsch-Breitfeld et al., 1994). Für die vorliegende Übersicht möchten wir beim im deutschen Sprachgebrauch nach wie vor verbreiteteren Terminus „Qualitätssicherung" bleiben und darunter einen Oberbegriff für eine Reihe verschiedener Ansätze und unterschiedlicher Maßnahmen verstehen, deren globales Ziel darin besteht, die Qualität gesundheitsbezogener Dienstleistungen, d.h. die konkrete Versorgungspraxis systematisch und kontinuierlich zu hinterfragen, zu bewerten, zu fördern und – im Falle von Mängeln oder Schwachstellen – zu verbessern. In diesem Sinne ist „Qualitätsmanagement" gewissermaßen ein Teilaspekt der Qualitätssicherung, und zwar jener, der sich speziell mit den organisatorischen bzw. strategischen Komponenten von qualitätsorientierten Systemen beschäftigt (s.u.). Häufig genannte Teilziele der QS bestehen in der Schaffung bzw. Erhöhung von Transparenz, in der Überprüfung der Effektivität sowie der Wirtschaftlichkeit (Kosten-Nutzen-Relation) der erbrachten Behandlung.

2.1 Definition von Qualität, Qualitätsdimensionen

Nach DIN ISO 9004 ist Qualität definiert als die „Gesamtheit von Eigenschaften und Merkmalen eines Produkts oder einer Dienstleistung, die sich auf deren Eignung zur Erfüllung festgelegter oder vorausgesetzter Erfordernisse beziehen" (Deutsches Institut für Normung DIN, 1992, S. 9). Vereinfacht gesagt ist Qualität das Verhältnis zwischen *realisierter* Beschaffenheit (IST) und *geforderter* Beschaffenheit (SOLL; vgl. Abbildung 1).

Qualität kann dabei als latentes *mehrdimensionales Konstrukt* (vgl. Zillessen, 1994) betrachtet werden, das man nicht selbst messen, sondern nur über unterschiedliche Indikatoren – jeweils ausschnittweise – erfassen kann. Donabedian (1966) lieferte eine operationale Definition der Qualität der medizinischen Versorgung, wobei

Abbildung 1: Was ist Qualität?

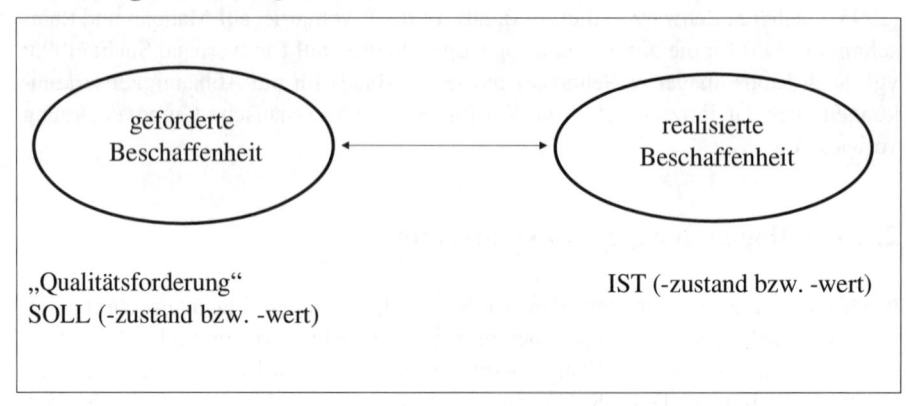

```
   gefordert                    realisierte
   Beschaffenheit    ←——→      Beschaffenheit

„Qualitätsforderung"            IST (-zustand bzw. -wert)
SOLL (-zustand bzw. -wert)
```

er die Dimensionen „*Struktur-*", „*Prozeß-*" und „*Ergebnisqualität*" einführte (vgl. Abbildung 2; zu alternativen Dimensionierungen vgl. z.B. Donabedian, 1992).

Abbildung 2: Dimensionen von Qualität (nach Donabedian, 1966)

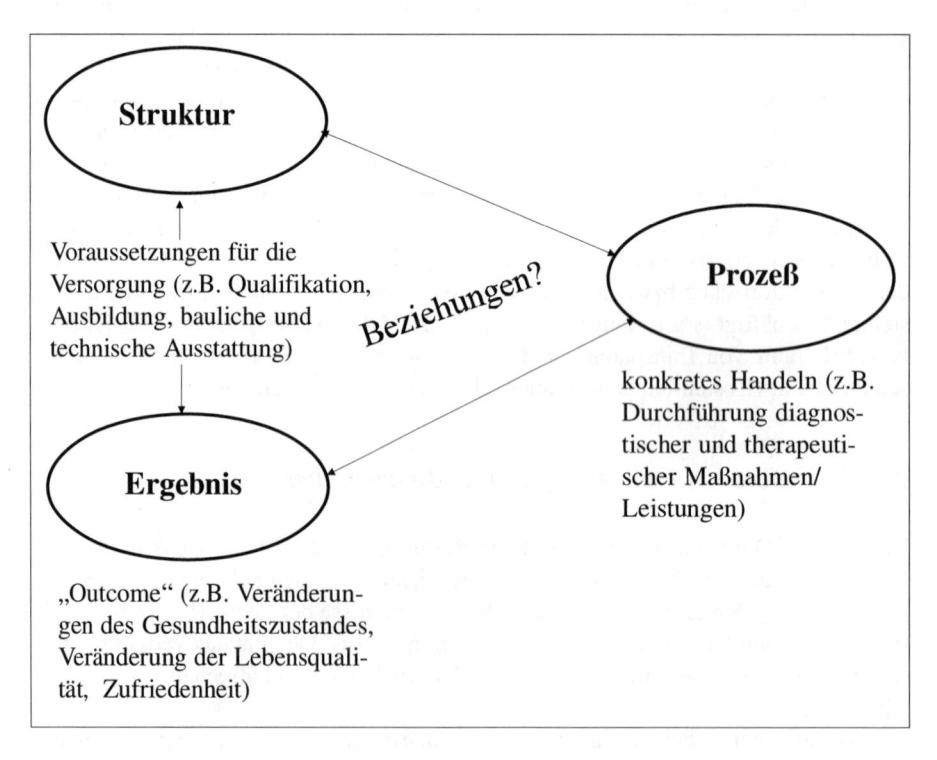

```
        Struktur
           ↕
                    Beziehungen?          Prozeß
Voraussetzungen für die
Versorgung (z.B. Qualifikation,
Ausbildung, bauliche und
technische Ausstattung)
                                   konkretes Handeln (z.B.
                                   Durchführung diagnos-
                                   tischer und therapeuti-
        Ergebnis                   scher Maßnahmen/
                                   Leistungen)

„Outcome" (z.B. Veränderun-
gen des Gesundheitszustandes,
Veränderung der Lebensquali-
tät, Zufriedenheit)
```

Die meisten Experten sind sich darüber einig, daß der häufig gemachten Annahme einer linearen bzw. kausalen Beziehung zwischen den Dimensionen (im Sinne „hohe Strukturqualität führt zu hoher Prozeßqualität und damit zu hoher Ergebnisqualität") nur ein theoretischer Wert zukommt, empirisch konnten sie bislang nicht nachgewiesen werden (vgl. Selbmann, 1990a, S. 472). Struktur- und Prozeßqualität können als notwendige, jedoch nicht hinreichende Bedingungen für Ergebnisqualität betrachtet werden. Die Ergebnisqualität wird deshalb vielfach als die *eigentliche Zielgröße* in der Qualitätssicherung betrachtet (vgl. z.B. Sachverständigenrat, 1995). Die drei Qualitätsdimensionen bzw. Ebenen von Qualität stellen mögliche Ansatzpunkte für Qualitätsbeurteilungen dar, für die entsprechende Checklisten hilfreich sein können (vgl. Schmidt, Nübling & Vogel, 1995). Für alle drei Ebenen müssen – und hierin besteht eine besondere Schwierigkeit, nicht nur für den Bereich der Psychotherapie bzw. Psychosomatik – über geeignete Indikatoren Maßstäbe (Standards) oder Erwartungswerte (Qualitätsforderungen, SOLL) formuliert werden (sofern nicht bereits vorhanden). Eine *Bewertung* von Qualität (besser: von Qualitätsaspekten) kann letztlich nur durch Vergleich des jeweiligen IST-Zustandes mit solchen Maßstäben oder mit SOLL-Vorstellungen erfolgen.

2.2 Paradigma der Qualitätssicherung

Grundlage für jede qualitätssichernde Maßnahme ist das „Paradigma der Qualitätssicherung" (Viethen, 1994; vgl. Abbildung. 3). Unabdingbare Voraussetzung hierfür ist eine systematische, wenn möglich standardisierte und vor allem kontinuierliche Beobachtung relevanter Qualitätsparameter (z.B. im Sinne eines Routinemonitorings). Im Vergleich entsprechender Parameter mit Maßstäben, Standards, Leitlinien etc. sind zunächst Probleme als solche zu definieren („Alarm- bzw. Signalfunktion"; vgl. z.B. Kordy, 1992) und zu analysieren, ggf. mit Hilfe erweiterter Datenerhebungen. Ziel der Problemanalyse ist die Identifikation von möglichen Ursachenbereichen. Am Ende dieses Prozesses, der als permanente Rückkopplungsschleife gedacht werden muß, stehen Auswahl und Umsetzung von aus der Problemanalyse abgeleiteten konkreten Problemlösungsstrategien sowie deren Überprüfung bzw. Evaluierung. In der Praxis fehlt oft die Einbindung in einen solchen Gesamtprozeß. So verfügen viele Einrichtungen zwar über umfangreiches und relevantes Datenmaterial, dieses wird aber häufig nicht in die konkrete klinische Arbeit einbezogen, d.h. Rückkopplungsprozesse und Anpassungen (z.B. des Behandlungskonzeptes) finden nicht oder nur unzureichend statt.

2.3 Qualitätsmanagement

Das Thema „Qualitätsmanagement" oder „total quality management" (TQM) im Gesundheitswesen bzw. im Krankenhaus wird zunehmend auch in der deutschsprachigen Literatur diskutiert (vgl. z.B. Böselt & Piwernetz, 1994; Hildebrand, 1994; 1995; Kaltenbach, 1993; Kracht, 1992; Zink, Schubert & Fuchs, 1994), neuerdings auch für den Bereich nicht-kommerzieller sozialer Einrichtungen, z.B. kirchlicher oder kommunaler Beratungsstellen (vgl. z.B. Rehn, 1996). Die Erzeugung und Aufrechterhaltung von Qualität in einer Organisation wird dabei in Abhängigkeit von einer systematischen Hinwendung zu einem Qualitätsmanagement gesehen. TQM ist ein Führungs-

Abbildung. 3: Paradigma der QS (modifiziert nach Viethen, 1994)

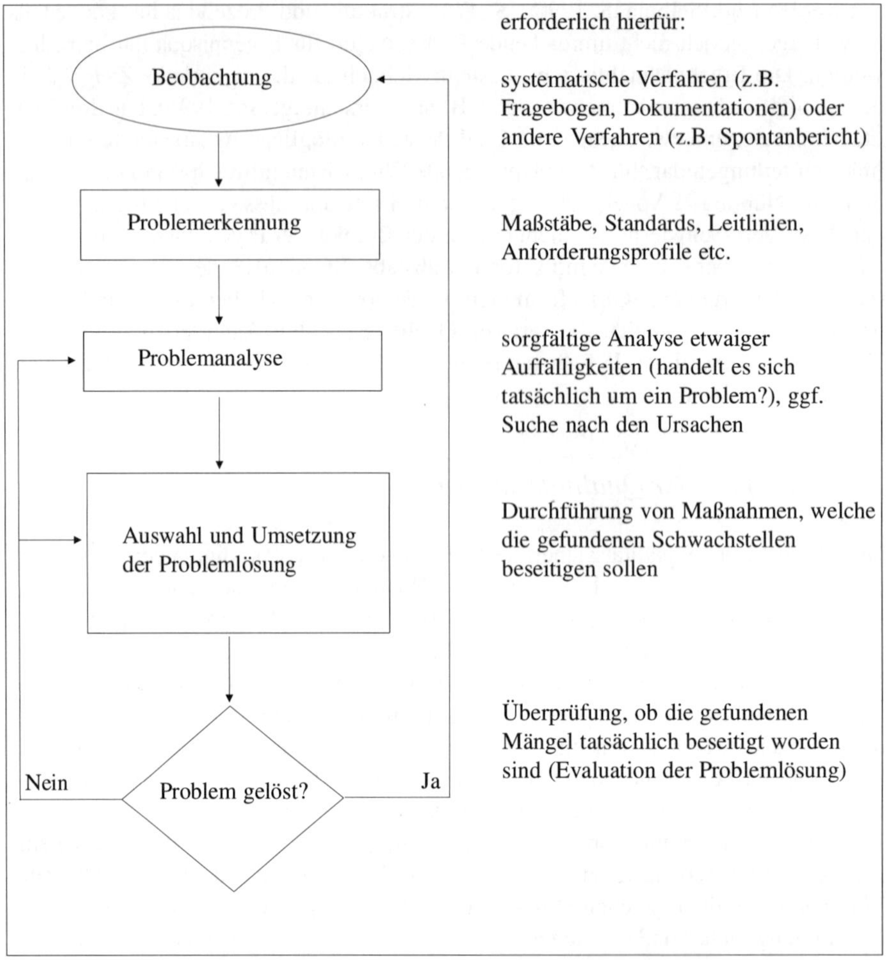

```
         Beobachtung ◄─────────┐      erforderlich hierfür:
              │                │
              ▼                │      systematische Verfahren (z.B.
                               │      Fragebogen, Dokumentationen) oder
      Problemerkennung         │      andere Verfahren (z.B. Spontanbericht)
              │                │
              ▼                │      Maßstäbe, Standards, Leitlinien,
   ┌─► Problemanalyse          │      Anforderungsprofile etc.
   │          │                │
   │          ▼                │      sorgfältige Analyse etwaiger
   │                           │      Auffälligkeiten (handelt es sich
   │   Auswahl und Umsetzung   │      tatsächlich um ein Problem?), ggf.
   │   der Problemlösung       │      Suche nach den Ursachen
   │          │
   │          ▼                       Durchführung von Maßnahmen, welche
   │                                  die gefundenen Schwachstellen
   │                                  beseitigen sollen
   │
   │                                  Überprüfung, ob die gefundenen
   │                                  Mängel tatsächlich beseitigt worden
Nein  Problem gelöst?  Ja             sind (Evaluation der Problemlösung)
```

modell, Qualität wird zur Führungsaufgabe. Qualitätsmanagement ist – verkürzt ausgedrückt – eine alle Mitarbeiter umfassende langfristige Unternehmensphilosophie zur Durchsetzung des Qualitätsgedankens auf allen Ebenen. Es setzt die erklärte und uneingeschränkte Bereitschaft voraus, Qualität zum Mittelpunkt aller Aktivitäten zu machen (Kracht, 1992). Erforderlich ist ein mitarbeiterorientierter Führungsstil auf der Basis eines vertrauensvollen und offenen Klimas. Qualitätsmanagement ist undenkbar ohne motivierte, eigenverantwortlich handelnde Mitarbeiter (Zink et al., 1994). Qualität muß an jeder Stelle einer Organisation von jedem einzelnen Mitarbeiter kontinuierlich erzeugt werden. Wesentlich ist auch eine intensive Kooperation zwischen Berufsgruppen und Abteilungen. Nur wenn interdisziplinär zusammengesetzte Teams ständig an Verbesserungen arbeiten, kann Qualitätsmanagement Erfolg haben. TQM-Konzepte gehen weiterhin davon aus, daß Mitarbeiter selbst am besten „ihre" Prozesse und deren Schwachstellen kennen (Hildebrand, 1994). „Fehlerfreiheit" wird zur (utopischen, aber anzustrebenden) Leitidee. Der Kern dieser „Null-Fehler-Philosophie" besteht darin, Fehler durch geeignete vorausschauende Maßnahmen im Vorfeld ihrer Entstehung zu vermeiden (im Gegensatz zur Nachbesserung bereits entstandener Fehler). Qualitätsmanagement ist desweiteren durch eine strikte Außen- bzw. Kundenorientierung gekennzeichnet. Jeder „Kunde" (vgl. Kapitel 2.5) stellt spezifische Anforderungen und möchte seine Interessen gewahrt sehen. Voraussetzung der Kundenorientierung ist, daß die Bedürfnisse bekannt sind (Qualitätsforderungen). Sind sie unklar oder vage, so müssen sie systematisch erfragt und erfaßt werden (Schmidt et al., 1995).

2.4 Qualität und Wirtschaftlichkeit

Qualität und Kosten sind so unmittelbar miteinander verknüpft, daß Kosten- und Effizienzgesichtspunkte in die Diskussion um Qualität einbezogen werden müssen. Bei der „Wirtschaftlichkeit" geht es um das Verhältnis von Aufwand und Ertrag, also um die Kosten-Nutzen-Relation. Aus der gesundheitsökonomischen Perspektive darf „wirtschaftlich" nicht mit „billig" gleichgesetzt werden. So sind z.B. Maßnahmen zur Kostensenkung nur dann wirtschaftlich, wenn sie nicht zu Lasten der Leistung und damit der Qualität gehen (Kaltenbach, 1989; vgl. Schmidt & Nübling, 1994). Wirtschaftlichkeit setzt effektive Leistungen und damit Qualität voraus (Dohrenberg & Schliehe, 1996), idealiter geht es um eine möglichst gute Qualität zu einem möglichst günstigen Preis. Ein wesentliches Problem an der derzeitigen Diskussion ist, daß zu häufig ausschließlich die Qualität oder ausschließlich die Kosten betrachtet werden. Ziel muß sein, beide Größen in ein vernünftiges Verhältnis zueinander zu bringen (vgl. auch Hildebrandt, 1995; Kaltenbach, 1993).

2.5 Kardinalfragen der Qualitätssicherung

Qualität ist relativ, sie ist abhängig von der Position des Betrachters und damit abhängig von Zielen, Erwartungen, Festlegungen. Entscheidende übergreifende Fragen der Qualitätssicherung sind dabei:

1. Wer soll Qualitätssicherung *betreiben*?
2. Wie soll Qualitätssicherung *durchgeführt werden*?
3. Wer soll die *Maßstäbe (Standards) setzen*?
4. Wer soll die *Durchführung* der Qualitätssicherung *kontrollieren*?

Die erste Frage nach den durchführenden Personen bzw. Institutionen bezieht sich u.a. auf die interne und/oder externe Ausrichtung der QS (z.B. Leistungserbringer selbst, neutrale Dritte, Auftraggeber, s.u.) oder auf die mit der Durchführung beauftragten Berufsgruppen (Ärzte, Psychologen, Juristen, Ökonome etc.). Frage 2 zielt vor allem auf den Umfang, die Methoden und Verfahren der Qualitätssicherung (z.B. einfache, praktikable Strategien vs. umfassendes Assessment). Die dritte Frage ist die nach den Normgebern oder „stakeholdern" (Wittmann, 1995), letztlich denjenigen, die die „definitorische Macht" haben. Eine Übersicht über mögliche Stakeholder gibt Abbildung 4. In Anlehnung an Wittmann (1995) sichert nur eine repräsentative Auswahl und Berücksichtigung unterschiedlicher Stakeholderinteressen bzw. -kritierien eine faire Qualitätssicherung (vgl. zum Stichwort „Fairneß" im Rahmen der Qualitätssicherung auch Koch & Schulz, 1997). Dies trifft insbesondere auf die Festlegung von Standards zu. Gerade die jüngsten gesundheitspolitischen Entscheidungen und

Abbildung 4: Mögliche Interessenträger („stakeholder") bzw. „Kunden" der QS

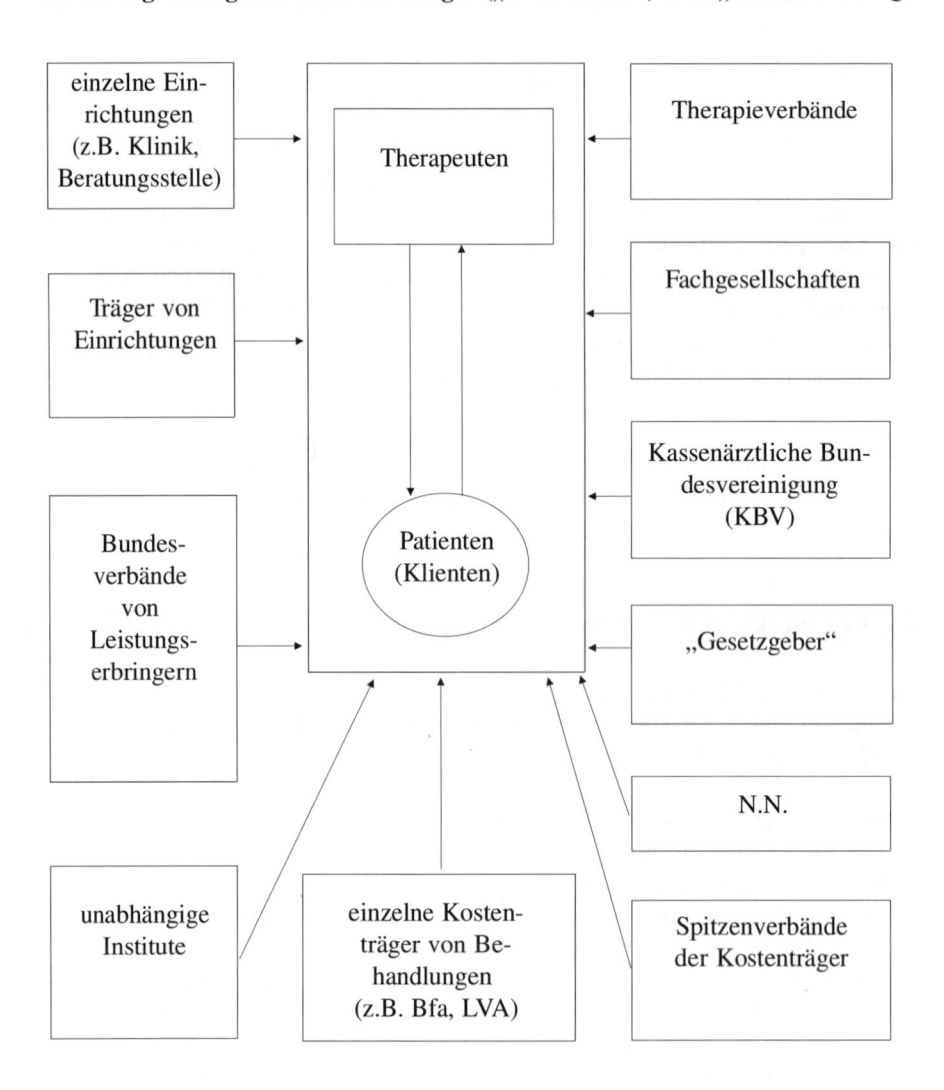

deren Konsequenzen für den Bereich der medizinischen Rehabilitation (vgl. z.B. Bihr, 1996) aber zeigen beispielhaft, daß unter einem Kosten- bzw. Spardiktat konsensfähige Lösungen erschwert oder gar unmöglich sind. In der letzten der Kardinalfragen geht es darum, die Art der Durchführung qualitätssichernder Maßnahmen sowie daraus abgeleitete Lösungen zu überprüfen bzw. zu evaluieren und den Personenkreis hierfür festzulegen. Es muß festgehalten werden, daß eine konsensfähige Verständigung über diese Kardinalfragen der QS gegenwärtig nicht abzusehen ist (vgl. z.B. Selbmann, 1990a, 1990b), dies gilt auch für den Bereich der Psychotherapie.

2.6 Interne und externe Qualitätssicherung

Während durch den Begriff „intern" Aktivitäten angesprochen sind, die einzelne Therapeuten oder Institutionen in weitgehender Eigenregie durchführen können, wird die „externe" QS von außen auferlegt (z.B. durch Kostenträger, Gesetzgeber). Externe Maßnahmen ohne gleichzeitige Berücksichtigung der internen Mitarbeit und der Motivation der Beteiligten können unter den Begriff „Qualitätskontrolle" gefaßt werden (Eversmann, Niemann & Beske, 1993). Vor- und Nachteile unterschiedlicher Modelle bzw. Organisationsformen ([internes] Lernmodell, [externes] Überwachungsmodell, interne QS mit externer Abstimmung) werden z.B. von Zielke (1994) diskutiert. Die Modelle können danach unterschieden werden, in welchem Ausmaß die Beteiligten (Personen, Einrichtungen, Kostenträger, Institutionen, Verbände, Fachgesellschaften etc.) Einfluß auf Ausgestaltung und Durchführung von QS-Maßnahmen nehmen können. Interne QS gilt nach amerikanischen Erfahrungen als die wirksamste Variante (vgl. Schmidt & Nübling, 1994), wobei inzwischen kritisch angemerkt werden muß, daß das „Modethema" Qualitätssicherung bzw. Qualitätsmanagement nicht selten insbesondere auch zu Marketing-Zwecken mißbraucht werden kann (vgl. die in der Evaluationsforschung diskutierten Mißbrauchs-Strategien von Suchman, 1972; zitiert nach Bengel & Koch 1988).

2.7 Methoden und Verfahren der Qualitätssicherung

Methoden und Verfahren der QS sind vielgestaltig (vgl. z.B. die Übersicht bei Schmidt et al., 1995). Grob können *nicht-empirische* von *empirisch gestützten QS-Maßnahmen* unterschieden werden. Nicht-empirische Maßnahmen sind z.B. Ausbildungsrichtlinien, Richtlinien für Fort- und Weiterbildungen, Zertifizierungen, Akkreditierungen, Begutachtungen, verschiedene Arten von Supervisionen, Qualitätszirkelarbeit bis hin zu – insbesondere in größeren Einrichtungen – Managementschulungen, Verfahren zur Mitarbeitermotivierung, der Entwicklung einer „Unternehmensphilosophie" u.a.m. Empirisch gestützte Maßnahmen hingegen können z.B. Patientenbefragungen, Mitarbeiterbefragungen, Routinekatamnesen oder Basisdokumentationssysteme sein. Die Nützlichkeit verschiedener QS-Maßnahmen ist jeweils im Einzelfall hinsichtlich verschiedener Kriterien (z.B. Relevanz, Aufwand, Akzeptanz und Zielerreichung) zu bewerten. Insbesondere beim Einsatz empirischer Verfahren werden vielfach „schlanke" Lösungen eingefordert („keep it simple"), die bezüglich ihres Aufwands die alltägliche Patientenversorgung nicht beeinträchtigen sollen (Stichworte: Ökonomie und Praktikabilität), die aber trotzdem testmethodischen Gütekriterien (Stichworte: Zuverlässigkeit und Gültigkeit) entsprechen. Grundsätzlich sollten die eingesetzten Verfahren auch in der Routine anwendbar sein.

3. Überblick über bisherige Vorschläge, Modellprojekte und Maßnahmen

Wie eingangs erwähnt, existiert auch für die psychotherapeutische Versorgung bereits eine Vielzahl von Initiativen und Modellen zur Qualitätssicherung. Einige davon werden wir im folgenden kurz vorstellen, wobei wir keinen Anspruch auf Vollständigkeit erheben (vgl. daneben auch die im vorliegenden Band vorgestellten Maßnahmen). Wir konzentrieren uns in einem ersten Teil auf die Vorschläge des Forschungsgutachtens zum Psychotherapeutengesetz, auf Initiativen von psychotherapeutischen Fachgesellschaften sowie auf die Richtlinien der Kassenärztlichen Bundesvereinigung. In einem zweiten Teil gehen wir auf QS-Modelle ein, die auf empirischen Grundlagen aufbauen (vgl. hierzu auch Schmidt & Nübling, 1995).

3.1 Allgemeine Vorschläge und Beschlüsse

3.1.1 Vorschläge im Forschungsgutachten zum Psychotherapeutengesetz

Im Forschungsgutachten zu Fragen eines Psychotherapeutengesetzes (Meyer, Richter, Grawe, v. d. Schulenburg & Schulte, 1991) wird hervorgehoben, daß QS in der Psychotherapie insbesondere dem Interesse bzw. dem Schutz des Patienten dienen soll. Insgesamt nimmt im Gutachten die Strukturqualität eine zentrale Stellung ein, was sich in differenzierten Ausführungen zu einem Curriculum, zur Approbation, zu Übergangsbestimmungen und zur „Sicherstellung der Versorgung" niederschlägt. Auf Drängen der Krankenkassen (Richter, 1994) wurde in das Gutachten ein Unterkapitel „Qualitätssicherung" eingefügt, das aber neben einigen Begriffsbestimmungen und grundlegenden Aussagen nur relativ grob skizzierte Vorschläge zur Durchführung von QS-Maßnahmen enthält.

Vorgeschlagen wird die Einrichtung einer „Leitstelle für Qualitätssicherung in der Krankenkassenpsychotherapie" beim Bundesministerium für Gesundheit, die Maßnahmen initiieren und koordinieren soll. Die Abbildung der Ergebnisqualität, die „möglichst objektiv und direkt erhoben werden" sollte (Meyer et al., 1991, S. 151), wird als eigentliches Ziel der QS bezeichnet; hierfür sollen möglichst „non-reaktive" Maßnahmen eingesetzt werden, die auf den therapeutischen Prozeß keinen Einfluß haben (Meyer et al., 1991, S. 154). Grundsätzlich sollte dabei von jedem ambulant behandelten Patienten eine Einverständniserklärung für QS-Datenerhebungen und -analysen erbeten werden. Als Elemente zur Sicherung der Prozeßqualität werden das derzeit praktizierte Gutachterverfahren sowie kontinuierliche Supervision (auch nach

Abschluß einer Therapieausbildung) propagiert. Ansatzpunkte künftiger QS werden in den Themen „Erreichbarkeit von Therapiebedürftigen", „schwergestörte Patienten", „Sicherstellung der ambulanten psychotherapeutischen Versorgung" und „Objektivierung der Diagnostik" gesehen. Weiterhin wird die Gewinnung von Basisdaten zur ambulanten und stationären Psychotherapie als eine vordringliche gesundheitspolitische Aufgabe und als Grundlage für eine QS gesehen (Meyer et al., 1991; vgl. auch Vogel, 1996).

3.1.2 Maßnahmen psychotherapeutischer Fachgesellschaften

Von fünf in der Arbeitsgemeinschaft der Wissenschaftlichen Medizinischen Fachverbände (AWMF) vertretenen psychotherapeutischen Fachgesellschaften (AÄGP, DGPT, DGPM, DKPM, DÄVT)[1] wurde im April 1994 ein Katalog von Maßnahmen definiert, die für die QS in der Psychosomatik bzw. in der Psychotherapie als besonders geeignet gehalten werden (vgl. Scheidt, 1996). Er bezieht sich auf die Punkte

- Balintgruppen (psychoanalytische Therapieformen) bzw. interaktionsbezogene Fallarbeit (Verhaltenstherapie),
- Kollegiale Intervision,
- Qualitätszirkel und
- Basisdokumentation.

Wie Scheidt (1996) hervorhebt, handelt es sich bei Balintgruppen bzw. der interaktionsbezogenen Fallarbeit sowie der kollegialen Intervision um „traditionelle und in der Psychotherapie seit langem praktizierte und verankerte Formen der internen Qualitätssicherung" (ebd., S. 252). Sie dienen der kritischen, insbesondere fallbezogenen Reflexion der therapeutischen Arbeit mit Fachkollegen bzw. Supervisoren und sind Standard beispielsweise in der stationären Psychotherapie bzw. Psychosomatik. Auf den dritten Punkt – Qualitätszirkel – geht der Autor nicht ein. Die umfangreichsten Arbeiten laufen derzeit im Bereich „Basisdokumentation", wofür eine Expertenkommission berufen wurde (vgl. Kap. 3.2.1). Die genannten fünf AWMF-Gesellschaften, zwei kooptierte Gesellschaften (GPPMP, DGPR[2]) sowie die Vereinigung der Leitenden Ärzte der Psychosomatisch-Psychotherapeutischen Krankenhäuser und Abteilungen in Deutschland haben darüber hinaus QS-Beauftragte bestellt, „deren Ziel es ist, die Kommunikation über die in den einzelnen Fachgesellschaften vorangetriebenen Maßnahmen zu fördern" (Scheidt, 1996, S. 250).

Innerhalb der Gesellschaft für wissenschaftliche Gesprächspsychotherapie (GwG) wurde Mitte 1995 im Anschluß an eine Expertenanhörung eine „Arbeitsgemeinschaft Qualitätssicherung und Evaluation in der ambulanten heilkundlichen Ge-

---

1. AÄGP: Allgemeine Ärztliche Gesellschaft für Psychotherapie; DGPT: Deutsche Gesellschaft für Psychoanalyse, Psychotherapie, Psychosomatik und Tiefenpsychologie; DGPM: Deutsche Gesellschaft für Psychotherapeutische Medizin; DKPM: Deutsches Kollegium für Psychosomatische Medizin; DÄVT: Deutsche Ärztliche Gesellschaft für Verhaltenstherapie.
2. GPPMP: Gesellschaft für Psychotherapie, Psychosomatik, Medizinische Psychologie; DGPR: Deutsche Gesellschaft für Psychosomatische Rehabilitation.

sprächspsychotherapie" eingerichtet, die sich in einem ersten Schritt mit der Erstellung eines QS-Konzepts für den Verband befaßt. Schwerpunkte dieses Konzepts sind zunächst die Entwicklung einer allgemeinen Basisdokumentation sowie einer für die Gesprächspsychotherapie spezifischen (Differential-) Diagnostik (Speierer, 1995).

Von der „Arbeitsgruppe Qualitätssicherung" in der Deutschen Gesellschaft für Verhaltenstherapie (DGVT) wurde in einem Positionspapier ein Katalog von „Qualitätsanforderungen für die ambulante Psychotherapiepraxis" aufgestellt, der insgesamt acht Punkte umfaßt und über die „bei Fachleuten vermutlich Einvernehmen erzielt werden kann" (DGVT, 1996, S.153). In stark verkürzter Form beziehen sie sich auf folgende Inhalte:

1. Qualifizierte Ausbildung als hinreichende Voraussetzung zur Tätigkeit als Psychotherapeut/in.
2. Förderung der Integration von Psychotherapie in die übrige psychosoziale Versorgung (z.B. Zulassung von Psychotherapie-Ambulanzen).
3. Berücksichtigung des aktuellen wissenschaftlichen Standards in der Psychotherapiepraxis durch Verpflichtung zur regelmäßigen Fortbildung.
4. Transparenz von Psychotherapie, Verpflichtung des/der Psychotherapeuten/in zur Patientenaufklärung über Ziele, Inhalte und Rahmenbedingungen der Behandlung.
5. Verpflichtung zur Dokumentation von Behandlungsverläufen, zur Abschlußdokumentation, zur Katamnese und zur regelmäßigen Teilnahme an Supervision.
6. Weiterentwicklung des bereits etablierten Gutachtersystems, z.B. angemessene Berücksichtigung der Patientensicht.
7. Stichprobenweise Beurteilung der Behandlungen seitens der Kostenträger, z.B. auf der Grundlage von Abschlußberichten und Patientennachbefragungen.
8. Möglichkeit von fallorientierten Gesprächen mit Fachgutachtern unter Einbeziehung von Patientenrückmeldungen (DGVT, 1996, S. 153ff).

Die DGVT regt die Bildung eines Expertengremiums zur QS in der psychosozialen Versorgung an (wie auch von Meyer et al., 1991, vorgeschlagen), das neben konkreten QS-Umsetzungsregelungen auch die Einbettung der ambulanten psychotherapeutischen Versorgung in die verschiedenen Ebenen und Sektoren der Gesundheitsversorgung behandeln und Empfehlungen zur Weiterentwicklung der psychosozialen Versorgungstruktur geben soll. Nach Vorstellungen der DGVT sollte ein solches Gremium von den maßgeblichen Fachverbänden und den Leistungsträgern auf freiwilliger Basis geschaffen werden (DGVT, 1996).

Inzwischen laufen – etwas verspätet – auch beim Berufsverband Deutscher Psychologen (BDP) Aktionen zum Thema QS. So wurde z.B. innerverbandlich auf der Ebene des Präsidiums eine „Kommission Qualitätssicherung" gegründet (Faulwasser, 1996) sowie eine Fachtagung zum Thema QS in der Psychotherapie durchgeführt (November 1996 in Göttingen). Darüber hinaus ist jüngst auch ein Themenheft des „Report Psychologie" (Baumgärtel, 1996) zum Thema „Qualitätsmanagement" erschienen, u.a. auch mit Bezug auf Psychotherapie.

3.1.3 Qualitätssicherungs-Richtlinien der Kassenärztlichen Bundesvereinigung

Für den Bereich der ambulanten kassenärztlichen Versorgung wurden bereits im Mai 1993 „Richtlinien der Kassenärztlichen Bundesvereinigung für Verfahren zur Qualitätssicherung gemäß § 135 Abs. 3 SGB V" von der KBV-Vertreterversammlung beschlossen (KBV, 1993); sie gelten grundsätzlich auch für den Bereich der (Richtlinien-)Psychotherapie. Während in einem allgemeinen Teil die institutionelle Verankerung von qualitätssichernden Maßnahmen in der vertragsärztlichen Selbstverwaltung geregelt wird (Einführung von QS-Beauftragten, QS-Kommissionen und QS-Geschäftsstellen in jeder Kassenärztlichen Vereinigung), umfaßt der KBV-Beschluß auch konkrete Verfahren zur QS wie Qualitätszirkel, Ringversuche, Qualitätsprüfungen im Einzelfall (Stichproben) und Kolloquien. Ein deutlicher Schwerpunkt der beschlossenen Maßnahmen liegt auf der Qualitätszirkelarbeit (vgl. ausführlicher Schmidt & Nübling, 1995; vgl. auch Gierschner in diesem Band), wozu auch konkrete Leitlinien entwickelt wurden (vgl. z.B. KVNB, 1995). Zwischenzeitlich wurde eine ganze Reihe der beschlossenen Maßnahmen umgesetzt (vgl. z.B. Kolkmann, 1995; Ollenschläger & Thomeczeck, 1996; Viethen, 1995) sowie Studien initiiert (vgl. z.B. für den Bereich der Qualitätszirkel Härter, Tausch, Niebling, Vauth & Berger, 1994). In der konkreten Ausführung sind die Initiativen der Ärzteschaft allerdings teilweise stark kritisiert worden (vgl. z.B. Siebig, 1995). Insbesondere für den Bereich der Psychotherapie ist wiederholt eine alleinige Zuständigkeit der KVen bzw. der KBV in Sachen QS in Frage gestellt worden. Nach Vogel (1996) werden etwa 50% der ambulanten psychotherapeutischen Leistungen im Rahmen der Richtlinienpsychotherapie von Psychologen erbracht, bei der Verhaltenstherapie sind es sogar knapp 90%. Eine Dominanz der KVen entspricht dabei in der Tat einer „Fremdkontrolle der Leistungserbringer durch eine (insb. in Bezug auf die Verhaltenstherapie; Anm. der Verfasser) zahlenmäßig weniger bedeutsame, aber konkurrierende Berufsgruppe" (DGVT, 1996, S. 152).

3.2 Empirisch gestützte Qualitätssicherungs-Maßnahmen

3.2.1 Basisdokumentation

Basisdokumentationssysteme sind geeignet, basale Grundinformationen über Behandlungen zu liefern und die Transparenz der psychotherapeutischen Versorgung zu erhöhen. Gerade das Vorhandensein einer ausreichenden Transparenz kann als notwendige Voraussetzung von qualitätssichernden Maßnahmen betrachtet werden (Nübling, Schmidt & Puttendörfer, 1995). Unter Basisdokumentation wird die kontinuierliche strukturierte Erhebung von Patienten-, Behandlungs- und Ergebnismerkmalen nach einem einheitlichen Schema verstanden. Die Vorstellungen über Inhalte, Art und Weise der Datenerhebungen, Erhebungszeitpunkte, Datenquellen und Datenebenen variieren dabei beträchtlich (Schmidt & Nübling, 1995). In der Vergangenheit wurden bereits eine Reihe von Dokumentationssystemen für Psychotherapie entwickelt (vgl. z.B. die Übersicht von Laireiter, Lettner & Baumann, 1996), die zumeist universitären Einrichtungen entstammen und häufig einen so hohen Differenziertheitsgrad erreichten (vgl.

Zielke, 1994, 1995), daß sie in Einrichtungen mit einem größeren Patientendurchlauf (z.B. Reha-Kliniken) kaum Anwendung finden konnten. Erste Entwicklungen von „schlankeren" und damit praktikableren Basisdokumentationssystemen entstanden vor diesem Hintergrund. So wurden etwa seit Mitte der achtziger Jahre insbesondere im Bereich der psychosomatischen Rehabilitation Verbundlösungen entwickelt, in denen mehrere Einrichtungen zu einer gemeinsamen und vergleichenden Dokumentation zusammengeschlossen wurden (Nübling & Schmidt, in diesem Band; Schmidt, Nübling & Lamprecht, 1992; Zielke, 1994, 1995). Ähnliche Entwicklungen existieren z.b. auch im Bereich der stationären Suchttherapie (z.B. Klein et al., 1990), im Bereich der psychiatrischen Krankenhäuser (Cording et al., 1995; Krischker, Fleischmann & Cording, in diesem Band) oder im Bereich der ambulanten Psychotherapie (Scheidt & Hartmann, 1994; Laireiter et al., 1996; vgl auch Braun in diesem Band; Laireiter, Lettner & Baumann sowie Palm in diesem Band). Aus einer von der „Mainzer Werkstatt für empirische Forschung in der stationären Psychotherapie" ausgegangenen therapieschulen- und institutionsübergreifenden Initiative entstand eine einheitliche Basisdokumentation für stationäre Psychosomatik/Psychotherapie (Broda, Dahlbender, Schmidt, von Rad & Schors, 1993). Darauf aufbauend haben Hartmann et al. (1993) einen Entwurf für ein modulares System vorgelegt, das Module für ambulante und stationäre Psychotherapie sowie für Konsil/Liaison umfaßt. Die jüngst von den QS-Beauftragten der psychotherapeutischen AWMF-Gesellschaften einberufene Expertenkommission (vgl. Kapitel 3.1.2) hat zum Ziel, alle bereits entwickelten Systeme zu sichten und daraus eine gemeinsame Basisdokumentation für die Psychotherapeutische Medizin zu entwikkeln (näheres vgl. Scheidt, 1996).[3]

3.2.2 Das „Berner Modell" einer Qualitätskontrolle in der Psychotherapiepraxis

Ein umfassendes QS-System für die Psychotherapiepraxis wurde von Grawe und Braun (1994) vorgestellt (vgl. auch Braun sowie Grawe und Baltensperger in diesem Band). Es handelt sich um routinemäßige Prozeß- und Ergebnismessungen, die EDV-gestützt ausgewertet und aufbereitet werden. Dabei wird versucht, die Möglichkeiten der psychotherapeutischen Veränderungsdiagnostik für die alltägliche psychotherapeutische Arbeit in einer Praxiseinrichtung zu nutzen. Das System wurde bereits in mehreren Kliniken und anderen Behandlungseinrichtungen installiert, wobei über positive Erfahrungen berichtet wird (ebd.). Die Datenerhebungen finden vor Therapiebeginn, während der Therapie, am Ende der Therapie und im Rahmen von Katamnesen statt. Die verwendete Meßbatterie stimmt dabei weitgehend mit derjenigen überein, die auch in der Berner Therapievergleichsstudie (Grawe, Caspar & Ambühl, 1990) eingesetzt wurde. Zur Visualisierung des Therapieerfolges und der Prozeßqualität werden sog. Figurationen erstellt. Sie stellen den Versuch dar, den Ausgangszustand („Zustandsfigurationen"),

---

3. Ende 1996 haben sich die AMWF- Gesellschaften auf ein „Kernmodul Basisdokumentation Fachspsychotherapie" (die sog. PSY-BaDo) geeinigt, das – obwohl es unter methodischen Gesichtspunkten und vom Umfang her eher kritisch beurteilt werden muß – seither von diesen und anderen Gesellschaften als QS-Instrument empfohlen wird.

die Veränderungen („Effektfigurationen") und den Therapieprozeß („Prozeßfigurationen") eines einzelnen Patienten im Vergleich zu einer Gruppe vergleichbarer Psychotherapiepatienten abzubilden. Die Figurationen können zeitnah – d.h. teilweise auch während laufender Therapien – für therapeutische Entscheidungen genutzt werden. Die Autoren plädieren für eine bei allen Therapien im Kern gleiche Assessmentbatterie („core battery"). Das vorgeschlagene Modell eignet sich nach Ansicht der Autoren sowohl zur *einzelfallbezogenen* Qualitätskontrolle als auch für vergleichende *Gruppenstatistiken* hinsichtlich Prozeß- und Ergebnisqualität.

3.2.3 „Heidelberger Modell"

Das an der Psychiatrischen Klinik der Universität Heidelberg in Kooperation mit der Forschungsstelle für Psychotherapie in Stuttgart entwickelte „Heidelberger Modell der Aktiven internen Qualitätssicherung" (Lutz et al., 1996) stellt – obwohl ebenfalls noch in der Erprobungsphase – derzeit eines der differenziertesten QS-Systeme im Bereich Psychotherapie/Psychosomatik dar. Über die kontinuierliche Beobachtung relevanter, vorab über einen Algorithmus definierter Qualitätsindikatoren (SOLL-IST-Vergleich) wird versucht, Problembereiche in der klinischen Praxis zu identifizieren und v.a. in den implementierten Qualitätszirkeln zu lösen. Hierzu wurde in mehreren Vorstudien ein Qualitätssicherungsinventar entwickelt, das sich aus verschiedenen anerkannten psychometrischen Tests sowie selbstentwickelten Verfahren zusammensetzt (vgl. zur Methodik Lutz et al., 1996; Lutz, 1997). Das Verfahren ist computergestützt und stellt die wesentlichen Merkmale übersichtlich auf einem Formblatt dar; „auffällige" Verläufe können hierdurch relativ schnell und einfach identifiziert und an die Kliniker rückgemeldet werden (vgl. ausführlicher Kordy, in diesem Band; Lutz 1997)

3.2.4 „Zweigleisiges Modell" in psychosomatischen Rehabilitationskliniken

Das von den Autoren des vorliegenden Beitrags im Rahmen der stationären psychosomatischen Rehabilitation entwickelte „Zweigleisige Modell" empirisch gestützter Qualitätssicherung (Schmidt et al., 1992) geht davon aus, daß QS im Sinne des klassischen Paradigmas (Viethen, 1994) eine nie endende, die gesamte Klinik umfassende Daueraufgabe ist. QS umfaßt dabei ein breites Bündel von Maßnahmen (Schmidt et al., 1995), wobei empirische Datenerhebungen eine wesentliche Grundlage bilden. *Gleis 1* beinhaltet ein *fortlaufendes* Routinemonitoring in Form einer Basisdokumentation (BEDOK, vgl. Schmidt et al., 1992; siehe auch Kapitel 3.2.1) sowie eine Patientenbefragung vor Entlassung. Auf *Gleis 2* werden *zeitlich begrenzt* spezielle Evaluationsstudien durchgeführt, denen wesentlich umfangreichere Datenerhebungen (mehrere Meßzeitpunkte, mehrere Datenquellen und Assessmentverfahren) zugrunde liegen (vgl. z.B. Schmidt, 1991; Nübling, 1992). Im Rahmen der QS werden „auffällige" Ergebnisse an die Kliniken rückgemeldet, dort intern diskutiert (z.B. im Qualitätszirkel) und ggf. Maßnahmen zur Problemlösung eingeleitet. Ein weiteres Monitoring der entsprechenden Parameter gibt Aufschluß über das Ergebnis der Maßnahme (vgl. Nübling & Schmidt, in diesem Band).

3.2.5 Modellprojekt „Qualitätssicherung in der Psychosomatik"

Im Rahmen des vom Bundesministerium für Gesundheit eingerichteten Modellprojektes zur „Förderung der medizinischen Qualitätssicherung" wird eine Verbundstudie gefördert, die sich mit Aspekten der QS in der psychosomatischen Grundversorgung, der ambulanten (Richtlinien-)Psychotherapie sowie der Pädiatrie beschäftigt (Sandholzer et al., 1995; zitiert nach Scheidt 1996). Über erste Ergebnisse aus dem Projektbereich psychosomatische Grundversorgung berichten Fritzsche et al. (1996). In drei Städten (Freiburg, Leipzig und Dortmund) werden QS-Programme auch für die ambulante Psychotherapie entwickelt und erprobt. Bei einer freiwilligen Erhebung in Praxen von Fachpsychotherapeuten, die im vierten Quartal 1994 stattgefunden hat, haben sich z.B. im Freiburger Raum 40 niedergelassene Psychotherapeuten beteiligt, wobei in diesem Zeitraum über 800 Behandlungsfälle dokumentiert worden sind (Scheidt, 1996; Scheidt & Wirsching 1996; Scheidt et al., in Druck). Das verwendete Dokumentationssystem (Scheidt & Hartmann, 1994) setzte sich aus zwei Teilen zusammen: Die Fragebögen für die *Therapeuten* bezogen sich einerseits auf den einzelnen Patienten/Behandlungsfall (Basisdokumentation, Fremdbeurteilungsversion des Helping Alliance Questionnaire HAQ) und andererseits auf den Therapeuten selbst und seine Praxis (Therapeuten-Praxisbogen). Die auf die ambulante Therapie zugeschnittene Basisdokumentation wurde für jeden Behandlungsfall eines Quartals ausgefüllt. Den *Patienten* wurden drei Fragebögen (Selbstbeurteilungsform des HAQ, SCL-90-R, VEV) vorgegeben, die von jedem Patienten einmalig ausgefüllt werden sollten (vgl. Scheidt et al., in Druck). Ziel der Erhebung war die Bereitstellung von Basisdaten über Versorgungsabläufe in der ambulanten Psychotherapie sowie die praktische Erprobung des Dokumentationssystems für Zwecke der QS (Scheidt & Wirsching, 1996). Über den derzeitigen Stand der Erhebungen und die Ergebnisse, die kontinuierlich an die beteiligten Psychotherapeuten rückgemeldet wurden, informieren Scheidt und Wirsching (1996) sowie Scheidt et al. (in Druck). Als eines der wichtigsten Ergebnisse wird von den Autoren festgehalten, daß bei vielen niedergelassenen Psychotherapeuten über die unterschiedliche Grundorientierung hinweg eine *hohe Motivation* besteht, sich an Maßnahmen einer *internen Qualitätssicherung* zu beteiligen (Scheidt & Wirsching, 1996, S. 30; Hervorhebung im Orginal). Seit Oktober 1996 wird die Erhebung als Längsschnittuntersuchung, gefördert durch die Robert-Bosch-Stiftung, fortgesetzt (Scheidt, persönl. Mitteilung, 31. 7. 1997).

3.2.6 Reha-Qualitätssicherungsprogramm der Rentenversicherung

Das Qualitätssicherungsprogramm der Rentenversicherung (Schaub & Schliehe, 1994; VDR, 1994), das seit Anfang 1994 läuft, kann als das gegenwärtig umfassendste Beispiel für eine QS-Maßnahme im deutschen Gesundheitswesen bezeichnet werden, weshalb wir an dieser Stelle etwas ausführlicher darauf eingehen. Inzwischen sind alle von der Rentenversicherung federführend (d.h. verantwortlich für Pflegesatzverhandlungen) belegten Kliniken (N_{ges} = 992 Kliniken) in das Programm einbezogen, etwa 150 mit dem Hauptindikationsbereich „psychosomatische /psychiatrische Erkrankungen" und etwa 230 Suchtkliniken (vgl. Schliehe, Röckelein & Bütefisch,

1997). Inhaltlich umfaßt es fünf Programmpunkte (deshalb auch kurz als „Fünf-Punkte-Programm" bezeichnet), mit deren Entwicklung und Umsetzung vier wissenschaftliche Institute[4] von der Rentenversicherung beauftragt wurden. Der im wesentlichen zunächst *extern* initiierte und gesteuerte Maßnahmenkatalog – die Kliniken müssen sich beteiligen – soll die *internen* QS-Bemühungen der Kliniken fördern und unterstützen. Über den Stand der Umsetzung informieren Müller-Fahrnow (1995), VDR (1996) oder Tiefensee und Koch (1997). Über Auswirkungen des 5-Punkte-Programms berichten aus unterschiedlichen Perspektiven z.B. Boschke (1995), Meermann (1995) oder Zemlin und Missel (1996), eine kritische Diskussion findet sich z.B. bei Linder, Klein & Funke (1994) oder Paar (1997).

Gegenstand des Programmpunktes 1 *Klinikkonzept* ist die Strukturqualität von Rehabilitationseinrichtungen. Für die Erhebung wurden ein „Dokumentationsbogen Strukturmerkmale" (getrennt für den Bereich Psychosomatik/Abhängigkeitserkrankungen und für alle anderen Indikationsbereiche) sowie ein „Dokumentationsbogen Konzeptmerkmale" entwickelt. Durch den Strukturbogen werden von jeder beteiligten Klinik u.a. Angaben zu den Bereichen Ausstattung (personell, räumlich, apparativ), Indikationen, diagnostisches und therapeutisches Leistungsspektrum erfragt. Dieser Bogen liegt inzwischen für über 900 Kliniken vor. Erste Ergebnisse wurden kürzlich vorgestellt (Tiefensee, Arentewicz & Koch, 1997), ein ausführlicher Projektbericht wird derzeit vorbereitet. Nach Tiefensee und Koch (1997) bieten die Daten eine gute Grundlage für eine Schwachstellenanalyse, für die Definition von Standards, z.B. bezüglich personeller Mindestausstattung bzw. Leistungsumfang oder für die Definition „strukturgleicher" Einrichtungen. Der Konzeptbogen befindet sich gegenwärtig noch in einem früheren Erprobungsstadium und wurde in einer Pilot-Studie zunächst in einer kleinen Zahl ($N=43$) Kliniken, darunter auch psychosomatische Kliniken, erhoben. Erfaßt werden Merkmale, die auf einen ganzheitlichen Behandlungsansatz auf der Grundlage eines bio-psycho-sozialen Krankheitsverständnisses schließen lassen, insbesondere interne Vernetzung, interne Kommunikationsstrukturen, Vernetzung mit anderen Behandlungsinstitutionen, Mitarbeiterqualifizierung usw. Ziel ist, wie auch bei den weiteren Programmpunkten 2-4, aussagefähige Rückmeldeprozeduren für die Einrichtungen zu entwickeln (vgl. ausführlicher Tiefensee & Koch, 1997).

Im Rahmen des Programmpunktes 2 *Patiententherapiepläne* sollen für die in der jeweiligen Klinik häufigsten diagnostischen Patientengruppen repräsentative bzw. typische Therapiepläne abgebildet werden. Hierdurch sollen Art, Umfang und zeitliche Abfolge der Leistungen unter Berücksichtigung von Behandlungszielen transparent gemacht werden. Nach Ansicht des VDR können diese Daten Auskunft über die zielgerichtete Steuerung der Therapie geben sowie der Transparenz und Nachvollziehbarkeit der klinikinternen Abläufe dienen (VDR, 1994). Um eine hinreichende Vergleichbarkeit der Pläne zu gewährleisten, wurde als Grundlage für die Dokumentation der einzelnen Therapieelemente die inzwischen durch die BfA fertiggestellte KTL („Klas-

---

4. *Programmpunkte 1 und 2*: Institut für medizinische Psychologie des Universitätskrankenhauses Hamburg-Eppendorf (Leiter: U. Koch); *Programmpunkt 3*: Hochrhein-Institut für Rehabilitationsforschung, Bad Säckingen (Leiter: W.H. Jäckel); *Programmpunkt 4*: Institut für Sozialmedizin der Medizinischen Universität Lübeck (Leiter: H.H. Raspe); *Programmpunkt 5*: IGES-Institut für Gesundheits- und Sozialforschung, Berlin (Leiter: B. Häussler).

sifikation Therapeutischer Leistungen"; BfA, 1996) herangezogen. Ein wesentliches Problem dieses Programmpunktes besteht in der Definition vergleichbarer Fallgruppen, insbesondere wegen der in der Rehabilitation meist vorhandenen Multimorbidität (Tiefensee & Koch, 1997).

Programmpunkt 3 *Qualitäts-Screening* beinhaltet stichprobenartige Einzelfallüberprüfungen von konkret durchgeführten Rehabilitationsmaßnahmen. Ziel ist die Einschätzung der Regelhaftigkeit der Behandlungen sowie des Rehabilitationserfolges im Sinne eines Zielerreichungsgrades. Grundlage für die Beurteilung der Regelhaftigkeit der Behandlungen ist der Entlassungsbericht. Hierfür wurde eine „Checkliste qualitätsrelevanter Prozeßmerkmale" (umfaßt u.a. die Bereiche Diagnostik, Therapieziele, Therapieplanung, Verlauf und Epikrise) entwickelt und in einem Peer-Review-Verfahren (Begutachtung der Dokumentationsunterlagen durch geschulte Fachkollegen) erprobt (Jäckel, Maier-Riehle, Gerdes & Protz, 1997). Die Rückmeldung ist im Sinne eines „Benchmarkings" vorgesehen, z.B. hinsichtlich des Anteils „gravierender Mängel", wodurch die Kliniken ihr Verbesserungspotential im Vergleich zu anderen Einrichtungen einschätzen können (vgl. Tiefensee & Koch, 1997). Der Grad der Zielerreichung wird ermittelt über eine Festlegung von Therapiezielen durch den Therapeuten bei Beginn einer Maßnahme sowie deren Einschätzung am Behandlungsende.

Programmpunkt 4 *Patientenbefragung* hat die Beurteilung der Behandlung (Zufriedenheit) und den Behandlungserfolg aus Sicht der Patienten zum Gegenstand. Hierzu wurde ein indikationsübergreifender Patientenfragebogen entwickelt, der inzwischen an etwa $N = 8000$ Patienten erprobt wurde. Der Zufriedenheitsteil des Bogens umfaßt u.a. Bereiche wie Service, Organisiertheit, Humanität, fachliche Kompetenz oder Therapieangebot, die über jeweils mehrstufige Einschätzungen erfaßt werden. Der Ergebnisteil enthält u.a. die deutsche Version des SF-36 (Bullinger, Kirchberger & Ware, 1995) sowie einzelne Skalen des SCL-90-R (dt. Version: Franke, 1995). Die Entwicklungsarbeiten zu diesem Instrument stehen vor dem Abschluß, sodaß der Routineeinsatz, bei dem insbesondere klinikvergleichende Daten an die jeweiligen Einrichtungen rückgemeldet werden sollen, unmittelbar bevorsteht (vgl. ausführlicher Raspe, Voigt, Herlyn, Feldmeier & Meier-Rebentisch, 1996; Tiefensee und Koch, 1997).

Programmpunkt 5 *Qualitätszirkel* fordert – als Ansatzpunkt für die interne QS – die Einrichtung von klinikinternen, interdisziplinären Qualitätszirkeln im Sinne von problemlösungsorientierten Arbeitsgruppen (vgl. auch Müller-Fahrnow & Spyra 1995). Diese werden auch deshalb als wesentliches Element des „Fünf-Punkte-Programms" QS betrachtet, da hier alle Informationen aus den anderen Programmpunkten zusammengeführt werden sollen; sie sollen sich u.a. auch mit den klinikbezogenen Auswertungen zum Qualitäts-Screening und zur Patientenbefragung auseinandersetzen und ggf. Verbesserungsvorschläge erarbeiten. Weiterhin ist auch die Einführung von klinikübergreifenden Qualitätszirkeln vorgesehen, deren vorrangige Aufgabe in der fachlichen, indikationsorientierten Auseinandersetzung mit den Methoden, Zielen und der Praxis der Rehabilitation gesehen wird. Zur Unterstützung der Kliniken wurde vom beauftragten IGES-Institut ein Manual für die Implementierung von Qualitätszirkeln zur Verfügung gestellt. Die bisherige Qualitätszirkelarbeit wurde im Rahmen eines Projektes dokumentiert. Ca. 80% aller Einrichtungen haben Qualitätszirkel etabliert, Themenschwerpunkte bilden insbesondere Fragen der therapeutischen Versorgung sowie der Ablauforganisation. (Tiefensee & Koch, 1997; VDR, 1996)

4. Zukunftsaufgaben einer Qualitätssicherung in der Psychotherapie

Fragen nach der „Qualität" sind immer Fragen, ob bestimmte Merkmale und Eigenschaften vorliegen; welche Merkmale und Eigenschaften dies sind, ist weitgehend Festlegungssache. „Klassische" Maßnahmen einer QS – Ausbildungsrichtlinien, Curricula, Fort- und Weiterbildung, Supervision, Fallseminare etc. – gehören zum traditionellen Selbstverständnis von Therapeuten und ihrer Verbände (vgl. auch Scheidt, 1996). Angesichts unterschiedlicher Auffassungen, Zielperspektiven und Interessen stehen wir jetzt vor der Frage, wie und von wem die Hauptanliegen der QS („Prüfung, Sicherung und Verbesserung der Versorgung") – gerade auch mit „neuen" Methoden und Verfahren – weiterverfolgt werden sollten. Fast alle derzeit laufenden Maßnahmen befinden sich noch in einer Entwicklungs- und Erprobungsphase und ihre Brauchbarkeit und Gegenstandsangemessenheit kann noch nicht fundiert beurteilt werden. Von einer flächendeckenden Umsetzung solcher QS-Maßnahmen bzw. eines Qualitätsmanagements in der Psychotherapie sind wir weit entfernt. Eine Gemeinsamkeit vieler Ansätze besteht darin, daß systematische *Datenerhebungen* im Vordergrund stehen. Hierbei überrascht es aber kaum, daß über Inhalt und Umfang derartiger Datenerhebungen unterschiedliche Auffassungen bestehen. *Qualitätszirkel* stellen eine weitere Gemeinsamkeit etlicher Ansätze dar.

Als paradigmatisch für *externe „Überwachungsmodelle"* kann das „QS-Programm der Rentenversicherungsträger" gesehen werden. Es ist positiv zu vermerken, daß damit innerhalb der medizinischen Rehabilitation als bislang einzigem Bereich des Gesundheitswesens der Versuch unternommen worden ist, ein flächendeckendes QS-Programm einzuführen. Vergleichbare Entwicklungen sind auch für andere psychotherapeutische Versorgungsbereiche abzusehen. Eine wesentliche Gemeinsamkeit einer Reihe laufender Modelle ist demgegenüber die *interne* Ausrichtung der QS. Grundsätzlich kann gesagt werden, daß dort, wo interne Maßnahmen angewendet werden, diese – sofern sie ernsthaft implementiert sind und nicht nur für den „guten Schein" sorgen sollen – in aller Regel effektiver sind als externe Programme. Für die Zukunft ist hier eine stärkere Gewichtung in Richtung interne Maßnahmen zu fordern, wobei anzumerken ist, daß in vielen Einrichtungen erst über die externe QS eine interne Diskussion über dieses Thema überhaupt zustande gekommen ist. Insofern ist unter realistischen Gesichtspunkten eher eine interne QS mit externer Anbindung bzw. Abstimmung zu fordern.

Fazit ist, daß gegenwärtig viele Fragen ungelöst sind. Bei der notwendigen Weiterentwicklung von QS-Modellen sollten dabei „3 Mißverständnisse der QS" – auf die Selbmann wiederholt hingewiesen hat (z.B. Selbmann, 1990a; 1995) – kritisch reflektiert werden. Sie betreffen „Verwechslungen" bzw. die ausschließliche Gleichsetzung von QS mit 1. Datenerfassung, 2. Forschung und 3. Kontrolle.

Vordringliche Zukunftsaufgaben bestehen aus unserer Sicht v.a. darin,

- QS-Infrastrukturen aufzubauen (z.B. QS-Kommissionen, QS-Zentren, QS-Geschäftsstellen),
- interne QS-Konzepte zu entwickeln (ggf. mit externer Anbindung bzw. unter externer Koordination),
- Übereinkunft über relevante Qualitätsmerkmale (qualitätsbestimmende Parameter) zu erzielen (therapieschulenübergreifend),
- praktikable Erhebungsinstrumente zur Messung dieser Merkmale zu benennen bzw. gemeinschaftlich zu entwickeln und
- Maßstäbe dafür zu formulieren, was qualitativ hochwertige psychotherapeutische Leistungen ausmacht (Festlegung allgemeiner Standards für Diagnostik und Therapie),
- basale empirische Maßnahmen verbindlich für alle Behandlungen/Therapeuten einzuführen (z.B. eine im Grundmodul einheitliche Basisdokumentation, kontinuierliche Strukturerhebungen in Praxen/Einrichtungen, Rountinekatamnesen [ggf. stichprobenartig]),
- punktuell und in größeren Zeitabständen erweiterte regionale Programmevaluationsstudien (Praxis-Studien) durchzuführen,
- Qualitätszirkelarbeit zu fördern und
- verbindliche Regelungen für Rückkopplungs- und Problemlösungsprozesse zu schaffen (Welche Konsequenzen haben Erkenntnisse der QS für den praktischen Alltag?).

Eine QS, die etwas bewirken soll, erfordert „Spielregeln", dafür verantwortliche Personen und Formen der Institutionalisierung. Mit QS-Maßnahmen ist selbstverständlich ein zusätzlicher Zeitaufwand verbunden. Gerade im Bereich der ambulanten Psychotherapie droht QS zu einer schlecht bzw. nicht bezahlten Zusatzbelastung (Palm, in diesem Band) zu werden. Es muß akzeptiert werden, daß QS Geld kostet, sie ist nicht zum „Nulltarif" realisierbar. Im Bereich der stationären Psychotherapie haben z.B. fortschrittliche Klinikträger schon seit längerer Zeit in QS investiert. Daß niedergelassene Psychotherapeuten angesichts eines teilweise dramatischen Verfalls der Honorare hier an ihre Grenzen stoßen und für QS kaum motivierbar erscheinen, ist ein Faktum, das berücksichtigt werden muß. Grawe und Braun (1994) gehen im Rahmen ihrer Arbeit auf die „Machbarkeit unter Praxisbedingungen" und auf die Finanzierbarkeit ihres Modells ein.

Sie meinen, daß letztendlich die Krankenkassen davon überzeugt werden müßten, QS-Maßnahmen als integralen Bestandteil der Behandlungskosten anzuerkennen (vgl. hierzu auch Richter, 1996). Dies würde eine Teilnahme an QS-Maßnahmen belohnen, eine wünschenswerte Lösungsmöglichkeit, die aber angesichts der derzeitigen Situation im Gesundheitswesen kaum realisierbar scheint. Vielmehr droht eine Festlegung dessen, was im Rahmen von QS künftig zu leisten ist, von außen, d.h. in der Regel von Fachfremden (z.B. Kostenträger, Politiker). Dies könnte ein wichtiger Grund für alle Psychotherapeuten sein, sich trotz aller derzeit widrigen Umstände vermehrt mit dem Thema QS zu beschäftigen bzw. an entsprechenden Konzeptionen und Modellen mitzuwirken.

Literaturverzeichnis

Baumgärtel, F. (Hrsg.). (1996). Qualitätsmanagement. [Themenheft]. *Report Psychologie, 21 Heft 11/12.*

Bengel, J. & Koch, U. (1988). Evaluationsforschung im Gesundheitswesen. In U. Koch, G. Lucius-Hoene & R. Stegie (Hrsg.), *Handbuch der Rehabilitationspsychologie* (S. 321–347). Berlin: Springer.

Bihr, D. (1996). Sozialpolitik – quo vadis? Dargestellt am Beispiel der stationären medizinischen Rehabilitation. *Betriebs-Berater, 51,* 2353–2355.

Bundesversicherungsanstalt für Angestellte BfA (1996). *KTL. Klassifikation therapeutischer Leistungen in der stationären medizinischen Rehabilitation.* Berlin: BfA-Selbstverlag.

Böselt, G. & Piwernetz, K. (1994). Total Quality Management in der stationären Rehabilitation. *f & w – führen und wirtschaften im Krankenhaus, 11,* 514–518.

Boschke, W. (1995). Ökonomische und sozialpolitische Aspekte der Qualitätssicherung. In BfA (Hrsg.), *Rehabilitation 1995* (S. 74–114). Rehabilitationsforum der BfA und der LVA Sachsen-Anhalt in Magdeburg. Berlin: BfA-Selbstverlag.

Broda, M., Dahlbender, R.W., Schmidt, J., Rad, M.v. & Schors, R. (1993). DKPM-Basisdokumentation. Eine einheitliche Basisdokumentation für die stationäre Psychosomatik und Psychotherapie. *Psychotherapie, Psychosomatik & Medizinische Psychologie, 43,* 214–223.

Bullinger, M., Kirchberger, I. & Ware, J. (1995). Der deutsche SF-36 Health Survey. Übersetzung und psychometrische Testung eines krankheitsübergreifenden Instruments zur Erfassung der gesundheitsbezogenen Lebensqualität. *Zeitschrift für Gesundheitswissenschaft, 1,* 21–36.

Cording, C., Gaebel, W., Spengler, A., Stieglitz, R.-D., Geiselhart, H., John, U., Netzold, D.W., Schönell, H., Spindler, P. & Krischker, S. (1995). Die neue psychiatrische Basisdokumentation. Eine Empfehlung der DGPPN zur Qualitätssicherung im (teil-)stationären Bereich. *Spektrum, 24,* 3–41.

Deutsche Gesellschaft für Verhaltenstherapie DGVT (1996). Überlegungen zur Qualitätssicherung in der Psychotherapie. *Verhaltenstherapie und psychosoziale Praxis, 28,* 150–156.

Deutsches Institut für Normung DIN (1992) [Ausschuß Qualitätssicherung und angewandte Statistik AQS]. *Qualitätsmanagement und Elemente eines Qualitätssicherungssystems. Leitfaden für Dienstleistungen* (identisch mit ISO 9004-2). Berlin: Beuth Verlag.

Dohrenberg, U. & Schliehe, F. (1996). Qualitätsmanagement in der medizinischen Rehabilitation. In: H. Delbrück & E. Haupt (Hrsg.), *Rehabilitationsmedizin. Therapie- und Betreuungskonzepte bei chronischen Krankheiten* (S. 129–133). München: Urban & Schwarzenberg.

Donabedian, A. (1966). Evaluating the quality of medical care. *Milbank Memorial Funds Quarterly, 44,* 166–203.

Donabedian, A. (1992). The role of outcomes in quality assessment and assurance. *Quality Review Bulletin, 18,* 356–360.

Eversmann, B.J., Niemann, F.-M. & Beske, F. (1993). *Qualitätssicherung im Kranken-*

haus in der Bundesrepublik Deutschland. (2., überarbeitete Aufl.). Kiel: IGSF-Bericht.

Fachverband Sucht e.V. (Hrsg.). (1995.). *Qualitätssicherung in der Rehabilitation Abhängigkeitskranker.* Geesthacht: Neuland-Verlag.

Faulwasser, H. (1996). Qualität – Ein Thema für Psychologinnen und Psychologen! *Report Psychologie, 50,* 780–782.

Franke, G. (1995). *Die Symptom-Checkliste von Derogatis – Deutsche Version.* Göttingen: Beltz Test.

Fritzsche, K., Sandholzer, H., Albota, M., Höger, C., Pelz, J., Deter, H.-C., Bohlen, U., Brucks, U., Härter, M. & Schmidt, B. (1996). Qualitätssicherung und Qualitätsmanagement in der Psychosomatischen Grundversorgung. Erste Ergebnisse eines Demonstrationsprojekts. *Psychotherapeut, 41,* 326–330.

Gaebel, W. (Hrsg.). (1995). *Qualitätssicherung im psychiatrischen Krankenhaus.* Wien: Springer.

Grawe, K. & Braun, U. (1994). Qualitätskontrolle in der Psychotherapiepraxis. *Zeitschrift für Klinische Psychologie, 23,* 242–267.

Grawe, K., Caspar, F. & Ambühl, H. (1990). Differentielle Psychotherapieforschung: Vier Therapieformen im Vergleich. *Zeitschrift für Klinische Psychologie, 19,* 292–376.

Hartmann, A., Herzog, T., Fritzsche, K., Scheidt, C.E., Stein, B. & Wirsching, M. (1993). Modulare Basisdokumentation für die stationäre, ambulante und konsiliarische Psychosomatik: Eine Integration eingeführter Systeme (Version 1.0). In M. Wirsching & U. Koch (Hrsg.), *Qualitätssicherung in der Psychosomatischen und Psychotherapeutischen Medizin.* Materialsammlung zum Status-Entwicklungskolloquium vom 26.-27.11.1992 in Freiburg. Unveröff. Manuskript: Freiburg: Psychiatrische Universitätsklinik, Abt. Psychotherapie und Psychosomatische Medizin.

Härter, M., Tausch, B., Niebling, W., Vauth, R. & Berger, M. (1994). Qualitätszirkel in der hausärztlichen Versorgung – Ein Modellprojekt in Südbaden. *Zeitschrift für Allgemeinmedizin, 16,* 653–656.

Hildebrand, R. (1994). Qualitätsmanagement. *f & w – führen und wirtschaften im Krankenhaus, 11,* 185–193.

Hildebrand, R. (1995). Total Quality Management. *f & w – führen und wirtschaften im Krankenhaus, 12,* 31–42.

Jäckel, W.H., Maier-Riehle, B., Gerdes, N. & Protz, W. (1997). *Screening der Prozeßqualität in der Rehabilitation: Ergebnisse einer Pilotstudie.* Vortrag auf dem 7. Rehabilitationswissenschaftlichen Kolloquium in Hamburg, 10.–12.3.1997.

Kaltenbach, T. (1989). Organisation der Qualitätssicherung in amerikanischen Krankenhäusern. *f & w – führen und wirtschaften im Krankenhaus, 6,* 95–99.

Kaltenbach, T. (1993). *Qualitätsmanagement im Krankenhaus.* (2. Aufl.). Melsungen: Bibliomed.

Kassenärztliche Bundesvereinigung KBV (1993). Richtlinien der Kassenärztlichen Bundesvereinigung für Verfahren zur Qualitätssicherung (Qualitätssicherungs-Richtlinien der KBV) gemäß § 135 Abs. 3 SGB V. *Deutsches Ärzteblatt, 90,* 1148–1149.

Kassenärztliche Vereinigung Nordbaden KVNB (1995). *Leitlinien Qualitätszirkel.* Karlsruhe: KVNB.

Klein, M., Missel, P., Ott, E., Schneider, R., Siemon, W., Stehr, M. & Zemlin, U. (1990). *Basisdokumentation Sucht.* Weinheim: Beltz.

Koch, U. & Schulz, H. (1997). Qualitätssicherung in der psychotherapeutischen Medizin. In S. Ahrens (Hrsg.), *Lehrbuch Psychotherapeutische Medizin* (S. 14–25). München: Schattauer.

Kolkmann, F.W. (1995). Qualitätssicherung aus Sicht der Bundesärztekammer. In: W. Gaebel, (Hrsg.), *Qualitätssicherung im psychiatrischen Krankenhaus* (S. 11–20). Wien: Springer.

Kordy, H. (1992). Qualitätssicherung: Erläuterungen zu einem Reiz- und Modewort. *Zeitschrift für Psychosomatische Medizin und Psychoanalyse, 38,* 310-324.

Kracht, P.J. (1992). Qualitätsmanagement im Krankenhaus. *f & w – führen und wirtschaften im Krankenhaus, 9,* 266–272.

Laireiter, A.-R., Lettner, K. & Baumann, U. (1996). Dokumentation ambulanter Psychotherapie. In F. Caspar (Hrsg.), *Psychotherapeutische Plananalyse* (S. 315-343). Tübingen: dgvt-Verlag.

Linder, H.T., Klein, M. & Funke, W. (1994). Qualitätssicherung: Konzepte, Vorgehensweisen, Kritiken am Beispiel stationärer Entwöhnungsbehandlungen von Alkohol-, Medikamenten- und Drogenabhängigen. In Fachausschuß Sucht der AHG (Hrsg.), *Qualitätssicherung in der stationären Behandlung Abhängigkeitskranker* (S. 71–77). Hilden: Allgemeine Hospitalgesellschaft AHG.

Lutz, W. (1997). *Evaluation eines Qualitätssicherungsprogramms in der Psychotherapie.* Regensburg: Roderer.

Lutz, W., Stammer, H., Leeb, B., Dötsch, M., Bölle, M. & Kordy, H. (1996). Das Heidelberger Modell der Aktiven Internen Qualitätssicherung stationärer Psychotherapie. *Psychotherapeut, 41,* 25–35.

Mattejat, F. & Remschmidt, H. (1995). Aufgaben und Probleme der Qualitätssicherung in der Psychiatrie und Psychotherapie des Kindes- und Jugendalters. *Zeitschrift für Kinder- und Jugendpsychiatrie, 23,* 71–83.

Meermann, R. (1995). Strukturelle Auswirkungen des Qualitätssicherungsprogramms in einer psychosomatischen Rehabilitationsklinik. In BfA (Hrsg.), *Rehabilitation 1995* (S. 140–158). Rehabilitationsforum der BfA und der LVA Sachsen-Anhalt in Magdeburg. Berlin: BfA-Selbstverlag.

Meyer, A.E., Richter, R., Grawe, K., Graf v. d. Schulenburg, J.-M. & Schulte, B. (1991). *Forschungsgutachten zu Fragen eines Psychotherapeutengesetzes.* Hamburg: Universitäts-Krankenhaus Hamburg-Eppendorf.

Müller-Fahrnow, W. (1993). Qualitätssicherung in der medizinischen Rehabilitation. *f & w – führen und wirtschaften im Krankenhaus, 10,* 385–388.

Müller-Fahrnow, W. (1995). Zwischenbilanz der Programmumsetzung – Ergebnisse und Perspektiven. In BfA (Hrsg.), *Rehabilitation 1995* (S. 74–114). Rehabilitationsforum der BfA und der LVA Sachsen-Anhalt in Magdeburg, 23.–25-10. 1995. Berlin: BfA-Selbstverlag.

Müller-Fahrnow, W. & Spyra, K. (1995). Qualitätszirkel in Rehabilitationskliniken. *Die AngestelltenVersicherung, 42,* 137–141.

Nübling, R. (1992). *Psychotherapiemotivation und Krankheitskonzept. Zur Evaluation psychosomatischer Heilverfahren.* Frankfurt a. M.: Verlag für Akademische Schriften.

Nübling, R., Puttendörfer, J., Schmidt, J. & Wittmann, W.W. (1994). Längerfristige Ergebnisse psychosomatischer Rehabilitation. In F. Lamprecht & R. Johnen (Hrsg.*),* *Salutogenese. Ein neues Konzept in der Psychosomatik?* (S. 254–270). Frankfurt a. M.: Verlag für Akademische Schriften.

Nübling, R., Schmidt, J. & Puttendörfer, J. (1995). Transparenz als Grundvoraussetzung klinikinterner Qualitätssicherung: Zur Notwendigkeit und zum Nutzen einer Basisdokumentation. In Verband Deutscher Rentenversicherungsträger VDR (Hrsg.), *Zusammenarbeit von Forschung und Praxis* (DRV-Schriften, Bd. 5, S. 237–239). Frankfurt a. M.: VDR.

Ollenschläger, G. & Thomeczeck, C. (1996). Qualitätssicherung und kontinuierliche Qualitätsverbesserung – Bestandsaufnahme der ärztlichen Selbstverwaltung zur Qualitätssicherung in der Medizin 1955-1995. *Gesundheitswesen, 58,* 360–371.

Paar, G.H. (1997). Das Qualitätssicherungsprogramm der Rentenversicherungsträger. Perspektive des Anwenders aus einer psychosomatischen Fachklinik. *Psychotherapeut, 42,* 156–162.

Pietsch-Breitfeld, B., Krumpaszky, H.-G., Schelp, B. & Selbmann, H.K. (1994). Deskription existierender Qualitätssicherungs-Maßnahmen im Gesundheitswesen. In Das Bundesministerium für Gesundheit (Hrsg.), *Maßnahmen der Medizinischen Qualitätssicherung in der Bundesrepublik Deutschland – Bestandsaufnahme* (Schriftenreihe des BMG, Bd. 38, S. I6-I164). Baden-Baden: Nomos.

Raspe, H.H., Voigt, S., Herlyn, K., Feldmeier, U., Meier-Rebentisch, K. (1996). Patienten-„Zufriedenheit" in der medizinischen Rehabilitation – Ein sinnvoller Outcome-Indikator? *Gesundheitswesen*, 58, 372–378.

Rehn, B. (1996). Qualitätsmanagement beziehungsorientierter Dienstleistungen innerhalb des Caritasverbandes für die Diözese Mainz. *GQMG-Newsletter Nr.1 (3),* 8–13.

Richter, R. (1994). Qualitätssicherung in der Psychotherapie. Editorial. *Zeitschrift für Klinische Psychologie, 23,* 233–235.

Richter, R. (1996). Die qualitätsgesicherte Psychotherapie-Praxis: Entwurf einer Leitlinie. *Psychotherapeutenforum, 3/96,* 6–8.

Sachverständigenrat für die Konzertierte Aktion im Gesundheitswesen (1995). *Jahresgutachten 1994. Gesundheitsversorgung und Krankenversicherung 2000.* Baden-Baden: Nomos.

Schaub, E. & Schliehe, F. (1994). Ergebnisse der Reha-Kommission und ihre Bedeutung für das Qualitätssicherungsprogramm der Rentenversicherung. *Deutsche Rentenversicherung, 2,* 101–110.

Scheidt, C.E. (1996). Qualitätssicherung in der Psychotherapeutischen Medizin. Mitteilung der Qualitätssicherungsbeauftragten eines Zusammenschlusses von AWMF-Gesellschaften. *Psychotherapeut, 41,* 250–253.

Scheidt, C.E., Dieterle, W., Hartmann, A., Seidenglanz, K., Bowe, N., Hillenbrand, D., Sczudlek, G., Strasser, F., Strasser, P. & Wirsching, M. (in Druck). Qualitätssicherung in der ambulanten Psychotherapie – Ergebnisse einer Untersuchung von 40 psychotherapeutischen Fachpraxen. *Psychotherapeut.*

Scheidt, C.E. & Hartmann, A. (1994). *Manual Basisdokumentation Ambulante Psychotherapie.* Unveröff. Manuskript. Freiburg: Psychiatrische Universitätsklinik, Abt. Psychotherapie und Psychosomatische Medizin.

Scheidt, C.E. & Wirsching, M. (1996). Qualitätssicherung in der ambulanten Psychotherapie – Erste Ergebnisse einer Untersuchung von 40 psychotherapeutischen Fachpraxen. *Naturamed, 11,* 26–32.

Schliehe, F., Röckelein, E., Bütefisch, T. (1997). *Stellungnahme zum Thema „Ökonomische Wirkungen in der Rehabilitation".* Unveröff. Manuskript. Frankfurt a. M.: VDR.

Schmidt, J. (1991). *Evaluation einer psychosomatischen Klinik.* Frankfurt a. M.: Verlag für Akademische Schriften.

Schmidt, J. & Nübling, R. (1994). Qualitätssicherung in der Psychotherapie – Teil I: Grundlagen, Hintergründe und Probleme. *GwG-Zeitschrift, 96,* 15–25.

Schmidt, J. & Nübling, R. (1995). Qualitätssicherung in der Psychotherapie – Teil II: Realisierungsvorschläge, Modellprojekte und bereits laufende Maßnahmen. *GwG-Zeitschrift, 99,* 42–53.

Schmidt, J., Nübling, R. & Lamprecht, F. (1992). Möglichkeiten klinikinterner Qualitätssicherung (QS) auf der Grundlage eines Basis-Dokumentations-Systems sowie erweiterter Evaluationsstudien. *Gesundheitswesen, 54,* 70-80.

Schmidt, J., Nübling, R. & Vogel, H. (1995). Qualitätssicherung in der stationären medizinischen Rehabilitation. *Verhaltenstherapie und psychosoziale Praxis, 27,* 245–263.

Selbmann, H.-K. (1990a). Konzeption, Voraussetzung und Durchführung qualitätssichernder Maßnahmen im Krankenhaus. *Das Krankenhaus, 82,* 470–474.

Selbmann, H.-K. (1990b). Stand der medizinischen Qualitätssicherung in der Bundesrepublik Deutschland. In Bundesminister für Arbeit und Sozialordnung (Hrsg.), *Symposium zur Qualitätssicherung – Teil I : Stationäre und ambulante medizinische Versorgung* (S. 29–46). Forschungsbericht 203. Bonn: Bundesministerium für Arbeit und Sozialordnung.

Selbmann, H.-K. (1995). Konzept und Definition medizinischer Qualitätssicherung. In W. Gaebel (Hrsg.), *Qualitätssicherung im psychiatrischen Krankenhaus* (S. 3–10). Wien: Springer.

Siebig, J. (1995). Qualitätssicherung in der Krankenhausbehandlung. Baden-Württembergische Krankenhausgesellschaft, *Rundschreiben* Nr. 22/1995.

Speierer, G.-W. (1995). Ergebnisse und Konsequenzen des Forschungskolloquiums vom 27.-28. Mai 1995 – Arbeitsgemeinschaft Qualitätssicherung und Evaluation in der heilkundlichen Gesprächspsychotherapie beschlossen. *GwG-Zeitschrift, 100,* 5–6.

Tiefensee, J., Arentewicz, G. & Koch, U. (1997). Vorschläge zur Definition strukturgleicher Kliniken auf der Basis der Erhebungen zu Programmpunkt I des QS-Programms der Rentenversicherung. In Verband Deutscher Rentenversicherungsträger, VDR (Hrsg.), *Interdiziplinarität und Vernetzung* (DRV-Schriften, Bd. 7). Frankfurt a. M.: VDR.

Tiefensee, J. & Koch, U. (1997): Qualitätssicherung in der medizinischen Rehabilitation. In F. Petermann (Hrsg.), *Verhaltensmedizin in der Rehabilitation.* (S. 509–528) Göttingen: Hogrefe Verlag für Psychologie.

VDR (Verband Deutscher Rentenversicherungsträger) (1994). Das Reha-Qualitätssicherungsprogramm der gesetzlichen Rentenversicherung – Perspektiven und Ziele. *Deutsche Rentenversicherung, 11,* 745–750.

VDR (Verband Deutscher Rentenversicherungsträger/VDR-Koordinierungsausschuß) (1995). *Qualitätssicherungsprogramm der gesetzlichen Rentenversicherung. Bericht für die Rehabilitationskliniken zum Stand der Umsetzung.* Frankfurt a. M.: Februar 1995.

VDR (Verband Deutscher Rentenversicherungsträger/VDR-Koordinierungsausschuß) (1996). *Qualitätssicherungsprogramm der gesetzlichen Rentenversicherung. 2. Bericht für die Rehabilitationskliniken zum Stand der Umsetzung.* Unveröff. Manuskript, Frankfurt a. M.: Februar 1996.

Viethen, G. (1994). Qualitätssicherung in der Medizin. Teil I. *QualiMed, 2,* 9–16.

Viethen, G. (1995). Qualitätssicherung in der Medizin. Teil II. *QualiMed, 3,* 10–22.

Vogel, H. (1996). Psychotherapie in der ambulanten Gesundheitsversorgung – Eine kritische Übersicht. *Verhaltenstherapie und psychosoziale Praxis, 28,* 105–126.

Wittmann, W.W. (1995). Wie ist Psychotherapie meßbar? Konzepte und Probleme der Evaluation. In Fachverband Sucht (Hrsg.), *Qualitätssicherung in der Rehabilitation Abhängigkeitskranker* (S. 29–53). Geesthacht: Neuland.

Zemlin, U. & Missel, P. (1996). Perspektiven für die Rehabilitation von Abhängigkeitskranken. *Mitteilungen der LVA Rheinprovinz, 87,* 406–414.

Zielke, M. (1994). Basisdokumentation in der stationären Psychosomatik. In M. Zielke & J. Sturm (Hrsg.), *Handbuch Stationäre Verhaltenstherapie* (S. 995–1007). Weinheim, Beltz.

Zielke, M. (1995). Basisdokumentation in der stationären Psychosomatik. *Prävention und Rehabilitation, 7,* 61–67.

Zillessen, E. (1994). Qualitätssicherung. *Zeitschrift für Gastroenterologie, 32,* (Supplement 1), 19–23.

Zink, K.J., Schubert, H.-J. & Fuchs, A.E. (1994). Umfassendes Qualitätsmanagement im Krankenhaus. *f & w – führen und wirtschaften im Krankenhaus, 11,* 26–30.

Partizipatives Qualitätsmanagement in psychosozialen Beratungsstellen:
Hintergründe, Anforderungen und Möglichkeiten von Qualitätssicherung nach dem „Münchener Modell"

Wolfgang Gmür & Florian Straus

Inhalt:

1. Einführung 76
2. Diskurse zu den Themen „Qualitätssicherung" und „Qualitätsmanagement" im Geltungsbereich des SGB VIII (KJHG) 77
   2.1 Warum boomt die Diskussion um Qualitätssicherung und Qualitätsmanagement? 77
   2.2 Die Debatten über Qualitätssicherung und Qualitätsmanagement in der Jugendhilfe sind mehr durch Verunsicherungen als durch Zuversicht geprägt 78
3. Qualitätssicherung in der psychosozialen Versorgung: Fortsetzung und Systematisierung bereits vorhandener Ansätze 82
   3.1 Bisherige Verfahren zur Sicherstellung hoher Beratungsqualität .. 82
      3.1.1 „Qualität sichern" – kein neues Thema für Beratungsstellen! 82
      3.1.2 Sinnvolle Evaluation in der Beratung muß ausgebaut werden 83
      3.1.3 Qualitätssicherung und Qualitätsmanagement systematisieren bisherige Evaluationsansätze und entwickeln sie weiter 83
   3.2 Bemerkenswerte Aspekte sinnvoller Qualitätssicherung 85
      3.2.1 Qualitätssicherung als Prozeß 85
      3.2.2 Differenzierung der Qualitätsarten 87
      3.2.3 Berücksichtigung verschiedener Kunden 89
4. Qualitätssicherung als einrichtungsinterner und am Dialog nach außen orientierter Prozeß: „Das Münchener Modell" 91
   4.1 Handlungsleitende Orientierungen 91

> 4.2 Der Ablauf der einrichtungsbezogenen Prozesse 92
> 4.3 Thesen zum Nutzen dieser Qualitätsmanagement-Aktivitäten 95
>
> **5. Fazit** 96

1. Einführung

Wenn in den Kontexten der psychosozialen Versorgung, in der Krisenintervention oder in der Psychotherapie in der letzten Zeit die Begriffe „Qualitätsmanagement" oder „Qualitätssicherung" verwendet und ausgesprochen werden, sind die Reaktionen der Fachkräfte häufig emotional geprägt. Sie reichen von „Was soll denn das Ganze?", „Kennen wir doch schon alles!" über ironisches Gelächter bis zu Unmut und handfester Verärgerung. Seltener sind inzwischen Reaktionen wie Unverständnis oder Irritation, die als Reaktion auf grundsätzlich Neues interpretiert werden könnten. Entsprechende Positionen werden jedenfalls nicht mehr offen gezeigt. Häufiger sind inzwischen Reaktionen, die auf eine ernsthafte Auseinandersetzung mit Fragen des Qualitätsmanagement schließen lassen und nach konkreten Umsetzungsmöglichkeiten fragen.

Diese Phänomene lassen sich in verschiedene Richtungen interpretieren. Wir schätzen folgende Perspektiven als bedeutsam ein: Zum einen ist festzustellen, daß die Auseinandersetzung mit Fragen der Qualitätssicherung und des Qualitätsmanagement im psychosozialen Bereich inzwischen nicht mehr „zu vermeiden" ist. Die damit verbundenen Diskurse sind mittlerweile einfach zu breit und von zu vielen Akteuren forciert worden. Die emotional abwehrenden Reaktionen beziehen sich vermutlich auf unbequeme Innovationsanforderungen durch „Dritte", zum anderen jedoch auch auf „mißbräuchliche" Anwendungen von Qualitätssicherung und Qualitätsmanagement, die mit diesen Ansätzen ganz andere Ziele verbinden als sie offen formulieren oder als es in den ursprünglichen Konzeptionen vorgesehen war. Die wachsende Bereitschaft zu einer ernsthaften Auseinandersetzung mit den Konzepten „Qualitätssicherung" und „Qualitätsmanagement" leitet sich einerseits aus einem zunehmenden Innovationsdruck ab. Andererseits erkennen erfahrene PraktikerInnen der psychosozialen Arbeit aber auch, daß Qualitätssicherung nichts grundsätzlich Neues ist, sondern schon immer praktizierte Verfahren zur Verbesserung der eigenen Professionalität fortsetzt und systematisiert. Die weitere Auseinandersetzung mit dem Thema „Qualitätssicherung" im Bereich der Psychotherapie und der psychosozialen Versorgung insgesamt muß diese Hintergründe berücksichtigen, wenn die positiven Merkmale von Qualitätssicherung und Qualitätsmanagement in diesem gesellschaftlichen Tätigkeitsbereich genutzt werden sollen.

Der folgende Beitrag befaßt sich mit den Risiken von Qualitätssicherung, vorrangig aber mit den Möglichkeiten von Qualitätssicherung. Dabei wird ein Schwerpunkt auf den Bereich der Jugendhilfe und hier insbesondere auf den Bereich der institutionellen Erziehungs- und Familienberatung gelegt. Die inhaltlichen Anforderungen an Qualitätssicherung sind in diesem psychosozialen Bereich grundsätzlich mit denen im Bereich der Psychotherapie vergleichbar. Bemerkenswerte Unterschiede resultieren allerdings aus anderen Kontextbedingungen: Die institutionelle Erziehungs- und Familienberatung ist eine Leistung nach dem SGB VIII (Kinder- und Jugendhilfegesetz / KJHG). Anders als im Bereich der Gesundheitsversorgung (SGB V) ist im Geltungsbereich des KJHG eine Qualitätssicherung nicht zwingend vorgeschrieben. Weitere Unterschiede ergeben sich aus anderen Finanzierungsstrukturen und -modellen sowie einem anderen Aufgabenspektrum.

Dieser Beitrag basiert auf der folgenden Grundhaltung: Wir sind aufgrund unserer praktischen Erfahrung mit Supervision, Praxisberatung und Organisationsberatung in der psychosozialen Arbeit davon überzeugt, daß Qualitätssicherung ein gangbarer und sinnvoller Weg ist, um Beratung und Therapie weiterhin zu verbessern und sie auch auf neue Anforderungen hin zu optimieren, die sich aus veränderten Lebenswelten der Klientel und anderen Finanzierungsbedingungen ergeben. Um ein sinnvolles und gewinnbringendes Qualitätsmanagement realisieren zu können, sind allerdings eine Reihe von Kriterien zu erfüllen, die sich auf handlungsleitende Orientierungen, auf grundsätzliche Elemente und Verfahrensweisen sowie auf konkrete Methoden der psychosozialen Beratung beziehen. Einen praktischen Hintergrund für die Realisierung entsprechender Ansätze im Beratungsbereich bietet das „Münchner Modell", das auch Beurteilungskriterien für sinnvolle und fruchtbare Ansätze von Qualitätssicherung im psychosozialen Bereich aufzeigt.

2. Diskurse zu den Themen „Qualitätssicherung" und „Qualitätsmanagement" im Geltungsbereich des SGB VIII (KJHG)

2.1 Warum boomt die Diskussion um Qualitätssicherung und Qualitätsmanagement?

Die Gründe für die aktuelle Diskussion um Qualitätssicherung und Qualitätsmanagement im Bereich der Jugendhilfe (SGB VIII) sind vielschichtig. Von maßgeblicher Bedeutung sind dabei Einflüsse, die außerhalb dieser gesellschaftlichen Bereiche begründet sind. Die damit verbundenen Diskurse und Debatten haben zeitlich versetzt begonnen und verschränken sich gegenwärtig zu zunehmender Vehemenz (vgl. Straus, in Druck). Sie lassen sich folgendermaßen zusammenfassen:

Ein Hintergrund: Industriell wirtschaftliche Diskurse. Aus Sorge um ihre Konkurrenzfähigkeit (bei uns um den „Standort Deutschland", vgl. Runge, 1994), haben viele Firmen der westlichen Welt auf die in den achtziger Jahren sehr erfolgreiche japanische Industrie geblickt. Die dort entwickelten Konzepte des TQM (= umfassendes Qualitätsmanagement), des Kaizen beziehungsweise der KVP (= kontinuierlichen Verbesserungsprozesse) und des Lean Managements mit der Abflachung der Hierarchien und der Betonung der Notwendigkeit permanenter Mitarbeiterqualifizierung haben ein neues Qualitätsverständnis geprägt. Weitgehende und systematische Kunden-, Prozeß- und MitarbeiterInnenorientierung gelten inzwischen als zentrale Voraussetzung für hohe Qualitätsstandards sowohl im Produktions- als auch im Dienstleistungsbereich (Beywl, 1994).

Eine Umsetzung: Politisch-administrative Diskurse. Mit dem Abflauen der Konjunktur Anfang der neunziger Jahr hat in der Bundesrepublik eine intensive öffentliche Debatte begonnen, wie und wo sinnvoll (ein)gespart werden kann. Mit dieser Entwicklung verschränkten sich andere Faktoren, die zusammengenommen einen *Modernisierungsdruck für die öffentliche Verwaltung* ergaben. Einzelfaktoren sind dabei (Technologieberatungsstelle/TBS beim DGB Landesbezirk NRW 1995): „Steigende Aufgabendynamik (z.B. Umweltschutz), finanzielle Notlage der Kommunen, Werte- und Einstellungswandel von BürgerInnen und MitarbeiterInnen, Politik der Bundesregierung zur Reduzierung der Staatsquote, neue Technologien, zunehmende Komplexität von Aufgaben (z.B.: Europäisierung)." (S. 11)

Neue Probleme können, so eine der zentralen Botschaften dieses Diskurses, nicht mehr durch Ausbau, sondern nur noch durch einen Umbau gelöst werden.

Eine zweite Botschaft ist, daß Einsparungen auch bisher als unantastbar geglaubte Bereiche (sogenannte Pflichtleistungen) betreffen können; Bundeskanzler Kohl etwa sprach davon, daß „alles auf den Prüfstand müsse". Verschärft wurde diese Diskussion durch mindestens zwei Entwicklungen. Durch die Vereinigung und den Lastenausgleich für die ehemalige DDR entstanden beachtliche Kosten, die die öffentlichen Haushalte massiv belasten. Zum anderen sorgten stagnierende Konjunktur und hohe Arbeitslosigkeit für Beitragseinbrüche in der Sozialversicherung und Milliardenlöcher beim Steueraufkommen.

Mit diesen Ausführungen sind die finanziellen Hintergründe für die Entscheidungen skizziert, die von politischen Mandatsträgern, den Organen der öffentlichen Verwaltung und den Sozialversicherungträgern derzeit getroffen werden (müssen). Daraus resultieren die sozialpolitischen Fragen, welche Qualität an Angeboten noch finanziert werden kann bzw. welche Qualität noch finanziert werden soll. Diese Entwicklung hat aber auch die bekannte Frage wieder in den Vordergrund gerückt, welche Beurteilungskritierien angelegt werden können, wenn die Herstellung und Gewährleistung gesellschaftlicher und psychosozialer Dienstleistungen beurteilt werden sollen.

2.2 Die Debatten über Qualitätssicherung und Qualitätsmanagement in der Jugendhilfe sind mehr durch Verunsicherungen als durch Zuversicht geprägt

Für den Bereich der öffentlichen Verwaltung transportieren die Ansätze „Qualitätssicherung" und „Qualitätsmanagement" neben den Schmerzen, die mit jeder Veränderung und Innovation verbunden sind, auch einen Hoffnungsschimmer. Die Hoffnung läßt sich so zusammenfassen: Durch effektivere Strukturen ergeben sich bessere Steuerungsmöglichkeiten und dadurch wird es möglich, auch trotz einer extrem angespannten Finanzsituation der öffentlichen Haushalte die wichtigen und zentralen psychosozialen Dienstleistungsangebote sicherzustellen. Große Hoffnungen wurden dabei in die *„neuen Steuerungsmodelle"* im Verwaltungshandeln gesetzt. Ausgangspunkt dieser zuversichtlichen Perspektive sind die Erfahrungen in der dänischen Stadt Tilburg, wo es angesichts und trotz einer sehr angespannten Finanzlage gelang, eine Kommunalverwaltung so umzustrukturieren, daß sie ihre gesellschaftlichen Aufgaben weiterhin gut und teilweise sogar besser als früher erfüllen konnte. Dreh- und Angelpunkt dieser positiven Entwicklung waren ein effizienterer Ressourceneinsatz, eine effektivere Arbeitsorganisation und eine verstärkte MitarbeiterInnenorientierung. Bei dieser Entwicklung wurde nach dem klassischen Verständnis eine gute und erfolgreiche Personal- und Organisationsentwicklung durchgeführt.

Diese Erfahrungen halten inzwischen viele bundesdeutsche Kommunen für nachahmenswert. Dabei geht es vor allem um die in Tilburg erreichten Ziele: Gute Dienstleistung zu günstigen Kosten.

Zentrale Unterstützung bei der Erreichung dieser Ziele versprechen sich die meisten Kommunen von der Kommunalen Gemeinschaftsstelle in Köln (KGSt), die mit der „Output-Orientierung" ein neues Steuerungsmodell für das Verwaltungshandeln konzipiert und ausformuliert hat (KGSt, 1994), das die Umsetzung des Modells von Tilburg systematisch gewährleisten soll. Die sinnvolle – allerdings auch nicht ganz neue – Idee dabei ist, Maßnahmen von ihrer Wirkung her zu beurteilen.

Für die institutionelle Erziehungs- und Familienberatung, die in erheblichem Umfang eine kommunale Leistung darstellt, ist dieser Hintergrund vor allem deshalb von besonderer Bedeutung, weil die KGSt ihr neues Steuerungsmodell exemplarisch für den Bereich der Jugendhilfe entwickelt und inzwischen auch systematisiert hat. Für viele Kommunalverwaltungen stellen dieses „Neue Steuerungsmodell" und damit verbundene weitere Ausführungen (besonders die sogenannten „Produktbeschreibungen" der KGSt) eine weitgehend verbindliche Basis für viele handlungsleitende Orientierungen dar.

Daß sich der mit diesem Modell verbundene Hoffnungsschimmer noch nicht zu einer breit getragenen Hoffnung entwickelt hat, hängt mit zahlreichen Faktoren zusammen, die sich den Bereichen Irritationen, neue Schlagworte und Konzepte, veränderte Anforderungen, aber auch Fehlentwicklungen bzw. einseitig verkürzten Qualitätssicherungsverfahren zuordnen lassen.

Wenn in der Jugendhilfe gegenwärtig sehr viele Grundsatz-Diskussionen geführt werden, dann resultieren für viele MitarbeiterInnen zunächst massive *Irritationen*. So werden seit geraumer Zeit sehr viele Anlässe genutzt, um das Thema „Qualitätssicherung" ins Spiel zu bringen. Von der Zieldefinition her sind diese Debatten aus Sicht der Autoren grundsätzlich positiv zu bewerten. Das Problem lautet: Zu viele Erwartungen und vor allem problematische Verknüpfungen von Diskursen erschweren eine konstruktive Auseinandersetzung mit dem Thema „Qualitätssicherung" in der Jugendhilfe. Selbst in hochkarätigen Debatten werden hierbei die unterschiedlichen Ebenen und Hintergründe nicht sauber auseinandergehalten oder sogar aktiv vermischt. Für Fachkräfte mit einem geringen Informationsstand ist das Ausmaß an Irritationen entsprechend höher.

Verstärkt werden diese Irritationen und Verunsicherungen dadurch, daß im Bereich der Jugendhilfe momentan permanent *neue Schlagworte und Konzepte* auftauchen, mit denen sich die MitarbeiterInnen im sozialen Bereich auseinandersetzen müssen. Dies erfordert einen zusätzlichen Aufwand gegenüber der alltäglichen Arbeit. Durch den vorhandenen Innovationsdruck ist es nötig, sich Informationen zu beschaffen, neue Begriffe und Konzepte zu bewerten und mögliche Umsetzungsmöglichkeiten herauszuarbeiten. Das ist mühsam und mitunter sehr unbequem.

Mit neuen Begriffen und Konzepten können jedoch auch *veränderte Anforderungen* an Arbeitsansätze und handlungsleitende Orientierungen verbunden sein. Hinweise auf entsprechende Entwicklungen ergeben sich im Zusammenhang mit dem für die Qualitätssicherung zentralen *„Kundenbegriff"*, der in der Jugendhilfe außerordentlich kontroverse Diskussionen hervorruft. Diese Debatten scheinen uns allerdings emotional etwas angeheizt, da sich die strategische Frage nach dem Kunden darauf reduzieren läßt, wem die vorgehaltenen und bereitgestellten Angebote nützen sollen. Diese Frage halten wir für selbstverständlich, sie wird im übrigen auch explizit vom KJHG (SGB VIII) legitimiert, etwa, wenn dort von Leistungsberechtigten gesprochen wird. Auf die Frage nach dem „Kunden" werden wir weiter unten noch ausführlicher eingehen (vgl. auch Hermer, in diesem Band).

Möglicherweise ebenfalls neue Anforderungen ergeben sich aus dem mit Qualitätssicherung verbundenen Anspruch, *Vorgehensweisen der psychosozialen Arbeit offenzulegen* und sie damit einer kritischen Bewertung zugänglich zu machen. Diese Anforderungen halten wir für normal und selbstverständlich, sie scheinen uns allerdings noch nicht durchgängig realisiert. Die Erfahrung zeigt auch, daß es arbeitsintensiv und mitunter schwierig ist, Ziele für die psychosoziale Arbeit zu definieren, die Wege dorthin zu beschreiben und die erzielten Ergebnisse und Wirkungen vor dem Hintergrund der formulierten Ziele zu überprüfen.

Grundsätzlich andere Schwierigkeiten ergeben sich aus einem Faktor, der in der Qualitätsdebatte bei MitarbeiterInnen der Jugendhilfe derzeit für Unmut sorgt. Es handelt sich dabei um *Fehlentwicklungen oder einseitig verkürzte Qualitätssicherungsverfahren*, die sich mehr oder weniger direkt aus den weiter oben beschriebenen gesellschaftlichen und politisch-administrativen Diskursen ableiten und den „Qualitätsmanagement-Markt" im psychosozialen Bereich zu dominieren drohen. Unser Eindruck dabei ist, daß vielfach *verkürzte Qualitätssicherungsverfahren* angewendet und „durchgezogen" werden, die nicht auf eine Qualitätsverbesserung hinzielen, sondern deren vorrangige Option die Identifizierung und Realisierung von Einsparpotentialen ist.

- Beispielsweise werden aus durchaus sinnvollen Konzepten der *Verwaltungsvereinfachung* mitunter auch *Aussagen über Fachinhalte und Konzepte* abgeleitet, die keine inhaltlichen Zielperspektiven enthalten und entsprechend auch keine darauf bezogene Qualitätskriterien formulieren. Handlungsleitend sind dabei z.B. Fragen der Refinanzierung. Aufgrund solcher Überlegungen ziehen sich manche Wohlfahrtsverbände schon aus nicht refinanzierten Bereichen zurück. So sinnvoll das Ziel einer finanziellen Konsolidierung einzuschätzen ist, so kritisch ist der mit diesem Rückzug verbundene Verzicht zu werten, sozialpolitisch engagiert subsidiär soziale Leistungen anzubieten und dabei auch gestaltend tätig zu werden.
- Ähnliche Entwicklungen können sich ergeben, wenn Unternehmensberater, die bisher im wirtschaftlichen Bereich tätig waren, ihre Unterstützung anbieten, um das *Rationalisierungspotential* im psychosozialen Bereich auszunützen. Bei der Betonung ökonomischer und betriebswirtschaftlicher Überlegungen drohen *jugendhilfe- und sozialpolitische Ziele „auf der Strecke"* zu bleiben und zwar besonders dann, wenn sie nicht in Kosten-Nutzen-Analysen einbezogen werden (können).

- Andere, aber in den Konsequenzen vergleichbare Entwicklungen ergeben sich bei der verkürzten Anwendung der „*output-orientierten Steuerung*" der KGSt. Das dabei verwendete Hilfskonstrukt der *Produktbeschreibungen* weckte bei vielen Kämmerern und sicher auch bei Jugendhilfeverantwortlichen und -planern weitreichende Hoffnungen auf Kostentransparenz, auf verläßliche Grundlagen für Planungsprozesse und formale Entscheidungsgrundlagen. Praktische Erfahrungen mit Produktbeschreibungen zeigen jedoch, daß dieser Ansatz als qualitätssichernde Maßnahme keineswegs ausreicht und vermutlich dafür gar nicht geeignet ist.

Inzwischen gibt es eine ganze Reihe von Publikationen, die sich mit den hier nur angerissenen Problematiken auseinandersetzen (vgl. exemplarisch Bobzien, Stark & Straus, 1996; Müller, 1996; Straus, in Druck; TBS 1995). Das Gemeinsame dieser Fehlentwicklungen läßt sich am besten als der Versuch von Kostenträgern und Verwaltung verstehen, in den Debatten um die Realisierung der psychosozialen Versorgung in der gegenwärtigen Umbruchsituation eine einseitige *Definitionsdominanz* zu erzielen, die Absprachen überflüssig machen soll und damit letztendlich inhaltliche Auseinandersetzungen verhindert. Argumentiert wird dabei mit Aspekten der Machbarkeit, mit Sachzwängen oder formaler Richtigkeit. Fragen nach dem Sinn, nach den Hintergründen und Zielen werden dabei nicht immer gerne gehört und selten beantwortet. PraktikerInnen stehen *derart geprägten Diskussionen* zu Recht mit großer Reserviertheit bis Ablehnung gegenüber. Sie befürchten eine Bürokratisierung, die ihre fachliche Entscheidungs- und Handlungsfreiheit in der Arbeit einengt, vermuten darin also mehr ein externes Kontrollinstrument oder sehen in den Bestrebungen vor allem ein Mittel, um Einsparungen voranzutreiben.

Andere wiederum *bezweifeln* ganz *generell die Möglichkeit, überprüfbare Bewertungskriterien zu definieren*. Sie verweisen auf die verschiedenen psychotherapeutischen und beraterischen Ansätze, die sich in ihren Vorgehensweisen und Zielvorstellungen so stark unterscheiden, daß eine Entwicklung allgemeiner Qualitätsstandards kaum vorstellbar erscheint. Diese Position halten wir für verkürzt, für einseitig und für wenig sinnvoll. Bei der Entwicklung von Qualitätsstandards geht es nicht um Vereinheitlichung oder gar Gleichmacherei, sondern um die Präzisierung von Zielvorstellungen und Realisierungsansätzen (vgl. exemplarisch Deutsche Gesellschaft für Suizidprävention (DGS), 1994; Rehn, 1997). Dies geht nur über einen Dialog mit politisch Verantwortlichen, mit der Verwaltung, mit Kostenträgern, nicht zuletzt aber auch mit den Betroffenen. Ein verantwortungsvoller Umgang mit finanziellen Ressourcen stellt angesichts leerer öffentlicher Kassen auch und gerade für Fachkräfte in der Jugendhilfe eine Herausforderung dar, wenn sie hohe fachliche Standards für die Ratsuchenden aufrechterhalten wollen. Für fachlich engagierte Fachkräfte muß die Maxime hier lauten: „Wehret den Anfängen von Fehlentwicklungen". Dies bedeutet auch und gerade, sich aktiv einzumischen und sich im Bereich der psychosozialen Versorgung so offensiv und konstruktiv wie möglich mit interessanten Verfahren des Qualitätsmanagements auseinanderzusetzen.

3. Qualitätssicherung in der psychosozialen Versorgung: Fortsetzung und Systematisierung bereits vorhandener Ansätze

3.1 Bisherige Verfahren zur Sicherstellung hoher Beratungsqualität

Gute psychosoziale Praxis implizierte schon immer eine *systematische Reflexion*. Dabei kommen vielfältige Ansätze und Arbeitsformen zum Einsatz, die sich gut in Qualitätssicherungsverfahren einfügen. Im folgenden werden relevante Aspekte dieser Anschlußfähigkeit dargestellt und mit Qualitätssicherung in Beziehung gesetzt.

3.1.1 „Qualität sichern" – kein neues Thema für Beratungsstellen!

Wer die Frage nach der Sicherung der Qualität im Bereich der institutionellen Erziehungs- und Familienberatung stellt, tut gut daran, sich zunächst damit zu beschäftigen, wie diese bisher bereits gesichert wurde. So wird schnell deutlich, daß es in diesem Tätigkeitsfeld der Jugendhilfe

- ein *beachtliches Niveau mitarbeiterbezogener Qualifizierungsmaßnahmen* gibt. In nur wenig anderen Feldern der Jugendhilfe verfügt ein vergleichbarer Prozentsatz der MitarbeiterInnen über ein ähnlich hohes Niveau an zusätzlicher Fort- und Weiterbildung.
- Ebenfalls auf hohem Niveau steht die Sicherung der Qualität durch regelmäßige team- sowie fallbezogene *Supervisionen*.
- Es lassen sich auch zahlreiche *interne Evaluationsbemühungen* finden: angefangen von verschiedenen Verfahren der Selbstevaluation über katamnestische Studien (vgl. u.a. Lenz, 1994) bis zu diversen Formen des Klientenfeedbacks. Allerdings darf die Palette der angewandten Formen nicht darüber hinwegtäuschen, daß es hier noch Defizite gibt (in der Zahl der realisierten Beispiele, in methodischer Hinsicht, vgl. Haid-Loh, Lindemann & Märtens 1995, S. 35 ff.).
- Der Bereich kann auch eine Reihe *externer Evaluationen* (vgl. Presting, 1991) vorweisen. Allerdings gilt, daß die Erziehungsberatung zwar von den Ergebnissen her in der Regel gut abschneidet, daß aber vor allem die Zahl – und teilweise auch die methodische Anlage der Studien – Weiterentwicklungen erforderlich macht.
- Die meisten Erziehungs- und Familienberatungsstellen arbeiten mit einem Verbund unterschiedlicher Methoden in einem *interdisziplinären* Team, was wesentlich zu einer Perspektiverweiterung bei Problemdiagnosen und Unterstützungsangeboten führt.
- Eine institutionell gut ausgebaute Erziehungs- und Familienberatung kann sich regelmäßig und systematisch *mit aktuellen gesellschaftlichen Entwicklungen*, mit wissenschaftlichen Fachtheorien und Weiterentwicklungen der Beratungspraxis *auseinandersetzen* und daraus *Konsequenzen* für ihren regionalen Zuständigkeitsbereich *ziehen*.

3.1.2 Sinnvolle Evaluation in der Beratung muß ausgebaut werden

Evaluation hat in der institutionellen Erziehungs- und Familienberatung inzwischen zwar schon eine lange Tradition, ihre Ergebnisse haben aber noch nicht zu den Antworten geführt hat, die sich psychosoziale PraktikerInnen für eine Verbesserung ihrer Arbeit wünschen. Es soll hier keine Grundsatzdebatte über Evaluation begonnen werden (vgl. dazu Gmür & Lenz, in Druck; Heiner, 1994; Höfer & Straus, 1991; Kromrey, 1995; Lenz & Gmür, 1996, oder auch die Broschürenreihe QS des Bundesministeriums für Familie, Senioren, Frauen und Jugend zur Bundesinitiative „Qualitätssicherung in der Kinder- und Jugendhilfe"). Entscheidend scheint aus Sicht der Autoren aber zu sein, daß traditionelle Evaluationen zu häufig summativ angelegt sind, also abschließende Bewertungen enthalten. Ein grundsätzliches Defizit ist bei der Entwicklung von Verbesserungsvorschlägen und deren Umsetzung in der psychosozialen Arbeit festzustellen. Praxisrelevante und sinnvolle Evaluation sollte die folgenden Überlegungen von Lotmar und Tondeur (1994) berücksichtigen:

„Wir evaluieren, um die von uns angestrebten Ziele mit dem Erreichten zu vergleichen und daraus zu lernen."

Bei jeder Evaluation werden drei Aspekte unterschieden:

1. **Wirklichkeit:** Lief alles ab wie vorgesehen? Was geschah? Was wurde getan? Wo gab es Schwierigkeiten, unvorhergesehene Hindernisse? Was war/ist erfreulich?
2. **Wirksamkeit:** Wie weit wurden die gesteckten Ziele erreicht? Wie sind die Abweichungen zu erklären? Gab es Nebeneffekte, wie wichtig sind sie?
3. **Wirtschaftlichkeit:** Steht das Erreichte in einem vernünftigen Verhältnis zum Aufwand (an Zeit, Geld, Nerven)? Hat es sich gelohnt, warum, für wen?" (S. 206 f.).

Diese Fragestellungen zielt nicht auf eine summative, sondern auf eine formative Evaluation. Es geht dabei darum, herauszufinden, wie die eigene Arbeit verbessert werden kann, um für die Praxis verwertbare und umsetzbare Ergebnisse zu liefern und innovative Prozesse zur Weiterführung und Verbesserung der psychosozialen Arbeit anzustoßen. Als Selbstevaluation helfen entsprechende Ansätze auch zu verhindern, daß Evaluation von Fremdbestimmung und Außenkontrolle dominiert wird.

3.1.3 Qualitätssicherung und Qualitätsmanagement systematisieren bisherige Evaluationsansätze und entwickeln sie weiter

Mit den Konzepten „Qualitätssicherung" und „Qualitätsmanagement" ist eine systematische Erweiterung praxisorientierter Evaluationskonzepte verbunden. Diese Verfahren, die Evaluation in einem umfassenden Kontext verstehen, beinhalten ausdrücklich den Anspruch auf Praxisrelevanz. Sie sollen Ergebnisse liefern, die die PraktikerInnen in die Lage versetzen, an der Planung und Verbesserung ihrer beraterischen Tätigkeit zu arbeiten. Dazu vermitteln sie anwendungsbezogene Antworten, Handlungsalternativen, Verfahrensweisen und Methoden.

Diese Vorteile leiten sich direkt bzw. mittelbar aus der Philosophie und der Konzeption der DIN ISO 9004,Teil 2, ab, in der das Deutsche Institut für Normung e.V. (DIN, 1992) „Qualitätsmanagement und Elemente eines Qualitätssicherungssystems – Leitfaden für Dienstleistungen" formuliert hat. Details dieser Grundlagen finden sich bei Geisler (in diesem Band). Dort werden auch die zentralen Begriffe zu den Themen „Qualitätssicherung" und „Qualitätsmanagement" ausführlich erörtert. Wir beschränken uns hier deshalb auf einen kleinen Ausschnitt, der für unsere Argumentation bedeutsam ist. Die Philosophie, die der DIN ISO 9004 Teil 2 zugrundeliegt, geht aus der folgenden Passage hervor:

„Qualität und Kundenzufriedenheit sind bedeutende Themen, denen weltweit zunehmende Aufmerksamkeit gewidmet wird. Dieser Teil von ISO 9004 geht auf dieses Bewußtsein ein und will Organisationen und Unternehmen ermutigen, die Qualitätsaspekte ihrer zu Dienstleistungen führenden Tätigkeiten wirksamer zu gestalten." (DIN 1992, S. 5)

Als mögliche positive Konsequenzen wird folgendes formuliert:

„Die erfolgreiche Anwendung des Qualitätsmanagements auf eine Dienstleistung verschafft besondere Gelegenheiten für

– verbesserten Leistungsstand der Dienstleistung und
– Kundenzufriedenheit,
– erhöhte Produktivität, Wirksamkeit und Verringerung von Kosten und
– erhöhte Marktanteile" (DIN 1992, S. 5).

Besonders der erste Punkt dieser positiven Konsequenzen entspricht nach Meinung der Autoren weitgehend den Erwartungen, die psychosoziale BeraterInnen ohnehin an ihre eigene Arbeit haben. Letztlich geht es ja hier um die Realisierung „guter" Beratung und eine Berücksichtigung der Wünsche der Ratsuchenden und der anderen KundInnen (auf den Kundenbegriff gehen wir weiter unten noch ausführlicher ein).
Auslegungsbedürftiger und für den psychosozialen Bereich ungewöhnlich bzw. problematisch können die Aspekte Produktivität, Wirksamkeit, Verringerung der Kosten und Erhöhung der Marktanteile sein. Der Vorteil einer so angelegten Qualitätsdebatte liegt aus Sicht der Autoren darin, daß diese Aspekte klar als bedeutsam benannt werden und so auch Gegenstand von Auseinandersetzungen werden können. Mit diesen Auseinandersetzungen beginnt ein Prozeß, der zu mehr Klarheit und Transparenz führen kann. Daß das nicht einfach wird, zeigen die Debatten über die Wirksamkeit von Psychotherapie oder die Frage nach den Erfolgen von Beratung (vgl. etwa Straus, Höfer & Gmür, 1988).
Die Frage nach den Marktanteilen zielt auf die Frage, welche Form psychosozialer Dienstleistung sinnvollerweise und aufgrund fachlicher Überlegungen bereitgestellt und finanziert werden soll. Damit werden Konkurrenz und Wettbewerb offiziell in den Bereich psychosozialer Dienstleistungen eingeführt. Inoffiziell waren sie allerdings immer schon vorhanden. Der Vorteil besteht darin, daß die Beurteilungskriterien

jetzt offengelegt werden können. Im Kontext der Erziehungs- und Familienberatung sehen wir folgende Vorteile, die mit einer systematischen Anwendung von Qualitätssicherung verbunden sein können:

- Eine regelmäßige Analyse und Überprüfung der Praxis erleichtert eine Standortbestimmung der Einrichtung und eine stärkere Verankerung im regionalen Versorgungssystem.
- Qualitätssicherung liefert wertvolle Hilfestellungen bei der Planung neuer Aktivitäten und deren Umsetzung.
- Sie kann zur Fundierung von Entscheidungen über die Weiterführung, Veränderung oder Ausweitung von Angeboten wesentlich beitragen.
- Qualitätsmanagement ist dabei hilfreich, die Beratungsansätze nach außen transparenter darzustellen und deren Ergebnisse nachvollziehbarer zu dokumentieren. Die Notwendigkeit der Arbeit kann so – etwa den Zuschußgebern gegenüber – überzeugender aufgezeigt und belegt werden (vgl. Straus, 1995).

3.2 Bemerkenswerte Aspekte sinnvoller Qualitätssicherung

Die Realisierung der mit Qualitätssicherung verbundenen Hoffnungen setzt eine Reihe von Anforderungen und Merkmalen hinsichtlich der Grundphilosophie und der sich daraus ableitenden Vorgehensweisen voraus. Diese werden im folgenden erläutert.

3.2.1 Qualitätssicherung als Prozeß

Traditionell umfaßt Evaluation einen Dreischritt von Planung, Realisierung und Bewertung. Ausgehend von den Zielbestimmungen wird der aktuelle Stand erhoben und mit den angestrebten Zielen verglichen. Aus Zielen ergeben sich Realisierungen, die wiederum analysiert und bewertet werden und in Verbindung mit neuen Bestandsaufnahmen zu neuen Zielen führen.

Welche Konsequenzen sich dabei im einzelnen ergeben, hängt von den Ergebnissen der Analysen, von der Neuformulierung der Ziele und von den verfügbaren bzw. gewünschten Maßnahmen zur Zielerreichung ab.

Ein Qualitätssicherungssystem erweitert diesen Dreischritt im wesentlichen nur um Maßnahmen, die ein dauerhaftes und regelmäßiges Erreichen der Qualitätsziele gewährleisten oder zumindest wahrscheinlich machen. Abbildung 1 veranschaulicht diesen Prozeß idealtypisch als Qualitätssicherungskreislauf. Sie enthält als vier wichtige Elemente die Bereiche „Ziele", „Analysen", „Bewertungen" sowie „Sicherung" und ordnet jeweils relevante Aspekte bzw. Verfahren zu.

Ausgangspunkt aller Überlegungen und Bemühungen zum Qualitätsmanagement sind die Ziele, die eine Organisation oder Einrichtung verfolgt. Diese Ziele oder Zielvorgaben müssen in die Qualitätspolitik eingehen und zum Gradmesser aller auf eine Qualitätsverbesserung gerichteten Maßnahmen und Konzepte werden.

In der ansonsten eher formal ausgelegten DIN ISO 9004, Teil 2, wird dies ausdrücklich betont. Dort heißt es:

Abbildung 1: Qualitätsicherungskreislauf

Qualitätssicherungskreislauf

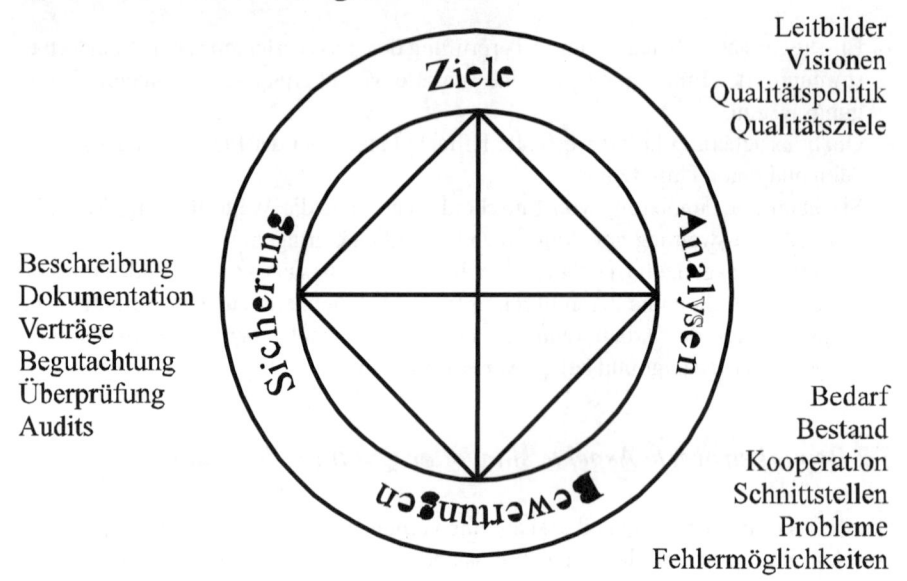

```
                    Ziele                Leitbilder
                                         Visionen
                                         Qualitätspolitik
                                         Qualitätsziele

Beschreibung
Dokumentation
Verträge
Begutachtung
Überprüfung                              Bedarf
Audits                                   Bestand
                                         Kooperation
                                         Schnittstellen
                                         Probleme
                                         Fehlermöglichkeiten
```
(Kreis mit Begriffen: Sicherung — Analysen — Bewertungen)

„Um diese Vorteile zu erreichen, sollte ein für Dienstleistungen ausgelegtes Qualitätssicherungssystem auch auf die mit dem Erbringen einer Dienstleistung verknüpften menschlichen Aspekte eingehen. Dies geschieht durch

- Management der mit einer Dienstleistung verbundenen sozialen Prozesse,
- Betrachten zwischenmenschlicher Beziehungen als einen wesentlichen Teil der Dienstleistungsqualität,
- Erkennen der Bedeutung der Vorstellungen eines Kunden vom Image, der Kultur und dem Leistungsstand der Dienstleistungsorganisation,
- Entwicklung der Fertigkeiten und Fähigkeiten der Mitarbeiter und
- Motivation der Mitarbeiter, die Qualität zu verbessern und Erwartungen der Kunden zu erfüllen." (DIN 1992, S. 5 f)

Qualitätssicherung von Beratung berücksichtigt bereits nach dieser „beratungsfernen" Definition die spezifischen Bedürfnisse und Anforderungen in diesem psychosozialen Bereich, da sich die Mittel zur Qualitätssicherung an den von der jeweiligen Einrichtungen verfolgten Zielen und der dort gewünschten „Kultur" orientieren müssen. Für den Qualitätssicherungskreislauf bedeutet das folgendes:
  Im Bereich der *Ziele* geht es für die Einrichtungen darum, verschiedene Zielebenen zu beschreiben und zu reflektieren. Übergeordnete Ziele und Visionen werden in *Leitbilder* gefaßt, die eine generelle und übergreifende Gültigkeit besitzen sollen. Diese Ziele werden schrittweise konkretisiert und in überprüfbare, bedarfs- und kundenorientierte Qualitätsziele „übersetzt". Hierbei fließen einrichtungs- und trägerspezifi-

sche Aspekte ebenso ein wie gesellschaftliche und gesetzliche Vorgaben und die Berücksichtigung von „Kundeninteressen". Bezogen auf die Organisation resultiert daraus eine Qualitätspolitik, die Verantwortlichkeiten und Prozeßabläufe – etwa für die Überprüfung von Qualitätszielen – festlegt.

Die *Analysen* in diesem Kreislauf beziehen sich auf die Bedürfnisse der Kunden, indem sie den Bedarf und den Bestand hinsichtlich der angebotenen Dienstleistung erheben, Fragen der Kooperation klären, „Schnittstellen" innerhalb der Organisation und zu anderen Einrichtungen (Kooperationspartnern) untersuchen, sowie Problembereiche und Fehlermöglichkeiten – im Sinne von Schlüsselprozessen – ermitteln.

Bei den *Bewertungen* werden die Ergebnisse der Analysen mit den Vorgaben, die sich aus der Zielermittlung ergeben, verglichen und Konsequenzen für weitere Realisierungen abgeleitet.

Der Bereich *Sicherung* schließlich legt den Schwerpunkt auf die Gewährleistung der hohen Dienstleistungsqualität in der und durch die Organisation und zwar sowohl nach innen als auch nach außen. Bestandteile sind hier zunächst Beschreibungen und Dokumentationen, die die Durchführung der Dienstleistung transparent und nachvollziehbar machen. In Verträgen werden bestimmte Dienstleistungsziele und Verfahrensweisen vereinbart, bei Begutachtungen, Überprüfungen und Audits wird deren Erreichung beurteilt.

Die Darstellung von Qualitätssicherung als Kreislauf verdeutlicht den zentralen Umstand, daß Qualitätssicherung nie aufhört. Kromrey (1995) etwa beschreibt „Formative Evaluation" als einen Prozeß, der kontinuierlich und endlos verläuft, andere sprechen von Qualitätssicherung als „running target", eine Zertifizierung nach DIN ISO 9004 muß regelmäßig wiederholt werden, wenn sie gültig bleiben soll.

Zusätzlich bemerkenswert ist, daß der Prozeß der Qualitätssicherung auch Wechselwirkungen und gegenseitige Korrekturen der einzelnen Bereiche impliziert. Diese sind gerade für einen flexiblen und erfolgreichen Prozeß von zentraler Bedeutung: Aus den Ergebnissen von Analysen und Bewertungen können sich Reformulierungen der Ziele ergeben, aus Erkenntnissen bei der Begutachtung können neue Ansprüche an Analyseverfahren erwachsen usw.

3.2.2 Differenzierung der Qualitätsarten

Ziele, Analysen, Bewertungen und Sicherung sind die Schritte, in denen Qualitätssicherung vollzogen werden kann. Dieser Qualitätssicherungsprozeß vollzieht sich in einem Kontext, dessen Komplexität nachfolgend noch ein wenig strukturiert werden soll. Dabei sind unterschiedliche Qualitätsarten und unterschiedliche Kunden zu berücksichtigen. In Abbildung 2 werden diese Zusammenhänge in Form eines „Qualitätsquaders" veranschaulicht.

Zentraler und traditioneller Ausgangspunkt von Evaluationen ist die Beurteilung von Ergebnissen. Bei Qualitätssicherungsprozessen findet eine Erweiterung der Perspektive durch die Unterscheidung von verschiedenen Qualitätsarten statt: Neben der *Ergebnisqualität* werden die *Prozeßqualität* und die *Strukturqualität* relevant. Diese unterschiedlichen Qualitätsarten lassen sich für den psychosozialen Bereich folgendermaßen charakterisieren:

Abbildung 2: „Qualitätsquader"

Qualitätsquader-Diagramm mit den Achsen:
- *zahlreiche Kunden:* Träger, Zuschußgeber, Profess. Netzwerk, BeraterIn/ Fachkraft, Klientel/ Zielgruppe
- *Prozeßelemente:* Ziele, Analysen, Bewertungen, Sicherung
- *3 Qualitätsarten:* Struktur, Prozeß, Ergebnis
- *Qualität*

- *Ergebnisqualität*: Im Beratungsbereich geht es dabei zunächst um die Bewertungen durch die KlientInnen. Diese beziehen sich auf das Erreichen individueller Ziele, Veränderungen der Symptomatik, Einflüsse auf familiäre Probleme, lebensweltliche Bezüge, Auswirkungen auf den Alltag etc. Dabei soll natürlich nicht der Fehler gemacht werden, diese Bewertungen unhinterfragt zu übernehmen. Erforderlich ist hier eine inhaltliche Auseinandersetzung, bei der auch die BeraterInnen etwas von ihrem Expertenstatus abrücken müssen. Als übergreifendes Bewertungskriterium könnte hier die Erweiterung der Handlungskompetenz und der Bewältigungsmöglichkeiten der Klienten nach einem Belastungs-Bewältigungsmodell (Pearlin & Schooler, 1978) herangezogen werden. Darüber hinaus sollte die Zufriedenheit weiterer „Kunden" beachtet werden. Das sind etwa die Kostenträger, professionelle KollegInnen, der Träger der Einrichtung, Angehörige des Ratsuchenden usw.

Zentraler Aspekt ist hier die Perspektivität der Erfolgsmessung, die besonders im Beratungsbereich sehr komplex ist (vgl. Straus et al., 1988).

- *Prozeßqualität:* Die Beurteilung der Prozeßqualität scheint von den Zielen, die mit der Dienstleistung erreicht werden sollen, auf den ersten Blick unabhängig. Es geht zunächst einmal um die Frage, ob die Einrichtung gut organisiert ist und reibungslos funktioniert. Die formalen Aspekte der DIN ISO 9004 haben hier besondere Bedeutung. Beispiele für Prüfkriterien sind Mittelverwertung und Effizienz, institutionelle Organisation, Schnittstellen, interne und externe Kommunikation. Weitere Kriterien stammen aus dem Kontext der sogenannten weichen betriebswirtschaftlichen Faktoren, die sich um die Kontexte „Management" und „Personalführung" gruppieren. Beratung und psychosoziale Unterstützung – als im wesentlichen kommunikative Prozesse – erfordern darüber hinaus immer schon in der Anwendung einen Blick auf die Folgen. Gute Beratung bedeutet Hilfe zur Selbsthilfe und lebt vom Lernen am Modell. Die Beurteilungskriterien für die Prozeßqualität sind deshalb explizit auch von diesen Zielen her zu entwickeln und danach zu überprüfen (vgl. die Ausführungen über die DIN ISO 9004 weiter oben).

- *Struktur- oder Potentialqualität:* Die Strukturqualität von Beratung bemißt sich im wesentlichen an der Ausstattung einer Beratungsstelle mit Ressourcen und Infrastruktur, die für die Erfüllung der Beratungsaufgabe erforderlich sind. Besonders für die Strukturqualität hat die Zielbestimmung einen zentralen Stellenwert. Nur von den Zielen her läßt sich bestimmen, welche konkrete „Ausstattung" benötigt wird, um diese Ziele erreichen zu können. Dies ist u.a. auch eine sozialpolitische Frage. Sie muß letztlich von allen beantwortet werden, die mit dieser Entscheidung befaßt sind. Dazu zählen politische Entscheidungsträger, KundInnen, aber auch und sicher nicht zuletzt die ExpertInnen aus der psychosozialen Praxis. Dabei geht es um Bedarfsermittlung, Bedürfnis-, Alltags- und Lebensweltorientierung sowie um eine entsprechende Umsetzung in Leitbilder und Konzepte.

3.2.3 Berücksichtigung verschiedener Kunden

Ein wesentliches Kriterium von Qualitätssicherung ist deren Kundenorientierung. In der DIN ISO 9004 werden – wie eingangs zitiert – Qualität und Kundenzufriedenheit als zentrale Orientierungspunkte formuliert, beim TQM ist die Kundenorientierung (neben der Prozeß- und Mitarbeiterorientierung) eine der drei Säulen des Qualitätsgebäudes, in der „Output-orientierten Steuerung" impliziert bereits die Ausrichtung an Produkten die Orientierung an den Kunden. Damit stellen sich zwei Fragen: Zum einen: „Wer sind die Kunden?" und zum anderen: „Was meint der Begriff ‚Kunde'?"

In Abbildung 2 wird deutlich, daß wir von *zahlreichen Kunden* ausgehen: Es sind alle Personen und Akteure, für die die Erziehungs- und Familienberatung etwas tut bzw. die von den Leistungen der Einrichtung „profitieren" sollen.

- Kunde ist zunächst der Ratsuchende oder Klient. Das entspricht, wenn wir uns an dem Kundenbegriff nicht zu sehr stören, weitgehend den Erwartungen. Der Ratsu-

chende will bei der Bewältigung seiner Probleme unterstützt werden, sei es durch eine Erweiterung seiner Ressourcen bzw. Kompetenzen, sei es durch Ratschläge oder durch sonstige Unterstützung.
- Auch Zuschußgeber als Kunden passen gut ins Bild. Für die Fördermittel, die sie Beratungsstellen zur Verfügung stellen, erwarten sie Gegenleistungen, im Kern eine angemessene Versorgung der Bevölkerung mit der Dienstleistung „Beratung".
- Kunde ist aber auch der jeweilige Träger, der sich vielleicht eine Imagepflege oder die Realisierung seiner Leitbilder von der Einrichtung erwartet, und
- KollegInnen in anderen Einrichtungen der psychosozialen Versorgung oder öffentlicher Einrichtungen. So können sich etwa Schulen – als pädagogische Einrichtungen, die den gleichen Zielen verpflichtet sind wie Jugendhilfeeinrichtungen – Unterstützung und gemeinsames Handeln erwarten.
- Und Kunden in diesem Sinne sind schließlich auch die Fachkräfte selbst. Aufgrund ihrer professionellen Kompetenz sind sie ExpertInnen für Fragen der psychosozialen Versorgung, für Fragen der Sozialisation von Kindern, für die Lebensbedürfnisse von Familien usw. Ihre Zufriedenheit mit der Qualität bzw. den verschiedenen Qualitätsarten von Beratung und ihre Erwartung nach professionellen Standards gute Arbeit zu leisten, werden damit zu wichtigen Gradmessern.

Diese skizzenhafte Auflistung potentieller Kunden von Erziehungs- und Familienberatungsstellen zeigt die Perspektivität der Frage nach einer hohen Beratungsqualität auf. Das bedeutet, daß es keine „objektiv" richtigen oder falschen Qualitätsstandards geben kann, sondern daß es immer um Transparenz, um Aushandlungen, um Abwägungen und um Kommunikation gehen muß. Hierin sehen wir zentrales positives Merkmal von Qualitätssicherung.

Damit kommen wir zu der Frage: „Was meint der Begriff ‚Kunde'?". Zunächst ist zu sagen, daß dieser Begriff für einen paradigmatischen Perspektivenwechsel steht, der zwar Wichtiges betont, der allerdings auch problematisch zu hinterfragen ist. Der positive Kern dieser neuen Sichtweise besteht darin, daß danach gefragt wird, für wen, warum und mit welchem Ziel „Beratung" angeboten wird. Dies öffnet den Blick auf eine kritische und systematische Reflexion des Beratungsangebotes ebenso wie auf den Umstand, daß Beratung unter der Beteiligung zahlreicher Interessengruppen realisiert wird, die nicht immer einer Meinung sein müssen. Der Kundenbegriff hat hier eine strategische Bedeutung.

Darüber hinaus weist er darauf hin, daß ein Interessensabgleich zwischen den beteiligten Akteuren über Aushandlungen und Vereinbarungen zu treffen ist. Wie dies geschieht, mit welcher Macht die Beteiligten ausgestattet sind, wer was zu entscheiden hat, muß dabei jeweils konkret geklärt werden.

Die Anwendung des Kundenbegriffes bedeutet jedenfalls keine Ökonomisierung der sozialen Arbeit. Wenn eine Einrichtung beispielsweise für potentielle NutzerInnen oder KlientInnen verfügbar sein soll, dann müssen die MitarbeiterInnen etwas dafür tun, daß die Einrichtung mit ihren Angeboten und Möglichkeiten bekannt wird. Gleichzeitig ist dabei zu vermitteln, daß es sich um sinnvolle und hilfreiche Angebote handelt, für die sich die Ratsuchenden aktiv entscheiden können (vgl. Gmür, Buchholz, Höfer & Straus, 1984). Damit wird eine einseitige Definitionsmacht aufgehoben;

die Einrichtungen müssen sich um ihre Kunden als potentielle Nutzer, um ihre Zielgruppe aktiv kümmern und sie müssen sich der Bewertung durch diese Personen aussetzen. Die Rede von den „Kunden" bedeutet hier nur, daß diese Bewertungen ernst genommen werden müssen.

Mit diesem Verständnis kann leichter transparent werden, wie, auf welchem Weg und mit welchen Mitteln Klienten mit BeraterInnen, Einrichtungen mit Kostenträgern, Träger mit Einrichtungen, BeraterInnen mit KollegInnen im Helfernetzwerk gemeinsam Ziele definieren und verfolgen.

4. Qualitätssicherung als einrichtungsinterner und am Dialog nach außen orientierter Prozeß: „Das Münchener Modell"

Im Stadtjugendamt München wird seit Frühjahr 1996 ein Modellprojekt zur Einführung von Qualitätsmanagement in Einrichtungen der Jugendhilfe durchgeführt, in dem die in diesem Beitrag skizzierten Grundprinzipien von partizipativer Qualitätssicherung realisiert werden sollen. An diesem Modellprojekt wirken drei Einrichtungen der Familienbildung, fünf Erziehungs- und Familienberatungsstellen, eine integrierte Beratungsstelle sowie relevante Sachgebiete des Jugendamtes mit. Die Konzeption dieses Modellprojekts wurde von MitarbeiterInnen der „Projektgruppe Qualitätsmanagement" (München) und des Steinbeis Transferzentrums Qualität und Umwelt (TQU, Ulm) sowie den Autoren dieses vorliegenden Beitrages entwickelt. Dieselben Personen sind als FortbildnerInnen, ProzeßbegleiterInnen und ModeratorInnen mit der Durchführung des Modellversuchs befaßt.

4.1 Handlungsleitende Orientierungen

Die Konzeption für dieses Modellprojekt hat sich in zahlreichen Debatten mit KollegInnen aus dem Bereich der Erziehungs- und Familienberatung als vielversprechend und auch als realisierbar erwiesen (vgl. Böhnke, 1995; Haid-Loh, 1996; Müller, 1996).

Dieses Modell ist dadurch gekennzeichnet, daß die Ideen des TQM sowie in wesentlichen Teilen auch die Prinzipien der DIN ISO 9004 aufgenommen und auf das fachliche Profil der Jugendhilfe zugeschnitten wurden. Das Konzept ist sowohl prozeß- als auch produktorientiert und entwickelt beide Perspektiven im Wechselspiel.

Im Mittelpunkt der Qualitätsmanagementprozesse stehen die jeweiligen Einrichtungen. Jede Beratungsstelle bzw. Familienbildungsstätte durchläuft einen eigenen, einrichtungsspezifischen Qualitätssicherungsprozeß, der darüber hinaus über verschiedene Instanzen (z.B. einen Lenkungskreis mit VertreterInnen aller relevanten Akteure) in das gesamte Modellprojekt eingebunden ist.

Eine wesentliche Rahmenbedingung bildet der Umstand, daß in den relevanten Sachgebieten der Stadtverwaltung korrespondierende Prozesse initiiert wurden, die deren Dialog mit VertreterInnen von Einrichtungen und Trägern systematisch unterstützen. Die einzelnen Schritte im Prozeß der Qualitätssicherung dieser Einrichtungen haben darüber hinaus das gemeinsame Ziel, den Dialog mit Zuschußgebern, Trägern, anderen psychosozialen Institutionen sowie mit den KlientInnen zu intensivieren und zu verbessern.

4.2 Der Ablauf der einrichtungsbezogenen Prozesse

Im folgenden werden der Ablauf und die Struktur dieser einrichtungsbezogenen Qualitätssicherungsprozesse erläutert. Dabei lassen sich fünf Phasen unterscheiden (vgl. Straus, 1995):

1. Phase: Einführung und Vorbereitung des QS–Systems
2. Phase: Allgemeine Ziele/Qualitätspolitik entwickeln
3. Phase: Konkrete Ziele/Ablaufprozesse festlegen
4. Phase: Problem-/Fehler-/Schnittstellenanalyse durchführen
5. Phase: Ergebnissicherung

1. Phase: Einführung und Vorbereitung des QS–Systems
In dieser Phase wird es vor allem Aufgabe der Leiterin/des Leiters sein, im Team „eine Atmosphäre der Akzeptanz zu erzeugen, da die Sicherung und Verbesserung der Qualität der Tätigkeit die Mitarbeit aller Beteiligten erfordert. Es gilt daher vielfach, Ängsten und Vorbehalten zu begegnen, Informationen zu geben und den Prozeß des Qualitätsmanagements einzuführen" (Lenz & Gmür, 1996, S. 68). Ein weiterer wichtiger Schritt ist die Wahl des/der Qualitätsbeauftragten. Diese/r wird den Prozeß einrichtungsintern moderieren und verantwortlich für sein Fortschreiten sorgen. Des weiteren ist zu empfehlen, einen externen Prozeßbegleiter einzubeziehen, der bestimmte Teilprozesse moderiert (beispielsweise die Leitbildentwicklung) und den/die Qualitätsbeauftragte(n), die Leitung und das Team bei inhaltlichen Fragen und/oder Krisen berät und unterstützt.

2. Phase: Allgemeine Ziele/Qualitätspolitik entwickeln
In dieser Phase geht es darum, folgende Unterziele zu erreichen:

- Leitbilder und Visionen entwickeln/überprüfen
- Qualitätspolitik entwerfen/überprüfen
- Verantwortlichkeiten festlegen/überprüfen

MitarbeiterInnen identifizieren sich mit ihrer Arbeit nicht über die alltäglichen Aufgaben, sondern über die Visionen und weiterreichenden Zielsetzungen, die sie mit ihrer Arbeit und ihrer Einrichtung verbinden. Diese herauszuarbeiten sowie in klarer, anregender und verständlicher Sprache festzulegen, wo die Einrichtung in den nächsten Jahren stehen soll bzw. was sie bis dahin erreicht haben will, ist das Ziel der *Leitbildentwicklung* und zugleich die Basis für die Qualitätspolitik einer Einrichtung. Die *Umsetzung einer Qualitätspolitik* erfordert die Identifikation mit den übergreifenden Leitbildern zur Festlegung der Qualitätsziele, insbesondere auch der Güte der zu erbringenden Dienstleistungen. Im Unterschied zu den Visionen muß die konkrete Qualitätspolitik realistische Ziele setzen und auch nach außen deutlich machen, daß es überhaupt nicht möglich ist, alle Ziele in gleicher Weise und in optimaler Güte zu erreichen. Dazu ist die Qualitätspolitik mit dem Image der Einrichtung, mit den zur Verfügung stehenden Ressourcen und möglichen Potentialen der Ressourcen- und Kompetenzerweiterung abzustimmen.

Zentraler Bestandteil dieses ersten Schrittes ist auch, die (bisherigen) *Verantwortlichkeiten* genau zu analysieren, sich zu fragen, wer in welcher Weise was übernommen hat bzw. weiter übernehmen sollte. Die Entwicklung der Ziele/Visionen ist Angelegenheit aller. Die Verantwortung, daß solche Leitbilder und Visionen entstehen und diese in eine konkrete Qualitätspolitik umgesetzt werden, ist Führungsaufgabe.

3. Phase: Konkrete Ziele/Ablaufprozesse festlegen
In dieser Phase gilt es,

- die bedarfs- und die kundenorientierten *Qualitätsziele* und
- die jeweiligen *Prozeßabläufe*, in denen diese Ziele umgesetzt werden, zu klären und zu überprüfen.

In einem ersten Schritt wird analysiert, inwieweit die eigenen Ziele mit jenen der KlientInnen – oder wie es in der Sprache der Qualitätsmanagement heißt: Kunden – übereinstimmen. Dazu muß die Kundenperspektive in angemessener Weise erhoben werden. Hier kann der Beratungsbereich vielfach auf bewährte Verfahren zurückgreifen. Daraus entwickelt sich die konkrete Überprüfung, welche Ziele derzeit wie umgesetzt werden, um daraus

- zu einer klaren und transparenten *Beschreibung der angebotenen Dienstleistungen und Produkte* zu kommen (hier finden die aus dem Konzept der „outputorientierten Steuerung" kommenden Ideen der Produktbeschreibungen ihren Platz).
- Dabei gilt es insbesondere, sich zu fragen, welche *Erwartungen* die Kunden haben, wo sie eher unzufrieden waren/sind und folglich Verbesserungen anzustreben sind und wo es zwischen den verschiedenen Kunden (KlientInnen, Zuschußgeber, Träger, andere Einrichtungen etc.) unterschiedliche Erwartungen gibt.
- Ziel ist es auch hier, zu überprüfbaren *Qualitätsstandards* zu kommen und eine kollektive Verpflichtung zur Realisierung und Überprüfung dieser Standards zu schaffen.

Übergreifendes Ergebnis ist hier eine Präzisierung der Aufgaben und Verantwortungsbereiche. In dieser Phase spielen übrigens auch Kostenüberlegungen eine gewisse Rolle, gilt es doch, eine Überprüfung und Optimierung der Kosten zu erreichen *ohne* Vernachlässigung der angestrebten Qualität.

4. Phase: Problem-/Fehler-/Schnittstellenanalyse durchführen
Bereits in der dritten Phase wird man erkennen, daß die Zielerreichung von zahlreichen konkreten Problemen behindert und erschwert wird. Bei der Systematisierung dieser Analysen geht es in der vierten Phase darum,

- *Qualitätszirkel* zu bilden, um Probleme wirkungsvoll zu lösen,
- *Fehlermöglichkeiten* zu finden und zu korrigieren sowie
- *Schnittstellen* zu identifizieren und zu verbessern.

Zur Bearbeitung von Problemen bieten sich eine Reihe von Verfahren an. Neben den im Beratungsbereich bereits bewährten Verfahren (wie beispielsweise institutioneller und fallbezogener Supervision) haben die sogenannten „*Qualitätszirkel*" (vgl. Gierschner & Piwernetz, in diesem Band) hier einen besonderen Stellenwert. Leitgedanke bei der Einrichtung von Qualitätszirkeln ist

- Schwierigkeiten dort zu beseitigen, wo sie auftreten,
- und dabei Fachleute zu beteiligen, die diese Schwierigkeiten am besten kennen.

Ziel ist es, in einem überschaubaren Rahmen (drei bis vier Sitzungen) lösungsorientiert zu arbeiten. Diese Qualitätszirkel erfordern eine spezifische Moderationskompetenz; sie können auch von externen BeraterInnen moderiert werden.

Im Unterschied zu den am aktuellen Problem ansetzenden Qualitätszirkeln ist es Aufgabe der *Fehlermöglichkeitsanalyse,* Arbeitsbereiche und Tätigkeiten nach grundsätzlichen Fehlermöglichkeiten zu durchsuchen. Hierzu gibt es eine Reihe von Verfahren (FMEA-Analysen u. ä., vgl. Bobzien et al., 1996; Greßler & Göppel, 1996), die bei der prophylaktischen Fehlersuche helfen.

Bei der *Schnittstellenanalyse* geht es zunächst darum, jene externen und internen Schnittstellen zu erkennen, die für die Zielerreichung besonders wichtig und förderlich sind. Diese Schnittstellen sind auch potentielle Problemstellen, weil hier Übertragungsfehler, Verzögerungen oder/und Kommunikationsprobleme auftauchen können. Aus der Schnittstellenanalyse ergeben sich als Konsequenzen auf der einen Seite die Verringerung und die Entflechtung der Schnittstellen sowie auf der anderen Seite die Verbesserung erforderlicher und sinnvoller Schnittstellen.

5. Phase: Ergebnissicherung
Auch in dieser fünften und letzten Phase gibt es unterschiedliche Ebenen und Prozesse:

- Erstellen eines *Qualitätshandbuchs* und einer Dokumentation des Qualitätssicherungssystems,
- Einführung von *Kooperationsverträge* mit den Zuschußgebern,
- Etablierung von *Begutachtungs-/Überprüfungsverfahren.*

Im industriellen Bereich gibt es hier vor allem das Verfahren, *Qualitätshandbücher* zu erstellen, in denen das Qualitätssicherungs-System dokumentiert ist. Diese Qualitätshandbücher können wesentliche Grundlage einer Qualitätszertifizierung sein, die für den psychosozialen Bereich derzeit allerdings kein zentrales Ziel sein sollte (vgl. Meinhold, 1995). Unumgänglich scheint uns aber, den Prozeß der Qualitätssicherung und seine Ergebnisse zu dokumentieren. Ein Ziel dieser Dokumentation ist auch, diese Ergebnisse *in Kooperationsvereinbarungen mit den Zuschußgebern* schriftlich zu fixieren. In diesen sollte neben klaren Zielen und Aufgaben immer auch festgehalten werden, wie die Ziele vereinbart und überprüft werden. Überhaupt müssen am Ende eines Qualitätsmanagement-Prozesses klare Vereinbarung über Begutachtungs- und Überprüfungsverfahren stehen. Hier bietet die Industrie Modelle an, deren Anwendung uns auch im psychosozialen Bereich sinnvoll erscheint (insbesondere interne wie externe Audits/Verbesserungsgespräche).

4.3 Thesen zum Nutzen dieser Qualitätsmanagement-Aktivitäten

In der Umsetzung des „Münchener Modells" können wir jetzt auf die Erfahrungen aus 12 Monaten zurückblicken. In diesem Zeitraum wurden Leitbilder entwickelt, Schlüsselprozesse identifiziert und die Arbeit in Qualitätszirkeln begonnen. Die bearbeiteten Themen reichten von der Gestaltung des Erstkontaktes, bei dem grundsätzliche „Diagnosen" gestellt und die prinzipiellen Hilfsmöglichkeiten der Einrichtung für die Probleme der Ratsuchenden geklärt werden, über Fragen der Vernetzung im Stadtteil und der wirkungsvollen Öffentlichkeitsarbeit, über die Erstellung von Hilfeplänen bis hin zu einer bedürfnis- und bedarfsgerechten Entwicklung von Beratungsangeboten, die sich an der vorhandenen und erforderlichen psychosozialen Infrastruktur im Stadtteil orientiert. Für eine abschließende Evaluation ist es – nachdem das Projekt eine Laufzeit von zwei Jahren hat – natürlich zu früh. Die Auswertung einer Umfrage bei den Qualitätsbeauftragten der beteiligten Einrichtungen zeigt jedoch, daß sich aus dem Modellprojekt für die beteiligten Einrichtungen bereits jetzt eine *Reihe positiver Folgen* ab. Diese lassen sich so zusammenfassen:

- Die Reflexionen über das Selbstverständnis, die Qualität und die Perspektiven der eigenen Arbeit, das genauere Kennenlernen eigener Stärken und Schwächen führte zu einer intensiveren Identitätsfindung in den Einrichtungen. Einen hohen Stellenwert hatte dabei vor allem die Leitbildentwicklung.
- Reflexionen im Team hatten eine Verbesserung von Fachlichkeit und Konzeption zur Folge.
- Die Integration im Team und die Abstimmung von Vorgehensweisen wurden gefördert.
- Das Identifizieren von Schlüsselprozessen und eine damit verbundene Prioritätensetzung sorgten für eine stärkere Zielorientierung.
- Die inhaltlichen Auseinandersetzungen unterstützten die Herstellung transparenter Strukturen und klarer Zuständigkeiten.
- Ein wichtiges Ergebnis war auch die Einführung effektiverer Arbeitsmethoden (Blick auf stringentes Arbeiten, Verbesserung der Teamkultur, Erprobung und Einführung von Moderationstechniken, von Problembearbeitungsverfahren und von Zielfindungsverfahren).
- Ein wichtiger Beitrag aus der Analyse der Struktur- und Potentialqualität war, daß Teile der Infrastruktur (Moderationsmaterial, PC, FAX etc.) verbessert werden konnten.

Diesen positiven Entwicklungen stehen natürlich auch Bereiche gegenüber, die noch *verbesserungsbedürftig* sind. Darunter fallen folgende Aspekte:

- Die Übersetzung von Inhalten und Methoden der Qualitätssicherung auf den Sozialbereich wird in den Einrichtungen noch als verbesserungsfähig eingeschätzt.
- Die gilt besonders dann, wenn die Umsetzung in die konkrete und praktische Arbeit noch unvollständig realisiert ist.
- In diesem Zusammenhang ist auch die Einschätzung zu sehen, daß die Ergebnisorientierung intensiviert werden sollte.
- Ein Beitrag dazu kann darin bestehen – wie mehrfach gewünscht –, den Qualitätsbeauftragten mehr Wissen und Methoden für und zu Qualitätsmanagement zu vermitteln und sie so in ihrer Selbstevaluationskompetenz zu stärken.

Weitere Rückmeldungen beziehen sich auf die Durchführung des Modellprojektes. Angemahnt werden klarere Zeit- und Strukturvorgaben, systematischere Informations- und Kommunikationsverfahren sowie ein sensiblerer Umgang mit dem Zeithaushalt der beteiligten Einrichtungen. Diese Rückmeldungen sind für uns ein verbindlicher Anlaß, die Prozeß- und die Strukturqualität des Modellprojektes laufend zu verbessern.

5. Fazit

Angesichts eines hohen Bedarfs an professioneller Beratung für Kinder, Jugendliche und Eltern gilt es, das historisch gewachsene und sinnvolle Angebotsspektrum trotz der engeren finanziellen Spielräume zu erhalten, fortzuschreiben und auch systematisch zu verbessern. Die derzeit heftig diskutierten Konzepte Qualitätssicherung und Qualitätsmanagement haben sich dieses Ziel „auf die Fahnen geschrieben". Analog zur Vielfalt der verschiedenen Debatten gibt es auch sehr unterschiedliche Konzepte, wie Qualitätssicherung und Qualitätsmanagement konkret umgesetzt werden. Das von uns vertretene Konzept stellt eine Entscheidung für interne Qualitätssicherung dar, die die Zielerreichung innerhalb der Einrichtung verbessert und dies über die Kommunikation und Aushandlung mit externen „Kunden" auch nach außen verdeutlicht. Diese Form der Qualitätssicherung ist dann erfolgreich, wenn sich die Fachkräfte im Bereich der psychosozialen Versorgung offensiv und so konstruktiv wie möglich mit Qualitätssicherung und Qualitätsmanagement auseinandersetzen. Sie können dann auch die damit verbundenen Versprechen einfordern, die offiziell ja auf nichts anderes abzielen, als qualitativ hochwertige psychosoziale Arbeit zu gewährleisten. Bei der Auseinandersetzung mit verschiedenen Ansätzen und Konzepten sollten die Fachkräfte deren Risiken und Möglichkeiten für den eigenen Arbeitsbereich kritisch und zielorientiert prüfen und sich dann für geeignete Verfahren einsetzen, wobei folgende Kriterien dabei beachtet werden sollten:

- Die Struktur und Ablaufprozesse einer Beratungsstelle sollten von den MitarbeiterInnen (ggf. mit externer Unterstützung) analysiert und verbessert werden.

- Die Erwartungen, Bedürfnisse, Anforderungen und Rückmeldungen der KlientInnen sollten dabei systematisch einfließen.
- Unter Partizipation aller am Prozeß beteiligten Fachkräfte und Einrichtungen sollte eine verbindliche Festlegung auf inhaltliche Kriterien erfolgen, an denen die Güte der erbrachten Dienstleistungen überprüft werden kann.

Für entscheidend bei diesen *internen Prozessen* halten wir, daß als wesentlich erkannte Verbesserungen auch tatsächlich umgesetzt werden, daß neben Phasen der intensiven Veränderung und Innovation auch solche der Etablierung und Konsolidierung vorhanden sind. Hinsichtlich der *Wirkung von Qualitätssicherung nach außen* sehen wir die Hoffnung, daß der Dialog zwischen denen, die die Qualität der Beratung herstellen, und denen, die sie finanziell absichern, in Bewegung kommt. Dieser Dialog wird sicher kontrovers und hoffentlich intensiv geführt. Als Ergebnis könnte eine neue und bessere Auseinandersetzungskultur entstehen, die eine grundlegende Voraussetzung für gemeinsame und befriedigende Entscheidungen bildet. Langfristiges Ziel ist dabei, über verschiedene Konzepte und Vorgehensweisen eine qualitativ hochwertige psychosoziale Versorgung sicherzustellen.

Literaturverzeichnis

Beywl, W. (1994). Sozialwissenschaften und Qualität. Teil 1: Aktuelle Bücher zum Qualitätsmanagement. *Sozialwissenschaften und Berufspraxis (SUB), 17,* 323–341.

Bobzien, M., Stark, W. & Straus, F. (1996). *Qualitätsmanagement.* Alling: Sandmann.

Böhnke, J. (1995). *Qualitätssicherung in der Erziehungsberatung.* Unveröff. Manuskript. Köln: Caritasverband der Erzdiözese Köln.

Bundesministerium für Familie, Senioren, Frauen und Jugend (BMFSFJ) (Hrsg.). (1996). *Broschürenreihe Qualitätssicherung zur Bundesinitiative „Qualitätssicherung in der Kinder- und Jugendhilfe".* Bonn: BMFSFJ.

Deutsches Institut für Normung e.V (DIN) (1992). *Qualitätsmanagement und Elemente eines Qualitätssicherungssystems, Teil 2. Leitfaden für Dienstleistungen. ISO 9004-2.* Berlin: Beuth.

Deutsche Gesellschaft für Suizidprävention (DGS) – Hilfe in Lebenskrisen e.V. (1994). *Leitlinien der Deutschen Gesellschaft für Suizidprävention zur Organisation von Krisenintervention.* Hildesheim: DGS.

Gmür, W., Buchholz, W., Höfer, R. & Straus, F. (1984). Zu den Zugangsproblemen von Unterschichtklienten. Der Beratungszugang als Entscheidungsprozeß. In H. Zygowski (Hrsg.), *Erziehungsberatung in der Krise. Analysen und Erfahrungen* (S. 137–159).Tübingen: dgvt-Verlag.

Gmür, W. & Lenz, A. (in Druck). Erfolgreiche Beratung durch Qualitätsmanagement? Neue Impulse durch Evaluation. In T. Giernalczyk & R. Freytag (Hrsg.), *Qualitätsmanagement in Krisenintervention und Suizidprävention.* Göttingen: Vandenhoeck & Ruprecht.

Greßler, U. & Göppel, R. (1996). *Qualitätsmanagement. Eine Einführung.* Köln: Stamm.

Haid-Loh, A. (1996). Qualitätsmanagement als Leitungsaufgabe. *EZI Korrespondenz, 14*, 4–11.

Haid-Loh, A., Lindemann, F.W. & Märtens, M. (1995). *Familienberatung im Spiegel der Forschung. Untersuchungen aus dem Evangelischen Zentralinstitut für Familienberatung EZI, Nr. 17.* Berlin: EZI.

Heiner, M. (Hrsg.). (1994). *Selbstevaluation in der sozialen Arbeit* (Bd. 2). Freiburg: Lambertus.

Höfer, R. & Straus, F. (1991). Familienberatung – Aus der Sicht ihrer Klienten. Zur Perspektivität der Erfolgsmessung. In G. Presting (Hrsg.), *Erziehungs- und Familienberatung. Untersuchungen zu Entwicklung, Inanspruchnahme und Perspektiven* (S. 157–198). Weinheim: Juventa.

Kommunale Gemeinschaftsstelle (KGSt) (1994). *Outputorientierte Steuerung der Jugendhilfe. Bericht 9/1994.* Köln: KGSt.

Kromrey, H. (1995). Evaluation. Empirische Konzepte zur Bewertung von Handlungsprogrammen und die Schwierigkeit ihrer Realisierung. *Zeitschrift für Sozialisationsforschung und Erziehungssoziologie, 15*, 313–336.

Lenz, A. (1994). Die Wirksamkeit von Erziehungsberatung aus der Sicht der Eltern. *Jugendwohl, 7*, 303–312.

Lenz, A. & Gmür, W. (1996). Qualitätsmanagement in der Beratung. Weiterentwicklung durch Evaluation. In Bundeskonferenz für Erziehungsberatung (BKE) (Hrsg.), *Produkt Beratung. Materialien zur outputorientierten Steuerung in der Jugendhilfe* (S. 52–73). Fürth: BKE.

Lotmar, P. & Tondeur, E. (1994). *Führen in sozialen Organisationen. Ein Buch zum Nachdenken und Handeln.* Bern: Haupt.

Meinhold, M. (1995). Über einige Mißverständnisse in den aktuellen Qualitätsdiskussionen. *Neue Praxis 3*, 288–293.

Müller, B.K. (1996). Qualitätskriterien für das „Produkt" Beratung in der Jugendhilfe. Thesen zu Grenzen und Gefahren der outputorientierten Steuerung. In Bundeskonferenz für Erziehungsberatung (BKE) (Hrsg.), *Produkt Beratung. Materialien zur outputorientierten Steuerung in der Jugendhilfe* (S. 35–51). Fürth: BKE.

Pearlin, L.J. & Schooler, C. (1978). The Structure of Coping. *Journal of Health and Social Behaviour, 19*, 2–21.

Presting, G. (Hrsg.). (1991). *Erziehungs- und Familienberatung. Untersuchungen zu Entwicklung, Inanspruchnahme und Perspektiven.* Weinheim: Juventa.

Rehn, B. (1997). *Qualitätsmanagement beziehungsorientierter Dienstleistungen. Arbeitshilfe für die soziale Arbeit 1. Allgemeine Leistungs- und Qualitätsbeschreibung.* Mainz: Caritasverband für die Diözese Mainz e.V.

Runge, J.H. (1994). *Schlank durch Total Quality Management. Strategien für den Standort Deutschland.* Frankfurt a. M.: Campus.

Straus, F. (1995). Möglichkeiten der Qualitätssicherung in der Jugendhilfe. In Landschaftsverband Westfalen-Lippe (Hrsg.), *Möglichkeiten der Qualitätssicherung in der Jugendhilfe* (S. 20–51). Münster: Landschaftsverband Westfalen-Lippe.

Straus, F. (in Druck). Qualitätsmanagement in der Erziehungsberatung. In G. Hörmann & W. Körner (Hrsg.), *Handbuch der Erziehungsberatung.* Göttingen: Hogrefe Verlag für Psychologie.

Straus; F., Höfer, R. & Gmür, W. (1988). *Familie und Beratung. Zur Integration professioneller Hilfe in den Familienalltag. Ergebnisse einer qualitativen Befragung von Klienten.* München: Profil.
Technologieberatungsstelle (TBS) beim DGB Landesbezirk NRW e.V. (Hrsg.). (1995). Qualität von Dienstleistungen. Handlungshilfe für Betriebs- und Personalräte. In *Technik und Gesellschaft, Heft 18.* Oberhausen: TBS.

III.

Ambulante Psychotherapie

Qualitätssicherung in der ambulanten Praxis: Ein Modell und seine kritische Evaluation

Karl H. Seipel

Inhalt:

1. Einleitung 104
2. Die Ebenen der Qualitätssicherung 105
3. Die Bedingungsebene (Strukturqualität) 106
   3.1 Externe Strukturqualität am Beispiel der ambulanten psychotherapeutischen Versorgung einer Region 106
   3.2 Interne Strukturqualität am Beispiel der Praxis des Autors 110
       3.2.1 Räumliche Lage und Ausstattung 110
       3.2.2 Personelle Ausstattung 110
       3.2.3 Technisch-materielle Ausstattung 111
4. Die Handlungsebene (Prozeßqualität) 112
   4.1 Externe Prozeßqualität 112
       4.1.1 Gutachterverfahren, Psychotherapie-Richtlinien und Psychotherapie-Vereinbarungen 112
   4.2 Interne Prozeßqualität 113
       4.2.1 Formale Aspekte interner Prozeßqualität 114
       4.2.2 Schritte zur Sicherung interner Prozeßqualität in der Praxis 117
       4.2.3 Interne Supervision 119
       4.2.4 Externe Supervision 120
       4.2.5 Intervision/kollegiale Supervision 120
5. Die Zielebene (Ergebnisqualität) 121
   5.1 Externe Ergebnisqualität 121
   5.2 Interne Ergebnisqualität 122

> 6. Entwicklung eines Qualitäts-Monitoring-Systems zur Erfassung
> von Prozeß- und Ergebnisqualität – Planung und Durchführung
> einer Studie zur Implementierung 125
>
> 6.1 Basisdokumentation und Evaluation 126
>
> 6.1.1 Eingangsdiagnostik 126
>
> 6.1.2 Klassifikatorische Diagnostik 127
>
> 6.1.3 Störungsbezogene Diagnostik 127
>
> 6.1.4 Therapieverlaufsmessung 127
>
> 6.1.5 Evaluation 128
>
> **7. Ausblick** 129

1. Einleitung

Die „Sicherung der Qualität der Leistungserbringung" im Bereich der gesetzlichen Krankenversicherung ist seit 1989 eine vom Gesetzgeber festgeschriebene gemeinschaftliche Aufgabe von Kostenträgern, Krankenkassen, Krankenhausträgern und Leistungserbringern. Seitdem haben Aktivitäten zur Qualitätssicherung im Gesundheitswesen drastisch zugenommen; Qualitätssicherung ist zu einem „Reiz- und Modewort" geworden (Kordy, 1992).

Für den Bereich der ambulanten kassenärztlichen Versorgung wurden 1993 „Richtlinien der Kassenärztlichen Bundesvereinigung für Verfahren zur Qualitätssicherung gemäß § 135 Abs. 3 SGB V" von der KBV-Vertreterversammlung beschlossen (KBV, 1993, S. 1148 f.). Diese Richtlinien betreffen im Grundsatz auch den Bereich der psychotherapeutischen Versorgung. Auf die „Qualitätssicherung der Verhaltenstherapie aus Sicht der Krankenkassen" wurde erstmals von Lubecki (1990) hingewiesen.

Evaluation und Forschung zu Qualitätssicherungs-Maßnahmen im Bereich der ambulanten Psychotherapie finden bisher hauptsächlich an Institutsambulanzen, psychologischen Instituten der Universitäten oder psychotherapeutischen Einrichtungen wie der Christoph-Dornier-Stiftung statt (vgl. Frank & Fiegenbaum, 1994; Fydrich, Laireiter, Saile & Engberding, 1996; Grawe & Braun, 1994; Schmidt & Nübling, 1995; Schulte, 1995). Versorgungsrelevante ambulante psychotherapeutische Behandlungen werden in psychologischen und ärztlichen Praxen durchgeführt. Dort wiederum gibt es kaum entsprechende systematische Maßnahmen zur Evaluation und Qualitätssicherung, da diese aufgrund von ökonomischen Zwängen im Routinealltag einer psychotherapeutischen Praxis zusätzlich nur schwer zu bewältigen sind.

Ausgehend von eigenen Erfahrungen und Beobachtungen in der praktischen Weiterbildung von Verhaltenstherapeuten und letztlich angeregt durch zwei Artikel von Schmidt und Nübling (1994, 1995) zur „Qualitätssicherung in der Psychotherapie" wird in diesem Beitrag über den Versuch berichtet, Standards zur Qualitätssicherung in die verhaltenstherapeutische Behandlung einzuführen und ihre Umsetzung in der konkreten Praxis zu evaluieren.

Der vorliegende Beitrag umfaßt drei thematische Schwerpunkte. Zunächst werden einige Standards im Bereich der Struktur- und Prozeßqualität dargestellt. Standards interner Qualitätssicherung in der ambulanten Praxis, exemplifiziert am Beispiel der Praxis des Autors, werden ausführlich beschrieben. Danach wird über die Entwicklung und Implementierung eines Qualitäts-Monitoring-Systems zur Erfassung von Prozeß- und Ergebnisqualität in der Praxis des Autors berichtet. Des weiteren sollen die Möglichkeiten, aber auch die Probleme und Grenzen im Umgang mit empfohlenen Standards und Systemen aufgezeigt werden, die sich bei der Umsetzung von qualitätssichernden Maßnahmen in einer ambulanten verhaltenstherapeutischen Praxis ergeben können.

2. Die Ebenen der Qualitätssicherung

Mit dem Begriff „Qualität" ist die Beschaffenheit einer Dienstleistung, eines Prozesses oder eines Ergebnisses gemeint, nicht primär das Merkmal „Güte". Die DIN-Norm 55350 besagt: „Qualität ist die Beschaffenheit einer Einheit bezüglich ihrer Eignung, die Qualitätsforderung zu erfüllen." Qualitätssicherung soll in diesem Zusammenhang verstanden werden als die konkrete Beschreibung von Abläufen und dem Vergleich von einer gewünschten oder geforderten Beschaffenheit (definierter Soll-Zustand) mit einem festgestellten (realisierten Ist-Zustand) hinsichtlich der Beschaffenheit einer therapeutischen Dienstleistung, eines therapeutischen Prozesses und eines Behandlungsergebnisses.

Nach Donabedian (1966) werden drei Qualitätsdimensionen unterschieden: Struktur-, Prozeß- und Ergebnisqualität. Unter der Dimension „Strukturqualität" ist hier im engeren Sinn die Aus- und Weiterbildungsstruktur der ärztlichen und psychologischen Psychotherapeuten und die Dichte des (regionalen) psychotherapeutischen Versorgungsangebotes zu verstehen. Die Dimension „Prozeßqualität" bezieht sich auf die gesamte Beschaffenheit der therapeutischen Prozesse, die Dimension „Ergebnisqualität" auf die Beschaffenheit der Behandlungsergebnisse. Bei allen Qualitätsdimensionen lassen sich externe und interne Qualitätssicherungs-Aspekte unterscheiden. Die Qualitätssicherung kann auf drei verschiedenen Ebenen stattfinden:

- der Bedingungsebene,
- der Handlungsebene und
- der Zielebene.

Diese drei Ebenen sind miteinander verbunden, wie folgendes Beispiel zeigen soll: Der therapeutische Prozeß einer einzelnen Therapiesitzung oder einer gesamten Behandlung (Handlungsebene) ist nicht unabhängig zu sehen von strukturellen Bedingungen, wie denen der Ausbildung des Therapeuten[1], dem Therapiesetting oder den räumlich-zeitlichen Rahmenbedingungen, unter denen eine Therapie durchgeführt wird (Bedingungsebene). Der unter bestimmten Bedingungen durchgeführte thera-

---
1. Wo nur die männliche Form erscheint, sind Frauen selbstverständlich ebenso gemeint.

peutische Prozeß kann zu bestimmten Ergebnissen (Zielebene) führen, wie Verbesserung des Gesundheitszustandes, Steigerung von Wohlbefinden und Zufriedenheit, Minderung von Arbeitsunfähigkeit, Problemlösung, Symptomreduktion, Streßbewältigung, Aktivierung oder Entspannung, um nur einige zu nennen.

3. Die Bedingungsebene (Strukturqualität)

3.1 Externe Strukturqualität am Beispiel der ambulanten psychotherapeutischen Versorgung einer Region

Psychotherapie ist Bestandteil der kassenärztlichen Versorgung, d.h. die psychotherapeutische Versorgung der Bevölkerung liegt – wie die ärztliche und zahnärztliche Versorgung – bei den Kassenärztlichen Vereinigungen, den Krankenkassen und den Leistungserbringern, also den ärztlichen und psychologischen Psychotherapeuten, letzteren im sogenannten Delegationsverfahren. Inhalt und Umfang der Sicherstellungspflicht sind in § 75 des Fünften Buches des Sozialgesetzbuches (SGB V) geregelt: „Die Kassenärztlichen Vereinigungen und die Kassenärztliche Bundesvereinigung haben die kassenärztliche Versorgung in dem in § 73 Abs. 2 bezeichneten Umfang sicherzustellen und den Krankenkassen und ihren Verbänden gegenüber die Gewähr dafür zu übernehmen, daß die kassenärztliche Versorgung den gesetzlichen und vertraglichen Erfordernissen entspricht". Die Kassenärztliche Vereinigung (KV)einer Region, die auch hinsichtlich der psychotherapeutischen Versorgung der Bevölkerung einen Sicherstellungsauftrag hat, ist gehalten, eine strukturelle Qualitätssicherung durch ärztliche und psychologische Psychotherapeuten mit entsprechender Aus- und Weiterbildung zu gewährleisten.

Am Beispiel der Stadt Kassel mit über 200.000 Einwohnern sollen folgende Zahlen die regionale psychotherapeutische Versorgungssituation verdeutlichen: Das „Verzeichnis der Ärzte mit Genehmigung zur Durchführung tiefenpsychologisch fundierter bzw. analytischer Psychotherapie" der Kassenärztlichen Vereinigung Hessen, Bezirksstelle Kassel (Stand: Dezember 1996) enthält für den Bereich der Stadt Kassel 76 Ärzte unterschiedlicher Fachrichtungen mit analytischen und/oder tiefenpsychologischen Ausbildungen, darunter drei Ärzte mit der Genehmigung zur Durchführung von Psychotherapie bei Kindern und Jugendlichen. Lediglich ein einziger Arzt verfügt über eine verhaltenstherapeutische Ausbildung, praktiziert Verhaltenstherapie und ist als ärztlicher Ausbildungsleiter und beauftragender Arzt für die *Weiterbildungseinrichtung für Klinische Verhaltenstherapie e.V. (WKV) Marburg* tätig.

Im ebenfalls von der Kassenärztlichen Vereinigung herausgegebenen „Verzeichnis der Psychologischen Psychotherapeuten" werden 12 psychologische Psychoanalytiker geführt, die im Delegationsverfahren Psychoanalyse zu Lasten der Krankenkassen erbringen können. Zur Durchführung von Verhaltenstherapie sind 8 psychologische Psychotherapeuten von der Kassenärztlichen Vereinigung anerkannt. Darüber hinaus sind 4 Kinder- und Jugendlichen-Psychotherapeutinnen berechtigt, Leistungen zu Lasten der Krankenkassen zu erbringen. Besonders hinsichtlich der verhaltenstherapeutischen Versorgung wird ein starkes strukturelles Defizit deutlich. Bezogen auf die gesamte Region des KV-Bezirkes stellt sich die psychotherapeutische Versorgungssituation noch ungünstiger dar.

Die Anzahl der ärztlichen und psychologischen Psychotherapeuten in den Verzeichnissen der Kassenärztlichen Vereinigung könnte vordergründig den Eindruck vermitteln, als ob die ambulante psychotherapeutische Versorgung sichergestellt sei. Tatsächlich ist aber nur ein Bruchteil der dort aufgelisteten ärztlichen und psychologischen Psychotherapeuten hauptberuflich in der ambulanten psychotherapeutischen Versorgung tätig. Die vorwiegend in anderen Bereichen, wie Kliniken, Ausbildung oder Forschung tätigen Psychotherapeuten können deshalb nur nebenerwerbsmäßig in der ambulanten Krankenversorgung tätig sein. Aus Sicht des Autors ist kritisch anzumerken, daß durch die große Anzahl registrierter ärztlicher und psychologischer Psychotherapeuten bei Krankenkassen und Patienten der Eindruck eines dichten Versorgungsangebotes mit freier Behandlerwahl entstanden ist. Dies entspricht allerdings nicht den tatsächlichen Gegebenheiten.

Da für den KV-Bezirk Kassel keine Vergleichszahlen zum Versorgungdurchschnitt zur Verfügung standen, sollen Zahlen der Kassenärztlichen Vereinigung Hessen und der Kassenärztlichen Bundesvereinigung die Versorgungssituation verdeutlichen (vgl. Tabelle 1).

Im Jahre 1995 haben nach Angaben der Kassenärztlichen Vereinigung Hessen 16 ärztliche Verhaltenstherapeuten 13 Langzeittherapien und 186 Kurzzeittherapien durchgeführt. Demgegenüber haben 201 KV-anerkannte psychologische Verhaltenstherapeuten in Hessen 1388 Langzeit- und 3215 Kurzzeittherapien erbracht. Im Jahresdurchschnitt wurden von den ärztlichen Verhaltenstherapeuten 0.8 Langzeit- und 11.6 Kurzzeittherapien durchgeführt. Die psychologischen Verhaltenstherapeuten haben im Durchschnitt 6.9 Langzeit- und 15.3 Kurzzeittherapien abgerechnet. Von diesen Vertragsbehandlern wurden damit 95.86% der verhaltenstherapeutischen Behandlungen erbracht. Von 241 ärztlichen Psychoanalytikern wurden 1995 im Mittel 4.66 Langzeittherapien abgerechnet. Demgegenüber haben 211 psychologische Psychoanalytiker durchschnittlich 10.6 Langzeittherapien durchgeführt. Damit wurden 66.5% der analytischen Vertragsbehandlungen von psychologischen Analytiker erbracht. Von 522 tiefenpsychologisch fundiert arbeitenden ärztlichen Psychotherapeuten wurden im Durchschnitt 5.5 Langzeit- und 11.7 Kurzzeittherapien abgerechnet. Da es im Gegensatz zur ärztlichen Weiterbildung noch keine KV-anerkannte tiefenpsychologisch fundierte Weiterbildung für Psychologen gibt, erklärt, daß 90% der tiefenpsychologisch fundierten Psychotherapien von ärztlichen Psychotherapeuten erbracht werden. Die übrigen zehn Prozent dürften zu Lasten von 77 Kinder- und Jugendlichen-Psychotherapeuten gehen, die 1995 durchschnittlich zwei Langzeit- und 12.3 Kurzzeittherapien durchgeführt haben.

Tabelle 1: Anzahl der ärztlichen, psychologischen und Kinder- und Jugendlichen-Psychotherapeuten in verschiedenen Regionen sowie durchgeführte Kurz- und Langzeittherapien in Verhaltenstherapie (VT), Psychoanalyse (PA) und tiefenpsychologisch fundierter Psychotherapie (PT) in 1995 bzw. 1996.

	Ärztliche Psychotherapeuten (VT)	Ärztliche Psychotherapeuten (PA)	Ärztliche Psychotherapeuten (PT)	Psychologische Psychotherapeuten (VT)	Psychologische Psychotherapeuten (PA)	Kinder- u. Jugendlichen-Psychotherapeuten
Kassel Stadt (1996)[a]	1	76 (PA+PT)		8	12	4
KV-Bezirk Kassel (1996)[a]	4	39	116	38	21	6
Hessen (1995)[b]	16	241	522	201	211	77
Kurzzeittherapie[c]	186		6116	3215		
Langzeittherapie[c]	13	1125	2865	1388	2235	
Bundesgebiet (1995)[d]	1270	7613 (PA+PT)		3158	2320	1300
Kurzzeittherapie[e]	7086		74711	65968		24270
Langzeittherapie[e]	1709	13496	31379	27574	16600	8216

Anmerkungen:

[a] Anzahl Therapeuten, Quelle: „Verzeichnis der Ärzte mit Genehmigung zur Durchführung tiefenpsychologisch fundierter bzw. analytischer Psychotherapie" und „Verzeichnis der Psychologischen Psychotherapeuten"; Kassenärztliche Vereinigung Hessen, Bezirksstelle Kassel, Stand: Dezemeber 1996

[b] Anzahl Therapeuten, Quelle: Kassenärztliche Vereinigung Hessen, Landesstelle Frankfurt am Main, Stand: Dezember 1995

[c] Anzahl durchgeführter Therapiestunden; Angaben beziehen sich auf Zeile 3 (Therapeuten in Hessen, 1995)

[d] Anzahl Therapeuten, Quelle: Kassenärztliche Bundesvereinigung, Köln, Stand Dezember 1995

[e] Anzahl durchgeführter Therapiestunden; Angaben beziehen sich auf Zeile 6 (Therapeuten im Bundesgebiet, 1995)

Bezogen auf das gesamte Bundesgebiet ergibt sich eine ähnliche Situation.

An diesen niedrigen Durchschnittswerten wird deutlich, daß ein großer Teil der ärztlichen und psychologischen Vertragsbehandler sowie der Kinder- und Jugendlichen-Psychotherapeuten keine versorgungsrelevanten psychotherapeutischen Leistungen zu Lasten der Krankenkassen erbringen.

Diesen Zahlen ist auch zu entnehmen, daß psychotherapeutische Vertragsbehandlungen insbesondere in der Verhaltenstherapie im wesentlichen von psychologischen Psychotherapeuten erbracht werden.

Da die Kassenärztlichen Vereinigungen ihren Sicherstellungsauftrag im Bereich der ambulanten Psychotherapie noch nicht ausreichend erfüllen können, sind die Krankenkassen weiterhin gehalten, an Stelle der Sachleistung die Kosten für notwendige psychotherapeutische Behandlungen im Rahmen außervertraglicher Kostenerstattung als Einzelfallentscheidung nach § 13, Abs. 3 SGB V zu erstatten, wenn sie „eine unaufschiebbare Leistung nicht rechtzeitig erbringen (können)".

In diesen Fällen kann eine Krankenkasse ihren Mitgliedern die Kosten für notwendige, unaufschiebbare psychotherapeutische Behandlungen bei einem sogenannten „Nicht-Vertragsbehandler" erstatten, wobei es ein Vertragsverhältnis immer nur zwischen dem Patienten und seiner Krankenkasse gibt. Im Rahmen der außervertraglichen Kostenerstattung sind nach einem „Verzeichnis niedergelassener Klinischer Psychologen" etwa 30 Diplom-Psychologen mit Weiterbildungen in verschiedenen psychotherapeutischen Verfahren im Bereich der Stadt Kassel tätig. Sie tragen zu einem erheblichen Teil zur psychotherapeutischen Versorgung bei.

Da psychotherapeutische Leistungen auch im Rahmen außervertraglicher Behandlungen (Kostenerstattung) entsprechend den Psychotherapie-Richtlinien (vgl. Faber & Haarstrick, 1994;) auf einem qualitativ hohen Niveau erbracht werden sollen, wird vom Medizinischen Dienst der Krankenversicherung in Hessen (MDK) neben der externen prozeßhaften Qualitätssicherung durch das Gutachterverfahren zunächst besonderer Wert auf eine strukturelle Qualitätssicherung gelegt. Dazu müssen Therapeuten, deren Patienten ihre Behandlungskosten von den Krankenkassen erstattet bekommen haben wollen, folgende Kriterien erfüllen (vgl. Bender & Huber, in diesem Band):

- Diplom im Fach Psychologie oder Approbation als Ärztin bzw. Arzt;
- Nachweis einer mindestens dreijährigen klinisch-psychotherapeutischen Tätigkeit oder Vorlage des Zertifikats „Klinischer Psychologe/Psychotherapeut BDP";
- Nachweis einer abgeschlossenen Weiterbildung in einem nach den Psychotherapie-Richtlinien und Psychotherapie-Vereinbarungen anerkannten Verfahren (Psychoanalyse, tiefenpsychologisch fundierte Psychotherapie, Verhaltenstherapie);
- bei noch nicht abgeschlossener Weiterbildung in einem der anerkannten Verfahren muß die Behandlung unter Supervision eines von der Kassenärztlichen Bundesvereinigung (KBV) anerkannten Supervisors erfolgen.

Alle in der Praxis des Autors tätigen Therapeutinnen und Therapeuten erfüllen diese Kriterien, sofern sie nicht schon im Beauftragungs- oder Delegationsverfahren tätig sind.

3.2 Interne Strukturqualität am Beispiel der Praxis des Autors

Die interne Strukturqualität einer Praxis bezieht sich auf wesentliche, konstante Elemente, welche die Qualitätssicherung zur Durchführung von Therapien gewährleisten sollen. Dies sind z.B.:

- räumliche Lage und Ausstattung,
- personelle Ausstattung,
- technisch-materielle Ausstattung,
- Qualifikation der Mitarbeiter für ihre Tätigkeit,
- Fort- und Weiterbildung der Mitarbeiter,
- Motivation, Arbeitszufriedenheit, Betriebsklima,
- Organisationsabläufe,
- Qualitätsmanagement-Handbuch/Leitfaden,
- Indikationsbezogenes Behandlungskonzept.

Im folgenden werden Beschaffenheit und Ausstattung sowie die besonderen Charakteristika der Praxis des Autors näher beschrieben.

3.2.1 Räumliche Lage und Ausstattung

Die Psychologische Praxis liegt zentral und verkehrsgünstig in der Innenstadt von Kassel. Eine Straßenbahnhaltestelle befindet sich unmittelbar vor dem Haus, ein großer Parkplatz direkt hinter dem Gebäude. Die Räume der Praxis liegen (behindertengerecht mit Fahrstuhl zu erreichen) im zweiten Stock eines dreigeschossigen Gebäudes. Die Praxis verfügt bei einer Größe von mehr als 200 Quadratmetern über sechs Therapieräume, ein Büro, einen Wartebereich für Patienten, zwei Toiletten sowie eine kleine Teeküche.

Für die Durchführung von Einzeltherapien stehen fünf etwa 20 Quadratmeter große Räume zur Verfügung. In einem über 50 Quadratmeter großen Gruppenraum werden bei räumlichen Engpässen auch Einzeltherapien durchgeführt. Im Gruppenraum finden regelmäßig Seminare und Veranstaltungen der *Weiterbildungseinrichtung für Klinische Verhaltenstherapie e.V. (WKV) Marburg* statt. Alle Räume sind zweckmäßig mit Sesseln, Tischen, Schreibtischen und abschließbaren Schränken möbliert und mit Teppichen, Grünpflanzen und Bildern ausgestattet.

Die Bilder wechseln durch halbjährlich dauernde Ausstellungen von örtlichen Künstlern oder künstlerisch tätigen Patienten der Praxis.

3.2.2 Personelle Ausstattung

Die Büro- und Verwaltungstätigkeiten werden von zwei Sekretärinnen ausgeführt, einer Halbtagskraft und einer weiteren Kraft, die auf Honorarbasis arbeitet. Das Sekretariat ist vormittags von 08.00-12.00 Uhr und an zwei Nachmittagen von 14.00-18.00 Uhr besetzt.

Neben dem Praxisinhaber sind vier weitere Therapeutinnen und Therapeuten hauptberuflich als freie Mitarbeiter auf Honorarbasis tätig. Darüber hinaus führen Weiterbildungsteilnehmer der WKV im Rahmen ihrer verhaltenstherapeutischen Weiterbildung Therapien in den Räumen der Praxis durch. Diese sogenannten Bezugstherapeuten arbeiten als freie Mitarbeiter ebenfalls auf Honorarbasis. Die Honorare sind entsprechend dem Ausbildungsstand und dem Tätigkeitsumfang der Bezugstherapeuten gestaffelt und betragen bis zu zwei Drittel des jeweiligen Kassensatzes. Das praxisbezogene Ausbildungskonzept wurde an anderer Stelle ausführlich dargestellt (Seipel, 1996a).

Jeder Therapeut, der im Rahmen seiner Weiterbildung Therapien in der Praxis durchführen möchte, erhält durch den Autor zunächst ausführliche und detaillierte mündliche und schriftliche Informationen (Leitfaden/Organisationshandbuch) über die Bedingungen, unter denen Krankenkassen und andere Kostenträger bei bestehender Unterversorgung nach § 13 Abs. 3 SGB V bereit sind, Kosten für Psychotherapien auf dem Wege der Erstattung zu übernehmen. Auch die Aufgaben der Kassenärztlichen Vereinigung (Sicherstellungsauftrag) und des Medizinischen Dienstes der Krankenversicherung in Hessen (MDK) und dessen Kriterien an die Qualifikation der psychologischen Psychotherapeuten (vgl. Bender & Huber, in diesem Band) werden ausführlich dargestellt, um die „Feldkompetenz" der Bezugstherapeuten zu erhöhen (Seipel, 1996a). Denn anders als im sogenannten Delegations- oder Beauftragungsverfahren können die Erstattungsbedingungen von Kasse zu Kasse bzw. von Kostenträgern unterschiedlich sein und sich relativ schnell ändern. Seit dem Urteil des Landgerichts Nordrhein-Westfalen gegen die Regelung der Techniker-Krankenkasse mit dem Berufsverband Deutscher Psychologen (sogenannte TK-Regelung) im Herbst 1996 ist die „geregelte Kostenerstattung" untersagt. Kostenerstattungen sind nur noch ausnahmsweise im Rahmen von Einzelfallentscheidungen möglich, wenn keine ärztlichen oder psychologischen Vertragsbehandler für eine Behandlung zur Verfügung stehen.

3.2.3 Technisch-materielle Ausstattung

Zur technisch-materiellen Ausstattung der Praxis gehören unter anderem: zwei Computer inclusive der nötigen Software sowie zwei Drucker, eine Telefonanlage (ISDN) mit zwei Rufnummern und Telefonapparaten in jedem Therapieraum, ein Anrufbeantworter, ein Telefaxgerät, ein Fotokopiergerät, zwei Videokameras (Camcorder), ein Videorecorder, ein Fernsehmonitor, sechs Cassettenrecorder, drei Diktiergeräte, zwei Flip-Charts, ein Overheadprojektor, eine Testothek mit entsprechenden Fragebögen und Testverfahren, eine über 500 Titel umfassende Fachbibliothek, sechs laufend abonnierte Fachzeitschriften.

Damit entspricht die Praxis in ihrer gesamten strukturellen Beschaffenheit und Ausstattung etwa den Qualitätskriterien, wie sie von Reimer, Schüler und Ströhm (in diesem Band) für eine Lehrpraxis für erforderlich gehalten werden. So gesehen ist die Strukturqualität der oben beschriebenen Praxis nicht vergleichbar mit den Praxisstrukturen, wie sie in der „Kosten- und Praxisstrukturanalyse bei Vertragspsychotherapeuten in Südbaden 1993", von der „Vertretung der Vertragspsychotherapeuten Südbadens (VPP Südbaden)" für psychotherapeutische Praxen erhoben wurde. Ein Beleg für die „Mangelpraxis" und damit verbundener mangelnder struktureller Qualitätssicherung ist die Feststellung, daß sich 58.2% der Psychotherapeuten keine Schreibkraft leisten können. Die übrigen 41.8% beschäftigen im Mittelwert 2.2 Stunden in der Woche eine Büro- oder Hilfskraft (Clever et al., 1995, S. 8).

4. Die Handlungsebene (Prozeßqualität)

Die Dimension Prozeßqualität umfaßt die Beschreibung und Beschaffenheit aller therapeutischen Prozesse und Maßnahmen im Laufe der Behandlung unter Berücksichtigung der jeweiligen therapeutischen Situation und der individuellen Besonderheiten des Patienten.

In diesen Bereich gehört die an wissenschaftlichen Kriterien orientierte Planung von Leistungen, die angemessene Dokumentation der therapeutischen Prozesse und die kontinuierliche Prüfung der Prozeßqualität durch externe und interne Maßnahmen, wie das Gutachterverfahren, Qualitätsmanagement, Supervision und Intervision.

4.1 Externe Prozeßqualität

Die externe Prozeßqualität soll insbesondere durch das Gutachterverfahren sowie durch die Psychotherapie-Richtlinien und die Psychotherapie-Vereinbarungen (vgl. Faber & Haarstrick, 1994) sichergestellt werden.

4.1.1 Gutachterverfahren, Psychotherapie-Richtlinien und Psychotherapie-Vereinbarungen

Die vertraglichen Grundlagen zur Durchführung des Gutachterverfahrens ergeben sich aus den vom Bundesausschuß der Ärzte und Krankenkassen gemäß § 90 SGB V beschlossenen Psychotherapie-Richtlinien (Abschnitt F, Abs. II) und den Psychotherapie-Vereinbarungen (§ 8 Abs. 1), wonach bei mehr als 25 Stunden (Kurzzeittherapie) der Antrag des Versicherten und der Bericht des Therapeuten durch einen von der Krankenkasse bestellten Gutachter zu prüfen sind.

„Das Gutachterverfahren dient dazu festzustellen, ob die in den Psychotherapie-Richtlinien des Bundesausschusses Ärzte und Krankenkassen und in dieser Vereinbarung niedergelegten Voraussetzungen für die Durchführung einer Psychotherapie zu Lasten der gesetzlichen Krankenversicherung erfüllt sind. Dabei ist insbesondere zu prüfen, ob das beantragte Psychotherapie-Verfahren nach den Richtlinien anerkannt und im konkreten Behandlungsfall indiziert ist, und ob die Prognose einen ausreichenden Behandlungserfolg erwarten läßt." (Psychotherapie-Vereinbarungen, § 8 Abs.1, vgl. Faber & Haarstrick, 1994).

Die Psychotherapie-Richtlinien und Psychotherapie-Vereinbarungen stellen aber nicht nur die Bedingungen für das Gutachterverfahren in der vertragsärztlichen psychotherapeutischen Versorgung im Rahmen der ambulanten kurativen Gesundheitsversorgung (nach SGB V) dar. Sie werden auch in der außervertraglichen ambulanten Psychotherapie als entscheidendes Kriterium bei der Begutachtung durch den Medizinischen Dienst der Krankenversicherung in Hessen (MDK) herangezogen (vgl. Bender & Huber, in diesem Band), wenn eine ausreichende ambulante psychotherapeutische Versorgung durch Vertragsbehandler nicht gewährleistet werden kann.

Die Psychotherapie-Richtlinien und insbesondere das Gutachterverfahren werden als Maßnahmen zur Sicherstellung externer Prozeßqualität angesehen. Das Gutachterverfahren stellt mit den jeweils genehmigungspflichtigen Bewilligungsschritten („Bericht zum Erstantrag", „Umwandlungsantrag" von Kurzzeit- auf Langzeittherapie, „Bericht zum Fortführungsantrag" und dem „Ergänzungsbericht" bis zur Höchstgrenze von 80 Sitzungen für Verhaltenstherapie) eine vorweggenommene Wirtschaftlichkeitsprüfung dar.

Auf die Problematik, das Gutachterverfahren als ein Instrument zur externen Qualitätssicherung einzusetzen, und auf die Auswirkungen des Gutacherverfahrens auf die ambulante Praxis, haben schon Langlotz-Weis und Koppenhöfer (1992) hingewiesen. Ob das Gutachterverfahren tatsächlich eine wirkungsvolle externe Qualitätssicherungs-Maßnahme für die Prozeßqualität darstellt, erscheint auch fraglich, wenn man die zahlreichen diesbezüglichen Angebote zum Erstellen von Berichten an den Gutachter in einer Fachzeitschrift bedenkt (vgl. Report Psychologie, 1996, 1997) und die häufige Verwendung von Textbausteinen in den Berichten sieht. Es ist davon auszugehen, daß das Gutachterverfahren in seiner jetzigen Form eher einen erzieherischen Wert als eine tatsächliche Qualitätssicherungs-Maßnahme darstellt. Überlegungen zu einer modifizierten externen Qualitätskontrolle durch die Krankenkassen wurden vom „Qualitätssicherungsausschuß der Vereinigung der Kassenpsychotherapeuten e.V." erarbeitet (Burkart, Schaller & Zaubitzer, 1996). Wieweit das Gutachterverfahren selbst den Anforderungen der Qualitätssicherung genügt, wird ausführlich von Köhlke (in diesem Band) untersucht.

4.2 Interne Prozeßqualität

Unter diesem Begriff soll die Beschaffenheit des eigentlichen Behandlungsprozesses verstanden werden, der das interaktionelle Verhalten von Patient und Therapeut beschreiben soll. Dabei lassen sich formale und inhaltliche Aspekte unterscheiden, wobei die Grenzen fließend sein können.

Als Mittel zur internen Qualitätssicherung ist zunächst eine systematische Datenerhebung und Dokumentation notwendig (Laireiter, 1994). Über Inhalt und Umfang derartiger Datenerhebungen bestehen (noch) unterschiedliche Auffassungen (vgl. Schulte, 1995). Basis- und Verlaufsdokumentationen allein verbessern aber noch keine Qualität, sie stellen lediglich Instrumente zur Herstellung von Transparenz dar und sollen Patienten und Therapeuten bei der Behandlung dienlich sein. Nur durch den systematischen Einsatz einer Auswahl entsprechender zuverlässiger diagnostischer Methoden, die zudem sehr pragmatisch orientiert sein müssen, wird es möglich, klinisch-psychologische Praxis zu evaluieren und ihre Qualität (Beschaffenheit) zu überprüfen. Erste „Empfehlungen zur Standardisierung" von Diagnostik und Evaluation in der Psychotherapie wurden von Fydrich et al. (1996) vorgelegt.

Die Maßnahmen zur internen Prozeßqualitätssicherung in der Praxis des Autors sind angelehnt an das „Fünf-Punkte-Programm zur Qualitätssicherung" des Verbandes Deutscher Rentenversicherungsträger (VDR) (vgl. Nübling & Schmidt, in diesem Band):

- Zur Erhöhung der Transparenz und der Compliance werden den Patienten das *Praxiskonzept* sowie das spezifische verhaltenstherapeutische *Therapiekonzept* erläutert.
- In den probatorischen Sitzungen werden gemeinsam mit den Patienten individuelle *Behandlungspläne* erarbeitet. Aus den dort entwickelten Zielkonzeptionen leiten sich die konkreten therapeutischen Maßnahmen ab.
- Zur Überprüfung der Wirksamkeit ist eine regelmäßige Effektivitätskontrolle (Monitoring) der eingeleiteten Maßnahmen erforderlich.
- Im Sinne eines *Qualitätsscreenings* werden in den internen und externen Supervisions- und Intervisionsgruppen in einem begleitenden Monitoring die Behandlungsverläufe und -ergebnisse besprochen. Dies geschieht unter Zuhilfenahme von *Basis- und Verlaufsdokumentationen*, dem *Fragebogen zum Therapieverlauf*, sowie Audio- oder Videoaufzeichnungen.
- Regelmäßige (vierteljährliche) praxisinterne Treffen lassen sich als sogenannte *Qualitätszirkel* verstehen. Zu diesen praxisinternen Treffen werden auch Ärzte oder Vertreter von Krankenkassen zum gemeinsamen Erfahrungsaustausch eingeladen. Gemeinsam mit ärztlichen Psychotherapeuten finden monatliche Treffen einer Arbeitsgruppe Kasseler Vertragspsychotherapeuten in den Räumen der Kassenärztlichen Vereinigung statt.

4.2.1 Formale Aspekte interner Prozeßqualität

Zu den formalen Aspekten des Behandlungsprozesses gehören je nach therapeutischer Phase bestimmte durchzuführende Maßnahmen, die vor allem die Organisation und Dokumentation der geplanten Behandlung betreffen. Die einzelnen Phasen des therapeutischen Prozesses mit den dazugehörigen Formalitäten und den entsprechenden Zuständigkeiten zur Durchführung der zu veranlassenden Maßnahmen sind im folgenden *Ablaufschema zur verhaltenstherapeutischen Behandlung* in Tabelle 2 dargestellt.

Tabelle 2: Ablaufschema zur verhaltenstherapeutischen Behandlung in der Psychologischen Praxis Seipel

Phase	Formalitäten	Zuständigkeit	Maßnahmen
Kontaktaufnahme durch Patienten	Informationshinweise für therapieplatzsuchende Patienten	Sekretärin Therapeut/in	Informationsaustausch, Hinweis auf Wartezeit, Vertragsbehandler, andere Praxen, Clearingstelle der KV, ggf. Aufnahme in Warteliste

Phase	Formalitäten	Zuständigkeit	Maßnahmen
Kontaktaufnahme durch Therapeuten	Eintrag in Entnahmeliste	Therapeut/in	Informationsentnahme aus Warteliste, Anruf beim Patienten, Termin für Erstgespräch
Erstgespräch, probatorische Sitzung	Anmeldebogen, Patienteninformation, Therapievereinbarungen, Therapieantragsformulare	Sekretärin und Therapeut/in	Verhaltensdiagnostisches Interview, Klären der Formalitäten und des weiteren Vorgehens, Information über Kostenerstattungs-, Beauftragungs- oder Delegationsverfahren
Entscheidung für Therapie	Formblätter zum Antrag auf Verhaltenstherapie, Abtretungserklärung, Informationsschreiben an den delegationsberechtigten Arzt	Patient/in Sekretärin Therapeut/in	Kostenerstattung durch Krankenkassen o. a. Kostenträger, bzw. Beauftragungs- oder Delegationsverfahren über die Kassenärztliche Vereinigung (KV), Vermittlung des Patienten an delegationsberechtigten Arzt zur Indikationsstellung und zur Erhebung des somatischen Befundes
Weitere probatorische Sitzungen	Fragebogen zur Verhaltenstherapie, Basisdokumentation, „Standardpaket Qualitätssicherung", störungsspezifische Fragebogen (Prä-Test)	Therapeut/in	Erhebung der Anamnese, des psychischen Befundes, der Verhaltensanalyse, der Diagnose, der Therapieziele und des Behandlungsplanes, Erstellen des Berichtes zum Antrag auf Kurzzeit- oder Langzeittherapie an den Kostenträger bzw. den Gutacher des MDK oder der KV
Supervision	Therapieaufzeichnungen, Audio- und/oder Videoaufzeichnungen, Supervisionsprotokoll	Therapeut/in Supervisor/in	Klärung von Indikation und Diagnose, Verhaltensanalyse, Erörterung von Therapiezielen und Behandlungsplan, Beachtung der Therapeut-Patient-Beziehung
Antrag auf Kostenübernahme	Formblätter zur Kostenerstattung Formblätter der Kassenärztlichen Vereinigung	Therapeut/in	Bericht an den Gutachter des Medizinischen Dienstes der Krankenversicherung (MDK) oder der KV zum Antrag auf Langzeittherapie

Phase	Formalitäten	Zuständigkeit	Maßnahmen
Vor der Kostenzusage	Anschreiben an den Kostenträger, Anträge von Patient und Therapeut bzw. Arzt, ärztl. Notwendigkeitsbescheinigung, Supervisionsbescheinigung, Bericht an den Gutachter	Sekretärin Therapeut/in	Alle Unterlagen zusammen an den Kostenträger senden (Bericht an den Gutachter in verschlossenem Umschlag). Zur Überprüfung der strukturellen Qualitätssicherung sendet der behandelnde Therapeut mit seinem ersten Antrag auf Kostenübernahme seine persönlichen Unterlagen an den MDK
Nach der Kostenzusage	Kosten-Abrechnungsbogen Rechnungen Abrechnungsschein, Behandlungsausweis	Sekretärin Therapeut/in	Diagnostische und therapeutische Leistungen in Abrechnungsbogen, bzw. Abrechnungsschein und Behandlungsausweis eintragen, erstellte Rechnungen überprüfen und gegenzeichnen, Liquidation der erbrachten Leistungen
Therapie	Basis- und Verlaufsdokumentation, Audio-, Videoaufzeichnungen, spezifische Fragebögen, Fragebogen zum Therapieverlauf	Therapeut/in	Dokumentation der Therapiesitzungen durch entsprechende Aufzeichnungen (Kurz-Protokoll, Audio- oder Videoaufzeichnungen)
Supervision Einzel- oder Gruppensupervision Praxisintern oder -extern	Supervisionsprotokoll, Audio-, Videoaufzeichnungen, Supervisionsbescheinigung	Therapeut/in Supervisor/in	Reflexion des therapeutischen Prozesses und der Therapeut-Patient-Beziehung, Umgang mit schwierigen Therapiesituationen und Krisenintervention, Klären des diagnostischen und therapeutischen Vorgehens, „Monitoring" der Therapien
Intervision Kollegiale Supervision	Vierzehntägig vier Stunden	Therapeuten Fachteam	Gleiche Maßnahmen wie unter Supervision beschrieben
Praxis-Teamsitzungen	Wöchentlich eine Stunde	Therapeuten	Diskussion organisatorischer Fragen und Maßnahmen
Therapieende	Basisdokumentation, Abschlußdiagnostik, störungsspezifische Fragebogen (Post-Test),	Therapeut/in	Ergänzung der Basisdokumentation, Erstellen des Abschlußberichtes, Rückfallprophylaxe und Hinweise auf psychosoziales Versorgungsnetz
Katamnese	Drei bis sechs Monate nach Therapieende	Therapeut/in	Persönliche (letzte Therapiestunde), schriftliche oder telefonische Nachbefragung

4.2.2 Schritte zur Sicherung interner Prozeßqualität in der Praxis

Zu den inhaltlichen Aspekten des Behandlungsprozesses gehört zunächst der Aufbau einer tragfähigen Therapeut-Patient-Beziehung, auf deren Basis die Durchführung der notwendigen und zweckmäßigen diagnostischen und therapeutischen Maßnahmen erfolgt. Dieser Prozeß darf durch Maßnahmen zur Qualitätssicherung nicht negativ beeinflußt werden.

Im folgenden soll der Prozeßablauf zur Qualitätssicherung in der konkreten therapeutischen Arbeit so präzise beschrieben werden, wie er als Leitfaden im Organisationshandbuch der Praxis festgehalten ist. Das „Organisationshandbuch" besteht aus einer Lose-Blatt-Sammlung, die kontinuierlich aktualisiert wird. Notwendige Aktualisierungen im formalen Ablauf ergeben sich beispielsweise durch Änderungen der Erstattungspraxis von Krankenkassen. Die Modifizierungen werden mit Hilfe der Kollegen in einem permanenten Feedback-System durch den Autor ergänzt. In dem Leitfaden werden die formalen Abläufe und Prozesse vom ersten (in der Regel telefonischen) Patientenkontakt bis zum letzten Katamnesegespräch so beschrieben, daß sie als Handlungsanweisung für den Benutzer gelten können (vgl. dazu auch Menz, in diesem Band).

Um dies zu verdeutlichen, stellen wir uns einen Patienten vor, der telefonisch um eine Behandlung nachsucht. Der Anruf wird zu den Bürozeiten von einer Sekretärin entgegengenommen, außerhalb dieser Zeiten von einem Anrufbeantworter oder einem gerade anwesenden Therapeuten. Der Anrufbeantworter wird mehrmals täglich abgehört. Der um einen Therapieplatz nachsuchende Patient wird um kurze Angaben zu seiner Symptomatik, um seine Anschrift und seine Kassenzugehörigkeit gebeten. Auch der Hinweis auf die Praxis wird erfragt. Diese Angaben werden notiert und helfen den Therapeuten mit freien Behandlungskapazitäten bei ihrer Patientensuche. Der Patient wird zunächst telefonisch auf Besonderheiten, wie die aktuelle Situation in der Kostenerstattung und auf mögliche Wartezeiten in der Praxis hingewiesen. Er kann sich unverbindlich in die Warteliste der Praxis aufnehmen lassen. Gegebenenfalls wird der Patient an andere Praxen, die Krankenkasse oder die Kassenärztliche Vereinigung verwiesen.

Ein Therapeut mit freien Kapazitäten bietet dann einem therapieplatzsuchenden Patienten ein Erstgespräch an. Für alle Therapeuten, insbesondere aber für die Weiterbildungsteilnehmer der WKV, die in der Praxis Verhaltenstherapien im Rahmen ihrer Weiterbildung durchführen, gilt für die Durchführung der Therapien folgender Leitfaden, der sich auf das Stadium vor, während und nach der Therapie bezieht (vgl. Tabelle 3).

Die Rechnungserstellung für die erbrachten diagnostischen und therapeutischen Leistungen im Rahmen von Kostenerstattung erfolgt anhand der monatlicher Therapieabrechnungsbögen durch das Sekretariat. Nach erfolgter Prüfung durch die Bezugstherapeuten auf sachliche Richtigkeit werden die Rechnungen an die Patienten geschickt; bei Vorliegen einer Abtretungserklärung wird direkt mit dem Kostenträger, in der Regel der Krankenkasse, abgerechnet. Im Beauftragungs- oder Delegationsverfahren erfolgt die Abrechnung quartalsweise mittels der Formulare *Abrechnungsschein* und *Behandlungsausweis* über die Kassenärztliche Vereinigung.

Tabelle 3: Leitfaden zur Durchführung von Verhaltenstherapien unter Supervision

Vor der Therapie:

(während des Erstgespräches, in den probatorische Sitzungen bzw. in der diagnostische Phase)

- werden die Patienten über den Status des Therapeuten (Diplom-Psychologe oder Arzt in der Weiterbildung zum Verhaltenstherapeuten) informiert.
- wird den Patienten der Therapievertrag ausgehändigt und die Therapievereinbarungen werden unterschrieben.
- werden die Patienten auf die Besonderheiten des Kostenerstattungsverfahrens hingewiesen und gebeten, sich diesbezüglich mit ihrer Krankenkasse bzw. -versicherung in Verbindung zu setzen.
- wird auf die zwingende Notwendigkeit einer ärztlichen Konsultation bei einem delegationsberechtigten Arzt hingewiesen und Entsprechendes spätestens nach der zweiten probatorischen Sitzung veranlaßt. Dazu sind die Hinweise über Absprachen mit delegationsberechtigten Ärzten zu beachten.
- wird die *Basisdokumentation* begonnen, und unter Zuhilfenahme entsprechender Fragebögen und Testverfahren („Standardpaket zur Qualitätssicherung") werden verhaltensanalytische und diagnostische Informationen erhoben, die zu einer vorläufigen Befunderhebung und Diagnose führen.
- findet nach den ersten probatorischen Sitzungen eine Besprechung mit dem zuständigen Supervisor statt, um zu klären, ob der Patient mit seinem Störungsbild als Ausbildungsfall für die verhaltenstherapeutische Weiterbildung geeignet erscheint.
- werden mit dem Supervisor gegebenenfalls ein funktionales Bedingungsmodell der Störung, die Motivations- und Zielanalyse sowie ein vorläufiger Behandlungsplan erarbeitet.

Während der Therapie:

- werden alle Sitzungen auf Audio- oder Videocassette aufgezeichnet. Die Patienten werden vorab über Sinn und Zweck der Aufzeichnungen informiert und müssen im Therapievertrag ihr schriftliches Einverständnis dazu geben.
- werden die wesentliche Inhalte der Sitzungen in entsprechenden Protokollbögen (z. B. *Kurzprotokoll-Bogen* von Kanfer, Reinecker und Schmelzer, 1996) festgehalten und die *Basisdokumentation* wird vervollständigt.
- werden alle zehn Stunden Fragebögen zum Therapieprozeß und -verlauf (*Helping Alliance Questionaire* (HAQ) von Luborsky; Bassler, Potratz & Krauthauser, 1995) von Patienten und Therapeuten ausgefüllt und besprochen.

- werden die dokumentierten Fälle in der Supervision in Abhängigkeit vom Entwicklungsstand in der Therapie reflektiert und nach den Kriterien für den „Bericht an den Gutachter" schriftlich aufbereitet.
- findet gemäß den Psychotherapie-Vereinbarungen nach jeder dritten bis vierten Therapiestunde eine Supervisionsstunde, als Einzel- oder Gruppensupervision, statt. Bei den ersten Ausbildungsfällen wird noch engmaschigere Supervision empfohlen.
- werden die wesentlichen Inhalte und Ergebnisse der Supervision vom Supervisor und vom Supervisanden schriftlich protokolliert.

Nach der Therapie:
- findet zwischen drei bis sechs Monaten nach Beendigung der Therapie eine katamnestische Untersuchung statt, für die in der Regel eine Therapiestunde reserviert wird. Die Patienten werden zum Ende ihrer Therapie darüber informiert.
- fertigen die Weiterbildungsteilnehmer mit Hilfe ihrer Therapie- und Supervisionsprotokolle einen mehrseitigen Therapieverlaufsbericht an, der zusammen mit dem zu Beginn der Therapie erstellten „Bericht an den Gutachter" eine nach den Psychotherapie-Vereinbarungen und der Weiterbildungseinrichtung geforderte Falldokumentation ergibt.
- wird die Falldokumentation mit dem zuständigen Supervisor besprochen und von diesem gegengezeichnet.

Je nach Kostenträger und Genehmigungsprozedur (Kurzzeit- oder Langzeittherapieantrag, ärztliche Konsultation und Notwendigkeitsbescheinigung, Begutachtung durch den Medizinischen Dienst oder Gutachter der Kassenärztlichen Vereinigung) kann es durchaus bis zu zwei Monaten dauern, bis eine Therapie genehmigt wird und begonnen werden kann. Besonders beim erstmaligen Antrag eines Therapeuten im Kostenerstattungsverfahren ist mit einer längeren Wartezeit zu rechnen, da der ersten Bewilligung eine strukturelle Qualitätsüberprüfung des Therapeuten nach den weiter oben genannten Kriterien des MDK vorausgehen muß.

4.2.3 Interne Supervision

Neben fallbezogener Supervision durch den Autor wird in der Praxis Supervision entsprechend einem didaktischen Ausbildungs- und Supervisionskonzept zum Erwerb therapeutischer Handlungskompetenzen durchgeführt, welches an anderer Stelle bereits ausführlich beschrieben wurde (Seipel, 1996a).

Dieses Konzept besteht aus vier Phasen, die fließend ineinander übergehen und je nach vorhandenen therapeutischen Kompetenzen der Weiterbildungsteilnehmer ganz oder nur teilweise durchlaufen werden. Die Teilnehmer übernehmen dabei zunehmend mehr Eigenverantwortung. Die einzelnen Phasen lassen sich folgendermaßen charakterisieren:

- *teilnehmende Beobachtung an Therapien des Lehrtherapeuten* (Lernen am [Mastery-] Modell);
- *aktive Teilnahme an Therapien des Lehrtherapeuten* (Vorbereitung und Übernahme spezieller Aufgaben diagnostischer und therapeutischer Art, z.B. Expositionsübungen);
- *Durchführung von Therapien unter (zeitweiliger Life-)Supervision;*
- *Durchführung von Therapien unter Supervision (im Beauftragungsverfahren).*

4.2.4 Externe Supervision

Alle Therapeuten der Praxis arbeiten unter interner und/oder externer Supervision. Weiterbildungsteilnehmer der WKV behandeln ihre Patienten unter (Kontroll-)Supervision nach den Kriterien der Psychotherapie-Richtlinien und Psychotherapie-Vereinbarungen. Die Behandlungen dieser Therapeuten werden von anerkannten Supervisoren der Kassenärztlichen Bundesvereinigung (KBV) und der WKV in Einzel- und/oder Gruppensupervision gemäß den WKV-internen „Hinweisen für Supervisoren" supervidiert und dokumentiert. Die Supervisoren treffen sich wiederum regelmäßig zur kollegialen „Supervision der Supervisoren".

4.2.5 Intervision/kollegiale Supervision

Zusätzlich zur externen und internen (Kontroll-)Supervision nach den Kriterien der Psychotherapie-Vereinbarungen findet regelmäßig vierzehntägig eine vierstündige kollegiale Supervision/Intervision statt, an der alle hauptberuflich tätigen Mitarbeiter der Praxis teilnehmen. Dieses „peer review-Verfahren" kann als interkollegiale Hilfe und Kontrolle für Therapiepläne und -verläufe sowie Behandlungsberichte und Falldokumentationen verstanden werden. Als Basis dafür werden vor allem Audio- und Videoaufzeichnungen herangezogen. Aber auch Basis- und Verlaufsdokumentationen, Behandlungsverläufe und -ergebnisse oder der *Fragebogen zum Therapieverlauf (HAQ und HAQ-F)* (Bassler, Potratz & Krauthauser, 1995) zur Überprüfung der therapeutischen Allianz werden in der Gruppe reflektiert.

Diese Form der Supervision hat sich vor allem auch für die Urlaubszeiten der Bezugstherapeuten bewährt. „Schwierige Patienten" sind so den anderen Mitarbeitern bekannt, und bei notwendigen Kriseninterventionen steht für diese Patienten ein praxisinternes „Auffangsystem" bereit. Die Patienten werden einem anderen Therapeuten vorgestellt, und der Therapeut wird, sofern nicht schon in der kollegialen Supervision geschehen, hinreichend über den Patienten informiert.

Zur Reflexion der therapeutischen Prozesse wird versucht, ein Vorgehen im Sinne der Doppelstrategie „Schwerpunktbildung" und „Hintergrundkontrolle" nach Dörner, Kreuzig, Reither & Stäudel (1983) zu praktizieren. Darunter ist ein parallel laufender Prozeß zu verstehen, der einerseits mit der situativen Gewichtung von Zielen, andererseits mit dem Pendeln der Aufmerksamkeitsfokussierung verbunden ist. Mit

„Schwerpunktbildung" ist eine Beschränkung auf einen bestimmten Teil eines Behandlungsausschnittes gemeint, d.h. es kann sich in der Supervision wie in der Therapie nur einer Auswahl von Zielen, nur einer umgrenzten Fragestellung innerhalb eines komplexen therapeutischen Prozesses oder Problems zugewandt werden, die zum einen zentral, zum anderen bewältigbar erscheint. „Hintergrundkontrolle" bedeutet, daß ein kleiner Teil der Aufmerksamkeit darauf verwandt wird, einfließende Informationen daraufhin zu überprüfen, ob der gewählte Schwerpunkt beibehalten werden kann oder die Behandlungsstrategie gewechselt werden sollte. Dieses ständige „monitoring" dient dazu, die bisherigen Interaktions- und Behandlungsstrategien zu reflektieren und auf ihre Angemessenheit und Zweckmäßigkeit hin zu überprüfen. Dies kann in der Supervision genauso hilfreich sein wie bei der verhaltenstherapeutischen Behandlung selbst (vgl. Seipel, 1996b).

5. Die Zielebene (Ergebnisqualität)

Diese Qualitätsdimension bezieht sich auf das überprüfbare Ergebnis („outcome"), die Wirksamkeit und, nicht zu vergessen, die Wirtschaftlichkeit der psychotherapeutischen Behandlung und beinhaltet alle Verfahren zur Evaluation der psychotherapeutischen Tätigkeit. Die Erkenntnisse aus dieser Qualitätsdimension haben wiederum Einfluß auf Bereiche der Struktur- und Prozeßqualität. Letztere stellen zwar notwendige, aber nicht schon hinreichende Bedingungen für Ergebnisqualität dar. Von der Qualität der Ergebnisse läßt sich allerdings nicht automatisch auf die Qualität des Behandlungsprozesses schließen oder umgekehrt, wovon beispielsweise Spontanremissionen bei unzureichender Behandlungsqualität oder mangelnde Compliance bei guter Behandlungsqualität zeugen.

Die Zufriedenheit des Patienten („Kunden") mit dem Ergebnis der therapeutischen Behandlung ist letzlich das entscheidende Kriterium für die Ergebnisqualität. Aber auch die Zufriedenheit des Therapeuten als „Dienstleistungserbringer" mit dem Ergebnis der durchgeführten Behandlung („Dienstleistung") und nicht zuletzt die Zufriedenheit des Kostenträgers als „indirekter Kunde" mit dem Ergebnis der finanzierten Maßnahme stellen entscheidende Richtwerte für die Qualitätssicherung dar.

5.1 Externe Ergebnisqualität

Von Grawe und Braun (1994) wurden detaillierte Überlegungen und Vorschläge zur „Qualitätskontrolle in der Psychotherapiepraxis" (vgl. auch Braun sowie Grawe & Baltensperger, in diesem Band) gemacht. Die dort vorgeschlagenen Routine-Maßnahmen mit regelmäßiger Eingangs-, Verlaufs- und Ergebnisdiagnostik lassen sich so in den Routinealltag einer ambulanten Praxis nach den bisherigen Erfahrungen nicht übernehmen (vgl. auch Braun und Palm, in diesem Band). Die Installation eines solchen administrativen Systems in einer therapeutischen Einzelpraxis wird auch von Grawe und Braun (1994) selbst kritisch gesehen. Sie diskutieren verschiedene Möglichkeiten, wie einen „Evaluationsverbund", in dem sich mehrere Einzelpraxen zusammenschließen und die Diagnostik in einer Praxis konzentrieren oder der Einrichtung „unabhängiger Evaluationsstellen...", die im Auftrag einzelner Psychotherapeuten die psychotherapeutische Eingangs-, Verlaufs- und Ergebnisdiagnostik übernehmen und dem Therapeuten die Ergebnisse regelmäßig übermitteln" (Grawe & Braun, 1994, S. 246).

Die Idee einer „unabhängigen Evaluationsstelle" von Grawe und Braun (1994) scheint schon aufgegriffen worden zu sein: Die *Selbstkontrolle psychotherapeutischer Einrichtungen durch Externe Diagnostik (SPEED)* (Selck, 1996; vgl. auch Richter & Askitis, 1996) umfaßt drei Meßinstrumente: die Symptom-Check-Liste (SCL-90-R), das Beck-Depressions-Inventar (BDI) und den Fragebogen zur Lebenszufriedenheit (FLZ). Für die schnelle Auswertung und Rückmeldung der „externen Diagnostik" werden für Prä- und Post-Messung 100,- DM berechnet. Für mindestens 1000.- DM (bei zehn Therapien à 100.- DM) „verbunden mit einem Zertifikat können Sie sich mit Ihrer Einrichtung von anderen differenzieren" (Selck, 1996). Damit werden Wettbewerbsvorteile gegenüber anderen Einrichtungen in Aussicht gestellt, die nicht an einer solchen externen Qualitätssicherungs-Maßnahme teilnehmen. Es ist durchaus vorstellbar, daß es in Zukunft Zertifizierungen für Praxen geben wird, die sich an Qualitätssicherungs-Maßnahmen beteiligen.

Dieses „Angebot zur Qualitätssicherung" von „SPEED" stellt nach Ansicht des Autors kein geeignetes Instrument zu einer sinnvollen Qualitätssicherung dar. Die Prozeß- und Ergebnisqualität therapeutischer Behandlungen soll vor allem durch interne Qualitätsoptimierung gesichert werden. Interne Qualitätssicherung kann letztlich nur durch entsprechende Diagnostik und Evaluation sowie Supervision in der konkreten ambulanten psychotherapeutischen Praxis durch den Behandler selbst geschehen. Die interne Qualitätssicherung umfaßt dabei alle Maßnahmen, die zur Herstellung und Sicherstellung der Qualität innerhalb der Praxis(organisation) selbst ergriffen werden. Der Vorteil einer prozeßorientierten internen Qualitätssicherung gegenüber einer externen Qualitätssicherung im Sinne von „SPEED" liegt vor allem darin, daß die Steuerung der Praxisabläufe durch die Praxisorganisation selbst durchgeführt und kontrolliert werden kann.

5.2 Interne Ergebnisqualität

Behandlungsqualität kann letztlich nur durch interne Maßnahmen, also durch freiwillige Selbstkontrolle verbessert werden, nicht primär durch externe Kontrolle. Externe Qualitätsprüfung (z.B. Gutachterverfahren) und interne Qualitätsoptimierung müssen sich wechselseitig aufeinander beziehen, denn „durch Qualitätskontrollen allein ist... noch nie Qualität verbessert worden" (Selbmann, 1995, S. 4).

Die in unserer Praxis angewandten Maßnahmen zur Überprüfung der Ergebnisqualität wurden zum Teil schon in Kapitel 4.2.4 beschrieben.

Die Ergebnisqualität der Therapien wird im wesentlichen durch folgende Maßnahmen erfaßt:

- Zielerreichung der geplanten therapeutischen Maßnahmen;

- Auswertung von Basis- und Verlaufsdokumentationen;
- Katamnese.

Durch eine entsprechende Evaluation soll die Zielerreichung der angewandten therapeutischen Maßnahmen überprüft werden. Dies geschieht u.a. mit der Zielerreichungsskala (GAS), wie sie in Margraf und Schneider (1989) beschrieben ist. In die *Basisdokumentation Ambulante Psychotherapie* (vgl. Abbildung 1) wird am Ende der Therapie das somatische, psychische und soziale Behandlungsergebnis eingetragen. Die Schwere der körperlichen, psychischen und sozial-kommunikativen Beeinträchtigung der Patienten wird bei Behandlungsbeginn mit dem *Beeinträchtigungs-Schwere-Score* (BSS) von Schepank (1995) eingeschätzt, der in der Basisdokumentation enthalten ist. Am Ende der Therapie erfolgt eine abschließende Einschätzung. Ebenfalls in der Basisdokumentation enthalten ist eine Skala zur Globalbeurteilung des Funktionsniveaus (GAF-Skala). Mit der *Global Assessment of Funktioning Scale* (vgl. Wittchen, Saß, Zaudig & Koehler, 1989) erfolgt über eine Einschätzung der psychischen, sozialen und beruflichen Leistungsfähigkeit eine Gesamtbeurteilung der psychischen Gesundheit bzw. Krankheit des Patienten. Diese Beurteilung wird ebenfalls in der Basisdokumentation am Beginn und am Ende der Behandlung abgegeben und gibt Hinweise, ob und wie sich das psychosoziale Funktionsniveau verändert hat. Etwa ein halbes Jahr nach Beendigung der Therapie wird mit dem Patienten durch einen persönlichen oder telefonischen Kontakt eine katamnestische Nachbefragung durchgeführt.

Abbildung 1: Auszug aus der „Basisdokumentation Ambulante Psychotherapie"

Somatisches Behandlungsergebnis:
Wie hat sich das körperliche Befinden des/der Patienten/in verändert?
- ☐ deutlich gebessert
- ☐ etwas gebessert
- ☐ nicht verändert
- ☐ etwas verschlechtert
- ☐ deutlich verschlechtert
- ☐ noch nicht beurteilbar

Psychisches Behandlungsergebnis:
Wie hat sich das seelische Befinden des/der Patienten/in verändert?
- ☐ deutlich gebessert
- ☐ etwas gebessert
- ☐ nicht verändert
- ☐ etwas verschlechtert
- ☐ deutlich verschlechtert
- ☐ noch nicht beurteilbar

Soziales Behandlungsergebnis:
Wie haben sich die Beziehungsfähigkeit und die soziale Anpassung des/der Patienten/in verändert?
☐ deutlich gebessert
☐ etwas gebessert
☐ nicht verändert
☐ etwas verschlechtert
☐ deutlich verschlechtert
☐ noch nicht beurteilbar

GAF-Score (bei Behandlungsende) **(1-90)** (_____)
GAF (Global Assessment of Functioning)

Kodierung nach folgenden Angaben:
01-10 ständige Selbst-/Fremdgefährdung, Verwahrlosung, Suizidversuch mit Todesabsicht
11-20 Selbst-/Fremdgefährdung, teilweise Verwahrlosung, schwere Kommunikationsstörung
21-30 Wahn/Halluzination, ernste Kommunikationsstörung, schwere Beeinträchtigung der Leistungsfähigkeit
31-40 beeinträchtigte Realitätswahrnehmung/ Kommunikation, starke Beeinträchtigung in mehreren Bereichen
41-50 ernste Symptome (Suizidgedanken, Zwänge...), Beeinträchtigung in einigen Bereichen
51-60 mäßige Symptome, mäßige Schwierigkeiten (sozial)
61-70 einige leichte Symptome, leichte Schwierigkeiten, hat einige wichtige soziale Beziehungen
71-80 Symptome als normale Reaktionen auf psychosoziale Stressoren, höchstens leichte soziale Beeinträchtigung
81-90 keine oder minimale Symptome, gute Leistungsfähigkeit, übliche Alltagsprobleme

BSS-Score (bei Behandlungsende)
(Beeinträchtigungs-Schwere-Score nach Schepank)

BSS1 Körperliche Beeinträchtigung (0–4):
(bitte ankreuzen)

leicht **0 1 2 3 4** extrem

BSS2 **Psychische Beeinträchtigung** (0–4):
(bitte ankreuzen)

leicht **0 1 2 3 4** extrem

BSS3 **Sozial-kommunikative Beeinträchtigung** (0–4):
(bitte ankreuzen)

leicht **0 1 2 3 4** extrem

Kurzbeschreibung BSS-Rating:

0-leicht: Keine Hinweise auf spezifische psychisch determinierte Beeinträchtigungen der angesprochenen Dimensionen.

1-leicht: Eine klar identifizierbare Symptomatik ist für den/die Patienten/in nicht sonderlich belastend oder einschränkend bzw. veranlaßt zu keiner aktiven Anstrengung der Krankheitsbewältigung.

2-deutlich: Die psychogene Symptomatik ist unübersehbar vorhanden, führt zu einer merklichen Beeinträchtigung, ohne die Person aber aus einzelnen Lebensbereichen weitgehend auszuschließen.

3-erheblich: Einschneidende Belastungen und Behinderungen dezimieren oder heben vorübergehend die durchschnittlich zu erwartenden Freiheitsgrade der Person in bestimmten Lebensbereichen auf.

4-extrem: Maximum klinischer Behinderung mit quälenden Extremgraden.

6. Entwicklung eines Qualitäts-Monitoring-Systems zur Erfassung von Prozeß- und Ergebnisqualität – Planung und Durchführung einer Studie zur Implementierung

Im folgenden wird eine seit Beginn des Jahres 1996 in der Praxis durchgeführte Studie zur Implementierung eines Qualitäts-Monitoring-Systems zur Erfassung der Prozeß- und Ergebnisqualität von Verhaltenstherapien beschrieben. Ein Ziel dieser Studie ist die Erprobung EDV-gestützter systematischer diagnostischer und therapiebegleitender Datenerhebung und -verarbeitung in einer ambulanten psychotherapeutischen Praxis. Über den Zeitraum von zunächst zwei Jahren soll die interne Qualitätssicherung der in diesem Zeitraum durchgeführten Verhaltenstherapien kontinuierlich evaluiert werden. Die Überprüfung der Prozeß- und Ergebnisqualität der ambulanten psychotherapeutischen Leistungen soll mittels einer entsprechenden Basis- und Verlaufsdokumentation durchgeführt werden (Seipel, 1995). Mit diesem Projekt soll sowohl die Effektivität therapeutischer Leistungen besser überprüft, als auch Erfahrungen über Kosten, Nutzen und Zufriedenheit von Patienten und Therapeuten im Umgang mit qualitätssichernden Maßnahmen in einer ambulanten Praxis gesammelt werden.

In einer Vorbereitungsphase wurden entsprechende Literatur und Software gesichtet und die Möglichkeiten zur Durchführung in der Praxis überprüft. Die Studie läßt sich im Routinealltag einer ambulanten psychotherapeutischen Praxis nur durchführen, wenn sich bestimmte finanzielle, zeitliche und personelle Bedingungen realisieren lassen, wie

- Akzeptanz seitens der mitarbeitenden Therapeuten sowie der Patienten,
- computergestützte systematische Datenerhebung und -verarbeitung,
- geringer bürokratisch-verwaltungstechnischer Aufwand,
- zeit- und kostengünstige Durchführung.

Besondere Berücksichtigung bei der Durchführung des geplanten Vorgehens gilt der Therapeut-Patient-Beziehung. Alle Maßnahmen sollen zielorientiert sein, zum Wohle des Patienten und diesem vermittelbar. Keinesfalls dürfen die Maßnahmen zur internen Qualitätssicherung zu einer Störung der Therapeut-Patient-Beziehung führen.

Die Akzeptanz und Bereitschaft zur Mitarbeit an der Studie seitens der in der Praxis arbeitenden Therapeutinnen und Therapeuten waren von Beginn an erfreulich hoch. In vorbereitenden Gesprächen wurden die Kollegen informiert und in die Planungen miteinbezogen. Die Patienten wurden von ihren Bezugstherapeuten schriftlich und mündlich über Sinn und Zweck des Vorhabens informiert. Als schon vorhandene Ressourcen für die Studie war eine Infrastruktur mit entsprechenden räumlichen, personellen, materiellen und administrativen Bedingungen gegeben.

Noch zu beschaffende Ressourcen betrafen vor allem eine zusätzliche apparative Infrastruktur mit entsprechender Hard- und Software sowie die Finanzierung einer entsprechenden wissenschaftlich geschulten Hilfskraft zur Aufbereitung und Auswertung der anfallenden Daten; schließlich sollte kein „Datenfriedhof" geschaffen werden. Auf die Schwierigkeiten und Grenzen bei der Planung und Durchführung dieser Studie im Rahmen einer ambulanten psychotherapeutischen Praxis wird in Kapitel 7 noch näher eingegangen.

6.1 Basisdokumentation und Evaluation

6.1.1 Eingangsdiagnostik

Alle Patienten, die seit Januar 1996 eine Therapie begonnen haben, wurden von der standardisierten Eingangsdiagnostik erfaßt. Diese umfaßt neben dem diagnostischen Interview mit der Erhebung der Symptomatik, der Anamnese und dem psychischen Befund folgende standardisierte Fragebögen und Testverfahren („Standardpaket Qualitätssicherung"):

- *Basisdokumentation Ambulante Psychotherapie* (Scheidt et al., 1994; überarbeitete Fassung, Seipel, 1995);
- *Fragebogen zur Verhaltenstherapie bei Erwachsenen* (Seipel, Harder, Klöppelt, Dippel & Kolzcak-Naumann, 1994);
- *Symptom-Checkliste* SCL-90-R; (Franke, 1995);

- *Inventar zur Erfassung interpersonaler Probleme (IIP-D)* (Horowitz, Strauß & Kordy, 1994);
- *Fragebogen zum Therapieverlauf für Patient (Helping Alliance Questionaire; HAQ) und Therapeut (HAQ-F)* (Bassler et al., 1995).

Daneben kommen für die unterschiedlichen diagnostischen Bereiche entsprechende standardisierte Fragebögen und psychologische Testverfahren nach den „Empfehlungen zur Standardisierung" von Diagnostik und Evaluation zur Anwendung (Fydrich et al., 1996; vgl. auch Hank, Hahlweg & Klann, 1990). Die unterschiedlichen diagnostischen Bereiche betreffen die Eingangsdiagnostik, die klassifikatorische Diagnostik nach DSM oder ICD, die störungsbezogene Diagnostik, die Therapieverlaufsmessung und die Evaluation.

6.1.2 Klassifikatorische Diagnostik

Zur Einschätzung der klassifikatorischen Diagnose nach DSM-III-R bzw. DSM-IV oder ICD-10 wird gegebenenfalls das *Diagnostische Interview bei Psychischen Störungen DIPS* (Margraf, Schneider, Ehlers, DiNardo & Barlow, 1991) oder das *Strukturierte Klinische Interview SKID* (Wittchen et al., 1990) für Achse I – Störungen (klinische Syndrome) durchgeführt. Zur Erfassung von Persönlichkeitsstörungen dient das *Strukturierte Klinische Interview SKID-II* (Wittchen, Schramm, Zaudig & Unland, 1993). Die genannten Verfahren werden allerdings nicht bei allen Patienten eingesetzt.

6.1.3 Störungsbezogene Diagnostik

Bei Verdacht auf bestimmte Störungen werden störungsspezifische Meßinstrumente eingesetzt. Zur Abklärung der Symptomausprägungen (Symptomscreening) ist zunächst die *Symptom-Checkliste SCL-90-R* hilfreich. Sie wird mit jedem Patienten vor, während und nach der Therapie durchgeführt. Zur genaueren diagnostischen Abklärung der Störungsbilder werden noch folgende Meßinstrumente verwendet: das *Beck-Depressionsinventar (BDI)* (Hautzinger, Bailer, Worall & Keller, 1994), der *Angstfragebogen* (Marks & Mathews, 1990), bei körperlichen Beschwerden die *Beschwerden-Liste (BL)* (v. Zerssen, 1986), *das Hamburger Zwangsinventar (HZI)* (Zaworka, Hand, Lünenschloß & Jauernig, 1983) und der *Fragebogen zum Eßverhalten (FEV)* (Pudel & Westenhöfer, 1989).

6.1.4 Therapieverlaufsmessung

Alle Patienten, mit denen die oben beschriebene Eingangsdiagnostik durchgeführt wurde, werden parallel zum Therapieverlauf diagnostisch begleitet. Zur regelmäßigen Erfassung des Symptomverlaufs und anderer therapierelevanter Veränderungen werden wiederholte Messungen mittels der obengenannten Meßverfahren im Verlauf der Therapie durchgeführt.

Weitere Verfahren zur Erfassung von Veränderungen, die im Therapieverlauf eingesetzt werden, sind der *Veränderungsfragebogen des Erlebens und Verhaltens (VEV)* (Zielke & Kopf-Mehnert, 1978) und die *Zielerreichungsskala* Goal Attainment Scaling (GAS) (vgl. Margraf & Schneider, 1989, nach Kiresuk & Sherman, 1968) zur Feststellung der Zielannäherung und -erreichung.

6.1.5 Evaluation

Zur Überprüfung der Beschaffenheit von Prozeß- und Ergebnisqualität sowie der Messung von Therapieerfolg (oder Mißerfolg) ist eine Evaluierung der Therapie notwendig (vgl. Schulte, 1993, 1995). Zur direkten und indirekten Veränderungsmessung werden bis zum Therapieende einige der zuvor beschriebenen und angewandten Meßverfahren wiederholt eingesetzt (vgl. oben).

Alle Patienten, die ihre Therapie nach 25 Sitzungen (Kurzzeittherapie), 45 und mehr Sitzungen oder zwischenzeitlich beenden (Langzeittherapie), werden mit der Abschlußdiagnostik erfaßt. Diese beinhaltet in der Regel die Vervollständigung der *Basisdokumentation,* das erneute Ausfüllen der *Symtom-Checkliste (SCL-90-R)* (Franke, 1995) und des *Inventars zur Erfassung interpersonaler Probleme (IIP-D)* (Horowitz, Strauß & Kordy, 1994). Mit der *Zielerreichungsskala* (GAS) (vgl. Margraf & Schneider, 1989) wird überprüft, in welchem Umfang die zu Beginn der Therapie definierten individuellen Therapieziele erreicht worden sind. Je nach spezifischer Problematik und Symptomatik des jeweiligen Patienten werden die zur Prä-Messung eingesetzten Fragebögen als Post-Messung wiederholt.

Über eine solche systematische Datenerfassung sollen in einem Prä-Post-Vergleich das Therapieergebnis festgestellt und damit letztlich auch Aussagen über die Effektivität der Therapie, über Kosten, Nutzen und Zufriedenheit der durchgeführten Maßnahmen als wesentliche Evaluationskriterien möglich werden (vgl. Bühringer & Hahlweg, 1986). Die systematische Datenerhebung bezieht sich selbstverständlich nicht nur auf die Patienten, sondern wird auch in Form von Einschätzungen (z.B. *Fremdbeurteilung Helping Alliance Questionnaire; HAQ-F)* (Bassler et al., 1995) durch die Therapeuten erwartet.

Die seit Anfang 1996 routinemäßig durchgeführte Datenerfassung in unserer Praxis erfolgt bisher im wesentlichen noch im paper-pencil Verfahren. Ein regelmäßiges computergestütztes Qualitätsmonitoring, wie es von Grawe und Braun (1994) beschrieben wurde, ist zur Zeit noch nicht bzw. nur ohne „Monitor" möglich. Die entsprechende Software *FIDOC* zur figurationsanalytischen Auswertung der Messungen war, entgegen anderslautender Ankündigung, Ende 1996 noch nicht erhältlich, ist jetzt aber in geänderter Version zugänglich (vgl. Grawe & Baltensperger, in diesem Band). Auch das vom Autor favorisierte Patientendokumentationssystem *PATDOK* (Hahlweg, 1992) zeigte bei näherer Betrachtung einige noch zu behebende Mängel. So fehlten in diesem Programm z.B. das DSM-III-R, die ICD-10 und die Symptom-Check-Liste SCL-90-R.

Der Datenpool umfaßt alle Patienten, die seit Beginn des Jahres 1996 eine Verhaltenstherapie in der Psychologischen Praxis des Autors begonnen haben. Diese Patienten wurden und werden, wie zuvor beschrieben, von verschiedenen Therapeutinnen und Therapeuten, den sogenannten Bezugstherapeuten, behandelt. Da die Datenerfassung aufgrund fehlender oder unausgereifter Software noch nicht voll automatisiert erfolgen konnte, erfordert eine Auswertung der bisher vorhandenen Therapieverlaufsdaten einen erheblichen Mehraufwand, der aufgrund personeller und finanzieller Engpässe im Routinealltag der psychotherapeutischen Praxis nur zum Teil geleistet werden konnte. Inzwischen konnte das vervollständigte Patientendokumentationssystem *PATDOK* fertig installiert werden, und zukünftige Dateneingaben können über ein spezielles Modul direkt durch die Patienten erfolgen.

7. Ausblick

Das vorrangige Ziel qualitätssichernder Maßnahmen in der ambulanten psychotherapeutischen Praxis ist eine ständig zu optimierende Behandlungskompetenz der Therapeuten und größtmögliche Behandlungsqualität für die Patienten durch die Schaffung transparenter und effektiver Arbeitsabläufe und die Annäherung an zuvor definierte Zielzustände. Externe und interne Qualitätssicherung dürfen dabei nicht als Hemmnis der therapeutischen Tätigkeit durch bürokratische Normen verstanden werden, sondern als Hilfe zur Optimierung patientenorientierter Behandlungskonzepte und -abläufe. Die Vorstellung, daß Maßnahmen zur Qualitätssicherung auch unerwünschte Nebeneffekte haben können, sollte nicht dazu führen, auf den Einsatz entsprechender Erhebungsinstrumente zu verzichten. Die Befürchtung, daß therapeutische Interaktionsprozesse und die Therapeut-Patient-Beziehung durch den Einsatz der beschriebenen Erhebungsinstrumente negativ beeinflußt werden könnten, hat sich in der bisherigen zweijährigen praktischen Erfahrung nicht bestätigt. Der zeitliche Umfang von zwei bis drei Stunden zum Ausfüllen des gesamten „Standardpaketes Qualitätssicherung" ist nach Auskunft der Patienten „problemlos" bis „zumutbar". Bei der Entwicklung von Standards zur Qualitätssicherung muß berücksichtigt werden, daß diesbezügliche Maßnahmen in der ambulanten Praxis vom Zeit- und Kostenaufwand her praktikabel sein müssen.

Die Finanzierung der Kosten für diagnostische Maßnahmen zur Qualitätssicherung sollen die Krankenkassen nach den Überlegungen von Grawe und Braun (1994) zusätzlich zu den reinen Behandlungskosten übernehmen. Diesbezügliche Vorstöße des Autors bei verschiedenen Krankenkassen schlugen allerdings mit dem Hinweis auf die „Zeiten knapper finanzieller Ressourcen" bedauerlicherweise fehl. Im Zeitraum des vierten Quartals 1994 wurde im Freiburger Raum erstmals ein Teilprojekt „Qualitätssicherung in der ambulanten Psychotherapie" durchgeführt, an dem 40 niedergelassene ärztliche und psychologische Psychotherapeuten beteiligt waren und das von der KV Südbaden finanziell unterstützt wurde (vgl. Scheidt, 1996; Schmidt & Nübling, 1995). Ähnliche Pilotprojekte müßten gestartet und mit entsprechenden Fördermitteln ausgestattet werden, mit dem Ziel, Evaluationsprozesse zu standardisieren und auf notwendige und praktikable Schritte zu reduzieren, so daß sie ohne größeren zeitlichen, materiellen und personellen Aufwand in psychotherapeutischen Praxen einsetzbar sind.

An dieser Stelle sei darauf hingewiesen, daß die Anwendung von Fragebögen und Testverfahren auch nach der Reform des Einheitlichen Bewertungsmaßstabes (EBM)

1996 weiterhin nur völlig unzureichend honoriert wird und eine Kostendeckung des zeitlichen Aufwandes in keiner Weise gegeben ist – schon gar nicht die Durchführung routinemäßiger Qualitätskontrollen in der hier vorgestellten Weise. „Der Einheitliche Bewertungsmaßstab ist die auf der Grundlage von § 87 Abs. 1 SGB V zwischen der Kassenärztlichen Bundesvereinigung und den Spitzenverbänden der Krankenkassen im Bewertungsausschuß nach § 87 Abs. 3 SGB V vereinbarte Abrechnungsgrundlage." (Kassenärztliche Bundesvereinigung, 1996, S. 4). Danach werden die empfohlenen Fragebögen und Tests (vgl. Fydrich et al., 1996), die weitgehend unter die EBM-Abrechnungsziffer 890 fallen, mit 60 Punkten bewertet. Das bedeutet umgerechnet eine Zeitvorgabe von sage und schreibe zwei Minuten pro Test. Selbst mit einer entsprechenden Software sind Eingabe und Auswertung in dieser Zeit nicht zu schaffen. In Hessen wird die Punktzahl zur Zeit mit einem Punktwert von 8.5 Pfennig multipliziert. Das bedeutet konkret, daß die meisten in Frage kommenden Testverfahren mit 5.10 DM honoriert werden. Mit diesem Betrag ist eine Qualitätssicherung im zuvor beschriebenen Sinne nicht ernsthaft zu betreiben.

Doubrawa (1996) hat sehr detailliert ausgerechnet, daß die nach dem Konzept von Grawe und Braun (1994) meist mehrfach einzusetzenden insgesamt 13 Meßmittel (einschließlich der Patienten- und Therapeutenstundenbögen nach jeder Sitzung) einen zusätzlichen Kostenaufwand von 20% des jetzigen Honorars von durchschnittlich 120 DM/50 Minuten für Qualitätskontrolle ausmachen. Völlig unberücksichtigt geblieben sind in dieser Rechnung die anfallenden Zeiten und Kosten für die Dateneingabe und -auswertung sowie die EDV-Verarbeitung. Erste Überlegungen zu einer zusätzlichen Honorierung von Qualitätssicherungs-Maßnahmen wurden von Richter (1996) ausgeführt. Qualitätssicherungs- und Evaluationsmaßnahmen müssen vor allem auch unter ökonomischen Aspekten gesehen werden, d.h. bei einer ambulanten Praxistätigkeit muß die Dokumentationszeit im wesentlichen im Rahmen einer Therapiestunde durchzuführen sein (vgl. Laireiter, 1994). Baumann und Ühlein (1994) gehen davon aus, daß eine Verlaufsdokumentation so konzipiert sein muß, daß sie in fünf Minuten erfolgen kann.

Qualitätssicherung bewegt sich im Spannungsfeld zwischen wissenschaftlichen Anforderungen und praktischen Realisierungsmöglichkeiten. Wissenschaftliche Psychotherapieforschung muß sich bei der Entwicklung von Richtlinien und Standards zur Qualitätssicherung auch von der Frage leiten lassen, ob sich diese bei den strukturellen Gegebenheiten der meisten psychotherapeutischen Praxen und des Gesundheitssystems in den Routinealltag einer Praxis implementieren lassen und letztlich zu einer Verbesserung der psychotherapeutischen Routineversorgung führen. Realisierbarkeit und Praxisrelevanz sollten deshalb entscheidende Kriterien bei der Entwicklung von Standards sein (vgl. auch Willutzki, in diesem Band).

Literaturverzeichnis

Bassler, M., Potratz, B. & Krauthauser, H. (1995). Der „Helping Alliance Questionnaire" (HAQ) von Luborsky. *Psychotherapeut, 40,* 23–32.

Baumann, U. & Ühlein, H. (1994). *Leitsätze zur Dokomentation klinisch-psychologischer/psychotherapeutischer Interventionen.* Bonn: Deutscher Psychologen Verlag.

Bühringer, G. & Hahlweg, K. (1986). Kosten-Nutzen Aspekte psychologischer Behandlung. *Psychologische Rundschau, 37,* 1–19.

Burkart, M., Schaller, S. & Zaubitzer, B. (1996). *Überlegungen und Grundsätze zur Qualitätssicherung in der ambulanten Psychotherapie. Bericht des Qualitätssicherungsausschusses.* Ludwigshafen: Vereinigung der Kassenpsychotherapeuten e.V.

Clever, B., Kortemme, K.-H., Bowe, N., Herzog, M., Kremp-Ottemheym, H., Kübler-Seiter, I. & Weth-Simon, R. (1995). *Kosten- und Praxisstrukturanalyse bei Vertragspsychotherapeuten in Südbaden 1993.* Freiburg: Vertretung der Vertragspsychotherapeuten Südbadens (VPP Südbaden).

Dörner, D., Kreuzig, H.W., Reither, F. & Stäudel, T. (1983). *Lohhausen: Vom Umgang mit Unbestimmtheit und Komplexität.* Bern: Huber.

Donabedian, A. (1966). Evaluating the quality of medical care. *Milbank Memorial Funds Quarterly, 44,* 166–203.

Doubrawa, R. (1996). Qualitätssicherung und die Kosten. *Psycho akut. Die Zeitung für Psychologische Psychotherapeuten, 3,* 5–6.

Faber, F.R. & Haarstrick, R. (Hrsg.). (1994). *Kommentar Psychotherapie-Richtlinien.* (3. Aufl.) Neckarsulm: Jungjohann Verlagsgesellschaft.

Frank, M. & Fiegenbaum, W. (1994). Therapieerfolgsmessung in der psychologischen Praxis. *Zeitschrift für Klinische Psychologie, 23,* 268–275.

Franke, G.H. (1995). *Die Symptom-Checkliste von Derogatis SCL–90-R.* Göttingen: Beltz Test.

Fydrich, T., Laireiter, A.-R., Saile, H. & Engberding, M. (1996). Diagnostik und Evaluation in der Psychotherapie: Empfehlungen zur Standardisierung. *Zeitschrift für Klinische Psychologie, 25,* 161–168.

Grawe, K. & Braun, U. (1994). Qualitätskontrolle in der Psychotherapiepraxis. *Zeitschrift für Klinische Psychologie, 23,* 242–267.

Hahlweg, K. (1992*). Patientendokumentation „PATDOK"- Kurze Darstellung.* Technische Universität Braunschweig: Institut für Psychologie.

Hank, G., Hahlweg, K. & Klann, N. (Hrsg.). (1990). *Diagnostische Verfahren für Berater. Materialien zur Diagnostik und Therapie in Ehe-, Familien- und Lebensberatung.* Göttingen: Beltz Test.

Hautzinger, M., Bailer, M., Worall, H. & Keller, F. (1994). *Beck-Depressions-Inventar BDI.* Göttingen: Beltz Test.

Horowitz, L.M., Strauß, B. & Kordy, H. (1994). *Das Inventar zur Erfassung interpersoneller Probleme IIP-D.* Göttingen: Beltz Test.

Kanfer, F.H., Reinecker, H. & Schmelzer, D. (1996). *Selbstmanagement-Therapie. Ein Lehrbuch für die klinische Praxis* (2., erweiterte Aufl.). Berlin: Springer.

Kassenärztliche Bundesvereinigung (KBV) (1993). Richtlinien der Kassenärztlichen Bundesvereinigung für Verfahren zur Qualitätssicherung (Qualitätssicherungs-Richtlinien der KBV) gemäß § 135 Abs. 3 SGB V. *Deutsches Ärzteblatt, 90,* 1148–1149.

Kassenärztliche Bundesvereinigung (KBV) (1996). *Einheitlicher Bewertungsmaßstab: (EBM); mit den Vertragsgebührenordnungen Bewertungsmaßstab für ärztliche Leistungen (BMÄ) und Ersatzkassen-Gebührenordnung (E-GO).* Köln: Deutscher Ärzte-Verlag.

Kiresuk, T. & Sherman R.E. (1968). Goal attainment scailing: A general method for evaluating comprehensive community mental health programs. *Community Mental Health Journal, 44,* 443–453.

Kordy, H. (1992). Qualitätssicherung: Erläuterungen zu einem Reiz- und Modewort. *Zeitschrift für Psychosomatische Medizin und Psychoanalyse, 38,* 310–324.

Langlotz-Weis, M. & Koppenhöfer, E. (1992). Begutachten und begutachtet werden: Welche Auswirkungen hat das Gutachterverfahren auf die ambulante Praxis? In H. Lieb & R. Lutz (Hrsg.), *Verhaltenstherapie. Ihre Entwicklung – ihr Menschenbild* (S. 73–78). Stuttgart: Verlag für Angewandte Psychologie.

Laireiter, A.-R. (1994). Dokumentation von Verhaltenstherapie. *Verhaltenstherapie, 4,* 254–265.

Lubecki, P. (1990). Qualitätssicherung der Verhaltenstherapie aus Sicht der Krankenkassen. *Praxis der Klinischen Verhaltensmedizin und Rehabilitation, 12,* 303–306.

Margraf, J. & Schneider, S. (1989). *Panik: Angstanfälle und ihre Behandlung.* Heidelberg: Springer.

Margraf, J., Schneider, S., Ehlers, A., DiNardo, P. & Barlow, D. (1991). *DIPS. Diagnostisches Interview bei psychischen Störungen.* Heidelberg: Springer.

Marks, I.M. & Mathews, A.M. (1990). Angstfragebogen. In G. Hank, K. Hahlweg, & N. Klann (Hrsg.), *Diagnostische Verfahren für Berater. Materialien zur Diagnostik und Therapie in Ehe-, Familien- und Lebensberatung* (S. 263–267). Göttingen: Beltz Test.

Pudel, V. & Westenhöfer, J. (1989). *Fragebogen zum Eßverhalten FEV.* Göttingen: Beltz Test.

Richter, R. (1996). Die qualitätsgesicherte Psychotherapie-Praxis: Entwurf einer Leitlinie. *Psychotherapeutenforum, 3/96,* 6–8.

Richter, R. & Askitis, H. (1996). Qualitätssicherung in der Praxis. *Psychotherapeutenforum, 4/96,* 5–15.

Scheidt, C.E., Hartmann, A., Herzog, T., Stein, B., Wirsching, M. & Fritsche, K. (1994). *Basisdokumentation Ambulante Psychotherapie.* Freiburg: Psychiatrische Universitätsklinik, Abteilung für Psychotherapie und Psychosomatische Medizin. [Vorgestellt auf dem Kolloqium der Gesellschaft für wissenschaftliche Gesprächspsychotherapie (GwG) zur Koordination von Forschung im Bereich der psychotherapeutischen Evaluation und Qualitätssicherung in Köln, am 27.5.1995].

Scheidt, C.E. (1996). Möglichkeiten und Grenzen der Basisdokumentation für die Qualitätssicherung in der ambulanten Fachpsychotherapie. In H. Henning, E. Fikentscher,U. Bahrke & W. Rosendahl (Hrsg.), *Kurzzeitpsychotherapie in Theorie und Praxis* (S. 1070–1081). Lengerich: Pabst Science Publishers.

Schepank, H. (1995). *Der Beeinträchtigungs-Schwere-Score BSS*. Göttingen: Beltz Test.

Schmidt, J. & Nübling, R. (1994). Qualitätssicherung in der Psychotherapie – Teil I: Grundlagen, Hintergründe und Probleme. *GwG-Zeitschrift, 96*, 15–25.

Schmidt, J. & Nübling, R. (1995). Qualitätssicherung in der Psychotherapie – Teil II: Realisierungsvorschläge, Modellprojekte und bereits laufende Maßnahmen. *GwG-Zeitschrift, 99*, 42–53.

Schulte, D. (1993). Wie soll Therapieerfolg gemessen werden? *Zeitschrift für Klinische Psychologie, 22*, 374–393.

Schulte, D. (1995). *Vorschlag einer Testliste für die Messung von Therapieerfolg*. (Arbeitspapier zur AG Universitätsambulatorien als Modell für Prozeß- und Ergebnisqualität. Fassung Nr. 7.). Bochum: Ruhr-Universität, Institut für Psychologie.

Seipel, K.H., Harder, M., Klöppelt, K., Dippel, S. & Kolczak-Naumann, U. (1994). *Fragebogen zur Verhaltenstherapie bei Erwachsenen*. Unveröff. Papier. Kassel: Psychologische Praxis Seipel.

Seipel, K.H. (1995). *Basisdokumentation Ambulante Psychotherapie*. Unveröff. Papier. Kassel: Psychologische Praxis Seipel.

Seipel, K.H. (1996a). Konzeptuelle und didaktische Überlegungen zum Erwerb therapeutischer Kompetenzen in der praktischen Ausbildung von Verhaltenstherapeuten. In H. Hennig, E. Fikentscher, U. Bahrke & W. Rosendahl. (Hrsg.), *Kurzzeitpsychotherapie in Theorie und Praxis* (S. 334–348). Lengerich: Pabst Science Publishers.

Seipel, K.H. (1996b). Falldarstellung einer ambulanten kognitiv-verhaltenstherapeutischen Behandlung eines Patienten mit narzißtischer Persönlichkeitsstörung. In B. Schmitz, T. Fydrich & K. Limbacher (Hrsg.), *Persönlichkeitsstörungen: Diagnostik und Psychotherapie* (S. 244–258). Weinheim: Psychologie Verlags Union.

Selck, A. (1996). *Selbstkontrolle psychotherapeutischer Einrichtungen durch externe Diagnostik (Speed)*. Braunschweig: Christoph-Dornier-Stiftung.

Selbmann, H.K. (1995). Konzept und Definition medizinischer Qualitätssicherung. In W. Gaebel (Hrsg.), *Qualitätssicherung im psychiatrischen Krankenhaus* (S. 3–10). Wien: Springer.

Wittchen, H.-U., Saß, H., Zaudig, M. & Koehler, K. (1989). *Diagnostisches und Statistisches Manual Psychischer Störungen DSM-III-R*. Weinheim: Beltz.

Wittchen, H.-U., Zaudig, M., Spengler, P., Mombour, W., Klug, J. & Horn, R. (1990). *SKID. Strukturiertes Klinisches Interview für DMS-III-R*. Göttingen: Beltz Test.

Wittchen, H.-U., Schramm, E., Zaudig, M. & Unland, H. (1993). *SKID-II. Strukturiertes Klinisches Interview für DMS-III-R. Achse II*. Göttingen: Beltz Test.

Zaworka, W., Hand, I., Lünenschloß, K. & Jauernig, G. (1983). *Das Hamburger Zwangsinventar*. Göttingen: Beltz Test.

Zerssen von, D. (1986). *Beschwerden-Liste BL*. Göttingen: Beltz Test.

Zielke, M. & Kopf-Mehnert, C. (1978). *Veränderungsfragebogen des Erlebens und Verhaltens VEV*. Göttingen: Beltz Test.

Qualitätssicherung ambulanter Psychotherapie
Erste Ergebnisse einer Evaluierung der Verhaltenstherapie-Ambulanz der Technischen Universität Braunschweig

Wolfgang Schulz, Heike Hoyer & Kurt Hahlweg

Inhalt:

1. Einleitung 135
2. Problemstellung 136
3. Methodisches Vorgehen 137
4. Beschreibung der Patienten anhand anamnestischer Merkmale .. 139
5. Beschreibung der Verhaltenstherapie-Ambulanz 143
6. Ergebnisse zum Behandlungsverlauf 144
7. Ergebnisse zum Behandlungserfolg 145
   7.1 Indirekte Veränderungsmessung: Vergleich der Werte von Prae- und Post-Messung 145
   7.2 Direkte Veränderungsmessung 150
8. Diskussion 152

1. Einleitung

Mit der Forderung nach Qualitätssicherung und Qualitätsmanagement gewinnt die psychotherapeutische Versorgungspraxis als neues Aufgabengebiet der Psychotherapieforschung an Bedeutung. Zwar zeigen viele Studien, daß Psychotherapie wirksam sein kann (Grawe, Donati & Bernauer, 1994; Meyer, Richter, Grawe, v. d. Schulenburg & Schulte, 1991), ob diese Möglichkeit im klinischen Alltag auch tatsächlich in entsprechendem Umfang realisiert wird, muß aber immer wieder neu belegt werden. Es reicht heute nicht mehr aus, die eigene Tätigkeit mit der globalen Wirksamkeit von Psychotherapie zu rechtfertigen.

In jüngster Zeit wird zwischen Wirksamkeit und klinischer Brauchbarkeit von Psychotherapiemethoden unterschieden (Howard, Moras, Brill, Martinovich & Lutz, 1996; Seligman, 1995; Weisz, Donenberg, Weiss & Han, 1995). *Wirksamkeit* (efficacy) bezieht sich dabei auf die Effektivität von Psychotherapie, ermittelt in randomisierten klinischen Studien mit hoher interner Validität, die üblicherweise an Universitäten oder in Forschungsinstituten durchgeführt werden. *Klinische Brauchbarkeit* (effectiveness) hingegen bezieht sich auf die Effektivität von Psychotherapie in der täglichen klinischen Praxis, z.B. bei niedergelassenen Psychotherapeuten[1] oder in Kliniken. Die Brauchbarkeit kann in Feldstudien ermittelt werden, wobei hier die externe Validität der Ergebnisse Priorität hat.

Qualitätssicherung beinhaltet Maßnahmen zur Prüfung, Sicherung und Verbesserung der psychotherapeutischen Versorgung. Obwohl Qualitätssicherung seit 1989 für das bundesdeutsche Gesundheitswesen im Fünften Sozialgesetzbuch (§§ 135 ff.) gesetzlich vorgeschrieben ist und damit die Vertragspartner der gesetzlichen Krankenversicherung zur Durchführung qualitätssichernder Maßnahmen verpflichtet sind, und obwohl die Kassenärztlichen-Bundesvereinigung 1993 Qualitätssicherungs-Richtlinien erlassen hat, existierten immer noch keine verbindlichen Kriterien für die Qualitätskontrolle und Qualitätssicherung ambulanter Psychotherapie. Die praktische Umsetzung – nicht nur im Bereich der Psychotherapie – der gesetzlichen Auflagen befindet sich noch im Anfangsstadium (Frank & Fiegenbaum, 1994; Grawe & Braun, 1994). Angesichts der raschen Entwicklung psychotherapeutischer Verfahren mit mehr oder weniger expliziter theoretischer Fundierung bzw. vorhandenem oder fehlendem Effektivitätsnachweis sind qualitätssichernde Maßnahmen unbedingt erforderlich. Sie dienen in erster Linie dem Patienten, der ein Recht auf eine möglichst wirksame Behandlung hat. Mit dieser Studie, die die Evaluation der Verhaltenstherapie-Ambulanz (VT-Ambulanz) der Technischen Universität Braunschweig zum Ziel hat, wird dazu ein Beitrag geleistet. Gleichzeitig wird damit dem gesetzlichen Auftrag (§§ 135ff. SGB V) entsprochen.

2. Problemstellung

In dieser Studie wird die Tätigkeit der VT-Ambulanz der Technischen Universität Braunschweig für den Zeitraum Januar 1990 bis Mai 1995 dokumentiert. Da die VT-Ambulanz 1990 ihre Arbeit aufnahm, wird gleichzeitig die Implementierung dieser Ambulanz untersucht. Handlungsleitend für die Formulierung der einzelnen Fragen bzw. Aufgaben dieser Studie war die Unterscheidung in Strukturqualität, Prozeß- bzw. Behandlungsqualität und Ergebnisqualität. Im Vordergrund dieser Studie steht die Ergebnisqualität, die eigentliche Zielgröße der Qualitätssicherung. Die wichtigsten Fragen bzw. Aufgaben dieser Studie lassen sich wie folgt zusammenfassen:

---

1. Zur besseren Lesbarkeit wird meist die männliche Sprachform verwendet, selbstverständlich sind damit Frauen gleichermaßen gemeint.

1. Als erstes sollen die behandelten Patienten hinsichtlich ihrer anamnestischen Daten beschrieben werden. Im einzelnen wird untersucht, wie die soziodemographische Zusammensetzung der Patienten aussieht, welche Diagnosen gestellt wurden und unter welchen Symptomen die Patienten leiden. Diese Daten sollen darüber Auskunft geben, welche Patienten das therapeutische Angebot der VT-Ambulanz annehmen und welche nicht (*Inanspruchnahme-Verhalten*).
2. Im Anschluß daran sollen unter dem Aspekt der *Strukturqualität* die Bedingungen beschrieben werden, unter denen in der VT-Ambulanz gearbeitet wird. Dabei wird davon ausgegangen, daß die Einbindung in die Universität, die Qualifikationen der dort tätigen Mitarbeiter und die durch Supervision und Evaluation geleistete Rückmeldung und Kontrolle den Erfolg der therapeutischen Arbeit beeinflussen.
3. Die *Prozeß- bzw. Behandlungsqualität* wird in dieser Studie nicht explizit untersucht. Zum Behandlungsverlauf werden hier nur Daten zur Therapiedauer und zum Therapieabbruch mitgeteilt.
4. Das wichtigste Ziel dieser Studie besteht in der Untersuchung der *Ergebnisqualität*. Diese wird am Ende der Behandlung erhoben.[2] Zum einen wird durch den Vergleich von Prae- und Post-Messungen untersucht, inwieweit sich die Symptomatik der Patienten verbessert hat, zum anderen wird direkt nach den erfolgten Veränderungen gefragt und um eine retrospektive Einschätzung und Bewertung der Therapie durch die Patienten im Sinne der „Kundenzufriedenheit" gebeten.

3. Methodisches Vorgehen

In die Untersuchung wurden alle 89 Patienten einbezogen, die von Januar 1990 bis Mai 1995 in der VT-Ambulanz mit einer Psychotherapie begannen (Hoyer, 1995). Die Anzahl der begonnenen Therapien stieg von 3 im Jahre 1990 auf 32 im Jahre 1994. Diese Zunahme läßt sich durch die wachsende Akzeptanz der VT-Ambulanz bei Krankenkassen und Ärzten einerseits und durch die Mitarbeit neuer Therapeuten anderseits erklären. Im Untersuchungszeitraum wurden 54 Therapien beendet (davon 42 regulär, 11 durch Abbruch und 1 durch Überweisung), 35 Therapien waren noch nicht abgeschlossen.

Zu berichten ist weiterhin, daß im Untersuchungszeitraum 173 Erstgespräche geführt wurden. Für die relativ große Differenz zwischen der Anzahl der durchgeführten Erstgespräche und der tatsächlich aufgenommen Behandlungen sind die folgenden Gründe verantwortlich:

- Ablehnung der Kostenerstattung durch die Krankenkasse,
- Verweisung an andere Einrichtungen,
- Patient hat sich nicht wieder gemeldet bzw. konnte nicht erreicht werden und
- Spontanremission laut Angabe des Patienten.

---

2. Eine katamnestische Untersuchung wurde vor kurzem abgeschlossen (Schulz, Meyer-Krems & Hahlweg, im Manuskript)

Durch eine weitgehend standardisierte Eingangs-, Verlaufs- und Ergebnisdiagnostik werden die Voraussetzungen zum einen für eine zuverlässige Klassifikation und angemessene Behandlung psychischer Störungen, zum anderen für eine Evaluation der Behandlung geschaffen. Neben störungsübergreifenden Meßinstrumenten, die für alle Patienten verwendet werden, kommen spezifische Verfahren entsprechend der jeweiligen Symptomatik zum Einsatz (s. auch die Diagnostik-Empfehlungen von Fydrich, Laireiter, Saile & Engberding, 1996). Im Rahmen dieser Studie werden vor allem die Meßinstrumente ausgewertet, die am häufigsten eingesetzt wurden. Es handelt sich um die folgenden Meßinstrumente:

- Fragebogen zur Lebensgeschichte (in Anlehnung an Lazarus, 1971),
- zur Diagnosefindung und Differentialdiagnose (Diagnose nach DSM-III-R und ICD-9) werden verschiedene strukturierte Interviewleitfäden eingesetzt: Diagnostisches Interview bei Psychischen Störungen (DIPS; Margraf, Schneider, Ehlers, DiNardo & Barlow, 1991; Diagnostisches Kurz-Interview bei Psychischen Störungen (Mini-DIPS; Margraf, 1994), Strukturiertes Klinisches Interview für DSM-III-R zur Erfassung von Persönlichkeitsstörungen (Wittchen, Schramm, Zaudig & Unland, 1993) (der Therapeut entscheidet, welcher Interviewleitfaden eingesetzt wird),
- Symptom-Check-Liste (SCL-90R; Franke, 1995),
- Beck Depressions Inventar (BDI; Hautzinger, Bailer & Keller, 1994),
- Fragebogen zu körperbezogenen Ängsten, Kognitionen und Vermeidung (ACQ, BSQ, MI; Ehlers, Margraf & Chambless, 1993),
- Veränderungsfragebogen des Erlebens und Verhaltens (VEV; Zielke & Kopf-Mehnert, 1978) und
- Fragen zur Therapie (Hahlweg, 1988).

Da in der Anfangsphase der VT-Ambulanz die Datenerhebung noch nicht systematisch und kontinuierlich erfolgte, liegen nicht von allen Patienten vollständige Datensätze vor. Der Fragebogen zu körperbezogenen Ängsten, Kognitionen und Vermeidung wurde nur bei Patienten mit Angststörungen eingesetzt.

Der Fragebogen zur Lebensgeschichte wurde nur in der Eingangsdiagnostik verwandt, ebenso wurde nur zu Beginn der Therapie eine Diagnose gestellt. Die Symptom-Check-Liste, das Beck Depressions Inventar und der Fragebogen zu körperbezogenen Ängsten, Kognitionen und Vermeidung wurden zur Prae- und Post-Messung verwandt. Der Veränderungsfragebogen des Erlebens und Verhaltens und die Fragen zur Therapie wurden nur nach Abschluß der Behandlung eingesetzt.

Die Dokumentation erfolgte mit dem computerunterstützten Patientendokumentationssystem „PATDOK" (Hahlweg, 1992), die Auswertung mit dem Statistikprogramm SPSS/PC + Version 5.0.

4. Beschreibung der Patienten anhand anamnestischer Merkmale

Soziodemographische Zusammensetzung: Bei den 89 Patienten handelt es sich um 58.4% Frauen und 41.6% Männer (vgl. Tabelle 1). Ihr Durchschnittsalter beträgt 38.7 Jahre. Über die Hälfte der Patienten ist verheiratet (44.9%) oder lebt in fester Partnerschaft (13.4%), 33.8% sind ledig. 49.6% der Patienten haben Kinder. Fast die Hälfte der Patienten hat das Abitur bzw. die Fachhochschulreife (47.1%), 23.5% der Pa-

Tabelle 1: Soziodemographische Beschreibung der Patienten

	n	%
Alter		
- Mittelwert	38.7 Jahre	
- Streuung	10.8 Jahre	
- Range	20-66 Jahre	
Geschlecht		
- männlich	37	41.6
- weiblich	52	58.4
Familienstand		
- ledig	30	33.8
- feste Partnerschaft	12	13.4
- verheiratet	40	44.9
- getrennt lebend	1	1.2
- geschieden	6	6.7
Anzahl der Kinder		
- keine	45	50.6
- 1 Kind	19	21.3
- 2 Kinder	21	23.6
- 3 und mehr Kinder	4	4.5
Schulabschluß		
- ohne Abschluß	3	3.5
- Hauptschulabschluß	22	25.9
- Mittlere Reife	20	23.5
- Abitur/Fachhochschulreife	40	47.1
Berufliche Situation		
- freier Beruf/selbständig	6	7.1
- leitender Angestellter/ Beamter	12	14.1
- nichtleitender Angesteller/Beamter	32	37.6
- Arbeiter	6	7.1
- Studierende	14	16.5
- in Ausbildung	1	1.2
- Hausfrau	6	7.1
- arbeitslos	8	9.4

tienten haben die Mittlere Reife und 25.9% einen Hauptschulabschluß. 65.9% der Patienten sind berufstätig, 9.4% arbeitslos, 17.6% sind Studierende bzw. in einem Ausbildungsverhältnis, 7.1% sind Hausfrauen.

Die soziodemographische Zusammensetzung dieser Patienten entspricht mit Ausnahme des Bildungsniveaus dem anderer universitärer psychotherapeutischer Beratungsstellen und Ambulanzen (Zentrum für Psychotherapie, Bochum, 1994; Praxis- und Forschungsstelle für Psychotherapie und Beratung, Heidelberg, 1994), das Bildungsniveau liegt demgegenüber etwas niedriger (Hoyer, 1995).

Diagnosen: Dem Behandlungsschwerpunkt der VT-Ambulanz entsprechend kamen am häufigsten Patienten mit Angststörungen (58.0%), hier besonders „Panikstörung mit Agoraphobie" (30.7%) (Erstdiagnosen, vgl. Tabelle 2). Die weiteren Erstdiagnosen verteilen sich über ein breites Spektrum (affektive Störungen: 13.6%, sexuelle Störungen 6.8%, Störungen aus dem schizophrenen Formenkreis: 5.7%). Bei 25.0% der Patienten wurden Zweitdiagnosen vergeben (affektive Störungen: 10.2%, Angststörungen: 6.8%, Störungen durch psychotrope Substanzen: 5.7%).

Tabelle 2: Erstdiagnosen der Patienten (nach DSM-III-R)

	n	%
Affektive Störungen	12	13.6
- Major Depression, einzelne Episoden (296.2x)	7	8.0
- Major Depression, rezidivierend (296.33)	2	2.3
- Dysthyme Störung (300.40)	2	2.3
- Depressive Störung NNB (311.00)	1	1.1
Angststörungen	51	58.0
- Panikstörung ohne Agoraphobie (300.01)	10	11.4
- generalisierte Angststörung (300.02)	2	2.3
- Panikstörung mit Agoraphobie (300.21)	27	30.7
- Soziale Phobie (300.23)	8	9.1
- Einfache Phobie (300.29)	2	2.3
- Zwangsstörung	2	2.3
Störungen aus dem schizophrenen Formenkreis	5	5.7
- Schizophrenie, paranoider Typus (295.35)	3	3.4
- Schizophrenie, residualer Typus (295.65)	1	1.1
- Schizoaffektive Störung (295.70)	1	1.1
Sexuelle Störungen	6	6.8
- Störungen der Erektion beim Mann (302.72)	2	2.3
- Gehemmter Orgasmus bei der Frau (302.73)	1	1.1
- Ejaculatio praecox (302.75)	1	1.1
- Dyspareunie (302.76)	1	1.1
- Vaginismus (306.51)	1	1.1

	n	%
Somatoforme Störungen	4	4.5
- Undifferenzierte somatoforme Störungen (300.70)	4	4.5
Störungen der Impulskontrolle	3	3.4
- Pathologisches Spielen (312.31)	3	3.4
Sonstige Störungen	7	8.0
- Primäre Insomnie (307.42)	2	2.3
- Eßstörung NNB (307.50)	1	1.1
- Bulimia nervosa (307.51)	1	1.1
- Störungen der Geschlechtsidentität (302.85)	1	1.1
- Anpassungsstörungen mit gemischten emotionalen Merkmalen (309.28)	1	1.1
- Eheprobleme (V61.10)	1	1.1

Symptomatik: Die Symptomatik wurde mit Hilfe der folgenden bereits oben genannten Meßinstrumente erhoben: SCL-90R, BDI, ACQ, BSQ und MI. Zur Beschreibung der Patientenstichprobe wurden die Daten der Patienten mit denen repräsentativer Vergleichsstichproben verglichen (vgl. Tabelle 3). Im SCL-90R erreichten die Patienten durchwegs höhere Werte als die von Franke (1995) untersuchte Vergleichsstichprobe. Besonders hohe Belastungen lagen in den Bereichen „Somatisierung" (F1), „Depressivität" (F4), „Ängstlichkeit" (F5) und „Phobische Angst" (F7) vor. Das heißt, daß die Patienten ein hohes Maß an körperlichen Dysfunktionen an sich wahrnehmen und sich durch dysphorische Stimmung, Interessen- und Motivationsverlust beeinträchtigt fühlen. Weiterhin bildet sich im Ergebnis der verhältnismäßig große Anteil von Patienten mit Angststörungen in der Untersuchungsstichprobe ab.

Beim Vergleich der Werte der Ambulanz-Patienten mit den Werten von ambulantpsychiatrischen Patienten (Derogatis, Lipman & Covi, 1973; Ehlers et al., 1993; Hautzinger et al., 1994; vgl. Tabelle 3) zeigten sich keine bedeutsamen Mittelwertsunterschiede. Bei der Ambulanz-Stichprobe handelt es sich somit um eine „typisches" ambulant-psychiatrisches Klientel. Im BDI lag der durchschnittlich gemessene Summenwert mit 19.4 Punkten um mehr als 2 Standardabweichungen über dem Mittelwert einer klinisch unauffälligen Vergleichsgruppe (Hautzinger et al., 1994). 59.2% der Patienten wiesen klinisch relevante Eingangswerte auf, nur bei 15.5% der Patienten bewegte sich der Wert im Normalbereich.

Der Fragebogen zu körperbezogenen Ängsten, Kognitionen und Vermeidung mit den Teilskalen ACQ, BSQ und MI gibt Aufschluß über zentrale Befürchtungen von Angstpatienten, interne Angstauslöser und Muster von Vermeidungsverhalten. Alle Skalenmittelwerte lagen weit über den Werten der Kontrollpersonen ohne psychische Störungen (Ehlers et al., 1993). Die größten Unterschiede zur Vergleichsstichprobe waren beim BSQ-Summenwert (2.7) und beim Faktor „Körperliche Krise" des ACQ (2.3) zu finden. Damit war die Angst vor körperlichen Symptomen, verbunden mit katastrophisierenden Kognitionen, bei den Patienten der VT-Ambulanz besonders hoch ausgeprägt.

Tabelle 3: Symptomatik der Patienten: SCL-90R, BDI, ACQ, BSQ und MI

	VT-Ambulanz		Vergleichsgruppe ohne psychische Störungen[a]		Vergleichsgruppe ambulant psychiatrische Patienten[b]	
	M	SD	M	SD	M	SD
SCL-90R						
- Somatisierung (F1)	1.12	0.76	0.35	0.30	0.87	0.75
- Zwanghaftigkeit (F2)	1.20	0.77	0.47	0.38	1.47	0.91
- Unsicherheit im Sozialkontakt (F3)	1.12	0.81	0.41	0.38	1.41	0.89
- Depressivität (F4)	1.36	0.75	0.40	0.38	1.79	0.94
- Ängstlichkeit (F5)	1.42	0.92	0.29	0.32	1.47	0.88
- Aggressivität/Feindseligkeit (F6)	0.85	0.70	0.31	0.34	1.10	0.93
- Phobische Angst (F7)	1.08	1.07	0.14	0.22	0.74	0.80
- Paranoides Denken (F8)	0.91	0.75	0.35	0.37	1.16	0.92
- Psychotismus (F9)	0.73	0.58	0.18	0.24	0.94	0.70
- General Symptomatic Index (GSI)	1.11	0.57	0.33	0.25	1.26	0.68
- Positive Symptom Distress Index (PSDI)	1.88	0.47	1.22	0.30	2.14	0.58
- Positive Symptom Total (PST)	50.89	18.33	23.10	13.64	50.17	18.98
BDI-Summenwert	19.39	9.71	6.45	5.20	23.70	9.80
ACQ-Gesamtwert	2.14	0.74	1.32	0.32	2.06	0.56
- Körperliche Krise (KK)	2.27	0.97	1.12	0.26	2.26	0.92
- Kontrollverlust (KV)	2.22	0.95	1.49	0.50	2.06	0.69
BSQ-Gesamtwert	2.71	0.67	1.65	0.51	2.67	0.70
MI	2.51	1.20	1.45	0.48	2.67	1.12
- Mobilitäts-Inventar-Allein (MIA)	2.03	1.03	1.22	0.35	1.97	0.90
- Mobilitäts-Inventar-Begleitet (MIB)						

Anmerkungen:
[a] Vergleichsstichprobe ohne psychische Störungen (SCL-90R: Franke, 1995; BDI: Hautzinger et al., 1994; ACQ, BSQ, MI: Ehlers et al., 1993)
[b] Vergleichsstichprobe ambulant psychiatrische Patienten (SCL-90R: Derogatis et al., 1973; BDI: Hautzinger et al., 1994; ACQ, BSQ, MI: Ehlers et al., 1993)

5. Beschreibung der Verhaltenstherapie-Ambulanz

Bei der VT-Ambulanz handelt es sich um eine Einrichtung der Technischen Universität Braunschweig, die 1990 ihre Arbeit aufnahm. Die Arbeit der VT-Ambulanz ist kognitiv-verhaltenstherapeutisch ausgerichtet. Als Teil der psychotherapeutischen Versorgung der Stadt Braunschweig und Umgebung bietet sie Menschen mit psychischen und psychosomatischen Störungen und Erkrankungen die Möglichkeit einer qualifizierten ambulanten psychotherapeutischen Behandlung. Das Behandlungsangebot richtet sich in erster Linie an Erwachsene und konzentriert sich auf Angststörungen, affektive Störungen und sexuelle Funktionsstörungen. Psychosen und Abhängigkeiten im akuten Stadium sind von der Behandlung ausgeschlossen. Die Rekrutierung der Patienten erfolgt in erster Linie durch Empfehlung niedergelassener Ärzte und durch „Mundpropaganda". Die Finanzierung der Therapien erfolgt in der Regel über das sogenannte Kostenerstattungsverfahren.

Durch die universitäre Angliederung wird eine enge Verknüpfung von psychotherapeutischer Praxis, Forschung und Lehre ermöglicht. Die Berücksichtigung bzw. Umsetzung von Forschungsergebnissen gewährleistet eine fortwährende Verbesserung des psychotherapeutischen Versorgungsangebots. Umgekehrt ermöglicht die VT-Ambulanz eine praxisorientierte Psychotherapieforschung. Durch die Bereitstellung von Praktikumsplätzen und die Vorstellung von Patienten im Rahmen von Fallseminaren wird darüber hinaus die Ausbildung im Fach Klinische Psychologie und Psychotherapie praxisorientierter gestaltet. Ein wesentliches Anliegen der VT-Ambulanz besteht in der Verbesserung der Weiterbildung von Diplom-Psychologen in Klinischer Psychologie und Psychotherapie. Sie bietet den Teilnehmern des „Weiterbildungsganges zum Klinischen Psychologen/Psychotherapeuten", der gemeinsam von der Technischen Universität Braunschweig und dem Berufsverband Deutscher Psychologen (BDP) durchgeführt wird, die Möglichkeit, Patienten unter Supervision psychotherapeutisch zu behandeln.

Die VT-Ambulanz wird von einem Hochschullehrer der Abteilung für Klinische Psychologie, Psychotherapie und Diagnostik des Instituts für Psychologie geleitet. In der Verhaltenstherapie-Ambulanz arbeiten als freie Mitarbeiter (1) Psychotherapeuten mit abgeschlossener psychotherapeutischer Weiterbildung und Zertifizierung zum Supervisor sowie (2) Psychotherapeuten, die sich in der psychotherapeutischen Weiterbildung befinden („Weiterbildungsgang zum Klinischen Psychologen/Psychotherapeuten", s.o.). Im Untersuchungszeitraum arbeiteten acht Psychotherapeuten in der VT-Ambulanz, davon vier mit abgeschlossener psychotherapeutischer Weiterbildung und vier in psychotherapeutischer Weiterbildung (Altersspanne: 29 bis 48 Jahre; durchschnittliche psychotherapeutische Berufserfahrung: 3 Jahre, Range: 1 bis 9 Jahre).

Die Psychotherapeuten in der psychotherapeutischen Weiterbildung weisen die folgenden Qualifikationsmerkmale auf bzw. müssen die folgenden Voraussetzungen erfüllen:

- Diplom im Psychologie,
- Erlaubnis zur berufsmäßigen Ausübung der Heilkunde als Diplom-Psychologe,

- Teilnehmer des „Weiterbildungsganges zum Klinischen Psychologen/Psychotherapeuten" (s.o.),
- regelmäßige externe Supervision im Rahmen des „Weiterbildungsganges zum Klinischen Psychologen/Psychotherapeuten" (s.o.) durch anerkannte Supervisoren und
- regelmäßige interne Supervision durch anerkannte Supervisoren.

Die Psychotherapeuten mit abgeschlossener psychotherapeutischer Weiterbildung und Zertifizierung zum Supervisor weisen die folgenden Qualifikationsmerkmale auf bzw. müssen die folgenden Voraussetzungen erfüllen:

- Diplom in Psychologie,
- Erlaubnis zur berufsmäßigen Ausübung der Heilkunde als Diplom-Psychologe,
- mindestens drei Jahre psychotherapeutische Tätigkeit nach Abschluß des Studiums,
- Zertifizierung zum Klinischen Psychologen/Psychotherapeuten (BDP) und/oder Abschluß einer anerkannten psychotherapeutischen Weiterbildung,
- Zertifizierung zum Supervisor (BDP) und
- regelmäßige kollegiale Supervision.

Die interne Supervision ist für die Psychotherapeuten in der psychotherapeutischen Weiterbildung verpflichtend und wird von dem Leiter der Verhaltenstherapie-Ambulanz oder den Psychotherapeuten mit abgeschlossener Weiterbildung und Zertifizierung zum Supervisor durchgeführt. Im Bedarfsfall besteht die Möglichkeit, interne Einzelsupervisionen in Anspruch zu nehmen. Darüber hinaus finden in 14tägigem Abstand Teambesprechungen statt.

Alle Psychotherapien werden umfassend dokumentiert und hinsichtlich ihres Behandlungserfolgs nach Abschluß der Therapie und im Rahmen katamnestischer Erhebungen überprüft. Die Ergebnisse der Behandlungskontrolle werden den Psychotherapeuten regelmäßig rückgemeldet und von ihnen in die Supervision eingebracht.

6. Ergebnisse zum Behandlungsverlauf

Im Untersuchungszeitraum wurden 54 Therapien beendet, davon 42 regulär (77.8%), 11 durch Abbruch (20.4%) 1 durch Überweisung (1.9%). Die durchschnittliche Behandlungsdauer der abgebrochenen Therapien betrug 12.5 Stunden ($SD = 5.6$, $Md = 10$), die der regulär beendeten 25.4 Stunden ($SD = 9.1$, $Md = 26$). Ein Vergleich der Abbrecher mit den „regulär Beendern" ergab keine signifikanten Unterschiede hinsichtlich der soziodemographischen Daten. Bei den in der Prae-Messung verwendeten Meßinstrumenten unterschieden sich die Abbrecher von den „regulären Beendern" lediglich in den Faktoren „Unsicherheit im Sozialkontakt" ($t(33)=2.48$, $p=.018$), „Depressivität" ($t(33)=2.15$, $p=.039$) und „paranoides Denken" ($t(33)=2.26$, $p=.031$) der SCL-90R überzufällig. In allen drei Skalen zeigten die Abbrecher höhere Eingangswerte als die „regulären Beender".

Alle abgeschlossenen Therapien erstreckten sich über einen Zeitraum von weniger als 50 Sitzungen. Dieses Ergebnis ist konkordant mit internationalen Forschungsresultaten, wonach dieser Zeitraum als hinreichend für bestimmte Störungen angesehen wird (Bastine, 1992; Grawe et al., 1994). In einer Studie von Turner, Beidel, Spaulding und Braun (1995) wird z.B. für die Behandlung von Panikstörungen mit kognitiv-behavioralen Verfahren eine durchschnittliche Behandlungsdauer von 21.9 Sitzungen angegeben, in der VT-Ambulanz betrug die durchschnittliche Behandlungsdauer bei dieser Patientengruppe 20.6 Sitzungen.

7. Ergebnisse zum Behandlungserfolg

7.1 Indirekte Veränderungsmessung: Vergleich der Werte von Prae- und Post- Messung

In die Berechnung des Behandlungserfolgs gingen nur die Daten der Patienten ein, die die Behandlung bereits beendet hatten und von denen gleichzeitig vollständige Datensätze vorlagen. Beim SCL-90R konnten 21 vollständige Datensätze berücksichtigt werden, beim BDI 17, bei den Skalen ACQ und BSQ jeweils 7 und beim MI lediglich 4.

Prae-Post-Vergleiche

Um die verschiedenen Meßinstrumente vergleichen zu können, wurden die Skalenrohwerte in z-Werte transformiert. Die Standardisierung erfolgte nach dem Vorschlag von Grawe und Braun (1994) jeweils an der Normalstichprobe. Die Abbildung 1 (vgl. auch Tabelle 4) veranschaulicht die über alle Skalen hinweg transformierten Prae- und Post-Werte der Gesamtstichprobe in Form von Profilen. Als Orientierungshilfe wurde zusätzlich das Referenzprofil einer ambulant-psychiatrischen Vergleichsstichprobe (s.o.; Derogatis et al., 1973; Ehlers et al, 1993; Hautzinger et al., 1994) eingezeichnet.

Zunächst kann man der Abbildung entnehmen, daß vor Beginn der Therapie alle Werte außerhalb des Normalbereichs lagen. Der Prae-Post-Vergleich zeigt, daß sich in allen Skalen – außer der Skala ACQ-KK (körperliche Krise) – die Anfangswerte hypothesenkonform nach Therapieende auf das Normalniveau reduzierten. Bei den Skalen des SCL-90R und beim BDI sind darüber hinaus alle Veränderungen auch statistisch signifikant (T-Test für abhängige Stichproben). Die größten überzufälligen Differenzen wurden in den SCL-90R-Skalen „Depressivität", „Ängstlichkeit" und in den beiden Globalwerten GSI und PSDI erzielt. Die Werte der Skala ACQ-KK haben sich ebenfalls reduziert, sie liegen aber immer noch mit einem mittleren Wert von 2.5 Standardabweichungen über dem Normalniveau. Aufgrund der kleinen Stichproben wurden die Veränderungen in den Skalen ACQ, BSQ und MI nicht auf Signifikanz überprüft, die Auswertung erfolgte nur explorativ.

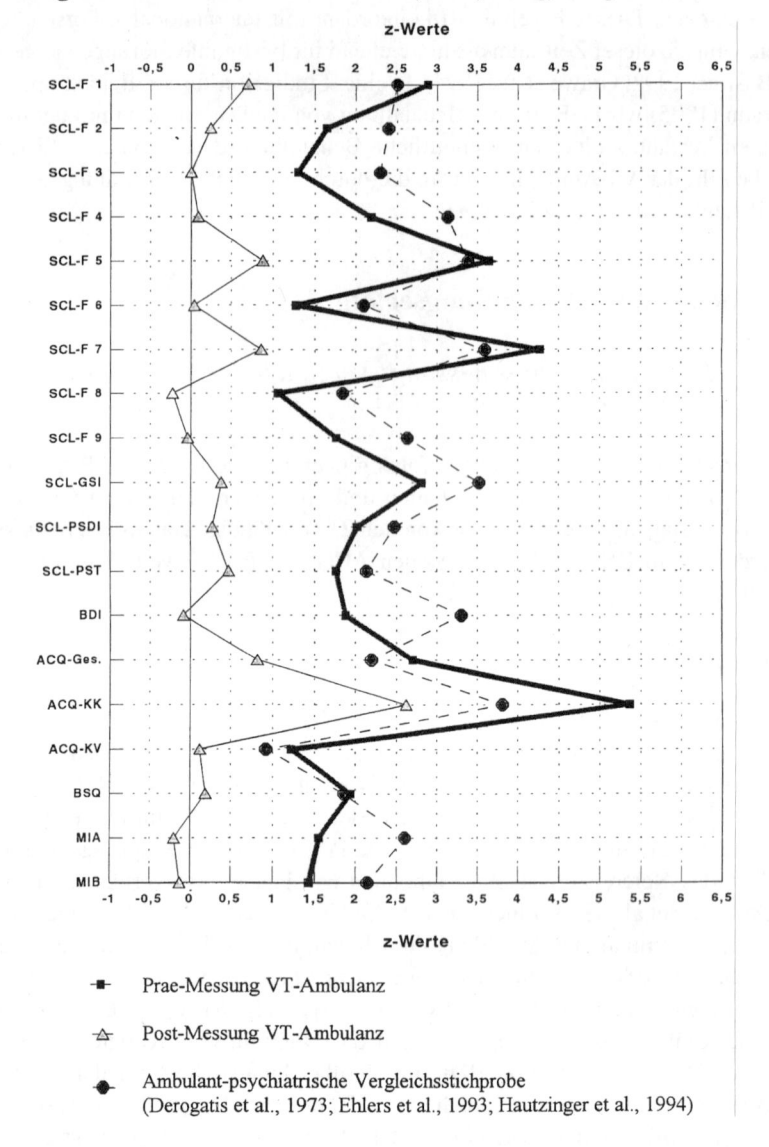

Abbildung 1: Prae-Post Profile: SCL-90R, BDI, ACQ, BSQ und MI

[Figure: Prae-Post Profile showing z-Werte for SCL-F 1 through SCL-F 9, SCL-GSI, SCL-PSDI, SCL-PST, BDI, ACQ-Ges., ACQ-KK, ACQ-KV, BSQ, MIA, MIB]

–■– Prae-Messung VT-Ambulanz

–△– Post-Messung VT-Ambulanz

–●– Ambulant-psychiatrische Vergleichsstichprobe
(Derogatis et al., 1973; Ehlers et al., 1993; Hautzinger et al., 1994)

Effektstärken

Um die Veränderungen in den einzelnen Skalen untereinander und mit denen in anderen Studien vergleichen zu können, wurden zusätzlich zum Prae-Post-Vergleich Effektstärken berechnet. Da in der vorliegenden Studie keine Kontrollgruppe zum Vergleich zur Verfügung stand, bedurfte die ursprüngliche Form der Effektstärkenberechnung von Smith, Glass und Miller (1980) einer Modifikation. Der Empfehlung von Hartmann und Herzog (1995) folgend wurden hier zur Ermittlung der Effektstär-

Tabelle 4: Mittelwertsunterschiede zwischen Prae- und Postmessung: SCL-90R, BDI, ACQ, BSQ und MI (T-Test für abhängige Stichproben)

	Prae		Post			
	M	SD	M	SD	t-Wert	p
SCL-90R						
- Somatisierung (F1)	1.21	0.95	0.56	0.41	3.63	.002
- Zwanghaftigkeit (F2)	1.06	0.75	0.53	0.46	3.65	.002
- Unsicherheit im Sozialkontakt (F3)	0.90	0.75	0.41	0.33	3.13	.005
- Depressivität (F4)	1.20	0.76	0.43	0.34	4.72	.000
- Ängstlichkeit (F5)	1.45	1.08	0.57	0.40	4.77	.000
- Aggressivität/Feindseligkeit (F6)	0.74	0.68	0.32	0.30	2.63	.016
- Phobische Angst (F7)	1.04	1.05	0.31	0.40	3.37	.003
- Paranoides Denken (F8)	0.73	0.78	0.26	0.32	3.54	.002
- Psychotismus (F9)	0.60	0.51	0.17	0.21	3.82	.001
- General Symptomatic Index (GSI)	1.03	0.65	0.42	0.22	4.34	.000
- Positive Symptom Distress Index (PSDI)	1.83	0.55	1.30	0.21	5.03	.000
- Positive Symptom Total (PST)	46.86	20.61	29.52	14.66	4.13	.001
BDI-Summenwert	16.34	7.55	6.00	4.80	7.35	.000
ACQ-Gesamtwert						
- Körperliche Krise (KK)	2.18	0.98	1.58	0.42	-	-
- Kontrollverlust (KV)	2.51	1.24	1.80	0.52	-	-
BSQ-Gesamtwert	2.10	0.95	1.55	0.48	-	-
MI	2.64	0.58	1.75	0.37	-	-
- Mobilitäts-Inventar-Allein (MIA)	2.19	0.91	1.35	0.32	-	-
- Mobilitäts-Inventar-Begleitet (MIB)	1.72	0.68	1.17	0.18	-	-

ken die Mittelwerte der Post-Messung von denen der Prae-Messung subtrahiert und die Differenz durch die über beide Meßzeitpunkte gemittelte Standardabweichung dividiert. Im Bereich zwischen 0.40 und 0.80 spricht man von mittlerer Effektstärke, unter 0.40 ist die Effektstärke gering, über 0.80 dagegen groß. Die beiden Vorgehensweisen unterscheiden sich insofern, als die Prae-Post-Effektstärken systematisch höher ausfallen als Effektstärken, die aus der Differenz zu einer Kontrollgruppe errechnet werden. Ein systematischer Vergleich beider Berechnungsarten von Grawe et al. (1994) zeigt, daß Prae-Post-Effektstärken durchschnittlich etwa um 0.36 höher liegen als die in Relation zur Kontrollgruppe errechneten Effektstärken. Dies erklärt sich dadurch, daß in die Prae-Post-Effektstärken Veränderungen einfließen, die auf Spontanremission sowie auf statistische und natürliche Regression zurückzuführen sind.

Der Abbildung 2 (vgl. auch Tabelle 5) ist das Effektstärkenprofil zu entnehmen. Das eingezeichnete Referenzprofil zeigt die empirisch ermittelten Effektgrößen der im Rahmen der Berner Psychotherapievergleichsstudie (BTV) behandelten Patienten (Grawe, Caspar & Ambühl, 1990).

Tabelle 5: Effektstärken: SCL-90R, BDI, ACQ, BSQ und MI

	VT-Ambulanz	Vergleichs-gruppe[a]
SCL-90R		
- Somatisierung (F1)	0.95	0.49
- Zwanghaftigkeit (F2)	0.88	0.84
- Unsicherheit im Sozialkontakt (F3)	0.91	0.93
- Depressivität (F4)	1.41	0.76
- Ängstlichkeit (F5)	1.19	0.90
- Aggressivität/Feindseligkeit (F6)	0.86	0.72
- Phobische Angst (F7)	1.00	0.57
- Paranoides Denken (F8)	0.85	0.64
- Psychotismus (F9)	1.19	0.59
- General Symptomatic Index (GSI)	1.40	0.97
- Positive Symptom Distress Index (PSDI)	1.37	1.03
- Positive Symptom Total (PST)	0.98	0.71
BDI-Summenwert	1.66	-
ACQ-Gesamtwert		
- Körperliche Krise (KK)	0.86	-
- Kontrollverlust (KV)	0.81	-
BSQ-Gesamtwert	0.77	-
MI	1.87	-
- Mobilitäts-Inventar-Allein (MIA)	1.37	-
- Mobilitäts-Inventar-Begleitet (MIB)	1.28	-

Anmerkungen:
[a] Vergleichstichprobe Berner Psychotherapievergleichsstudie (BVT) (Grawe et al., 1990)

Es fällt auf, daß es in keinem Bereich Verschlechterungen gab. Die höchsten Effektstärken wurden für den Faktor „Depressivität" der SCL-90R ($ES = 1.41$) und für die Summenwerte des BDI ($ES = 1.66$) und des BSQ ($ES = 1.83$) gefunden. Die vergleichsweise niedrigsten Effektstärken ergaben sich für die Skala „Paranoides Denken" ($ES = 0.85$) und die beiden Subskalen des ACQ „Körperliche Krise" ($ES = 0.81$) und „Kontrollverlust" ($ES = 0.77$). Insgesamt zeichnen sich bei den VT-Ambulanz-Patienten größere Therapieeffekte ab als bei den Patienten der Berner Studie. Die durchschnittliche Effektstärke bei den VT-Ambulanz-Patienten gemittelt über die einzelnen Skalen beträgt $ES = 1.14$.

Abbildung 2: Effektstärkenprofil: SCL-90R, BDI, ACQ, BSQ und MI

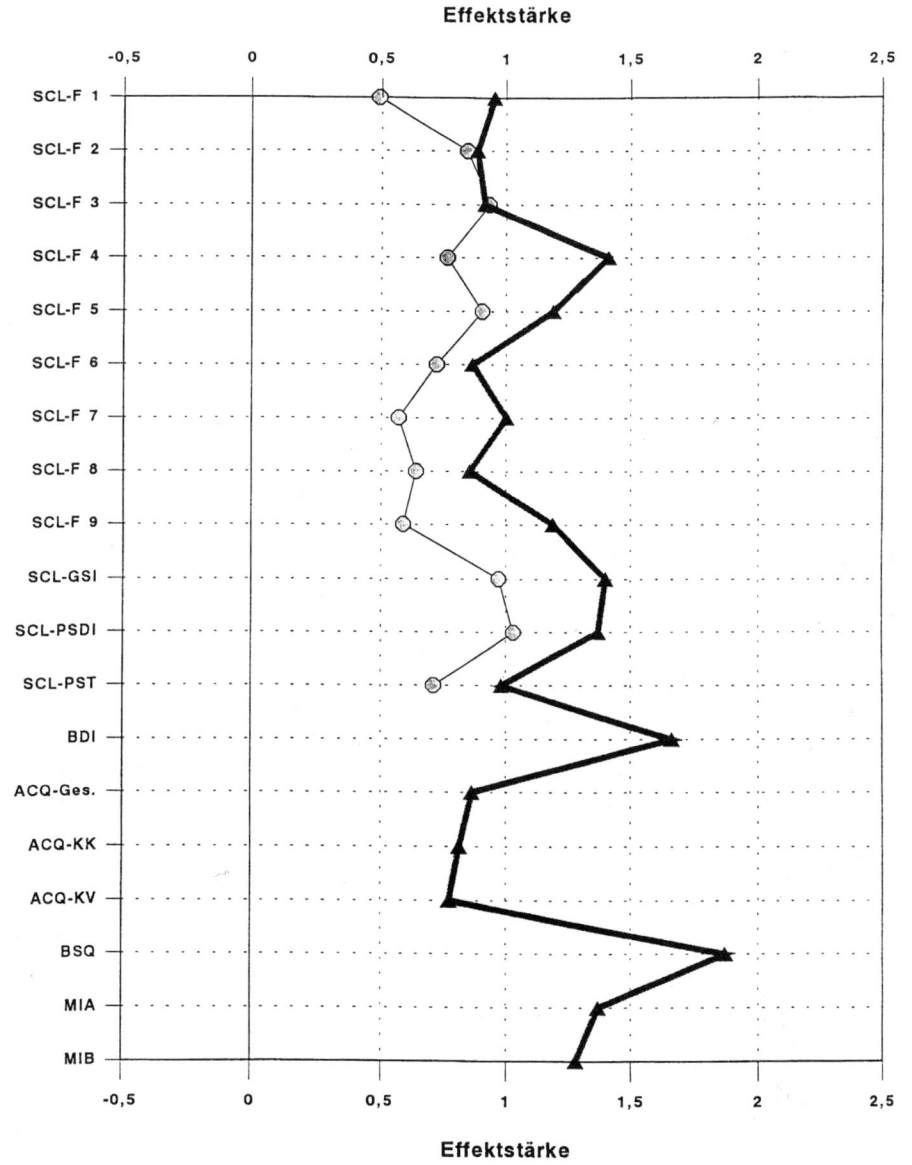

▲ Prae-Post-Vergleich VT-Ambulanz

◐ Prae-Post-Vergleich Berner Psychotherapievergleichsstudie (BTV) (Grawe et al., 1990)

Klinische Signifikanz

Gruppenmittelwerte und statistische Signifikanzen haben nur wenig Aussagekraft in bezug auf therapiebedingte Veränderungen bei einzelnen Patienten. Um Aussagen darüber machen zu können, wieviel Patienten sich tatsächlich verbessert haben, haben Jacobsen, Follette und Revenstorf (1984) vorgeschlagen anzugeben, wieviel Patienten sich statistisch reliabel und wieviel sich klinisch signifikant verbessert haben. Klinische Signifikanz liegt dann vor, wenn der behandelte Patient nach Therapieende Werte im Bereich der Normalpopulation aufweist, sich also vom dysfunktionalen zum funktionalen Bereich des jeweiligen Maßes verändert hat. Für den Gesamtwert des SCL-90R (GSI) und für den Summenwert des BDI sowie für die Skalen des ACQ und des BSQ wurde für jeden Patienten zunächst ermittelt, ob eine statistisch zuverlässige Veränderung (kritische Differenz; $p < .05$) stattgefunden hat, in einem zweiten Schritt, inwieweit ein normorientierter kritischer Wert („cut off") in der Ergebnisdiagnostik erreicht wurde. Letzterer Wert gibt Auskunft darüber, ob der Postwert des Patienten statistisch gesehen zur Verteilung der Patienten oder der klinisch unauffälligen Personen gezählt werden kann (für die Skalen des MI wurden aufgrund der geringen Stichprobe keine Berechnungen durchgeführt).

Die Ergebnisse zeigen, daß sich die Depressivität bei 76.5% der Patienten signifikant verbessert hat, 64.7% der Patienten liegen nach Abschluß der Behandlung im Normalbereich (vgl. Tabelle 6). Auch die psychopathologische Symptomatik hat sich bei 61.9% der Patienten verbessert, hier liegen aber nach Abschluß der Behandlung erst 42.9% der Patienten im Normalbereich. Bei den Fragen zur Angst zeigt sich kein einheitliches Bild. Während sich die Angst vor körperlichen Symptomen bei 71.4% der Patienten signifikant verbessert hat und 57.1% der Patienten im Normalbereich liegen, sind die Erfolgswerte bei den angstbezogenen Kognitionen erheblich geringer (körperliche Krise: statistisch signifikant=28.6%, klinisch signifikant=0.0%; Kontrollverlust: statistisch signifikant=42.9%, klinisch signifikant=28.6%). Zusammenfassend läßt sich feststellen, daß sich der überwiegende Teil der Patienten in den meisten Krankheitsmaßen signifikant verändert hat, aber nur etwa die Hälfte der Patienten bereits einen unauffälligen Befund zeigt. Die katamnestischen Erhebungen werden zeigen, ob die erhaltenen Befunde stabil blieben oder sich eventuell sogar weiter hin zum unauffälligen Bereich entwickelt haben.

7.2 Direkte Veränderungsmessung

Veränderungsfragebogen

Die einfachste Form der Erfolgsmessung besteht in einer globalen, retrospektiven Einschätzung der erreichten Veränderungen zu Therapieende. Mit Hilfe des Veränderungsfragebogens des Erlebens und Verhaltens (VEV, Zielke & Kopf-Mehnert, 1978) wurden die Veränderungen hinsichtlich Entspannung, Optimismus und Gelassenheit erfaßt. Unter Berücksichtigung der von Zielke und Kopf-Mehnert (1978) angegebenen kritischen Differenzen zum Nachweis statistisch bedeutsamer Veränderungen

Tabelle 6: Statistisch und klinisch signifikante Veränderungen: SCL-90R, BDI, ACQ und BSQ

	statistisch signifikant verändert[a]	klinisch signifikant verändert
SCL-90R - General Symptomatic Index (GSI)	61.9 %	42.9 %
BDI-Summenwert	76.5 %	64.7 %
ACQ-Gesamtwert - Körperliche Krise (KK) - Kontrollverlust (KV)	42.9 % 28.6 % 42.9 %	28.6 % 0.0 % 28.6 %
BSQ-Gesamtwert	71.4 %	57.1 %

Anmerkungen:
[a] $p < .05$

konnten bei 83.9% der Patienten signifikante Verbesserungen festgestellt werden ($p < .001=67.7\%$, $p < .01=74.2\%$, $p < .05=83.9\%$). Keine Änderungen wurden bei 16.1% der Patienten ermittelt. Zur Klärung, ob sich die hohen subjektiv wahrgenommenen Veränderungen im VEV auch in einer Reduktion der psychopathologischen Symptombelastung (SCL-90R GSI) ausdrücken, wurden beide Skalenwerte miteinander korreliert. Es zeigt sich ein statistisch bedeutsamer Zusammenhang von $r=.49$ ($p=.023$).

Fragen zur Therapie

Zur retrospektiven Einschätzung und Bewertung der Behandlung im Sinne der Ermittlung der „Kundenzufriedenheit" wurde ein aus 12 Items bestehender Fragebogen verwandt (Hahlweg, 1988). Der Tabelle 7 ist zu entnehmen, daß im Mittel allen Aussagen weitgehend bis vollkommen zugestimmt wurde. Die höchsten Zustimmungen fanden die Items „Die Therapeutin erlebte ich als sympathisch", „Ich empfand die Therapeutin als kompetent" und „Das Vorgehen der Therapeutin habe ich als hilfreich erlebt". Die abschließende Globalbeurteilung des Therapieerfolgs auf einer siebenstufigen Skala zeigt ein ähnlich positives Bild: 27.3% der Patienten ging es demnach sehr viel besser, 68.2% gaben an, sich viel besser zu fühlen, lediglich 1 Patient (4.5%) beurteilte den Therapieerfolg mit „3" („Mir geht es etwas besser"). Die insgesamt positive Beurteilung korrespondiert mit den bisher berichteten Befunden.

Tabelle 7: Fragen zur Therapie

Fragen zur Therapie[a]	M	SD
F1 = Ich bin mit ganz bestimmten Erwartungen in die Therapie gekommen.	3.36	1.00

Fragen zur Therapie[a]	M	SD
F2 = Ich konnte in der Therapie vieles ansprechen, was mir wichtig war.	3.56	0.65
F3 = Ich fühlte mich von der Therapeutin verstanden.	3.64	0.49
F4 = Das Vorgehen der Therapeutin habe ich als hilfreich erlebt.	3.68	0.70
F5 = Die Therapeutin erlebte ich als sympathisch.	3.76	0.52
F6 = Den Ablauf der Therapie habe ich als planvoll und zielgerichtet erlebt.	3.48	0.71
F7 = Ich empfand die Therapeutin als kompetent.	3.75	0.68
F8 = Die Therapie hat mir Mut gemacht.	3.56	0.65
F9 = Ich habe in der Therapie Dinge gelernt, die mein Leben verändern können.	3.32	0.90
F10 = Ich sehe mich durch die Therapie besser im Stande, auftretende Schwierigkeiten zu meistern.	3.40	0.87
F11 = Bei zukünftigen schwierigen Problemen werde ich wieder Therapie in Anspruch nehmen.	3.08	0.86
F12 = Meine Erwartungen in die Therapie sind erfüllt worden.	3.36	0.76

Anmerkungen:
[a] 1 = stimmt gar nicht, 2 = stimmt ein wenig, 3 = stimmt weitgehend, 4 = stimmt vollkommen

8. Diskussion

Qualitätssicherung im Bereich der ambulanten Psychotherapie bezieht sich auf die Ebenen Strukturqualität, Prozeß- bzw. Behandlungsqualität und Ergebnisqualität. Es wird davon ausgegangen, daß bessere Strukturen zu besseren Prozessen und bessere Prozesse zu besseren Ergebnissen führen. Im Vordergrund dieser Studie stand die Ergebnisqualität.

Die *Strukturqualität* wird in erster Linie durch die Qualifikation der Psychotherapeuten und die Kontrolle ihrer Arbeit bestimmt. Alle Psychotherapeuten der VT-Ambulanz verfügen entweder über mindestens drei Jahre psychotherapeutische Tätigkeit nach Abschluß des Studiums und können den Abschluß einer anerkannten psychotherapeutischen Weiterbildung nachweisen oder sie befinden sich im „Weiterbildungsgang zum Klinischen Psychologen/Psychotherapeuten" (s.o.) mit vorgeschriebener regelmäßiger interner und externer Supervision. Demzufolge kann die Strukturqualität als gegeben angesehen werden.

Zusätzlich gewährleistet die unmittelbare Anbindung an die universitäre Forschung und Ausbildung die Durchführung der Psychotherapien nach dem neuesten Stand der Wissenschaft. Hierzu gehört auch der Einsatz einer weitgehend standardisierten Eingangs-, Verlaufs- und Ergebnisdiagnostik sowie die Dokumentation und Evaluation der Behandlungen. Damit wird gleichzeitig ein Beitrag zur Sicherung der *Prozeßqualität* geleistet.

Beim Vergleich der soziodemographischen Patientendaten mit denen der Praxis- und Forschungsstelle für Psychotherapie und Beratung der Universität Heidelberg (1994) und des Zentrums für Psychotherapie der Universität Bochum (1994) zeigten sich keine nennenswerten Unterschiede. Die VT-Ambulanz wird sowohl von Männern als auch von Frauen frequentiert. Der Altersschwerpunkt liegt bei den mittleren Jahrgängen. Wie zu erwarten ist das Bildungsniveau höher als in der Durchschnittsbevölkerung (*Inanspruchnahme-Verhalten*). Bei den Patienten handelt es sich um eine „typische" ambulant-psychiatrische Klientel. Das Spektrum der diagnostizierten Störungen verdeutlicht, daß die VT-Ambulanz in erster Linie von Patienten mit Angstproblemen frequentiert wird. Unter Berücksichtigung epidemiologischer Befunde (Wittchen, Hand & Hecht, 1989), nach denen Angststörungen zu den häufigsten psychischen Erkrankungen zählen, wird der Bedarf an adäquaten Behandlungsmöglichkeiten noch einmal evident.

Die Abbruchrate von 21% liegt weit unter der mittleren Abbruchrate von 47%, die Wierzbicki und Pekarik (1993) für ambulante Psychotherapie ermittelt haben. Ein Vergleich der Abbrecher mit den „regulär Beendern" ergab keine Unterschiede hinsichtlich der soziodemographischen Daten. Sie hatten aber deutlich höhere Werte in den Skalen des SCL-90R „Unsicherheit im Sozialkontakt", „Depressivität" und „paranoides Denken". Möglicherweise haben sich diese Patientenmerkmale ungünstig auf die Entwicklung und Aufrechterhaltung einer tragfähigen therapeutischen Arbeitsbeziehung ausgewirkt.

Die 42 abgeschlossenen Psychotherapien erstreckten sich im Durchschnitt über 25 Sitzungen. Dies entspricht in etwa dem üblichen zeitlichen Rahmen von Kurzzeittherapien. Gerade im Hinblick auf die aktuelle Kosten-Nutzen-Diskussion im Gesundheitswesen ist dies ein durchaus zufriedenstellendes Ergebnis (vgl. Bühringer & Hahlweg, 1986; Turner et al., 1995).

Insgesamt bewirkte die kognitiv-verhaltenstherapeutische Intervention eine deutliche Reduktion der Störungsintensität. In fast allen Bereichen konnten hoch signifikante Verbesserungen festgestellt werden, die meisten Anfangswerte ließen sich nach Therapieende auf das Normalniveau reduzieren, in keinem Bereich konnten Verschlechterungen diagnostiziert werden (*Ergebnisqualität*). Dieser insgesamt gute Behandlungserfolg spiegelt sich auch in der über alle 19 Maße gemittelten Effektstärke von $ES = 1.14$ wider. Dieser Wert liegt höher als der in den meisten Meta-Analysen und einzelnen Studien ermittelte Wert (Grawe et al., 1990; Grawe et al., 1994; Smith et al., 1980). Dies gilt auch, wenn man ihn mit den Effektstärken aus Kontrollgruppenstudien vergleicht und die erhaltene Effektstärke von *ES* = 1.14 entsprechend korrigiert (s.o.). Die höchsten Effektstärken zeigten sich in den beiden Depressivitätsskalen des SCL-90R und des BDI und in der Angst vor körperlichen Symptomen (BSQ). Damit konnte durch die therapeutische Behandlung auch eine bedeutsame Verringerung der depressiven Symptomatik erzielt werden. Bei den angstbezogenen Kognitionen hingegen gab es die geringsten Effektstärken.

In die gleiche Richtung weisen die Ergebnisse der direkten Veränderungsmessung. Bei 83.9% der Patienten wurden signifikante Veränderungen im Sinne einer Zunahme von Optimismus, Gelassenheit und Entspannung festgestellt. Verschlechterungen gab es nicht. Auch die subjektive Therapiebeurteilung läßt auf eine hohe Patientenzufriedenheit schließen. Von einer Ausnahme abgesehen gaben alle Patienten nach Abschluß der Behandlung an, sich besser oder sehr viel besser zu fühlen.

Zusammenfassend zeigen die Evaluationsergebnisse, daß kognitiv-verhaltenstherapeutische Psychotherapie sich nicht nur in randomisierten und kontrollierten Therapiestudien als wirksam erwiesen hat, sondern auch im *klinischen Alltag* als sehr effektiv und *brauchbar* zu bewerten ist. Diese Studie läßt aber keine Aussagen über die Stabilität der erhaltenen Veränderungen zu. Diese wird derzeit in einer katamnestischen Studie überprüft (Schulz, Meyer-Krems & Hehlweg, im Manuskript).

Literaturverzeichnis

Bastine, R. (1992). Psychotherapie. In R. Bastine (Hrsg.), *Klinische Psychologie* (Bd. 2, S. 179–301). Stuttgart: Kohlhammer.
Bühringer, G. & Hahlweg, K. (1986). Kosten-Nutzen Aspekte psychologischer Behandlung. *Psychologische Rundschau, 37,* 1–19.
Derogatis, L.R., Lipman, R.S. & Covi, L. (1973). SCL 90, an outpatient psychiatric rating scale. *Psychopharmacology Bulletin, 9,* 13–28.
Ehlers, A., Margraf, J. & Chambless, D. (1993). *Fragebogen zu körperbezogenen Ängsten, Kognition und Vermeidung.* Göttingen: Beltz Test.
Fydrich, T., Laireiter, A.-R., Saile, H. & Engberding, M. (1996). Diagnostik und Evaluation in der Psychotherapie: Empfehlungen zur Standardisierung. *Zeitschrift für Klinische Psychologie, 25,* 161–168.
Frank, M. & Fiegenbaum, W. (1994). Therapieerfolgsmessung in der psychotherapeutischen Praxis. *Zeitschrift für Klinische Psychologie, 23,* 267–275.
Franke, G.H. (1995). *SCL-90R. Die Symptom-Checkliste von Derogatis.* Göttingen: Beltz Test.
Grawe, K. & Braun, U. (1994). Qualitätskontrolle in der Psychotherapie. *Zeitschrift für Klinische Psychologie, 23,* 242–267.
Grawe, K., Caspar, F. & Ambühl, H. (1990). Die Berner Psychotherapievergleichsstudie. Wirkungsvergleich und differentielle Indikation. *Zeitschrift für Klinische Psychologie, 19,* 292–376.
Grawe, K., Donati, R. & Bernauer, F. (1994). *Psychotherapie im Wandel. Von der Konfession zur Profession.* Göttingen: Hogrefe.

Hahlweg, K. (1988). *Fragen zur Therapie.* Unveröff. Fragebogen. Braunschweig: Technische Universität, Institut für Psychologie.

Hahlweg, K. (1992). *Das Patientendokumentationssystem PATDOK.* Unveröff. Manuskript. Braunschweig: Technische Universität, Institut für Psychologie.

Hartmann, A. & Herzog, T. (1995). Varianten der Effektstärkeberechnung in Meta-Analysen: Kommt es zu variablen Ergebnissen? *Zeitschrift für Klinische Psychologie, 24,* 337–343.

Hautzinger, M., Bailer, M. & Keller, F. (1994). *Beck Depressions Inventar.* Bern: Huber.

Hoyer, H. (1995). *Qualitätskontrolle ambulanter Psychotherapie. Eine Auswertung durch- geführter Behandlungen der Verhaltenstherapie-Ambulanz des Instituts für Psychologie der TU Braunschweig von 1990 bis Frühjahr 1995.* Unveröff. Diplomarbeit. Braunschweig: Technische Universität, Institut für Psychologie.

Howard, K. I., Moras, K., Brill, P. L., Martinovich, Z. & Lutz, W. (1996). The evaluation of psychotherapy: Efficacy, effectiveness, patient progress. *American Psychologist, 51,* 1059–1064.

Jacobson, N. S., Follette, W. C. & Revenstorf, D. (1984). Psychotherapy outcome research: Methods for reporting variability and evaluating clinical significance. *Behavior Therapy, 15,* 336–352.

Lazarus, A.A. (1971). *Behavior Therapy and beyond.* New York: McGraw Hill.

Margraf, J. (1994). *Mini-DIPS. Diagnostisches Kurz-Interview bei psychischen Störungen.* Heidelberg: Springer.

Margraf, J., Schneider, S., Ehlers, A., DiNardo, P. & Barlow, D. (1991). *DIPS. Diagnostisches Interview bei psychischen Störungen.* Heidelberg: Springer.

Praxis- und Forschungsstelle für Psychotherapie und Beratung (PFPB) (1994). *Zwei-Jahres-Bericht 1992 und 1993.* Unveröff. Bericht. Heidelberg: Universität Heidelberg, Psychologisches Institut.

Meyer, A.-E., Richter, R., Grawe, K., Graf v. d. Schulenburg, J.-M. & Schulte, B. (1991). *Forschungsgutachten zu Fragen eines Psychotherapeutengesetzes.* Universitäts-Krankenhaus Hamburg-Eppendorf.

Seligman, M. E. P. (1995). The effectiveness of psychotherapy. The Consumer Reports Study. *American Psychologist, 50,* 965–974.

Smith, M. L., Glass, G. V. & Miller, T. I. (1980). *The benefits of psychotherapy.* Baltimore: Johns Hopkins University Press.

Turner, S.M., Beidel, D.C., Spaulding, S.A. & Braun, J.M. (1995). The practice of Behavior Therapy: A national survey of cost and methods. *The Behavior Therapist, 18,* 1–4.

Weisz, J. R., Donenberg, G. R., Weiss, B. & Han, S. S. (1995). Bridging the gap between laboratory and clinic in child and adolescent psychotherapy. *Journal of Consulting and Clinical Psychology, 63,* 688–701.

Wierzbicki, M. & Pekarik, G. (1993). A meta-analysis of psychotherapy dropout. *Professional Psychology: Research and Practice, 24,* 190–195.

Wittchen, H.-U., Hand, I. & Hecht, H. (1989). Prävalenz, Komorbidität und Schweregrad von Angststörungen. *Zeitschrift für Klinische Psychologie, 18,* 117–133.

Wittchen, H.-U., Schramm, E., Zaudig, M. & Unland, H. (1993). *Strukturiertes Klinisches Interview für DSM-III-R. Achse II (Persönlichkeitsstörungen) (SKID-II)*. Weinheim: Beltz Test.

Zentrum für Psychotherapie (1994). *Jahresstatistik 1992/1993*. Unveröff. Bericht. Bochum: Ruhr-Universität, Fakultät für Psychologie.

Zielke, M. & Kopf-Mehnert, C. (1978). *Veränderungsfragebogen des Erlebens und Verhaltens*. Göttingen: Beltz Test.

Akzeptanzstudie zur Einführung eines Qualitätssicherungssystems in der ambulanten Integrativen Psychotherapie aus Therapeutensicht

Wolfgang Hass, Michael M. Märtens & Hilarion G. Petzold

Inhalt:

1. Einleitung 157
2. Qualitätssicherung in der Integrativen Therapie und die Rolle des Therapeuten 159
3. Zur Konzeption der Evaluationsstudie 160
4. Zielgruppe und Stichprobe 166
5. Ergebnisse 168
6. Schlußfolgerungen und Kritik 173

1. Einleitung

Bei vielen Psychotherapieverfahren besteht nach wie vor ein großer Mangel an Studien, die die Wirksamkeit dieser Verfahren nachweisen, wie Meyer, Richer, Grawe, Graf v. d. Schulenberg und Schulte (1991) stellvertretend für eine Reihe kritischer Stimmen feststellte. Psychotherapeuten[1] stehen einer empirischen Erforschung ihres Tuns und insbesondere einer Erforschung der Effektivität ihres therapeutischen Handelns jedoch oftmals sehr skeptisch gegenüber. Diese Skepsis wird im wesentlichen durch zwei Aspekte begründet: Zum einen besteht häufig geradezu eine Aversion gegen ein „nomothetisches Paradigma". Kubinger (1997) zeigt demgegenüber unter methodischen Gesichtspunkten noch einmal, daß auch im Bereich der Psychotherapie Operationalisierungen durch Quantifizierungen notwendig sind, da ansonsten keine Vergleiche der Effektivität unterschiedlicher Therapien und Therapeuten möglich

---

1. Die Beschränkung auf die männliche Form dient ausschließlich der Lesbarkeit und schließt die weibliche Form jeweils mit ein.

sind. Natürlich muß man sich dabei bewußt sein, daß mit Messungen nur bestimmte Bereiche und Phänomene erfaßt und andere ausgeblendet werden. Selbst wenn Psychotherapie immer mehr ist, als man über sie sagen kann – wie es Jaspers 1913 schon über den Menschen äußerte – kann man zumindest zu bestimmten Aspekten sinnvolle Operationalisierungen finden.

Ein anderes Argument gegen Verfahren einer empirisch begründeten Qualitätssicherung (QS) ist der Kontrollaspekt. Nach Fiegenbaum, Tuschen und Florin (1997) sehen sich Therapeuten „ihrem Selbstverständnis zufolge verantwortungsvoll, selbstbestimmt und in freier Berufsausübung, wobei dieses „frei" oft damit gleichgesetzt wird, daß jeder machen kann, was er will und sich von niemanden kontrollieren lassen muß"(S. 139). Damit korrespondiert ein beträchtliches Unwohlsein unter vielen berufstätigen Therapeuten, die ihre Arbeit als nicht normierungsfähig sehen und das Vernachlässigen inhaltlich-fachlicher Ergebnisse oder das Verschwinden unterschiedlicher Behandlungsvarianten fürchten oder auch die Wünsche der Klienten als zu wenig berücksichtigt ansehen.

Bei genauerem Hinsehen entpuppt sich dieses Selbstverständnis jedoch eher als Gegenposition zu (unrealistischen) Überlegungen, vereinheitlichende therapeutische Standards einzuführen als zu der Durchführung qualitätssichernder Maßnahmen selbst. Denn diese erweisen sich nach Einschätzung derselben Autoren als zunehmend unverzichtbar, da sie den Psychotherapeuten Wettbewerbsvorteile und eine günstige Ausgangsposition in Hinsicht auf eine wann auch immer erfolgende Verabschiedung des Psychotherapeutengesetzes bringen.

Jedes bewährte Verfahren, die Nicht-Richtlinienverfahren ebenso wie die „anerkannten" Verfahren, sollte sich daher aufgerufen sehen, eigene Stärken und Schwächen möglichst umfassend zu dokumentieren. Erst auf dieser Basis kann es zu einem wirklich fruchtbaren gegenseitigen Austausch unter den unterschiedlichen Schulen kommen, und nur so erscheint eine Interpretation der Forderung nach einer „allgemeinen Psychotherapie" (Grawe, Donati & Bernauer, 1994) auch sinnvoll. Die Durchführung von QS-Maßnahmen in der Psychotherapie stößt jedoch auf ein sensibles Terrain, und ihr Gelingen steht und fällt letztlich mit der Akzeptanz solcher Maßnahmen bei den teilnehmenden Psychotherapeuten.

QS in der Psychotherapie verfolgt drei Ziele. Das erste Ziel ist die Verbesserung der Versorgung der Klienten. Das zweite Ziel ist die Verbesserung der Qualität der therapeutischen Arbeit. Die Erfassung des gesellschaftlichen Nutzens als drittes Ziel kann im Rahmen dieses Artikels nicht weiter ausgeführt werden und soll daher an dieser Stelle nur Erwähnung finden.

Im Unterschied zur Herstellung industrieller Produkte wie Maschinen etc. ist es bei Psychotherapie aufgrund der Komplexität der Fragestellung viel schwerer zu bestimmen, welche *Prozeßqualitäten* zur Herstellung welcher *Ergebnisqualität* erforderlich sind (Märtens & Petzold, in Druck). Hier spielen Besonderheiten der Ergebnisqualität eine Rolle, da die Effekte einer Therapie einerseits die Reduktion und Beseitigung von Problemlagen und Leidenszuständen ist, andererseits aber auch, und daraus oft resultierend, eine Verbesserung der Lebensqualität, die allerdings möglicherweise auch durch spezifische therapeutische Anregungen entstanden sein kann (Märtens, 1997).

Der Artikel gibt die Ergebnisse einer Befragung von Therapeuten zur Einführung eines QS-Modelles für die Integrative Therapie[2] wieder, womit der Fokus auf die Therapeutensicht, also deren Reaktionen, Wahrnehmungen und subjektive Theorien (Bergold & Flick, 1987) gelegt wird, mithin es hier um das zweite genannte Ziel von Qualitätssicherung geht. Gegenstand der Befragung ist die Beurteilung der Anwendbarkeit eines QS-Monitoring-Systems im Praxisalltag, die Ermittlung negativer und positiver Gesamteffekte der Maßnahme wie auch die Effekte einzelner Module (vgl. Abschnitt 2) sowie die Akzeptanz dieses Systems. Mit der Schwerpunktsetzung auf die Entdeckung und sukzessive Ausmerzung möglicher Schwächen des Systems handelt es sich hier um eine *formative* Evaluation (Herman, Morris & Fitz-Gibbon, 1988).

2. Qualitätssicherung in der Integrativen Therapie und die Rolle des Therapeuten

Die Durchführung qualitätssichernder Maßnahmen beeinflußt natürlich die Arbeitsweise von Therapeuten. Die Akzeptanz eines QS-Monitoring-Systems stellt deshalb eine besondere Schwierigkeit dar. Es muß einfach anwendbar sein und gleichzeitig für die Therapeuten wichtige Informationen bereitstellen, die ihrer Arbeit direkt nützlich sind. Wenn es keine oder nur wenig direkte nützliche Informationen erzeugt, dann sollte es zumindest die Arbeit nicht stören. Wie Therapeuten als Experten, Partner, Kollegen und Kunden solch ein QS-Monitoring-System beurteilen, ist deshalb genauso entscheidend für seine Einführung wie letztlich die Beurteilung und Akzeptanz durch die Klienten. Hier kommt eine spezifische Haltung der Integrativen Therapie zum Tragen, die sich aus dem Intersubjektivitätsverständnis (Lévinas, 1963/1983; Marcel, 1967; Petzold, 1996b) ableitet: Der Patient ist kein „Forschungsgegenstand", er ist „co-researcher" und in einem Forschungsprojekt Partner des Forschers – eine Konzeption, die sich schon in den frühen Ansätzen Morenos (1934, 1940) findet, der hierin Ideen des „Action-Research" vorweggenommen hat (Petzold, 1980).

Angesichts der noch keineswegs geklärten Fragen nach den entscheidenden – insbesondere für einen integrativen Ansatz spezifischen – Prozeßqualitäten, die zum Erreichen einer bestimmten Ergebnisqualität realisiert werden müssen, erscheint es besonders wichtig, ein System zu entwickeln, das den Bedürfnissen der Therapeuten entspricht und ihren Praxisalltag so wenig wie möglich verändert. Erst wenn man gesichertere Zusammenhänge spezifischer Wirkmechanismen kennt, erscheint es gerechtfertigt, auf eine Orientierung an festgelegten Prozeßmerkmalen und den Einsatz bestimmter Vorgehensweisen auch gegen die Bedürfnisse von Therapeuten zu drängen.

---

2. Unter Integrativer Therapie läßt sich ein aus erlebnisaktivierenden Therapieverfahren (Psychodrama, Gestalttherapie), der aktiven Psychoanalyse und behavioralen und systemischen Ansätzen beständig weiterentwickeltes Verfahren klinischer Einzel- und Gruppenpsychotherapie verstehen, für das eine methodenübergreifende Praxeologie erarbeitet wurde. Sie versteht sich überdies als ein Metakonzept für die angewandten Humanwissenschaften, das auf der Grundlage psychologischer, soziologischer und philosophischer Theorien und Forschung entwickelt wurde. Wesentliche Bestandteile und Schwerpunkte sind die aus der longitudinalen Entwicklungspsychologie übernommene Lebenslaufperspektive, die Einbeziehung psychosomatischer Aspekte als auch des sozialen Netzwerkes sowie mikroökologischer Zusammenhänge.

3. Zur Konzeption der Evaluationsstudie

Die Entwicklung eines QS-Systems in der Integrativen Therapie muß dem methodenübergreifenden Charakter dieses Verfahrens gerecht werden. Bevor wir auf die Bewertungen und Erfahrungen der Therapeuten mit diesem daher notwendigerweise komplexen System eingehen, soll die Konzeption der Evaluationsstudie zur Erfassung der Effekte Integrativer Therapie, an der die hier befragten Therapeuten teilnehmen, beschrieben werden, damit verständlich wird, worauf sich deren Einschätzungen beziehen.

Das Evaluationskonzept zur Erfassung der Effekte Integrativer Therapie sieht vier Erhebungszeitpunkte vor. Nach der Eingangserhebung erfolgen weitere Messungen zur 15. und 30. Therapiestunde, so daß auch Zwischenergebnisse vorliegen. Bei Therapieende erfolgt eine Abschlußerhebung. Mittel- und langfristige Effekte und damit die Dauerhaftigkeit der erzielten Veränderungen werden mit zwei katamnestischen Befragungen ein halbes und zwei Jahre nach Beendigung der Therapie erhoben. Darüber hinaus werden therapiebegleitend bis zur 30. Stunde Stundenbegleitbögen zur Erfassung des Geschehens in den einzelnen Sitzungen und zur Untersuchung der Therapeut-Klient-Beziehung im Zeitverlauf eingesetzt, die sowohl vom Therapeuten als auch vom Klienten unmittelbar nach jeder Stunde ausgefüllt werden (Postsession Outcome). Die Begleitung der ersten 30 Stunden durch Stundenbegleitbögen soll darüber hinaus Aufschluß geben, welche unterschiedlichen therapeutischen Strategien in fokaltherapeutisch angelegten Behandlungen im Unterschied zu Langzeitbehandlungen zum Tragen kommen. Eine längere Verwendung der Stundenbegleitbögen ist möglich, wenn dies im Therapieprozeß von beiden Parteien als sinnvoll betrachtet wird.

Der in der Forschungsliteratur immer wieder geäußerten Forderung nach Multiperspektivität therapeutischer Prozesse wird dadurch Rechnung getragen, daß neben der Perspektive des Therapeuten auch die des Patienten und eines Angehörigen des Patienten berücksichtigt und durch eigens hierfür entwickelte Instrumente dokumentiert wird.

Außer den klinischen Diagnosen nach ICD-10-Kriterien werden Wirksamkeitskriterien in folgenden Bereichen erhoben, um damit die verschiedenen Aspekte Integrativer Therapie wie den Leibaspekt, die Ausrichtung am Intersubjektivitätskonzept, die Berücksichtigung des sozialen Kontextes (soziale Netzwerke) und des Lebenskontinuums (life span development), eine multiperspektivistische Betrachtungsweise des therapeutischen Geschehens unter Berücksichtigung von protektiven und belastenden Faktoren, von pathogenen und salutogenen Aspekten (Petzold, Goffin & Oudhof, 1993), eine Klienten- und störungsspezifische Gestaltung der Therapeut-Klient-Beziehung, zu berücksichtigen:

- Verbesserung der allgemeinen Befindlichkeit in verschieden Lebensbereichen (Einschätzungen aus drei Perspektiven: Therapeut, Klient, Bezugsperson),
- Abnahme des Medikamenten-, Alkohol- und Drogenkonsums,
- Rückgang somatischer und psychischer Symptome,
- Körperbezug und Erleben,
- Anzahl und Qualität der Netzwerkbeziehungen, Zufriedenheit mit sozialem Netzwerk,
- Behandlungszufriedenheit.

Als *standardisierte Instrumente* wurden die Symptomcheckliste von Derogatis (SCL-90-R, deutsche Übersetzung von Franke, 1995) und das auf dem Kieslerschen Kreismodell (Kiesler, 1983) beruhende Inventar interpersonaler Probleme (IIP) (Horowitz, Strauß & Kordy, 1994) verwendet, die von der SPR (Society for Psychotherapy Research) als eine Art psychotherapeutischer Kernmeßverfahren angesehen werden (vgl. Grawe & Braun, 1994).

Beide Fragebögen erlauben einen wiederholten Einsatz während des Therapieverlaufes, so daß Prä-Post-Vergleiche auf der Ebene einzelner Patienten wie auch der gesamten Stichprobe möglich werden. Für den therapeutischen Prozeß sind die Ergebnisse wichtig, weil die Therapeuten aufgrund des Befindens ihre Beziehungsangebote überprüfen und besser auf den Klienten abstimmen können bzw. mit ihnen an der Beziehungsqualität arbeiten können. Dabei stellt die Thematisierung von Zwischenergebnissen eine wichtige Möglichkeit dar. Der Patient partizipiert am Wissen, an der Kompetenz, an der Beziehungsgestaltung, und er wird in seinen Kontrollmöglichkeiten und positiven Kontrollüberzeugungen bestärkt (Flammer, 1990). Ergänzt werden diese Instrumente um eine Dokumentation zur Erfassung der persönlichen Therapiemotivation, Einschätzungen zum Therapieverlauf etc.). Um spezifischen Aspekten der integrativen Therapieansätze gerecht zu werden, wurden eigene Komponenten zur Dokumentation entwickelt.

Folgende weitere Instrumente kamen zum Einsatz:

Stundenbegleitbögen:
Da eine Vielzahl verschiedener theoretischer und methodischer Konzeptualisierungen von Stundenbegleitbögen vorliegt (vgl. Bastine, Fiedler & Kommer 1989), erschien es sinnvoll, sich an den wenigen validierten Versionen (vgl. z. B. Grawe & Braun, 1994; Schindler, Hohenberger-Sieber & Hahlweg 1990) zu orientieren. Angesichts des für diese Instrumente benötigten Zeitaufwandes und des Umfangs der insgesamt eingesetzten Instrumente wurde eine sehr kurze, aus nur drei Items bestehende, noch nicht validierte Version entwickelt (Hass, 1995a), die für Klient und Therapeut identische Fragen beinhaltet und direkt im Anschluß an die Sitzungen ausgefüllt wird.

In einem Prä-Test wurde für die Beantwortung der Fragen durchschnittlich jeweils ca. eine Minute gebraucht. Angaben zu Gütekriterien liegen noch nicht vor. Andererseits ist die Bedeutung der Bewertungen einzelner Stunden für eine Prädiktion des Erfolges klar belegt (Eckert, Bolz & Pfuhlmann, 1979; Höger & Eckert, 1997; Orlinsky & Howard, 1986). Die zur Wahl gestellte Einbeziehung von Stundenbegleitbögen in den Therapieablauf liefert dem Therapeuten und dem Patienten ein unmittelbares Feedback darüber, wie der Klient die einzelnen Therapiestunden erlebt hat.

Soziales Netzwerk:
Die Erfassung „sozialer Netzwerke" bzw. „convoys" (Netzwerke im Zeitkontinuum) erfolgt hier unter Berücksichtigung belastender und protektiver Aspekte. In der Variante der egozentrierten Netzwerkanalyse, in der die Befragten als fokale Informanten über ihre sozialen Beziehungen benutzt werden, hat jedoch nur eine begrenzte Anzahl von Merkmalen empirische Evidenz erfahren (Röhrle, 1995). Auch unter Berücksichtigung eines zumutbaren Erhebungsaufwandes erschien es daher sinnvoll,

Abbildung 1: Stundenbegleitbogen zur Evaluation integrativer Therapie

1. Welches Thema stand für Sie heute im Vordergrund der Therapie?

---

2. Die heutige Stunde war für mich ...

0%	10%	20%	30%	40%	50%	60%	70%	80%	90%	100%

überhaupt   sehr
nicht hilfreich   hilfreich

3. Heute habe ich mich in der Beziehung zu meiner Therapeutin/meinem +
   Therapeuten ...

0%	10%	20%	30%	40%	50%	60%	70%	80%	90%	100%

überhaupt nicht   sehr
wohl gefühlt   wohl gefühlt

sich auf einige wenige Aspekte des sozialen Netzwerkes/sozialer Beziehungen zu beschränken, so auf

- den Netzwerkumfang (limitiert auf maximal zehn Personen),
- ausgewählte dyadische Merkmale (Geschlecht, Art der Beziehung),
- den aktuellen Belastungs- bzw. Unterstützungsgehalt einzelner Beziehungen.

Berücksichtigt wurde ferner die Dimension der Zufriedenheit auf der Ebene des Gesamtnetzwerkes.

Die Entwicklung des verwendeten Netzwerkgenerators („... Personen, die zur Zeit in irgendeiner Weise in Ihrem Leben von Bedeutung sind, sei es in positiver, sei es in negativer Hinsicht") orientierte sich am Vorbild eines in einer amerikanischen Bevölkerungsumfrage (Burt, 1984) eingesetzten Instrumentes, eröffnet jedoch den Zugang zu einem weiter gefaßten Netzwerk-Konzept (Maslow, 1962). Die Formulierung „zur Zeit" verweist dabei auf die aktuelle soziale Situation, d. h., in der Vergangenheit erfolgte Kontakte oder Begebenheiten werden nur dann berücksichtigt, wenn ihre Auswirkungen andauern.

An Auswertungsmöglichkeiten eröffnen sich damit die Bestimmung quantitativer Merkmale (Umfang, Zusammensetzung), die Identifizierung bestimmter Personen (z. B. des Partners), die Rangfolge deren Nennungen (als Indikator deren Wichtigkeit für den Befragten), deren Geschlecht (Anteil gleich- oder gegengeschlechtlicher) sowie ihrer jeweiligen positiven wie negativen Bedeutung für den Befragten (Anzahl unterstützender/belastender/emotional naher/nicht naher Personen). Anhand der graphischen Darstellung des Instruments läßt sich zudem die Verteilung der Personen über die Quadranten ablesen sowie jeweils ins Verhältnis zueinander setzen.

Abbildung 2 : Zweidimensionales soziales Netzwerk der Klienten (Hass, 1995b)

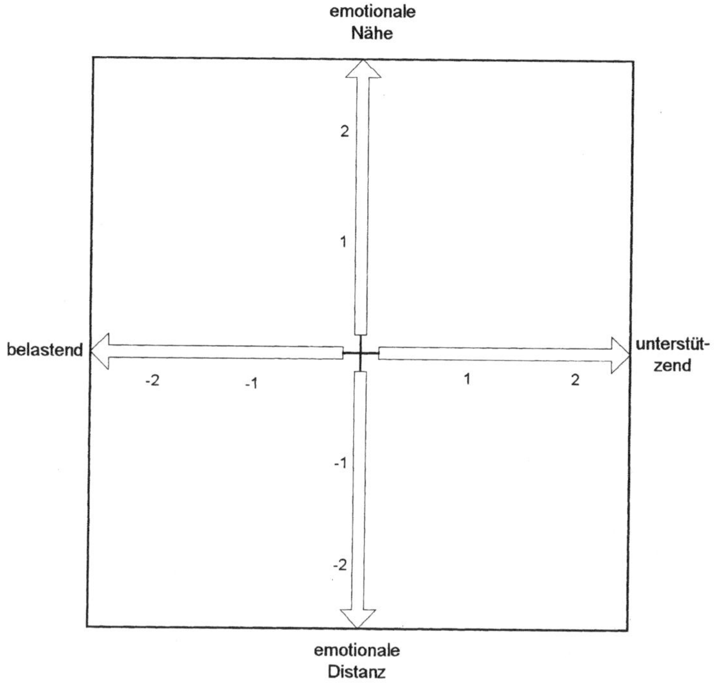

Anmerkungen:
Punkte oberhalb des Koordinatenursprungs bilden die emotional nahestehenden, Punkt unterhalb entsprechend die nicht nahestehenden Personen ab. Punkte links des Koordinatenursprungs symbolisieren akute Belastungen in Beziehungen, Punkte rechts davon hingegen *Ressourcen*. Verschiedene Ausmaße einer Dimension werden durch entferntere oder nähere Plazierung am Koordinatenursprung abgebildet, Neutralität durch Abbildung im Zentrum.

Erfassung des Leibaspektes:
Da der leibliche Aspekt in der Psychotherapie von zentraler Bedeutung ist, aber oft vernachlässigt wird, sollten zumindest zwei Aspekte, die einer Operationalisierung über Papier und Bleistift zugänglich schienen, einbezogen werden. Dazu sollte das emotionale Erleben der eigenen Leiblichkeit und körperlicher Schmerzen erfaßt werden, wenngleich die Dimensionen dieses Aspektes des Wohlbefindens immer noch zu wenig Raum haben (vgl. Petzold, 1996a). Den Klienten werden dazu Körperabbildungen (vgl. Abbildung 3) mit folgender Instruktion vorgelegt:

„Nachfolgend sehen Sie die schematische Abbildung eines Menschen von vorne und von hinten. Sofern Sie *emotionale Probleme* haben, die Sie mit einer bestimmten Region Ihres Körpers verbinden, kreuzen Sie diese Körperregion(en) in der unten gezeigten Abbildung möglichst genau an. Wenn Sie sich nicht ganz sicher sind, ob Sie die Region, die Sie meinen, auch richtig angezeigt haben, können Sie diese mit Pfeil auch direkt benennen, z. B. ‚Nackenbereich'. Entsprechend sollen Sie mit Körperregionen verfahren, wo Sie Schmerzen verspüren."

Abbildung 3: Körperschema

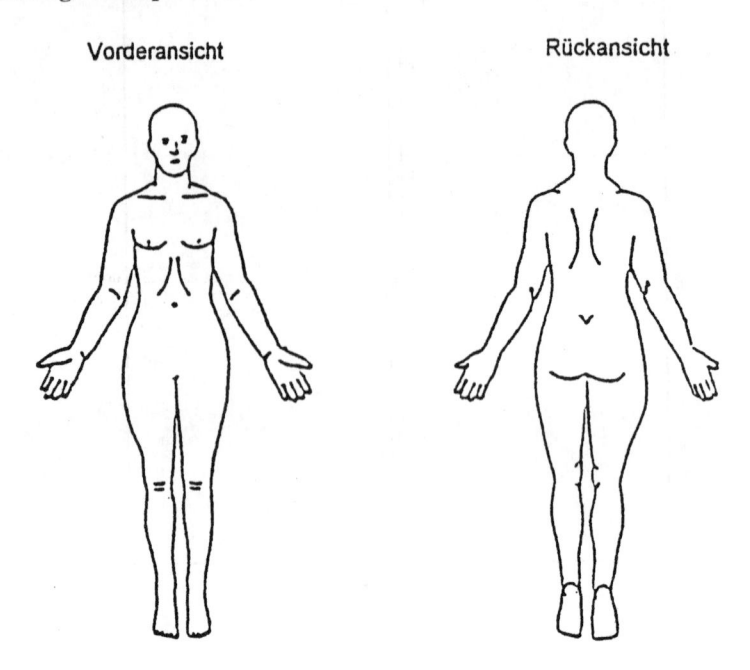

Multiperspektivische Erfassung der Lebenszufriedenheit:
Es wird immer wieder gefordert, die ökologische Dimension psychotherapeutischer Interventionen stärker in Augenschein zu nehmen und die sozialen Auswirkungen psychotherapeutischer Interventionen mit positiven und negativen Wirkungen auf das soziale Umfeld zu berücksichtigen. Laireiter, Knauer und Baumann (1995, S. 92) sprechen hier vom „Angehörigen als Kunden" der ebenfalls Adressat von Qualitätssicherungs-Maßnahmen ist. Wir ziehen im Sinne metakritischer Überlegungen zum Kundenbegriff die Formulierung „Partner und Kunde" vor.

Die Einschätzskalen allgemeiner Lebenszufriedenheit erfassen aus drei Perspektiven (Klienten-, Therapeuten- und Angehörigenperspektive) das Ausmaß gesundheitsrelevanter Ressourcen und Belastungen. Dabei handelt es sich um 12 Skalen, die die Lebenszufriedenheit erfassen, sowie um eine Zusatzskala zur Erfassung der antizipierten Behandlungszufriedenheit.

Da sich die Einstellung zu einer psychotherapeutischen Maßnahme sowie die Antizipation des in ihr liegenden Potentials zur Überwindung der eigenen Schwierigkeiten als wichtiger Prädiktor für den Ausgang einer Therapie gezeigt hat (Gruyters & Priebe, 1994; Orlinsky & Howard, 1986; Priebe, 1992) – teilweise wohl im Sinne eines „Selffulfilling prophecy"-Effektes – wird das Ausmaß einer positiven Behandlungserwartung zusätzlich erfragt (hier liegen im übrigen gute Möglichkeiten der Motivierungsarbeit).

Somit stellt der „EAL-100%" eine Ergänzung dar, um die als Behandlungsanlaß genannten Beschwerden in einen größeren Zusammenhang stellen zu können, der individuelle Ressourcen im Lebenskontext deutlich werden läßt, die einer Defizitorientierung entgegenwirken. Im Rahmen der Therapie- und Interventionsplanung ergibt sich aus einer Betrachtung der Skalen oft ein Hinweis auf unbeachtete Bereiche, die möglicherweise noch von therapeutischer Relevanz sind. Oft wird dabei beim Therapeuten oder beim Klienten eine Reflexion der anfänglich geäußerten Therapieziele und der dahinterliegenden Probleme, Ressourcen, Entwicklungaufgaben und Potentiale angeregt und damit eine Präzisierung der Zielvorstellungen erreicht. Durch die Gegenüberstellung der Patientensicht mit der eines Angehörigen werden einerseits „Objektivierungen aus einer Außenperspektive" vorgenommen und andererseits auch Aspekte einer möglicherweise anderen oder abweichenden Sicht und Bewertung eingeführt, die eine interpersonale Dimension erkennen läßt.

Abbildung 4: Klientenversion der Einschätzungsskalen allgemeiner Lebenszufriedenheit (EAL-100%) zur multiperspektivischen Erfassung (Märtens, 1994)

1. Ich bin zufrieden mit meiner Persönlichkeit und mit meinen Fähigkeiten.

| 0% | 10% | 20% | 30% | 40% | 50% | 60% | 70% | 80% | 90% | 100% |

2. Im Augenblick bin ich zufrieden mit meinem Leben.

| 0% | 10% | 20% | 30% | 40% | 50% | 60% | 70% | 80% | 90% | 100% |

3. Ich erlebe mein Leben als sinnvoll.

| 0% | 10% | 20% | 30% | 40% | 50% | 60% | 70% | 80% | 90% | 100% |

4. Im Kontakt mit anderen Menschen komme ich gut zurecht.

| 0% | 10% | 20% | 30% | 40% | 50% | 60% | 70% | 80% | 90% | 100% |

5. Ich habe viele Freunde.

| 0% | 10% | 20% | 30% | 40% | 50% | 60% | 70% | 80% | 90% | 100% |

6. Ich bin zufrieden mit meiner Freizeit.

| 0% | 10% | 20% | 30% | 40% | 50% | 60% | 70% | 80% | 90% | 100% |

7. Mit Arbeit und Beruf bin ich zufrieden.

| 0% | 10% | 20% | 30% | 40% | 50% | 60% | 70% | 80% | 90% | 100% |

8. Mit meiner Sexualität bin ich zufrieden.

|0%| |10%| |20%| |30%| |40%| |50%| |60%| |70%| |80%| |90%| |100%|

9. Mit meinem Körper bin ich zufrieden.

|0%| |10%| |20%| |30%| |40%| |50%| |60%| |70%| |80%| |90%| |100%|

10. Mit meiner wirtschaftlichen Situation bin ich zufrieden.

|0%| |10%| |20%| |30%| |40%| |50%| |60%| |70%| |80%| |90%| |100%|

11. Mit meiner Wohnsituation bin ich zufrieden.

|0%| |10%| |20%| |30%| |40%| |50%| |60%| |70%| |80%| |90%| |100%|

Anmerkung:
Im Überblick betrachtet, stellen die elf Faktoren oder Bereiche eine Matrix dar, aus der sich einerseits ein Ressourcenpotential, andererseits aber auch ein spezifisches Belastungs- und Risikopotential für einen Klienten bestimmen läßt. Der Vorteil der Operationalisierung jeder Dimension nur durch ein einziges Item ermöglicht dem Klienten und seinem Therapeuten, einen sich selbst erklärenden Überblick zu erhalten. So kann, ausgehend von diesen Informationen zu zentralen Bereichen der Lebenszufriedenheit, im Gespräch eine differenzierte Sicht der vorhandenen Schwierigkeiten und Ressourcen, die zur Überwindung bestehender Probleme genutzt werden können, gewonnen werden.

4. Zielgruppe und Stichprobe

Bei der *Zielgruppe* handelt es sich um Integrative Psychotherapeuten, die überwiegend eine Ausbildung mit integrativer Orientierung am Fritz Perls Institut abgeschlossen oder schon länger begonnen haben und im Rahmen einer von der „Europäischen Akademie für psychosoziale Gesundheit" (EAG) in Düsseldorf durchgeführten Evaluationsstudie zur Effektivität Integrativer Verfahren jede Therapie, die sie neu beginnen, mit den vorgestellten Erhebungsmethoden dokumentieren. Sie wurden durch einen Aufruf in der Zeitschrift Integrative Therapie, sowie einen Brief an die Mitglieder der DGIK (Deutsche Gesellschaft für Integrative Therapie, Gestalttherapie und Kreativitätsförderung e.V.) angesprochen. Ausgeschlossen von der Teilnahme waren Therapeuten, die vorwiegend stationär therapeutisch tätig sind, da das zusammengestellte QS-Monitoring-System speziell für die ambulante Beratung und die private Praxis konzipiert wurde. Die an der Studie teilnehmenden Therapeuten ($N=89$) wurden Ende April 1997 aufgefordert, über einen zweiseitigen Fragebogen zu ihren Erfahrungen mit den Erhebungsinstrumenten Rückmeldungen an die Forschungsstelle der EAG zu geben.

Stichprobe: Bis Anfang Juni 1997 wurden 31 Fragebögen zurückgeschickt, auf die sich diese Auswertung bezieht. Telefonische Nachfragen ergaben, daß eine ganze Reihe von Therapeuten, vorwiegend aufgrund der Einschränkungen bei der Abrechenbarkeit mit den Kassen („TK-Regelung") nicht weiter teilnehmen wollten resp. mangels Patienten teilnehmen konnten, womit sich die Anzahl der Anfang Juli noch aktiv mitarbeitenden (und somit über erste Erfahrungen mit der Anwendung der Materialien verfügenden) Therapeuten auf 62 Teilnehmer reduzierte, was einer Rücklaufquote von 50% entspricht.[3]

Bei der Stichprobe handelt sich um eine Gruppe von Therapeuten, die zu über 80% mehr als fünf Jahre therapeutisch arbeiten und mit einem Durchschnittsalter von 45 Jahren als erfahrene Praktiker gelten können. Mit einem Anteil von 31% männlichen Therapeuten repräsentiert diese Stichprobe ungefähr die typische Geschlechterverteilung in der ambulanten und privaten psychotherapeutischen Versorgung in Deutschland, die vor allem von Therapeutinnen geleistet wird, was sich seit Jahren in den prozentualen Geschlechterverteilungen in Ausbildungsgängen und in den Statistiken der großen Wohlfahrtsverbände niederschlägt, die ambulante Beratung anbieten. Mit 13 von 31 Teilnehmern stellen Psychologen den größten Anteil der Stichprobe, die sich des weiteren aus Sozialarbeitern, Ärzten, Pädagogen und anderen Berufsgruppen zusammensetzt. Fünf Teilnehmer haben ihre therapeutische Zusatzausbildung noch nicht und fünfzehn Teilnehmer haben mehr als eine Ausbildung abgeschlossen. Alle Therapeuten arbeiten in freien Praxen oder ambulanten Einrichtungen, wobei fünf Teilnehmer zusätzlich auch noch in einer Klinik angestellt sind.

Neben der therapeutischen Sozialisation in verschiedenen Ausbildungen wurde noch nach der therapeutischen Orientierung gefragt, der sich die Therapeuten augenblicklich am stärksten verpflichtet fühlen.[4] Da ein hoher Anteil an Mehrfachtherapieausbildungen bei erfahrenen Praktikern zu erwarten ist, war eine Zuordnung zu einer

---

3. Sicherlich wäre es aufschlußreich für eine Weiterentwicklung der Maßnahmen gewesen, von diesen Therapeuten die Gründe der Nicht-Teilnahme differenzierter zu erfassen und somit Aufschlüsse über die möglicherweise auch in den Dokumentationsmaterialien liegenden Gründe der Ablehnung zu erhalten.
4. Untersuchungen zur professionellen Entwicklung von Therapeuten (Ambühl, 1994; Skovholt & Ronnestad, 1992) zeigen, daß die primäre therapeutische Orientierung erheblich von der ursprünglichen und manchmal auch noch von der letzten absolvierten Ausbildung abweicht. Selbstverständlich ist, daß aus diesen Selbstbeschreibungen nur schwerlich auf das tatsächliche Therapeutenverhalten geschlossen werden kann, da empirische Untersuchungen, die sich mit dem tatsächlichen Therapeutenverhalten beschäftigen, immer wieder deutlich machen, daß Selbsteinschätzungen, gerade wenn es um tatsächliches Therapeutenverhalten geht, nur eine sehr grobe Erfassung des Verhaltens ermöglichen. Lambert (1991) behauptet, daß Zusammenhänge zwischen tatsächlichen therapeutischen Fertigkeiten und dem Therapieergebnis so gut wie noch nie richtig erfaßt worden sind, da in fast allen Studien nur ungenügende Indikatoren für therapeutische Kompetenz oder gar Performanz verwendet wurden, die Variablen wie Jahre der therapeutischer Erfahrung, Umfang von Ausbildungen etc. verwendet haben. Wenn Therapeuten sich nicht an Therapiemanualen orientieren, ist es außerdem für unabhängige Beobachter kaum möglich, ihre therapeutische Ausrichtung richtig zu bestimmen (Luborsky, Woody, McLellan & O'Brian, 1982). Therapeutenverhalten unterscheidet sich stärker durch Persönlichkeitsmerkmale und die professionale Entwicklungsphase, in der sich ein Therapeut befindet, als durch eine therapeutische Ausrichtung (Dreyfus & Dreyfus, 1986). Von daher ist es sicher ratsam, mit Schlußfolgerungen, die Zusammenhänge zwischen einer therapeutischen Ausrichtung und anderen Variablen herstellen, zurückhaltend zu sein.

therapeutischen Orientierung nur über die therapeutischen Ausbildungen, also den Weg ihrer therapeutischen Sozialisation, nicht möglich.

Zwei Drittel aller Befragten sehen sich klar einer integrativen Orientierung verpflichtet, während vier Personen sich in ihrem Selbstverständnis als analytisch orientiert und drei weitere sich als gestalttherapeutisch orientiert charakterisieren. Somit kann diese Stichprobe hinsichtlich der therapeutischen Orientierung zwar größtenteils als integrativ beschrieben werden, stellt insgesamt aber, wie die Frage nach der vorherrschenden Orientierung deutlich macht, keine völlig homogene Stichprobe rein integrativ orientierter Therapeuten dar.

5. Ergebnisse

Die von den Therapeuten getroffenen Einschätzungen zur Anwendbarkeit und therapeutischen Relevanz für die alltägliche Praxis der einzelnen Teile der Erhebungsbatterie werden zusammenfassend dargestellt. Die Bewertungen werden aufgrund erster Erfahrungen getroffen, da die meisten Therapien, die untersucht werden, noch nicht abgeschlossen sind. Es handelt sich also um Erfahrungen, die sich auf den ersten Einsatz eines QS-Monitoring-Systems beziehen, mit dem die Anwender noch nicht sehr vertraut sind. Somit wird eine Anfangsbewertung abgegeben, in die die ersten subjektiven Reaktionen der Therapeuten und Klienten auf diese Materialien einfließen.

Sofern keine andere Antwortmöglichkeit erwähnt wird, handelt es sich bei den folgenden Ergebnissen um Einschätzungen auf einer fünfstufigen Skala von „gar nicht" (1) bis „sehr" (5).

1. Schwierigkeiten bei der Durchführung sowie mögliche Auswirkungen auf den Praxisalltag

Der erste Fragenkomplex fokussiert mögliche Schwierigkeiten der konkreten Durchführung sowie mögliche Auswirkungen auf den Praxisalltag: „Wurden persönlich Schwierigkeiten beim Einsatz der Erhebungsinstrumente wahrgenommen und wurden Veränderungen des Praxisalltags festgestellt?"

Die abgebildeten Einschätzungen zeigen von der „Begründung/Legitimation gegenüber dem Klienten" bis zur „Durchführung der Evaluation" eine kontinuierliche Zunahme der Schwierigkeiten, wobei der höchste genannte Mittelwert bei 2.2 liegt, mithin die Schwierigkeiten beim Einsatz der Instrumente sich als relativ gering erweisen.

Veränderungen der alltäglichen Praxisroutine erzielten einzig auf die Frage nach der „persönlichen Belastung" einen höheren Wert, während die drei übrigen Fragen hierzu im Bereich der „leichten Schwierigkeiten" beantwortet wurden. Überraschend war dagegen, daß es hinsichtlich der räumlichen Ausstattung so gut wie keine Probleme gab. Diese Einschätzung resultiert wahrscheinlich daraus, daß im Unterschied zur Durchführung in einer Prä-Testphase von der Notwendigkeit einer Beantwortung in der Praxis abgesehen wurde. Fast 50% der Teilnehmer gaben dann auch an, ihren

Patienten die Unterlagen nach Hause mitgegeben zu haben. Ursprünglich hätten die Fragebögen in der Praxis ausgefüllt werden sollen, so daß die Therapeuten anschließend gleich für Rückfragen und Erklärungen oder zur Klärung von Irritationen bei Patienten hätten zur Verfügung stehen können. Erfahrungsgemäß verlegen oder vergessen viele Patienten ihre Unterlagen oder füllen sie zu Hause nicht aus.

Abbildung 5: Schwierigkeiten durch die Teilnahme an der Studie und Veränderungen des Praxisalltags

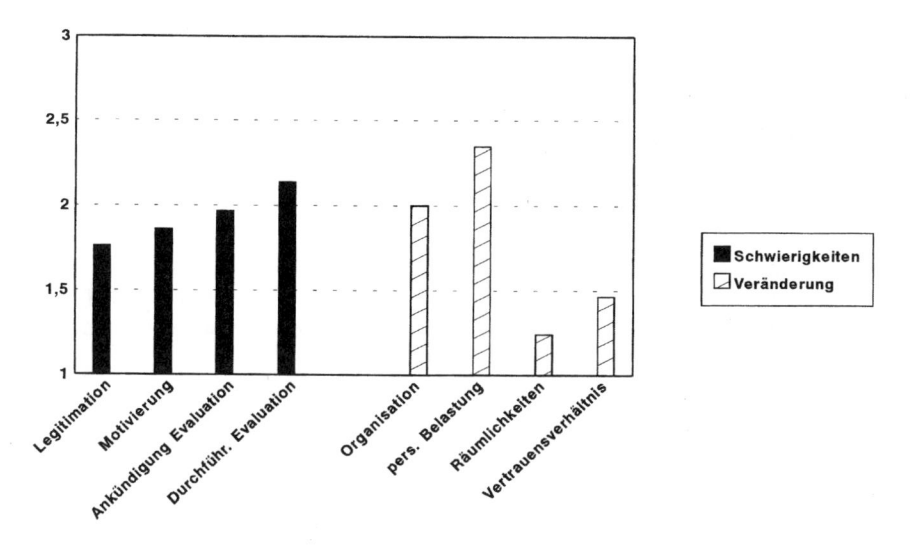

1=gar nicht / 5=sehr (range: 1- 5).

Hieraus ergibt sich oft eine beträchtlich Verzögerung, die eine Vergleichbarkeit der Erhebungszeitpunkte erschwert. Insbesondere die Tatsache, daß wesentliche Veränderungen oft sehr schnell eintreten – oder sogar im Zusammenhang mit der ersten Stunde, wie dies am „Single-Session Phänomen" (Bloom, 1981, 1992; Rosenbaum; 1994 Talmon, 1990) beschrieben ist – lassen eine präzise Messung möglichst vor dem ersten Kontakt unbedingt als Notwendigkeit erscheinen. Gerade diese ersten Veränderungen werden dann übersehen oder vergessen, wenn eine Messung erst später erfolgt, was in Fällen mit frühen Veränderungen zu einer Unterschätzung der eingetretenen Effekte führt. Leider fehlen Arbeiten, die schulenspezifischen Unterschieden nach ersten Therapiesitzungen nachgegangen sind und die behandlungstechnisch hervorgerufene „Demoralisierungen oder Euphorisierungen" erfassen. Wenn man schon unterschiedliche Meßzeitpunkte nicht verhindern kann, die ja oft aufgrund einer spezifischen Dynamik der Therapeut-Patient-Konstellation nicht vermeidbar sind, sollte der Zeitpunkt unbedingt genau erfaßt werden, um diese Unterschiede zu berücksichtigen. Eingangserhebungen, die erst nach zwei Sitzungen erfolgen, erheben keinen ursprünglichen

Patientenstatus mehr, sondern sind schon erheblich mit Therapieeffekten verwoben. Priebe (1992) hat differenziert erfaßt, welchen Beitrag einerseits eine grundlegende positive Behandlungserwartung zum Behandlungserfolg ausmacht, und wie schon direkt in der therapeutischen Anfangsphase einer Behandlung die Weichen für einen positiven und einen negativen Therapieausgang gestellt werden.

Ein Raumproblem ergab sich in vielen freien Praxen daraus, daß das Ausfüllen zwischen 45 und 120 Minuten Zeit erfordert, also Patienten mehr als eine Stunde eher einbestellt werden mußten, damit keine Zeitnot entstand. Andererseits mußten „schnelle" Patienten dann lange auf ihren Therapeuten warten. Wer in seiner Praxis nicht über genügend Räume und möglichst noch eine Sekretärin verfügte, bekam deshalb organisatorische Probleme und wurde in der Durchführung seiner Therapie gestört.

Unter anderem sieht z.B. der Berufsverband Deutscher Psychologen in seinen Richtlinien zur Durchführung von Psychotherapie vor, daß für Klienten ein Wartezimmer vorzusehen ist, welches es Patienten gestattet, daß Behandlungszimmer zu betreten und zu verlassen, ohne vom nächsten Patienten gesehen zu werden.

Auswirkungen auf das Vertrauensverhältnis wurden kaum festgestellt, was eindeutig gegen die Befürchtungen vieler Praktiker spricht, die annehmen, daß mit einer Dokumentation eine Bedrohung der vertrauensvollen therapeutischen Beziehung einhergeht (Buchmann, Schlegel & Vetter, 1996).

2. Verständlichkeit der Fragebögen und ihre Akzeptanz

Hierzu wurden zu den sechs wesentlichen Dokumentationsbestandteilen deren Verständlichkeit und Annahme durch die Patienten wiederum aus der Sicht der Therapeuten erfragt.

Aus Abbildung 6 ist zu ersehen, daß alle sechs Teile im wesentlichen sehr ähnlich eingeschätzt werden, so daß sich keines der verwendeten Meßinstrumente erheblich von den anderen unterscheidet. Da die Werte alle nur etwas über einer mittleren Bewertung liegen (1= schlecht bis 5= sehr gut), dabei aber in den guten Bereich tendieren, können die einzelnen Teile allgemein als verständlich betrachtet werden. Trotzdem überrascht die relative Homogenität der Antworten, da sich nur kleine Unterschiede zwischen den einzelnen Teilen finden. Bei der Betrachtung der individuellen Beantwortungen kommen allerdings auch extreme Einschätzungen vor. Allerdings scheint es, daß die meisten Therapeuten eher einer zentralen Tendenz gefolgt sind und wenig klare Voten abgegeben haben. Da viele Patienten die Fragebögen alleine ausgefüllt haben, besteht auch die Möglichkeit, daß viele Therapeuten hierzu nur über wenig Informationen verfügen. Überraschend ist die positive Bewertung des IIP, dessen Items bei Patienten oft auf Verständnisschwierigkeiten stoßen. Hinsichtlich Akzeptanz und Verständlichkeit gleichermaßen positiv eingeschätzt wurden der selbstentwickelte Lebenszufriedenheitsbogen sowie der pragmatische Stundenbegleitbogen.

Von besonderem Interesse waren mögliche Auswirkungen der Dokumentation auf spezifische Aspekte der Therapie. Hierzu wurden in dieser ersten Annäherung fünf

Dimensionen vorgegeben, die als grobe Indikatoren dienen sollten. Sie wurden als Gegensatzpaare definiert, so daß eine Beantwortung immer mit Null („keine Veränderung") sowie bis +2 und -2 vorgegeben war.

Abbildung 6: Verständlichkeit und Akzeptanz der Fragebogenbestandteile

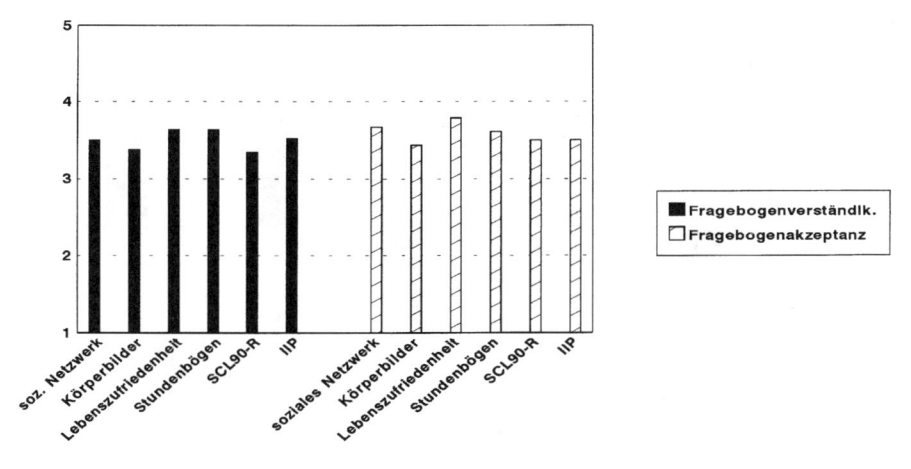

Verständlichkeit: 1=schlecht / 5=sehr gut, Akzeptanz: 1=ablehnend/ 5=positiv
(Mittelwerte)

Bei den drei Merkmalen mit positiven Vorzeichen handelt es sich um die Beschreibungen der Therapien als interessanter, transparenter und effektiver. Bei allen drei Adjektiven handelt es sich um grundsätzlich positiv konnotierte Begriffe. Insbesondere die Wahrnehmung von mehr Transparenz spricht für einen klaren *Nutzen der Veränderungen, den diese Evaluation für den therapeutischen Prozeß hat*. Bei den Antworten fallen die beiden negativen Antworten auf. Beide Dimensionen bedürfen einer Interpretation. Während interessanter, transparenter und effektiver im Unterschied zu ihren Gegensätzen eindeutig positiv konnotiert sind, bedürfen die beiden anderen Fragen einer Interpretation, da sie nicht wie die drei anderen Dimensionen aus sich heraus immer positiv interpretiert werden können. Eine Verkürzung der Therapiedauer stellt für Vertreter von Kurzzeittherapieverfahren eine günstige Entwicklung dar, während sie von Vertretern von Langzeittherapien als unerwünschter Effekt betrachtet wird.

In einem direkten Zusammenhang mit der Effektivitätssteigerung kann dann auch die Einschätzung gesehen werden, daß sich eine Tendenz zur Therapieverkürzung abzeichnet, was unter Kostengesichtspunkten als positiv gesehen werden kann. Woraus sich diese Einschätzung erklärt, bleibt hier unklar, stellt aber eher ein überraschendes

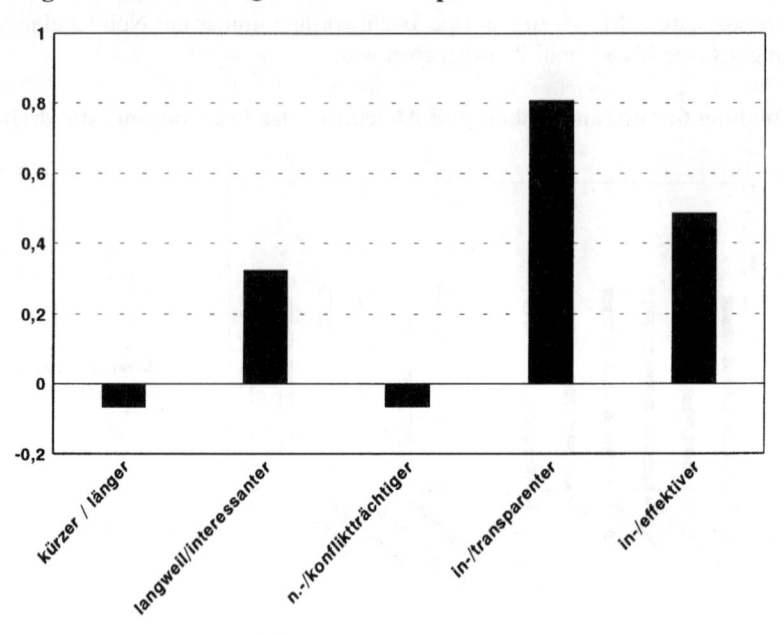

Abbildung 7: Einflüsse der QS auf die Therapie

[Balkendiagramm mit Kategorien: kürzer/länger, langweil/interessanter, n.-/konfliktträchtiger, in-/transparenter, in-/effektiver]

Range -2 - +2

Ergebnis dar, da eine intuitive Einschätzung dahin tendieren würde, daß durch ein Mehr an Aufwand eher längere Therapien resultieren würden. Aber vielleicht geht mit der größeren Transparenz ja gleichzeitig eine Zeitersparnis einher? Konsistent mit dieser Wahrnehmung ist dann auch der zweite negative Wert, der eine Reduktion von Konflikten andeutet, was wiederum bedeutet, daß die Einführung der Dokumentation kein konfliktinduzierender, sondern ein konfliktreduzierender Vorgang ist. Ob die geringeren Ausprägungen in die negative Richtung mit einer generellen Ablehnung und Bevorzugung positiver Antworten zusammenhängen, kann nur vermutet werden.

Zusammenfassend kann festgestellt werden, daß zumindest auf dem Hintergrund dieser Fragen keinerlei Hinweise auf negative Effekte festzustellen sind, es sei denn, man würde die Zeitersparnis sowie die leichte Abnahme von Konflikten als eine negative Entwicklung ansehen, die für die therapeutische Praxis dysfunktional ist. Eine Bewertung der Abnahme von Konflikten setzt allerdings eine Klassifikation unterschiedlicher Konflikte sowie therapeutische Bearbeitung voraus, da eine grundsätzliche Bewertung dieses Phänomens nur nach einer Unterscheidung von notwendigen und therapeutisch hilfreich bearbeiteten von destruktiven Konflikten sinnvoll sein kann.

85% der befragten Therapeuten gaben an, an einer computergestützten Auswertung der eigenen Fragebögen interessiert zu sein, was ihnen eine direkte Nutzung der Daten ermöglichen würde, wenn der Klient selber oder eine andere Person sie direkt eingeben würde. Hier zeichnet sich eine Trendwende ab. Zu Beginn des Projektes wurde in einem Prä-Ttest, an dem lediglich zehn Therapeuten teilnahmen, kein Bedarf an computergestützten Auswertungen geäußert, obwohl dies auch vor zwei Jahren ausdrücklich erfragt wurde.

Die Auseinandersetzungen mit den konkreten Untersuchungsmaterialien haben eine Bereitschaft zur Nutzung dieser Materialien gefördert und Möglichkeiten der Implementierung in den therapeutischen Praxisalltag eröffnet. Eine allgemeinverbindliche Basisdokumentation für eine permanente Dokumentation wurde allerdings von 39.2% der Therapeuten mit Ratings von 1 und 2 abgelehnt, während 39.3% mit Ratings 4 und 5 für eine kontinuierliche Basisdokumentation plädierten (21.4% unentschieden). Viele Therapeuten plädieren für einen selektiven Einsatz der Dokumentation, und 86% halten für diese Entscheidungen eine Orientierung an Störungsbildern für nicht relevant, sondern halten andere Variablen für entscheidender, wenn es darum geht, bei welchen Patienten sie als Therapeuten einen Einsatz für sinnvoll erachten würden. Dies bedeutet, daß in der untersuchten Stichprobe zwar eine Bereitschaft zu qualitätssichernden Aktivitäten zu bestehen scheint, eine grundsätzliche Einführung aber nicht begrüßt wird und wohl eher als störend denn als grundsätzlich hilfreich erachtet wird.

6. Schlußfolgerungen und Kritik

Insgesamt kann also festgestellt werden, daß die Annahme und Bewertung des QS-Monitoring-Systems allgemein sehr positiv ausfällt, was in diesem Umfang überraschend war, da von vielen Seiten vermutet wurde, daß die Bereitschaft zur Annahme geringer sein würde und aufgrund einer gründsätzlichen Skepsis und sehr kritischen Haltung vieler Therapeuten gegenüber Fragebögen wesentlich mehr ablehnende und kritische Ergebnisse erwartet wurden. Die Ergebnisse verdeutlichen auf jeden Fall, daß die Therapeuten, die ihre Rückmeldungen abgegeben haben, wesentlich mehr positive Anregungen als Störungen ihrer therapeutischen Praxis durch die Einführung der Dokumention erfahren haben. Dies mag an einer schon vorhandenen Bereitschaft zur Arbeit mit Evaluationsinstrumenten gelegen haben oder könnte vorsichtig vielleicht auch als ein Erfolg der Bemühungen um die Entwicklung einer Forschungs- und qualitätssicherungsfreundlichen „Kultur" in den vergangenen Jahren gedeutet werden (Petzold, Hass, Jakob, Märtens & Merten, 1996) und auch als ein Hinweis auf die grundsätzliche Brauchbarkeit der Instrumente gesehen werden. Obwohl das Instrumentarium wesentlich „schmaler" gestaltet war, als dies in klinischen experimentellen Studien oft der Fall ist, sollte das Material weiter gestrafft werden, so daß es vom Umfang her von den meisten Patienten schneller als in 45 Minuten bearbeitet werden kann. Für die klinische Praxis ist die Weiterentwicklung einfacher und selbstevidenter Erhebungsinstrumente notwendig, die sofort interpretiert werden können, sofern keine direkte Auswertung durch einen Computer erfolgt, der möglichst vom Patienten direkt benutzt wird.

Der lediglich aus drei Items bestehende Stundenbegleitbogen erfreut sich großer Akzeptanz. Allgemein wird seine Verwendung als sehr therapieförderlich gesehen, wenn er in den Prozeß einbezogen wird. Ganz im Gegensatz zur oft beschworenen Unmöglichkeit einer Erfassung der ganz besonderen Qualitäten dieser Beziehung wurde die Objektivierung der Therapeut-Klient-Beziehung durch die Fragen im Stundenbegleitbogen, die von beiden Seiten beantwortet werden, mit großem Interesse im Gespräch verwendet, um Klärungen der Beziehung anzustoßen, die sonst vielleicht nicht oder erst später erfolgt wären. Die Erfahrungen zeigen also, daß auch ein so stark erlebnisaktivierendes Verfahren, wie es der Integrative Ansatz von Petzold ist (Petzold & Orth, 1990), der der therapeutischen Beziehung eine große Bedeutung zuschreibt, sehr wohl qualitätssichernde Dokumentationen verträgt, die, kompetent genutzt, die Beziehung zum Klienten eher fördern als stören.

Von einigen Therapeuten werden auffallende und besondere Veränderungen der therapeutischen Vorgehensweise berichtet, die durch den Fragebogen zur Erfassung der Lebensqualität ausgelöst wurden. Da dieser auch von einem Angehörigen des Patienten ausgefüllt wird, ergaben sich hieraus oft unerwartete Wirkungen, die allerdings im Vorgehen begründet liegen. Die Antworten, die von Angehörigen oder nahen Freunden gemacht wurden, werden von den Patienten kommentiert. Dabei wird deutlich, daß die Fragen oft weitreichende Diskussionen in Beziehungen ausgelöst haben. Aufgrund des Fragebogens werden Angehörige öfter und eher in die Therapie einbezogen („Meine Frau will jetzt mal mitkommen, um Ihnen ihre Sicht der Dinge zu erklären."). Hier wird sichtbar, daß der Versuch, die Angehörigenperspektive als Informationsquelle zu verwenden, den Charakter einer therapeutischen Intervention als Intervention in ein Netzwerk aufzeigt. Mehr oder weniger können aufgrund der Aufforderung, zu bestimmten Bereichen des Patienten eine Einschätzung seiner Zufriedenheit in diesem Bereich abzugeben, Konflikte ausgelöst werden. Eine Therapeutin berichtet von einer Patientin, daß sie ihre Zufriedenheit im Bereich Sexualität sehr niedrig, dafür aber die ihres Mannes sehr hoch einschätzte. Aufgrund dieser unterschiedlichen Einschätzungen, die durch die Fragen ausgelöst wurden, wurde ein Konflikt in einer Beziehung bewußtgemacht oder durch die Frage hervorgerufen, der ansonsten zumindest zu diesem Zeitpunkt nicht thematisiert worden wäre. Eine multiperspektivische Erfassung kann erhebliche Auswirkungen auch auf Menschen im sozialen Umfeld eines Patienten haben, wenn diese durch qualitätssichernde Interventionen einbezogen werden. Hier bleibt zu fragen, in welchem Verhältnis hieraus tatsächliche Auswirkungen resultieren oder lediglich der potentielle netzwerkinterventive Aspekt aller therapeutischen Vorgehensweisen deutlich wird. Unterschiedliche therapeutische Orientierungen werden diesen Effekt entweder begrüßen oder als eine Störung erleben, je nachdem, wie diese Ereignisse zur Vorgehensweise und der dahinterstehenden Therapietheorie oder Ideologie (Petzold & Orth, 1997) passen.

Insgesamt zeigen die Ergebnisse, daß Qualitätssicherung Spaß machen kann und Anregungen liefert. Aber natürlich sollte dieses Ergebnis mit Vorsicht interpretiert werden, da noch nicht alle Teilnehmer geantwortet haben. An einer 100%-Katamnese von Frank und Fiegenbaum (1994), die diese mit allen ihren Klienten durchgeführt haben, ist sehr präzise demonstriert worden, daß mit zunehmender Zeitdauer der Rückantworten, auch bei einer grundsätzlich positiven Gesamtbewertung, die Bewertungen immer schlechter ausfielen. Man kann also, wie dies in anderen Untersuchungen ja auch schon erkennbar war, davon ausgehen, daß eine geringere Bereitschaft zur Beantwortung des Fragebogens zur Akzeptanz der Erhebungsinstrumente und deren Praxisrelevanz schon einen Hinweis auf eine geringere Zufriedenheit darstellt.

Somit bleibt abzuwarten, ob die Antworten, die erst nach erneuter Aufforderung erfolgen, schlechter ausfallen oder nicht.

In welchem Ausmaß Qualitätsverbesserungs-Maßnahmen für eine Entwicklung der Psychotherapie förderlich sind, werden sicherlich die nächsten Jahre zeigen. Grawe und Braun (1994) stellen zu Recht fest, daß die psychotherapeutische Veränderungsmessung inhaltlich und methodisch inzwischen einen Differenzierungsgrad erreicht hat, der für den Praktiker oft nur noch schwer nachzuvollziehen ist. Deshalb haben nur *die* Qualitätssicherungs-Modelle eine Aussicht auf Akzeptanz, die die ureigenen Interessen von Klienten und Therapeuten treffen. In diesem Sinne stellt die Evaluation von Psychotherapie – welcher Spielart auch immer – ebenso wie das therapeutische Vorgehen eine Form des Lernens durch hoffentlich erkenntnisträchtige Irrtümer dar. Für eine Integration therapeutischer Vorgehensweisen stellt die Forderung nach einheitlichen Ergebnis- und Verlaufsdokumentationen sicherlich eine Chance bereit, da sie zu einer Annäherung der Richtungen beiträgt, wenn es gelingt zu verhindern, daß für jede Richtung unterschiedliche Evaluationsmethoden entwickelt werden, die dem therapeutischen Feld hinsichtlich öffentlicher Akzeptanz nur schaden können. Neben der Therapeutenperspektive, die hier erfaßt wurde, stellt selbstverständlich die Perspektive der Klienten, die Community of clients/patients (Petzold, in Druck) für die Zukunft die entscheidende Informationsquelle dar, die über Nutzen und Schaden bestimmter Formen der Qualitätssicherung entscheidet. Die Ergebnisse der Therapeutenbefragung müssen mit Vorsicht interpretiert werde, da Zufriedenheitsbeurteilungen in der Regel die Tendenz aufweisen, positiv auszufallen. Insbesondere die relativ homogene Bewertung über viele Module hinweg läßt es ratsam erscheinen, die hier vorgenommenen Bewertungen noch einmal zu einem späteren Zeitpunkt zu wiederholen, wenn längere Erfahrungen mit den Instrumenten vorliegen. Eine Überprüfung des Nutzen für die Klienten ist darüber hinaus ein weiterer Schritt, der über die letztendliche Tauglichkeit eines Modulsystems entscheidet, das ja drei Ziele verfolgen sollte, nämlich dem Patienten, dem Therapeuten und der Gesellschaft von Nutzen zu sein.

Literaturverzeichnis

Ambühl, H. (1994). Internationale Studie zur Entwicklung der Psychotherapeuten und Psychotherapeutinnen. Ein Forschungsprojekt des „Collaborative Research Network" (CRN). *Psychotherapeut, 39,* 336–338.

Bastine, R., Fiedler, P. & Kommer, D. (1989). Was ist therapeutisch an der Psychotherapie? Versuch einer Bestandsaufnahme und Systematisierung der Psychotherapeutischen Prozeßanalyse. *Zeitschrift für Klinische Psychologie, 18,* 3–22.

Bergold, J.B. & Flick, U. (Hrsg.). (1987). *Ein-Sichten – Zugänge zur Sicht des Subjekts mittels qualitativer Forschung.* Tübingen: dgvt-Verlag.

Bloom, B.L. (1981). Focused single-session therapy: Initial development and evaluation. In S.H. Budman (Ed.), *Forms of brief therapy* (pp. 167–216). New York: The Guilford Press.

Bloom, B.L. (1992). *Planned short-term psychotherapy: A clinical Handbook.* Boston: Allyn & Bacon.
Buchmann, R., Schlegel, M. & Vetter, J. (1996). Die Eigenständigkeit der Psychotherapie. In A. Pritz (Hrsg.), *Psychotherapie. Eine neue Wissenschaft vom Menschen* (S. 75–121). Wien: Springer.
Burt, R.S. (1984). Network Items and the General Social Survey. *Social Networks, 6,* 293–339.
Dreyfus, H.L. & Dreyfus, S.E. (1986). *Mind over machine: The power of human intuition and expertise in the era of the computer.* New York: The Free Press.
Eckert, J., Bolz, W. & Pfuhlmann, K. (1979). Überprüfung der Vorhersagbarkeit von psychotherapeutischen Effekten aufgrund der „Ansprechbarkeit" des Klienten bei Gesprächspsychotherapie und dynamischer Kurztherapie. *Zeitschrift für Klinische Psychologie, 8,* 169–180.
Fiegenbaum, W., Tuschen, B. & Florin, I. (1997). Qualitätssicherung in der Psychotherapie. *Zeitschrift für Klinische Psychologie 26,* 138–149.
Flammer, A. (1990). *Erfahrung der eigenen Wirksamkeit. Einführung in die Psychologie der Kontrollmeinung.* Bern: Huber.
Frank, M. & Fiegenbaum, W. (1994). Therapieerfolgsmessung in der psychotherapeutischen Praxis. *Zeitschrift für Klinische Psychologie, 23,* 268–275.
Franke, G. (1995). *SCL-90-R. Die Symptom-Checkliste von L. R. Derogatis, deutsche Version, Manual.* Göttingen: Beltz Test.
Grawe, K. & Braun, U. (1994). Qualitätskontrolle in der Psychotherapiepraxis. *Zeitschrift für Klinische Psychologie, 23,* 242–267.
Grawe, K., Donati, R. & Bernauer, F. (1994). *Psychotherapie im Wandel. Von der Konfession zur Profession.* Göttingen: Hogrefe Verlag für Psychologie.
Gruyters, T. & Priebe, S. (1994). Die Bewertung psychiatrischer Behandlung durch die Patienten – Resultate und Probleme der systematischen Erforschung. *Psychiatrische Praxis, 21,* 88–95.
Hass, W. (1995a). *Der Einsatz von Stundenbegleitbögen in der ambulanten Psychotherapie unter Praktikabilitätsgesichtspunkten.* Unveröff. Manuskript. Düsseldorf: Europäische Akademie für psychosoziale Gesundheit.
Hass, W. (1995b). *Zweidimensionales Netzwerk.* Unveröff. Manuskript. Düsseldorf: Europäische Akademie für psychosoziale Gesundheit.
Herman, J.L., Morris, L.L. & Fitz-Gibbon, C.T. (1988). *Evaluator's handbook.* Beverly Hills: Sage.
Horowitz, L.M., Strauß, B. & Kordy, H. (1994). *Inventar zur Erfassung Interpersonaler Probleme – Deutsche Version – Manual.* Weinheim: Beltz.
Höger, D. & Eckert, J. (1997). Der Bielefelder Klienten-Erfahrungsbogen (BIKEB). Ein Verfahren zur Erfassung von Aspekten des „Post-Session Outcome" bei Psychotherapien. *Zeitschrift für Klinische Psychologie, 26,* 129–137.
Jaspers, K. (1913). *Allgemeine Psychopathologie* (9. Aufl.). Berlin: Springer.
Kiesler, D. (1983). The 1982 interpersonal circle: A taxonomy for complementarity in human transactions. *Psychological Review, 90,* 185–214.
Kubinger, K. D. (1997). Messen in der Psychotherapie. *Psychotherapeut, 42,* 183–191.

Laireiter, A.-R., Knauer, H. & Baumann, U. (1995). *Qualitätssicherung von Psychotherapie.* Expertenbericht und Gutachten an das Bundesministerium für Wissenschaft in Wien. Wien: Bundesministerium für Wissenschaft und Verkehr.

Lambert, M.J. (1991). Introduction to psychotherapy research. In L.E. Beutler & M. Crago (Eds.). *Psychotherapy research – An international review of programmatic studies* (pp. 1–11). Washington, DC: American Psychological Association.

Lévinas, E. (1983). *Die Spur des anderen.* Freiburg: Alber. (Original erschienen 1963: *La trace de l'autre.*)

Luborsky, L., Woody, G.E., McLellan, A.T. & O'Brien, C.P. (1982). Can independent judges recognize different psychotherapies? An Experience with manual-guided therapies. *Journal of Consulting and Clinical Psychology, 50,* 49–62.

Marcel, G. (1967). *Die Menschenwürde und ihr existentieller Grund.* Frankfurt: Knecht.

Märtens, M. (1994). *Einschätzskalen allgemeiner Lebenszufriedenheit (EAL 100%).* Unveröff. Manuskript. Düsseldorf: Europäische Akademie für psychosoziale Gesundheit.

Märtens, M. (1997). *Psychotherapie im Kontext.* Heidelberg: Asanger.

Märtens, M. & Petzold, H.G. (in Druck). Wer und was wirkt in der Psychotherapie. Mythos Wirkfaktoren oder hilfreiches Konstrukt? *Integrative Therapie, 3.*

Maslow, A. (1962). *Toward a psychology of being.* New York: Van Nostrand.

Meyer, A.E., Richer, R., Grawe, K., Graf v. d. Schulenberg, J.-M., Schulte, B. (1991). *Forschungsgutachten zu Fragen eines Psychotherapeutengesetzes.* Hamburg: Universitätskrankenhaus Eppendorf.

Moreno, J.L. (1934). *Who shall Survive? A New Approach to the problem of Human Interrelation.* Washington DC: Nervous and Mental Disease Publ. Co.

Moreno, J.L. (1940). A Frame of Reference for Testing an Investigator. *Sociometry, III,* 317–328.

Orlinsky, D.E. & Howard, K.J. (1986). The psychological interior of psychotherapy: Explorations with the therapy session reports. In L.S. Greenberg & W.M. Pinsof (Eds.), *Psychotherapeutic pocess: A research handbook* (pp. 477–501). New York: Guilford Press.

Petzold, H.G. (1980). Moreno – nicht Lewin – der Begründer der Aktionsforschung. *Gruppendynamik, 11,* 223–350.

Petzold, H.G. (1996a). *Integrative Bewegungs- und Leibtherapie. Ausgewählte Werke* (Bd. I/1 und I/2). (3., revidierte und überarbeitete Aufl.). Paderborn: Junfermann.

Petzold, H.G. (1996b). Der „Andere" – der Fremde und das Selbst. Tentative, grundsätzliche und persönliche Überlegungen für die Psychotherapie anläßlich des Todes von Emmanuel Lévinas (1906–1995). *Integrative Therapie, 22,* 319–349.

Petzold, H.G. (in Druck). Der „andere Blick" – die Perspektive von Kollegen und Patienten – über Diskurse in der Psychotherapie. In H. Petzold & M. Märtens (Hrsg.), *Psychotherapieforschung und die Praxis der Psychotherapie.* Paderborn: Junfermann.

Petzold, H.G., Goffin, J.J.M. & Oudhof, J. (1993). Protektive Faktoren und Prozesse – die „positive" Perspektive in der longitudinalen, „klinischen Entwicklungspsychologie" und ihre Umsetzung in die Praxis der Integrativen Therapie. In H.G. Petzold

& J. Sieper (Hrsg.), *Integration und Kreation* (S. 173–266). Paderborn: Junfermann.

Petzold, H.G., Hass, W., Jakob, S., Märtens, M. & Merten, P. (1995). Evaluation in der Psychotherapieausbildung: Ein Beitrag zur Qualitätssicherung in der Integrativen Therapie. In H.G. Petzold, I. Orth & J. Sieper (Hrsg.), Qualitätssicherung und Didaktik in der therapeutischen Aus- und Weiterbildung [Sonderheft]. *Gestalt und Integration, 18,* 180–223.

Petzold, H.G. & Orth, I. (1990). *Die neuen Kreativitätstherapien. Handbuch der Kunsttherapie* (Bd. 1). Paderborn: Junfermann.

Petzold, H.G. & Orth, I. (1997). *Mythen in der Psychotherapie. Psychotherapie – Ideologie – Macht.* Paderborn: Junfermann.

Priebe, S. (1992). *Die Bedeutung der Patientenmeinung: Initiale Bewertung und Verlauf psychiatrischer Therapie.* Göttingen: Hogrefe Verlag für Psychologie.

Röhrle, B. (1995). *Soziale Netzwerke und soziale Unterstützung.* Weinheim: Beltz.

Rosenbaum, R. (1994). Single-session therapies: Intrinsic integration? *Journal of Psychotherapy Integration, 4,* 229–252.

Schindler, L., Hohenberger-Sieber, E. & Hahlweg, K. (1990). Stundenbeurteilungsbogen für Klienten und Therapeuten (SB–K, SB-T). In G. Hank, K. Hahlweg. & N. Klann (Hrsg.), *Diagnostische Verfahren für Berater. Materialien zur Diagnostik und Therapie in Ehe-, Familien- und Lebensberatung* (S. 331–339). Göttingen: Beltz Test.

Skovolt, T.M. & Ronnestad, M.H. (1992). *The evolving professional self: Stages and themes in therapist and counselor development.* New York: Wiley.

Talmon, M. (1990). *Single session therapy. Maximizing the effect of the first (and often only) therapeutic encounter.* San Francisco: Jossey Bass.

Figurationsanalyse
Ein Konzept und Computerprogramm für die Prozeß- und Ergebnisevaluation in der Therapiepraxis

Klaus Grawe & Claudia Baltensperger

Inhalt:

1. Einleitung 179
2. Was ist eine Figurationsanalyse? 180
   2.1 Zum Konzept der Figurationsanalyse 180
   2.2 Einige wichtige Charakteristika der Figurationsanalyse 189
3. Programmbeschreibung 192
   3.1 Basisdokumentation 192
   3.2 Figurationsanalytische Testauswertung 195
   3.3 Import/Export von Test- und Basisdaten 201
   3.4 Datenschutz 202
   3.5 Hard- und Softwarevoraussetzungen 202
4. Hinweise für potentielle Benutzer 202

1. Einleitung

Im folgenden beschreiben wir ein Konzept, eine Methode und ein Computerprogramm für die Prozeß- und Ergebnisevaluation in der Psychotherapie. Der Beitrag will potentielle Anwender mit den Möglichkeiten des Computerprogramms „Figurationsanalyse" bekannt machen. Das Programm eignet sich sowohl für die routinemäßige Qualitätskontrolle in der therapeutischen Einzelpraxis als auch für die Untersuchung komplexer Forschungsfragestellungen im Rahmen größerer Institutionen.

Im Rahmen dieses Buches brauchen wir die Wünschbarkeit einer praktikablen Qualitätskontrolle in der therapeutischen Alltagspraxis nicht zu begründen. Wir setzen bei den Lesern dieses Beitrags ein Interesse für praktikable Formen der Qualitätskontrolle voraus. Wir wollen darüber informieren, wie eine solche Qualitätskontrolle praktisch realisiert werden kann. Auch die Bereitschaft von Therapeuten und Institutionen, Patienten Meßmittel vorzugeben, die Aussagen über die Prozeß- und Ergebnisqualität von

Therapien erlauben, setzen wir voraus. Die Figurationsanalyse befaßt sich mit der Verarbeitung so gewonnener Informationen für die Zwecke der Qualitätskontrolle. Sie kann prinzipiell auf Meßmittel jeder Art angewendet werden. Obwohl wir durchaus unsere Vorstellungen darüber haben, welche Meßmittel sich besonders gut für die Qualitätskontrolle eignen (Grawe & Braun, 1994), gehen wir darauf hier nicht ausführlich ein. Unser Schwerpunkt liegt auf der praktischen Verarbeitung von erhobenen Meßwerten für Zwecke der Qualitätskontrolle. Diesen Schwerpunkt setzen wir deswegen, weil wir vielfach erfahren haben, daß die Realisierung von Zielen, an deren Wert eigentlich niemand zweifelt, oft ganz einfach an praktischen Schwierigkeiten scheitert. Die routinemäßige Prozeß- und Ergebnisevaluation von Psychotherapien ist so ein Bereich. Wir wissen von vielen, die dazu bereit wären, die sich aber nicht vorstellen können, den dafür notwendigen Aufwand zu realisieren. An solche Therapeuten und Institutionen richtet sich unser Beitrag. Wir haben gewissermaßen „am eigenen Leibe" erfahren, wie Prozeß- und Ergebnisevaluationen von Therapien, die wir ursprünglich nur im Rahmen von Forschungsprojekten vorgenommen hatten, durch ein bestimmtes Arbeitsinstrument zu einem nicht mehr wegzudenkenden Teil unserer therapeutischen Alltagspraxis wurden. Dieses Arbeitsinstrument „Figurationsanalyse" ist ein Computerprogramm, das es erlaubt, Daten über Therapien sehr ökonomisch in anschauliche Graphiken umzuwandeln, die unmittelbare klinische Plausibilität haben. Seitdem wir dieses Computerprogramm zur Verfügung haben, will kein Therapeut, der bei uns arbeitet, mehr auf die dadurch ermöglichte anschauliche Rückmeldung über seine Therapien verzichten. Wer erst einmal damit begonnen hat, sich die Qualität seiner Therapien auf diese Weise rückmelden zu lassen, wird nicht mehr darauf verzichten wollen, denn diese Rückmeldung hat ausschließlich Vorteile und macht die eigene Arbeit interessanter, als sie es ohne diese Rückmeldung wäre.

Was also ist eine Figurationsanalyse und wie sieht das Computerprogramm aus, mit dem diese Methode praktisch realisiert werden kann?

Wir werden auf diese beiden Fragen der Reihe nach in getrennten Abschnitten eingehen. Der erste Abschnitt befaßt sich mit den Grundgedanken der Figurationsanalyse sowie ihren Aussage- und Anwendungsmöglichkeiten. Der nächste befaßt sich mit einer konkreten Beschreibung des Computerprogramms und seinen vielfältigen Möglichkeiten. Dieser Teil ist vor allem für Leser informativ, die erwägen, selbst mit diesem Programm zu arbeiten. Für solche Leser geben wir in einem kurzen Schlußabschnitt noch einige Hinweise zur Arbeitsweise mit dem Programm und dazu, wie sie zu dem Programm gelangen können.

2. Was ist eine Figurationsanalyse?

2.1 Zum Konzept der Figurationsanalyse

Konzeptionell ist die Figurationsanalyse in erster Linie eine Methode zur Verbindung von gruppenstatistischer und Einzelfallanalyse (vgl. dazu ausführlicher Grawe, 1991). Sie soll ermöglichen, daß bei Gruppenuntersuchungen nicht der Bezug zum einzelnen Patienten verlorengeht. Von der Gruppenebene kann leicht auf die Einzelfallebene gewechselt werden und umgekehrt. Der Einzelfall wird nicht für sich ohne Hintergrund, sondern grundsätzlich vor dem Hintergrund einer für ihn relevanten Referenzgruppe betrachtet. Die Gruppe kann in beliebige Untergruppen aufgelöst und Einzelfälle können zu Untergruppen zusammengefaßt werden. Eine Figuration ist die graphische Veranschaulichung des Verhältnisses zwischen Einzelfall oder Untergruppe und Referenzgruppe. Einzelfall und Gruppe sollen simultan betrachtet werden können. Zwei Beispiele mögen dies veranschaulichen:

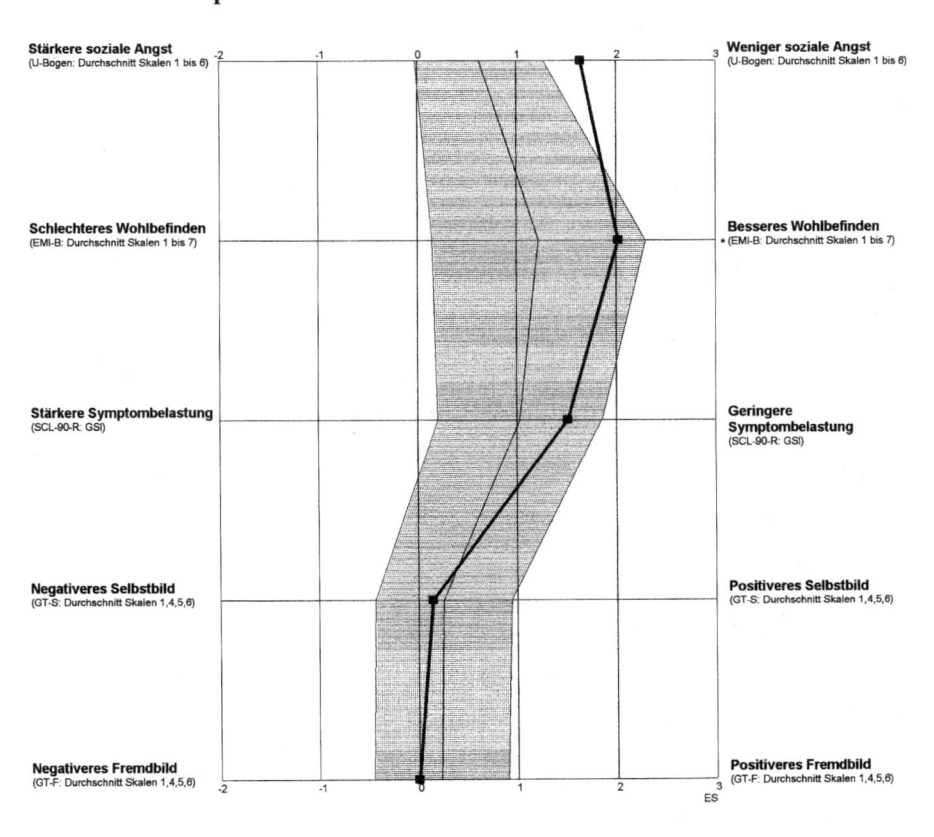

Abbildung 1: Effektfiguration: Integrierte Effektstärken als Durchschnitt über die Skalen verschiedener Fragebögen bei einer erfolgreichen Therapie

Abbildung 2: Effektfiguration: Integrierte Effektstärken als Durchschnitt über die Skalen verschiedener Fragebögen bei einer wenig erfolgreichen Therapie

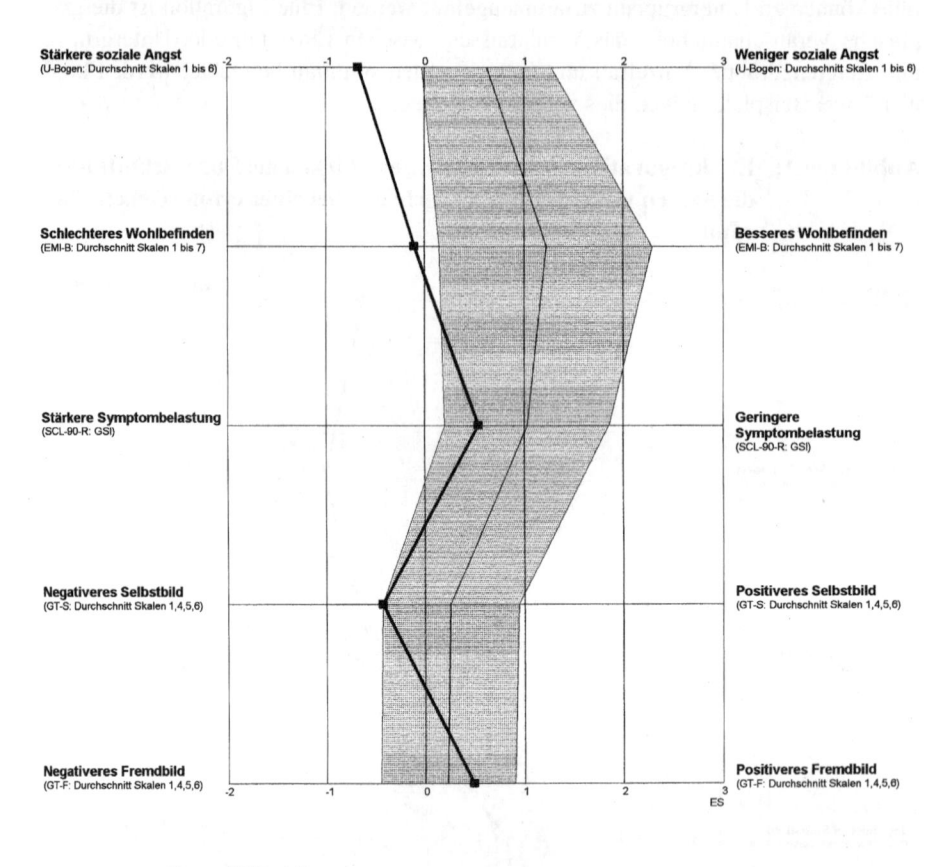

Linke Seite	Rechte Seite
Stärkere soziale Angst (U-Bogen: Durchschnitt Skalen 1 bis 6)	Weniger soziale Angst (U-Bogen: Durchschnitt Skalen 1 bis 6)
Schlechteres Wohlbefinden (EMI-B: Durchschnitt Skalen 1 bis 7)	Besseres Wohlbefinden (EMI-B: Durchschnitt Skalen 1 bis 7)
Stärkere Symptombelastung (SCL-90-R: GSI)	Geringere Symptombelastung (SCL-90-R: GSI)
Negativeres Selbstbild (GT-S: Durchschnitt Skalen 1,4,5,6)	Positiveres Selbstbild (GT-S: Durchschnitt Skalen 1,4,5,6)
Negativeres Fremdbild (GT-F: Durchschnitt Skalen 1,4,5,6)	Positiveres Fremdbild (GT-F: Durchschnitt Skalen 1,4,5,6)

07005-0, post - Messung
UniBern

Abbildung 1 stellt die Figuration für die Therapieeffekte bei einem sehr erfolgreich behandelten Psychotherapiepatienten dar, Abbildung 2 die einer eher nicht erfolgreichen Therapie. Die Abbildungen beruhen auf „*integrierten Effektstärken*"[1], die durch das Computerprogramm Figurationsanalyse automatisch berechnet werden. Der einzelne Patient – oder eine Untergruppe von Patienten – wird als schwarze Linie vor einem grau schattierten Hintergrund abgebildet. Der grau schattierte Bereich stellt den durchschnittlichen Therapieerfolg (Mittelwert +/- 1 Standardabweichung darüber und darunter) einer für diesen Patienten relevanten Referenzgruppe dar. Das könnten z.B. die auf einer Abteilung in einem bestimmten Zeitraum behandelten Patienten sein oder, im Rahmen eines Forschungsprojektes, die Werte für eine bestimmte Behandlungsbedingung, mit der auch dieser Patient behandelt wurde. Die Null-Linie bedeutet „keine Veränderung". Die Figuration vermittelt auf einen Blick einen anschaulichen Eindruck vom Therapieergebnis eines Patienten.

Eine Figuration auf der Basis von Effektstärken bezeichnen wir als „*Effektfiguration*". Effektfigurationen können prinzipiell für jedes Meßmittel erstellt werden, das zur Veränderungsmessung eingesetzt wurde. Je mehr Messungen bei einem Patienten erhoben wurden, umso differenzierter wird das Bild, das die Figurationen von seinem Therapieergebnis vermitteln. Abbildung 3 stellt die Symptom-Checkliste (SCL-90-R)-Effektfiguration für den Patienten aus Abbildung 1 dar und Abbildung 4 die Effektfiguration für das Inventory of Interpersonal Problems (IIP). Für letzteres wurde eine kreisförmige Darstellung gewählt, die der Circumflex-Philosophie dieses Meßinstrumentes besser entspricht als die vertikalen Profile der sonstigen Effektfigurationen.

Man kann die Effektstärken für die Skalen eines Messinstrumentes auch zu integrierten Effektstärken zusammenfassen. Beispiele dafür hatten wir schon in den Abbildungen 1 und 2 gesehen. Für die Figurationen kann also eine gröbere oder feinere Auflösungsebene gewählt werden, je nachdem ob man an einem schnellen Gesamtüberblick oder an einem möglichst detailreichen und differenzierten Abbild des Therapieergebnisses interessiert ist. Für die Zwecke einer routinemäßigen Qualitätskontrolle wird man vielleicht die globalere Darstellungsebene wählen, für ein Forschungsprojekt aber wohl die differenziertere vorziehen.

Analog zu den Effektfigurationen können auch „*Prozeßfigurationen*" erstellt werden, vorausgesetzt natürlich, es liegen Meßwerte über den Therapieprozeß vor. Abbildung 5 zeigt z.B. die Prozeßfiguration für ein einzelnes Item, das von dem Patienten aus Abbildung 1 im Anschluß an jede Therapiesitzung in einem „Patientenstundenbogen" eingeschätzt wurde.

Aus solchen Prozeßfigurationen erhält man auf einen Blick ein Bild vom Therapieverlauf und kann z.B. fruchtbare und weniger fruchtbare Therapiephasen oder Therapiesitzungen identifizieren. Auch für Prozeßfigurationen können wieder mehrere Items zu integrierten Skalen zusammengefaßt werden. Abbildung 6 stellt fünf faktorenanalytisch gewonnene Skalen dar, mit denen jeweils mehrere Items des Patientenstudenbogen zu bestimmten Qualitätsmerkmalen der Therapiesitzung zusammengefaßt werden.

---

1. Zur Berechnung integrierter Effektstärken werden die Effektstärkenwerte verschiedener Skalen gemittelt.

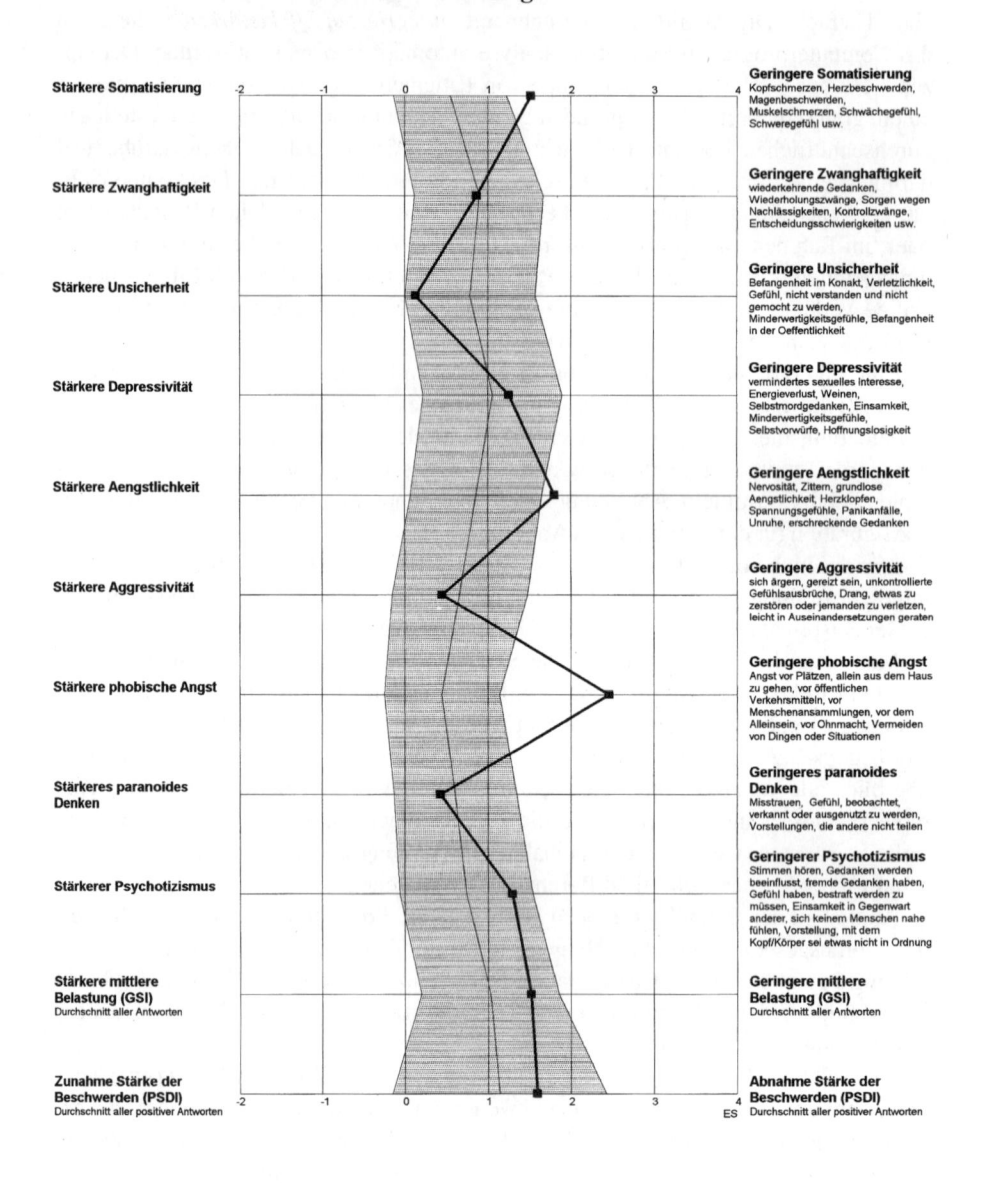

Abbildung 3: Effektfiguration: Effektstärken in den Skalen der SCL-90-R für den Patienten aus Abbildung 1

Stärkere Somatisierung	Geringere Somatisierung Kopfschmerzen, Herzbeschwerden, Magenbeschwerden, Muskelschmerzen, Schwächegefühl, Schweregefühl usw.
Stärkere Zwanghaftigkeit	Geringere Zwanghaftigkeit wiederkehrende Gedanken, Wiederholungszwänge, Sorgen wegen Nachlässigkeiten, Kontrollzwänge, Entscheidungsschwierigkeiten usw.
Stärkere Unsicherheit	Geringere Unsicherheit Befangenheit im Konakt, Verletzlichkeit, Gefühl, nicht verstanden und nicht gemocht zu werden, Minderwertigkeitsgefühle, Befangenheit in der Oeffentlichkeit
Stärkere Depressivität	Geringere Depressivität vermindertes sexuelles Interesse, Energieverlust, Weinen, Selbstmordgedanken, Einsamkeit, Minderwertigkeitsgefühle, Selbstvorwürfe, Hoffnungslosigkeit
Stärkere Aengstlichkeit	Geringere Aengstlichkeit Nervosität, Zittern, grundlose Aengstlichkeit, Herzklopfen, Spannungsgefühle, Panikanfälle, Unruhe, erschreckende Gedanken
Stärkere Aggressivität	Geringere Aggressivität sich ärgern, gereizt sein, unkontrollierte Gefühlsausbrüche, Drang, etwas zu zerstören oder jemanden zu verletzen, leicht in Auseinandersetzungen geraten
Stärkere phobische Angst	Geringere phobische Angst Angst vor Plätzen, allein aus dem Haus zu gehen, vor öffentlichen Verkehrsmitteln, vor Menschenansammlungen, vor dem Alleinsein, vor Ohnmacht, Vermeiden von Dingen oder Situationen
Stärkeres paranoides Denken	Geringeres paranoides Denken Misstrauen, Gefühl, beobachtet, verkannt oder ausgenutzt zu werden, Vorstellungen, die andere nicht teilen
Stärkerer Psychotizismus	Geringerer Psychotizismus Stimmen hören, Gedanken werden beeinflusst, fremde Gedanken haben, Gefühl haben, bestraft werden zu müssen, Einsamkeit in Gegenwart anderer, sich keinem Menschen nahe fühlen, Vorstellung, mit dem Kopf/Körper sei etwas nicht in Ordnung
Stärkere mittlere Belastung (GSI) Durchschnitt aller Antworten	Geringere mittlere Belastung (GSI) Durchschnitt aller Antworten
Zunahme Stärke der Beschwerden (PSDI) Durchschnitt aller positiver Antworten	Abnahme Stärke der Beschwerden (PSDI) Durchschnitt aller positiver Antworten

■— 11203-0, post - Messung
▒ UniBern

Abbildung 4: Effektfiguration: Effektstärken in den Skalen des IIP64 für den Patienten aus Abbildung 1

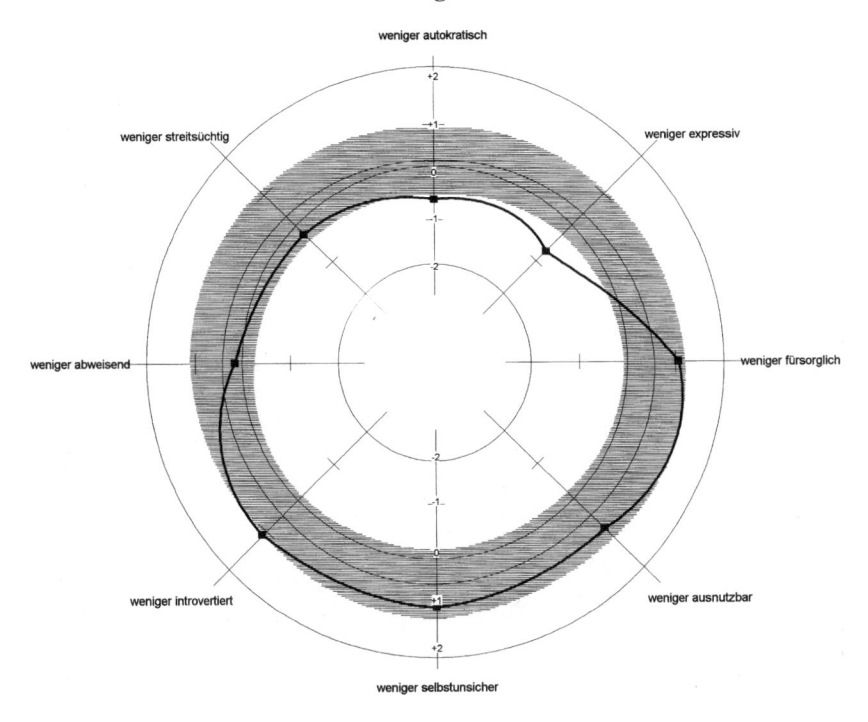

Skala	11203-0 post - Messung	Vergleichspopulation
weniger autokratisch	-0.57	0.24 ± 0.72
weniger streitsüchtig	-0.18	0.35 ± 0.73
weniger abweisend	0.16	0.42 ± 0.68
weniger introvertiert	1.10	0.51 ± 0.56
weniger selbstunsicher	1.14	0.66 ± 0.73
weniger ausnutzbar	0.95	0.56 ± 0.68
weniger fürsorglich	1.06	0.56 ± 0.64
weniger expressiv	-0.72	0.39 ± 0.63

Referenzgruppe: UniBern

Eine solche zusammengefaßte Darstellung ermöglicht einen schnellen Überblick über die Prozeßqualität einer Therapie und eignet sich gut sowohl als Rückmeldung für Therapeuten wie auch als Hilfestellung für die Therapiesupervision.

Für die klinische Praxis sehr nützlich sind auch „*Zustandsfigurationen*". Mit ihnen kann der Zustand eines Patienten zu jedem beliebigen Meßzeitpunkt veranschaulicht werden. Abbildung 7 stellt z.B. die Zustandsfiguration des Patienten aus Abbildung 3 zum Prätest, also vor Therapiebeginn, dar.

Abbildung 5: Prozeßfiguration auf Itemebene: Interessierende Itemrohwerte des Patientenstundenbogens für die Therapie des Patienten aus Abbildung 1

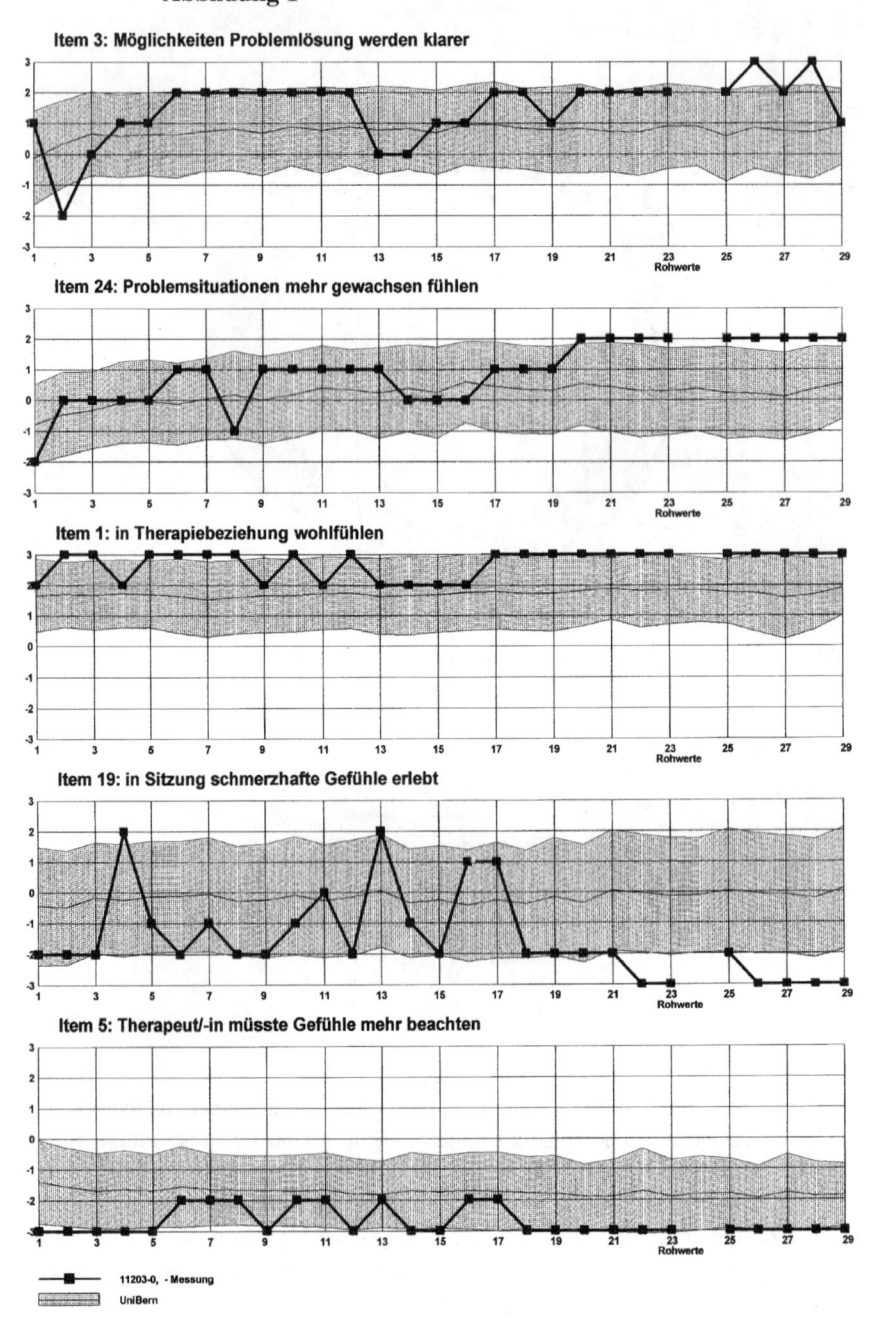

Figurationsanalyse 187

Abbildung 6: Prozeßfiguration auf Skalenebene: Skalenrohwerte im Patientenstundenbogen für den Patienten aus Abbildung 1

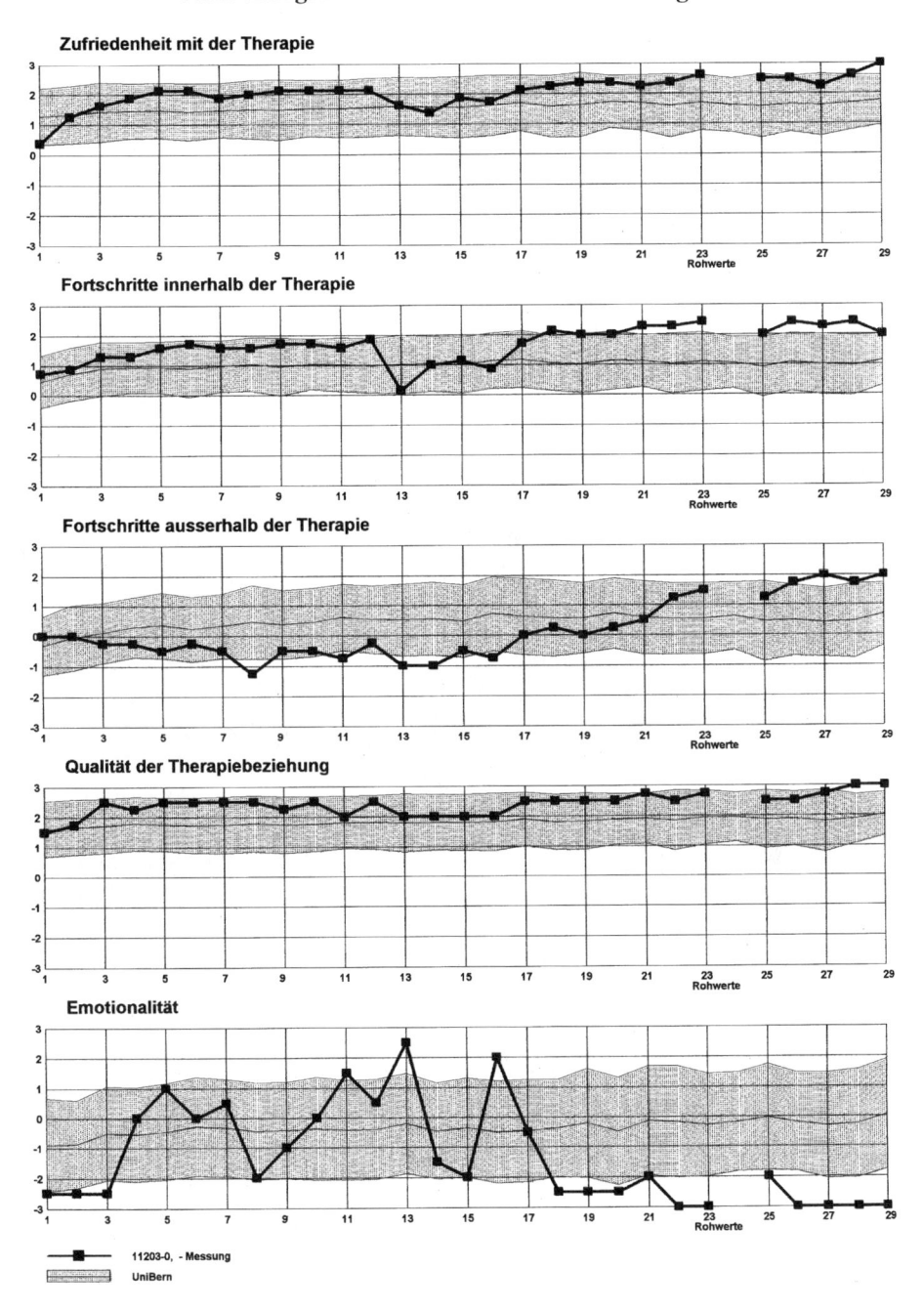

Der grau schattierte Hintergrund der Figurationen kann jeweils für die spezifischen Benutzerinteressen frei aus mehreren Möglichkeiten ausgewählt werden. Er kann sich auf bestehende Normdaten aus wissenschaftlichen Untersuchungen oder aus anderen Institutionen beziehen, die entweder in der Standardversion des Programms schon

Abbildung 7: Zustandsfiguration: z-Werte vor Therapiebeginn (prä) für den Patienten aus Abbildung 1 in den Skalen der SCL-90-R

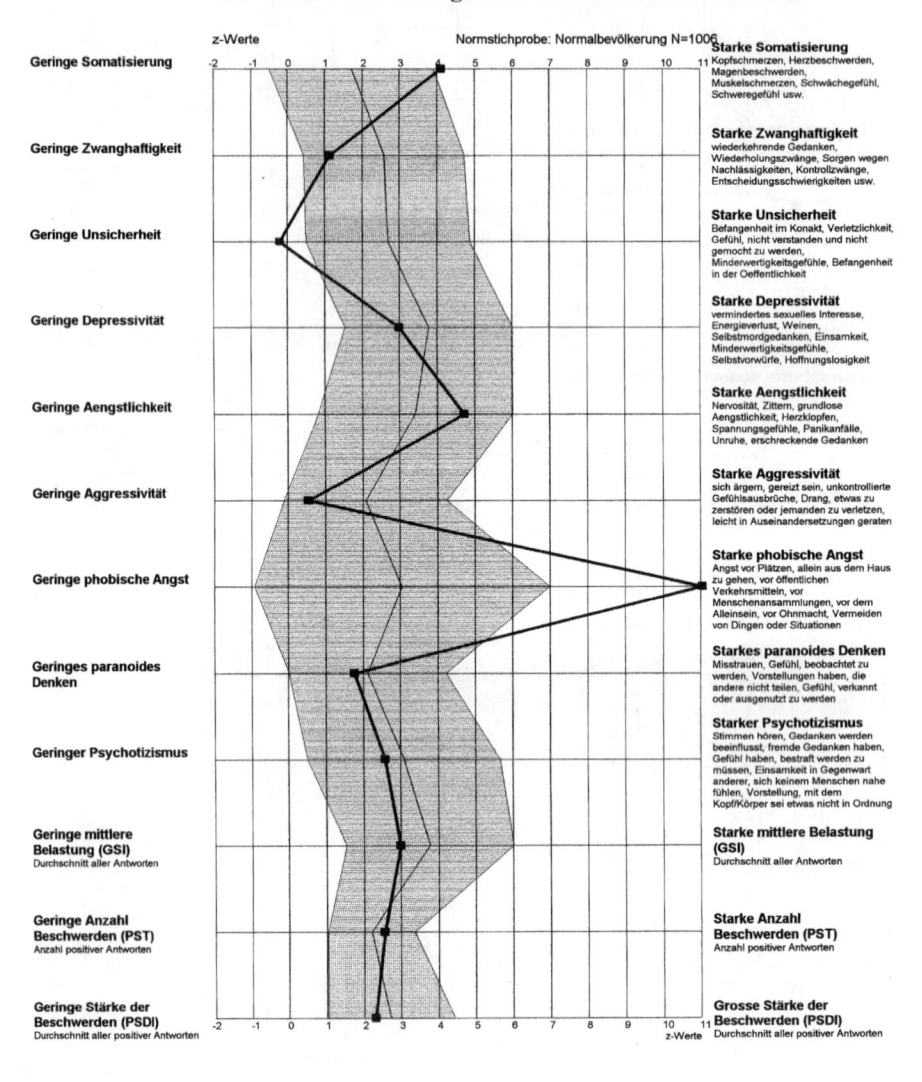

enthalten sind oder die vom Benutzer hinzugefügt werden können. Er kann jedoch auch für eine bestimmte Patientengruppe aus den selbst gesammelten Daten jeweils neu errechnet werden. Sowohl als Vordergrund (die durchgezogene schwarze Linie) wie auch als grau schattierter Hintergrund können Untergruppen aus einer bestehenden Datei definiert werden. Auf diese Weise kann z.B. leicht veranschaulicht werden, ob sich bestimmte Behandlungsgruppen oder Untergruppen von Patienten voneinander unterscheiden.

Die Zustandsfigurationen beruhen auf einer z-Transformation der Original-Meßdaten, die mit den verschiedenen Meßinstrumenten gewonnen wurden. Die Null-Linie stellt den Mittelwert einer klinisch unauffälligen „Normalpopulation" dar. Der grau schattierte Bereich beruht auf den Daten einer relevanten klinischen Referenzgruppe. Es können dafür wieder die in der Standardversion bereits enthaltenen Normdaten verwendet oder vom Benutzer selbst neue Normdaten für seine speziellen Zwecke eingegeben oder durch das Programm errechnet werden.

Mit den Zustandsfigurationen kann auch ein Vergleich des Zustands zu verschiedenen Meßzeitpunkten vorgenommen werden. Aus solchen Vergleichen kann auf einen Blick ersehen werden, in welchen Bereichen sich ein Patient in dem jeweiligen Zeitraum verändert hat und in welchen nicht. Abbildung 8 stellt z.B. die Prä-Post-Figuration der SCL-90-R für den Patienten aus Abbildung 7 bzw. 1 dar.

Auch aus den Prä-Post-Figurationen bekommt man einen schnellen und anschaulichen Eindruck vom Therapieerfolg eines Patienten. Die Prä-Post-Figurationen haben gegenüber den Effektfigurationen den Vorteil, daß die Veränderung auf den Ausgangszustand des Patienten bezogen werden kann. Bei einem Patienten, der von Anfang an in einem bestimmten Bereich überhaupt nicht gestört war, kann man in diesem z.B. keine große Veränderung erwarten. Eine Effektfiguration allein kann in einem solchen Fall zu dem falschen Eindruck führen, die Therapie sei in diesem Bereich nicht wirksam gewesen. Die Effektfigurationen haben wiederum den Vorteil, daß sie das Ausmaß des Therapieerfolgs vor dem Hintergrund des durchschnittlichen Therapieerfolges einer relevanten Vergleichsgruppe veranschaulichen können. Prä-Post-Figurationen und Effektfigurationen ergänzen einander. Zusammen vermitteln sie eine valide Grundlage für die Beurteilung des Therapieergebnisses für einen bestimmten Patienten oder eine Untergruppe von Patienten.

2.2 Einige wichtige Charakteristika der Figurationsanalyse

Ein besonders hervorstechendes Merkmal der Figurationsanalyse ist die Informationsübermittlung über graphische Veranschaulichung. Den Figurationen liegen sehr viele Zahlen zugrunde. Man könnte daher meinen, daß die gleiche Information auch durch Zahlenreihen übermittelt werden könnte. Aber diese Art der Übermittlung würde beim Empfänger nicht zum gleichen Effekt führen. Effekt-, Zustands- und Prozeßfigurationen nehmen unterschiedliche Perspektiven auf einen Patienten und seine Therapie ein, sie gehören aber zusammen und stellen gemeinsam eine Gesamtfiguration der jeweiligen Therapie dar. Der wichtigste Grundgedanke der Figurationsanalyse ist der, daß alle Informationen über eine Therapie zu einem Muster, einer Figur, zusammengefügt

Abbildung 8: Zustandsfiguration: Vergleich der z-Werte vor Therapiebeginn (prä) und bei Therapieschluß (post) für den Patienten aus Abbildung 1 in den Skalen der SCL-90-R

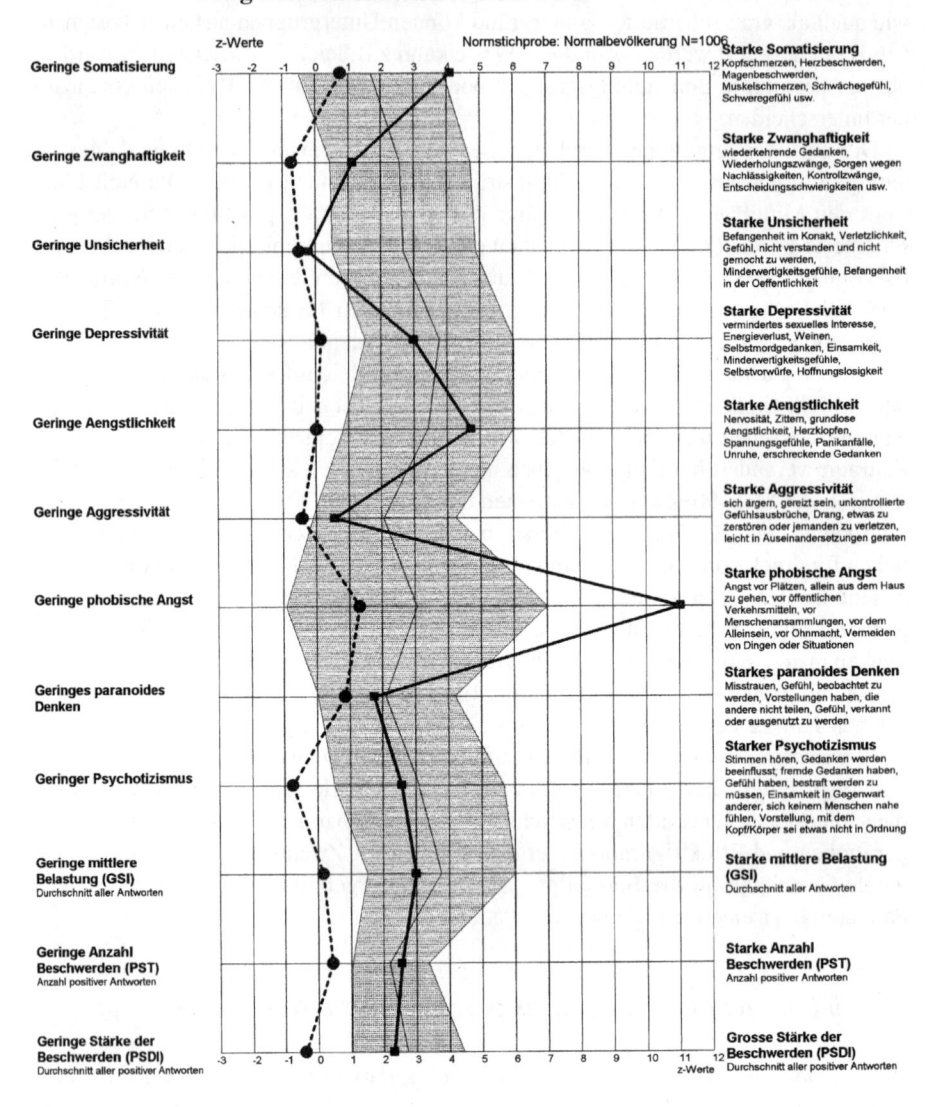

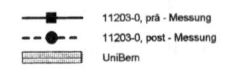

werden sollen. Jede Einzelinformation, jeder einzelne Meßwert, gewinnt seine Bedeutung aus dem Kontext, in dem er steht. Eine Symptomverbesserung bei einer schlechten Prozeßqualität der Therapie und aufrechterhaltenem problematischem Beziehungsverhalten bedeutet klinisch etwas ganz anderes als eine gleich große Symptomverbesserung, die in einer sehr gut verlaufenen Therapie erzielt wurde und von dauerhaften Veränderungen des Beziehungsverhaltens begleitet wird. Im ersteren Fall wird man sich fragen müssen, ob die Symptomverbesserung überhaupt etwas mit der Therapie zu tun hat. Im zweiten Fall dürfte die Fülle übereinstimmender Informationen zu einer größeren Gewißheit führen, daß dieser Therapieerfolg dem therapeutischen Vorgehen gutgeschrieben werden kann.

Zahlen verführen dazu, daß man sie aus ihrem ursprüglichen Kontext, der für ihre Bedeutung aber sehr wichtig sein kann, herauslöst. Für sich allein reduziert sich die Zahl auf ihren quantitativen Aspekt. In ihrem ursprünglichen Kontext als Teil eines Musters von Zahlen hat die einzelne Zahl – und erst recht das Muster von Zahlen – aber darüber hinaus einen qualitativen Bedeutungsgehalt. Dieser geht verloren, wenn man die Zahl für sich alleine aus diesem Kontext herauslöst. Dies geschieht z.B. regelmäßig, wenn wir variablenweise gruppenstatistisch über viele Personen hinweg Korrelationen, Varianzanalysen usw. berechnen. Im Kern ist dies die Kritik, die Vertreter einer qualitativen Forschung an einer quantifizierenden Forschung zu Recht anbringen können. Nicht die Zuweisung von Zahlen zu bestimmten Merkmalsausprägungen ist zu kritisieren, sondern die Herauslösung des Quantifizierten aus seinem bedeutungsgebenden Merkmalskontext. Zu kritisieren ist „der Umgang mit Zahlen" (Grawe, 1991), nicht die Verwendung von Zahlen.

Es sind vor allem solche sehr grundsätzlichen Überlegungen, die zur Entwicklung der Figurationsanalyse geführt haben (vgl. Grawe, 1991). Die Figurationen übermitteln Merkmalsmuster, nicht einzelne Merkmalsausprägungen. Dafür eignen sich anschauliche Graphiken weit besser als Zahlenreihen. Dies ist der prinzipielle Grund dafür, daß bei der Figurationsanalyse Graphiken eine so große Rolle spielen.

Ein zweites Charakteristikum der Figurationsanalyse kommt in der spezifischen Gestaltung der Graphiken zum Ausdruck. Dem ersten Anliegen der Musterabbildung hätte auch durch übliche Testprofile Rechnung getragen werden können. Bei den Figurationen wurde jedoch nicht nur Wert auf die Gestaltung der Figur, sondern ebenso großer Wert auf die Gestaltung des Hintergrundes gelegt. Der Einzelfall wird als Figur vor dem Hintergrund der Gruppe, deren Teil er ist, dargestellt. Es werden nicht nur Merkmalsausprägungen dargestellt, sondern Relationen, nämlich die des einzelnen zu seiner Referenzgruppe. Was hier von einzelnen Patienten gesagt wird, gilt auch für Untergruppen von Patienten. Zwischen dem einzelnen Patienten, mehr oder weniger großen Untergruppen und der gesamten Referenzgruppe können durch die freie Definitionsmöglichkeit von Figur und Hintergrund auf leichte Weise schrittweise Übergänge hergestellt werden.

Dieser leicht zu realisierende Wechsel der Betrachtungsebenen (Einzelfall, Untergruppe, Gruppe) ist ein drittes Charakteristikum der Figurationsanalyse. Man kann visuell verfolgen, wie Einzelfall für Einzelfall ein bestimmtes Gruppenmuster zustandekommt. Umgekehrt kann die Gesamtgruppe hypothesengeleitet in Untergruppen und Einzelfälle aufgelöst werden, die bestimmte gemeinsame Merkmale oder Merkmalsmuster verbinden. Dieses hypothesengeleitete oder prüfende „Durchwandern" der Daten eröffnet für Forschungszwecke und für die Qualitätskontrolle gleichermaßen attraktive Möglichkeiten.

3. Programmbeschreibung

Die Figurationsanalyse besteht aus einer Basisdokumentation und einem Testauswertungsteil, die miteinander verknüpft werden können, wodurch sich vielfältige Auswertungs- und Einsatzmöglichkeiten eröffnen.

3.1 Basisdokumentation

Die Basisdokumentation ist auf ambulante und stationäre Bedürfnisse zugeschnitten. Die Variablen sind nahezu identisch mit denjenigen der „*BasDok97*", die von einer Arbeitsgruppe der Psychotherapie-Ambulanzen an den Psychologischen Instituten mehrerer Universitäten in Deutschland, Österreich und der Schweiz erarbeitet worden ist.[2] Die Variablen entsprechen internationalen Standards und erlauben anonymisierte Datenvergleiche zwischen einzelnen Institutionen (vgl. dazu auch Laireiter, Lettner & Baumann, in diesem Band). Die Basisdokumentation umfaßt Angaben zum Patienten, Therapeuten, zur Behandlung und Institution. Die Daten sind in vier Erfassungsbereiche eingeteilt: Therapieeingangs-, Therapieabschluß-, Katamnesedaten und Therapeutendaten (vgl. Tabelle 1).

Anhand der Maske in Abbildung 9 können aus den zahlreichen Variablen flexibel diejenigen ausgewählt werden, die den Anwender tatsächlich interessieren und routinemäßig erhoben werden sollen. Ebenfalls per Mausklick kann festgelegt werden, welche Variablen ausgedruckt oder in andere Programme exportiert werden sollen. Gewisse Variablen können so geschützt werden. Weitere Datenschutzmaßnahmen werden weiter unten beschrieben.

Zur Dateneingabe erscheinen auf dem Bildschirm nur diejenigen Variablen, die vom Anwender zur Erhebung festgelegt wurden. Abbildung 10 zeigt beispielsweise, wie Angaben zur Anmeldung eines Patienten eingegeben werden können. Ein Grundmodul an Basisdaten ist bei Auslieferung des Programms bereits installiert, kann aber beliebig abgeändert werden.

Das Programm erlaubt es, verschiedene Ausdruckformate für die Basisdaten zu definieren. So kann der Anwender selbst bestimmen, welche Informationen in welcher Reihenfolge standardmäßig ausgedruckt werden sollen.

---

2. Autoren dieses Vorschlages in alphabetischer Reihenfolge: Claudia Baltensperger, Bern; Hinrich Bents, Münster; Urs Braun, Brig/CH; Klaus Matthey, Freiburg; Friederike Potreck-Rose, Freiburg; Rita Rosner, München.

Tabelle 1: Bereiche und Beispielsvariablen der Basisdokumentation

Referenz	Erhebungszeitpunkt	Variablenbereich	Beispiele
Patient	*Therapieeingang*	Administration Institution	Patientennummer behandelnde Station behandelnder Therapeut Therapiestatus
		Angaben zur Person	demographische Angaben Angehörige, Vormund
		Anmeldung/ Aufnahme	Datum; Wartezeit Empfehlung Rechtslage Kostenträger
		vorbehandelnde, überweisende Stelle(n), Personen	Psychotherapeut Arzt, Klinik, Institution
		Anlaß, Diagnose	Therapieanlaß DSM-IV; ICD-10 Dauer der Beschwerden; Risiken
		Vorbehandlungen	ambulante Arztbesuche; Spitalstage Psychotherapien; Medikation
		Familiäre Situation	Partnersituation; Kinder Erkrankungen in der Familie
		Beruf/Ausbildung	Schulbildung; Berufsbildung Erwerbstätigkeit; Arbeitsfähigkeit
		Wohnsituation	Wohngebiet; Wohnverhältnisse
	Therapieabschluß	Austritt/Entlassung	Datum Austritt; Modus Austritt
		Behandlungsdauer	Wochen; Anzahl Sitzungen stationäre/teilstationäre Tage
		Diagnostik/ Behandlung	durchgeführte... Diagnostik, Behandlungen, Konsile Medikation etc.

Referenz	Erhebungszeitpunkt	Variablenbereich	Beispiele
		Berufs-/Wohn-/Familiensituation bei Austritt	analog Therapieeingang
		Weiterbehandlungen	Nachfolgemaßnahmen Überweisungen
	Katamnese	Diagnostik	analog Therapieeingang
		Zwischenzeitliche Behandlungen	Art und Dauer somatischer und psychotherapeutischer Behandlungen
		Berufs-/Wohn-/Familiensituation zum Katamnesezeitpunkt	analog Therapieeingang
Therapeut	*laufend*	Angaben zur Person	demographische Angaben
		Ausbildung	Grundausbildung; Psychotherapieausbildungen
		Weiterbildungen	Art der Weiterbildung
		Berufliche Tätigkeit	Spezialisierungen; Therapieerfahrung; Tätigkeitsbereiche

Abbildung 9: Auswahl der Variablen der Basisdokumentation

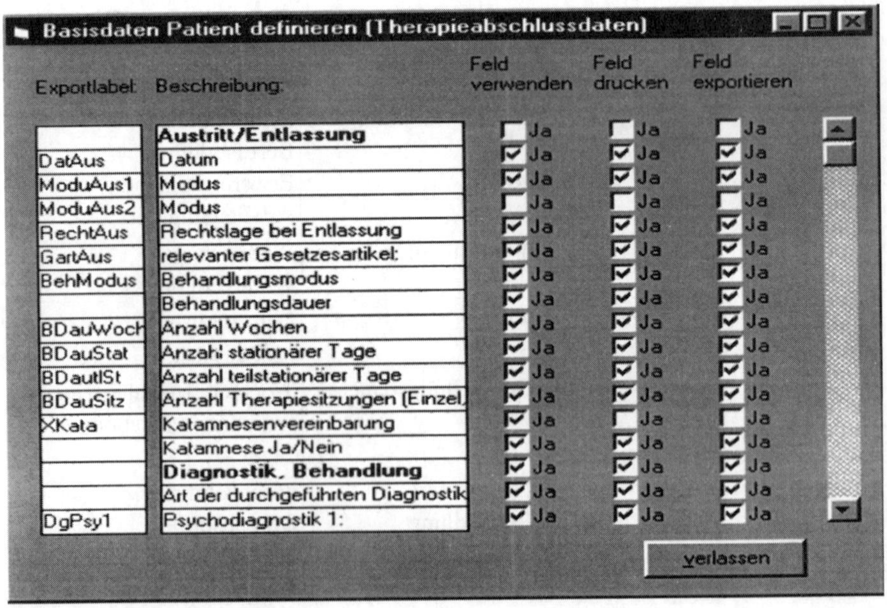

Exportlabel	Beschreibung	Feld verwenden	Feld drucken	Feld exportieren
	Austritt/Entlassung	☐ Ja	☐ Ja	☐ Ja
DatAus	Datum	☑ Ja	☑ Ja	☑ Ja
ModuAus1	Modus	☑ Ja	☑ Ja	☑ Ja
ModuAus2	Modus	☐ Ja	☐ Ja	☐ Ja
RechtAus	Rechtslage bei Entlassung	☑ Ja	☑ Ja	☑ Ja
GartAus	relevanter Gesetzesartikel:	☑ Ja	☑ Ja	☑ Ja
BehModus	Behandlungsmodus	☑ Ja	☑ Ja	☑ Ja
	Behandlungsdauer	☑ Ja	☑ Ja	☑ Ja
BDauWoch	Anzahl Wochen	☑ Ja	☑ Ja	☑ Ja
BDauStat	Anzahl stationärer Tage	☑ Ja	☑ Ja	☑ Ja
BDautlSt	Anzahl teilstationärer Tage	☑ Ja	☑ Ja	☑ Ja
BDauSitz	Anzahl Therapiesitzungen (Einzel	☑ Ja	☑ Ja	☑ Ja
XKata	Katamnesenvereinbarung	☑ Ja	☐ Ja	☐ Ja
	Katamnese Ja/Nein	☑ Ja	☑ Ja	☑ Ja
	Diagnostik, Behandlung	☑ Ja	☑ Ja	☑ Ja
	Art der durchgeführten Diagnostik	☑ Ja	☑ Ja	☑ Ja
DgPsy1	Psychodiagnostik 1:	☑ Ja	☑ Ja	☑ Ja

Figurationsanalyse

Abbildung 10: Eingabe von Basisdaten

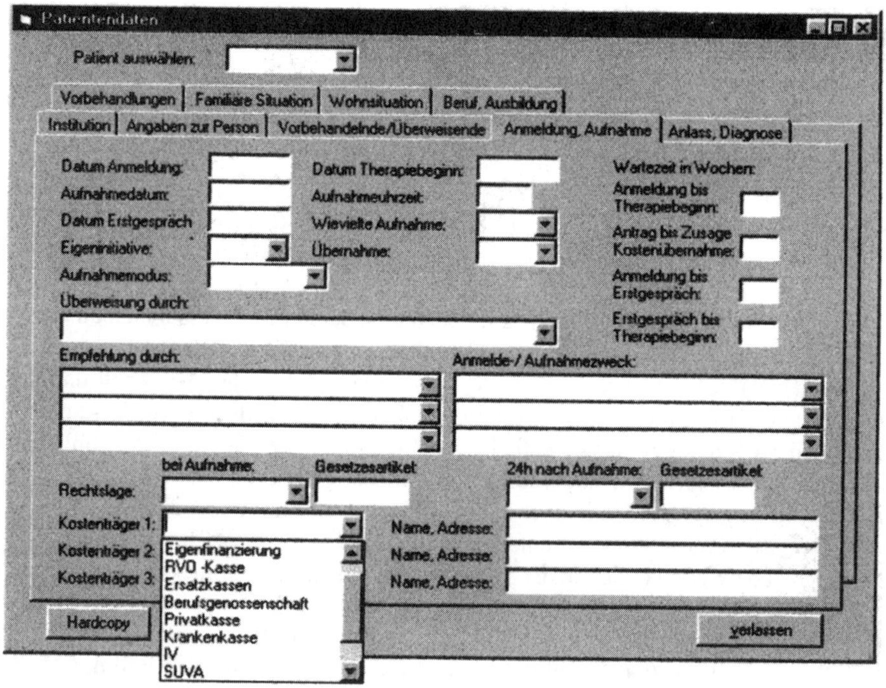

3.2 Figurationsanalytische Testauswertung

Bei Programmauslieferung ist bereits die nachfolgende große Auswahl an Fragebögen zur Diagnostik, Prozeßevaluation und Veränderungs- bzw. -Therapieergebnismessung vorinstalliert (Referenzen siehe Literaturverzeichnis am Ende des Textes):

- *Störungsübergreifende Meßmittel:*
  - SCL-90-R, EMI-B, IIP, GT, IMI, IPC, SOC, SESA

- *Störungsspezifische Meßmittel:*
  - Ängste/Zwänge: U-Bogen, BSQ/ACQ/MI, HZI-K, MOC
  - Depression: BDI, ADS
  - Eßstörungen: FEV, ANIS, EDI
  - Paar-/Familienprobleme: PFB, FB
  - Schmerzsyndrom: KSI
  - Somatische Beschwerden: B-L

- *Direkte Veränderungsmessung (individualisiert und störungsübergreifend):*
  - GAS, VEV
  - Therapeuten- und Patientennachbefragung

- *Meßmittel zum Therapieprozeß:*
  − Patienten- und Therapeutenstundenbogen

Der Benutzer entscheidet, welche Tests in seiner Praxis, Institution oder für ein bestimmtes Forschungsprojekt routinemäßig eingesetzt werden sollen. Weitere Tests, auch „Eigenkreationen", können vom Anwender selbst installiert werden. Die Fragebögen müssen über Zahlen auswertbar sein und mit Hilfe der sehr flexiblen Möglichkeiten des Programms zur Skalenbildung generiert werden können (vgl. die nachfolgend beschriebenen Abbildungen 11 und 12). Die Figurationsanalyse eignet sich beispielsweise nicht zur Auswertung von Zeichentests, deren Ergebnisse nicht numerisch umgeformt werden. Die Abbildungen 11 und 12 zeigen, wie das Eating Disorder Inventory (EDI) generiert wurde. Fragebogenankreuzungen können umgepolt und mit Konstanten transformiert werden (Abbildung 11). Der Formeleditor zur Zusammenfassung der Testitems zu Skalen enthält vielfältige statistische Funktionen (Abbildung 12), so daß beispielsweise auch nur Itemwerte, die größer als eine bestimmte Zahl sind, berücksichtigt werden können („*ONLY-Funktion*") oder Itemwerte mit „1" oder „0" gewertet werden, wenn sie eine bestimmte Bedingung erfüllen („*IF-Funktion*"). Auch fehlende Werte können in der Skalenberechnung korrekt berücksichtigt werden.

Abbildung 11: Fragebogeninstallation I: Bestimmen des Wertebereichs, der Item-/Skalenzahl, der Itempolung/-transformation und der Meßzeitpunkte für einen Fragebogen

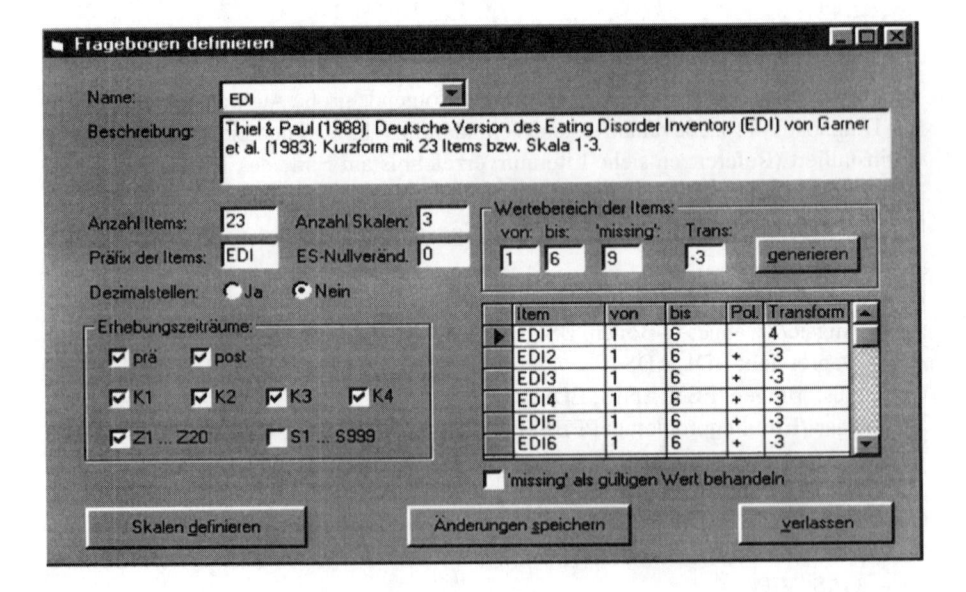

Figurationsanalyse

Abbildung 12: Fragebogeninstallation II: Skalenzusammenfassung anhand des Formeleditors, Effektstärkenpolung, Reliabilität

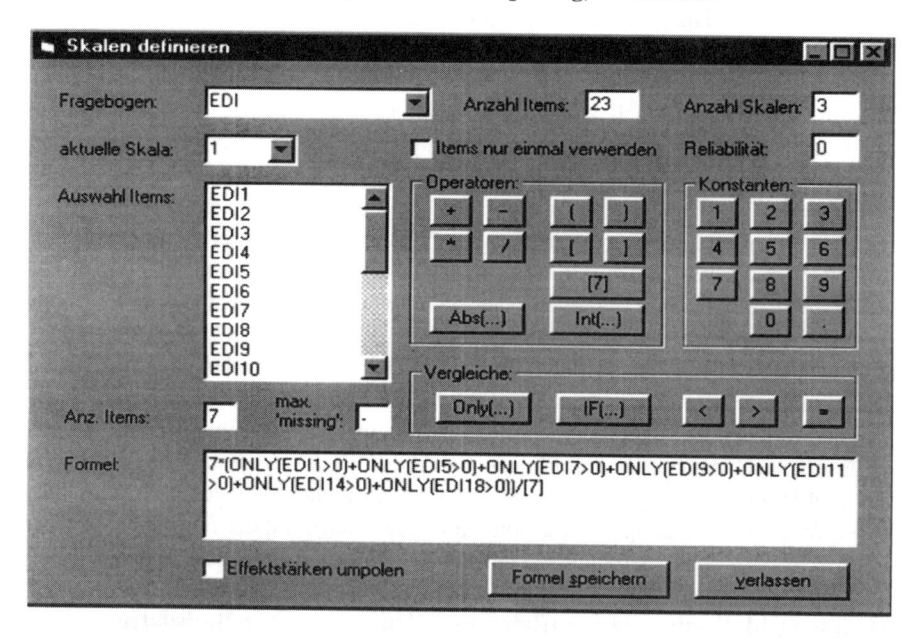

Abbildung 13: Eingabe von Fragebogenrohdaten zum gewünschten Meßzeitpunkt

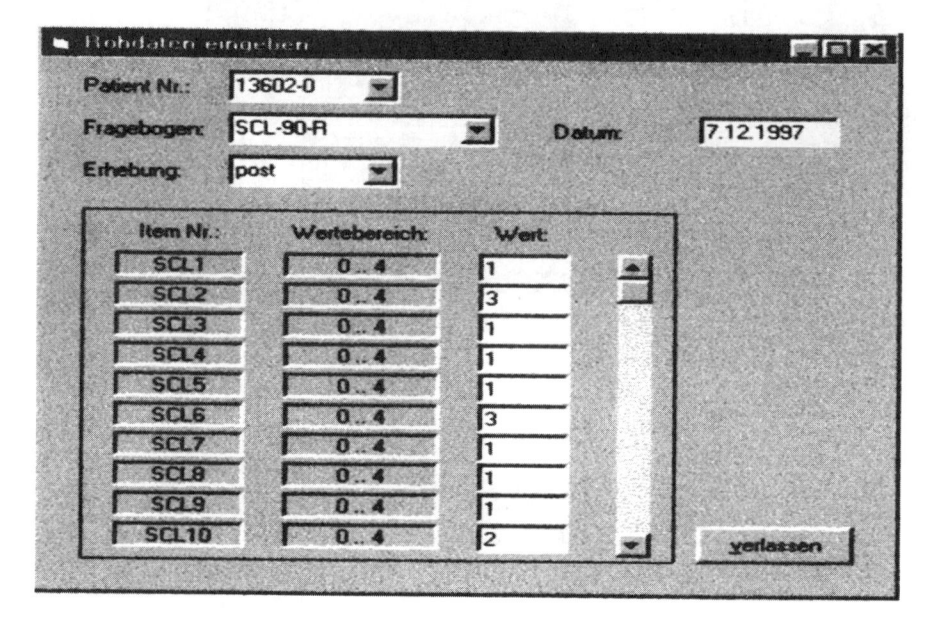

Testdaten können auf Item- oder Skalenebene ausgewertet und automatisiert in Rohwerte, z-Werte, T-Werte oder Effektstärken (ES) umgerechnet werden. Dazu müssen die Rohdaten mit Hilfe der untenstehenden Maske zuerst erfaßt werden (Abbildung 13). Das Programm erlaubt die Eingabe von Fragebogendaten zu verschiedenen Zeitpunkten, es entscheidet jedoch der Benutzer, wann er welche Daten erheben will: vor Therapiebeginn (prä), nach jeder Therapiesitzung (maximal dreistellige Sitzungszahl), zu maximal 20 Zwischenmessungs-Zeitpunkten, bei Therapieende (post) und zu maximal vier Katamnesezeitpunkten.

Für jeden Test können eine oder mehrere Normstichproben (zur z-Standardisierung) und Referenzgruppen als Hintergrundswolke für die Figurationen bestimmt werden. Eine interessierende Referenzgruppe als klinischer Vergleich zur Beurteilung des Testergebnisses eines Patienten oder einer Gruppe von Patienten (Vordergrundskurven) kann entweder über die Eingabe ihrer Kennwerte (Mittelwert, Standardabweichung) bestimmt werden oder frei nach Kriterien der erhobenen Basisdaten zusammengestellt und berechnet werden. Hierzu können die zwei Programmteile „Testauswertung" und „Basisdokumentation" miteinander verknüpft werden. Sofern im Testmanual Angaben dazu vorlagen, sind die Referenzgruppenkennwerte für die vorinstallierten Fragebögen bereits im Programm enthalten und stehen als Graphikhintergrund zur Verfügung. Sobald vom Anwender Daten mit der Figurationsanalyse erhoben werden, können daraus die gewünschten eigenen Referenzgruppen gebildet

Abbildung 14: Bestimmen von (Referenz-)-Gruppen aus den Basisdaten

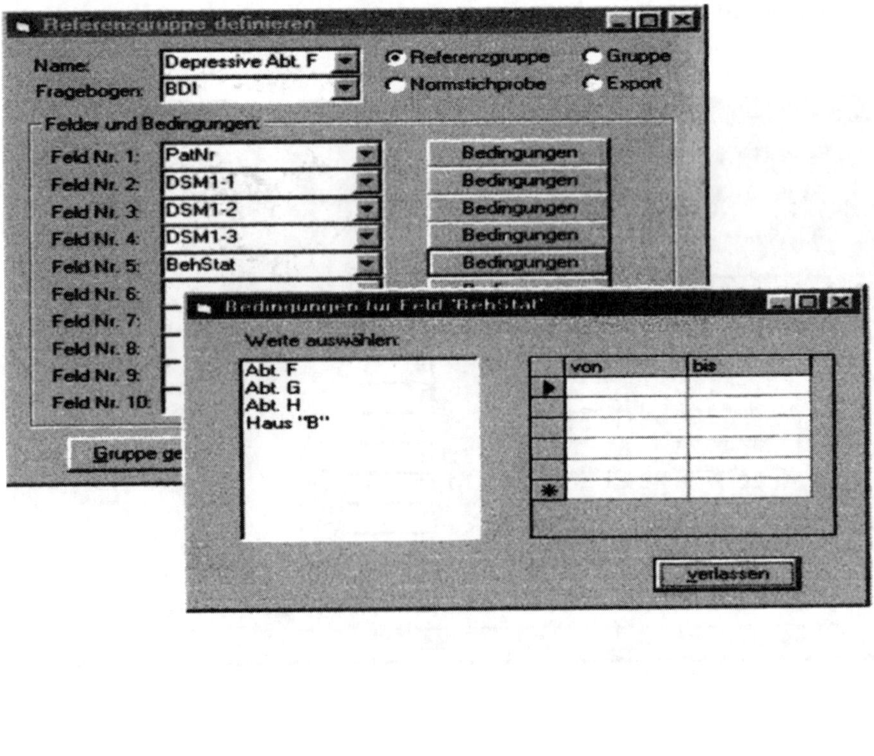

werden. Je mehr Fragebogendaten erhoben wurden, desto größer ist die Anzahl der Patienten, deren Meßdaten zu einer Referenzgruppe zusammengefaßt werden können. Abbildung 14 zeigt, wie eine Referenzgruppe nach Kriterien der Basisdokumentation bestimmt werden kann. Mit Hilfe der Maske in Abbildung 15 wird angegeben, für welchen Test und für welchen interessierenden Meßzeitpunkt eine Referenzgruppe berechnet werden soll.

Abbildung 15: Berechnen von (Referenz-)-Gruppen aus den Meßdaten

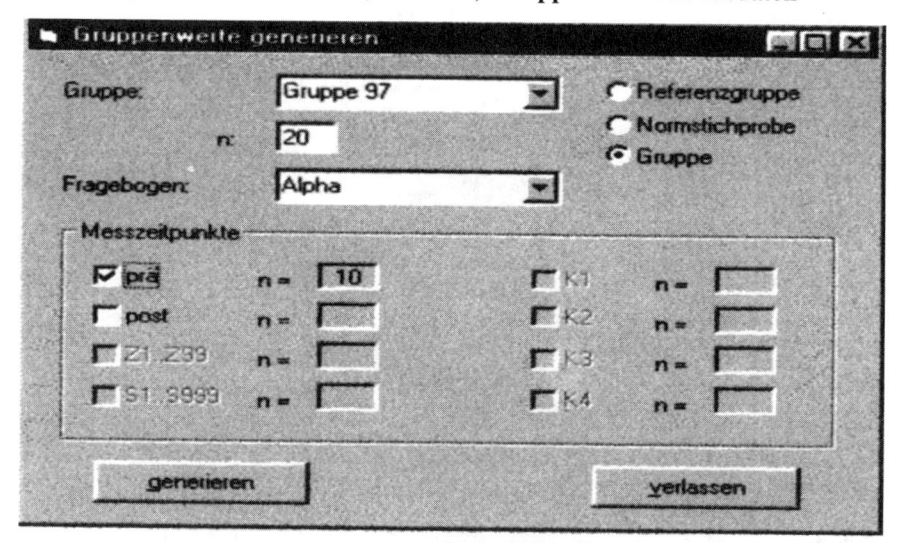

So können die Testergebnisse eines Patienten beispielsweise verglichen werden mit den durchschnittlichen Ergebnissen von Patienten mit der gleichen Diagnose oder von den auf einer Abteilung in einem bestimmten Zeitraum behandelten Patienten oder von den Patienten, die mit einem bestimmtem Therapieverfahren behandelt wurden. Als Vordergrundskurve können aber auch die Ergebnisse eines Patienten zu unterschiedlichen Zeitpunkten (prä, post, verschiedene Zwischenmessungen, Sitzungsverlauf) oder verschiedener Patienten und Patientengruppen verglichen werden. Es könnte interessieren, welchen Therapieerfolg ein bestimmter Patient im Vergleich zum Durchschnitt einer gesamten Patientengruppe auf dem Hintergrund einer zweiten Patienten- oder Behandlungsgruppe erzielt hat, oder wie stark belastet Patienten mit einer unterschiedlichen Anzahl an Vorbehandlungen sind oder auch, welche Ergebnisse Patienten in unterschiedlichen Institutionen erzielen.

Testergebnisse können direkt am Bildschirm angeschaut und beurteilt werden (Abbildung 16), um sich eine schnelle Rückmeldung und Übersicht über Auswertungsergebnisse zu verschaffen, oder sie werden ausgedruckt (vgl. Abbildungen 1 bis 8). Besonders anwenderfreundlich und zeitsparend ist auch die Möglichkeit, verschiedene Tests zu Testbatterien zusammenzufassen und die Ergebnisse mehrerer Patienten in Druckauftrag zu geben, so daß nicht für jedes Testprofil einzelne Druckbefehle gegeben werden müssen.

Abbildung 16: Ergebnisse am Bildschirm: Vergleich des Patienten 11007-0 mit der gesamten Behandlungsgruppe (BG1) auf dem Hintergrund einer Referenzgruppe von stationären Patienten mit gemischten Diagnosen: vertikale Zustandsfiguration mit z-Werten bei Therapiebeginn für die SCL-90-R

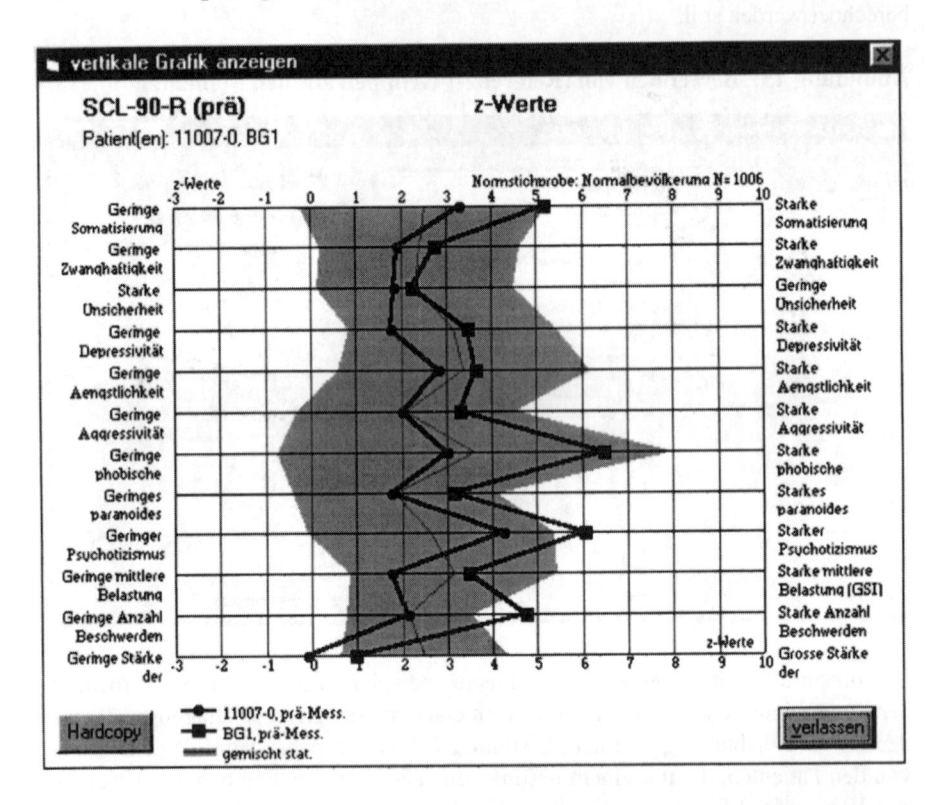

Grundsätzlich werden drei unterschiedliche Graphiktypen für die Darstellung und den Ausdruck von Testresultaten unterschieden: *„vertikale Graphiken"* (z.B. Abbildung 3), wie sie sich für die meisten Fragebögen eignen (Zustands- und Effektfigurationen), *„horizontale Graphiken"* (z.B. Abbildung 6), die Therapieprozeß-Ergebnisse zu vielen Meßzeitpunkten darstellbar machen (Prozeßfigurationen z.B. auf Sitzungsebene), und *„Kreisgrafiken"* (z.B. Abbildung 4), die eine Circumplex-Auswertung erlauben (Zustands- und Effektfigurationen). Interessierende Testergebnisse aus unterschiedlichen Tests können auf einem einzelnen *Figurationsprofil* dargestellt werden, so daß der Anwender auf einen Blick sehen kann, welche Werte ein Patient beispielsweise im Durchschnitt in der Symptom-Checkliste, dem Unsicherheitsfragebogen und dem Emotionalitätsinventar erzielt hat (vgl. z.B. Abbildung 1). Verschiedene Skalenwerte aus unterschiedlichen Tests, die alle eine ähnliche Symptomatik (z.B. Depressivität) messen, können ebenfalls auf einer einzigen Grafik zusammengefaßt werden.

Alle Resultate können farbig oder schwarz-weiß ausgedruckt werden. Überschriften, Skalen- und Legendentexte können für jede Graphik vom Benutzer frei definiert werden.

Die Testprofil-Graphiken mit Referenzgruppenkennwerten für die vorinstallierten Tests werden bei Programmauslieferung mitgeliefert.

3.3 Import/Export von Test- und Basisdaten

Die Maske in Abbildung 17 erlaubt es, gewünschte Testdaten als Itemrohwerte oder als Roh-/z-/T-/ES-Skalenwerte im Textformat in übliche Statistikauswertungsprogramme (z.B. Excel, SPSS) zu exportieren und dort z.b. im Rahmen von Forschungsprojekten, institutsintern oder zur Dokumentation gegenüber Kostenträgern (extern) weiterzuverarbeiten.

Dasselbe gilt für Daten der Basisdokumentation, sofern sie als für den Export zulässig definiert wurden. Ebenfalls exportierbar sind Daten von Referenzgruppen, Normstichproben und flexibel definierbaren Patientengruppen.

Abbildung 17: Export von Testdaten im Textformat zur Weiterverarbeitung in Statistikprogrammen

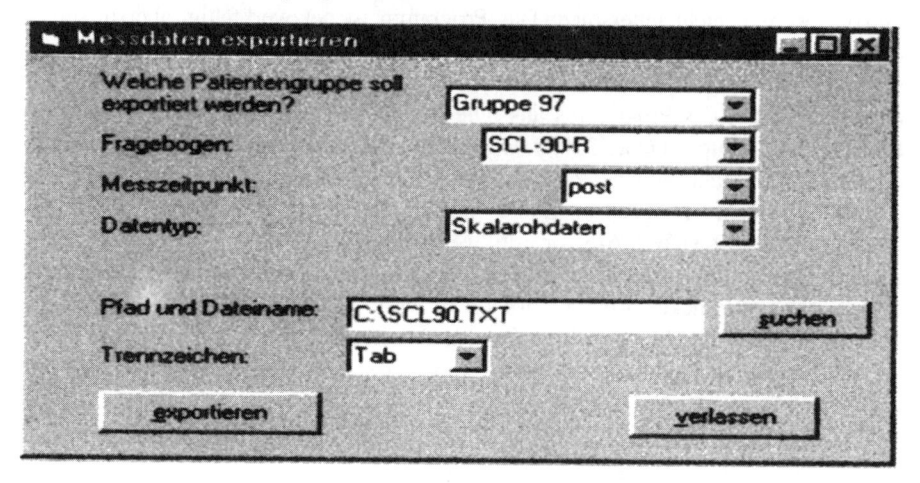

Auch der Import von Daten (aus Statistikprogrammen oder von anderen Figurationsanalyse-Anwendern) zur Weiterverarbeitung mit der Figurationsanalyse ist möglich. Die Daten müssen im Textformat abgespeichert sein und mit den im Programm definierten Labels versehen sein. Dadurch wird eine Verbundforschung zwischen Institutionen möglich, und bereits anderweitig erhobene Testdaten müssen unter Berücksichtigung der beschriebenen Einschränkungen nicht noch einmal alle neu eingegeben werden.

Das Programm verfügt über ein integriertes Backup-System, das eine schnelle Datensicherung erlaubt.

3.4 Datenschutz

Das Programm erlaubt die Unterscheidung von drei Datenzugriffsebenen, die mit unterschiedlichen Paßwörtern zugänglich werden. Jedem Benutzer können vom EDV-Hauptverantwortlichen die gewünschten Zugriffsrechte zugewiesen werden. Der *Administrator* hat Zugriff auf alle Menüpunkte des Programms, der „*Anwenderklasse 1*" ist es möglich, Basis- und Testdaten einzugeben und auszudrucken, während die „*Anwenderklasse 2*" nur Zugriff auf die Testdateneingabe, aber keine Einsicht in die Basisdaten hat (z.B. Namen von Patienten oder Therapeuten). Das ganze Programm ist über Patienten- und Therapeutencodes organisiert, so daß Testdaten anonymisiert eingegeben und ausgedruckt werden. Zusätzlich können Variablen der Basisdokumentation vor Export und Ausdruckbarkeit geschützt werden. Die Datenbanken können über ein Passwort geschützt werden.

3.5 Hard- und Softwarevoraussetzungen

Die Figurationsanalyse ist eine Windows-Programmversion. Softwarevoraussetzung ist Windows 95 oder Windows NT. Windows 3.11 eignet sich nur mit einer Bildschirmauflösung von 640 x 480 oder 1024 x 768 Punkten. Bildschirme mit 600 x 800 Punkten werden nicht unterstützt. Das Programm ist netzwerkfähig, aber in seiner ersten Version noch nicht multiuserfähig. Die minimal empfohlene Hardware-Voraussetzung ist ein DOS-486-er-Rechner, weniger leistungsstarke Rechner wirken sich auf die Schnelligkeit des Programms aus. Die Festplatte sollte 100MB freie Kapazität haben und der Hauptspeicher 32MB. Optimal ist ein DOS-Pentium Prozessor mit 100 oder mehr Mhz Taktfrequenz. Zu einer eventuellen Neuanschaffung wird, insbesondere für Kliniken, bei denen im Laufe der Zeit eine große Datenmenge anfällt, ein DOS-Pentium 200-MHz-Prozessor mit zwei bis drei Gigabyte Speicherkapazität auf der Festplatte und 64MB-Hauptspeicher empfohlen. Als Drucker eignen sich Laser- oder Tintenstrahldrucker. Auch beim Drucker wirkt sich dessen Hauptspeicherkapazität darauf aus, wie schnell die Figurationen ausgedruckt werden können. Empfohlen werden Drucker mit einer Hauptspeicherkapazität ab 512 KB. Das Programm wird auf CD-ROM ausgeliefert.

4. Hinweise für potentielle Benutzer

Das beschriebene Programm eignet sich gleicherweise für die Anwendung bei stationären und ambulanten Therapien, in Kliniken oder anderen größeren Institutionen und in psychotherapeutischen Privatpraxen. Die Dokumentation und Evaluation kann für interne und für externe Zwecke benutzt werden. *Intern* gibt die Basisdokumentation einen Überblick über die Art der behandelten Patienten und die Evaluation eine Rückmeldung über den Verlauf und das Ergebnis der durchgeführten Therapien. Es ermöglicht also ein Monitoring der eigenen therapeutischen Tätigkeit (vgl. dazu auch Braun, sowie Palm, in diesem Band).

Die erhobenen Basisdaten dienen nicht nur der Patienten- und Behandlungsdokumentation, sondern auch der Patientenadministration und Praxisplanung, indem sie z.B. Auskunft geben über Anmeldungen, Wartezeiten, Überweisende, Behandlungsdauer oder Finanzierungsanteile verschiedener Kostenträger. Auch bei der Einschätzung gesundheitspolitisch relevanter Fragestellungen, wie beispielsweise dem Kosten-Nutzen-Verhältnis von Psychotherapie, werden Basisvariablen berücksichtigt: z.B. Anzahl der Arztbesuche/Spitalstage, Medikamentenkonsum, Arbeitsunfähigkeit (vgl. dazu Baltensperger & Grawe, in Druck).

Die Figurationen können zur Kommunikation mit dem Patienten über Therapieziele sowie über den Verlauf und das Ergebnis seiner Therapie verwendet werden. Sie sind für die meisten Patienten leicht verständlich. Sie enthalten für den Patienten eigentlich keine Überraschungen, weil sie ja größtenteils auf seinen eigenen Angaben beruhen. Trotzdem können die Profile und Kurven manchmal prägnanter herausarbeiten, was dem Patienten allenfalls diffus bewußt war. Der Bezug auf eine Referenzgruppe vergleichbarer Patienten geht über das hinaus, was dem Patienten bewußt sein konnte. Nach unserer Erfahrung reagieren die meisten Patienten ausgesprochen positiv darauf, wenn man ihnen die Figurationen zeigt und sie mit ihnen bespricht. Es wird für die Patienten so unmittelbar nachvollziehbar, warum sie Fragebögen ausfüllen sollen. Sie erleben die Prozeß- und Ergebnisevaluation dann als besondere therapeutische Sorgfalt. Natürlich kann es auch eine destruktive Wirkung haben, wenn man einem Patienten schwarz auf weiß zeigt, wie schwer er, auch im Vergleich mit anderen Patienten, gestört ist. Die Kommunikation mittels der Figurationen muß also unter therapeutischen Gesichtspunkten reflektiert werden. Man kann dem Patienten auch nur Ausschnitte aus den Figurationen zeigen und die Besprechung auf diese Ausschnitte beschränken.

Nach außen (für *externe* Zwecke) kann die mit dem Programm ermöglichte Dokumentation und Evaluation der eigenen therapeutischen Tätigkeit nützlich sein gegenüber Kostenträgern. Die vom Programm erstellten Ausdrucke und Graphiken sind sichtbarer Ausdruck vom Bemühen um Qualitätskontrolle. Darüber hinaus eignet sich das Programm sehr für den Datenaustausch mit anderen Institutionen. Die Möglichkeit des Im- und Exports von Daten ermöglicht Vergleiche zwischen Institutionen und erleichtert eine Verbundforschung.

Das Programm ist leicht bedienbar. Wenn es erst einmal für die eigenen Zwecke installiert ist, wird seine Anwendung zur reinen Routine. Für die meisten denkbaren Anwendungszwecke gibt es bereits entsprechende Vorinstallationen. Es muß nur noch aus einem Menü ausgewählt werden, was man für die eigenen Zwecke wirklich erheben und auswerten will. Wenn man Meßmittel verwenden will, die noch nicht vorinstalliert sind, braucht es nur wenige Stunden, bis man mit Hilfe der Anleitung selbst Masken für eigene Meßinstrumente erstellt hat. Man braucht dazu keinerlei Programmierkenntnisse. Das Programm ist so gestaltet, daß praktisch jedes Meßinstrument, das auf einer numerischen Eingabe basiert, damit ausgewertet werden kann.

Die Eingabe der mit den Meßmitteln erhobenen Daten in das Programm kann auf unterschiedliche Weise erfolgen. Am leichtesten wäre es, wenn der Patient die Fragebögen am Bildschirm vorgegeben erhielte und die einzelnen Fragen selbst per Tastatur beantwortete. Dafür müßten die Tests selbst auf dem Computer installiert sein. Wir konnten dies aus urheberrechtlichen Gründen nicht tun, weil auf den einzelnen Tests ein Copyright besteht. Diese Eingabemöglichkeit wäre aber vom Programm her ohne weiteres möglich. Eine weitere Eingabemöglichkeit wäre die über Belegleser. Diese haben wir selbst früher benutzt, aber inzwischen aufgegeben. Die Belegleserbögen müssen sehr präzise sein und vom Patienten sehr genau ausgefüllt werden. Diese Eingabe erwies sich bei uns auf die Dauer als zu teuer und fehleranfällig. Wir lassen die Daten daher heute über Hilfskräfte eingeben (eintippen). Das hat sich insgesamt als die billigste und zuverlässigste Lösung erwiesen. Je nach Umfang der erhobenen Daten erfordert dies pro Patient wenige Minuten. Die Hilfskraft kann dann auch den Ausdruck in Empfang nehmen, prüfen und weiterleiten oder ablegen. Zu überlegen wäre, ob die Auswertung von Diagnostik- und Verlaufsdaten nicht über die Kostenträger abgerechnet werden müßte, wie dies analog im medizinischen Bereich für Labor- oder Röntgenuntersuchungen gilt (vgl. dazu auch Seipel, in diesem Band).

Die Entwicklung der Figurationsanalyse hat sich insgesamt über viele Jahre erstreckt.[3] Mit einer Vorversion des Programms haben wir über Jahre hin an der Psychotherapeutischen Praxisstelle der Universität Bern gearbeitet und dabei sehr gute Erfahrungen gemacht (vgl. dazu auch Braun, in diesem Band). Diese Programmversion war jedoch unflexibel und funktionierte nur unter eingeschränkten Bedingungen. Andere Benutzer mußten z.B. genau dieselben Meßinstrumente verwenden wie wir, konnten keine eigenen Normen eingeben usw. Auch wir selbst waren immer mehr dadurch behindert, daß jede kleine Änderung an unseren Meßinstrumenten eine aufwendige Umprogrammierung erforderte. Außerdem haben sich natürlich die computer- und programmiertechnischen Vorausssetzungen in den etwa sieben Jahren, seitdem wir mit der Vorversion des Programms arbeiten, sehr geändert. Die Erstellung einer flexibleren und benutzerfreundlicheren Version des Figurationsanalyse-Programms entsprach seit langem einem großen Bedürfnis, überstieg jedoch unsere eigenen programmiertechnischen Mittel. Die hier beschriebene Programmversion wurde programmtechnisch von einer professionellen Softwarefirma in enger Zusammenarbeit mit uns realisiert, nachdem ein vorangegangener Versuch mit einer anderen Softwarefirma gescheitert war. Die Mittel, die für die Erstellung des hier beschriebenen Programms aufgewendet werden mußten, waren beträchtlich. Sie wurden von einem Verlag investiert, der heute die Rechte an dem Programm hat und es vertreibt.[4] Über lange Zeit sah es so aus, als würde die Realisierung dieses Vorhabens scheitern und in einem finanziellen Debakel enden. Daß es wirklich einmal zu einer gebrauchsfähigen, benutzerfreundlichen Version des Programms kommen würde, schien zeitweise eher unwahrscheinlich. Wir freuen uns um so mehr, daß wir die Arbeiten an dem Programm nun doch zu einem guten Abschluß bringen konnten und danken allen, die dazu beigetragen haben. Wir arbeiten heute selbst mit dem neuen Programm und erfreuen uns seiner kaum ausschöpfbaren Möglichkeiten. Für eine psychotherapeutische Institution, die eine routinemäßige Qualitätskontrolle durchführen möchte, ist

---

3. Wir danken den Lic.phil. Thomas Nussbaum, Georg Kralidis und Urs Braun für die Mitarbeit an der Entwicklung früherer Versionen des Programms.
4. Wir danken dem Verlag „Psychomedia AG" für seine Risikofreudigkeit und sein Vertrauen in uns.

das Programm eine sehr große Hilfe. Institutionen, die Psychotherapieforschung betreiben, können noch mehr Möglichkeiten des Programms ausschöpfen. Das Programm wird aber auch von vielen Therapeuten in Einzelpraxen verwendet, weil es jeder Therapeut/jede Therapeutin ganz auf seine oder ihre Bedürfnisse zuschneiden kann.

Wir haben vorläufig darauf verzichtet, das Programm auch mit einem Teil auszustatten, der die Praxisführung, Rechnungserstellung, Stundenprotokollierung usw. betrifft. Wenn daran ein genügend großes Interesse besteht, wäre es relativ leicht, solche Programmteile als Updates hinzuzufügen. Das lohnt jedoch nur, wenn danach genügend Nachfrage besteht. Wir sind daran interessiert, uns mit Anwendern über mögliche Ergänzungen des Programms auszutauschen, die sich als Bedürfnis aus verschiedenen Anwendungssituationen heraus ergeben.

Wer an dem Erwerb des Programms oder am Ausprobieren einer Demo-Version interessiert ist, möge sich bitte vorerst an uns wenden (Adresse s. AutorInnenverzeichnis dieses Bandes). Wir werden Anfragen an den Verlag weiterleiten. Unsere Funktion beschränkt sich auf inhaltliche Hinweise und Erläuterungen, auf einen Austausch von Erfahrungen, die sich bei der Anwendung des Programms unter verschiedenen Bedingungen ergeben, und auf wissenschaftliche Fragen, die im Zusammenhang mit der Figurationsanalyse stehen. Beratung in computertechnischer Hinsicht wird über die Softwarefirma[5] angeboten, welche die Figurationsanalyse programmiert hat.

Literaturverzeichnis

Baltensperger, C. & Grawe, K. (in Druck). Psychotherapie unter gesundheitsökonomischem Aspekt. *Zeitschrift für Klinische Psychologie.*

Grawe, K. (1991). Über den Umgang mit Zahlen. In K. Grawe, N. Semmer, R. Hänni & F. Tschan (Hrsg.), *Über die richtige Art, Psychologie zu betreiben* (S. 89–105). Göttingen: Hogrefe Verlag für Psychologie.

Grawe, K. & Braun, U. (1994). Qualitätskontrolle in der Psychotherapiepraxis. *Zeitschrift für Klinische Psychologie, 23*, 242–267.

Vorinstallierte Tests

ADS (Allgemeine Depressionsskala):
  Hautzinger, M. & Bailer, M. (1993). *ADS. Allgemeine Depressions Skala.* Weinheim: Beltz Test.

ANIS (Anorexia Nervosa-Inventar zur Selbstbeurteilung):
  Fichter, M. & Keeser, W. (1980). Das Anorexia-nervosa-Inventar zur Selbstbeurteilung (ANIS). *Archiv für Psychiatrie und Nervenheilkunde, 228*, 67–89.

---

5. Von Känel Informatik AG, CH-3063 Ittigen/Bern; Programmierer-Analytiker: Hr. Lorenz Beyeler.

BDI (Beck-Depressions-Inventar):
   Hautzinger, M., Bailer, M. & Keller, F. (1994*). Beck Depressions Inventar.* Bern: Huber.
B-L (Beschwerdenliste):
   v. Zerssen, D. (1976). *Die Beschwerden-Liste.* Weinheim: Beltz Test.
BSQ/ACQ/MI:
   Ehlers, A. & Margraf, J. (1993). *AKV. Fragebogen zu körperbezogenen Ängsten, Kognitionen und Vermeidung.* Weinheim: Beltz Test.
EDI (Eating Disorder Inventory):
   Thiel, A. & Paul, T. (1988). Entwicklung einer deutschsprachigen Version des Eating Disorder Inventory (EDI). *Zeitschrift für Differentielle und Diagnostische Psychologie, 9,* 267–278.
EMI-B (Emotionalitätsinventar):
   Ullrich de Muynck, R. & Ullrich, R. (1978). *Das Emotionalitätsinventar als Befindlichkeitsmaß.* München: Verlag J. Pfeiffer.
FB (Familienbögen):
   Cierpka, M. & Frevert, G. (1994). *Die Familienbögen. Ein Inventar zur Einschätzung von Familienfunktionen.* Göttingen: Hogrefe Verlag für Psychologie.
FEV (Fragebogen zum Eßverhalten):
   Pudel, V. & Westenhöfer, J. (1989). *Fragebogen zum Eßverhalten (FEV).* Göttingen: Hogrefe Verlag für Psychologie.
GAS (Goal Attainment Scaling):
   Kiresuk, T. & Sherman, R. (1968). Goal attainment scaling: A general method for evaluating comprehensive community mental health programs. *Community Mental Health Journal, 4,* 443–453.
   Kiresuk, T. & Lund, S. (1979). Goal attainment scaling: Research, evaluation and utilization. In H. Schulenberg & F. Baker (Eds.), *Program evaluation in health fields* (Vol. 2, pp. 214–237). New York: Human Science Press.
GT (Gießentest):
   Beckmann, D., Brähler, E. & Richter, H.E. (1991). *Der Gießen-Test (GT). Handbuch* (4. überarbeitete Aufl. mit Neustandardisierung 1990). Bern: Huber.
HZI-K (Hamburger Zwangs-Inventar, Kurzform):
   Klepsch, R., Zaworka, W., Hand, I., Lünenschloß, K. & Jauernig, G. (1993). *Hamburger-Zwangsinventar, Kurzform (HZI-K).* Weinheim: Beltz Test.
IIP (Inventar zur Erfassung interpersonaler Probleme):
   Horowitz, L.M., Strauß, B. & Kordy, H. (1994*). Inventar zur Erfassung interpersonaler Probleme (IIP-D). Deutsche Version.* Weinheim: Beltz Test.
IMI (Impact Message Inventory):
   Werner, M. (1984). *IMI (Impact Message Inventory).* Unveröff. Dipl. Arbeit, Psychologisches Institut der Universität Bern.
   Kiesler, D. (1984). *Research Manual for the Impact Message Inventory.* Richmond, VA: Virginia Commonwealth University.
IPC (Fragebogen zu Kontrollüberzeugungen):
   Krampen, G. (1981). *IPC-Fragebogen zu Kontrollüberzeugungen.* Göttingen: Hogrefe Verlag für Psychologie.

KSI (Kieler Schmerz-Inventar):
    Hasenbring, M. (1994). *Kieler Schmerz-Inventar (KSI).* Bern: Huber.
MOC (Maudsley Obsession/Compulsion Questionnaire):
    Hodgson, R.J. & Rachman, S. (1977). Obsessional-Compulsive Complaints. *Behavior Research and Therapy, 15,* 389–395.
    Deutsche Version: Kallinke, D., Lutz, R. & Ramsay, R.W. (Hrsg.). (1979). *Die Behandlung von Zwängen.* München: Urban & Schwarzenberg.
PFB (Partnerschaftsfragebogen):
    Hahlweg, K. (1979). Konstruktion und Validierung des Partnerschaftsfragebogens PFB. *Zeitschrift für Klinische Psychologie, 8,* 17–40.
    Hahlweg, K. (1996). *Fragebogen zur Partnerschaftsdiagnostik (FPD).* Weinheim: Beltz Test.
SCL-90-R (Symptom-Checkliste von Derogatis):
    Franke, G.H. (1995). SCL-90-R. *Die Symptom-Checkliste von Derogatis. Deutsche Version. Manual.* Weinheim: Beltz Test.
SESA (Skala zur Erfassung der Selbstakzeptierung):
    Sorembe, V. & Westhoff, K. (1985). *Skala zur Erfassung der Selbstakzeptierung (SESA).* Göttingen: Hogrefe Verlag für Psychologie.
SOC (Sense of Coherence-Scale):
    Antonovsky, A. (1993). The Structure and Properties of the Sense of Coherence Scale. *Social Science and Medicine, 36,* 725–733.
Stundenbogen:
    Therapeuten-/Patienten-/Gruppen-/Paar-/Familienstundenbogen: Universität Bern.
ThNB, PatNB:
    TherapeutInnennachbefragung und PatientInnennachbefragung: Universität Bern.
U-Bogen (Unsicherheitsfragebogen):
    Ullrich de Muynck, R. & Ullrich, R. (1977). *Der Unsicherheitsfragebogen.* München: Verlag J. Pfeiffer.
VEV (Veränderungsfragebogen des Erlebens und Verhaltens):
    Zielke, M. & Kopf-Mehnert, C. (1978). *Veränderungsfragebogen des Erlebens und Verhaltens (VEV).* Weinheim: Beltz Test.

PSYCHO-DOK.
Allgemeines Dokumentationssystem für Psychotherapie:
Beschreibung und Funktionen im Rahmen des Qualitätsmanagements von Psychotherapie

Anton-Rupert Laireiter, Karin Lettner[1] & Urs Baumann

Inhalt:

1. Einleitung 210
2. Begriff und Strukturen der Dokumentation von Psychotherapie 211
   - 2.1 Zum Begriff der Dokumentation 211
   - 2.2 Zur Struktur von Psychotherapie-Dokumentationen .. 211
3. PSYCHO-DOK. Allgemeines Dokumentationssystem für Psychotherapie 214
   - 3.1 Beschreibung 214
     - 3.1.1 Basisdokumentation, Module und Instrumente ... 215
     - 3.1.2 Die Verlaufsdokumentation: Kernelemente und Instrumente 217
     - 3.1.3 Bearbeitung 218
     - 3.1.4 Standardevaluation und systematische Evaluation 219
   - 3.2 Entwicklung und Konstruktion des Systems 219
   - 3.3 Bisherige Erfahrungen und Bewertung des Systems ... 221
4. Funktionen von Psychotherapie-Dokumentationssystemen im Rahmen des Qualitätsmanagements und der Qualitätssicherung von Psychotherapie 222

---

1. Frau Lettner hat in der Zwischenzeit geheiratet und heißt jetzt Karin Astegger. Aus Gründen der Einheitlichkeit aller gemeinsamen Arbeiten wurde beschlossen, den Namen hier nicht mehr zu verändern.

1. Einleitung

Die systematische Dokumentation von Psychotherapie besitzt in den meisten Überlegungen zur Sicherstellung und Verbesserung der Qualität von Psychotherapie einen hohen Stellenwert (Kordy, 1992; Richter, 1996; Schmidt & Nübling, 1994; Zielke, 1993). Allerdings, und dies muß betont werden, ist diese nicht mit Qualitätssicherung gleichzusetzen und kann diese auch in keinem Fall ersetzen! Dokumentation von Psychotherapie stellt einen wichtigen Bestandteil der systematischen Qualitätserfassung dar, Qualitätssicherung und Qualitätsmanagement besitzen nach Selbmann (1995) jedoch noch eine Reihe anderer wichtiger Bestandteile, wie z.B. die aktive Suche nach Qualitätsproblemen, die Suche nach Problemlösungen und Verbesserungen, die Einführung/Durchführung qualitätsverbessernder Maßnahmen und die Evaluation derselben (vgl. dazu auch ausführlicher Nübling und Schmidt in diesem Band). Dokumentation repräsentiert in diesem Rahmen also nur ein, wenn auch sehr wichtiges, Element, das neben der Erfassung von Daten auch noch andere Aufgaben hat. Darauf ist im letzten Abschnitt dieser Arbeit einzugehen.

Die Notwendigkeit zur Führung einer Dokumentation ergibt sich jedoch nicht nur aus dem Argument der Qualitätssicherung, es gibt auch eine Reihe anderer Gründe und Notwendigkeiten dafür. So hat Baumann bereits (1982) herausgearbeitet, daß sich die Notwendigkeit aus fünf Argumenten begründet:

1. gesetzliche Vorschriften und Rahmenbedingungen,
2. berufsethische Verpflichtungen,
3. praxisbezogene Überlegungen,
4. Qualitätssicherung und -verbesserung und
5. die Möglichkeit zur Praxisforschung (vgl. dazu auch Baumann & Ühlein, 1994; Laireiter & Baumann, 1996; Sachse, 1979).

Trotz der Bedeutung, die die Dokumentation für die praktische psychotherapeutische Tätigkeit also besitzt, hat sich die Profession bis jetzt noch wenig systematisch mit dem Thema beschäftigt (vgl. für einen sehr frühen Versuch: Sachse, 1979). Erst in den letzten Jahren sind intensivere Bemühungen zur Vereinheitlichung von Dokumentationssystemen festzustellen (Broda, Dahlbender, Schmidt, v. Rad & Schors, 1993a,b; Cording, 1995; Krischker, Cording & Fleischmann, in diesem Band; Zielke, 1993). Diese Ansätze beziehen sich allerdings primär auf den stationären Bereich und sind daher für die ambulante Psychotherapie nur bedingt geeignet. Erst in allerletzter Zeit ist mit der sogenannten „PSY-BaDo" ein System vorgestellt worden, das auch in der ambulanten Psychotherapie eingesetzt werden kann (Heuft, Senf, Janssen, Lamprecht & Meermann, 1995). Damit erscheint es notwendig, in weiterführenden Arbeiten besonders den ambulanten Bereich zu berücksichtigen, was die Autoren dazu veranlaßte, ein Dokumentationssystem für die ambulante Psychotherapie zu entwickeln. Im folgenden Beitrag werden dieses „Allgemeine Psychotherapie-Dokumentationssystem PSYCHO-DOK" und seine Entwicklung dargestellt. Abschließend werden einige Überlegungen zu den Funktionen von Dokumentationen für die Qualitätssicherung von Psychotherapie angestellt.

2. Begriff und Strukturen der Dokumentation von Psychotherapie

2.1 Zum Begriff der Dokumentation

Unter Psychotherapie-Dokumentation versteht man das Sammeln, Ordnen und Speichern von Daten psychotherapeutischer Tätigkeit. Weiters wird darunter häufig auch das Ergebnis des Sammelns und Speicherns verstanden, d.h. ein Register oder eine Datei. Handelt es sich dabei um eine systematische Datei, die auch Regeln zur Erfassung und Speicherung der Daten besitzt, wird dafür der Begriff „Dokumentationssystem" verwendet. Das momentan größte Problem von Psychotherapie-Dokumentation ist, daß noch nicht endgültig geklärt ist, welche Einzeldaten in einer solchen festzuhalten sind. Zwar gibt es eine Reihe diesbezüglicher Konsensusvereinbarungen und Vorschläge (vgl. z.B. Baumann & Ühlein, 1994; Broda et al., 1993a,b; Cording, 1995; Heuft et al., 1995; Zielke, 1993), allerdings gelten diese immer nur für bestimmte Bereiche (psychosomatische Fachkliniken, ambulante und stationäre Suchttherapie, Suizidprävention und -therapie, stationäre oder ambulante Psychiatrie etc.). Ein weiteres Problem besteht darin, daß der Begriff gelegentlich unrichtig verwendet wird (Dokumentation = Diagnostik; Dokumentation = Evaluation; Dokumentation = persönliche Aufzeichnungen). Wie Laireiter und Baumann (1996) dazu feststellen, stellt eine Dokumentation einen eigenständigen Bestandteil einer Psychotherapie dar, der zwar diagnostische und evaluative Daten beinhaltet, jedoch darüber hinaus noch eine Reihe weiterer (vgl. nächster Abschnitt). Die Führung von persönlichen Aufzeichnungen (z.B. Mitschriften, Notizen etc.) eine bestimmte Psychotherapie betreffend ist zwar ein wichtiger Bestandteil einer Verlaufsdokumentation, allerdings sollte eine vollwertige Dokumentation darüber hinaus noch andere Daten umfassen. Um welche es sich dabei handelt, darauf wird im nächsten Abschnitt eingegangen.

2.2 Zur Struktur von Psychotherapie-Dokumentationen

Eine Psychotherapie-Dokumentation stellt eine systematische und strukturierte Erfassung und Speicherung von Daten dar, die im Rahmen psychotherapeutischer Tätigkeit anfallen. Diese Daten sind drei mehr oder weniger unabhängigen Abschnitten einer Therapie zuzuorden, dem Beginn, dem Verlauf und dem Ende einer Therapie inklusive Katamnese (vgl. Baumann & Ühlein, 1994; Broda et al., 1993a; Zielke, 1993). Nach einem Vorschlag von Laireiter (1994a,b) kann diese allgemeine Datenstruktur in zwei Bestandteile, die „*Status- oder Struktur-*" und die „*Verlaufsdokumentation*" unterteilt werden, wobei erstere in der Regel die Daten zu Behandlungsbeginn und zu Behandlungsende und einige resümierende Verlaufsdaten abbildet, und die zweite vor allem die konkrete psychotherapeutische Tätigkeit am und mit dem Patienten[2] in den einzelnen Sitzungen.

---

2. Aus Gründen der leichteren Lesbarkeit wird die grammatikalisch maskuline Form als geschlechtsneutrale Ausdrucksform für die Bezeichnung von geschlechtsbezogenen Personbegriffen verwendet.

Nach Baumann und Ühlein (1994) und Laireiter, Lettner und Baumann (1996) sollten zu *Behandlungsbeginn* folgende Daten erfaßt werden:

- Personangaben (Name, Adresse, Versicherungsnummer etc.)
- Rahmenbedingungen der Therapie (Bezahlung, vereinbarte Frequenz, Dauer, Ziele)
- Aktuelle Sozialdaten (Beruf, Familiensituation, Lebensumwelt etc.)
- Biographische Daten (Biographische Anamnese)
- Diagnosen und diagnostische Befunde (ICD-10/DSM-IV; Testbefunde etc.)
- Störungsdaten (Entstehung, erstmaliges Auftreten, aufrechterhaltende Bedingungen; Krankheits-/Störungsanamnesen etc.)
- Therapieziele und Indikationen
- In Institutionen erscheint es sinnvoll, auch Daten zum Therapeuten zu dokumentieren

Aus dem *Verlauf einer Behandlung* sollten folgende Daten abgebildet werden (Baumann & Ühlein, 1994; Laireiter, 1994a,b):

- Datum, Dauer und Inhalte der einzelnen Interventionssitzungen
- Durchführung der diagnostischen und therapeutischen Maßnahmen
- Veränderungen in Setting, Zielen und eingesetzten Methoden
- psychotherapeutische Veränderungen und Effekte (Verlaufs- und Veränderungsdiagnostik) (= Erfassung der Ergebnisqualität)
- Beurteilung der Prozeßqualität aus Sicht von Patient und Therapeut und
- allfällige Probleme und Schwierigkeiten im Verlauf.

Zu *Therapieende* sollten folgende Daten erfaßt werden:

- formales Resümee
- eine Evaluation unter Einbezug direkter wie indirekter Veränderungsmessungen und der Beurteilung der Zielerreichung
- die subjektive Beurteilung der Effekte aus der Sicht des Patienten und des Psychotherapeuten.

Auch unerwünschte Veränderungen sind festzuhalten. Eine Evaluation wäre prinzipiell auch bei einem Therapieabbruch nötig. Wünschenswert wäre auch die Durchführung und Dokumentation wenigstens einer Katamnese (Fydrich, Laireiter, Saile & Engberding, 1996).

Die Status- oder Strukturdokumentation sowie die Verlaufsdokumentation stehen nicht in einem Konkurrenz-, sondern in einem Ergänzungsverhältnis zueinander und sind unverzichtbare Bestandteile der Gesamtdokumentation. Die Trennung in zwei Hälften begründet sich aus verschiedenen Überlegungen: Beide Dokumentationsteile erfassen schwerpunktmäßig unterschiedliche Daten und haben unterschiedliche Funktionen im therapeutischen Prozeß. Die Hauptaufgabe der Status- oder Strukturdokumentation liegt in der Erfassung der anamnestischen und störungsbezogenen Voraussetzungen, der personalen und sozialen Randbedingungen, der Indikationen und Prognosen und der Effekte einer Therapie sowie ihres Gesamtprozesses im Überblick. Die Hauptaufgabe der Verlaufsdokumentation ist in der Erfassung des laufenden therapeutischen Prozesses zu sehen. Damit fördert sie u.a. die regelmäßige Reflexion und Selbstkontrolle des Therapeuten.

Aus verschiedenen Gründen sollte Psychotherapie über allgemein anerkannte Systeme dokumentiert werden. Ein Vorteil liegt in der Einheitlichkeit und Vergleichbarkeit der zu erfassenden Daten. Dieser Anspruch wird üblicherweise durch „*Basisdokumentationen*" verwirklicht. Unter einer Basisdokumentation ist nach und in Erweiterung von Nübling und Schmidt (in diesem Band) eine praktikable, ökonomische Struktur- und Statusdokumentation zu verstehen, die folgende Merkmale aufweist:

- Sie ist *standardisiert*,
- erfaßt wesentliche *basale patienten-, behandlungs- und ergebnisbezogene Daten*
- *permanent* und bei *allen* PatientInnen
- in *einheitlicher Form* und nach *breit akzeptierten Kriterien.*
- Sie ist *ökonomisch* zu bearbeiten und besitzt
- geeignete *Verfahren zur Datenerfassung durch den Patienten.*
- Sie kann prinzipiell *statistisch ausgewertet* werden, mit dem Ziel
- dem Psychotherapeuten eine *kontinuierliche Rückmeldung* zu geben
- und so zur *Sicherstellung und Verbesserung der Prozeß- und Ergebnisqualität* beizutragen.

Damit wäre unter einer Basisdokumentation eine Struktur- und Statusdokumentation zu verstehen, die breite Gültigkeit besitzt, durch eine oder mehrere Fachgesellschaften vereinbart und so zu einem Standardsystem erhoben wurde. Das Datenset ist konsensuell festgelegt und ist so auch repräsentativ für den jeweiligen Bereich, für den es entwickelt wurde (z.B. für die ambulante und stationäre Psychiatrie inklusive Psychotherapie: Cording, 1995; für die stationäre Psychosomatik und Psychotherapie: Broda, et al., 1993a,b; Zielke, 1993; oder für die ambulante und stationäre Suchttherapie: Lindenmeyer & Schneider, in diesem Band). Für die ambulante Psychotherapie existiert bis jetzt noch keine einheitliche Basisdokumentation. Das von den Autoren entwickelte System wäre ein Vorschlag für eine solche.

Basisdokumentationen haben neben den bereits erwähnten noch eine Reihe weiterer Aufgaben, u.a. die Generierung einer einheitlichen Datenmenge für Forschungsaufgaben, die Erhöhung der Transparenz der Tätigkeit der jeweiligen Einrichtung und die Setzung von Standards für die Sicherstellung der Struktur- und Ergebnisqualität von Psychotherapie (Cording, 1995; Krischker et al. in diesem Band; Selbmann, 1995; vgl. Kapitel 4 dieser Arbeit).

3. PSYCHO-DOK. Allgemeines Dokumentationssystem für Psychotherapie

3.1 Beschreibung

Es ist Aufgabe des Systems, Psychotherapie prinzipiell schulen-, tätigkeitsfeld- und altersgruppenübergreifend zu dokumentieren, mit dem Schwerpunkt im ambulanten Bereich. Dazu wurde der Kern des Systems so konstruiert, daß er von Vertretern verschiedener psychotherapeutischer Richtungen und Orientierungen in verschiedenen Tätigkeitsfeldern und bei unterschiedlichen Altersgruppen (Jugendliche bis ältere Menschen; für Kinder sind kleinere Ergänzungen und Modifikationen notwendig; vgl. dazu ausführlicher Laireiter, Lettner & Baumann, 1998) und Störungen gleichermaßen eingesetzt werden kann. Ein weiterer Schwerpunkt liegt in der Erfassung von Einzeltherapien. Aufgrund der spezifischen Konstruktion ist auch eine Erweiterung auf Familien- und Paartherapien möglich (vgl. dazu ausführlicher Laireiter et al., 1998). Da Gruppentherapien, bis auf den Verlauf, in der Regel über die Einzelpersonen dokumentiert werden (vgl. Laireiter et al., 1996), kann das System auch für die Strukturdokumentation von Gruppentherapien herangezogen werden. Eine weitere Aufgabe ist die systematische Erfassung des Verlaufes einer Psychotherapie. Dazu wurde eine eigene Verlaufsdokumentation (Verlaufsbögen zur Erfassung von Einzelsitzungen, Bögen zur Dokumentation von Supervision, Patientenstundenbögen, Verlaufs- und Prozeßevaluation durch den Patienten) entwickelt.

Um den verschiedenen Aufgaben einer Dokumentation gerecht zu werden (s.o.), war die Entwicklung eines differenzierten Systems nötig, das zwei große Teile umfaßt, die *Basisdokumentation* einerseits und die *Verlaufsdokumentation* andererseits. Für zusätzliche Unterlagen einer Therapie (z.B. Materialien, Instrumente, Korrespondenz, Befunde etc.) besitzt PSYCHO-DOK einen letzten Abschnitt („*Anhang*"), in dem diese abgelegt und somit der Dokumentation beigefügt werden können. Um den erwähnten Ansprüchen einer schulen-, tätigkeitsfeld- und altersunabhängigen Dokumentation gerecht zu werden und gleichzeitig auch ein ökonomisches System zu entwickeln, mußte das System nach einigen speziellen Gesichtspunkten konstruiert werden (s.u.). Der wichtigste ist die *modulare Konzeption* der Basisdokumentation, ein weiterer zeigt sich in der Erfassung wichtiger Informationen zu Therapiebeginn, während des Verlaufs und zur Evaluation und Katamnese durch den Patienten. Hierzu wurden verschiedene *Instrumente* entwickelt. Von seiner methodischen Bearbeitung her gesehen ist PSYCHO-DOK als teilstandardisiertes Papier-Bleistift-Verfahren konstruiert, eine Computerisierung ist mittelfristig geplant. Die Dokumentation hat primär durch den Therapeuten zu erfolgen, einzelne Abschnitte sind aber so konstruiert, daß sie auch vom Patienten bearbeitet werden können. Insbesondere ist es möglich, die im Rahmen der Basis- und Verlaufsdokumentation entwickelten Instrumente und Verfahren durch den Patienten bearbeiten zu lassen.

3.1.1 Basisdokumentation, Module und Instrumente

Im Kern, der sogenannten „Basisdokumentation", werden die Struktur- und Ergebnisdaten einer individuellen Psychotherapie abgebildet. Der Begriff „Basisdokumentation" ist im oben genannten Sinne zu verstehen, insofern nur solche Daten erfaßt werden, die für eine übergeordnete und allgemein verbindliche Status- oder Strukturdokumentation notwendig sind und auch im Rahmen anderer Basisdokumentationen abgebildet werden. Tabelle 1 gibt einen Überblick über die Inhalte der Basisdokumentation.

Tabelle 1: Datenstruktur der Basisdokumentation von PSYCHO-DOK

I. Persondaten	IV. Biographische Anamnese	VII. Therapieverlauf/Evaluation
1. Name, Adresse, Geburtsdatum	21. Vollständigkeit der Familie	37. Behandlungsbilanz/formal
2. Hausarzt	22. Qualität der Beziehungen	38. Behandlungsverlauf
3. Arbeitgeber	23. Trennungen/Verluste	39. Weiterführende Vereinbarungen
	24. Belastungen in der Biographie	
II. Anmeldung		
4. Erst-/Folgeanmeldung		
5. Kostenträger	V. Störungsanamnese	VIII. Behandlungserfolg/Evaluation
6. Überwiesen/empfohlen durch	25. Hauptbeschwerden, erstes Auftreten	40. Psychopathologischer Status
7. Überweisungsdiagnose/-grund	26. Vorbehandlungen	41. Indirekte Veränderungsmessung
8. Therapieziele/-erwartungen	27. Sonstige Störungen/Krankheiten	42. Direkte Veränderungsmessung
9. Medikamenteneinnahme	28. Bisherige Behandlungen	43. Zielerreichungsbeurteilung
III. Soziale Anamnese	29. Suizidalität	44. Zufriedenheit mit der Therapie
10. Familienstand, Konfession		45. Reflexionen zur Therapie
11. Nationalität, Muttersprache	VI. Problemanalyse/Therapieplanung	
12. Aktuelle Wohnsituation	30. Probleme/Beschwerden	
13. Jahreseinkommen	31. Diagnosen (ICD, DSM)	IX. Katamnesen
14. Höchster Schulabschluß	32. Testbefunde	46. ja/nein
15. Höchster Berufsabschluß	33. Empfehlungen/Erstgespräch	47. Anzahl
16. Jetzige Berufstätigkeit	34. Problembereiche/Ziele	
17. Ausmaß Berufstätigkeit	35. Interventionsplan	
18. Berufliche Stellung	36. Prognosen	
19. Soziale Integration		
20. Soziales Netzwerk		

Anmerkungen:
Die Numerierung der Bereiche der Basisdokumentation erfolgt auch im System in fortlaufender Reihenfolge. Dies wurde aufgrund vielfältiger Rückmeldungen so festgelegt.

Da in Therapien jedoch häufig auch weitere Daten anfallen, bzw. es häufig nötig ist, bestimmte Bereiche detaillierter abzubilden, wurden von den Autoren dafür Erweiterungselemente, kurz „*Module*" genannt, entwickelt. Die *Modulisierung* soll eine fallangepaßte Spezifizierung und Erweiterung der Basisdokumentation und eine möglichst ökonomische Gestaltung derselben ermöglichen. Dies wird vor allem dadurch erreicht, daß die Module nur im Bedarfs- und nicht im Regelfall zu bearbeiten sind. Die bisher entwickelten Module sind in Tabelle 2 dargestellt.

Spezielle schulen-, modalitäts- und tätigkeits- und altersgruppenspezifische Zusatzmodule wurden noch nicht entwickelt, können aber jederzeit beigefügt werden. Darüber hinaus können die bei einer spezifischen Therapie eingesetzten Verfahren und Instrumente (störungsspezifische Skalen, psychometrische Tests, spezifische Anamnesen, etwa für Paare und Familien, Beobachtungsprotokolle etc.) ebenfalls als Module definiert und der Dokumentation angeschlossen werden.

Tabelle 2: Bisher entwickelte Module von PSYCHO-DOK

Modul 0:	Angaben zum Therapeuten (Österreich; Deutschland/Schweiz)[a]
Modul 1:	Problemerfassung im Erstgespräch
Modul 2:	Angaben zum/zur Partner/in
Modul 3:	Angaben zu den Kindern
Modul 4:	Einkommenssituation
Modul 5:	Weiterführende berufliche Anamnese
Modul 6:	Netzwerkanalyse
Modul 7:	Biographische Anamnese
7A:	Angaben zu den Elternersatzpersonen
Modul 8:	Störungsanamnese
8A:	Frühere Behandlungen
Modul 9:	Dokumentation der Befunde diagnostischer Erhebungen
9A:	Standardisierte Verfahren
9B:	Nicht standardisierte Verfahren
Modul 10:	Zusammenfassend dargestellter Behandlungsverlauf
Modul 11:	Veränderungen während/nach der Therapie
Modul 12:	Katamnese

Anmerkungen:
[a] Aufgrund der strukturellen und rechtlichen Unterschiede in der Gesetzgebung zwischen Österreich, Deutschland und der Schweiz sind die Inhalte des Therapeutenblattes für Österreich an einigen Stellen abgeändert.

Da es sinnvoll ist, verschiedene Informationen strukturiert und systematisch vom Klienten selbst zu erfahren, wurden zusätzlich zu den Modulen noch einige vom Patienten selbst bearbeitbare „*Instrumente*" entwickelt, im einzelnen:

- ein Problemorientierungsfragebogen, der zu Beginn der Therapie vom Patienten zu bearbeiten ist,
- ein Fragebogen zur abschließenden Evaluation der Therapie und
- ein Fragebogen zur Katamnese.

Der Problemorientierungsfragebogen soll einen Überblick über die wichtigsten Beschwerden, Wünsche und Ziele eines Patienten erbringen, die beiden anderen erfassen die Ergebnisse einer Therapie und die Zufriedenheit damit aus der Sicht des Patienten.

3.1.2 Die Verlaufsdokumentation: Kernelemente und Instrumente

Da der Verlauf einer Psychotherapie nur sehr grob zu standardisieren ist und verschiedene Randbedingungen aufweist (psychotherapeutische Orientierung, Therapiemodalität, Setting etc.), die eine geringe Strukturierung von Dokumentationsdaten verlangen, wurde für die Verlaufsdokumentation kein hochstrukturiertes System (wie etwa das der Basisdokumentation) entwickelt. Weiters beinhaltet der Verlauf einer Psychotherapie andere Datenbereiche als Struktur und Rahmen derselben (s.o.). Aus diesem Grund besteht die Verlaufsdokumentation im System PSYCHO-DOK aus einem *Kernelement* und einigen fakultativ einsetzbaren *Instrumenten*.

Das *Kernelement* besteht aus einem *Psychotherapie-Stundenbogen,* der in zwei Varianten vorliegt und vom Psychotherapeuten nach jeder Stunde zu bearbeiten ist. Er besitzt eine formale Struktur, die rational begründet ist (vgl. Laireiter et al., 1998) und (für den Patienten) einsichtsberechtigte von nicht einsichtsberechtigten Teilen differenziert. Im Zentrum steht die Erfassung der zentralen Inhalte einer psychotherapeutischen Sitzung (Vorbereitung, Kurzprotokoll, Ergebnisse, Vereinbarungen/Planungen), darüber hinaus können wichtige Aspekte des Prozesses und Verlaufs einer Sitzung und der gesamten Psychotherapie dokumentiert werden (Therapeut-Patient-Interaktion, diagnostische Erkenntnisse, Verlauf der Therapie, Probleme und Themen für eine Supervision etc.).

Die fakultativ einsetzbaren *Instrumente* sind durch den Patienten zu bearbeiten. „Fakultativ einsetzbar" bedeutet, daß sie nach unterschiedlichen Designs und in Absprache zwischen Therapeut und Patient zum Einsatz kommen können. Es sind dies:

- ein PatientInnen-Stundenbogen,
- ein Prozeß-(Stunden-)Evaluationsbogen und
- ein Verlaufsevaluationsbogen.

Der *PatientInnen-Stundenbogen* dokumentiert den Stundenverlauf aus Sicht des/der PatientIn und kann aufgrund spezifischer Überlegungen und Indikationen eingesetzt werden. Der *Prozeß-(Stunden-)Evaluationsbogen* dient dazu, den Verlauf einer Stunde unter der Perspektive der Prozeßqualität durch den Patienten zu erfassen. Er ist eng an vergleichbare Verfahren angelehnt (vgl. Braun in diesem Band; Grawe & Braun, 1994; Schindler, Hohenberger-Sieber & Hahlweg, 1990) und vollstandardisiert. Der *Verlaufs-Evaluationsbogen* erfaßt wichtige Aspekte der Ergebnisqualität einer Psychotherapie aus der Sicht des Patienten. Beide stellen somit zentrale Bestandteile der Qualitätssicherung einer Psychotherapie dar. Entsprechende Daten werden auf seiten des Psychotherapeuten durch die Stundenbögen erfaßt. Allerdings sind die Evaluationsverfahren noch nicht evaluiert und dienen daher „nur" einer qualitativen Erhebung der Patientenbeurteilungen.

Über die Stundenerfassung hinaus fallen im Verlauf einer Psychotherapie natürlich auch noch andere Daten an (vgl. Fydrich et al., 1996; Grawe & Braun, 1994), wie z.B. Veränderungen in der Symptomatik, Statuserhebungen etc. Zur Erfassung derartiger Daten ist auf andere, bereits bestehende Verfahren zurückzugreifen (vgl. dazu ausführlicher Braun, in diesem Band; Fydrich et al., 1996; Grawe & Braun, 1994; Grawe, Grawe-Gerber, Heiniger, Ambühl & Caspar, 1996; Schulte, 1993). Auch ist das Design, nach dem derartige Daten erfaßt werden, vom Psychotherapeuten in Absprache mit dem Patienten angepaßt an die jeweilige Psychotherapie festzulegen. Die dafür eingesetzten Unterlagen gehören ebenfalls zur Verlaufsdokumentation und sind dieser beizulegen.

Für zusätzliche Unterlagen einer Therapie (z.b. Materialien, Instrumente, Korrespondenz, Befunde etc.) besitzt PSYCHO-DOK einen letzten Abschnitt (*„Anhang"*), in dem diese abgelegt und somit der Dokumentation beigefügt werden können.

3.1.3 Bearbeitung

Für die konkrete Durchführung der Dokumentation gilt folgendes: Die Basisdokumentation sollte bei jedem Fall vollständig bearbeitet werden, die Module, Instrumente und die Verlaufsdokumentation nur soweit, wie sie eingesetzt wurden bzw. in der Therapie Verwendung fanden. Konkret bedeutet dies: Wurde z.B. ein Erstgespräch ausführlicher geführt und wurden dabei Daten erfaßt, die über die Basisdokumentation hinausgehen (Punkte I, II, Tabelle 1), können diese in Modul 1 (Explorationsschema zum Erstgespräch) dokumentiert werden. Wurde beim Erstgespräch eine standardisierte Diagnostik oder ein strukturiertes klinisches Interview durchgeführt, werden die Ergebnisse in Abschnitt VI (Problemanalyse/Therapieplanung) eingetragen. Wurden im Rahmen der Störungsabklärung vom Patienten Tests oder Fragebögen bearbeitet, können deren Ergebnisse im Modul 9 dokumentiert werden. Dieses ist so konstruiert, daß Befunde gleicher Verfahren zu verschiedenen Meßzeitpunkten, ebenso wie von unterschiedlichen Verfahren zum gleichen Zeitpunkt problemlos abgebildet werden können.

Der zweite Teil der Basisdokumentation und der Module bezieht sich auf die Bilanzierung und Evaluation der Therapie. Dazu werden sowohl deskriptive wie auch evaluative Daten erfaßt. Bei einer ausführlicheren und längeren Therapie und bei Therapien, bei denen Probleme aufgetreten sind, können die Daten der Basisdokumentation ergänzt werden durch Modul 10 („Zusammenfassend dargestellter Behandlungsverlauf").

Die Evaluation selbst erfolgt in PSYCHO-DOK über eine direkte Veränderungsbeurteilung, eine Zielerreichungsskalierung und über die subjektive Erfolgsbeurteilungen durch Therapeut und Klient. Zusätzlich sollte nach Ende einer Behandlung der psychopathologische Status eines Patienten über die Vergabe von Diagnosen nach ICD-10 oder DSM-IV beurteilt werden. Wird eine indirekte Veränderungsbeurteilung durchgeführt, stehen zur Dokumentation der Befunde auch hier wieder die Module 9A und 9B zur Verfügung. Da nicht jede Therapie notwendigerweise eine Katamnese besitzt, ist deren Durchführung in der Basisdokumentation nur zu vermerken; ihre Ergebnisse sind in einem speziellen Modul (12) festzuhalten und der Dokumentation anzuschließen.

Es ist zu betonen, daß das Dokumentationssystem nicht geeignet ist, um als Leitfaden für die Durchführung von Sitzungen und psychotherapeutischen Gesprächen zu dienen (z.b. Erstgespräch, diagnostische Sitzungen etc.). Die Durchführung derartiger Gespräche und Sitzungen orientiert sich primär an inhaltlichen Überlegungen, die in der Regel tätigkeitsfeld-, störungs- und vor allem schulenspezifischen Gesichtspunkten unterliegen. Die Dokumentation hingegen orientiert sich bei der Auswahl der Daten eher an formalen und übergeordneten Gesichtspunkten (vgl. oben: Kriterien der Entwicklung).

3.1.4 Standardevaluation und systematische Evaluation

Es gilt heute als Standard der Psychotherapie, den Therapieerfolg systematisch zu evaluieren. Dazu gehört auch eine systematische Erfassung veränderungs- und effektrelevanter Daten. Verschiedene Autoren haben daher Konsensusvorschläge zu einer einheitlichen Diagnostik und Evaluation von Psychotherapie unterbreitet. Diese umfassen sowohl Vorschläge zu den einzusetzenden Verfahren wie auch zum Design und zur Auswertung der Befunde (z.B. Fydrich et al., 1996; Grawe & Baltensberger in diesem Band; Grawe & Braun, 1994; Schulte, 1993). Auch in den bisherigen Ausführungen wurde an verschiedenen Stellen darauf hingewiesen, daß Vorschläge zur Dokumentation auch ein einheitliches und praktikables Design der Erfassung diagnostischer Daten einschließen sollten.

Das System verfügt über keine eigenständige diagnostische Batterie zur Problemerfassung und Evaluation, wohl aber besitzt es verschiedene strukturelle Vorgaben, die einen groben Rahmen der Diagnostik und Evaluation festlegen, der sich an momentan geltenden Standards orientiert (Fydrich et al., 1996; Grawe & Braun, 1994; Schulte, 1993).

Für Einzeltherapien kann PSYCHO-DOK mit bereits entwickelten Standardevaluationsbatterien (z.B. Grawe & Braun, 1994; Palm, in diesem Band) kombiniert werden. Als momentan geltender Standard läßt sich die in Tabelle 3 dargelegte Standarddiagnostik und -evaluation empfehlen. Da die Empfehlungen in Tabelle 3 nur als allgemeiner Rahmen zu verstehen sind, ist für jeden Fall neu zu entscheiden, welche Verfahren zur Diagnostik und Evaluation eingesetzt werden sollen.

3.2 Entwicklung und Konstruktion des Systems

Das System wurde in verschiedenen Phasen in mehrjähriger Arbeit entwickelt und evaluiert. Insgesamt wurden bis jetzt sechs Entwicklungsschritte absolviert. In ersten Vorarbeiten wurde auf der Basis bestehender Systeme und eigener konzeptueller Überlegungen (vgl. dazu Laireiter, Baumann & Lettner, 1993; Laireiter, Lettner & Baumann, 1996) eine Rohstruktur erarbeitet. Nach Umsetzung der Modulidee und der Erstellung der ersten Version wurde diese einer ausführlichen Begutachtung durch die in der Fußnote genannten Experten und Mitarbeiter der eigenen Ambulanz für Psy-

Tabelle 3: Empfehlungen zur Standarddiagnostik und -evaluation (Einzeltherapie)

1. Eingangsdiagnostik/Problemanalyse:
Standard:
- Diagnosen nach ICD-9/10 oder DSM-III-R/IV
- Allgemeines Symptomscreening (z.B. SCL-90-R; vgl. Franke, 1995)
- Erfassung spezifischer Symptomatik (Symptomskalen; Selbst- und/oder Fremdbeurteilung)
- Erfassung der Therapieziele (Zielskalierung)

Bei Bedarf:
- Interpersonale/soziale Probleme
- Soziale Anpassung/soziales Funktionieren
- Soziale Beziehungen/Netzwerke

2. Verlaufsdiagnostik/therapiebegleitende Diagnostik:
Standard:
- Veränderungen über die einzelnen Sitzungen hinweg (→ Verlaufsdokumentation)
- Verlauf ausgewählter Indikatoren über die Zeit hinweg (Hahlweg, 1992; Palm, in diesem Band)

Zu ausgewählten Zeitpunkten:
- Symptomskalen
- Zielannäherung und -erreichung
- Veränderungen (direkte Veränderungsmessung)
- Kombinierte Erfassung (z.B. PSYCHO-DOK-Verlaufs-Evaluation)
- Therapieprozeß (Prozeßskalen, PSYCHO-DOK-Prozeß-Evaluation)

3. Evaluation:
Standard:
- Diagnosen nach ICD-9/10 oder DSM-III-R/IV
- Störungsscreening und/oder Symptomskalen
- Direkte Veränderungserfassung
- Zielerreichungserfassung
- Zufriedenheitserfassung (Klient, Therapeut)

4. Katamnese:
- Schema aus PSYCHO-DOK oder
- Katamnesefragebogen

chotherapie und Klinische Psychologie unterzogen.[3] Gleichzeitig wurden damit auch erste Erfahrungen durch die konkrete Dokumentation psychotherapeutischer Fälle gesammelt. Die Erfahrungen damit und die Rückmeldung der Experten und der Mitarbeiter unserer psychotherapeutischen Ambulanz führten zu einer Revision der Struktur und zu einer Angleichung an internationale Basisdokumentationen; ferner wurde die Verlaufsdokumentation entwickelt. Im zweiten Evaluierungsschritt wurde das System neuerlich durch die Mitarbeiter unserer psychotherapeutischen Ambulanz an eigenen Fällen sowie durch niedergelassene Praktiker auf seine Praxistauglichkeit hin überprüft. Nach Erhalt dieser Rückmeldungen und einigen neuerlichen Modifikationen und Ergänzungen in der Struktur und der Konzipierung der Instrumente wurde die Endversion geschrieben und mit einem praxistauglichen Layout versehen.[4] Diese Version wurde publiziert (Laireiter et al., 1998), um so das System einer größeren Evaluation durch niedergelassene Psychotherapeuten unterziehen zu können. Sollten es die Erfahrungen und Rückmeldungen der weiteren Anwender und Benutzer nötig machen, ist eine weitere Revision möglich, um es, auf diese Weise mit einer höheren Praxistauglichkeit versehen, dem Feld als bewährtes und überprüftes Dokumentationssystem zur Verfügung zu stellen.

3.3 Bisherige Erfahrungen und Bewertung des Systems

Insgesamt hat sich die Basisdokumentation nach den bisherigen Erfahrungen als breit applikabel und ökonomisch einsetzbar erwiesen. Die Praktiker, die das System bis jetzt verwendeten, haben Patienten verschiedener Altersgruppen mit unterschiedlichen Störungen auf der Basis unterschiedlicher psychotherapeutischer Orientierungen behandelt. Das Modulsystem ermöglicht eine flexible Anpassung an die heterogenen Anforderungen einer psychotherapeutischen Praxis und bietet eine ökonomische und benutzerfreundliche Anwendung. Als einziger „Nachteil" ist die Tatsache anzusehen, daß sein Einsatz an eine kurze Benutzereinschulung gebunden ist. Diese ist besonders wichtig, wenn man das System für Praxisforschung verwenden will. Was die Dauer der Bearbeitung betrifft, so ist diese, vor allem nach der erfolgten Einschulung und bei mehrmaliger Verwendung, insbesondere für die Basisdokumentation, extrem kurz. Dies hängt damit zusammen, daß viele der Daten direkt während der entsprechenden Therapiestunden eingetragen werden können. Lediglich die Bearbeitung der Pla-

---

3. Die Autoren möchten an dieser Stelle allen Personen sehr herzlich danken, die durch kritische Kommentare und hilfreiche Rückmeldungen an der Weiterentwicklung des Verfahrens mitgewirkt haben. Es sind dies: E. Brähler, Leipzig; F. Caspar, Bern; P. Fiedler, Heidelberg; K. Grawe, Bern; H. Kächele, Ulm; P. Kaimer, Bamberg; R. Krause, Saarbrücken; P. Kutter, Frankfurt; J. Margraf, Dresden; M. Perrez, Fribourg; R. Sachse, Bochum; D. Schmelzer, Nürnberg; H. Ühlein, Nürnberg sowie die Mitarbeiter der Beratungsstelle für Klinische Psychologie, Psychotherapie und Gesundheitspsychologie am Institut für Psychologie der Universität Salzburg (G. Amann, E. Ardelt, S. Czermak, B. Krumm, M. Grob, H. Mitmannsgruber, G. Schentz).
4. Wir möchten an dieser Stelle Herrn Anton Leherbauer sehr herzlich für seine kreative und kompetente Arbeit bei der Gestaltung des Layouts danken, die die Praxistauglichkeit des Systems enorm erhöhte.

nungs- und Behandlungsbilanz erfordern zusätzliche Zeit. Durch den Einsatz schriftlicher Befragungsmittel (z.B. für die biographische und die Störungsanamnese) kann der Aufwand für den Therapeuten zusätzlich reduziert werden.

Die Erfahrungen mit der *Verlaufsdokumentation* zeigen, daß der Stundenbogen zu seiner Bearbeitung nur relativ wenig Zeit in Anspruch nimmt (ca. 3-4 Minuten), und daß die Patienten, die bisher damit konfrontiert wurden, eine Rückmeldung über Prozeß und Verlauf einer Psychotherapie sehr schätzen (vgl. dazu auch Braun, in diesem Band, für ähnliche Erfahrungen und Argumente). Weiters zeigte sich, daß die globale Struktur ihre Verwendbarkeit des Systems bei unterschiedlichen psychotherapeutische Orientierungen erhöht.

4. Funktionen von Psychotherapie-Dokumentationssystemen im Rahmen des Qualitätsmanagements und der Qualitätssicherung von Psychotherapie

Obwohl ein Dokumentationssystem primär abbildende Funktion hat, besitzt es auch strukturierende, kontrollierende und damit auch qualitätsverbessernde Funktionen (vgl. dazu auch ausführlicher Cording, 1995). Diese können analog der Dreiteilung des Qualitätsbegriffes in Struktur-, Prozeß- und Ergebnisqualität diskutiert werden.

Die *Strukturqualität von Psychotherapie* wird durch Dokumentationssysteme vor allem durch ihren systematischen Einsatz im Rahmen der Ausbildung angesprochen. Auf diese Weise werden von vornherein basale Standards psychotherapeutischer Prozeß- und Ergebnisqualität gesetzt, was die Ausbildungs- und damit auch die Strukturqualität von Psychotherapie verbessern dürfte. Die Dokumentation sollte auf jeden Fall Thema und Inhalt der Ausbildungssupervision sein und, wie Richter (1996) meint, auch der späteren kollegialen Intervision. Nach Richter (1996) stellt eine erweiterte Basisdokumentation die Grundlage dar für die qualitätsorientierte Intervision von Psychotherapeuten im Rahmen des von ihm beschriebenen Konzeptes der sogenannten „kontrollierten kollegialen Intervision", welches als ein Element des (internen) Qualitätsmanagement von Psychotherapie anzusehen ist. In diesen fallbezogenen Intervisionsgruppen werden Fragen der Diagnostik, Indikation, Behandlungsplanung und Behandlungsdurchführung individueller Psychotherapien unter Qualitätsaspekten diskutiert und in Form von gegenseitiger kollegialer Intervision bearbeitet.

Für die *Prozeßqualität von Psychotherapie* werden durch eine systematische Dokumentation zum einen Prozeßstandards gesetzt; zum anderen erfolgt über die Verlaufsdokumentation ein kontinuierliches Monitoring des therapeutischen Prozesses, welches durch den Einsatz spezifischer Kriterien und Methoden zur Erfassung der Behandlungs- und Ergebnisqualität noch verbessert werden kann. Im diesem Zusammenhang ist zu erwarten, daß der systematische Einsatz einer Dokumentation folgende positive Effekte für den Behandlungsprozeß nach sich ziehen wird: Sensibilisierung für Veränderungen im therapeutischen Prozeß (erwünschte wie unerwünschte), Erhöhung der therapeutischen Selbstkontrolle und der Therapiekontrolle, Ingangsetzen eigener Optimierungs- und Verbesserungsstrategien und Erhöhung der Ziel- und Problemgerichtetheit des therapeutischen Handelns (vgl. dazu das Konzept der „therapiebegleitenden Erfolgs- oder Ergebnisoptimierung" von Kanfer, Reinecker & Schmelzer, 1996).

Die systematische Dokumentation von Psychotherapien hat auch wesentliche Auswirkungen auf die *psychotherapeutische Ergebnisqualität*. Zum einen ist zu erwarten, daß die kontiuierliche Erfassung des Therapieprozesses durch eine systematische Verlaufsdokumentation zu einer Verbesserung der Ergebnisqualität führt. Zum zweiten sind Verbesserungen der Ergebnisqualität durch den systematischen Einsatz der Dokumentation im Rahmen von Supervision und Intervision zu erwarten (vgl. oben). Zum dritten sollten vor allem die Vorgaben einer systematischen Basis- und Verlaufsdokumentation in bezug auf Evaluationsstandards, kontinuierliches Monitoring der Ergebnisqualität und die Einbeziehung systematischer Rückmeldungen von seiten des Klienten zu weiteren Verbesserungen der Ergebnisqualität von Psychotherapie beitragen.

Es wäre interessant, die postulierten Effekte auch empirisch zu überprüfen. Dies würde dafür sprechen, den Einsatz und die Anwendbarkeit der Dokumentation von Psychotherapie auch einer systematischen Überprüfung zu unterziehen.

Literaturverzeichnis

Baumann, U. (1982). Dokumentation in der Psychotherapie. In U. Baumann, H. Berbalk & G. Seidenstücker (Hrsg.), *Klinische Psychologie: Trends in Forschung und Praxis* (Bd. 5, S. 149–176). Bern: Hans Huber.

Baumann, U. & Ühlein, H. (1994). *Leitsätze zur Dokumentation klinisch-psychologischer/psychotherapeutischer Interventionen*. Köln: Deutscher Psychologenverlag.

Broda, M., Dahlbender, R.W., Schmidt, J., Rad, M.v. & Schors, R. (1993a). DKPM-Basisdokumentation. Eine einheitliche Basisdokumentation für die stationäre Psychosomatik und Psychotherapie. *Psychotherapie, Psychosomatik & Medizinische Psychologie, 43*, 214–218.

Broda, M., Dahlbender, R.W., Schmidt, J., Rad, M.v. & Schors, R. (1993b). DKPM-Basisdokumentation. Stationäre Psychosomatik und Psychotherapie. Arbeitsgemeinschaft Basisdokumentation im DKPM. Glossar. *Psychotherapie, Psychosomatik & Medizinische Psychologie, 43*, 219–223.

Cording, C. (1995). Basisdokumentation und Ergebnisqualität. In W. Gaebel (Hrsg.), *Qualitätssicherung im psychiatrischen Krankenhaus* (S. 173–181). Wien: Springer.

Franke, G.H. (1995). *SCL-90-R. Die Symptom-Checliste von Derogatis*. Göttingen: Beltz Test.

Fydrich, T., Laireiter, A.-R., Saile, H. & Engberding, M. (1996). Diagnostik und Evaluation in der Psychotherapie: Empfehlungen zur Standardisierung. *Zeitschrift für Klinische Psychologie, 25*, 161–168.

Grawe, K. & Braun, U. (1994). Qualitätskontrolle für die Praxis. *Zeitschrift für Klinische Psychologie, 23*, 242–267.

Grawe, K., Grawe-Gerber, M., Heiniger, B., Ambühl, H. & Caspar, F. (1996). Schematheoretische Fallkonzeption und Therapieplanung – Eine Anleitung für Therapeuten. In F. Caspar (Hrsg.), *Psychotherapeutische Problemanalyse* (2.Aufl., S. 189–224). Tübingen: dgvt-Verlag.

Hahlweg, K. (1992). *Patientendokumentationssystem „PATDOK"* (Unveröff. Manuskript). Braunschweig: Technische Universität, Psychologisches Institut.
Heuft, G., Senf, W., Janssen, P.L., Lamprecht, F. & Meermann, R. (1995). Praktikabilitätsstudie zur quantitativen und qualitativen Ergebnisdokumentation stationärer Psychotherapie. *Psychotherapie, Psychosomatik & Medizinische Psychologie, 45,* 303–309.
Kanfer, F.H., Reinecker, H. & Schmelzer, D. (1996). *Selbstmanagement-Therapie. Ein Lehrbuch für die klinische Praxis* (2., erweiterte Aufl.). Berlin: Springer.
Kordy, H. (1992). Qualitätssicherung: Erläuterungen zu einem Reiz- und Modewort. *Zeitschrift für Psychosomatische Medizin und Psychoanalyse, 38,* 310–324.
Laireiter, A.-R. (1994a). Dokumentation psychotherapeutischer Fallverläufe. *Zeitschrift für Klinische Psychologie, 23,* 236–241.
Laireiter, A.-R. (1994b). Dokumentation von Verhaltenstherapie. *Verhaltenstherapie, 4,* 254–265.
Laireiter, A.-R. & Baumann, U. (1996). Dokumentation von Verhaltenstherapie. In J. Margraf (Hrsg.), *Lehrbuch der Verhaltenstherapie. Band 1: Grundlagen, Diagnostik, Verfahren, Rahmenbedingungen* (S. 499–524). Berlin: Springer.
Laireiter, A.-R., Baumann, U. & Lettner, K. (1993). Dokumentation von Psychotherapie – Logik und Struktur. In L. Montada (Hrsg.), *Bericht über den 38. Kongreß der Deutschen Gesellschaft für Psychologie in Trier 1992* (S. 657–664). Göttingen: Hogrefe Verlag für Psychologie.
Laireiter, A.-R., Lettner, K. & Baumann, U. (1996). Dokumentation ambulanter Psychotherapie: Elemente, Strukturen und offene Fragen. In F. Caspar (Hrsg.), *Psychotherapeutische Problemanalyse* (2.Aufl., S. 315–343). Tübingen: dgvt-Verlag.
Laireiter, A.-R., Lettner, K. & Baumann, U. (1998). *PSYCHO-DOK. Allgemeines Dokumentationssystem für Psychotherapie. Manual und Glossar.* Tübingen: dgvt-Verlag.
Richter, R. (1996). Die qualitätsgesicherte Psychotherapie-Praxis: Entwurf einer Leitlinie. Konzept für Qualitätssicherungsmaßnahmen in der ambulanten psychotherapeutischen Versorgung. *Psychotherapeutenforum, 3/96,* 6–9.
Sachse, R. (1979). *Praxis der Verhaltensanalyse.* Stuttgart: Kohlhammer.
Schindler, L., Hohenberger-Sieber, E. & Hahlweg, K. (1990). Stundenbeurteilung – Stundenbeurteilungsbogen für Klienten und Therapeuten. In G. Hank, K. Hahlweg & N. Klann (Hrsg.), *Diagnostische Verfahren für Berater: Materialien zur Diagnostik und Therapie in Ehe-, Familien- und Lebensberatung* (S. 331–339). Weinheim: Beltz.
Schmidt, J. & Nübling, R. (1994). Qualitätssicherung in der Psychotherapie. Teil 1: Grundlagen, Hintergründe und Probleme. *GwG-Zeitschrift, 96,* 15–25.
Schulte, D. (1993). Wie soll Therapieerfolg gemessen werden. *Zeitschrift für Klinische Psychologie, 22,* 374–393.
Selbmann, H.K. (1995). Konzept und Definition medizinischer Qualitätssicherung. In W. Gaebel (Hrsg.), *Qualitätssicherung im psychiatrischen Krankenhaus* (S. 3–10). Wien: Springer.
Zielke, M. (1993). Basisdokumentation in der stationären Psychosomatik. *Praxis der Klinischen Verhaltensmedizin und Rehabilitation, 6,* 218–226.

Qualitäts-Monitoring:
Ein praktikables Ergebnis-Feedback-System für die Psychotherapie

Urs Braun

Inhalt:

1. **Vorbemerkung zur Qualitätssicherung in der Psychotherapie** ...225
   1.1 Integra Outpatient Tracking Assessment 226
   1.2 Heidelberger Modell 227
   1.3 Berner Modell 228
2. **Von der Qualitätskontrolle zum therapeutenkontrollierten Ergebnis-Feedback-System** 230
3. **Qualitäts-Monitoring** 236
   3.1 Abklärungsphase 238
      3.1.1 Anmeldung und schriftliche Einladung 238
      3.1.2 Prä-Messung 238
      3.1.3 Erstgespräch(e) und störungsspezifische Prä-Messung 239
   3.2 Therapiephase 240
      3.2.1 Goal Attainment Scaling (GAS) 240
      3.2.2 Patientenstundenbogen 241
   3.3 Post-Messung 245
4. **Schlußbemerkung** 246

1. Vorbemerkung zur Qualitätssicherung in der Psychotherapie

In der Psychotherapie haben sich verantwortungsbewußt Handelnde seit den Anfängen bemüht, ihr eigenes Tun kritisch zu hinterfragen. Seit die Methode zur Heilung eingesetzt wird, wird in der Supervision die eigene Arbeit reflektiert und dazu kritisch Stellung bezogen (Frank, in diesem Band; Tash & Stahler, 1984). Der Ruf nach qualitätssichernden Maßnahmen verstärkte sich, seit die WHO (1984) die europäischen

Mitgliedstaaten aufforderte, bis 1990 effektive Verfahren zur Qualitätssicherung (QS) einzuführen. So wurden in der BRD 1988 (vgl. auch Gaebel, 1995) und in der Schweiz 1996 diese Forderungen in die Gesetze der Krankenversorgung aufgenommen.

In den letzten Jahren wurde in Fachkreisen das Thema Qualitätssicherung (QS) oder Qualitätsmanagement (QM) im Gesundheitswesen heftig diskutiert. Ein regelrechter Boom, ausgehend von den Bestrebungen in den USA, die Kosten im Gesundheitswesen zu reduzieren, führte zu einer Unzahl von Vorschlägen, Konzepten und Begriffen im Feld der QS. Im folgenden soll nur auf einen beschränkten Teil, die Feststellung der Ergebnisqualität und deren Rückmeldung an die Therapeuten[1], eingegangen werden (*Ergebnisqualität:* Resultat der Maßnahmen, Therapieerfolg).

Drei im Bereich der stationären und der ambulanten Psychotherapie entwickelte Konzepte sollen eingangs vorgestellt werden (Grawe & Braun, 1994; Howard, Brill, Lueger & O'Mahoney, 1991; Kordy, 1992; Kordy & Lutz, 1995). Allen drei ist gemeinsam, daß die Datenerfassung über eine rein demographische Basisdokumentation hinausgeht und die Symptomatik mit zum Teil standardisierten Meßmitteln, wie z.b. die Symptom-Checkliste (SCL-90-R) (Derogatis, 1977; Franke, 1995) erfaßt wird. Weiter werden die Patienten zu mindestens zwei Meßzeitpunkten befragt, so daß eine Veränderungs- oder Differenzmessung möglich wird. Dies erlaubt eine realistische Einschätzung des Therapieergebnisses und bildet zusätzlich die Grundlage für praxis- und institutionenübergreifende Vergleiche. Solche Mehrpunktmessungen bedingen natürlich einen administrativen Aufwand, der nicht zu unterschätzen ist und von einem einzelnen Therapeuten in seiner eigenen Praxis kaum geleistet werden kann. Um es dennoch zu ermöglichen, sind die Erfaßungsprozedere einfach und praktikabel zu gestalten. Es ist von Beginn an darauf zu achten, daß die finanziellen Belastungen durch Copyright-Abgaben und Auswertungstechnologie möglichst gering gehalten werden.

1.1 Integra Outpatient Tracking Assessment

Das „Integra Outpatient Tracking Assessment" von Howard (Howard, 1992; Howard, Brill, Lueger, O'Mahoney & Grisson, 1993) besteht aus einem eigens entwickelten Fragebogen. Darin werden aus der Patientenperspektive die im „Mental Health Index" zusammengefaßten Bereiche „Subjective Wellbeing", „Current Symptoms" und „Current Life Functioning" erfragt und zusätzlich eine Einschätzung der aktuellen Probleme (Presenting Problems) sowie der Therapiebeziehung vorgenommen. Aus der Therapeutenperspektive wird eine Einschätzung auf der „Global Assessment Scale" und der „Life Functioning Scale" zum „Clinical Assessment Index" zusammengefaßt. Der Fragebogen wird vor, während und am Ende der Therapie abgegeben (zum Beispiel: vor der Therapie, nach den Sitzungen 4, 10, 16 und danach alle 6 Sitzungen, Lueger, 1995). Länge und graphische Gestaltung des „Integra Outpatient Tracking Assessment"-Fragebogens verlangen von Patienten eine hohe Aufmerksamkeit und bedingen außerordentlich gut motivierte Patienten. Wahrscheinlich tragen die Rahmenbedin-

---

1. Aus Gründen der flüssigeren Lesbarkeit wird die maskuline Form als geschlechtsneutrale Form bei personenbezogenen Substantiven verwendet.

gungen, nämlich daß die Kassen zum Teil ihre Zahlungen vom Ausfüllen der Fragebogen abhängig machen, zur hohen Rücklaufrate bei. Wie weit solche Bedingungen als Zwang erlebt werden und dieser Zwang Therapie und Therapiebeziehung beeinflußt oder Ankreuzverhalten nach sozialer Erwünschtheit fördert, muß noch diskutiert werden. Da die Auswertung zentral organisiert ist, wird der Therapeut entlastet. Er gibt dadurch einen Teil der Kontrolle ab und legt diese in die Hände einer Auswertungsinstitution. Vor- und Nachteile dieser Auslagerung müssen ebenfalls noch diskutiert werden. Insgesamt stellt das „Integra Outpatient Tracking Assessment" das am sorgfältigsten evaluierte und kompakteste Meßsystem dar. Ob es in deutscher Form und unter anderen Rahmenbedingungen praktikabel ist, bleibt zu prüfen.

1.2 Heidelberger Modell

Das Heidelberger Modell (Kordy & Lutz, 1995; Lutz, Lauer, Leeb, Boelle & Kordy, 1994; Kordy & Hannöver, in diesem Band) wurde für den stationären Bereich entwickelt. Es könne aber nach Angaben der Autoren problemlos auf die ambulante Behandlungssituation übertragen werden. Zentrale Meßinstrumente sind die SCL-90-R (Derogatis, 1977; Franke, 1995) und das Inventar zur Erfassung interpersonaler Probleme (IIP-D) (Horowitz, Stauß & Kordy, 1994) Zusätzlich werden noch ein Beeinträchtigungsschwerescore (BSS) (Schepank, 1995), die Ergebniseinschätzung des Therapeuten, die Ergebniseinschätzung des Patienten, die Lebensqualität und der Gießener Beschwerdebogen erhoben. Die Datenerhebung wird zweimal, zu Beginn und am Ende der Therapie, durchgeführt. Neben der graphischen Auswertung der Fragebogendaten dient ein von den Autoren entwickelter Algorithmus dazu, auffällige Verläufe zu erkennen.

Das Heidelberger Modell beinhaltet ein definiertes Feedbacksystem mit Qualitätszirkeln. Am Qualitätszirkel nehmen neben dem Qualitätssicherungsexperten die beteiligten Therapeuten und weitere interessierte Personen aus dem Behandlungsteam teil. Über die als „gut" oder „sehr gut" eingeschätzten Therapien wird nur kurz informiert. Bei den aufgrund des Algorithmus (sechs Kriterien) als auffällig erkannten Verläufen werden mit den Klinikern zusammen ein Konsens und mögliche Erklärungen für den Therapieverlauf gesucht. Im ursprünglichen Heidelberger Modell wurden die Therapien erst nach Abschluß besprochen, so daß die Ergebnisse des Qualitätszirkels den Patienten nicht mehr zugute kamen. Die Autoren weisen auf neuere Erfahrungen mit einer Zwischenmessung und einem Qualitätszirkel während der Therapie hin. Diese therapiebegleitende Form wird anscheinend von den Klinikern positiv erlebt. Personell ist das Heidelberger Modell aufwendig, und es stellt sich die Frage nach der Finanzierung (Kordy & Lutz, 1995), die schließlich entscheidet, ob ein QS-Verfahren überhaupt eingesetzt wird. Jede Form der Qualitätssicherung braucht personelle wie auch finanzielle Ressourcen. Wenn diese nicht zur Verfügung gestellt werden können, besteht die Gefahr, daß die Therapeuten mehr belastet werden und darunter die Motivation für QS-Maßnahmen stark leidet. Das Heidelberger Modell scheint innerhalb der Institution akzeptiert zu sein und wurde auch auf anderen Abteilungen eingeführt. Die offene, transparente Form, wie die Daten und Resultate von Teammitgliedern genutzt werden können, ist beispielhaft und scheint das Vertrauen in die QM-Maßnahmen zu fördern (Kordy & Lutz, 1995). Ob die Transformation ins ambulante Setting gelingt, muß sich noch zeigen. Erschwerend könnte die doch recht zentrale Rolle des QS-Experten sein.

1.3 Berner Modell

Das von Grawe und Braun (1994) vorgestellte Modell (vgl. auch Grawe & Baltensperger in diesem Band) lehnt sich in seinem Aufbau stark an quasi-experimentelle klinische Effekt-Studien an. Es werden weit mehr Meßmittel als in den beiden anderen Modellen den Patienten vorgelegt. Insgesamt sind es 10 Fragebogen mit über 400 Items, die schließlich zu 39 Meßskalen zusammengefaßt werden. Eine derart umfangreiche Meßbatterie verlangt einen großen administrativen Aufwand und bleibt universitären Institutionen vorbehalten. Es ist aber natürlich möglich, eine selektive Auswahl an Fragebogen zu verwenden, die auf die eigene Klientel zugeschnitten ist.

Kernstück des Berner Modells bildet die graphische Auswertung, die sogenannten Figurationen (Grawe, 1991; Grawe & Braun, 1994). Diese Graphiken ermöglichen es, Punktmessungen in Zustandsfigurationen, Differenzmessungen in Effektfigurationen und Verlaufsmessungen in Prozeßfigurationen darzustellen (vgl. Abbildungen 1, 2, 3). Prinzip der Figuration ist es, den einzelnen Patienten im Vergleich zu einer für ihn relevanten Bezugsgruppe darzustellen. Grawe (1991) beruft sich dabei auf den vom Soziologen Norbert Elias (1976) geprägten Begriff der Figuration. Dieser versucht die definitorische Trennung zwischen Individuum und sozialer Umgebung zu überwinden. Das Individuum soll nie unabhängig von seinen relevanten Bezugsgruppen und die Bezugsgruppen immer als aus Individuen zusammengesetzt betrachtet werden (Grawe & Braun, 1994). Gerade dieses Prinzip sollte bei der Ergebnisqualität von Psychotherapie besonderes Gewicht erhalten. Die erreichten Resultate eines einzelnen Patienten sollen immer im Kontext der für diesen Patienten relevanten Bezugsgruppen betrachtet werden.

Die graphische Darstellung vermittelt ein Informationsmuster der Meßwerte eines Patienten und ermöglicht damit eine differenzierte Beurteilung. Zusätzlich ist es möglich, auf einen Blick sowohl die Prä- und Postwerte als auch den Bezug zu einer relevanten Referenzgruppe zu erkennen (vgl. auch Abbildung. 1).[2] Dies trägt dazu bei, daß eine Therapie – nicht herausgelöst aus dem klinischen Kontext – nur aufgrund eines einzelnen Gesamtwertes beurteilt wird. Eine solche Gesamtbeurteilung könnte leider aus ökonomischen Gründen gefordert werden. Sie birgt aber die Gefahr, der Vielfalt an Veränderungen, die durch Psychotherapie erzeugt werden, nicht gerecht zu werden.

---

2. Die Daten für die Erstellung der Figurationen (Abb 1, 2, 3, 4) wurden über mehrere Jahre in verschiedenen Forschungsprojekten an der Psychotherapeutischen Praxisstelle der Universität Bern gesammelt. Für die freundliche Genehmigung der Verwendung dieser Grafiken im vorliegenden Artikel möchte ich Prof. Klaus Grawe danken. Ebenfalls danken möchte ich allen Therapeutinnen und Therapeuten der Psychotherapeutischen Praxisstelle für ihre Arbeit sowie den vielen Patientinnen und Patienten für das sorgfältige Ausfüllen der Fragebogen, ohne sie wären solche Auswertungen gar nie möglich geworden.

Qualitäts-Monitoring

Abbildung 1: Zustandsfiguration für den Patienten xyz in der SCL-90-R

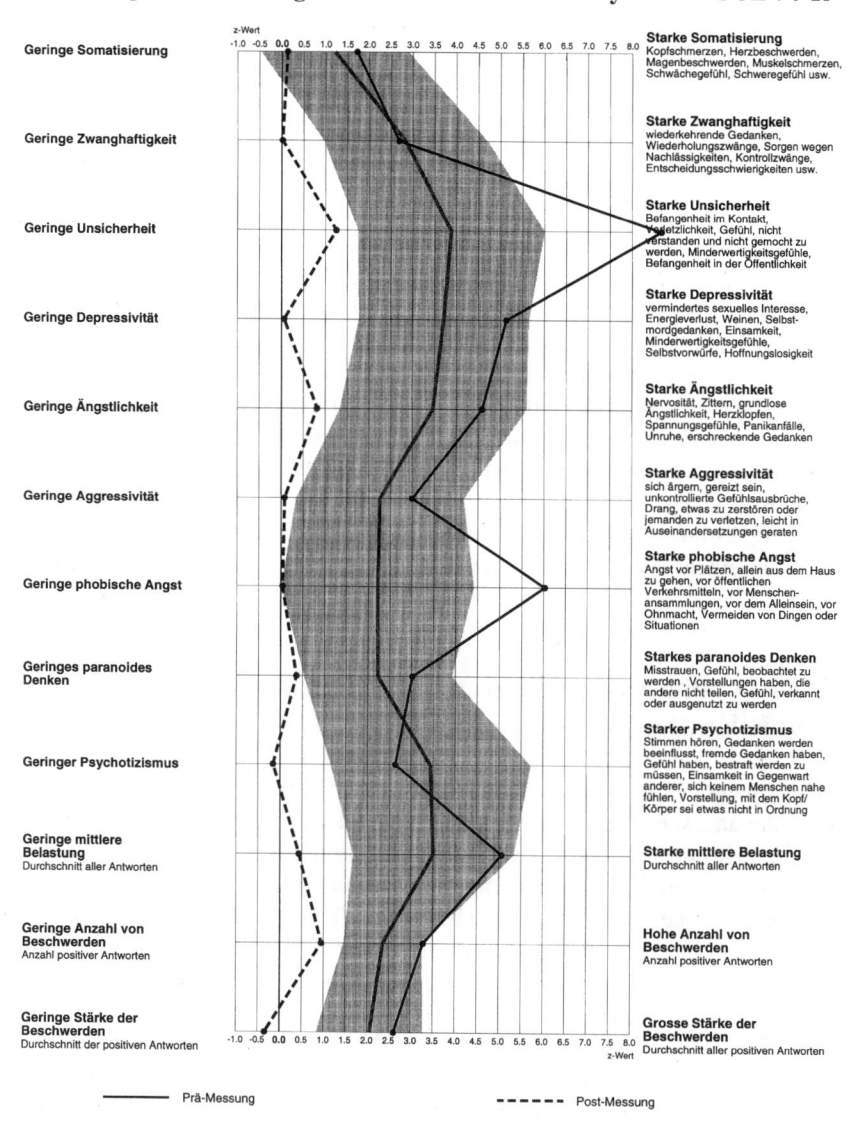

Geringe Somatisierung	Starke Somatisierung Kopfschmerzen, Herzbeschwerden, Magenbeschwerden, Muskelschmerzen, Schwächegefühl, Schweregefühl usw.
Geringe Zwanghaftigkeit	Starke Zwanghaftigkeit wiederkehrende Gedanken, Wiederholungszwänge, Sorgen wegen Nachlässigkeiten, Kontrollzwänge, Entscheidungsschwierigkeiten usw.
Geringe Unsicherheit	Starke Unsicherheit Befangenheit im Kontakt, Verletzlichkeit, Gefühl, nicht verstanden und nicht gemocht zu werden, Minderwertigkeitsgefühle, Befangenheit in der Öffentlichkeit
Geringe Depressivität	Starke Depressivität vermindertes sexuelles Interesse, Energieverlust, Weinen, Selbstmordgedanken, Einsamkeit, Minderwertigkeitsgefühle, Selbstvorwürfe, Hoffnungslosigkeit
Geringe Ängstlichkeit	Starke Ängstlichkeit Nervosität, Zittern, grundlose Ängstlichkeit, Herzklopfen, Spannungsgefühle, Panikanfälle, Unruhe, erschreckende Gedanken
Geringe Aggressivität	Starke Aggressivität sich ärgern, gereizt sein, unkontrollierte Gefühlsausbrüche, Drang, etwas zu zerstören oder jemanden zu verletzen, leicht in Auseinandersetzungen geraten
Geringe phobische Angst	Starke phobische Angst Angst vor Plätzen, allein aus dem Haus zu gehen, vor öffentlichen Verkehrsmitteln, vor Menschenansammlungen, vor dem Alleinsein, vor Ohnmacht, Vermeiden von Dingen oder Situationen
Geringes paranoides Denken	Starkes paranoides Denken Misstrauen, Gefühl, beobachtet zu werden, Vorstellungen haben, die andere nicht teilen, Gefühl, verkannt oder ausgenutzt zu werden
Geringer Psychotizismus	Starker Psychotizismus Stimmen hören, Gedanken werden beeinflusst, fremde Gedanken haben, Gefühl haben, bestraft werden zu müssen, Einsamkeit in Gegenwart anderer, sich keinem Menschen nahe fühlen, Vorstellung, mit dem Kopf/Körper sei etwas nicht in Ordnung
Geringe mittlere Belastung Durchschnitt aller Antworten	Starke mittlere Belastung Durchschnitt aller Antworten
Geringe Anzahl von Beschwerden Anzahl positiver Antworten	Hohe Anzahl von Beschwerden Anzahl positiver Antworten
Geringe Stärke der Beschwerden Durchschnitt der positiven Antworten	Grosse Stärke der Beschwerden Durchschnitt aller positiven Antworten

——— Prä-Messung   - - - - - Post-Messung

Anmerkungen: Die Figuration ist aus drei Ebenen aufgebaut. Alle Werte wurden auf die z-Metrik transformiert. Die z-Wert-Skalierung stellt die hinterste Ebene dar. Ein z-Wert von 0 entspricht dem Mittelwert einer ungestörten Normstichprobe. Über dem Skalierungsnetz liegt der Schatten einer Vergleichspopulation von Psychotherapiepatienten. Wobei die grau durchgezogene Linie den Prä-Messungs-Mittelwert zeigt. Der graue Schatten deckt 1 Standardabweichung ab. Darüber, auf der obersten Ebene, werden die Werte des Patienten xyz zum Prä- (durchgezogene Linie) und Post-Meßzeitpunkt (gestrichelte Linie) gezeigt (vgl. dazu Grawe & Baltensperger in diesem Band).

Vorteil der gut lesbaren Graphiken ist, daß sie auch mit den Patienten besprochen werden können und diese dadurch motivierter sind, Fragebögen auszufüllen. Insgesamt sind die Patienten den Fragebögen gegenüber positiver eingestellt, als oft befürchtet wird. Im Berner Modell werden die Patienten vor Beginn der Therapie über die Meßmittel und deren Zweck als diagnostische Hilfsmittel und als QS-Instrumente informiert. Die auch für die Patienten verständlichen Graphiken erleichtern es natürlich, die Bedeutung der Fragebögen plausibel darzustellen. Diese offensive Art, wie die Patienten an die Fragebögen herangeführt werden, scheint dazu beizutragen, daß die Patienten sich ernst genommen und seriös behandelt fühlen.

Das Berner Modell beschreibt kein klar definiertes Rückmeldungsprozedere. Die Prä-Messung wird zur Diagnosenstellung und Therapieplanung verwendet. Seit einiger Zeit werden die Ergebnisse der Post-Messung zur Therapie-Erfolgsbeurteilung herangezogen und im Therapeutenteam diskutiert. Die konsequente Anwendung der gewonnenen Informationen im Verlauf der Therapie ist den einzelnen Therapeuten und den Supervisoren überlassen. Dies läßt den Therapeuten einen gewissen Spielraum und führt zu einem sehr unterschiedlichen Gebrauch der erhobenen Informationen.

Wie wir weiter unten sehen, ist das Berner Modell nur in beschränktem Maße für den Einsatz in einem Ambulatorium mit psychiatrischem Grundversorgungsauftrag tauglich.

2. Von der Qualitätskontrolle zum therapeutenkontrollierten Ergebnis-Feedback-System

Außer dem „Integra Outpatient Tracking Assessment" (Howard, 1992; Howard et al., 1993) sind die angesprochenen Konzepte nie von einer großen Zahl praktizierender Therapeuten angewendet worden. Es fehlen im deutschen Sprachraum Erfahrungen über Möglichkeiten und Akzeptanz fragebogengestützter qualitätssichernder Maßnahmen in der nicht universitären psychotherapeutischen Ambulanz, die über den Inhalt von Basisdokumentationen und die globalen Einschätzungen des Therapieerfolgs durch den Therapeuten hinausgehen. Erste Erkenntnisse über die Qualitätssicherung in der ambulanten psychiatrischen Grundversorgung werden von Anthenien und Grünwald (1996), die sich teilweise am „Berner-Modell" orientieren, diskutiert. Sie zeigen auf, wie bedeutend Zeit- und Kostenfaktor sind, und es wird deutlich, daß traditionellen Prä-Post-Erhebungen, wie sie sich in der psychotherapeutischen Effektforschung bewährt haben, als Ausgangspunkt einer praktizierbaren internen Qualitätssicherung, kaum angemessen sind.

Anscheinend nehmen in bestimmten ambulanten Settings Patienten nur eine bis drei Konsultationen in Anspruch. Behandlungen, die über mehr als zehn Sitzungen dauern, sind im Bereich der ambulanten psychiatrischen Grundversorgung selten. Nach Anthenien und Grünwald (1996) sind es in ihrer Institution nur gerade 15% der Patienten, welche die Auflagen für eine komplette Datenerfassung ihrer Prä-Post-Erhebung erfüllen. Das bedeutet, daß ein großer Teil der von solchen ambulanten Institutionen geleisteten Arbeit nicht durch die bekannten Forschungsstrategien für quasi-

Qualitäts-Monitoring 231

Abbildung 2: Effektfiguration für den Patienten xyz in der SCL-90-R

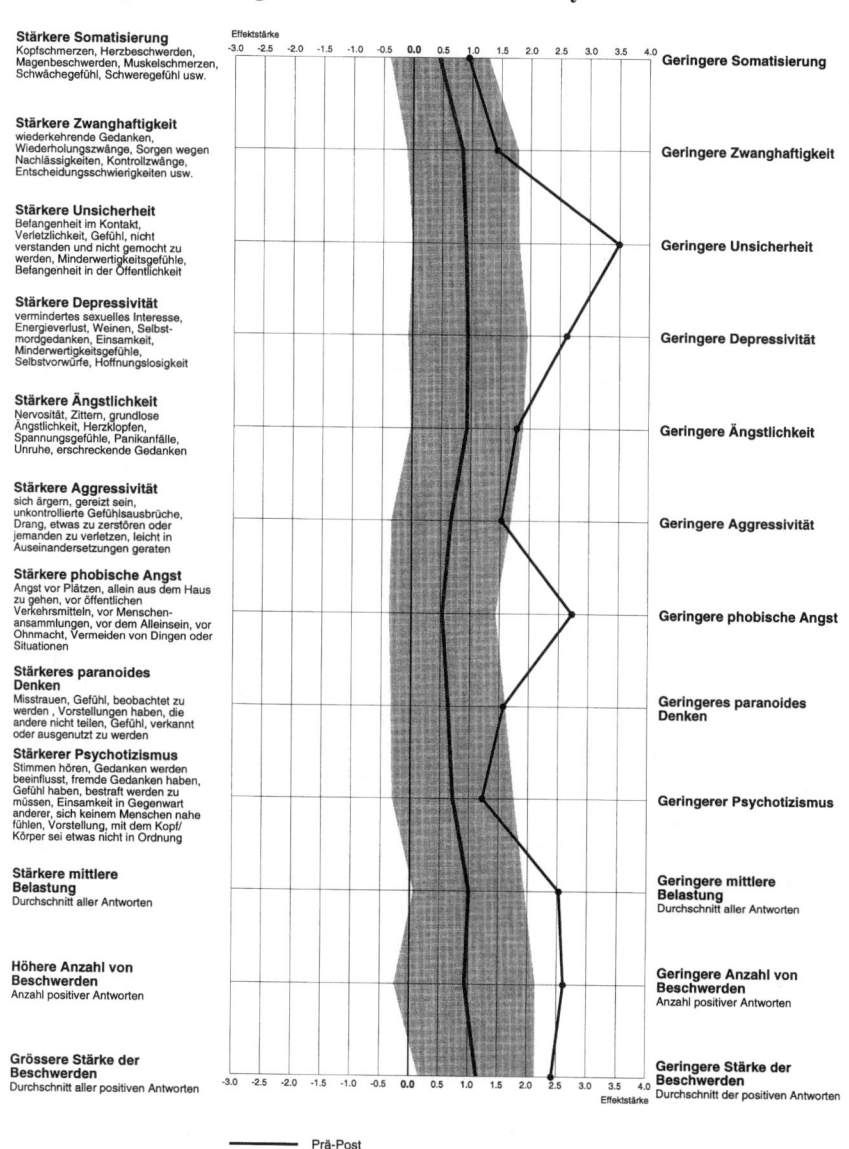

Stärkere Somatisierung Kopfschmerzen, Herzbeschwerden, Magenbeschwerden, Muskelschmerzen, Schwächegefühl, Schweregefühl usw.	**Geringere Somatisierung**
Stärkere Zwanghaftigkeit wiederkehrende Gedanken, Wiederholungszwänge, Sorgen wegen Nachlässigkeiten, Kontrollzwänge, Entscheidungsschwierigkeiten usw.	**Geringere Zwanghaftigkeit**
Stärkere Unsicherheit Befangenheit im Kontakt, Verletzlichkeit, Gefühl, nicht verstanden und nicht gemocht zu werden, Minderwertigkeitsgefühle, Befangenheit in der Öffentlichkeit	**Geringere Unsicherheit**
Stärkere Depressivität vermindertes sexuelles Interesse, Energieverlust, Weinen, Selbstmordgedanken, Einsamkeit, Minderwertigkeitsgefühle, Selbstvorwürfe, Hoffnungslosigkeit	**Geringere Depressivität**
Stärkere Ängstlichkeit Nervosität, Zittern, grundlose Ängstlichkeit, Herzklopfen, Spannungsgefühle, Panikanfälle, Unruhe, erschreckende Gedanken	**Geringere Ängstlichkeit**
Stärkere Aggressivität sich ärgern, gereizt sein, unkontrollierte Gefühlsausbrüche, Drang, etwas zu zerstören oder jemanden zu verletzen, leicht in Auseinandersetzungen geraten	**Geringere Aggressivität**
Stärkere phobische Angst Angst vor Plätzen, allein aus dem Haus zu gehen, vor öffentlichen Verkehrsmitteln, vor Menschenansammlungen, vor dem Alleinsein, vor Ohnmacht, Vermeiden von Dingen oder Situationen	**Geringere phobische Angst**
Stärkeres paranoides Denken Misstrauen, Gefühl, beobachtet zu werden, Vorstellungen haben, die andere nicht teilen, Gefühl, verkannt oder ausgenutzt zu werden	**Geringeres paranoides Denken**
Stärkerer Psychotizismus Stimmen hören, Gedanken werden beeinflusst, fremde Gedanken haben, Gefühl haben, bestraft werden zu müssen, Einsamkeit in Gegenwart anderer, sich keinem Menschen nahe fühlen, Vorstellung, mit dem Kopf/Körper sei etwas nicht in Ordnung	**Geringerer Psychotizismus**
Stärkere mittlere Belastung Durchschnitt aller Antworten	**Geringere mittlere Belastung** Durchschnitt aller Antworten
Höhere Anzahl von Beschwerden Anzahl positiver Antworten	**Geringere Anzahl von Beschwerden** Anzahl positiver Antworten
Grössere Stärke der Beschwerden Durchschnitt aller positiven Antworten	**Geringere Stärke der Beschwerden** Durchschnitt der positiven Antworten

—— Prä-Post

Anmerkungen: Die Effektstärke stellt ein standardisiertes Differenzmaß dar ($x_{\text{prä}} - x_{\text{post}}$ / Mittelwert der Patientenpopulation zum Prä-Meßzeitpunkt). Die Effektstärkenskala, auf der die Werte abgetragen sind, ermöglicht, auf einen Blick zu beurteilen, ob sich ein Patient (durchgezogene Linie) verbessert oder verschlechtert hat. Positive Werte bedeuten eine Verbesserung, negative Werte eine Verschlechterung. Die graue durchgezogene Linie zeigt die mittlere Veränderung der Vergleichspopulation, der Schatten deckt 1 Standardabweichung ab.

experimentelle klinische Studien, wie sie z. B. von Grawe, Caspar und Ambühl (1990a) angewendet wurden, erfaßt werden können. Um die Arbeit eines Ambulatoriums umfassend qualitätssichernd dokumentieren zu können, braucht es daher ein auf den Patienten und seine Situation zugeschnittenes Verfahren, das je nach Situation unterschiedlich aufwendig ist (vgl. auch Anthenien und Grünwald, 1996). Dies sollte aber nicht dazu führen, daß aus vordergründigen Machbarkeitsargumenten auf eine mehrere Perspektiven umfassende Messung verzichtet werden kann. Eine sorgfältige Prä-Messung, die dem Therapeuten zugänglich ist, hilft bei der Diagnosestellung und Therapieplanung. Die dafür vom Patienten (30–90 Minuten) und zur Auswertung (20–30 Minuten) aufgewendete Zeit sind Investitionen in eine sorgfältige therapeutische Arbeit (vgl. auch Tabelle 2). Die QS-Maßnahmen sollten daher nicht als notwendiges Übel dargestellt werden. Eine defensive Argumentation, welche QS-Maßnahmen als zusätzliche Belastung erscheinen läßt, führt dazu, daß die betroffenen Patienten und Therapeuten die Maßnahmen als wenig plausibel erleben und daß Motivation und Sorgfalt nachlassen.

Natürlich gilt es bei der Planung und Installierung von QS-Maßnahmen in einer Institution oder Praxis zu berücksichtigen, wie viele Sitzungen die Therapien durchschnittlich umfassen. Sind es Therapien, die weniger als fünf Sitzungen dauern, darf der zeitliche Rahmen für die Erhebung und Auswertung von Daten für die QS nicht den gleichen Umfang annehmen wie wenn die Therapien im Durchschnitt mehr als 20 oder sogar 30 Sitzungen dauern. Aufgrund der im deutschen Sprachraum vorliegenden Studien kann davon ausgegangen werden, daß ein Großteil der Therapien sowohl in freier Praxis als auch im instiutionellen Rahmen zwischen 10 und 60 Sitzungen dauert (Hutzli & Schneeberger, 1995; Jandl-Jager & Stumm, 1988; Vogel, 1996; Wittchen & Fichter, 1980).

Die Anzahl der Kontakte bestimmt die zeitlichen Rahmenbedingungen, unter denen qualitätssichernde Maßnahmen sinnvolle Resultate liefern müssen. Es wird deutlich, daß je nach Institution und Klientel eine so umfangreiche Qualitätskontrolle, wie sie von Grawe und Braun (1994) vorgeschlagen wird, den Zeit- wie auch den Kostenrahmen sprengt, und es notwendig ist, ein flexibles, störungsorientiertes Konzept der Qualitätssicherung zu entwickeln. Dieses therapeutenkontrollierte Ergebnis-Feedback-System wird Qualitäts-Monitoring genannt.

Bevor das Qualitäts-Monitoring thesenartig vorgestellt wird (Tabelle 1), gilt es, einige Begriffe zu klären. In diesem Artikel geht es nur um die praktikable und nutzbringende Erfassung der Ergebnisqualität psychotherapeutischer Dienstleistungen, nicht aber um die Struktur- und Prozeßqualität (*Strukturqualität:* Ausstattung und Organisation der Institution sowie Ausbildung und Qualifikation der Fachkräfte; *Prozeßqualität:* Qualität der diagnostischen und therapeutischen Maßnahmen; vgl. auch Schulte, 1993; Selbmann, 1990, 1992). Es versteht sich von selbst, daß die fragebogengestützte Erhebung der Ergebnisqualität auf umfassende Struktur- und Prozeßqualitätsmaßnahmen aufbauen muß und sie diese keinesfalls ersetzen kann.

Das Qualitäts-Monitoring grenzt sich in seiner Zielsetzung in mehrfacher Hinsicht von den ursprünglich aus der industriellen Produktion übernommenen Begriffen der Qualitätskontrolle und Qualitätssicherung ab. Qualitätskontrolle oder Sicherung impliziert das Vorhandensein von Standards oder Normen, deren Über- oder Unterschreitung die Ausscheidung des ungenügenden Werkstücks und eventuell eine Korrektur im Produktionsablauf zur Folge hat. Eine Übernahme dieses industriellen Konzepts, dem ein einfaches ja/nein – oder erfüllt/nicht -erfüllt-Schema zugrunde liegt, scheint mir aus offensichtlichen Gründen für die Psychotherapie ungeeignet. Eine Betonung der Qualitätskontrolle und das Identifizieren von „bad apples" führen in der Regel zur Abnahme der Motivation bei den Beteiligten (Kordy & Lutz, 1995). Dies hat auch dazu geführt, daß der Begriff Qualitätssicherung (QS) durch den Oberbegriff Qualitätsmanagement (QM) ersetzt wurde. „Moderner QS bzw. moderner QM geht es um eine kontinuierliche Verbesserung bzw. eine kontinuierliche Suche nach Gelegenheiten, sich zu verbessern" (Kordy & Lutz, 1995, S. 189).

Das soll uns aber nicht daran hindern, Qualitätsindikatoren oder Auffälligkeitssignale (Lutz et al., 1996), deren inhaltliche Bedeutung für die Psychotherapie relevant sind, zu definieren. Ob sich daraus dann, nach einer längeren Erfahrungs- und Forschungsperiode, wirklich Ergebnis-Qualitäts-Normen oder -Standards ableiten lassen, die bezüglich des Therapieerfolges ebenfalls einfache „Ja/Nein-Entscheidungen" erlauben, kann erst die Zukunft beantworten.

Vorerst braucht es eine konsequente Befragung der therapeutischen Arbeit aus unter-schiedlichen Perspektiven im Sinne einer Phase IV-Forschung[3], wie sie Linden(1989) vorschlägt. Diese im Klinik- und Praxisalltag angesiedelte Forschung, die in vielen Bereichen nicht die Standards der Phase III-Forschung anstrebt, hat das Ziel, die Effekte therapeutischer Interventionen unter den alltäglichen Einsatzbedingungen zu erfassen. Erst solche Forschungsbemühungen erlauben eine realistische Einschätzung der Erfolgsmöglichkeiten psychotherapeutischer Interventionen, wie sie im klinischen Alltag zu erwarten sind. Die bis jetzt vorliegenden Forschungsresultate sind zu einem überwiegenden Anteil unter den privilegierten universitären Forschungsbedingungen entstanden (Shadish, Ragsdale, Glaser & Montgomery, 1997) und können nicht unkritisch generalisiert werden. Untersuchungen aus dem nicht universitären psychotherapeutischen Alltag sind bis jetzt leider selten. Eine Ausnahme bildet die Arbeit von Persons, Burns und Perloff (1988), die aufzeigt, welche Unterschiede bei der Behandlung depressiver Patienten in einer freien Praxis im Vergleich zu Patienten in universitären Forschungsstudien auftreten.

Die aus den kontrollierten Psychotherapiestudien gewonnenen Erkenntnisse können nicht einfach negiert werden, weil sie unter privilegierten universitären Bedingungen erzielt wurden. Diese Forschung hat dazu beigetragen, die Wirksamkeit ver-

---

3. Die fünf Phasen des Therapie-Evaluationsprozesses nach Linden (1989):
   Phase 0: Prähumane oder Laborphase
   Phase 1: Präklinische Phase: Verträglichkeits- und Wirksamkeitsprüfungen bei gesunden
      Probanden
   Phase 2: Hypothesengenerierende Phase: Prüfung des Anwendungsmodus
   Phase 3: Hypothesentestende Phase: Verträglichkeits- und Wirksamkeitsprüfungen
      bei größeren Patientenzahlen, Doppelblindstudien
   Phase 4: Anwendungs- und Überwachungsphase: 4.1. Frühe Nachzulassungsphase;
      4.2. Fortlaufende Anwendungs- und Überwachungsphase;
      4.3. Langzeitüberwachungsphase: Verträglichkeits- und Wirksamkeits- und
         Anwendungsprüfung unter Routinebehandlungsbedingungen mit vielen Patienten,
         Ärzten und Behandlungseinrichtungen und sehr vielen Untersuchungsdesigns.

Tabelle 1: Thesen zum Qualitäts-Monitoring[4]

- Das Qualitäts-Monitoring versteht sich als internes von den Therapeuten kontrolliertes Therapieergebnis-Feedback-System. Die Therapeuten sind, nach einer Einführungsphase, darin die QS-Experten.
- Das Qualitäts-Monitoring versteht sich als internes von den Therapeuten kontrolliertes Therapieergebnis-Feedb.ack-System. Die Therapeuten sind, nach einer Einführungsphase, darin die QS-Experten.
- Die für das Qualitäts-Monitoring benötigte Zeit muß in der Gesamtzeitplanung aufgenommen werden. Die nötigen Ressourcen müssen dafür zur Verfügung gestellt werden. Ohne genügend personelle und finanzielle Ressourcen kann kein qualitativ befriedigendes System installiert werden.
- Die durch das Qualitäts-Monitoring erhobenen Daten müssen für die beteiligten Personen transparent und einsehbar sein. Gegenüber Dritten sollen klare Abmachungen bezüglich des Einsichtsrechts bestehen. Der Datenschutz soll nicht nur dem Patienten, sondern auch dem behandelnden Psychotherapeuten gegenüber gewährleistet sein.
- Die Fragebogen und deren Auswertung sollen zu einem Werkzeug in der Hand des Therapeuten werden. Es sollte ihm ohne Hilfe möglich sein, selber Daten abzurufen und auszuwerten. Die Auswertungen sollen daher in graphisch gut lesbarer Form vorliegen, so daß sie auch von Patienten verstanden werden. Figurationen sind dazu sehr hilfreich.
- Die Fragebogen müssen übersichtlich und verständlich gestaltet sein, so daß auch Nicht-YAVIS-Patienten die Bögen komplett ausfüllen können. (Konkret bedeutet dies z.B., daß Fragebögen nicht fünf Seiten lang sein sollten, wenn die 30 Items bei einer überlegten Layoutgestaltung auch auf einer oder zwei Seiten Platz finden können. Oder umgekehrt sollte der Patient nicht die Leselupe benötigen, weil 90 Fragen auf einer Seite untergebracht sind.)
- Um eine psychotherapiegerechte Rückmeldung zu erreichen, sind mehrere Perspektiven einzubeziehen. Die von Schulte (1993) dargelegten Gedanken und Vorgehensweisen liegen dem hier vorgestellten Konzept zugrunde. Eine Auswahl an möglichen Meßverfahren findet sich bei Fydrich et al.(1996).
- Voraussetzungen für das Therapieergebnis-Feedback-System sind:
  1. Eine klinisch relevante Basisdokumentation, die es erlaubt, neben der demographischen Beurteilung des Klientels einer Praxis sinnvolle Referenzgruppen zu definieren, die externe Vergleiche mit anderen Praxen ermöglichen. Der Vorschlag der Arbeitsgemeinschaft Klinisch-Psychologischer Universitätsambulanzen in Deutschland, Österreich und der Schweiz (Potreck-Rose et al. 1997) könnte als Grundlage dienen.
  2. Eine Prä-Post-Messung mit standardisierten Meßmitteln im störungsspezifischen wie auch unspezifischen Bereich. In der Abklärungsphase ist eine Auswahl der für den Patienten und dessen Störung spezifischen Meßmittel zu treffen.
  3. Eine individuelle Erfolgsmessung mit dem Goal Attainment Scaling (GAS) von Kiresuk und Sherman (1968), wobei am Ende der Therapie Patient und Therapeut unabhängig voneinander die Zielerreichung beurteilen.
  4. Prozeßmessungen, welche neben den Dimensionen Remoralisation (Neue Perspektiven) und Beziehungsqualität auch körperliche Belastung und Lebensqualität erfassen.
- Qualitätsaussagen aufgrund von zusammengefaßten Werten im Sinne eines integrierten Meßwertes sollten vermieden werden, da durch einen einzelnen Veränderungswert keine therapiegerechte Beurteilung vorgenommen werden kann. Psychotherapie verlangt eine Qualitätsbeurteilung aufgrund von Veränderungsmustern. Das schließt die Verwendung eines „geheilt/nicht geheilt" Urteils auf der Grundlage einer klinisch signifikanten oder relevanten Änderung aus. Solche Beurteilungskriterien können jedoch als Ergänzung der oben beschriebenen Vorgehensweise eingesetzt werden.
- Fragebögen können helfen, Probleme und Schwierigkeiten im therapeutischen Prozeß zu entdecken. Allein das Ausfüllen von Fragebogen ist noch keine Qualitätssicherung oder Qualitätsverbesserung. Erst die fachgerechte Interpretation der Meßwerte auf dem Hintergrund eines klinischen Fallverständnisses und deren Umsetzung in ein verändertes therapeutisches Vorgehen bilden die Ausgangslage für eine kontinuierliche Qualitätsverbesserung.
- Eine völlige Vereinheitlichung der Meßmittel ist zum jetzigen Zeitpunkt nicht anzustreben, da noch nicht geklärt ist, welche Meßmittel sich im therapeutischen Alltag für die Ergebnisrückmeldung besonders gut eignen. Eine breite Entwicklung und Anwendung, vor allem unterschiedlicher Prozeßmeßmittel, ist wünschenswert, so daß in einigen Jahren ein grosser Erfahrungsschatz die Wahl eines oder mehrerer Prozeßmeßmittel erleichtern würde. (Anzustreben wäre ein Erfahrungsaustausch zwischen QS-nutzenden Therapeuten.)
- Wie weit die Kostenübernahmen durch die Kassen von QS-Maßnahmen abhängig gemacht werden, muß ausführlich diskutiert werden. Falls es zu solchen Regelungen kommt, müssen einfache und für alle Therapeuten zugängliche Computer-Auswertungsprogramme[a] zur Verfügung stehen.

---

4. Seit Januar 1998 steht nun eine kommerziell erhältliche Software zur Verfügung, die es erlaubt, verschiedenste Figurationen auszudrucken, s. dazu den Beitrag von Grawe und Baltensperger in diesem Buch.

schiedener Verfahren eindrücklich zu belegen (Grawe, Donati & Bernauer, 1994) und sollte nun Grundlage für verantwortungsbewußtes Wählen eines bestimmten Therapieverfahrens oder einer Interventionsform sein (vgl. auch Hahlweg, 1995). Dies entspricht den Forderungen der Struktur- und Prozeßqualität, die verlangen, daß die empirisch validierten Verfahren von den Therapeuten beherrscht und auch fachgerecht angewendet werden.

Aus Sicht des Autors scheint es kurzsichtig und für praktizierende Therapeuten demotivierend, aufgrund der in den vorliegenden Psychotherapiestudien gemessenen Effekte bereits Standards für die Ergebnisqualität zu definieren. An diesen Standards würden dann Therapien gemessen werden, die unter weit weniger selegierten und somit auch unter weit weniger privilegierten Bedingungen stattgefunden haben. Die Selektionskriterien für die Aufnahme in eine Forschungsstudie sind häufig sehr streng, so daß von den ursprünglich durch ein Screening ausgewählten Patienten schließlich nur etwa 50% in die Studie aufgenommen werden (vgl. z.B. de Jong-Meyer, Hautzinger, Rudolf, Strauss & Frick, 1996; Hautzinger, de Jong-Meyer, Treiber, Rudolf & Thien, 1996). Nur so können die methodischen Standards, die an solche Untersuchungen gestellt werden, eingehalten werden. Dies führt dazu, daß die Varianzen in den Prä-Messungen (der symptomspezifischen Maße) relativ gering sind und sich dadurch große Veränderungseffekte ergeben (Die Varianz der Prä-Messung fließt in die Effektstärkenberechnung ein, je kleiner die Varianz um so größer die Effektstärke!, vgl. Hartmann & Herzog, 1995) Durch die harten Selektionskriterien wird aber die Generalisierbarkeit eingeschränkt. Daher können die Ergebnisse solcher Studien auch nur auf vergleichbare Patienten übertragen werden.

Es gibt sicher den einen oder anderen Praktiker, der sich seine Klientel sehr sorgfältig auswählen kann. Ein großer Teil der Praktiker, vor allem aber niederschwellige Institutionen und psychiatrische Ambulanzen, die einen Versorgungsauftrag haben, können sich nicht erlauben, Patienten zurückzuweisen, weil sie die Vergleichsbedingungen nicht erfüllen. Genau das könnte jedoch die Konsequenz sein, wenn nur aufgrund der aktuellen Forschungsliteratur Ergebnisstandards definiert und die Praktiker oder die Institutionen unter dem Druck stehen würden, diese zu erfüllen.

Um in Zukunft Vergleichswerte bilden zu können, ist es notwendig, daß eine gewisse Übereinstimmung in den erfaßten Basis- oder demographischen Daten vorhanden ist. Die Arbeitsgemeinschaft Klinisch-Psychologischer Universitätsambulanzen in Deutschland, Österreich und der Schweiz versuchten, minimale Anforderungen an eine Basisdokumentation zu definieren und fakultative Ergänzungsmodule für unterschiedliche Bereiche vorzuschlagen Auch hier gilt es, eine möglichst kompakte und handhabbare Lösung zu finden, die aber nicht so minimalistisch ist, daß es nicht mehr möglich ist, inhaltliche klinisch-psychologisch relevante Kriterien zu definieren, um Vergleichsgruppen zu bilden.

Aus Kosten- und Zeitgründen könnte man dazu tendieren, die Patienten nur minimal zu befragen und globale Erfolgseinschätzungen durch die Therapeuten (z. B. „Global Assessment of Functioning Scale" (DSM IV) oder „Clinical Global Impression") auf ein einziges Erfolgsmaß zu beschränken. Damit wird die Chance vergeben, die in vielen Studien aufgezeigte hohe symptomspezifische Wirksamkeit von Psychotherapie und deren oft zusätzlich festgestellten positiven Nebenwirkungen (Lebenszufriedenheit, Partnerschaft usw.) (Butollo & Höfling, 1984; Grawe et al., 1994) auch in der Alltagspraxis zu dokumentieren.

Bei sehr umfangreichen Meßbatterien muß man aber folgendes bedenken: Werden sehr viele Störungsbereiche eines Patienten erfaßt, ist es wahrscheinlich, daß dieser nur in einer begrenzten Anzahl der Bereiche auch veränderungswürdige Störungen aufweist. Wo keine Störung ist, kann auch keine Veränderung (Erfolg) gemessen werden. Dies bedeutet, daß bei einem Patienten, der eine begrenzte Angststörung hat, nur die auffälligen Skalen in die Erfolgsbeurteilung einbezogen werden können. Ansonsten wird der Therapieerfolg aufgrund der umfangreichen Meßbatterie geschmälert, wenn über alle Meßskalen hinweg integrierte Erfolgsmaße gebildet werden (vgl. dazu auch Braun, Brütsch & Grawe, 1994; Brütsch, 1994). Eine individualisierte Erfolgsbeurteilung, in die auch mögliche Verschlechterungen in den zu Beginn der Therapie „ungestörten" Bereichen einfließen, ist daher angezeigt.

Die in diesem Kapitel zusammengefaßten Gesichtspunkte zeigen auf, daß eine korrekte Erfolgsbeurteilung von Psychotherapie nur mit dem entsprechenden methodischen und klinisch-psychologischen Hintergrundwissen statthaft ist. Daher sollten für die Installierung therapieergebnisbeurteilender Verfahren ausgebildete Fachpersonen verantwortlich sein. Die Anwendung der Verfahren und die Interpretation der Resultate sollen in den Händen der behandelnden Psychotherapeuten bleiben. Nur so ist gewährleistet, daß die gewonnene Information nutzbringend in die Arbeit der Psychotherapeuten einfließen kann. Externe Beurteilungsinstanzen führen unweigerlich zu Abwehrreflexen bei den Therapeuten und würden den Zweck, nämlich die kontinuierliche Qualitätsverbesserung (Berwick, 1989) gefährden. Im folgenden soll aufgezeigt werden, wie ein praktikables Ergebnis-Feedback-System für die Psychotherapie aussehen könnte.

3. Qualitäts-Monitoring

Qualitäts-Monitoring bezeichnet ein kontinuierliches Rückmeldesystem für die Psychotherapie. In Tabelle 2 sind die einzelnen Schritte zusammengefaßt.[5] Das Qualitäts-Monitoring umfaßt drei Teilbereiche. Es beginnt in der Abklärungsphase, die mit dem Diagnose-Monitoring endet. Ein nach jeder Sitzung abgegebener Stundenbogen ermöglicht das Prozeß-Monitoring. Das Ergebnis-Monitoring umfaßt die Resultate der Prä-Post-Messung und die Einstufung der individuellen Zielerreichung im Goal Attainment Scaling (GAS) von Kiresuk und Sherman (1968).

Nach Kanfer, Reinecker und Schmelzer (1996) beginnt der Prozeß einer Psychotherapie lange bevor der Patient die Entscheidung fällt, sich für eine Therapie anzumelden. Häufig sind eine Kette unangenehmer und selbstwertmindernder Ereignisse dafür verantwortlich, daß sich ein Patient entschließt, eine Therapie zu beginnen.

---

5. Der in Tabelle 2 dargestellte Ablauf entspricht in verschiedenen Punkten dem Ablauf des Berner Modells, der teilweise ins Briger QS-Modell einfloß. An beiden Orten hat sich diese Vorgehensweise bereits über mehrere Jahre bewährt. Die praktischen Erfahrungen des Autors als Therapeut und Forscher mit beiden QS-Modellen bildeten die Voraussetzungen für den hier beschriebenen Ablauf des Qualitäts-Monitorings.

Tabelle 2: Schematischer Ablauf des Qualitäts-Monitorings, Fragebogenbeispiele, Zeitbedarf

	Aktion	Aktionsbeschreibung	Meßmittel (Beispiele)	Zeitbedarf in Min. Patient	Therapeut
A	1. Anmeldung	• Telefonische Kontaktaufnahme		5–15	5–15
A	2. Schriftliche Einladung	• Information des Patienten über Therapie und Qualitäts-Monitoring		5	5
A	3. Prä-Messung	• Demographische Angaben • Störungsübergreifende Meßmittel	• Basisdokumentation • SCL-90-R, IIP-D	30–60	30
A	4. Erstgespräch(e)	• Kontaktaufnahme mit Patient • Diagnostische Einordnung • Genogramm	• DSM-IV oder ICD-10	60–120	60–120
A	5. Störungsspezifische Prä-Messung	• Während dem Erstgespräch entscheidet sich der Therapeut für weitere störungsspezifische Meßmittel.	• Beck-Depressions-Inventar	10–30	10–20
A	6. Beurteilung der Prä-Messung	• Aufgrund der Informationen aus dem Erstgespräch und den Ergebnissen der Prä-Messung erfolgt die Therapieplanung.			20–120
T	7. Therapie	• Besprechung der Prä-Messung mit dem Patienten. • In den ersten 5 Sitzungen wird zusammen mit dem Patienten das GAS erarbeitet. • Nach jeder Sitzung erhält der Patient den Patientenstundenbogen.	• GAS • Patientenstundenbogen	15 60–120 5	15 60–120 5
T	8. Post-Messung	• Nach Abschluß der Therapie werden alle zur Prä-Messung verwendeten Fragebogen zur Post-Messung abgegeben.	• SCL-90-R • Beck-Depres. Inventar	30–100	30
T	9. Therapieevaluation	• Therapieevaluation aufgrund der Post-Messung und des klinischen Eindrucks durch den Therapeuten oder durch das Therapeutenteam. • Therapieevaluation zusammen mit dem Patienten.		20	20–60
K	10. Katamnese-Messungen	• Zum Katamnesezeitpunkt, Wiederholung der zum Post-Zeitpunkt erhobenen Messungen.	• SCL-90-R, IIP-D • Beck-Depres.-Inventar	30–100	30

Anmerkung: In der ersten Spalte werden die Therapiephasen angezeigt: Abklärung (A), Therapie (T) und Katamnese (K).

Darauf haben die QS-Maßnahmen Rücksicht zu nehmen. Es lohnt sich daher, nach der telefonischen Anmeldung den Patienten schriftlich einzuladen, ihm für seine Situation Verständnis entgegenzubringen und ihm gleichzeitig das Therapie- und Abklärungsprozedere vorzustellen.

3.1 Abklärungsphase

3.1.1 Anmeldung und schriftliche Einladung

Wie es auf der das Qualitäts-Monitoring zusammenfassenden Tabelle 2 aufgelistet ist, beginnt die Abklärungsphase mit der Anmeldung und umfaßt sechs Schritte. Danach folgt die Therapie- und Katamnesephase.

Inwieweit Patienten Fragebögen bereits nach Hause geschickt werden können, muß im jeweiligen Kontext geklärt werden. Nach Erfahrung des Autors ist es von Vorteil, wenn ein Teil der Prä-Messung bereits beim Erstgespräch vorliegt. Häufig weisen die SCL-90-R im Symptombereich und das IIP-D im interaktionellen Bereich den Therapeuten auf Problematiken hin, die im Erstgespräch vom Patienten nicht oder nur am Rande erwähnt werden. Es gibt jedoch Argumente, die dafür sprechen, einen ersten klinischen Eindruck eines Patienten unbeeinflußt von irgendwelchen Meßmitteln zu gewinnen und erst nach dem Erstgespräch die Daten aus der Prä-Messung zu berücksichtigen. Es sollte hier dem Praktiker überlassen sein zu entscheiden, welches Vorgehen in einem bestimmten Kontext eine patientengerechte Abklärung sichert.

3.1.2 Prä-Messung

Nebst der Erfassung der Basisdaten liegt es nahe, ein störungsunspezifisches Meßmittel wie die SCL-90-R zu verwenden. Die SCL-90-R ist international weit verbreitet, obwohl immer wieder Kritik an ihr geäußert wird (Alvir, Schooler, Borenstein, Woerner & Kane, 1988; Cyr, McKeena-Foley & Paecock, 1985). Wie weit die Übersetzung von Franke (1995) die Kritik abwenden kann, ist noch offen. Trotz der Vorbehalte ermöglicht die SCL-90-R sehr schnell, einen Eindruck der aktuellen Symptombelastung eines Patienten zu erhalten. Wegen ihrer weiten Verbreitung können eigene Resultate sehr einfach mit anderen Patientengruppen verglichen werden. Der Zeitaufwand für die Beantwortung der 90 Fragen der SCL-90-R beträgt zwischen 15–25 Minuten. Die Auswertung dauert etwa 10 Minuten. (Der Zeitaufwand für die weiteren Schritte des Qualitäts-Monitoring ist aus Tabelle 2 zu entnehmen.)

Das Inventar zur Erfassung interpersonaler Probleme (IIP-D) (Horowitz et al., 1994) erfreut sich ebenfalls immer größerer internationaler Beliebtheit. Die Darstellung im interpersonalen Kreismodell von Kiesler (1982) ist sehr einleuchtend und kann Hinweise zur therapeutischen Beziehungsgestaltung geben. Als Veränderungsmaß scheint es mir nur beschränkt geeignet, da die Richtung der Veränderung in den Dimensionen des interpersonalen Modells individuell sehr unterschiedlich zu bewerten ist und eine Abnahme der Dimension „expressiv" z. B. nicht generell als Verbesserung einzustufen ist.

3.1.3 Erstgespräch(e) und störungsspezifische Prä-Messung

Es versteht sich von selbst, daß im Erstgespräch die Kontakt- und Beziehungsaufnahme prioritär sind. Eine diagnostische Einschätzung (DSM-IV oder ICD-10) und ein Verständnis der familiären Situation anhand eines Genogramms (McGoldrick & Gerson, 1990) dienen der sorgfältigen Anamnese und dem Verständnis der Problemgeschichte.

Im Verlauf des Gespräches sollte der Therapeut weitere Meßmittel bestimmen, die für die Problematik des einzelnen Patienten besonders spezifisch sind. Eine umfangreiche Auflistung der möglichen Verfahren ist bei Fydrich, Laireiter, Saile und Engberding (1996) zu finden. Nur wenn symptomspezifische Meßmittel, wie z. B. das Beck-Depressions-Inventar (Hautzinger, Bailer, Worall & Keller, 1995), eingesetzt werden, haben wir die Möglichkeit, Veränderungen in der Symptomatik exakt zu erfassen und Vergleiche mit Wirksamkeitsstudien anzustellen. Symptomspezifische und -unspezifische Meßmittel ergeben zusammen mit der Basisdokumentation eine verläßliche Einschätzung des Ist-Zustandes eines Patienten zu Beginn einer Therapie und stellen die Grundlage einer aussagekräftigen Veränderungsmessung dar.

In bestimmten Fällen ist es notwendig, mehrere Abklärungsgespräche durchzuführen, manchmal auch unter Einbezug der für den Patienten relevanten Bezugspersonen. Falls eine Erweiterung des Settings zu einer Paar- oder Familientherapie geplant ist, sollten auch die Systemmitglieder durch die Prä-Messung erfaßt werden. Manchmal deuten die Resultate der SCL-90-R darauf hin, daß der Partner mehr belastet ist als der Indexpatient, welcher sich zur Therapie angemeldet hat. Dies kann das therapeutische Vorgehen deutlich beeinflussen und helfen, Schwierigkeiten bei der Einleitung von Veränderungsprozessen frühzeitig zu erkennen.

Am Ende der Abklärungsphase sollte der Therapeut sein klinisches Fallverständnis durch eine symptomspezifische sowie eine symptomunspezifische Messung ergänzen können. Weiter sollte er den Patienten für die Erarbeitung seiner persönlichen Therapieziele motiviert haben. Die Verwendung des Goal Attainment Scaling (GAS) (Kiresuk & Sherman, 1968) kann dazu beitragen, die Ziele des Patienten einfach erfaßbar zu machen und den Therapieprozeß darauf auszurichten. Da dieses Verfahren in der therapeutischen Praxis noch nicht so verbreitet ist, wird es unten kurz vorgestellt. Wie nützlich das GAS für die Therapie ist, bestätigt die Untersuchung von LaFerrier und Calsyn (1978). In dieser kontrollierten Studie schneiden die Patienten, die zu Beginn der Therapie mit dem Therpeuten zusammen ein GAS formuliert haben, in mehreren Outcome-Maßen signifikant besser ab als Patienten, die in ihrer Therapie kein GAS erstellt haben.

Häufig sind die Patienten an den Ergebnissen der Prä-Messung interessiert. Falls diese in gut lesbarer Form (Graphiken oder Figurationen) vorliegen, können sie mit dem Patienten besprochen werden. Eine für den Patienten transparente Handhabung der Meßmittel kann das Vertrauen fördern und zum sorgfältigen Beantworten der Fragebogen motivieren.

3.2 Therapiephase

Während der Therapie können zwei weitere Verfahren dazu beitragen, die Qualität zu sichern: das bereits angesprochene GAS und der Patientenstundenbogen. Diese können natürlich eine sorgfältige Therapieplanung und Durchführung nur ergänzen und ersetzen auch eine Supervision nicht. Doch helfen diese beiden Instrumente, den Therapieprozeß zu strukturieren und geben bereits in einer frühen Phase der Therapie Hinweise, wie gut eine Therapie angelaufen ist. Dauern Therapien länger als 15 Sitzungen, sind Zwischenmessungen, in denen die symptomspezifischen Maße erhoben werden, hilfreich.

3.2.1 Goal Attainment Scaling (GAS)

Ursprünglich wurde das Goal Attainment Scaling (GAS) von Kiresuk und Sherman (1968) für die Wirksamkeitsprüfung in einem Community Mental Health Center entwickelt. Seither wurde es für zahlreiche weitere therapeutische Settings angepaßt (Kiresuk, Stelmachers & Schulz, 1982). Dem GAS liegt die Überlegung zugrunde, daß es keine für alle Patienten identische Therapieziele gibt. Daher werden zu Beginn einer Behandlung zusammen mit dem Patienten mindestens drei individuelle Zielbereiche definiert. Die Erstellung eines GAS verläuft in mehreren Schritten. Zuerst wird mit dem Patienten ein Thema oder Ziel festgelegt, danach der akuelle Zustand so konkret wie möglich beschrieben. Daraus ergibt sich für die Skalierung die Null-Linie. Danach wird die angestrebte positive Veränderung definiert. Auch hier wird versucht, die Veränderungen konkret und für den Patienten nachprüfbar zu beschreiben. Für die vollkommene Erreichung dieses Ziels wird ein positiver Wert von 4 vergeben. Wie LaFerrier und Calsyn (1978) und in Abweichung vom Vorgehen von Kiresuk et al. (1982) würde der Autor vorschlagen, auf eine genaue Definition der Zielerreichungsstufen 1 bis 3 zu verzichten. Als letzter Schritt wird mit dem Patienten eine negative Entwicklung oder Verschlechterung des aktuellen Zustands bestimmt. Sie erhält den Wert -2 auf der Skala. Am Ende der Therapie kann der Patient seine Zielerreichung in einem Bereich von -2 bis +4 einschätzen.

Nach Erfahrung des Autors darf an den Vorgaben zur Erstellung eines GAS, wie sie von Kiresuk et al. (1982) beschrieben werden, nicht stur festgehalten werden. Zusammen mit dem Patienten soll eine Arbeitsatmosphäre geschaffen werden, die es ihm ermöglicht, in seiner Sprache und in seinem Tempo seine eigenen Vorstellungen zu formulieren. Ursprünglich wurde von Kiresuk vorgeschlagen, daß die Formulierung des GAS nicht vom Therapeuten, sondern von einem „Intake-Interviewer" gemacht wird. Die gemeinsame Entwicklung der Zielvorstellungen durch Patient und Therapeut jedoch ist ein äußerst motivierender Prozeß, der nicht einer dritten Person überlassen werden sollte, da er auch dazu beiträgt, das „therapeutische Bündnis" zu stärken (vgl. auch LaFerrier & Calsyn, 1978). Hier müssen die methodischen Überlegungen, welche darin eine Verfälschung der Messung sehen, dem therapeutischen Nutzen unterstellt werden.

Weil die Entwicklung der GAS-Formulierungen bereits ein therapeutischer Prozeß ist, muß mit einem sehr unterschiedlichen Zeitbedarf gerechnet werden. Bei gut motivierten Patienten, die bereits mit Zielvortstellungen in die Therapie kommen, ist es möglich, drei Zielformulierungen in einer Sitzung zu erstellen. Bei anderen Patienten, die der Therapie gegenüber sehr ambivalent sind und bei denen die Beziehungsgestaltung sehr schwierig ist, braucht es manchmal bis zu zehn Sitzungen, bis überhaupt eine gemeinsame Basis gewachsen ist, welche konkrekte Zielformulierungen ermöglicht. Solche Schwierigkeiten sollten nicht daran hindern, trotzdem ein GAS zu formulieren. Gerade in schwierigen Therapien können durch die Abstimmung auf die individuellen Ziele des Patienten die Motivation und die Selbstverantwortung gefördert werden. Meistens genügen drei Zielformulierungen. Bei Paartherapien ist es manchmal sinnvoll, neben den gemeinsamen Zielen auch individuelle Ziele zu definieren, so daß dann insgesamt vier bis fünf Ziele bestimmt werden. Zusammen mit dem Patienten kann ein Zeitintervall festgelegt werden, wann die Ziele und deren Erreichung überprüft werden sollen. Während der Therapie ist es sinnvoll, etwa alle zehn Sitzungen innezuhalten und eine Standortbestimmung vorzunehmen. Am Ende der Therapie besteht die Möglichkeit, daß Patient und Therapeut unabhängig voneinander die Zielerreichung einschätzen. Dies ergibt für die Erfolgseinschätzung eine zusätzliche Perspektive und ergänzt die Therapeutenerfolgseinschätzung um ein patientenspezifisches Maß.

3.2.2 Patientenstundenbogen

Bei länger dauernden Therapien ist es angezeigt, die symptomspezifischen Meßmittel und das GAS dem Patienten in regelmäßigen Abständen vorzulegen. Die Verwendung eines Patientenstundenbogens (Grawe, Caspar & Ambühl, 1990b; Grawe & Braun, 1994) dient dem kontinuierlichen Prozeß-Monitoring. Der nach jeder Sitzung abgegebene Bogen ermöglicht eine kontinuierliche Rückmeldung des Sitzungsergebnisses (Postsession-Outcome) (Orlinsky, Grawe & Parks, 1994) und gibt, wie gleich gezeigt wird, schon nach wenigen Sitzungen eine recht verläßliche Auskunft, wie gut eine Therapie angelaufen ist. (Es ist hier nicht der Raum, um die unterschiedlichen Sitzungs- und Stundenbögen und deren Prädiktorwert für den Therapieerfolg zu diskutieren. Weitere Angaben finden sich in der Literatur z.B. bei Bassler, Potraz & Krauthammer, 1995; Luborsky et al., 1980; Mallinckrodt, 1993, 1994; Morgan, Luborsky, Crits-Christoph, Curtis & Salomon, 1982; Schindler, 1991; Stiles, 1980; Stiles, Shapiro & Firth Cozens, 1990).

Der Berner Patientenstundenbogen wurde an zwei Patientenpopulationen (Berner Population $n=95$ und Freiburger Population $n=66$) faktoranalytisch untersucht (Braun, in Vorbereitung). Aufgrund der Resultate wurde ein reduzierter Fragebogen mit noch 16 Items, die zu drei Faktoren zusammengefaßt werden, entwickelt. Um aufzuzeigen, wie gut diese Faktoren erfolgreiche von wenig erfolgreichen Therapien trennen, wurden in Abbildung 3 diese beiden Gruppen einander gegenübergestellt. Sie wurden aufgrund der Erfolgsmessung (Nachbefragung Patient, Nachbefragung Therapeut, GAS, Veränderungsfragebogen des Erlebens und Verhaltens (VEV)) definiert, wobei drei Gruppen gebildet wurden: erfolgreiche ($n=32$), mittel erfolgreiche ($n=32$) und wenig erfolgreiche Therapien ($n=31$). Die durchgezogene Linie zeigt die Mittelwerte über die Sitzungen der wenig erfolgreichen Therapien, die gestrichelte Linie die der erfolgreichen. Bis zur Sitzung 27 sind die Unterschiede der beiden Gruppen in den Faktoren „Neue Perspektiven/Remoralisation" und „Zufriedenheit mit Therapie u. Beziehung" deutlich ausgeprägt. Danach nähern sich die beiden Kurven einander an. Dies deutet darauf hin, daß die beiden Faktoren bis etwa zur 30. Sitzung gut zwischen

Abbildung 3: Prozeßfiguration für den Gruppenvergleich von erfolgreichen (n = 32) und wenig erfolgreichen Patienten (n = 31)

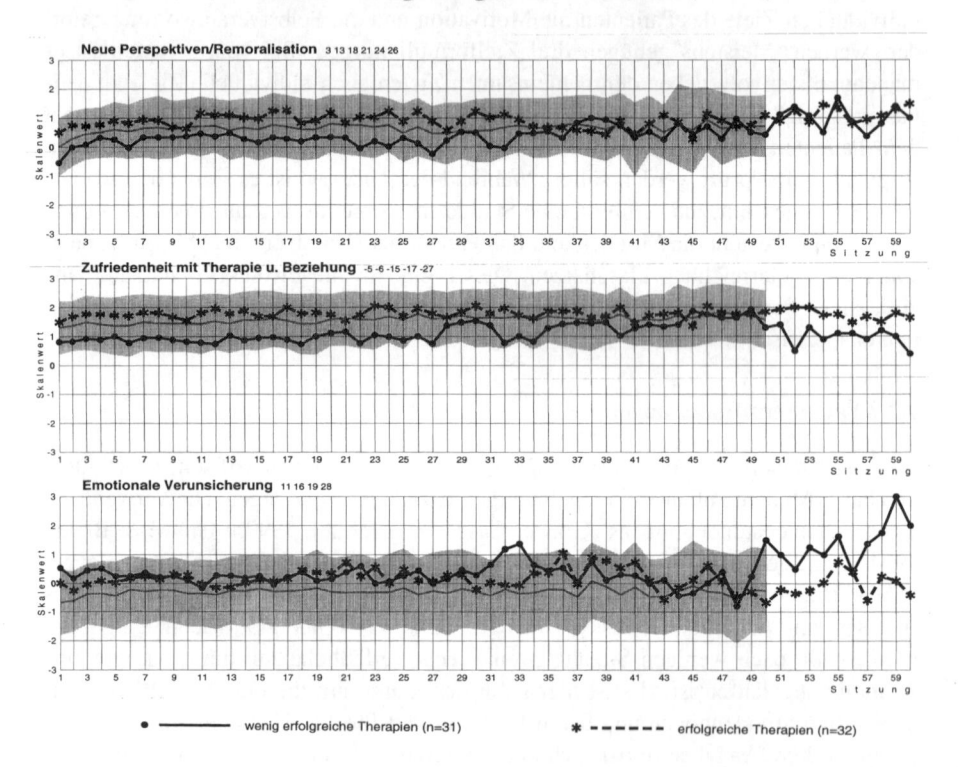

Anmerkungen: Die drei Figurationen über den Zeitraum mehrerer Sitzungen zeigen die drei Faktoren des verkürzten Patientenstundenbogens. Entlang der x-Achse sind die Sitzungen dargestellt. (Hinter den Faktoren sind die Itemnummern und die Polung aufgelistet.) Die Metrik auf der y-Achse entspricht der Originalskala. Positive Werte deuten auf eine positive Bewertung oder starke Ausprägung im Sinn des Faktors hin. Die Referenzgruppe ($N = 95$) wird wiederum durch den Schatten (± 1 Standardabweichung) mit der durchgezogenen schattierten Linie (Mittelwert) dargestellt. Der Schatten bricht bei der 50 Sitzungen ab, da danach nicht mehr genügend Patienten für eine sinnvolle Berechnung von Mittelwert und Standardabweichung zur Vefügungung stehen.

erfolgreichen und wenig erfolgreichen Therapien trennen. Nach der 30. Sitzung haben sie nicht mehr dieselbe Aussagekraft. Da die mittlere Therapiedauer bei der untersuchten Population bei etwa 32 Sitzungen liegt und die Werte nach Sitzung 30 auf kontinuierlich weniger Fällen beruhen, ist es aber auch noch nicht möglich, über längere Therapien gesicherte Aussagen zu machen.

Der erste Faktor „Neue Perspektiven/Remoralisation" der sich aus Items wie „Ich glaube, daß ich mich jetzt besser so verhalten kann, wie ich gerne möchte" oder „Heute sind mir die einzelnen Möglichkeiten zur Lösung meiner Probleme klar geworden." zusammensetzt, spiegelt wider, wie ermutigend ein Patient die Sitzung empfunden hat und ob er Hoffnung schöpft, daß er seine Probleme bewältigen kann. Dies stellt einen Teil der Remoralisation dar, welche nach Lueger (1995) die erste Phase im „Phasenmodell der Veränderung in der Psychotherapie" ist. Die Remoralisation ist Voraussetzung, daß sich die Symptome reduzieren können und sich das allgemeine Funktionsniveau erhöht.

Der zweite Faktor „Zufriedenheit mit der Therapie und der Beziehung" zeigt auf, wie gut sich der Patient vom Therapeuten und dessen Therapieangebot angesprochen fühlt. Der immer wieder als „unspezifisch" bezeichnete Beziehungsfaktor ist sicher der bestbelegte Wirkfaktor in Psychotherapie überhaupt (Grawe et al., 1994; Orlinsky et al., 1994) und sollte daher in einem Sitzungsmeßmittel nicht fehlen. Der Helping Alliance Questionnaire (HAQ) (Alexander & Luborsky, 1986; Bassler et al., 1995) mit seinen zwei Subskalen „Beziehungszufriedenheit" und „Erfolgszufriedenheit" erfaßt den Beziehungsfaktor noch stärker. Der HAQ gibt aber der oben beschriebenen Remoralisation oder Ermutigung weniger Gewicht (vgl. auch Braun, in Vorbereitung). Aus Sicht des Autors erscheint daher die Faktorkombination des revidierten und verkürzten Berner Stundenbogens aussagekräftiger. Dessen Prädiktionskraft konnte auch empirisch belegt werden. So ist es bereits nach fünf Sitzungen möglich, die Therapien mit 60-70% Sicherheit den oben beschriebenen Erfolgsgruppen zuzuordnen (Braun, in Vorbereitung; Braun & Grawe, 1995).

Der Faktor „Emotionale Verunsicherung" trennt nicht zwischen erfolgreichen und wenig erfolgreichen Therapien, doch vermittelt er wichtige zusätzliche Informationen. In Abbildung 4 kann an einem Fallbeispiel gezeigt werden, wie die Prozeßgraphiken gelesen und interpretiert werden können. Natürlich ist es nicht möglich, in wenigen Sätzen ein umfassendes Fallverständnis zu vermitteln. Doch soll das Beispiel zeigen, wie die Informationen aus dem Fragebogen die Therapieplanung direkt unterstützen können. Die 25 Sitzungen umfassende Therapie begann recht schwierig. Wie aus Abbildung 4 ersichtlich ist, liegen die Werte des Faktors „Neue Perspektiven" und „Zufriedenheit mit der Therapie und der Beziehung" in den ersten Sitzungen sehr tief. Die „Emotionale Verunsicherung" hingegen ist sehr stark ausgeprägt. Nach den ersten zwei Sitzungen war der Therapeut aufgrund des Sitzungsverlaufs und der Messungen im Stundenbogen ebenfalls stark verunsichert. In der Supervision wurde das Fallverständnis überarbeitet und die Beziehungsgestaltung überdacht. Wie zu sehen ist, hatte dies auch eine Veränderung in der Remoralisations-Einschätzung der Patientin zur Folge. Die Bewertung der Beziehungsqualität blieb aber bis zur zehnten Sitzung tief. Es gelang zunehmend, die „Emotionale Verunsicherung" zu verringern und gleichzeitig das Vertrauen in die Therapie und die Therapiebeziehung zu verbessern.

Die konkrete, durch die Therapie gestützte Bewältigung einer Krise in der Partnerschaft der Patientin führte dann zum Umschwung in der Beurteilung (Sitzungen 11–15). Die Therapie konnte nach 25 Sitzungen recht erfolgreich abgeschlossen werden. Natürlich kann aus diesem einzelnen Beispiel noch keine Interpretationsregel abgeleitet werden. Dafür fehlt hier auch der Raum. Das Beispiel illustriert aber, wie der Fragebogen gelesen werden kann und zeigt auf, wie Therapeut und Supervisor dadurch in der Bildung ihres Fallverständnisses unterstützt werden.

Abbildung 4: Prozeßfiguration für die Patientin xx

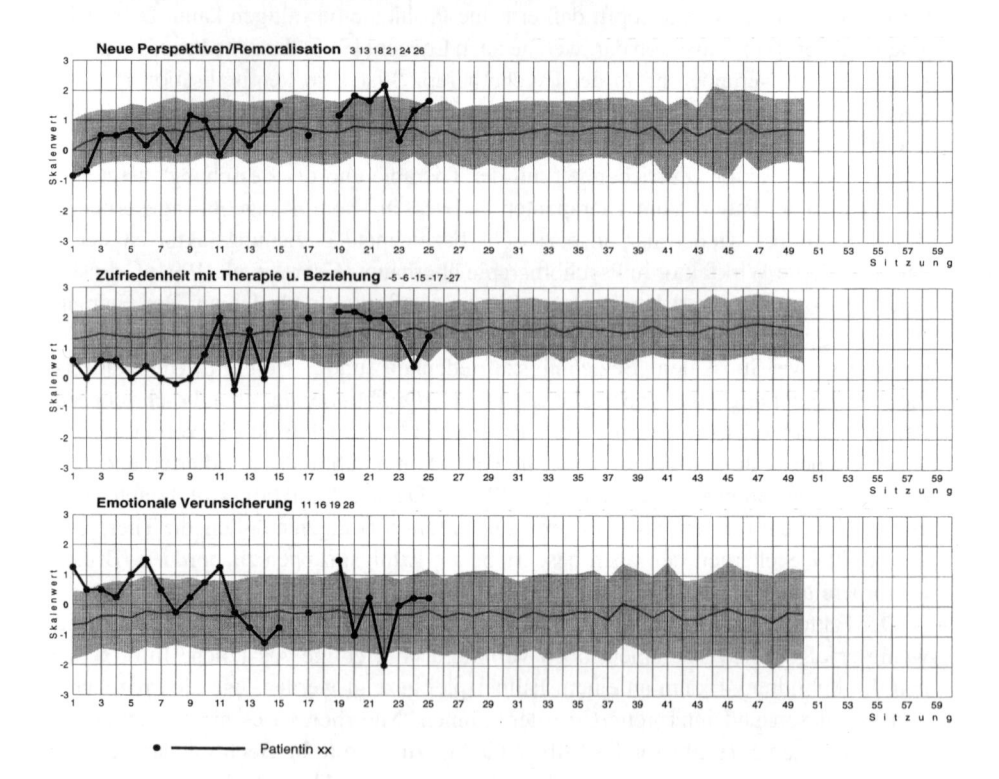

Anmerkungen: Bei Sitzung 16 und Sitzung 18 fehlen die Messungen. (Weitere Erklärungen siehe Anmerkungen zu Abbildung 3)

Das kurze Beispiel zeigt, daß der Faktor „Emotionale Verunsicherung" nicht generell beurteilt werden kann. Je nach Therapieverlauf ist eine starke „Emotionale Verunsicherung" positiv oder negativ zu interpretieren. Bei Therapien, in denen die „Zufriedenheit mit der Therapie und der Beziehung" sehr hoch eingeschätzt wird, die Werte im Faktor „Neue Perspektiven" mittel bis tief liegen und es zu keiner „Emotionalen Verunsicherung" kommt, muß sich der Therapeut fragen, ob die zentralen, konfliktreichen Themen in der Therapie wirklich zu Sprache kommen. Vielleicht beruht die positive Beziehungseinschätzung auch darauf, daß Patient und Therapeut die „wunden Punkte" gemeinsam vermeiden.

Werden die Prozeßgraphiken aufgrund eines individuellen Fallverständnisses in der therapiebegleitenden Supervision diskutiert, stellen sie ein hilfreiches Werkzeug in der Hand des Therapeuten dar und helfen, Schwierigkeiten im Therapieprozeß frühzeitig zu erkennen. Um die Aussagekraft des Stundenbogens noch zu verbessern, soll er in Zukunft durch zwei weitere Skalen „Körperliche Beschwerden" und „Lebenszufriedenheit" und eine Frage nach Suizidgedanken ergänzt werden.

3.3 Post-Messung

Am Ende der Therapie werden dem Patienten die Meßmittel der Prä-Messung und das GAS vorgelegt, eventuell kann die Testung durch eine globale Erfolgseinschätzung ergänzt werden. Dieses nur wenige Items umfassende Maß (Nachbefragung Patient, NBP) kann in identischer Form auch dem Therapeuten (NBT) vorgelegt werden (vgl. auch Grawe et al., 1990a; Grawe & Braun, 1994). Zusammen mit der Einschätzung der Zielerreichung im GAS durch den Therapeuten wird es dadurch möglich, die Übereinstimmung in der Erfolgsbeurteilung von Therapeut und Patient zu prüfen. Die gesammelten Ergebnisse können nun in einem Therapieevaluationsgespräch im Therapeutenteam, aber auch zusammen mit dem Patienten, diskutiert werden. Liegt bereits eine größere Datensammlung vor, kann mit den Möglichkeiten der Figuration ein Mustervergleich vorgenommen werden. Besteht z. B. bereits eine Gruppe von depressiven Patienten, können diese als Vergleichsbasis (grauer Schatten in der Figuration, vgl. auch Abbildungen 1, 2, 3) dienen, vor der ein Einzelfall betrachtet wird. Zusammen mit den Prozeßfigurationen und dem klinischen Eindruck während der Therapie lassen sich Hinweise für Auffälligkeiten oder Schwierigkeiten finden, die zur Anregung für die Verbesserung der therapeutischen Arbeit dienen können. Natürlich ist es möglich, auch Gruppenvergleiche, z. B. zwischen depressiven und ängstlichen oder persönlichkeitsgestörten Patienten, durchzuführen. Eine entsprechend große Datenbasis, die durch praxis- oder institutionenübergreifenden Austausch gebildet werden kann, ist dafür die Voraussetzung. Falls die Basisdokumentation weitere Ordnungskriterien enthält, können auch ganz andere Referenzguppen definiert werden. Dies erlaubt, das Verständnis eines Therapieverlaufes und dessen Beurteilung im Vergleich mit anderen zu sehen und daraus gegebenenfalls generalisierbare Schlüsse für eine Untergruppe von Patienten zu ziehen. Hier wird noch einmal deutlich, wie wichtig eine aufgrund klinischer Gesichtspunkte definierte Basisdokumentation ist.

Die Erfolgsbeurteilung in Psychotherapiestudien stützt sich in letzter Zeit vermehrt auf die Kriterien der klinisch signifikanten oder relevanten Änderung (Jacobson & Truax, 1991) in den erfaßten Symptommaßen. Es stellt sich die Frage, ob auch in der Beurteilung der Qualität von psychotherapeutischen Leistungen solche Kriterien verwendet werden sollten. Der Einsatz eines solchen Kriteriums bedeutet immer eine

Informationsreduktion. Die gemessenen intervall- oder ordinalskalierten Werte werden durch die Festlegung eines Grenzwertes auf eine nominale Aussage (geheilt/nicht geheilt) reduziert. So würde ein Patient, der sich im Beck-Depressions-Inventar von einem Wert von 36 auf 19 Punkten verbessert hat, als nicht geheilt, also als nicht erfolgreich behandelt beurteilt, ein anderer, der sich von einem Punktwert von 22 auf 14 verbessert hat, aber als geheilt und erfolgreich behandelt bewertet. Dies unter der Voraussetzung, daß der Grenzwert entsprechend dem Testmanual zwei Standardabweichungen über dem Mittelwert der gesunden Probandengruppe bei 18 Punkten liegt (Hautzinger et al., 1995). Dies stellt eine mögliche Variante der Grenzwertfestlegung für die „Klinische Signifikanz" dar. Grundlage für die Bestimmung der „Klinischen Signifikanz" ist das Prinzip, daß die Postmessung eines Patienten innerhalb der Meßwertverteilung einer Normalpopulation bzw. außerhalb der Meßwerte der dysfunktionalen Population sein muß, damit der Patient als „gesund" oder „geheilt" gelten kann. Die Norm wird also als statistische Norm festgelegt (vgl. auch Schulte, 1993). Wird in der Erfolgsbeurteilung nur das Kriterium der „Klinischen Signifikanz" verwendet, werden dadurch die erreichten Veränderungen zuwenig gewürdigt (vgl. auch Brütsch, 1994). Als Ergänzung zu den oben beschriebenen Erfolgsbeurteilungen kann das Kriterium der „Klinischen Signifikanz" in der Qualitätsbeurteilung verwendet werden. Es verlangt aber zuvor eine gründliche Auseinandersetzung mit der zugrundeliegenden Methodik.

4. Schlußbemerkung

Ziel dieses Artikels war es aufzuzeigen, wie Psychotherapeuten und -therapeutinnen ihre eigene Arbeit in Zukunft qualitätssichernd begleiten können, und zwar nicht nur mit Supervision, sondern auch mit fragebogengestütztem Datenmaterial. Die Betonung liegt dabei auf der Selbstkontrolle der eigenen Arbeit. Das heißt, die Therapeuten bestimmen den Kontext der Erfassung, die Art der Erhebung, den Inhalt der Erhebung sowie die Auswertung und Interpretation der gemessenen Werte. Die erhobenen Daten können natürlich auch zur Dokumentation der therapeutischen Arbeit nach außen verwendet werden. Dabei gilt es aber, die Rechte des Patienten sowie des Therapeuten bezüglich des Datenschutzes zu beachten.

Im Zentrum steht die kontinuierliche Ergebnisrückmeldung, und genau in diesem Punkt hebt sich das vorgestellte Konzept von vielen heute diskutierten qualitätssichernden Maßnahmen und umfangreichen Qualitätsmanagement-Konzepten im Gesundheitssystem ab, die sich folgende Kritik von Gutzwiler und Schillinger (1996) gefallen lassen müssen: „Eine weitere Problematik ist, daß eine ISO-Zertifizierung beispielsweise eines Spitals nichts über die Behandlungs- bzw. Ergebnisqualität aussagt. ... Meiner Ansicht nach hat die ISO-Zertifizierung diesen Institutionen einiges gebracht. Die eigentliche medizinische Qualität ist jedoch nicht betrachtet worden." (S. 21) Qualitätsmaßnahmen dürfen nicht auf die Struktur- und Prozeßebene beschränkt bleiben. Das hier vorgestellte Qualitäts-Monitoring-Konzept erfaßt mit vertretbarem Aufwand die erreichten Therapieergebnisse und ermöglicht, diese an die handelnden Personen zurückzumelden. Es erfüllt den Anspruch, Ergebnisqualität zu erfassen, vorausgesetzt sind aber umfassende Struktur- und Prozeßqualitätsmaßnahmen.

Durch ein kontinuierliches Qualitäts-Monitoring ist es möglich, Schwächen und Probleme im therapeutischen Prozeß zu erkennen. Als ein die Supervison unterstützendes Werkzeug kann es helfen, bereits früh Änderungen im therapeutischen Vorgehen einzuleiten. Durch die Erfahrungen mit dem Qualitäts-Monitoring wird es möglich, weitere Auffälligkeitssignale zu finden und diese, bei praxis- oder institutionsübergreifender Anwendung, gegenseitig auszutauschen. Hier könnten die Berufs- und Fachverbände tätig werden und Strukturen aufbauen, die einen solchen Austausch vereinfachen.

Längerfristig kann nur durch eine konsequente Datenerhebung in der therapeutischen Alltagspraxis, wie sie hier vorgestellt wird, der gesellschaftliche Nutzen von Psychotherapie gerecht beurteilt werden.

Literaturverzeichnis

Alexander, L. & Luborsky, L. (1986). The Penn Helping Alliance Scales. In L.Greenberg & W. Pinsof (Eds.), *The psychotherapeutic process* (pp. 325–366). New York: The Guilford Press.

Alvir, J. M., Schooler, N. R., Borenstein, M. T., Woerner, M. G. & Kane, J. M. (1988). The reliability of shorted version of the SCL-90-R. *Psychopharmacological Bulletin, 24,* 242–246.

Anthenien, L. & Grünwald, H. S. (1996). Qualitätssicherung (QS) in der ambulanten psychiatrischen Grundversorgung. *Schweizerische Ärztezeitung, 77,* 1393–1399.

Bassler, M., Potraz, B. & Krauthammer, H. (1995). Der „Helping Alliance Questionnaire" (HAQ) von Luborsky. Möglichkeiten zur Evaluation des therapeutischen Prozesses von stationärer Psychotherapie. *Psychotherapeut, 40,* 23–32.

Hautzinger, M., Bailer, M., Worall, H. & Keller, F. (1995). *Das Beck-Depressions-Inventar: (BDI). Deutsche Bearbeitung. Testhandbuch* (2., überarbeitete Aufl.). Bern: Huber.

Berwick, D. M. (1989). Continuous improvement as an ideal in health care. National English *Journal of Medicine, 320,* 53–56.

Braun, U. (in Vorbereitung). *Was ein Patientenstundenbogen über den Verlauf von Therapien erzählt.* Unveröff. Dissertation, Institut für Psychologie der Universität Bern.

Braun, U., Brütsch, E. & Grawe, K. (1994). *Initial disturbance level in relation to standardized and tailormade outcome criteria.* Poster presented at the annual international meeting of the Society of Psychotherapy Research, York (UK).

Braun, U. & Grawe, K. (1995). *Predicting therapy outcome after the fifth and tenth sessions.* Paper presented at the annual international meeting of the Society of Psychotherapy Research, Vancouver (CDN).

Brütsch, E. (1994). *Personenspezifizierte Erfolgsmessung und Diagnosen nach DSM-III-R für die PatientInnen der Berner Psychotherapievergleichsstudie.* Unveröff. Lizentiatsarbeit, Institut für Psychologie der Universität Bern.

Butollo, W. & Höfling, S. (1984). *Behandlung chronischer Ängste und Phobien.* Stuttgart: Enke.
Cyr, J. J., McKeena-Foley, J. M. & Peacock, E. (1985). Factorstructure of the SCL-90-R: Is there one? *Journal of Personality Assessment, 49,* 571–577.
Derogatis, L. R. (1977). *SCL-90-R, administration, scoring & procedures manual for the (R)evised version.* John Hopkins University, School of Medicine: Eigendruck.
Elias, N. (1976). *Über den Prozess der Zivilisation.* Frankfurt a. M.: Suhrkamp.
Franke, H. G. (1995). *Die Symptom-Checkliste von Derogatis -Deutsche Version-. Manual.* Weinheim: Beltz.
Fydrich, T., Laireiter, A.-R., Saile, H. & Engberding, M. (1996). Diagnostik und Evaluation in der Psychotherapie: Empfehlungen zur Standardisierung. *Zeitschrift für Klinische Psychologie, 25,* 161–168.
Gaebel, W. (1995). Qualitätssicherung in der Psychiatrie: Konzepte – Methodik – Durchführung. *Nervenarzt, 66,* 481–493.
Grawe, K. (1991). Über den Umgang mit Zahlen. In K. Grawe, R. Hänni, N. Semmer & F. Tschan (Hrsg.), *Über die richtige Art, Psychologie zu betreiben* (S. 89–105). Göttingen: Hogrefe Verlag für Psychologie.
Grawe, K. & Braun, U. (1994). Qualitätskontrolle in der Psychotherapiepraxis. *Zeitschrift für Klinische Psychologie, 23,* 242–267.
Grawe, K., Caspar, F. & Ambühl, H. (1990a). Differentielle Psychotherapieforschung: Vier Therapieformen im Vergleich. *Zeitschrift für Klinische Psychologie, 19,* 292–376.
Grawe, K., Caspar, F. & Ambühl, H. (1990b). Die Berner Therapievergleichsstudie: Prozessvergleich. *Zeitschrift für Klinische Psychologie, 14,* 316–337.
Grawe, K., Donati, R. & Bernauer, F. (1994). *Psychotherapie im Wandel. Von der Konfession zur Profession.* Göttingen: Hogrefe Verlag für Psychologie.
Gutzwiler, F. & Schilling, J. (1996). Qualitätsmedizin. Qualitätsmanagement in der Schweiz. *Jatros Neuro, 1,* 19–21.
Hahlweg, K. (1995). Zur Förderung und Verbreitung psychologischer Verfahren. Ein APA-Bericht. *Zeitschrift für Klinische Psychologie, 24,* 275–284.
Hartmann, A. & Herzog, T. (1995). Varianten der Effektstärkenberechnung in Meta-Analysen: Kommt es zu variablen Ergebnissen? *Zeitschrift für Klinische Psychologie, 24,* 337–343.
Hautzinger, M., de Jong-Meyer, R., Treiber, R., Rudolf, G. A. E. & Thien, U. (1996). Wirksamkeit Kognitiver Verhaltenstherapie, Pharmakotherapie und deren Kombination bei nicht-endogenen, unipolaren Depressionen. *Zeitschrift für Klinische Psychologie, 25,* 130–145.
Horowitz, L. M., Strauss, B. & Kordy, H. (1994). *Inventar zur Erfassung interpersonaler Probleme (IIP-D).* Göttingen: Hogrefe Verlag für Psychologie.
Howard, K. (1992). *The Howard Outpatient Tracking System.* Department of Psychology, Northwestern University.
Howard, K. I., Brill, P. L., Lueger, R. J. & O'Mahoney, M. T. (1991). *The Howard Outpatient Tracking System.* Radnor, PA: Integra Inc.

Howard, K. I., Brill, P. L., Lueger, R. J., O'Mahoney, M. T. & Grisson, G. R. (1993). *Integra outpatient tracking assessment: Psychometric Properties*. Radnor, PA: Integra Inc.

Hutzli, E. & Schneeberger, E. (1995). *Die Psychotherapeutische Versorgung in der deutschen Schweiz*. Unveröff. Lizentiatsarbeit, Institut für Psychologie der Universität Bern.

Jacobson, N. & Truax, P. (1991). Clinical significance: A statistical approach to defining meaningful change in psychotherapy research. *Journal of Consulting and Clinical Psychology, 59*, 12–19.

Jandl-Jager, E. & Stumm, G. (Hrsg.). (1988). *Psychotherapie in Österreich*. Wien: Franz Deuticke.

Jong-Meyer de, R., Hautzinger, M., Rudolf, G. A. E., Strauss, W. & Frick, U. (1996). Die Überprüfung der Wirksamkeit einer Kombination von Antidepressiva- und Verhaltenstherapie bei endogen depressiven Patienten: Varianzanalytische Ergebnisse zu den Haupt- und Nebenkriterien des Therapieerfolgs. *Zeitschrift für Klinische Psychologie, 25*, 93–109.

Kanfer, F., Reinecker, H. & Schmelzer, D. (1996). *Selbstmanagement-Therapie*. (2., überarbeitete Aufl.). Berlin: Springer.

Kiesler, D. J. (1982). Interpersonal theory for personality and psychotherapy. In J. C. Anchin & D. J. Kiesler (Eds.), *Handbook of interpersonal psychotherapy* (pp. 3–4). New York: Pergamon.

Kiresuk, T. J. & Sherman, R. E. (1968). Goal attainment scaling: A general method for evaluating comprehensive community mental health programs. *Community Mental Health Journal, 4*, 443–453.

Kiresuk, T. J., Stelmachers, Z. T. & Schulz, S. (1982). Quality assurance and Goal Attainment Scaling. *Professional Psychology, 13*, 145–152.

Kordy, H. (1992). Qualitätssicherung: Erläuterungen zu einem Reiz- und Modewort. *Zeitschrift für Psychosomatische Medizin und Psychoanalyse, 38*, 310–324.

Kordy, H. & Lutz, W. (1995). Das Heidelberger Modell: Von der Qualitätskontrolle zum Qualitätsmanagement stationärer Psychotherapie durch EDV-Unterstützung. *Psychotherapie Forum, 3*, 197–206.

LaFerrier, L. & Calsyn, R. (1978). Goal Attainment Scaling: An effective treatment technique in short term therapy. *American Journal of Community Psychology, 6*, 271–282.

Linden, M. (1989). Die Phase IV der Therapieevaluation. *Der Nervenarzt, 60*, 453–461.

Luborsky, L., Mintz, J., Auerbach, A., Christoph, P., Bachrach, H., Todd, T., Johnson, M., Cohen, M. & O'Brien, C. P. (1980). Predicting the outcomes of psychotherapy. Findings of the Penn psychotherapy project. *Archives of General Psychiatry, 37*, 471–481.

Lueger, R. J. (1995). Ein Phasenmodell der Veränderung in der Psychotherapie. *Psychotherapeut, 40*, 267–278.

Lutz, W., Lauer, G., Leeb, B., Boelle, M. & Kordy, H. (1994). Was sind und wozu nützen Qualitätszirkel in der Psychotherapie? In F. Lamprecht & R. Johnen (Hrsg.), *Salutogenese. Ein neues Konzept in der Psychosomatik? Kongressband der 40. Jahresta-*

gung des Deutschen Kollegiums für Psychosomatische Medizin, (S. 241–253): Frankfurt a. M: VAS.
Lutz, W., Stammer, H., Leeb, B., Dötsch, M., Bölle, M. & Kordy, H. (1996). Das Heidelberger Modell der Aktiven Internen Qualitätssicherung stationärer Psychotherapie. *Psychotherapeut, 41,* 25–35.
Mallinckrodt, B. (1993). Session impact, working alliance, and treatment outcome in brief counseling. *Journal of Counseling Psychology, 40,* 25–32.
Mallinckrodt, B. (1994). Session impact in counseling process research: Comment on Elliott and Wexler (1994) and Stiles et al. (1994). *Journal of Counseling Psychology, 41,* 186–190.
McGoldrick, M. & Gerson, R. (1990). *Genogramm in der Familienberatung.* Bern: Huber.
Morgan, R., Luborsky, L., Crits-Christoph, P., Curtis, H. & Solomon, J. (1982). Predicting the outcomes of psychotherapy by the Penn Helping Alliance method. *Archives of General Psychiatry, 39,* 397–402.
Orlinsky, D. E., Grawe, K. & Parks, K. B. (1994). Process and outcome in psychotherapy – Noch einmal. In A. E. Bergin & S. L. Garfield (Eds.), *Handbook of psychotherapy and behavior change* (4th ed. pp. 270–376). New York: Wiley.
Persons, J. B., Burns, D. D. & Perloff, J. M. (1988). Predictors of dropout and outcome in cognitive therapy for depression in a private practice setting. *Cognitive Therapy and Research, 12,* 557–575.
Schepank, H. (1995). *Der Beeinträchtigungs-Schwere-Score (BSS). Ein Instrument zur Bestimmung der Schwere einer psychogenen Erkrankung.* Göttingen: Hogrefe Verlag für Psychologie.
Schindler, L. (1991). *Die empirische Analyse der therapeutischen Beziehung.* Berlin: Springer.
Schulte, D. (1993). Wie soll Psychotherapieerfolg gemessen werden? *Zeitschrift für Klinische Psychologie, 22,* 374–393.
Selbmann, H. K. (1990). Konzeption, Voraussetzung und Durchführung qualitätssichernder Maßnahmen im Krankenhaus. *Das Krankenhaus, 11,* 470–474.
Selbmann, H. K. (1992). Qualitätssicherung in der ambulanten Versorgung. Sicht des Sachverständigenrates für die Konzertierte Aktion im Gesundheitswesen. *Fortschritte der Medizin, 110,* 183–186.
Shadish, W. R., Ragsdale, K., Glaser, R. R. & Montgomery, L. M. (1997). Effektivität und Effizienz von Paar- und Familientherapie: Eine metaanalytische Perspektive. *Familiendynamik, 22,* 5–33.
Stiles, W. B. (1980). Measurement of the impact of psychotherapy sessions. *Journal of Consulting and Clinical Psychology, 48,* 176–185.
Stiles, W. B., Shapiro, D. A. & Firth Cozens, J. A. (1990). Correlations of session evaluations with treatment outcome. *British Journal of Clinical Psychology, 29,* 13–21.
Tash, W. R. & Stahler, G. J. (1984). Current status of quality assurance in mental health. *American Behavioral Scientist, 27,* 608–630.
Vogel, H. (1996). Psychotherapie in der ambulanten Gesundheitsversorgung. *Verhaltenstherapie und psychosoziale Praxis, 28,* 105–126.

Weltgesundheitsorganisation WHO (Hrsg.). (1984). *Einzelziele für die Gesundheit 2000*. Frankfurt a. M.
Wittchen, H. & Fichter, M. (1980). *Psychotherapie in der Bundesrepublik. Materialien und Analysen zur psychosozialen und psychotherapeutischen Versorgung.* Weinheim: Beltz.

Prozeßkontrolle für die ambulante Psychotherapie:
Ein Beitrag zur Qualitätssicherung aus der Perspektive psychotherapeutischer Praxistätigkeit

Wolfgang Palm

Inhalt:

1. Einleitung 253
2. Konzepte aus der empirischen Psychotherapie- und Einzelfallforschung 255
3. Prozeßkontrolle für die Praxis 257
   3.1 Parameter und Datenerhebung 257
   3.2 Deskriptive Datenanalyse 259
   3.3 Hinweise zur Dateninterpretation 260
   3.4 Anwendungsbeispiele 261
   3.5 Diskussion der Methode 266
   3.6 Überlegungen zur Validität 268
   3.7 Nutzen für die Praxis 269
4. Zusammenfassung 270

1. Einleitung

Wer sich mit der Frage der Qualitätssicherung (QS) beschäftigt, steht nicht nur vor mannigfaltigen Vorstellungen und mehr oder weniger realisierten Konzepten (vgl. Nübling & Schmidt, in diesem Band). Er steht auch vor der Schwierigkeit, daß institutionalisierte QS für die ambulante Psychotherapie im Verdacht steht, eine *Zusatzbelastung* zu werden, die vielleicht ebenso *schlecht bezahlt* wird wie das im Rahmen der Richtlinienpsychotherapie zur Therapieverlängerung unumgängliche Abfassen von Antragsberichten für die Gutachter.

Dieser meist mehrstündige Aufwand für einen Bericht ist derzeit nämlich nur mit etwa der Punktezahl von *einer* Therapiesitzung abzurechnen (Kassenärztliche Bundesvereinigung, 1996; vgl. Köhlke in diesem Band). Bei so mageren Aussichten auf angemessene Honorierung ist es daher nur allzu verständlich, daß QS eher lästig als interessant zu werden verspricht, insbesondere unter den gegenwärtig herrschenden Bedingungen im Gesundheitswesen, die den Richtlinienpsychotherapeuten als Folge der Budgetierungen in vielen kassenärztlichen Abrechnungsbezirken deutliche Verdienstminderungen beschert haben (Bell & Janssen, 1996; Canzler, Moritz & Metzner, 1993; Kortemme, 1996).

Nimmt man aber zur Kenntnis, daß im Jahr 1994 in der BRD ca. 24 bis 25 Tausend ärztliche und psychologische Psychotherapeuten innerhalb und außerhalb der Richtlinienpsychotherapie tätig waren, daß im Jahr 1993 mehr als 207 Tausend Fälle allein im Rahmen der Psychotherapierichtlinien der Kassenärztlichen Bundesvereinigung behandelt wurden (Vogel, 1996) und berücksichtigt man die bestehende Verpflichtung der gesetzlichen Krankenkassen zur Durchführung qualitätssichernder Maßnahmen (SGB V, § 115b und § 135-139), dann zeichnet sich ab, daß QS-Maßnahmen auch in der ambulanten Psychotherapie in absehbarer Zeit unumgänglich werden dürften. Längere Zeit schon werden unter Psychotherapeuten Fallseminare, schriftliche Falldarstellung, Supervision und kollegiale Intervision praktiziert (Richter, 1994). Neu und begrüßenswert in diesem Zusammenhang ist der Vorschlag zur Abänderung der beinahe selbstverständlichen Praktik, die Kosten für QS-Maßnahmen – einschließlich des beträchtlichen Zeitaufwands, den sie erfordern – den freiberuflich tätigen Psychotherapeuten zu überlassen (Richter, 1996). Über diese bisherigen Maßnahmen hinaus könnten in näherer Zukunft noch Konzepte aus den im Qualitätsmanagement erfahreneren (Psychosomatik-, Reha- und Sucht-) Kliniken, aus der Programmevaluation stationärer Psychotherapie und nicht zuletzt aus der Psychotherapieforschung zur Anwendung gelangen.

Oftmals gilt die Ergebnisqualität als das eigentliche Ziel der QS. Sowohl die verfügbaren Strukturen als auch die Prozesse sollen letztlich dem Ziel möglichst guter Behandlungsergebnisse dienen (Schmidt & Nübling, 1994, 1995; Nübling & Schmidt in diesem Band). Doch steht die Erhebung der Ergebnisqualität naturgemäß am Ende einer Therapie und kann daher für diese selbst nicht mehr in Sinne eines Feedbacks genutzt werden. In den Prozeß, die eigentliche Therapie also, sind Patient und Therapeut hingegen unmittelbar involviert.

Ambulante Psychotherapien erstrecken sich über Monate, in der Regel also über längere Zeitspannen als ambulante oder stationäre medizinische Behandlungen. Psychoanalytische Behandlungen dauern gelegentlich sogar Jahre. Daten, welche diese Prozesse beschreiben und darüber Rückmeldung geben, könnten und sollten zu deren Verbesserung genutzt werden. Derzeit darf man allerdings noch davon ausgehen, daß empirisch begründete QS in der ambulanten Psychotherapie Neuland ist. Wie kann man bei dessen Erschließung methodisch vorgehen? Ein reichhaltiges Methodenrepertoire bietet beispielsweise die Psychotherapieforschung.

2. Konzepte aus der empirischen Psychotherapie- und Einzelfallforschung

Die Hauptrichtung bisheriger Psychotherapieforschung war Wirksamkeits- und damit Ergebnisforschung. Geforscht wurde, welches Interventionsverfahren bei welchen Störungen unter welchen Bedingungen welchen kausalen Effekt habe (Schneider, 1996; Safran & Greenberg, 1988). Doch die künstlichen Rahmenbedingungen, die aufwendigen Variablenoperationalisierungen und die ausgefeilten Meßmethoden (Lambert & Hill, 1994) aussagekräftiger Psychotherapieexperimente sind in einer ambulanten Praxis nicht zu realisieren. Evaluationskonzepte (Nübling, 1992; Schmidt, Nübling & Lamprecht, 1992; Wittmann, 1985) sind den Rahmenbedingungen praktischer Psychotherapie besser anzupassen, doch muß man bei ihrer Umsetzung den Gedanken aufgeben, den Effekt einer Behandlungs*methode* kausal nachweisen zu wollen (Daumenlang, Altstötter & Sourisseaux, 1995). Infolge der grundlegend verschiedenen Ausgangsbedingungen für Forschungsexperimente und für ambulante Psychotherapien ist allerdings zu erwarten, daß die Evaluation praktischer Psychotherapie zu Aussagen führt, die sich von denen der Psychotherapieforschung unterscheiden (Bergin & Garfield, 1994; Grawe, Donati & Bernauer, 1994; Seligman, 1995).

Ablauf und Dynamik psychotherapeutischer Prozesse rücken neuerdings zwar ins Zentrum des Forschungsinteresses (Garfield, 1990; Luborsky, Barber & Crits-Cristoph, 1990; Marmar, 1990), doch sind die verwendeten Instrumente und Vorgehensweisen teils zu komplex, teils zu umfangreich (Czogalik & Russel, 1995; Stiles & Shapiro, 1995), um sich als Instrumente für die Prozeßkontrolle ambulanter Therapie zu eignen. Auch das Methodenrepertoire kontrollierter Einzelfallstudien (Gottmann & Ruske, 1993; Petermann, 1989) enthält kaum praktikable Vorgehensweisen für diesen Zweck. Umfassendere Vorschläge und Konzepte, die auf QS in der ambulanten Psychotherapie ausgerichtet sind, betonen allzuoft die Notwendigkeit experimenteller Designs und sind deswegen – wie die beiden folgenden Beispiele zeigen – in einer durchschnittlichen Praxis nicht zu realisieren.

So läßt sich Petermanns Konzept der „kontrollierten Praxis" (Petermann, 1980, 1982) als früher, forschungsmethodisch inspirierter QS-Entwurf betrachten. In Abmilderung der strengen Maßstäbe experimenteller Effektnachweise (Roth, 1985) fordert der Autor von den praktizierenden Therapeuten die Dokumentation von Alltagsrealität, die explizite Erfassung subjektiv bedeutsamer Patientenbeschwerden, die Prüfbarkeit dieser Beschwerden und die Minimierung der zusätzlichen Belastungen des Patienten durch die Datengewinnung. Therapeutische Hypothesen sollen explizit, operationalisierbar und im Rahmen eines bestimmten Behandlungsdesigns mit geringem statistischen Aufwand nachprüfbar sein. Wichtig sei es, die Wirkfaktoren, die für den Therapieverlauf verantwortlich zu machen seien, eindeutig zu identifizieren, weshalb der Schwerpunkt des Konzepts auf dem therapiebegleitenden Prüfen von Interventionseffekten liegt. Folglich ist der für die Praxiskontrolle notwendige Zeitaufwand beträchtlich. Ein Therapeut werde pro Arbeitstag kaum mehr als zwei bis drei Therapiesitzungen konzipieren, durchführen und kontrollieren können (Petermann, 1982, S. 127). Eine solche Forderung hat im gegenwärtigen Gesundheitswesen freilich keine Realisierungschancen: Nach den Erhebungen des Verbands der Vertragspsychotherapeuten Nordbaden betrug im Jahr 1994 die durchschnittliche wöchentliche Behandlungszahl von 126 Therapeuten der Richtlinienpsychotherapie 30 (+/- 2) Sitzungen (à 50 Minuten). Dazu kommen rund 12.5 Stunden auf die Therapien bezogene, zusätzliche Schreib- und Büroarbeit (Palm, 1994). Vergleichbare Zahlen berichtet Kortemme (1996) für 1993 aus dem Verband der Vertragspsychotherapeuten Südbaden.

Auch Kazdins, ebenfalls aus dem Methodenrepertoire der Psychotherapie- und Einzelfallforschung entwickeltes Konzept, sieht in der experimentellen Prüfung von Interventionseffekten ein Mittel der Prozeßkontrolle (Kazdin, 1982, 1992, 1993). Sein Vorschlag lautet auf eine Kurzformel gebracht: A-D-E. A heißt Assessment und steht für ein systematisches Vorgehen in der Datensammlung. D heißt Design und meint experimentelles Design, durch welches Effekte kausal auf Interventionen zurückgeführt werden sollen. E heißt Evaluation und beinhaltet die Prüfung und Bearbeitung von Daten zum Zwecke der Schlußfolgerung. Im Sinne einer Variablenoperationalisierung fordert Kazdin die explizite Identifikation von Behandlungszielen. Selbst bei sich ändernden Therapiezielen müsse an ihrer Operationalisierung festgehalten werden, denn nur so könnten Messungen sinnvoll, d.h. im Hinblick auf das zu erreichende Ziel, durchgeführt werden. Praktikables Hauptinstrument zur Erfassung dieser Ziele sei die Goal-attainment-scale (Kirusek, Smith & Cardillo, 1994), die flexibel auf jeden einzelnen Patienten zuzuschneiden sei. Darüber hinaus müßten weitere therapiebezogene Meßinstrumente ausgewählt werden. Zur Durchführung des Assessments reserviert Kazdin die ersten 15 Minuten jeder Therapiesitzung.

Grawe und Braun (1994) hingegen haben von der Idee einer experimentellen Ergebnis- und Prozeßkontrolle Abschied genommen. Sie beschreiben ein evaluativ-korrelationsstatistisches QS-System, das in Bern praktiziert wird (vgl. auch Braun sowie Grawe & Baltensperger in diesem Band). In Übereinstimmung mit dem methodischen Vorschlag von Schulte (1993) beginnt der Ablauf der Erhebungen mit der Prä-Messung (Zustandsfiguration), dem die Diagnose nach DSM IV folgt. Goal-attainment-scaling (für die direkte Veränderungsmessung) und Prozeßmessung mittels Prozeßkonfiguration folgen. Am Ende der Therapie wird eine Postmessung (Effektkonfiguration) durchgeführt, der die Katamnese 1 und 2 folgt. Die zur Feststellung der Ergebnisqualität notwendigen Vergleichsstandards werden anhand sogenannter „Effektkonfigurationen" ermittelt. Diese „Figurationsanalyse" findet auch Anwendung in der Prozeßkontrolle, wobei die mittels Therapiestundenbögen erfaßten Daten zu Prozeßkonfigurationen verrechnet werden. Zur Datenerfassung dienen ein Therapeutenstundenbogen und ein Patientenstundenbogen, der aus 29 Items besteht und vom Patienten unmittelbar nach jeder Therapiesitzung ausgefüllt wird. Berechnet werden Prozeßkonfigurationen in den vier Dimensionen „Zufriedenheit mit der Therapie", „Fortschritte innerhalb der Therapie", „Fortschritte außerhalb der Therapie" und „Qualität der Therapiebeziehung" (Grawe & Braun, 1994, S. 261).

Das System besticht durch seine Konzeption und Funktionstüchtigkeit. Doch wird es wegen der spezifischen Art seiner vergleichenden Berechnungen wohl kaum ohne den Einsatz von Experten zur Datenauswertung und zur Dateninterpretation auskommen. Dadurch könnten Tendenzen befördert werden, die auf ein extern gesteuertes, hierarchisches Überwachungsmodell der Qualitätssicherung (Deutsche Gesellschaft für Verhaltentherapie, 1996; Zielke, 1994) in der ambulanten Psychotherapie abzielen, das Trägerinstitutionen und Geldgeber (Stichwort „Krankenkassen") benötigt. Auch ist das System mehr auf Ergebnis- als auf Prozeßkontrolle ausgelegt.

3. Prozeßkontrolle für die Praxis

Die derzeit noch geringe Zahl von Vorschlägen für eine *empirische Verlaufskontrolle* von Psychotherapien (beispielsweise mittels „Stundenbögen") stützen sich überwiegend auf Papier- und Bleistiftverfahren (Laireiter, 1994). Diese sind für den Routineeinsatz in einer professionell geführten Einzelpraxis unerfreulich, und zwar aus zwei Gründen: Erstens müssen sie mit relativ hohem Zeitaufwand ausgewertet werden. Zweitens werden die Papierbögen nach und nach zu einem Aktenballast. Wie lassen sich Verlaufsdaten, die therapeutisch nutzbar gemacht werden können, auf eine andere, möglichst ökonomische Weise gewinnen? Diese Fragestellung war leitend bei der Entwicklung der in meiner Praxis eingesetzten Therapieverlaufskontrolle (Prozeßkontrolle). Betont sei, daß nachfolgend kein bereits fertiges oder gar abgeschlossenes System vorgestellt wird, sondern eines, das sich derzeit noch im Stadium der Erprobung und der Verbesserung befindet. Die Therapieprozeßkontrolle wurde weitgehend als *therapiestil- und therapiemethodenunabhängig* konzipiert.

3.1 Parameter und Datenerhebung

Die empirische Therapieverlaufskontrolle in meiner Praxis stützt sich gegenwärtig auf die folgenden Parameter:

- Symtombelastung (SyBel)
- Befindlichkeit (Befi)
- Depressionstiefe (Depr)
- Problemverhalten (ProVer)
- Belastungsbewältigung (BelBew)
- Sitzungsfeedback (Feedb)

„Symtombelastung" entsteht aus der Multiplikation zweier Größen: $SyBel(t_i) = G1(t_i) * G2(t_i)$, worin t der Erhebungszeitpunkt, und $i = 1,2....n$ laufender Index sind. Größe 1 (G1) ist extensiv und beinhaltet die Dauer subjektiv empfundener Beschwerden in einem Zeitintervall, das beispielsweise die letzten beiden Tage vor der jeweils aktuellen Sitzung umfaßt. Größe 2 (G2) ist intensiv und enthält die Einschätzung der Intensität bzw. der Ausprägung der Beschwerden. Gefragt wird – nach einer kurzen Instruktion – folgendermaßen:

> „Wieviele Stunden verbrachten Sie in den vergangenen 2 Tagen in unangenehmer Verfassung?" Oder: „Wieviele Stunden haben die unangenehmen Gefühle oder Empfindungen angehalten?" (G1)

„Wie stark war der Zustand oder wie intensiv waren die Gefühle oder Empfindungen im Durchschnitt?" (G2).

„Befindlichkeit" ist eine Liste aus 22 bipolaren Eigenschaftswörtern und drei globalen, körperbezogenen Feststellungen. Die Itemliste dient zur Erhebung der gerade im Augenblick der Anwendung vorherrschenden Gefühle und Empfindungen des Patienten. Die Itemformulierungen lauten beispielsweise:
Im Moment fühle ich mich ...
„frisch ... müde" (Item 1) oder „lebensüberdrüssig ... lebenslustig" (Item 16)

Alternativ zur „Befindlichkeit" wird der Parameter „Depressions-Tiefe" verwendet. An die Stelle der Eigenschaftswörterliste tritt dann die Allgemeine Depressionsverlaufsskala (Hautzinger & Bailer, 1993; Verwendung mit freundlicher Genehmigung von Prof. Dr. Hautzinger).

„Problemverhalten" wird mit dem Patienten besprochen und von ihm benannt. Für wiederholte Erhebungen sind nur klar abgrenzbare Verhaltens- oder Handlungseinheiten zweckmäßig, deren Häufigkeit einfach abgezählt werden kann. Bei jeder Erhebung wird zusätzlich zur Häufigkeit auch gefragt, wie intensiv störend der Patient sein Problemverhalten selbst empfunden hat. Gefragt wird ähnlich wie bei der „Symptombelastung", die beiden Größen werden ebenfalls miteinander multipliziert.

„Belastungsbewältigung" ist eine Liste mit 15 Items, anhand derer ein Patient Auskunft gibt über seine Zukunftshoffnung und seine (während der Therapie hinzugewonnenen) Problemlösefertigkeiten. Dieser Parameter wird zweckmäßigerweise nur in größeren Perioden, z.B. jede vierte oder fünfte Sitzung vorgelegt. Die Items sind folgendermaßen formuliert:
Vergleiche ich meinen heutigen Zustand mit dem zu Therapiebeginn, so ...
... traue ich mich 'nein' zu sagen, wenn ich 'nein' sagen müßte.   (Item 3)
... blicke ich ruhiger oder positiver in die Zukunft.   (Item 6)

„Feedback" ist ein kleiner Patientenstundenbogen. Er besteht aus 7 Items, die dem Patienten am Ende der Sitzung vorgelegt werden. Gefragt wird nach Einschätzung und Bewertung des Sitzungsverlaufes durch den Patienten. Die geringe Zahl der Items hat zwei Gründe, erstens soll der Zeitaufwand gering gehalten werden und zweitens ergeben sich wichtige Informationen bereits aus den anderen Parametern. Die Items sind folgendermaßen formuliert:
In dieser Therapiesitzung ...
... habe ich mich akzeptiert gefühlt.   (Item 1)
... habe ich etwas gelernt, das ich in meinem Alltag anwenden möchte.   (Item 7)

Die Parameter „SyBel", „Befi", „ProVer" und „BelBew" werden stets am Anfang einer Therapiesitzung angewendet. Ausschlaggebend für die Auswahl der Itemlisten ist das Beschwerdebild. Im Laufe der Zeit haben sich vier Zusammenstellungen als nützlich herausgestellt, von denen zwei am häufigsten angewendet werden: Die erste enthält „Symptombelastung", „Befindlichkeit" und „Belastungsbewältigung", die zweite „Problemverhalten", „Befindlichkeit" und „Belastungsbewältigung".

„Feedback" wird am Ende einer Sitzung angewendet. Dieser Parameter kann, muß aber nicht angewendet werden. Da er der jüngste aller Parameter ist, werden gegenwärtig gerade erste Ergebnisse mit ihm gesammelt. Die beiden ältesten Parameter entstanden Anfang des Jahres 1991, zwei weitere kamen Laufe von vier Jahren hinzu.

Die Parameter sind in Computerprogramme eingebunden, der Einsatz eines Computers ist daher unerläßlich. Zu Beginn einer jeden Sitzung kommt der Patient in den vorbereiteten Raum, setzt sich vor das Gerät und reagiert über die Tastatur auf die Vorgaben, die auf dem Monitor erscheinen. Die Items haben immer dieselbe feste Reihenfolge. Der Patient drückt auf diejenige Taste, die der von ihm ausgewählten Einstufung eines Items zugeordnet ist. Danach erscheint automatisch das nächste Item. Bei Irrtum ist ein Rücksprung möglich. Der Vorgang ersetzt das Ausfüllen eines Fragebogens, allerdings erscheinen die Items sukzessive. Statt ein Kreuz an eine der vorgegebenen Stellen eines Fragebogens zu machen, drückt der Patient auf eine bestimmte Taste der Tastatur. Dieser Ablauf wird spätestens ab dem dritten oder vierten Mal zur Routine, die zur Behandlung ganz selbstverständlich dazugehört. Lediglich die erstmalige Einführung erfordert eine ausführliche Instruktion und eine Erklärung des Sinns der Maßnahme, was aber nicht mehr als zehn oder fünfzehn Minuten in Anspruch nimmt. Der gesamte Vorgang dauert nicht länger als fünf Minuten, jede vierte oder fünfte Sitzung benötigt er nicht mehr als zehn Minuten. Die Speicherung der Daten auf Datenträger (Disketten) geschieht automatisch durch die Software.

Allfällige Befürchtungen, eine solche „technische Maßnahme" könnte die Therapiebeziehungen stören, sind nach meiner Erfahrung gegenstandslos. Die Patienten reagieren auf die Datenerhebung per Computer erfahrungsgemäß weit weniger sensibel als manche meiner KollegInnen. Doch empfiehlt sich der Einsatz des Instrumentariums nicht, wenn ein Patient nicht zur Mitarbeit motiviert werden kann. Erfahrungsgemäß kommt das bei Patienten mit intellektuell-kritischer Einstellung vor, die auch der Anwendung herkömmlicher psychologischer Testverfahren skeptisch gegenüberstehen. Auch sind die bislang entwickelten Parameter, mit Ausnahme vielleicht des Sitzungsfeedbacks, schätzungsweise nur für 60 bis 70% der Beschwerdebilder der in meine Praxis kommenden Patienten geeignet. Für Patienten mit zunächst diffusen, unstrukturierten Problemen, Persönlichkeitsstörungen oder komplexen Beziehungsschwierigkeiten, die in einer ambulanten Praxis recht häufig vorkommen, sind störungsspezifisch zugeschnittene Parameter naturgemäß eher ungeeignet.

3.2 Deskriptive Datenanalyse

Gegenwärtig existieren mehr als 90 Patientendateien unterschiedlicher Länge aus sukzessive verbesserten Programmversionen. Die kürzesten Dateien umfassen infolge unvorhergesehener Ereignisse (plötzlicher Klinikaufenthalt, Therapiepause wegen Erkrankung, Therapieabbruch) nur fünf bis zehn Erhebungen. Die längste Datei enthält die Daten von mehr als 70 Erhebungen.

Die Programme zerfallen in zwei Klassen, die „Patientenprogramme" und die

„Auswertungsprogramme". Derzeit verwende ich in meiner Praxis sechs Programme, die der Datenaufnahme dienen (Patientenprogramme), und zwei Programme, die die graphischen Darstellungen und die deskriptiven Analysen der Daten leisten. Hardware-Basis ist gegenwärtig noch ein ATARI-Computer, die Programme wurden in einem Basic-Dialekt geschrieben und laufen als Interpreterversionen. Die Programmierung für Windows95 ist in Arbeit. Implementiert sind die folgenden Auswerte-Routinen:

- Graphen des zeitlichen Verlaufs aller Parameter
- Linearer Trend und Moving Average für jeden Parameter
- Schwankungsbreiten bestimmter Parameter
- Interkorrelationsfunktionen ausgewählter Parameter
- Autokorrelationsfunktionen ausgewählter Parameter
- Anzeige von „Warn-Items"

Eine Erörterung dieser Auswerte-Routinen muß aus Platzgründen unterbleiben. Wichtig ist, daß die Datenauswertungen zu fast jedem Zeitpunkt, also auch vor oder nach jeder Therapiesitzung auf dem Monitor darzustellen sind. In den „Patientenprogrammen" sind zudem einige Items als „Warn-Items" markiert, die nach der Durchführung der Routine bereits vor Beginn einer Therapiesitzung rückgemeldet werden können. So kann ein Therapeut bereits vor Sitzungsbeginn potentiell wichtige Hinweise für die kommende Stunde erhalten. Grundlegend für die Anwendung in der Prozeßkontrolle sind die *Graphen* der Parameter, ihre *Trends* und ihre *Schwankungsbreiten*. Die Trends beruhen auf linearen Regressionsberechnungen. Die Moving Averages machen sichtbar, inwieweit die linearen Trends mehr oder weniger „gut" zur Datenverteilung „passen". Als Schwankungsbreiten werden die Beträge der Ordinatenabstände zwischen Daten und linearen Trends berechnet. Interkorrelationsfunktionen und Autokorrelationsfunktionen können gelegentlich aufschlußreich sein, wenn man Zusammenhänge zwischen den Parametern oder zyklische Schwankungen der Parameterwerte vermutet. Diese Berechnungen setzten jedoch voraus, daß die Datenerhebungen regelmäßig erfolgt sind.

3.3 Hinweise zur Dateninterpretation

Verläuft der Therapieprozeß positiv, dann darf man erwarten, daß die Werte von „Symptombelastung" und „Problemverhalten" abnehmen, während die Werte von „Befindlichkeit" und „Belastungsbewältigung" ansteigen. Eine rasche Beurteilung, ob und inwieweit solche Veränderungen vorliegen, erlauben der Trend einer Datenreihe und ihre Schwankungsbreite. Der Trend einer Datenreihe sollte entlang der Zeitachse absinken bzw. ansteigen, und die Schwankungsbreite der Datenreihe sollte geringer werden. Oft genügt in der Praxis schon eine visuelle Inspektion der Graphen der Parameter, um die Richtungen von Trends und die Größenordnungen von Schwankungsbreiten ungefähr einzuschätzen. Doch in Fällen stark schwankender Daten, insbesondere mit kleineren Erhebungszahlen ($8 < N < 15$) sind die vom Programm berechneten und graphisch dargestellten Funktionen recht hilfreich.

Der Übersichtlichkeit halber werden in den folgenden Beispielen die Ergebnisse der deskriptiven Datenanalysen weggelassen. Deren Aussagekraft hängt auch von der Regelmäßigkeit der Erhebungen ab. Will man die Daten als Zeitreihe darstellen, d.h. als Datenreihe mit regelmäßigen Erhebungen, so zeigen sich Drop-outs in fast jeder Datenreihe. Sie sind in der Praxis aus vielerlei Gründen nicht zu verhindern, weil Sitzungen abgesagt werden, ausfallen oder verschoben werden müssen. Bei einer Sitzungsfrequenz von einer Behandlung pro Woche muß man erfahrungsgemäß davon ausgehen, daß auch bei Absprache regelmäßiger Termine rund ein Drittel der Daten zur Bildung einer Zeitreihe fehlen werden.

In den Anwendungsbeispielen stehen die Sitzungszahlen in großen Abständen entlang der waagrechten Achse (Zeitachse). Im Original steht dort das Datum jeder Erhebung. In der Regel findet pro Woche eine Sitzung statt. „Symptombelastung" und „Problemverhalten" können naturgemäß nicht kleiner werden als Null. Die Werte von „Befindlichkeit" bewegen sich im Intervall (-24, +24), die für „Belastungsbewältigung" im Intervall (-30, +30). Die Datenerhebung beginnt meist nach den Probesitzungen, wenn der Therapieantrag an die Krankenkasse gestellt worden ist.

Für die Betrachtung der Datenreihen ist der Blick durch die Brille der Interpretationsgewohnheiten von Testbefunden und experimentellen Ergebnissen nicht zu empfehlen. Es gibt bislang auch keine Leitlinien für die Interpretation der Daten. Das angemessene Interpretieren setzt einerseits eine gewisse Erfahrung mit diesem System der Verlaufskontrolle voraus, andererseits verlangt es Kenntnisse über den Therapieprozeß, über die Schwierigkeiten eines Patienten, über seine Lebensgewohnheiten und über besondere Tagesereignisse aus dem Leben des Patienten. Sicherlich falsch ist beispielsweise eine Annahme von der Art, daß ein niedriger Wert in einem bestimmten Parameter das Ergebnis einer gelungenen Intervention sei, ein hoher Wert hingegen die Konsequenz einer nicht gelungenen. Die Zusammenhänge sind komplexer. Nicht selten spiegeln sich in manchen Werten auch die Reaktionen eines Patienten auf plötzlich eingetretene Ereignisse (beispielsweise Todesfall oder Kündigung des Arbeitsverhältnisses).

3.4 Anwendungsbeispiele

Abbildung 1 zeigt die Daten, die während der Behandlung eines Patienten mit einer agoraphobischen Störung und Panikattacken therapiebegleitend erhobenen wurden. Die Werte des Parameters „Symptombelastung" ergeben sich aus der Multiplikation der Größen „Dauer des Angstzustandes" und „Intensität des Angstgefühls" zum jeweiligen Zeitpunkt. Die anfangs hohen Werte sinken während einer Expositionsbehandlung bis zur 15. Erhebung auf ein Drittel des Ausgangsniveaus ab. Auf diesem niedrigen Niveau verbleiben sie, von einem Rückschlag abgesehen, weitere 15 Sitzungen, um dann langsam auf Null abzusinken. Dieser Verlauf entspricht der generellen Erfahrung, daß während einer konsequent durchführbaren Expositionsbehandlung die für die Angstausprägung charakteristischen Anfangswerte rasch auf ein niedrigeres Niveau absinken. Dort aber halten sie sich oft hartnäckig über mehrere Sitzungen hinweg. Erst kognitiv-motivationale Interventionen, die die Lebensgeschichte

Abbildung 1: Therapiebegleitende Datenerhebung mit den Parametern „Symptombelastung", „Belastungsbewältigung" und „Befindlichkeit"

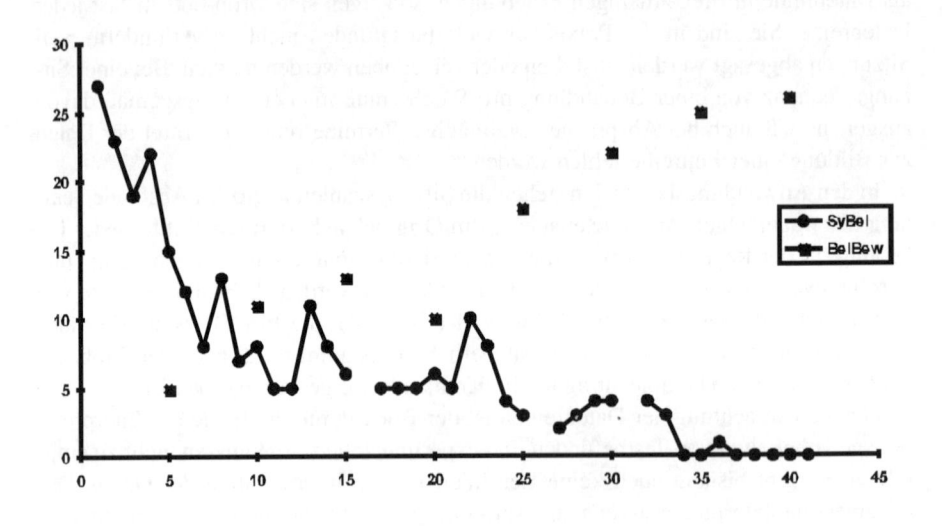

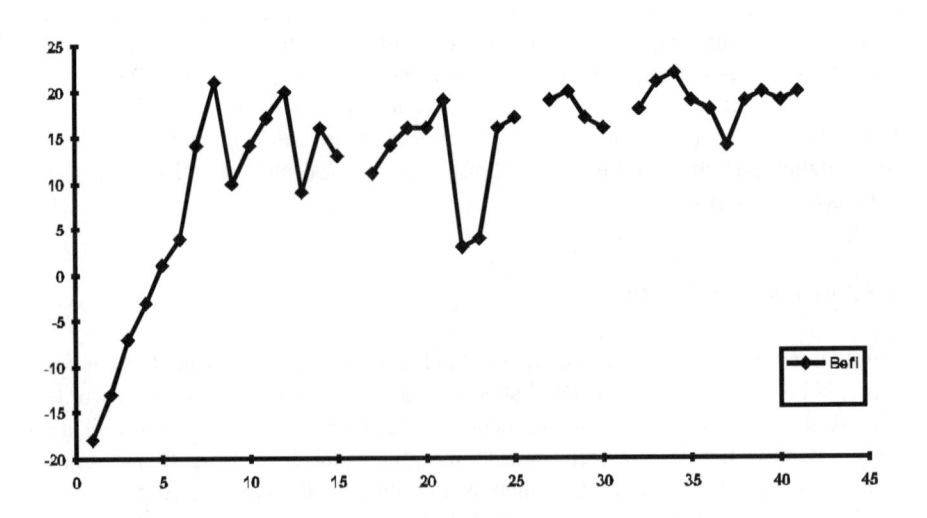

und die Lebenssituation des Patienten einbeziehen, führen im Fall dieses Patienten zu Veränderungen, die die Werte schließlich auf Null absinken lassen.

Die Werte des Parameters „Befindlichkeit" verlaufen nahezu invers zu denen der „Symptombelastung", was allerdings nur für diesen Patienten charakteristisch ist. Der

Datenverlauf von „Befindlichkeit" ist untypisch glatt. In vielen Fällen ist mit einer größeren Schwankungsbreite zu rechnen. Datenausreißer und Datenschwankungen sind nämlich immer zu erwarten, da dieser Parameter von fast jedem Alltagsereignis und fast jeder körperlichen Veränderung beeinflußt wird. Durch eine regelmäßige Datenerhebung (beispielsweise am gleichen Wochentag zu gleicher Tageszeit) kann man allerdings versuchen, den Einfluß des Störfaktors „Tagesverfassung" gleichsinnig zu halten.

Weit über zwanzig Sitzungen bleibt der Patient zaghaft und traut den Erfolgen nicht. „Belastungsbewältigung" hat daher zu den vier ersten Erhebungszeitpunkten relativ niedrige Ausprägungen. Erst danach steigen die Werte an.

Abbildung 2 zeigt die Daten, die während der Behandlung einer Patientin mit einer depressiven Störung aufgenommen wurden. Der Parameter „Symptombelastung" ist hier ähnlich wie in der Beschreibung zu Abbildung 1 definiert. Anstelle von „Befindlichkeit" wurde jedoch der Parameter „Depressionstiefe" erhoben mit der um drei Fragen ergänzten Depressionsverlaufsskala von Hautzinger und Bailer (1993). Die Fragen umfassen retrospektiv das Zeitintervall von einer Woche. „Symptombelastung" wurde für das Intervall „zwei Tage vor dem jeweiligen Behandlungstag" abgefragt. Aus diesem Unterschied ergeben sich wohl die geringeren Schwankungen der Werte von „Depressions-Tiefe" im Vergleich zum Verlauf der Werte von „Symptombelastung". Die Erfahrung zeigt, daß beide Parameter hoch miteinander korrelieren. Man könnte deshalb zum Zweck der Begleiterhebung auf eine der beiden ver-

Abbildung 2:   Therapiebegleitende Datenerhebung mit den Parametern „Symptombelastung", „Belastungsbewältigung" und „Depressionstiefe"

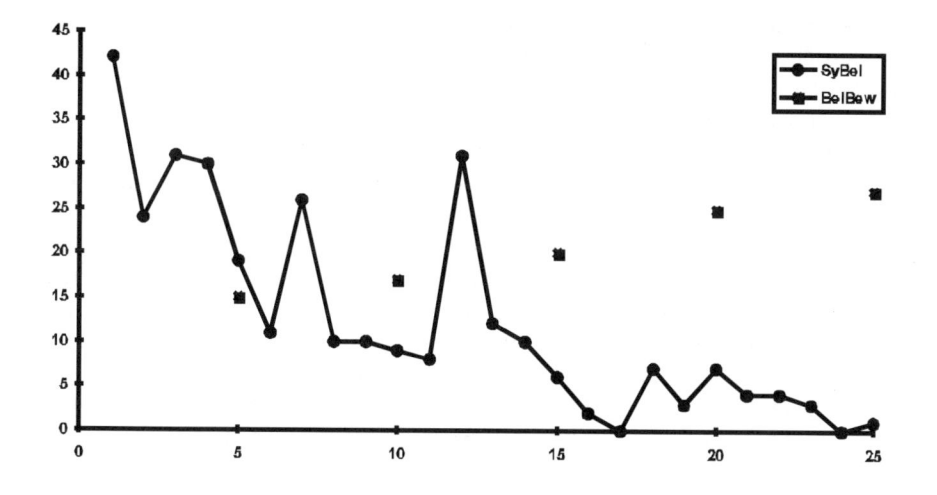

zichten. Doch wegen des für die Therapie förderlichen Rückmeldeeffektes der von Patienten besonders stark gewichteten Items wird die Depressionsverlaufsskala beibehalten.

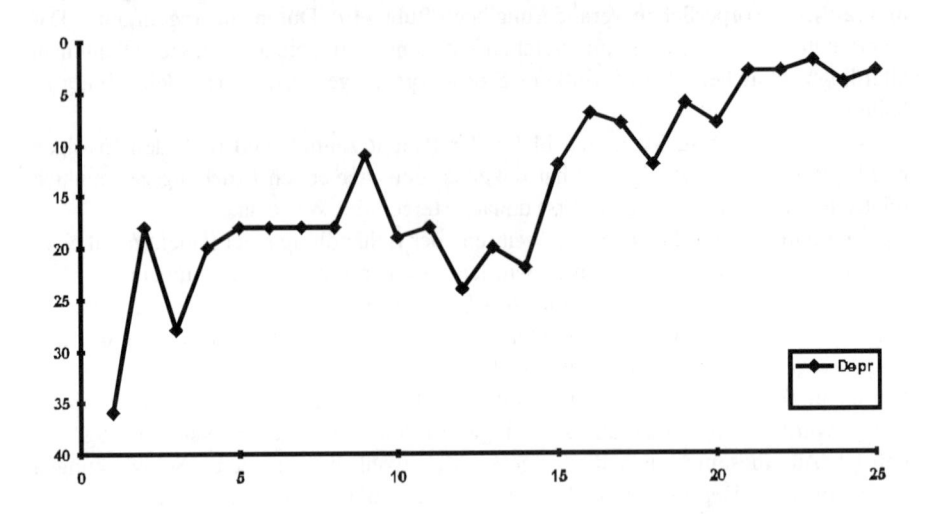

Abbildung 3 zeigt die Daten, die therapiebegleitend aufgenommen wurden während der Behandlung eines Patienten mit einer Zwangsstörung auf Basis einer zwanghaften Persönlichkeitsentwicklung. Die Kontrollrituale, die der Patient schon jahrelang ausführte, traten besonders stark nach einer fehlgeschlagenen beruflichen Anpassungsleistung auf. Vier Parameter wurden ausgewählt. Neben „Befindlichkeit" und „Belastungsbewältigung" wurden mit dem Patienten zwei Handlungs- bzw. Verhaltenseinheiten („Problemverhalten") besprochen und zwar „ProVer(a)" für seine Belastung durch Kontrollrituale und „ProVer(b)" für sein cholerisch-ärgerliches Reagieren auf das Verhalten seiner Frau.

Der Patient wurde nicht nur nach der Häufigkeit des problematischen Verhaltens gefragt, sondern auch nach seiner eigenen Intensitätseinschätzung dieses Verhaltens. „Befindlichkeit" weist deutlich größere Schwankungen auf als „ProVer(a)" (Kontrollrituale) und „ProbVerb(b)" (ärgerliche Reaktionen). Während der Therapiesitzungen wurde klar, daß „Befindlichkeit" weit mehr von den mit der beruflichen Lage einhergehenden Kränkungen und von den andauernden Unstimmigkeiten mit der Ehefrau bestimmt worden war, als durch die beiden Problemvariablen. Nach einem längeren Problemlöseprozeß zeigte sich schlußendlich jedoch ein stetiger Zuwachs der vom Patienten empfundenen Hoffnung und Handlungskompetenz („Belastungsbewältigung").

Prozeßkontrolle für die ambulante Psychotherapie 265

Abbildung 3: Therapiebegleitende Datenerhebung mit den Parametern „Problemverhalten(a)", „Problemverhalten(b)", „Belastungsbewältigung" und „Befindlichkeit"

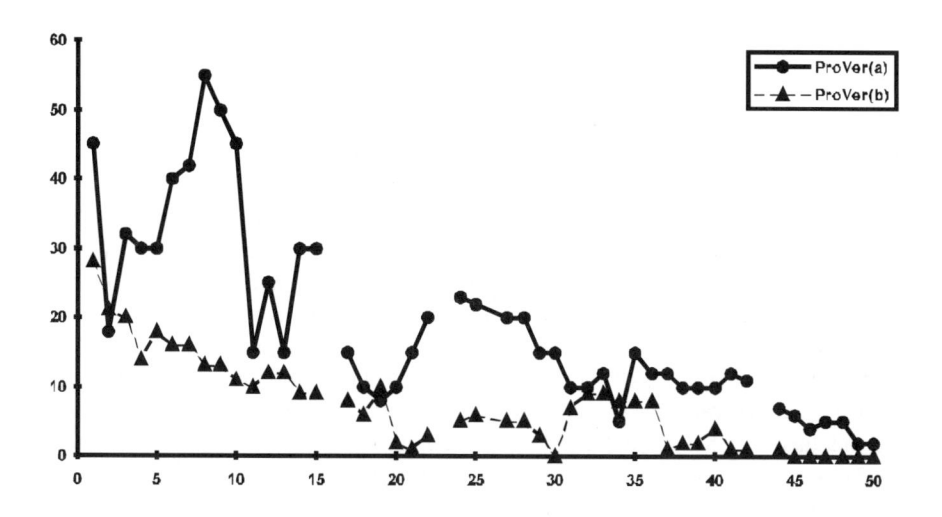

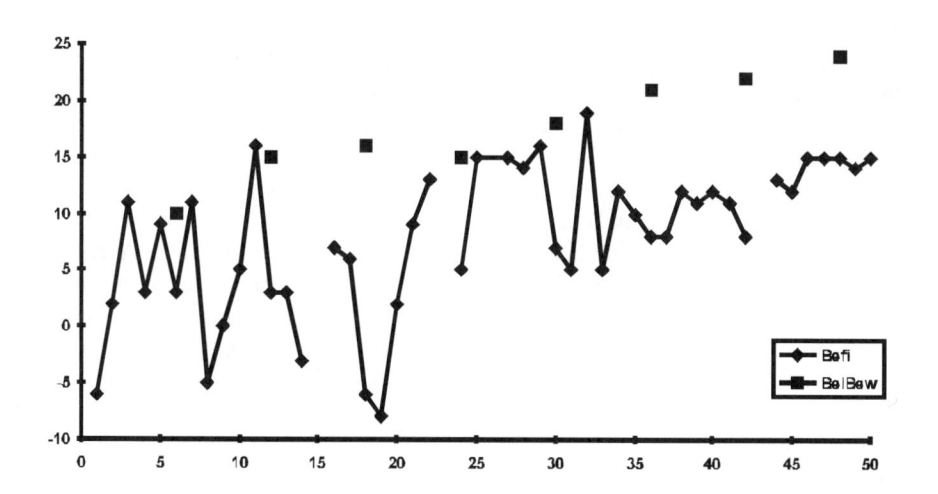

3.5 Diskussion der Methode

Das dargestellte Verfahren beansprucht, ein Instrument zur Überwachung der Prozeßqualität zu sein. Veränderungs*messungen* (Feststellung von Meßwertdifferenzen) und erst recht Effektnachweise (Schulte, 1993) sind keine Zielsetzungen des Verfahrens. Für den einzelnen Wert einer Datenreihe gibt es weder eine Maßeinheit noch eine Norm; er ist daher nicht aussagekräftig. Veränderungen lassen sich nicht an einzelnen Werten festmachen, sie zeigen sich in der Verlaufsgestalt als Ganzes. Da mit den Daten keine Transformationen zum Zweck inferenzstatistischer Schlußfolgerungen vorgenommen werden, braucht dem Skalenniveau hier keine besondere Aufmerksamkeit geschenkt zu werden: Die Zuweisung der numerischen Werte zu den fünf verwendeten Parametern geschieht – wie in der Psychologie nicht unüblich – pragmatisch. Da das System der Verlaufskontrolle offen und flexibel ist, seine Parameter der Rückmeldung dienen und von ihr beeinflußt sind, ist auch die Frage nach der Reliabilität einzelner Werte und Wertedifferenzen nicht sinnvoll zu stellen.

Allerdings muß gefragt werden, inwiefern die mit dem dargestellten Verfahren erzielten Datenreihen als eine mehr oder weniger valide 'Abbildung' eines ihnen zugrunde gelegten Veränderungsprozesses angesehen werden dürfen. Fragt man nach der meßtheoretischen Grundlage für die Repräsentativität der Daten (Heidenreich, 1995), so ist eine Antwort auch bei vollständigen Datenreihen und regelmäßigen Datenerhebungen, d. h. bei Zeitreihen, nicht ohne weiteres zu geben. Könnte die Verteilung der Daten zu etwas anderen Erhebungszeitpunkten nicht sehr verschieden aussehen? Man muß das zugestehen, weil die vorhandenen Datenreihen auch aufgrund von Einflüssen unbekannter Störfaktoren entstanden sein könnten. Diese Schwierigkeit ist weder durch längere Itemlisten noch durch die Verwendung von Testbatterien aus der Welt zu schaffen. Eine regelmäßige Datenerhebung zu gleichen Zeiten könnte den Einfluß einiger Störfaktoren bestenfalls gleichsinnig halten. Eine repräsentative Auswahl von Meßzeitpunkten nach Zufall aus einer hypothetisch abzählbar unendlichen Reihe von Zeitpunkten, die von der Geburt bis zum Tod einer Person reichen, ist nicht zu realisieren. Doch hätte diese Auswahl auch nur dann einen Sinn, wenn die Meßwerte voneinander unabhängig wären, was sie aber nicht sein können, da man einen psychotherapeutischen *Prozeß* voraussetzt. Grundsätzlich ist bei einem solchen Prozeß von einer Abhängigkeit der Meßwerte für einzelne Personen zu verschiedenen Zeitpunkten auszugehen. Eine Folge davon ist, daß ohne schwer prüfbare Annahmen über die Abhängigkeitsstruktur der Daten die Prozeßreihen statistisch kaum auszuwerten und zu interpretieren sind (Krauth, 1986). Die Lösung dieser Schwierigkeit durch Modellannahmen über Abhängigkeitsparameter und die Berechnung von Zeitreihenanalysen (Schmitz, 1987) scheitert an den dafür in der Praxis fehlenden Anwendungsvoraussetzungen. Doch selbst wenn sie gegeben wären, bliebe immer noch die Frage zu beantworten, wie die in den Zeitreihenanalysen vorkommenden Modellkoeffizienten psychologisch zu interpretieren seien.

Wie bedeutsam ist der Einfluß von Fehlergrößen? Folgt man den Axiomen Zubins (1950), so läßt sich jeder empirische Wert $x_k(t_i)$ für eine Person k zu jedem Erhebungszeitpunkt t_i (i = 1, 2 ... n) als Kombination aus den Größen „charakteristisches Niveau", „charakteristische Schwankungsbreite" und „Meßfehler" darstellen. Im einfachsten Fall handelt es sich um eine Linearkombination mit einem systematischen und einem zufälligen Meßfehler. Leider ist, wie bei solchen axiomatischen Modellannahmen in der Psychologie üblich, keine dieser Größen unabhängig von den anderen durch Meßhandlungen festzustellen. Zu einem Zeitpunkt t_r könnten als Folge von sequentiellen Effekten systematische Fehler beispielsweise in Gestalt von überhöhten oder verkürzten Werten auftreten. Diese Fehler wären herauszufinden durch den Vergleich mit Werten von Personen, die zum selben Zeitpunkt t_r mit mindestens einem anderen Meßinstrument erhoben werden, von dem man sicher weiß, das es ‚dasselbe' mißt. Da ein solcher Vergleich schwer zu beantwortende ontologische und methodologische Fragen aufwirft (Palm, 1991) und zudem praktisch recht aufwendig ist, läßt sich für das Problem ad hoc keine befriedigende Lösung finden. Praktisch spielt es in der Verlaufskontrolle jedoch nur eine marginale Rolle, weil hauptsächlich die Verlaufsgestalt interpretiert wird. Hierfür brauchen einzelne Wertedifferenzen nicht aussagekräftig zu sein. Besonders auffällige Werte („Ausreißer") sollten mit einem Patienten unmittelbar besprochen werden („Feedback"). Zufällige Fehler könnten bei der Anwendung einer Itemliste dadurch entstehen, daß ein Patient heute unter dem Item „Ich fühle mich traurig" etwas anderes versteht als vor einer Woche und es deshalb anders einstuft. Auch könnte gerade das Item fehlen, mit dem er seine Befindlichkeit adäquat ausdrücken möchte. Da zu einem gegebenen Zeitpunkt t_l, in dem diese Schwierigkeit auftritt, leider keine Möglichkeit besteht, diesen Bedeutungsunterschied zu objektivieren, wird dieser am besten den Schwankungen zugeschlagen. Beide Fehlerarten sind für die Verlaufskontrolle daher von geringer Bedeutung. In der Praxis verbleiben als relevante Größen das „charakteristische Niveau" (Trend einer Datenreihe) und die „charakteristische Schwankungsbreite" (Schwankungsbreite einer Datenreihe).

Nehmen wir an, wir hätten N endliche Datenreihen von N Individuen. Jede von ihnen sei mit einer unbekannten Zahl individueller Störgrößen behaftet, die aufgrund unbekannter Störfaktoren entstanden sind. Nun bilden wir aus diesen Werten durch einen Überlagerungsalgorithmus eine Mittelwertverteilungsreihe und zwei Standardabweichungsreihen. Lassen wir nun N gegen unendlich gehen, so könnte man hoffen, daß sich die Störgrößen gegenseitig aufheben – oder etwa doch nicht? Aus der hier entstehenden Verlegenheit verhilft man sich nicht selten „per Gefühl", indem man möglichst viele Daten sammelt. Die unbekannten Störgrößen werden aber, wie Sixtl (1985) gezeigt hat, in unkontrollierter Weise in die Rechenergebnisse eingehen. Denn es gibt keinen Grund anzunehmen, daß Störgrößen, über deren Verteilung nichts bekannt ist, sich gegenseitig aufheben werden. Das bedeutet, daß bei neu zu berechnenden Überlagerungen immer wieder andere Verteilungsergebnisse entstehen können, die nicht konvergieren müssen. Irgendeine dieser Verteilungen wird man schließlich zur stets bezugsgruppenabhängigen Qualitätsnorm erheben, was aufgrund von Expertenerfahrung geschieht, nicht jedoch aufgrund logisch stichhaltiger Beweisführung. Betrachtet man die Verteilungsparameter einer solchen Häufigkeitsverteilung als gültige Norm, so hat man allerdings vorher schon angenommen, daß die einzelnen Datenreihen, die man in die Berechnung einbezogen hat, gültiger Ausdruck eines therapeutischen Prozesses sind. Da die Repräsentativitätsfrage aus diesem Grund nicht unter Berufung auf Verteilungsannahmen geklärt werden kann, muß man sich zur Beantwortung der Frage, inwiefern die Datenreihen als valider Ausruck eines ihnen zu Grunde gelegten Veränderungsprozesses angesehen werden können, nach einer anderen Begründung umsehen.

3.6 Überlegungen zur Validität

Praktische Psychotherapie geschieht stets in einem Feld von Einflüssen, die forschungstechnisch oft als nicht kontrollierte und nicht kontrollierbare Störfaktoren bezeichnet werden (Safran & Greenberg, 1988). Jede unter alltäglichen Lebensbedingungen durchgeführte Psychotherapie muß trotz dieser oder gerade gegen diese Störfaktoren wirksam werden. Sie sollte den Patienten dazu befähigen, die Veränderungen seines Erlebens und Verhaltens diesen Faktoren gegenüber durchzusetzen und zu stabilisieren, um letztlich diese Faktoren selbst zu verändern. Denn die allzu große „Wirksamkeit" dieser Störfaktoren zeugt ja gerade vom Therapiebedarf. Wenn der Patient also „lernt", heißt das, daß die Abhängigkeit der Erhebungswerte in Laufe der Therapie wächst und jeder weitere Wert von „Symptombelastung", „Befindlichkeit" und „Problemverhalten" weniger informativ ist als der vorherige: Der Trend der Daten sollte glatter werden und ansteigen bzw. fallen und die Schwankungen sollten abnehmen. Diese Abhängigkeit der Daten einer Datenreihe ist geradezu erwünscht. An ihr zeigt sich aber auch, daß das dargestellte Verfahren nicht gleichzeitig zwei Zwecken dienen kann: der Abbildung eines Veränderungsprozesses *und* der statistisch abgesicherten Feststellung von Meßwertdifferenzen. Zyklische Verläufe, sofern sie identifizierbar sind *und* auf ein Problem hinweisen, sollten verschwinden. Ihre Regelmäßigkeit weist technisch gesprochen darauf hin, daß bestimmte Prozeßkomponenten unbeeinflußt weiterlaufen, was bedeuten kann, daß ein Patient in gewisser Hinsicht nicht „lernt".

Letztlich ist die Validität von Verlaufsdaten über therapieinduzierte Veränderungen wohl nicht durch statistische Operationen zu begründen (Fertig, 1977, S. 197); sie beruht wohl eher auf Geltungsansprüchen (Habermas, 1981). Pragmatisch gewendet kann das heißen, daß die den Veränderungsprozeß anzeigenden Daten eines Parameters zunächst als valide anzusehen sind, wenn ein Patient die Verlaufsgraphik als Charakteristik des Therapieverlaufs akzeptiert. Als nächster Schritt wäre ein Vergleich mit Aussagen dieses Patienten anzustreben, die auf andere Weise zusätzlich erhoben worden sind, und dann erst, als ein weiterer Schritt, ein Vergleich mit Aussagen von anderen Patienten unter vergleichbaren Bedingungen. Das Fernziel hierbei ist eher eine faktorielle Validierung der Parameter als die Aufstellung von Normen, die mit dem oben genannten Mangel behaftet sind. Bis dahin bleibt die Parameterauswahl pragmatisch vom Ziel bestimmt, Daten in einem Neuland zu erkunden. In diesem wird, meßtheoretisch gesprochen, der Gegenstandsbereich von mindestens zwei Subjekten (Therapeut und Patient) gebildet, die mit ihren je eigenen „Modellvorstellungen" interagieren (Gigerenzer, 1981). Auswahlgesichtspunkte sind das Aufzeigen von Beschwerdereduktionen, das Anwachsen von Hoffnung auf Veränderungen und die Zunahme von Handlungs- bzw. Problemlösekompetenz aus der Sicht des Patienten. Interkollegialer Erfahrungsaustausch über die Nützlichkeit bestimmter Parameter könnte hier sicherlich zu Verbesserungen führen.

Warum wurden, um die Güte der Parameter-Operationalisierungen zu gewährleisten, nicht bewährte und anerkannte Inventare anstelle selbst konstruierter Itemlisten verwendet? In den vorliegenden Computerversionen sind diese meist ungünstig in teuere Testbatterien integriert. Die Übertragung von Testitems in ein Computerprogramm zieht neben Schwierigkeiten mit dem Urheberrecht veränderte Anwendungsbedingungen nach sich, die Reliabilitäts- und Validitätskennwerte zweifelhaft werden lassen. Da die klassischen psychometrischen Eigenschaften und Kennwerte eines Fragebogens für Prozeßreihen keinen Sinn machen, braucht man sich – wie im Fall der Allgemeinen Depressionsverlaufsskala – nur dann auf die Items eines bestimmten Fragebogens festzulegen, wenn sich diese als nützlich erweisen. Die wiederholte Anwendung von Fragebögen zur Therapieverlaufs- und Veränderungsdiagnostik, wie sie beispielsweise von Fydrich, Laireiter, Saile und Engberding (1996) empfohlen wird, ist im Grunde mehr eine Auflistung von Ergebniszwischenevaluationen als eine Einzelfallprozeßkontrolle im hier vorgestellten Sinn. Faktorielle Techniken der Psychotherapieforscher (Luborsky, 1995) führen auf einen Weg, der von einer Einzelpraxis aus nicht begehbar ist.

3.7 Nutzen für die Praxis

Die vorgestellte Verlaufskontrolle hat mindestens vier nützliche Aspekte:

- Verlaufsdokumentation
- Warnfunktion
- Verlaufs-Monitoring
- sitzungsspezifisches Monitoring

Die graphische Präsentation der Daten bietet auf einen Blick eine knappe und übersichtliche Darstellung, die als ein Bestandteil einer *Dokumentation* von Therapieverläufen verwendet werden kann (Laireiter, Lettner & Baumann, in diesem Band). Sind die Daten regelmäßig erhoben worden (z.B. wöchentlich), fehlen nur wenige Daten und finden die Datenverläufe die Zustimmung des Patienten, so stellen die Graphiken nach meiner Erfahrung ein recht verläßliches, wenn auch reduziertes Bild des Veränderungsprozesses dar. Dies gilt gleichermaßen für Verläufe, die eine rasche Verbesserung dokumentieren, als auch für solche, die starke Schwankungen und einen mehr oder weniger konstanten Trend aufweisen. Gerade im letzteren Fall ist die Rückmeldung mittels der Graphiken ein recht deutliches optisches *Warnsignal* zur Überprüfung der therapeutischen Vorgehensweise. Auch lassen sich, wie die Erfahrung bereits gezeigt hat, Verlaufseinschätzungen innerhalb eines Zeitintervalls von 10 bis 15 Erhebungen prognostisch nutzen. Innerhalb dieses Intervalls zeichnet sich erfahrungsgemäß bereits ein stabilerer Trend ab. Eine hohe Zahl fehlender Daten macht eine Graphik nicht unbrauchbar, im Gegenteil, auch sie können ein Signal sein, eventuell für eine korrekturbedürftige therapeutische Beziehung.

Das *Monitoring des Verlaufes* kann ebenfalls therapeutisch nutzbar gemacht werden kann. Förderlich hierfür ist, daß viele Patienten die Verläufe ihrer Daten zu sehen wünschen. Die Dokumentation von Verbesserungen wirkt dabei meistens motivierend, einen bereits erfolgversprechenden Weg weiterzugehen. Umgekehrt kann auch über Stagnationen nicht mehr hinweggesehen werden. Die Konfrontation mit Daten, die als Kennzeichen einer Stagnation eines psychotherapeutischen Prozesses angesehen werden, stellt den Therapeuten meistens vor die Frage, was während der Therapiesitzungen verändert werden müßte. Sie stellt den Patienten oftmals vor die Frage, was außerhalb der Therapiesitzungen besser umgesetzt werden sollte. Hierbei lassen sich auch diskrepante Informationen nutzen, beispielsweise, wenn ein Patient während der Sitzungen dem Therapeuten als nahezu konstant klagsam vorkommt, die Graphik jedoch deutlich Verbesserungen anzeigt.

Das *sitzungsspezifische Monitoring* geschieht nicht nur durch den Parameter „Feedback". Der Therapeut erhält auch differenzierte Rückmeldung vor und nach jeder Sitzung anhand einzelner, vom Patienten als auffällig bewerteter Items der Parameter „Befindlichkeit" oder „Depressivität" und „Belastungsbewältigung", die im Programm als Marker implementiert sind.

Allerdings muß man bei der Verwendung der Datenreihen stets beachten, daß sowohl einzelne Werte als auch Wertedifferenzen nicht einfach zu intepretieren sind. Sie können das Ergebnis von Patientenreaktionen sein, die von vielfachen Einflüssen bestimmt sind. Insbesondere ist beim Vergleich von Datenreihen verschiedener Patienten Zurückhaltung geboten. Hierfür fehlen derzeit sowohl die theoretischen als auch die empirischen Voraussetzungen.

4. Zusammenfassung

Quantitativ gestützte Qualitätssicherung in der ambulanten Psychotherapie befindet sich erst in ihren Anfängen. Die hierfür vorliegenden Konzepte haben ihre Ursprünge größtenteils in der Psychotherapieforschung mit kontrollierten Gruppenstudien oder in der experimentellen Einzelfallforschung. Vielfach sind die Konzepte wegen ihrer methodischen Anforderungen und/oder wegen des großen Aufwands bei der Datenerhebung nicht für ambulante psychotherapeutische Praxen geeignet. Überwiegend wird außerdem die Ergebnisqualität betont, seltener bislang noch die Prozeßqualität hervorgehoben (Grawe & Braun, 1994; Laireiter, 1994).

Die vom Autor vorgestellte und gegenwärtig in seiner Praxis erprobte Therapieverlaufskontrolle läßt sich hingegen mit wenig Aufwand in fast jeder ambulanten Praxis einrichten. Sie ist computergestützt, leicht auszuführen und erfordert den geringen Zeitbedarf von ca. fünf Minuten pro Sitzung. Sie leistet Feedback und führt zu einer objektiven Dokumentation. Sie stört den Sitzungsablauf nicht, ist mit verschiedenen therapeutischen Stilen verträglich und unabhängig von der therapeutischen Methode einsetzbar. Jeder Patient kann Einblick in seine Daten bekommen. Es handelt sich um ein offenes und flexibles System, das auf ökonomische Weise zum Feedback über einen psychotherapeutischen Prozeß beizutragen vermag. Allerdings setzt eine angemessene Interpretation der Daten sowohl einige Erfahrung mit dem System als auch Kenntnisse über den Therapieprozeß, über die Schwierigkeiten eines Patienten, über seine Lebensgewohnheiten sowie über besondere Ereignisse in seinem Leben voraus.

Die Daten sollten in der Obhut des einzelnen Therapeuten verbleiben (Stichwort „Interne Qualitätssicherungsmaßnahme"). Die Verlaufskontrolle kann außerdem mit einer Basisdokumentation und mit empirischen Vorgehensweisen zur Ergebnisevaluation und zur Katamneseerhebung gut verbunden werden.

Literaturverzeichnis

Bell, K. & Janssen, P. (1996). Psychotherapeutische Medizin und Psychotherapie in der vertragsärztlichen Versorgung. *Psychotherapeut, 41*, 63–67.

Bergin, A.E. & Garfield, S.L. (Eds.). (1994). *Handbook of psychotherapy and behavior change* (4th ed.). New York: Wiley.

Canzler, P., Moritz, A. & Metzner, K. (1993). *Die Entwicklung von Einkünften in Psychotherapiepraxen sowie bei psychotherapeutisch tätigen Ärzten aus anderen Fachgruppen im Versorgungsbereich der KV Nordbaden*. Unveröff. Schreiben an die KV Nordbaden.

Czogalik, D. & Russell, R.L. (1995). Interactional structures of therapist and client participations in adult psychotherapy: P-technique and chronography. *Journal of Consulting and Clinical Psychology, 63*, 28–36.

Daumenlang, K., Altstötter, C. & Sourisseaux, A. (1995). Evaluation. In E. Roth (Hrsg.), *Sozialwissenschaftliche Methoden* (4. Aufl., S. 702–713). München: Oldenbourg.

Deutsche Gesellschaft für Verhaltenstherapie DGVT (1996). Überlegungen zur Qualitätssicherung in der Psychotherapie. *Verhaltenstherapie und psychosoziale Praxis, 28*, 150–156.

Fertig, H. (1977). *Modelltheorie der Messung*. Berlin: Duncker & Humblodt.

Fydrich, T., Laireiter, A. R., Saile, H. & Engberding, M. (1996). Diagnostik und Evaluation in der Psychotherapie: Empfehlung zur Standardisierung. *Zeitschrift für Klinische Psychologie, 25*, 161–168.

Garfield, S. A. (1990). Issues and Methods in Psychotherapy Process Research. *Journal of Consulting and Clinical Psychology, 58*, 273–280.

Gigerenzer, G. (1981). *Messung und Modellbildung in der Psychologie*. München: Reinhardt UTB

Gottmann, J.M. & Ruske, R.H. (Eds.). (1993). The Analysis of Change. *Journal of Consulting and Clinical Psychology, 61*, 905–982.

Grawe, K. & Braun, U. (1994). Qualitätskontrolle in der Psychotherapiepraxis. *Zeitschrift für Klinische Psychologie, 23*, 242–267.

Grawe, K., Donati, R. & Bernauer, F. (1994). *Psychotherapie im Wandel. Von der Konfession zur Profession* (3. Aufl.). Göttingen: Hogrefe Verlag für Psychologie.

Habermas, J. (1981). *Theorie des kommunikativen Handelns* (Bd.1 u. 2). Frankfurt a. M.: Suhrkamp.

Hautzinger, M. & Bailer, M. (1993). *Allgemeine Depressionsverlaufsskala (ADS)*. Göttingen: Beltz Test.

Heidenreich, K. (1995). Grundbegriffe der Meß- und Testtheorie. In E. Roth (Hrsg.), *Sozialwissenschaftliche Methoden* (4. Aufl., S. 342–374). München: Oldenbourg.

Kazdin, A.E. (1982). *Single-case research designs: Methods for clinical and applied settings.* New York: Oxford University Press.
Kazdin, A.E. (1992). *Metholodical issues and strategies in clinical research.* Washington, DC: APA.
Kazdin, A.E. (1993). Evaluation in Clinical Practice: Clinically Sensitive and Systematic Methods of Treatment Delivery. *Behavior Therapy, 24,* 11–45.
Kassenärztliche Bundesvereinigung KBV (1996). *Einheitlicher Bemessungsmaßstab (EBM). Stand: Juli 1996.* Köln: Deutscher Ärzte-Verlag.
Kirusek, T., Smith, A. & Cardillo, J. (Eds.). (1994). *Goal attainment scaling: Applications, theory and measurement.* Hillsdale: Erlbaum.
Kortemme, K.-H. (1996). Vertragspsychotherapeuten informieren: Honorarsituation und Strukturqualität Psychotherapeutischer Praxen 1993, *Psychotherapeut, 41,* 335–337.
Krauth, J. (1986). Probleme bei der Auswertung von Einzelfallstudien. *Diagnostica, 32,* 231–239.
Lambert, M.J. & Hill, C.E. (1994). Assessing psychotherapy outcomes and processes. In A.E. Bergin & S.L. Garfield (Eds.), *Handbook of psychotherapy and behavior change* (4th ed., pp. 143–189). New York: Wiley.
Laireiter, A.R. (1994). Dokumentation psychotherapeutischer Fallverläufe. *Zeitschrift für Klinische Psychologie, 23,* 236–241.
Luborsky, L. (1995). The first trial of the P-technique in psychotherapy research: A still-lively legacy. *Journal of Consulting and Clinical Psychology, 63,* 6–14.
Luborsky, L., Barber, J.P. & Crits-Cristoph, P. (1990). Theory-based research for understanding the process of dynamic psychotherapy. *Journal of Consulting and Clinical Psychology, 58,* 281–287.
Marmar, C. (1990). Psychotherapy process research: Progress, dilemmas an and future directions. *Journal of Consulting and Clinical Psychology, 58,* 281–287.
Nübling, R. (1992). *Psychotherapiemotivation und Krankheitskonzept. Zur Evaluation psychosomatischer Heilverfahren.* Frankfurt a. M.: VAS.
Palm, W. (1991). *Zur Validität psychologischer und physikalischer Meßprozesse. Untersuchungen über das Problem der Reproduzierbarkeit psychologischer Meßdaten.* Frankfurt a. M.: Haag und Herchen.
Palm, W. (1994). *Auswertung und Interpretation der Mitgliederbefragung des Verbandes der Vertragspsychotherapeuten Nordbaden (VVPN) vom Herbst 1994.* In Rundschreiben des VVPN vom Dez. 94. Mannheim.
Petermann, F. (1980). Übertragung von klinischen Forschungsansätzen in die therapeutische Praxis. In W. Schulz, & M. Hautzinger (Hrsg.), *Klinische Psychologie und Psychotherapie: Indikation, Diagnostik, Psychotherapieforschung* (Kongreßbericht, Bd. 2, S. 287–302). Tübingen-Köln: dgvt – GwG.
Petermann, F. (1982). *Einzelfalldiagnose und klinische Praxis.* Stuttgart: Kohlhammer.
Petermann, F. (Hrsg.). (1989). *Einzelfallanalyse* (2., völlig neubearbeitete Aufl.). München: Oldenbourg.
Richter, R. (1994). Qualitätssicherung in der Psychotherapie. Editorial. *Zeitschrift für Klinische Psychologie, 23,* 233–235.

Richter, R. (1996). Die qualitätsgesicherte Psychotherapie-Praxis: Entwurf einer Leitlinie. *Psychotherapeutenforum, 3/96*, 6–8.
Roth, L.W. (1985). Praxisorientierte Evaluationsmethodologie. Trends in der Einzelfallversuchplanung. *Zeitschrift für Klinische Psychologie, 14*, 113–129.
Safran, J.D. & Greenberg, L.S. (1988). Integrating psychotherapy research and practice: Modeling the change process. *Psychotherapy, 25*, 1–17.
Schmidt, J. & Nübling, R. (1994). Qualitätssicherung in der Psychotherapie – Teil I: Grundlagen, Hintergründe und Probleme, *GwG Zeitschrift, 96*, 15–25.
Schmidt, J. & Nübling, R. (1995). Qualitätssicherung in der Psychotherapie. Teil 2: Realisierungsvorschläge und bereits vorhandene Maßnahmen, *GwG Zeitschrift, 99*, 42–53.
Schmidt, J., Nübling, R. & Lamprecht, F. (1992). Möglichkeiten klinikinterner Qualitätssicherung (QS) auf der Grundlage eines Basisdokumentations-Systems sowie erweiterter Evaluationsstudien. *Gesundheitswesen, 54*, 70–80.
Schmitz, G. (1987). *Zeitreihenanalyse in der Psychologie*. Verfahren zur Veränderungsmessung. Weinheim: Beltz Verlag.
Schneider, E. (1996). *Wer bestimmt, was hilft? Über die neue Zahlengläubigkeit in der Therapieforschung*. Paderborn: Junfermann.
Schulte, D. (1993). Wie soll Therapieerfolg gemessen werden? *Zeitschrift für Klinische Psychologie, 22*, 374–393.
Seligman, M.E.P. (1995). The effectivness of psychotherapy. The Consumer Reports Study. *American Psychologist, 50*, 965–974.
Sixtl, F. (1985). Notwendigkeit und Möglichkeit einer neuen Methodenlehre in der Psychologie. *Zeitschrift für angewandte und experimentelle Psychologie, 32*, 320–339.
Stiles, W.B. & Shapiro, D.A. (1995). Verbal exchange of brief psychodynamic-interpersonal and cognitive-behavioral psychotherapy. *Journal of Consulting and Clinical Psychology, 63*, 15–27.
Vogel, H. (1996). Psychotherapie in der ambulanten Gesundheitsversorgung – eine kritische Übersicht. *Verhaltenstherapie und psychosoziale Praxis, 28*, 105–126.
Westmeyer, H. (1989). Wissenschaftstheoretische Grundlagen der Einzelfallanalyse. In F. Petermann (Hrsg.), *Einzelfallanalyse* (2., völlig neubearbeitete Aufl., S. 18–36). München: Oldenbourg.
Wittmann, W.W. (1985). *Evaluationsforschung*. Berlin: Springer
Zielke, M. (1994). Qualitätssicherung in der stationären Behandlung Abhängigkeitskranker. In Fachausschuß Sucht des Wissenschaftsrates der AHG (Hrsg.), *Qualitätssicherung in der stationären Behandlung Abhängigkeitskranker* (Heft 1, S. 3–9). Schriftenreihe des Wissenschaftsrates der AHG. Hilden: AHG.
Zubin, J. (1950). Symposium on statistics for clinican. *Journal of Clinical Psychology, 6*, 1–6.

IV.
Stationäre Psychotherapie

Aspekte der Qualitätssicherung in der stationären Verhaltensmedizin

Michael Broda

Inhalt:

1. Vorbemerkungen 277
2. Aspekte der Strukturqualität 279
   2.1 Konzept 279
   2.2 Interdisziplinarität 280
   2.3 Ausbildungsstand und Weiterqualifikation 281
   2.4 Kooperation, Führungsverhalten und Arbeitszufriedenheit 281
3. Aspekte der Prozeßqualität 282
   3.1 Behandlungsqualität 282
   3.2 Dosis-Wirkungs-Relation 284
   3.3 Internes Monitoring 285
4. Aspekte der Ergebnisqualität 286
   4.1 Erreichen individueller Therapieziele 286
   4.2 Subjektive Bewertung der PatientInnen 287
   4.3 Daten der Auftraggeber 288
5. Schlußbemerkungen 288

1. Vorbemerkungen

Es erstaunt eigentlich, daß die Debatte um Qualitätssicherung erst jetzt einen so breiten Raum im Gesundheitswesen einnimmt. In einem Bereich, in dem schon seit fast 15 Jahren das Wort der „Kostenexplosion" die Runde macht, kommt der Ruf nach Überprüfbarkeit der Leistungen eher etwas spät. Was für andere gesellschaftliche Bereiche, vor allem die Industrie, schon längst Realität ist, sollte auch im Gesundheitswesen Akzeptanz finden – die Forderung nämlich nach einer überprüfbaren, transparenten und nachweisbaren Leistung und Wirkung.

Allzu lange, so scheint es, hielten sich die Institutionen des Gesundheitswesens für immun gegenüber der Frage, ob ihre Arbeit dem jeweiligen Stand der Wissenschaft entspricht, und stellten statt dessen eher den caritativen Charakter ihrer Tätigkeit in den Mittelpunkt. Wer aufopferungsvoll dem kranken Menschen dient, möchte sich nicht noch fragen lassen, ob manche Therapien nicht auf andere Weise hätten besser, effektiver oder kostengünstiger durchgeführt werden können.

Als mit Einführung des Reha-Angleichungsgesetzes 1974 privaten Investoren die Möglichkeit gegeben wurde, den Kapitaldienst im Pflegesatz mitauszuweisen, drangen zunehmend private Anleger in den Rehabilitationsbereich. In diesem Zusammenhang wurde vielfach die Befürchtung geäußert, daß dadurch ein Qualitätsabfall eintreten müsse, da ja aus dem Behandlungsbetrieb Gewinne zu erzielen seien, die nur auf Kosten der erbrachten Leistung gehen könnten. Doch das Gegenteil trat ein: Mit der Gründung der ersten psychosomatischen Fachklinik, die nach verhaltenstherapeutischem Konzept arbeitete, der Fachklinik Windach, begann eine Entwicklung, im Zuge derer Dokumentationssysteme und andere, das eigene therapeutische Vorgehen überprüfende Verfahren, eingeführt wurden. Erst kürzlich konnte ein Klinikverbund Zahlen zu über 22.000 dokumentierten Behandlungsfällen in der psychosomatischen Rehabilitation vorlegen (Broda et al., 1994).Die versorgungsrelevante Forschung findet nun zunehmend auch an den Fachkliniken statt. Umfangreiche Projekte wie das von Zielke (1993b) belegen diese Tendenz.

Historisch gesehen waren die Vorreiter dieser Entwicklung in die psychosomatischen Fachkliniken neu hinzukommende Sozialwissenschaftler, vor allem Klinische Psychologen, die durch ihre breite Methodenausbildung über das know-how verfügten, das für eine Dokumentation und Überprüfung von Veränderungsprozessen vonnöten ist.

In der Psychotherapie als einem relativ jungen Verfahren, das seinen Platz unter anerkannten Behandlungsverfahren erst erkämpfen mußte, sind die Konzepte der Erfolgskontrolle schon über 20 Jahre lang publiziert, erprobt und rezipiert. Dabei war die Klinische Psychologie traditionell die Vorreiterin von Überprüfungsmethoden in Psychotherapie und Psychiatrie. Sie leistete ihre Beiträge zur Quantifizierung von Befunden und zum Vergleich zwischen Therapieschulen und ermöglichte differenzierte Überlegungen zur Psychotherapieforschung.

Die praktische Umsetzung von Psychotherapie in der Versorgung hat sich leider in vielen Bereichen von den wissenschaftlichen Entwicklungen der Psychotherapieforschung getrennt, so daß die Forderung nach Qualitätssicherung bei den Kliniken, die noch wenig Erfahrungen mit empirischer Forschung gesammelt hatten, erschreckte Reaktionen hervorrief. Es sollte jedoch gerade zum Selbstverständnis einer klinisch arbeitenden Institution gehören, Qualitätsnachweise der eigenen Arbeit zu liefern, Transparenz des Behandlungsangebotes zu schaffen und die Ergebnisse im Langzeitverlauf zu dokumentieren.

Ohne Frage wird zukünftig die Notwendigkeit zunehmen, Rechenschaft abzulegen und sich mit der Frage auseinanderzusetzen, ob sich die Ausgaben für eine stationäre Heilmaßnahme denn „rechnen".

In anderen gesellschaftlichen Bereichen werden auch bereits externe Experten zur Qualitätssicherung eingesetzt. Dies ist in der medizinischen Rehabilitation zwar noch

Zukunftsmusik – dennoch sollte auch die Perspektive, daß unabhängige Qualitätsgutachter eingesetzt werden könnten, die beteiligten Institutionen nicht allzusehr verschrecken.

Mit dem Entstehen der ersten verhaltensmedizinischen Kliniken in den 80er Jahren hielt auch die Tradition der Psychotherapieforschung Einzug in den stationären Rehabilitationsbereich. Traditionell steht zwar die Verhaltenstherapie als eine empirisch fundierte Methode der empirischen Überprüfung des Nachweises der Wirksamkeit ohnehin näher als andere Therapieverfahren; jedoch mußten sich die von Medizinern dominierten Kliniken auch erst damit vertraut machen, daß therapeutische Leistungen überprüfbar gemacht und Rückschlüsse auf die Qualität des Behandlungsangebots gezogen werden können. Die psychosomatische Fachklinik in Bad Dürkheim war nach der Fachklinik in Windach eine der ersten Impulsgeberinnen dieser Entwicklung und nicht nur maßgeblich an der Erarbeitung der ersten Basisdokumentation in diesem Bereich beteiligt (vgl. Zielke, 1993a), sondern sie überprüfte und evaluierte auch systematisch die erfolgten Behandlungen.

2. Aspekte der Strukturqualität

Zu den Aspekten von Strukturqualität in der stationären Verhaltensmedizin gehören das der Arbeit zugrunde gelegte der Therapie-Konzept, die interdiziplinäre Zusammenarbeit unterschiedlicher Fachgruppen in der therapeutischen Betreuung, der Ausbildungsstand und die Weiterqualifikationsmöglichkeiten der MitarbeiterInnen sowie Fragen der Kooperation, des Führungsverhaltens und der Arbeitszufriedenheit.

2.1 Konzept

Alle verhaltensmedizinischen Einrichtungen arbeiten nach mehr oder weniger explizit ausformulierten Konzepten, die jedoch leider nicht immer publiziert wurden (Zielke & Mark, 1990). Konzeptuell wird Bezug genommen auf die wissenschaftliche Begründbarkeit der Therapie, auf die Orientierung an neuen Erkenntnissen der Verhaltenstherapie, der Sozialpsychologie und der Klinischen Psychologie sowie auf die Nutzung der Kompetenzen unterschiedlicher Berufsgruppen.

Verhaltensmedizin bemüht sich um gute medizinische und verhaltenstherapeutische Versorgung. Neben der Kooperation der beiden Fachrichtungen zeichnet die Verhaltensmedizin aber auch die Integration der beiden Ansätze aus. Das funktionale Modell der Verhaltenstherapie wird herangezogen zur Erklärung und Behandlung von körperlichen Symptomen, die mit somatisch ausgerichteten Therapieversuchen nicht beeinflußt werden konnten.

Das zugrunde gelegte verhaltensmedizinische Konzept führt in der interdisziplinären Teamarbeit zur Notwendigkeit der gemeinsamen Zieldefinition unter Verwendung überprüfter Methoden.

Konzeptuell verbindet die stationären verhaltensmedizinischen Einrichtungen auch der Anspruch, „Patienten zu Experten im Umgang mit ihrer Erkrankung zu machen"

(Zielke, 1995, S. 58). Dazu ist es notwendig, die Rahmenbedingungen der Klinik so zu gestalten, daß aufgeklärte, eigenständige und kritische PatientInnen unterstützt werden und PatientInnen mit „chronischem Krankheitsverhalten" (Zielke & Sturm, 1994) jene Kompetenzen entwickeln können, die sie zu ExpertInnen im Umgang mit der eigenen Erkrankung werden lassen.

Ein Konzept erscheint unabdingbarer Bestandteil der Qualitätssicherung einer Klinik zu sein. MitarbeiterInnen brauchen eine therapeutische Orientierung und ein Regelwerk der Kooperation, Kostenträger brauchen Entscheidungshilfen zur differentiellen Indikation und Zuweiser brauchen Informationen, um PatientInnen entsprechend vorzubereiten.

2.2 Interdisziplinarität

Traditionell arbeiten in den verhaltensmedizinischen Kliniken eine Vielzahl unterschiedlicher Berufsgruppen zusammen. Der Unterschied zu anderen Institutionen besteht aber in der Art und Weise der Kooperation. „Teamarbeit bedeutet, Zeit reservieren für notwendige Kommunikation, Kollegialität und Lernbereitschaft. Verhaltenstherapeutische Teamarbeit bedeutet aber auch Entlastung, Supervisions- und Rückfragemöglichkeit und eine oft stimulierende Erweiterung des eigenen Erfahrungshorizontes" schreibt Meermann in seinem Geleitwort zu dem Handbuch von Zielke und Sturm (Meermann, 1994, S. VI).

Dieser Anspruch kann jedoch nur in wenigen verhaltensmedizinischen Kliniken als eingelöst betrachtet werden: Die Zusammenarbeit der unterschiedlichen Berufsgruppen verläuft in der Regel noch nicht so gleichberechtigt, daß sich in den Fallbesprechungen die jeweiligen Fachkompetenzen synergistisch zusammenfügen könnten. Beobachtungen aus der Sport- und Bewegungstherapie, Einschätzungen von der Cotherapie oder Berichte über Handlungskompetenzen aus der Ergotherapie sollten fester Bestandteil einer jeden Supervision sein und gleichberechtigt Eingang in die Therapieplanung finden wie die psychotherapeutischen oder medizinischen Aspekte. Dies bedeutet jedoch auch, den sogenannten „flankierenden Berufsgruppen" weitestgehende Behandlungskompetenz einzuräumen und sie aus dem „Schattendasein" der Heilhilfsberufe zu befreien. MitarbeiterInnen in diesen Bereichen verfügen in der Regel über hervorragende Kompetenzen, Therapieentscheidungen selbst zu treffen oder sich dann Hilfestellung bei den PsychotherapeutInnen zu holen, wenn sie sich in Entscheidungen unsicher fühlen.

Ein besonderer Aspekt ist die Zusammenarbeit der Fächer Medizin und Psychologie. Wenngleich der traditionelle Zwist in manchen Institutionen unbekannt ist, gibt es doch strukturelle Bedingungen, die Probleme zwischen diesen Berufsgruppen schaffen können: AssistenzärztInnen – in der Regel ohne jegliche psychotherapeutische Vorerfahrung – arbeiten gleichberechtigt in der Patientenversorgung mit PsychologInnen, die nicht nur ein ganzes fachspezifisches Studium absolviert haben sondern sich entweder in der Zusatzausbildung Verhaltenstherapie befinden oder diese bereits abgeschlossen haben. Je nach Persönlichkeitseigenschaften der ÄrztInnen fällt es manchen schwer, sich von PsychologInnen in psychotherapeutischen Fragen Hilfestellung zu holen oder Hinweise anzunehmen. Andererseits fällt es vielen psychologischen PsychotherapeutInnen schwer, Zuständigkeiten an die ÄrztInnen abzugeben und nicht jede Entscheidung über Medikation oder Diagnostik argwöhnisch zu hinterfragen.

Konsequenterweise ist auch in den Empfehlungen der Reha-Kommission für verhaltensmedizinische psychosomatische Kliniken (im Unterschied zu tiefenpsychologisch ausgerichteten) die Forderung nach Verwirklichung eines gleichberechtigten Teamgedankens enthalten (VDR / Reha-Kommission, 1991).

2.3 Ausbildungsstand und Weiterqualifikation

Der Ausbildungsstand der MitarbeiterInnen in den verhaltensmedizinischen Kliniken ist überwiegend als sehr hoch einzuschätzen. Die Probleme der unterschiedlichen psychotherapeutischen Vorkenntnisse werden vermutlich durch die Ausbildungsrichtlinien zum Facharzt für psychotherapeutische Medizin wesentlich geringer.

Die PsychologInnen verfügen in der Regel über eine Qualifikation, die sie zur Ausübung von Verhaltenstherapie im Delegationsverfahren berechtigt; die sogenannten „postgraduierten" PsychologInnen stehen alle in einer intensiven Ausbildung und erhalten zusätzliche Einzelsupervision. In vielen Kliniken existieren hausinterne Weiterbildungscurricula für CotherapeutInnen (Krankenschwestern und -pfleger), die psychosomatische-psychotherapeutische Handlungskompetenzen vermitteln.

Großer Wert wird auf die hausinterne Fortbildung für alle Berufsgruppen gelegt – in den meisten Kliniken ist ein Nachmittag in der Woche für Fortbildung reserviert. Daneben gibt es an allen Kliniken entweder Abendfortbildungen für MitarbeiterInnen und Vorträge auswärtiger ReferentInnen oder Themenseminare oder Workshops mit namhaften Fachleuten aus den Bereichen Verhaltenstherapie und Psychosomatik.

Über die an die meisten verhaltensmedizinischen Kliniken angebundenen Weiterbildungsinstitute können MitarbeiterInnen Zusatzqualifikationen erhalten, oftmals mit finanzieller Förderung durch den Arbeitgeber.

2.4 Kooperation, Führungsverhalten und Arbeitszufriedenheit

In den meisten verhaltensmedizinischen Kliniken wird ein kollegialer Führungsstil propagiert, der leitende ÄrztInnen und leitende PsychologInnen gleichermaßen an internen und externen Führungsaufgaben beteiligen soll. Dies hat gegenüber dem traditionellen Chefarzt-Modell eine Reihe von Vorteilen, da auch PsychologInnen nicht nur ein zufriedenstellendes Aufgabenfeld finden, sondern auch ihre spezifischen Kompetenzen, z.B. in sozialpsychologischen Fragen, zum Nutzen der Institution und der MitarbeiterInnen einbringen können.

Sehr großer Wert wird auf die Herstellung von Teamstrukturen gelegt; die Behandlungsteams arbeiten selbständig und eigenverantwortlich. Das Wissen, daß die besten Problemlösungen im Team zustande kommen, hat diese Entwicklung stark beschleunigt. Damit erhöht sich die Arbeitszufriedenheit der einzelnen MitarbeiterInnen, von einzelnen wird wieder mehr Verantwortung für das Gesamte übernommen und damit die Qualität des Produkts „Therapie" gesteigert.

An manchen Kliniken wird über Fragebögen in regelmäßigen Abständen die Arbeitszufriedenheit der MitarbeiterInnen erfaßt oder zumindest über eine Auswertung des Krankenstandes indirekt beleuchtet. So kann sich beispielsweise die Problemlage ergeben, daß der Krankenstand in einem bestimmten Therapiebereich gegenüber dem Vorjahr deutlich zugenommen hat. Ist diese Tendenz nicht auf erklärbare Einzelfälle zurückzuführen, sollten die Arbeitszufriedenheit und die Möglichkeit zu Eigeninitiative und Mitsprache geprüft und ggf. beeinflußt werden.

3. Aspekte der Prozeßqualität

Unter Prozeßqualität versteht man alle Aspekte der laufenden psychotherapeutischen Behandlung, also der Behandlungsqualität, der Dosis-Wirkungs-Relation sowie des internen Monitoring bezüglich der Angemessenheit und Zielgerichtetheit der therapeutischen Angebote.

3.1 Behandlungsqualität

Das therapeutische Angebot muß auf die PatientInnen zugeschnitten sein. Es geht darum, den Behandlungsverlauf so zu gestalten, daß PatientInnen optimale Lernmöglichkeiten zur Veränderung des Problemverhaltens bekommen und dabei möglichst wenig durch Probleme auf Nebenschauplätzen abgelenkt werden.

Dies beinhaltet zunächst eine Phase der Motivation zur aktiven Mitarbeit in der Therapie. Während der Therapie sollte das Angebot möglichst breit gefächert sein, um den unterschiedlichen Einstellungen von PatientInnen entgegenkommen zu können und diese nicht zu zwingen, sich den Arbeitsweisen der Klinik anzupassen. In dieser Phase müssen Lernerfahrungen der PatientInnen koordiniert und aufeinander bezogen werden.

In der letzten Phase des Aufenthalts geht es um den Transfer des Gelernten in Bedingungen des häuslichen oder beruflichen Alltags und somit um die Evaluation der therapeutischen Veränderungen.

„Den Patienten dort abholen, wo er steht" – dieses geflügelte Wort in der Psychotherapie bedeutet für die verhaltensmedizinischen Einrichtungen, besondere Angebote in der Anfangsphase vorzuhalten. Da in diesen Kliniken der/die PatientIn als selbstverantwortlich und informiert handelndes Individuum quasi gleichberechtigt den Behandlungsverlauf mitgestalten soll (Kernstück der Selbstmanagement-Therapie im Sinne von Kanfer, Reinecker & Schmelzer, 1996) müssen das Konzept und die therapeutischen Optionen transparent gemacht werden. Der durch das medizinische Versorgungssystem anerzogenen Tendenz, Eigenverantwortung abzugeben und sich ganz den Behandlern anzuvertrauen, soll durch Informationsvermittlung und frühes Einbeziehen von Eigenaktivität entgegengewirkt werden.

In Einführungsgruppen werden die neu aufgenommenen PatientInnen einer Woche gemeinsam über Therapiekonzept, Regeln des Zusammenleben und Behandlungsangebot informiert. Dabei wird großer Wert darauf gelegt, daß Diskussionen gefördert werden, kleine Gruppenaufgaben übernommen werden – PatientInnen also von Beginn an eine aktive und kritische Rolle übernehmen. Bewährt hat sich in diesem Zusammenhang auch die Einführung eines sogenannten „Patenpatienten", der/die dem Neuankömmling in den ersten Tagen das Haus zeigt, für Fragen und Unklarheiten zur Verfügung steht und als Ansprechpartner fungiert.

Nach der Exploration des/r PatientIn durch den/die SupervisorIn werden in der ersten Supervision nach Aufnahme erste Behandlungsschritte festgelegt. Wichtig ist dabei bereits in dieser Phase die Integration der sogenannten „flankierenden Bereiche" (Ergo-, Bewegungs- oder Physiotherapie), die von Beginn an in die diagnostischen und therapeutischen Überlegungen aktiv einbezogen werden sollten.

Bei der ersten Festlegung von Behandlungsangeboten ist auf die Tendenz mancher PatientInnen, sich durch ein Überhäufen mit Therapieangeboten zu überfordern, ebenso zu achten, wie auf die PatientInnen, die sich in den ersten Tagen schon nach zwei oder drei Einzelgesprächen am Rande ihrer Kapazitäten sehen.

Für die meisten PatientInnen hat sich ein Therapieangebot von zwei Einzelgesprächen pro Behandlungswoche und von zwei zweimal wöchentlich stattfindenden Psychotherapiegruppen bewährt. Dazu kommen eine Gruppe aus dem bewegungstherapeutischen Bereich und – je nach Problemstellung – noch Ergo- oder Physiotherapie. Fast jede/r PatientIn erlernt ein Entspannungsverfahren (Progressive Muskelrelaxation). Die Grundidee, die dabei verfolgt wird, ist die Bearbeitung einer Problematik oder eines Symptoms auf allen Verhaltensebenen. Die physiologische Ebene wird beispielsweise im Entspannungsverfahren, in der Physikalischen Therapie oder, falls indiziert, auch medikamentös beeinflußt. Die Verhaltensebene der Emotionen und Kognitionen wird vor allem in den Psychotherapieangeboten (in der Gruppe und einzeln) angesprochen. Die motorische Ebene wird neben der Bewegungstherapie auch in den übenden Anteilen der Psychotherapie und in der Ergotherapie (Arbeitstherapie, Belastungserprobung) angesprochen. Der therapeutische Fokus wird dort entstehen, wo die Zugänglichkeit zum Problem am leichtesten und effektivsten erscheint. Insofern ist die Frage, ob mit einer/m PatientIn eher kognitiv oder übend gearbeitet wird, für ein verhaltensmedizinisch ausgerichtetes Konzept falsch gestellt. Die Verhaltensmedizin macht Angebote an den/die PatientIn, auf allen Ebenen neue Lernerfahrungen zu sammeln und sich dann – mit therapeutischer Unterstützung – für eine Schwerpunktsetzung zu entscheiden. Der Supervision kommt die Aufgabe zu, das optimale Zusammenspiel der Gruppen- und Einzelangebote sicherzustellen und die jeweiligen neuen Lernerfahrungen für den/die PatientIn sinnvoll zu koordinieren. Großes Augenmerk ist auch auf die zeitliche Koordination der Angebote zu richten.

In den meisten verhaltensmedizinischen Kliniken ist man inzwischen dazu übergegangen, Therapiegruppen offen oder halboffen zu gestalten, um mindestens alle 14 Tage eine Aufnahmemöglichkeit zu ermöglichen. Dem Nachteil eines möglichen Verlusts an Gruppendynamik stehen aber auch eine Reihe von Vorteilen gegenüber: Wartezeiten auf Gruppenaufnahme können vermieden oder reduziert und damit in vielen Fällen auch Verlängerungen des Aufenthalts umgangen werden. Erfahrenere

PatientInnen können Neueinsteigern die Einführung erleichtern und Motivationsarbeit übernehmen. Die Inhalte werden stärker strukturiert und an Lernzielen ausgerichtet. Auch hat sich die Mischung aus störungsspezifischen und störungsübergreifenden Angeboten bewährt.

Kernstücke einer stationären verhaltensmedizinischen Behandlung bleiben nach wie vor die interaktionelle Problemlösegruppe sowie die Selbstsicherheitsgruppe.

In der interaktionellen Problemlösegruppe werden Strategien zur Problemlösung vermittelt, die bei unterschiedlichsten Problemstellungen eingesetzt werden können. PatientInnen erlernen also keine symptombezogenen Lösungen, sondern allgemeine Problemlösestrategien, die sie auf ihre spezifische Problematik, aber auch auf andere Problemstellungen, anwenden können.

In den Selbstsicherheitsgruppen werden in Rollenspielen sozial belastete Situationen nachgespielt und zum Teil durch Video-Feedback bearbeitet; psychosomatische Störungen – so die Rationale dieses Vorgehens – manifestieren sich immer in sozialen Situationen, und häufig dienen Symptome dazu, vorhandene Defizite in sozialen Skills auszugleichen.

Neben Problemlösegruppen und Selbstsicherheitsgruppen gibt es in allen verhaltensmedizinischen Kliniken Angebote zur Angst-, Depressions- und Schmerzbewältigung oder zum Erlernen genußvollen Erlebens.

Die Schritte zur Herstellung des Transfers des Gelernten in den Alltag bestehen in festgelegten Erprobungen im häuslichen oder beruflichen Umfeld, in Belastungserprobungen am eigenen oder an einem ähnlichen Arbeitsplatz, in Familiengesprächen und Vorbereitungen der Nachsorge. Hier liegt vor allem der Arbeitsschwerpunkt der SozialarbeiterInnen der Kliniken.

Aufgrund der deutlichen Zunahme ambulant arbeitender VerhaltenstherapeutInnen in den letzten Jahren ist eine Zuweisung zu einer ambulanten Nachbetreuung in den meisten Fällen möglich. Daß dies auch wahrgenommen wird, zeigen Zahlen aus der „Berus-Studie": Über 30% der stationär behandelten PatientInnen gaben an, auch nach Abschluß der stationären Therapie weiter ambulante psychotherapeutische Betreuung in Anspruch genommen zu haben (Broda, Bürger, Dinger-Broda & Massing, 1996). Dies deckt sich in etwa mit den Empfehlungen der TherapeutInnen bei Entlassung aus der Klinik.

3.2 Dosis-Wirkungs-Relation

Ist ein Mehr an Psychotherapie bessere Psychotherapie, oder wie ist das optimale Verhältnis zwischen therapeutischem Angebot und Freiraum für den/die PatientIn zur Erzielung der besten therapeutischen Wirkung zu sehen? Diese Frage ist noch unbeantwortet, spielt jedoch in der Praxis des therapeutischen Alltags eine immer wichtigere Rolle.

Spätestens seit Einführung der Klassifikation therapeutischer Leistungen (KTL) der Bundesversicherungsanstalt für Angestellte (BfA) (Müller-Fahrnow, Sakidalski, Sommhammer & Wittkopf, 1993) ist in den meisten Kliniken die Tendenz festzustellen, die Therapiedosis stark zu erhöhen.

Auch die von der BfA stichprobenartig geforderten Falldarstellungen mit täglichem Stundenplan führen oftmals zu Überlegungen, wie der Patientenalltag möglichst von früh bis spät mit Angeboten gefüllt werden kann, ohne nachzufragen, ob der Aufwand in angemessener Relation zum Ergebnis steht. Damit besteht die Gefahr, gegen Überlegungen des eigenen Konzeptes zu verstoßen, nämlich die Selbstverantwortung von Individuen zu erhöhen und eine Rundum-Versorgung zu vermeiden, sowie die Qualität der therapeutischen Leistung durch Ausweitung der Quantität bei gleichem Personalschlüssel zu senken. Insofern ist die Diskussion um die Dosis-Wirkungs-Relation noch in vollem Gange, und dabei ist zu berücksichtigen, daß es bislang keine Daten gibt, die belegen würden, daß mehr Therapie bessere Resultate brächte. Vielmehr zeigen mehrere Katamnesen (z.B. Broda et al., 1996), daß sowohl die Ruhe und Erholung vom Alltag sowie das Gespräch mit MitpatientInnen von den PatientInnen auch noch Jahre nach dem Heilverfahren als bedeutsamste Therapievariablen genannt werden, zwei Bereiche, die durch die oben skizzierte Tendenz der Rundum-Versorgung an Bedeutung verlieren würden.

3.3 Internes Monitoring

In den verhaltensmedizinischen Kliniken sollte ein ständiges Überprüfen der Therapieverläufe sowie der internen Arbeitsabläufe zum Alltag gehören. Die in allen Kliniken verwendeten Basisdokumentationssysteme (Broda, Dahlbender, Schmidt, v. Rad & Schors, 1993; Zielke, 1993a) erlauben detaillierte Analysen über Veränderungen von Diagnosen oder sozialer Zusammensetzung in der Klientel (vgl. Dinger-Broda & Broda, 1994). Dieses Monitoring ist wichtig, um flexibel die Angebotsstruktur an veränderte Klientel anzupassen.

Entlaßfragebögen sollten ebenfalls zum Standard verhaltensmedizinischer Kliniken gehören, wobei neben spezifischen Merkmalen auch übergreifende Bereiche wie Atmosphäre des Hauses, Freundlichkeit des Personals oder ähnliches abgefragt werden sollten. Die schnelle Auswertung dieser Fragebögen erlaubt es, Trends bei der Behandlungszufriedenheit schnell abzubilden und, wenn nötig, Maßnahmen zur Korrektur einzuführen.

Bewährt hat sich als internes Monitoring auch das gezielte Befragen von Gästen der Institution. Die Transparenz in der Arbeit verhaltensmedizinischer Kliniken bringt eine hohe Zahl von interessierten Besuchern und Fachleuten, die einige Tage hospitieren wollen, mit sich. All diese Besucher haben Eindrücke vom Haus, bemerken Details, die in der Routine unbemerkt bleiben. Ein gezieltes Befragen dieser Personen trägt zur kontinuierlichen Verbesserung der allgemeinen und atmosphärischen Aspekte der Institution bei.

Die guten Kooperationsbeziehungen der meist psychologischen LeitungsmitarbeiterInnen zu Lehrstühlen für Klinische Psychologie an den Universitäten ermöglicht es, viele Fragestellungen über Diplomarbeiten oder Dissertationen prüfen zu lassen. So wurden Gruppenkonzepte in ihrer Wirksamkeit überprüft (Stahl, in Vorbereitung), Emotionsforschung betrieben (Dusi, Schwenkmezger & Broda, 1993), soziale Unterstützung von Angehörigen untersucht (Winkeler, Klauer, Broda & Filipp, in Druck) oder wichtige Dimensionen im Unterschied zwischen psychosomatisch Kranken und Gesunden betrachtet (Geberth, Broda & Lauterbach, in Druck).

4. Aspekte der Ergebnisqualität

Dieser Aspekt, der von vielen als der entscheidende Bestandteil der Qualitätssicherung angesehen wird, wird häufig deswegen vernachlässigt, da er meß- und forschungsmethodisch die größten Probleme in sich birgt (vgl. Schulte, 1993). In nur wenigen Katamneseuntersuchungen konnte die Wirksamkeit von stationärer verhaltensmedizinischer Therapie bislang nachgewiesen werden. Zielke (1993b) belegte in einer aufwendigen Untersuchung von BKK-Versicherten den Nutzen einer verhaltensmedizinischen Behandlung. Broda et al. (1996) legten eine Studie mit einer Stichprobe gewerblicher Arbeitnehmer bis zu fünf Jahren nach Behandlungsende vor und wiesen langfristige Effekte der stationären Behandlung nach. Doch solche Studien sind nur mit finanzieller Förderung und einem weit überdurchschnittlichen Arbeitseinsatz der Beteiligten durchführbar. Es fehlen bislang weitgehend Instrumente, die arbeitsökonomisch vertretbar sind und standardmäßig eingesetzt werden können. Dabei müssen sowohl die Mikro- als auch die Makroperspektive erfaßt werden. Oftmals gibt es an verhaltensmedizinischen Kliniken noch zuwenig Versuche, die Mikroperspektive (Erreichen spezifischer Therapieziele, Beobachtung von Verhaltensveränderung, Protokollieren der Symptomreduktion) systematisch für jede/n PatientIn zu erfassen. Es werden bestenfalls Einschätzungen auf der Makroebene abgegeben, die eine globale Beurteilung des Therapieerfolgs durch den/die TherapeutIn abbilden.

4.1 Erreichen individueller Therapieziele

Die Erarbeitung von Therapiezielen ist fester Bestandteil einer jeden seriösen psychotherapeutischen Behandlung (Margraf, 1996; Reimer, Eckert, Hautzinger & Wilke, 1996; Senf & Broda, 1996). Leider hat deren systematische Erfassung und die Bewertung des Grades der Zielerreichung auch an verhaltensmedizinischen Kliniken im Gegensatz zu allen Forderungen in der Therapietheorie (Kanfer et al., 1996) noch keine Tradition.

Vielerorts tat man sich schwer, als die Rentenversicherungsträger in ihrem Qualitätssicherungsprogramm bei einer ausgewählten Patientenstichprobe Auskunft über die Rehabilitationsziele der einzelnen Versicherten von den Behandlern verlangte.

Globale klinische Urteile ersetzen auch heute noch weitgehend die differenzierte Bestimmung von Therapiezielen sowie deren Überprüfung. Die Gefahr, jede im Verlauf einer Behandlung eingetretene Veränderung als positiv einzustufen, dürfte für eine verhaltensmedizinische oder auch für jede andere psychotherapeutische stationäre Behandlung weitaus bedrohlicher sein als einige Fehlschläge unter den Behandelten. Dabei könnte diese Erfassung unaufwendig und ökonomisch vor sich gehen.

Ein mögliches einfaches Beispiel ist die PsyBaDo der Arbeitsgemeinschaft wissenschaftlich-medizinischer Fachgesellschaften (AWMF) (Heuft, Senf, Janssen,

Lamprecht & Meermann, 1995). Dieses Modul ist von den Qualitätssicherungsbeauftragten der Psychotherapeutischen Fachgesellschaften in der AWMF als therapieschulen-übergreifend, (zeit-) ökonomisch, für den ambulanten und stationären Behandlungssektor praktikabel und gestuft einsetzbar – je nach Fortgang der Diagnostik oder des Therapieprozesses – konzipiert worden. Damit wurde erstmals ein allen relevanten Fachgesellschaften in der ärztlichen Psychotherapie gemeinsames Instrument vorgelegt.

Neben Basisdokumentationsdaten, die von Patient und Therapeut erhoben werden, werden der Beeinträchtigungs-Schwere-Score (BSS) (Schepank, 1995) und die Global Assessment of Functioning Scale (GAF) des DSM-III / IV (vgl. Saß, Wittchen & Zaudig, 1996) ausgefüllt. Dann werden vom Patienten und vom Therapeuten bis zu fünf frei zu formulierende Therapieziele benannt, Kriterien dazu angegeben, anhand derer die Zielerreichung überprüft werden kann; zu Behandlungsende wird der Grad der Zielerreichung von Therapeut und Patient wiederum separat eingeschätzt.

Das Problem der schlechten Vergleichbarkeit bei frei formulierten individuellen Therapiezielen wird durch ein elaboriertes Kategoriensystem gelöst, das in fünf Hauptkategorien ca. 130 Therapieziele einordnet. Zusätzlich wird ein Rating eingeführt, das den Realitätsgrad der Zielformulierung auf seiten des Patienten einstuft.

Daneben wird für 11 relevante Dimensionen erhoben, welche Bedeutung für Patient und Therapeut eine Veränderung in diesem Bereich hätte.

Die gängige Befürchtung, die Behandlung könne schlechter sein als man glaube, hält viele davon ab, solch einfache Instrumente einzusetzen. Dabei haben Strauß und Wittmann (1996) überzeugend dargestellt, daß Effekte häufig deswegen nicht abbildbar sind, weil die Behandlungselemente und die Kriterien bei der Bewertung in ihrer Spezifität nicht aufeinander bezogen sind, daß also spezifische Behandlungselemente mit sehr grobrastrigen Kriterien gemessen werden oder umgekehrt.

4.2 Subjektive Bewertung der PatientInnen

In nahezu allen verhaltensmedizinischen Einrichtungen werden PatientInnen am Ende ihres Aufenthaltes um Beurteilungen ihres Therapieerfolgs gebeten. Dies geschieht in der Regel anonymisiert, um Verfälschungen im Beantwortungsverhalten zu vermeiden. Auch hier muß jedoch konstatiert werden, daß mit diesem Instrument weit mehr Ergebnisqualität abbildbar wäre, als dies momentan noch geschieht. Man stützt sich bei der Beurteilung des Therapieerfolgs hauptsächlich auf die globalen Therapeuteneinschätzungen bei Beendigung des Aufenthalts und weniger auf die differenzierteren Angaben der Betroffenen. Häufig verbirgt sich dahinter die Skepsis, man könne den PatientInnen in ihrer Beurteilung nicht trauen oder ihnen eine solche nicht zutrauen.

4.3 Daten der Auftraggeber

Dieser Bereich ist innerhalb der stationären Verhaltensmedizin noch weitgehend unberücksichtigt.

„Die repräsentative Erfassung solcher Auftraggeber (...finanzierende Institute wie Krankenkassen, Rentenversicherungsträger und Öffentlichkeit) ist eine unverzichtbare Grundlage fairer Bewertungen, wie sie in der angewandten Versorgungsforschung, d.h. der Evaluationsforschung und Programmevaluation, durchgeführt werden sollte." (Strauß & Wittmann, 1996, S. 524).

Wieso wird eigentlich darauf verzichtet, beim Auftraggeber die Zufriedenheit mit der Leistung „verhaltensmedizinische Behandlung" systematisch abzufragen oder bei einweisenden ÄrztInnen nachzufragen, ob sich das Behandlungsergebnis mit den Erwartungen deckt? Oftmals scheint es eine Mischung aus der Befürchtung, schlecht bewertet zu werden, und aus dem Gedanken, die Auftraggeber seien nicht kompetent genug, um wirklich abzuschätzen zu können, welche Veränderungen in der Behandlung stattgefunden haben, die dies verhindert. Versucht man einmal, Daten der Krankenkassen beispielsweise zur Beurteilung des Therapieerfolgs heranzuziehen, kann man sich durchaus auf sehr positive Ergebnisse einstellen (Broda et al., 1996; Zielke, 1993b).

5. Schlußbemerkungen

Wenngleich die statonäre Verhaltensmedizin im Vergleich zu tiefenpsychologisch ausgerichteten Behandlungsstätten traditionell einen leichteren Zugang zu empirischer Forschung hat, so zeigt sich diese Überlegenheit – wenn überhaupt – nur in Bereichen der Struktur- und Prozeßqualität. Oftmals begegnet man dem Glauben, daß sich die Beschaffenheit dieser zwei Bereiche in der Ergebnisqualität abbilden würde. Dies bleibt jedoch solange ein Wunsch, solange die Zusammenhänge zwischen den drei Qualitätsbereichen sehr unklar sind. Zu fordern sind daher verstärkte Anstrengungen in der Sicherung der Ergebnisqualität, die systematische Erfassung von Therapiezielen und die Beurteilung des Therapieerfolges, weiter die verstärkte Einbeziehung von PatientInnenbeurteilungen sowie der Auftraggeber.

Gerade in Zeiten der Kostendämpfungsbemühungen in den Gesundheitsleistungen haben verhaltensmedizinische Institutionen die große Chance, die Berechtigung ihrer Existenz nachzuweisen, wenn sie sich vorbehaltslos mit den Ergebnissen ihrer Behandlung auseinandersetzen und diese Ergebnisse als Grundlage für Verbesserungen in der Struktur- und Prozeßqualität nutzen.

Letztendlich sind wir in diesem Bereich jedoch hauptsächlich auf Expertenmeinungen angewiesen. Dem Vefasser zumindest sind keine Studien bekannt, die systematisch untersucht hätten, welche Aspekte der Qualitätssicherung wirklich Einfluß auf ein Behandlungsergebnis ausüben. Viele der oben genannten Desiderata entstammen der Ebene des „gesunden Menschenverstands" oder klinischer Erfahrung.

So ist ebenfalls nicht klar, ob die Orientierung an einem einheitlichen konzeptuellen Rahmen wie der Verhaltensmedizin gegenüber eklektischen Ansätzen oder gemischten Verfahren Vorteile im Behandlungsergebnis hat. Zugegeben – solche Fragestellungen sind schwer zu beantworten – die Fragen dürfen aus der Sicht des Vefassers jedoch gestellt werden. Nur wenn es gelingt, die Qualitätssicherung in der stationären Verhaltensmedizin als eine Aufforderung zur ständigen kritischen Überprüfung eigener Behandlungsmythen zu verstehen, wird der eigentliche Sinn erfüllt: Ziel ist nicht die Bestätigung des etablierten Konzeptes, sondern die ständige Weiterentwicklung zum Wohle der betreuten PatientInnen.

Literaturverzeichnis

Broda, M., Braukmann, W., Dehmlow, A., Kosarz, P., Schuhler, P., Siegfried, J. & Zielke, M. (1994). Epidemiologische Daten zur Beschreibung des Klientels Psychosomatischer Kliniken – Eine Auswertung von 10 Jahren Basisdokumentation. In Fachausschuß Psychosomatik (Hrsg.), *Basisdokumentation Psychosomatik in der Verhaltensmedizin*, (S. 19–35), Schriftenreihe des Wissenschaftsrats der AHG. Hilden: Selbstverlag.

Broda, M., Bürger, W., Dinger-Broda, A. & Massing, H. (1996). *Die Berus Studie. Zur Ergebnisevaluation der Therapie psychosomatischer Störungen bei gewerblichen Arbeitnehmern.* Berlin: Westkreuz-Verlag.

Broda, M., Dahlbender, R.W., Schmidt, J., v. Rad, M. & Schors, R. (1993). DKPM-Basisdokumentation. Eine einheitliche Basisdokumentation für die stationäre Psychosomatik und Psychotherapie. *Psychotherapie, Psychosomatik & Medizinische Psychologie, 43,* 214–223.

Dinger-Broda, A. & Broda, M. (1994). Soziale Variablen im Therapieprozeß. In Fachausschuß Psychosomatik des Wissenschaftsrats (Hrsg.), *Basisdokumentation Psychosomatik in der Verhaltensmedizin* (S. 57–59). Schriftenreihe des Wissenschaftsrats der AHG. Hilden: AHG.

Dusi, D., Schwenkmezger, P. & Broda, M. (1993). Ärgerintensität und Ärgerausdruck im Verlauf einer stationären verhaltensmedizinischen Behandlung. *Praxis der Klinischen Verhaltensmedizin und Rehabilitation, 23,* 189–195.

Geberth, N., Broda, M. & Lauterbach, W. (in Druck). Kohärenzgefühl und Konstruktives Denken: Gesundheitsförderliche Faktoren oder Gesundheitsaspekte? *Praxis der Klinischen Verhaltensmedizin und Rehabilitation, 38.*

Heuft, G., Senf, W., Janssen, P.L., Lamprecht, F. & Meermann, R. (1995). Praktikabilitätsstudie zur qualitativen und quantitativen Ergebnisdokumentation stationärer Psychotherapie. *Psychotherapie, Psychosomatik & Medizinische Psychologie, 45,* 303–309.

Kanfer, F.H., Reinecker, H. & Schmelzer, D. (1996). *Selbstmanagement-Therapie. Ein Lehrbuch für die klinische Praxis* (2., erweiterte Aufl.). Berlin: Springer.

Margraf, J. (Hrsg.).(1996). *Lehrbuch der Verhaltenstherapie* (Bd. 1 und Bd.2). Berlin: Springer.

Meermann, R. (1994), Geleitwort. In M. Zielke, J. Sturm (Hrsg.), *Handbuch der stationären Verhaltenstherapie* (S.V–VII). Weinheim: Beltz.

Müller-Fahrnow, W., Sakidalski, B., Sommhammer, B. & Wittkopf, S. (1993). Die Klassifikation Therapeutischer Leistungen (KTL) für den Bereich der medizinischen Rehabilitation – Ein systematischer Ansatz zur Dokumentation von Rehabilitationsleistungen. *Praxis der Klinischen Verhaltensmedizin und Rehabilitation, 24*, 254–263.

Reimer, Ch., Eckert, J., Hautzinger, M. & Wilke, E. (1996). *Psychotherapie. Ein Lehrbuch für Ärzte und Psychologen.* Berlin: Springer.

Saß, H., Wittchen, H.U. Zaudig, M. (1996). *Diagnostisches und statistisches Manual psychischer Störungen. DSM IV (deutsche Bearbeitung).* Göttingen: Hogrefe Verlag für Psychologie.

Schepank, H. (1995). *Der Beeinträchtigungs-Schwere-Score (BSS).* Weinheim: Beltz.

Schulte, D. (1993), Wie soll Therapieerfolg gemessen werden? *Zeitschrift für Klinische Psychologie, 22*, 374–393.

Senf, W. & Broda, M. (1996). Was ist Psychotherapie? Versuch einer Definition. In W. Senf & M. Broda (Hrsg.), *Praxis der Psychotherapie. Ein integratives Lehrbuch für Psychoanalyse und Verhaltenstherapie* (S. 2-5). Stuttgart: Thieme.

Stahl, P. (in Vorbereitung). *Über die Veränderbarkeit des Kohärenzsinns – Der Einfluß von Lebensumständen und Psychotherapie.* Unveröff. Diplomarbeit, Psychologisches Institut der Universität Heidelberg.

Strauß, B. & Wittmann, W.W. (1996). Wie hilft Psychotherapie? In W. Senf & M. Broda (Hrsg.), *Praxis der Psychotherapie. Ein integratives Lehrbuch für Psychoanalyse und Verhaltenstherapie* (S. 522–533). Stuttgart: Thieme.

VDR (Verband Deutscher Rentenversicherungsträger/VDR-Reha-Kommission) (1991). *Berichte der Kommission zur Weiterentwicklung der Rehabilitation in der gesetzlichen Rentenversicherung. Band III, Arbeitsbuch Rehabilitationskonzepte, Teilband 3, Teil B-6.3: Rehabilitation bei psychischen und psychosomatischen Störungen.* Frankfurt a. M.: VDR.

Winkeler, M., Klauer, Th., Broda, M. & Filipp, S.-H. (in Druck). Soziale Unterstützungsdefizite und die Chronifizierung depressiver Störungen. Eine Untersuchung an Patient-Bezugsperson-Dyaden. *Zeitschrift für Gesundheitspsychologie.*

Zielke, M. (Hrsg.). (1993a). Basisdokumentation in der stationären Psychotherapie und Rehabilitation bei neurotischen und psychosomatischen Erkrankungen [Themenheft]. *Praxis der klinischen Verhaltensmedizin und Rehabilitation, 24*, 218–226.

Zielke, M. (1993b). *Wirksamkeit stationärer Verhaltenstherapie.* Weinheim: Beltz Psychologie Verlagsunion.

Zielke, M. (1995). Verhaltenstherapeutische Basismethoden in der Rehabilitation. In F. Petermann (Hrsg.), *Verhaltensmedizin in der Rehabilitation* (S.57-84). Göttingen: Hogrefe Verlag für Psychologie.

Zielke, M. & Mark, N. (Hrsg.). (1990). *Fortschritte der angewandten Verhaltensmedizin. Band 1.* Berlin: Springer.

Zielke, M. & Sturm, J. (1994). Chronisches Krankheitsverhalten: Entwicklung eines neuen Krankheitsparadigmas. In M. Zielke & J. Sturm (Hrsg.), *Handbuch stationäre Verhaltenstherapie* (S. 42–60). Weinheim: PVU.

Qualitätssicherung in der stationären psychoanalytischen Psychotherapie

Elmar J. Mans

Inhalt:

1. Einleitung 292
2. Zum Stand der Qualitätssicherung in der stationären psychoanalytischen Psychotherapie 293
3. Probleme der Weiterentwicklung der Qualitätssicherung in der stationären psychoanalytischen Psychotherapie 295
4. Die Bedeutung der Prozeßdimension für die Qualitätssicherung der stationären psychoanalytischen Psychotherapie 298
5. Konzeptionelle Rahmenbedingungen der Qualitätssicherung des Behandlungsprozesses in der stationären psychoanalytischen Psychotherapie 300
6. Aufgaben der Qualitätssicherung des Behandlungsprozesses in der stationären psychoanalytischen Psychotherapie 301
7. Elemente der Qualitätssicherung des Behandlungsprozesses in der stationären psychoanalytischen Psychotherapie 302
   - 7.1 Kontrolle der Diagnostik: Operationalisierte Psychodynamische Diagnostik (OPD) 303
   - 7.2 Erfassung der therapeutischen Beziehung: Helping Alliance Questionnaire 305
   - 7.3 Festlegung des psychotherapeutischen Fokus: Standardisierte Formulierung des psychodynamischen Konflikts 306
   - 7.4 Erhebung der therapeutischen Maßnahmen: Klassifikation therapeutischer Leistungen (KTL) 308
   - 7.5 Überwachung des Behandlungsverlaufs: Kontroll- und Korrekturelemente im stationären psychoanalytischen Setting .. 309
8. Schluß 311

1. Einleitung

Qualitätssicherung ist im Gesundheitswesen durch das Gesundheitsreformgesetz von 1989 offiziell eingeführt worden (Beske, 1992). Die von den gesetzlichen Krankenkassen finanzierten stationären und ambulanten medizinischen Versorgungsbereiche werden durch die Vorschriften der §§ 135-139 des SGB V verpflichtet, Maßnahmen zur Sicherung der Qualität der medizinischen Behandlung, ihres Ablaufes und ihres Ergebnisses durchzuführen. Diese Vorgabe, die auch externe Vergleiche ermöglichen soll, gilt gleichermaßen für die stationäre Psychotherapie und Psychosomatik.

Dieser gesetzlichen Aufgabe hat sich die von der Krankheitslehre und Behandlungskonzeption der Psychoanalyse geprägte stationäre psychosomatische und psychotherapeutische Versorgung in der Akutmedizin und mehr noch der Rehabilitationsmedizin schon bald – wenn auch nicht umfassend und konsequent – angenommen. Ein Statuskolloquium zur *Qualitätssicherung in der psychosomatischen und psychotherapeutischen Medizin* (Wirsching & Koch, 1992) und eine erste Arbeit zur grundsätzlichen Problematik der Qualitätssicherung in Psychotherapie und Psychosomatik (Kordy, 1992), die dieses neue Thema generell für das Gebiet der Psychosomatik und Psychotherapie diskutierten, zeigten Notwendigkeiten und Möglichkeiten der Qualitätssicherung auch für die stationäre psychoanalytische Psychotherapie und Psychosomatik auf. Eine neuere Stellungnahme der Qualitätssicherungsbeauftragten psychosomatisch-psychotherapeutischer Fachgesellschaften hebt die Bedeutung von Qualitätssicherungsprogrammen allgemein im stationären Versorgungsbereich hervor und bezieht sich auch auf psychoanalytische Institutionen (Bell, Janssen, Meermann, Senf & Wirsching, 1996).

In der stationären psychoanalytischen Psychotherapie und Psychosomatik ist in der Folgezeit zwar kein umfassendes System der Qualitätssicherung etabliert worden und Qualitätssicherung ist – mit Ausnahme einiger durch das Qualitätssicherungsprogramm der Rentenversicherungsträger etablierter externer Elemente und lokaler Initiativen – noch nicht zum Bestandteil der klinischen Routine geworden. Die Qualitätssicherung befindet sich in dem Bereich der stationären psychoanalytischen Psychotherapie und Psychosomatik noch in der ersten Entwicklungsphase, der Modellphase, doch sind in Teilbereichen bereits Ansätze der Qualitätssicherung entstanden. Im Zentrum der Aufmerksamkeit standen dabei die Struktur- und Ergebnisdimension der Qualität, die Hauptarbeit galt der Entwicklung von Dokumentations- und Beobachtungsinstrumenten.

Für die Entwicklung der Qualitätssicherung in der Psychotherapie allgemein ergeben sich zwei Aufgaben, die auch die Qualitätssicherung der stationären psychoanalytischen Psychotherapie betreffen. Einmal geht es darum, ein Instrumentarium der Qualitätssicherung zu schaffen, das grundlegende qualitätsrelevante Aspekte jeder Art von stationärer Psychotherapie unabhängig von der Orientierung an Therapieschulen erfaßt. Damit soll für die stationäre Psychotherapie die Qualitätssicherung von Grundelementen der Behandlung erreicht und eine Vergleichbarkeit von Einrichtungen mit unterschiedlicher theoretischer Ausrichtung im Rahmen von Qualitätssicherungsprogrammen ermöglicht werden. Dazu dient vor allem die Erhebung von Basisdaten durch übergreifende Dokumentationssysteme (vgl. z.B. Broda, Dahlbender, Schmidt, von Rad & Schors, 1993; Heuft, Senf, Janssen, Lamprecht & Meermann, 1995). Zum anderen gilt es, Elemente der Qualitätssicherung zu entwickeln, die der besonderen, in der jeweiligen Therapierichtung begründeten Arbeitsweise unterschiedlicher Institutionen der stationären Psychotherapie gerecht werden. Hier sind vor allem die interne Qualitätssicherung und die Prozeßdimension der Behandlung angesprochen. In diesem Aufgabenbereich werden für die Qualitätssicherung wesentlich schulenspezifische Instrumente und Verfahren erarbeitet. Dieser doppelte Ansatz der Qualitätssicherung in der Psychotherapie entspricht dem Vorgehen, das für die Erfassung des Therapieerfolgs in der empirischen Psychotherapieforschung vorgeschlagen worden ist (Schulte, 1993).

In diesem Beitrag sollen einige Probleme der Qualitätssicherung in der stationären psychoanalytischen Psychotherapie und besonders jene Aspekte der Qualitätssicherung behandelt werden, die für die spezifische Arbeitsweise der psychoanalytischen Psychotherapie von Bedeutung sind. Daß es eine gemeinsame Basis in der Qualitätssicherung gibt, die Verhaltenstherapie und psychoanalytische Psychotherapie verbindet, wird hier vorausgesetzt, doch nicht eigens ausgeführt. Zum besonderen Ansatz der Qualitätssicherung in der Verhaltenstherapie liegen eine Reihe von Arbeiten vor (vgl. z.B. Frank & Fiegenbaum, 1994; Fydrich, Laireiter, Saile & Engberding, 1996; Grawe & Braun, 1994; Laireiter, 1994; Zielke, 1993; siehe auch eine Reihe von Beiträgen in diesem Band).

Im folgenden werden nach einer kurzen Übersicht über bisherige Ansätze zur Qualitätssicherung in der stationären psychoanalytischen Psychotherapie allgemeine Probleme der Qualitätssicherung in diesem Versorgungsbereich beim gegenwärtigen Entwicklungsstand diskutiert. Im weiteren steht dann die bislang vernachlässigte Prozeßdimension der Qualitätssicherung in der stationären psychoanalytischen Psychotherapie im Zentrum. Die Bedeutung der Sicherung der Prozeßqualität gerade in der stationären psychoanalytischen Psychotherapie und Gründe ihrer bisherigen Ausblendung in der Entwicklung der Qualitätssicherung werden erörtert. Nach einer Skizze der psychoanalytischen Konzeption des stationären Behandlungsprozesses, die die Rahmenbedingungen für Maßnahmen zur Sicherung der Prozeßqualität darstellt, werden Aufgaben der Qualitätssicherung des stationären psychoanalytischen Behandlungsprozesses erläutert. Abschließend werden einige Elemente der Qualitätssicherung des Prozesses der stationären psychoanalytischen Psychotherapie vorgestellt.

2. Zum Stand der Qualitätssicherung in der stationären psychoanalytischen Psychotherapie

Im Rahmen von psychoanalytisch arbeitenden Institutionen und Versorgungsbereichen in der Psychotherapie und Psychosomatik sind in den letzten Jahren verschiedentlich Initiativen und Projekte entstanden, die unabhängig von umfassenden Qualitätssicherungsprogrammen einzelne Bausteine der Qualitätssicherung oder evaluative Elemente, die für diese verwandt werden können, entwickelt haben. In dieser Phase der Konstitution der Qualitätssicherung in der Psychotherapie und Psychosomatik überhaupt sowie speziell in der stationären psychoanalytischen Psychotherapie sind bislang freilich wenige Arbeiten veröffentlicht worden (vgl. zur Übersicht Koch & Schulz, 1997; Schmidt & Nübling, 1994, 1995). Entsprechend dem allgemeinen Entwicklungsstand der Qualitätssicherung in Psychotherapie und Psychosomatik handelt es sich fast durchwegs um Arbeiten, die als Vorbereitung der Etablierung von Qualitätssicherungssystemen angesehen werden können. Einen umfassenderen Ansatz verfolgt das Heidelberger Modell der Qualitätssicherung von Lutz et al. (1996), das jedoch im psychiatrisch-psychotherapeutischen Versorgungsbereich entstanden ist (vgl. auch Kordy & Hannöver, in diesem Band).

Auch hat es im Bereich der stationären psychoanalytischen Psychotherapie – wie in Bereichen mit verhaltenstherapeutischer Orientierung – schon vor der politischen Institutionalisierung der Qualitätssicherung Arbeiten zu einzelnen Aspekten der Beobachtung, Kontrolle und Bewertung der stationären Psychotherapie gegeben, ohne daß diese explizit auf Qualitätssicherung bezogen oder in eine umfassende Konzeption der Qualitätssicherung eingeordnet worden wären. Bausteine liefern auch die psychotherapeutische Evaluationsforschung, insbesondere Katamnesestudien zur stationären Psychotherapie, und die Ergebnisforschung in der Psychotherapie und Psychosomatik (Kordy & Kächele, 1996; Rüger & Senf, 1994).

Zur Etablierung von Standards der *Strukturqualität* der stationären Psychotherapie trägt die neue Weiterbildungsordnung zum Facharzt für Psychotherapeutische Medizin bei, die auch für die psychoanalytische Ausrichtung explizit die Qualitätsanforderungen für eine eigenverantwortliche Tätigkeit im psychotherapeutisch-psychosomatischen Versorgungsbereich definert (Janssen, 1993; Janssen & Hoffmann, 1994). Der größte Teil der Weiterbildung im Abschnitt Psychotherapie ist als mindestens zweijährige Tätigkeit im Stationsdienst zu absolvieren. Zur Strukturqualität einer psychoanalytischen psychotherapeutisch-psychosomatischen Klinik gehört ebenfalls die qualitative und quantitative Ausstattung mit klinischem Personal. Dazu hat eine Expertenkommission der „Vereinigung Leitender Ärzte psychosomatisch-psychotherapeutischer Krankenhäuser und Abteilungen in Deutschland" eine Aufstellung von Personalanhaltszahlen vorgelegt (Heuft, Senf, Janssen, Pontzen & Streek, 1993). Somit sind für stationäre psychoanalytische Psychotherapie Standards der personellen Qualifikation im Bereich der ärztlichen Mitarbeiter und der personellen Ausstattung in verschiedenen Berufsgruppen festgelegt, die als ein Element der Strukturqualität betrachtet und für die Qualitätssicherung der stationären psychoanalytischen Psychotherapie genutzt werden können.

Weitere Bausteine für die Qualitätssicherung in der stationären psychoanalytischen Psychotherapie liefern auch die verschiedenen Bemühungen um allgemeine und standardisierte *Dokumentationssysteme* von Aspekten der Ausgangsbedingungen, Durchführung und Ergebnis der Behandlung in der psychoanalytischen Klinik. Mit dem Ziel der Schaffung von Voraussetzungen zum externen und internen Vergleich in der Evaluationsforschung und Qualitätssicherung wurde die Basisdokumentation des Deutschen Kollegiums für Psychosomatische Medizin übergreifend für alle Therapierichtungen konzipiert (Broda et al., 1993). Da an der Erarbeitung der Dokumentation auch psychoanalytisch orientierte Kliniker und Forscher beteiligt waren und als Grundlage überwiegend hauseigene Systeme psychoanalytisch arbeitender Institutionen herangezogen wurden, ist die Basisdokumentation als ein Element zu verstehen, das auch für die Qualitätssicherung der stationären psychoanalytischen Psychotherapie tauglich ist.

Ein ähnliches Ziel der internen und externen Vergleichbarkeit hat die Ergebnisdokumentation stationärer Psychotherapie, in die die besonderen Erfordernisse stationärer psychoanalytischer Psychotherapie eingebracht worden sind (Heuft et al., 1995). Insbesondere in der Erhebung individueller Therapieziele und ihrer abschließenden Bewertung, der zweiseitigen, die Patienten- und Therapeutensicht umfassenden Ergebniseinschätzung sowie der subjektiven Beurteilung als zentralem Element enthält dieses Dokumentationssystem Anknüpfungspunkte für die Erfassung der Qualität stationärer psychoanalytischer Behandlungen. Sehr viel umfassender und auf die Besonderheiten einer psychoanalytisch arbeitenden Klinik abgestimmt ist das Basis-Dokumentationssystem von Schmidt, Nübling und Lamprecht (1992), das als Routineinstrument für die Datenerhebung im Rahmen von Qualitätssicherungsmaßnahmen, aber auch für forschungsorientierte Evaluationsstudien dienen soll. Ein Dokumentationssystem, das speziell auf stationäre psychoanalytische Psychotherapie ausgerichtet ist, allerdings sehr durch die institutionellen und konzeptionellen Besonderheiten einer bestimmten Klinik geprägt ist, liegt in dem Tiefenbrunner Dokumentationssystem vor (Sachsenröder, Seidler, Schöttler, Buchholz & Streek, 1993; Sachsenröder, 1995). Für die Qualitätssicherung der stationären psychoanalytischen Psychotherapie gibt es also im Hinblick auf Datenerfassungsinstrumente und Dokumentationsverfahren vor allem in der Dimension der Ergebnisqualität umfangreichere Vorarbeiten, die in der weiteren Entwicklung sowohl für einzelne Maßnahmen als auch für übergreifende Systeme genutzt werden können.

Auch die psychotherapeutisch-psychosomatische *Evaluationsforschung* bietet Ansätze für die Qualitätssicherung in der stationären psychoanalytischen Psychotherapie. Dazu zählt insbesondere die Programmevaluation psychosomatischer Rehabilitationskliniken, die unter dem Legitimationsdruck für die medizinische Rehabilitation entstanden ist (Koch & Potreck-Rose, 1994). So hat Schmidt (1991) in einer umfassenden evaluativen Untersuchung einer psychoanalytisch arbeitenden psychosomatischen Rehabilitationsklinik die Ergebnisdimension psychoanalytisch – psychosomatischer Rehabilitationsbehandlungen konzeptionell und methodisch erarbeitet. In dieser Arbeit sind eine Reihe von differenzierten Untersuchungsinstrumenten sowie komplexen Auswertungsstrategien und Bewertungsprozeduren erprobt worden, die neben den allgemeinen Aspekten psychosomatischer Rehabilitationsbehandlungen auch den besonderen Arbeitsformen und Behandlungsresultaten psychoanalytisch orientierter stationärer Therapie gerecht werden.

3. Probleme der Weiterentwicklung der Qualitätssicherung in der stationären psychoanalytischen Psychotherapie

Die Übersicht über veröffentlichte Arbeiten zur Qualitätssicherung der stationären psychoanalytischen Psychotherapie zeigt, daß diese eher Voraussetzungen zur Qualitätssicherung bieten, als selbst Qualitätssicherungsprogramme oder systematische Teile davon zu sein. Überwiegend handelt es sich um die Erarbeitung von Elementen bestimmter Teilbereiche der Qualitätssicherung. Entsprechend der bisher relativ kurzen Entwicklungszeit der Qualitätssicherung in der stationären psychoanalytischen Psychotherapie und Psychosomatik sind die Beiträge eher der initialen Phase der Qualitätsforschung zuzurechnen, die noch nicht das Stadium der begrenzten Modellentwicklung und -erprobung erreicht hat. So ist es nicht verwunderlich, daß die meisten Ansätze aus Forschungsinitiativen entstanden oder selbst Forschungprojekte sind, aber noch nicht in der klinischen Praxis in größerem Umfang und routinemäßig eingesetzt werden.

Nach der Unterscheidung von Dimensionen der Qualitätssicherung von Donabedian (1982) sind die vorliegenden Arbeiten hauptsächlich auf die *Struktur- und Ergebnisqualität* der stationären psychotherapeutisch-psychosomatischen Versorgung konzentriert. Dies mag der ursprünglich externalen Motivierung dieser Ansätze zu verdanken sein. Demgegenüber bleibt die Dimension des Behandlungsprozesses weitgehend ausgespart. Dieser Sachstand ist um so erstaunlicher, als die meisten dieser Ansätze als Teile der internen Qualitätssicherung deklariert sind, der wesentlich die Verantwortung für die Sicherung der Prozeßqualität der psychotherapeutisch-psychosomatischen Versorgung zukommt (Selbmann, 1990).

Bezieht man die vorliegenden Ansätze der Qualitätssicherung in der stationären psychoanalytischen Psychotherapie und Psychosomatik auf das Paradigma der Qualitätssicherung und die prozessuale Strukturierung der Qualitätssicherung (Viethen, 1995, 14 ff.; vgl. auch Nübling & Schmidt in diesem Band), dann zeigt sich eine Beschränkung auf die Beobachtung der Behandlung. Es überwiegen Instrumente und Verfahren zur *systematischen Datenerfassung* und Dokumentationssysteme, die innerhalb eines Qualitätssicherungsprogramms als Teil des Routine-Monitorings durch standardisierte Instrumente eingesetzt werden können (Selbmann, 1992). Dabei wird die Verwendung der erhobenen Datenmengen im gesamten Kontext der Qualitätssicherung nicht immer mitreflektiert oder gar festgelegt. Es fehlen auch Begründungen für Indikatoren der Behandlungsqualität in den erfaßten Variablen und vor allem Bewertungskriterien und Beurteilungsprozeduren. Das Erkennen und die Analyse von Problemen der Therapie ebenso wie die Korrektur der Behandlung bleiben beim derzeitigen Stand ebenso außer acht, da Standards und Normen wie auch Leitlinien nicht vorliegen.

Bei dieser Lage der Qualitätssicherung in der stationären psychoanalytischen Psychotherapie und Psychosomatik zeichnen sich einige Gefahren für die Konzeptionalisierung, Etablierung und Nutzung von Qualitätssicherungsprogrammen ab (Selbmann, 1995). Sie rechtzeitig zu erkennen und zu benennen ist notwendig, um die Weiterentwicklung der Qualitätssicherung in diesem Versorgungsbereich nicht zu beeinträchtigen.

Das Überwiegen der Erhebungsinstrumente und der Dokumentationssysteme in den bisherigen Ansätzen zur Qualitätssicherung in der stationären psychoanalytischen Psychotherapie könnte leicht zu einer Konzentration auf Datensammlung im weiteren Verlauf der Qualitätssicherung führen. Um dem Mißverständnis, Qualitätssicherung sei *Datenerfassung* (Selbmann, 1995), entgegenzuwirken, wäre es für die Entwicklung der Qualitätssicherung günstig, die Aktivitäten zur Etablierung von Datenerfassungssystemen zu beschränken und die Anstrengungen auf die Entwicklung von Qualitätsindikatoren und -referenzbereichen sowie Bewertungsverfahren zu konzentrieren.

Ferner sind bislang die Bestrebungen zur Qualitätssicherung in der stationären psychoanalytischen Psychotherapie vor allem in Forschungseinrichtungen entstanden oder aus Forschungsprojekten hervorgegangen. Dies könnte leicht zu dem Mißverständnis führen, Qualitätssicherung sei mit *Forschung* identisch oder doch weitgehend Aufgabe der Forschung (Selbmann, 1995). Gelegentlich wird sogar explizit dieses Mißverständnis durch eine Zuordnung der Qualitätssicherung zur Evaluationsforschung gefördert (Schmidt et al., 1992). Dies wäre – bei allen Verdiensten der Forschung für die Qualitätssicherung – insofern ungünstig, als Qualitätssicherung für die Kontrolle, Korrektur und Verbesserung der Qualität der alltäglichen klinischen psychotherapeutischen und psychosomatischen Versorgung intendiert ist. Für die Weiterentwicklung der Qualitätssicherung in der stationären psychoanalytischen Psychotherpie ist es deshalb bedeutsam, Qualitätssicherungsmaßnahmen und -systeme in die klinische Praxis einzubinden und Impulse zum weiteren Ausbau von den unmittelbar an der Behandlung Beteiligten aufzunehmen (vgl. auch den Beitrag von Willutzki in diesem Band).

Eine mögliche Fehlentwicklung der Qualitätssicherung in der stationären psychoanalytischen Psychotherapie deutet sich auch durch das verbreitete Mißverständnis an, eine gute Struktur führe von selbst zu einem guten Prozeß und dieser zu einem guten Ergebnis, so daß hauptsächlich die *Struktur- und Ergebnisdimension* für die Qualitätssicherung relevant seien (Selbmann, 1990). Diese Einschätzung fördert eine Black-Box-Konzeption der Qualitätssicherung (Mans, 1995b), die die gerade für die Qualität der stationären Psychotherapie relevante Prozeßdimension tendenziell ausblendet. Das Gesamtbild, das bisherige Arbeiten zur Qualitätssicherung in der stationären psychoanalytischen Psychotherapie mit der Konzentration auf Struktur und Ergebnis abgeben, könnte ein solches Mißverständnis anzeigen. Zudem ist – anders als in der Qualitätssicherung der industriellen Produktion – speziell in der Psychotherapie die Qualitätssicherung des gesamten Behandlungsverlaufs für die Güte des Resultats von Bedeutung (Richter, 1994). Um so wichtiger ist es für die Weiterentwicklung der Qualitätssicherung in diesem Bereich, die Prozeßdimension zum Gegenstand der Forschung und praktischen Umsetzung zu machen und Qualitätssicherungprogramme des stationären psychoanalytischen Behandlungsprozesses zu entwickeln.

Mit der expliziten Betonung und impliziten Unterstützung des externen Ansatzes, die in einigen der vorliegenden Arbeiten zur Qualitätssicherung in der stationären psychoanalytischen Psychotherapie erkennbar sind, wird auch ein weiteres Mißverständnis der Qualitätssicherung gefördert, nämlich daß diese wesentlich auf die *Kontrolle* der Qualität der psychotherapeutisch-psychosomatischen Behandlung ausgerichtet sei (Selbmann, 1995). Der Bezug auf das Komponenten- und Ablaufmodell der Qualitätssicherung macht deutlich, daß Qualitätskontrolle nur ein Teil eines umfassenden Qualitätssicherungsprogramms ist und die Maßnahmen zur Korrektur der Behandlungsqualität und im weiteren Sinne auch ihrer Verbesserung die eigentliche Aufgabe der Qualitätssicherung sind. In der Entwicklung der Qualitätssicherung der stationären psychoanalytischen Psychotherapie sollten deshalb Anstrengungen unternommen werden, diese Schritte inhaltlich auf der Basis psychoanalytischer Denk- und Arbeitsweise auszugestalten.

Diese Mißverständnisse und Fallstricke der Qualitätssicherung sollten in der weiteren Arbeit an der Konzeptionalisierung und Etablierung der Qualitätssicherung in der stationären psychoanalytischen Psychotherapie vermieden werden. Es bleiben darüber hinaus Desiderate für die Weiterentwicklung unter Berücksichtigung der Nutzung bestehender Ansätze. So scheint es beim gegenwärtigen Stand vordringlich, die Festlegung von Standards mit expliziter Angabe von Indikatoren und Referenzbereichen für die Qualität der stationären psychoanalytischer Psychotherapie zu forcieren. Diese sollten für Prozeß- und Ergebnisqualität gleichermaßen relevant sein, um integrierte Maßnahmen der Korrektur und Verbesserung einsetzen zu können. Nötig ist auch die Formulierung von Leitlinien für die Gestaltung des Behandlungsprozesses, die eine Basis der Qualitätsbeurteilung abgeben können. Neben der externen Qualitätssicherung sollten verstärkt interne Qualitätssicherungsprogramme für psychoanalytisch orientierte Versorgungsinstitutionen oder -bereiche entwickelt werden. Auch sollte die Prozeßdimension der Qualitätssicherung gleichgewichtig mit der Ergebnisdimension ausgearbeitet werden. Schließlich ist zu wünschen, daß die Qualitätssicherung in der stationären psychoanalytischen Psychotherapie und Psychosomatik erste Schritte aus der Phase der Qualitätsforschung hinaus in Richtung auf die Etablierung von Qualitätssicherungprogrammen oder -teilprogrammen in der klinischen Praxis unternimmt. Verfrüht wäre derzeit sicher, auf eine Verstärkung der Anstrengungen zur Qualitätsverbesserung zu drängen, bevor die Qualität der vorhandenen Praxis erfaßt ist, doch sollte diese in eine umfassende Qualitätssicherung einbezogen werden.

4. Die Bedeutung der Prozeßdimension für die Qualitätssicherung der stationären psychoanalytischen Psychotherapie

In der bisherigen Entwicklung der Qualitätssicherung in Psychotherapie und Psychosomatik allgemein und auch in der stationären psychoanalytischen Psychotherapie sind zwei Tendenzen zu verzeichnen, die – durchaus miteinander verbunden – den jetzigen Stand und insbesondere die dimensionalen Schwerpunkte der Qualitätssicherung prägen. Zunächst ist Qualitätssicherung als *externes* Unternehmen in diesen medizinischen Versorgungsbereich eingedrungen. Dies geschah zum einen durch die Vorschriften des Gesundheitsreformgesetzes von 1989, die auch psychotherapeutische und psychosomatische Einrichtungen in die Pflicht der Qualitätssicherung nahmen. Zum anderen hat das mit Nachdruck und in großem Umfang betriebene Qualitätssicherungsprogramm der Rentenversicherungsträger von 1993 in dem quantitativ weitaus größeren Teil der psychosomatisch-psychotherapeutischen Versorgung, der Rehabilitationsmedizin, mit expliziten und obligatorischen Vorgaben die Qualitätssicherungsbemühungen beherrscht (Müller-Fahrnow, 1993, 1996; Schliehe, 1994).

Mit beiden externen Initiativen der Qualitätssicherung waren explizit und implizit Kontrolle und Sanktionen verbunden, gesundheitspolitische Interessen und im weiteren Verlauf auch Steuerungstendenzen machten sich bemerkbar; der gesundheitsökonomische Kontext verlieh diesen externen Bestrebungen besonderes Gewicht. Aus dieser externen Perspektive der Qualitätssicherung sind die Qualitätsdimensionen der Struktur und des Ergebnisses der Behandlung, die bereitzustellenden Voraussetzungen und die erhaltenen Resultate der medizinischen Maßnahmen, in ökonomischer Sicht der Input und der Output, in erster Linie relevant. Zudem sind die strukturellen Bedingungen und die Gegebenheiten der Heilmaßnahmen der externen Kontrolle, Beurteilung und indirekt auch der Steuerung unmittelbar zugänglich, während der Behandlungsprozeß selbst sich dem direkten Zugriff der externen Qualitätssicherung weitgehend entzieht.

Zum zweiten dürfte die Beschaffenheit der drei Qualitätsdimensionen in der Konzeption der Qualitätssicherung – nicht nur in der stationären psychoanalytischen Psychotherapie – zu der Konzentration der Qualitätssicherung auf Struktur und Ergebnis beigetragen haben. Qualitätssicherung allgemein und besonders die Qualitätskontrolle setzen die Verfügbarkeit relevanter zuverlässiger Daten der medizinischen Maßnahme voraus. Grundlage aller Maßnahmen der Qualitätssicherung ist damit die *Meßbarkeit* der Qualität und der Bedingungen ihrer Herstellung, ihre Operationalisierbarkeit und ihre reliable Erfassung mit standardisierten Verfahren. Diesem meßtechnischen Zugriff öffnen sich die Qualitätsdimensionen der Struktur und des Ergebnisses leichter als die des Prozesses, der sich aufgrund seiner variablen Natur, der subjektiven Bedingungen und der oft qualitativen Vorgänge gegen eine direkte und objektive Datenerhebung und eine Quantifizierbarkeit sperrt. Für die Prozeßaspekte der Qualität in der stationären psychoanalytischen Psychotherapie gilt diese allgemeine Problematik in besonderem Maße. Aus immanenten Gründen der Qualitätssicherung konzentrieren sich Qualitätssicherungsmaßnahmen also zunächst auf die Struktur und das Ergebnis der Behandlung, während die Erfassung des Prozesses zurückgestellt wurde.

Dieser Vernachlässigung der Prozeßdimension der Qualitätssicherung steht deren Bedeutsamkeit für die Qualität der stationären psychoanalytischen Psychotherapie gegenüber. Vor allem die Theorie der stationären psychoanalytischen Psychotherapie und der Charakter des psychoanalytischen Behandlungsprozesses begründen die Notwendigkeit der Sicherung der Prozeßqualität.

In der *Theorie der stationären Psychotherapie* auf psychoanalytischer Grundlage besteht der stationäre Therapieraum aus einer Mehrzahl therapeutischer Felder, die mit unterschiedlichen Verfahren arbeitsteilig zum Behandlungsprozeß eines Patienten beitragen und deren Zusammenwirken koordiniert und integriert werden muß. Diese Kooperation ist störanfällig, muß in ihrem Verlauf überwacht und gegebenenfalls korrigiert werden. Weiter ist für den Therapieprozeß selbst die Beziehung zwischen dem Patienten und seinem Psychotherapeuten, aber auch zwischen ihm und den übrigen im stationären Therapieraum tätigen Teammitgliedern zentral. Diese Beziehungen sind durch wechselnde Übertragungs-Gegenübertragungs-Konstellationen gekennzeichnet und bieten dem Patienten Raum für die interaktive Inszenierung seiner psychischen Konflikte. Damit ist auch die *therapeutische Beziehung* als wesentliches Element der Behandlung recht störanfällig und bedarf der fortlaufenden Beobachtung, Reflexion und Beeinflussung. Schließlich ist die Behandlung eines Patienten nicht standardisiert; sie folgt nicht einem allgemeinen vorgegebenen Programm, desssen ordnungsgemäßes Durchlaufen für sich schon eine bestimmte Qualität garantieren würde. Sie ist ein *individueller Prozeß* mit nach den Erfordernissen des Einzelfalls spezifischen Komponenten; Ziele und therapeutische Maßnahmen sind Veränderungen im Fortgang unterworfen. Eine Dokumentation, Bewertung und Korrektur im Behandlungsprozeß ist deshalb unter der Perspektive der Qualitätssicherung unabdingbar.

In der Weiterentwicklung der Qualitätssicherung der stationären psychoanalytischen Psychotherapie müssen die *interne Qualitätssicherung* und die *Sicherung der Prozeßqualität* ein größeres Gewicht erhalten. Die Gestaltung der Qualitätssicherung des Behandlungsprozesses ist in besonderem Maße die Aufgabe der internen Qualitätssicherung. Die Initiativen und Interessen der an der Durchführung des Behandlungsprozesses unmittelbar Beteiligten sind hier besonders gefordert.

5. Konzeptionelle Rahmenbedingungen der Qualitätssicherung des Behandlungsprozesses in der stationären psychoanalytischen Psychotherapie

Die Sicherung der Prozeßqualität in der stationären psychoanalytischen Psychotherapie muß allgemeinen Prinzipien folgen, die für Qualitätssicherungsmaßnahmen in allen klinischen Bereichen und darüber hinaus gelten (Spörkel, Birner, Frommelt & John, 1995; Viethen, 1995). Neben diesen allgemeinen Charakteristika der Qualitätssicherung sollten bei der Erstellung von Qualitätssicherungsprogrammen jeweils die besonderen Gegebenheiten des betreffenden Versorgungsbereichs berücksichtigt werden. Dazu zählen neben den institutionellen Merkmalen des Bereichs die dort geltenden *konzeptionellen Vorgaben* und die *organisatorischen Ausgestaltungen* der Behandlung.

Konzeptionen der stationären psychoanalytischen Psychotherapie enthalten als grundlegende Annahme die Vorstellung eines stationären therapeutischen Raumes, der in eine Mehrzahl unterschiedlicher therapeutischer Felder aufgegliedert ist (vgl. Becker & Senf, 1988; Janssen, 1987; König, 1995). Dieser stationäre Therapieraum besteht aus den basalen Elementen der psychoanalytischen Psychotherapie (Gruppen- oder Einzeltherapie), der erlebnisorientierten oder non-verbalen Therapie (Gestaltungs-, Bewegungs-, Musik- oder Tanztherapie), der therapeutischen Patientengemeinschaft (Morgenrunde, Stationsgruppe, Stationsaktivität), der Entspannungstherapie (Autogenes Training, Progressive Muskelrelaxation), der Sozialberatung und Sozialtherapie, der Beratungsgespräche (Ernährungsberatung, Gesundheitsberatung), der verschiedenen sportlichen Veranstaltungen, der Krankengymnastik und Massage sowie der balneophysikalischen Maßnahmen. Die Konstellation dieser Therapiefelder wird in einzelnen Konzeptionen unterschiedlich gedacht, etwa bipolar, in Therapieraum und Realraum getrennt, oder integrativ aufeinander bezogen.

Die Behandlung eines Patienten erfolgt durch unterschiedliche therapeutische Einwirkungen in den einzelnen Feldern, die aufeinander bezogen sind. In einem Gesamtbehandlungsplan wird für den einzelnen Patienten aufgrund der individuellen Gegebenheiten festgelegt, welche therapeutischen Felder ausgewählt und welche Schwerpunktsetzungen der therapeutischen Arbeit in diesen vorgenommen werden sollen. Der therapeutische Effekt des stationären psychoanalytischen Behandlungsprozesses besteht in dem synergistischen Zusammenwirken unterschiedlicher Therapieeinflüsse.

Darüber hinaus enthalten Konzeptionen der stationären psychoanalytischen Psychotherapie Annahmen über die Gestaltung des individuellen Behandlungsprozesses, die je nach klinischer Institution variieren. Darin sind Elemente der Behandlung festgelegt, z.B. bestimmte initiale, prozeßbegleitende oder abschließende diagnostische Maßnahmen, Formen der Behandlungsplanung wie Bestimmung eines Therapiefokus oder Festlegung von Therapiezielen auf verschiedenen Ebenen oder Vorgaben von Inhalten und Themen aus verschiedenen Lebensbereichen, Arten der Überprüfung wichtiger Aspekte der Behandlung im Verlauf und die Weise der Gestaltung des Abschlusses der Behandlung. Bezüglich des Ablaufs der Behandlung wird eine sequentielle Struktur der Therapie vorgegeben, therapeutische Elemente werden im zeitlichen Kontinuum positioniert und Maßnahmen und Schwerpunkte in ihrer Abfolge festgelegt.

Diese Beschreibung von Konzepten der stationären psychoanalytischen Psychotherapie ist hier notwendigerweise recht allgemein und auf die für die Sicherung der Prozeßqualität relevanten Aspekte beschränkt. Für den Zusammenhang der Qualitätssicherung ist von Bedeutung, daß sich aus diesen speziellen Vorgaben im Zusammenwirken mit den allgemeinen Erfordernissen der Qualitätssicherung die Aufgaben der Qualitätssicherung dieses Versorgungsbereichs ergeben. Information, Beobachtung, Kontrolle, Bewertung, Korrektur und Verbesserung der Qualität des stationären psychoanalytischen Behandlungsprozesses müssen sich auf diese therapeutische Struktur und die therapeutischen Gestaltungselemente beziehen.

6. Aufgaben der Qualitätssicherung des Behandlungsprozesses in der stationären psychoanalytischen Psychotherapie

Die Aufgaben für die Sicherung der Prozeßqualität in der stationären psychoanalytischen Psychotherapie werden durch die Erfordernisse von Qualitätssicherungsprogrammen allgemein und durch die Vorgaben der Konzeption der stationären psychoanalytischen Psychotherapie festgelegt. Während erstere den allgemeinen Rahmen der Qualitätssicherung des stationären psychoanalytischen Behandlungsprozesses abgeben, bestimmt letztere deren inhaltliche Spezifik.

Die *allgemeinen Aufgaben* der Qualitätssicherung im Gesundheitswesen sind in deren Theorie vorgegeben und gelten auch für die Sicherung der Prozeßqualität der stationären psychoanalytischen Psychotherapie. So müssen für den psychoanalytischen Behandlungsprozeß spezielle Systeme der Erfassung relevanter Prozeßdaten für Routine-Monitoring und Spontanmeldungen vorgesehen werden. Eine Definition der Qualität des Behandlungsprozesses und einzelner Elemente davon, Kriterien, Standards und Referenzbereiche zu deren Bewertung muß die Qualitätssicherung weiter enthalten. Schließlich sind Verfahren der Korrektur und Verbesserung bereitzustellen, die sich für die Verwendung im Kontext des Behandlungsprozesses eignen.

In der stationären psychoanalytischen Psychotherapie steht die Qualitätssicherung des Behandlungsprozesses zwei Aufgaben gegenüber. Erstens muß sie Maßnahmen der Qualitätserfassung und Qualitätskontrolle des grundlegenden *therapeutischen Arrangements des stationären Raumes* vorsehen, das den Behandlungsprozeß ermöglicht. Dabei werden zwei Perspektiven in der Qualitätssicherung wirksam: Zum einen gilt es, die Qualität der Arbeit in den einzelnen therapeutischen Feldern zu überwachen, zum anderen die Qualität des Zusammenwirkens der Felder, ihrer Kommunikation und Kooperation untereinander, zu kontrollieren und ggf. zu korrigieren. Den zweiten Aufgabenbereich der Qualitätssicherung des Behandlungsprozesses in der stationären psychoanalytischen Psychotherapie bildet der *Verlauf der Behandlung* eines einzelnen Patienten. Hier ist u.a. die Qualität diagnostischer Maßnahmen zu Beginn und im Therapieverlauf zu überwachen, die Güte der Therapieplanung und Therapiekontrolle zu sichern, die Qualität der sequentiellen Gestaltung therapeutischer Maßnahmen über den Behandlungszeitraum zu erheben und zu bewerten und die Durchführung einzelner Elemente der Therapie hinsichtlich ihrer Qualität zu untersuchen.

Für beide Aufgabenbereiche müssen Bestandteile der Qualitätssicherung entwickelt werden, die die unterschiedlichen Prozeßelemente genau erfassen und zuverlässig prüfen, und diese müssen in ein übergreifendes Qualitätssicherungsprogramm des gesamten Behandlungsprozesses eingebracht werden.

7. Elemente der Qualitätssicherung des Behandlungsprozesses in der stationären psychoanalytischen Psychotherapie

Die Qualitätssicherung des Behandlungsprozesses ist im wesentlichen Aufgabe der internen Qualitätssicherung und wird grundlegend von den an der Behandlung Beteiligten getragen. Sie ist auf die Mitarbeit des therapeutischen Teams angewiesen und muß in ihrem Inhalt und Form, Ansatz und Durchführung auch deren Motivation entsprechen. Elemente der Qualitätssicherung müssen mit der Behandlung kompatibel und in die klinische Routinearbeit integrierbar sein, sie müssen ökonomisch und praktikabel gestaltet werden. Die Ergebnisse von Qualitätssicherungsmaßnahmen müssen relevant für die therapeutische Arbeit und für die Teammitglieder auch von unmittelbarem Nutzen sein. Deshalb müssen Elemente der Sicherung der Prozeßqualität von ihrer Beschaffenheit her eine zeitnahe Rückmeldung an die Betroffenen erlauben.

Die Qualitätssicherung des Behandlungsprozesses in der stationären psychoanalytischen Psychotherapie befindet sich gegenwärtig in den Anfängen der Entwicklung. In dieser Phase ist die modellhafte Erarbeitung konzeptioneller Vorstellungen und die praktische Erprobung einzelner Elemente der Qualitätssicherung gefordert. Im folgenden sollen einige Ansätze dargestellt werden, die als Bausteine der Sicherung der Prozeßqualität separat oder in einem Qualitätssicherungsprogramm des Behandlungsprozesses der stationären psychoanalytischen Psychotherapie geeignet erscheinen. Sie entstammen allgemeinen Überlegungen zur Qualitätssicherung, der psychoanalytischen klinischen Theorie, praktischen klinischen Erfahrungen und Ergebnissen der Psychotherapieforschung.

7.1 Kontrolle der Diagnostik: Operationalisierte Psychodynamische Diagnostik (OPD)

Die Qualität der psychotherapeutischen Behandlung wird auch im stationären Bereich wesentlich durch die Güte der Eingangsdiagnostik beeinflußt. Diese Diagnostik muß unter dem Gesichtspunkt der Qualitätssicherung bestimmten Anforderungen genügen. Zum einen muß sie den fachlichen Erfordernissen einer initialen Abklärung des Patienten entsprechen, muß wesentliche Aspekte des Patienten und seiner psychosozialen Problemlage erfassen und für den Behandlungsprozeß relevante Daten liefern. Darüber hinaus muß sie so gestaltet sein, daß eine Kontrolle und Korrektur möglich ist und interne und externe Vergleiche vorgenommen werden können. Eine solche Diagnostik muß also ebenso inhaltlich differenziert und behandlungsrelevant wie vom Verfahren her objektiviert und standardisiert sein.

Bisher in der stationären psychoanalytischen Psychotherapie verwandte diagnostische Instrumente haben diesen qualitativen Anforderungen der Qualitätssicherung nicht genügt. Die traditionellen, aus der Psychoanalyse stammenden diagnostischen Zugänge entsprechen zwar wichtigen inhaltlichen Vorstellungen der psychoanalytischen Theorie, erfassen etwa Ich-Struktur, Abwehrformation, Objektbeziehungen oder den neurotischen Konflikt, sind aber in ihrer Anwendung vorwiegend subjektiv, nicht standardisiert und wenig reliabel. Die zuletzt eingesetzten deskriptiven Klassifikationssysteme wie ICD-10 entsprechen qualitativen Notwendigkeiten der stationären psychoanalytischen Psychotherapie nicht, da sie symptomorientiert sind und sich auf die phänomenologisch geleitete Einordnung von pathologischen Oberflächenerscheinungen beschränken (Schneider & Freyberger, 1990, 1994). Zudem enthalten sie implizit biologische und psychiatrische Annahmen, die die Kompatibilität mit einem psychoanalytischen Behandlungsansatz und ihre Nützlichkeit für die Therapie stark einschränken (Schneider & Hoffmann, 1992). Bei diesen operationalisierten Klassifikationssystemen sind hingegen Objektivität, Reliabilität und Standardisierung gegeben, wie sie auch die Qualitätssicherung erfordert.

Vor diesem Hintergrund ist das jetzt vorliegende psychoanalytische diagnostische System der *Operationalisierten Psychodynamischen Diagnostik (OPD)* (Arbeitskreis OPD, 1996) ein wichtiger Schritt in Richtung einer Verbesserung der Diagnostik und einer Verbindung von Diagnostik und Therapie in der stationären psychoanalytischen Psychotherapie (Cierpka et al., 1995; Freyberger et al., 1996; Rudolf, Grande, Oberbracht & Jakobsen, 1996; Schneider et al., 1995). Gleichzeitig ist damit ein Diagnostiksystem vorhanden, das den Anforderungen der Qualitätssicherung entgegenkommt und für die Sicherung der Prozeßqualität der stationären psychoanalytischen Psychotherapie herangezogen werden kann.

OPD ist ein multiaxiales Klassifikationssystem mit operational definierten Kategorien, das eine nachvollziehbare diagnostische Einschätzung eines Patienten unter psychoanalytisch relevanten Gesichtspunkten ermöglicht. OPD besteht aus fünf Achsen, von denen vier für das Verständnis eines Patienten unter der psychoanalytischen Persönlichkeitstheorie und Krankheitslehre konzipiert sind. Inhalt und Ausprägungsstufen der einzelnen Kategorien der Achsen sind in einem Manual beobachtungsnah beschrieben; operationalisierte Kriterien werden jeweils angegeben. Achse I erfaßt

Krankheitserleben und Behandlungsvoraussetzungen in 19 Kategorien mit drei Ausprägungsgraden. Achse II „Beziehung" bezieht sich auf dysfunktionale Beziehungsgestaltungen, die für einen Patienten charakteristisch sind. Sie werden aus den Erlebensperspektiven des Patienten und des Interviewers mit jeweils einer Position des Handelns oder Verhaltens des Patienten und den Reaktionen anderer anhand von vorgegebenen standardisierten Formulierungen dargestellt. In der Achse III „Konflikt" sind acht typische lebensbestimmende Konflikte aufgeführt, deren Vorhandensein, Ausprägungsgrad und Bedeutsamkeit anhand bestimmter Kriterien in drei Stufen angegeben wird; zudem wird der überwiegende Verarbeitungsmodus (aktiv oder passiv) erhoben. Die Achse IV „Struktur" enthält sechs in sich gestufte strukturelle Beurteilungsdimensionen, die unter dem Aspekt des Integrationsniveaus beurteilt werden. Zu diesen vier aus der Psychoanalyse abgeleiteten Achsen kommt die Achse V „Psychische und psychosomatische Störungen", die den Anschluß von OPD an die bestehende symptomorientierte Diagnostik herstellen soll. Diese Achse folgt dem Klassifikationssystem von ICD-10, nimmt aber einige Erweiterungen vor.

Für die Qualitätssicherung des Behandlungsprozesses in der stationären psychoanalytischen Psychotherapie ist von Bedeutung, daß OPD wichtige Aspekte psychoanalytischer Diagnostik in beobachtungsnaher und standardisierter Form enthält, und durch die Gliederung des Gesamtinstruments sowie durch die Differenzierung innerhalb der Achsen auch eine Ausrichtung auf die Behandlung vorgenommen wird. In Achse I werden mit Krankheitserleben und Behandlungsvoraussetzungen die Grundlagen und der Ausgangspunkt der psychotherapeutischen Behandlung erhoben. Achse II erfaßt die Gestaltung, das Erleben zwischenmenschlicher Beziehungen sowie spezifische pathologische Interaktionsmuster des Patienten, die Gegenstand der therapeutischen Arbeit sein sollten. Achse III läßt in systematisierter Form die lebensbestimmenden Konflikte des Patienten erkennen, die den Hintergrund der aktuellen psychosozialen Konfliktkonstellation abgeben und diese verständlich machen können. Achse IV enthält konfligierende Elemente der innerpsychischen Struktur und deren Manifestationen in der Gestaltung der Objektbeziehungen, die Hinweise auf therapeutische Strategien und Ansatzpunkte der Therapie in Hinblick auf die Persönlichkeitsstruktur geben können. Diese Informationen der OPD über einen einzelnen Patienten können produktiv für die individuelle Planung und Durchführung des Behandlungsprozesses genutzt werden.

OPD ermöglicht eine standardisierte, reliable und valide Diagnostik, die eine Datenbasis für die Qualitätssicherung der stationären psychoanalytischen Psychotherapie liefern kann. Insbesondere die Behandlungsbezogenheit dieses diagnostischen Systems läßt OPD auch für die Verwendung in der Sicherung der Prozeßqualität geeignet erscheinen, so daß sie als Baustein der Qualitätssicherung der stationären psychoanalytischen Psychotherapie Verwendung finden kann.

7.2 Erfassung der therapeutischen Beziehung: Helping Alliance Questionnaire

Die Beziehung zwischen Patient und Therapeut ist Medium der therapeutischen Arbeit in der stationären psychoanalytischen Psychotherapie und damit zugleich ein Indikator ihrer Qualität. Im Kontext der Qualitätssicherung des Behandlungsprozesses ist es daher von Interesse, diese Beziehung, die in der klinischen Praxis Gegenstand unsystematischer Beschäftigung und Reflexion in Teamsitzungen und Supervisionen ist, standardisiert und systematisch zu erfassen. Die fortlaufende Überwachung der therapeutischen Beziehung durch ein objektives Instrument muß deshalb ein Element der Sicherung der Prozeßqualität der stationären psychoanalytischen Psychotherapie bilden.

In der empirischen Psychotherapieforschung ist die therapeutische Beziehung in unterschiedlicher Weise theoretisch definiert und mit verschiedenen Instrumenten untersucht worden, wobei sich gewisse gemeinsame Elemente herausgebildet haben (vgl. Gaston, 1990; Henry, Strupp, Schacht & Gaston, 1994; Horvath & Greenberg, 1994; Horvath, Gaston & Luborsky, 1993). Nach den anfänglich dominierenden aufwendigen Ratingverfahren sind in der Folgezeit auch handlichere Fragebogeninstrumente entwickelt und in empirischen Untersuchungen Zusammenhänge mit verschiedenen Prozeß- und Ergebnisvariablen zumeist ambulanter Psychotherapie nachgewiesen worden.

Ein einfaches Instrument zur Erfassung der Patient-Therapeut-Beziehung liegt in dem *Helping Alliance Questionnaire (HAQ)* von Luborsky vor, von dem jetzt eine deutsche Fassung entwickelt und in der Evaluationsforschung der stationären psychoanalytischen Psychotherapie erprobt wurde (Bassler & Hoffmann, 1993; Bassler, Potratz & Krauthauser, 1995). Das HAQ ist ein 12 Items umfassender Fragebogen, in dem der Patient in 11 Fragen verschiedene Aspekte seiner Beziehung zum Therapeuten auf einer sechsstufigen Skala einschätzt und in einem weiteren Item eine globale Einschätzung des Therapieerfolgs abgibt. Eine komplementäre Version für den Psychotherapeuten wurde ebenfalls konstruiert, aber noch nicht veröffentlicht. Bassler et al. (1995) fanden in der statistischen Analyse zwei Skalen, die sie „Erfolgszufriedenheit" und „Beziehungszufriedenheit" nannten. Für die Skala „Erfolgszufriedenheit" ließen sich Zusammenhänge mit Ergebniskriterien finden, doch war die prognostische Qualität im Frühstadium der Behandlung gering. Aufgrund ihrer Ergebnisse sahen die Autoren die erste Skala eher für Outcome-Forschung geeignet, während sie von der zweiten einen Gewinn für die Prozeßforschung erwarteten. Beide Skalen gemeinsam erwiesen sich als Indikatoren der subjektiven Beziehung des Patienten in der stationären psychoanalytischen Psychotherapie und als veränderungssensitiv im Behandlungsverlauf.

Nach diesen Forschungsergebnissen steht für die Qualitätssicherung des Behandlungsprozesses mit dem HAQ ein reliables und valides Instrument zur Erfassung des Beziehungserlebens des Patienten zur Verfügung. Es bietet sich für den Einsatz im Routine-Monitoring an, da es sowohl in der Durchführung als auch der Auswertung ökonomisch und praktikabel und selbst in kurzen Prozeßintervallen regelmäßig einsetzbar ist. Bei der Bewertung der Ergebnisse dieses Zufriedenheitsmaßes der Qualitätssicherung werden aber die besonderen Bedingungen zu berücksichtigen sein, die für die Patientenzufriedenheit in der stationären psychoanalytischen Psychotherapie überhaupt gelten (Mans, 1995a).

Zwei Einschränkungen beim Einsatz des HAQ in der Qualitätssicherung des Behandlungsprozesses der stationären psychoanalytischen Psychotherapie sind jedoch zu berücksichtigen. Einmal ist die therapeutische Beziehung ein zweiseitiges Geschehen im Rahmen einer Übertragungs-Gegenübertragungskonstellation, von dem das HAQ nur die eine Seite, die Sicht des Patienten, erfaßt. In der Qualitätssicherung ist in jedem Fall die andere Seite, die Sicht des Therapeuten, zu ergänzen. Die von Bassler et al. (1995) vorbereitete Komplementärversion für den Therapeuten bietet sich dafür an. Die zweite Einschränkung wiegt für den Kontext der Qualitätssicherung schwerer. Stationäre psychoanalytische Psychotherapie ist von der Konzeption her als ein multidimensionales therapeutisches Geschehen mit einer Mehrzahl therapeutischer Beziehungen angelegt. In dieser komplexen therapeutischen Beziehungskonstellation im stationären Setting kommt der Beziehung zum Psychotherapeuten zwar eine wichtige, vielleicht in der Regel zentrale Funktion zu, doch zeigt die klinische Erfahrung, daß sie für die Qualität der Behandlung gar nicht selten nicht die entscheidende ist. Als Indikatoren der Prozeßqualität sollten deshalb auch die Beziehungseinschätzungen zumindest für Schwestern und Pfleger und erlebnisorientierte Therapeuten wie Gestaltungs-, Bewegungs- oder Musiktherapeuten herangezogen werden.

Trotz dieser Einschränkungen und wünschenswerter Erweiterungen kann das HAQ aber als ein Element der Qualitätssicherung des stationären psychoanalytischen Behandlungsprozesses für das Routine-Monitoring eines zentralen Prozeßelements und Qualitätsindikators genutzt werden. Ergänzend müssen jedoch Standards für dieses Element der Behandlungsqualität festgelegt werden.

7.3 Festlegung des psychotherapeutischen Fokus: Standardisierte Formulierung des psychodynamischen Konflikts

Die stationäre psychoanalytische Psychotherapie ist in ihrem Inhalt strukturiert und konzentriert gestaltet. Die psychotherapeutische Arbeit mit einem Patienten wird in ihrer Gesamtheit und der Differenzierung in den einzelnen Feldern durch einen psychodynamischen Fokus organisiert. Zu Beginn der Behandlung wird auf der Grundlage diagnostischer Gespräche und gegebenenfalls ergänzender testpsychologischer Untersuchungen ein psychodynamischer Schwerpunkt formuliert, an dem sich die weiteren therapeutischen Maßnahmen orientieren. In der Regel handelt es sich dabei um intrapsychische und interpersonelle Konfliktkonstellationen. Dieser Fokus hat den Charakter einer Arbeitshypothese in der stationären Psychotherapie des Patienten, die im weiteren Verlauf der Behandlung überprüft und gegebenenfalls neu formuliert wird. In der laufenden psychotherapeutischen Arbeit dient der Fokus dazu, auftauchendes aktuelles oder biographisches Material zu ordnen und die Assoziation von weiterem Material anzuregen, um dem Patienten auf dieser Grundlage ein besseres Verständnis und alternative Lösungen seiner psychischen und psychosozialen Konflikte zu ermöglichen. Der psychodynamische Fokus ist auch eine Grundlage für die

Erarbeitung des Gesamtbehandlungsplans eines Patienten und die Aufgabenverteilung für die verschiedenen therapeutischen Felder des stationären Raumes.

Für die Qualitätssicherung des Prozesses der stationären psychoanalytischen Psychotherapie ist es wichtig, dieses für die Behandlungsgestaltung und den Therapieverlauf zentrale Element in die Qualitätssicherungsmaßnahmen einbeziehen zu können. Voraussetzung dafür aber ist, daß die Formulierung des psychodynamischen Fokus in einer standardisierten Form vorliegt, die eine zuverlässige Erfassung, Kontrolle und Bewertung erlaubt. In der empirischen Psychotherapieforschung sind für wissenschaftliche Fragestellungen eine Reihe von formalen Mustern für die Formulierung eines psychodynamischen Konflikts entwickelt worden (Henry et al., 1994). Solche Formate legen die Bestandteile des Konflikts fest, die in der Formulierung enthalten sein sollen, und die Art, wie sie dargestellt werden. Praktikable Formate mit wenigen, klar definierten Komponenten, beobachtungsnahen, objektivierten Inhalten und standardisierten Formulierungsvorschriften liegen in mehreren Konzeptionen vor, von denen hier zwei Ansätze mit weiterer Verbreitung bespielhaft aufgeführt werden sollen.

Ein Format der Formulierung des psychodynamischen Konflikts ist das *Zentrale Beziehungskonflikt-Thema* (ZBKT) von Luborsky (Luborsky, 1988, 1990; Luborsky, Popp, Luborsky & Mark, 1994). Dieses erfaßt wiederkehrende konflikthafte Konstellationen eines Patienten in der Erfahrung interpersoneller Beziehungen. Die Formulierung des ZBKT enthält drei Komponenten: Wünsche, Bedürfnisse oder Absichten des Patienten gegenüber anderen Menschen, die Reaktionen der anderen (der Objekte) und die eigenen Reaktionen (des Selbst). Bei den Reaktionen werden positive und negative, tatsächlich ausgedrückte und nicht ausgedrückte unterschieden. Die Formulierung der Komponenten im Einzelfall kann mit individuellen Beschreibungen oder mit standardisierten Kategorien erfolgen. In jedem Fall sollen die Formulierungen beobachtungsnah und ohne größere Interpretationen anhand der Schilderungen von Beziehungsepisoden des Patienten vorgenommen werden.

Ein weiteres Schema für Fokusformulierungen haben Schacht, Binder und Strupp (1993) in der Konzeption des *Dynamischen Fokus* entwickelt, mit dem sie wiederkehrende konflikthafte Interaktionen im interpersonellen Kontext festhalten. Das Format besteht aus vier Komponenten: eigene Handlungen, Erwartungen in Hinblick auf die Reaktionen anderer Menschen, Handlungen anderer gegenüber dem Selbst sowie eigene Handlungen gegenüber dem Selbst (Introjekt). Auch hier ist die Formulierung phänomenologisch orientiert und auf Berichte des Patienten gegründet, doch ist eine gewisse Interpretation nötig, um die impliziten Handlungsmuster zu erkennen. Unter Integration der Strukturalen Analyse Sozialen Verhaltens (SASB) nach L.S. Benjamin ist dieses Schema zu dem Zyklischen Maladaptiven Beziehungsmuster in einem komplexeren Format weiterentwickelt worden (Schacht & Henry, 1994).

Mit der Formulierung des psychodynamischen Fokus nach solchen Formaten wird eine Datenbasis bereitgestellt, die in der Qualitätssicherung des stationären psychoanalytischen Behandlungsprozesses die Kontrolle und Bewertung der Therapie eines einzelnen Patienten ebenso wie die vergleichende Beurteilung der Behandlungsverläufe von mehreren Patienten oder von Patientengruppen ermöglicht. Außerdem kann auf dieser Grundlage die Arbeit in den einzelnen therapeutischen Feldern aufeinander bezogen und das Zusammenwirken im Rahmen des Gesamtbehandlungsplans wie die einzelfallunabhängige Kooperation beurteilt werden. Weitere Maßnahmen der Sicherung der Prozeßqualität, insbesondere der Korrektur und Verbesserung, können auf dieser standardisierten Informationsbasis aufbauen.

7.4 Erhebung der therapeutischen Maßnahmen: Klassifikation therapeutischer Leistungen (KTL)

Für die Sicherung der Qualität des Behandlungsprozesses in der stationären psychoanalytischen Psychotherapie ist die Kenntnis der quantitativen Verteilung der therapeutischen Elemente von Bedeutung. Die individuelle Behandlung eines Patienten ist zwar durch eine inhaltliche Auswahl der therapeutischen Maßnahmen gekennzeichnet, die im Gesamtbehandlungsplan vorgenommen wird. Damit wird in einem gewissen Rahmen gleichzeitig die quantitative Intensität der Therapie festgelegt, die teils durch das stationäre Setting vorgegeben ist, teils im Einzelfall differentiell festgelegt wird. Darüber hinaus ist erfahrungsgemäß die Inanspruchnahme der therapeutischen Maßnahmen bei einzelnen Patienten und in den jeweiligen Therapiefeldern unterschiedlich. Beides, die grundsätzliche Zuordnung durch den Therapieplan wie die Nutzung durch den Patienten, ist im Verlauf der Behandlung Veränderungen unterworfen.

Darüber hinaus ist die quantitative Verteilung therapeutischer Maßnahmen zwischen den einzelnen Feldern des stationären therapeutischen Raumes unterschiedlich und kann sogar, abhängig von der Person des Therapeuten, zwischen den im gleichen Feld Tätigen variieren. Dies betrifft vor allem Einzelmaßnahmen wie therapeutische Einzelgespräche, Gespräche in Sozialberatung, Ernährungsberatung oder Gesundheitsberatung oder die Gespräche der Schwestern und Pfleger mit dem Patienten, bei denen es individuelle quantitative Gestaltungsmöglichkeiten gibt. Auch die Inanspruchnahme von fakultativ im Therapieplan vorgesehenen Therapiemaßnahmen durch den einzelnen Patienten ist recht unterschiedlich.

Unter beiden Aspekten, des individuellen Behandlungsablaufs und der Nutzung einzelner Therapiefelder wie der Ausgestaltung des Grundarrangements des stationären Raumes, ist die quantitative Verteilung der therapeutischen Maßnahmen im Kontext der Qualitätssicherung der Prozeßdimension der stationären psychoanalytischen Psychotherapie von Bedeutung. Die individuelle Therapiedosis eines Patienten und seine differentielle Inanspruchnahme und deren Veränderungen im Therapieverlauf wie die Auslastung einzelner therapeutischer Felder und das Ausmaß der therapeutischen Aktivität einzelner Teammitglieder können Indikatoren der Qualität des stationären psychoanalytischen Behandlungsprozesses sein. Deren routinemäßige und standardisierte quantitative Erfassung schafft die Voraussetzungen zur Kontrolle und Verbesserung der prozessualen Behandlungsqualität.

Mit der *Klassifikation therapeutischer Leistungen (KTL)* (Bundesversicherungsanstalt für Angestellte, 1995) ist im Rahmen des umfassenden Qualitätssicherungsprogrammes der Rentenversicherungsträger ein Dokumentationssystem für diesen Datenbereich vorgelegt worden, das auch als ein Element der Qualitätssicherung des stationären psychoanalytischen Behandlungsprozesses genutzt werden kann. Unabhängig von den externen Intentionen und damit verbundenen Interessen, die bei der Entwicklung und dem Einsatz dieses Instruments wirksam gewesen sein mögen, weist die KTL Charakteristika auf, die sie für die Qualitätssicherung des Behandlungsprozesses im internen Kontext geeignet erscheinen lassen. Da die KTL jedoch als allgemeines Erfassungssystem für alle Bereiche der medizinischen Rehabilitation gedacht ist, sind Modifikationen und Erweiterungen für den Einsatz bei der Erhebung von Maßnahmen der stationären psychoanalytischen Psychotherapie und für die Verwendung in bestimmten Einrichtungen entsprechend den institutionellen und konzeptionellen Gegebenheiten notwendig.

Die KTL umfaßt therapeutische Maßnahmen in verschiedenen Bereichen der stationären medizinischen Rehabilitation. Damit wird die Erfassung des gesamten therapeutischen Angebots der stationären psychoanalytischen Psychotherapie möglich, da diese in ihren Maßnahmen über Psychotherapie im engeren Sinne hinausgeht und etwa auch sportliche und balneophysikalische Maßnahmen, Gesundheitsbildung, soziale und berufsbezogene Unterstützung und verschiedene Beratungs- und Trainingsangebote in die Gesamtbehandlung einbezieht. Die KTL beschreibt die einzelnen Maßnahmen in standardisierter Form nach einem allgemeinen Format. Dieses ist unterteilt in Qualitätsmerkmale der therapeutischen Maßnahme mit den Kategorien Berufsgruppe, Fachgebiet, Indikation, Therapieziel, Ort und Gerät und der Kategorie „Sonstiges", in der u.a. besondere Qualifikationen des therapeutischen Personals genannt werden können, sowie Anwendungsformen der Leistungen, in deren Kategorien Dauer, Frequenz und Anzahl der Patienten quantitative Festlegungen getroffen werden. In dem Kapitel „Psychotherapie" werden auch psychoanalytische therapeutische Maßnahmen differenziert und detailliert aufgeführt.

Von der Grundstruktur und unter Berücksichtigung vorzunehmender Modifikationen und Erweiterungen steht mit der KTL ein Instrument für die Qualitätssicherung bereit, mit dem routinemäßig auch prozeßrelevante Daten über stationäre psychoanalytische Behandlungen erhoben werden können. Ergänzt werden muß diese Informationsgrundlage freilich durch Bewertungskriterien, die den Erfordernissen und Interessen der internen Qualitätssicherung entsprechen. Damit erst kann die KTL für die Qualitätssicherung des Behandlungsprozesses nützlich und nutzbar werden. Für die Qualitätssicherung der Prozeßdimension der stationären psychoanalytischen Psychotherapie kann die adaptierte KTL ein Baustein des Routine-Monitorings und der Qualitätskontrolle des Behandlungsverlaufs bilden.

7.5 Überwachung des Behandlungsverlaufs: Kontroll- und Korrekturelemente im stationären psychoanalytischen Setting

Die Qualitätssicherung des Behandlungsprozesses der stationären psychoanalytischen Psychotherapie erfordert auch in diesem Versorgungsbereich und dieser Qualitätsdimension angemessene Kontroll- und Korrekturelemente. Dabei sollten vorhandene Strukturen genutzt und die Elemente der Qualitätssicherung in den klinischen Betrieb integriert werden. Um eine zeitnahe Verbesserung unzureichender Qualität zu ermöglichen, sollten sie in den Ablauf der Behandlung einbezogen werden. Die Eigenart der stationären psychoanalytischen Psychotherapie als diskursiver und interaktiver Prozeß legt auch nahe, Maßnahmen der Qualitätssicherung nicht vorwiegend oder ausschließlich auf eine instrumentelle Informationsgewinnung und -bewertung zu stützen, sondern diskursive Formen der Qualitätssicherung vorzusehen. Der Charakter der stationären psychoanalytischen Psychotherapie als Teamprozeß läßt es notwendig erscheinen, Qualitätssicherungselemente auch als soziale Aktivität unter Beteiligung aller Teammitglieder zu organisieren. Gleichzeitig sollte sichergestellt sein, daß nicht nur die unmittelbar in die Behandlung involvierten Teammitglieder, sondern auch dazu relativ externe Mitarbeiter Qualitätsbewertungen vornehmen und Korrektur- und Verbesserungsinitiativen einleiten können.

Die Qualitätssicherung der stationären psychoanalytischen Psychotherapie kann sich bei der Qualitätskontrolle und Qualitätskorrektur auf strukturelle Elemente der stationären psychoanalytischen Psychotherapie stützen, die eine Sicherung der Prozeßqualität auf dem skizzierten Hintergrund fördern (Mans, 1995b). Dabei kann man iterative, vorwiegend auf das stationäre therapeutische Gesamtarrangement und dessen Arbeiten im Behandlungsprozeß bezogene Elemente der Qualitätssicherung von sequentiellen, primär den individuellen Therapieverlauf eines Patienten betreffenden Elementen der Qualitätssicherung unterscheiden.

Zu den iterative Qualitätssicherungselementen des Behandlungsprozesses gehören die verschiedenen Arten von Besprechungen an festen Terminen der Woche, zu denen sich alle im stationären Raum tätigen Mitarbeiter zusammenfinden, z.B. die mehrmals wöchentlich stattfindenden Teamkonferenzen und die täglichen Morgenbesprechungen sowie die regelmäßigen Besprechungen mit anderen an der Behandlung Beteiligten außerhalb der Station. Hier werden einzelne auffällige Patienten oder allgemeine Probleme der Therapiegestaltung besprochen. In diesen Teamsitzungen findet eine wechselseitige Kontrolle und Korrektur von Einzelbehandlungen und der Arbeit in den therapeutischen Feldern auf der Basis der Beobachtung und Bewertung durch die jeweils dort nicht unmittelbar beteiligten Teammitglieder statt, die aus der relativ externen Perspektive besser Auffälligkeiten und Fehlentwicklungen erkennen und leichter Vorschläge zur Abhilfe der Qualitätsdefizite machen können. Zusätzlich können durch den nicht unmittelbar in die Behandlung einbezogenen Stationsleiter Störungen der Zusammenarbeit der Felder und Teammitglieder im stationären Raum und Beeinträchtigungen einzelner Behandlungen aufgrund des relativ externen Standpunkts und der interaktiven Distanz festgestellt und beseitigt werden.

Weitere iterative Elemente der Sicherung der Prozeßqualität sind die regelmäßig stattfindenden Supervisionen durch den Stationsleiter oder einen externen Supervisor. Gegenstand dieser Supervisionen ist die Gestaltung der Behandlung eines einzelnen Patienten in der Fallsupervision oder die therapeutische Zusammenarbeit der Mitarbeiter der Station in der Teamsupervision. Hier stehen wechselnd das Erkennen und Beseitigen von Störungen und Fehlern der Einzelbehandlung, des Funktionierens des stationären Behandlungsarrangements und der Zusammenarbeit im Team im Vordergrund.

Sequentielle Elemente der Sicherung der Prozeßqualität der stationären psychoanalytischen Psychotherapie sind auf den Einzelfall bezogen und markieren Kontroll- und Korrekturpunkte im Behandlungsverlauf. Anders als die iterativen Elemente der

Qualitätssicherung, die für die Behandlung des einzelnen Patienten nur singulär und punktuell wirksam werden, ermöglichen die sequentiellen Elemente eine kontinuierliche Überwachung des gesamten Behandlungsverlaufs eines Patienten. Festgelegte Überwachungselemente der Prozeßqualität sind die Aufnahmekonferenz, je nach Behandlungsdauer und Verlängerungsnotwendigkeiten eine oder mehrere Zwischenbilanzkonferenzen und die Abschlußkonferenz. Auf der Basis einer standardisierten Informationsgrundlage aus verschiedenen Datenquellen zu den wesentlichen Prozeßaspekten der Behandlungsqualität und zusätzlichen spontanen Mitteilungen wird je nach Stadium der Therapie eine Überprüfung wichtiger Qualitätsmerkmale vorgenommen. Dabei wird eine feste Liste von Kategorien der Prozeßqualität einer psychoanalytischen Behandlung zugrundegelegt.

Die beiden Typen von Elementen der Qualitätssicherung in der Konzeption der stationären psychoanalytischen Psychotherapie ermöglichen eine Qualitätssicherung der Prozeßdimension der Behandlung, die der Spezifik des stationären psychoanalytischen Arbeiten und den Interessen der internen Qualitätssicherung gleichermaßen entspricht. Ergänzt werden sollten sie durch spezielle Qualitätssicherungsbesprechungen, in denen auf der Basis der in den beiden anderen Qualitätssicherungselementen gewonnenen Qualitätsinformationen und zusätzlicher Fehler- und Störungsmeldungen Korrektur- und Verbesserungsmaßnahmen vorbereitet und evaluiert werden. Bestrebungen zur Qualitätssicherung des Behandlungsprozesses der stationären psychoanalytischen Psychotherapie sollten diese Elemente der Qualitätssicherung nutzen und im Zuge der Weiterentwicklung der Qualitätssicherung in diesem Bereich nach deren Erfordernissen ausbauen.

8. Schluß

Qualitätssicherung ist auf die stationäre psychoanalytische Psychotherapie zunächst als Forderung von außen zugekommen und hatte von Beginn an einen gesundheitspolitischen Kontext. Das Ansinnen, die Qualität der eigenen Arbeit zu prüfen, zu verbessern oder gar zu legitimieren, ist vor diesem Hintergrund geeignet, eher Ablehnung als Zustimmung hervorzurufen. Die Auseinandersetzung damit kann jedoch die Besinnung auf die eigenen Ressourcen, Entwicklungsmöglichkeiten und Veränderungsnotwendigkeiten der stationären psychoanalytischen Psychotherapie fördern. Die damit einhergehende notwendige Verlagerung des Schwerpunkts von der externen zur internen Qualitätssicherung und von der Konzentration auf Struktur und Ergebnis zu der auf die Prozeßdimension eröffnet für die stationäre psychoanalytische Psychotherapie Chancen und Impulse der Weiterentwicklung, die nicht nur der Qualitätssicherung, sondern auch der Theorie und Praxis der eigenen klinischen Arbeit dienen.

In der jetzigen Entwicklungsphase der Qualitätssicherung liegen einige Elemente vor, die als ein allen Therapierichtungen gemeinsames Fundament der Qualitätssicherung auch die Grundlage der Qualitätssicherung in der stationären Psychotherapie psychoanalytischer Orientierung bilden können. Darüber hinaus sind Ansätze innerhalb der stationären psychoanalytischen Psychotherapie vorhanden, die den Besonderheiten psychoanalytischen Arbeitens wie den Erfordernissen der Qualitätssicherung gleichermaßen entsprechen. Diese aufzugreifen und auszubauen, sie in die klinische Praxis zu integrieren und von der Qualitätssicherung zur Qualitätsverbesserung und Qualitätsentwicklung voranzuschreiten, ist auch die Aufgabe derjenigen, die die klinische Arbeit in der stationären psychoanalytischen Psychotherapie gestalten.

Diese Weiterentwicklung der Qualitätssicherung in der Psychotherapie ist mit einer allgemeinen Schwierigkeit konfrontiert, die auch die psychoanalytische Psychotherapie betrifft. Die Qualitätssicherung ist eine Aufgabe für die gesamte Psychotherapie und Psychosomatik, die Anstrengungen in allen Bereichen dieses Teils des Gesundheitssystems verlangt und die Mitarbeit aller dort Tätigen unabhängig von der theoretischen Orientierung an unterschiedlichen Therapierichtungen erfordert. Diese Bemühungen um die Qualitätssicherung finden aber in einem gesundheitspolitischen und gesundheitsökonomischen Kontext statt, in dem sozialpolitische Steuerungs- und Strukturierungsvorgänge sich vollziehen und gesellschaftliche Partialinteressen wirksam werden. Insbesondere durch die Verknappung der finanziellen Ressourcen und Veränderungen in der Gesundheits- und Sozialpolitik entsteht ein Antagonismus einzelner Gruppen in der Psychotherapie, der sich auch auf die Qualitätssicherung in diesem Bereich auswirken kann. Für die Qualitätssicherung können sich daraus zwei unproduktive Entwicklungen ergeben. Einmal kann die Qualitätssicherung von Konkurrenz geprägt sein und zu einer Profilierung der einzelnen Therapierichtungen wie zu einer Verabsolutierung der differierenden Elemente der Qualitätssicherung unter Vernachlässigung der gemeinsamen Grundlage führen. Zum anderen kann die Qualitätssicherung eine Vereinheitlichung unterschiedlicher Therapieansätze enthalten und eine Nivellierung der Besonderheiten der Qualitätssicherung in den verschiedenen Therapierichtungen zur Folge haben. Aus beiden Tendenzen kann eine einseitige Entwicklung der Qualitätssicherung in der Psychotherapie zum Nachteil auch der Qualitätssicherungsprogramme innerhalb einzelner Therapierichtungen resultieren.

Vom Gelingen eines kritischen Dialogs und einer verbindenden und differenzierenden Kooperation zwischen den in der Qualitätssicherung engagierten Psychotherapeuten unterschiedlicher theoretischer Orientierungen ist in nicht geringem Maße das Schicksal der Qualitätssicherung nicht nur in der psychoanalytischen Psychotherapie abhängig. Dazu einen Beitrag zu leisten, ist die Intention der vorstehenden Überlegungen zur Spezifik der Qualitätssicherung in der stationären psychoanalytischen Psychotherapie, die das gemeinsame Fundament der Qualitätssicherung in der Psychotherapie richtungsspezifisch ergänzen können.

Literaturverzeichnis

Arbeitskreis OPD (Hrsg.). (1996). *Operationalisierte Psychodynamische Diagnostik. Grundlagen und Manual.* Bern: Huber.
Bassler, M. & Hoffmann, S.O. (1993). Die therapeutische Beziehung im Rahmen von stationärer Psychotherapie. *Psychotherapie Psychosomatik & Medizinische Psychologie, 43,* 325–332.
Bassler, M., Potratz, B. & Krauthauser, H. (1995). Der „Helping Alliance Questionnaire" (HAQ) von Luborsky. *Psychotherapeut, 40,* 23–32.

Becker, H. & Senf, W. (1988). *Praxis der stationären Psychotherapie*. Stuttgart: Thieme.

Bell, K., Janssen, P.L., Meermann, R., Senf, W. & Wirsching, M. (1996). Qualitätssicherung in der Psychotherapeutischen Medizin. Mitteilungen der Qualitätssicherungsbeauftragten eines Zusammenschlusses von AWMF-Fachgesellschaften. *Psychotherapeut, 41,* 250–253.

Beske, F. (1992). Qualitätssicherung. Einführung und gesetzliche Grundlagen. *Das Gesundheitswesen, 54,* 508–510.

Broda, M., Dahlbender, R.W., Schmidt, J., von Rad, M. & Schors, R. (1993). DKPM-Basisdokumentation. Eine einheitliche Basisdokumentation für die stationäre Psychosomatik und Psychotherapie. *Psychotherapie, Psychosomatik & Medizinische Psychologie, 43,* 214–223.

Bundesversicherungsanstalt für Angestellte (Hrsg.). (1995). *Klassifikation therapeutischer Leistungen in der stationären medizinischen Rehabilitation.* Berlin: BfA-Selbstverlag.

Cierpka, M., Buchheim, P., Freyberger, H.J., Hoffmann, S.O., Janssen, P.L., Muhs, A., Rudolf, G., Rüger, U., Schneider, W. & Schüßler, G. (1995). Die erste Version einer Operationalisierten Psychodynamischen Diagnostik (OPD-1). *Psychotherapeut, 40,* 69–78.

Donabedian, A. (1982). An exploration of structure, process and outcome as approaches to quality assessment. In H.-K. Selbmann & K.K. Überla (Eds.), *Quality Assessment of Medical Care* (pp. 69–92). Gerlingen: Bleicher.

Frank, M. & Fiegenbaum, W. (1994). Therapieerfolgsmessung in der psychotherapeutischen Praxis. *Zeitschrift für Klinische Psychologie, 23,* 268–275.

Freyberger, H.J., Dierse, B., Schneider, W., Strauß, B., Heuft, G., Schauenburg, H., Pouget-Schors, D., Seidler, G.H., Küchenhoff, J., Janssen, P.L. & Hoffmann, S.O. (1996). Operationalisierte Psychodynamische Diagnostik (OPD) in der Erprobung. Ergebnisse einer multizentrischen Anwendungs- und Praktikabilitätsstudie. *Psychotherapie, Psychosomatik & Medizinische Psychologie, 46,* 356–365.

Fydrich, T., Laireiter, A.-R., Saile, H. & Engberding, M. (1996). Diagnostik und Evaluation in der Psychotherapie. Empfehlungen zur Standardisierung. *Zeitschrift für Klinische Psychologie, 25,* 161–168.

Gaston, L. (1990). The concept of the alliance and its role in psychotherapy. Theoretical and empirical considerations. *Psychotherapy, 27,* 143–153.

Grawe, K. & Braun, U. (1994). Qualitätskontrolle in der Psychotherapiepraxis. *Zeitschrift für Klinische Psychologie, 23,* 242–267.

Henry, W.P., Strupp, H.H., Schacht, T.E. & Gaston, L. (1994). Psychodynamic approaches. In A.E. Bergin & S.L. Garfield (Eds.), *Handbook of Psychotherapy and Behavior Change* (4th ed., pp. 467–508). New York: Wiley.

Heuft, G., Senf, W., Janssen, P.L., Lamprecht, F. & Meermann, R. (1995). Praktikabilitätsstudie zur qualitativen und quantitativen Ergebnisdokumentation stationärer Psychotherapie. *Psychotherapie, Psychosomatik & Medizinische Psychologie, 45,* 303–309.

Heuft, G., Senf, W., Janssen, P.L., Pontzen, W. & Streeck, U. (1993). Personalanhaltszahlen in psychotherapeutischen und psychosomatischen Krankenhäusern der Re-

gelversorgung. *Psychotherapie, Psychosomatik & Medizinische Psychologie, 43,* 262–270.
Horvath, A., Gaston, L. & Luborsky, L. (1993). The therapeutic alliance and its measures. In N.E. Miller, L. Luborsky, J.P. Barber & J.P. Docherty (Eds.), *Psychodynamic Treatment Research. A Handbook for Clinical Practice* (pp. 247–273). New York: Basic Books.
Horvath, A.O. & Greenberg, L.S. (Eds.). (1994). *The Working Alliance. Theory, Research, and Practice.* New York: Wiley.
Janssen, P.L. (1987). *Psychoanalytische Therapie in der Klinik.* Stuttgart: Klett–Cotta.
Janssen, P.L. (1993). Von der Zusatzbezeichnung „Psychotherapie" zur Gebietsbezeichnung „Psychotherapeutische Medizin". *Zeitschrift für Psychosomatische Medizin und Psychoanalyse, 39,* 95–117.
Janssen, P.L. & Hoffmann, S.O. (1994). Profil des Facharztes für Psychotherapeutische Medizin. Die Deutsche Gesellschaft für Psychotherapeutische Medizin informiert. *Psychotherapeut, 39,* 195–201.
Koch, U. & Potreck-Rose, F. (1994). Stationäre psychosomatische Rehabilitation – Ein Versorgungssystem in der Diskussion. In B. Strauß & A.-E. Meyer (Hrsg.), *Psychoanalytische Psychosomatik. Theorie, Forschung und Praxis* (S. 195–212). Stuttgart: Schattauer.
Koch, U. & Schulz, H. (1997). Qualitätssicherung in der psychotherapeutischen Medizin. In S. Ahrens (Hrsg.), *Lehrbuch der psychotherapeutischen Medizin* (S. 14–25). Stuttgart: Schattauer.
König, K. (1995). *Einführung in die stationäre Psychotherapie.* Göttingen: Vandenhoeck & Ruprecht.
Kordy, H. (1992). Qualitätssicherung. Erläuterungen zu einem Reiz- und Modewort. *Zeitschrift für Psychosomatische Medizin und Psychoanalyse, 38,* 310–324.
Kordy, H. & Kächele, H. (1996). Ergebnisforschung in Psychotherapie und Psychosomatik. In Th. von Uexküll (Hrsg.), *Psychosomatische Medizin* (S. 490–501). München: Urban & Schwarzenberg.
Laireiter, A.-R. (1994). Dokumentation psychotherapeutischer Fallverläufe. *Zeitschrift für Klinische Psychologie, 23,* 236–241.
Luborsky, L. (1988). *Einführung in die analytische Psychotherapie.* Berlin: Springer.
Luborsky, L. (1990). A guide to the CCRT method. In L. Luborsky & P. Crits-Christoph (Eds.), *Understanding Transference. The CCRT Method* (pp. 15–36). New York: Basic Books.
Luborsky, L., Popp, C., Luborsky, E. & Mark, D. (1994). The core conflictual relationship theme. *Psychotherapy Research, 4,* 172–183.
Lutz, W., Stammer, H., Leeb, B., Dötsch, M., Bölle, M. & Kordy, H. (1996). Das Heidelberger Modell der Aktiven Internen Qualitätsicherung stationärer Psychotherapie. *Psychotherapeut, 41,* 25–35.
Mans, E.J. (1995a). Die Patientenzufriedenheit als Kriterium der Qualitätssicherung in der stationären psychosomatischen Rehabilitation. *Das Gesundheitswesen, 57,* 63–68.
Mans, E.J. (1995b). Aspekte der Prozeßqualität in der Qualitätssicherung der stationären psychosomatischen Rehabilitation. *Das Gesundheitswesen, 57,* 380–386.

Müller-Fahrnow, W. (1993). Routineeinsatz von Qualitätssicherungsprogrammen in der Rehabilitation. In Bundesversicherungsanstalt für Angestellte (Hrsg.), *Rehabilitation 1993. Vorträge zum Rehabilitations-Forum der BfA vom 29. bis 30. April 1993 in Berlin* (S. 43–61). Berlin: BfA-Selbstverlag.

Müller-Fahrnow, W. (1996). Qualitätssicherung und bundesweite Bedarfsplanung und -steuerung der medizinischen Rehabilitation. In Bundesversicherungsanstalt für Angestellte (Hrsg.), *Rehabilitation 1996. Vorträge zum Rehabilitationsforum der BfA und der LVA Brandenburg vom 23. bis 24. September 1996 in Potsdam* (S. 52–88). Berlin: BfA-Selbstverlag.

Richter, R. (1994). Qualitätssicherung in der Psychotherapie. Editorial. *Zeitschrift für Klinische Psychologie, 23,* 233–235.

Rudolf, G., Grande, T., Oberbracht, C. & Jakobsen, T. (1996). Erste empirische Untersuchungen zu einem neuen diagnostischen System: Die Operationalisierte Psychodynamische Diagnostik (OPD). *Zeitschrift für Psychosomatische Medizin und Psychoanalyse, 42,* 343–357.

Rüger, U. & Senf, W. (1994). Evaluative Psychotherapieforschung. Klinische Bedeutung von Psychotherapie-Katamnesen. *Zeitschrift für Psychosomatische Medizin und Psychoanalyse, 40,* 103–116.

Sachsenröder, R. (1995). Basisdokumentation in der stationären Psychotherapie. Auswertungsstrategien und empirische Ergebnisse aus dem Krankenhaus Tiefenbrunn. *Psychotherapie, Psychosomatik & Medizinische Psychologie, 45,* 65–72.

Sachsenröder, R., Seidler, G.H., Schöttler, B., Buchholz, M.B. & Streeck, U. (1993). Die Erfassung relevanter Daten in der psychoanalytisch orientierten stationären Psychotherapie. Das Tiefenbrunner Dokumentationssystem. *Psychotherapie, Psychosomatik & Medizinische Psychologie, 43,* 133–139.

Schacht, T.E., Binder J.L. & Strupp, H.H. (1993). Der dynamische Fokus. In H.H. Strupp & J.L. Binder (Hrsg.), *Kurzpsychotherapie* (S. 99–154). Stuttgart: Klett-Cotta.

Schacht, T.E. & Henry, W.P. (1994). Modeling recurrent patterns of interpersonal relationships with Structural Analysis of Social Behavior. The SASB-CMP. *Psychotherapy Research, 4,* 208–221.

Schliehe, F. (1994). Das Reha-Qualitätssicherungsprogramm der gesetzlichen Rentenversicherung. Perspektiven und Ziele. *Deutsche Rentenversicherung, Heft 11,* 745–750.

Schmidt, J. (1991). *Evaluation einer psychosomatischen Klinik.* Frankfurt: Verlag für Akademische Schriften.

Schmidt, J. & Nübling, R. (1994). Qualitätssicherung in der Psychotherapie. Teil 1: Grundlagen, Hintergründe und Probleme. *GWG-Zeitschrift, 96,* 15–25.

Schmidt, J. & Nübling, R. (1995). Qualitätssicherung in der Psychotherapie. Teil 2: Realisierungsvorschläge, Modellprojekte und bereits laufende Maßnahmen. *GWG-Zeitschrift 99,* 42–53.

Schmidt, J., Nübling, R. & Lamprecht, F. (1992). Möglichkeiten klinikinterner Qualitätssicherung (QS) auf der Grundlage eines Basisdokumentations-Systems sowie erweiterter Evaluationsstudien. *Das Gesundheitswesen, 54,* 70–80.

Schneider, W., Buchheim, P., Cierpka, M., Freyberger, H.J., Hoffmann, S.O., Janssen,

P.L., Muhs, A., Rudolf, G., Rüger, U. & Schüßler, G. (1995). Entwicklung eines Modells der operationalen psychodynamischen Diagnostik (OPD). *Psychotherapie, Psychosomatik & Medizinische Psychologie, 45,* 121–130.

Schneider, W. & Freyberger, H.J. (1990). Diagnostik in der psychoanalytischen Psychotherapie unter besonderer Berücksichtigung deskriptiver Klassifikationsmodelle. *Forum der Psychoanalyse, 6,* 316–330.

Schneider, W. & Freyberger, H.J. (1994). Diagnostik nach ICD-10. Möglichkeiten und Grenzen für die Psychotherapie/Psychosomatik. *Psychotherapeut, 39,* 269–275.

Schneider, W. & Hoffmann, S.O. (1992). Diagnostik und Klassifikation neurotischer und psychosomatischer Störungen. *Fundamenta Psychiatrica, 6,* 137–142.

Schulte, D. (1993). Wie soll Therapieerfolg gemessen werden? *Zeitschrift für Klinische Psychologie, 22,* 374–393.

Selbmann, H.-K. (1990). Konzeption, Voraussetzung und Durchführung qualitätssichernder Maßnahmen im Krankenhaus. *Das Krankenhaus, 11,* 470–474.

Selbmann, H.-K. (1992). Qualitätssicherung in der ambulanten Versorgung. *Fortschritte der Medizin, 110,* 183–186.

Selbmann, H.-K. (1995). Konzept und Definition medizinischer Qualitätssicherung. In W. Gaebel (Hrsg.), *Qualitätssicherung im psychiatrischen Krankenhaus* (S. 3–10). Wien: Springer.

Spörkel, H., Birner, U., Frommelt, B. & John, T.P. (Hrsg.). (1995). *Total Quality Management. Forderungen an Gesundheitseinrichtungen.* Berlin: Quintessenz.

Viethen, G. (1995). *Qualität im Krankenhaus. Grundbegriffe und Modelle des Qualitätsmanagements.* Stuttgart: Schattauer.

Wirsching, M. & Koch, U. (Hrsg.) (1992). *Qualitätssicherung in der Psychosomatischen und Psychotherapeutischen Medizin: Materialsammlung zum Status-Entwicklungskolloquium vom 26. – 27.11.1992 in Freiburg.* Freiburg.

Zielke, M. (1993). Basisdokumentation in der stationären Psychosomatik. *Praxis der klinischen Verhaltensmedizin und Rehabilitation, 6,* Heft 24, 218–226.

Qualitätssicherung in der stationären psychodynamischen Gruppenpsychotherapie: Konzepte und Probleme

Bernhard Strauß

Inhalt:

1. Die praktische Bedeutung stationärer Psychotherapie und
   die Notwendigkeit qualitätssichernder Maßnahmen 317
   1.1 Spezifika psychodynamischer stationärer Psychotherapie:
       Der hohe Stellenwert der Gruppe 319
2. Das „Kieler Modell" zur Sicherung von Prozeß- und
   Ergebnisqualität stationärer Gruppenpsychotherapie 319
   2.1 Ergebnisqualität 320
   2.2 Aspekte der Prozeßqualität 325
   2.3 Folgen der Studie für qualitätssichernde Maßnahmen
       auf der Station 327
3. Spezielle Probleme bei der Qualitätssicherung im Rahmen
   stationärer psychodynamischer Gruppenpsychotherapie 329

1. Die praktische Bedeutung stationärer Psychotherapie und die Notwendigkeit qualitätssichernder Maßnahmen

Historisch bedingt verfügt die Bundesrepublik Deutschland verglichen mit anderen Ländern über eine erstaunlich hohe Zahl an Betten in psychotherapeutischen Kliniken. Schepank (1988) berichtet, daß es in Deutschland mehr Betten in spezialisierten Kliniken für Psychotherapie und Psychosomatik gäbe als in der gesamten restlichen Welt zusammen. Tatsächlich ernten diejenigen, die sich wissenschaftlich mit stationärer Psychotherapie in Deutschland befassen, auf internationalen Foren häufig Unverständnis und Erstaunen, gilt doch eine stationäre psychotherapeutische Behandlung – beispielsweise in den USA – als Luxus (vor allem wegen der vergleichsweise langen Dauer und der daraus resultierenden hohen Kosten), welcher andernorts – wenn überhaupt – nur im Falle einer sehr eingegrenzten Indikation angeboten wird.

Angesichts der wachsenden Bedeutung der Ökonomie im Gesundheitswesen geriet die stationäre Psychotherapie in den vergangenen Jahren zunehmend unter Rechtfertigungsdruck. Dies führte dazu, daß die lange Zeit im Vordergrund stehenden Überlegungen zur Entwicklung und Differenzierung von Behandlungskonzepten und deren theoretische Betrachtung mehr und mehr abgelöst wurden durch die Diskussion von Forschungskonzepten, die den speziellen Bedingungen des stationären Settings gerecht zu werden versuchen. Die Bedeutung von Qualitätssicherung in der Psychotherapie hat sich mittlerweile auch im stationären Bereich niedergeschlagen, was z.B. zur Entwicklung erster einheitlicher Dokumentationssysteme für Patient(inn)encharakeristika und Behandlungsergebnisse führte (vgl. z.B. Broda, Dahlbender, Schmidt, von Rad & Schors, 1993).

Nachdem die Qualitätssicherung durch das Gesundheitsreformgesetz seit 1989 für weite Bereiche des Gesundheitssystems vorgeschrieben wurde, war in der stationären Psychotherapie zunächst ein deutlicher Widerstand gegen die Einführung qualitätssichernder Maßnahmen bemerkbar. Dieser Widerstand löste sich offensichtlich auf, nachdem deutlich wurde, daß man Qualitätssicherung als einen Teilbereich umfassender Evaluationsforschung betrachten kann (vgl. Schmidt, Nübling & Lamprecht, 1992). Diese „Auslegung" des Begriffs Qualitätssicherung ermöglichte die Aussage, daß Qualitätssicherung in diesem Sinne in zahlreichen stationären Einrichtungen ohnehin seit längerer Zeit betrieben wurde und ebnete den Weg für einen wissenschaftlichen Austausch über Modelle und Konzepte der Qualitätssicherung im stationären Bereich (die seit 1988 bestehende sogenannte „Mainzer Werkstatt zur empirischen Forschung in der stationären Psychotherapie" beispielsweise hat sich in der Vergangenheit gehäuft mit Qualitätssicherungsfragen beschäftigt).

Mittlerweile gibt es ein breites Spektrum an methodischen Ansätzen für Qualitätssicherung in der stationären Psychotherapie, von denen das auf die stationäre psychotherapeutisch-psychosomatische Rehabilitation zugeschnittene Programm der Rentenversicherungsträger wahrscheinlich das – im Hinblick auf eine überregionale Anwendung – elaborierteste sein dürfte. Als besonders ausgereift darf auch das sogenannte „Heidelberger Modell der aktiven internen Qualitätssicherung stationärer Psychotherapie" gelten, welches von Kordy und Lutz (1995) im Kontext der psychotherapeutischen Station einer psychiatrischen Klinik entwickelt wurde (vgl. auch den Beitrag von Kordy & Hannöver, in diesem Band).

Während sich in Rehabilitationskliniken im Bereich der stationären Psychotherapie mehr und mehr einheitliche Standards für qualitätssichernde Maßnahmen durchsetzen, ist eine derartige Standardisierung im Bereich universitärer Einrichtungen und in Kliniken der Regelversorgung noch nicht erkennbar. Insbesondere mangelt es wohl noch an methodischen Ansätzen der Qualitätssicherung, die den spezifischen Charakteristika stationärer Psychotherapie in derartigen Einrichtungen wirklich gerecht werden.

1.1 Spezifika psychodynamischer stationärer Psychotherapie: Der hohe Stellenwert der Gruppe

Ein einheitlicher, empirischer Zugang zum Prozeß und zum Ergebnis stationärer Psychotherapie wird sowohl durch die speziellen Bedingungen des stationären Settings erschwert als auch durch die Tatsache, daß die verfügbaren Behandlungskonzepte äußerst variabel sind. Dies gilt wahrscheinlich speziell für die psychodynamisch ausgerichteten Behandlungsansätze (vgl. Janssen, 1987). Ein Spezifikum psychodynamischer stationärer Psychotherapie ist die große Bedeutung gruppenpsychotherapeutischer Methoden bzw. des Zusammenlebens der „Gruppe" der Patient(inn)en ganz allgemein. Senf (1988) ist der Auffassung, daß jede psychoanalytische Therapie im stationären Setting eigentlich eine „Gruppentherapie" sei, da der therapeutische Prozeß auf einer Station immer von der Gesamtgruppe, d.h. Patient(inn)en und Team, getragen und beeinflußt würde. Schon aus ökonomischen Gründen liegt es nahe, daß in der Mehrzahl der in der BRD existierenden Kliniken mit tiefenpsychologischer Ausrichtung gruppentherapeutische Behandlungsmethoden im engeren Sinne teilweise oder sogar ausschließlich angewandt werden, was bei der Entwicklung qualitätssichernder Maßnahmen in diesem Feld naturgemäß zu berücksichtigen ist.

Im folgenden Kapitel wird deshalb ein Modell zur Überprüfung der Prozeß- und Ergebnisqualität im Kontext einer stationären psychoanalytischen *Gruppen*psychotherapie skizziert, welches an der Klinik für Psychotherapie und Psychosomatik der Universität Kiel entwickelt und erprobt wurde. Einige auf diesem Modell beruhende Ergebnisse werden sodann insbesondere im Hinblick auf die (möglichen) praktischen Konsequenzen beschrieben. In dem letzten Kapitel dieses Beitrages sollen dann theoretische und praktische Probleme zusammengefaßt werden, die sich im Kontext qualitätssichernder Maßnahmen für gruppenpsychotherapeutische Behandlungssettings ergeben.

2. Das „Kieler Modell" zur Sicherung von Prozeß- und Ergebnisqualität stationärer Gruppenpsychotherapie

Das im folgenden beschriebene Modell wurde im Rahmen einer naturalistischen Psychotherapiestudie entwickelt, die zwischen 1990 und 1992 in der Station der Klinik für Psychotherapie und Psychosomatik der Universität Kiel durchgeführt wurde und die eine Reihe von Fragestellungen zum Prozeß, zu den Wirkfaktoren und zu dem Ergebnis stationärer Gruppenpsychotherapie überprüfte. Die in dem Zeitraum der Untersuchung behandelten Patientinnen und Patienten wurden bei ihrer Aufnahme, in der Mitte der Therapie und bei Entlassung ausführlich psychologisch untersucht (s.u.). Darüber hinaus wurde eine aufwendige Verlaufs- und Prozeßdiagnostik durchgeführt, die es ermöglichen sollte, Prozeß-Ergebniszusammenhänge für das untersuchte Setting zu beschreiben.

Das Behandlungskonzept der Station, Gegenstand dieser Studie, bestand bereits seit Mitte der 70er Jahre und läßt sich als Variante des von Janssen (1987) beschriebenen integrativen Behandlungsmodells einer stationären, psychoanalytisch orientierten Psychotherapie beschreiben, wobei es ein Spezifikum des Settings ist, daß sämtliche therapeutische Aktivitäten in der Gruppe stattfinden. Die untersuchte Station umfaßt lediglich acht Betten. Die Patient(inn)en wurden zum Zeitpunkt der Untersuchung üblicherweise für sechs bis sieben Monate stationär aufgenommen und lebten in einer Art therapeutischer Wohngemeinschaft zusammen, die man als „slow-open-group" bezeichnen kann (d.h. ein entlassenes Gruppenmitglied wurde möglichst sofort durch ein neues ersetzt). Die Gruppe setzte sich zusammen aus Patient(inn)en mit neurotischen Störungen, Eßstörungen sowie narzißtischen und Borderline-Persönlichkeitsstörungen. Kern des Behandlungsprogrammes war eine fünfmal wöchentlich stattfindende 90minütige analytisch orientierte Gruppenpsychotherapie. Neben sportlichen Aktivitäten bildeten regelmäßige Gestaltungstherapien (fünfmal pro Woche) sowie eine Reihe anderer Kreativ- und körperorientierter Therapien das Gesamtbehandlungsprogramm. Das Behandlungskonzept sah vor, daß vor allem Patient(inn)en mit längerer Krankheitsgeschichte (durchschnittlich fünf Jahre) aufgenommen wurden, die zudem durch ihre Problematik derart beeinträchtigt waren, daß sie außerhalb einer schützenden stationären Einrichtung nicht zurechtgekommen wären.

2.1 Ergebnisqualität

Eine Fragestellung der Studie bezog sich auf die Prüfung der Effektivität der Therapie, woraus sich ein Standardinventar zur Sicherung der Ergebnisqualität entwickeln sollte. Die Effektivität der Therapie sollte auf mehreren Ebenen erfaßt werden, nämlich durch

- globale Beurteilungen des Behandlungsergebnisses durch Patient(inn)en und Therapeut(inn)en,
- durch eine differenzierte Erfassung von Veränderungen (prä-post-Vergleiche) der Angaben in Fragebögen zur Symptomatik, Persönlichkeit und Konfliktbewältigung sowie
- durch Berücksichtigung individuumsorientierter Maße.

Außerdem wurde eine differenzierte Abschlußbeurteilung des zentralen Elementes des Behandlungsprogrammes, also der analytisch-orientierten Gruppenpsychotherapie erhoben, wodurch die Hauptfragestellung überprüfbar werden sollte, welche differentiellen Effekte die untersuchte stationäre Therapie bewirkt. Dabei sollten – mittlerweile ist dies ohnehin Standard in der Psychotherapieeffektforschung – primär *klinisch relevante* Veränderungen betrachtet werden (vgl. Tabelle 1).
  Zur Bestimmung der Effektivität der Behandlung wurden also weniger statistische als vielmehr *klinische* Kriterien für die Entscheidung über bedeutsame Veränderungen herangezogen (vgl. Kordy, 1997), speziell für die Bewertung von Veränderungen im Therapieverlauf. Diese Kriterien wurden für die einzelnen Erhebungsinstrumente folgendermaßen definiert:

Tabelle 1: Übersicht über die Variablen / Instrumente, die bei der Bestimmung des Behandlungserfolges berücksichtigt wurden

Variablen	Instrumente
Persönlichkeit	Gießen-Test-S (Prä-Post-Vergleich) (Beckmann, Richter & Brähler, 1991)
Selbstsystem	Narzißmus-Inventar (Prä-Post-Vergleich) (Deneke & Hilgenstock, 1989)
Symptome	Symptom Checklist 90 R (SCL-90-R, Prä-Post-Vergleich) (Franke, 1995)
Angst	State-Trait-Angst-Inventar (STAI, Prä-Post-Vergleich) (Laux, Glanzmann, Schaffner & Spielberger, 1979)
Interpersonale Probleme	Inventar zur Erfassung interpersonaler Probleme (IIP-D, Prä-Post-Vergleich) (Horowitz, Strauß & Kordy, 1994)
Konfliktbewältigung	Fragebogen zur Konfliktbewältigung (FKS, Prä-Post-Vergleich) (Hentschel, in Druck)
Therapieziele (Patient)	Goal Attainment Scaling (vgl. Kiresuk & Sherman, 1968)
Therapieziele (Therapeut)	Goal Attainment Scaling (vgl. Kiresuk & Sherman, 1968)
Individuelle Beschwerden	Skalierung von „target complaints" durch Patient und Therapeut
Globale Beurteilung	Abschlußbeurteilung des Behandlungserfolges durch Patient und Therapeut
Profit durch die Gruppe	Einschätzung durch den Therapeuten und den Patienten (u.a. in der Behandlungsbeurteilung nach Hess, 1996b)
Fremdbeurteilungen	Bewertung der Patienten im Abschlußgespräch mit Hilfe der Vanderbilt Psychotherapie-Skalen (Strauß et al., 1992)

- kritische Differenzen in den Gesamtwerten von SCL-90-R, State-Trait-Angstskala und IIP-D.
- im Gießen Test wurden als klinisch bedeutsame Veränderung für die einzelnen Skalen jeweils fünf Rohwertepunkte aufgefaßt (vgl. Beckmann, Richter & Brähler, 1991), wenn ein Patient bei der Eingangsdiagnostik außerhalb oder am Rande des Normbereichs lag. Von einer auf den Gesamttest bezogenen positiven Veränderung wurde gesprochen, wenn ein Patient das genannte Kriterium für mindestens drei Skalen des Tests erfüllte.
- Im Narzißmusinventar wurden pro Skala ebenfalls kritische Differenzen berechnet, wobei für die Bewertung der klinischen Signifikanz lediglich die Skalen des Berei-

ches „das bedrohte Selbst" herangezogen wurden, die eine Instabilität des Selbstsystems beschreiben. Für die Gesamtbeurteilung wurden positive Veränderungen in mindestens drei Skalen des Teilbereiches als Kriterium definiert.
- Im Fragebogen zur Konfliktbewältigung wurden Veränderungen von mindestens sechs Punkten pro Skala (wiederum entsprechend der kritischen Differenz) als Kriterium für eine Besserung definiert.
- Von einer effektiven Behandlung im Zusammenhang mit der globalen Beurteilung des Behandlungserfolges durch Patient und Therapeut wurde gesprochen, wenn sowohl der Patient als auch der Therapeut der Auffassung waren, daß die Behandlung ziemlich oder sehr hilfreich war (Beurteilung in den entsprechenden Skalen der ÜBADO, Broda et al., 1993).
- Bei den individuumsorientierten Erfolgskriterien wurde folgendermaßen verfahren: Für die Therapiezielskalierung wurde als Kriterium für ein positives Behandlungsergebnis gewertet, wenn Patient bzw. Therapeut am Ende der Behandlung angaben, daß die formulierten individuellen Therapieziele im Durchschnitt zu mindestens 66 % erreicht wurden. Bei den individuellen Symptomen wurde als Kriterium definiert, daß Patient *und* Therapeut der Auffassung waren, daß mindestens zwei Drittel der Symptome, die bei Behandlungsbeginn ausgeprägt beurteilt wurden, sich auf ein geringeres Ausmaß reduziert hatten.

Die Untersuchung mit den hier beschriebenen Methoden bezog sich zunächst auf die Angaben von 31 Patient(inn)en, die in einem Zeitraum von etwas mehr als zwei Jahren in der Klinik stationär behandelt wurden. Die Stabilität der Ergebnisse konnte später anhand einer größeren Stichprobe von mittlerweile mehr als 100 Patient(inn)en belegt werden. Die Mehrzahl der Patient(inn)en war zum Behandlungszeitraum zwischen 20 und 30 Jahre alt, Frauen überwogen in der Stichprobe leicht. Dem Anspruch des Behandlungskonzeptes entsprechend wiesen die meisten Patient(inn)en eine lange Dauer der Beschwerden (Durchschnitt: 5 Jahre) auf und gaben oftmals Vorerfahrungen mit unterschiedlichen Formen von Psychotherapie an. Diagnostisch überwogen in der Stichprobe Patient(inn)en mit neurotischer Depression und Eßstörungen sowie Persönlichkeitsstörungen. Die durchschnittliche Behandlungsdauer der Patient(inn)en der Ausgangsstichprobe betrug 192 Tage ($SD = 26$). In diesem Zeitraum nahm ein(e) durchschnittliche(r) Patient(in) an 132 Gruppentherapiesitzungen ($SD = 14$) teil.

Abbildung 1 faßt die Ergebnisse der Evaluation zusammen. In der Abbildung ist angegeben, wieviele Patient(inn)en das vorab definierte Kriterium für eine klinisch signifikante Besserung in den einzelnen Bereichen erfüllten (vgl. Strauß und Burgmeier-Lohse, 1994a,b).

Betrachtet man die Anteile der Patient(inn)en, welche die klinischen Kriterien für eine Verbesserung in den einzelnen Aspekten erreichten, dann zeigt sich, daß die meisten Patient(inn)en eine Reduktion psychischer Symptome erzielten und eine Stabilisierung des Selbst, ausgedrückt in den Veränderungen der entsprechenden Skalen des Narzißmusinventars. Etwas weniger als die Hälfte der Patient(inn)en erfüllte das Kriterium für die Gesamtbewertung von FKS und Gießen Test, wobei hier die deutlichsten Veränderungen in der Skala „Grundstimmung" zu verzeichnen waren. Auffällig ist, daß eine bedeutsame Reduktion interpersonaler Probleme, erfaßt mit dem IIP-D, von nur etwa einem Fünftel der Patient(inn)enstichprobe erreicht werden konnte. An den entsprechenden Effektstärken, die Veränderungen zwischen Therapiebeginn und Katamnese beschreiben (vgl. Strauß & Burgmeier-Lohse, 1994b), wird allerdings deutlich, daß bis zur Nachuntersuchung, ein Jahr nach Entlassung aus der Therapie, eine weitere Reduktion der Beschwerden interpersonaler Art erzielt werden konnte.

Abbildung 1: Prozentualer Anteil der Patient(inn)en, die in einzelnen Maßen das Kriterium für klinisch signifikante Veränderungen erreichten

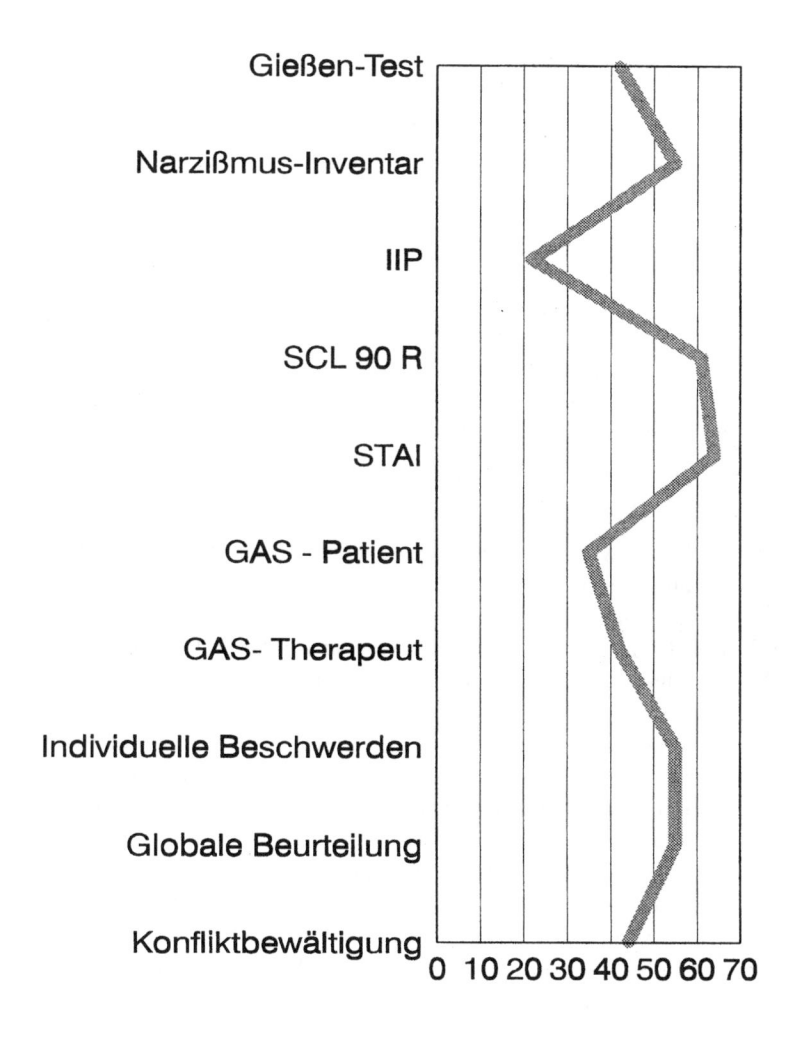

[Diagramm mit folgenden Kategorien (y-Achse) und x-Achse 0–70:
Gießen-Test, Narzißmus-Inventar, IIP, SCL 90 R, STAI, GAS - Patient, GAS- Therapeut, Individuelle Beschwerden, Globale Beurteilung, Konfliktbewältigung]

Zur zusammenfassenden Bewertung der Behandlungsergebnisse wurden zehn Einzelkriterien herangezogen (vgl. Tabelle 1). Tabelle 2 zeigt eine Verteilung der Häufigkeiten, mit der Patient(inn)en die einzelnen Erfolgskriterien erreichten. Auf der Basis dieser Verteilung wurden für weitere Analysen drei Subgruppen gebildet, nämlich Patient(inn)en, die nur maximal drei Kriterien erreichten (geringer Behandlungserfolg), Patient(inn)en, die vier bis sechs Kriterien erreichten (mittlerer Behandlungserfolg) sowie Patient(inn)en, die mehr als sechs Kriterien erfüllten (deutlicher Behandlungserfolg). Diese Dreiteilung war die Basis für die Überprüfung von Prozeß-Ergebniszusammenhängen.

Tabelle 2: Verteilung von insgesamt 31 Patient(inn)en auf 10 mögliche Therapieerfolgskriterien

Anzahl Kriterien	Anzahl Patient(inn)en	Behandlungserfolg
0	2	gering
1	3	
2	2	
3	4	
4	4	mittel
5	5	
6	2	
7	2	ausgeprägt
8	3	
9	4	
10	0	

Es sei hier nur kurz erwähnt, daß Fremdeinschätzungen des Therapieergebnisses auf der Basis videoaufgezeichneter Abschlußgespräche mit den Patient(inn)en unter Verwendung der sogenannten Vanderbilt-Skalen (vgl. Strauß, Strupp, Burgmeier-Lohse, Wille & Storm, 1992) die hier berichteten Ergebnisse der Selbsteinschätzungen des Behandlungserfolges durch Patient(inn)en und Therapeuten durchaus bestätigen konnte. Die Vanderbilt-Skalen dienen zur Beurteilung von Patientencharakteristika (z.B. Selbstexploration, Beteiligung am Therapieprozeß) und deren momentanen Status („Wie kommt ein Patient momentan zurecht?") und haben sich als ökonomische Methode der Fremdbeurteilung sowohl prognostisch relevanter Merkmale als auch des Therapieergebnisses erwiesen.

Während sich in der Kieler Untersuchung keine nennenswerten Zusammenhänge zwischen diagnostischen, interpersonalen, soziographischen und auf die Behandlungsmotivation bezogenen Ausgangsmerkmalen der Patient(inn)en und dem Behandlungsergebnis ergaben, bestanden doch erkennbare Beziehungen zwischen dem Therapieergebnis und

a) spezifischen, subjektiv als bedeutsam erlebten Wirkfaktoren der Gruppenpsychotherapie aus der Sicht der Patient(inn)en und
b) spezifischen Prozeßmerkmalen der Gruppentherapie, die Hinweise auf die Prozeßqualität des stationären Behandlungsergebnisses erlauben.

2.2 Aspekte der Prozeßqualität

Basierend auf der Beobachtung, daß jene Patient(inn)en mit dem größeren Therapieerfolg nach ihren subjektiven Angaben offensichtlich jene Gruppenerfahrungen hilfreicher erlebten, die dem theoretischen Anspruch nach besonders charakteristisch sind für das untersuchte Setting, wurde dieser Zusammenhang empirisch genauer überprüft (siehe dazu Strauß & Burgmeier-Lohse, 1995). Dabei wurden die Therapeuten, die für die Durchführung der Gruppentherapie verantwortlich waren, gebeten, in dem von Davies-Osterkamp (1996) entwickelten sog. „Düsseldorfer Wirkfaktorenbogen" jene Items herauszusuchen, die ihrer Meinung nach besonders charakteristisch bzw. wesentlich für das gruppentherapeutische Vorgehen waren. In der Tat zeigte sich, daß die ausgewählten Items mit jenen übereinstimmten, die von den erfolgreicheren Patient(inn)en als besonders hilfreich erlebt wurden (beispielsweise Items, die sich auf die Rekapitulation familiärer Beziehungserfahrungen bezogen oder auf Aspekte des interpersonalen Lernens). Die gefundenen Zusammenhänge wurden als Beleg dafür interpretiert, daß die „Aufnahmebereitschaft" bzw. „Ansprechbarkeit" von Patient(inn)en für ein gegebenes Behandlungssetting offensichtlich einen wesentlichen Wirkfaktor in der Psychotherapie darstellen (vgl. dazu auch Ambühl & Grawe, 1988; Eckert & Biermann-Ratjen, 1988).

Prozeßmerkmale der Gruppentherapien wurden auf verschiedenen Ebenen erfaßt. Bei den Selbstbeschreibungen der Gruppenmitglieder, die nach jeder Sitzung erhoben wurden, wurde differenziert nach einer Bewertung des

- Selbsterlebens in der Gruppe (Stuttgarter Bogen mit den Skalen reaktive Emotionalität, Selbststärke und Aktivität, vgl. Tschuschke, 1996) und
- des Erlebens der eigenen Person in der Gruppe (Gruppenerfahrungsbogen, vgl. Eckert, 1996). Ferner wurde das
- Erleben des Gruppenklimas erfaßt (mit dem Gruppenklimafragebogen von MakKenzie, 1996) sowie eine
- Bewertung der soziometrischen Position der Gruppenmitglieder in einem Soziogramm, das von Hess (1996a) ausführlich beschrieben wird. Aus diesem Soziogramm läßt sich ableiten, welche Gruppenmitglieder in einer Sitzung am einflußreichsten (Alpha), am realistischsten (Beta) und am „störendsten" (Omega) erlebt werden.

Wöchentlich beurteilten alle Gruppenmitglieder außerdem ihre

- Beziehung zum Gruppentherapeuten in einem Fragebogen zur therapeutischen Beziehung.

Durch die Analyse der Verläufe der Selbstbeschreibungen auf diesen unterschiedlichen Ebenen war es möglich, Patient(inn)ensubgruppen mit unterschiedlich ausgeprägtem Therapieerfolg im Hinblick auf deren Bewertungen des Gruppentherapieverlaufs zu vergleichen, was eine Reihe von wertvollen Hinweisen auf Prozeß-Ergebnis-Zusammenhänge ergab, die sehr kondensiert in Tabelle 3 zusammengefaßt sind.

Tabelle 3: Zusammenfassung von Prozeß-Ergebnis-Zusammenhängen

Prozeß-variablen	Therapieerfolg		
	groß	**mittel**	**gering**
Soziometrische Position	Zwischenzeitlich besonders einflußreich (alpha)	Zwischenzeitlich besonders einflußreich (alpha)	
	Deutliche Zunahme der Wahlen in realistische Position (beta), Selten in negativer Position	Besonders beliebt gegen Ende der Therapie	Besonders häufig als störend (omega) und unbeliebt bezeichnet
Therapeutische Beziehung	Lineare Zunahme an Zuversicht und positiver Bewertung der Behandlung		Abnahme an Zuversicht und posit. Bewertung ab 2. Therapiehälfte
	Größte Variabilität in der Beurteilung der Beziehung zum Gruppentherapeuten		
Selbstwahrnehmung	Deutlichste Zunahme an reaktiver Emotionalität, Aktivität u. Selbststärke im Therapieverlauf		Weitgehend unverändert
Gruppenerleben	Besonders deutliche Zunahme an Selbständigkeit und Zuversicht, Besonders wenig Zurückhaltung und Gehemmtheit i.d. 2. Therapiehälfte	Hohes Maß an Lernerfahrungen mit wenig Ärger und Kritik	Geringste Bezogenheit zur Gruppe
Bewertung des Gruppenklimas	Wahrnehmung des höchsten Maßes an Konflikt und des geringsten Maßes an Engagement		Unterdurchschnittliche Konfliktwahrnehmung spez. in der 2. Therapiehälfte

Aus Tabelle 3 geht hervor, daß Patient(inn)en, die von der stationären Gruppentherapie am meisten profitierten, vor allem in der zweiten Hälfte der Behandlung als besonders realistisch wahrgenommen werden und selten in eine soziometrische „Omega Position" gelangen. In der Beziehung zum Therapeuten erleben sich diese Patient(inn)en eher variabel. Die Gesamtbewertung der Behandlung als förderndes und hilfreiches Angebot ist in dieser Teilgruppe vor allem in der zweiten Behandlungshälfte besonders positiv, was wahrscheinlich bereits erfolgte Veränderungen reflektiert. Die emotionale Beziehung zur Gruppe, Aktivität und Selbststärke, also Aspekte des Selbsterlebens in der Gruppe, erfahren bei den erfolgreichsten Patient(inn)en die deutlichsten Veränderungen im Behandlungsverlauf, wobei diese Veränderungen am ehesten mit einem linearen Trend zu beschreiben waren. Im Gruppenerleben zeigt die Teilstichprobe wiederum in der zweiten Behandlungshälfte einen besonders hohen Bezug zur Gruppe, sie erlebt sich besonders selbständig und wenig gehemmt. Die Wahrnehmung der Gesamtgruppe durch einzelne Patienten im Gruppenklimafragebogen schließlich reflektiert eine insgesamt eher kritische oder realitätsgerechte Sicht. Diese zeigt sich daran, daß erfolgreichere Patient(inn)en das Engagement der Gruppe eher gering, das Ausmaß an Gruppenkonflikten dagegen besonders hoch einschätzen, was der Realität einer stationären Gruppe eher entspricht (vgl. Senf, 1988).

Im Gegensatz dazu waren in der Gruppe jener Patient(inn)en mit geringem Behandlungserfolg deutlich unterschiedliche Verläufe beschreibbar. In dieser Gruppe wurde die geringste Zuversicht geäußert, soziometrisch wurden diese Patient(inn)en eher in negativen Positionen gesehen und zwar bereits von einem frühen Zeitpunkt der Behandlung an. Das Selbsterleben blieb über den gesamten Zeitraum der Behandlung relativ stabil, im Gruppenerleben dieser Teilstichprobe zeigte sich neben einem geringeren Maß an Lernerfahrungen die geringste Verbundenheit mit der Gruppe und eine stärkere Zurückhaltung und Gehemmtheit in der zweiten Therapiehälfte. Bei der Wahrnehmung des Gruppenklimas schließlich fiel auf, daß diese Gruppe Konflikte wiederum in der zweiten Hälfte der Langzeittherapie als eher gering einstufte (für eine Beschreibung der Detailergebnisse siehe Strauß & Burgmeier-Lohse, 1994c).

2.3 Folgen der Studie für qualitätssichernde Maßnahmen auf der Station

Die in dem oben erwähnten Forschungsprojekt entwickelten Evaluationsmethoden und Evaluationsstrategien im Bereich stationärer Gruppenpsychotherapie haben an der Institution, in deren Rahmen diese Studie durchgeführt wurde, nach Abschluß der Untersuchung zu einer Reihe von *Veränderungen der psychotherapeutischen Praxis* geführt und damit letztendlich zur Qualitätssicherung beigetragen.

Um einige Beispiele zu nennen:

- Die Behandlungsdauer wurde in der untersuchten Klinik drastisch (d.h. um 50 %) verkürzt, basierend auf den Befunden, daß die Effekte, die nach einem Behandlungszeitraum von sechs bis sieben Monaten abschließend zu konstatieren waren, in nahezu vergleichbarer Höhe bereits zur Mitte der Behandlung (d.h. nach drei

Monaten) feststellbar waren. Diese Maßnahme erfolgte noch zu einer Zeit, in der die Kostenträger problemlos Anträge auf 6-7monatige Behandlungen auf der Station akzeptierten.

- Die hier kurz beschriebenen Ergebnisse zu den Prozeßmerkmalen, die offensichtlich für das Behandlungsergebnis bedeutsam sind, haben – in der Supervision und in Teambesprechungen – gewissermaßen die Sensibilität für gruppentherapeutische Prozesse geschärft, die ansonsten als eher unbedeutend angesehen wurden. Allen voran ist hier die soziometrische Komposition der Gruppe zu nennen, die seit Abschluß der Studie routinemäßig überprüft wird. Wegen des großen Aufwandes einer kontinuierlichen Erfassung soziometrischer Einschätzungen und Selbstbeurteilungen der Gruppenpatient(inn)en wurde allerdings nur in definierten, abgegrenzten Zeiträumen eine Erhebung dieser Daten wiederholt.
- Der Befund, wonach jene Wirkfaktoren, die für das gruppentherapeutische Behandlungskonzept besonders charakteristisch sind und eine „Ansprechbarkeit" der Patient(inn)en für diese Wirkfaktoren zusammengenommen den Therapieerfolg verbessern, hat zu einer differenzierteren Praxis der Indikationsstellung beigetragen. In Indikationsgesprächen werden mittlerweile die Erwartungen und Vorstellungen der Patient(inn)en von der angebotenen Gruppenpsychotherapie viel deutlicher exploriert und berücksichtigt.
- Im Zuge der Evaluation der gruppentherapeutischen Behandlung wurden sowohl von den Patient(inn)en als auch von den Therapeut(inn)en Therapieziele skaliert. Die freien Formulierungen hierzu wurden im Laufe des Forschungsprojektes kategorisiert und Therapiezielen im Bereich des interpersonalen Verhaltens sowie symptombezogenen und auf das Alltagsleben bezogenen Therapiezielen zugeordnet (vgl. Abbildung 2). Es zeigte sich dabei, daß die Therapeut(inn)en eher dazu neigen, Therapieziele beziehungsorientiert zu konzipieren, während die Patient(inn)en primär konkrete Veränderungen ihrer Symptomatik als Ziel angeben. Auffallend aber war, daß weder die Patient(inn)en noch die Therapeut(inn)en häufig Therapieziele angaben, die sich auf das Alltagsleben der Patient(inn)en nach der Therapie richteten. Dieser erstaunliche Befund hat sich insofern auf die Behandlungskonzeption ausgewirkt, als dieser Aspekt deutlich mehr fokussiert und – beispielsweise im Rahmen sozialtherapeutischer Maßnahmen – mehr in die Behandlung integriert wurde.

Bei der Bewertung der Ergebnisse der Studie und deren Auswirkung auf qualitätssichernde Maßnahmen muß man sich vor Augen halten, daß die systematische Erfassung von Prozeß und Ergebnis der psychodynamischen Psychotherapie in der untersuchten Einrichtung (und sicher auch anderswo) aus unterschiedlichen Gründen viel zu lange verpönt war. Die Durchsetzung einer aufwendigen Evaluationsstudie in diesem Kontext ist sicherlich per se ein erster wichtiger Schritt zur Sicherung der Qualität stationärer psychoanalytischer Gruppentherapie. Die Folge der Studie war die Etablierung eines routinemäßigen „Monitorings" der Ergebnisqualität und zeitweise der Prozeßqualität – mit den oben beschriebenen Verfahren, eine kontinuierliche Auswertung der Daten und die Umsetzung der Ergebnisse im Hinblick auf Indikations- und therapietechnische Fragen im Behandlungsteam.

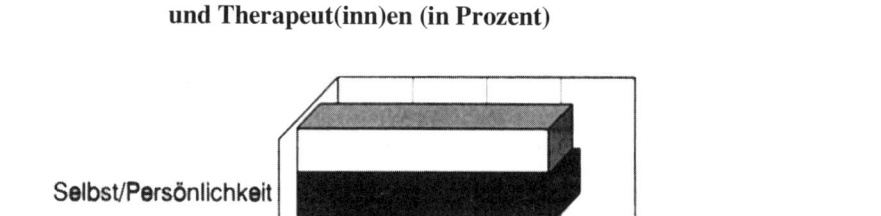

Abbildung 2: Kategorien der Therapiezielformulierungen von Patient(inn)en und Therapeut(inn)en (in Prozent)

Was in dem hier beschriebenen Projekt an Methoden und Fragestellungen im Kontext von Qualitätssicherung in einem stationären gruppentherapeutischen Setting entwickelt wurde, ist allerdings sicherlich nicht mehr als ein Anfang. Die aktuelle Diskussion zu dieser Thematik zeigt, daß es noch eine Reihe offener Fragen gibt, die sich sowohl auf die Erhebungsmethoden als auch die Auswertungsstrategien und damit auch auf die Verbreitung von qualitätssichernden Maßnahmen beziehen. Im Kontext der Gruppentherapie sind die ungelösten Probleme noch besonders zahlreich (vgl. Strauß, Kriebel & Mattke, 1998). Die Kernpunkte dieser Überlegungen zu Problemen der Qualitätssicherung in der stationären Gruppenpsychotherapie sollen im folgenden Kapitel kurz zusammengefaßt werden.

3. Spezielle Probleme bei der Qualitätssicherung im Rahmen stationärer psychodynamischer Gruppenpsychotherapie

Besonders vernachlässigt erscheinen in diesem Kontext Aspekte dessen, was heute gemeinhin als *Strukturqualität* bezeichnet wird, also Merkmale der Institution, die von potentiellem Einfluß auf die Qualität der dort angebotenen Behandlung sind. Köhle und Joraschky (1990) wiesen mit der Feststellung, daß Struktur und Organisation medizinischer Institutionen sich auch unter dem Gesichtspunkt ihrer Auswirkungen auf die Kranken analysieren und modifizieren lassen müssen, auf die Bedeutung des institutionellen Rahmens hin:

- In der Untersuchung von Bardé und Mattke (1993) wurde eindrucksvoll gezeigt, wie sich beispielsweise *Regeln,* die von der Trägerschaft einer Klinik vorgegeben werden, spezifisch auf die Struktur der Klinik auswirken.
- Von wesentlichem Einfluß auf die Qualität der gruppenpsychotherapeutischen Behandlung dürfte die *gruppentherapeutische Tradition* einer Einrichtung sein, die wiederum eng verknüpft ist mit den dort geltenden Indikationsregeln. Es ist davon auszugehen, daß für die gruppentherapeutische Behandlung einer jeden Institution zumindest theoretisch ganz spezifische Indikationsregeln gelten, die aber aus praktischen oder wirtschaftlichen Gründen in der Regel nicht eingehalten werden können. Möglicherweise ist dies ein Grund dafür, daß speziell im gruppentherapeutischen Behandlungssetting (ambulant wie stationär) die Abbrecherraten vergleichsweise hoch beziffert werden (vgl. z.B. Kordy & Senf, 1992).
- Für die Strukturqualität bedeutsame Faktoren im Zusammenhang mit stationärer Gruppenpsychotherapie sind sowohl die *Ausbildung* als auch das *therapeutische Konzept* der Gruppentherapeut(inn)en. Man kann vermuten, daß in vielen stationären Einrichtungen tätige Gruppenpsychotherapeut(inn)en zunächst über keine fundierte gruppentherapeutische Ausbildung verfügen. Der Regelfall dürfte sein, daß Therapeut(inn)en, die sich in psychoanalytischer oder anderer Weiterbildung befinden, sozusagen verpflichtet werden, stationäre Gruppen zu leiten und erst über die klinische Erfahrung in die Rolle des Gruppentherapeuten hineinwachsen. Die meisten Therapeuten(inn)en sind also „dyadisch" sozialisiert, was sich auch in der Konzeptualisierung qualitätssichernder Maßnahmen im stationärem Bereich, die überwiegend auf den einzelnen Patient(inn)en bzw. die Patient-Therapeut-Dyade fokussieren, widerspiegeln dürfte.
- Sind gruppenpsychotherapeutische Identitäten vorhanden, so wird in der Regel schwer feststellbar sein, wie sich diese im Hinblick auf die Therapieziele und die therapeutischen Techniken – angesichts der Vielzahl von unterschiedlichen *Behandlungsmodellen* in diesem Bereich – tatsächlich manifestieren.
- Ein weiterer, für die Strukturqualtität bedeutsamer Aspekt, ist die Frage nach den *Einflüssen des therapeutischen Teams* auf die Behandlung (vgl. Bardé & Mattke, 1993). Erst in jüngster Zeit wird damit begonnen, diese Einflüsse zu untersuchen und Hypothesen über die Beziehung zwischen Merkmalen des Behandlungsteams und dem Behandlungserfolg der Patient(inn)en zu formulieren. Bardé und Mattke beispielsweise berichten über eine Untersuchung von Spar (1976), in der sich zeigte, daß die Kooperativität und affektive Expressivität von Patient(inn)en besonders von den Persönlichkeitsmerkmalen der jeweiligen Behandler bestimmt zu werden schienen, wobei insbesondere ein hohes Maß an internaler Kontrollüberzeugung auf seiten der Teammitglieder prognostisch günstig war. Ebenso konnte Spar (1976) zeigen, daß die Fähigkeit des Teamleiters, „ein förderliches Klima herzustellen", die Selbstexploration in der therapeutischen Gemeinschaft anzuregen vermochte.
- Erwähnt sei zuletzt noch das Konfliktpotential, das sich aus der inkonsistenten *Professionalisierung* des therapeutischen Teams ergibt, aus der u.a. eine Reihe subtiler Machtkonflikte resultieren kann.

Zur Frage der *Prozeßqualität* in der stationären Gruppenpsychotherapie liegen mittlerweile eine ganze Reihe von Untersuchungen vor (vgl. Strauß, 1992). Im wesentlichen lassen sich die im Kapitel 2 berichteten Ergebnisse über prognostisch günstige Prozeßmerkmale in die vorhandenen Ergebnisse integrieren. Speziellen Problemen bei der Sicherung der Prozeßqualität begegnet man sicher nach wie vor im Zusammenhang mit Kurzgruppenpsychotherapien, die sich in ihrer Struktur und in ihrer Therapiezielsetzung nicht mit den in der Literatur vorhanden Konzepten – sowohl der Einzelkurztherapie als auch der Langzeitgruppenpsychotherapie – vergleichen lassen. Auf die speziellen Probleme, die daraus beispielsweise für die Sicherung der Prozeßqualität in der stationären Rehabilitation resultieren, geht beispielsweise Mans (1995) ein.

Wenn es um die Evaluation von Behandlungsprogrammen, also um die *Ergebnisqualität*, geht, sind im Vorfeld eine Reihe von Fragen zu klären, die sich auf die Ziele des zu evaluierenden Behandlungsprogrammes und auf die zu erwartenden Effekte beziehen. Man kann vermuten, daß von einem gruppentherapeutisch organisierten stationären Setting noch andere Effekte zu erwarten sein werden als von einem auf das Individuum ausgerichteten, was aber in der empirischen Forschung zur stationären Psychotherapie bisher noch kaum berücksichtigt wurde. Auch in der oben beschriebenen Kieler Studie kam dieser Aspekt sicher noch zu kurz. In Anlehnung an Haubl (1994, S. 277) könnte man geradezu ketzerisch sagen, daß „empirische Untersuchungen zur Effizienz gruppentherapeutisch ausgerichteter stationärer Psychotherapien weitgehend wertlos sind, weil sie den Einfluß der emergenten Eigenschaften der Gruppe selbst in seinen Auswirkungen auf das Therapieergebnis nicht berücksichtigen". In der Tat sind die meisten Forschungsstrategien und Rahmenkonzepte zur Psychotherapieevaluation (vgl. z.B. Schulte, 1993) primär auf die Einzeltherapie ausgerichtet. Erst in jüngster Zeit wurden spezifische Konzepte für die Ergebnisforschung in der Gruppentherapie entwickelt (z.B. Fuhriman & Burlingame, 1994) bzw. jene Methoden zusammengetragen, die sich für die Bestimmung von Therapieergebnissen auf Gruppenebene eignen (z.B. Hess, 1996b).

Zwei Aspekte, die im Zusammenhang mit der Ergebnisqualität bedeutsam sein mögen, sollen abschließend noch erwähnt werden.

- Zum einen ist da die gerade in diesem Feld komplexe Interaktion von Prozeß- und Ergebnisaspekten: Die Unterscheidung zwischen diesen Aspekten folgt dem herkömmlichen Kausalitätsprinzip von Ursache und Wirkung der Naturwissenschaften. Es ist jedoch fraglich, ob diese Wirksamkeitsannahme dem Geschehen in der Gruppenpsychotherapie wirklich gerecht wird. Viele therapeutische Veränderungen sind das Ergebnis interdependenter Prozesse. Daraus ergibt sich, daß auch die Bedeutung der Variablen bezüglich ihrer Abhängigkeit bzw. Unabhängigkeit neu bestimmt werden muß. Beispielsweise ist die Gruppenkohäsion sowohl eine Prozeßvariable als auch eine Ergebnisvariable, z.B. bei der Definition einer „erfolgreichen" Gruppe.
- Die in der Gruppentherapieforschung wohl traditionsreichste Richtung ist die Untersuchung von Heil-, Wirk- oder therapeutischen Faktoren, die sich im wesentlichen auf die von Yalom (1992) entwickelte Konzeption spezifischer Wirkfaktoren

der gruppenpsychotherapeutischen Behandlung stützt. Wirkfaktorendiagnostik ist mittlerweile relativ differenziert und geeignet, Zusammenhänge zwischen gruppentherapiespezifischen Wirkprinzipien und dem Behandlungserfolg zu überprüfen, weswegen gerade im Gruppensetting die Wirkfaktorendiagnostik ein wesentlicher Aspekt zur Sicherung von Ergebnis- und Prozeßqualität sein könnte.

Die hier zusammengefaßten Überlegungen zu den spezifischen Problemen der Qualitätssicherung im Kontext stationärer Gruppenpsychotherapie sollten deutlich machen, daß auch angesichts aller Fortschritte im Hinblick auf die Qualitätssicherung in der stationären Psychotherapie nicht aus den Augen verloren werden sollte, qualitätssichernde Maßnahmen dem Gegenstand wirklich anzupassen. Angesichts der Fülle unterschiedlicher Behandlungsmodelle im stationären Bereich liegen hier noch viele Aufgaben vor uns.

Literaturverzeichnis

Ambühl, H. & Grawe, K. (1988). Psychotherapeutisches Handeln als Verwirklichung therapeutischer Heuristiken. *Psychotherapie, Psychosomatik & Medizinische Psychologie, 38*, 231–236.

Bardé, B. & Mattke, D. (1993) *Therapeutische Teams*. Göttingen: Vandenhoek & Ruprecht.

Beckmann, D., Richter, H.E. & Brähler, E. (1991). *Der Gießen-Test* (4. Aufl.). Bern: Huber.

Broda, M., Dahlbender, R.W., Schmidt, J., Rad, M. von & Schors, R. (1993). DKPM-Basisdokumentation. *Psychotherapie, Psychosomatik & Medizinische Psychologie, 43*, 214–223.

Davies-Osterkamp, S (1996). Der Düsseldorfer Wirkfaktorenfragebogen – Ein Instrument zur differentiellen Beschreibung von Gruppenpsychotherapien. In B. Strauß, J. Eckert, V. Tschuschke (Hrsg.), *Methoden der empirischen Gruppentherapieforschung – Ein Handbuch* (S. 116–127). Opladen: Westdeutscher Verlag.

Deneke, F.W. & Hilgenstock, B. (1989). *Das Narzißmusinventar*. Bern: Huber.

Eckert, J. (1996). Der Gruppenerfahrungsbogen (GEB). In B. Strauß, J. Eckert, V. Tschuschke (Hrsg.), *Methoden der empirischen Gruppentherapieforschung – Ein Handbuch* (S. 160–171). Opladen: Westdeutscher Verlag.

Eckert, J. & Biermann-Ratjen, E.-M. (1988). Stationäre Psychotherapie. In F. Pfäfflin, H. Appelt, M. Krausz, M. Mohr (Hrsg.), *Der Mensch in der Psychiatrie* (S. 131–147). Heidelberg: Springer.

Franke, G. (1995). *Die Symptom-Check-Liste SCL-90-R von Derogatis*. Weinheim: Beltz Test.

Fuhriman, A. & Burlingame, G.M. (1994). Group psychotherapy: Research and practice. In A. Fuhriman & G.M. Burlingame (Eds.), *Handbook of Group Psychotherapy* (pp. 6–27). New York: Wiley.

Haubl, R. (1994). Evaluation. In R. Haubl, F. Lamott (Hrsg.), *Handbuch Gruppenanalyse* (S. 277–293). Berlin: Quintessenz.

Hentschel, U. (in Druck). *Fragebogen zur Konfliktbewältigung.* Weinheim: Beltz Test.
Hess, H. (1996a). Das Soziogramm nach Höck & Hess. In B. Strauß, J. Eckert, V. Tschuschke (Hrsg.), *Methoden der empirischen Gruppentherapieforschung – Ein Handbuch* (S. 229–248). Opladen: Westdeutscher Verlag.
Hess, H. (1996b). Zwei Verfahren zur Einschätzung der Wirksamkeit von Gruppenpsychotherapie. In B. Strauß, J. Eckert, V. Tschuschke (Hrsg.), *Methoden der empirischen Gruppentherapieforschung – Ein Handbuch* (S. 142–158). Opladen: Westdeutscher Verlag.
Horowitz, L.M., Strauß, B. & Kordy, H. (1994). *Inventar zur Erfassung interpersonaler Probleme (IIP-D).* Weinheim: Beltz Test.
Janssen, P.L. (1987). *Psychoanalytische Therapie in der Klinik.* Stuttgart: Klett Cotta.
Kiresuk, T.J. & Sherman, R. (1968). Goal Attainment Scaling. *Community Mental Health Journal, 4,* 443–453.
Köhle, K. & Joraschky, P. (1990). Institutionalisierung der psychosomatischen Medizin im klinischen Bereich. In Th. v. Uexküll (Hrsg.), *Psychosomatische Medizin* (S. 415–460). München: Urban & Schwarzenberg.
Kordy, H. (1997). Das Konzept der klinischen Signifikanz in der Psychotherapieforschung. In B. Strauß & J. Bengel (Hrsg.), *Forschungsmethoden der Medizinischen Psychologie* (S. 97–111). Göttingen: Hogrefe Verlag für Psychologie.
Kordy, H. & Lutz, W. (1995). Das Heidelberger Modell: Von der Qualitätskontrolle zum Qualitätsmanagement stationärer Psychotherapie durch EDV-Unterstützung. *Psychotherapie Forum, 3,* 197–206.
Kordy, H. & Senf, W. (1992). Therapieabbrecher in geschlossenen Gruppen. *Psychotherapie, Psychosomatik & Medizinische Psychologie, 42,* 127–133.
Laux, L., Glanzmann, P., Schaffner, P. & Spielberger, C.P. (1979). *Das State-Trait-Angst-Inventar.* Weinheim: Beltz Test.
MacKenzie, K.R. (1996). Der Gruppenklima-Fragebogen. In B. Strauß, J. Eckert, V. Tschuschke (Hrsg.), *Methoden der empirischen Gruppentherapieforschung – Ein Handbuch* (S. 172–198). Opladen: Westdeutscher Verlag.
Mans, E. (1995). Aspekte der Prozeßqualität in der Qualitätssicherung der stationären Psychosomatischen Rehabilitation. *Das Gesundheitswesen, 57,* 380–386.
Schepank, H. (1988). *Die stationäre Psychotherapie und ihr Rahmen.* Heidelberg: Springer.
Schmidt, J., Nübling, R. & Lamprecht, F. (1992). Möglichkeiten klinikinterner Qualitätssicherung. *Gesundheitswesen, 54,* 70–80.
Schulte, D. (1993). Wie soll Therapieerfolg gemessen werden? *Zeitschrift für Klinische Psychologie, 22,* 374–393.
Senf, W. (1988). Theorie der stationären Psychotherapie. In: H. Becker & W. Senf (Hrsg.), *Praxis der stationären Psychotherapie.* Stuttgart: Thieme.
Spar, J.E. (1976). *The relationship between staff treatment team variables and patient improvement within an inpatient community.* Dissertation, University of Miami, Fl.
Strauß, B. (1992). Empirische Untersuchungen zur stationären Gruppenpsychotherapie. *Gruppenpsychotherapie und Gruppendynamik, 28,* 125–149.

Strauß, B. & Burgmeier-Lohse, M. (1994a). *Stationäre Langzeitgruppenpsychotherapie*. Heidelberg: Asanger.

Strauß, B. & Burgmeier-Lohse, M. (1994b) Evaluation einer stationären Langzeitgruppenpsychotherapie. *Psychotherapie, Psychosomatik & Medizinische Psychologie, 44*, 184–192.

Strauß, B. & Burgmeier-Lohse, M. (1994c). Prozeß-Ergebnis-Zusammenhänge in der analytisch orientierten Gruppenpsychotherapie. *Psychotherapeut, 39*, 239–250.

Strauß, B. & Burgmeier-Lohse, M. (1995). Merkmale der Passung zwischen Therapeut und Patient als Determinanten des Behandlungsergebnisses in der stationären Gruppenpsychotherapie. *Zeitschrift für Psychosomatische Medizin und Psychoanalyse, 41*, 127–140.

Strauß, B., Kriebel, R. & Mattke, D. (1998). Probleme der Qualitätssicherung in der stationären Gruppenpsychotherapie. *Psychotherapeut, 42*, 21–26.

Strauß, B., Strupp, H.H., Burgmeier-Lohse, M., Wille, H. & Storm, S. (1992). Deutschsprachige Version der Vanderbilt-Psychotherapie-Skalen. *Zeitschrift für Klinische Psychologie, Psychopathologie und Psychotherapie, 40*, 411–429.

Tschuschke, V. (1996). Der Stuttgarter Bogen (SB). In B. Strauß, J. Eckert, V. Tschuschke (Hrsg.), *Methoden der empirischen Gruppentherapieforschung – Ein Handbuch* (S. 218–228). Opladen: Westdeutscher Verlag.

Yalom, I.D. (1992). *Theorie und Praxis der Gruppenpsychotherapie. Ein Lehrbuch*. München: Pfeiffer.

Interne Qualitätssicherung in der stationären psychosomatischen Rehabilitation:
Erfahrungen mit einem „zweigleisigen Modell"

Rüdiger Nübling & Jürgen Schmidt

Inhalt:

1. Einleitung 335
2. Kontinuierliche Datenerhebungen („Gleis 1") 337
   2.1 Basisdokumentation 337
   2.2 Patientenbefragung bei Entlassung 344
3. Zeitlich befristete Datenerhebungen:
   Programmevaluation („Gleis 2") 344
4. Diskussion 349

1. Einleitung

Empirisch gestützte Maßnahmen zur *internen* Qualitätssicherung (QS) haben vor allem im Bereich der psychosomatischen Rehabilitation eine weit vor den gesetzlichen Bestimmungen (Gesundheitsreformgesetz von 1989: SGB V) einsetzende Tradition (Nübling & Schmidt, in diesem Band; Schmidt & Nübling, 1995). So wurden in einigen verhaltenstherapeutisch und psychoanalytisch orientierten Kliniken seit Mitte der 80er Jahre QS-Ansätze entwickelt, die in Klinikverbünden eingesetzt wurden. Diesen Ansätzen ist u.a. gemeinsam, daß sie ihren Ausgangspunkt in der Evaluationsforschung haben und daß sie hohe laufende Patientenzahlen (pro Jahr bis zu 2000) zu berücksichtigen hatten. Letztere Settingbedingungen machen praktikable und ökonomische Systeme erforderlich, die in den Routineablauf einer Einrichtung integrierbar sind. Strukturierte, im Kern vergleichbare Instrumente zur Erhebung von Patienten- und Behandlungsdaten im Sinne von Basisdokumentationen (Datenquelle: i.d.R. behandelnde Ärzte/Psychologen) und Fragebogen-Verfahren (Datenquelle: Patient) sind deshalb Methoden der Wahl.

Einer dieser Ansätze, das sogenannte „Zweigleisige Modell empirisch gestützter interner Qualitätssicherung" soll im folgenden skizziert werden. Es wurde in den vergangenen 12 Jahren, ausgehend von der Klinik Schömberg, für fünf psychoanalytisch orientierte psychosomatische Rehabilitationskliniken (Bad Herrenalb, Gengenbach, Reinerzau, Schömberg, Zell am Harmersbach) entwickelt und stellt insbesondere Aspekte der Prozeß- und Ergebnisqualität in den Mittelpunkt. Es geht davon aus, daß Behandlungsergebnisse die eigentliche Zielgröße der QS sind und daß qualitätssichernde Maßnahmen sich deshalb vermehrt auf die Ergebnisqualität konzentrieren sollten. Das Modell, das von den Autoren bereits Mitte der 80er Jahre konzipiert wurde und in der Praxis ständig weiterentwickelt wird, entstand in Zusammenarbeit mit Werner Wittmann (Universität Mannheim).

Abbildung 1: Qualitätssicherung in der Psychosomatischen Rehabilitation

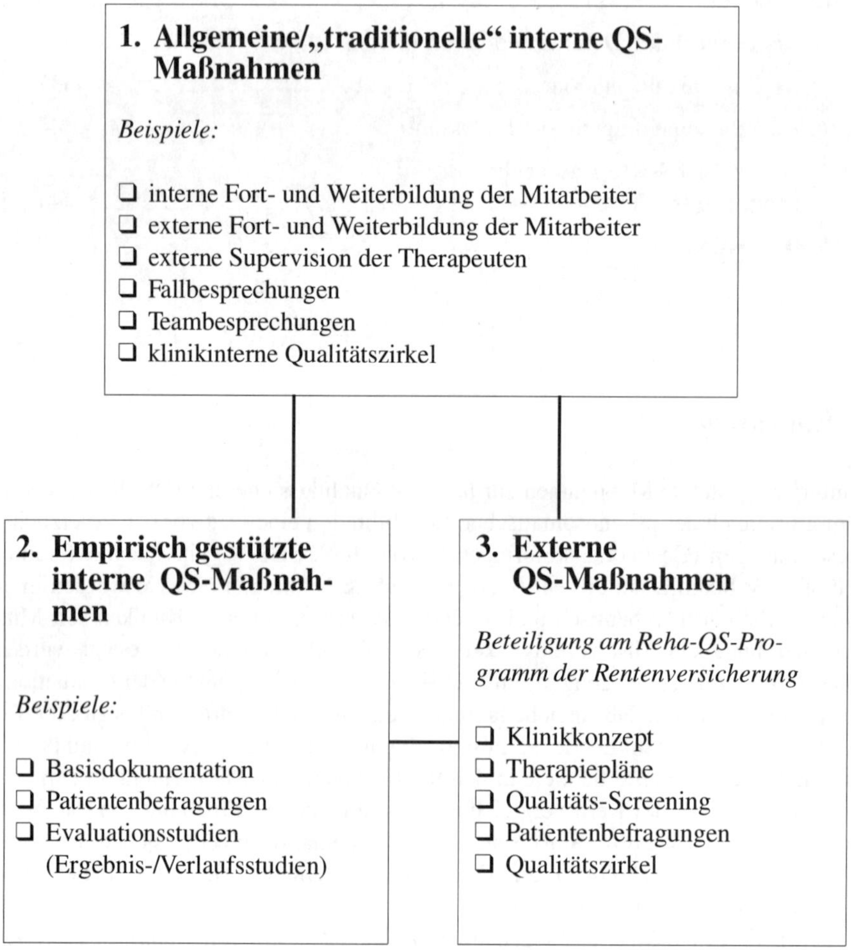

1. Allgemeine/„traditionelle" interne QS-Maßnahmen

Beispiele:

❑ interne Fort- und Weiterbildung der Mitarbeiter
❑ externe Fort- und Weiterbildung der Mitarbeiter
❑ externe Supervision der Therapeuten
❑ Fallbesprechungen
❑ Teambesprechungen
❑ klinikinterne Qualitätszirkel

2. Empirisch gestützte interne QS-Maßnahmen

Beispiele:

❑ Basisdokumentation
❑ Patientenbefragungen
❑ Evaluationsstudien
  (Ergebnis-/Verlaufsstudien)

3. Externe QS-Maßnahmen

Beteiligung am Reha-QS-Programm der Rentenversicherung

❑ Klinikkonzept
❑ Therapiepläne
❑ Qualitäts-Screening
❑ Patientenbefragungen
❑ Qualitätszirkel

Wie Abbildung 1 zeigt, umfaßt es eine Teilgruppe der in der psychosomatischen Rehabilitation eingeführten bzw. praktizierten QS-Maßnahmen, und zwar die unter Punkt 2 zusammengefaßten Maßnahmen. Zwei weitere wesentliche Bausteine können in diesem Beitrag nur angedeutet werden. Zum einen die „klassischen" Maßnahmen, die traditionell durchgeführt wurden und heute auch unter dem Begriff „Qualitätssicherung" subsumiert werden können (vgl. auch Scheidt, 1996), wie z.B. interne und externe Fort- und Weiterbildung der Mitarbeiter, externe Supervision, Fall- und Teambesprechungen; zum anderen die Maßnahmen des überwiegend extern orientierten QS-Programms der Rentenversicherung (Müller-Fahrnow, 1995; Schaub & Schliehe, 1994; Schmidt, Nübling & Vogel, 1995; Tiefensee & Koch, 1997).

Das „zweigleisige" Vorgehen entstand in einem Anpassungsprozeß an die genannten Rahmenbedingungen. Aufgrund der hohen Patientenzahlen mußte der Routineteil des Systems zwangsläufig auf umgrenzte Datenbereiche beschränkt, d.h. so ökonomisch wie nur möglich gestaltet werden. Aufwendigeres Assessment sollte ausschließlich auf Stichproben bzw. auf umschriebene Zeitspannen bezogen sein.

Abbildung 2 zeigt das auf diesen Grundüberlegungen aufbauende „Zweigleisige Modell". Die linke Säule zeigt den *kontinuierlichen* Teil der Datenerhebungen, bei denen umschriebene Patienten und Behandlungsdaten (Basisdokumentation BEDOK; Schmidt & Nübling, 1987; Schmidt, Nübling & Lamprecht, 1992) bzw. einfache Patientenbewertungen zur Heilbehandlung bei Entlassung oder zu einem Nachbefragungszeitpunkt (Routinekatamnesen) erfaßt werden. Die rechte Säule symbolisiert dagegen den Bereich der wesentlich aufwendigeren Programmevaluationsstudien, die in der Regel mehrere Meßzeitpunkte (z.B. Aufnahme, Entlassung, Katamnesen) und mehrere Datenquellen (z.B. Selbstangaben der Patienten, Angaben der Therapeuten, Angaben unabhängiger Ärzte) umfassen. Im Gegensatz zur linken Säule sind diese Erhebungen zeitlich begrenzt, wobei für die Belange der QS in angemessenen Abständen (z.B. 5 Jahre) eine Wiederholung der Studien anzustreben ist (Replikationsmöglichkeit von Befunden etc.). Wesentlich für die QS ist dabei der jeweils untere Teil der Abbildung, der das sogenannte Paradigma der QS (vgl. z.B. Viethen, 1994) einbindet.

2. Kontinuierliche Datenerhebungen („Gleis 1")

Zentraler Bestandteil der kontinuierlichen Datenerhebungen ist die klinikinterne Basisdokumentation BEDOK. Auf die ebenfalls durchgeführten Patientenbefragungen bei Entlassung (vgl. Abschnitt 2.2) sowie auf die künftig vorgesehenen Routinekatamnesen (vgl. Abschnitt 3) gehen wir aus Platzgründen nur kurz ein.

2.1 Basisdokumentation

Eine Basisdokumentation dient insbesondere dazu, basale Grundinformationen über Patienten-, Behandlungs- und Ergebnismerkmale zu liefern. Sie ist nach unserer Auffassung eine unerläßliche und nützliche Voraussetzung für eine empirische QS und

Abbildung 2: Zweigleisiges Modell empirisch gestützter QS; erweiterte Version

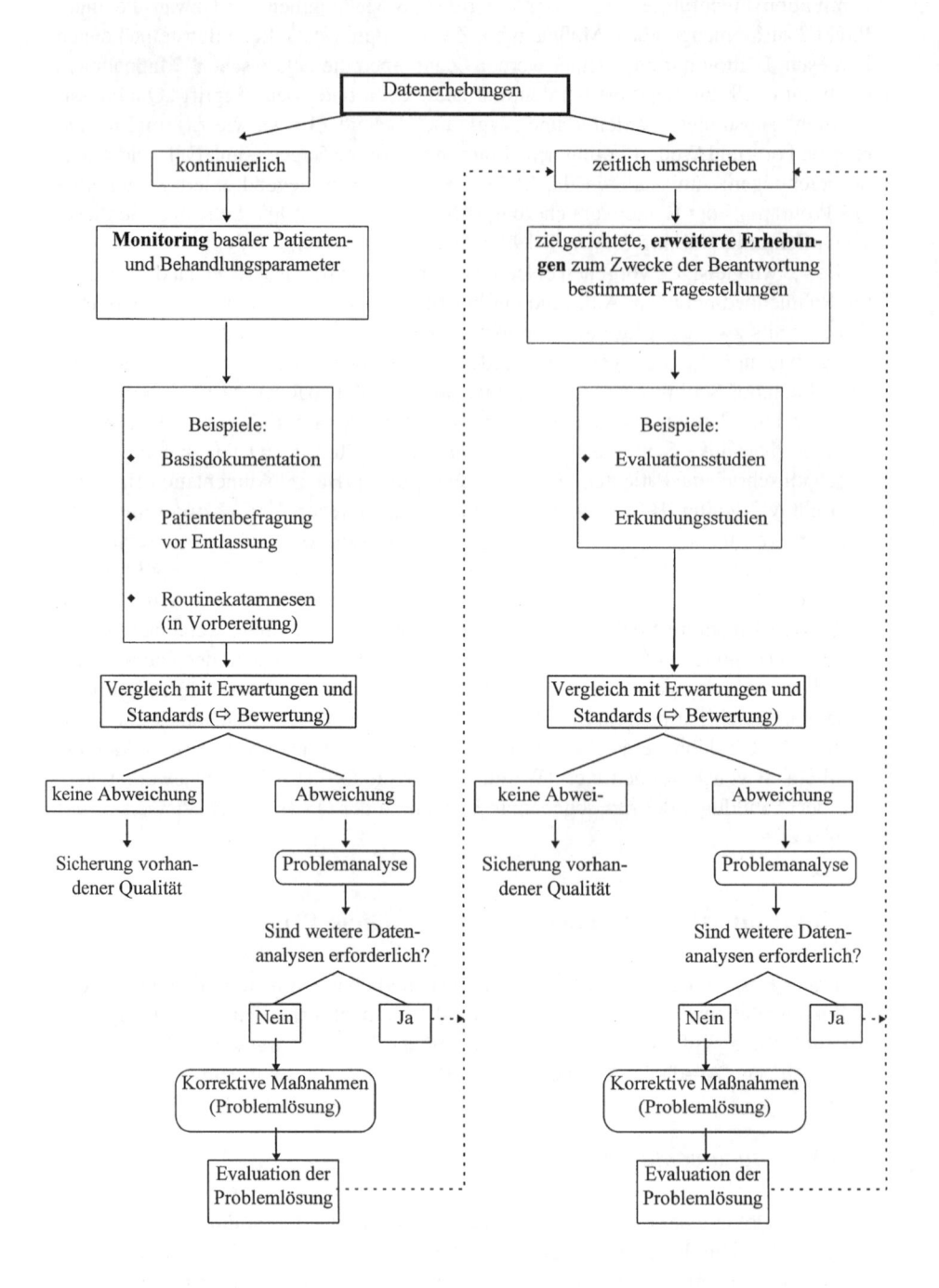

```
                          ┌─────────────────┐
                          │ Datenerhebungen │
                          └─────────────────┘
                         ↙                   ↘
                ┌──────────────┐      ┌────────────────────┐
                │ kontinuierlich│      │ zeitlich umschrieben│
                └──────────────┘      └────────────────────┘
                        ↓                       ↓
        ┌───────────────────────────┐   ┌──────────────────────────────┐
        │ Monitoring basaler Patien-│   │ zielgerichtete, erweiterte   │
        │ ten- und Behandlungs-     │   │ Erhebungen zum Zwecke der    │
        │ parameter                 │   │ Beantwortung bestimmter      │
        │                           │   │ Fragestellungen              │
        └───────────────────────────┘   └──────────────────────────────┘
                        ↓                       ↓
        ┌───────────────────────────┐   ┌──────────────────────────────┐
        │ Beispiele:                │   │ Beispiele:                   │
        │  • Basisdokumentation     │   │  • Evaluationsstudien        │
        │  • Patientenbefragung     │   │  • Erkundungsstudien         │
        │    vor Entlassung         │   │                              │
        │  • Routinekatamnesen      │   │                              │
        │    (in Vorbereitung)      │   │                              │
        └───────────────────────────┘   └──────────────────────────────┘
                        ↓                       ↓
        ┌───────────────────────────┐   ┌──────────────────────────────┐
        │ Vergleich mit Erwartungen │   │ Vergleich mit Erwartungen    │
        │ und Standards (⇨ Bewertung)│  │ und Standards (⇨ Bewertung)  │
        └───────────────────────────┘   └──────────────────────────────┘
              ↙              ↘               ↙              ↘
    ┌──────────────┐   ┌───────────┐  ┌──────────────┐  ┌───────────┐
    │keine Abweich.│   │Abweichung │  │keine Abwei-  │  │Abweichung │
    └──────────────┘   └───────────┘  └──────────────┘  └───────────┘
          ↓                 ↓               ↓                 ↓
    Sicherung vorhan-  ┌─────────────┐ Sicherung vorhan- ┌─────────────┐
    dener Qualität     │Problemanalyse│ dener Qualität   │Problemanalyse│
                       └─────────────┘                   └─────────────┘
                              ↓                                 ↓
                       Sind weitere Daten-              Sind weitere Daten-
                       analysen erforderlich?           analysen erforderlich?
                           ↙        ↘                       ↙        ↘
                       ┌─────┐   ┌─────┐                ┌─────┐   ┌─────┐
                       │Nein │   │ Ja  │⤑              │Nein │   │ Ja  │⤑
                       └─────┘   └─────┘                └─────┘   └─────┘
                           ↓                                 ↓
                   ┌──────────────────┐              ┌──────────────────┐
                   │Korrektive Maßnah-│              │Korrektive Maßnah-│
                   │men (Problemlösung)│             │men (Problemlösung)│
                   └──────────────────┘              └──────────────────┘
                           ↓                                 ↓
                   ┌──────────────────┐              ┌──────────────────┐
                   │ Evaluation der   │              │ Evaluation der   │
                   │ Problemlösung    │              │ Problemlösung    │
                   └──────────────────┘              └──────────────────┘
```

Evaluation (Nübling, Schmidt & Puttendörfer, 1995). Hierdurch wird zunächst Transparenz geschaffen. Weiterhin wird klinikintern ein erster Vergleich zwischen Programm-Konzeption und konkreter Programm-Implementierung ermöglicht. Die konkreten Daten können z.B. mit internen und/oder externen Standards, soweit vorhanden, verglichen werden (basaler Ist-Soll-Vergleich). Darüber hinaus können durch den Vergleich mehrerer Jahrgänge auch strukturelle Verschiebungen und Trends beobachtet werden.

Allgemein besteht eine erhebliche Variationsbreite hinsichtlich der Vorstellungen über Umfang und Inhalt einer Basisdokumentation. Wir können hierauf nicht näher eingehen, handlungsleitend für unsere Entwicklung (Ziel: Routinemonitoring in einer Großklinik) waren die Stichworte Praktikabilität und Ökonomie. Der folgende Definitionsvorschlag nimmt diese Vorgaben mit auf: Unter einem *Basisdokumentations-System* verstehen wir

- ein *praktikables, ökonomisches* klinikinternes Erfassungssystem, das
- in *standardisierter* Form
- wesentliche basale patienten-, behandlungs- und ergebnisbezogene *Daten*
- *permanent* bei *allen* behandelten Patienten
- einer (oder mehrerer; z.B. Verbundlösungen) Einrichtungen
- mittels *geeigneter Erhebungsbogen* erfaßt,
- wobei diese Einzelfalldaten in ein *Datenbanksystem* aufgenommen und
- *in regelmäßigen Abständen*
- *statistisch ausgewertet* werden mit dem Ziel,
- eine *kontinuierliche Rückmeldung* an die Kliniker und damit
- ein ständiges *Überprüfen der Versorgungsrealität* zu gewährleisten.

Für die genannten fünf Kliniken wurden im wesentlichen identische Basisdokumentations-Bögen entwickelt. Die vierseitigen Bögen werden vom zuständigen Therapeuten nach Abschluß der Behandlung ausgefüllt und für die Datenverarbeitung anonymisiert. Zur Gewährleistung einer hinreichenden Inter-Rater-Übereinstimmung wurden jeweils ausführliche Manuale entwickelt und jedem Ausfüller bereitgestellt. Ein spezielles Rater-Training wird aus Gründen der Klinik-Ökonomie derzeit nicht durchgeführt; näherungsweise wird dies im Rahmen der kontinuierlichen Rückmeldungen sowie durch Abstimmung z.B. in Teamgesprächen realisiert. Inhaltlich umfaßt BEDOK folgende Bereiche:

1. *basale Patientenmerkmale*, wie z.B. Alter, Geschlecht, Kostenträger, Diagnosen, Krankheitsdauer, Therapiemotivation, Arbeitsfähigkeit bei Aufnahme,
2. *Leistungsdaten*, wie z.B. Frequenz und Dauer verschiedener Behandlungskomponenten (Einzelgespräche, Analytische Gruppe, Konzentrative Bewegungstherapie, Entspannungsverfahren etc.), Diagnostik, Medikation,
3. *Daten zum Behandlungsverlauf*, wie z.B. Behandlungsdauer, Entlassungsform, therapeutische Arbeitsbeziehung, Eignung des Behandlungsrahmens,
4. *Daten zum Behandlungsergebnis*, z.B. Veränderung des körperlichen und des seelischen Befindens, Arbeitsfähigkeit bei Entlassung und

5. *basale Therapeutenmerkmale* (Geschlecht und Alter).

Der inhaltliche Überlappungsgrad mit der inzwischen etablierten sogenannten DKPM-Basisdokumentation (Broda, Dahlbender, Schmidt, von Rad & Schors, 1993) dürfte bei ca. 80% liegen, da in deren Entwicklung u.a. auch Erfahrungen unserer Arbeitsgruppe eingeflossen sind. Trotz Vorliegen der überregionalen DKPM-Basisdokumentation haben wir deshalb unser System bislang nicht umgestellt bzw. angepaßt. Insgesamt wurden seit 1986 mittels BEDOK-Bögen Daten von mehr als 45.000 stationären Behandlungen erfaßt. Rückmeldungen an die Kliniken und die Geschäftsleitung des Klinikträgers finden derzeit insbesondere in Form von Jahresstatistiken statt. Dabei werden die Ergebnisse der einzelnen Klinik zunächst grundsätzlich in tabellarischer Form hinsichtlich wichtiger Markiervariablen (z.B. Kostenträger, Geschlecht, Altersgruppen) für den jeweils letzten Jahrgang zur Verfügung gestellt. Darüber hinaus werden ebenfalls, in tabellarischer Form, Jahresverläufe (z.B. letzte fünf Jahre) erstellt.

Tabelle 1 zeigt einen Auszug aus einer auf die Klinik Schömberg bezogenen Fünf-Jahresstatistik. Wie zu sehen, bleiben einige der basalen Parameter über den genannten Zeitraum weitgehend konstant, so z. B. die Geschlechtsverteilung und die durchschnittliche Behandlungsdauer, während sich z.B. das Durchschnittsalter oder der Anteil schwerer Persönlichkeitsstörungen kontinuierlich erhöhen bzw. der Anteil an funktionellen Störungen oder an Psychosomatosen im engeren Sinne kontinuierlich sinkt.

Neben den klinikspezifischen Verläufen werden nach dem gleichen Prinzip Klinikvergleiche zwischen den fünf psychosomatischen Kliniken des Verbundes aufbereitet. Ziel dieser trägerinternen Vergleiche ist u.a. das wechselseitige Transparentmachen klinikspezifischer Daten. Eine wesentliche Funktion liegt dabei im Erkennen von Verbesserungspotentialen sowohl der eigenen Klinik als auch der anderen Kliniken des Verbundes, z.B. im Sinne eines internen Benchmarkings („ranking"). Darüber hinaus dienen Vergleiche z.B. mit Kliniken fremder Trägergruppen oder mit anderen Versorgungsbereichen (z.B. ambulante Rehabilitation, ambulante Psychotherapie) der eigenen Standortbestimmung und ggf. Konzeptanpassung.

Tabelle 2 zeigt einen Auszug aus einer klinikvergleichenden Darstellung für das Jahr 1993. In dieser Zusammenstellung ist zu sehen, daß sich die Kliniken in bezug auf eine Reihe von Parametern deutlich unterscheiden (z.B. Alter, Aufenthaltsdauer, Diagnosen). Das Durchschnittsalter variiert zwischen 39.4 Jahren in Bad Herrenalb und 45.5 Jahren in Schömberg, die mittlere stationäre Behandlungsdauer zwischen 64.5 Tagen in Zell und 47.5 Tagen in Reinerzau. Diagnostisch auffällig ist u.a. der hohe Anteil an „Psychiatrie-Patienten" in der Klinik in Zell sowie der relativ hohe Sucht-Anteil in Bad Herrenalb. Die beiden letztgenannten Befunde spiegeln spezielle Behandlungsschwerpunkte dieser beiden Einrichtungen wider, die über ihren „allgemeinen" Indikationsbereich „klassischer" psychosomatischer Rehabilitation hinausgehen. An diesen beiden Beispielen kann die o.g. längere Behandlungsdauer gut mit den speziellen konzeptuellen Schwerpunkten erklärt werden. Eine längere Behandlung korrespondiert mit dem höheren Anteil an „problematischeren" bzw. schwerer gestörten Patienten, die wesentlich häufiger in arbeitsunfähigem Zustand aufgenom-

Tabelle 1: **Ständige Erfassung von Basisdaten, Monitoring-Funktion; Psychosomatische Klinik Schömberg; Ausschnitt aus der Fünf-Jahres-Statistik 1989-1993;** $N_{ges} = 8014$

	1989 N=1637	**1990** N=1544	**1991** N=1611	**1992** N=1664	**1993** N=1558
1. Anteil **weiblicher Patienten** (in %)	58.2	57.2	59.4	59.7	59.2
2. Durchschnittliche **Verweildauer** (in Tagen)	52.8	52.6	53.2	53.3	52.9
3. **Durchschnittsalter** (in Jahren)	43.5	44.6	44.8	45.4	45.5
4. **Ambulantes Vorgespräch** (Anteil in %)	15.4	14.3	12.9	13.4	12.6
5. Anteil von **Rentenantragstellern** (in %)	6.8	7.3	6.2	7.6	8.7
6. **Entlassungsform regulär** (in %)	93.0	93.1	92.4	91.8	93.0
7. **Hauptdiagnosen** (nach ICD 9; in %)					
a) Neurosen (ICD 300, 300.0-300.9)	47.8	50.1	54.4	50.4	51.2
b) Funktionelle St. (ICD 306, 306.0-306.9)	22.9	20.7	19.5	18.5	17.3
c) Psychogene Reaktionen (ICD 308, 309)	9.2	11.0	9.8	11.5	10.7
d) Psychosen (ICD 290-299)	1.5	1.2	1.1	2.5	1.5
e) Persönlichkeitsstörungen (ICD 301)	2.4	2.5	4.4	5.2	5.6
f) Abhängigkeit/Mißbrauch (ICD 303-305)	0.9	0.4	0.2	0.6	0.4
g) Psychische Restkategorie (ICD 307 ohne 307.1)	1.2	1.2	1.5	1.5	0.8
h) Psychosomatosen (ICD 316, 3071, 401, 346, 493, 555, 556, 531, 532, 691, 708)	10.4	8.4	6.7	6.7	6.9
i) Somatische Hauptdiagnosen (ICD <290, ICD >316 ohne h)	3.7	4.5	2.7	3.1	5.5
8. Anteil Patienten mit **Nebendiagnosen** (%)	75.5	76.9	75.7	77.5	78.9
9. Anteil **arbeitsunfähige** Patienten bei **Aufnahme** (%)	28.2	32.2	34.2	31.3	31.4

men werden müssen. Im Rahmen der medizinischen Rehabilitation wurde in der jüngsten Vergangenheit unter dem Stichwort „Flexibilisierung" oder „Kompakt-Reha" eine Verkürzung von Behandlungen diskutiert (vgl. z.B. Clausing & Wille, 1996). Bleiben die unterschiedlichen Ausgangslagen einzelner Kliniken unberücksichtigt, kann dies mittelfristig zu einer Positivauslese (vermehrte Aufnahme von „leichteren Fällen") führen. Eine Flexibilisierung der Behandlungsdauer sollte deshalb unter Einbezug empirischer Daten, die etwas über die Vergleichbarkeit von Einrichtungen aussagen, umgesetzt werden. Daten einer Basisdokumentation können hierfür eine gute Grundlage bieten. Darüber hinaus zeigt z.B. der Vergleich mit verhaltensmedizinisch orientierten Kliniken, daß die häufig vom Bereich der ambulanten Psychotherapie unkritisch übertragene Behauptung, stationäre psychoanalytische Behandlungen würden wesentlich länger als verhaltensmedizinische Behandlungen dauern, nicht der Versorgungsrealität entspricht. Mittlere Behandlungszeiten von annähernd 60 Tagen und mehr sind auch in VT-Kliniken keine Seltenheit (vgl. z.B. Broda et al., 1994, Dehmlow & Zielke, 1994).

Für die Rückmeldungen an die Kliniken werden die wichtigsten Ergebnisse bzw. Verläufe neben der gezeigten tabellarischen Aufstellung graphisch aufbereitet. Mit Hilfe der Feedbacks können im Rahmen von Klinikkonferenzen, Arbeitsgruppen oder Qualitätszirkeln potentielle Schwachstellen oder Problemfelder frühzeitig erkannt und Problemanalysen eingeleitet und durchgeführt werden, die z.B. Modifikationen im Behandlungskonzept nach sich ziehen.

Die bisherigen Erfahrungen zeigen, daß die BEDOK-Datenerfassungen wertvolle Basis-Informationen liefern und eine geeignete Grundlage für weitergehende QS-Maßnahmen darstellen. Hierzu ein kurzes Beispiel: In einer der genannten Kliniken ergab sich im BEDOK-Jahresvergleich 1992 vs. 1993 eine Steigerung der Abbrecherquote um mehr als 70% (von ca. 10% auf ca. 17%). Eine differenziertere Analyse der BEDOK-Daten zeigte keine nennenswerten Veränderungen hinsichtlich diagnostischer Patientenmerkmale (z.B. blieb der Anteil an Patienten mit Abhängigkeitserkrankungen konstant), wohl aber z.B. hinsichtlich der initialen Psychotherapiemotivation.

Weitere Hinweise ergaben sich durch eine in einer zweiten Analysephase ergänzend durchgeführten katamnestischen Befragung der Abbrecher sowie durch eine Mitarbeiterbefragung zu den Gründen der Behandlungsabbrüche („Gleis 2"). Auf der Grundlage des erweiterten Datenmaterials zeigten sich zusätzliche Aspekte, wie z.B. unzureichende Vorabinformation bzw. prästationäre Vorbereitung der Patienten, nicht angebotene, aber von den Patienten gewünschte zusätzliche Behandlungsbausteine und auch teaminterne Probleme.

Die eingeleiteten Maßnahmen (u.a. verbesserte Informationen über die Art der Behandlung im Vorfeld der Aufnahme, verbesserte Patientenselektion, Konzeptmodifikationen, intensivierte Supervision) führten im weiteren Verlauf wieder zu einer Senkung der Abbrecherquoten.

Tabelle 2: **Ständige Erfassung von Basisdaten, Vergleichs-Funktion; fünf psychosomatische Reha-Kliniken: Reinerzau (RE), Gengenbach (GE), Schömberg (SG), Zell a. Harmersbach (ZE) und Bad Herrenalb (BH); Ausschnitt aus der Vergleichsstatistik 1993;** N_{ges} = **4892**

	RE N=698	GE N=1709	SG N=1558	ZE N=513	BH N=414
1. Anteil **weiblicher Patienten** (in %)	60.6	58.9	59.2	57.1	57.1
2. Durchschnittliche **Verweildauer** (in Tagen)	47.5	50.2	52.9	64.5	62.4
3. **Durchschnittsalter** (in Jahren)	43.6	43.4	45.5	40.9	39.4
4. **Ambulantes Vorgespräch** (Anteil in %)	8.8	5.4	12.6	4.8	8.8
5. Anteil von **Rentenantragstellern** (in %)	2.2	6.1	8.7	8.2	1.5
6. **Entlassungsform regulär** (in %)	93.0	93.8	93.0	90.6	83.8
7. **Hauptdiagnosen** (nach ICD 9; in %)					
a) Neurosen (ICD 300, 300.0-300.9)	54.7	53.0	51.3	23.8	55.3
b) Funktionelle St. (ICD 306, 306.0-306.9)	15.9	18.7	17.3	6.0	1.9
c) Psychogene Reaktionen (ICD 308, 309)	10.6	7.8	10.7	10.3	1.9
d) Psychosen (ICD 290-299)	1.1	1.2	1.5	42.3	2.4
e) Persönlichkeitsstörungen (ICD 301)	5.7	3.5	5.7	11.5	6.8
f) Abhängigkeit/Mißbrauch (ICD 303-305)	0.6	1.0	0.4	0.0	14.3
g) Psychische Restkategorie (ICD 307 ohne	2.3	3.1	0.8	3.6	7.2
h) Psychosomatosen (ICD 316, 3071, 401, 346, 493, 555, 556, 531, 532, 691, 708)	4.7	4.9	6.9	0.6	2.9
i) Somatische Hauptdiagnosen (ICD <290, ICD >316 ohne h)	4.4	6.8	5.4	2.0	7.2
8. Anteil Patienten mit **Nebendiagnosen** (%)	78.2	62.2	78.9	51.7	63.5
9. Anteil **arbeitsunfähige** Patienten bei **Aufnahme** (%)	27.7	32.2	31.4	52.8	40.0

2.2 Patientenbefragung bei Entlassung

Neben der Basisdokumentation werden in den genannten Kliniken im Routineverfahren traditionell Patientenbefragungen bei Entlassung durchgeführt. Die Daten wurden bislang über einen einseitigen Fragebogen (9 Items) erhoben, der aber eher an übliche Hotel-Befragungen angelehnt war und über den hier nicht berichtet wird. Auf der Grundlage der im Rahmen der Evaluationsstudien (s.u.) von uns entwickelten und eingesetzten Assessmentverfahren entstand ein neuer Fragebogen mit insgesamt 38 Items, der derzeit in zwei der psychosomatischen Kliniken für das Routineverfahren erprobt wird. Er erfaßt neben demographischen und beruflichen Merkmalen v.a. Aspekte der Zufriedenheit mit der stationären Behandlung (u.a. ZUF-8, Schmidt, Lamprecht & Wittmann, 1989; Schmidt, Nübling, Lamprecht & Wittmann, 1994) sowie (kurzfristige) Behandlungsergebnisse. Insbesondere die Einschätzung der Ergebnisqualität bei Behandlungsende wird auf der Grundlage des neuen Bogens wesentlich differenzierter und reliabler möglich sein, als auf BEDOK-Grundlage (lediglich 3 Items zur Ergebnisbeurteilung). Der Fragebogen ist in einer scannerlesbaren Version erstellt und wird maschinell in eine Datenbank eingegeben. Künftig sind vergleichende Darstellungen und Rückmeldungen an die Kliniken analog zu den Daten der Basisdokumentation vorgesehen.

3. Zeitlich befristete Datenerhebungen: Programmevaluation („Gleis 2")

Schließt man sich der Auffassung an, daß sich qualitätssichernde Maßnahmen mehr auf die Ergebnisqualität der Behandlungen konzentrieren sollten, so ergeben sich Überschneidungen zwischen einer ergebnisorientierten Evaluationsforschung und QS. Die Beurteilung der Ergebnisqualität erfordert notwendigerweise zusätzliche Datenerhebungen, die in ihrem Aufwand wesentlich über eine Basisdokumentation hinausgehen. Das hierfür erforderliche umfangreichere Assessment kann in der Regel nicht in der Routine betrieben werden. Hierzu bieten sich zeitlich befristete Programmevaluationsstudien an, die Behandlungsergebnisse auch in einem ausreichenden Abstand zum Behandlungsende messen (Katamnesen). Diese sind neben einfacheren Erkundungsstudien, auf die wir hier nicht eingehen, mit dem „Gleis 2" des Modells (vgl. Abbildung 2) symbolisiert. Wesentliche Zielperspektiven der Evaluationstudien liegen neben der Abbildung der Ergebnisqualität u.a. in Analysen zur Stabilität von Veränderungen, zum Zusammenhang zwischen Input und Output, Analysen zur Beziehung zwischen Eingangs-, Behandlungs- und Outcome-Variablen oder in Analysen zum Zusammenhang zwischen Selbst- und Fremdbeurteilungen des Outcome. In den vergangenen Jahren wurden im Bereich der psychosomatischen Rehabilitation mehrere umfassende Programmevaluationsstudien realisiert, u.a. die

1. *„Zauberberg-I-Studie"*: Klinik Schömberg, $N = 364$ Patienten, Ersterhebung 1983 (vgl. z.B. Schmidt, 1991; Schmidt, Lamprecht, Bernhard & Nübling, 1989).
2. *„Zauberberg-II-Studie"*: Klinik Schömberg, $N = 565$ Patienten, Beginn: 1987, (vgl.

z.B. Nübling, 1992; Schmidt, Lamprecht, Nübling & Wittmann, 1994; Wittmann, 1995, 1996).
3. *„Reinerzauer-Katamnese-Studie"*: Klinik Reinerzau, $N = 560$ Patienten, Beginn: 1989 (vgl. z.B. Nübling, Puttendörfer, Wittmann, Schmidt & Wittich, 1995; Nübling, Schmidt, Kieser, Puttendörfer & Wittmann, 1996).
4. Studie „Gesundheitsverhalten und Risikofaktoren": Klinik Schömberg, $N = 293$ Patienten, Beginn: 1993 (vgl. Schmidt et al., 1996).
5. *„CED-Studie"* über Verlauf und Ergebnis chronisch entzündlicher Darmerkrankungen (Morbus Crohn, Colitis ulcerosa): Psychosomatische Klinik Kinzigtal, Gengenbach, $N = 152$ Patienten (Erhebung läuft noch), Beginn 1993 (vgl. Maatz & Schmidt 1997).

Neben den genannten Studien wurde eine Reihe weiterer kleinerer Studien durchgeführt (z.B. Kieser, Popp & Schmidt, 1997; Reuter, 1996), die z.T. noch nicht publiziert bzw. noch nicht abgeschlossen sind. Alle Studien sind als korrelativ-naturalistische Beobachtungs-Verlaufsstudien angelegt und erstrecken sich über drei oder vier Meßzeitpunkte (Aufnahme, Entlassung, ein, drei oder fünf Jahre nach Entlassung). Die Studien basieren im wesentlichen auf der Fragebogenmethodik, wobei neben herkömmlichen, weithin bekannten Untersuchungsinstrumenten (z.B. psychometrischen Fragebögen) eigenentwickelte Selbst- und Fremdbeurteilungsverfahren verwendet wurden (vgl. z.B. Nübling, 1992; Schmidt, 1991). Therapeutenseits wurden neben Daten der Basisdokumentation unterschiedliche Fremdeinschätzungen, z.B. zum Schweregrad der Erkrankung oder zur Prognose erhoben. In einer Studie wurden darüber hinaus katamnestische Fremdeinschätzungen von Haus- bzw. Fachärzten (Schmidt et al., 1994), in einer anderen Labordaten miteinbezogen (Schmidt et al., 1996).

Die Erfassung von Ergebniskriterien orientierte sich an den Zielsetzungen der Rehabilitation. Neben „kostenrelevanten" Veränderungsaspekten (z.B. Veränderung des Medikamentenkonsums, Veränderung von Fehlzeiten etc.) wurden Outcome-Aspekte erhoben, die nicht monetär faßbar sind, wie z.B. subjektives Wohlbefinden, Umgang mit alltäglichen Belastungen, Lebenszufriedenheit etc. Zur Abbildung von Behandlungsergebnissen können verschiedene Arten von Kriterien unterschieden werden, welche wir – grob vereinfacht – in *singuläre* und *multiple* Ergebniskriterien unterteilen (Schmidt, Bernhard, Wittmann & Lamprecht, 1987). *Singuläre Ergebniskriterien* entsprechen dabei der – einmaligen oder wiederholten – Erfassung von Veränderungsinformation hinsichtlich bestimmter, spezifischer Merkmale (im Mittelpunkt des Interesses steht z.B. die Veränderung des Körpergewichts oder Veränderung der Beschwerden, die Anlaß einer Reha-Maßnahme waren oder die Veränderung von Fehlzeiten am Arbeitsplatz). Im Sinne der klinisch eher banalen Vorstellung, daß beim *individuellen* Patienten eine Vielzahl von Einzelkriterien zusammen beobachtet und beurteilt werden muß, um die Ergebnisqualität einschätzen zu können, repräsentieren *multiple Ergebniskriterien* die Idee, unterschiedliche Veränderungsinformationen zu kombinieren bzw. zusammenzufassen (vgl. Schmidt, 1991; Schmidt et al., 1987; Wittmann, 1990). Bei derartigen Kriterien werden gleichzeitig mehrere Veränderungsinformationen (einmalig oder wiederholt) erfaßt und zu einem Gesamtwert (= Kriteriumsskala) verdichtet. Im Sinne des Indikatorenkonzepts ermöglichen multiple Kriterien eine umfassendere und reliablere Abbildung der Ergebnisqualität individueller Behandlungen. Methodisch liegt das Prinzip der Datenaggregation zugrunde, wodurch die Reliabilität und Generalität (Konstruktvalidität) des Kriteriums erhöht werden soll. Wittmann (1987) bzw. Schmidt (1991) halten multiple Ergebniskriterien für die *geeigneten Kriterien zur längerfristigen Bewertung von medizinischen Rehabilitationsbehandlungen.*

Im Rahmen der Zauberberg-Studien wurden von Schmidt (vgl. z.B. Schmidt, 1991; Schmidt et al., 1987) verschiedene „*multiple Ergebniskriterien*" (Ergebnisskalen) entwickelt und validiert, die auch auf andere Studien übertragen wurden (vgl. z.B. Nübling, Puttendörfer, Schmidt & Wittmann, 1994). Sie ermöglichen es, die Ergebnisqualität der durchgeführten Behandlungen relativ einfach und ökonomisch und dennoch zuverlässig und konstruktvalide abzubilden. Damit können sie gut für Belange der Qualitätssicherung eingesetzt werden, z.B. in Form von Routinekatamnesen. Die nachfolgend dargestellte Ergebnisskala EMEK_27 stellt ein *Beispiel* für unser Vorgehen dar.

Die Skala basiert auf katamnestischen Patientenangaben – im vorliegenden Fall 12 Monate nach Entlassung –, die per Katamnesefragebogen erhoben wurden. Sie umfaßt 27 Veränderungsinformationen („Items" bzw. EMEK-Komponenten; vgl. Abbildung 3), die zu einem Gesamtscore aufsummiert werden (s.u.); die Veränderungsinformationen werden weitgehend durch „direkte Veränderungsmessung" erhoben.

Die Inhalte der multiplen Kriterien reichen von gesundheitsbezogenen Veränderungsinformationen im engeren Sinne (körperliche und seelische Verfassung, Gesundheitszustand, Beschwerden), über bewältigungsbezogene Merkmale (Umgang mit Problemen, Fähigkeit zur Selbsthilfe), Veränderungen in sozialen Beziehungsvariablen (Bezugspersonen, Partner, Familie) bis hin zu monetär bewertbaren Kriterien (z.B. Veränderung der Anzahl von Arztbesuchen, AU-Zeiten, Medikamentenkonsum). Auf die Konstruktion dieser Kriterienskala und das zugrundeliegende methodische Rational kann hier aus Platzgründen nicht im einzelnen eingegangen werden. Zusammenfassend läßt sich das Vorgehen so beschreiben, daß jede Komponente in eine Dummy-Variable (0/1-Variable) umgeformt wird und diese additiv zu einer Skala verknüpft werden. Jede positive Veränderung wird dabei mit einer 1, jede Nicht-Veränderung **oder** Verschlechterung mit einer 0 verrechnet. Die Skala EMEK_27 kann demzufolge Werte zwischen 0 (keine einzige positive Veränderung) und 27 (alle Komponenten haben sich positiv verändert) aufweisen.

Die Verteilung des multiplen Ergebniskriteriums EMEK_27 für die Stichprobe der Zauberberg-II-Studie wird durch Abbildung 4 veranschaulicht. Patienten mit *hohen Skalenwerten* zeigen im Sinne der bewerteten empirischen Sachverhalte eine *höhere* bzw. *„günstigere" „Ergebnisqualität"* als Patienten mit niedrigeren Skalenwerten. Empirisch sind deutliche individuelle Unterschiede hinsichtlich der Ergebnisqualität beobachtbar, wobei höhere Skalenwerte häufiger vorkommen. EMEK_27 sowie alle anderen von uns entwickelten und überprüften Skalen haben eine *hohe interne Konsistenz*, ausgedrückt durch Cronbach-alpha-Koeffizienten (alpha für EMEK_27 bei allen Stichproben >.90).

Abbildung 3: Multiples Ergebniskriterium (EMEK_27), Einzelkomponenten

- Befinden zum Katamnesezeitpunkt
- Veränderung der „Lebensqualität"
- Veränderung der körperliche Verfassung
- Veränderung der seelische Verfassung
- Veränderung des Allgemeinbefinden
- Veränderung der Leistungsfähigkeit
- Veränderung der Beschwerden
- Veränderung des Gesundheitszustand
- Veränderung des Umgang mit alltäglichen Belastungen
- Veränderung der Lebensführung bezüglich Gesundheit
- Veränderung des Medikamentenkonsum
- Veränderung der Beziehung zu Bezugspersonen
- Veränderung der Beziehung zum Partner
- Veränderung des Familienleben
- Veränderung der Arbeitsfähigkeit
- Veränderung der Anzahl der Arztbesuche (prä/post)
- Veränderung der AU-Zeiten (prä/post)
- Veränderung der Anzahl der Tage im Krankenhaus (prä/post)
- Veränderung des Wohlbefinden
- Veränderung des Umgang mit Problemen
- Veränderung der Fähigkeit zur Selbsthilfe
- Veränderung des Ertragens von Enttäuschungen
- Veränderung des Zurechtkommen mit Arbeit
- Veränderung der Belastbarkeit
- Veränderung des Auskommen mit Mitmenschen
- Veränderung des Leben können mit Einschränkungen
- Veränderung der Ausgeglichenheit

Anmerkung:
Anzahl der Komponenten: 27 „Items", Verrechnung: jede Komponente mit1/0; (1= positiv bewertbarer Aspekt; 0 = negativ bewertbarer oder unveränderter Aspekt)

Solch hohe Werte weisen auf die Existenz eines Generalfaktors hin, der es rechtfertigt, die einzelnen Items zu einem einzigen Skalenwert zusammenzufassen („Ergebnisqualität" im Sinne einer „Veränderung der Lebensqualität"), was auch faktorenanalytisch nachgewiesen werden kann. Die *Validierung* der multiplen Ergebnisskalen erfolgte im Rahmen der o.g. prospektiven Evaluationsstudien, insbesondere der Zauberberg-II-Studie (vgl. z.B. Schmidt, Nübling & Wittmann, 1995). Es zeigte sich, daß die untersuchten katamnestischen multiplen Ergebniskriterien jeweils hochsignifikant und plausibel korrelieren mit

Abbildung 4: Multiples Ergebniskriterium EMEK_27; Verteilung der Skalenwerte; Zauberberg-II-Studie, Klinik Schömberg, Ein-Jahres-Katamnese, $N = 367$

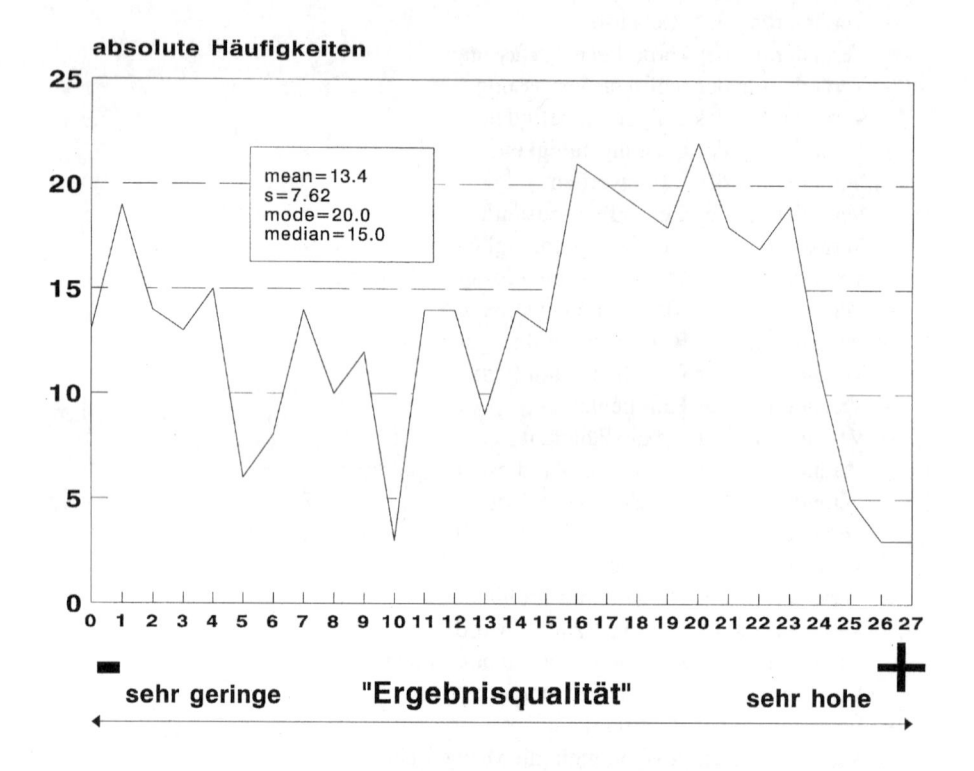

absolute Häufigkeiten

mean=13.4
s=7.62
mode=20.0
median=15.0

sehr geringe   "Ergebnisqualität"   sehr hohe

- *Testwertveränderungen (Differenzwerte) zwischen Aufnahme- und Katamnesezeitpunkt* (bis etwa $r = .50$), z.B. Veränderung der Beschwerden, Veränderung von Verstimmungsstörungen oder Veränderung der Lebenszufriedenheit;
- *gleichzeitig erfaßten (Status-)Merkmalen* (bis etwa $r = .65$), z.B. mit dem Ausmaß, in dem die Patienten zum Nachbefragungszeitpunkt noch an ihren alten Beschwerden leiden, mit dem Grad der selbstbeurteilten Arbeitsfähigkeit, mit dem Grad des körperlichen und seelischen Krankheitsgefühls, mit dem Ausmaß an Beschwerden im Jahr nach der Heilbehandlung, mit dem subjektiv eingeschätzten Nutzen der Heilbehandlung, mit der Zufriedenheit mit dem Behandlungsergebnis, mit dem Ausmaß an Lebenszufriedenheit, Neurotizismus und seelischer Gesundheit;
- *gleichzeitig erfaßten (singulären) Fremdeinschätzungen der Veränderung* durch Haus- und Fachärzte (bis etwa $r = .45$), z.B. mit der Einschätzung der Veränderung des Gesundheitszustandes, des Allgemeinbefindens oder der Arbeitsfähigkeit.

Einer der wesentlichen Vorteile von derart konstruierten multiplen Kriterienskalen liegt in der einfachen Handhabung. Im Unterschied zu Verfahren der indirekten Veränderungsmessung (mindestens Zwei-Punkt-Messung) sind lediglich einmalige Befragungen zu einem Katamnesezeitpunkt erforderlich (vier-sechsseitiger Katamnesefragebogen) und somit grundsätzlich auch an sehr großen Stichproben im Routineverfahren („Routinekatamnesen") anwendbar.

Im Rahmen der Qualitätssicherung sind Behandlungsergebnisse letztlich mit Erwartungen und/oder Standards zu vergleichen. Verbindliche „Meßlatten" dafür, was allgemein z.B. im Bereich der psychosomatischen Rehabilitation unter einer guten Ergebnisqualität verstanden werden kann, fehlen und es ist eine Herausforderung, hierfür Referenzwerte zu ermitteln bzw. einzuführen. Eine vorerst bescheidenere Alternative zu Standards besteht im Vergleich von mehreren Kliniken ähnlicher Indikation auf der Basis von im Kern vergleichbaren Meßinstrumenten. Einen solchen haben wir beispielhaft für die Kliniken Schömberg und Reinerzau angestellt, wobei gezeigt werden konnte, daß in den beiden – in vieler Hinsicht unterschiedlichen – Settings (Größe der Klinik, Patientendurchlauf, unterschiedliche konzeptuelle und therapeutische Schwerpunkte) im Mittel eine ähnliche Ergebnisqualität erreicht wurde (Schmidt & Nübling, 1993).

4. Diskussion

Für das vorgestellte „zweigleisige Modell" gilt selbstverständlich das gleiche, wie für die meisten anderen derzeitigen QS-Bemühungen im Bereich der Psychosomatik bzw. Psychotherapie: Es befindet sich nach wie vor in einer Erprobungs- bzw. Experimentierphase. Was in einer zusammenfassenden, komprimierten Darstellung einfach oder plausibel klingt, ist in der konkreten Praxis mit allerlei Schwierigkeiten verbunden, die sehr viel Geduld und Zeit erfordern und die auch nicht selten unlösbar erscheinen. Der Weg zur Qualitätssicherung, geschweige denn zu einem umfassenden Qualitätsmanagement, ist weit und es soll hier nicht der Eindruck erweckt werden, wir befänden uns am Ende des Tunnels.

Eine wesentliche Folgerung aus unserer bisherigen Arbeit ist, daß Qualitätssicherung bzw. Qualitätsmanagement nicht ohne empirische Grundlagen auskommen kann. Diese Auffassung wird von den meisten gegenwärtig an QS-Konzepten für Psychotherapie und Psychosomatik arbeitenden Gruppen geteilt. Empirische Daten schaffen u.a. Transparenz hinsichtlich Strukturen, Prozessen oder Ergebnissen und stellen damit eine wesentliche Voraussetzung für QS-Maßnahmen dar. Sie dienen dazu, Veränderungs- und Entscheidungsprozesse in den jeweiligen Einrichtungen zu unterstützen, sind insofern lediglich technische Hilfsmittel. Dies muß auch für das vorgestellte „zweigleisige Modell" hervorgehoben werden. Eine funktionierende QS umfaßt ein ganzes Bündel von Maßnahmen (vgl. Schmidt et al., 1995a), von denen Datenerhebungen ein – wenn auch wichtiger – Teil sind. Es darf nicht übersehen werden, daß ein ganz wesentlicher Teil der QS-Arbeit mit dem Vorliegen von empirischem Datenmaterial erst anfängt, nämlich die Entwicklung kreativer Problemlösungen im Sinne von Verbesserungen. Eine zentrale Rolle sollte hierbei die jeweilige klinikinterne Qualitätszirkelarbeit spielen, die das empirische Input-Material aufgreift und Änderungsvorschläge erarbeitet und ggf. umsetzt.

Eine weitere Folgerung ist, daß die Ergebnisqualität mehr ins Zentrum der QS gerückt werden sollte. Dies macht eine Integration der Evaluationsforschung in QS-Modelle sinnvoll und notwendig. Die Konzeption des „Zweigleisigen Modells" stellt einen Versuch einer solchen Integration dar. Es muß nicht besonders hervorgehoben werden, daß die Umsetzung des gesamten Modells erhebliche personelle und finanzielle Ressourcen erfordert. Den Vorschlag Wittmanns (1987), Programmevaluationsstudien in einem Abstand von drei bis fünf Jahren zu wiederholen, konnten wir bislang nur in einer Klinik (Schömberg) realisieren. Für ein vergleichendes, kontinuierliches „Screening" der Ergebnisqualität könnten bzw. sollten allerdings neben umfangreicheren Programmevaluationsstudien vermehrt auch Routinekatamnesen Verwendung finden, z.B. auf der Grundlage von multiplen Kriterienskalen, wie sie in Abschnitt 3 beschrieben wurden.

In Anlehnung an die Unterscheidung von „technischen" und „menschlichen" Systemkomponenten der QS (vgl. Oess, 1989) ist abschließend hervorzuheben, daß hier nicht die Voraussetzungen auf der „menschlichen Ebene" diskutiert wurden, z.B. Faktoren wie Motivation, Vertrauen, offenes Arbeitsklima, Teamfähigkeit, guter Umgang miteinander sowie Lern- und Veränderungsbereitschaft. Insbesondere in der Implementierungsphase, aber auch im weiteren Verlauf von QS/Evaluations-Projekten sollte ein ganz erheblicher Teil an Zeit und Energie in den Aufbau funktionierender Kommunikationsstrukturen in den betroffenen Einrichtungen investiert werden. Kontrollängste einzelner Mitarbeiter, Ängste hinsichtlich Möglichkeiten eines Mißbrauchs von Daten, Ängste über potentielle Nachteile, die durch die vermehrte Transparenz entstehen könnten oder über potentielle „Störungen" der Therapeut-/Patient-Beziehung können QS-Bemühungen behindern oder gar scheitern lassen. Klinikinterne QS setzt das Vorhandensein eines geeigneten „Klimas für Qualitätssicherung" voraus, das in den meisten Fällen erst geschaffen werden muß. Dies impliziert die grundsätzliche Bereitschaft von Mitarbeitern zu einer ständigen kritischen Überprüfung der eigenen Arbeit (Reflexionsbereitschaft) sowie zur Änderung bisheriger Vorstellungen und Tätigkeiten (Änderungsbereitschaft). Als wesentlich für den Erfolg der Implementierung von QS/Evaluation kann dabei der kontinuierliche und immer wieder neu in Gang zu setzende Dialog mit allen Beteiligten angesehen werden.

Literaturverzeichnis

Broda, M., Braukmann, W.E., Dehmlow, A., Kosarz, P., Schuhler, P., Siegfried, J. & Zielke, M. (1994). Epidemiologische Daten zur Beschreibung des Klientels Psychosomatischer Kliniken – Eine Auswertung von 10 Jahren Basisdokumentation. In Fachausschuß Psychosomatik der AHG (Hrsg.), *Basisdokumentation Psychosomatik in der Verhaltensmedizin* (S. 19–35). Hilden: Allgemeine Hospitalgesellschaft AHG.

Broda, M., Dahlbender, R.W., Schmidt, J., Rad, M.v. & Schors, R. (1993). DKPM-Basisdokumentation. Eine einheitliche Basisdokumentation für die stationäre Psychosomatik und Psychotherapie. *Psychotherapie, Psychosomatik & Medizinische Psychologie, 43,* 214–223.

Clausing, P. & Wille, G. (1996). Verkürzungspotential bei Rehabilitationsmaßnahmen gezielt nutzen – Votum für eine differenzierte Beurteilung der Rehabilitationsdauer statt genereller Verkürzung auf drei Wochen. *Die AngestelltenVersicherung, 43*, 149–153.

Dehmlow, A. & Zielke, M. (1994). Einflußfaktoren auf die Verweildauer. In Fachausschuß Psychsomatik der AHG (Hrsg.), *Basisdokumentation Psychosomatik in der Verhaltensmedizin* (S. 43–47). Hilden: Allgemeine Hospitalgessellschaft AHG.

Kieser, J., Popp, W. & Schmidt, J. (1997). *Kurz- und längerfristige Effekte eines Raucherentwöhnungskurses im Rahmen stationärer psychosomatischer Heilverfahren.* Vortrag auf dem 7. Rehabilitationswissenschaftlichen Kolloquium in Hamburg, 10.–12. März 1997.

Maatz, E. & Schmidt, J. (1997). *Psychosomatische Rehabilitation von Patienten mit chronisch-entzündlichen Darmerkankungen – Erste Ergebnisse der Gengenbacher CED-Studie.* Vortrag auf dem 7. Rehabilitationswissenschaftlichen Kolloquium in Hamburg, 10.–12. März 1997.

Müller-Fahrnow, W. (1995). Zwischenbilanz der Programmumsetzung – Ergebnisse und Perspektiven. In Bundesversicherungsanstalt für Angestellte BfA (Hrsg.), *Rehabilitation 1995* (S. 74–114). Rehabilitationsforum der BfA und der LVA Sachsen-Anhalt in Magdeburg. Berlin: BfA-Selbstverlag.

Nübling, R. (1992). *Psychotherapiemotivation und Krankheitskonzept. Zur Evaluation psychosomatischer Heilverfahren.* Frankfurt a. M.: Verlag für Akademische Schriften.

Nübling, R., Puttendörfer, J., Schmidt, J. & Wittmann, W.W. (1994). Längerfristige Ergebnisse psychosomatischer Rehabilitation. In F. Lamprecht & R. Johnen (Hrsg.), *Salutogenese. Ein neues Konzept in der Psychosomatik?* (S. 254–270). Frankfurt a. M.: Verlag für Akademische Schriften.

Nübling, R., Puttendörfer, J., Wittmann, W.W., Schmidt, J. & Wittich, A. (1995). Evaluation psychosomatischer Heilverfahren. Ergebnisse einer Katamnese-Studie. *Die Rehabilitation, 34*, 74–80.

Nübling, R., Schmidt, J., Kieser, J., Puttendörfer, J. & Wittmann, W.W. (1996). Zur Ergebnisqualität stationärer psychosomatischer Rehabilitation – Katamnestische Ergebnisse ein und fünf Jahre nach Behandlungsende. In Verband Deutscher Rentenversicherungsträger VDR (Hrsg.), *Evaluation in der Rehabilitation* (S. 156–157). DRV-Schriften Band 6. Frankfurt a. M.: VDR.

Nübling, R., Schmidt, J. & Puttendörfer, J. (1995). Transparenz als Grundvoraussetzung klinikinterner Qualitätssicherung: Zur Notwendigkeit und zum Nutzen einer Basisdokumentation. In Verband Deutscher Rentenversicherungsträger, VDR (Hrsg.), *Zusammenarbeit von Forschung und Praxis* (S. 237–239). DRV-Schriften, Band 5. Frankfurt a. M.: VDR.

Oess, A. (1989). *Total quality management: Die Praxis des Qualitäts-Managements.* Wiesbaden: Gabler.

Reuter, A. (1996). *Ergebnisse stationärer psychosomatischer Rehabilitation – eine Pilotstudie an der Klinik Bad Herrenalb.* Unveröff. Diplomarbeit, Psychologisches Institut der Universität Tübingen.

Schaub, E. & Schliehe, F. (1994). Ergebnisse der Reha-Kommission und ihre Bedeutung für das Qualitätssicherungsprogramm der Rentenversicherung. *Deutsche Rentenversicherung, 2,* 101–110.
Scheidt, C.E. (1996). Qualitätssicherung in der Psychotherapeutischen Medizin. Mitteilung der Qualitätssicherungsbeauftragten eines Zusammenschlusses von AWMF-Gesellschaften. *Psychotherapeut, 41,* 250–253.
Schmidt, J. (1991). *Evaluation einer psychosomatischen Klinik.* Frankfurt a. M.: Verlag für Akademische Schriften.
Schmidt, J., Bernhard, P., Wittmann, W.W. & Lamprecht, F. (1987). Die Unterscheidung zwischen singulären und multiplen Ergebniskriterien. Ein Beitrag zur Kriterienproblematik in der Evaluation. In F. Lamprecht (Hrsg.), *Spezialisierung und Integration in Psychosomatik und Psychotherapie* (S. 293–299). Berlin: Springer.
Schmidt, J., Kieser, J., Amann, K., Nübling, R., Johnen, R., Lamprecht, F. & Wittmann, W.W. (1996). Kurz- und längerfristige Veränderungen gesundheitsrelevanter Merkmalsbereiche (Risikofaktoren, Verhaltensweisen, Einstellungen) durch psychosomatische Rehabilitationsbehandlungen. In Verband Deutscher Rentenversicherungsträger VDR (Hrsg.), *Evaluation in der Rehabilitation* (S. 160–162). DRV-Schriften Band 6. Frankfurt a. M.: VDR.
Schmidt, J., Lamprecht, F., Bernhard, P. & Nübling, R. (1989). Zur Nachgeschichte stationär psychosomatisch behandelter Patienten. Erste Ergebnisse einer Dreijahreskatamnese. In H.Speidel & B.Strauß (Hrsg.), *Zukunftsaufgaben der psychosomatischen Medizin* (S. 432–444). Berlin: Springer.
Schmidt, J., Lamprecht, F., Nübling, R. & Wittmann, W.W. (1994). Veränderungsbeurteilungen von Patienten und von Haus- und Fachärzten nach psychosomatischer Rehabilitation – Ein katamnestischer Vergleich. *Psychotherapie, Psychosomatik & Medizinische Psychologie, 44,* 108–114.
Schmidt, J., Lamprecht, F. & Wittmann, W.W. (1989). Zufriedenheit mit der stationären Versorgung. Entwicklung eines Fragebogens und erste Validitätsuntersuchungen. *Psychotherapie und Medizinische Psychologie, 39,* 248–255.
Schmidt, J. & Nübling, R. (1987). *BEDOK. Behandlungs-Dokumentationsbogen. Fragebogen und Manual.* Unveröff. Manuskript, Klinik Schömberg.
Schmidt, J. & Nübling, R. (1993). *Screening der Ergebnisqualität psychosomatischer Fachkliniken- eine vergleichende Analyse.* Vortrag auf der 39. Arbeitstagung des DKPM in Freiburg, 9.–11.12.1993.
Schmidt, J. & Nübling, R. (1995). Qualitätssicherung in der Psychotherapie – Teil II: Realisierungsvorschläge, Modellprojekte und bereits laufende Maßnahmen. *GwG-Zeitschrift, 99,* 42–53.
Schmidt, J., Nübling, R. & Lamprecht, F. (1992). Möglichkeiten klinikinterner Qualitätssicherung (QS) auf der Grundlage eines Basis-Dokumentations-Systems sowie erweiterter Evaluationsstudien. *Gesundheitswesen, 54,* 70–80.
Schmidt, J., Nübling, R., Lamprecht, F, & Wittmann, W.W. (1994). Patientenzufriedenheit am Ende psychosomatischer Reha-Behandlungen. Zusammenhänge mit Behandlungs- und Ergebnisvariablen und prognostische Bedeutung. In F. Lamprecht & R. Johnen (Hrsg.), *Salutogenese. Ein neues Konzept in der Psychosomatik?* (S. 271–283). Frankfurt a. M.: Verlag für Akademische Schriften.

Schmidt, J., Nübling, R. & Vogel, H. (1995). Qualitätssicherung in der stationären medizinischen Rehabilitation. *Verhaltenstherapie und psychosoziale Praxis, 27,* 245–263.

Schmidt, J., Nübling, R. & Wittmann, W.W. (1995). Praktikable Möglichkeiten der Messung von Ergebnisqualität im Rahmen der Qualitätssicherung. Erfahrungen mit multiplen Ergebniskriterien im Bereich der psychosomatischen Rehabilitation. In Verband Deutscher Rentenversicherungsträger VDR (Hrsg.), *Zusammenarbeit von Forschung und Praxis* (S. 71–73). DRV-Schriften Band 5. Frankfurt a. M.: VDR.

Tiefensee, J. & Koch, U. (1997): Qualitätssicherung in der medizinischen Rehabilitation. In F. Petermann (Hrsg.): *Verhaltensmedizin in der Rehabilitation* (S. 509–528). Göttingen: Hogrefe Verlag für Psychologie.

Viethen, G. (1994). Qualitätssicherung in der Medizin. Teil I. *QualiMed, 2,* 9–16.

Wittmann, W.W. (1987). Grundlagen erfolgreicher Forschung in der Psychologie: Multimodale Diagnostik, Multiplismus, multivariate Reliabilitäts- und Validitätstheorie. *Diagnostica, 33,* 209–226.

Wittmann, W.W. (1990). Bewertung einer psychosomatischen Fachklinik auf der Basis sozial- und wirtschaftswissenschaftlicher Kriterien. In U. Koch & W.W. Wittmann (Hrsg.), *Evaluationsforschung. Bewertungsgrundlage von Sozial- und Gesundheitsprogrammen* (S. 135–139). Berlin: Springer.

Wittmann, W.W. (1995). Wie ist Psychotherapie meßbar? Konzepte und Probleme der Evaluation. In Fachverband Sucht (Hrsg.), *Qualitätssicherung in der Rehabilitation Abhängigkeitskranker* (S. 29–53). Geesthacht: Neuland.

Wittmann, W.W. (1996). Evaluation in der Rehabilitation – Wo stehen wir heute? In Verband Deutscher Rentenversicherungsträger VDR (Hrsg.), *Evaluation in der Rehabilitation* (S. 27–37). DRV-Schriften Band 6. Frankfurt a. M.: VDR.

Beobachten, Dokumentieren, Bewerten, Steuern: Qualitätsmanagement in der stationären Psychotherapie

Hans Kordy & Wolfgang Hannöver

Inhalt:

1. Stand der Qualitätssicherung: Von der Qualitätskontrolle zum Qualitätsmanagement 355
2. Aktive Interne Qualitätssicherung: Das Heidelberger Modell 357
   2.1 Instrumente, Daten und Organisation der Kommunikation 358
3. Computergestütztes Feedback-System 361
   3.1 Ergebnisrückmeldung 361
   3.2 „Report Cards" und „Quality Control Charts" 363
4. Validierungsschritte zum Auffälligkeitssignal 367
5. Zusammenfassung und Ausblick 371

1. Stand der Qualitätssicherung: Von der Qualitätskontrolle zum Qualitätsmanagement

Qualitätssicherung (QS), Anfang der 90er Jahre noch ein Reiz- und Modethema (Kordy 1992), ist inzwischen in der Psychotherapie und Psychosomatik, wie im gesamten Gesundheitssystem, zu einem ernstgenommenen Thema geworden. Dies gilt nicht nur für die Forschung, sondern zunehmend auch für die klinische Praxis (Gaebel, 1995; Grawe & Braun, 1994; Kordy & Lutz, 1995; Müller-Fahrnow, 1993; Newman & Ciarlo, 1994; Richter, 1994; Schmidt & Nübling, 1995). Nicht mehr die Frage, ob QS ein- und durchgeführt werden soll, wird diskutiert, sondern es wird gefragt, welche Modelle den Interessen der Beteiligten möglichst nahekommen, welche Vorgehensweisen praktikabel sind und wie die organisatorischen Rahmenbedingungen geschaffen werden können, die eine erfolgreiche und für alle Beteiligten – Patienten wie Therapeuten und Kostenträger – nützliche QS gewährleisten.

Diese positive Einschätzung besagt nicht, daß bereits alles getan ist. „Noch also hat die Qualitätssicherung keinen zentralen, systematischen Stellenwert in der medizinischen Versorgung" (Schwartz, Robra, Bengel, Koch & Selbmann, 1995, S. 58), heißt das Resümee einer Expertengruppe der Deutschen Forschungsgemeinschaft (DFG). Doch haben sich die Bedingungen für eine zielgerichtete Erprobung von QS-Modellen im klinischen Alltag wesentlich verbessert. Sicher fehlen weiterhin „fortlaufende, stimulierende öffentliche Publikationen über Erfahrungen, Erfolge und Fehlschläge der bei uns bestehenden Programme, obwohl dies eine der zentralen Forderungen der WHO Europa an ihre Mitgliedsstaaten ist" (Schwartz et al., S. 59); dennoch scheinen über eher informelle Kanäle entängstigende Erfahrungen durchzusickern. Befürchtungen, Kontrollen ausgeliefert zu werden, in denen die Qualität der therapeutischen Arbeit nach Gesichtspunkten beurteilt wird, die den Zielen und dem Selbstverständnis der Beteiligten fremd sind, führen nicht mehr ausschließlich zur Ablehnung, sondern werden zunehmend als Herausforderung für eigene Aktivitäten begriffen. Seitdem es auch auf der „anderen" Seite – der Fachleute bei den Kostenträgern oder der unabhängigen Experten – mehr Leute werden, die, anstatt die Durchsetzung von Vorgaben zu fordern, die Erarbeitung praktikabler Lösungen fördern, wird es leichter, daß sich unvoreingenommene, auch wissenschaftlich-neugierige Klinikleiter und Klinikmitarbeiter mit kooperationsbereiten QS-Experten zusammentun.

Jeder Qualitätsmangel ist ein Schatz! Diese Maxime der Qualitätssicherung klingt zunächst paradox und ihre Umsetzung erfordert einen erheblichen – gerade auch emotionalen – Aufwand. Die kontinuierliche Suche nach Schwachstellen und damit nach Gelegenheiten für Verbesserungen (vgl. „Continuous Improvement as an Ideal in Health Care"; Berwick, 1989; Selbmann, 1993) impliziert „dauerhaft akzeptierte Unsicherheit über die Qualität ärztlichen Handelns in wichtigen alltäglichen Handlungsbereichen" (Schwartz et al., 1995, S. 59). Damit die „Schatzsuche" dennoch erfolgt und die oben genannte Maxime produktiv umsetzbar wird, ist die kontinuierliche Information über die tatsächliche Qualität der Arbeit eine wichtige Voraussetzung, insbesondere dann, wenn sie mit Hinweisen verbunden ist, wie dieses Wissen für die Verbesserung der klinischen Arbeit genutzt werden kann.

Die QS-Konzepte der 70er und 80er Jahren betonten die Kontrolle: Die Identifizierung – und als letzte Konsequenz der Ausschluß – von „bad apples" stand im Mittelpunkt. Das hatte in der Regel eine geringe Motivation der so „kontrollierten Leistungsanbieter" zur Folge. Entsprechende QS-Programme, die in den 80er Jahren vor allem in den USA gestartet wurden, liefen häufig ins Leere. Die enorme zeitliche Verzögerung bei der Umsetzung des QS-Programms der Bundesversicherungsanstalt für Angestellte (BfA) ist ein weiterer Hinweis dafür, daß die Verknüpfung von QS-Kontrolle und QS-Sicherung der Umsetzung in die klinische Alltagsrealität nicht fördert.

Die negative Erfahrung führte an einigen Orten zur Entwicklung von Konzepten, die eine neue Rollenerwartung und Verantwortungsverteilung anstreben. Aus kontrollierten, passiv Betroffenen sollen aktive Teilnehmer bei der Sicherung und dem Ausbau der Qualität werden. Begrifflich wird diese Akzentverlagerung durch den Wechsel vom Oberbegriff Qualitätssicherung zu dem des Qualitätsmanagements (QM) angezeigt.

Vertrauensbildung durch Transparenz nach innen sowie nach außen und Motivationssteigerung aller am Behandlungsprozeß Beteiligten gewinnen für die Sicherung und den Ausbau der Qualität an Bedeutung. Die Leitung und die Krankenhausträger können zwar die Qualität kontrollieren, die Sicherung oder gar die Verbesserung der Qualität kann jedoch nur von den Mitarbeitern „vor Ort" geleistet werden. Dazu müssen die Mitarbeiter gelernt haben, die Qualität ihrer Leistungen zu beobachten, zwischen zufälligen und systematischen Qualitätsabweichungen zu unterscheiden, den Versorgungsprozeß zu analysieren und nach Problemlösungen Ausschau zu halten (Piwernetz, Selbmann & Vermeij, 1991). Hier setzt das Heidelberger Modell an!

2. Aktive Interne Qualitätssicherung: Das Heidelberger Modell

In einer Vorbereitungs- und Erkundungsstudie – gefördert durch die DFG – wurde zwischen 1992 und 1993 das Modell als ein Kooperationsprojekt zwischen der Forschungsstelle für Psychotherapie Stuttgart und der Psychiatrischen Universitätsklinik Heidelberg entwickelt. Das Heidelberger Modell baut auf der Grundüberzeugung des modernen Qualitätsmanagements auf, daß nur die an der Therapie Beteiligten deren Qualität verbessern können. Wenn den für die Therapie Zuständigen der Zugang zu Informationen über die Qualitäten ihrer Arbeit – in der Durchführung (Prozeßqualität) wie nach dem Ergebnis (Ergebnisqualität) – verschafft wird, werden sie diese auch kreativ nutzen.

Demzufolge stellt das Heidelberger Modell Feedback-Schritte in den Mittelpunkt:

1. Unter dem Konzept des Auffälligkeitssignals wird das individuelle Behandlungsergebnis systematisch zum Gegenstand klinischer Reflexion.
2. „Report-Cards" eröffnen die Möglichkeit, sich aktiv mit anderen „Leistungsanbietern" zu vergleichen (externer Vergleich, wie vom Gesetz gefordert).
3. Kontroll-Charts erlauben die Beobachtung von Auffälligkeits- und Zufriedenheitsraten im zeitlichen Verlauf.
4. Statistische Analysen von Auffälligkeiten und Unzufriedenheit können zu empirisch gestützten Entscheidungsheuristiken führen und damit adaptive Indikationsentscheidungen unterstützen.

Nach inzwischen gut sechsjähriger Erfahrung – drei Jahre in der Modellentwicklung und drei Jahre in der Alltagspraxis – hat sich das Heidelberger System insgesamt bewährt. Das System wird inzwischen in sieben Kliniken eingesetzt, in weiteren fünf Kliniken ist es in der Erprobung. In der Forschungsstelle selbst haben wir Daten über derzeit 795 Behandlungen aus vier Kliniken zur Verfügung. So wächst kontinuierlich eine empirische Referenz für die Beurteilung der Qualität psychotherapeutischer – stationärer – Versorgung.

2.1 Instrumente, Daten und Organisation der Kommunikation

In der ersten Phase des Projektes wurde ein zweckmäßiges QS-Inventar für die Station „von Baeyer" der Psychiatrischen Universitätsklinik Heidelberg entwickelt (Lutz, 1993). Zwischen dem therapeutischen Team und den externen Beratern wurde ein Konsens hergestellt, seine Zweckmäßigkeit nach drei Gesichtspunkten auszurichten:

1. Das QS-Inventar soll *ausreichend* Information bereitstellen, um die Ausgangsfrage („Ist- Zustand") in jedem Qualitätsmanagement beantworten zu können, nämlich die Frage: Welche Patienten werden mit welcher Art therapeutischer Mittel in welchem Umfang behandelt und welche Ergebnisse werden dabei erreicht?

Tabelle 1: Das Inventar der Qualitätssicherung – Struktur und Instrumente

Dokumentation:

- **ÜBADO**:Überregionale Basisdokumentation des Deutschen Kollegiums für Psychosomatische Medizin (DKPM)

Ergebnisqualität:

Therapeutenperspektive:
- **BSS**: Beeinträchtigungsschwerescore nach Schepank (1995)
- **THE**: Direkte Ergebniseinschätzung Therapeut

Patientenperspektive:
- **PAE**: Direkte Ergebniseinschätzung Patient

Physisch
- **GBB:** Gießener Beschwerdebogen – Kurzform

Psychisch
- **SCL-90-R**: Self-Report Symptom Inventory

Sozial
- **IIP**: Inventar Interpersonaler Probleme
- **SOZU**: Fragebogen zur sozialen Unterstützung

Lebensqualität
- **LQ**: Lebensqualität

Ergänzungen:

- **ZUF-8**: Patientenzufriedenheit
- **HA**: Therapeutische Arbeitsbeziehung

2. Die Information soll *relevant* sein für die Entdeckung von Behandlungsverläufen, die in ihrem Ergebnis von dem gewünschten Ziel („Ergebnisstandard") abweichen bzw. abzuweichen drohen.
3. Schließlich soll die Information mit einem vertretbaren Aufwand sowohl für die Patienten als auch für das therapeutische Team erhoben werden können.

Während der Entwicklungsphase des Modells waren weder für stationäre noch für ambulante psychotherapeutische Behandlungen allgemein akzeptierte (Ergebnis-)Standards verfügbar (und sind es bis heute nicht). Anhand aktueller Behandlungsverläufe wurde daher zunächst eine gemeinsame Vorstellung erarbeitet, was gute Ergebnisqualität für eine Psychotherapiestation bedeutet und wie sich diese in den vorausgewählten Instrumenten darstellen soll. Mit diesem konsensuellen Übereinkommen wurde schließlich eine dreivierteljährige Erprobungsphase gestartet, an deren Ende ein empirisch begründetes QS-Inventar (Tabelle 1) und ein formalisierter Bewertungsalgorithmus standen. Für diesen – vorläufig – letzten Auswahlschritt der Meßinstrumente bzw. Skalen wurden die folgenden Kriterien einbezogen:

- der Beitrag zur Entdeckung auffälliger Behandlungsverläufe („Sensitivität"),
- die klinisch-heuristische Bedeutsamkeit,
- die Praktikabilität bzw. ökonomische Durchführbarkeit.

Das Heidelberger Modell steht für ein Aktives Internes QM (Lutz et al., 1996). Die vom Gesetzgeber verlangte Möglichkeit einer vergleichenden QS wird nach dem „bottom up"-Prinzip bereitgestellt, d.h. es setzt bei der die Qualität erzeugenden Ebene, dem therapeutischen Team, an (im Gegensatz zum „top down"-Prinzip, das von einer übergeordne-ten Ebene, z.B. einem Versicherungsunternehmen, ausgeht). Kennzeichnend für das Modell ist die strukturelle Einbettung der Rückkoppelung der qualitätsrelevanten Information – in Form von Qualitätszirkeln (vgl. Lutz, Lauer, Leeb, Bölle & Kordy, 1994) – in den klinischen Routineablauf durch vier zentrale Elemente:

1. Es wird ein *kontinuierliches Qualitäts-Monitoring* durchgeführt. Die Erhebung von Daten zum Ausgangszustand des Patienten, zum Behandlungsverlauf und zum Entlassungsstatus schafft die empirischen Grundlagen. Das für diesen Zweck entwickelte QS-Inventar (vgl. Tabelle 1) basiert auf Erfahrungen zur Psychotherapieevaluation (vgl. Kordy, 1992) und entspricht dem Konzept einer multimodalen Datenerhebung (z.B. Schulte, 1993) unter Berücksichtigung mehrerer Perspektiven (z.B. PatientIn, TherapeutIn, PflegerIn, SozialarbeiterIn) und mehrerer Veränderungsebenen (physisch, psychisch, sozial). Die Datenerhebung erfolgt am Anfang und am Ende jeder Behandlung. Zusätzlich können optional während bzw. nach der Behandlung Zwischenerhebungen bzw. Nachuntersuchungen durchgeführt werden.
2. Mit Hilfe eines zwischen Experten der Qualitätssicherung und den Mitgliedern eines therapeutischen Teams konsensuell vereinbarten *Bewertungsalgorithmus* werden alle Behandlungsverläufe beurteilt und in auffällige, gute und sehr gute Verläufe unterteilt. Die formalisierte Bewertungsregel basiert auf qualitativen und

quantitativen Aspekten (Abbildung 1). Zunächst wird anhand sogenannter „Schlüsselfragen" (z.B. Verschlechterung aus Therapeutensicht oder starke Selbstmordgedanken nach Selbstangabe des Patienten) geprüft, ob ein auffälliger Verlauf aus Therapeuten- oder Patientensicht anzunehmen ist. Trifft dies nicht zu, erfolgt eine quantitative Analyse auf der Basis der Behandlungsergebnisse, wie sie durch die psychometrischen Instrumente angezeigt werden. Die Analyse orientiert sich an dem Konzept der „Klinisch bedeutsamen Veränderung" (Jacobson & Truax, 1991; Kordy & Senf, 1985; Kordy, 1997). Erst ein solcher Bewertungsalgorithmus ermöglicht es, dem Motto des QM folgend eine systematische, kontinuierliche Suche nach Qualitätsmängeln und damit Verbesserungsmöglichkeiten einzuleiten.

Abbildung 1: Der Bewertungsalgorithmus

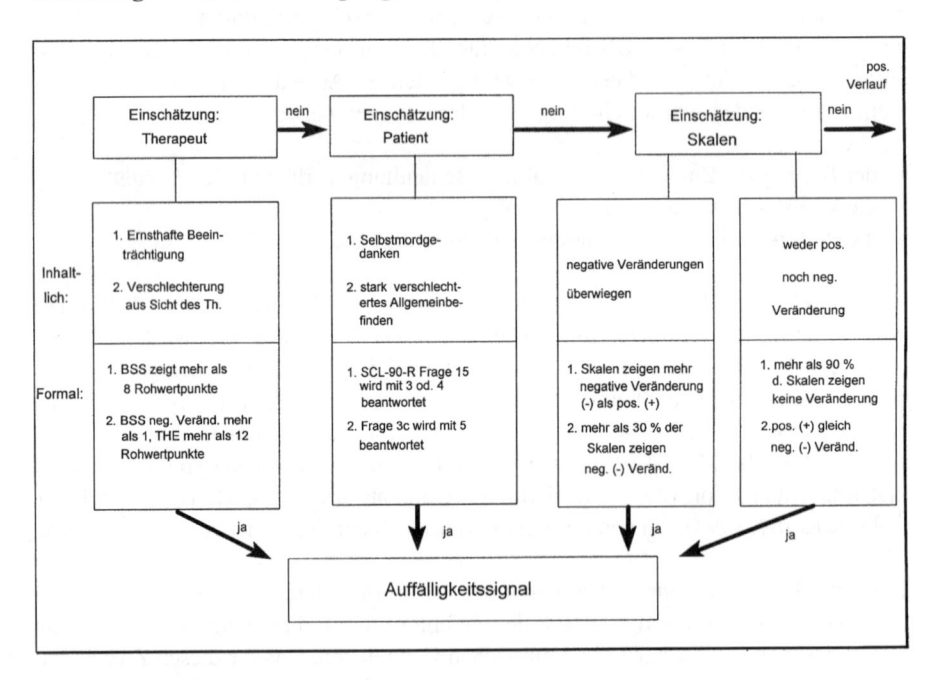

	Einschätzung: Therapeut	Einschätzung: Patient	Einschätzung: Skalen	pos. Verlauf
	nein →	nein →	nein →	nein →
Inhaltlich:	1. Ernsthafte Beeinträchtigung 2. Verschlechterung aus Sicht des Th.	1. Selbstmordgedanken 2. stark verschlechtertes Allgemeinbefinden	negative Veränderungen überwiegen	weder pos. noch neg. Veränderung
Formal:	1. BSS zeigt mehr als 8 Rohwertpunkte 2. BSS neg. Veränd. mehr als 1, THE mehr als 12 Rohwertpunkte	1. SCL-90-R Frage 15 wird mit 3 od. 4 beantwortet 2. Frage 3c wird mit 5 beantwortet	1. Skalen zeigen mehr negative Veränderung (-) als pos. (+) 2. mehr als 30 % der Skalen zeigen neg. (-) Veränd.	1. mehr als 90 % d. Skalen zeigen keine Veränderung 2. pos. (+) gleich neg. (-) Veränd.
	ja ↓	ja ↓	ja ↓	ja ↓
	Auffälligkeitssignal			

3. In sogenannten *Qualitätszirkeln*, zu denen sich Mitglieder der therapeutischen Teams in einem festen Zeitraster (z.B. monatlich) – evtl. gemeinsam mit externen Beratern – treffen, werden die auffälligen Verläufe immer und – wenn es die Zeit zuläßt – auch die guten und sehr guten Verläufe rückgemeldet (vgl. Lutz et al., 1994). Die Rückmeldungen (vgl. Abbildungen 2 und 3) dienen als empirisch gestützte Optimierungshilfe für klinische Entscheidungen, z.B. bei zukünftigen Indikationsentscheidungen für vergleichbare Patienten. In den Fällen, in denen Zwischenbewertungen erstellt werden, gehen die standardisierten Rückmeldungen auch in die adaptiven Indikationsentscheidungen ein, z.B. über die Fortsetzung einer laufenden stationären Behandlung oder über eine evtl. anschließende ambulante Behandlung.

Die klinische Diskussion ähnelt sehr der traditionellen klinisch-kasuistischen Supervision. Anders als dort ist es jetzt jedoch nicht dem vorstellenden Therapeuten überlassen, welcher Fall zur Diskussion gestellt wird, sondern dies wird quasi automatisch und orientiert an dem Auffälligkeitssignal entschieden. Damit rückt die Beschäftigung mit Behandlungen in den Mittelpunkt, deren Ergebnis unter den Erwartungen geblieben ist und insofern Verbesserungsmöglichkeiten signalisiert. Des weiteren unterscheiden sich diese klinischen Diskussionen im Qualitätszirkel von der traditionellen Supervision darin, daß ihr Ergebnis systematisch für die Zwecke der QS, d.h. insbesondere für eventuelle externe Klinikvergleiche, erfaßt wird. Das Ergebnis besteht in einer standardisierten Stellungnahme des für die Behandlung zuständigen Therapeuten zur bewertenden Rückmeldung auf einem speziellen Formblatt (Abbildung 4).

4. Diese Formblätter (Abbildung 4) bilden schließlich zusammen mit den nach dem beschriebenen Algorithmus bewerteten Ergebnissen die Grundlage für Vergleiche („bottom up"-Prinzip): zwischen verschiedenen Jahrgängen einer Station, zwischen Stationen oder größeren klinischen Einheiten mit ähnlichen therapeutischen Versorgungsaufgaben („Report Cards" und „Quality Control Charts", vgl. Abbildungen 5 und 6). Die Ergebnisse der Vergleiche können dann wieder in Qualitätszirkeln, jetzt stations- oder klinikübergreifend organisiert, diskutiert werden. Über solch ein kontinuierliches Feedback werden Optimierungs- und Entscheidungsprozesse für die klinische Routine in Gang gesetzt.

Für moderne QS bzw. modernes QM steht die Kommunikation im Vordergrund (Kächele & Kordy, 1992). Ganz im Sinne der bekannten These „Ein Bild sagt mehr als 1000 Worte" haben sich im Heidelberger Modell graphisch unterstützte Rückmeldungen als geeignete Kommunikationsmittel bewährt (vgl. auch Grawe & Braun, 1994). Dem Computer als Werkzeug zur zeitgerechten Bereitstellung der Informationen und der Kommunikationsmittel kommt dabei eine Schlüsselstellung zu.

3. Computergestütztes Feedback-System

3.1 Ergebnisrückmeldung

Für das Heidelberger Modell wurde ein spezielles Computerprogramm (AKQUASI) entwickelt. Es ist das Herzstück der Feedback-Organisation. Es erleichtert die Dateneingabe und -verwaltung und stellt unmittelbar nach der Eingabe ohne Zeitverzug die Information in einer leicht zugänglichen graphischen Form zur Verfügung.

AKQUASI erlaubt für jeden einzelnen Erhebungszeitpunkt die Ausgabe (auf dem Bildschirm oder Drucker) der Daten als Profil. Dabei können bis zu drei Profile pro Patient – d.h. der Zustand eines Patienten zu drei verschiedenen Meßzeitpunkten – gleichzeitig dargestellt werden. Für das Qualitätsmanagement steht die Rückmeldung des bewerteten Ergebnisses (evtl. Zwischenergebnisses) im Vordergrund. Der graphisch unterstützte Report (Abbildung 2) zeigt die Ergebnisse für jede einzelne Behandlung aus verschiedenen Urteilerperspektiven und auf unterschiedlichen Dimen-

Abbildung 2: Überblick und Erfolgsbeurteilung auf der Grundlage des Qualitätssicherungsinventars

| | BSS | THE | PAE | LQ | GBB | SCL-90-R / Skalen | | | | | | | | | | GSI | IIP Sk. 1 | IIP Sk. 2 | IIP Sk. 3 | IIP Sk. 4 |
						1	2	3	4	5	6	7	8	9					
Aufnahme	6.0																		
Entlassung	5.0	10	6.0	35	15.7	0.4	0.5	0.4	0.4	0.3	0.3	0.3	0.4	0.2	0.3	8.8	9.5	9.6	10.1
Mittelwert bzw. cut-off points		8	7	28	13.3	0.3	0.4	0.4	0.4	0.3	0.3	0.3	0.4	0.2		5.2	4.8	5.4	5.8
Streuung	5			95		2.9	2.7	2.2	2.6	3.1	2.3	1.6	2.5	1.6	2.4	20.0	9.0	7.0	1.0
					93	3.8	3.2	3.7	3.2	3.5	2.7	2.3	3.4	2.7	3.1	16.0	10.0	10.0	11.0

Variablen der Spalten:
BSS: Beeinträchtigungsschwerescore
THE: Ergebniseinschätzung Therapeut
PAE: Ergebniseinschätzung Patient
LQ: Lebensqualität
GBB: Gießener Beschwerdebogen
SCL-90-R Skala 1: Somatisierung
SCL-90-R Skala 2: Zwanghaftigkeit
SCL-90-R Skala 3: Unsicherheit im Sozialkontakt
SCL-90-R Skala 4: Depressivität
SCL-90-R Skala 5: Ängstlichkeit
SCL-90-R Skala 6: Agressivität und Feindseligkeit
SCL-90-R Skala 7: Phobische Angst
SCL-90-R Skala 8: Paranoides Denken
SCL-90-R Skala 9: Psychotizismus
SCL-90-R Skala GSI: Allgemeiner Symptom Index (Gesamtscore)
IIP Skala 1: zu autokratisch/dominant
IIP Skala 2: zu streitsüchtig/konkurrierend
IIP Skala 3: zu abweisend/kalt
IIP Skala 4: zu introvertiert/sozial vermeidend

Diagnosen (ICD-10): *F33.1*
F50.4
G43.

Erfolgsbewertung: Gesamteinschätzung: *auffälliger Verlauf*

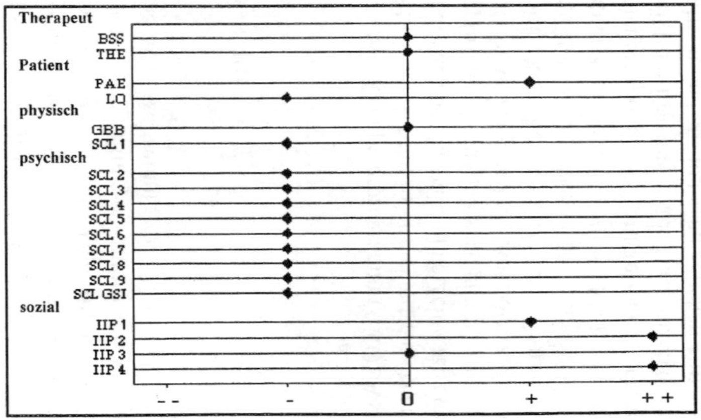

sionen (physisch, psychisch, sozial). Ziel ist es, die für die Ergebnisbeurteilung relevante Information kompakt und übersichtlich auf einem Blatt zusammenzufassen.

Im oberen Drittel findet sich eine Tabelle mit Skalenwerten zum Aufnahme- und Entlaßstatus der Patienten (Zeilen 1 und 2). In der Zeile darunter werden die verwendeten Referenzwerte (aus Norm- bzw. Vergleichsstichproben) angegeben, die zusammen mit den Streuungen (letzte Zeile der Tabelle) den Norm- bzw. Zielbereich definieren. Die Kürzel für die verwendeten Skalen (Kopfzeile der Tabelle) sind in der unteren linken Ecke erläutert.

Rechts unter der Tabelle finden sich zusammenfassende Angaben zur Diagnose (nach ICD-10) und zum Therapieergebnis. Die skalenspezifischen Ergebnisbeurteilungen, aus denen die Gesamteinschätzung abgeleitet wird, werden graphisch dargestellt. Diese Graphik bildet den Mittelpunkt für die klinische Diskussion in den Qualitätszirkeln und wurde speziell für diesen Zweck entwickelt. Sie benutzt sogenannte Dot-Charts bzw. Index Plots, die als geeigneteste Form der graphischen Informationsmitteilung gelten (Cleveland, 1985). Sie geben einen leicht zu verstehenden und dennoch vielschichtigen Überblick zum Behandlungsergebnis (vgl. Kordy & Lutz, 1995).

Die Ergebnisrückmeldung (Abbildung 2) wird auf einem weiteren Blatt (Abbildung 3) ergänzt durch einige basale Informationen zur Behandlung (z.B. Dauer, Stundenzahl, Zusammensetzung des Behandlungsprogrammes) und zum Prozeß (Prozeßindikator ist hier die Qualität der therapeutischen Beziehung). Weiter umfaßt dieses zweite Rückmeldeblatt Angaben zur Patientenzufriedenheit.

3.2 „Report Cards" und „Quality Control Charts"

Die gesetzliche Verpflichtung zur Qualitätssicherung schließt externe Vergleiche zwischen „Leistungsanbietern" mit ein. Als Hilfsmittel wird im Heidelberger Modell eine sogenannte Report Card eingesetzt. Dabei handelt es sich um eine relativ simple Graphik, in der die Auffälligkeitsraten bzw. der Anteil der problematischen Verläufe für einen bestimmten Zeitraum – in der Regel ein Jahr – geplottet werden. Informativ wird solch eine Report Card durch die Einführung eines Standards (z.B. Benchmark) oder – da solche Standards für die Psychotherapie derzeit noch nicht existieren – durch Vergleich mit anderen Kliniken bzw. Anbietern (Abbildung 5 zeigt als Beispiel den Vergleich von vier Kliniken, die das Heidelberger Modell einsetzen und uns die Daten überlassen).

Interne oder externe Jahresvergleiche haben den offensichtlichen Nachteil, daß sie nur mit einer erheblichen Verzögerung Maßnahmen zur Korrektur bzw. Verbesserung anstoßen. Für Kliniken mit einem größeren Patientendurchlauf bietet sich eine Adaptation des Konzeptes der Quality Control Charts an. Im Heidelberger Modell hat sich bewährt, die Entwicklung der Auffälligkeitsraten im zeitlichen Verlauf zu verfolgen (analog könnte man die Zufriedenheits- bzw. Unzufriedenheitsrate im zeitlichen Verlauf verfolgen). Dazu werden die Auffälligkeitsraten berechnet, sobald eine „neue Stichprobe" mit Umfang $n = 30$ die Behandlung abgeschlossen hat. Der Verlauf dieser Werte läßt sich wiederum graphisch darstellen, indem die jeweilige

Abbildung 3: Ergänzende Information zur Behandlung

| Behandlungsinformation (Aufnahme-Entlassung) | Geschlecht: weiblich | Alter: 39 | Patient: 123456UVWXY |

Behandlungstage: 42

Einzeltherapie: 10.0 (Stunden)

weitere Therapien:
12.0 (Stunden) Atemtherapie
27.0 (Stunden) Psychotherapie, Gruppe
18.0 (Stunden) Tanztherapie (Gruppe)

Therapeutische Arbeitsbeziehung:

	Aufnahme	Entlassung
Therapeut:	1.3	0.4
Patient:	f.A.	1.4
Range:	-3 .... +3	
	niedrig hoch	

Patientenzufriedenheit: 8 33
(Median 27) Unzufriedenheit   große Zufriedenheit

Patienteneinschätzung:

Verbesserung des Befindens: Ich kann unterscheiden eine Handlung zwischen Kopf oder Gefühl, ich lasse mir mehr Zeit.

Verschlechterung des Befindens:

Abbildung 4: Rückmeldeblatt des Therapeuten zur Ergebnisbewertung durch das Qualitätssicherungsprogramm

Datum: _____ Patient: xxxxxxxxxxxx

Abschluß der Therapie

☞ Stimmt die Rückmeldung mit Ihrer therapeutischen Einschätzung überein?
    ☐ Ja   ☐ Nein

→ **falls ja** (bitte die Angabe ankreuzen, die am meisten zutrifft):
    ☐ Ergänzung   ☐ Bestätigung   ☐ Veränderung

☞ Die stationäre Psychotherapie befähigt den Patienten zu einer ambulanten Weiterbehandlung:
    ☐ ja   ☐ nein

→ **falls nein:** ☐ eine ambulante Weiterbehandlung ist nicht nötig
    ☐ die Weiterbehandlung erfolgt stationär (andere Station, Einrichtung)

Die folgenden Fragen bitte nur ausfüllen, falls eine Gesamtbewertung guter oder sehr guter Verlauf vorliegt:

Halten Sie die Einschätzung guter oder sehr guter Verlauf für gerechtfertigt?
    ☐ ja   ☐ nein

Kommentar: _____

Die folgenden Fragen bitte nur ausfüllen, falls eine Gesamtbewertung Auffälligkeitssignal vorliegt:
Geben Sie bitte den Ihrer Meinung nach wesentlichen Grund für das Auffälligkeitssignal an (Bitte nur ein Kreuz):

☐ Problemfall - die Problematik war psychotherapeutisch nicht oder kaum zugänglich.
☐ Problemfall - die Therapie konnte eine negative Entwicklung nicht aufhalten oder die Problematik ist mit einem hohen Rückfallrisiko behaftet.
☐ Problemfall - neue äußere Lebensumstände führten zu einer nicht aufzufangenden Entwicklung.
☐ Problemfall - die psychotherapeutische Behandlung hat durch ihren Ansatz (Indikation) oder durch ihre Durchführung zu dem negativen Ergebnis geführt.
☐ Problemfall - der Patient ist trotz einer positiven Entwicklung nach wie vor sehr stark beeinträchtigt.
☐ Sensibilisierung - das Auftauchen neuer Problemfelder ist therapeutisch notwendig.
☐ Behandlungsverlauf und Ergebnis sind positiv, das Signal ist nicht gerechtfertigt.

Einleitung von Maßnahmen: ☐ ja   ☐ nein
→ **wenn ja, welche:** _____

Kommentar: _____

Abbildung 5: Vergleich der Aufälligkeitsqoten für vier Kliniken ("Report Card")

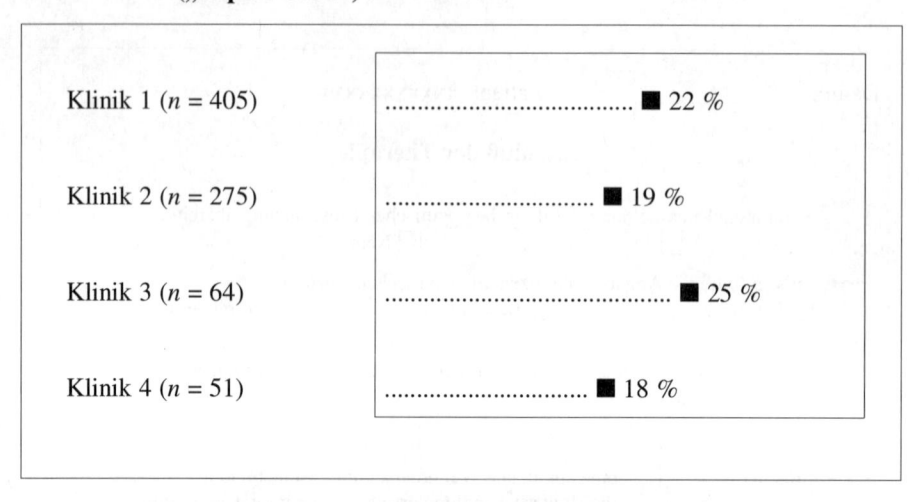

Klinik 1 ($n = 405$) .... ■ 22 %

Klinik 2 ($n = 275$) .... ■ 19 %

Klinik 3 ($n = 64$) .... ■ 25 %

Klinik 4 ($n = 51$) .... ■ 18 %

Abbildung 6: Entwicklung der Aufälligkeitsquoten im zeitlichen Verlauf ("Quality Control Chart")

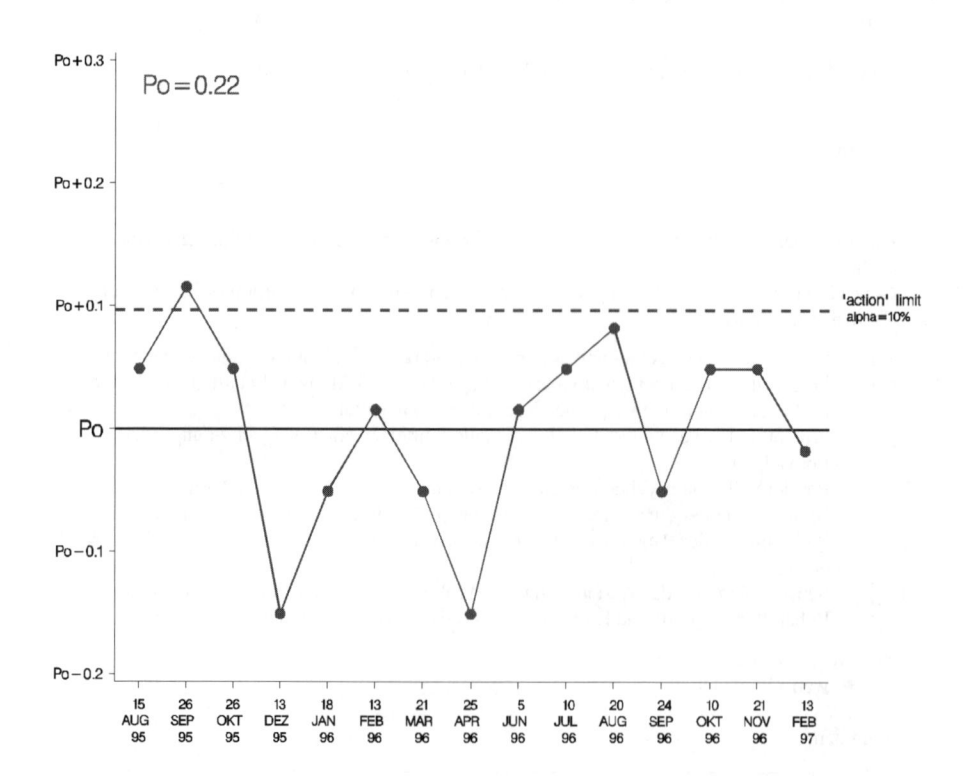

$Po = 0.22$

'action' limit
alpha = 10%

Auffälligkeitsrate gegen den Zeitpunkt abgetragen wird (Abbildung 6). Als Interpretationshilfe ist (a) eine Linie für die erwartete Rate eingetragen (im Beispiel ist das ein P_O von 22%) und (b) eine Linie, die ein sogenanntes Action-Limit anzeigt (Das Action-Limit wird ähnlich wie ein Vertrauensintervall um P_O berechnet. Im Beispiel wird ein alpha von 10% gewählt.), d.h. bei Überschreitung dieser Linie ist Anlaß für aktive (Gegen-)Maßnahmen gegeben. Das betroffene Team wird zusammengerufen und diskutiert die möglichen Gründe für diese – nicht tolerable – Abweichung und bereitet eventuelle Korrekturen vor.

4. Validierungsschritte zum Auffälligkeitssignal

In einer Art Sensitivitätsanalyse haben wir auf der Basis von 795 Behandlungen, die mit dem Heidelberger Modell begleitet wurden, untersucht, welche Informationsquelle wie stark zu den Auffälligkeitssignalen beiträgt. Es zeigt sich, daß ganz überwiegend die Angaben des Patienten die Quelle sind. Wir sehen das als einen Hinweis darauf, daß über das QS-Programm Informationen systematisch bereitgestellt werden, die – zumindest in dieser Systematik – dem therapeutischen Team so nicht zugänglich war. Nebenher wird hierin auch deutlich, daß etwaige Manipulationsmöglichkeiten durch gezielte positive Darstellung der Ergebnisse durch den Therapeuten begrenzt sind.

Abbildung 7: Sensitivitätsanalyse auf der Basis von 795 dokumentierten Behandlungen

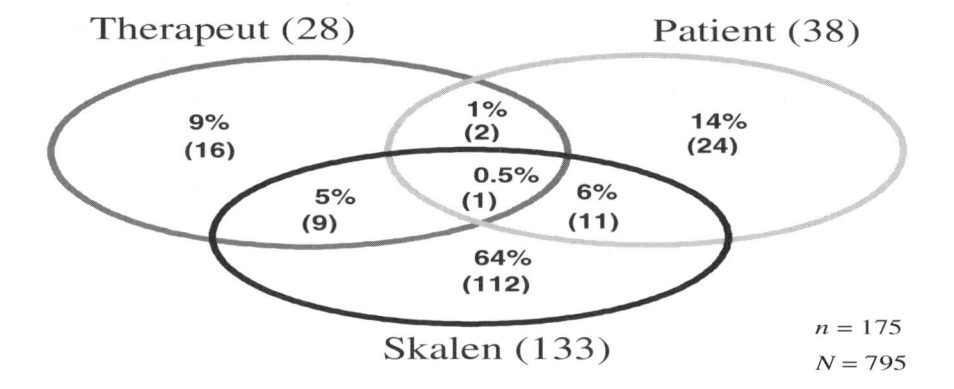

Therapeut (28)　　　　Patient (38)

9% (16)　　1% (2)　　14% (24)

5% (9)　　0.5% (1)　　6% (11)

64% (112)

Skalen (133)

$n = 175$
$N = 795$

Einen zweiten Validierungsschritt ermöglichen uns Daten aus einer Sechs-Monats-Nachuntersuchung der *Panorama-Fachklinik für Psychosomatik, Psychotherapeuti-*

sche Medizin und Naturheilverfahren, Scheidegg, Allgäu.[1] Die Nachuntersuchung wird postalisch durchgeführt. Den Patienten werden dabei im wesentlichen die gleichen Fragebögen vorgelegt, die sie im Rahmen des Qualitätssicherungsprogramms bereits zu Therapieende ausgefüllt haben; zusätzlich werden einige Fragen zur Inanspruchnahme von Psychotherapie nach Klinikentlassung gestellt. Angeschrieben werden alle Patienten – unabhängig vom Ergebnis ihrer Behandlung und der Art der Beendigung –, die an der Qualitätssicherung während der stationären Behandlung teilgenommen haben. (Nach Vereinbarung mit der Panorama-Fachklinik werden von der Forschungsstelle aus für jeden Monat zwei Wochen zufällig ausgewählt, für die dann alle in dieser Zeit aufgenommenen Patienten in die Qualitätssicherung einbezogen werden. Auf diese Weise ergibt sich für die Qualitätssicherung eine Zufallsstichprobe von ca. 50%.)

Die Nachuntersuchung wird von den Patienten sehr gut angenommen. Die Rücklaufquote liegt bei 86% (von insgesamt $N = 357$ angeschriebenen Patienten), was für postalische Erhebungen mehr als zufriedenstellend ist. Die Bereitschaft, auch sechs Monate nach der Klinikentlassung noch einmal 30-45 Minuten Zeit für das Ausfüllen der Fragebogen aufzubringen, sehen wir auch als Bestätigung dafür, daß Patienten solchen Schritten der Qualitätssicherung durchaus einen Stellenwert beimessen.

Die derzeit verfügbare Stichprobe umfaßt Angaben von 307 Patienten, die hier zur Untersuchung einiger Aspekte der Vorhersagevalidität des Auffälligkeitssignals genutzt werden:

- Betrachtet man die normierten Mittelwertdifferenzen (es hat sich eingebürgert, diese auch ohne Kontrollgruppe als „Effektstärke" zu bezeichnen), zwischen Klinikaufnahme und Katamnesezeitpunkt für die Skalen der SCL-90-R bzw. den Gießener Beschwerdebogen (GBB), so zeigen sich doch beträchtliche Unterschiede zwischen den zur Klinikentlassung als „auffällig" bzw. „gut" oder „sehr gut" klassifizierten Behandlungsverläufen (Tabelle 2). Während die als „sehr gut" beurteilten Behandlungen sich in den Skalen der SCL-90-R auch zur Katamnese als im Vergleich zum Behandlungsbeginn sehr verbessert zeigen, verschlechtern sich die Werte für die als „auffällig" beurteilten Behandlungsverläufe sogar. In bezug auf den Vergleich zwischen den drei Klassen von Behandlungsverläufen ergibt sich zwar ein ähnliches Bild für die Skalen des GBB, auch wenn hier die „Effektstärken" auch bei den „sehr guten" Verläufen nur für die unspezifische Skala „Klagsamkeit" als hoch bezeichnet werden kann.
- Ähnliche Unterschiede zwischen den zur Klinikentlassung als „auffällig" bzw. „gut" oder „sehr gut" klassifizierten Behandlungsverläufen zeigen sich auch im Hinblick auf die subjektive Einschätzung der Veränderungen der körperlichen und

---

[1] Die *Panorama-Fachklinik für Psychosomatik, Psychotherapeutische Medizin und Naturheilverfahren, Scheidegg/Allgäu* - Ärztlicher Leiter: Dr. med. P. Dogs – führt seit 1995 unter wissenschaftlicher Begleitung durch die Forschungsstelle für Psychotherapie eine Qualitätssicherung nach dem Heidelberger Modell durch. Das an sich schon aufwendige Programm wird ergänzt durch eine 6- und eine 12-Monatskatamnese. Für die nicht selbstverständliche Überlassung der Daten, die ja unter Einsatz nicht unbeträchtlicher Mittel erhoben werden, danken wir der Klinikleitung ausdrücklich.

Tabelle 2: Normierte Mittelwertdifferenzen („Effektstärken") zwischen Klinikaufnahme und Halbjahreskatamnese für die Skalen der SCL-90-R und des Gießener Beschwerdebogens

SCL-90 R	auffällige Verläufe (N=50)	gute Verläufe (N=91)	sehr gute Verläufe (N=57)
Skalen (N=198)			
Somatisierung	0.19	-0.48	-0.90
Zwanghaftigkeit	0.27	-0.52	-1.06
soz. Unsicherheit	0.48	-0.41	-0.99
Depressivität	0.41	-0.49	-1.14
Ängstlichkeit	0.27	-0.57	-1.17
Aggressivität	0.31	-0.42	-0.99
Phobische Angst	0.24	-0.51	-0.75
Paranoides Denken	0.13	-0.29	-0.89
Psychotizismus	0.32	-0.37	-0.92
Globaler Schwereindex	0.39	-0.58	-1.27
Gießener Beschwerdebogen	auffällige Verläufe (N=37)	gute Verläufe (N=74)	sehr gute Verläufe (N=42)
Skalen (N=153)			
Erschöpfung	0.65	-0.01	-0.66
Magenbeschwerden	0.40	0.33	0.19
Gliederschmerzen	0.07	0.15	-0.29
Herzbeschwerden	0.33	0.03	-0.23
Allgemeine Klagsamkeit	0.14	-0.41	-1.00

Anmerkung:
Panorama-Fachklinik für Psychosomatik, Psychotherapeutische Medizin und Naturheilverfahren, Scheidegg/Allgäu

seelischen Beeinträchtigung zur Katamnese. Diese zwei Skalen gehen ebensowenig in die Auffälligkeitsbeurteilung ein wie die Skala „Momentanes Wohlbefinden" (Tabelle 3): Die normierten Mittelwertdifferenzen („Effektstärken") liegen für die ersten beiden direkten Veränderungseinschätzungen zwischen 0.24 und 0.69 bzw. 0.59 und 0.88, wobei die „Auffälligen" die im Mittel geringsten positiven Veränderungen angeben. Deutlich geringer sind die Unterschiede in bezug auf die Veränderung des momentanen Wohlbefindens.

Tabelle 3: Normierte Mittelwertdifferenzen („Effektstärken") zwischen Klinikaufnahme und Halbjahreskatamnese für die Skalen: „Veränderung der körperlichen" bzw. „seelischen Beeinträchtigung" und „Momentanes Wohlbefinden"

	auffällige Verläufe ($N = 65$)	gute Verläufe ($N = 165$)	sehr gute Verläufe ($N = 77$)
Veränderung der körperlichen Beeinträchtigung	- 0.24	- 0.42	- 0.69
Veränderung der seelischen Beeinträchtigung	- 0.59	- 0.76	- 0.88
Momentanes Wohlbefinden	0.62	0.55	0.72

Anmerkung:
Panorama-Fachklinik für Psychosomatik, Psychotherapeutische Medizin und Naturheilverfahren, Scheidegg/Allgäu

Tabelle 4: Inanspruchnahme weiterer psychotherapeutischer Behandlungen zur Halbjahreskatamnese

	auffällige Verläufe ($N = 64$)	gute Verläufe ($N = 165$)	sehr gute Verläufe ($N = 77$)
Psychotherapie:			
begonnen	31 (48 %)	63 (38 %)	28 (36 %)
geplant	3 (5 %)	21 (13 %)	6 (8 %)
nicht beabsichtigt	30 (47 %)	81 (49 %)	43 (56 %)

Anmerkung:
Panorama-Fachklinik für Psychosomatik, Psychotherapeutische Medizin und Naturheilverfahren, Scheidegg/Allgäu

- Patienten mit einem als „gut" oder „sehr gut" klassifizierten Behandlungsverlauf nehmen im (Sechs-Monats-)Katamnesezeitraum seltener eine psychotherapeutische (Weiter-)Behandlung in Anspruch als diejenigen mit einem „auffälligen" Behandlungsverlauf (Tabelle 4). Nun ist die Inanspruchnahme weiterer psychotherapeutischer Leistungen nach stationärer Behandlung ein nicht eindeutig zu bewertendes Validitätskriterium. Zum einen kann ja gerade wegen einer erfolgreichen stationären Behandlung eine ambulante Fortsetzung sehr positiv sein, zum anderen ist nach einer wenig erfolgreichen stationären Behandlung nicht zwingend, daß eine ambulante Weiterbehandlung bessere Chancen bietet. Eine genauere Kenntnis der Motive der Patienten für oder gegen eine Weiterbehandlung wäre daher dringend zu wünschen.

5. Zusammenfassung und Ausblick

Die Optimierung der Gesundheitsversorgung ist ein „moving target" (Kordy & Kächele, 1996). Die Vorstellungen von Gesundheit und Krankheit sind in einem kontinuierlichen Wandel; Patienten mit bisher nicht behandelten oder nicht behandelbaren Leiden suchen therapeutische Hilfe. Forschung und Innovation steigern – hoffentlich – die therapeutischen Möglichkeiten. Gesellschaftlicher Wertewandel und sich wandelnde ökonomische Verhältnisse verändern die Rahmenbedingungen für Therapie und somit die Zielsetzungen: Im gesamten Gesundheitssystem – und damit auch in der Psychiatrie und Psychotherapie – tritt heute die Kosteneffektivität als gleichrangiges Ziel (nicht wenige Kollegen sind der Ansicht, daß es bereits zum überwertigen Ziel avanciert ist) neben die Symptombesserung und Heilung oder die Förderung der Persönlichkeitsentwicklung.

Nicht nur die Höhe und die Steigerungsrate der Gesundheitskosten, mehr noch die schnell wachsende Lücke zwischen dem therapeutisch Möglichen und dem ökonomisch für sinnvoll Gehaltenen, zwingt zur kritischen Evaluation der Gesundheitsversorgung. Es besteht breite Einigkeit, daß beschränkte und teure therapeutische Ressourcen effizient und gerecht eingesetzt werden müssen, wobei implizit mitschwingt, daß erhebliche Effizienzreserven vorhanden sind. Wie findet man die? Wer setzt die Maßstäbe? Welche Kriterien, welche Verfahrensweisen sichern eine Versorgung hoher Qualität zu bezahlbaren Preisen? Die Hoffnungen richten sich – neben Fortschritt und Forschung, z.B. als „evidence based medicine" – auf Transparenz und Qualitätssicherung (QS) des Leistungsgeschehens (Sachverständigenrat für die Konzertierte Aktion im Gesundheitswesen, 1995). Die breite Einführung von QS bzw. Qualitätsmanagement (QM) gilt als ein wichtiger Schritt in Richtung auf eine ergebnisorientierte Gesundheitsversorgung und damit auf Vermeidung von Überfluß und Defiziten. Kontinuierliche Beobachtung, systematische Dokumentation und standardisierte Ergebnisevaluation verbessern die empirische Grundlage für die Steuerung therapeutischer Maßnahmen unter der Maßgabe „Rationalität vor Rationierung" (Sachverständigenrat für die Konzertierte Aktion im Gesundheitswesen, 1995).

Ein Qualitätsmanagement, das die Ergebnisqualität in den Mittelpunkt stellt, lohnt:

- Es erhöht die Transparenz über das Behandlungsgeschehen für Patienten, Behandler und Kostenträger.
- Es stärkt das Vertrauen von Patienten in die Behandlung.
- Es stärkt das Selbstbewußtsein der Behandler durch kontinuierliche Rückmeldung über das Geleistete.
- Es öffnet den Blick für Verbesserungsmöglichkeiten.

Ergebnisorientierung sollte dabei als Herausforderung begriffen werden, ohne Angst auszulösen. Psychotherapie ist eine hochwirksame therapeutische Intervention. Es gibt keinen Grund, ihre Ergebnisse nicht öffentlich zu machen. Wenn die Arbeitsgruppe „Psy-BaDo" der Psychotherapeutischen Fachgesellschaften in der Arbeitsgemeinschaft Wissenschaftlich-Medizinischer Fachgesellschaften (AWMF) mit der Versendung ihres Vorschlages zur Sicherung der Ergebnisqualität davor warnt, die so erfaßten und dokumentierten Ergebnisse den Kostenträgern vorzulegen, halten wir das für einen defensiven Rückschritt, der in der gegenwärtigen gesundheitspolitischen Diskussion bedenklich ist. Es ist vielmehr an der Zeit, offensiv eine ergebnisorientierte psychotherapeutische Versorgung anzugehen (vgl. z.B. Lyons, Howard, O'Mahoney & Lish, 1997; Sperry, Brill, Howard & Grissom, 1996). Dazu bietet sich ein Qualitätsmanagement an, das Ergebnisse transparent werden läßt und die Beschäftigung mit gut gelingenden und wenig gelingenden Behandlungen fördert.

Damit jeder Qualitätsmangel ein Schatz wird, muß man nicht nur zur Suche bereit sein, sondern darf auch die Anstrengungen nicht scheuen, den Schatz zu heben.

Literaturverzeichnis

Berwick, D.M. (1989). Continuous improvement as an ideal in health care. *New England Journal of Medicine, 32*, 53–56.
Cleveland, W.S. (1985). *The elements of graphing data*. Wadsworth: Monterey CA.
Deutsche Forschungsgemeinschaft (1995). *Denkschrift*. Weinheim: VCH Verlagsgesellschaft mbH.
Jacobson, N.S.& Truax, P. (1991). Clinical significance: A statistical approach to defining meaningful change in psychotherapy research. *Journal of Consulting and Clinical Psychology, 59*, 12–19.
Gaebel, W. (Hrsg.). (1995). *Qualitätssicherung im psychiatrischen Krankenhaus*. Berlin: Springer.
Grawe, K. & Braun, U. (1994). Qualitätskontrolle in der Psychotherapiepraxis. *Zeitschrift für Klinische Psychologie, 23*, 242–267.
Kächele, H. Kordy, H. (1992). Psychotherapieforschung und therapeutische Versorgung. *Der Nervenarzt, 63*, 517–526.
Kordy, H. Senf, W. (1985). Überlegungen zur Evaluation psychotherapeutischer Behandlungen. *Psychotherapie, Psychosomatik & Medizinische Psychologie, 35*, 207–212.
Kordy, H. (1992). Qualitätssicherung: Erläuterungen zu einem Reiz- und Modewort. *Zeitschrift für Psychosomatische Medizin und Psychoanalyse, 38*, 310–324.
Kordy, H. & Lutz, W. (1995). Das Heidelberger Modell: Von der Qualitätskontrolle zum Qualitätsmanagement – stationärer – Psychotherapie durch EDV-Unterstützung. *Psychotherapie Forum, 3*, 197–206.
Kordy, H. & Kächele, H. (1996). Ergebnisforschung in der Psychotherapie und Psychosomatik. In T. v. Uexküll (Hrsg.), *Psychosomatische Medizin* (5. Aufl., S. 490–501). München: Urban & Schwarzenberg.
Kordy, H. (1997). Das Konzept der Klinischen Signifikanz in der Psychotherapieforschung. In B. Strauß & J. Bengel (Hrsg.), *Jahrbuch der Medizinischen Psycholo-*

gie: Forschungsmethoden und Forschungsstrategien in der Medizinischen Psychologie* (S. 97– 111). Göttingen: Hogrefe Verlag für Psychologie.
Lutz, W. (1993). *Qualitätssicherung stationärer Psychotherapie. Entwicklung und Implementierung eines Prototyps.* Unveröff. Diplomarbeit, Psychologisches Institut, Universität Heidelberg.
Lutz, W., Lauer, G., Leeb, B., Bölle, M. & Kordy, H. (1994). Was sind und wozu nützen Qualitätszirkel in der Psychotherapie? In F. Lamprecht & R. Johnen (Hrsg.), *Salutogenese* (S. 241–253). Frankfurt a. M: VAS.
Lutz, W., Stammer, H., Leeb, B., Dötsch, M., Bölle, M., & Kordy, H. (1996). Das Heidelberger Modell der Aktiven Internen Qualitätssicherung stationärer Psychotherapie. *Psychotherapeut, 41,* 25–35.
Lyons, J.S., Howard, K.I., O'Mahoney, M.T. & Lish, J.D. (1997). *The measurement and management of clinical outcomes in mental health.* New York: John Wiley & Sons.
Müller-Fahrnow, W. (1993). Qualitätssicherung in der medizinischen Rehabilitation. *f & w – führen und wirtschaften im Krankenhaus, 4,* 385–388.
Newman, F.L. & Ciarlo, J.A. (1994). Criteria for selecting psychological instruments for progress and outcome assessment. In M. Maruish (Ed.), *Use of Psychological Testing for Treatment Planning and Outcome Assessment* (S. 98–110). Hillsdale NJ: Erlbaum.
Piwernetz, K., Selbmann, H.K. & Vermeij, D.J. (1991). „Vertrauen durch Qualität": Das Münchner Modell der Qualitätssicherung im Krankenhaus. *Das Krankenhaus, 11,* 557–560.
Richter, R. (1994). Qualitätssicherung in der Psychotherapie Editorial. *Zeitschrift für Klinische Psychologie, 23,* 233–235.
Sachverständigenrat für die Konzertierte Aktion im Gesundheitswesen (1995). *Sondergutachten 1995. Gesundheitsversorgung und Krankenversicherung 2000.* Baden-Baden: Verlagsgesellschaft Nomos.
Schmidt, J. & Nübling, R. (1995). Qualitätssicherung in der Psychotherapie – Teil II: Realisierungsvorschläge, Modellprojekte und bereits laufende Maßnahmen. *GwG-Zeitschrift, 99,* 42–53.
Selbmann, H.K. (1993). Qualitätssicherung in der Geburtshilfe und Gynäkologie. *Gynäkologie. Geburtshilfliche Rundschau, 33,* 188–189.
Schulte, D. (1993). Wie soll Therapieerfolg gemessen werden? *Zeitschrift für Klinische Psychologie, 22,* 374–393.
Schepank, H.H. (1995). *Der Beeinträchtigungsschwere Score (BSS).* Göttingen: Beltz Test.
Schwartz, F.W., Robra, B.P., Bengel, J., Koch, U. & Selbmann, H.K. (1995). Qualitätssicherung und -forschung. In F.W. Schwartz, B. Badura, B. Blanke, K.D. Henke, U. Koch & R. Müller (Hrsg.), *Gesundheitssystemforschung in Deutschland. Denkschrift. Deutsche Forschungsgemeinschaft.* Weinheim: VCH Verlagsgesellschaft mbH.
Sperry, L., Brill, P.L., Howard, K.I. & Grissom, G.R. (1996). *Treatment outcomes in psychotherapy and psychiatric interventions.* New York: Brunner & Mazel.

V.
Psychiatrische Versorgung

Elemente der Qualitätssicherung in der Psychiatrie

Wolfgang Gaebel & Markus Schwarz

Inhalt:

1. Einleitung 377
2. Rechtliche Rahmenbedingungen
   in der Bundesrepublik Deutschland 378
3. Konzepte und Definitionen 379
4. Entwicklungsstand und Modelle 380
5. Dimensionen der Qualitätssicherung in der Psychiatrie 382
   5.1 Strukturqualität 382
   5.2 Prozeßqualität 384
   5.3 Ergebnisqualität 387
6. Methodik qualitätssichernder Maßnahmen in der Psychiatrie .. 389
7. Perspektiven 392

1. Einleitung

Qualitätssicherung in der Medizin ist en vogue und wurde in den letzten Jahren zu einem zentralen Thema der gesundheits- und berufspolitischen Diskussion. Strukturelle und atmosphärische Veränderungen des Gesundheitssystems mögen dazu beigetragen haben, daß auch der fachöffentliche Diskurs bisweilen nicht frei ist von Emotionen und Qualitätssicherung selbst schon als „Reizthema" apostrophiert wurde (Kordy, 1992).

Bemühungen um Qualitätssicherung in der Medizin sind nicht neu, und ihre Praxis ist in traditioneller Form fest etabliert, doch erhielten sie einen neuen Impuls durch die gesundheitspolitisch motivierte Forderung nach einer zunehmenden Kosten-Nutzen-Orientierung. Zusätzlich beginnt sich ein geändertes Patientenverhalten abzuzeichnen, das sich u.a. in einer verstärkten Aufmerksamkeit und Teilnahme der Patienten an den medizinischen Fragen ihrer Behandlung manifestiert (vgl. Kaltenbach, 1993). Der „Kunde Patient": nicht länger passiver Hilfeempfänger, sondern kritischer Nutzer medizinischer Dienstleistungen?

Jedenfalls wächst in einer kritischer werdenden Öffentlichkeit mit dem medizinischen Fortschritt auch die Erwartungshaltung an Arzt und Versorgungssystem.

Medienberichterstattung, die vordergründig bleibt und das Maß des Sachdienlichen überschreitet, trägt zu wachsender Skepsis hinsichtlich Güte und Effektivität der medizinischen Versorgung bei. Hierdurch wird die zunehmende Verrechtlichung der medizinischen Praxis, die sich in Anstieg von Behandlungsfehlervorwürfen, häufigeren Regreßklagen und erhöhten Regreßansprüchen zeigt, noch gefördert. Schon jetzt ist das Netz medizinrelevanter Rechtsregeln selbst für Fachleute – geschweige denn für Ärzte – kaum mehr zu übersehen (Laufs, 1988).

Unverkennbar ist die medizinische Profession einem wachsenden Legitimationsdruck ausgesetzt, der zum Nachweis der Notwendigkeit, Wirksamkeit, Wirtschaftlichkeit und optimaler Durchführungsmodalität der erbrachten Leistungen nötigt. Weit über die bloße Rechtfertigung gegenüber Patient und Kostenträger hinaus dient die Qualitätssicherung dem aktivem Prozeß der kontinuierlichen Verbesserung der medizinischen Praxis. Garantiert werden soll eine dem fachlichen Kenntnisstand und den vorhandenen Ressourcen entsprechende optimale Krankenbehandlung in allen Bereichen und auf allen Ebenen der Versorgung – auch in der Psychiatrie (Gaebel & Wolpert, 1994). Als Voraussetzung hierfür müssen Begriffe geschärft, Qualitätsstandards definiert, Handlungsleitlinien operationalisiert sowie Methoden zur fortlaufenden Kontrolle, Sicherung und Verbesserung erreichter Qualität entwickelt und in die Praxis umgesetzt werden.

2. Rechtliche Rahmenbedingungen in der Bundesrepublik Deutschland

Rechtliche Verpflichtungen zur Qualitätssicherung in der Medizin sind seit langem etabliert. Eine ihrer Grundlagen ist traditionell in der ärztlichen Berufs- und Weiterbildungsordnung zu finden. Diese rechtsverbindlichen Regelungen definieren allgemeine Qualitätsstandards, die sich auf die ärztliche Aus- und Weiterbildung, die ärztliche Berufsausübung sowie auf die Verpflichtung zu kontinuierlicher fachlicher Fortbildung beziehen. Kassenarztrechtliche Verpflichtungen zur Qualitätssicherung ergeben sich aus den spezifischen Verpflichtungen des Kassenarztes als Leistungserbringer gegenüber dem Kostenträger.

Wesentliche Innovationen der letzten Jahre waren das Inkrafttreten des Gesundheitsreformgesetzes (GRG) 1989 und des Gesundheitsstrukturgesetzes (GSG) 1993, in denen der Gesetzgeber nicht nur generell die Berücksichtigung des Nutzen-Kosten-Aspektes medizinischer Leistungen pointierte, sondern zugleich eine neue bindende Rechtsgrundlage für die Qualitätssicherung schuf (Deutscher Bundestag, 1988, 1992). So formuliert das seit 1989 geltende Fünfte Sozialgesetzbuch (SGB V) ein kategorisches Wirtschaftlichkeitsgebot: „Leistungen müssen ausreichend, zweckmäßig und wirtschaftlich sein; sie dürfen das Maß des Notwendigen nicht überschreiten" (§ 12 SGB V). Es definiert darüber hinaus in einem eigenen Abschnitt (§§ 135-139) die Rahmenbedingungen der Qualitätssicherung u.a. der vertragsärztlichen Versorgung (§ 135), der ambulanten Vorsorgeleistungen und Rehabilitationsmaßnahmen (§§ 135 a) und der Krankenhausbehandlung (§ 137). Nach § 137 SGB V sind Krankenhäuser „verpflichtet, sich an Maßnahmen zur Qualitätssicherung zu beteiligen. Die Maßnahmen sind auf die Qualität der Behandlung, der Versorgungsabläufe und der Behandlungsergebnisse zu erstrecken. Sie sind so zu gestalten, daß vergleichende Prüfungen ermöglicht werden."

Hinsichtlich der für die Umsetzung notwendigen „Verfahrens- und Prüfungsgrundsätze für Wirtschaftlichkeits- und Qualitätsprüfung" wird auf abzuschließende Verträge (§ 112) zwischen den Spitzenverbänden der Kassen und Krankenhausgesellschaften unter Beteiligung der Ärztekammern abgestellt, bezüglich der Qualitätssicherungsmaßnahmen im Pflegebereich sind die Berufsorganisationen der Krankenpflegeberufe zu beteiligen. Derartige Verträge wurden bisher noch nicht geschlossen.

Zum geforderten externen Qualitätsvergleich wurden bisher lediglich Pilotprojekte durchgeführt. Diese konzentrieren sich vorwiegend auf chirurgische Behandlungen und werden als Einstieg in eine umfassende medizinische Qualitätssicherung verstanden (Graubner, 1996). De facto wird jedoch die externe Evaluation diagnostischen und therapeutischen Handelns – systematisch und vergleichend mit Hilfe zu entwickelnder Indikatoren durchgeführt – zukünftig unvermeidbar sein.

3. Konzepte und Definitionen

Um die Qualität einer Behandlung oder eines Behandlungsergebnisses überhaupt empirisch bestimmen zu können, bedarf es einer operationalen Definition dieses Begriffes. Eine typische Formulierung wie „Quality is the degree of adherence to a standard" (Fifer, 1980) verdeutlicht, daß Qualität nur im Hinblick auf einen vorgegebenen Maßstab oder Standard beurteilbar ist. Grundlegende Zusammenhänge werden im Sprachgebrauch der Qualitätssicherung – nicht immer einheitlich – durch Begriffe wie Norm, Kriterium, Standard, Indikator, Schwellenwert und Leitlinie beschrieben (vgl. Gaebel, 1995a).

Als empirische Grundlage für generelle *Qualitätsstandards* und *Leitlinien* eignen sich z.B. Ergebnisse kontrollierter Therapieevaluationen oder epidemiologischer Erhebungen zur Behandlungspraxis. So gewonnene statistisch-quantitative und/oder qualitative Normen sind allerdings durch populations- und settingspezifische Besonderheiten sowie durch Wertannahmen bezüglich therapeutischer Zielvorstellungen zu modifizieren und dem jeweils neuesten Erkenntnisstand anzupassen (Linden, 1994).

Daher haben ärztliche Standards grundsätzlich den Status von Handlungs*empfehlungen*, nicht jedoch von rigiden Vorschriften. Sie zeigen den Entscheidungs- und Handlungspfad an, der für den Durchschnitt einer Patientengruppe optimal sein dürfte, ohne – wegen der Entscheidungsrelevanz individueller Umstände – die Entscheidung im konkreten Einzelfall präjudizieren zu können. Daher können Leitlinien und Standards auch nicht per se justitiabel sei.

Zwar kommt in der strafrechtlichen Abgrenzung der fachgerechten Behandlung vom *Behandlungsfehler* „allgemein anerkannten Grundsätzen der ärztlichen Wissenschaft", auch „Regeln der ärztlichen Kunst" genannt, als Unterscheidungskriterium zentrale Bedeutung zu (Laufs, 1988). Dabei geht es jedoch nicht um die vergleichende Beurteilung konkreter medizinischer Maßnahmen als solcher, sondern lediglich um die Frage, ob die zu beurteilenden medizinischen Entscheidungen und Handlungen mit der erforderlichen Sorgfalt getroffen bzw. durchgeführt wurden. Diese professionellen Minimalstandards erforderlicher Sorgfalt sind nach höchstrichterlicher Rechtsprechung nur durch ärztliche Sachverständige für den individuellen Fall zu bestimmen (Schreiber, 1995).

Standards finden ihre Grenze an dem auch als „Therapiefreiheit" bezeichneten ärztlichen Ermessensbereich (Buchborn, 1993). Dieser Entscheidungs- und Handlungsspielraum rechtfertigt seinerseits keine Willkür, erlaubt aber wohl eine zu begründende Abweichung von gruppenstatistisch gültigen Behandlungsstandards im individuellen Fall, z.B. zur Erprobung innovativer Behandlungsmöglichkeiten (Gaebel & Wolpert, 1994).

Bezüglich der Anwendungsbereiche werden Qualitätskontrolle und -sicherung üblicherweise anhand der folgenden instrumentellen Kategorien differenziert (vgl. Donabedian, 1966):

- *Strukturqualität*: „Input" – auf die den diagnostischen und therapeutischen Zielsetzungen entsprechende Angemessenheit finanzieller, organisatorischer und therapeutischer Ressourcen bezogen.
- *Prozeßqualität*: „Process" – auf die Übereinstimmung diagnostischer und therapeutischer Interventionen i.e.S. mit dem aktuellen Stand des Wissens bezogen.
- *Ergebnisqualität*: „Outcome" – auf das Erreichen therapeutischer Zielvorgaben bezogen.

Medizinische Qualitäts*kontrolle* (vgl. Abbildung 1) kann in regeltechnischer Betrachtung als der gesamte Vergleichsprozeß einer diagnostisch-therapeutischen Maßnahme (Istwert) hinsichtlich ihrer Bedingungen, Durchführungsmodalitäten und Ergebnisse mit einem definierten Standard (Sollwert) dargestellt werden.

Qualitäts*sicherung* stellt in diesem Kontext die bei festgestellter Abweichung von einem definierten Toleranzbereich durchgeführte Problemanalyse mit anschließender Problemlösung dar (vgl. Selbmann, 1995).

4. Entwicklungsstand und Modelle

Je nach Organisationsform und beteiligten Instanzen wird zwischen *interner* und *externer* Qualitätssicherung unterschieden. In der Bundesrepublik geht die Entwicklung von Qualitätssicherungsprogrammen in der Medizin auf die Mitte der 70er Jahre zurück, als in der Perinatologie begonnen wurde, ausgewählte Qualitätsindikatoren kontinuierlich und regelmäßig zu dokumentieren, zentral zu erfassen und vergleichend auszuwerten. Durch diese von den Beteiligten freiwillig durchgeführte Maßnahme der externen Qualitätssicherung gelang es, die perinatale Mortalität von 19 auf 6 Promille zu senken (Schneider et al., 1991). Diese und vergleichbare Aktivitäten aus dem Bereich der Allgemeinchirurgie sind mittlerweile bundesweit bzw. in einigen Bundesländern implementiert (Eichhorn, 1987). Weitere Initiativen sind im Bereich der Labormedizin, der Radiologie, der Nuklearmedizin sowie der Pathologie zu registrieren (Kaltenbach, 1993).

Abbildung 1: Prozeßmodell der Qualitätssicherung

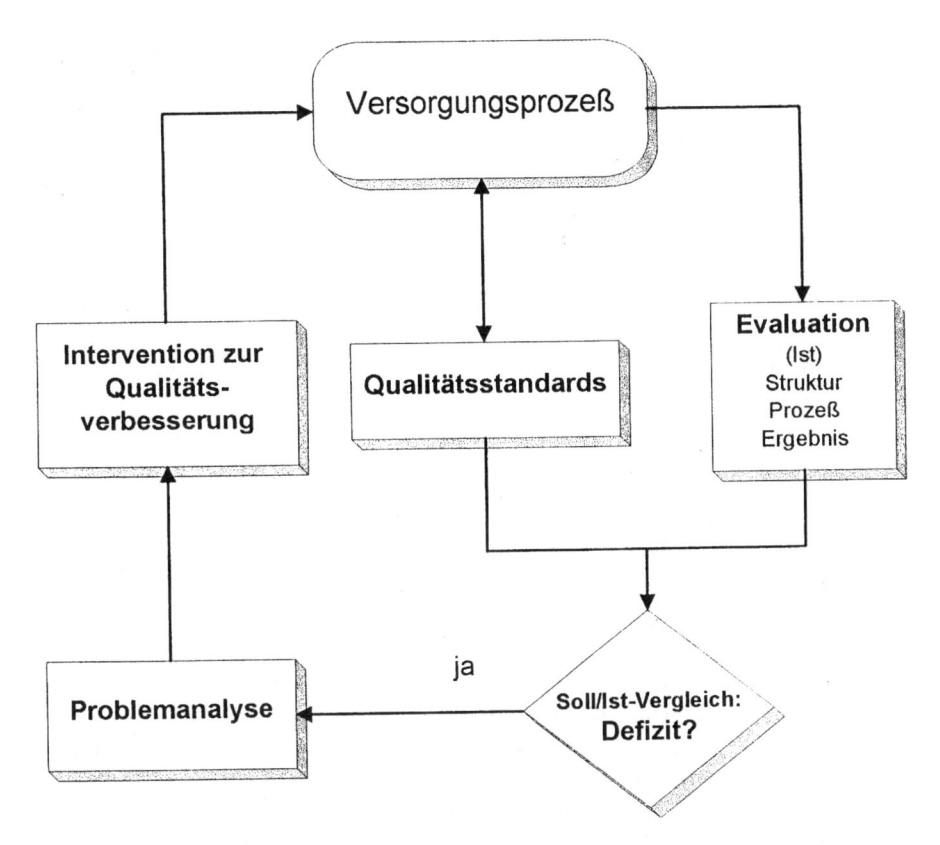

```
                    ┌──────────────────┐
          ┌────────→│ Versorgungsprozeß│─────────┐
          │         └──────────────────┘         │
          │                  │                   ↓
  ┌───────────────┐          │            ┌─────────────┐
  │ Intervention  │  ┌───────────────┐    │ Evaluation  │
  │    zur        │  │Qualitätsstandards│  │   (Ist)    │
  │ Qualitäts-    │  └───────────────┘    │  Struktur   │
  │ verbesserung  │          │            │  Prozeß     │
  └───────────────┘          │            │  Ergebnis   │
          ↑                  │            └─────────────┘
          │                  │                   │
          │                  └───────────┬───────┘
          │                  ja          ↓
  ┌───────────────┐           ◇ Soll/Ist-Vergleich:
  │Problemanalyse │←──────────    Defizit?
  └───────────────┘
```

Üblicherweise werden bei diesen primär externen Modellen der Qualitätssicherung auf speziellen Erhebungsbögen qualitätsrelevante Merkmale, z.B. zur chirurgischen Gallenblasenentfernung (Patientenmerkmale, diagnostische und therapeutische Verfahren, Verlauf etc.) in einem definierten Erhebungszeitraum erfaßt. Mit Hilfe zentral ausgewerteter Sammelstatistiken können Trends erfaßt und die Position jeder Klinik im Vergleich zum Durchschnitt oder einem vorgesehenen Standard dargestellt und zurückgemeldet werden. Auf diese Weise – zunächst anonym – identifizierte Schwachstellen dienen als Ausgangspunkt für die Analyse von Behandlungsmängeln und deren Behebung (Baur-Felsenstein, 1994). Natürlich wurden schon lange vor und neben diesen spezifischen Programmen in der Medizin Maßnahmen zur Qualitätssicherung freiwillig und eigenständig durchgeführt, z.B. in den traditionellen Formen der internen Sicherung von Prozeßqualität im psychiatrischen Krankenhaus (Böhme, Cording, Ritzel, Spengler & Trenckmann, 1994). Auch in externe Maßnahmen zur Sicherung der Prozeßqualität sind medizinische Versorgungsprozesse bereits einbezogen gewesen (s.u.).

Grundsätzlich ist die institutionalisierte Implementierung einer internen, autonomen und fachbezogenen Organisationsform von Qualitätssicherungsprogrammen mit expliziten Kriterien in einem möglichst repräsentativen Beobachtungsfeld mit krankheitsarten- oder situationsorientierten Zugangsweisen zu bevorzugen (Eichhorn, 1987). Derartige Maßnahmen müssen auch künftig im Vordergrund stehen, sollten aber nach Vorstellung des Gesetzgebers transparenter dargelegt und z.T. im Institutionsvergleich extern überprüfbar gemacht werden. Wichtig ist, bei all diesen Aktivitäten nicht das Augenmaß für das Sinnvolle und Machbare zu verlieren.

5. Dimensionen der Qualitätssicherung in der Psychiatrie

Qualitätssicherung in der Psychiatrie bezieht sich auf alle Ebenen des Versorgungssystems und seiner Rahmenbedingungen – von der Gesundheitspolitik bis hin zur individuellen Therapie – und umfaßt alle Aspekte psychiatrischen Entscheidens und Handelns von der Primärdiagnostik bis zur Nachsorgeplanung.

In einer Reihe von Übersichtsarbeiten vorwiegend aus dem angloamerikanischen Raum wird die Thematik zusammenfassend dargestellt (z.B. Bertolote, 1993; Fauman, 1989; Gaebel, 1995a; Liptzin, 1974; Mattson, 1984). Das Royal Australian and New Zealand College of Psychiatrists (1982) sowie die Canadian Psychiatric Association (Cahn & Richman, 1985) haben Positionspapiere zur Qualitätssicherung vorgelegt. Das Committee on Quality Assurance der American Psychiatric Association (APA) hat ein Manual of Psychiatric Quality Assurance herausgegeben (Mattson, 1992a), in dem z.B. Reviewkriterien für verschiedene psychiatrische Behandlungssituationen und -methoden zusammengefaßt sind. Die WHO (Bertolote, 1994) hat Leitlinien zur Entwicklung von Qualitätssicherung in der psychiatrischen Versorgung aufgestellt und Checklisten, Glossare und Dokumentationsbögen zur Qualitätsevaluation von Versorgungspolitik, Versorgungsprogrammen und Versorgungseinrichtungen entwickelt.

Qualitätsstandards werden auf allen Planungs- und Handlungsebenen von soziokulturellen Normen und ökonomischen Ressourcen mitgeprägt (Bertolote, 1993). Zu Recht fordert daher die WHO, daß auch die Ansichten der unmittelbar (Patienten) und mittelbar Betroffenen (Angehörige) psychiatrischer Versorgung bei der Entwicklung und Implementierung von Qualitätssicherungsprogrammen künftig stärkere Beachtung finden sollen („community participation", „consumerism"; WHO, 1991).

Bei der Entwicklung und Umsetzung von Qualitätsstandards kommt den wissenschaftlichen medizinischen Fachgesellschaften eine besondere Bedeutung zu. Daher wurde 1993 von der Deutschen Gesellschaft für Psychiatrie, Psychotherapie und Nervenheilkunde (DGPPN) ein Referat „Qualitätssicherung" gegründet (Gaebel & Wolpert, 1994), dessen Ziel die Entwicklung und Bereitstellung der erforderlichen Konzepte und Instrumente für die Einführung qualitätssichernder Maßnahmen in verschiedene Bereiche der psychiatrischen Versorgung ist.

5.1 Strukturqualität

In die Strukturqualität gehen nach Donabedian die zeitlich relativ konstanten Charakteristika des Systems der medizinischen Versorgung ein (Donabedian, 1982). Sie umfaßt die Gesamtheit der gesundheitspolitischen, organisatorischen, finanziellen, baulich-räumlichen, apparativen und personelle Ressourcen (Voraussetzungen für medizinische Versorgungsmaßnahmen). Zur qualitativen Beurteilung wird die Strukturdimension üblicherweise hierarchisch untergliedert (Bertolote, 1993).

Unterhalb der Ebene der Gesundheitspolitik und der Versorgungsprogramme ist als übergeordnete Ebene das Versorgungssystem eines Landes oder einer Region angesiedelt. Zentraler Qualitätsindikator auf dieser Betrachtungsebene ist das Maß der Befriedigung des Versorgungsbedarfs (Rössler & Salize, 1995). Der psychiatrische Versorgungsbedarf definiert sich über die Morbidität und krankheitsbedingte soziale Beeinträchtigung in einer Region (Wing, Brewin & Thornicroft, 1992).

Das Versorgungsangebot einer Region entfaltet sich in einem gegliederten Versorgungssystem und umfaßt je nach Schwerpunkt Diagnostik und Therapie psychischer Erkrankungen einschließlich Rehabilitation und Rückfall-/Chronifizierungsprophylaxe. Es orientiert sich an übergeordneten konzeptuellen Prinzipien wie psychiatrische Pflichtversorgung, Gemeindenähe und Enthospitalisierung (Bundesarbeitsgemeinschaft [BAG] der Träger Psychiatrischer Krankenhäuser, 1990). Ziel ist dabei die Garantie einer für jeden Patienten entsprechend seiner Erkrankung und Lebensumstände nach heutigem Kenntnisstand optimale Diagnostik, Behandlung und Nachsorge.

Die Psychiatrie-Enquete (Deutscher Bundestag, 1975) und die Expertenkommission (Bundesministerium für Jugend, Familie, Frauen und Gesundheit, 1988) haben in der Bundesrepublik Deutschland entscheidende Anstöße zur Verbesserung der Strukturqualität des psychiatrischen Versorgungssystems gegeben, obwohl längst nicht alle Strukturkonzepte seither umgesetzt wurden (Rössler & Riecher, 1992). Versorgungsdefizite betreffen dabei auch den ambulanten Bereich, wobei nur beispielhaft die psychiatrische Betreuung von gerontopsychiatrischen Patienten (Diekmann & Nißle, 1996) und von psychisch kranken Wohnsitzlosen (Rössler, Salize & Bichele1994) genannt sei.

Für die Strukturqualität in psychiatrischen Kliniken wurden Kriterienlisten entwickelt (BAG der Träger Psychiatrischer Krankenhäuser, 1990; Bertolote, 1994), die nach entsprechender Operationalisierung gezielt zur Qualitätssicherung eingesetzt werden könnten. Wachsende Fachkenntnis und organisatorische Bedürfnisse führten zu einer Spezialisierung in der Psychiatrie. Die notwendigen Leitlinien zur Strukturqualität der einzelnen Elemente des Versorgungssystems liegen bisher nur für einzelne Bereiche, wie z.B. für komplementäre und ambulante Einrichtungen (APA, 1992; Bertolote 1994; Wilson, 1992; Wilson & Phillips, 1992b) vor. Entsprechendes gilt – mit Bezug auf die anhaltende Diskussion um die Vor- und Nachteile von Durchmischung oder Spezialisierung – für Fachabteilungen und Spezialstationen, z.B. in der Erwachsenenpsychiatrie (Böhme et al., 1994; Gaebel, 1995b), Kinder- und Jugendpsychiatrie (Bundesarbeitsgemeinschaft der Leitenden Ärzte kinder- und jugendpsychiatrischer Kliniken und Abteilungen, 1993), Gerontopsychiatrie (Moak, 1990) und im Suchtbereich (Miller & Phillips, 1992). Vergleichende Evaluationen intra- und extramuraler Settings – auch unter Berücksichtigung wirtschaftlicher Gesichtspunkte – kommen zu kontroversen Ergebnissen (Brenner, 1995; Häfner & an der Heiden, 1994). Ideologische Strukturkontroversen sind im Augenblick eher durch ein pragmatisches „anything goes" abgelöst (Finzen, 1974). Weitestgehend unerforscht sind schließlich auch die Einflüsse von baulich-räumlichen Gegebenheiten, technischer Ausstattung und organisatorischen Strukturen auf die Ergebnisqualität.

Ein wesentlicher Schritt zur Verbesserung der Personalstruktur war der Erlaß der Psychiatrie-Personalverordnung (Psych-PV) von 1991, durch die das Prinzip der leistungsbezogenen Personalbemessung in psychiatrische Kliniken eingeführt wurde (Kunze & Kaltenbach, 1994). Die Planstellenberechnung orientiert sich nunmehr an definierten Leistungen für den Patienten, woraus eine Planstellenvermehrung beim therapeutischen Personal von etwa 20%, in einzelnen Kliniken von bis zu 40% resultierte (Kunze, 1996). Von der Umsetzung der Psych-PV ist über die Optimierung der Personalstruktur hinaus ebenso eine Verbesserung der Prozeß- und Ergebnisqualität zu erwarten. Die qualitätsspezifische Evaluation dieser Zusammenhänge ist vom Gesetzgeber grundsätzlich gefordert (Bundesgesetzblatt, 1990), steht jedoch noch aus. Ein einschlägiger Prüfkatalog für die qualitative Verbesserung des Behandlungsangebots wurde bereits vorgelegt (Kunze, Wienberg, Vitt & Buss, 1994).

Die fachlicher Kompetenz der am Versorgungsprozeß beteiligten Professionen ist ein Strukturmerkmal des Versorgungssystems, welches nachhaltig die Prozeß- und Ergebnisqualität determiniert (Klieser, Lehmann & Strauß, 1995). Maßnahmen zur Sicherung und Optimierung der ärztlichen Aus- und Weiterbildung wurden in jüngster Zeit durch die Neuordnung der gebietsärztlichen Weiterbildung mit Entwicklung von Weiterbildungsrichtlinien für Psychiatrie und Psychotherapie durchgeführt (Berger, 1993). Der fachgerechten Ausgestaltung der psychiatrisch-psychotherapeutischen Ausbildung des Mediziners wird in künftigen Novellen zur ärztlichen Ausbildungsordnung Rechnung zu tragen sein. Die Notwendigkeit einer strukturierten Qualitätssicherung der Aus-, Fort- und Weiterbildung gilt natürlich nicht nur für die ärztliche Profession. Nur beispielhaft seien Bemühungen aus dem Pflegebereich erwähnt (Hasenfuss, 1996; Kern, 1995). Neben der reinen Fachkompetenz sind jedoch auch Motivation und Arbeitszufriedenheit des Personals weitere für die Strukturqualität relevante Variablen (vgl. Kaltenbach, 1993).

5.2 Prozeßqualität

Die Prozeßqualität bezieht sich auf die Gesamtheit der während des Behandlungsverlaufes eines Patienten ergriffenen diagnostischen und therapeutisch-rehabilitativen Maßnahmen. Sie bemißt sich nach dem Grad der Übereinstimmung zwischen der konkreten Durchführungsmodalität und explizten Leitlinien bzw. Standards. Struktur- und Prozeßqualität sind nicht immer scharf voneinander abgrenzbar. Die WHO (Bertolote, 1994), von Cranach (1994) und der Medizinische Dienst der Krankenkassen (Kunze et al., 1994) haben Konzepte vorgelegt, mit denen Aspekte der Struktur- und Prozeßqualität im psychiatrischen Krankenhaus erfaßt und problematisiert werden können. Der von einer Projektgruppe unter Federführung der Aktion Psychisch Kranke im Auftrag des Bundesgesundheitsministeriums (BMG) erarbeitete „Leitfaden zur Qualitätsbeurteilung in Psychiatrischen Kliniken" (BMG, 1996) enthält eine Vielzahl differenzierter Anforderungsprofile für verschiedenste Aspekte der stationären Versorgung. Jedoch wirft dieser Leitfaden auch eine Reihe von noch eingehend zu klärenden Fragen auf, die u.a. die Generierung und praktische Verwendung notwendiger Qualitätsstandards betreffen (vgl. Gaebel, 1996).

In den USA wurden im Auftrag der Health Care Financing Administration sog. „generic quality screens" entwickelt (Mattson, 1992b), mit denen sich Bereiche der Versorgungsqualität eines psychiatrischen Krankenhauses als Voraussetzung seiner Akkreditierung erfassen lassen.

Tabelle 1: Elemente der Qualitätsbeurteilung im psychiatrischen Krankenhaus (modif. nach Mattson, 1992b)

- Unzulängliche psychiatrische Untersuchung
- Unzulängliche Behandlungsplanung
- Mangelhafte Beobachtung des Zustandes des Patienten
- Nebenwirkungen medikamentöser Behandlung
- Schäden oder Verletzungen während des Klinikaufenthaltes
- Häufigkeit von Zwangsmaßnahmen (inkl. Bewegungseinschränkungen)
- Unzulängliche Entlassungsplanung
- Todesfälle

In *diagnostischer Hinsicht* stellten Einführung und Weiterentwicklung operationaler Diagnosesysteme – z.B. DSM-IV (APA, 1994b) und ICD-10 (Dilling, Mombour & Schmidt, 1992) – einen wichtigen Schritt zur Verbesserung der Prozeßqualität dar. Die Mehrdimensionalität der Ursachen, Verlaufsdeterminanten und Therapiemöglichkeiten psychischer Erkrankungen macht in aller Regel eine weiterführende Zusatzdiagnostik notwendig. Diese betrifft zum einen testpsychologische Verfahren, v.a. zur Persönlichkeits- und Intelligenz- bzw. neuropsychologischen Funktionsdiagnostik. Darüber hinaus ist jedoch auch eine differenzierte Somatodiagnostik unverzichtbar, wie sie beispielsweise bei schizophrenen Ersterkrankten voll zum Einsatz kommt (vgl. Gaebel, 1995c). Traditionelle Maßnahmen zur Qualitätssicherung der Diagnostik sind Oberarzt- und Chefvisiten, Weiterbildungs- und Fallkonferenzen. Regelmäßiges Rater-Training, bei dem auch innovative Verfahren wie Videotechnik Anwendung finden können, sichert die Reliabilität der Befunderhebung.

Die Zuweisung eines Patienten zu einem spezifischen Behandlungsangebot ist eine klinische Entscheidung von zentraler Bedeutung. In diesem Zusammenhang gewinnt die Operationalisierung von stationären Aufnahmekriterien und solchen zur Aufenthaltsdauer, z.B. im stationären Bereich (Prunier & Buongiorno, 1989), besondere Bedeutung. Aufnahmeindikation, prästationäre Diagnostik und Therapie, innerklinische Plazierung in Spezialabteilungen und -stationen, stationäre Diagnostik und Therapie, Gesamtbehandlungsplan (Munich, 1990; Munich, Hurley,. & Delaney, 1990), psychiatrische Krankengeschichte (van Vort & Mattson, 1989), Charakteristika des „Stationsklimas" (Collins, Ellsworth & Casey, 1984), Entlassungsplanung, poststationäre Therapie und Nachsorge einschließlich katamnestischer Untersuchungen können sämtlich zum Ausgangspunkt von Qualitätsüberlegungen im psychiatrischen Krankenhaus und seinem Umfeld gemacht werden (Gaebel, 1995b).

Tabelle 2: Psychiatrische Therapieverfahren

Somatotherapie
– Pharmakotherapie
– Schlafentzugsbehandlung
– EKT (Elektro-Krampf-Therapie)
– Lichttherapie
– Internistische Begleitbehandlungen

Psychotherapie (Einzel-/Gruppenverfahren)
– Therapeutisches Basisverhalten
– Kognitive Verhaltenstherapie
– Tiefenpsychologische Verfahren
– Interpersonale Therapie
– Andere Verfahren mit empirischem Wirksamkeitsbeleg

Entspannungsverfahren
– Autogenes Training
– Progressive Relaxation

Soziotherapie

Sozialarbeiterische Betreuung

Andere Therapien
– Psychiatrische Pflege
– Ergotherapie
– Psychologische Trainingsprogramme
– Training lebenspraktischer Fertigkeiten
– Angehörigenarbeit
– Kreativtherapien
– Freizeit- und Kommunikationsangebote
– Laienhilfe
– Bewegungstherapie
– Physiotherapie

Kombinationstherapien

Psychiatrische Therapie ist prinzipiell mehrdimensional angelegt und umfaßt ein Spektrum verschiedener Therapieformen. Der korrekte und aufeinander abgestimmte Einsatz dieser Maßnahmen – in isolierter, kombinierter oder sequentieller Form – ist prinzipiell durch qualitätssichernde Maßnahmen zu gewährleisten. Neben empirisch nachweislich hochwirksamen Therapieverfahren finden allerdings auch eine Reihe unzureichend evaluierter Methoden klinische Anwendung (vgl. Grawe, Donati & Bernauer, 1994). Klinisch relevante Routineentscheidungen basieren oft auf einer nur unterstellten Wissensbasis, auf einer kontinuierlichen mündlichen Tradition oder lediglich auf kasuistischer Evidenz. Hier ist die Verbesserung des Wissens um die Eigenschaften spezifischer diagnostischer und therapeutischer Verfahren eine wichtige Zukunftsaufgabe und zugleich die Basis für eine rationale Qualitätsbeurteilung.

Behandlungsstandards und Möglichkeiten der Qualitätskontrolle sind bisher in der psychiatrischen Pharmakotherapie am weitesten entwickelt. Sie hat somit Vorbildcharakter für die Entwicklung psychiatrischer Behandlungsstandards und wissenschaftlicher Methoden der Therapieevaluation. Seitens der Deutschen Gesellschaft für Psychiatrie, Psychotherapie und Nervenheilkunde (DGPPN) werden derzeit Leitlinien zu verschiedenen Therapieformen, z.B. Psychotherapie (Gray, 1992), Psychopharmakotherapie (Kane et al., 1992) und Elektrokrampftherapie (Weiner & APA, 1992) adaptiert bzw. neu entwickelt.

Zu einer Reihe von Krankheitsbildern liegen *Behandlungsleitlinien* vor. Diese beruhen auf Konsensbildung, in die neben dem Ergebnis von Literaturrecherchen auch Expertenmeinungen und die Behandlungserfahrungen von Praktikern eingehen. Solche Leitlinien existieren für schizophrene Erkrankungen (APA, 1989; APA, 1994a; Andrews, Vaughan, Harvey & Andrews, 1986; Kissling, 1991), Depressionen (APA, 1993; Armstrong & Andrews, 1986; Rush, 1993), bipolare affektive Störungen (APA, 1995) und Eßstörungen (Wilson & Phillips, 1992a). Die DGPPN bereitet derzeit Leitlinien zur Diagnostik und Therapie von z.B. schizophrenen Störungen, Depressionen, Demenzen und Abhängigkeitserkrankungen vor.

Nach Donabedian (1988) lassen sich technische von interpersonellen Aspekten ärztlichen Handelns unterscheiden; beide zusammen konstituieren den therapeutischen Prozeß. Die technischen Aspekte umfassen dabei Fachwissen, fachspezifische Urteilsfähigkeit und Fertigkeiten. Sie sind vorrangiger Bestandteil von Praxisstandards, die auf empirischen Befunden und Konsensbildungen beruhen. Die Gestaltung des interpersonellen Kontaktes mit dem Patienten, Konflikt- und Informationsmanagement unterliegen in der Psychiatrie definierten fachspezifischen Anforderungen, so daß hier auch das „Zwischenmenschliche" eine quasi-„technische" Qualität bekommt. Die Einbeziehung des sozialen Kontextes des Patienten in die individuelle Therapie ist ebenso obligat wie die Gewährleistung von Angehörigen-Gruppenarbeit.

Rechtliche Bestimmungen spielen in der Psychiatrie eine größere Rolle als in anderen medizinischen Disziplinen. Die Handhabung juristischer Regelungen unterliegt expliziten verfahrensrechtlichen Vorgaben und externer Qualitätssicherung (z.B. Besuchskommissionen bei Zwangsunterbringungen). Letztlich tragen auch hierarchisch gestaffelte Möglichkeiten zur informellen und formellen Beschwerde zur Wahrnehmung und Beseitigung von Qualitätsmängeln im Versorgungsprozeß bei.

5.3 Ergebnisqualität

Das Maß der Übereinstimmung zwischen dem optimalen und dem tatsächlichen Behandlungsergebnis definiert die Ergebnisqualität. Sie stellt für Patienten, Angehörige und Kostenträger unzweifelhaft die zentrale Größe dar, ist jedoch schwierig zu erfassen. Zwar beeinflussen Struktur- und Prozeßqualität nachhaltig das Ausmaß der erreichbaren Ergebnisqualität, doch ist der Zusammenhang dieser Größen komplex: Selbst unter besten Behandlungsbedingungen (Strukturqualität) und fachgerechter Therapie (Prozeßqualität) ist die Ergebnisqualität nicht notwendigerweise optimal. Vielmehr wird das Behandlungsergebnis durch eine Vielzahl moderierender Variablen – wie Krankheitsschweregrad, Komorbidität, Alter, soziales Umfeld, Primärpersönlichkeit, Spontanverlauf – mitbestimmt. Der Einfluß dieser Moderatorvariablen ist bei der Beurteilung von Ergebnisqualität unbedingt mit zu berücksichtigen (Fauman, 1989). Insbesondere beim Ergebnisvergleich verschiedener Institutionen sind vorbestehende Unterschiede in der behandelten Klientel von hoher Relevanz.

Wegen des komplexen nicht-linearen Bedingungsgefüges können optimale Struktur- und Prozeßqualität grundsätzlich nur die Wahrscheinlichkeit eines optimalen Therapieergebnisses erhöhen (Schyve & Prevost, 1990). Wenn ein Behandlungsergebnis suboptimal ausfällt, wird in aller Regel zu prüfen sein, ob Therapievoraussetzung und -durchführung definierten Qualitätskriterien genügten. Aus Gründen der Ökonomie wird diese Überprüfung erst dann einsetzen, wenn das Behandlungsergebnis außerhalb eines zu definierenden Toleranzbereichs liegt.

Tabelle 3: Outcome-Merkmale psychiatrischer Therapien

- Psychopathologische Symptome / Syndrome
- Kognitive Defizite
- Rückfallgefährdung
- Psychosoziale Beeinträchtigung
- Bewältigungsverhalten
- Subjektives Wohlbefinden
- „Lebensqualität"
- Therapienebenwirkungen

Das Ergebnis oder der „Outcome" einer psychiatrischen Behandlung ist nicht einfach vorfindbar, sondern selbst ein komplexes Konstrukt, welches mehrere, keinesfalls redundante und nur begrenzt miteinander korrelierende Merkmalsdimensionen umfaßt. Prinzipiell erfordert die differenzierte Beurteilung der Ergebnisqualität die Berücksichtigung multipler Beurteilungskriterien. Darüber hinaus ist jedoch auch die zeitliche Stabilität des Behandlungsergebnisses nach der Entlassung relevant; diese läßt sich nur mittels katamnestischer Erhebungen erfassen. Die Erforschung des komplexen Phänomens Behandlungsergebnis stellt eine wichtige Voraussetzung für qualitätssichernde Maßnahmen dar (Möller, Deister & Laux, 1995).

Die Berücksichtigung der erreichten subjektiven *Lebensqualität* sowie der behandlungsbezogenen *Patientenzufriedenheit* trägt der Forderung nach intensiverer Konsumentenorientierung Rechnung. Jedoch steht sowohl die Erfassung von Lebensqualität (Awad, 1992) als auch die von Patientenzufriedenheit (Kelstrup, Lund, Lauritsen & Bech, 1993) vor bisher nicht befriedigend gelösten methodologischen Schwierigkeiten. Ergebnisse der Lebensqualitätsforschung zeigen, daß Menschen mit den unterschiedlichsten Lebensbedingungen etwa gleich hoch zufrieden sind (Lehmann, 1996). Patienten können sehr wohl psychosoziale und materielle Aspekte der Versorgung beurteilen, nicht aber unbedingt die Qualität der instrumentellen medizinischen Leistungen. Die Frage, was gemessene Patientenzufriedenheit überhaupt über die medizinische Versorgung aussagen kann, ist umstritten (Leimkühler, 1995; Ruggeri, 1994). Zufriedenheitsbildung resultiert aus komplexen psychosozialen Bewertungs- und Regulierungsprozessen. Zufriedenheit allein stellt kein objektives und damit gültiges Qualitätsmaß für die medizinische Versorgung dar.

Im Gegensatz zur Effektivität einer Behandlung – ihrer Wirksamkeit – bezieht sich die Effizienz einer Maßnahme auf deren Wirtschaftlichkeit. Ein globales Effizienzmaß stationärer Behandlungen ist die *Verweildauer* in psychiatrischen Institutionen. Naturgemäß ist diese Meßgröße mehrfach determiniert und somit kein eindeutiger Indikator für Ergebnisqualität (Gaebel, 1995b). Kurze Verweildauern reflektieren nicht notwendig eine erfolgreichere Behandlung als lange Verweildauern – und umgekehrt (Appleby et al., 1996). Patientenstruktur und regionale Versorgungsbesonderheiten spielen eine konfundierende Rolle, ohne deren Berücksichtigung Fehlschlüsse unvermeidlich sind (vgl. Böhme et al., 1994). Jedoch kann die Verweildauer – eine relativ einfach zu erhebende Meßgröße – als eine Art Problemindikator fungieren. Sehr langer Verweildauern bei definierten Diagnosegruppen können so den Ausgangspunkt für einen internen Qualitätssicherungsprozeß bilden.

Aufgrund der Komplexität der Ergebnisqualität wird häufig ein sog. Risikomanagement bevorzugt. Dieses bezieht sich auf unerwünschte *Patientenereignisse* wie stationäre Zwischenfälle, Unfälle, Behandlungskomplikationen (Liptzin, 1991; Way, Braff & Steadman, 1985) mit dem Ziel der Prävention dieser unerwünschten Ergebnisse (Clements, Bonacci, Yerevanian, Privitera & Kiehne, 1985; Deutsche Gesellschaft für Suizidprävention, 1993; Kibbee, 1988). Selbstverständlich erlauben derartige Indikatoren nur eine relativ globale Abschätzung der Versorgungsqualität, die bei retrospektiver Analyse u.U. erst nach erheblicher Latenz zur Qualitätsverbesserung führt.

6. Methodik qualitätssichernder Maßnahmen in der Psychiatrie

Qualitätssicherung erfordert die *Entwicklung von Leitlinien* in Diagnostik und Therapie für verschiedene Settings, Krankheitsbilder und Behandlungsmethoden unter Struktur-, Prozeß- und Ergebnisaspekten. Dabei spielen normative und empirisch-statistische Gesichtspunkte eine Rolle. Natürlich braucht das Rad nicht neu erfunden zu werden – vor allem im Bereich der Prozeß- und Ergebnisqualität geht es um die Zusammenstellung gesicherter Erkenntnisse anhand des Standes der Wissenschaft, dessen Diskussion durch Experten, die Berücksichtigung der Expertise von Praktikern aus verschiedenen Bereichen des Versorgungssystems sowie eine abschließende Konsensbildung. Dies ist Aufgabe der Fachgesellschaften und der Verbände aller beteiligten Berufsgruppen, wobei der Nutzerperspektive – z.B. durch die Einbeziehung der Angehörigen- und Betroffenenorganisationen – besonders Rechnung getragen werden sollte. Wesentlich ist die anschließende Umsetzung in Aus-, Fort- und Weiterbildung sowie die Entscheidung für geeignete Indikatoren im Rahmen qualitätssichernder Maßnahmen (Fauman, 1989).

In *organisatorischer Hinsicht* müssen Maßnahmen zur internen Qualitätssicherung als selbstverständliche Verpflichtung aller Beteiligten begriffen werden. Verantwortung für Qualität und deren Sicherung ist „Chefsache", sie muß aber dezentral, vor Ort, umgesetzt werden. Die Durchführung interner wie externer Qualitätssicherungsmaßnahmen ist nur bei Vorliegen entsprechender Organisationsstrukturen möglich. Im Krankenhaus wird Qualitätssicherung folgerichtig als Teil eines „total quality management" begriffen (z.B. Kaltenbach, 1993). Nach den DIN ISO Normen 8402 und 9000-9004 umfaßt das Qualitätsmanagement „alle Tätigkeiten, mit denen die Qualitätsphilosophie, die Qualitätsziele und Verantwortungen festgelegt sowie diese durch Qualitätsplanung, Qualitätslenkung (-kontrolle), Qualitätssicherung und Qualitätsverbesserung verwirklicht werden" (vgl. Selbmann, 1995, und Deutsches Institut für Normierung e. V.[DIN], 1992). Dabei kommen verschiedene spezielle Organisationsformen und Techniken zur Anwendung: die Einführung von Qualitätsbeauftragten und -kommissionen; das Verfahren des Medical Audit (Viethen, 1996) und die Tracer-Methode (Wolfersdorf et al., 1996) sowie die Risikoanalyse (Rothballer & Schwanboom, 1996). Sowohl für die klinische (Bilke, 1996) als auch für die ambulanten psychiatrischen Versorgung (Antoni, 1990) bietet sich die Arbeit in Qualitätszirkeln an. Basis ist dabei die interkollegiale Diskussion des diagnostischen und therapeutischen Vorgehens anhand konkreter Patientenbeispiele unter der Leitung eines geschulten Moderators. Nach Vorbildern aus den Niederlanden und Großbritannien wurden in Deutschland mittlerweile eine Reihe von Qualitätszirkeln niedergelassener Psychiater und Psychotherapeuten gegründet, deren Arbeitskonzept systematisch evaluiert wird (Härter & Berger, 1997).

Als Beispiel für die Anwendung der Tracer-Methode sei ein aktuelles multizentrisches Projekt zur vergleichenden Beurteilung der Versorgungsqualität psychiatrischer Kliniken skizziert (DGPPN, 1996). In dieser Studie werden stationär behandelte Patienten mit der (Tracer-) Diagnose Schizophrenie nach ICD-10 in Kliniken/Abteilungen unterschiedlichen Typs (Universitätsklinik, Landesklinik, psychiatrische Abteilung an einem Allgemeinkrankenhaus, Landes- und Hochschulklinik) erfaßt. Bestimmt wird daraufhin eine Reihe von Merkmale, die als Prozeßvariablen (diagnostische, therapeutische, anamnestische, soziodemographische Daten) bzw. als Ergebnisvariablen (u.a. besondere Vorkommnisse, psychopathologischer und sozioökonomischer Entlassungsstatus) fungieren. Weiterhin werden durch Charakterisierung des regionalen Umfeldes, der Klinik und der jeweiligen Behandlungsstation Strukturvariablen bestimmt. Die Analyse der so erhobenen Daten wird es erlauben, moderierende patientenbezogene und extrainstitutionelle Variablen bezüglich ihrer Auswirkung auf die Ergebnisqualität zu beurteilen. Vor allem aber entsteht die Möglichkeit einer externen Qualitätssicherung der beteiligten Zentren durch vergleichende Rückmeldung anhand definierter Qualitätsindikatoren.

Für Maßnahmen zur Qualitätssicherung gilt insgesamt, daß primär Problemlösungen angestrebt werden sollen. Die Toleranzbereiche einzelner Indikatoren können entweder aus empirisch-epidemiologischen Daten, durch Institutionsvergleich oder Expertenkonsens gewonnen werden. Den Fällen, die außerhalb definierter Grenzen liegen, muß nachgegangen werden, Problemlösungen müssen konzipiert, in die Praxis umgesetzt und evaluiert werden.

Voraussetzung für ein effizientes Qualitätsmanagement ist eine den üblichen Gütekriterien (Objektivität, Reliabilität, Validität) genügende Dokumentation. Unter stationären Behandlungsbedingungen ist die psychiatrische Krankengeschichte das zentrale Dokumentationsinstrument für alle am Patienten durchgeführten Erhebungen, Beobachtungen, therapeutischen Maßnahmen und Behandlungsresultate (Gaebel, 1995b). Als Dokument von Therapieprozessen und Behandlungsergebnissen und somit als Quelle für Qualitätsanalysen („medical audit") ist sie aufgrund ungenügender Standardisierung jedoch nur bedingt zu gebrauchen. Für die Erfassung psychopathologischer Verläufe ist der Einsatz standardisierter Erhebungsinstrumente möglich (AMP, 1995; Schaub, 1994), unter Routinebedingungen aber bisher weitgehend auf Universitätskliniken beschränkt. Eine am Minimalkatalog einer psychiatrischen Basisdokumentation (BADO; Dilling et al., 1983) orientierte neue Basisdokumentation für den Einsatz im stationären Bereich ist auf Fragen der Qualitätssicherung zugeschnitten (Cording, 1995; vgl. auch Krischker, Fleischmann & Cording, in diesem Band) und erlaubt u.a. die Erfassung von Strukturdaten (z.B. Einzugsbereich, Krankenhaustyp, regionale Versorgungsqualität, Patientenstruktur), Prozeßdaten (z.B. Diagnostik, Therapie) und Ergebnisdaten (z.B. Therapieverlauf, Outcome). Unter vergleichbaren Voraussetzungen (z.B. ähnliche Patientenstruktur) ermöglicht ein solches Instrument externe Qualitätsvergleiche zwischen verschiedenen Kliniken (vgl. Krischker et al., in diesem Band).

Weitere Voraussetzungen einer internen wie externen Qualitätssicherung sind adäquate Methoden der Datenverarbeitung im Rahmen eines qualifizierten Informationsmanagements (Schröder, 1993; Smith, 1992). Nur wenn die Daten jederzeit in nutzergerechter Form abrufbar sind – eine Voraussetzung nicht zuletzt für die Motivation aller die Qualität beeinflussenden Mitarbeiter –, ist das vorhandene Informationspotential für eine prospektive Qualitätsplanung und -kontrolle einsetzbar.

Empirisch-wissenschaftliche Forschung ist die unverzichtbare Voraussetzung qualitätssichernder Maßnahmen. Sie schafft die Grundlage des sich weiterentwickelnden Kenntnisstandes und evaluiert die Umsetzung von Leitlinien in die Versorgungspraxis (Fauman, 1990). Nach Untersuchungen von Grimshaw und Russell (1993) ist der Einsatz klinischer Leitlinien in der Medizin umso effektiver, d.h. ergebnisrelevanter, je mehr es sich um interne, direkt patientenbezogene und krankheitsspezifische edukative Programme handelt. Die Weiterentwicklung einer empirisch abgesicherten Wissens- und Handlungsbasis ist in der Psychiatrie als einer weltanschaulich besonders anfälligen Disziplin wichtig, wenn auch sehr schwierig und zeitaufwendig.

Aber auch psychiatrische Arbeitsbereiche, die nicht unmittelbar die Patientenversorgung betreffen, erfordern systematische Evaluation und Qualitätssicherung. So können an die Forschung selbst Qualitätsmaßstäbe angelegt werden (Möller & Leimkühler, 1995), wobei ähnliche Kriterien wie in der klinischen Qualitätssicherung verwendet werden können (Falkai, Gaebel & Wölwer, 1995). Von erheblicher praktischer Relevanz erscheinen des weiteren Bemühungen um Evaluation und Qualitätsverbesserung der psychiatrischen Begutachtungspraxis (Konrad, 1995). Hier ergibt sich noch ein weites Aufgabengebiet (Winckler & Foerster, 1994).

Qualitätssichernde Maßnahmen selbst sind nicht kostenneutral zu implementieren. Der 96. Deutsche Ärztetag hat dementsprechend gefordert, daß neueingeführte Qualitätssicherungsmaßnahmen außerhalb der mit dem Gesundheitsstrukturgesetz eingeführten Budgetierung finanziert werden müssen. Im gesundheitspolitischen Programm der deutschen Ärzteschaft (Deutscher Ärztetag, 1994) wird darauf hingewiesen, daß Qualität „ihren Preis" hat, der über eine Verankerung von Verpflichtungen im Sozialgesetzbuch hinaus angemessen berücksichtigt werden muß. Hier sind viele Fragen noch unbeantwortet.

7. Perspektiven

Qualitätssicherung ist keine Modeerscheinung des medizinischen Zeitgeistes. Sie ist eine gesetzlich fundierte Anforderung, die das psychiatrische Handeln und Denken vermutlich längere Zeit nachhaltig beeinflussen wird. Der ökonomische Druck auf das Gesundheitssystem ist erheblich, trotzdem muß eine einseitige Fokussierung auf Wirtschaftlichkeitsreserven strikt gemieden werden. Übergeordnetes Ziel bleibt die Verbesserung der Versorgungsqualität, die über eine höhere Effektivität zu einem sparsameren Ressourcenverbrauch führen mag.

Dabei erfordert die Realisierung qualitätssichernder Maßnahmen auf Klinikebene wie im Bereich der ambulanten Psychiatrie eine inhaltliche und methodische Abstimmung verschiedener Gremien und Institutionen, so daß ein konzertiertes Vorgehen mit koordinierter Zeitplanung unvermeidbar ist. Kurzfristig ist ein praktikables Dokumentationssystem einzuführen, während in einem mittelfristigen Prozeß Leitlinien zur Diagnostik und Therapie spezieller Erkrankungen sowie zur Durchführung spezieller Behandlungsformen zu entwickeln und umzusetzen sind. Parallel hierzu müssen Strukturen zur internen Qualitätssicherung aufgebaut werden (z.B. Qualitätszirkel und Qualitätskonferenzen).

Legitimationsdruck allein erzeugt noch keine bessere Qualität. Anzustreben ist der intensive Diskurs der Beteiligten, wobei leerlaufende Betriebsamkeit, kontraproduktiv überzogene Konkurrenz oder zu hoch gesteckte Ziele vermieden werden sollten.

Literaturverzeichnis

American Psychiatric Association (APA) (1989). *Treatment of psychiatric disorders. A Task Force Report of the APA, vol. 1–3*. Washington, DC: APA.

American Psychiatric Association (APA) (1992). Guidelines for psychiatric practice in community mental health centers. In M.R. Mattson (Ed.), *Manual of Psychiatric Quality Assurance. A report of the American Psychiatric Association Committee on quality assurance* (pp. 215–218). Washington, DC: APA.

American Psychiatric Association (APA) (1993). *Practice guidelines for major depressive disorder in adults*. Washington, DC: APA.

American Psychiatric Association (APA) (1994a). *Practice guidelines for treatment of patients with schizophrenia*. Draft 2/94. Washington, DC, APA

American Psychiatric Association (APA) (1994b). *Diagnostic and Statistical Manual of Mental Disorders.* (4th ed., DSM-IV). Washington, DC: APA.

American Psychiatric Association (APA) (1995). *Practice guidelines for treatment of patients with bipolar disorder.* Washington, DC: APA.

AMDP (1995). *Das AMDP-System. Manual zur Dokumentation psychiatrischer Befunde.* Göttingen: Hogrefe Verlag für Psychologie.

Andrews, S., Vaughan, K., Harvey, R. & Andrews, G. (1986). A survey of practising psychiatrists'view on the treatment of schizophrenia. *British Journal of Psychiatry, 149,* 742–750.

Antoni, C.H. (1990). *Qualitätszirkel als Modell partizipativer Gruppenarbeit.* Bern: Huber.

Appleby, L., Luchins, D.J., Desai, P.N., Gibbons, R.D., Janicak, P.G. & Marks, R. (1996). Length of inpatient stay and recidivism among patients with schizophrenia. *Psychiatric Services, 47,* 985–990.

Armstrong, M.S. & Andrews, G. (1986). A survey of practicing psychiatrists' view on the treatment of the depression. *British Journal of Psychiatry, 149,* 742–750.

Awad, A. (1992). Quality of life of schizophrenic patients on medications and implications for new drug trials. *Hospital and Community Psychiatry, 43,* 262–265.

Baur-Felsenstein, M. (1994). Qualitätssicherung aus der Sicht der Selbstverwaltung. *Arzt Krankenhaus, 1,* 24–28.

Berger, M. (1993). Der neue Facharzt für Psychiatrie und Psychotherapie. *Spektrum, 22,* 4–9.

Bertolote, J.M. (1993). Quality assurance in mental health care. In N. Sartorius, G. De Girolamo, G. Andrews, G.A. German & L. Eisenberg (Hrsg.), *Treatment of mental disorders. A review of effectiveness* (S. 443–461). Washington, DC: American Psychiatric Press.

Bertolote, J.M. (1994). *Quality Assurance in Mental Health Care.* Geneva: WHO, Division of Mental Health.

Bilke, O. (1996). Multidisziplinäre Qualitätssicherungszirkel als Instrument des klinikinternen Qualitätsmanagements. In G. Viethen & I. Maier (Hrsg.), *Qualität rechnet sich* (S. 100–104). Stuttgart: Thieme.

Böhme, K., Cording, C., Ritzel, G., Spengler, A. & Trenckmann, U. (1994). Thesen zur Qualitätssicherung (QS). *Spektrum der Psychiatrie und Nervenheilkunde, 23,* 58–62.

Brenner, H.D. (1995). Stand der Diskussion zur Kosten-Effektivitätsfrage in der Gemeindepsychiatrie und Klinikpsychiatrie. *Schweizer Archich für Neurologie und Psychiatrie, 1,* 24–32.

Buchborn, E. (1993). Der Ärztliche Standard. *Deutsches Ärzteblatt, 90,* B-1446–1449.

Bundesarbeitsgemeinschaft (BAG) der Träger Psychiatrischer Krankenhäuser (1990). *Zielsetzung- und Orientierungsdaten psychiatrischer Krankenhäuser.* Köln: Landschaftsverband Rheinland.

Bundesarbeitsgemeinschaft (BAG) der Leitenden Ärzte kinder- und jugendpsychiatrischer Kliniken und Abteilungen (1993). *Zielsetzungs- und Orientierungsdaten kinder- und jugendpsychiatrischer Kliniken und Abteilungen.* Köln: Landschaftsverband Rheinland.

Bundesgesetzblatt (BGBl) (1990). Verordnung über Maßstäbe und Grundsätze für den Personalbedarf in der stationären Psychiatrie (Psychiatrie-Personalverordnung Psych-PV). *Bundesgesetzblatt, Jahrgang 1990 I*, S. 2930–2939.

Bundesministerium für Gesundheit (BMG) (Hrsg.). (1996). *Leitfaden zur Qualitätsbeurteilung in Psychiatrischen Kliniken; Projekt 1994–1996 im Auftrag des Bundesministeriums für Gesundheit*. Baden-Baden: Nomos.

Bundesministerium für Jugend, Familie, Frauen und Gesundheit (BMJFFG) (1988). *Empfehlungen der Expertenkommission der Bundesregierung zur Reform der Versorgung im psychiatrschen und psychotherapeutisch-psychosomatischen Bereich auf der Grundlage des Modellprogramms Psychiatrie*. Bonn: BMJFFG.

Cahn, C. & Richman, A. (1985). Quality assurance in psychiatry. *Canadian Journal of Psychiatry, 30*, 148–152.

Clements, C.D., Bonacci, D., Yerevanian, B., Privitera, M. & Kiehne, L. (1985). Assessment of suicide risk in patients with personality disorder and major affective diagnosis. *Quality Review Bulletin, 11*, 150–154.

Collins, J.F., Ellsworth, R.B., Casey, N.A. et al. (1984). Treatment characteristics of effective psychiatric programs. *Hospital and Community Psychiatry, 35*, 601–605.

Cording, C. (1995). Basisdokumentation und Ergebnisqualität. In W. Gaebel (Hrsg.), *Qualitätssicherung im psychiatrischen Krankenhaus* (S. 173–181). Wien: Springer.

Cranach, M. von (1994). Leitfaden für die Begehung des psychiatrischen Krankenhauses. In H. Kunze & L. Kaltenbach (Hrsg.), *Psychiatrie-Personalverordnung. Textausgabe mit Materialien und Erläuterungen für die Praxis* (S. 203–211). Stuttgart: Kohlhammer.

Deutsche Gesellschaft für Psychiatrie, Psychotherapie und Nervenheilkunde (DGPPN) (1996). Projektantrag „Tracerdiagnose Schizophrenie". Zur externen Qualitätssicherung in der stationären psychiatrischen Versorgung genäß § 137 SGB V. Unveröff. Manuskript.

Deutsche Gesellschaft für Suizidprävention (1993). *Leitlinien zur Organisation von Krisenintervention*. Harsum: Köhler.

Deutscher Ärztetag (1994). Gesundheitspolitisches Programm der deutschen Ärzteschaft (Blaues Papier). *Deutsches Ärzteblatt (Suppl.), 24*, 1–42.

Deutscher Bundestag (1975). *Bericht über die Lage der Psychiatrie in der Bundesrepublik Deutschland*. Drucksache 7/4200.

Deutscher Bundestag (1988). Gesetz zur Strukturreform im Gesundheitswesen (Gesundheits-Reformgesetz – GRG) (1988). In: *Bundesgesetzblatt Teil 1, Nr. 62*.

Deutscher Bundestag (1992). Gesetz zur Sicherung und Strukturverbesserung der gesetzli-chen Krankenversicherung (Gesundheitsstrukturgesetz – GSG) (1992). In: *Bundesgesetzblatt Teil 11, Nr. 59*.

Deutsches Institut für Normung e.V. (DIN) (Hrsg.). (1992). *Qualitätssicherung und angewandte Statistik. Verfahren 3: Qualitätssicherungssysteme* [DIN-Taschenbuch 226]. Berlin: Beuth.

Diekmann, U. & Nißle, K. (1996). Zur extramuralen Versorgungssituation gerontopsychiatri-scher Abteilungen/Kliniken in der Bundesrepublik Deutschland. In: *Psychiatrische Praxis, 23*, 180–186.

Dilling, H., Balck, F., Bosch, G., Christiansen, U., Eckmann, F., Kaiser, K.H., Kunze, H., Seeheim, H. & Spangenberg, H. (1983). Zur psychiatrischen Basisdokumentation. *Nervenarzt, 54,* 262–267.

Dilling, H., Mombour, W. & Schmidt, M.H. (Hrsg.). (1992). *Internationale Klassifikation psychischer Störungen. ICD-10 Kapitel V (F).* Bern: Huber.

Donabedian, A. (1966). Evaluating the quality of medical care. *Milbank Memorial Funds Quarterly, 44,* 166–203.

Donabedian, A. (1982). *Exploration in quality assessment and monitoring. Vol. II: The criteria and standards of quality.* Ann Arbor, MI: Health Administration Press.

Donabedian, A. (1988). The quality of care: How can it be assessed? *JAMA, 260,* 1743–1748.

Eichhorn, S. (1987). *Krankenhausbetriebslehre. Theorie und Praxis der Krankenhaus-Leistungsrechnung* (Bd. III). Stuttgart: Kohlhammer.

Falkai, P., Gaebel, W. & Wölwer, W. (1995). Qualitätssicherung in der psychiatrischen Forschung. *Psycho, 21,* 236–240.

Fauman, M.A. (1989). Quality assurance monitoring in psychiatry. *American Journal of Psychiatry, 146,* 1121–1130.

Fauman, M.A. (1990). Monitoring the quality of psychiatric care. *Psychiatric Clinics of Northern America, 13,* 73–88.

Fifer, W.R. (1980). Quality assurance in health care. In A.G. Awad, H.B. Durost & W.O. McCormick (Ed.), *Evaluation of Quality of Care in Psychiatry* (pp. 1–12). Toronto: Pergamon.

Finzen, A. (1974). *Hospitalisierungsschäden in psychiatrischen Krankenhäusern. Ursachen, Behandlung und Prävention.* Piper, München.

Gaebel, W. (1995a). Qualitätssicherung in der Psychiatrie. *Nervenarzt, 66,* 481–493.

Gaebel, W. (1995b). Qualitätssicherung in der klinisch-stationären Versorgung. In H.J. Haug & R.D. Stieglitz (Hrsg.), *Qualitätssicherung in der Psychiatrie* (S. 95–111). Stuttgart: Enke.

Gaebel, W. (1995c). Qualitätssicherung diagnostischer und therapeutischer Maßnahmen im psychiatrischen Krankenhaus. In W. Gaebel (Hrsg.), *Qualitätssicherung im psychiatrischen Krankenhaus* (S. 87–108). Wien: Springer.

Gaebel, W. (1996). Leitfaden zur Qualitätssicherung in Psychiatrischen Kliniken. *Nervenarzt, 67,* 968–974.

Gaebel, W. & Wolpert, E. (1994). Qualitätssicherung in der Psychiatrie. *Spektrum, 23,* 4–13.

Graubner, B. (1996). Über die Realisierungsschritte des gesetzlichen Qualitätssicherungsverfahrens bei Fallpauschalen und Sonderentgelten. In G. Viethen & I. Maier (Hrsg.), *Qualität rechnet sich* (S. 113–124). Stuttgart: Thieme.

Grawe, K., Donati, R. & Bernauer, F. (1994). *Psychotherapie im Wandel. Von der Konfession zur Profession.* Göttingen: Hogrefe Verlag für Psychologie.

Gray, S.H. (1992). Quality assurance and utilization review of medical psychotherapies. In M.R. Mattson (Ed.), *Manual of Psychiatric Quality Assurance. A report of the American Psychiatric Association Committee on quality assurance* (pp. 153–159). Washington, DC: APA.

Grimshaw, J.M. & Russell, I.T. (1993). Effect of clinical guidelines on medical practice: a systematic review of rigorous evaluations. *Lancet, 342,* 1317–1322.
Häfner, H. & an der Heiden, W. (1994). The evaluation of mental health care systems. In J.E. Mezzich, M.R. Jorge & I.M. Saloum (Ed.), *Psychiatric Epidemiology. Assessment Concepts and Methods* (pp. 494–504). Baltimore: John Hopkins University Press.
Härter, M. & Berger, M. (1997). Qualitätszirkel – eine Maßnahme der Qualitätssicherung in der ambulanten psychiatrisch-psychotherapeutischen Versorgung. In M. Berger & W. Gaebel (Hrsg.), *Qualitätssicherung in der Psychiatrie* (S. 89–98). Berlin: Springer.
Hasenfuss, S. (1996). Qualitätsmanagement in der Pflege – Investition in die Zukunft. In G. Viethen & I. Maier (Hrsg.), *Qualität rechnet sich* (S. 36–40). Stuttgart: Thieme.
Kaltenbach, T. (1993). *Qualitätsmanagement im Krankenhaus: Qualitäts- und Effizienzsteigerung auf der Grundlage des Total-Quality-Management* (2. Aufl.). Melsungen: Bibliomed.
Kane, J.M., Evans, D.L., Fiester, S.J., Mirin, S.M., Pincus, H.A., Schatzberg, A.F., Cole, J.O. & Popper, C.W. (1992). Psychopharmacological screening criteria. In M.R. Mattson (Ed.), *Manual of Psychiatric Quality Assurance. A report of the American Psychiatric Association Committee on quality assurance* (pp. 189–205). Washington, DC: APA.
Kelstrup, A., Lund, K., Lauritsen, B. & Bech, P. (1993). Satisfaction with care reported by psychiatric in-patients. *Acta Psychiatrica Scandinavica, 87,* 374–379.
Kern, I. (1995). Qualitätssicherung in der Pflege akut psychisch Kranker. In H.J. Haug & R.D. Stieglitz (Hrsg.), *Qualitätssicherung in der Psychiatrie* (S. 151–158), Stuttgart: Enke.
Kibbee, P. (1988). The suicidal patient – an issue for quality assurance and risk management. *Journal of Nursing Quality Assurance, 3,* 63–71.
Kissling, W. (Hrsg.). (1991). *Guidelines for neuroleptic relapse prevention in schizophrenia.* Berlin: Springer.
Klieser, E., Lehmann, E. & Strauß, W.H. (1995). Ärztliche und psychiatrische Weiterbildung als Mittel und Aufgabe der Qualitätssicherung. In W. Gaebel (Hrsg.), *Qualitätssicherung im psychiatrischen Krankenhaus* (S. 66–75). Wien: Springer.
Konrad, N. (1995). Zur Übereinstimmung von Gutachtern mehrfachbegutachteter Probanden. *Recht & Psychiatrie, 13,* 158–162.
Kordy, H. (1992). Qualitätssicherung, Erläuterungen zu einem Reiz- und Modewort. *Zeitschrift für Psychosomatische Medizin, 38,* 312–324.
Kunze, H. (1996). Die Psychiatrie-Personalverordnung als Instrument der QS in der stationären Psychiatrie. In M. Berger & W. Gaebel (Hrsg.), *Qualitätssicherung in der Psychiatrie* (S. 53–63). Berlin: Springer.
Kunze, H. & Kaltenbach, L. (Hrsg.). (1994). *Psychiatrie-Personalverordnung. Textausgabe mit Materialien und Erläuterungen für die Praxis.* Stuttgart: Kohlhammer.
Kunze, H., Wienberg, G., Vitt, K.D. & Buss, G. (1994). Strukturierende Gesichtspunkte für die Auswertung von Unterlagen psychiatrischer Krankenhäuser/Abteilungen zur Umsetzung der Psych-PV in ein entsprechendes Behandlungsangebot. In H. Kunze & L. Kaltenbach (Hrsg.), *Psychiatrie-Personalverordnung. Textaus-*

gabe mit Materialien und Erläuterungen für die Praxis (S. 194–211). Stuttgart: Kohlhammer.
Laufs, A. (1988). *Arztrecht* (4. Aufl.). München: Beck.
Lehmann, A.F. (1996). Measures of quality of life among persons with severe and persistent mental disorders. *Social Psychiatry and Psychiatric Epidemiology, 31,* 78–88.
Leimkühler, A.M. (1995). Die Qualität klinischer Versorgung im Urteil der Patienten. In W. Gaebel (Hrsg.), *Qualitätssicherung im psychiatrischen Krankenhaus* (S. 163–172). Wien: Springer.
Linden, M. (1994). Therapeutic standards in psychopharmacology and medical decision-making. *Pharmacopsychiatry, 27 (Suppl.),* 41–45.
Liptzin, B. (1974). Quality assurance and psychiatric practice – a review. *American Journal of Psychiatry, 131,* 1374–1377.
Liptzin, B. (1991). Quality assurance and treatment outcome: a medical perspective. In S.M. Mirin, J.T. Gossett & M.C. Grob (Ed.), *Psychiatric treatment. Advances in outcome research* (pp. 265–278), Washington, DC: American Psychiatric Press.
Mattson, M.R. (1984). Quality assurance: A literature review of a changing field. *Hospital and Community Psychiatry, 35,* 605–616.
Mattson, M.R. (Ed.). (1992a). *Manual of Psychiatric Quality Assurance. A report of the APA Committee on quality assurance.* Washington, DC: APA.
Mattson, M.R. (1992b). Generic quality screens – psychiatric. Developed by the Health Care Financing Administration for use by Peer Review Organizations. In M.R. Mattson (Ed.), *Manual of Psychiatric Quality Assurance. A report of the American Psychiatric Association Committee on quality assurance* (pp. 207–213). Washington, DC: APA.
Miller, S.I. & Phillips, K.L. (1992). Chemical dependency disorders: guidelines for review of inpatient therapy and rehabilitation. In M.R. Mattson (Ed.), *Manual of Psychiatric Quality Assurance. A report of the American Psychiatric Association Committee on quality assurance* (pp. 161–166). Washington, DC: APA.
Moak, G.S. (1990). Improving quality in psychogeriatric treatment. *Psychiatric Clinics of Northern America, 13,* 99–112.
Möller, H.J., Deister, A. & Laux, G. (1995). Outcome-Forschung als Mittel der Qualitätssicherung. In W. Gaebel (Hrsg.), *Qualitätssicherung im psychiatrischen Krankenhaus* (S. 147–162). Wien: Springer.
Möller, H.J. & Leimkühler, A.M. (1995). Qualitätssicherung in der psychiatrischen Forschung. In H.J. Haug & R.D. Stieglitz (Hrsg.), *Qualitätssicherung in der Psychiatrie* (S. 63–91). Stuttgart: Enke.
Munich, R.L. (1990). Quality assurance and quality of care: I. Finding the linkages. *Psychiatric Hospital, 21,* 13–24.
Munich, R.L., Hurley, B. & Delaney, J. (1990). Quality assurance and quality of care: II. Monitoring treatment. *Psychiatric Hospital, 21,* 71–77.
Prunier, P. & Buongiorno, P.A. (1989). Guidelines for acute inpatient psychiatric treatment review. *General Hospital Psychiatry, 11,* 557–560.
Rössler, W. & Riecher, A. (1992). Die Versorgung psychisch Kranker in der Bundesrepublik Deutschland seit der „Enquete" im Jahre 1975. *Neuropsychiatrie, 6,* 1–10.

Rössler, W., Salize, H.J. & Biechele, U. (1994). Psychisch kranke Wohnsitzlose – Die vergessene Minderheit. *Psychiatrische Praxis, 21,* 173–178.
Rössler, W. & Salize, H.J. (1995). Qualitätsindikatoren psychiatrischer Versorgungssysteme. In W. Gaebel (Hrsg.), *Qualitätssicherung im psychiatrischen Krankenhaus* (S. 39–51). Wien: Springer.
Rothballer, W. & Schwanboom, E. (1996). Risikoanalyse – Werkzeug für das kreative Qualitätsmanagement. In G. Viethen & I. Maier (Hrsg.), *Qualität rechnet sich* (S. 63–73). Stuttgart: Thieme.
Ruggeri, M. (1994). Patients' and relatives' satisfaction with psychiatric services: The state of the art of its measurement. *Social Psychiatry and Psychiatric Epidemiology, 29,* 212–227.
Rush, A.J. (1993). Clinical practice guidelines. Good news, bad news, or no news? *Archives of General Psychiatry, 50,* 483–490.
Schaub, R.T. (1994). Quality assurance in psychiatric care – the example of routine use of the AMDP system. *Pharmacopsychiatry, 27 (Suppl.),* 46–50.
Schneider, K.T.M., Oettle, W., Dumler, E.A., Schöffel, J., Selbmann, H.K. & Graeff, H. (1991). Klinikinterne, individuelle Leistungserfassung und geburtshilfliche Qualitätssicherung. *Geburtshilfe und Frauenheilkunde, 51,* 431–436.
Schreiber, H.L. (1995). Der Standard der erforderlichen Sorgfalt als Haftungsinstrument. *Versicherungsmedizin, 47,* 3–5.
Schröder, M. (1993). Auswirkungen des GSG auf das Informationsmanagement und die Krankenhausinformatik. *Krankenhaus, 10,* 460–470.
Schyve, P.M. & Prevost, J.A. (1990). From quality assurance to quality improvement. *Psychiatric Clinics of Northern America, 13,* 61–72.
Selbmann, H.K. (1995). Konzept und Definition medizinischer Qualitätssicherung. In W. Gaebel (Hrsg), *Qualitätssicherung im psychiatrischen Krankenhaus* (S. 3–10). Wien: Springer.
Smith, A.P. (1992). Design a clinical information system. *British Medical Journal, 305,* 415–417.
The Royal Australian and New Zealand College of Psychiatrists (1982). The Quality Assurance Project: a methodology for preparing ‚ideal' treatment outlines in psychiatry. *Australian and New Zealand Journal of Psychiatry, 16,* 153–158.
Viethen, G. (1996). Tracer und Audit in der Medizin. In G. Viethen & I. Maier (Hrsg.), *Qualität rechnet sich* (S. 74–79). Stuttgart: Thieme.
Vort, W. van & Mattson, M.R. (1989). A strategy for enhancing the clinical utility of the psychiatric record. *Hospital and Community Psychiatry, 40,* 407–409.
Way, B.B., Braff, J. & Steadman, H.J. (1985). Constructing an efficient inpatient incident reporting system. *Psychiatry Qarterly, 57,* 147–152.
Weiner, R.D. & APA Task Force on ECT (1992). Electroconvulsive therapy guidelines and criteria. In M.R. Mattson (Ed.), *Manual of Psychiatric Quality Assurance. A report of the American Psychiatric Association Committee on quality assurance* (pp. 181–187). Washington, DC: APA.
WHO (1991). *Quality assurance in mental health.* Geneva: Division of Mental Health, World Health Organization.
Wilson, G.F. (1992). Issues in the review of adult outpatient therapy. In M.R. Mattson

(Ed.), *Manual of Psychiatric Quality Assurance. A report of the American Psychiatric Association Committee on quality assurance* (pp. 149–152). Washington, DC: APA.

Wilson, G.F. & Phillips, K.L. (1992a). Eating disorders: Quality assurance and utilizations review guidelines. In M.R. Mattson (Ed.), *Manual of Psychiatric Quality Assurance. A report of the American Psychiatric Association Committee on quality assurance* (pp. 167–172). Washington, DC: APA.

Wilson, G.F. & Phillips, K.L. (1992b). Residential treatment centers: Quality assurance and utilization review guidelines. In M.R. Mattson (Ed.), *Manual of Psychiatric Quality Assurance. A report of the American Psychiatric Association Committee on quality assurance* (pp. 173–180). Washington, DC: APA.

Winckler, P. & Foerster, K. (1994). Qualitätskriterien in der psychiatrischen Begutachtungspraxis. *Versicherungsmedizin, 46,* 49–52.

Wing, J., Brewin, C.R. & Thornicroft, G. (1992). Defining mental health needs. In G. Thornicroft, C.R. Brewin & J. Wing (Ed.), *Measuring mental health needs* (pp. 1–17). London: Gaskell.

Wolfersdorf, M., Stieglitz, R.-D., Metzger, R., Ruppe, A., Stabenow, S., Hornstein, C., Keller, F., Schell, G. & Berger, M. (1996). Modellprojekt zur Qualitätssicherung der klinischen Depressionsbehandlung. In M. Berger & W. Gaebel (Hrsg.), *Qualitätssicherung in der Psychiatrie* (S. 67–86). Berlin: Springer.

Basisdokumentation in der Psychiatrie

Stefan Krischker, Heribert Fleischmann & Clemens Cording

Inhalt:

1. Einleitung 401
2. Entwicklung der neuen DGPPN-Basisdokumentation 402
3. Inhalt der DGPPN-Basisdokumentation 402
4. Basisdokumentation in der Praxis 404
5. BADO und Qualitätssicherung 406
6. Anwendungsbeispiel: Der Effekt eines neuen Therapiekonzepts . 408
7. Fazit 410
Anhang 413

1. Einleitung

Basisdokumentation hat in der Geschichte der Psychiatrie eine lange Tradition. Schon vor 150 Jahren, 1846, veröffentlichte Flemming ein sogenanntes „Normalschema für irrenstatistische Übersichten". Damit sollten die Jahresberichte der psychiatrischen Häuser vereinheitlicht und die wichtigsten Kennzahlen vergleichbar werden. Zur Vorbereitung der Psychiatrie-Enquête erarbeiteten Eckmann, Helmchen, Schulte, Seelheim und Zander (1973) ein Datenschema, mit dem die Situation in der Psychiatrie erfaßt werden sollte. Diese Dokumentation hat sich jedoch damals, wohl auch aufgrund ungenügender EDV-Technik vor Ort, nicht durchgesetzt. Erst mit dem Vorschlag von Dilling et al. (1982) fand die Basisdokumentation in der deutschen Psychiatrie weitere Verbreitung. Allerdings war dieses Instrument mehr an versorgungsepidemiologischen als an Behandlungs- oder Ergebnisaspekten orientiert.

Einen umfassenden Überblick über die Dokumentationssysteme in der *Verhaltenstherapie* bietet Laireiter (1994). Die *Psychotherapie*-Dokumentation ist vor allem in psychosomatischen Kliniken gut eingeführt (Zielke, 1993). Dort sind die Patienten meistens über einen genau definierten Zeitraum in Behandlung und von Anfang an in der Lage, selbständig Teile der Dokumentation zu bearbeiten. Die umfangreiche Dokumentation kann dadurch für den Therapeuten etwas weniger zeitaufwendig sein. In den letzten Jahren hat die AWMF (Arbeitsgemeinschaft der Wissenschaftlich-Medizinischen Fachverbände) aus den verschiedenen in der Psychosomatik/Psychotherapie bestehenden Dokumentationssystemen eine einheitliche Dokumentation entwickelt. Diese AWMF-BADO wurde bereits einer Praktikabilitätsstudie unterzogen (Heuft, Senf, Janssen, Lamprecht & Meermann, 1995).

2. Entwicklung der neuen DGPPN-Basisdokumentation

Seit 1989 sind die Krankenhäuser nach §137 SGB V verpflichtet, sich an Maßnahmen der Qualitätssicherung (QS) zu beteiligen, wobei insbesondere auch externe Vergleiche möglich sein sollen. Die Deutsche Gesellschaft für Psychiatrie, Psychotherapie und Nervenheilkunde (DGPPN) hat deshalb schon frühzeitig ein Referat Qualitätssicherung gegründet, in dessen Rahmen eine neue Basisdokumentation (BADO) entwickelt wurde. Diese neue BADO erweitert den sog. Minimalkatalog von Dilling et al. (1982) um Behandlungs- und Ergebnisvariablen, was qualitätssichernde Maßnahmen ermöglicht und zugleich die Kompatibilität mit den bisher erhobenen Daten gewährleistet.

Mit der neuen BADO (Cording et al., 1995) wird nicht nur ein einheitliches Datenschema, sondern auch ein wichtiges Hilfsmittel für die tägliche klinische Praxis vorgestellt. Die DGPPN empfiehlt die Einführung der BADO allen psychiatrischen Krankenhäusern und Abteilungen in Deutschland. Wesentliche Repräsentanten der psychiatrischen Versorgung – die Bundesdirektorenkonferenz, die Konferenz der psychiatrischen Lehrstuhlinhaber, die Bundesarbeitsgemeinschaft der Krankenhausträger und die Aktion Psychisch Kranke – unterstützen die Einführung der BADO.

3. Inhalt der DGPPN-Basisdokumentation

Der Kerndatensatz („Basismodul") besteht aus 71 Items, die in allen psychiatrischen Krankenhäusern und Abteilungen in Deutschland einheitlich verwendet werden sollten. Ungefähr die Hälfte der Items beschreibt die Patientenstruktur (soziodemographisch, biographisch und anamnestisch), die anderen die diagnostischen und therapeutischen Prozesse und die Ergebnisse der Behandlung. Weitere 35 Items stehen als fakultative Items zusätzlich zur Verfügung. Damit können die Patienten noch detaillierter beschrieben werden (z.B. derzeitiger Beruf, Angaben zur Chronizität, zusätzliche neurologische und somatische Diagnosen). Darüber hinaus ist es den Krankenhäusern freigestellt, beliebige selbst definierte Variablen hinzuzufügen.

Zum besseren Verständnis des Systems sind Ausschnitte aus den Aufnahme- und Entlassungsbögen der BADO im Anhang abgedruckt.

Zur Veränderungsmessung des Zustands eines Patienten werden zu Beginn und am Ende der Behandlung die CGI (Clinical Global Impressions; National Institute of Mental Health, 1996) und die GAF (Global Assessment of Functioning Scale, Achse V des DSM-III-R, 1991, S.32 f.) verwendet.

Optionale Zusatzmodule für bestimmte Fachbereiche oder Themengebiete, z.B. für die Forensik, die Gerontopsychiatrie, die Therapiedokumentation oder auch für bestimmte Forschungsprojekte ergänzen das obligate Basismodul und die fakultativen

Tabelle 1: BADO-Items bei Entlassung (Ausschnitt)

Behandlungsdaten
- Durchlaufene Stationen
- Letzte Rechtsgrundlage vor Entlassung (z.B. freiwillig, betreuungsrechtlich, strafrechtlich)
- Psychopharmaka und ggf. Probleme
- Psychotherapie (z.B. Verhaltens-, Gesprächs-, Kognitive-, tiefenpsychologisch fundierte Therapie, Entspannungsverfahren, Psychoedukative Gruppen etc.)
- Spezielle Diagnostik (z.B. Leistungs-, Persönlichkeits-, Neuropsychologische Diagnostik, EEG, EKG, usw.)
- Somatische Behandlungsbedürftigkeit (keine, wenig, mittelgradig, erheblich)
- Besondere Vorkommnisse: Suizid(-versuch), Tätlichkeiten, Entweichungen
- Zwangsmaßnahmen: Fixierungen, Isolierungen
- Verweildauer (episoden- und personenbezogen/kumuliert)

Entlassungsmodalitäten
- Datum
- Entlassungsart (z.B. regulär, vorübergehende Verlegung, Beurlaubung, Entweichung, gegen ärztlichen Rat, vorzeitig wg. mangelnder Compliance)
- (Teil-)stationäre/komplementäre/ambulante Weiterversorgung
- Wohnsituation nach Entlassung (z.B. Privatwohnung, betreutes Wohnen, therapeutisches Heim etc.)
- Berufliche Situation nach Entlassung

Status bei Entlassung
- CGI (Teil 1+2), GAF
- psychiatrische / somatische / neurologische Diagnosen ICD-9 (ICD-10)
- Ggf. Todesursache ICD-9 (ICD-10)

Anmerkung:
Die Verweildauer für eine Episode ergibt sich automatisch aus Aufnahme- und Entlassungsdatum, die kumulierte Verweildauer eines Patienten bei mehreren Aufnahmen pro Jahr aus der Addition der Episodenverweildauern.

Zusatzitems. Der modulare Aufbau sichert einerseits eine ökonomische und einheitliche Datenerhebung zum Zweck der Krankenhausvergleiche, andererseits aber ein Maximum an Flexibilität für die individuellen Bedürfnisse der einzelnen Kliniken (vgl. Laireiter, 1994).

Alle Items orientieren sich an den Konventionen der Bevölkerungs- und Krankenhausstatistik sowie der epidemiologischen und evaluativen Forschung. Bestehende nationale und internationale Dokumentationssysteme wurden berücksichtigt, um größtmögliche Kompatibilität zu erreichen.

4. Basisdokumentation in der Praxis

Die Daten werden nur einmal erfaßt und innerhalb des ärztlichen/psychologischen Zuständigkeitsbereiches in einer Datenbank gespeichert, wo sie für die Anforderungen der täglichen Praxis bereitstehen. Oft benötigte Daten, wie z.B. Name, Alter, einweisende Stelle, Diagnose usw. brauchen dann nicht immer wieder erfragt, geschrieben oder diktiert zu werden, sondern können aus dem Computer für alle patientenbezogenen Dokumente bis hin zu Teilen der Krankengeschichte und Textbausteinen für den Arztbrief abgerufen werden (Cording, 1997).

Der Zeitaufwand für das Ausfüllen der BADO-Bögen (insgesamt max. 10 bis 15 Min. pro Patient) ist also zu vernachlässigen, wenn man bedenkt, daß an anderen Stellen Zeit eingespart werden kann, weil Standardformulare automatisch bedruckt werden können, der Anfangsteil der Krankengeschichte automatisch generiert wird oder bei der Erstellung von Statistiken die benötigten Daten nicht mehr mühsam aus unterschiedlichen Dokumenten zusammengetragen werden müssen (vgl. Abbildung 1). Außerdem ist es oft einfacher und sicherer, Angaben in einem Formular nur anzukreuzen, als sie zu diktieren oder (oft schwer leserlich) z.B. in der „Kurve" zu notieren.

Für die PsychPV (Psychiatrie-Personalverordnung; Kunze & Kaltenbach, 1992) z.B. wird für alle Patienten quartalsweise an einem Stichtag Art und Schwere der Krankheit erhoben. Dazu werden aus der BADO die entsprechenden Namenslisten erstellt, in die die Ärzte die Einstufung eintragen. Ein Auswertungsmodul der BADO errechnet dann per Knopfdruck den entsprechenden Stellenbedarf für Ärzte, Psychologen, Sozialpädagogen, Pflegedienst etc. Diese Auswertungen dienen dann nicht nur als Grundlage für Pflegesatzverhandlungen, sondern auch der internen Steuerung zur angemessenen Verteilung des vorhandenen Personals auf einzelne Stationen.

Ein zentrales Anliegen beim Qualitätsmanagement – insbesondere beim TQM – ist es, den Service für die „Kunden" zu verbessern. Die Patienten als sogenannte „externe Kunden" sollen optimal versorgt werden. Das betrifft die medizinische Versorgung genauso wie die Organisation (z.B. Vermeidung von Wartezeiten) oder die „Hotelleistungen" (z.B. Zimmerausstattung).

Die Mitarbeiter(innen) und Behandlungsteams im Krankenhaus sind untereinander und besonders für eine Qualitätssicherungs-Abteilung „interne Kunden". Es ist deshalb ganz im Sinne von Qualitätsmanagement, nicht nur der Leitungsebene einen unbürokratischen und prompten Auswertungsservice mit übersichtlicher Darstellung der Daten anzubieten, sondern auch all denjenigen, die die BADO-Bögen ausfüllen, also den Assistenzärzten und Psychologen – jedenfalls soweit es sich um ihre Patienten handelt. Das können Stationsstatistiken und Auswertungen für Vorträge, aber auch die Bereitstellung von Daten für die Optimierung von Arbeitsabläufen sein (automatische Formulare, Teile des Arztbriefs oder der Krankengeschichte). Über die Rückmeldung der Daten wird ein Regelkreis aufgebaut, der die Qualität der Daten kontrolliert und kontinuierlich verbessert.

Die Akzeptanz des Dokumentationssystems in der täglichen Praxis hängt auch von einer komfortablen Software ab, die auf die Bedürfnisse der Anwender zugeschnitten ist. Die Dateneingabe soll ökonomisch und übersichtlich gestaltet sein und automatisch auf Plausibilität geprüft werden, um z.B. Flüchtigkeitsfehler gleich zu entdecken.

Basisdokumentation in der Psychiatrie   405

Abbildung 1: Verwendung der BADO-Daten

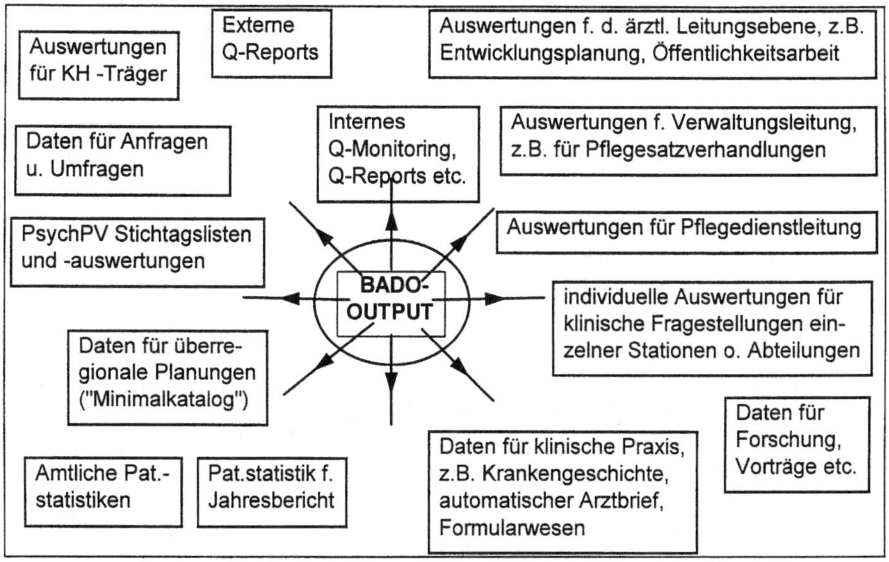

```
┌──────────────┐ ┌──────────┐ ┌──────────────────────────────────┐
│ Auswertungen │ │ Externe  │ │ Auswertungen f. d. ärztl. Leitungsebene, z.B.│
│ für KH-Träger│ │ Q-Reports│ │ Entwicklungsplanung, Öffentlichkeitsarbeit   │
└──────────────┘ └──────────┘ └──────────────────────────────────┘
┌──────────────────┐ ┌──────────────┐ ┌──────────────────────────────┐
│ Daten für Anfragen│ │ Internes     │ │ Auswertungen f. Verwaltungsleitung,│
│ u. Umfragen      │ │ Q-Monitoring,│ │ z.B. für Pflegesatzverhandlungen  │
└──────────────────┘ │ Q-Reports etc│ └──────────────────────────────┘
┌──────────────────┐ └──────────────┘ ┌──────────────────────────────┐
│ PsychPV Stichtagslisten│           │ Auswertungen für Pflegedienstleitung│
│ und -auswertungen │                 └──────────────────────────────┘
└──────────────────┘      ╔═══════╗  ┌──────────────────────────────┐
┌──────────────────┐      ║ BADO- ║  │ individuelle Auswertungen für│
│ Daten für überre-│ ──── ║ OUTPUT║──│ klinische Fragestellungen ein-│
│ gionale Planungen│      ╚═══════╝  │ zelner Stationen o. Abteilungen│
│ ("Minimalkatalog")│                └──────────────────────────────┘
└──────────────────┘                                 ┌──────────────┐
┌───────────┐ ┌──────────────┐ ┌────────────────────┐│ Daten für    │
│ Amtliche  │ │ Pat.statistik│ │ Daten für klinische Praxis,││ Forschung,│
│ Pat.-     │ │ f. Jahres-   │ │ z.B. Krankengeschichte, ││ Vorträge etc.│
│ statistiken│ │ bericht     │ │ automatischer Arztbrief,│└──────────────┘
└───────────┘ └──────────────┘ │ Formularwesen      │
                               └────────────────────┘
```

Anmerkungen:
Die Daten aus der BADO können vielfältige Verwendung finden. Die linke Hälfte zeigt, für welche *externen* Anforderungen die Daten genutzt werden können, die rechte Hälfte stellt Beispiele für die klinik*interne* Nutzung dar.

Die wichtigsten Auswertungen sollten quasi auf Knopfdruck möglich und die Ergebnisse übersichtlich gestaltet sein. Die Anwender vor Ort (Ärzte, Pflegepersonal) sollen jeweils nur die für sie relevanten Daten in übersichtlichen Bildschirmmasken sehen, um die Bedienung möglichst einfach zu gestalten und um dem Datenschutz optimal Rechnung zu tragen.

Alle Patientendaten müssen selbstverständlich streng vertraulich behandelt werden, und die Regeln des Datenschutzes und der Schweigepflicht sind unbedingt zu beachten. Neben physikalischen Sicherungen für den Netzwerk-Server und die PCs vor Ort zählen hierzu auch Passwörter für die Software. Daten dürfen nur dann an Dritte (inkl. Kostenträger) herausgegeben werden, wenn es dafür eine gesetzliche Grundlage gibt. Und selbstverständlich erstreckt sich der Datenschutz auch auf die Ergebnisse der einzelnen Mitglieder des Behandlungsteams, der Station oder des gesamten Krankenhauses. Das bedeutet, daß Stations- oder Abteilungsauswertungen immer nur der jeweiligen Abteilung (in der Regel dem zuständigen Oberarzt) zugänglich gemacht werden. Zum Vergleich können die aggregierten Daten aus der gesamten Klinik herangezogen werden. Nur nach Einverständnis der jeweiligen Oberärzte können Abteilungen und Stationen auch direkt untereinander verglichen werden.

Wird der Datenschutz nicht strikt eingehalten, wächst – abgesehen von ethischen und rechtlichen Problemen – bei allen Beteiligten die Angst vor einem Mißbrauch der Daten, und die BADO-Bögen werden dann kaum zuverlässig ausgefüllt. Auch aus diesem Grund sollte der BADO-PC in der ausschließlichen Kontrolle des medizinischen/psychologischen Bereichs der jeweiligen Einrichtung bleiben.

5. BADO und Qualitätssicherung

Die BADO-Daten lassen sich für die Qualitätssicherung in verschiedener Weise nutzen. Die Frage „Bekommen unsere Patienten die bestmögliche Behandlung?" kann einerseits unter dem Aspekt Behandlungs*prozeß*, andererseits unter dem Aspekt Behandlungs*ergebnis* beantwortet werden.

Eine *prozeß*orientierte BADO könnte die Behandlungs- und/oder Prozeßvariablen sehr detailliert erfassen und routinemäßig untersuchen, ob Behandlungsstandards oder -richtlinien eingehalten worden sind; falls sich dies als unzutreffend herausstellt, wären die entsprechenden Behandlungen zu überprüfen. Dieser Ansatz führt aber zu einigen Schwierigkeiten. Erstens gibt es (noch) keine klar definierten und allgemein akzeptierten detaillierten Behandlungsstandards in der Psychiatrie. Zweitens muß die Behandlung gerade in der Psychiatrie und Psychotherapie sehr individuell erfolgen, was die Reichweite allgemeiner Standards einschränkt. Drittens ist es überaus zeitaufwendig, für jede einzelne Behandlung routinemäßig zu überprüfen, ob sie mit den Standards übereinstimmt. Und last, but not least, fühlen sich die behandelnden Ärzte/Psychologen nicht nur überfordert, sondern auch entmündigt, wenn ihre Therapieprozesse ständig in allen Details überprüft werden. Ziel der QS ist aber, mit gut aufbereiteten Informationen die Eigenverantwortlichkeit und die Kompetenz aller Beteiligten zu stärken.

Deshalb ist der *ergebnis*orientierte Ansatz der QS vorteilhafter. Dabei werden Indikatoren für die Ergebnisqualität mit Referenzwerten verglichen und in bestimmten Zeitabständen als Qualitätsreports an die Behandlungsteams zurückgemeldet. Die Referenzwerte können aus aggregierten Daten der eigenen Institution oder aus anderen Kliniken stammen. Der therapeutische *Prozeß* wird nur dann hinterfragt, wenn die Ergebnisse für vergleichbare Patientengruppen deutlich schlechter als die Referenzwerte ausfallen (Cording, 1995; Pietsch-Breitfeld & Selbmann, 1992; vgl. auch Kordy & Hannöver in diesem Band).

Abbildung 2 zeigt anhand eines fiktiven Beispiels, wie so ein Qualitätsreport aussehen könnte. Die Rohdaten werden dabei in Abweichungen vom jeweiligen Referenzwert transformiert, damit Größe und Richtung der Abweichung schnell abgelesen werden können. Als Skala dienen Standardabweichungen oder Perzentile. Damit wird deutlich, ob sich die Ergebnisqualität im Zeitverlauf bzw. im interinstitutionellen Vergleich verbessert hat oder nicht. Werden die Daten mehrerer anderer, vergleichbarer Institutionen zusammengefaßt und deren Durchschnittswerte als Referenzwerte verwendet, können die unterschiedlichen Institutionen anregende Diskussionen über ihre Behandlungskonzepte führen und einen gesunden „Wettbewerb" bezüglich der Qualitätsverbesserung in Gang setzen. Beim Vergleich verschiedener Krankenhäuser sollten jedoch eventuelle Unterschiede in der Patientenstruktur beachtet werden. In unterschiedlichen Kliniken gibt es oft – gewollt oder ungewollt – eine Auswahl bestimmter Patienten. Beim externen Vergleich von Daten sind daher auch immer Daten über die Patientenstruktur bei der Interpretation der Ergebnisse zu berücksichtigen.

Abbildung 2: Fiktives Beispiel für einen Qualitätsreport.

Ergebnisse 1. Quartal 1998
Diagnosengruppe: Schizophrenie

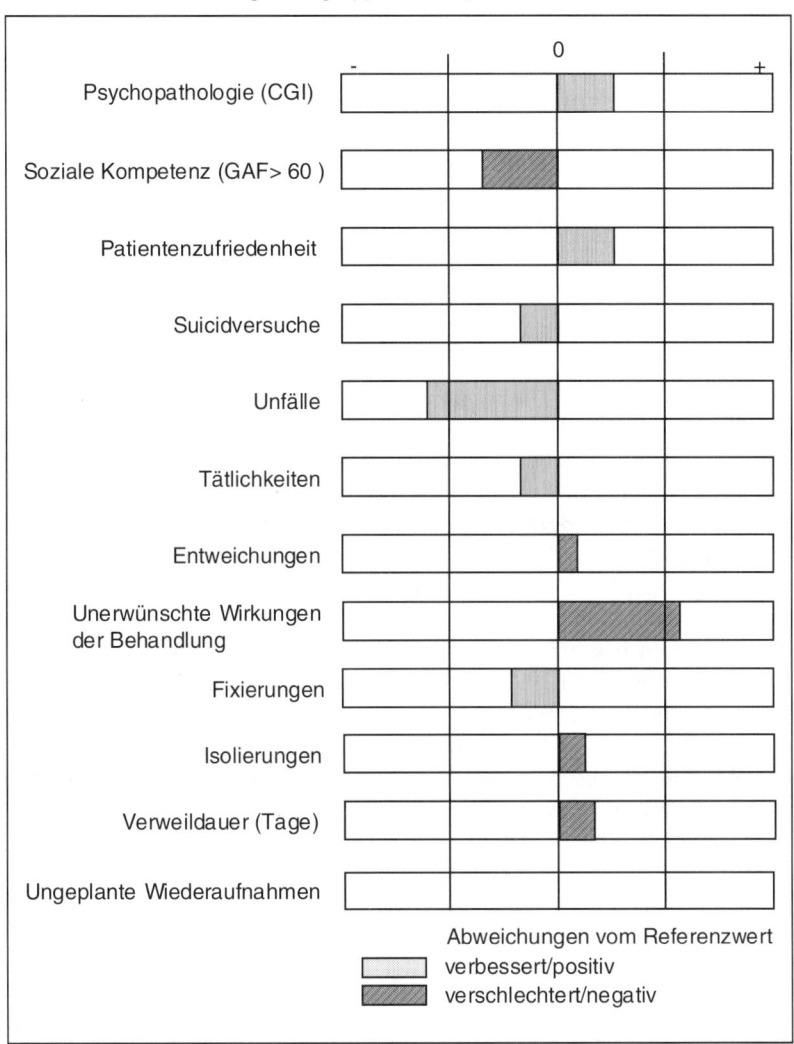

	−	0	+
Psychopathologie (CGI)		▓	
Soziale Kompetenz (GAF> 60)		▓▓	
Patientenzufriedenheit		▓	
Suicidversuche		▓	
Unfälle	▓		
Tätlichkeiten		▓	
Entweichungen		▓	
Unerwünschte Wirkungen der Behandlung		▓▓▓	
Fixierungen		▓	
Isolierungen		▓	
Verweildauer (Tage)		▓	
Ungeplante Wiederaufnahmen			

Abweichungen vom Referenzwert
▒ verbessert/positiv
▓ verschlechtert/negativ

Anmerkungen:
Die Rohdaten wurden zu Abweichungen vom Referenzwert transformiert. 0 bedeutet also keine Abweichung vom Referenzwert (z.B. zum Wert aus dem letzten Berichtszeitraum). Eine Abweichung nach rechts (+) bedeutet, daß der letzte Referenzwert kleiner war als der aktuelle Wert. Das Beispiel zeigt u.a. eine gestiegene Anzahl von unerwünschten Wirkungen der Behandlung, was als negativ zu bewerten ist, sofern die Patientenklientel unverändert blieb.

Neben den routinemäßigen Rückmeldungen von Daten können für Fortbildungsveranstaltungen, Vorträge oder Forschungsvorhaben natürlich auch spezielle Auswertungen, z.B. über Problemgruppen, vorgenommen werden. Dabei ist zu beachten, daß diese Auswertungen nur in enger Verbindung mit der klinischen Praxis konzipiert und interpretiert werden können.

6. Anwendungsbeispiel: Der Effekt eines neuen Therapiekonzepts

Im Rahmen des am Bezirksklinikum Regensburg laufenden, umfangreichen Qualitätssicherungsprojekts (Cording, 1995, 1997) wurden im Auftrag des Leiters der Suchtabteilung mit Hilfe der Basisdokumentation die 1991 und 1993 behandelten Patienten der Kompakttherapie-Station verglichen und Unterschiede in den Behandlungsergebnissen überprüft.

1990 wurde eine Spezialstation für die Behandlung von Drogenabhängigen eingerichtet, auf der die Patienten entgiftet und im Rahmen einer Kurzzeittherapie behandelt werden können. Durch Fördermittel des Bundesministeriums für Gesundheit konnte ab Januar 1993 das bisherige Entzugsprogramm zu einem speziellen Kurzzeit-Therapieprogramm, der sog. Kompakttherapie, erweitert werden. Dieser Therapieansatz „aus einem Guß" setzt vor allem auf das Beziehungskonstanzmodell. Den Patienten wird eine konstante therapeutische Beziehung von der Entzugs- bis zur Motivations- und Behandlungsphase angeboten. Dadurch soll die Motivation zur Behandlung erhalten bzw. erhöht und die Integration von Entgiftung und Entwöhnung verbessert werden (Unglaub & Fleischmann, 1995).

Die Stichproben beschränken sich ausschließlich auf Akutaufnahmen der Jahre 1991 (vor Einführung) und 1993 (nach Einführung der Kompakttherapie), bei denen die Entlassung von der Kompakttherapiestation aus erfolgte.

Die dort 1991 und 1993 behandelten Patientengruppen umfaßten jeweils 76 *Personen* (nicht Behandlungsepisoden!). Die Gruppen unterscheiden sich soziodemographisch nicht signifikant. Das Durchschnittsalter stieg von 27 auf 29.5 Jahre. Der Anteil der Männer ist von 64.5% auf 59.2% gesunken. Drei Viertel der 1991 Behandelten waren ledig, 1993 waren es nur 60.5%. Der Anteil der Verheirateten stieg von 18.4% auf 23.7%, der Anteil der Geschiedenen von 3.9% auf 11.8%. 1993 gingen 34.2% einer Voll- oder Teilzeitbeschäftigung nach, 1991 nur 21%. Ohne Arbeit waren 1991 64.5%, 1993 44.7%, der Rest war überwiegend berentet. Bedrohungen oder Tätlichkeiten während der Behandlung kamen in beiden Stichproben nur in Einzelfällen vor.

Abbildung 3 zeigt die kumulierten Wahrscheinlichkeiten („Survivalkurven" der entlassenen und wiederaufgenommenen Patienten) für eine Wiederaufnahme innerhalb von 365 Tagen nach Entlassung aus der ersten Behandlungsepisode im jeweiligen Beobachtungszeitraum. Während die 29 Wiederholer innerhalb eines 365-Tage-Zeitraums nach Entlassung 1991 nach höchstens 190 Tagen wieder in die Klinik kamen, waren es bei 8 Wiederholern 1993 maximal 347 Tage. 1991 blieben rund 70% der entlassenen und wiederaufgenommenen Drogenabhängigen höchstens 60 Tage außerstationär (d.h. außerhalb des Bezirksklinikums Regensburg), 1993 waren es dagegen 300 Tage.

Basisdokumentation in der Psychiatrie   409

Abbildung 3: „Survival-Kurven": Zeit bis zur Wiederaufnahme nach erster Behandlung

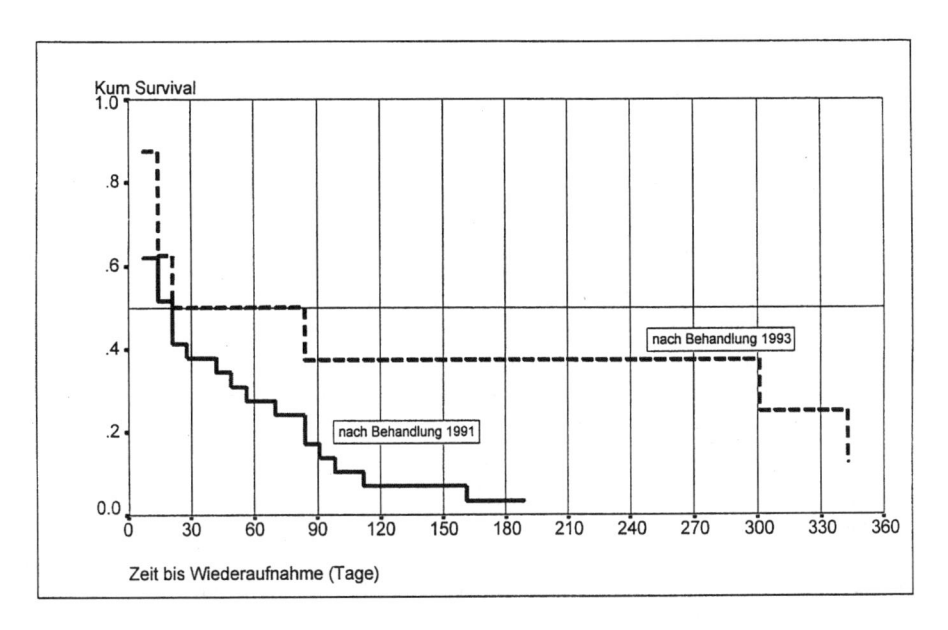

Anmerkungen:
„Survival-Kurven" der innerhalb eines 365-Tage-Zeitraums nach Entlassung wiederaufgenommenen Patienten. Die Ordinate gibt den Anteil (1.0 bedeutet 100%) der Wiederholer an, der länger als einen bestimmten Zeitraum nicht wieder aufgenommen wird. Während 1991 38% (11 von 29 Wiederholern) innerhalb von 7 Tagen nach Entlassung wiederaufgenommen wurden (62% kommen erst nach mindestens 7 Tagen wieder), war es 1993 nur 1 Person (von insgesamt 8 Wiederholern). 1991 blieb nur ein Drittel (9 Personen) der entlassenen und wiederaufgenommenen Drogenabhängigen 60 bis maximal 190 Tage außerstationär (d.h. außerhalb des Bezirksklinikums Regensburg), 1993 blieb dagegen ein Drittel (3 Personen) 300 – 365 Tage außerstationär. Die Anzahl der Wiederholer nach Behandlung 1993 ist erfreulich gering, was allerdings eine statistische Absicherung der Ergebnisse erschwert.

Die durchschnittliche Zeit bis zur Wiederaufnahme innerhalb eines 365-Tage-Zeitraums nach Entlassung konnte von 39 auf 138 Tage ausgedehnt werden (Median: 16 bzw. 49 Tage; ein t-Test zum Vergleich der Mittelwerte war wegen fehlender Varianzhomogenität nicht möglich. Weil nach Behandlung 1993 nur 8 Personen wiederaufgenommen wurden, ist ein Mediantest wegen zu geringer Zellenbesetzung fragwürdig.).
  Gleichzeitig stieg die durchschnittliche Aufenthaltsdauer signifikant von 29 auf 70 Tage (*Md*: 10 bzw. 41 Tage; $\chi^2 = 8.53$; p 0.01), was zeigt, daß 1993 weniger Patienten ihre Therapie vorzeitig abbrachen. Während von den 76 im Jahr 1991 behandelten

Patienten innerhalb von 365 Tagen nach Entlassung 29 Personen mindestens einmal wieder aufgenommen wurden, waren es von den 76 Patienten 1993 nur 8. Die Wiederaufnahmerate ist also von 38% auf 11% zurückgegangen! Dabei bestand für Drogenabhängige die Möglichkeit, sich auch auf anderen Aufnahmestationen (z.B. für Alkoholabhängige) behandeln zu lassen. Es handelt sich beim Rückgang der Wiederaufnahmerate also nicht etwa um ein Artefakt, das dadurch zustande kam, daß die Drogenstation voll belegt war und deshalb niemand mehr aufgenommen werden konnte. Drastische Änderungen in der Patientenklientel, verbesserte komplementäre Versorgung oder Patientenabwanderung in benachbarte Versorgungsgebiete sind nicht festzustellen (vgl. Fleischmann & Krischker, 1996).

Eine vergleichbare Kontrollgruppe aus anderen Stationen (Alkoholabhängige) zeigt keine bedeutsame Veränderung der Wiederaufnahmerate (29.4% vs. 25.4%).

Diese und die Daten aus einer Katamneseuntersuchung (Unglaub & Fleischmann, 1995; Fleischmann, Lenske, Wenig, Unglaub & Cording, 1995) deuten darauf hin, daß die Kompakttherapie insgesamt zu einer deutlichen Qualitätsverbesserung geführt hat.

7. Fazit

Die mit relativ geringem Aufwand gewonnenen BADO-Daten können sinnvoll für Maßnahmen der Qualitätssicherung genutzt werden. Bei der Beurteilung der Verweildauern z.B. werden die Vorteile einer hausinternen Qualitätssicherung deutlich: Während Kostenträger die einzelnen Aufenthalte im Krankenhaus isoliert betrachten und längere Verweildauern in der Regel negativ beurteilen, ergibt sich ein ganz anderes Bild bei differenzierter Betrachtung der BADO-Daten. Der längeren Verweildauer im oben dargestellten Beispiel folgt eine sehr viel längere Zeit bis zur nächsten Wiederaufnahme und eine drastisch reduzierte Wiederaufnahmerate, beides durchaus positive Ergebnisse.

Natürlich sind mit einem routinemäßigen Qualitätsmonitoring keine detaillierten Aussagen über den Therapieprozeß oder gar wissenschaftliche Therapieevaluationen im engeren Sinne möglich. Dennoch können wichtige Kennzahlen an die Behandlungsteams zurückgemeldet werden. Kostentechnischen Argumenten für die Verkürzung von Therapiezeiten („Therapie und Organisation muß effektiver werden!") stehen quantitative *und* qualitative Argumente gegenüber, wenn eine entsprechend funktionierende Routine-Dokumentation vorhanden ist.

Mit der DGPPN-BADO (Cording et al., 1995) und der AWMF-BADO (vgl. Heuft et al., 1995) liegen nun einerseits für die Psychiatrie, andererseits für die Psychotherapeutische Medizin/Psychosomatik einheitliche Dokumentationssysteme vor, die in ihren jeweiligen Fachgebieten historisch gewachsen sind. Beide BADOs sind ergebnisorientiert gestaltet und für die Routinedokumentation vorgesehen. Bei allen Unterschieden im Detail sind die BADOs doch so ähnlich, daß eine Arbeitsgruppe von Psychotherapeuten im Bezirksklinikum Regensburg ein Zusatzmodul zur DGPPN-BADO entwickeln konnte, das die Kompatibilität zur AWMF-BADO herstellt. Wegen der besonderen Situation in der Psychiatrie wurden allerdings nur die soziodemographischen Daten und das Therapeuten-Modul (ErgeDoku-B) der AWMF-BADO berücksichtigt. So ergibt sich für die Therapeuten ein DIN-A4-Blatt, dessen Vorderseite zu Beginn und dessen Rückseite beim Ende der Psychotherapie ausgefüllt wird. Dieses Zusatzmodul wird gerade an einigen Stellen im Bezirksklinikum Regensburg im praktischen Einsatz getestet. Falls es zum Einsatz kommt, ist damit ein „Brückenschlag" zwischen den Dokumentationen möglich. Umgekehrt wäre es natürlich auch wünschenswert, wenn möglichst viele psychotherapeutische/psychosomatische Einrichtungen zu ihrer AWMF-BADO ein Zusatzmodul „DGPPN-BADO" installierten. Damit ergäben sich nicht nur interessante Möglichkeiten für externe Klinikvergleiche, es wären auch flächendeckende Auswertungen über die stationäre psychiatrische und psychotherapeutische Versorgung möglich.

Literaturverzeichnis

Cording, C. (1995). Basisdokumentation und Ergebnisqualität. In W. Gaebel (Hrsg.), *Qualitätssicherung im psychiatrischen Krankenhaus* (S. 173–181). Wien: Springer.

Cording, C. (1997). Basisdokumentation als Grundlage qualitätssichernder Maßnahmen. In M. Berger & W. Gaebel (Hrsg.), *Qualitätssicherung in der Psychiatrie. Bayer-Tropon-Symposium, Band XI* (S. 33–51). Berlin: Springer.

Cording, C., Gaebel, W., Spengler, A., Stieglitz, R., Geiselhart, H., John, U., Netzold, D. & Schönell, H. (1995). Die neue psychiatrische Basisdokumentation. Eine Empfehlung der DGPPN zur Qualitätssicherung im (teil-)stationären Bereich. *Spektrum der Psychiatrie, Psychotherapie und Nervenheilkunde, 24,* 3–41.

Dilling, H., Balck, F., Bosch, G., Christiansen, U., Eckmann, F., Kaiser, K.H., Kunze, H., Seelheim, H. & Spangenberg, H. (1982). Die psychiatrische Basisdokumentation. *Spektrum der Psychiatrie und Nervenheilkunde, 11,* 147–160.

Eckmann, F., Helmchen, H., Schulte, P.W., Seelheim, H. & Zander, H. (1973). Die Psychiatrische Basisdokumentation. Übersicht über Dokumentationssysteme in In- und Ausland und Vorschlag der DGPN zur Vereinheitlichung der Merkmalskataloge. *Nervenarzt, 44,* 561–568.

Fleischmann, H. & Krischker, S. (1996). Die Situation der Versorgung von Suchtkranken – Ergebnisse einer Expertenbefragung als Grundlage für gesundheitspolitische Entscheidungen. *Gesundheitswesen, 58,* 538–542.

Fleischmann, H., Lenske, H., Wenig, C., Unglaub, W. & Cording, C. (1995). Zur Qualität der Entzugsbehandlung. In C. Cording, H. Fleischmann & H.E. Klein (Hrsg.), *Qualitätssicherung in der Suchttherapie. Die Entzugsbehandlung von Drogenabhängigen im psychiatrischen Krankenhaus* (S. 54–66). Freiburg: Lambertus.

Flemming, C.F. (1846). Betreffend die Aufstellung eines Normal-Schemas für irrenstatistische Uebersichten. *Allgemeine Zeitschrift für Psychiatrie, 3,* 665–676.

Heuft, G., Senf, W., Janssen, P.L., Lamprecht, F. & Meermann, R. (1995). Praktikabilitätsstudie zur qualitativen und quantitativen Ergebnisdokumentation stationärer Psychotherapie. *Psychotherapie, Psychosomatik & Medizinische Psychologie, 45,* 303–309.

Kunze, H. & Kaltenbach, L. (Hrsg.). (1992). *Psychiatrie-Personalverordnung*. Köln: Kohlhammer.

Laireiter, A.-R. (1994). Dokumentation von Verhaltenstherapie. *Verhaltenstherapie, 4*, 254–265.

National Institute of Mental Health (1996). CGI. Clinical Global Impressions. In Collegium Internationale Psychiatriae Scalarum (Hrsg.), *Internationale Skalen für Psychiatrie* (S.147). Göttingen: Beltz Test.

Pietsch-Breitfeld, B. & Selbmann, H.K. (1992). Qualitätssicherung am Beispiel der Perinatologie und Chirurgie. *Zeitschrift für Orthopädie, 130,* 352–356.

Unglaub, W. & Fleischmann, H. (1995). Die Behandlung Drogenabhängiger im Bundesmodellprogramm Kompakttherapie im Verbund der Drogenhilfe. Erprobung der Integration von stationärer Entzugs- und Kurzzeittherapie: Das Beziehungsmodell. In C. Cording, H. Fleischmann & H.E. Klein (Hrsg.), *Qualitätssicherung in der Suchttherapie. Die Entzugsbehandlung von Drogenabhängigen im psychiatrischen Krankenhaus* (S. 118–128). Freiburg: Lambertus.

Wittchen, H.U., Saß, H., Zaudig, M. & Köhler, K. (1991). *Diagnostisches und Statistisches Manual Psychischer Störungen DSM-III-R*. (dt. Bearb., 3. Aufl.). Weinheim: Beltz.

Zielke, M. (1993). Basisdokumentation in der stationären Psychosomatik. *Praxis der Klinischen Verhaltensmedizin und Rehabilitation, 6,* 218–226.

Anhang

BADO- Aufnahmebogen S. 414

BADO-Entlassungsbogen S. 416

BADO AUFNAHMEBOGEN

Bitte leserlich schreiben, um Rückfragen zu erleichtern.

Name — Vorname — Geburtsdatum — Station — **AUFNAHMEDATUM** — aufnehmende(r)Arzt/Ärztin, Psychologe/Psychologin

Übernahme aus eigener...
- ☐ Tagklinik / teilstationär
- ☐ Akutpsychiatrie / vollstationär
- ☐ Pflege / Forensik / Sucht-Reha

Falls keine Änderung, dann nur ZA15, A19, A22, A23, A24 u. A27 ausfüllen

Rückkehr nach... A2
- ☐ Entweichung
- ☐ Beurlaubung
- ☐ Kurzfristiger KH-Verlegung

Falls keine Änderung, dann nur ZA15, A19, A20, A21, A22, A23, A24, A26 u. A27 ausfüllen

Wohnsituation vor Aufnahme (1. Wohnsitz) A4
- ☐ Privatwohnung, möbliertes Zimmer, auch WG
- ☐ betreutes Einzelwohnen / betreute Wohngruppe
- ☐ therapeutisches / psych. Heim, gerontopsych. Heim, Heim für geistig Behinderte, Übergangs- / Wohnheim, Nachtklinik
- ☐ Altenheim, Altenwohnheim, Altenpflegeheim
- ☐ sonstiges nicht-therapeutisches Heim, z.B. Studentenwohnheim
- ☐ psychiatr. Krankenhaus, inkl. Nicht-KHG-Bereich
- ☐ Justizvollzugsanstalt
- ☐ ohne festen Wohnsitz
- ☐ sonstige: ....
- ☐ unbekannt/unklar

Lebt zusammen mit (vor Aufnahme) A5
(Mehrfachnennungen möglich)
- ☐ allein in Privatwohnung
- ○ in Institution oder betreutem Wohnen
- ○ Eltern(teil)
- ○ (Ehe-)Partner
- ○ Kind(ern)
- ○ Schwester/Bruder
- ○ anderen Verwandten
- ○ Bekannten, Wohngemeinschaft o.ä.
- ○ ohne festen Wohnsitz
- ☐ unbekannt/unklar

Muttersprache ZA5
- ☐ Deutsch
- ☐ andere; gute deutsche Sprachkenntnisse
- ☐ andere; schlechte deutsche Sprachkenntnisse
- ☐ sprachliche Verständigung aus anderen Gründen unmöglich o. erschwert (Gehörlos, aphonisch o. ä.)
- ☐ unbekannt/unklar

Höchster erreichter Schulabschluß A6
- ☐ kein Abschluß
- ☐ Sonderschulabschluß
- ☐ Hauptschulabschluß ohne Qualif. Abschluß
- ☐ Hauptschulabschluß mit Qualif. Abschluß
- ☐ Polytechnische Oberschule
- ☐ Mittlere Reife
- ☐ (Fach-)Abitur
- ☐ unbekannt/unklar

Höchster erreichter Berufsabschluß / höchste erreichte Berufsausbildung A7
- ☐ keine bzw. nur angelernt
- ☐ Lehre abgeschlossen
- ☐ Fach- / Meisterschule
- ☐ (Fach-)Hochschule
- ☐ unbekannt/unklar

Derzeitig (oder zuletzt) ausgeübter Beruf des Patienten ZA10
- ☐ un- / angelernter Arbeiter
- ☐ Facharbeiter, unselbst. Handwerker
- ☐ einfacher Angestellter / Beamter
- ☐ mittlerer Angestellter, Beamter im mittleren Dienst
- ☐ höher qualifizierter Angestellter, Beamter im gehobenen Dienst
- ☐ hochqualifizierter / ltd. Angestellter, Beamter im höheren Dienst
- ☐ selbständiger Handwerker, Landwirt, Gewerbetreibender (kleine Betriebe)
- ☐ selbständiger Handwerker, Landwirt, Gewerbetreibender (mittlere Betriebe)
- ☐ selbständiger Akademiker, Freiberufler, größerer Unternehmer
- ☐ nie erwerbstätig / in Ausbildung / in Lehre
- ☐ unbekannt/unklar

Jetzige berufliche Situation A8
- ☐ berufstätig, Vollzeit
- ☐ berufstätig, Teilzeit
- ☐ berufstätig, gelegentlich
- ☐ mithelfender Familienangehöriger
- ☐ Hausfrau / -mann, nicht berufstätig
- ☐ Ausbildung, Umschulung
- ☐ Wehr-/Zivildienst / FSJ
- ☐ beschützt beschäftigt
- ☐ arbeitslos gemeldet
- ☐ Erwerbsunfähigkeits- / Berufsunfähigkeitsrente, Rentenverfahren, Frührente
- ☐ Altersrente/Pension
- ☐ Witwen(r) -Rente
- ☐ anderweitig ohne berufliche Beschäftigung
- ☐ unbekannt/unklar

Letzte (teil-)stationäre psychiatrische Behandlung wo? A12
- ☐ keine *(dann weiter mit ZA 13)*
- ☐ hier *(dann weiter mit ZA 13)*
- ☐ anderswo: ....
- ☐ unbekannt/unklar

Art der letzten Entlassung aus (teil-)stationärer psychiatr. Behandlung ZA14
- ☐ keine/entfällt
- ☐ reguläre Entlassung / Verlegung
- ☐ nur vorübergehende Verlegung
- ☐ Beurlaubung
- ☐ Entweichung
- ☐ Entlassung gegen ärztlichen Rat
- ☐ vorzeitige Entlassung wegen mangelnder Motivation / Kooperation
- ☐ unbekannt/unklar

Datum der letzten Entlassung aus (teil-)stationärer psychiatr. Behandlung in anderer Einrichtung (notfalls geschätzt, dann nur Monat und / oder Jahr angeben) A13B
- ☐ unbekannt/unklar

Tag — Monat — Jahr

Frühere (teil-)stationäre Behandlungen in anderen psychiatr. (AKUT-)Kliniken A10

Anzahl (notfalls geschätzt) ....

Jahr der ersten (teil-)stationären psychiatrischen Behandlung überhaupt A9
- ☐ unbekannt/unklar

Jahr: ....

Alter bei erster psych. Auffälligkeit ZA13
- ☐ unbekannt/unklar

Alter (notfalls geschätzt): ....

Zeitraum seit Beginn der *jetzigen* Krankheitsmanifestation (geschätzt) A14
- ☐ ≤ 1 Woche
- ☐ > 1 Woche bis 4 Wochen
- ☐ > 4 Wochen bis 3 Monate
- ☐ > 3 Monate bis 6 Monate
- ☐ > 6 Monate bis 1 Jahr
- ☐ > 1 Jahr

Vorbehandlung während der *jetzigen* Krankheitsmanifestation A15
(Mehrfachnennungen möglich)
- ☐ keine
- ○ ambulant bei Ärzten anderer Fachrichtungen
- ○ ambulant psychotherapeutisch
- ○ ambulant psychiatrisch / nervenärztlich
- ○ stationär somatisch / psychosomatisch (nicht psychiatrisch / psychotherapeutisch)
- ○ im eigenen Nicht-KHG-Bereich (z.B. Heimbereich oder Forensik)
- ○ (teil-)stationär psychiatr. / psychotherapeutisch in eigener Klinik
- ○ (teil-)stationär psychiatr. / psychotherapeutisch in anderer Klinik
- ☐ unbekannt/unklar

Art des zur Aufnahme führenden Zustands ZA15
- ☐ erstmaliges Auftreten einer psychiatr. Erkrankung
- ☐ Fortdauer eines lang bestehenden Zustandes
- ☐ Verschlechterung eines chronischen Zustandes
- ☐ Wiederauftreten eines ähnlichen früheren Zustandes
- ☐ deutliches Abweichen von früheren Zuständen

Medikamentöse Langzeitbehandlung (ggf. seit letzter Episode/Klinikentlassung) A16
(soweit Medikation nicht nur zur Einweisung gegeben wurde; Mehrfachnennungen möglich)

	verordnet?			eingehalten?		
	ja	nein	unklar	wie verordnet	unregelmäßig	nie	abgesetzt	unklar

- ☐ keine

Medikament	verordnet ja	nein	unklar	wie verordnet	unregelmäßig	nie	abgesetzt	unklar
Depot-Neuroleptika	○	○	○	○	○	○	○	○
Clozapin	○	○	○	○	○	○	○	○
andere Neuroleptika	○	○	○	○	○	○	○	○
Antidepressiva	○	○	○	○	○	○	○	○
Benzodiazepine	○	○	○	○	○	○	○	○
andere Tranquilizer/Hypnotika	○	○	○	○	○	○	○	○
Lithium	○	○	○	○	○	○	○	○
Carbamazepin	○	○	○	○	○	○	○	○
andere Antiepileptika	○	○	○	○	○	○	○	○
Substitutionsbehandlung	○	○	○	○	○	○	○	○
Antiparkinsonmittel	○	○	○	○	○	○	○	○
sonstige Psychopharmaka:	○	○	○	○	○	○	○	○
Betablocker	○	○	○					
Clomethiazol	○	○	○					

- ☐ unbekannt/unklar

■ = NUR EINE NENNUNG MÖGLICH
● = MEHRFACHNENNUNG MÖGLICH

BKR REGENSBURG

WEISSES DECKBLATT BITTE INNERHALB 4 TAGEN NACH AUFNAHME INS BADO-FACH! ROSA KOPIE FÜR DIE KURVE/KRANKENGESCHICHTE

Basisdokumentation in der Psychiatrie

Psychotherapeutische Vorbehandlung (ggf. seit letzter Episode/Klinikentlassung) A17

	vereinbart?			eingehalten?			
	ja	nein	unklar	regelmäßig	unregelmäßig	abgebrochen	nie	unklar

☐ keine

- (Kognitive) Verhaltenstherapie
- Tiefenpsychologisch fundierte Therapie
- Gesprächspsychotherapie
- Entspannungstherapie
- Andere Methode:

Psychotherapie, Methode unbekannt

☐ unbekannt/unklar, ob überhaupt Psychotherapie

Jemals Suizidversuch A18
☐ ja
☐ nein
☐ unbekannt/unklar

Suizidalität im Vorfeld der jetzigen Aufnahme A19
☐ ja
☐ nein
☐ unbekannt/unklar

Suizidversuch / Selbstbeschädigung im Vorfeld der jetzigen Aufnahme A20
☐ keiner
☐ sicher gefährlicher Suizidversuch
☐ sonstiger Suizidversuch
☐ vorsätzliche Selbstbeschädigung ohne Suizidabsicht
☐ unbekannt/unklar

falls Suizidversuch / Selbstbeschädigung:
ZAR4A   ZAR4B
Diagnose nach ICD-9   Diagnose nach ICD-10
E_ _ _._   X_ _._

Bedrohung / Tätlichkeiten im Vorfeld der jetzigen Aufnahme A21
☐ nein
☐ schwere Körperverletzung, Waffengebrauch o.ä.
☐ leichte Körperverletzung, Ohrfeigen o.ä.
☐ nur Sachbeschädigung, einschl. fremder Sachen
☐ nur Sachbeschädigung bei eigenen Sachen
☐ nur bedrohliches Verhalten ohne Tätlichkeiten
☐ unbekannt/unklar

Körperliche Beeinträchtigung bei Aufnahme A26
☐ nicht beeinträchtigt
☐ Schwierigkeiten
☐ Notwendigkeit von Hilfsmitteln
☐ Notwendigkeit einer Hilfsperson
☐ Abhängigkeit von einer Hilfsperson
☐ Weitgehende Unfähigkeit
☐ Völlige Unfähigkeit
☐ unbekannt/ unklar

CGI und GAF   A22 / A23 / A24

CGI-Wert Teil 1   GAF-Wert: max. GAF-Wert im letzten Jahr

Psychiatrische Diagnosen bei Aufnahme (ICD-9) A25
1.   2.   3.

ggf. Psychiatrische Differentialdiagnosen (ICD-9) ZAR 1
1.   2.   3.

Spezielle Diagnose für das Schlaflabor
ICD 9   ZAR 2A   ICD 10   ZAR 2B
/   /

Psychiatrische Diagnosen bei Aufnahme (ICD10) ZA20
1.   2.   3.
F_ _ _._   F_ _ _._   F_ _ _._

ggf. Psychiatrische Differentialdiagnose (ICD10) ZAP1
1.   2.   3.
F_ _ _._   F_ _ _._   F_ _ _._

Neurologische Diagnosen bei Aufnahme (ICD-10) ZAP22
1.   2.   3.
G_ _ _._   G_ _ _._   G_ _ _._

Sonstige somatische Diagnosen bei Aufnahme (ICD-10) ZAP23
Bitte deutlich "I" und "J" unterscheiden
1.   2.   3.

Schwangerschaft / Entbindung ZA24
Nur für Frauen ausfüllen
☐ nein bzw. entfällt
☐ derzeit schwanger (auch Verdacht)
☐ Entbindung (auch Fehlgeburt) im letzten halben Jahr
☐ unbekannt/unklar

Legende CGI Teil 1:
1 = nicht beurteilbar
2 = Patient ist überhaupt nicht krank, sondern normal
3 = Patient ist ein Grenzfall psychiatrischer Erkrankung
4 = Patient ist nur leicht krank
5 = Patient ist mäßig krank
6 = Patient ist deutlich krank
7 = Patient ist schwer krank
8 = Patient gehört zu den extrem schwer Kranken

Rechtsgrundlage 24 Stunden nach Aufnahme A27
☐ Patient wurde innerhalb der ersten 24 Std. entlassen

Patient bleibt:
☐ freiwillig
☐ freiwillig bei Vorliegen einer Betreuung

unfreiwillige Unterbringung:
nach BGB
☐ Unterbringung beantragt nach §§ 1631b, 1846, 1906
☐ Unterbringungsbeschluß liegt vor, §§ 1631b, 1846, 1906

☐ Unterbringung nach UBG

nach Strafrecht
☐ §§ 81, 83 StPO
☐ § 126a StPO
☐ Strafvollzugsgesetz / UVollzO.
☐ §§ 35, 36, 37 BtMG
☐ §§ 73, 72, 71 JGG
☐ § 63 StGB nach § 20 StGB
☐ § 63 StGB nach § 21 StGB
☐ § 64 StGB wg. "Trunksucht"
☐ § 64 StGB ohne "Trunksucht"

falls §§ 63, 64:
☐ erstmalig
☐ Wiederholungsfall
☐ Widerrufsfall (§ 67g StGB)
☐ Wiederholungs- und Widerrufsfall
☐ unbekannt

sonstige
☐ §§ 35a, 41, 42 KJHG

☐ ....

☐ unbekannt/unklar

Betreuungssituation 24 Stunden nach Aufnahme (bei Minderjährigen: Vormundschaft) A28
(Nur wenn Wirkungskreis = Aufenthaltsbestimmung und/oder Gesundheitssorge)
☐ keine
☐ Betreuung / Vormundschaft beantragt
☐ Betreuung / Vormundschaft besteht
☐ Aufhebung beantragt
☐ unbekannt/unklar

Zusätzliche Angabe weiterer Wirkungskreise des Betreuers / Vormunds ZA25
☐ alle Angelegenheiten
☐ Postkontrolle
☐ Wohnungsangelegenheit
☐ sonstige persönliche Angelegenheiten (Behörden etc.)
☐ Vermögenssorge
☐ Sonstiges:

Unterschrift

Anmerkungen / nicht vollständig ausgefüllt, weil:

Layout: Max Schiefele / BADO/QS-Team Bezirksklinikum Regensburg 4/97

BADO ENTLASSUNGSBOGEN

Bitte leserlich schreiben, um Rückfragen zu erleichtern.

Name _____ Vorname _____ Geburtsdatum _____ Station _____ ENTLASSUNGSDATUM _____ entlassende(r) Arzt/Ärztin Psychologe/Psychologin

Letzte Rechtsgrundlage vor Entlassung E2
☐ freiwillig
☐ freiwillig bei Vorliegen einer Betreuung
unfreiwillige Unterbringung:
 nach **BGB §§ 1631b, 1846, 1906**
  ☐ beantragt
  ☐ Beschluß liegt vor
   seit Datum:
 nach **UbG**
 nach **Strafrecht**
  ☐ §§ 81, 83 StPO
  ☐ § 126a StPO
  ☐ Strafvollzugsgesetz / UVollzO.
  ☐ §§ 35, 36, 37 BtMG
  ☐ §§ 73, 72, 71 JGG
  ☐ § 63 StGB nach § 20 StGB
  ☐ § 63 StGB nach § 21 StGB
  ☐ § 64 StGB wg. "Trunksucht"
  ☐ § 64 StGB ohne "Trunksucht"
   falls §§ 63, 64:
    ☐ erstmalig
    ☐ Wiederholungsfall
    ☐ Widerrufsfall (§ 67g StGB)
    ☐ Wiederholungs- und Widerrufsfall
    ☐ unbekannt
 sonstige
  ☐ §§ 35a, 41, 42 KJHG
  ☐ _____

☐ unbekannt/unklar

Betreuungssituation vor Entlassung E3
(bei Minderjährigen: Vormundschaft)
(Nur wenn Wirkungskreis = Aufenthaltsbestimmung und/oder Gesundheitssorge)
☐ keine
☐ Betreuung / Vormundschaft beantragt
☐ Betreuung / Vormundschaft besteht
☐ Aufhebung beantragt
☐ unbekannt/unklar

Psychopharmaka während des jetzigen Aufenthalts E4
(Mehrfachnennungen möglich)
☐ keine oder nur Bedarfsmedikation
☐ Depot-Neuroleptika ☐ Carbamazepin
☐ Clozapin ☐ andere Antiepileptika
☐ andere Neuroleptika ☐ Substitutionsbehandlung
☐ Antidepressiva ☐ Betablocker
☐ Benzodiazepine ☐ Clomethiazol
☐ andere Tranquilizer/ ☐ Antiparkinsonmittel
  Hypnotika
☐ Lithium
☐ sonstige: _____

☐ unbekannt/unklar

Probleme bei der Psychopharmakatherapie E5
(Mehrfachnennungen möglich)
☐ entfällt (keine Medikamente)
☐ keine besonderen Probleme
☐ Therapieresistenz / mangelnde Wirkung (A)
☐ erhebliche unerwünschte Arzneimittelwirkung (B)
☐ mangelnde Compliance des Patienten
☐ sonstige
Klartext für A / B: (jeweils nähere Beschreibung, Handelsname u.ä.
_____

☐ unbekannt/unklar

Sonstige somatische Therapieformen E6
(Mehrfachnennungen möglich)
☐ keine
☐ Schlafentzug ☐ nCPAP
☐ Lichttherapie ☐ BiPAP
☐ EKT
☐ sonstige: _____

☐ unbekannt/unklar

Psychotherapie E7
(Mehrfachnennungen möglich)
☐ keine spezifische Psychotherapie
○ Kognitive Therapie
○ Verhaltenstherapie
○ IPT
○ Psychoedukative Gruppen
○ spezifische Suchttherapie
○ Gesprächspsychotherapie
○ Entspannungstherapie
○ Tiefenpsychologisch fundierte Therapie
○ andere: _____

☐ unbekannt/unklar

Probleme bei Psychotherapie E8
☐ keine / entfällt ☐ Verschlechterung
☐ mangelnde Compliance ☐ sonstige
☐ Abbruch (durch Therapeut)
☐ unbekannt/unklar

Andere therapeutische Maßnahmen E9
(Mehrfachnennungen möglich)
☐ keine
○ Ergotherapie (z.B. BT, AT, kreative Verfahren)
○ Bewegungstherapie, Sport, Krankengymnastik, Physiotherapie
○ Sozialtherapeutische Verfahren
○ sonstige, z.B. Heilpädagogik

Spezielle Diagnostik durchgeführt E10
(Mehrfachnennungen möglich)
☐ keine
○ Leistungsdiagnostik
○ Persönlichkeitsdiagnostik (inkl. projektive Verfahren)
○ Neuropsychologische Diagnostik
○ andere psychologische Diagnostik
○ somat. Konsil (Art): _____

○ EKG ○ ohne ○ mit relev. Befund
○ EEG ○ ohne ○ mit relev. Befund
○ Röntgen-Thorax ○ ohne ○ mit relev. Befund
○ CCT ○ ohne ○ mit relev. Befund
○ MR (Schädel) ○ ohne ○ mit relev. Befund
○ Liquordiagnostik ○ ohne ○ mit relev. Befund
○ EMG / NLG ○ ohne ○ mit relev. Befund
○ Evozierte Potentiale ○ ohne ○ mit relev. Befund
○ Dopplersonographie ○ ohne ○ mit relev. Befund
○ Schlafpolygraphie ○ ohne ○ mit relev. Befund
○ MSLT ○ ohne ○ mit relev. Befund
○ Angiographie / DSA ○ ohne ○ mit relev. Befund
○ PET ○ ohne ○ mit relev. Befund
○ SPECT ○ ohne ○ mit relev. Befund
○ sonstige: ○ ohne ○ mit relev. Befund

☐ unbekannt/unklar

Suizidversuch während des stationären Aufenthalts E11
☐ keiner
☐ Suizid
☐ sicher gefährlicher Suizidversuch
☐ sonstiger Suizidversuch
☐ vorsätzliche Selbstbeschädigung ohne Suizidabsicht
☐ unbekannt/unklar
 falls Suizidversuch / Selbstbeschädigung:
  ZER4A   ZER4B
 Diagnose nach ICD-9 Diagnose nach ICD-10
  E_ _ _._   X_ _._ _

Bedrohungen / Tätlichkeiten während des stationären Aufenthalts E12
☐ keine
☐ schwere Körperverletzung, Waffengebrauch o.ä.
☐ leichte Körperverletzung, Ohrfeigen o.ä.
☐ nur Sachbeschädigung, einschließlich fremder Sachen
☐ nur Sachbeschädigung bei eigenen Sachen
☐ nur bedrohliches Verhalten ohne Tätlichkeiten
☐ unbekannt/unklar

Entweichung(en) E13
☐ nein
☐ ja: ☐ ohne Mitteilung an Polizei
   ☐ Vermißtenmeldung an Polizei
   ☐ polizeiliche Fahndung
   ☐ unbekannt, ob Meldung / Fahndung
☐ unbekannt/unklar

Fixierungen / Isolierungen E14A
☐ keine
☐ einmal
☐ mehrmals
☐ unbekannt/unklar

Entlassungsart E15
☐ reguläre Entlassung / Verlegung
☐ vorübergehende Verlegung (Rückübern. geplant)
☐ Beurlaubung
☐ Entweichung
☐ Entlassung gegen ärztlichen Rat / Abbruch der Behandlung durch den Pat.
☐ Entlassung wegen mangelnder Motivation / Kooperation
☐ verstorben aus natürlicher Ursache
☐ verstorben nach Suizidversuch
☐ verstorben nach Unfall / Fremdeinwirkung

Sonstige Vorkommnisse, Unfälle etc. ZE3
_____

(Teil-)stationäre Weiterbehandlung durch: E16A
☐ keine oder unzutreffend
☐ eigene Erwachsenenpsychiatrie
☐ eigene somatische / neurologische Abteilung
☐ eigene Tag- / Nachtklinik
☐ eigene KJP-Abteilung
☐ andere psychiatrische Klinik
☐ andere psychotherapeutische Klinik
☐ andere stationäre Einrichtung für Sucht
☐ andere psychiatrische Tag- / Nachtklinik
☐ andere KJP-Abteilung
☐ KH Barmherzige Brüder Regensburg
☐ KH St.Josef Regensburg
☐ Evangelisches KH Regensburg
☐ Universitätsklinik Regensburg
☐ andere somatische / neurologische Klinik
☐ sonstige: _____

☐ unbekannt/unklar

Komplementäre oder ähnliche Weiterversorgung durch: E16B
(Mehrfachnennungen möglich)
☐ keine oder unzutreffend
☐ eigene Sucht-REHA
andere Einrichtung für Rehabilitation:
 ○ vorwiegend medizinische REHA / Sucht-REHA
 ○ vorwiegend berufliche Rehabilitation
 ○ medizinisch und beruflich, z.B. RPK
☐ betreutes Einzelwohnen / betreute Wohngruppe
☐ eigene Forensik
☐ andere Forensik
☐ psychiatrisches (Übergangs-)Wohnheim
☐ psychiatrisches Tagesstätte
☐ eigener psychiatrischer Heimbereich
☐ psychiatrisches Pflegeheim
☐ Heim für chronisch Suchtkranke
☐ Heim für geistig Behinderte
☐ Altenheim, Altenwohnheim, Altenpflegeheim
☐ Altentagesstätte
☐ Werkstatt für Behinderte
☐ ambulante Arbeitstherapie / Arbeitstraining
☐ geschützter Arbeitsplatz
☐ sonstige: _____

☐ unbekannt/unklar

WEISSES DECKBLATT BITTE INNERHALB 4 TAGEN NACH ENTLASSUNG INS BADO-FACH! BLAUE KOPIE FÜR DIE KRANKENGESCHICHTE

Basisdokumentation in der Psychiatrie

Ambulante Nachbetreuung / Weiterbehandlung durch: (E16C)
(Mehrfachnennungen möglich)
- ☐ keine oder unzutreffend
- ○ Praktischer Arzt / Allgemeinarzt
- ○ niedergelassener Psychiater
- ○ niedergelassener ärztl. Psychotherapeut (Nicht-Psychiater)
- ○ freiberuflicher Psychologe / nichtärztlicher Psychotherapeut
- ○ sonstiger niedergelassener Arzt
- ● eigene psychiatrische Ambulanz / auch Suchtamb.
- ○ andere psychiatrische Ambulanz / Poliklinik
- ○ andere nicht-psychiatr. Ambulanz / Poliklinik
- ○ sozialpsychiatrischer Dienst, Gesundheitsamt
- ○ Arzt anderer öffentlicher Stellen, z.B. Truppenarzt
- ○ psychosozialer Dienst, psychiatrische Beratungsstelle
- ○ Suchtberatung
- ○ sonstige Beratungsstelle
- ○ allgemeine soziale Dienste / Sozialstation
- ○ Selbsthilfegruppen, Laiendienste
- ● eigenes Schlaflabor
- ○ sonstige:

☐ unbekannt/unklar

Empfohlene psycho- pharmakologische Weiterbehandlung (E17)
(Mehrfachnennungen möglich)

Codierung:
- 1-96 = Anzahl Monate (aufgerundet)
- 98 = empfohlen, ohne explizit vereinbarte Zeitdauer
- 99 = unbefristete Dauerbehandlung

☐ kein Medikament aus psychiatrischer Indikation oder unzutreffend

- ○ Depot-Neuroleptika für ___ Monate
- ○ Clozapin für ___ Monate
- ○ andere Neuroleptika für ___ Monate
- ○ Antidepressiva für ___ Monate
- ○ Benzodiazepine für ___ Monate
- ○ andere Tranquil./Hypnot. für ___ Monate
- ○ Lithium für ___ Monate
- ○ Carbamazepin für ___ Monate
- ○ andere Antiepileptika für ___ Monate
- ○ Substitutionsbehandlung für ___ Monate
- ○ Betablocker für ___ Monate
- ○ Clomethiazol für ___ Monate
- ○ Antiparkinsonmittel für ___ Monate
- ○ sonstige: ___ für ___ Monate

☐ unbekannt/unklar

Vorgesehene Psychotherapie: (E18)
(Mehrfachnennungen möglich)
- ☐ keine spezifische Psychotherapie oder unzutreffend
- ○ Kognitive Therapie
- ○ Verhaltenstherapie
- ○ IPT
- ○ Psychoedukative Gruppen
- ○ spezifische Suchttherapie
- ○ Gesprächspsychotherapie
- ○ Entspannungstherapie
- ○ Tiefenpsychologisch fundierte Therapie
- ○ sonstige:

☐ unbekannt/unklar

CGI und GAF bei Entlassung (E21A / E21B / E22)
(bei Tod, Zustand ca. 1 Tag vorher)

CGI-Wert Teil 1: ___ CGI-Wert Teil 2: ___ GAF-Wert: ___

Wohnsituation nach Entlassung (1. Wohnsitz) (E19)
- ☐ wie bei Aufnahme
- ☐ nicht zutreffend / Sterbefall

wenn **nicht** wie bei Aufnahme:
PLZ / Wohnort / Einrichtung:

- ☐ Privatwohnung, möbl. Zimmer, WG
- ☐ betreutes Einzelwohnen / betreute Wohngruppe
- ☐ therapeutisches psych. Heim, gerontopsych. Heim, Heim für geistig Behinderte, Übergangs- / Wohnheim, Nachtklinik
- ☐ Altenheim, Altenwohnheim, Altenpflegeheim
- ☐ sonstiges nicht-therapeut. Heim, z.B.Studentenwohnheim
- ☐ psychiatrisches Krankenhaus, inkl. nicht-KHG-Bereich
- ☐ Justizvollzugsanstalt
- ☐ ohne festen Wohnsitz
- ☐ sonstige:

☐ unbekannt/unklar

Lebt nach Entlassung zusammen mit (ZE6)
(Mehrfachnennungen möglich)
- ☐ wie bei Aufnahme
- ☐ nicht zutreffend / Sterbefall

wenn **nicht** wie bei Aufnahme:
- ○ allein in Privatwohnung
- ○ in Institution oder betreutem Wohnen
- ○ Eltern(teil)
- ○ (Ehe-)Partner
- ○ Kind(-ern)
- ○ Schwester / Bruder
- ○ anderen Verwandten
- ○ Bekannten, Wohngemeinschaft o.ä.
- ○ ohne festen Wohnsitz
- ○ sonstige:

☐ unbekannt/unklar

Berufliche Situation nach Entlassung (E20)
- ☐ nicht zutreffend / Sterbefall
- ☐ unverändert
- ☐ vorher Vollzeit, jetzt Teilzeit
- ☐ vorher berufstätig, jetzt arbeitslos
- ☐ vorher berufstätig, jetzt berentet
- ☐ Abnahme der (beruflichen) Tätigkeit aus anderem Grund, z.B. vorher berufstätig, jetzt in Ausbildung, Hausfrauentätigkeit etc.
- ☐ vorher arbeitslos, jetzt berufstätig
- ☐ vorher Teilzeit, jetzt Vollzeit
- ☐ Zunahme der (beruflichen) Tätigkeit aus anderem Grund, z.B. vorher in Ausbildung oder Hausfrauentätigkeit, jetzt berufstätig

☐ unbekannt/unklar

Drohte eine Kündigung des Arbeitsplatzes? (ZE7)
- ☐ nein bzw. entfällt / nicht zutreffend
- ☐ ja, und Kündigung droht weiterhin
- ☐ ja, aber Kündigung konnte abgewehrt werden
- ☐ ja, und Kündigung ist erfolgt
- ☐ unbekannt/unklar

Schwangerschaft / Entbindung (ZE14)
(Nur für Frauen ausfüllen!)
- ☐ nein bzw. entfällt
- ☐ derzeit schwanger (auch Verdacht)
- ☐ Entbindung (auch Fehlgeburt) im letzten halben Jahr
- ☐ unbekannt/unklar

Legende CGI Teil 2:
1 = Nicht beurteilbar
2 = Zustand ist sehr viel besser
3 = Zustand ist viel besser
4 = Zustand ist nur wenig besser
5 = Zustand ist unverändert
6 = Zustand ist etwas schlechter
7 = Zustand ist viel schlechter
8 = Zustand ist sehr viel schlechter

Psychiatrische Diagnosen bei Entlassung (ICD-9) (E23)
1. ___ 2. ___ 3. ___

ggf. Psychiatrische Differentialdiagnosen (ICD-9) (ZER1)
1. ___ 2. ___ 3. ___

Spezielle Diagnosen für das *Schlaflabor*
ICD 9 (ZER2A) ___ / ___   ICD 10 (ZER2B) ___ / ___

Psychiatrische Diagnosen bei Entlassung (ICD 10)
ICD 10: (ZE12)
1. F___ 2. F___ 3. F___

ggf. Psychiatrische Differentialdiagnosen ICD 10: (ZEP1)
1. F___ 2. F___ 3. F___

Neurologische Diagnosen bei Entlassung (ICD 10) (EP24)
1. G___ 2. G___ 3. G___

Sonstige somatische Diagnosen bei Entlassung (ICD 10) (EP25)
Bitte deutlich "I" und "J" unterscheiden
1. ___ 2. ___ 3. ___

Gegebenenfalls Todesursache
ICD 9 (E26) ___ bzw. ICD 10 (EP26) E___

Körperliche Beeinträchtigung bei Entlassung (E27)
- ☐ nicht zutreffend / Sterbefall
- ☐ nicht beeinträchtigt
- ☐ Schwierigkeiten
- ☐ Notwendigkeit von Hilfsmittein
- ☐ unbekannt/ unklar
- ☐ Notwendigkeit einer Hilfsperson
- ☐ Abhängigkeit von einer Hilfsperson
- ☐ weitgehende Unfähigkeit
- ☐ völlige Unfähigkeit

Spezielle Risiken (und Klartextangaben) (ZE15)
☐ keine ja nein unklar Klartext
- Anfallsleiden ○ ○ ○
- Medikamentenunverträglichk. ○ ○ ○
- sonst. Allergien, Asthma o.ä. ○ ○ ○
- Diabetes Mellitus ○ ○ ○
- chron. Infektionskrankheiten ○ ○ ○
- sonstige gravierende Risiken: ○ ○ ○

☐ unbekannt/unklar

Wenn verstorben nach Entlassung (ZE16)
Todesdatum (notfalls geschätzt): ___
- ☐ natürliche Ursache
- ☐ unbekannte / unklare Ursache
- ☐ Tod nach Suizidversuch
- ☐ Unfall / Fremdeinwirkung

Diagnose nach ICD-9 (ZE16C1)   Diagnose nach ICD-10 (ZE16C3)

Unterschrift

Anmerkungen / nicht vollständig ausgefüllt, weil:

Layout: Max Schiefele / BADO/QS-Team Bezirksklinikum Regensburg 4/97

VI.

Weitere Bereiche der psychosozialen Versorgung

Qualitätssicherung und Qualitätsmanagement im Rahmen der ambulanten Psychotherapie mit Kindern, Jugendlichen und ihren Bezugspersonen

Dorothee Rückert & Hans Wolfgang Linster

Inhalt:

1. Einleitung 422
2. Qualitätssicherung/Qualitätsmanagement als Aufgabe
   des Versorgungssystems 423

   2.1 Qualitätssicherung/Qualitätsmanagement im Gesundheitssystem: Grundlagen, Rahmenbedingungen, Merkmale versorgungssystemorientierter Qualitätssicherung/Qualitätsmanagement 423

   2.2 Grundbegriffe von Qualitätssicherung/Qualitätsmanagement 425

3. Besonderheiten von Psychotherapie mit Kindern,
   Jugendlichen und ihren Bezugspersonen 428

   3.1 Besonderheiten durch den Adressaten der Maßnahme 428

   3.2 Besonderheiten im Versorgungssystem 430

   3.3 Daraus resultierende Anforderungen und Aufgaben für Qualitätssicherung/Qualitätsmanagement 432

4. Arbeiten zu Qualitätssicherung und Qualitätsmanagement
   im Bereich Psychotherapie mit Kindern und Jugendlichen 433

   4.1 Dokumentationssysteme 434

   4.2 Entwicklung und Standardisierung von Verfahren für Diagnostik und Behandlungsevaluation 435

   4.3 Entwicklung von Leitlinien und Qualitätsstandards 436

   4.4 Qualitätsmanagement 439

   4.5 „Leitfaden zur Qualitätsbeurteilung in Psychiatrischen Kliniken" 440

   4.6 Jugendhilfe 441

5. Unser Konzept für Qualitätsmanagement im Bereich der
      ambulanten Psychotherapie mit Kindern, Jugendlichen
      und ihren Bezugspersonen 442
      5.1 Allgemeine Grundlagen unseres
          Qualitätsmanagement-Konzeptes 442
      5.2 Qualitätsmanagement-Handbuch: Ziel, Funktion,
          Strukturierungsgesichtspunkte 444
      5.3 Qualitätsmanagement-Handbuch: Grundstruktur, Aufgaben
          und Vorgehensweisen 446
   6. Schluß 453

1. Einleitung

Qualitätssicherung und Qualitätsmanagement (QS/QM) als „moderne" Anforderungen im Gesundheitswesen stellen auch den Bereich und das Fach „Psychotherapie mit Kindern und Jugendlichen" vor neue Aufgaben. Allerdings treffen diese Anforderungen auf eine „alte" Tradition, nach welcher die Qualität psychotherapeutischer Tätigkeit ein zentrales Ziel ist. Die Entwicklung des Faches und die Ausübung von Psychotherapie mit Kindern, Jugendlichen und deren Bezugspersonen erfolgte immer schon mit Bezug auf die Forschung. Die Ausbildung vermittelte fachliche Standards und sorgte für eine angemessene Qualifikation.

Von dieser fachlich begründeten und fachlich orientierten Form von „Qualitätssicherung" – gewissermaßen einer Vorform (Linster & Rückert, 1996) – grenzen wir die neuen Aufgaben ab, zu welchen das Versorgungssystem verpflichtet. Fachliche Qualität und fachlich orientierte Qualitätssicherung unterscheiden sich – bei allen Gemeinsamkeiten – von Qualität und Qualitätssicherung als Anforderung des Versorgungssystems. QS/QM als Aufgaben des Versorgungssystems behandeln Psychotherapie mit Kindern, Jugendlichen und ihren Bezugspersonen als Maßnahme und Leistung des Versorgungssystems und nicht als Fach.

Daher wollen wir in unserem Beitrag diese aus unserer Sicht grundlegende Unterscheidung zwischen fachlich orientierter und versorgungssystem-orientierter Qualität und QS/QM konsequent berücksichtigen. Aus diesem Grund behandeln wir Psychotherapie mit Kindern, Jugendlichen und ihren Bezugspersonen als vorgesehene Maßnahme der Versorgungssysteme (insbesondere Fünftes und Achtes Buch des Sozialgesetzbuches / SGB) und als Leistung der entsprechenden Einrichtungen, unabhängig von ihrer theoretischen Fundierung. Wir konzentrieren uns auf ambulante Psychotherapie, werden aber auch Beiträge aufgreifen, die für den stationären Versorgungsbereich erarbeitet wurden.

Schwerpunkt unseres Beitrages ist eine erste und vorläufige Ausarbeitung der Aufgaben von QS/QM, wie sie sich vom Versorgungssystem her für ambulante Psychotherapie mit Kindern, Jugendlichen und ihren Bezugspersonen stellen. Entsprechend der jeweiligen Aufgabe von QS und QM unterscheiden wir zwischen fallbezogener QS und einrichtungsbezogenem QM. Wichtige fachliche und maßnahmebezogene Aspekte werden kenntlich gemacht, Lösungsvorschläge skizziert und in Form eines QM-Handbuches für ambulante Versorgungseinrichtungen (Ambulanzen, Einzel- oder Gruppenpraxis) zusammengestellt.

2. Qualitätssicherung/Qualitätsmanagement als Aufgabe des Versorgungssystems

Unsere Position von versorgungssytemorientierter QS/QM wird erkennbar in Vorgaben des Versorgungssystems – speziell den gesetzlichen Regelungen des Sozialgesetzbuches und den zugehörigen Richtlinien oder Vereinbarungen – und in Konzepten und Methoden von Qualitätssicherung und Qualitätsmanagement, die in das Versorgungssystem eingeführt wurden.

Zuständig für ambulante Psychotherapie mit Kindern und Jugendlichen ist in erster Linie das SGB V, welches über die Psychotherapie-Richtlinien die Maßnahme explizit als Leistung der Krankenbehandlung vorsieht. Ambulante Psychotherapie mit Kindern und Jugendlichen wird jedoch auch in anderen Teilsystemen des Versorgungssystems als Leistung vorgesehen, insbesondere im Kontext mit Maßnahmen der Jugendhilfe. Daher verweisen wir auch auf das SGB VIII (Kinder- und Jugendhilfegesetz, KJHG), in welchem Vorstellungen über Qualität, Qualitätsanforderungen und auch Vorgaben zur Qualitätssicherung teils explizit, vorwiegend jedoch implizit enthalten sind (vgl. Harnach-Beck, 1997).

2.1 Qualitätssicherung/Qualitätsmanagement im Gesundheitssystem: Grundlagen, Rahmenbedingungen, Merkmale versorgungssystemorientierter Qualitätssicherung/Qualitätsmanagement

Die Verpflichtung zu Qualitätssicherung ist explizit im SGB V als „Sicherstellung der Qualität der Leistungserbringung" vorgeschrieben. Damit soll die Sicherstellung der Erbringung der vorgesehenen Leistungen des Versorgungssystems und damit das Erreichen der Versorgungsziele gewährleistet werden. Es geht somit um die Sicherstellung der Qualität des Versorgungssystems, die sich aus der Qualität einzelner Komponenten der Leistungserbringung – wie der fachlichen Leistung – zusammensetzt. Es geht nicht um Sicherstellung fachlicher Qualität. Die Komponenten und Teilziele, die die Qualität des Versorgungssystems ausmachen und als Leistungen vorgesehen werden, sowie die Anforderungen an die Leistungserbringer sind zugleich Anforderungen und Kriterien für QS/QM.

Der § 70 SGB V nennt in der Überschrift allgemeine Grundsätze: Qualität, Humanität und Wirtschaftlichkeit, die als Versorgungsziele auch Anforderungen an die Qualität der Versorgung darstellen. Sie werden um weitere Ziele und Vorgaben ergänzt: „Die Krankenkassen und die Leistungserbringer haben eine bedarfsgerechte und gleichmäßige, dem allgemein anerkannten Stand der medizinischen Erkenntnisse entsprechende Versorgung ... zu gewährleisten. Die Versorgung ... muß ausreichend und zweckmäßig sein, darf das Maß des Notwendigen nicht überschreiten und muß wirtschaftlich erbracht werden" (§ 70 (1), SGB V).

Die Qualität der Versorgung ergibt sich auch aus der Fachlichkeit, d.h. daß sie „dem allgemein anerkannten Stand der medizinischen Erkenntnisse" – dem anerkannten Stand des Faches – entspricht. Die Verbindung von Qualität und Fachlichkeit wird bereits in § 2 (1) SGB V hergestellt: „Qualität und Wirksamkeit der Leistungen haben dem allgemeinen Stand der medizinischen Erkenntnisse zu entsprechen und den medizinischen Fortschritt zu berücksichtigen."

Auch der dritte allgemeine Grundsatz „Humanität" ist als Qualitätsmerkmal des Versorgungssystems zu verstehen und zu berücksichtigen. „Die Krankenkassen und die Leistungserbringer haben durch geeignete Maßnahmen auf eine humane Krankenbehandlung ihrer Versicherten hinzuwirken" (§ 70 (2), SGB V). Damit wird betont, daß es sich nicht um die Behandlung von Krankheiten handelt, sondern um die Behandlung kranker Menschen. Eine vergleichbare Orientierung am Menschen sehen wir im § 1 des SGB VIII (KJHG), in welchem das Recht jedes jungen Menschen auf „Förderung seiner Entwicklung und auf Erziehung zu einer eigenverantwortlichen und gemeinschaftsfähigen Persönlichkeit" festgeschrieben wird (Absatz 1). Wir stellen die hier formulierten allgemeinen Prinzipien von Kindes- und Jugendwohl neben den Grundsatz der humanen Krankenbehandlung und verstehen beide als übergeordnete Ziele und Kriterien zur Beurteilung der Qualität der Versorgung von Kindern und Jugendlichen.

In den einschlägigen §§ 135-139 des SGB V werden Teilaufgaben, Vorgehensweisen und Zuständigkeiten geregelt, die die speziellen Anforderungen und Gesichtspunkte von QS/QM im Versorgungssytem weiter verdeutlichen:

- „Neue Untersuchungs- und Behandlungsmethoden" dürfen nur dann als Leistungen abgerechnet werden, wenn in Richtlinien Empfehlungen abgegeben wurden über 1. die Anerkennung des diagnostischen und therapeutischen Nutzens der neuen Methode, 2. die notwendige Qualifikation sowie die apparativen Anforderungen, um eine sachgerechte Anwendung zu sichern, und 3. die erforderlichen Aufzeichnungen über die Behandlung (§ 135 (1) SGB V).
- Qualitätsprüfungen im Einzelfall (§ 136 SGB V): Die Bundesausschüsse der Ärzte und Krankenkassen entwickeln in Richtlinien (nach § 92 SGB V) Kriterien zur Qualitätsbeurteilung in der vertragsärztlichen Versorgung. Die Durchführung der Prüfungen erfolgt durch die Kassenärztlichen Vereinigungen im Einzelfall durch Stichproben, deren Auswahl, Umfang und Verfahren im Benehmen mit näher definierten Einrichtungen festgelegt werden.
- Bereiche, auf die sich die Prüfungen beziehen, werden konkret benannt, und zwar die Qualität der Behandlung, der Versorgungsabläufe und der Behandlungsergebnisse. Dabei sollen vergleichende Prüfungen ermöglicht werden (§ 137 (2) SGB V).
- Art und Umfang der Krankenhausbehandlung sollen den Anforderungen dieses Gesetzes entsprechen. Dazu sind Verträge zu schließen, die u.a. auch die Verfahrens- und Prüfungsgrundsätze für Wirtschaftlichkeits- und Qualitätssicherungsprüfungen regeln (§ 112 (2) SGB V).

Die Vorschriften gelten in der Regel ausdrücklich für stationäre Einrichtungen, wobei auch Versorgungseinrichtungen für Kinder und Jugendliche benannt werden (u.a. § 113 (4), SGB V). Aus verschiedenen Gründen (u.a. Gleichbehandlung, Psychotherapeutengesetz, Bedarfsplanung) ist zu erwarten, daß diese Vorgaben in Zukunft systematisch auch auf ambulante Einrichtungen – wie psychotherapeutische Praxiseinrichtungen – angewandt werden, wenn diese zur Erbringung von Versorgungsleistungen beitragen und zugelassen werden.

2.2 Grundbegriffe von Qualitätssicherung/Qualitätsmanagement

QS und QM unterliegen stetiger Weiterentwicklung und damit auch einem stetigen Wandel. Ein Teil des Wandels zeigt sich im veränderten Verständnis von Qualitätssicherung. Der Begriff „Qualitätssicherung" wurde – mit Bezug zum Normensystem DIN EN ISO – durch den Begriff „Qualitätsmanagement" ersetzt. Auch der im SGB V verwendete Begriff QS wurde von diesen begrifflichen Veränderungen und dem neuen Verständnis erfaßt (vgl. Viethen & Maier, 1996).

QS und QM selbst unterliegen einer Präzisierung und Standardisierung. Inzwischen ist es fast selbstverständlich, Begriffe und Konzepte des Normensystems DIN EN ISO – speziell der Normenreihe DIN EN ISO 9000 – oder anderer Qualitätssysteme (z.B. European Quality Award, EQA) für die Behandlung von Aufgaben der QS und des QM auch im Gesundheitswesen zu verwenden (vgl. Jaster, 1996; Kamiske & Brauer, 1995; Spörkel, Ruckriegel, Janßen & Eichler, 1997; Viethen & Maier, 1996).

Der Wandel zeigt sich auch in der zunehmenden Verbreitung und Anwendung der Konzepte des umfassenden Qualitätsmanagements (UQM/TQM) (vgl. z.B. Spörkel et al., 1997). QS wird nicht mehr nur als technische oder punktuelle Maßnahme verstanden, die z.B. darin besteht, spezielle fachliche Kompetenzen unter QS-Gesichtspunkten nutzbar zu machen und mit dieser gleichzusetzen. Vielmehr wird entsprechend dem neuen Paradigma QM als umfassende Aufgabe der Einrichtung verstanden.

Qualität wird nach DIN EN ISO 8402 definiert als „die Gesamtheit von Merkmalen einer Einheit bezüglich ihrer Eignung, festgelegte und vorausgesetzte Erfordernisse zu erfüllen" (Kamiske & Brauer, 1995, S. 126). Neben dieser Bestimmung von „Qualität als definierbare Eignung" (z.B. einer Einrichtung oder eines Behandlungsprogramms) steht als zweite die von „Qualität als Leistung", verstanden „als Grad der Erfüllung von Qualitätsanforderungen eines Produktes oder einer Dienstleistung" (Viethen & Maier, 1996, S. 150). Qualität medizinischer Versorgung ist „fachorientiert" und „patientenorientiert" („kundenorientiert") ausgerichtet: Qualität der Versorgung bedeutet, „vorgegebene Erfordernisse des Patienten ... unter Berücksichtigung des aktuellen Standes der Medizin zu erfüllen" (Viethen & Maier, 1996, S. 150).

Qualitätsmanagement als neuer Oberbegriff umfaßt nach DIN EN ISO 8402-1995-08 „alle Tätigkeiten des Gesamtmanagements, die im Rahmen des QM-Systems die Qualitätspolitik, die Ziele und Verantwortungen festlegen sowie diese durch Mittel wie Qualitätsplanung, Qualitätslenkung, Qualitätssicherung/QM-Darlegung und Qualitätsverbesserung verwirklichen" (Viethen & Maier, 1996, S. 150). Qualitätssicherung wird eingegrenzt „auf das Gebiet der Qualitätsmanagement-Darlegung oder (auf) Qualitätssicherung mit Prüf-/Kontrollfunktion" (Viethen & Maier, 1996, S. 150f.).

Das Qualitätsmanagement-System definiert die „zur Verwirklichung des Qualitätsmanagements erforderliche Organisationsstruktur, Verfahren, Prozesse und Mittel" (Viethen & Maier, 1996, S. 151). Das Qualitätsmanagement-Handbuch ist die Dokumentation eines Qualitätsmanagement-Systems und gibt die grundsätzliche Einstellung des Managements sowie Absichten und Maßnahmen zur Sicherung und Verbesserung der Qualität wieder (Kamiske & Brauer, 1995).

Qualitätsmanagement dient zwar auch der Qualitätskontrolle bzw. der Sicherstellung, daß vorgesehene Leistungen mit den gegebenen Mitteln (Prozessen) erzielt werden. Übergeordnet ist jedoch der Gedanke, Qualität „prospektiv" zu managen, d.h. in erster Linie einen kontinuierlichen Prozeß zur Optimierung der Qualität vorzusehen. Ergebnisorientierte Qualitätssicherung (Sicherstellung vorgegebener Qualität) wird um prozeßorientiertes Qualitätsmanagement erweitert.

Die bei der Formulierung von Qualitätssicherungs-Maßnahmen bisher vielfach verwendete „klassische" Unterscheidung zwischen den drei Qualitätsaspekten Struktur-, Prozeß- und Ergebnisqualität von Donabedian (1988) stellt diese in einen linearen funktionalen Zusammenhang. Prozeßqualität steht als „produzierende" Größe zwischen Struktur- und Ergebnisqualität. Das Modell ist nach heutigem Verständnis zu vereinfachend und betont zu sehr die Ergebnisorientierung von QS.

Der sogenannte „Qualitätskreis" nach DIN EN ISO 9004 (Kamiske & Brauer, 1995) bzw. der PDCA-(Plan-Do-Check-Act)-Zyklus (Selbmann, 1995) erweitert die enge Auffassung von ergebnisorientierter Qualitätssicherung als Qualitätskontrolle und Problemerkennung in Richtung Prozeß. Er beschreibt den Qualitätsverbesserungsprozeß als permanenten problemorientierten Kreislauf mit den Schritten Problemerkennung – Planen (Problemanalyse) – Handeln (Problemlösung) – Prüfen (Evaluation) – Aktion I (prophylaktische Qualitätssicherung) – (erneute) Aktion II (Problemerkennung).

Die Führungsphilosophie des „Umfassenden Qualitätsmanagements (Total Quality Management)" greift den Prozeßgedanken auf. Zur Prozeßorientierung treten als weitere Dimensionen die Mitarbeiter- und die Kundenorientierung. Es handelt sich um eine „umfassende" Qualitätsstrategie, die alle Bereiche erfaßt und integriert (Kamiske & Brauer, 1995, S. 243ff.):

- Die Kundenorientierung ist Qualitätsleitlinie für das Qualitätsmanagement. Der erweiterte Kundenbegriff unterscheidet interne (direkte Adressaten der Dienstleistung) und externe (indirekte) Kunden. Zu den internen Kunden zählen auch die Mitarbeiter der Einrichtung selbst.
- Die Prozeßorientierung betont die ständige Verbesserung sämtlicher Arbeitsprozesse mit Konzentration auf die Wertschöpfungskette. Es geht um die Optimierung der erforderlichen Tätigkeiten, insbesondere um die Maßnahmen, die zur Haupt-(dienst)leistung der Einrichtung zählen. Leitlinien und Standards (s.u.) spielen dabei eine wichtige Rolle.
- Die Mitarbeiterorientierung richtet den Blick auf die Beteiligung der Mitarbeiter

am Prozeß, auf die fortlaufende Verbesserung ihrer Qualifikation einschließlich ihrer Selbstevaluationskompetenz (Kompetenzorientierung) und auf die Mitarbeiterzufriedenheit. Die Qualität der Organisation der Arbeitsprozesse und der Arbeitsbedingungen (Quality of Working Life) einschließlich der internen Kooperation und der Möglichkeit, Ausführungsverantwortung zu übernehmen, sind wichtige Komponenten der Mitarbeiterorientierung. Qualitätszirkel sind dafür eine Methode der Wahl (vgl. auch Gierschner & Piwernetz, in diesem Band).
- Das Verständnis der gesundheitlichen Versorgung als personbezogene Dienstleistung (Schwartz & Haase, 1994) betont die Notwendigkeit, den Kunden- bzw. Patienten als „Mitproduzenten" und nicht nur als Abnehmer und Beurteiler der Dienstleistung einzubeziehen. Kunden gestalten und bewerten nicht nur das Ergebnis, sondern auch Art und Qualität (Prozeß) der Leistung und den Ort (Struktur) der Leistungserbringung. Dies gilt auch und gerade für die Kunden der Dienstleistung Psychotherapie mit Kindern und Jugendlichen.

Die Einrichtung und Anwendung eines QS-/QM-Systems umfaßt in der Regel die Strukturelemente Überwachungssystem (Qualitätskreis), Dokumentationssystem, die Festlegung von Kriterien und Standards und die Fokussierung des Gegenstandes.

- Das „Überwachungssystem (Monitoring)" ist idealerweise nach dem Modell des Qualitätssicherungszyklus (PDCA-Zyklus) organisiert und enthält neben der Routine-Überwachung ein „prozeßorientiertes Optimierungssystem".
- Das Dokumentationssystem umfaßt das Sammeln, Ordnen und Archivieren von Dokumenten inklusive der Beschreibung der Regeln zur Erfassung und Speicherung der Daten bzw. Dokumente. Dokumentationssysteme können über die reine Dokumentation hinaus zur (Routine-)Überwachung implementiert und genutzt werden und damit „erheblich zur Handlungs- und Erfolgsoptimierung der klinischen Alltagspraxis beitragen" (Laireiter & Baumann, 1996, S. 500).
- Die Nützlichkeit eines Dokumentationssystems für QS/QM ergibt sich vor allem aus seiner Abbildungsgüte: Das System muß mit den erfaßten Daten die „Leistungserbringung im Versorgungssystem" abbilden, d.h. alle dafür relevanten Daten, die diesbezüglich in der Einrichtung produziert werden, erfassen. Es stellt somit fachliche Tätigkeiten, die zur Erbringung der geforderten Leistungen realisiert werden, und die vom Versorgungssystem vorgegebenen Anforderungen (u.a. die Maßnahmen und Kriterien) miteinander in Beziehung.
- Handlungsleitlinien oder Leitlinien sind systematisch entwickelte Entscheidungshilfen über die angemessene fachliche Vorgehensweise bei speziellen fachlich definierten Aufgabenstellungen, die wissenschaftlich und/oder fachlich (durch Erfahrung) begründet sind. Damit ist auch die Möglichkeit gegeben, Prozesse und Effekte empirisch zu untersuchen; die Inhalte sind lehrbar und lernbar.
- Die Begriffe Handlungsleitlinie und (Qualitäts-)Standard werden oft synonym verwendet, sie sind jedoch wegen des unterschiedlichen Kontextes und nicht zuletzt unter rechtlichen Gesichtspunkten zu unterscheiden: Standards haben juristisch bindenden Charakter, Leitlinien sind demgegenüber offener. Leitlinien sind „praxisorientierte Orientierungshilfen im Sinne von 'Handlungskorridoren', von denen

in begründeten Fällen auch abgewichen werden kann oder sogar muß" (Ollenschläger & Thomeczek, 1996, S. 355).
- Der Begriff Kriterium wird verstanden im Sinne eines „unterscheidenden bzw. kritischen Merkmals". Er kann verwendet werden, um einen Aspekt von fachlicher Qualität zu erfassen (z.B. Testgütekriterien) oder einen Aspekt der Qualität der Versorgungsleistung (z.B. Behandlungsdauer). Von seiten des Faches ist daher zu definieren, anhand welcher Kriterien die fachliche Leistung beschrieben wird, von seiten des Versorgungssystems festzulegen, anhand welcher Kriterien die Qualität der Leistungserbringung erfaßt werden soll.
- Der Begriff Standard betont den Aspekt der Anforderung oder Erwartung bezüglich Art oder Güte einer bestimmten Tätigkeit oder Leistung und enthält zumindest implizit auch eine qualitative Aussage. Standards legen eine Bezugsgröße fest, in welcher ein Kriterium (s.o.) erfüllt sein muß, um als akzeptable Qualität oder als nicht akzeptable (schlechte) Qualität zu gelten.
- Indikatoren bzw. Qualitätsindikatoren sind gut definierte, empirisch gesicherte Merkmale (Kriterien), die die Qualität einer Einheit (etwa einer Beratungsstelle oder einer Klinik) durch Zahlen oder Zahlenverhältnisse abbilden (z.B. die Abbrecherquote, Rückfallquote). Indikatoren bzw. Qualitätsindikatoren können die Herstellung und das Ergebnis einer qualitativ hochwertigen fachlichen oder Versorgungsleistung anzeigen.
- Die Fokussierung des Gegenstandes erfordert dessen Definition und Eingrenzung. Beides zielt darauf ab, die „Qualität" des Gegenstandes zum Gegenstand des Qualitätsmanagements zu machen. Analog zur Definition von Qualität gilt es, alle relevanten Merkmale zu identifizieren und zu berücksichtigen. Für den Gegenstand „Psychotherapie mit Kindern und Jugendlichen" bedeutet dies, neben den allgemeinen Merkmalen von Psychotherapie die Besonderheiten der Psychotherapie mit Kindern und Jugendlichen im Versorgungssystem zu identifizieren und entsprechend einzubeziehen.

3. Besonderheiten von Psychotherapie mit Kindern, Jugendlichen und ihren Bezugspersonen

3.1 Besonderheiten durch den Adressaten der Maßnahme

Der Bereich Psychotherapie mit Kindern und Jugendlichen ist gegenüber der Psychotherapie mit Erwachsenen durch eine Reihe von Besonderheiten charakterisiert, die sich zunächst durch den Adressaten der Maßnahme, das Kind oder den Jugendlichen, ergeben. Sie sind direkt durch die Person und indirekt durch den (besonderen) Status der Person in der Gesellschaft bedingt.

Besonderheiten liegen speziell darin, daß Kinder und Jugendliche sich in einem permanenten körperlichen (auch sensumotorischen), kognitiven, sozialen und emotionalen Entwicklungsprozeß befinden. Anders als beim Erwachsenen spielen kognitive und körperliche Reifungsprozesse sowohl für die gesunde als auch für die gestörte Entwicklung noch eine zentrale Rolle. Für diese prozeß- und entwicklungsorientierte

Betrachtung sprechen Erkenntnisse der Entwicklungspsychologie, wonach kognitive und soziale Entwicklung in sensiblen Perioden stattfindet, und der Neuropsychologie, wonach zerebrale Entwicklung nicht kontinuierlich, sondern in „Wachstumsspurts" erfolgt (Petermann, 1997).

Entsprechend dieser prozeß- und entwicklungsorientierten Betrachtung gilt es z.B. zu berücksichtigen, daß Kinder und Jugendliche üblicherweise nicht wie Erwachsene sprachlich und im Gespräch ihr Anliegen und ihre Befindlichkeit mitteilen, sondern nichtsprachlich und durch Handlungen. Der validere Zugang zu relevanten Sachverhalten erfolgt also über entwicklungsabhängige besondere Ausdrucksformen, wie sie z.B. im kindlichen Spiel für den erfahrenen Behandler sichtbar werden und entsprechend ihrer Bedeutung zu verstehen sind.

Kinder und Jugendliche verfügen in jedem Entwicklungsalter über spezielle Ressourcen für die anstehenden Entwicklungsaufgaben und über spezielle individuumsbezogene und soziale Kompetenzen. Der Entwicklungsprozeß kann zu jedem Zeitpunkt in vielen Bereichen gestört werden, so daß Entwicklungs- und Störungsprozesse sich in unterschiedlichen Bereichen wechselseitig positiv oder negativ beeinflussen.

Das SGB VIII (KJHG) greift diesen Gedanken der entwicklungsbetonten sensiblen Lebensphasen für das Kind und den Jugendlichen auf und betont im § 1 (1) das „Recht auf Förderung seiner Entwicklung und auf Erziehung zu einer eigenverantwortlichen und gemeinschaftsfähigen Persönlichkeit". Ebenso berücksichtigt das SGB VIII (KJHG) die Tatsache, daß Kinder und Jugendliche zu einer selbständigen Lebensführung immer nur in Teilbereichen in der Lage sind; daher wird ihnen die Zuständigkeit und Verantwortung dafür auch nicht zugesprochen. Zuständigkeit und Verantwortung liegen bei den Eltern. Das Verhältnis zwischen Kindern und ihren Eltern (oder ersatzweise: Personensorgeberechtigten) wird daher besonders geregelt. So formuliert § 1 (2) des SGB VIII: „Pflege und Erziehung der Kinder sind das natürliche Recht der Eltern und die zuvörderst ihnen obliegende Pflicht. Über ihre Betätigung wacht die staatliche Gemeinschaft".

Allgemein läßt sich sagen, daß die Gesellschaft die entwicklungsbedingten Besonderheiten, insbesondere die noch nicht vorhandene Fähigkeit zur selbständigen Lebensführung, in vielfältiger Weise beachtet und Kindern und Jugendlichen in vielen Teilsystemen eine Sonderrolle zuweist. Diese ist teilweise über „Defizite" definiert (fehlende Mündigkeit, fehlende Geschäftsfähigkeit, fehlende Strafmündigkeit), teilweise jedoch auch über besondere Erfordernisse (Schutzbedürfnis, Sorge).

Aus den Besonderheiten der Person ergeben sich besondere fachliche Aufgaben. Insbesondere gilt es, die Entwicklungs- und Störungsperspektive bei der Diagnose- und Indikationsstellung sowie bei der Behandlung und Behandlungsbeurteilung zu berücksichtigen. Da es sich beim Adressaten der Maßnahme um ein Kind oder einen Jugendlichen handelt, also eine „unselbständige Person", für welche die Sorgeberechtigten zuständig sind, sind Bezugspersonen des Kindes oder Jugendlichen entsprechend dem Entwicklungsalter und der Störung an der Maßnahme „Psychotherapie mit Kindern und Jugendlichen" zu beteiligen.

Die Personen treten dabei immer zugleich als Person und in ihrer Rolle und Funktion als Eltern oder Kind in die Behandlungssituation. Rolle und Funktion stellen auch den Bezug zur Lebenssituation und Lebenswelt her. Psychotherapie mit Kindern und

Jugendlichen muß daher immer auch diesen Kontext der Lebenswelt – und der Ökosysteme – als weitere Perpektive (weit mehr als bei Erwachsenen) bei allen Aufgabenstellungen explizit und systematisch einbeziehen.

3.2 Besonderheiten im Versorgungssystem

Die „Versorgung" von Kindern und Jugendlichen und speziell auch die psychotherapeutische Versorgung erfolgt entsprechend der Vielschichtigkeit der behandlungsbedürftigen Störungen in verschiedenen Einrichtungen des Versorgungssystems. Dies kann sich bis in die einzelne Einrichtung hinein abbilden, die unterschiedliche Angebote und Maßnahmen (etwa Diagnostik, Beratung, Übungsbehandlung, Psychotherapie) anbietet und dementsprechend entweder „mischfinanziert" oder einzelfallbezogen mit unterschiedlichen Kostenträgern abrechnet.

Psychotherapie mit Kindern und Jugendlichen ist eine nachrangige (tertiäre) Maßnahme. Sie ist oft erst dann indiziert, wenn Erziehung und Förderung (allein) nicht (mehr) ausreichen oder wirksam sind. Psychotherapie kann auch in Verbindung und gleichzeitig mit anderen notwendigen Maßnahmen indiziert sein oder um die psychischen Voraussetzungen für weitere erforderliche Maßnahmen (etwa Übungsbehandlung) zu schaffen. Ebenso kann sie als Maßnahme zur Heilung oder Linderung psychischer Folgen von Entwicklungsstörungen, Behinderung, (körperlicher) Krankheit, „abnormen psychosozialen Umständen" und/oder dadurch notwendige Maßnahmen oder auch Fehlbehandlungen indiziert sein.

Die Komplexität der Aufgabe, die vom Patienten vorgegeben und vom Versorgungssystem aufgegriffen wird, erfordert eine multiperspektivische Betrachtung und Vorgehensweise. Die notwendige Multiperspektivität wird z.B. durch das Multiaxiale Klassifikationsschema für psychische Störungen des Kindes- und Jugendalters nach ICD-10 der WHO (MAS) (Remschmidt & Schmidt, 1994) hinsichtlich der Diagnose geleistet. Sie liefert neben den Daten zur vorliegenden Störung oder Erkrankung auch die geforderte Begründung für die Behandlungsbedürftigkeit. Darüber hinaus erleichtert die multiaxiale Betrachtung die (fachliche) Indikationsentscheidung bezüglich der erforderlichen Maßnahmen für das Kind oder gegebenenfalls für das soziale Umfeld. Sie klärt aber schließlich auch die Zuständigkeiten im Versorgungssystem (Specht, 1995).

Grundsätzlich ist bei psychischen Krankheiten der Bereich der kurativen Krankenversorgung, wie er im SGB V geregelt ist, zuständig. Die Psychotherapie-Richtlinien regeln und der Kommentar von Faber & Haarstrick (1994) erläutert die Modalitäten für die Maßnahme Psychotherapie als Krankenbehandlung, auch die für (analytische) Kinder- und Jugendlichen-Psychotherapie und Verhaltenstherapie mit Kindern und Jugendlichen. Psychotherapie ist auch im Rahmen des SGB V als (Teil)beitrag zu anderen Behandlungsmaßnahmen wie z.B. der medizinischen Rehabilitation (Psychotherapie-Richtlinien II.D.1.4.3; Faber & Haarstrick, 1994, S. 54) vorgesehen.

Psychotherapie kann bei gegebener Indikation auch als Maßnahme der „Eingliederungshilfe für seelisch behinderte Kinder und Jugendliche" im Sinne der § 35a und 36 des SGB VIII erfolgen. Die Entscheidung über die Hilfeart soll „im Zusammenwirken mehrerer Fachkräfte" getroffen (Absatz 2), bei der Aufstellung des „Hilfeplanes" soll ein Arzt beteiligt (Absatz 3) werden. Kooperationsanforderungen sind in diesem Kontext explizit benannt, ohne daß klare Regelungen über Entscheidungsstrukturen oder Finanzierung festgelegt sind (vgl. Fegert, 1992, 1993, 1995). Anspruchsberechtigt sind auch die Personensorgeberechtigten, wenn „eine dem Wohl des Kindes oder des Jugendlichen entsprechende Erziehung nicht gewährleistet ist und die Hilfe für seine Entwicklung geeignet und notwendig ist" (§ 27 (1) SGB VIII). Ambulante Psychotherapie kann dann mit Blick auf § 27 (3) SGB VIII erfolgen: „Hilfe zur Erziehung umfaßt insbesondere die Gewährung pädagogischer und damit verbundener therapeutischer Leistungen".

Notwendige, jedoch nicht hinreichende Bedingung dafür, daß die im Versorgungssystem vorgesehene Maßnahme „ambulante Psychotherapie mit Kindern und Jugendlichen" durchgeführt wird, ist das Vorliegen einer behandlungsbedürftigen psychischen Erkrankung, von welcher bekannt ist, daß sie durch Psychotherapie erfolgreich behandelt werden kann. Neben die Behandlungsbedürftigkeit treten die Kriterien Zweckmäßigkeit, Wirtschaftlichkeit und Humanität bzw. Kindeswohl. So ist zu entscheiden, ob zum gegebenen Zeitpunkt Psychotherapie mit dem Kind oder Jugendlichen tatsächlich auch die zweckmäßigste Maßnahme darstellt oder ob andere Maßnahmen angemessener sind. Zur Sicherstellung der Qualität der Leistungserbringung gilt es daher, differentiell zu entscheiden, welche Maßnahmen bzw. Leistungen indiziert sind: z.B. Erziehungsberatung oder sozialpädagogische Einzelbetreuung (§§ 28 bzw. 35 SGB VIII) oder beispielsweise auch ein Schulwechsel oder Sorgerechtsentzug. Die Entscheidung, ob mehrere Maßnahmen gleichzeitig oder nacheinander erfolgen können, wird beispielsweise (regional unterschiedlich) durch Ausführungsbestimmungen zum SGB VIII eingeschränkt, wonach bestimmte Maßnahmen nicht gleichzeitig finanziert werden.

Die Durchführung der Maßnahme „ambulante Psychotherapie mit Kindern und Jugendlichen" erfordert in weit größerem Ausmaß als im Erwachsenenbereich fachliche und administrative Kooperation mit unterschiedlichen Berufsgruppen. Dies trifft auch für die Zusammenarbeit mit Ärzten zu. Bereits für die Erstellung der vorgesehenen Diagnosen ist die fachliche Kooperation mit Ärzten unterschiedlicher Fachrichtungen notwendig. Die Zuständigkeit des Arztes für die Notwendigkeitsbescheinigung oder die Delegation für die Durchführung ist im Erwachsenenbereich geregelt. Das Versorgungssystem der BRD sieht für die Durchführung von Psychotherapie mit Kindern und Jugendlichen auch Qualifikationen vor, allerdings nicht auf gesetzlicher Ebene (dafür soll das Psychotherapie-Gesetz sorgen), sondern auf der Ebene von Richtlinien und Ausführungsbestimmungen. Daher ist gerade der Bereich der ambulanten Psychotherapie mit Kindern und Jugendlichen ein Bereich, in welchem neben Ärzten und Psychologen mit entsprechender Zusatzqualifikation auch andere Berufsgruppen psychotherapeutisch tätig sind, die teilweise ebenfalls eine anerkannte Qualifikation vorweisen. Dazu zählen im Rahmen der Richtlinienpsychotherapie Analytische Kinder- und Jugendlichenpsychotherapeuten. Allerdings ist auch festzustellen, daß mit der Definition von „Psychotherapie" mit Kindern und Jugendlichen oft sehr „großzügig" verfahren wird und die hier erforderliche Abgrenzung zu pädagogischen oder anderen therapeutischen Maßnahmen fachlich und administrativ nicht geleistet wird.

3.3 Daraus resultierende Anforderungen und Aufgaben für Qualitätssicherung/Qualitätsmanagement

Die durch die Besonderheiten der Adressaten und des Versorgungssystems entstehenden Gegebenheiten stellen neben besonderen fachlichen Aufgaben auch besondere Anforderungen an QS und QM. Als QS-Aufgabe gilt es insbesondere, den spezifischen Beitrag der Maßnahme Psychotherapie entweder als alleinige Maßnahme oder als Teil eines Gesamtbehandlungsplanes zu optimieren, ihn entsprechend kenntlich und von anderen Maßnahmen unterscheidbar zu machen.

Ambulante Psychotherapie mit Kindern und Jugendlichen bedeutet für die Behandlungseinrichtung grundsätzlich, daß pro Behandlungsfall mindestens zwei „direkte Kunden" zu berücksichtigen sind: Außer dem Kind oder Jugendlichen sind dies die Eltern bzw. Personensorgeberechtigten. Entsprechend dem erweiterten Kundenbegriff im Sinne des TQM sind auch andere Leistungserbringer (z.B. Kinderärzte, Logopäden), die zuweisenden Stellen und der Kostenträger ebenfalls (externe) Kunden der Einrichtung. Alle damit verbundenen Aufgaben – wie z.B. die „begleitende Psychotherapie der Bezugsperson" – sind ebenfalls in die QS-/QM-Maßnahmen einzubeziehen.

Die erforderliche Beteiligung von Bezugspersonen und die Berücksichtigung der Lebenswelt der „direkten Kunden" Patient und Bezugsperson(en) stellt zwar wegen der hohen Komplexität höhere Anforderungen, bietet aber gerade durch diese Komplexität und die erweiterte Perspektive besondere Chancen. Die Arbeit mit Bezugspersonen bietet die Möglichkeit, relevante Informationen (Drittberichte, Fremdbeobachtungen) zur Optimierung der Maßnahme zu gewinnen und direkte und indirekte Formen von Unterstützung zu entwickeln. Die Beteiligung Dritter erweitert die „therapeutische Situation"; sie liefert oftmals direkte Rückmeldungen über Fortschritte, aber auch über Mißerfolge oder Stagnation der Maßnahme. Die Rückmeldung über die Bewährung der Maßnahme erfolgt schneller und direkter. Die Beteiligung schafft – bei aller Intimität der therapeutischen Situation – auch eine Art Öffentlichkeit; Psychotherapie mit Kindern und Jugendlichen findet „öffentlich", d.h. auch unter Kontrolle statt. Damit erhöht sich die „ökologische Validität" der Maßnahme. Unter den Gesichtspunkten von QS und QM heißt dies, daß in erster Linie die Prozeßqualität der Maßnahme verbessert wird. Dies muß allerdings durch entsprechende QM-Maßnahmen auch gewährleistet werden.

Die Besonderheiten im Versorgungssystem machen es oft erforderlich, daß die Einrichtung in oftmals ungeklärten Strukturen Kooperation herstellt. Damit entstehen auch besondere Anforderungen bezüglich des QM. So sind z.B. die fallbezogene Kooperation (etwa bei der Erstellung des Hilfeplanes oder bei den Helferkonferenzen) und deren Qualitätssicherung in das QM der Einrichtung zu integrieren. Dies gilt selbstverständlich auch für die fallübergreifende Kooperation und deren Qualitätssicherung.

4. Arbeiten zu Qualitätssicherung und Qualitätsmanagement im Bereich Psychotherapie mit Kindern und Jugendlichen

Fachlich fundierte Formen der Qualitätssicherung haben im Bereich Psychotherapie mit Kindern und Jugendlichen und ihren Bezugspersonen eine lange Tradition. Die Verwendung von standardisierten Verfahren zur Diagnostik sowie zur Objektivierung und Evaluation psychotherapeutischer Prozesse und Effekte, der Einsatz von Ton- und Videoaufzeichnungen zur Kontrolle und Supervision psychotherapeutischer Tätigkeit oder die Anwendung von Dokumentationsverfahren lassen sich unschwer als Vorformen fachlicher Qualitätssicherung erkennen. Unterschiede hinsichtlich der Verwendung solcher Verfahren sind in der Tradition der jeweiligen Therapierichtungen, der beruflichen Sozialisation der Psychotherapeuten oder dem Tätigkeitsfeld begründet. Die Verbindung der jeweiligen Therapierichtung mit dem Fach und Studium Psychologie spielt für die Verwendung solcher wissenschaftlicher Verfahren und Konzepte eine große Rolle, was am Beispiel der Klientenzentrierten Psychotherapie mit Kindern und Jugendlichen gut belegt werden kann (Linster & Rückert, 1996).

Auch das Versorgungssystem hat bereits vor der Verpflichtung durch das SGB V „Vorformen" von Qualitätssicherung vorgesehen, die sich auf die Qualifikation der Behandler (Beispiel: Psychotherapie-Richtlinien) und die Leistungserbringung (Antrags- und Gutachterverfahren) (Faber & Haarstrick, 1994) bezogen. Insofern kann von seiten der Behandler und des Versorgungssystems auf dieser teilweise auch gemeinsamen Tradition aufgebaut werden.

Seit Inkrafttreten des SGB V und der darin formulierten Verpflichtung zur Sicherung der Qualität der Leistungserbringung wurden Beiträge zur Qualitätssicherung und zum Qualitätsmanagement für den Versorgungsbereich Kinder und Jugendliche publiziert, darunter auch solche, die Psychotherapie mit Kinder und Jugendliche behandeln. Diese Beiträge stammen überwiegend aus dem Bereich der stationären Kinder- und Jugendpsychiatrie (z.B. Englert & Poustka, 1995; Lorenz, 1996; Mattejat, 1996; Mattejat & Remschmidt, 1995; Remschmidt, 1996), einzelne auch aus dem Bereich der Pädiatrie (Kusch, Labouvie, Fleischhack & Bode, 1996). An dieser Aufgabe beteiligen sich – entsprechend dem multidisziplinären Selbstverständnis des Versorgungsbereiches – Vertreter aller darin tätigen Berufsgruppen, also vor allem Ärzte, Psychologen, Pädagogen, Sozialarbeiter/Sozialpädagogen.

Die entsprechenden Fachgesellschaften und Berufsverbände haben den Auftrag aufgenommen und Arbeitsgruppen eingerichtet, in welchen Konzepte und Instrumente zur Qualitätssicherung und zum Qualitätsmanagement entwickelt werden und deren Erprobung koordiniert wird (z.B. Deutsche Gesellschaft für Kinder- und Jugendpsychiatrie und Psychotherapie). Ausdrückliches Ziel – im Sinne des Auftrages des Gesetzgebers – ist, Verfahren und Formen zu entwickeln, die möglichst von allen Einrichtungen praktiziert werden, so daß unter anderem Vergleiche zwischen Einrichtungen und Versorgungsregionen ermöglicht und die Qualität der Leistungserbringer der Einrichtungen, aber auch der Regionen optimiert werden (Englert et al., 1995; Presting, Witte-Lakemann, Höger & Rothenberger, 1995).

Um das Spektrum zu illustrieren, stellen wir zunächst drei Arbeitsschwerpunkte vor: (1) die Entwicklung von Dokumentationssystemen, (2) die Entwicklung von Leitlinien für die Diagnostik und Behandlung umschriebener Störungsbilder und (3) die Entwicklung von standardisierten diagnostischen Verfahren für die Diagnosestellung und zur Erfassung der Behandlungsergebnisse. Dies sind in erster Linie fachlich fundierte Beiträge zur QS. Die anschließend referierten Beiträge (4) haben den Schwerpunkt QM und verknüpfen Qualitätszirkelarbeit mit Fragen der Strukturqualität unter Einbezug der Psychiatrie-Personalverordnung (Psych-PV). Der Beitrag der Projektgruppe, die im Auftrag des Bundesministeriums für Gesundheit (BMG) und unter der Federführung der „Aktion Psychisch Kranke e.V." einen systematischen und umfassenden „Leitfaden zur Qualitätsbeurteilung in Psychiatrischen Kliniken" (5) erarbeitete, kann als externe Qualitätszirkelarbeit verstanden werden. Abschließend verweisen wir auf Beiträge für den Bereich der Jugendhilfe (6)

4.1 Dokumentationssysteme

Im Hinblick auf die Aufgabenstellungen von QS und QM werden Dokumentationssysteme überarbeitet oder neu entwickelt. Die für den Bereich Kinder- und Jugendpsychiatrie und -psychotherapie zuständigen Gesellschaften arbeiten an einer Basisdokumentation Kinder- und Jugendpsychiatrie (DGKJPP/BAG/BKJPP, 1995), „deren Kern die neue Fassung des Multiaxialen Klassifikationsschemas (MAS) (Remschmidt & Schmidt, 1994), eine Screening-Version der psychopathologischen Befunddokumentation („Kinder-AMDP', Döpfner et al., 1993) und eine neu entwickelte Leistungsdokumentation bildet" (Englert et al., 1995, S. 1). Die Basisdokumentation soll „sowohl für den niedergelassenen Kinder- und Jugendpsychiater als auch für Klinikambulanzen und -stationen praktikabel sein" (Englert et al., 1995, S. 1).

Das Dokumentationssystem umfaßt sieben Teile (vgl. Tabelle 1), die durch 71 obligatorische und 27 zusätzliche Items genauer beschrieben werden. Dazu liegt ein Glossar vor. Nach dem Verständnis der Autoren ist die „kinder- und jugendpsychiatrische Basisdokumentation primär eine ärztlich/psychologische behandlungsorientierte Dokumentation, die sich ... von einer verwaltungstechnischen erheblich unterscheidet". Gegenstand der Dokumentation sind „Behandlungsepisoden" (Englert et al., 1995, S. 2).

Tabelle 1: Basisdokumentation Kinder- und Jugendpsychiatrie, Teilbereiche

01	Persönliche Daten
02	Anamnese einschließlich familiärer Belastungen
03	Psychopathologischer Aufnahmebefund
04	Somatisch-neurologischer Befund
05	Psychologischer Untersuchungsbefund
06	Diagnosen (Multiaxiales Klassifikationsschema)
07	Behandlung (Leistungsdokumentation)

Tabelle 2: Teilbereich 07: Behandlung

1.	Psychotherapeutische Verfahren beim Kind
2.	Beratung und Behandlung bei Eltern/Ersatzeltern/Familie
3.1	Pharmakotherapie
3.2	Probleme bei der Psychopharmakotherapie
4.	Weitere Therapien
5.1	Soziotherapeutische Maßnahmen
5.2	Schule
6.	Behandlungsergebnis
7.	Globalbeurteilung der psychosozialen Anpassung bei Behandlungsende (MAS-Achse VI)
8.	Ende der Behandlung
9.	Entlassung nach/in
10.	Empfohlene Weiterbehandlung/Maßnahmen

4.2 Entwicklung und Standardisierung von Verfahren für Diagnostik und Behandlungsevaluation

Diagnostische Verfahren werden im Hinblick auf den Einsatz im Rahmen der psychotherapeutischen Versorgung untersucht. Beispiele hierfür sind Verfahren zur Klassifikation psychischer Störungen wie das Multiaxiale Klassifikationsschema (Remschmidt & Schmidt, 1994) oder die Psychopathologische Befund-Dokumentation (Döpfner et al., 1993).

Entsprechend dem im Bereich der Psychotherapie mit Kindern und Jugendlichen üblichen und notwendigen Einbezug möglichst aller Personen, die über die Störung, den Behandlungsverlauf und die Behandlungsergebnisse Auskunft geben (können), ist die Frage von Interesse, wie diese unterschiedlichen Perspektiven und „Datenquellen" miteinander übereinstimmen bzw. wodurch z.B. Diskrepanzen in der Symptombeurteilung bestimmt werden. Hinzu kommt die grundsätzliche Frage, wer (überhaupt) imstande und/oder bereit ist, Auskunft zu geben bzw. wie die Reliabilität und Validität dieser „Daten" zu beurteilen ist (vgl. z.B. Rennen-Allhoff, 1991; Seiffge-Krenke, Roth & Kollmar, 1997; Unnewehr, 1995). Mattejat und Remschmidt (1993) haben mit dem von ihnen vorgelegten Fragebogen zur Beurteilung der Behandlung (FBB) aus Sicht des Patienten, der beiden Elternteile und des Therapeuten diese Besonderheit von Psychotherapie mit Kindern und Jugendlichen konsequent aufgegriffen. Sie erachten ihren Fragebogen gerade auch für den Einsatz zur differenzierten Evaluation der Behandlungsergebnisse für geeignet (Mattejat & Remschmidt, 1995).

4.3 Entwicklung von Leitlinien und Qualitätsstandards

Mit Blick auf amerikanische Vorbilder zur Entwicklung von Leitlinien („Practice Parameters") plädierten Autoren wie Döpfner und Lehmkuhl bereits 1993 dafür, diese Aufgabenstellung aufzugreifen. Die Umsetzung der Verpflichtung zur Qualitätssicherung hat die Notwendigkeit dieser Aufgabe unterstrichen (Remschmidt, 1996). Probleme liegen dabei nicht nur in der Formulierung von Qualitätskriterien, sondern bei der grundsätzlich zu klärenden Frage, was Qualitätsstandards leisten können und was nicht: Leitlinien „können nur in recht allgemeiner Form die wichtigsten bei der Diagnostik und Behandlung zu beachtenden Aspekte benennen" (Mattejat, 1996, S. 72). Es könnte sinnvoller sein, statt (wie durch amerikanische Vorbilder nahegelegt) störungsspezifischer Standards zunächst „allgemeine Standards (z.B. ... zur allgemeinen Diagnostik bei psychischen Störungen von Kindern und Jugendlichen) zu formulieren und darauf aufbauend störungsspezifische Differenzen zu erarbeiten" (Mattejat, 1996, S. 72).

Wir schließen uns Mattejat an und sehen bereits in der Erarbeitung von Leitlinien einen Fortschritt. Am Beispiel der von Döpfner und Lehmkuhl (1993) übersetzten „Diagnose- und Behandlungs-Standards bei Kindern mit Hyperkinetischen Störungen" der American Academy of Child and Adolescent Psychiatry wollen wir die Grundstruktur solcher Leitlinien illustrieren.

Die dazu vorliegenden Diagnose- und Behandlungsstandards unterscheiden fachlich konsequent zwischen drei Varianten, die durch das Alter der Patienten bestimmt werden. Das Standardprogramm ist für die Altersgruppe 6 bis 12 Jahre vorgesehen, es soll – mit bestimmten Ausnahmen – auch für Jugendliche verwendet werden. Bei Vorschulkindern wird in erster Linie ein Elterntraining angewandt, das durch eine medikamentöse Behandlung ergänzt werden kann.

Das Standardprogramm umfaßt die Hauptbereiche (1) Diagnostik, (2) Behandlung und (3) Verlaufskontrolle. In weiteren Punkten werden (4) besondere Anwendungsbereiche (Vorschulkinder, Jugendliche) sowie (5) Hinweise auf fachlich relevante Gesichtspunkte gegeben. Der abschließende (6) Punkt kann als „Qualitätszertifikat" der American Academy of Child and Adolescent Psychiatry bzw. als „Ausschlußklausel" gegenüber anderen Behandlungsformen" verstanden werden. Er vermerkt: „Andere Behandlungsformen entsprechen nicht den üblichen Behandlungsstandards in der Kinder- und Jugendpsychiatrie". Eine solche Ausschlußklausel wird auch bei der medikamentösen Behandlung angegeben (vgl. Tabelle 3, Punkt 2.3 f.).

Das Programm ist multidisziplinär angelegt. Für die medikamentöse Behandlung und die Erfassung ihrer Effekte ist ein entsprechend qualifizierter ärztlicher Behandler zuständig, die diagnostischen und psychotherapeutischen Teile sowie die Beratung können von Behandlern mit anderer Grundqualifikation durchgeführt werden.

Deutlich wird die Notwendigkeit, möglichst alle mit dem Patienten in Beziehung stehenden Personen einzubeziehen und z.B. um Auskunft über die Symptomatik oder über Veränderungen, die im Behandlungszeitraum erfolgen, zu befragen (mehrere Datenquellen). Neben der multimodalen Behandlung des Kindes ist die Beratung und Behandlung von Bezugspersonen vorgesehen. Die Behandlung kann als gemeinsame Leistung aller Beteiligten verstanden werden. Der Patient selbst wird gehalten, aktiv an der Behandlung mitzuwirken. Deutlich wird auch, daß die Behandlung lebensweltorientiert ist und alle relevanten Lebensbereiche des Patienten einbezieht.

Eine auch für die Qualitätssicherung wichtige Aufgabe besteht in der Aufklärung aller Beteiligten: der Eltern, Lehrer und des Patienten selbst. Die Aufklärung des Kindes über die Störung soll in altersangemessener Weise erfolgen. Besprochen werden sollen diejenigen Auffälligkeiten, die der Behandler selbst während der Diagnostik beobachten konnte. Das Kind soll eine Anleitung zur Selbstbeobachtung erhalten.

Tabelle 3: Diagnose- und Behandlungs-Standards bei Kindern mit Hyperkinetischen Störungen (American Academy of Child and Adolescent Psychiatry)(zitiert nach Döpfner & Lehmkuhl, 1993) (Ausschnitt)

1.   Diagnostik

1.1   Erhebungsmethoden
1.1.1   Exploration der Eltern
1.1.2   Informationen von der Schule
1.1.3   Exploration des Patienten
1.1.4   Eltern- und Lehrerfragebögen
1.1.5   Intelligenz-, Sprach-, Leistungsdiagnostik und Diagnostik von Teilleistungsschwächen
1.1.6   Körperliche Untersuchung des Kindes
1.2   Identifikation der DSM-III-R Symptome aus den erhobenen Informationen
1.3   Bei der Diagnostik eines Kindes im Schulalter sind folgende Aspekte zu beachten:
   a. Auftreten biopsychosozialer Belastungen
   b. Schulische Leistungen und die grundlegende Leistungsfähigkeit
   c. Probleme mit Gleichaltrigen, Geschwistern oder in der Familie
   d. Psychosoziale Bedingungen einschließlich chaotischer Familienverhältnisse, Mißhandlung / Vernachlässigung des Kindes, psychische Störungen der Eltern, neurotoxische Substanzen in der Umwelt (z.B. Bleivergiftung).
1.4   Differential- oder Zusatzdiagnosen
   a. Störungen des Sozialverhaltens
   b. Spezifische Entwicklungsstörungen
   c. Affektstörungen
   ...
   k. organisch/neurologische Primärstörung (z.B. Epilepsie, Migräne)
   l. Medikation (z.B. Antiasthmatika)

2. Behandlung

2.1 Aufklärung und Beratung
   a. Aufklärung der Eltern, Großeltern u.a. Bezugspersonen über Symptomatik, Verlauf und Prognose der Störung. Beratung der Eltern hinsichtlich der Methoden der Verhaltenssteuerung
   b. Aufklärung des Kindes über die Störung...
   c. Aufklärung und Zusammenarbeit mit den Lehrern, soweit möglich
   d. Beratung der Eltern und Lehrer hinsichtlich adäquater Beschulung und pädagogischer Strategien in der Schule

2.2 Psychotherapie und psychosoziale Interventionen, soweit indiziert
   a. Familientherapie bei Störungen der Familienbeziehungen
   b. Einzel- und/oder Gruppenpsychotherapie zur Verminderung von geringem Selbstwertgefühl und/oder Problemen mit Gleichaltrigen
   c. Soziales Kompetenztraining bei sozialen Kompetenzdefiziten (...) und kognitive Therapie bei Aufmerksamkeitsstörungen und Impulsivität
   d. Elterntraining zur Entwicklung angemessener und konsistenter Grenzsetzungen und Verhaltensmodifikationsproramme zur Verminderung von Verhaltensstörungen in der Familie

2.3 Medikamentöse Therapie zur Verminderung der Symptomatik in der Schule, in der Familie und anderen Umgebungen
   a. Psychostimulantien
   b. Antidepressiva
   c. Risiken bei Neuroleptika
   d. Information der Eltern über Risiko und Unterlassung bei medikamentöser Behandlung
   e. Erfassung der Effekte der medikamentösen Behandlung in der Schule, zu Hause und während anderer Aktivitäten. Das Kind ist als aktiver Teilnehmer in diesen Prozeß einzubinden
   f. Andere medikamentöse Interventionen (...) entsprechen nicht den allgemein akzeptierten Behandlungsstandards.

3. Verlaufskontrolle: Überprüfung des Verlaufs hinsichtlich:

3.1 Der Zielsymptome der Aufmerksamkeitsstörung, Impulsivität und Hyperaktivität (entspr. DSM-III-R)
3.2 Schulischer Leistungen und schulischen Verhaltens
3.3 Emotionaler Entwicklung
3.4 Beziehungen zu Gleichaltrigen
3.5 Freizeitaktivitäten
3.6 Familiärer Interaktionen
3.7 Bei medikamentöser Behandlung: Kontrolle von Blutdruck (...)

> 3.8 Bei Stimulantienbehandlung: (...) Durchführung kontrollierter Auslaßversuche zur Überprüfung der Notwendigkeit der Weiterführung der Behandlung. Dies sollte in Zusammenarbeit mit Eltern und Lehrern und mit Hilfe von Verhaltensbeurteilungen erfolgen. Ähnlich bei Behandlung mit Antidepressiva (...)

Von der Arbeitsgruppe um Döpfner und Lehmkuhl wurde inzwischen ein multimodales „Therapieprogramm für Kinder mit hyperkinetischem und oppositionellem Problemverhalten (THOP)" vorgestellt (Döpfner, Lehmkuhl & Schürmann, 1996), in welchem differentialtherapeutische Entscheidungsbäume die Indikation für die vorgesehene multimodale Therapie bei Schulkindern oder bei Vorschulkindern und für die einzelnen Programmteile (z.B. Selbstinstruktionstraining, Lehrer-Kind-Programm, Eltern-Kind-Programm u.a.) transparent und überprüfbar machen. Das Therapieprogramm kann als konsequente Fortführung der Entwicklung von Leitlinien und Standards und dementsprechend als eine Grundlage für QS und QM angesehen werden.

4.4 Qualitätsmanagement

Bilke (1996) berichtet über „multidisziplinäre Qualitätssicherungszirkel (MQSZ) als Instrumente des klinikinternen Qualitätsmanagements". Vor der Implementierung eines MQSZ erfolgt eine sorgfältige Planung und Orientierung an den Grundbegriffen Struktur-, Prozeß- und Ergebnisqualität. Sie umfaßt unter anderem die Beachtung der strukturellen Voraussetzungen, die Festlegung eines Arbeitsprozeßmodells, wonach generelle Fragen der QS in einem Plenum (Hauptzirkel) und Spezialfragen in Expertengruppen (Subzirkel) zu diskutieren sind. Ebenso sind Regeln der Problemlösung und Zeiträume der Bearbeitung konkreter QS-Fragen zu definieren und ein System der Ergebnisdokumentation und Ergebnisüberprüfung zu entwickeln. Die Implementierung erfolgte in fünf Phasen. In den einzelnen Phasen sind zugleich Qualitätsmanagement-Prozesse enthalten: z.B. die Dokumentation der Arbeit des MQSZ, die Erstellung eines Strukturmodells mit Auflistung der Ressourcen sowohl im Personal als auch im technischen Bereich sowie eine Darstellung der grundlegenden Organisationsabläufe der Klinik. Die „Erarbeitung von Qualitätssicherungs-checklisten für Institutionseinheiten" hat die praktische Arbeit erleichtert. Die „Einbindung aller Mitarbeiter der Institution und die transparente Darlegung des Qualitätsmanagementkonzeptes erwiesen sich ... von hoher Wichtigkeit" (Bilke, 1996, S. 102).

Im Rahmen der Qualitätszirkelarbeit kann auch der Beitrag der einzelnen Berufsgruppen erfaßt werden, so daß „differenziert nach diagnostischen und therapeutischen Aufgaben ... ein Profil der tatsächlich geleisteten Arbeit, ... (als) Ist-Zustand (sichtbar wird), der über das in der Psych-PV ... Dargelegte weit hinausgehen kann" (Bilke & Möllering, 1997, S. 261).

Schepker, Haffer und Thrien (1995) greifen die Aufgabe der Qualitätssicherung auf, „ob die Personalausstattung nach der (Psychiatrie-Personal-)Verordnung in ein entsprechendes Behandlungsangebot umgesetzt wird, wofür die nachvollziehbaren Tätigkeitsprofile der therapeutischen Berufsgruppen eine wesentliche Grundlage darstellen" (S. 280). Die Autoren erarbeiten mit Bezug auf die Psych-PV das Tätigkeitsprofil der Sozialarbeit in der Kinder- und Jugendpsychiatrie, welches neben diagnostischen (psychosoziale Diagnostik) auch therapeutische Aufgaben (Sozialtherapeutisches Kompetenztraining, Mitwirkung an Familientherapien, sozialtherapeutische Gruppen u.a.) umfaßt, Aufgaben, die im Rahmen der differentiellen Indikation von Psychotherapie abgegrenzt werden.

Ein besonderer psychotherapeutischer Behandlungsbereich wird in der Psych-PV nicht beschrieben. Psychotherapie sei ein integraler Bestandteil jeder kinder- und jugendpsychiatrischen Behandlung, so daß Psychotherapie-Bereiche nicht sinnvoll erscheinen (Rotthaus, 1993). Betont wird als eine wesentliche Errungenschaft der Psych-PV, daß die „prinzipielle Verknüpfung von Therapie und Erziehung in der stationären Kinder- und Jugendpsychiatrie mehrfach hervorgehoben wird" (Rotthaus, 1993, S. 199). Dieses Miteinander sei erforderlich, „weil sich Kinder und Jugendliche in einem lebhaften Entwicklungsprozeß befinden und auf Stütze, Erziehung und Führung angewiesen sind, insbesondere, wenn sie psychisch krank sind" (Rotthaus, 1993, S. 199).

4.5 „Leitfaden zur Qualitätsbeurteilung in Psychiatrischen Kliniken"

Das federführend von der Aktion psychisch Kranke e.V. durchgeführte Projekt „Qualitätssicherung im Psychiatrischen Krankenhaus" knüpft unter anderem an der von der Psych-PV geforderten Qualität psychiatrischer Behandlung an und legt einen „Leitfaden zur Qualitätsbeurteilung in Psychiatrischen Kliniken" (Aktion Psychisch Kranke e.V., 1996) vor.

Die Qualitätsbeurteilung erfolgt anhand einer Matrix, welche Qualitätsanforderungen (A bis W) und (Behandlungs-)Bereiche (1 bis 28) miteinander verknüpft. Die Bereiche sind unterteilt in patientbezogene (1 bis 13), wie z.B. Aufnahmeverfahren, auf die Behandlungseinheit bezogene Bereiche (14 bis 23), wie z.B. Beziehungsgestaltung, Bezugspersonensystem und institutionsbezogene Bereiche (24 bis 28), wie z.B. Erreichbarkeit.

Der Leitfaden geht konsequent von der Nutzer-Perspektive aus (der Begriff „Nutzer" wird alternativ zum Begriff „Kunden" verwendet) und unterscheidet zwischen verschiedenen Nutzergruppen. Dabei werden Besonderheiten für Kinder und Jugendliche als Patienten psychiatrischer Krankenhäuser systematisch herausgearbeitet. So heißt es beispielsweise bei der Qualitätsanforderung I (Orientierung der Behandlung am Individuum): „Besonderes Gewicht ist auf die weitmögliche Mitwirkung der Patientinnen und Patienten an der Behandlung zu legen. Für die Kinder- und Jugendpsychiatrie ist darüberhinaus die Abstimmung mit den Eltern und Sorgeberechtigten unverzichtbar, nicht nur, weil diese auch bei einer klinischen psychiatrischen Behandlung die Verantwortung für die Entwicklung ihres Kindes behalten, sondern vor allem, weil kinder- und jugendpsychiatrische Diagnostik und Therapie grundsätzlich den familiären Lebenskontext eines seelisch erkrankten Kindes von Anfang an einbeziehen müssen" (Aktion Psychisch Kranke e. V., 1996, S. 59). Der Bereich 7 (Hilfen in bezug auf Arbeit, Beschäftigung, Schule) enthält eine Zusatzformulierung zur Kinder- und Jugendpsychiatrie, in welchem ausführlich die schulische und berufliche Bildung als Aufgabenstellung thematisiert wird. Ausführliche Zusatzausführungen zum Bereich Kinder und Jugendliche enthalten auch der Bereich 15 (Behandlungs- und Pflegeplanung) und der Bereich 17 (Milieugestaltung).

4.6 Jugendhilfe

Zum Bereich Jugendhilfe liegen ebenfalls Arbeiten vor, die für (ambulante) Psychotherapie mit Kindern und Jugendlichen als eine der möglichen Hilfemaßnahmen relevant sind. „Dreh- und Angelpunkt der Qualitätssicherung in der Jugendhilfe ist der sogenannte Hilfeplan (nach § 36 KJHG), der festlegt, wie eine Hilfe zu erfolgen hat; so wird zum Beispiel die Beteiligung von Betroffenen und Experten sowie die Beachtung des Prinzips des kleinstmöglichen Eingriffs gefordert" (Petermann & Schmidt, 1997, S. 2). Die Erstellung des Hilfeplanes erfordert auch eine Entscheidung, ob Psychotherapie mit dem Kind oder Jugendlichen indiziert ist und wie diese im Falle der positiven Indikation auch unter Gesichtspunkten der Qualitätssicherung im Hilfeplan (Gesamtbehandlungsplan) eingebaut sein soll.

Die von Petermann und Schmidt 1995 vorgelegte „Studie zum Hilfeplan über Vorgehen und Kriterien seiner Erstellung" untersucht die Qualität der Hilfepläne. Der Anteil psychotherapeutischer Einzelbehandlung als Maßnahme im Hilfeplan liegt danach bei 24% der erfaßten Therapiepläne. Psychotherapie als Vorbehandlung wird bei 7% genannt. Damit erfolgte Psychotherapie mit Kindern und Jugendlichen als identifizierbare und von anderen Maßnahmen abgegegrenzte Maßnahme in ca. einem Viertel aller untersuchten Fälle.

Fegert (1995) stellt für die Inanspruchnahmepopulation der Kinder- und Jugendpsychiatrie des Virchow-Klinikums Berlin fest, daß nach Abschluß der Diagnostik in der Poliklinik ein hoher Anteil eine ambulante Psychotherapie in Wohnortnähe in Anspruch nahm. Von 350 erfaßten ambulanten Psychotherapien waren nur 15 als ambulante Verhaltenstherapie, finanziert durch Krankenkasse oder KJHG, durchgeführt worden, 135 als analytische (davon ca. 75% durch die Krankenkasse finanziert), während ca. 200 „sogenannte pädagogisch-psychologische Therapien und auch nicht-direktive Verfahren" waren, wovon allerdings nur ca. 30% durch die Krankenkasse finanziert wurden. Fegert (1995) konnte anläßlich der Wiedervorstellung bei 140 Kindern den Erfolg solcher Maßnahmen untersuchen. Dabei zeigte sich, daß „bei über 80% der Patienten eine Besserung der Symptomatik eingetreten ist. Eine Besserung der psychosozialen Verhältnisse und der familiären Probleme gelang trotz intensiver Bemühungen nur in der Hälfte der Fälle" (Fegert, 1995, S. 357).

Ambulante Psychotherapie mit Kindern und Jugendlichen ist auch im Rahmen des SGB VIII eine vorgesehene und realisierte Maßnahme. Wenn man davon ausgeht, daß dort – wenn auch unter anderen Rahmenbedingungen – die gleichen fachlichen Anforderungen gelten und praktiziert werden wie im Rahmen des SGB V, ist die Frage zu beantworten, welche Anforderungen an QS und QM auch von seiten des SGB VIII, die im Unterschied zum SGB V dort eher indirekt oder implizit vorgegeben werden

(Harnach-Beck, 1997), auch für ambulante Psychotherapie mit Kindern und Jugendlichen aufgegriffen und einbezogen werden müssen.

5. Unser Konzept für Qualitätsmanagement im Bereich der ambulanten Psychotherapie mit Kindern, Jugendlichen und ihren Bezugspersonen

5.1 Allgemeine Grundlagen unseres Qualitätsmanagement-Konzeptes

Unser Konzept von Qualitätsmanagement greift die Entwicklung zum erweiterten Verständnis von Qualität und Qualitätsmanagement auf. Grundlagen und Orientierungshilfen bei seiner Ausarbeitung sind vor allem das Qualitätskonzept des Total Quality Management (TQM) (vgl. z.B. Spörkel et al., 1997) und das Normensystem DIN EN ISO 9000 (vgl. z.B. Glaap, 1996).

Ausgangspunkte unseres Konzeptes sind:

- die Unterscheidung von fachlicher und versorgungssystembezogener QS/QM, die jedoch nicht getrennt, sondern in ihrem Ergänzungsverhältnis genutzt werden soll, da Fachlichkeit Teil der vom Versorgungssystem vorgesehenen Qualität darstellt;
- das Verständnis von Psychotherapie mit Kindern und Jugendlichen als personbezogene Dienstleistung, d.h. auch als gemeinsame Leistung aller Beteiligten, bezogen auf den Prozeß und das „Produkt";
- das Verständnis von Psychotherapie mit Kindern und Jugendlichen als professionelle Tätigkeit, die alle relevanten Rahmenbedingungen und Gesichtspunkte berücksichtigt;
- die Philosophie des TQM als umfassendes Rahmenkonzept, welches sich – wie der Begriff der personbezogenen Dienstleistung auch – gegen das Individualisierungsprinzip und die Betonung der Einzelleistung richtet; speziell die drei Dimensionen Kundenorientierung, Prozeßorientierung und Mitarbeiterorientierung werden im Handbuch aufgegriffen;
- das neu definierte Verständnis von QS als Teil des QM: QS und QM sind voneinander zu unterscheidende Aufgaben – QS verstehen wir in erster Linie als fallbezogene Aufgabe, QM als einrichtungsbezogene;
- das Verständnis von QS/QM als Aufgabe der Einrichtung (Ambulanz, psychotherapeutische Praxis u.a.) und nicht (allein) als individuelle Aufgabe des Behandlers: nur von der Einrichtung aus und durch diese ist umfassendes QM leistbar;
- das QM-System einer Einrichtung als Nachweis ihrer Qualität: in diesem Sinne sind Einrichtungen zu qualifizieren (Zertifikat).

Daraus ergeben sich wichtige Konsequenzen für die anstehenden Aufgaben:

- die akzentuierte Beachtung der unterschiedlichen Aufgabenschwerpunkte von QS und QM: fallbezogene QS und einrichtungsbezogenes QM sind einerseits voneinander zu unterscheiden und andererseits miteinander zu verknüpfen;

- psychotherapeutische Alltagspraxis ist zunächst fallbezogen und umfaßt neben fachlichen Aufgaben auch solche der QS. QS bezogen auf den konkreten Behandlungsfall wird in erster Linie vom jeweiligen Behandler (als Mitarbeiter einer Einrichtung) entsprechend fachlicher Standards und Qualitätsstandards realisiert – dies setzt ein angemessenes QS-System der Einrichtung voraus;
- das „umfassende" Qualitätsmanagement der Einrichtung sorgt durch entsprechende Entscheidungen und Maßnahmen – wie die Installierung eines QS-Systems – dafür, daß die Voraussetzungen für die Verfolgung des Zieles, durch eine permanente Optimierung der Qualität auch Qualitätspolitik zu betreiben, vorliegen.

Qualitätsmanagement als Leitungskonzept initiiert und gestaltet Personalentwicklung und Organisationsentwicklung:

- das Verständnis von QM als Leitungskonzept und Führungsaufgabe der Einrichtung ist Grundlage, um die Einrichtung selbst und die Mitarbeiter der Einrichtung an der übergeordneten Aufgabe – Schaffung von Qualität – zu beteiligen;
- QM ist in diesem Sinne gleichermaßen eine permanente Maßnahme der Organisationsentwicklung und Personalentwicklung: beide stehen in Wechselwirkung, die Leistung des einzelnen Mitarbeiters und dessen im Zuge der Personalentwicklung sich ergebender Zuwachs an fachlicher und an QS- sowie QM-Kompetenz muß in die Organisationsentwicklung eingehen und der Organisation zur Verfügung stehen, ebenso wie die im Zuge der Organisationsentwicklung entstehenden Verbesserungen der Organisation dem einzelnen Mitarbeiter zur Verfügung stehen müssen;
- Behandler sind als Mitarbeiter der Einrichtung oder – im Fall einer Ein-Person-Einrichtung – als Leiter und Mitarbeiter in Personalunion entscheidend an diesem QM-Prozeß beteiligt;
- Mitarbeiter sind jedoch auch Kunden der Einrichtung: der erweiterte Kundenbegriff bezieht auch die Mitarbeiter als Kunden der Einrichtung ein, weshalb umfassendes Qualitätsmanagement sie nicht nur als besonders zu qualifizierende Produzenten behandelt, sondern auch als Abnehmer und (Mit-)Beurteiler ihrer (mit)produzierten Leistung (Quality of Working Life).

Berücksichtigung der anderen Kunden als Mitproduzenten:

- die Berücksichtigung aller am Prozeß Beteiligter schließt auch die Kunden ein: das Ziel von Qualitätsmanagement – die prozeßorientierte permanente Herstellung und Optimierung der Qualität der Leistung der Einrichtung – soll allen Kunden zugute kommen; der dazu erforderliche Prozeß ist letztlich – im Sinne des TQM – auch durch alle Kunden der Einrichtung mit zu gestalten;
- im Sinne des erweiterten Kundenbegriffs des TQM sind nicht nur die direkten Adressaten der Dienstleistung – Patient und Bezugsperson – Kunden, sondern auch alle mit der Dienstleistung in Beziehung stehenden Personen und Einrichtungen – einschließlich zuweisender Stellen und Kostenträger;
- Qualitätsmanagement muß daher auch die von diesen Kunden vorgegebenen und erwarteten Qualitätskriterien systematisch miteinbeziehen: so sind z.B. die Quali-

tätskriterien Notwendigkeit und Zweckmäßigkeit der Maßnahme „Psychotherapie mit Kindern und Jugendlichen" nicht nur Kriterien für die Überprüfung der Maßnahme im Sinne der QS, sondern auch die Qualität des Umgangs mit diesen Kriterien (z.B. die Qualität des Antragsverfahrens) sollte Gegenstand des QM sein.

Maßstab der Beurteilung ist nicht in erster Linie das Ergebnis, sondern der Prozeß:

- Entsprechend dem Verständnis von Psychotherapie als personbezogener Dienstleistung ist deutlich, daß dem Behandlungsprozeß, d.h. der Prozeßqualität, entscheidende (prognostische) Bedeutung für den Behandlungserfolg zukommt.
- Der Wert bzw. die Qualität der Behandlung (Leistungserbringung) setzt sich aus beiden Komponenten zusammen, der Prozeßqualität und der Ergebnisqualität.
- Prozeßqualität ist gerade im Bereich der Psychotherapie mit Kindern und Jugendlichen jedoch nicht nur Mittel zum Zweck, sondern besitzt einen eigenen Wert.
- Die Gleichwertigkeit von Prozeßperspektive und Ergebnisperspektive erfordert, daß QS und QM das Verhältnis beider ausbalancieren müssen.

Ebenen und Kontext:

- QS und QM finden – sollen beide erfolgreich praktiziert werden – zwar in erster Linie fall- und einrichtungsbezogen statt, es gilt jedoch, den jeweiligen Kontext bzw. die Handlungsebene und den Handlungskontext zu berücksichtigen.
- Der einzelne Behandlungsfall stellt in diesem Sinn die Mikroebene dar, die Behandlungseinrichtung die Mesoebene und das Versorgungssystem die Makroebene, wobei die nächsthöhere Ebene jeweils der Kontext für die vorausgegangene darstellt.
- Diese Ebenen gilt es zu beachten und im Rahmen des Qualitätsmanagement-Systems der Einrichtung jeweils darauf bezogene Maßnahmen zu konzipieren und zu implementieren.
- Diese kontextuelle oder ökologische Perspektive ist im Rahmen der Psychotherapie mit Kindern und Jugendlichen und ihren Bezugspersonen fachlich selbstverständlich; es gilt jedoch, sie auch im Bereich der QS und QM systematisch zu berücksichtigen.

5.2 Qualitätsmanagement-Handbuch: Ziel, Funktion, Strukturierungsgesichtspunkte

Das Qualitätsmanagement-Handbuch der Einrichtung übernimmt bei der Wahrnehmung dieser Aufgaben eine Schlüsselfunktion und bildet „das Herzstück eines nach ISO 9000 aufgebauten QM-Systems" (Glaap, 1996, S. 91). Es erfaßt die unterschiedlichen Bereiche und Ebenen des Qualitätsmanagements der Einrichtung in ihrer Verschränkung. Es verdeutlicht die Besonderheiten der fachlichen Anforderungen und Leistungen und der dafür vorgesehenen QS/QM für die in der Einrichtung praktizierte „Dienstleistung Psychotherapie mit Kindern und Jugendlichen" fall-, einrichtungs- und versorgungssystembezogen.

Das Qualitätsmanagement-Handbuch ist die Beschreibung (Dokumentation) des Qualitätsmanagement-Systems einer Einrichtung inklusive der Qualitätspolitik sowie der dafür vorgesehenen Verfahrensanweisungen. Das Qualitätsmanagement-System definiert die zur Verwirklichung des Qualitätsmanagments erforderliche Organisationsstruktur sowie die Verfahren, Prozesse und Mittel. Ein wichtiger Bestandteil des QM-Handbuches sind insofern die Verfahrensanweisungen, da sie für die gesamte Planung und Ausführung von Tätigkeiten verwendet werden, die einen Einfluß auf die Qualität haben. Verfahrensanweisungen enthalten detaillierte Vorgaben, wie die Tätigkeit, die die Qualität einer Dienstleistung beeinflußt, auszuführen ist (z.B. Ausführungsbestimmungen oder Leitlinien zum Erstgespräch).

Das von uns erarbeitete QM-Handbuch stellt zunächst ein Rahmenkonzept dar. Es enthält mit Bezug auf das QM-System eine Sammlung relevanter Merkmale der Organisationsstruktur, Verfahren, Prozesse und Mittel. Diese Sammlung wird von uns unter zwei Hauptgesichtspunkten strukturiert: zum einen nach dem Gegenstand, welcher in erster Linie behandelt werden soll, zum anderen nach den Qualitätsdimensionen (-aspekten), in welchen QM realisiert werden soll. Als Qualitätsdimensionen greifen wir die von Donabedian (1988) vorgeschlagene Unterscheidung zwischen Struktur-, Prozeß- und Ergebnisqualität auf.

Für die Erarbeitung eines QM-Handbuches ist es notwendig zu entscheiden, worauf sich das QM richten soll. Bezogen auf unseren Gegenstand – ambulante Psychotherapie mit Kindern und Jugendlichen – ist es naheliegend, die Dienstleistung selbst zum Gegenstand zu machen und sie einerseits „fallbezogen" zu strukturieren (Konstruktionsgesichtspunkt 1), andererseits einrichtungsbezogen, da auch derjenige Teil der Dienstleistung der Einrichtung ausdrücklich aufzugreifen ist, der der QS und dem QM dient (Konstruktionsgesichtspunkt 2). Unter dem zweiten Gesichtspunkt geht es darum, das einrichtungsbezogene QM bei der IST-Analyse in den relevanten Aspekten darzustellen, die in erster Linie dazu dienen, QM herzustellen und zu optimieren. Unter dem ersten Gesichtspunkt besteht die Aufgabe darin, alle für QS/QM relevanten Aspekte zusammenzustellen, die in Verbindung mit einem Behandlungsfall anfallen und üblicherweise in mehreren Schritten oder Phasen mit entsprechenden fachlichen Aufgaben (Vorphase – Behandlungsphase – Abschlußphase – nachtherapeutische Phase) konkret beschrieben werden.

Entsprechend den verschiedenen Aufgabenschwerpunkten von Qualitätssicherung und Qualitätsmanagement ergibt sich auch für unser Rahmenkonzept eine entsprechende Schwerpunktsetzung, die formal und inhaltlich das QM-Handbuch mitbestimmt und in der Gliederung des Handbuches aufgegriffen wird (vgl. Abbildung 1).

Die einzelnen Zellen enthalten Aufgaben und Verfahrensanweisungen, welche die Qualität der Dienstleistung Psychotherapie bestimmen. In der Ebene des einrichtungsbezogenen QM sind Aufgaben und Vorgehensweisen enthalten, die originär dem QM entstammen (z.B. Qualitätszirkel). Wichtig und auf den ersten Blick vielleicht auch verwirrend ist, daß bestimmte Tätigkeiten oder Strukturmerkmale sowohl unter QS- als auch unter QM-Gesichtspunkten auf ihren funktionalen Beitrag hin erfaßt werden müssen. Beispielsweise muß die räumliche Ausstattung fachlichen Standards (Größe, Zugänglichkeit, Sicherheit) genügen, sie ist jedoch auch unter dem Gesichtspunkt des QM von Interesse (z.B. für die Eignung als Sitzungszimmer für Qualitätszirkel).

Abbildung 1: Grundstruktur des Konzeptes für Qualitätsmanagement

Gegenstand Fokus	Qualitätsdimensionen			Aufgaben-schwerpunkt
	Strukturqualität	Prozeßqualität	Ergebnis-qualität	
Behandlungs-fall	A 1	A 2	A 3	Qualitäts-sicherung
Einrichtung	B 1	B 2	B 3	Qualitäts-management

Anmerkung:
Die Zellen enthalten die Grundstruktur des QM-Handbuchs
(Kapitel A 1 bis B 3).

5.3 Qualitätsmanagement-Handbuch: Grundstruktur, Aufgaben und Vorgehensweisen

Die Gliederung des QM-Handbuches greift die Grundstruktur des Rahmenkonzeptes auf und enthält neben der Präambel, in welcher relevante Merkmale der Einrichtung beschrieben werden, zwei Hauptteile, die Gegenstand und Aufgabenschwerpunkt miteinander verbinden. Teil A dokumentiert die fallbezogene Qualitätssicherung, Teil B das einrichtungsbezogene Qualitätsmanagement. Beide Teile sind in die drei Qualitätsbereiche Struktur, Prozeß und Ergebnis weiter unterteilt. Die Ausdifferenzierung der drei Qualitätsbereiche erfolgt unter dem Gesichtspunkt, die jeweiligen qualitätsrelevanten Merkmale der Qualität der Einrichtung, der Dienstleistung bzw. der QM-Tätigkeiten und der entsprechenden Ergebnisse fallbezogen (für Teil A) bzw. QM-bezogen (für Teil B) zusammenzustellen.

Wir stellen die Kurzgliederung des Handbuches mit den jeweiligen Überschriften vor. Die einzelnen Gliederungspunkte sind als Überschriften für die jeweiligen „Module" zu verstehen. Danach erläutern wir wichtige Gesichtspunkte und stellen zur weiteren Veranschaulichung einzelne Teile des Handbuches (Module) in der differenzierteren Untergliederung vor.

Unser Vorschlag für das Qualitätsmanagement-Handbuch gilt selbstverständlich auch für den Ein-Personen-Betrieb einer privaten Praxis. Allen, die psychotherapeutisch mit Kindern, Jugendlichen und deren Bezugspersonen arbeiten, ist es geläufig, sich in verschiedenen Rollen zu sehen und entsprechend fachkompetent zu handeln. Ähnlich wie sie beispielsweise gleichzeitig Spielpartner und Behandler in einer Person sind, sind sie im Rahmen des Qualitätsmanagements ihrer Einrichtung Leiter und Mitarbeiter mit den entsprechenden Aufgaben, Funktionen und Verantwortlichkeiten.

Tabelle 4: Gliederung des QM-Handbuches

Präambel	
0.	Kurzdarstellung der Einrichtung:
	Profil und Philosophie der Einrichtung
	Schwerpunkt des Angebots: (Alter, Störungen, Einzel-/Gruppenbehandlung, Bezugspersonen)
	Qualitätsphilosophie der Einrichtung
Teil A:	Fallbezogene Qualitätssicherung
A 1	Strukturqualität
A 1.1	Räumliche Ausstattung
A 1.2	Fachliche Ausstattung
A 1.3	Personelle Ausstattung
A 1.4	Erreichbarkeit
A 1.5	Kooperationspartner
A 1.6	Informationsmaterial
A 1.7	Materialien zur Vertragsgestaltung
A 2	Prozeßqualität
A 2.1	Dokumentation und Monitoring
A 2.1.1	Falldokumentation
A 2.1.2	Routinemonitoring
A 2.1.3	Bedarfsorientiertes Monitoring
A 2.2	Leitlinien und Checklisten/Dokumentationsbögen für
A 2.2.1	Vorphase
A 2.2.2	Behandlungsphase
A 2.2.3	Abschlußphase und Beendigung der Behandlung
A 2.2.4	Katamnese
A 2.2.5	Nachbehandlungsphase
A 3	Ergebnisqualität
A 3.1	Beendigungsform der Behandlung
A 3.2	Erfassung und Beurteilung der Ergebnisse
A 3.3	Beurteilung der Behandlung; Verbesserungsvorschläge
A 3.4	Abschlußbericht
A 3.5	Katamnese(n)
A 3.6	Auswertung des Behandlungsfalles

Teil B:	Qualitätsmanagement der Einrichtung
B 1	Struktur des QM-Systems der Einrichtung
B 1.1	Räumliche Ausstattung (bezüglich QS/QM)
B 1.2	Fachliche Ausstattung
B 1.3	Personelle Ausstattung (hinsichtlich QS/QM-Kompetenz)
B 1.4	Finanzielle QS/QM-Ausstattung (Etat)
B 1.5	Zeitliche Struktur / Zeitbudget für internes und externes QM
B 1.6	Interne QS/QM-Maßnahmen
B 1.7	Externe Formen von QS/QM-Mitgliedschaften / Teilnahme; strukturelle Verankerung
B 1.8	Informationsmaterial QS und QM
B 1.9	Vernetzung
B 1.10	Veröffentlichungen der Einrichtung
B 2	Prozeßqualität des QM
B 2.1	Dokumentation und Monitoring
B 2.1.1	Dokumentation der internen QS-Zyklen
B 2.1.2	Dokumentation der externen/einrichtungsübergreifenden QS-Maßnahmen
B 2.1.3	Auswertung u. Weiterverwendung der internen u. externen QS-Maßnahmen
B 2.2	Leitlinien und Checklisten/Dokumentationsbögen
B 2.2.1	Routinemonitoring
B 2.2.2	Interne fallbezogene Maßnahmen (Intervision, Fallsupervision, Fallkonferenz)
B 2.2.3	Interne mitarbeiterbezogene Maßnahmen (Teamsupervision, innerbetriebliche Fortbildung)
B 2.2.4	Interne einrichtungsbezogene Maßnahmen (QM-Konferenz, Mitarbeiterbesprechung u.a.)
B 2.2.5	Einrichtungsübergreifenden Veranstaltungen
B 3	Ergebnisqualität des QM/QS der Einrichtung
B 3.1	Erfassung der Effekte der QM/QS-Maßnahmen
B 3.2	Beurteilung der Ergebnisse und Effekte
B 3.3	Mitarbeiterzufriedenheit
B 3.4	Kundenzufriedenheit
B 3.5	Verbesserungsvorschläge
B 3.6	Bilanz

Der erste Teil des Handbuches (Teil A) bezieht sich auf die fallbezogene Qualitätssicherung, die von einer Einrichtung auf der Grundlage fachlicher Standards und mit Bezug auf die Anforderungen des Gesundheitssystems, speziell auf die Anforderungen zur Sicherung der Qualität der Leistungserbringung (Qualitätsstandards), praktiziert wird. Daher spielen die dort formulierten Kriterien der Notwendigkeit, Zweckmäßigkeit und Wirtschaftlichkeit bei der Behandlung eines Falles eine wichtige Rolle.

Die fachliche Praxis verfügt über explizite fachliche Standards und über Instrumente zur Qualitätssicherung (wie Dokumentationssysteme, Standards und Leitlinien für Diagnose, Indikation und Behandlung), die im Sinne von Qualitätsstandards verwendet werden. Zu den Qualitätsstandards gehören auch die Vorgaben der Teilversorgungssysteme (beispielsweise bezüglich der formalen Qualifikation der Behandler), allgemeine rechtliche Bestimmungen (insbesondere auch haftungsrechliche, wettbewerbsrechtliche) und berufsethische Verpflichtungen.

Im Kapitel A 1 (Strukturqualität der Einrichtung) sind neben den rechtlich und den von den Versorgungssystemen geforderten Angaben all diejenigen Strukturmerkmale der Einrichtung aufzuführen, die für die Maßnahme „Psychotherapie mit Kindern und Jugendlichen einschließlich der begleitenden Behandlung der Bezugspersonen" relevant sind. Dies bedeutet, daß die einzelnen Unterkapitel weiter zu untergliedern sind. Bei der fachlichen Ausstattung kann dies beispielsweise wie in Tabelle 5 geschehen. Auch an die Struktur einer Einrichtung für Psychotherapie mit Kindern, Jugendlichen und deren Bezugspersonen werden wegen der Besonderheiten, die von den Adressaten der Maßnahme herrühren, weit höhere Anforderungen gestellt als bei der Psychotherapie mit Erwachsenen, die sich schon daraus ergeben, daß zum Patienten Kind in der Regel mindestens eine erwachsene Bezugsperson kommt. Dies spiegelt sich in der räumlichen Ausstattung (die für Kinder, Jugendliche und Erwachsene gleichermaßen angemessen sein muß), aber auch im erforderlichen therapeutischen und diagnostischen Material und der aufwendigen technischen Ausstattung für die notwendige Dokumentation (z.B. komplette Video-Ausstattung).

Entsprechend der Bedeutung der Prozeßqualität wird in Kapitel A 2 (Prozeßqualität) diese Aufgabe besonders differenziert behandelt. Die detaillierte Untergliederung bildet zumindest ansatzweise die Komplexität ab, die gerade im Bereich der Psychotherapie mit Kindern und Jugendlichen und ihren Bezugspersonen anzutreffen ist. Es ist sicherzustellen, daß der ständige Qualitätssicherungsprozeß, wie er beispielsweise durch das Routinemonitoring und die regelmäßigen Auswertungs- und Rückmeldeprozeduren erfolgt, auch sichtbar gemacht wird, um so den spezifischen Beitrag und die spezifische Qualität der Maßnahme Psychotherapie zu verdeutlichen.

Der Maßnahmenkatalog der Diagnose- und Behandlungsstandards sieht „Störungen" und zugeordnete Maßnahmen vor. Die Leitlinien geben Orientierungen für störungsspezifische Behandlungen. Die daran orientierte fachbezogene Qualitätssicherung ist stark ergebnisorientiert. Im Abschnitt 4.2 unseres Beitrages haben wir auf Arbeiten zu diesem Bereich verwiesen. Im Sinne der Kundenorientierung gilt es jedoch, nicht nur das Ergebnis, sondern auch die Qualität der personbezogenen Dienstleistung während des gesamten Behandlungsprozesses zu prüfen und zu optimieren und dabei zu berücksichtigen, daß sich die Behandlungsziele gerade bei den jungen Patienten und ihren Bezugspersonen entsprechend den Behandlungsfortschritten im

Tabelle 5: Untergliederung Kapitel A 1.2 des QM-Handbuches

A 1.2	Fachliche Ausstattung
A 1.2.1	Bibliothek
A 1.2.2	Test- und Untersuchungsmaterialien
A 1.2.2.1	Persönlichkeitsfragebögen etc. für unterschiedliche Altersgruppen
A 1.2.2.2	Verfahren zur Entwicklungsdiagnostik (u.a. Motorik, Sprache)
A 1.2.2.3	Konzentrations- und Leistungstests
A 1.2.2.4	Anamneseschema (Bezugspersonen)
A 1.2.2.5	Problemfragebögen (Bezugspersonen)
A 1.2.2.6	Beobachtungsbögen (Bezugspersonen)
A 1.2.2.7	Selbstbeobachtungsbögen (Kind/Jugendlicher)
A 1.2.2.8	weitere
A 1.2.3	Spiel- und Therapiematerialien
A 1.2.3.1	allgemein
A 1.2.3.2	für unterschiedliche Altersgruppen / Entwicklungsstufen
A 1.2.3.3	für einzelne Störungen speziell
A 1.2.3.4	für Bezugspersonen
A 1.2.4	Diagnose- und Behandlungsleitlinien für unterschiedliche Störungsbilder
A 1.2.4.1	Enuresis
A 1.2.4.2	Hyperkinetisches Syndrom
A 1.2.4.3	usw.
A 1.2.5	Mittel zur Dokumentation
A 1.2.5.1	Videoanlagen
A 1.2.5.2	Ausstattung für Tonaufnahmen
A 1.2.5.3	Materialien für schriftliche Dokumentation

Behandlungszeitraum verändern können, und daß darüber hinaus Zielkonflikte zwischen Patient, Bezugsperson und Behandler(n) bestehen können. Gerade junge Patienten gewichten bei der Beurteilung der Behandlung den Behandlungsprozeß besonders hoch, die Patientenzufriedenheit ist somit ein wichtiges Qualitätsmerkmal. Bei der Erfassung und Bewertung der Zufriedenheit ist die altersgemäße Ausdrucksform zu beachten.

Das Kapitel A 2 verdeutlicht, daß es fallbezogen nicht vorrangig um Optimierung von Psychotherapie bei bestimmten „Störungen" geht, sondern um die Optimierung der personbezogenen Dienstleistung im Einzelfall. Dazu sind auch im Einzelfall besondere Prozeduren im Sinne des PDCA-Zyklus vorzusehen. Diese stellen sicher, daß bei der aus fachlichen Gründen oft angezeigten personellen Trennung der Behandlung des jungen Patienten und seiner Bezugspersonen der erforderliche Informationsaustausch und die vorzusehenden Rückmeldeprozeduren zwischen allen am Behandlungsfall beteiligten Behandlern gewährleistet sind. Diese Prozeduren werden bei der weiteren Untergliederung von Punkt A 2.2.2 (Modul: Behandlungsphase; hier Einzelbehandlung) sichtbar /vgl. Tabelle 6).

Tabelle 6: Untergliederung Kapitel A 2.2.2 des QM-Handbuches

A 2.2.2	Behandlung
A 2.2.2.1	Formale Planung der Behandlung (Frequenz, Dauer, Setting; K/J, Bezugsperson)
A 2.2.2.2	Behandlungsvereinbarung inhaltlich (Ziele K/J, Ziele der Bezugspersonen)
A 2.2.2.3	Behandlungseinheit K/J: Stundenprotokolle Behandler
A 2.2.2.4	Behandlungseinheit K/J: Stundenbegleitbögen Behandler
A 2.2.2.5	Behandlungseinheit K/J: Stundenbegleitbögen Patient
A 2.2.2.6	Behandlungseinheit K/J: Rückmeldung Patient
A 2.2.2.7	Auswertung letzte Behandlungseinheit, Planung folgende Einheit
A 2.2.2.8	Begleitende Behandlung der Bezugspersonen
A 2.2.2 8.1	Rückmeldung an Bezugsperson über Verlauf der Behandlung K/J
A 2.2.2.8.2	Rückmeldung von Bezugsperson über Veränderungen im natürlichen Umfeld des Patienten (z.B. der Symptomatik des Patienten)
A 2.2.2.8.3	Stundenprotokoll Behandlung der Bezugsperson(en)
A 2.2.2.8.4	Rückmeldung der Bezugsperson zur Behandlungseinheit
A 2.2.2.8.5	Auswertung der Rückmeldung und der Behandlungsstunde Bezugsperson, Planung folgende Einheit Bezugsperson(en)
A 2.2.2.8.6	Planung bzw. Modifikation der Planung für die Behandlung K/J
A 2.2.2.9	Arbeit mit Umfeld
A 2.2.2.9.1	Protokoll und Auswertung Kontakt Kindergarten, Hort, Spielgruppe o.ä.
A 2.2.2.9.2	Protokoll und Auswertung Kontakt Schule
A 2.2.2.9.3	Protokoll und Auswertung Kontakt Heim
A 2.2.2.9.4	Planung bzw. Modifikation der Planung Behandlung K/J
A 2.2.2.10	Fallbezogene Kooperation
A 2.2.2.10.1	Protokoll und Auswertung Kontakt mit anderem Behandler
A 2.2.2.10.2	Protokoll und Auswertung Kontakt delegierende Stelle
A 2.2.2.10.3	Protokoll und Auswertung Fallkonferenz
A 2.2.2.10.4	Protokoll und Auswertung Helferkonferenz
A 2.2.2.10.5	Protokoll und Auswertung Fallsupervision
A 2.2.2.10.6	Planung/Modifikation der Planung Behandlung K/J

Die Gliederung legt dar, daß die unter fachlichen Gesichtspunkten selbstverständliche regelmäßige Auswertung der einzelnen Behandlungseinheiten und die ebenso selbstverständliche Berücksichtigung dieser Auswertung bei der weiteren Planung (der Behandlung des Falles) unter Qualitätssicherungs-Gesichtspunkten (auch) als Optimierungsstrategie zu verstehen ist, die zu einer nachprüfbaren Qualitätsverbesserung im Einzelfall führen soll und die Qualitätskriterien der Notwendigkeit, Angemessenheit, Wirtschaftlichkeit und Humanität zu berücksichtigen hat. Bei Verwendung entsprechender Materialien kann die systematische Erfassung und Dokumentation der erforderlichen Angaben in relativ kurzer Zeit erfolgen, so daß über die ohnehin gegebene Dokumentationspflicht hinaus nicht zwangsläufig ein erhöhter zeitlicher Aufwand zu erwarten ist.

Analog zur detaillierten Gliederung des Punktes A 2.2.2 sind im QM-Handbuch auch die übrigen Kapitel als miteinander in Verbindung zu setzende Einzelmodule weiter auszugestalten. Dies gilt auch für den Teil zur Ergebnisqualität. So sind etwa für die einzelnen Beendigungsformen der Behandlung – also beispielsweise Behandlungsabbruch durch den Patienten oder seine Bezugspersonen, vorzeitige Beendigung wegen Einleitung anderer Maßnahmen, planmäßige Beendigung – die entsprechenden Prozeduren vorzusehen. Bei der Erfassung und Beurteilung der Ergebnisse sind Materialien zu verwenden, die im Kapitel A 1.2 (fachliche Ausstattung) aufgeführt sind – z.B. Fragebogen zur Beurteilung des Behandlungserfolges – und es ist auf die im Kapitel A 2.2 (Leitlinien etc. für die einzelnen Behandlungsphasen) beschriebenen Prozeduren zurückzugreifen. So wird der enge Bezug der Ergebnisqualität zur Strukturqualität, insbesondere aber zur Prozeßqualität, nochmals verdeutlicht.

Der zweite Teil des QM-Handbuches – Teil B – greift, wie in Abbildung 1 verdeutlicht, ebenfalls die Qualitätsdimensionen auf, bezieht sich jedoch auf die Einrichtung und das einrichtungsbezogene Qualitätsmanagement. Dieses umfaßt zwar auch das im Teil A dokumentierte Qualitätssicherungs-System für den in der Einrichtung behandelten Einzelfall, es ist jedoch fallübergreifend und immer auch – zumindest im Ansatz – einrichtungsübergreifend. Das QM-System der Einrichtung muß auch auf das lokale bzw. regionale Versorgungssystem hin orientiert sein und steht – über die Kunden „Patient" und Kunden „Kooperationspartner" (zuweisende Stellen, andere Behandler, Einrichtungen der Jugendhilfe, Schulen) – mit diesem im Austausch. Die Einrichtung selbst ist direkt (als Einrichtung) oder über ihre Mitarbeiter Mitglied und Teil überregionaler Systeme (z.B. Vereine, Bundeskonferenz, Berufs- und Fachverbände). Dies ist im QM-Handbuch Teil B im Kapitel B 1 (Strukturqualität, Kapitel 1.7, 1.8) zu dokumentieren und zu verdeutlichen.

Als Teil der Strukturqualität des Qualitätsmanagement-Systems sind auch die formalen, fachlichen und zeitlichen Rahmenbedingungen für die internen und externen Qualitätsmanagement-Maßnahmen der Einrichtung zu betrachten. Sie schaffen die Voraussetzungen für die Prozeßqualität und stellen sicher, daß die Ergebnisse oder Zwischenergebnisse nicht nur dem einzelnen Mitarbeiter zugute kommen, der sie für sich nutzt, aber nicht weitergibt („mit ins Grab" nimmt), sondern daß die gesamte Einrichtung davon profitiert und damit auch alle Kunden der Einrichtung.

Das Kapitel B 1 dokumentiert in den Abschnitten B 1.1 bis B 1.3 einerseits den jeweils aktuellen Stand der Einrichtung bezüglich der räumlichen, fachlichen und personellen Ausstattung von QS/QM, andererseits damit auch die Grundlagen und zeitlichen Ressourcen für internes und externes QS/QM. Die Kapitel B 1.4 und B 1.5 stecken den Rahmen für die Maßnahmen der QS/QM-bezogenen Organisations- und Personalentwicklung der Einrichtung ab („Wieviel Zeit und Geld stehen zur Verfügung?"), die Kapitel B 1.6 bis B 1.10 dokumentieren die Art der internen und externen QS/QM. Als Strukturmerkmale sind damit die besonderen QS-/QM-Kompetenzen der Einrichtung markiert.

Die qualitative Ausgestaltung erfolgt jedoch über die Prozeßqualität des Qualitätsmanagements der Einrichtung, welches sicherstellt, daß die Einrichtung und alle internen und externen Kunden kontinuierlich von den internen und externen Maßnahmen profitieren. In diesem Sinne sind die im Kapitel B 3 genannten Ergebnisse eher als Zwischenergebnisse zu verstehen, welche zwar als Ergebnis einzelner Maßnahmen oder Zyklen für sich stehen können, jedoch im Sinne des kontinuierlichen Qualitäts – Verbesserungsprozesses wiederum in die Planung und Umsetzung der nächsten QS-/QM-Maßnahmen eingehen.

6. Schluß

Im Sinne der „Kundenorientierung" ist es unser Anliegen, alle Kunden ambulanter Psychotherapie mit Kindern und Jugendlichen anzusprechen, wobei wir uns hier an erster Stelle an die Kolleginnen und Kollegen wenden, die in diesem Bereich tätig sind und QS/QM als Chance zur Verbesserung der Versorgung und zur weiteren Professionalisierung des Faches und der eigenen Qualifikation sehen und auch nutzen wollen.

Unser Beitrag ist einrichtungsbezogen ausgearbeitet; das entspricht unserer Auffassung, daß QS/QM als Aufgabe der (gesamten) Einrichtung zu leisten ist und nicht primär als individuelle (persönliche) fachliche Leistung der einzelnen Behandler. Fachlichkeit ist zwar ein selbstverständlicher Teil der geforderten Qualität, jedoch nur ein Element unter anderen. Es kommt darauf an, die Einrichtung selbst im Sinne des umfassenden „Qualitätsmanagements" für ihre Aufgaben weiterzuentwickeln. Die zentrale Bedeutung, die wir der Einrichtung zuschreiben, folgt jedoch nicht nur der Logik des QM, sondern auch der Logik des Versorgungssystems. Daher verweisen wir auf die Verantwortlichkeit und Zuständigkeit des Versorgungssystems und die der Berufs- und Fachgesellschaften, diesen „Modernisierungsprozeß" mitzugestalten und entsprechend zu fördern und zu unterstützen. Dies scheint uns deshalb wichtig, weil die Entwicklungen im Versorgungssystem (z.B. Bedarfsplanung, Psychotherapeutengesetz) dringenden Handlungsbedarf aufzeigen. Die Durchführung von Maßnahmen der Qualitätssicherung und des Qualitätsmanagements setzt jedoch voraus, daß diese angemessen strukturell und finanziell im Versorgungssystem behandelt werden.

Zu den Verantwortlichkeiten gehört auch die systematische Behandlung von QS und QM im Rahmen von Ausbildung bzw. entsprechende Angebote zur Fortbildung der jetzt schon tätigen Praktiker. Dies ist die Voraussetzung dafür, daß die Chancen, die in einer angemessenen Anwendung von QS und QM liegen, auch konstruktiv und fair von allen Beteiligten genutzt werden können.

Wir gehen davon aus, daß QS/QM als Aufgabe im Bereich Psychotherapie mit Kindern, Jugendlichen und ihren Bezugspersonen in den nächsten Jahren zunehmend an Bedeutung gewinnen wird. Damit wird es für jede Einrichtung, in welcher Psychotherapie mit Kindern und Jugendlichen angeboten und durchgeführt wird, unabdingbar sein, sich entsprechend kundig zu machen, die erforderlichen Maßnahmen einzuleiten und im Kontext der Versorgung entsprechend auszuweisen (Zertifizierung). Daher verstehen wir unseren Beitrag als Anstoß und als Unterstützung, die vorhandenen Kompetenzen und Ressourcen im Sinne von Organisationsentwicklung und Personalentwicklung aktiv und offensiv zu nutzen und weiterzuentwickeln.

Literaturverzeichnis

Aktion Psychisch Kranke e.V. (Hrsg.). (1996). *Leitfaden zur Qualitätsbeurteilung in Psychiatrischen Kliniken.* Tagungsmaterialien. Bonn: Selbstverlag.

Bilke, O. (1996). Multidisziplinäre Qualitätszirkel als Instrumente des klinikinternen Qualitätsmanagements. In G. Viethen & I. Maier (Hrsg.), *Qualität rechnet sich. Erfahrungen zum Qualitätsmanagement im Krankenhaus* (S. 100–104). Stuttgart: Thieme.

Bilke, O. & Möllering, M. (1997). Der multidisziplinäre Qualitätszirkel – ein Qualitätssicherungsmodell für kinder- und jugendpsychiatrische Kliniken. *Praxis der Kinderpsychologie und Kinderpsychiatrie, 46,* 257–267.

Deutsche Gesellschaft für Kinder- und Jugendpsychiatrie und -Psychotherapie (DGKJP), Bundesarbeitsgemeinschaft der leitenden Klinikärzte für Kinder- und Jugendpsychiatrie und Psychotherapie e.V. (BAG), Berufsverband der Ärzte für Kinder- und Jugendpsychiatrie und -Psychotherapie in Deutschland e.V. (BKJPP) (1995). *Basisdokumentation Kinder- und Jugendpsychiatrie.* Psychiatrisches Krankenhaus Weinsberg: BAG.

Döpfner M. & Lehmkuhl, G. (1993). Zur Notwendigkeit von Qualitätsstandards in der Kinder- und Jugendpsychiatrie. *Zeitschrift für Kinder- und Jugendpsychiatrie, 21,* 188–193.

Döpfner, M., Lehmkuhl, G., Berner, W., Flechtner, H., Schwitzgebel, P., von Aster, M. & Steinhausen, H.-C. (1993). Die Psychopathologische Befund-Dokumentation: Ein Verfahren zur Beurteilung psychischer Störungen bei Kindern und Jugendlichen. *Zeitschrift für Kinder- und Jugendpsychiatrie, 21,* 90–100.

Döpfner, M., Lehmkuhl, G. & Schürmann, S. (1996). Das Therapieprogramm für Kinder mit hyperkinetischem und oppositionellem Problemverhalten (THOP) – Aufbau und Einzelfall-Evaluation. *Zeitschrift für Kinder- und Jugendpsychiatrie, 24,* 145–163.

Donabedian, A. (1988). The Quality of Care. How can it be assessed? *Journal of the American Medical Academy, 260,* 1743–1748.

Englert, E. & Poustka, F. (1995). Das Frankfurter Kinder- und Jugendpsychiatrische Dokumentationssystem – Entwicklung und methodische Grundlagen unter dem Aspekt der klinischen Qualitätssicherung. *Praxis der Kinderpsychologie und Kinderpsychiatrie, 44,* 158–167.

Englert, E.; Jungmann, J., Rotthaus, W., Wienand, F., Lam, L. & Poustka, F. (1995). *Glossar zur Basisdokumentation Kinder- und Jugendpsychiatrie* (2. Aufl.). Universität Frankfurt: Abteilung für Kinder und Jugendpsychiatrie.

Faber, F.R. & Haarstrick, R. (Hrsg.). (1994). *Kommentar Psychotherapie-Richtlinien.* (3. Aufl.) Neckarsulm: Jungjohann Verlagsgesellschaft.

Fegert, M. (1992). Die Hilfen zur Erziehung nach dem Kinder- und Jugendhilfegesetz (KJHG) aus kinder- und jugendpsychiatrischer Sicht. *Zeitschrift für Kinder- und Jugendpsychiatrie, 20,* 280–288.

Fegert, M. (1993). Therapeutische und pädagogische Hilfen für seelisch behinderte Kinder und Jugendliche nach der KJHG-Novellierung. *Zeitschrift für Kinder- und Jugendpsychiatrie, 21,* 260–265.

Fegert, M. (1995). Theorie und Praxis der Eingliederungshilfe für seelisch behinderte junge Menschen. *Praxis der Kinderpsychologie und Kinderpsychiatrie, 44*, 350–359.
Glaap, W. (1996). ISO 9000 leichtgemacht. *Praktische Hinweise und Hilfen zur Entwicklung und Einführung von QM-Systemen* (2., überarbeitete Aufl.). München: Hanser-Verlag.
Harnach-Beck, V. (1997). Informationsgewinnung durch Fachkräfte des Jugendamtes – Professionelle Datenermittlung als Aspekt des Qualitätsmanagements. *Kindheit und Entwicklung, 6*, 31–39.
Jaster, H.-J. (Hrsg.). (1997). *Qualitätssicherung im Gesundheitswesen*. Stuttgart: Thieme.
Kamiske, G.F. & Brauer, J.-P. (1995). *Qualitätsmanagement von A bis Z. Erläuterungen moderner Begriffe des Qualitätsmanagements* (2., überarbeitete und erweiterte Aufl.). München: Hanser-Verlag.
Kusch, M., Labouvie, H., Fleischhack, G. & Bode, U. (1996). *Stationäre psychologische Betreuung in der Pädiatrie*. Weinheim: Beltz.
Laireiter, A.-R. & Baumann, U. (1996). Dokumentation von Verhaltenstherapie. In J. Margraf (Hrsg.), *Lehrbuch der Verhaltenstherapie* (Bd. 1, S. 499–524). Berlin: Springer.
Linster, H. W. & Rückert, D. (1996). Qualitätssicherung im Rahmen der Gesprächspsychotherapie und der Personzentrierten Psychotherapie mit Kindern und Jugendlichen. In H. Hennig, E. Fikentscher, U. Bahrke & W. Rosendahl (Hrsg.), *Kurzzeit-Psychotherapie in Theorie und Praxis* (S. 1108–1131). Lengerich: Pabst.
Lorenz, A. L. (1996). Versorgungsdokumentation und Qualitätssicherung: Vorschläge für eine praktikable Lösung. *Praxis der Kinderpsychologie und Kinderpsychiatrie, 45*, 19–24.
Mattejat, F. (1996). Qualitätssicherung. In H. Remschmidt (Hrsg.), *Psychotherapie im Kindes- und Jugendalter* (S. 69–77). Stuttgart: Thieme.
Mattejat, F. & Remschmidt, H. (1993). Evaluation von Therapien mit psychisch kranken Kindern und Jugendlichen: Entwicklung und Überprüfung eines Fragebogens zur Beurteilung der Behandlung (FBB). *Zeitschrift für Klinische Psychologie, 22*, 192–233.
Mattejat, F. & Remschmidt, H. (1995). Aufgaben und Probleme der Qualitätssicherung in der Psychiatrie und Psychotherapie des Kindes- und Jugendalters. *Zeitschrift für Kinder- und Jugendpsychiatrie, 23*, 71–83.
Ollenschläger, G. & Thomeczek, C. (1996). Ärztliche Leitlinien. Definitionen, Ziele, Implementierung. *Zeitschrift für ärztliche Fortbildung, 90*, 355–361.
Petermann, F. (1997). Klinische Kinderpsychologie. Begriffsbestimmung und Grundlagen. In F. Petermann (Hrsg.), *Fallbuch der Klinischen Kinderpsychologie* (S. 1–14). Göttingen: Hogrefe Verlag für Psychologie.
Petermann, F. & Schmidt, M.H. (1995). *Der Hilfeplan nach Paragraph 36 KJHG: Eine empirische Studie über Vorgehen und Kriterien seiner Erstellung*. Freiburg: Lambertus.
Petermann, F. & Schmidt, M.H. (1997). Qualitätssicherung in der Jugendhilfe – Einführung in den Themenschwerpunkt. *Kindheit und Entwicklung, 6*, 2.

Presting, G., Witte-Lakemann, G., Höger, C. & Rothenberger, A. (1995). Kinder- und jugendpsychiatrische Dokumentation: Erfahrungen aus einer multizentrischen Untersuchung. *Praxis der Kinderpsychologie und Kinderpsychiatrie, 44,* 9–15.
Remschmidt, H. (1996) Qualitätssicherung in der Kinder- und Jugendpsychiatrie und -psychotherapie. Editorial. *Zeitschrift für Kinder- und Jugendpsychiatrie, 24,* 65–66.
Remschmidt, H. & Schmidt, M.H. (1994). *Multiaxiales Klassifikationsschema für psychische Störungen des Kindes- und Jugendalters nach ICD-10 der WHO* (3. revidierte Aufl.). Bern: Huber.
Rennen-Allhoff, B. (1991). Wie verläßlich sind Elternangaben? *Praxis der Kinderpsychologie und Kinderpsychiatrie, 40,* 333–338.
Rotthaus, W. (1993). Orientierung am Patienten: Die Verordnung des Bundesarbeitsministeriums über Maßstäbe und Grundsätze für den Personalbedarf in der stationären Kinder- und Jugendpsychiatrie. In F. Poustka & U. Lehmkuhl (Hrsg.), *Gefährdung der kindlichen Entwicklung* (S. 193–200). München: Quintessenz.
Schepker, R., Haffer, A. & Thrien, M. (1995). Die Sozialarbeit in der kinder- und jugendpsychiatrischen Klinik – Aspekte der Qualitätssicherung im Lichte der Psychiatrie-Personalverordnung. *Praxis der Kinderpsychologie und Kinderpsychiatrie, 44,* 280–287.
Schwartz, F.W. & Haase, I. (1994). Gesundheitliche Versorgung als Dienstleistung – Neue Aspekte für die Qualitätssicherung? *Gesundheits-Wesen, 56,* 636–637.
Seiffge-Krenke, I., Roth, M. & Kollmar, F. (1997). Eignen sich Väter und Mütter zur Einschätzung der Symptombelastung von Söhnen und Töchtern? Diskrepanzen zur Selbsteinschätzung der Jugendlichen im längsschnittlichen Verlauf. *Zeitschrift für Klinische Psychologie, 26,* 201–209.
Selbmann, H.K. (1995). Konzept und Definition medizinischer Qualitätssicherung. In W. Gaebel (Hrsg.), *Qualitätssicherung im psychiatrischen Krankenhaus* (S. 3–10). Wien: Springer.
Specht, F. (1995). Beeinträchtigungen der Eingliederungsmöglichkeiten durch psychische Störungen. Begrifflichkeiten und Klärungserfordernisse bei der Umsetzung von § 35a des Kinder-und Jugendhilfegesetzes. *Praxis der Kinderpsychologie und Kinderpsychiatrie, 44,* 343–349.
Spörkel, H., Ruckriegel, B., Janßen, H. & Eichler, A. (Hrsg.). (1997). *Total Quality Management im Gesundheitswesen* (2., überarbeitete Aufl.). Weinheim: Beltz.
Unnewehr, S. (1995). Diagnostik psychischer Störungen bei Kindern und Jugendlichen mit Hilfe strukturierter Interviews. *Zeitschrift für Kinder- und Jugendpsychiatrie, 23,* 121–132.
Viethen, G. & Maier, I. (Hrsg.). (1996). *Qualität rechnet sich. Erfahrungen zum Qualitätsmanagement im Krankenhaus.* Stuttgart: Thieme.

Die Anwendung eines Qualitätsmanagementsystems nach EN ISO 9001 in einer heilpädagogisch-kinderpsychiatrischen Beobachtungs- und Therapiestation

Wolfgang Menz

Inhalt:

1. Einleitung 458
2. Das Heilpädagogische Zentrum (HPZ) CARINA 459
3. Erarbeitung eines Qualitätsmanagement-Systems
   nach EN ISO 9001 im HPZ Carina 459
   - 3.1 Beteiligung aller Mitarbeiter 459
   - 3.2 Bekenntnis der Leitung und des Trägers 461
   - 3.3 Externer Berater 461
   - 3.4 Qualitätsstandards 461
4. Bestandteile und Inhalte des Qualitätsmanagement-Systems
   nach EN ISO 9001 im HPZ Carina 462
   - 4.1 Das Qualitätsmanagement-Handbuch 463
   - 4.2 Klientenakt („Krankengeschichte") 470
   - 4.3 Zertifizierung 472
5. Wie wirkt sich ein Qualitätsmanagement-System auf
   die Verbesserung der Behandlung aus? 473
   - 5.1 Auswirkungen auf die Einrichtung 473
   - 5.2 Auswirkungen auf die „Kunden" und damit auf
     die Behandlungen 474
6. Zusammenfassung 475

1. Einleitung

Soziale Einrichtungen sind immer mehr angehalten, ihre Anpassungs- und Leistungsfähigkeit unter Beweis zu stellen. Seit die Mittel für Non-Profit-Organisationen knapper werden und Subventionen wie Steuergelder geringer fließen, ist es unumgänglich, sich klaren Qualitätsforderungen zu stellen. Es wird notwendig sein, klarer und umfassender als bisher darzustellen, wie die Arbeit verrichtet wird und mit welchem Nutzen.

Somit haben sich auch psychosoziale Einrichtungen an ihren „Kunden" zu orientieren, wobei es zunächst nicht ganz leicht ist, etwa im Rahmen der Kinder- und Jugendpsychiatrie, die verschiedenen „Kunden" zu unterscheiden. In unserer Institution haben wir die Kinder und Jugendlichen als die „primären Klienten", die Eltern/Angehörigen als die „sekundären Klienten" und die Institutionen (wie z.B. Schulen, Kindergärten), Ärzte, Jugendwohlfahrtsträger u.a. als die „tertiären Klienten" bezeichnet.

Qualitätsmanagement (QM) bedeutet ganz allgemein den Versuch, *jene Qualität dauerhaft zu sichern und zu verbessern, die man seinen Kunden verspricht* (Nagy, 1996). Qualität kann nach Eichhorn (1993) als die Gesamtheit der Merkmale angesehen werden, die ein Produkt oder eine Dienstleistung (in unserem Fall Beobachtung, Abklärung und Therapie von psychisch erkrankten Kindern) zur Erfüllung vorgegebener Forderungen geeignet macht.

Die Qualität von Dienstleistungen im Gesundheitswesen wird üblicherweise in *Struktur-, Prozeß- und Ergebnisqualität* unterteilt (vgl. Nübling & Schmidt, Beitrag in diesem Band).

Auf der Suche nach einem geeigneten Qualitätsmanagementsystem begannen wir uns Mitte 1994 mit dem Regelwerk der **EN ISO 9001 Norm**[1] zu beschäftigen. Dies deswegen, weil dieses Regelwerk international anerkannt ist, einen guten Orientierungsrahmen für die Aufbau- und Ablauforganisation eines Dienstleistungsunternehmens bietet, große Gestaltungsräume läßt, die Institution verpflichtet, eindeutige Leistungsstandards zu formulieren bzw. einzuhalten und nicht zuletzt eine Zertifizierung durch ein staatlich anerkanntes Zertifizierungsunternehmen ermöglicht.

Besonders reizvoll erschien uns die Anwendung eines QM-Systems, das vor allem in der Industrie und in der Wirtschaft gebräuchlich ist, um uns an diesen Kriterien zu messen.

Wir waren uns einig, daß ISO 9001 *nicht um seiner selbst willen* eingeführt werden sollte, sondern um die Unternehmensstrukturen zu verbessern.

Die Erwartungen des Kunden sind der Schlüssel zur Definition und Qualität. Qualität wird nicht an den Ansprüchen gemessen, sondern daran, ob die Erwartungen der Kunden erfüllt werden. Kundenzufriedenheit kann aber nur dann erreicht werden, wenn die Wünsche und Erwartungen der Kunden vorher genau abgeklärt, festgehalten und immer wieder auf deren Gültigkeit hin überprüft werden.

---

1. EN: Europa-Norm
   ISO: Internationale Standardisierungs Organisation; in Deutschland von DIN (Deutsches Institut für Normierung) vertreten.
   9001: Diejenige Norm aus der 9000er Normenreihe (9000–9004), die sich mit Unternehmen beschäftigt, die ihre Produkte oder Dienstleistungen selbst entwerfen, herstellen und betreuen.

Mit der Einführung eines QM-Systems in einer therapeutischen Einrichtung soll eine gleichbleibend gute Qualität für Diagnose und Therapie erreicht werden. Ein Regelwerk zur Vermeidung und/oder Korrektur von Fehlern ist ein weiterer Schwerpunkt eines solchen QM-Systems. Nicht zuletzt wird die Durchführung der Aufgaben in allen Details festgehalten und transparent beschrieben, was mit welchen Mitteln zu erreichen ist.

ISO 9001 erlaubt keine Beurteilung von Leistungen, sondern etabliert ein System der Selbstkontrolle einer Einrichtung, welches alle Abläufe bis zur Erreichung des „Gesamtprodukts" (Beobachtung, Abklärung und Therapie von Kindern) umfaßt.

2. Das Heilpädagogische Zentrum (HPZ) CARINA

Das HPZ Carina ist eine stationäre und teilstationäre kinderpsychiatrische Beobachtungs- und Therapiestation und dient der Beobachtung, Diagnostik, Behandlung und Betreuung entwicklungsgestörter, psychisch und psychosomatisch erkrankter oder beeinträchtigter Kinder im Alter von ca. 4 bis ca. 14 Jahren. Es ist dies die einzige Einrichtung dieser Art für das Bundesland Vorarlberg / Österreich mit ca. 320.000 Einwohnern.

Unser Team setzt sich aus ÄrztInnen, PsychologInnen, PsychotherapeutInnen, einer Logopädin, einer Heilpädagogin, ErzieherInnen, Kindergärtnerinnen und LehrerInnen zusammen. Für den Unterricht der Schulkinder gibt es in unserem Hause eine Heilstättenschule (Krankenhaus-Schule). Die Durchschnittsaufenthaltsdauer beträgt fünf bis sechs Monate, die Kapazität 21 Plätze, davon werden 12–14 Kinder stationär und 7–9 teilstationär (Tagesklinik) betreut. Kinder werden bei uns aufgenommen, wenn eine *schwerwiegende Störung* vorliegt, die nach dem Multiaxialen Klassifikationsschema für psychische Störungen des Kindes- und Jugendalters nach ICD-10 der WHO (Remschmidt & Schmidt, 1994), klassifizierbar ist und ambulante Maßnahmen nicht oder nur unzureichend zum Erfolg geführt haben.

Wir sind eine private *Non-Profit-Organisation*. Die Kosten werden bis auf einen Selbstbehalt der Eltern vom Staat übernommen.

3. Erarbeitung eines Qualitätsmanagement-Systems nach EN ISO 9001 im HPZ Carina

Ein QM-System muß selbst erarbeitet werden. Man kann es nicht fertig kaufen. Erwerben kann man das know-how zur Einführung eines QM-Systems.

3.1 Beteiligung aller Mitarbeiter

Die Entwicklung unseres QM-Systems begann mit dem gemeinsamen Beschluß der Leitung und aller im Therapie-, Schul-, Kindergarten-, Erzieher- und Verwaltungsbereich tätigen Mitarbeiter (ca. 25), ein solches QM-System erarbeiten und einführen zu wollen.

Von Anfang an war uns klar, daß es nicht genügen würde, die bestehende Dienstleistungserbringung niederzuschreiben und die Prozesse zu definieren, sondern daß darüber hinaus die Bedürfnisse unserer „Kunden" geklärt und erfragt werden müßten.
In Anlehnung an das „Service quality gap model" nach Zeithaml, Parasuraman und Berry 1990 (zit. nach Murphy, 1994), begannen wir in vier Qualitätszirkeln die darin genannten fünf Hauptgründe für eine lückenhafte Qualität zu hinterfragen.

Lücke 1: Eine Fehleinschätzung der Kundenerwartung durch das Management („nicht zu wissen, was die Kunden erwarten").

Lücke 2: Eine Fehleinschätzung bei der Spezifikation der Dienstleistungsqualität („nicht zu wissen, mit welchen Mitteln und Anstrengungen die Dienstleistung erbracht werden kann").

Lücke 3: Eine Differenz zwischen den formulierten Zielen und Anforderungen und der Umsetzung in konkrete Dienstleistungen.

Lücke 4: Eine Differenz zwischen der erbrachten Leistung und dem, was an die Klienten kommuniziert wird.

Lücke 5: Eine Differenz zwischen der erwarteten und der tatsächlich wahrgenommenen Dienstleistungsqualität aus der Sicht der Klienten als Leistungsadressaten.
Diese Lücke entsteht als subjektive Wahrnehmung des Klienten und wird in ihrem Ausmaß bestimmt durch die Lücken 1–4.

Die vier Qualitätszirkel wurden aus dem Gesamtteam (alle unmittelbar mit den Kindern arbeitenden MitarbeiterInnen) gebildet, wobei es zu vielen neuen Überlegungen und Entwicklungen gekommen ist.
Beispiel: Für die Beurteilung der *Ergebnisqualität* schien uns von Anfang an die Unterscheidung unserer verschiedenen „Sekundär-Klienten" (Eltern und nahe Angehörige) von großer Bedeutung. Nach Berg (1992) unterteilten wir diese in „Kunden", „Besucher" und „Kläger" und entwickelten dazu einen (nicht standardisierten) Fragebogen zur Unterscheidung der verschiedenen Klienten, den wir von unseren sekundären Klienten zu Beginn des Aufenthaltes ausfüllen lassen.
Als *Kunden* benannte Berg (1992) diejenigen Eltern, die bereit sind, sich selbst zu ändern, sich selbst in Frage zu stellen und sich selbst einzubringen. *Besucher* nannte sie diejenigen Eltern, die nur zu Besuch kommen, die nichts wirklich von der Einrichtung wollen und von jemanden geschickt werden. *Kläger* nennt sie diejenigen, die ständig nur über die Ungerechtigkeiten dieser Welt, des Jugendamtes, der anderen klagen, ohne selbst etwas verändern zu wollen.

3.2 Bekenntnis der Leitung und des Trägers

Wir sind überzeugt, daß die Implementierung eines QM-Systems nur möglich ist, wenn die oberste Leitung und auch der Träger einer solchen Einrichtung diese Bemühungen voll und ganz unterstützen. Es kam uns vermutlich zugute, daß der Vorsitzende des Kuratoriums selbst in der Organisationsentwicklung tätig ist und somit großes Interesse hatte, ein solches QM-System einzuführen.

Unser Träger stellte auch die finanziellen Mittel für den externen Berater und die Zertifizierung zur Verfügung. Das Projekt dauerte von Juni 1994 bis November 1995, wobei intern von den Mitarbeitern etwa 900 Stunden aufgewandt wurden. Die externe Begleitung beinhaltete 117 Stunden.

3.3 Externer Berater

Ohne Hilfe eines externen Beraters, der bereits Erfahrung in der Erarbeitung eines Qualitätsmanagementsystems nach ISO 9001 hatte, wäre es vermutlich nicht möglich gewesen, dieses System in dem genannten Zeitrahmen zu erarbeiten. Er leitete die Teamprozesse, die Qualitätszirkel und war maßgeblich bei der Erarbeitung des Handbuches beteiligt.

3.4 Qualitätsstandards

Ein Ziel unserer Arbeit war es, für alle prozessualen Abläufe Qualitätsstandards zu entwickeln, die für alle Mitarbeiter transparent und nachvollziehbar sein sollten. Diese Ablaufbeschreibungen/Standards betrafen die Aufnahme, die Abklärung, die Diagnoseerstellung sowie den Therapieprozeß gleichermaßen.

Die Standards beziehen sich auf den Prozeß der Dienstleistungserbringung, nicht so sehr auf deren Inhalt. So liegt es weiterhin in der Verantwortung des Therapeuten bzw. des Primärbetreuungsteams, welche Therapiemaßnahmen inhaltlich angewandt werden. Wesentlich erschien es uns, den Prozeß zu steuern und Vorsorge zu treffen, daß bei Fehlentwicklungen Korrekturen angebracht werden können und der Verlauf des Dienstleistungsprozesses stets überprüft werden kann (vgl. z.B. Tabelle 6: Behandlungsprüfungen).

In Zukunft wird es vermutlich immer mehr Qualitätsstandards für bestimmte klinische Störungsbilder geben, wie diese etwa für die Diagnostik, Behandlung und Verlaufskontrolle von hyperkinetischen Störungen von der American Academy of Child and Adolescent Psychiatry herausgegeben wurden (Döpfner & Lehmkuhl, 1993). Bei der grundsätzlichen Frage nach der Funktion von Standards wird allerdings kritisch abzuwägen sein, in welchem Ausmaß Qualitätskriterien die therapeutische Handlungsfreiheit einengen, inwieweit individuelle Bedingungskonstellationen durch solche generelle Standards berücksichtigt werden können, und ob überhaupt eine hinreichend breite Basis für die Definition von Standards gefunden werden kann (Döpfner & Lehmkuhl, 1993).

4. Bestandteile und Inhalte des Qualitätsmanagement-Systems nach EN ISO 9001 im HPZ Carina

Das von uns erarbeitete QM-System hat neun Komponenten, von denen das QM-Handbuch als wesentlichstes Element angesehen werden kann (vgl. Tabelle 1)

Tabelle 1: Bestandteile und Inhalte des QM–Systems im HPZ Carina

Bestandteil des QM-Systems:	Inhalt:
1. QM-Handbuch	Beschreibung der von der ISO 9001 Norm vorgeschriebenen 20 Kapitel (vgl. Tabelle 2)
2. Klientenakt (Krankengeschichte)	Alle Aufzeichnungen in bezug auf den Primärklienten (vgl. Tabelle 7).
3. Mitarbeiter-Handbuch	Für Mitarbeiter wesentliche Kapitel aus dem QM-Handbuch sowie Informationen zur Organisation und der Verschwiegenheits- und Aufsichtspflicht.
4. Praktikanten-Handbuch	Für Praktikanten wesentliche Kapitel aus dem QM-Handbuch sowie Informationen zur Organisation und der Verschwiegenheits- und Aufsichtspflicht.
5. Stellenplan	vom Träger erstellt und genehmigt
6. Stellenbeschreibungen	Beschreibung aller Stellen nach dem Schema: Stellenbezeichnung, vorgesetzte Stelle, Zielsetzungen der Stelle, Einzelaufgaben, Verantwortungsbereich und Qualifikation.
7. Wissenswertes für Eltern von A – Z	Kurzinformationen, die beim ersten Treffen den Sekundärklienten (meistens den Eltern) übergeben wird.
8. Audit-Plan/Audit-Checklist	Audit-Plan: wann und wie das Audit (Überprüfung) stattfindet. Checklist: ca. 100 Fragen mit Hinweisen zu den jeweiligen Antworten im QM-Handbuch.
9. Externe Vorgabe – Dokumente	z.B. ICD-10; Testvorlagen; Gesetzesvorlagen, etc.

4.1 Das Qualitätsmanagement-Handbuch

Nach der Bearbeitung der „5 Lücken" in den genannten vier Qualitätszirkeln begannen der ärztliche Leiter, die kaufmännische Leiterin sowie der externe Berater in einem weiteren Prozeß das QM-Handbuch mit Verfahrensrichtlinien und qualitätssichernden Maßnahmen zu erstellen.

Tabelle 2: ISO 9001 QM–Handbuch und HPZ Carina Formulierungen

Kapt.	ISO-NORM 9001	HPZ CARINA Formulierung
1	Verantwortung der Leitung	Verantwortung der Leitung
2	Qualitätsmanagementsystem	Qualitätsmanagementsystem
3	Vertragsprüfung	Aufnahmeüberprüfung
4	Designlenkung	Therapie- und Betreuungsablauf (das klientenspezifische Leistungsprogramm)
5	Lenkung der Dokumente und Daten	Lenkung der Dokumente und Daten
6	Beschaffung	Beschaffung (Mitarbeiter, Lieferanten von Sachleistungen, Finanzierungspartner)
7	Lenkung der vom Kunden beigestellten Produkte	Vom Auftraggeber (Klientensystem) beigestellte Dokumente und Befunde
8	Kennzeichnung und Rückverfolgbarkeit von Produkten	Identifikation und Rückverfolgbarkeit von Leistungen und Dokumenten
9	Prozeßlenkung	Leistungsablauf (Prozeßlenkung)
10	Prüfungen	Aufnahme- und Behandlungsprüfungen
11	Prüfmittelüberwachung	Prüfmethoden
12	Prüfstatus	Prüfstatus
13	Lenkung fehlerhafter Produkte	Lenkung fehlerhafter Entwicklungen
14	Korrektur- und Vorbeugungsmaßnahmen	Korrektur- und Vorbeugungsmaßnahmen
15	Handhabung, Lagerung, Verpackung, Konservierung und Versand	nicht relevant
16	Lenkung von Qualitätsaufzeichnungen	Lenkung von Qualitätsaufzeichnungen
17	Interne Qualitätsaudits	Interne Qualitätsaudits
18	Schulung	Mitarbeiterentwicklung-Weiterbildung
19	Wartung	Klientenbefragung
20	Statistische Methoden	Daten und Auswertungen

Diese Arbeitsgruppe konnte nicht zuletzt aufgrund ihrer geringen Größe sehr effizient arbeiten. In etwa dreimonatigen Abständen wurde dem Team die Arbeit präsentiert und der Inhalt auf seine Durchführbarkeit und Sinnhaftigkeit überprüft. Die Endfassung mußte für alle MitarbeiterInnen akzeptabel sein.

Das QM Handbuch umfaßt nach der ISO 9001 Norm *20 Kapitel* (vgl. Tabelle 2) mit genau definiertem Inhalt (Österreichisches Normungsinstitut, 1994). Die für die Wirtschaft geschriebenen ISO Normen ließen sich nicht immer ganz einfach für die Anwendung in einem psychosozialen Dienstleistungsbetrieb adaptieren.

Auszugsweise sollen einige Kapitel erläutert werden. Als Einleitung haben wir in einem – in der ISO NORM nicht vorgesehen – **Kapitel 0** unsere *wissenschaftlichen Grundlagen* sowie den *formalen Aufbau unserer Einrichtung* beschrieben. Dazu gehört die Darstellung der verschiedenen Betreuungsformen (stationär vs. tagesklinisch vs. Vorbetreuung), der verschiedenen Gruppen (Therapiegruppe, Wohnheimgruppe, Kindergarten, Schule) sowie die Unterscheidung unserer Klienten (vgl. Kapitel 1, Einleitung).

Im **Kapitel 1** *„Verantwortung der Leitung"* haben wir unser Leitbild dargestellt, die Grundsätze unserer Qualitätspolitik festgelegt und das Geschäftssystem wie auch die Aufbauorganisation dargelegt.

Die Grundsätze unserer Qualitätspolitik lauten:

- Das HPZ bemüht sich um eine *hohe Qualität der angebotenen Leistungen*, unter Beachtung von Professionalität und Wirtschaftlichkeit.
- Die Beobachtung, Abklärung und Behandlung erfolgt nach *wissenschaftlich fundierten* medizinischen, psychologischen, psychotherapeutischen und heil- und sozialpädagogischen *Erkenntnissen*.
- Der Klientenauftrag wird sorgfältig analysiert und eine therapeutisch, funktionell und wirtschaftlich möglichst *optimale Problemlösungsstrategie*, unter Beachtung menschlich-sozialer Bedürfnisse und Bedingungen, entwickelt.
- Die *Qualitätsanforderungen beziehen sich auf alle Handlungen und Tätigkeiten* in bezug auf die primären, sekundären und tertiären Klienten.
- Das Qualitätsmanagement ist darauf ausgerichtet, daß die *Fachkräfte eigenverantwortlich handeln* und zu ihren Verantwortlichkeiten stehen (das Qualitätsmanagement dient nicht der Kontrolle der MitarbeiterInnen).
- Die *Auswahl der MitarbeiterInnen* erfolgt sowohl hinsichtlich ihrer persönlichen wie auch ihrer fachlichen Fähigkeiten.
- Die Leitung/Führung der MitarbeiterInnen und die Vereinbarung von Aufträgen entsprechen deren *Fähigkeiten und Aufgaben*.
- Die MitarbeiterInnen sind zu *laufender Fort- und Weiterbildung* (fachspezifisch, Supervision) verpflichtet.
- Das *methodische Instrumentarium* wird laufend überprüft und gegebenenfalls ersetzt.
- Wesentlicher Bestandteil unserer Arbeit ist die Schaffung eines *guten Betriebsklimas*. Dieses soll in erster Linie durch gegenseitige Wertschätzung und Partnerschaftlichkeit, Akzeptanz von Unterschiedlichkeit und durch Humor und Spaß erreicht werden.

In einem weiteren Abschnitt werden die *Schnittstellen* zwischen Kuratorium und Geschäftsführung sowie Geschäftsführung und Direktion der Heilstättenschule (vgl. Tabelle 3) beschrieben. Nicht zuletzt wurden die gesamten *Kommunikationsroutinen* (vgl. Tabelle 4) erfaßt und nach Verantwortung, Teilnehmer, Zielsetzung, Periodizität und Dokumentation festgehalten.

Tabelle 3: Schnittstelle zwischen Geschäftsführung HPZ Carina und Schuldirektion Heilstättenschule

Geschäftsführung HPZ Carina	**Heilstättenschule (gemäß Schulorganisationsgesetz)**
Aufgaben Fachliche, wirtschaftliche und organisatorische Führung des HPZ Carina als heilpädagogisch-kinderpsychiatrische Beobachtungs- und Therapiestation Absprache und Zusammenarbeit mit der Heilstättenschule	**Aufgaben** Für die Erfüllung der gesetzlichen Schulpflicht Sorge zu tragen Pädagogisch- therapeutische Aufgaben Teilnahme an Eltern- Gruppen- und Teamgesprächen sowie Supervision Absprache und Zusammenarbeit mit der ärztlichen und kaufmännischen Geschäftsführung des Hauses
Kompetenzen Einstellung, Führung und Entlassung des Fachpersonals (ausgenommen Heilstättenschule) im Rahmen des Stellenplanes Entscheidungsrecht für Aufnahmen und Entlassungen der Kinder Verwaltung und Führung der kaufmännisch- hauswirtschaftlichen Belange Vertretung des HPZ Carina nach außen	**Kompetenzen** Eigenständigkeit im Sinne aller im Schulorganisationsgesetz enthaltenen Kompetenzen
Verantwortung Für den gesamten fachlichen und wirtschaftlichen Betrieb des HPZ Carina (ausgenommen die im Landesschulgesetz verankerten Aufgaben der Heilstättenschule)	**Verantwortung** für den gesamten Schulablauf lt. Schulorganisationsgesetz

Im **Kapitel 3** *„Aufnahmeprüfung"* (Vertragsprüfung) werden die grundsätzlichen Bedingungen für eine Aufnahme und die dafür erforderlichen Prozeßabläufe in Form von Flußdiagrammen beschrieben (Beispiel Abbildung 1: Vorgänge und Entscheidungen von der Aufnahmeanfrage bis zur Aufnahme eines Kindes). Analoge Beschreibungen und Flußdiagramme gibt es für die Verwaltungsaufnahme, die Finanzierungsmodalitäten und den Kindertransport (alle aufgenommenen Kinder werden von zu Hause abgeholt und zurückgebracht).

Tabelle 4: Interne Kommunikationsroutinen

	Leitungsverantwortung	Teilnehmer	Zielsetzung	Periodizität + Dauer	Dokumentation
Koordinationsbesprechung	Geschäftsleitung (ärztlicher u. kaufmännische Leiter/in)	je 1 Mitarbeiter (MA) der Wohngruppen, des Kindergartens, der Schule + Therapeuten	Wochenprogramm[a]	wöchentlich 0,5 Stunde	Protokoll
Gruppenbesprechungen[b]	Primärbetreuer – Bereich Therapie	Primärbetreuerteam[c]	Evaluation[d]	wöchentlich je 1 Stunde	Protokoll
Therapeutenbesprechung					
Familienbezogen	Ärztl. Leiter od. Delegation an einen MA	Familien-Therapeuten	Intervision	wöchentlich 1 Stunde	keine
Kind-bezogen	Ärztl. Leiter od. Delegation an einen MA	Kinder – Therapeuten	Intervision	14 täglich 1 Stunde	keine
Erzieherbesprechung[e]	Ärztl. Leiter od. Delegation an einen MA	ErzieherInnen	interne Supervision[f]	wöchentlich 1 Stunde	keine
Kindergartenbesprechung	Ärztl. Leiter od. Delegation an einen MA	Kindergärtnerinnen	interne Supervision[g]	14 täglich 1 Stunde	keine
Teambesprechungen					Protokoll
– klein	Ärztl. Leiter od. Delegation an einen MA	alle Mitarbeiter/innen (MA)	Koordination	14 täglich 2 Stunden	
– groß	Ärztl. Leiter od. Delegation an einen MA	alle MA + Lehrer/innen	Fortbildung[h]	monatlich 2 Stunden	
Supervision	Ärztl. Leiter	alle MA + Lehrer/innen	externe Supervison	vierteljährlich 1 Tag	keine
Praxisanleitung	Praxisanleiter(in)[i]	Praxisanleiter + Praktikant	Praxisanleitung	wöchentlich 1 Stunde	keine

Anmerkungen:
[a] Wochenprogramm: Ereignisse der Woche, Neuaufnahmen u. Entlassungen, Gruppenbesprechungen, Team, Fortbildung u. Abwesenheiten, Termine, Vorschau, Allfälliges
[b] Gruppenbesprechung: Schule 1, Schule 2, Kindergarten
[c] Primärbetreuerteam: Primärbetreuer aus den Bereichen Therapie, Wohngruppe, Schule/Kindergarten + beteiligte Therapeuten oder sonstige Mitarbeiter
[d] Evaluation: Zusammentragen von Beobachtungen, Evaluation des Therapieverlaufes und Festlegen weiterer Maßnahmen (z.B. Therapie, Entlassung)

ᵉ Erzieherbesprechung: Wohngruppe 1, Wohngruppe 2
ᶠ interne Supervision: interne Supervision und Evaluation auf Gruppenebene im Wohngruppenbereich
ᵍ Kindergartenbesprechung: interne Supervision und Evaluation auf Gruppenebene im Kindergartenbereich
ʰ Teambesprechung: Organisation, Koordination, Fortbildung, Forum für Verbesserungsvorschläge
ⁱ Praxisanleiter(in): jeder Praktikant (aus allen im Hause vertretenen Fachbereichen) erhält eine(n) Praxisanleiter zugeordnet, der ihn während des Praktikums begleitet

Im **Kapitel 9** *„Leistungsablauf"* (Prozeßlenkung) werden die gesamten Beobachtungs- und Abklärungsaufgaben beschrieben und die Verantwortlichkeiten sowie die Dokumentation festgelegt. Eine schriftlich festgehaltene *Behandlungsvereinbarung* (vgl. Abbildung 2), die nach einer sechs-achtwöchentlichen Abklärungsphase mit den Sekundär-Klienten individuell abgeschlossen wird, ist eine wesentliche Grundlage zur Beurteilung der Ergebnisqualität. Die Festlegung, woran letztlich erkennbar sein wird, daß die gemeinsam vereinbarten Behandlungsziele erreicht worden sind, stellte sich als ausgezeichneter Indikator für eine Erfolgskontrolle für uns, aber auch für die Eltern, heraus. Am schwierigsten erschien uns dabei, die einzelnen Ziele „meßbar" zu beschreiben (z.B. bei einem stark zurückgezogenen Kind, das bislang nie mit einem anderen gespielt hat → spielt dreimal in der Woche für zumindest 20 Minuten mit einem anderen Kind) und nicht nur allgemeine Formulierungen (z.B. „soll mehr Kontakt haben") zu verwenden. Sind die Ziele beschrieben, werden diese in regelmäßig stattfindenden Gruppengesprächen auf deren Einhaltung und Zielgerichtetheit überprüft und, wo erforderlich, angepaßt.

Sinngemäß können diese *„Gruppengespräche" als Qualitätszirkel-Arbeit angesehen werden,* die dazu dienen, unser „Produkt" (Abklärung und Behandlung von kindlichen Verhaltensstörungen) ständig zu hinterfragen und zu verbessern. An diesen dreimal pro Woche stattfindenden einstündigen „Gruppengesprächen" nehmen die jeweils für ein Kind zuständigen PrimärbetreuerInnen aus dem Therapie-, Schul-/Kindergarten- und Wohngruppenbereich, sowie der ärztliche Leiter und allfällige weitere TherapeutInnen und/oder MitarbeiterInnen teil. Somit wird jedes bei uns aufgenommene Kind etwa ein Mal pro Monat intensiv durchbesprochen.

Die Art der Therapien (z.B. Gruppen- vs. Einzeltherapieverfahren; vgl. Tabelle 5) wird gemeinsam in den oben genannten „Gruppengesprächen" vereinbart. *Wie die Therapie allerdings durchgeführt wird, liegt allein in der Kompetenz des betreffenden Therapeuten.*

Im **Kapitel 10** *„Aufnahme und Behandlungsprüfungen"* werden die Prüfschritte und die Prüfaufzeichnungen für die Qualitätsprüfungen dargelegt (vgl. Tabelle 6). Auf eine detaillierte Beschreibung der einzelnen Prüfschritte wir hier aus Platzgründen verzichtet.

Ein wesentliches Kapitel ist **Kapitel 13,** welches die *„Lenkung fehlerhafter Entwicklungen"* (Lenkung fehlerhafter Produkte) umschreibt. Hier wird festgehalten, wie mit Fehlern im therapeutisch pädagogischen Prozeß, mit fehlender Mitarbeit der sekundären Klienten oder fehlender Kostenübernahme umgegangen wird. Die Verant-

Abbildung 1: Flußdiagramm der Entscheidungsprozesse zwischen einer Aufnahmeanfrage und einer Aufnahme (Menz)

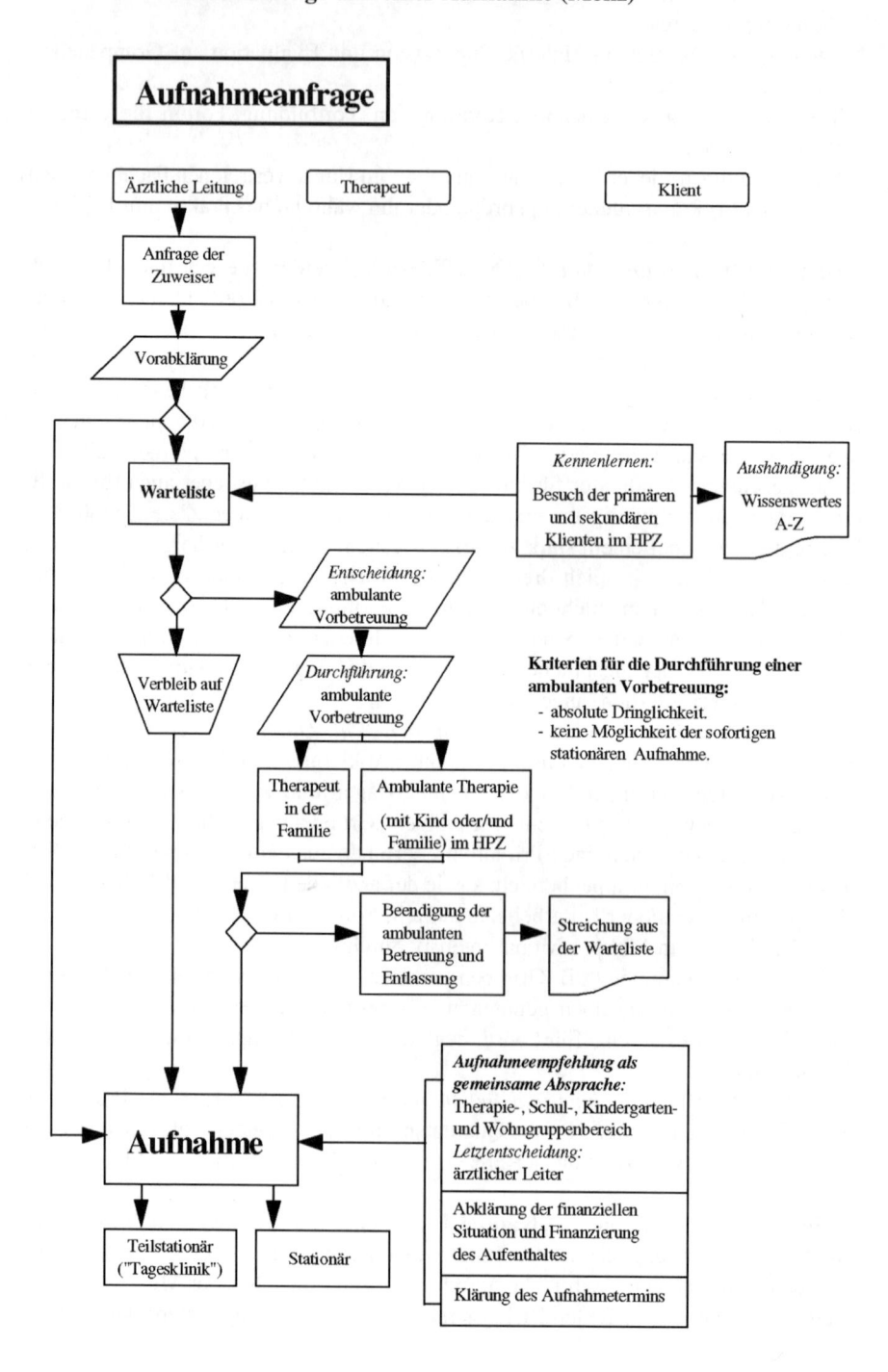

```
                        Aufnahmeanfrage

        Ärztliche Leitung         Therapeut              Klient

        Anfrage der
        Zuweiser

        Vorabklärung

                                              Kennenlernen:           Aushändigung:
        Warteliste  ◄──────────────────────── Besuch der primären ──► Wissenswertes
                                              und sekundären           A-Z
                                              Klienten im HPZ

                         Entscheidung:
                         ambulante
                         Vorbetreuung

        Verbleib auf     Durchführung:        Kriterien für die Durchführung einer
        Warteliste       ambulante            ambulanten Vorbetreuung:
                         Vorbetreuung         - absolute Dringlichkeit.
                                              - keine Möglichkeit der sofortigen
                                                stationären Aufnahme.

                    Therapeut    Ambulante Therapie
                    in der       (mit Kind oder/und
                    Familie      Familie) im HPZ

                              Beendigung der
                              ambulanten       ──► Streichung aus
                              Betreuung und        der Warteliste
                              Entlassung

                                              Aufnahmeempfehlung als
                                              gemeinsame Absprache:
                                              Therapie-, Schul-, Kindergarten-
                                              und Wohngruppenbereich
                    Aufnahme  ◄─────────────── Letztentscheidung:
                                              ärztlicher Leiter

                                              Abklärung der finanziellen
                                              Situation und Finanzierung
        Teilstationär    Stationär            des Aufenthaltes
        ("Tagesklinik")
                                              Klärung des Aufnahmetermins
```

Abbildung 2: Schema der schriftlichen Behandlungsvereinbarung mit den Sekundär-Klienten (z.B. Eltern)

BEHANDLUNGSVEREINBARUNG　　　　　　　　　Datum:

Name:　　　　　　geb.:

wurde am:

wegen:

stationär aufgenommen.

1. Die Beobachtung und Abklärung hat zu folgenden Ergebnissen geführt:

-
-

2. Daraus ergeben sich folgende therapeutische und heilpädagogische Behandlungsziele:

-
-

3. Um diese Ziele erreichen zu können, werden folgende Maßnahmen vereinbart:

seitens HPZ:　　　　　　　　　seitens der/des Erziehungsberechtigten:

- 　　　　　　　　　　　　　　-
- 　　　　　　　　　　　　　　-

4. Woran wird erkennbar sein, daß die unter Pkt 2 vereinbarten Ziele erreicht worden sind:

-
-

Für das HPZ Carina　　　　　Erziehungsberechtigte:
Primärbetreuerteam:

ges. Ärztlicher Leiter

Tabelle 5: Im HPZ Carina angebotene Therapieverfahren

a)	**Individuumszentrierte Verfahren**
	psychotherapeutische Verfahren:
	• Gesprächspsychotherapie
	• Verhaltenstherapie
	• (heilpädagogische) Spieltherapie
	• autogenes Training
	• soziales Kommunikations- und Maltherapie
	• Wahrnehmungstraining
	• Katathymes Bilderleben
	andere Therapieformen:
	• Logopädie
	• Rhythmik
	• Wahrnehmungsübungen (z.B. Lese- Rechtschreibstörung)
	• Reittherapie
b)	**Familienzentrierte Verfahren**
	• Systemische Familientherapie
	• Familienberatung
	• Reflecting Teams

wortung für Konsequenzen bei fehlerhaften Entwicklungen liegt zunächst bei den jeweils für ein Kind eingerichteten Qualitätszirkeln in den Gruppengesprächen, in weiterer Folge bei der obersten Leitung.

Kapitel 17 *„Interne Qualitätsaudits"* beschreibt, in welcher Form interne Audits (Überprüfung, ob die Qualitätsstandards, die vorgegeben sind, auch eingehalten werden) durchgeführt werden, wie die Auditoren bestellt werden, wer verantwortlich ist und wie dies dokumentiert wird. **Kapitel 18** widmet sich der *„Mitarbeiterentwicklung und Weiterbildung".* Hier werden die Weiterbildungsplanung beschrieben, die Evaluation der Weiterbildungsmaßnahmen, die Fragen der Supervision und die Einführung neuer Mitarbeiter. Im **Kapitel 19** *„Klientenbefragung"* wird beschrieben, in welcher Form über einen Elternrückmelde – Fragebogen und über das Abschlußgespräch Rückmeldungen in bezug auf die durchgeführte Behandlung eingeholt werden.

Im **Kapitel 20** *„Daten und Auswertungen"* werden die Grundsätze, nach denen der jährliche Rechenschaftsbericht erstellt wird, dargestellt.

4.2 Klientenakt („Krankengeschichte")

Die Implementierung unseres QM-Systems hat auch in unserem Klienten/Patienten – Akt erhebliche Auswirkungen hinterlassen. In Tabelle 7 sind Inhalt und Gliederung des Klientenaktes dargestellt. Alle Daten und Berichte werden über Computer (teil-

Tabelle 6: Behandlungsprüfungen

Prüfschritte	Prüfaufzeichnungen
Eingangsprüfungen:	
• Prüfung der allgemeinen Aufnahmeindikation	Protokoll externe oder interne Vorabklärung
• Prüfung einer allfälligen ambulanten Vorbetreuung	Befund (intern oder extern) – Verwaltungsunterlagen
• Prüfung der Finanzierbarkeit	Antrag auf Kostenübernahme Kostenübernahme, Eltern-Selbstbehalt
• Prüfung der Aufnahmeform (stationär, teilstationär)	aktuelle Belegungsliste („Anwesende Kinder")
• Prüfung der Beschulbarkeit (Schulart, Schulstufe)	Aktuelle Belegungsliste („Anwesende Kinder")
• Prüfung des quantitativen und qualitativen Schweregrads der Verhaltensstörung aus der Sicht des Lehrers	Auswertung des „teacher's report form" (TRF) Fragebogens nach Achenbach (Döpfner et al., 1994)
• Prüfung des quantitativen und qualitativen Schweregrads der Verhaltensstörung aus der Sicht der Sekundärklienten	Auswertung des „child behavior checklist" (CBCL) Fragebogens nach Achenbach (Döpfner et al., 1994)
• Klienteneinstufung („Kunde", „Besucher", „Kläger") nach Berg (1992)	Ausgefüllter Eintritts-Fragebogen HPZ Carina
Zwischenprüfungen:	
• Prüfung der Behandlungsvereinbarung	Unterschriebene Behandlungsvereinbarung
• Prüfung der Einhaltung des Behandlungsvereinbarung (= Therapieevaluation)	Klientenakt (Protokolle der Elterngespräche, Gruppengespräche)
Endprüfungen:	
• Prüfung der Entlassungs-Voraussetzungen	Protokoll Gruppenbesprechung
• Zufriedenheit der Sekundärklienten	Eltern-Rückmelde-Fragebogen
• Prüfung des Therapieerfolges durch Sekundär-Klient und Schule/Kindergarten	Protokoll Elterngespräch nach Entlassung bzw. Protokoll Schulbesuch / Kindergartenbesuch

weise über Netzwerk) erfaßt und verarbeitet. Mittels einer eigens für unser Haus entwickelten Datenbankstruktur sind jederzeit statistische Auswertungen möglich. Die systematischen Verhaltensbeobachtungen der Erzieher und Lehrer werden von diesen mit dem PC geschrieben und die jeweilige Zusammenfassung als Textbaustein für den

Abschlußbericht verwendet. Entsprechendes gilt für Diagnostik- und Therapieberichte.

Die Aktualität aller im Klientenakt enthaltenen Vorlagedokumente muß aus der jeweiligen Fußzeile erkennbar sein.

Tabelle 7: Gliederung und Inhalt des Klientenakts

Gliederung:	Inhalt:
1. Kinder-Datenblatt	allgemeine Daten zum Primärklienten und zu den Angehörigen des Primärklienten
2. Übersichtsblatt	läßt erkennen, an welchem Punkt sich der Abklärungs und/oder Behandlungsprozeß befindet
3. Checklist's (für Schule, Kindergarten, Wohngruppen)	zu Allergien, Ernährungs-, Schlafgewohnheiten, ausstehende Termine etc.
4. Anamnese /Aktuelle Berichte	allgemeine Anamnese und Dokumentation der geführten Gespräche in bezug auf den Primärklienten
5. Beobachtungen/Therapie	Beobachtungsbogen, Therapieaufzeichnungen
6. Untersuchungen	ärztliche, psychodiagnostische, pädagogische Untersuchungen
7. Vorbefunde	Befunde von früheren Untersuchungen
8. Schriftverkehr	mit den Eltern, Krankenhäusern etc.
9. Kostenträger	Finanzierungsbewilligung
10. Abschlußberichte	schriftlicher Bericht und an wen er ergangen ist

4.3 Zertifizierung

Ende November 1995 unterzogen wir uns erfolgreich einer *Zertifizierung durch die ÖQS* (Österreichische Vereinigung für Zertifizierung von Qualitätssicherungssystemen) und erhielten das Zertifikat nach Ö-Norm EN ISO 9001.

Im November 1996 erfolgte das erste *externe Überwachungsaudit* (Überprüfung durch eine externe Organisation, ob wir das, was wir vorgeben zu tun, auch wirklich tun) durch die ÖQS (vgl. Kapitel 3.3), welches eine sehr gute Beurteilung erbrachte. Das Überwachungsaudit beinhaltete vor allem Fragen zum QM-System allgemein, zu den organisatorischen Einheiten des Unternehmens, zur Planung, Durchführung und Berichterstattung im Bereich der Dienstleistung sowie zur Überprüfung von Korrekturen und Schwachstellen.

5. Wie wirkt sich ein QM-System auf die Verbesserung der Behandlung aus?

Bei der Betrachtung der Ergebnisse erscheint es uns wesentlich zu hinterfragen, welchen Nutzen das QM-System für die Institution und welchen Vorteil es für die Patienten/Klienten erbringen kann.

Unsere Ergebnisse werden sich immer nur *individuell* messen lassen. Ausgangspunkt sind dabei die Voraussetzungen auf seiten unserer Klienten (z.B. ob die betroffenen Eltern „Besucher", „Kläger" oder „Klienten" sind) und die gemeinsam erarbeiteten Zielvorstellungen, die es in der Therapie zu erreichen gilt.

Therapie-Evaluation wird primär als Beurteilung des Therapieerfolges (der zentrale Aspekt der Ergebnisqualität) verstanden (Mattejat & Remschmidt, 1995, S.79). Wenn Qualität unter anderem daran gemessen wird, inwieweit die erreichten mit den erwarteten Zielen übereinstimmen, so bezieht sich diese Qualität unserem Verständnis nach auf die bestmögliche Übereinstimmung zwischen IST und SOLL der in der *Behandlungsvereinbarung* gemeinsam mit den Sekundär-Klienten (Eltern) vereinbarten Behandlungszielen. Sind 80 bis 100% dieser Ziele erreicht worden, kann unseres Erachtens von einem sehr guten Ergebnis gesprochen werden. Spezifischere Evaluationskriterien müssen noch entwickelt werden. Neben der Evaluierung der Behandlungsvereinbarung wird zum Abschluß der Behandlung der Eingangsfragebogen („Child Behavior Checklist", Döpfner et. al., 1994) wiederholt und ausgewertet.

In einem psychosozialen Dienstleistungsbetrieb läßt sich der positive (oder negative?) Einfluß eines QM-Systems zum einen am *Zufriedenheitsgrad der Kunden* messen und zum anderen am *Zufriedenheitsgrad der Mitarbeiter*.

Die ausgefüllten *Rückmeldebogen* unserer Sekundär-Klienten – erfaßt über einen „Eltern-Rückmeldebogen" – hat ausgezeichnete Ergebnisse gebracht (Beobachtungszeitraum September 1995 – Dezember 1996). 86% der Erziehungsberechtigten meinten, daß ihr Kind „sehr gut" betreut worden sei, 14% „gut" (bei 5 Bewertungsmöglichkeiten). 69% fanden, daß ihre Kinder „sehr viel", und 29% „viel" vom Aufenthalt im HPZ profitiert haben, das sind zusammen 98%. Die Kontakte mit dem Primärbetreuungsteam wurden zum allergrößten Teil mit „sehr positiv" beurteilt. 98% der Eltern würden ihr Kind, wenn sie noch einmal vor der Entscheidung stünden, wieder in das HPZ Carina schicken. Leider verfügen wir über keine Fragebogen-Ergebnisse vor der Einführung unseres QM-Systems.

Die Rückmeldungen der Mitarbeiter in einer Reflexionsrunde sechs Monate nach Einführung des QM-Systems waren ebenfalls sehr gut. Nicht zuletzt ergab die externe Überprüfung unseres QM-Systems (Audit) durch die ÖQS im November 1996 ein sehr gutes Ergebnis (vgl. Kapitel 4.3).

5.1 Auswirkungen auf die Einrichtung

Das QM-System stellt die Spielregeln (standardmäßig wiederkehrender Abläufe) auf, die von den zuständigen und verantwortlichen Mitarbeitern entsprechend der Beschreibung erfüllt werden müssen. Durch die Aufzeichnung der *institutionsinternen*

Standards wird das know-how der Institution gesichert, und damit verbunden, der Aufwand an Einarbeitungszeit neuer Mitarbeiter reduziert. Positive Auswirkungen auf die Einrichtung lassen sich in folgenden Bereichen erkennen:

- Das Erstellen eines Leitbildes, die Beschreibung der Qualitätspolitik und der Qualitätsziele erforderte eine *eingehende und sinnstiftende Reflexion der eigenen Tätigkeit*.
- Ein QM-System ergibt ein *deutliches Mehr an Transparenz und Information*, woraus sich *mehr Klarheit und Verbindlichkeit* für alle MitarbeiterInnen ableiten läßt.
- Die Kommunikation wird intern und extern durch eine *exakte Auftragsdefinition* verbessert. Dies wird vor allem durch die eindeutige Festlegung von Zuständigkeiten, klaren Delegationen und durch die Beschreibung neuer Verfahren (z.B. Entwicklung neuer Beobachtungsverfahren, neuer Beurteilungsraster, einheitliche Aktenführung) erreicht.
- Klar *strukturierte Arbeitsabläufe* helfen, Fehler zu vermeiden (es wird keine Zeit mehr für endlose Diskussionen über formale Dinge vergeudet).
- Die Festlegung *präziser Therapieziele* (Behandlungsvereinbarung) und die Festlegung von Problemlösungsstrategien bringen mehr Transparenz und eine gute Erfolgskontrolle.
- *Zufriedene MitarbeiterInnen* kündigen seltener und haben weniger Fehlzeiten.

5.2 Auswirkungen auf die „Kunden" und damit auf die Behandlungen

Für die „Kunden" wäre ein Unterschied in der Qualität vermutlich nur dann bemerkbar, wenn es die Möglichkeit eines Vergleichs gäbe. Dies trifft für unsere Einrichtung nur bedingt zu (einzige Einrichtung dieser Art in unserem Bundesland). Bemerkungen wie „Es ist alles wie aus einem Guß." oder „Man merkt, daß alle am selben Seil ziehen.", läßt eine von den Kunden bemerkte verbesserte Prozeßorganisation vermuten.

Für den „Kunden" (Klienten/Patienten) bedeutet unser Qualitätsmanagementsystem:

- eine *Sicherstellung der Qualität der Abklärungs-, Beobachtungs-, Behandlungs- und Betreuungsprozesse und deren Ergebnisse und Empfehlungen in allen Phasen und allen Bereichen*,
- die *Anwendung adäquater Problemlösungsmethoden*, bezogen auf die subjektiven Wirklichkeiten und Bedürfnisse der Klienten („Wer will was von wem?"), sowie ein klar definiertes Therapieangebot, das durch die Prüfstationen und die Vorbeuge- und Korrekturmaßnahmen sichergestellt wird.
- Die Sekundär-Klienten und das Primärbetreuerteam unterzeichnen für den Fall einer weiterführenden Therapie *einen Behandlungsvertrag als Basis für die Behandlung*.
- Durch das Primärbetreuersystem ergibt sich eine *klare Fach- und Personalkompetenz* für die Eltern.

- *Fachkompetenz des Personals* durch gezielte Fort- und Weiterbildung
- Qualitätbezogener Ruf der Einrichtung

Für den *tertiären Kunden* (Geldgeber, Behörde) ist eine Vergleichbarkeit mit anderen „Anbietern" möglich. („Zu welchem Preis bekomme ich welche Leistung?")

6. Zusammenfassung

Das ISO 9000 Regelwerk ermöglicht vor allem eine Verbesserung der *Prozeßqualität*. Hier wird gefordert, daß Ziele, Zuständigkeiten, Schnittstellen, Abläufe, Dokumentationen, Prüfungsschritte, Fehlervermeidungen, Korrekturmaßnahmen u.v.a.m. klar beschrieben werden.

In einem Dienstleistungsunternehmen, in dem viele Menschen miteinander in Kontakt stehen und in dem die Zusammenarbeit ein wesentliches Qualitätsmerkmal darstellt, ist die Art des Zusammenwirkens, die Konfliktlösungskultur und somit das *gesamte Klima* ebenfalls ein wesentlicher Qualitätsfaktor.

Um in einer Institution gute Therapieergebnisse und somit eine gute *„Ergebnisqualität"* erzielen zu können, sind meines Erachtens drei wesentliche Komponenten erforderlich, die alle gleichzeitig vorhanden sein müssen:

1. die *strukturellen Voraussetzungen* (Strukturqualität),
2. *die klare Beschreibung, Gliederung und Durchführung der Prozesse* (Prozeßqualität) und
3. das *„Klima" innerhalb der Einrichtung*.

Die besten Prozeß-, Struktur- und Behandlungspläne nützen nichts, wenn das Klima schlecht und die Motivation niedrig ist; ebenso nützen das beste Klima und die größte Motivation nichts, wenn keine Strukturen und keine Klarheit über die Prozeßabläufe vorhanden sind.

Nach eineinhalb Jahren Erfahrung mit ISO 9001 in unserem Hause, lassen sich sehr positive Auswirkungen in unserer Institution erkennen. Insbesondere die Klarheit der Abläufe, die Erstellung eines Behandlungsvertrages, sowie die ständige Evaluierung des Therapieprozesses erleichtern unsere Arbeit.

Ein zertifiziertes QM-System nach ISO 9001 ist lediglich die *Basis für einen ständigen Veränderungsprozeß*. Dieser ist mühsam, aber eine Garantie, daß die Effektivität eines QM-Systems auf Dauer gewährleistet bleibt.

Aus der Sicht eines Dienstleistungsunternehmens haben wir versucht, unsere „Kunden" zu definieren, die Bedürfnisse und Wünsche unserer Klienten (Kinder, Angehörige, Behörden, Institutionen) zu erfragen und klar definierte Abläufe in der Beobachtung, Abklärung und Therapie zu beschreiben.

Für die Zukunft wird es notwendig sein, nicht nur die *aktuelle* Ergebnisqualität im Auge zu behalten, sondern in noch höherem Maße die *Langzeitauswirkungen* unserer Therapiemaßnahmen zu bewerten.

Literaturverzeichnis

Berg, I.K. (1992). *Familien Zusammenhalt(en)*. Dortmund: modernes lernen.
Döpfner, M. & Lehmkuhl, G. (1993). Zur Notwendigkeit von Qualitätsstandards in der Kinder- und Jugendpsychiatrie. *Zeitschrift für Kinder- und Jugendpsychiatrie, 21,* 188–193.
Döpfner, M., Melchers, P., Fegert, J., Lehmkuhl, G., Lehmkuhl, U., Schmeck, K., Steinhausen, H. C., & Poustka, F. (1994). Deutschsprachige Konsensus-Versionen der Child Behavior Checklist (CBCL 4–18), der Teacher Report Form (TRF) und der Youth Self Report Form (YSR). *Kindheit und Entwicklung, 3* (7), 54–59.
Eichhorn, S. (1993). Qualitätssicherung im Krankenhaus als ärztliche Aufgabe. In Projektträgerschaft „Forschung im Dienste der Gesundheit" in der Deutschen Forschungsanstalt für Luft- und Raumfahrt e.V. (Hrsg.), *Förderung der medizinischen Qualitätssicherung durch den Bundesminister für Gesundheit* (S. 35–54). Bonn: Deutsche Forschungsanstalt für Luft- und Raumfahrt.
Mattejat, F. & Remschmidt, H. (1995). Aufgaben und Probleme der Qualitätssicherung in der Psychiatrie und Psychotherapie des Kindes- und Jugendalters. *Zeitschrift für Kinder- Jugendpsychiatrie, 23,* 71–83.
Murphy, J.A. (1994). *Dienstleistungsqualität in der Praxis*. München: Hanser.
Nagy, M. (1996). Qualitätsmanagement – Chance in der logopädischen Ausbildung. *L.O.G.O.S. interdisziplinär, 4,* 30–35.
Österreichisches Normungsinstitut (1994). *Qualitätsmanagementsysteme; Modell zur Qualitätssicherung/QM-Darlegung in Design, Entwicklung, Produktion, Montage und Wartung (ISO 9001:1994) – ÖNORM ISO 9001*. Wien: Österr. Normungsinstitut.
Remschmidt, H. & Schmidt, M.H. (Hrsg.). (1994). *Multiaxiales Klassifikationsschema für psychische Störungen des Kindes- und Jugendalters nach ICD–10 der WHO* (3., revidierte Aufl.). Bern: Huber.
Zeithaml, V.A., Parasuraman, A. & Berry, L.L. (1990). *Delivering Quality Service, Balancing Customer Perceptions and Expectations*. New York: The Free Press.

Qualitätssicherung in der Suchtbehandlung

Johannes Lindenmeyer & Ralf Schneider

Inhalt:

1. **Einleitung** 477
2. **Ansätze zur Qualitätssicherung** 478
   2.1 Strukturqualität 478
   2.2 Prozeßqualität 481
   2.3 Ergebnisqualität 483
3. **Schlußfolgerung** 484

1. Einleitung

In der Suchttherapie bestand schon immer ein höherer Rechtfertigungsdruck als in der sonstigen Psychotherapie (Schneider, 1995). Der hohe Anteil von privaten Anbietern in der stationären Therapie Suchtkranker führte zu einer produktiven Konkurrenz auf dem Feld der Qualität, wodurch die Standards seit 1978 rasch anstiegen. Frühere ideologisch gefärbte Grundannahmen, wie Suchttherapie beschaffen sein müsse, wurden in den letzten 20 Jahren zunehmend durch empirisch besser gestützte Konzepte ersetzt (Schneider, 1991). Zentrale Elemente eines Qualitätssicherungsprozesses sind in einer Vielzahl von Suchttherapieeinrichtungen seit vielen Jahren wesentlicher Bestandteil des täglichen Handelns. Dazu gehören u.a. die Durchführung systematischer Therapieevaluation (Koester, Schneider, Hachmann & Mai, 1982), die Entwicklung eines Instrumentariums für differentielle Indikationsentscheidungen (Missel & Zemlin, 1986), die gezielte Erweiterung der Möglichkeiten einer Individualisierung stationärer Suchtbehandlung (Bönner & Waldow, 1987), konzeptionelle Überlegungen zu einer kontinuierlichen Therapieoptimierung (Funke, Keller, Klein & Scheller, 1980) sowie die routinemäßige Durchführung von standardisierter Basisdokumentation und katamnestischer Untersuchungen (Zielke, 1995).

Trotzdem findet sich in der Suchtbehandlung gegenwärtig eine ambivalente Einstellung zum Thema Qualitätssicherung (Selbmann, 1996). So wurde der angesichts von über 32.000 medizinischen Rehabilitationsmaßnahmen bei Suchtkranken pro Jahr (Müller-Fahrnow & Spyra, 1995) gewiß berechtigte Vorstoß der Rentenversichungsträger, über die seit mehr als zehn Jahren routinemäßig durchgeführten Patientenbefragungen hinaus eine umfassende Qualitätssicherung in Form eines Fünf-Punkte-Programms mit den Schwerpunkten Klinikkonzept, Patiententherapiepläne, Qualitätsscreening, Patientenbefragungen und Qualitätszirkel zu etablieren, von Suchtbehandlern als Eingriff in ihre Freiheit sowie als Mißachtung ihrer bisherigen Qualitätssicherungsanstrengungen erlebt (Funke, 1995; Linder, Klein & Funke, 1994; Zielke, 1995). Zusätzliche Nahrung erhält eine ambivalente Einstellung zu Qualitätssicherungmaßnahmen durch die politisch populäre Verbindung von Qualitätssicherung und Kostendämpfungsbestrebungen im Gesundheitswesen (Rakete, 1996).

Vor diesem Hintergrund sollen im folgenden Artikel die bisher verwirklichten Qualitätsicherungsmaßnahmen in der Suchtbehandlung vorgestellt und einer kritischen Prüfung unterzogen werden. Der Schwerpunkt liegt hierbei auf der Entwöhnungsbehandlung von Suchtkranken. Ausgeklammert bleiben die an anderer Stelle (Weissinger, Hallmann & Franowiak, 1996) erörterten Fragen der Qualitätssicherung auf dem Gebiet der Suchtprävention. Zugrundegelegt wird die geläufige Unterscheidung in Struktur-, Prozeß- und Ergebnisqualität (Donabedian, 1966; vgl. auch Nübling & Schmidt, Beitrag I in diesem Band).

2. Ansätze zur Qualitätssicherung

2.1 Strukturqualität

Unter Strukturqualität werden die Charakteristika des Leistungserbringers verstanden, die im Zeitablauf relativ konstant sind. Dazu gehören die dem Leistungserbringer zur Verfügung stehenden Mittel und Ressourcen und die Bedingungen der physischen und organisatorischen Umgebung. Dies betrifft also technische, organisatorische und finanzielle Voraussetzungen der Arbeit ebenso wie die menschlichen (Art und Anzahl der Mitarbeiter, deren Ausbildung und fachliche Qualifikation).

Seit 1968 dienen die jährlichen Rehabilitations-Antragszahlen der Rentenversicherungsträger der Ermittlung des Bedarfs an Behandlungsmöglichkeiten für Suchtkranke, dem Aufbau und der Qualitätssicherung adäquater Behandlungsstrukturen sowie der Abstimmung konkreter Behandlungsangebote auf die aktuellen Behandlungsbedürfnisse von Suchtkranken (Müller-Fahrnow, Löffler, Schuntermann & Klosterhuis, 1989). Darüber hinaus wird seit 1980 das einrichtungsbezogene Informationssystem EBIS als Monitoring- und Reporting-System für die ambulante Suchtkrankenhilfe eingesetzt. Es umfaßt heute fast 500 ambulante Beratungsstellen für Abhängigkeitskranke in der gesamten Bundesrepublik und stellt eine der wichtigsten deutschen Datenquellen für die im Aufbau befindliche europäische Beobachtungsstelle für Drogen und Drogenabhängigkeit dar. Seit Anfang 1994 wird außerdem das Dokumentationssystem SEDOS im stationären Bereich eingesetzt, das konzeptionell und inhaltlich auf

EBIS aufbaut. SEDOS wird zur Zeit in etwa 130 stationären Einrichtungen für Abhängigkeitskranke verwendet. 1994 hat SEDOS die Daten von ca. 17.000 Patienten erfaßt, von denen etwa 1.700 Abhängige von illegalen Drogen waren (Simon, 1995). Schließlich stehen für die Bedarfsanalyse Prävalenzstudien zu Alkoholmißbrauch und -abhängigkeit in der medizinischen Versorgung (John, Hapke, Rumpf, Hill & Dilling, 1996) sowie in der Gesellschaft allgemein (Herbst, 1995) zur Verfügung.

Erste Anstrengungen zur Verbesserung der Strukturqualität innerhalb der Suchtbehandlung sind seit 1972 bei verschiedenen Modellprogrammen des Bundes und einzelner Länder mit wissenschaftlicher Begleitung zu verzeichnen (vgl. z.B. Bühringer, 1980). Innerhalb der letzten 20 Jahre wurde ein hohes Ausstattungsniveau insbesondere von stationären Entwöhnungseinrichtungen durch Vorgaben und systematische Kontrollen der Leistungsträger erreicht. Als Grundlage hierfür dienen die Empfehlungsvereinbarungen der Rentenversicherungsträger und Krankenversicherungen zur stationären und ambulanten Suchtbehandlung von 1978 und 1991 (vgl. Bundesverbände der gesetzlichen Krankenkassen und Verband Deutscher Rentenversicherungsträger, 1978, 1991). Sie enthalten neben Finanzierungsmodalitäten v.a. auch differenzierte Anforderungen an die Strukturqualität von Suchtbehandlungseinrichtungen hinsichtlich Personalschlüssel, Personalqualifikation, baulicher Ausstattung (Schallenberg, 1995) als auch hinsichtlich der angewandten Behandlungskonzepte bis hin zu konkreten Tagesabläufen für die Patienten im Rahmen einer Suchtbehandlung (Kulick, 1995). Da hierbei u.a. eine therapeutische Zusatzausbildung aller therapeutisch tätigen Mitarbeiter gefordert wurde, wurden seit Mitte der 70er Jahre spezifische suchttherapeutische Weiterbildungsangebote im verhaltenstherapeutischen und psychoanalytischen Bereich entwickelt (Vollmer & Schneider, 1982), die vom Gesamtverband für Suchtkrankenhilfe in Zusammenarbeit mit Weiterbildungsinstituten angeboten werden. Die Einhaltung dieser Strukturqualitätskriterien ist im Rahmen der jährlichen Pflegesatzverhandlungen immer wieder Gegenstand einer Überprüfung durch die Leistungsträger und stellt sicherlich den Schwerpunkt bisheriger Qualitätssicherungsbemühungen im Suchtbereich dar. Das Ergebnis hiervon ist eine zunehmende Professionalisierung der Suchtbehandlung (Bühringer, in Druck), die Entwicklung von Differenzierungs- und Individualisierungsmöglichkeiten der Behandlungsangebote entsprechend den individuellen Bedürfnissen der Patienten (Missel & Zemlin, 1986), eine kontinuierliche Verkürzung der Behandlungszeiten um etwa 30% ohne erkennbare Qualitätseinbußen (Brünger, 1995), der zunehmende Einsatz von EDV-Systemen zur Steuerung und Dokumentation des Therapieablaufs in Behandlungseinrichtungen (Lindenmeyer, Kirschenbauer, Veltrup & Scharfenberg, in Druck) sowie schließlich eine kontinuierliche Überprüfung und Optimierung der Wirtschaftlichkeit der Leistungserbringung (z.B. Klein, 1995).

Diese Maßnahmen zur Sicherung der Strukturqualität sollen durch die Einführung des von den Leistungsträgern entwickelten neuen Qualitätssicherungsprogramms (Müller-Fahrnow & Spyra, 1995) intensiviert werden. Hierbei wurden u.a. einheitliche Strukturmerkmale entwickelt, um einerseits unmittelbar die Strukturqualität einzelner Rehabilitationseinrichtungen besser vergleichen und andererseits die Prozeß- und Ergebnisqualität durch den Vergleich sogenannter „strukturgleicher Einrichtungen" objektiver beurteilen zu können (Koch & Tiefensee, 1997). Außerdem wurden durch Leistungsträger konkrete Strukturqualitätsstandards für die einzelnen Behandlungsmaßnahmen innerhalb einer Therapieeinrichtung in Form einer Klassifikation therapeutischer Leistungen in der stationären medizinischen Rehabilitation formuliert (Bundesversicherungsanstalt für Angestellte BfA, 1995). Bestimmt wird hierbei beispielsweise, welche medizinisch-therapeutische Qualifikation des Personals für welche therapeutische Maßnahme vorausgesetzt wird. Die Entlassungsberichte der Einrichtungen sollen künftig exakte Angaben darüber enthalten, welche dieser standardisierten Behandlungsmodule in welchem zeitlichen Umfang beim einzelnen Patienten angewendet wurden.

Von wissenschaftlicher Seite wurde auf eine Reihe von prinzipiellen Schwächen bei den bisherigen Bemühungen zur Strukturqualität in der Suchtbehandlung hingewiesen. Die Bedarfsplanung ebenso wie die konzeptionelle Ausgestaltung der Suchtbehandlung in der Bundesrepublik orientiert sich vorrangig an Antragszahlen und Interessen der Rentenversicherungsträger innerhalb bestehender medizinischer Rehabilitationssysteme. So befinden sich lediglich etwa 1% aller Suchtpatienten in einer Entwöhnungsmaßnahme, während der Rest in unspezifischer Weise das medizinische Versorgungssystem beansprucht, verbunden mit enormen Kosten für das Gesundheitswesen (Weissinger et al., 1996). Außerdem ist die Versorgungsstruktur für Suchtkranke in der Bundesrepublik unverändert in erster Linie auf mehrmonatige stationäre Entwöhnungsbehandlungen ausgerichtet, obwohl der zeitliche Aufwand und die Behandlungskomplexität dem Stand der internationalen Forschung (Grawe, Donati & Bernauer, 1994; Miller & Hester, 1986) nicht mehr entsprechen. Zwar ist seit ihrer in der Empfehlungsvereinbarung 1985 geregelten Finanzierung eine enorme Expansion hinsichtlich ambulanter Rehabilitationsbemühungen zu verzeichnen, diese ging aber bislang nicht mit einer entsprechenden Professionalisierung der Behandlungsangebote einher (Bossong, 1996). Zu beklagen ist u.a. ein Mangel an spezifischen Konzept- und Ausstattungskriterien für ambulante Suchtbehandlung (Schlie, 1995). Statt dessen ist in diesem Bereich bislang eine unkritische Übertragung stationärer Behandlungskonzepte und -ideologien zu verzeichnen, die Patienten und Therapeuten im ambulanten Setting gleichermaßen überfordern wie einengen (Lindenmeyer, 1995). Erfolgreiche teilstationäre Konzepte erfahren keine ausreichende Resonanz und Weiterentwicklung (Kielstein, 1996). Im Unterschied zu anderen Ländern existieren in der Bundesrepublik schließlich bislang keine Therapieangebote für sog. „Problemtrinker", bei denen ein problematischer Umgang mit Suchtmitteln zu beobachten ist, ohne daß die Kriterien für eine Abhängigkeit erfüllt wären (Watzl & Rockstroh, 1995). Insgesamt droht hierdurch hierzulande eine Art Zweiklassensystem der Abhängigkeitsversorgung (Schlösser, 1990) mit einem hochqualifizierten Angebot für eine bestimmte Patientengruppe mit chronischer Abhängigkeitsentwicklung und einer unzureichenden Versorgung der übrigen Betroffenen mit Suchtmittelproblemen.

Eine weitere Verbesserung der Strukturqualität der Suchtbehandlung in der Bundesrepublik setzt eine konsequentere Umsetzung der Erkenntnisse der Klinischen Psychologie voraus (Wittchen, 1996). Anstelle der derzeit starken Betonung von hotelmäßiger Ausstattung stationärer Einrichtungen innerhalb der Qualitätskriterien ist eine stärkere Berücksichtigung der Ergebnisse von Prävalenzstudien und von Effektivitätsstudien über die Bedeutung von einzelnen Strukturqualitätsmerkmalen für den Behandlungserfolg zu fordern. Nur dadurch wäre auch das derzeit ideologisch erheblich beschränkte Diskussionsniveau über den Einsatz von Anticravingsubstanzen, Substitutionsbehandlung und eine Lockerung der Abstinenzfixierung in der Suchtbehandlung anzuheben. Zu diskutieren ist hierbei schließlich auch das Verhältnis der von Leistungsträgern geforderten Qualitätskriterien gegenüber den Qualitätsansprüchen der zu behandelnden PatientInnen (Bühringer, in Druck). Letztere wurden bisher nur wenig systematisiert erhoben.

Und schließlich muß zum Thema Strukturqualität grundsätzlich kritisch angemerkt werden, daß die Validität der meisten Strukturkategorien als eher gering anzusetzen ist. Zwar kann man die Strukturkriterien oft sehr gut messen und als quantitativen Vergleichsmaßstab heranziehen, bislang existiert für den Suchtbereich aber noch keine ausreichende empirische Grundlage für die Annahme, daß diese für das Ergebnis der Gesamtbehandlung relevant sind (Faßmann, 1995).

2.2 Prozeßqualität

Zur Erhöhung der Prozeßqualität wurde innerhalb der Suchtbehandlung in erster Linie auf die Selbstregulationskräfte von interdisziplinären Behandlungsteams gesetzt, um Burnoutphänomenen ebenso wie der ungünstigen Überidentifizierung einzelner Mitarbeiter mit den Patienten vorzubeugen. Regelmäßige Teamsitzungen sowie interne und externe Supervision sind in der Suchtbehandlung seit jeher üblich. Außerdem wurde seit etwa 1980 eine Vielzahl von Behandlungsmanualen und differenzierten Therapiebausteinen veröffentlicht, die es Therapeuten erleichtern, ihr Verhalten und ihre Therapieinhalte zu optimieren (z.B. Kraemer & De Jong, 1980; Petry, 1994; Schneider, 1982; Vollmer & Kraemer, 1982).

Anstelle einseitiger Konfrontation der Patienten mit ihrem Suchtverhalten wurden spezifische Verfahrensweisen entwickelt,

a) um die Behandlungsmotivation von Suchtpatienten zu erhöhen (Petry, 1993),
b) um die Informationsvermittlung zu Behandlungsbeginn zu optimieren (Lindenmeyer, 1996; Schneider, 1996),
c) um die Abbruchquoten in der Drogenbehandlung durch entsprechendes Therapeutentraining zu verringern (Küfner, Denis, Roch & Böhmer, 1994),
d) um die Demoralisierung von rückfälligen Patienten zu überwinden (Lindenmeyer, Bents, Fiegenbaum & Ströhm, 1995),
e) um eine stärkere Individualisierung von Therapieinhalten und -dauer zu ermöglichen (Bönner & Waldow, 1987; Zemlin & Herder, 1994) und schließlich,
f) um die adaptiven Indikationsentscheidungen im Verlauf einer Langzeitbehandlung zu systematisieren (Scholz, 1996).

Außerdem werden seit über 20 Jahren regelmäßig Kongresse und gezielte Weiterbildungsangebote für einzelne Berufsgruppen innerhalb der Suchtbehandlung durch die verschiedenen Fachverbände organisiert.

Trotz dieser eindrucksvollen Bemühungen zur Verbesserung der Prozeßqualität sind in der Suchtbehandlung insgesamt immer noch eine gewisse ideologische Starrheit der Konzeptdiskussion und mangelnde Kundenorientierung zu verzeichnen. Insbesondere ist trotz mangelndem Effektivitätsnachweis ein Festhalten an rigider Strenge, z.B. bezüglich der Hausordnung von stationären Therapieeinrichtungen (Rost, 1987), der therapeutischen Haltung gegenüber Patienten sowie der Entlassung bei Rückfall (Brünger, 1995; Körkel, 1995) zu konstatieren. Die Suchtbehandlung in Deutschland droht diesbezüglich, den Anschluß an internationale Standards zur Prozeßqualität, wie sie beispielsweise von Marlatt und Gordon (1985), Miller und Rollnick (1991) oder Beck, Wright, Newman und Liese (1997) formuliert wurden und sich empirisch bewährt haben (Grawe et al., 1994), zu verlieren.

Insgesamt sind die Möglichkeiten der Prozeßqualitätssicherung in der Suchtbehandlung hierzulande noch wenig ausgeschöpft. Ein systematisches Qualitätsmanagement gibt es derzeit erst in Ansätzen in ganz wenigen Rehabilitationskliniken zur Suchtbehandlung (Eversmann, 1995). Bislang kaum angewandt werden z.B. Organisationsentwicklungskonzepte des Lean Management und der Resultatsverantwortung mit transparenten Leistungskriterien und routinemäßigem Leistungsfeedback für therapeutische Mitarbeiter, einer systematischen Mitarbeiterbeteiligung bei der Qualitätssicherung, zeitgemäßen Monitoringinstrumenten für die therapeutische Leitung und regelmäßiger Patientenbefragung zum Therapieprozeß.

Voraussetzung hierfür wäre u.a. eine vorrangig auf Videoaufnahmen bzw. unmittelbarer Beobachtung basierende Fallsupervision (Lindenmeyer, 1997), die Anwendung einfacherer und manualisierter Therapiekonzepte, wie z.B. von Beck et al. (1997) oder Sobell und Sobell (1993), die für alle Beteiligten mehr Transparenz mit sich bringen, und schließlich die Einführung einer umfassenden Eingangs- und Verlaufsdiagnostik sowie Dokumentation (Grawe & Braun, 1994; Laireiter, 1994). Dazu könnte auf eine Reihe von erprobten Meßinstrumenten aus anderen Psychotherapiebereichen zurückgriffen werden (Grawe, Caspar & Ambühl, 1990; Rodde, Margraf, El Falaky & Schneider, 1996; Schmidt, Lamprecht & Wittmann, 1989). Auch liegen mittlerweile viele empirisch validierte suchtspezifische Meßinstrumente vor, die die individuellen Suchtprobleme von Patienten in therapierelevanter Weise differenzieren (Günthner & Stetter, 1996; John, 1996). Aus unserer Sicht würde eine Optimierung der Prozeßqualität zwangsläufig die Grenze der Dominanz von Gruppentherapie innerhalb der Suchtbehandlung aufzeigen und eine stärkere Betonung einzelfallorientierter Behandlungskonzepte zur Folge haben.

Besondere Aufmerksamkeit wird hierbei der Motivation der therapeutischen Mitarbeiter zukommen müssen, da sie eine zentrale Voraussetzung für jede Prozeßqualitätssicherung darstellt (Schuler, 1995). Hier liegt auch die entscheidende Schwäche der bislang durch die Leistungsträger initiierten „externen Qualitätssicherung nach dem Überwachungsmodell" (Zielke, 1995). In diesem Zusammenhang bedarf es zumindest einer Ergänzung der gegenwärtig meist dominierenden Teamarbeit durch konsequenteres Case-Management, bei dem ein Mitarbeiter als persönlicher Bezugstherapeut über sogenannte „Resultatsverantwortung" verfügt und damit einerseits mehr Entscheidungsspielraum hinsichtlich der Behandlung seiner Patienten erhält und andererseits durch ein engmaschiges, kontinuierliches Feedback über die Ergebnisse seiner Arbeit unterstützt wird (Lindenmeyer et al., 1997).

Abschließend sei noch auf folgendes Dilemma bei der Optimierung von Prozeßqualität im therapeutischen Rahmen hingewiesen: Prozeßqualität kann im Rehabilitationsbereich niemals einseitig durch Mitarbeiter oder Institutionen hergestellt werden,
weil alle Maßnahmen immer der Zustimmung und aktiven Mitwirkung des Rehabili-
tanden bedürfen (Buschmann-Steinhage, 1995). Aus der Industrie stammende Quali-
tätssteuerungskonzepte stoßen daher an prinzipielle Grenzen. Nach Schneider (1995)
ist für die Kooperationsbereitschaft eines Patienten das Ergebnis einer persönlichen
Kosten-Nutzen-Abwägung entscheidend. Sie darf daher von Therapeuten auch nicht
von Behandlungsbeginn an als gegeben vorausgesetzt werden, vielmehr sind Ambi-
valenzkonflikte und Abwägungsprozesse des Patienten hinsichtlich einer Behandlung
in den therapeutischen Prozeß zu integrieren. Zu Recht warnt Bühringer (1997) deshalb vor einer einseitigen Kundenorientierung am Patienten.

2.3 Ergebnisqualität

Die Ergebnisse der Suchtbehandlung in Deutschland wurden sowohl von seiten der
Kostenträger, der Therapieeinrichtungen als auch von wissenschaftlicher Seite regelmäßig untersucht.

Für die Leistungsträger ist in diesem Zusammenhang entscheidend, welcher Anteil
der Patienten nach Abschluß einer Rehabilitationsmaßnahme einer erneuten Maßnahme bedarf bzw. erwerbstätig bleibt oder wird. Bei Suchtkranken liegt der Anteil der
Behandlungswiederholer mit rund 12% innerhalb von vier Jahren deutlich niedriger
als bei allen anderen Rehabilitationsmaßnahmen (Müller-Fahrnow et al., 1989; Müller-Fahrnow & Spyra, 1995). Die Erwerbstätigkeitsquote liegt bei Suchtkranken im
Anschluß an eine Rehabilitationsmaßnahme bei rund 80%. Etwa 30% sind hierbei
ununterbrochen erwerbstätig (Müller-Fahrnow & Spyra, 1995). Insofern ist das vom
Gesetzgeber vorgesehene Rehabilitationsziel einer wesentlichen Besserung oder Wiederherstellung der Erwerbfähigkeit in der Suchtrehabilitation ganz offensichtlich
weitgehend erfüllt. Andererseits sterben etwa 11% der Männer und 6% der Frauen
innerhalb eines Zeitraums von fünf Jahren nach einer Entwöhnungsbehandlung (Müller-Fahrnow & Spyra, 1995).

Vor etwa 15 Jahren begannen Suchtbehandlungseinrichtungen, routinemäßig die
Ergebnisse von jährlichen Katamnesestudien zu veröffentlichen (Koester et al., 1982).
Zur Gewährleistung der Vergleichbarkeit dieser Ergebnisse wurde von verschiedenen
Suchtbehandlungseinrichtungen die Einführung einheitlicher Basisdokumentationssysteme vorangetrieben und schließlich wurden vom ständigen Fachausschuß Statistik
der Deutschen Hauptstelle gegen Suchtgefahren (DHS) 1994 eine Reihe von Mindeststandards für Dokumentationssysteme formuliert (Deutsche Gesellschaft für Suchtforschung, 1985, 1992). Mittlerweile sind die regelmäßige Durchführung und Veröffentlichung von Ein-Jahres Katamnesen in der Suchtbehandlung selbstverständlich.
Die Ergebnise stationärer Entwöhnungsbehandlung schwanken hierbei zwischen Abstinenzquoten von 40-60% ein Jahr nach Beendigung der Therapie. Zusätzlich wurden
in vielen Einrichtungen routinemäßige Patientenbefragungen zu ihrer Zufriedenheit
mit den Behandlungmaßnahmen und der Einrichtungsausstattung eingeführt. Hierbei

zeigte sich, daß für die Zufriedenheit der Patienten insbesondere die bauliche Ausstattung einer Therapieeinrichtung, die medizinische Versorgung sowie das Ausmaß an Informationsveranstaltungen und Einzeltherapie bestimmend ist. Verschiedentlich wurden Fragebögen zum sozialen Klima in Therapieeinrichtungen (Henrich & De Jong, 1976) eingesetzt, um die Notwendigkeit bzw. den Erfolg struktureller Veränderungen zu erfassen. Insgesamt wird in all diesen Untersuchungen eine im Vergleich zu anderen Rehabilitationsmaßnahmen hohe Zufriedenheit der Patienten mit der von ihnen erlebten Suchtbehandlung deutlich (Koch & Tiefensee, 1997).

Von wissenschaftlicher Seite wurden eine Vielzahl von Studien durchgeführt, um die Ergebnisse der Suchtbehandlung durch systematische Vergleiche auf bestimmte Rahmenbedingungen bzw. therapeutische Maßnahmen zurückzuführen. Hierbei wurden neben dauerhafter Abstinenz innerhalb bestimmter Zeiträume nach Behandlungsende die soziale Anpassung und Lebenszufriedenheit der Betroffenen sowie die Schwere und der Zeitpunkt von Rückfällen untersucht. Insgesamt konnte eine im internationalen Vergleich hohe Erfolgsquote der stationären Behandlung bei Alkohol- und Medikamentenabhängigen in Deutschland festgestellt werden (Küfner & Feuerlein, 1989; Süß, 1995), während hinsichtlich der Behandlungsergebnisse bei harten Drogen ungleich weniger Daten für den deutschen Sprachraum vorliegen (Vollmer, in Druck). Auch für die ambulante Behandlung existiert in Deutschland bislang wenig Outcome-Forschung, abgesehen von einigen Modellprojekten (Schlie, 1995).

Kritisch wurde von wissenschaftlicher Seite allerdings gesehen, daß die bisherigen Studien lediglich marginale und vielfach widersprüchliche Hinweise darauf geben, durch welche Behandlungsstrukturen bzw. spezifischen Diagnostik- oder Therapiemaßnahmen die Effektivität gesteigert werden könnte. Beispielsweise steigen die Abstinenzquoten beim Durchlaufen einer vollständigen Behandlungskette (Vorbereitung, stationäre Behandlung und Nachsorge) im Vergleich zu weniger intensiver Behandlung (Süß, 1988). Allerdings ist hierbei zu beobachten, daß die bereits ursprünglich aussichtsreichste Klientel die intensivste Behandlung erhält anstatt umgekehrt (Süss, 1988). Zemlin (1993) konnte zeigen, daß durch ein indikationsgeleitetes individualisiertes Behandlungsangebot den schlechteren Prognoseaussichten verschiedener Patientengruppen ein Stück weit entgegengesteuert werden kann. Als zentraler Prädiktor für den Therapieerfolg hat sich für die Behandlung von Suchtkranken das Ausmaß der innerhalb der Therapie gewonnenen Selbstwirksamkeit der Patienten, d.h. die Zuversicht, ihr Leben auch ohne Suchtmittel meistern zu können, erwiesen (Annis, 1990; Wittmann, 1995).

3. Schlußfolgerung

Insgesamt befinden sich die Ansätze zur Qualitätssicherung im Suchtbereich auf einem vergleichsweise hohen Niveau. Versteht man allerdings Qualitätssicherung nicht nur als Prüfinstrument gegenwärtiger Qualität bzw. als Verordnung von Qualitätskontrollen, sondern darüberhinaus als Prozeßansatz zur Erzeugung und dauerhaften Verbesserung von Qualität im Sinne eines „Total Quality Management" (Weissinger et al., 1996), so sind noch viele Anstrengungen notwendig, um Suchtbehandlung hierzulande aus den skizzierten ideologischen Verkrustungen und organisatorischen Anachronismen herauszuführen. Zu wünschen ist hierbei eine Kombination von internen Qualitätssicherungssystemen nach dem Lernmodell und externen Qualitätssicherungssystemen durch Auftraggeber und Fachgesellschaften nach dem Überwachungsmodell (Zielke, 1995). Nicht immer wird angesichts bestehender Interessenskonflikte völliger Konsens über die anzulegenden Qualitätskriterien erzielt werden können: Klinikträger erwarten eine hohe Rendite ihrer Investitionen, Leistungsträger dringen auf niedrige Pflegesätze, Mitarbeiter auf gute Arbeitsbedingungen und angemessene Gehälter, Patienten schließlich auf gut ausgestattete Therapieeinrichtungen (Buschmann-Steinhage, 1995).

Insbesondere ist der Gefahr einer einseitigen „Hochzüchtung" einer optimalen Entwöhnungsbehandlung im stationären Rahmen, die aber nur einen kleinen Teil der Suchtkranken erreicht, durch einen Ausbau und die Neuentwicklung ambulanter und teilstationärer Behandlungsangebote zu begegnen. Hierzu ist eine stärkere Berücksichtigung von Qualitätskriterien zu fordern, die z.B. von Kaltenbach (1993) für den Krankenhausbereich formuliert wurden, wie Imagequalität (Image bei Patienten, Ärzten, Bevölkerung), Qualität des Zeitpunktes der Behandlung und Qualität der Systemintegration (Schnittstellenprobleme).

Auch wenn sicherlich seit längerem eine unzureichende Umsetzung von bereits wissenschaftlich gesicherter Erkenntnis in der Praxis der Suchtbehandlung zu konstatieren ist (Grawe, 1992; Miller & Hester, 1986; Watzl & Rockstroh, 1995), so soll andererseits abschließend an die für innovative Qualitätssicherung nach Zielke (1994) erforderliche, derzeit aber in der Regel fehlende, einrichtungsinterne Forschungsinfrastruktur erinnert werden.

Literaturverzeichnis

Annis, H. (1990). Relapse to substance abuse: Empirical findings within a cognitive-social learning approach. *Journal of Psychoactive Drugs, 22*, 117–124.
Beck, A.T., Wright, F.D., Newman, C. F. & Liese, B.S. (Hrsg.). (1997). *Kognitive Therapie der Sucht*. Weinheim: Psychologie Verlags Union.
Bönner, K.H. & Waldow, M. (Hrsg.). (1987). *Indikation und individualisierte Verweildauer in der stationären Behandlung Alkohol- und Medikamentenabhängiger*. Marburg: Elwert.
Bossong, H. (1996). Wenn soziale Arbeit Zukunft haben soll: Kritische Überlegungen zur Modernität und Professionalität in der ambulanten Suchtkrankenhilfe in Deutschland. *Sucht Aktuell, Heft 1–2*, 4–7.
Brünger, M. (1995). Der Rückfall während der stationären Suchtbehandlung. *Verhaltenstherapie und psychosoziale Praxis, 26*, 19–34.
Bühringer, G. (1980). *Planung, Steuerung und Bewertung von Therapieeinrichtungen für junge Drogen- und Alkoholabhängige*. München: IFT-Texte 4.
Bühringer, G. (in Druck). Versorgungsstruktur und Qualitätssicherung in der Suchtkrankenhilfe. In U. John & Deutsche Hauptstelle gegen die Suchtgefahren (Hrsg.), *Regionale Suchtkrankenversorgung. Konzepte und Kooperation*. Freiburg: Lambertus.

Bundesverbände der gesetzlichen Krankenkassen und Verband Deutscher Rentenversicherungsträger (1978). *Empfehlungsvereinbarung über die Zusammenarbeit der Krankenversicherungsträger und der Rentenversicherungsträger bei der Rehabilitation Abhängigkeitskranker vom 20. November 1978.* Frankfurt a. M.

Bundesverbände der gesetzlichen Krankenkassen und Verband Deutscher Rentenversicherungsträger (1991). *Empfehlungsvereinbarung über die Leistungen zur ambulanten Rehabilitation Alkohol- und Medikamenten- und Drogenabhängiger vom 7. Januar 1991.* Frankfurt a. M.

Bundesversicherungsanstalt für Angestellte BfA (Hrsg.). (1995). *Klassifikation therapeutischer Leistungen in der stationären medizinischen Rehabilitation.* Berlin: BfA Selbstverlag.

Buschmann-Steinhage, R. (1995). Qualitätssicherung aus der Sicht der Rehabilitationswissenschaften. In Fachverband Sucht e.V. (Hrsg.), *Qualitätssicherung in der Rehabilitation Abhängigkeitskranker* (S. 100–111). Geesthacht: Neuland.

Deutsche Gesellschaft für Suchtforschung und Suchttherapie (Hrsg.). (1985). *Standards für die Durchführung von Katamnesen bei Abhängigen.* Freiburg: Lambertus.

Deutsche Gesellschaft für Suchtforschung und Suchttherapie (Hrsg.). (1992). *Dokumentationsstandards 2 für die Behandlung von Abhängigen.* Freiburg: Lambertus.

Donabedian, A. (1966). Evaluating the quality of medical care. *Milbank Memorial Fund Quarterly, 44,* 166–203.

Eversmann, B.J. (1995). Qualitätsmanagement in Krankenhäusern – Methodische Anforderungen und praktische Voraussetzungen in Fachliniken zur Rehabilitaiton von Suchtkranken. In Fachverband Sucht e.V. (Hrsg.), *Qualitätssicherung in der Rehabilitation Abhängigkeitskranker* (S. 276–287). Geesthacht: Neuland Verlag.

Faßmann, H. (1995). „Das Ganze ist mehr als die Summe seiner Teile" – Methodische Probleme bei der Entwicklung und Umsetzung von Qualitätsstandards im Bereich der stationären Suchtentwöhnung. In Fachverband Sucht e.V. (Hrsg.), *Qualitätssicherung in der Rehabilitation Abhängigkeitskranker* (S. 299–317). Geesthacht: Neuland.

Funke, J., Keller, W., Klein, M. & Scheller, R. (1980). Entwurf eines Forschungsprogramms zur Optimierung der Behandlung von Alkoholabhängigen. *Medizinische Psychologie, 6,* 275–292.

Funke, W. (1995). Rehabilitation – Festschreibung von Leistungskatalogen oder Prozeßhilfe zur Innovation. In Fachverband Sucht e.V. (Hrsg.), *Qualitätssicherung in der Rehabilitation Abhängigkeitskranker* (S. 112–124). Geesthacht: Neuland Verlag.

Grawe, K. (1992). Psychotherapieforschung zu Beginn der neunziger Jahre. *Psychologische Rundschau, 43,* 132–161.

Grawe, K., Caspar, F. & Ambühl, H. (1990). Die Berner Therapievergleichsstudie: Prozeßvergleich. *Zeitschrift für Klinische Psychologie, 19,* 316–337.

Grawe, K. & Braun, U. (1994). Qualitätskontrolle in der Psychotherapie. *Zeitschrift für Klinische Psychologie, 23,* 242–267.

Grawe, K., Donati, R. & Bernauer, F. (1994). *Psychotherapie im Wandel. Von der Konfession zur Profession.* Göttingen: Hogrefe Verlag für Psychologie.

Günthner, A. & Stetter, F. (1996). Rating scales in the diagnostic process of alcohol dependence and related disorders. *European Addiction Research, No 2/3,* 129–139.

Henrich, G. & De Jong, R. (1976). *Skala zur Einschätzung des therapeutischen Klimas und des Therapieprogramms (SEKT)*. München: Forschungsbericht Bd. 15 des Max Planck Instituts für Psychiatrie, Psychologische Abteilung.

Herbst, K. (1995). Repräsentativerhebung 1994 zum Konsum und Mißbrauch von illegalen Drogen, alkoholischen Getränken, Medikamenten und Tabakwaren. In Deutsche Gesellschaft gegen die Suchtgefahren (Hrsg.), *Jahrbuch Sucht '96* (S. 203–222). Geesthacht: Neuland Verlag.

John, U. (1996). Diagnostik und Klassifikation stoffgebundener Abhängigkeit. In K. Mann & G. Buchkremer (Hrsg.), *Sucht. Grundlagen, Diagnostik, Therapie* (S. 135–145). Stuttgart: Gustav Fischer Verlag.

John, U., Hapke, U., Rumpf, H.J., Hill, A. & Dilling, H. (1996). *Prävalenz und Sekundärprävention von Alkoholmißbrauch und -abhängigkeit in der medizinischen Versorgung. Band 71 der Schriftenreihe des Bundesministeriums für Gesundheit*. Baden-Baden: Nomos Verlagsgesellschaft.

Kaltenbach, T. (1993). *Qualitätsmanagement im Krankenhaus*. Melsungen: Bibliomed.

Kielstein, V. (1996). Besonderheiten der ambulanten/tagesklinischen Psychotherapie von Alkoholkranken. In K. Mann & G. Buchkremer (Hrsg.), *Sucht. Grundlagen, Diagnostik, Therapie* (S. 275–280). Stuttgart: Gustav Fischer Verlag.

Klein, W. (1995). Ergebnisqualität: Rehabilitationserfolg bei abhängigkeitskranken Versicherten der Bundesknappschaft. In Fachverband Sucht (Hrsg.), *Qualitätssicherung in der Rehabilitation Abhängigkeitskranker*. Geesthacht: Neuland-Verlag.

Koch, U. & Tiefensee, J. (1997). Das 5-Punkte-Programm zur Qualitätssicherung in der stationären medizinischen Rehabilitation der Rentenversicherung. In D. Hell, J. Bengel & M. K. Krüger (Hrsg.), *Qualitätssicherung in der Psychiatrischen Versorgung* (S. 45–52). Freiburg: Karger.

Koester, W., Schneider, R., Hachmann, E. & Mai, N. (1982). Ergebnisse des stationären verhaltenstherapeutischen Programms zur Behandlung von Alkohol- und Medikamentenabhängigen: Katamnesen nach einem Jahr. In R. Schneider (Hrsg.), *Stationäre Behandlung von Alkoholabhängigen* (S. 215–243). München: Röttger.

Körkel, J. (1995). Rückfälle während stationärer Alkoholismusbehandlung: Häufigkeiten, Ursachen, Interventionen. In J. Körkel, M. Wernado, & R. Wohlfarth (Hrsg.), *Stationärer Rückfall – Ende der Therapie? Pro und Contra stationärer Rückfallarbeit mit Alkohol* (S. 7–52). Geesthacht: Neuland.

Kraemer, S. & De Jong, R. (Hrsg.). (1980). *Therapiemanual für ein verhaltenstherapeutisches Stufenprogramm zur stationären Behandlung von Drogenabhängigen*. München: Röttger.

Küfner, H., Denis, A., Roch, I. & Böhmer, M. (1994). *Krisenberater-Projekt: Ergebnisse der wissenschaftlichen Begleitung des Modellprogramms: „Stationäre Krisenintervention bei Drogenabhängigen"*. München, IFT-Texte.

Küfner, H. & Feuerlein, W. (1989). *In-Patient Treatment for Alcoholism*. Berlin: Springer.

Kulick, B. (1995). Konzeptqualität bei stationärer Entwöhnungsbehandlung. In Fachverband Sucht e.V. (Hrsg.), *Qualitätssicherung in der Rehabilitation Abhängigkeitskranker* (S. 218–228). Geesthacht: Neuland.

Laireiter, A.-R. (1994). Dokumentation psychotherapeutischer Fallverläufe. *Zeitschrift für Klinische Psychologie, 23,* 236–241.
Lindenmeyer, J. (1995). Besprechung von: Beck, A.T., Wright, F.D., Newman, C. F., & Liese, B.S. (Eds.) (1993). Cognitive therapy of substance abuse. *Zeitschrift für Klinische Psychologie, 24,* 196–197.
Lindenmeyer, J. (1996). *Lieber schlau als blau. Informationen zur Entstehung und Behandlung von Alkohol- und Medikamentenabhängigkeit.* Weinheim: Psychologie Verlags Union.
Lindenmeyer, J. (1997). Supervision und Selbsterfahrung in der Verhaltenstherapie. In A. Heigl-Evers, I. Helas & H.C. Vollmer (Hrsg.), *Die Person des Therapeuten. Qualitätssicherung in der Suchtbehandlung* (S. 95–115). Göttingen: Vandenhoeck & Ruprecht.
Lindenmeyer, J., Bents, H., Fiegenbaum, W. & Ströhm, W. (1995). Neue Möglichkeiten der Rückfallbehandlung – Erste Ergebnisse zu Therapieindikation und Therapieerfolg. In Fachverband Sucht e.V. (Hrsg.), *Qualitätsmerkmale in der stationären Therapie Abhängigkeitskranker – Praxisorientierte Beiträge* (S. 9–23). Geesthacht: Neuland.
Lindenmeyer, J., Kirschenbauer, H.J., Veltrup, C. & Scharfenberg, C. (in Druck). Umsetzung von Personal- und Organisationsentwicklungskonzepten am Beispiel einer Fachklinik. In Fachverband Sucht e.V. (Hrsg.), *Suchtbehandlung unter Kostendruck.* Geesthacht: Neuland.
Linder, H.T., Klein, M. & Funke, W. (1994). Qualitätssicherung: Konzepte, Vorgehensweisen, Kritik am Beispiel stationärer Entwöhnungsbehandlungen von Alkohol-, Medikamenten- und Drogenabhängigen. In Fachausschuß Sucht des AHG-Wissenschaftsrates (Hrsg.), Qualitätssicherung in der stationären Behandlung Abhängigkeitskranker. *Verhaltensmedizin Heute, 1,* 71–77.
Marlatt, G. A. & Gordon, J. R. (1985). *Relapse prevention.* New York: Guildford Press.
Miller, W. R., & Hester, R. K. (1986). Inpatient alcoholism treatment: Who benefits? *American Psychologist, 41,* 794–805.
Miller, W. R. & Rollnik, S. (1991). *Motivational interviewing. Preparing people to change addictive behavior.* New York: Guilford Press.
Missel, P. & Zemlin, U. (1986). Individualisierung in der stationären Therapie Abhängigkeitskranker: Zur Implementierung eines innovativen Behandlungskonzeptes. *Suchtgefahren 32,* 234–242.
Müller-Fahrnow, W., Löffler, H.E., Schuntermann, M.F. & Klosterhuis, H. (1989). Die Rehabilitations-Verlaufsstatistik. Ergebnis eines Forschungsprojekts zur Epidemiologie in der medizinischen Rehabilitation. Teil II: Die Sozialmedizinische Prognose. *Deutsche Rentenversicherung, Heft 3,* 170–207.
Müller-Fahrnow, W. & Spyra, K. (1995). Qualitätssicherung in der medizinischen Rehabilitation – Das Programm der Rentenversicherung und Rahmenbedingungen für den Bereich der Entwöhnungsbehandlungen. In Fachverband Sucht e.V. (Hrsg.), *Qualitätssicherung in der Rehabilitation Abhängigkeitskranker* (S. 65–99). Geesthacht: Neuland.
Petry, J. (1994). *Alkoholismustherapie. Gruppentherapeutische Motivierungsstrategien.* Weinheim: Psychologie Verlags Union.

Rakete, G. (1996). Wenn Qualität Zukunft haben soll. Die Diskussion um Qualitätssicherung der ambulanten Suchtkrankenhilfe im Kontext gesellschaftlicher und drogenpolitischer Krisen. *Sucht Aktuell, Heft 1–2*, 8–11.
Rodde, S., Margraf, J., El Falaky, A, & Schneider, S. (1996). Läßt sich quantitativ erfassen, was Therapeuten in Therapiestudien tun? *Verhaltenstherapie, 6*, 135–141.
Rost, W.D. (1987). *Psychoanalyse des Alkoholismus.* Stuttgart: Klett-Cotta.
Schallenberg, H. (1995). Strukturelle Qualitätsstandards bei Fachkliniken für Suchtkranke. In Fachverband Sucht e.V. (Hrsg.), *Qualitätssicherung in der Rehabilitation Abhängigkeitskranker* (S. 200–217). Geesthacht: Neuland.
Schlie, W. (1995). Qualitätssicherung in der ambulanten Suchttherapie. In Fachverband Sucht e.V. (Hrsg.), *Qualitätssicherung in der Rehabilitation Abhängigkeitskranker* (S. 195–199). Geesthacht: Neuland Verlag.
Schlösser, A. (1990). Das Zweiklassensystem der Abhängigkeitsversorgung. In D.R. Schwoon & M. Krausz (Hrsg.), *Suchtkranke. Die ungeliebten Kinder der Psychiatrie* (S. 25–34). Stuttgart: Enke.
Schmidt, J., Lamprecht, F. & Wittmann, W.W. (1989). Zufriedenheit mit der stationären Versorgung. Entwicklung eines Fragebogens und erste Validitätsuntersuchungen. *Psychotherapie und Medizinische Psychologie, 39*, 248–255.
Schneider, R. (1982). *Stationäre Behandlung von Alkoholabhängigen.* München: Röttger Verlag.
Schneider, R. (Hrsg.). (1991). Grundannahmen deutscher Suchttherapiekonzepte. In M. Heide, T. Klein & H. Lieb (Hrsg.), *Abhängigkeit: Zwischen biochemischem Programm und steuerbarem Verhalten.* Bonn: Nagel.
Schneider, R. (1995). Qualitäten der Verhaltenstherapie. In Fachverband Sucht e.V. (Hrsg.), *Qualitätssicherung in der Rehabilitation Abhängigkeitskranker* (S. 133–146). Geesthacht: Neuland.
Schneider, R. (1996). *Die Suchtfibel. Informationen zur Entstehung und Behandlung von Alkohol- und Medikamentenabhängigkeit.* Baltmannsweiler: Schneider.
Scholz, H. (1996). *Syndrombezogene Alkoholismus Therapie.* Göttingen: Hogrefe Verlag für Psychologie.
Schuler, W. (1995). Dokumentationssysteme als Instrumente der Qualitätsssicherung – Anforderungen und Perspektiven. In Fachverband Sucht e.V. (Hrsg.), *Qualitätssicherung in der Rehabilitation Abhängigkeitskranker* (S. 243–254). Geesthacht: Neuland.
Selbmann, H.K. (1996). Qualitätssicherung – ein Thema für Suchttherapeuten? In K. Mann & G. Buchkremer (Hrsg.), *Sucht – Grundlagen, Diagnostik, Therapie* (S. 333–344). Stuttgart: Gustav Fischer.
Simon, R. (1995). Integration von Ansätzen zur Qualitätssicherung in das Basisdokumentationssystem SEDOS. In Fachverband Sucht e.V. (Hrsg.), *Qualitätssicherung in der Rehabilitation Abhängigkeitskranker* (S. 288–298). Geesthacht: Neuland.
Sobell, M.B., & Sobell, L. (1993). *Problem drinkers. Guided self-change treatment.* New York: Guilford Press.
Süß, H.M. (1988). *Evaluation von Alkoholismustherapie.* Bern: Huber.
Süß, H.M. (1995). Zur Wirksamkeit der Therapie bei Alkoholabhängigen: Ergebnisse einer Meta-Analyse. *Psychologische Rundschau 46,* 248–266.

Vollmer, H. (in Druck). Wirkungen und Wirksamkeit der Therapie Drogenabhängiger. In Fachverband Sucht e.V. (Hrsg.), *Suchtbehandlung unter Kostendruck*. Geesthacht: Neuland.
Vollmer, H. & Schneider, R. (1982). Ein interdisziplinäres Weiterbildungsprogramm für die Therapie der Abhängigkeiten. *Drogalkohol, 4,* 29–39.
Vollmer, H. & Kraemer, S. (Hrsg.). (1982). *Ambulante Behandlung junger Alkoholabhängiger.* München: Gerhard Röttger Verlag.
Watzl, H. & Rockstroh, B. (1995). Suchtforschung und Suchttherapie. *Zeitschrift für Klinische Psychologie, 24,* 83–89.
Weissinger, V., Hallmann, H.J. & Frankowiak, P. (1996). Qualitätssicherung in der Suchtprävention. Eine Bestandsaufnahme. *Suchtreport, 4,* 29–36.
Wittchen, H.U. (1996). Klinische Psychologie und Verhaltenstherapie – Zwischen Aufstieg und Erosion. *Verhaltenstherapie, 6,* 170–177.
Wittmann, W. (1995). Wie ist Psychotherapie meßbar? Konzepte und Probleme der Evaluation. In Fachverband Sucht e.V. (Hrsg.), *Qualitätssicherung in der Rehabilitation Abhängigkeitskranker* (S. 29–56). Geesthacht: Neuland.
Zemlin, J.U. (1993). *Evaluation des Indikations- und Prognose-Inventars zur Alkoholismustherapie.* Unveröff. Dissertation, Philipps-Universität, Marburg.
Zemlin, J.U. & Herder, F. (1994). Ergebnisse der summativen und differentiellen Evaluation. *Praxis der Klinischen Verhaltensmedizin und Rehabilitation, Heft 27,* 128–192.
Zielke, M. (1994). Rehabilitationsforschung in der stationären angewandten Verhaltensmedizin bei psychischen Erkrankungen. In M.Zielke & J.Sturm (Hrsg.), *Handbuch stationäre Verhaltenstherapie* (S. 1016–1031). Weinheim: Psychologie Verlags Union.
Zielke, M. (1995). Basisdokumentation und Katamnestik als interner Qualitätsstandard unter dem Blickwinkel unterschiedlicher Qualitätssicherungsmodelle. In Fachverband Sucht e.V. (Hrsg.), *Qualitätssicherung in der Rehabilitation Abhängigkeitskranker* (S. 255–264). Geesthacht: Neuland.

VII.

Rahmenbedingungen der Qualitätssicherung

Versorgungsstrukturelle Aspekte der Qualitätssicherung

Sören Schmidt-Bodenstein

Inhalt:

1. Vorbemerkung 494
2. Gegenwärtiger Stand der Qualitätssicherung in der vertragsärztlichen Versorgung 494
3. Qualitätsorientierte Anforderungen an die psychotherapeutische Versorgung 497
   - 3.1 Strukturqualität 498
     - 3.1.1 Sicherstellung der psychosomatischen Grundversorgung durch niedergelassene Ärzte 498
     - 3.1.2 Angemessene Aus- und Weiterbildung sowie Anbindung der Weiterbildung an die Hochschulen 499
     - 3.1.3 Kooperation zwischen Ärzten und Psychologen; ärztlich-psychologische Gemeinschaftspraxen 499
     - 3.1.4 Ausgewogenes Verhältnis komplementärer, ambulanter und stationärer Versorgungsangebote 500
     - 3.1.5 Definition der für die ambulante Krankenbehandlung geeigneten Therapieverfahren 500
   - 3.2 Prozeßqualität 501
     - 3.2.1 Frühzeitige Zuführung zur Psychotherapie 501
     - 3.2.2 „Bedarfsorientierte Indikation ‚anstelle' angebotsinduzierte Indikation" 502
     - 3.2.3 Kooperative Abklärung von psychischen und somatischen Ursachen durch Ärzte und Diplom-Psychologen 502
     - 3.2.4 Gutachterverfahren (Beteiligung der psychologischen Psychotherapeuten) 503
     - 3.2.5 Behandlungsstandards oder Behandlungs-Leitlinien 503

3.3 Ergebnisqualität 504
    3.3.1 Routinemäßige Auswertung von Verlaufs-
        dokumentationen 504
    3.3.2 Patientenerfahrung und Behandlungszufriedenheit 504
    3.3.3 Kosten-/Nutzen-Analysen psychotherapeutischer
        Verfahren 505
4. **Perspektiven der Qualitätssicherung in der ambulanten Psychotherapie** 505
    4.1 Psychotherapeutengesetz 505
    4.2 Veränderung der allgemeinen Rahmenbedingungen 507

1. Vorbemerkung

Die ambulante Psychotherapie hat seit ihrer Einführung als Leistung der gesetzlichen Krankenversicherung ständig an Bedeutung gewonnen. Noch nie wurden so viele ambulante Psychotherapien erbracht, noch nie gab es so viele „Psychotherapeuten". Allein in der vertragsärztlichen Versorgung sind derzeit etwa 8.400 Ärzte und 6.600 Psychologen psychotherapeutisch tätig (vgl. Kassenärztliche Bundesvereinigung, 1996). Ergänzt wird dieses Angebot durch eine nicht genau bekannt Zahl von Psychologen, die auf der Basis von Kostenerstattungen Behandlungen durchführen (einen Überblick über Behandler- und Fallzahlen bietet Vogel, 1996; vgl. auch Bender & Huber, in diesem Band).

Qualitätssicherung (QS) in der vertragsärztlichen Versorgung findet derzeit in erster Linie in den Bereichen der Strukturqualität und der Prozeßqualität statt. Nach einer kurzen Sichtung der gesetzlichen und vertraglichen Grundlagen werden im folgenden die von den Ersatzkassen formulierten Anforderungen an eine qualitätsorientierte Versorgung vorgestellt. Diese verdeutlichen, daß Qualitätssicherung und -entwicklung als gemeinsame Aufgabe von Patienten, Leistungserbringern und Kostenträgern vorangetrieben werden müssen.

2. Gegenwärtiger Stand der Qualitätssicherung in der vertragsärztlichen Versorgung

Ambulante Psychotherapie als Leistung der gesetzlichen Krankenkassen findet derzeit in der sog. vertragsärztlichen Versorgung statt – unabhängig davon, ob sie von Ärzten oder aber von am Delegationsverfahren teilnehmenden psychologischen Psychotherapeuten durchgeführt wird. Die gesetzliche Grundlage für die vertragsärztliche Versorgung ist im Fünften Sozialgesetzbuch (SGB V) definiert.

> **Ausgewählte gesetzliche Grundlagen für die Qualitätssicherung in der ambulanten Psychotherapie**
>
> Grundsätzlich gilt für Leistungen der gesetzlichen Krankenkassen, daß diese den Geboten der Qualität, Humanität und Wirtschaftlichkeit entsprechen müssen (vgl. §§ 2 und 70 SGB V). Die Sicherstellung der vertragsärztlichen Versorgung – und damit auch der ambulanten Psychotherapie – obliegt den Kassenärztlichen Vereinigungen. Diese haben quasi ein Behandlermonopol. Die Krankenkassen sind per Gesetz verpflichtet, mit den Kassenärztlichen Vereinigungen Verträge über die Versorgung abzuschließen. Auf Bundesebene ist es Aufgabe des paritätisch mit Krankenkassenvertretern und Ärzten besetzten Bundesausschusses der Ärzte und Krankenkassen, die zur Sicherung der ärztlichen Versorgung erforderlichen Richtlinien über die Gewähr für eine ausreichende, zweckmäßige und wirtschaftliche Versorgung zu beschließen (vgl. § 92 SGB V).
>
> Relevant für die Aspekte der Qualitätssicherung ist des weiteren noch der § 135 SGB V, und hier insbesondere der Abs. 3. Danach obliegt es allein der Kassenärztlichen Bundesvereinigung, durch Richtlinien Verfahren zur Qualitätssicherung der ambulanten vertragsärztlichen Versorgung zu bestimmen. Für den Bereich der Psychotherapie ist auf dieser gesetzlichen Grundlage jedoch bislang keine Vorgabe von der Kassenärztlichen Bundesvereinigung erarbeitet worden. Allerdings ist anzumerken, daß mit den Psychotherapie-Richtlinien und den Psychotherapie-Vereinbarungen bereits jetzt ein im partnerschaftlichen Verhältnis zwischen Krankenkassen und Ärzten entstandenes Regelwerk vorliegt, das der Qualitätssicherung dient.
>
> Eine weitere Grundlage bildet § 136 SGB V, in dem das Nähere über die Qualitätsprüfung im Einzelfall bestimmt ist. Die Kassenärztlichen Vereinigungen prüfen die Qualität der erbrachten Leistungen im Einzelfall durch Stichproben. Auswahl, Umfang und Verfahren werden im Benehmen mit den Krankenkassen festgelegt[1].

Wesentliche Rahmenvorgaben zu Art, Inhalt und Umfang der ambulanten psychotherapeutischen Versorgung hat der Bundesausschuß der Ärzte und Krankenkassen in den Psychotherapie-Richtlinien geregelt. Ergänzend hierzu haben die einzelnen Spitzenverbände der gesetzlichen Krankenversicherung getrennte, jedoch weitgehend inhaltsgleiche Psychotherapie-Vereinbarungen mit der Kassenärztlichen Bundesvereinigung abgeschlossen. Diese tragen – wie im übrigen auch der Sachverständigenrat für die Konzertierte Aktion im Gesundheitswesen festgestellt hat – zur Sicherung der Strukturqualität und zur Sicherung der Prozeßqualität durch Regelungen des Delega-

---

1. Das Benehmen ist eine der schwächsten Formen der Einbeziehung in einen Entscheidungsprozeß. Den Krankenkassen ist die Möglichkeit der Stellungnahme einzuräumen. Etwaige Bedenken müssen aber nur zur Kenntnis genommen, jedoch nicht zwangsläufig bei der endgültigen Entscheidung berücksichtigt werden.

tions- und des Gutachterverfahrens bei (Sachverständigenrat für die Konzertierte Aktion im Gesundheitswesen, 1989, Ziffer 47)[2]. Darüber hinaus legen die Psychotherapie-Vereinbarungen Qualifikationserfordernisse für die Erbringung psychosomatischer Leistungen fest (vgl. Faber & Haarstrick, 1994).

Allerdings sind auch die Psychotherapie-Richtlinien und die Psychotherapie-Vereinbarungen permanent weiterzuentwickeln. Die Sicherung der Strukturqualität erfolgt u.a. durch:

- die Definition von „seelischer" Krankheit (s. Kasten),
- die Festlegung von Verfahren, die zu Lasten der gesetzlichen Krankenkassen abgerechnet werden können,
- die Festlegung von Qualifikationsvoraussetzungen.

Auch findet die Sicherung der Prozeßqualität ihren Platz, u.a. in:

- der Regelung des Delegationsverfahren, wenn psychologische Psychotherapeuten die Behandlung übernehmen,
- der „gutachterfreien" Kurzzeittherapie,
- dem Gutachterverfahren bei der Langzeittherapie.

Insbesondere im Bereich der Ergebnisqualität bedürfen die Psychotherapie-Richtlinien jedoch eines gezielten Ausbaus.

Vor diesem Hintergrund haben sich die Spitzenverbände der Krankenkassen auf folgende Eckpunkte für die Weiterentwicklung der vertraglichen Grundlagen verständigt und in die Diskussion mit der Kassenärztlichen Bundesvereinigung eingebracht (Spitzenverbände der Krankenkassen, 1995):

- Verbesserung eines schnellen und sicheren Zuganges zur psychotherapeutischen Versorgung,
- Überarbeitung des Gutachterverfahrens,
- Verbesserung der Dokumentation psychotherapeutischer Behandlungen für interne und externe Qualitätssicherung (kann bei erfahrenen Therapeuten das Gutachterverfahren ggf. ersetzen),
- persönliche Begutachtung im Einzelfall,
- Re-Integration der Psychotherapie in die Wirtschaftlichkeitsprüfung,
  Überprüfung des Kataloges anerkannter Verfahren.

---

2. Gem. § 106 SGB V vereinbaren die Krankenkassen mit den Kassenärztlichen Vereinigungen die Durchführung von Wirtschaftlichkeitsprüfungen. Bei diesen wird arztgruppenspezifisch das Behandlungsverhalten einschließlich veranlaßter Maßnahmen der einzelnen Ärzte in einer Durchschnittsbetrachtung miteinander verglichen. Bei bestimmten Abweichungen vom Durchschnitt wird der Arzt wegen unwirtschaftlicher Praxistätigkeit in Regress genommen. Psychotherapien werden einer derartigen Wirtschaftlichkeitsprüfung derzeit nicht unterzogen. Da gleichwohl auch für die Psychotherapie bei der Leistungserbringung das Gebot der Wirtschaftlichkeit gilt, ersetzt das Gutachterverfahren die Wirtschaftlichkeitsprüfung.

> **Definition von Krankheit im Sinne der Psychotherapie-Richtlinien**
> **(vgl. Faber & Haarstrick, 1994)**
>
> A.1. Psychotherapie kann im Rahmen dieser Richtlinien erbracht werden, soweit und solange eine seelische Krankheit vorliegt. Als seelische Krankheit gilt auch eine geistige oder seelische Behinderung, bei der Rehabilitationsmaßnahmen notwendig werden.
> Psychotherapie ist keine Leistung der gesetzlichen Krankenversicherung..., wenn sie nicht der Heilung oder Besserung einer Krankheit bzw. der medizinischen Rehabilitation dient. Dies gilt ebenso für Maßnahmen, die ausschließlich zur beruflichen Anpassung oder zur Berufsförderung bestimmt sind, für Erziehungsberatung, Sexualberatung, körperbezogene Therapieverfahren, darstellende Gestaltungstherapie sowie heilpädagogische oder ähnliche Maßnahmen...
>
> A.2. In diesen Richtlinien wird seelische Krankheit verstanden als krankhafte Störung der Wahrnehmung, des Verhaltens, der Erlebnisverarbeitung, der sozialen Beziehungen und der Körperfunktionen. Es gehört zum Wesen dieser Störungen, daß sie der willentlichen Steuerung durch den Patienten nicht mehr oder nur zum Teil zugänglich sind.
> Krankhafte Störungen können durch seelische oder körperliche Faktoren verursacht werden; sie werden in seelischen und körperlichen Symptomen und in krankhaften Verhaltensweisen erkennbar, denen aktuelle Krisen seelischen Geschehens, aber auch pathologische Veränderungen seelischer Strukturen zugrunde liegen können...
> Auch Beziehungsstörungen können Ausdruck von Krankheit sein; sie sind für sich allein nicht schon Krankheit im Sinne dieser Richtlinien, sondern können nur dann als seelische Krankheit gelten, wenn ihre ursächliche Verknüpfung mit einer krankhaften Veränderung des seelischen oder körperlichen Zustandes eines Menschen nachgewiesen wurde.

Der weitere Beratungsverlauf zwischen Kassenärztlicher Bundesvereinigung und den Spitzenverbänden der Krankenkassen bleibt abzuwarten.

3. Qualitätsorientierte Anforderungen an die psychotherapeutische Versorgung

Versorgungsforscher kritisieren zunehmend, daß eine große Lücke zwischen dem möglichen und dem tatsächlichen Nutzen der Psychotherapie klafft. Pointiert zusammengefaßt könnte formuliert werden (vgl. Schmidt-Bodenstein, 1996):
Die Möglichkeiten der Psychotherapie werden nicht optimal ausgeschöpft, psychische Störungen werden zu häufig übersehen oder nicht korrekt diagnostiziert. Selbst eine korrekte Diagnose führt in vielen Fällen nicht zu adäquaten Behandlungen. Zwar

steht eine breite Palette von Therapieansätzen zur Verfügung; die Wahl des Verfahrens richtet sich jedoch zu häufig nach der Qualifikation des vom Patienten aufgesuchten Behandlers.

Der Qualitätssicherung und -entwicklung muß deshalb eine hervorragende Bedeutung bei der Weiterentwicklung der psychotherapeutischen Versorgung zukommen. Diese muß auf allen Qualitätsebenen ansetzen (einen komprimierten Überblick verschiedener QS-Instrumente bietet z.B. Deutsche Gesellschaft für Verhaltenstherapie, 1997).

Aus Sicht der Ersatzkassen sind hierbei folgende Anforderungen an die psychotherapeutische Versorgung zu stellen (vgl. auch Fischer, 1995):

Strukturqualität
- Psychosomatische Grundversorgung durch niedergelassene Ärzte,
- Angemessene Aus- und Weiterbildung, Anbindung der Weiterbildung an die Hochschulen,
- Kooperation zwischen Ärzten und Psychologen; ärztlich-psychologische Gemeinschaftspraxen,
- Ausgewogenes Verhältnis komplementärer, ambulanter und stationärer Versorgungsangebote,
- Definition der für die Krankenbehandlung geeigneten Therapieverfahren,
- Ausschluß ungeeigneter Therapieverfahren.

Prozeßqualität
- Frühzeitige Zuführung zur Psychotherapie,
- „Bedarfsorientierte Indikation anstelle angebotsinduzierter Indikation",
- Kooperative Abklärung psychischer und somatischer Ursachen durch Ärzte und Diplom-Psychologen,
- Gutachterverfahren (Beteiligung der psychologischen Psychotherapeuten),
- Behandlungsstandards oder Behandlungs-Leitlinien.

Ergebnisqualität
- routinemäßige Auswertung von Verlaufsdokumentationen,
- Patientenerfahrungen und Behandlungszufriedenheit,
- Kosten-/Nutzenanalysen psychotherapeutischer Verfahren.

3.1 Strukturqualität

3.1.1 Sicherstellung der psychosomatischen Grundversorgung durch niedergelassene Ärzte

Für den hilfesuchenden Patienten ist der niedergelassene Arzt, insbesondere der Hausarzt, vielfach der erste Ansprechpartner. Hieraus ergeben sich zwei Aufgabenstellungen für den Arzt:

1. Diagnose-Stellung, daß eine mittels Psychotherapie zu behandelnde Erkrankung vorliegt, und
2. Einleitung und Durchführung psychotherapeutischer Behandlung im Rahmen seiner Möglichkeiten.

Gerade bei diesen Aufgabenstellungen besteht jedoch ein enormer Nachholbedarf. Patientenkarrieren psychisch Kranker sind häufig durch ein jahrelanges „Herumirren" im medizinisch-technischen Betrieb gekennzeichnet, bis die Patienten schließlich einer adäquaten psychotherapeutischen Behandlung zugeführt werden (vgl. z.B. Üstün & Sartorius, 1995).

Um die Intervalle vom Krankheitsbeginn bis zum Erkennen einer psychischen Erkrankung zu verringern, muß das Wissen über Diagnostik und Therapie auf allen Ebenen der Versorgung verbessert werden.

Neben der reinen diagnostischen Kompetenz gilt es jedoch auch, die (psycho)therapeutische Kompetenz auf der Ebene der zuweisenden/überweisenden Ärzte zu stärken. Als ein wichtiger Einstieg hierbei ist die sog. psychosomatische Grundversorgung zu nennen, die die teilnehmenden Ärzte zur Durchführung bestimmter Interventionen qualifiziert und berechtigt.

3.1.2 Angemessene Aus- und Weiterbildung sowie Anbindung der Weiterbildung an die Hochschulen

Um als Psychotherapeut im Rahmen der vertragsärztlichen Versorgung teilnehmen zu können, bedarf es einer entsprechenden Ausbildung an von der Kassenärztlichen Bundesvereinigung anerkannten Ausbildungsinstituten. Das Nähere bezüglich der Anforderungen, die an diese Institute gestellt werden, ist in den Psychotherapie-Vereinbarungen geregelt. Aus der historischen Entwicklung heraus handelt es sich bei den anerkannten Ausbildungsinstituten um privat-rechtliche Lehranstalten. Angesichts der rasanten wissenschaftlichen Entwicklung erscheint jedoch eine strukturell stärkere Anbindung der Ausbildung an Wissenschaft und Forschung dringender denn je. Es muß sichergestellt werden, daß noch zeitnäher als bisher praxisrelevante Forschungsergebnisse Eingang in die psychotherapeutische Ausbildung und Praxis finden.

3.1.3 Kooperation zwischen Ärzten und Psychologen; ärztlich-psychologische Gemeinschaftspraxen

Die Versorgung mit psychotherapeutischen Leistungen wird durch Ärzte *und* Psychologen sichergestellt. Im Rahmen der vertragsärztlichen Versorgung arbeiten die Psychologen im sog. Delegationsverfahren. Dies bedeutet, daß unter Verantwortung des delegierenden Arztes die Psychotherapie vom Psychologen durchgeführt wird. Aus Sicht psychologischer Psychotherapeuten stellt sich dies vielfach als „formale Krücke" einer de facto weitgehend eigenständigen psychotherapeutischen Tätigkeit dar.

Seit gut einem Viertel Jahrhundert befindet sich das sog. Psychotherapeutengesetz in der gesetzgeberischen Warteschleife. Es wird die berufsrechtlichen und sozialrechtlichen Grundlagen für eine eigenständige heilberufliche Tätigkeit von psychologischen Psychotherapeuten schaffen. Insofern wird es wichtig sein, die bereits im Delegationsverfahren intendierte Kooperation zweier eigenverantwortlich handelnder Heilberufe (Ärzte und psychologische Psychotherapeuten) bei der Diagnose und Therapie von Krankheiten weiterzuentwickeln. Verzahnung, Kooperation und Kommunikation sind Schlagworte bei der Diskussion um Zukunftsperspektiven für das gesamte Versorgungssystems. Für die Versorgung mit psychotherapeutischen Leistungen bedeutet dies, die kooperative Leistungserbringung von Ärzten und Psychologen zu fördern – auch unter einem Dach, beispielsweise durch die Schaffung von ärztlich-psychologischen Gemeinschaftspraxen.

3.1.4 Ausgewogenes Verhältnis komplementärer, ambulanter und stationärer Versorgungsangebote

Schränkt man Psychotherapie ein auf Verfahren zur Krankenbehandlung, stellt sich die Frage nach dem Bedarf und direkt hiermit verbunden die Frage, mit welchem Versorgungsangebot dieser Bedarf adäquat zu decken ist.

Nicht jede psychische Symptomatik erfordert tatsächlich eine Psychotherapie im Sinne der Psychotherapie-Richtlinien. In vielen Fällen reichen Informationen und Beratung oder die Vermittlung psychosozialer und Selbsthilfeangebote aus. In anderen Fällen ist eine stationäre Behandlung unvermeidbar.

Die Krankenkassen benötigen deshalb zur Systemsteuerung Strukturdaten zum Bedarf an (niederschwelligen) Interventionen und an psychosozialen Hilfsangeboten, an ambulanter Psychotherapie, aber auch an stationären Kapazitäten. Ansätze einer bereichsübergreifenden Betrachtungsweise bei der Versorgung psychisch Kranker finden sich beispielsweise bei der Evaluation der Psychiatrie-Personalverordnung. Bei der Beurteilung der Personalbemessung für die stationäre Versorgung ist u.a. zu berücksichtigen, wie das regionale Versorgungsnetz ausgestaltet ist, in das das stationäre Versorgungsangebot eingebunden ist (Münstermann & Pick, 1994). Die Evaluation der Psychiatrie-Personalverordnung ist jedoch ausgesprochen schwierig und steht noch aus.

Grundfragen in bezug auf den Bedarf und die Bedarfsdeckung durch ein ausgewogenes Zusammenwirken von komplementären, ambulanten und stationären Versorgungsangeboten müssen allerdings noch weiter diskutiert und einem Konsens zwischen Kostenträgern und Leistungserbringern zugeführt werden.

3.1.5 Definition der für die ambulante Krankenbehandlung geeigneten Therapieverfahren

Der Bundesausschuß der Ärzte und Krankenkassen hat in den Psychotherapie-Richtlinien definiert, welche Verfahren in der ambulanten psychotherapeutischen Behandlung zu Lasten der Krankenkassen abgerechnet werden können. Nach derzeitigem Stand sind dies als eigenständige Therapieverfahren:

- psychoanalytisch begründete Verfahren
    - Psychoanalyse
    - tiefenpsychologisch fundierte Psychotherapie

- Verhaltenstherapie

Diese können als Einzel- oder Gruppenbehandlung durchgeführt werden. Desweiteren können – sofern erforderlich – die Bezugspersonen in die Therapie mit eingebunden werden, so daß beispielsweise auch familientherapeutischen Aspekten Rechnung getragen werden kann.

Die Psychotherapie-Richtlinien geben also einen Fächer verschiedener Verfahren und methodischer Vorgehensweisen vor, die von den Therapeuten in der ambulanten Versorgung genutzt werden können.

Es ist Aufgabe des Bundesausschusses der Ärzte und Krankenkassen, die Entwicklung neuer Therapieverfahren zu beobachten und – sofern ein Antrag zur Aufnahme in die Psychotherapie-Richtlinien vorliegt – über die Anerkennung eines Verfahrens zu entscheiden. Nach den Richtlinien ist ein Verfahren bei Erfüllung folgender Voraussetzungen anzuerkennen:

- erfolgreiche Anwendung an Kranken überwiegend in der ambulanten Versorgung über mindestens 10 Jahre durch wissenschaftliche Überprüfung und
- ausreichende Definition des Verfahrens und Abgrenzung von bereits angewandten und bewährten psychotherapeutischen Methoden, so daß die Einführung des neuartigen psychotherapeutischen Vorgehens eine Erweiterung oder Verbesserung der Versorgung bedeutet und
- Nachweis von Weiterbildungseinrichtungen für Ärzte und Diplom-Psychologen.

Seit Jahren bemüht sich die Gesprächspsychotherapie um eine Anerkennung als eigenständiges Verfahren durch den Bundesausschuß. Bislang konnte von den Vertretern der Gesprächspsychotherapie jedoch noch nicht überzeugend dargelegt werden, daß diese zum gegenwärtigen Zeitpunkt die vorgenannten Voraussetzungen in ausreichendem Maße erfüllt. Insbesondere die Abgrenzung zu bestehenden Verfahren – hier insbesondere zur tiefenpsychologisch fundierten Psychotherapie im Hinblick auf die Ätiologie – und die Abgrenzung der Gesprächspsychotherapie als Krankenbehandlung von der Gesprächspsychotherapie als Technik der Gesprächsführung sind bislang nicht zufriedenstellend operationalisierbar. Hier bleiben die weiteren Beratungen abzuwarten. Möglicherweise kommt eine Aufnahme der Gesprächspsychotherapie als Anwendungsform der tiefenpsychologisch fundierten Psychotherapie in Frage.

3.2 Prozeßqualität

3.2.1 Frühzeitige Zuführung zur Psychotherapie

Untersuchungen zu Patientenkarrieren haben gezeigt, daß psychische Erkrankungen häufig gar nicht oder sehr spät erkannt werden. Die frühzeitige Zuführung der Patienten zu einer adäquaten Diagnostik und Therapie ist deshalb dringend zu optimieren. Dies muß einerseits über die oben angesprochene Steigerung des Wissens über Diagnostik und Therapie psychischer Erkrankungen auf allen Ebenen der Versorgung geschehen, andererseits durch die Bereitstellung einer ausreichenden Zahl qualifizierter Therapeuten in der vertraglich geregelten Psychotherapie. Letzteres ist derzeit nicht flächendeckend gegeben (vgl. z.B. Meyer, Richter, Grawe, v.d. Schulenburg & Schulte, 1991), so daß die Kassen gezwungen sind, die psychotherapeutische Versorgung ihrer Versicherten über die sog. Kostenerstattung sicherzustellen.

3.2.2 „Bedarfsorientierte Indikation ‚anstelle' angebotsinduzierte Indikation"

Die Leistungen der gesetzlichen Krankenversicherung müssen den Geboten von Qualität, Humanität und Wirtschaftlichkeit entsprechen. Kritiker konstatieren jedoch, daß gerade der „Psychotherapie-Markt" anfällig für eine sog. angebots-induzierte Nachfrage ist. Für die ambulante Psychotherapie bedeutet dies, daß die Therapeuten wesentlichen Einfluß auf Therapieverfahren und Therapiedauer haben – und dieser Einfluß nicht immer im Sinne einer optimalen Ressourcennutzung geltend gemacht wird. Beispielsweise konstatieren Grawe, Donati und Bernauer (1994):

> „Ein Patient wird, gleich was für Störungen er hat, mit den Methoden behandelt, die zum Spektrum des jeweiligen Therapeuten oder der Institution, an die er sich wendet, gehören. Wendet er sich an eine psycholanalytische Institution, so wird er psychoanalytisch behandelt usw." (S. 25).

In diesem Zusammenhang muß allerdings auch darauf hingewiesen werden, daß gerade die Frage, bei welcher Erkrankung welches psychotherapeutische Verfahren das der Wahl sei, insbesondere zwischen den „Therapie-Schulen" heiß umstritten ist, bzw. diese Diskussion erst langsam Konturen einer allgemein anerkannten Differentialindikation erkennen läßt. Auch in den Psychotherapie-Richtlinien konnte eine spezifische Zuordnung von Verfahren zu bestimmten Erkrankungen noch nicht verankert werden. Den anerkannten Verfahren wird in der Praxis dadurch eine gewisse „Omnipotenz" zugestanden, die nicht immer gerechtfertigt erscheint.

Es sind deshalb Rahmenbedingungen zu schaffen, die sicherstellen, daß der Bedarf des Patienten im Mittelpunkt therapeutischer Entscheidungen steht und nicht ein als Bedarf des Patienten deklarierter Bedarf des Therapeuten. Dies kann beispielsweise durch eine verbesserte Qualitätssicherung der Indikationsstellung geschehen oder durch eine Optimierung der Zuweisung im Rahmen einer gezielten Vor-Diagnostik. Ansätze insbesondere für letzteres zeigen sich im Versuch, mittels Leitstellen eine gezieltere Zuführung zu den verschiedenen Therapieangeboten zu realisieren (vgl. Bundesministerium für Gesundheit, 1996)

3.2.3 Kooperative Abklärung von psychischen und somatischen Ursachen durch Ärzte und Diplom-Psychologen

Ob mit oder ohne Psychotherapeutengesetz – bereits jetzt wird die Versorgung mit psychotherapeutischen Leistungen in erheblichem Umfang kooperativ von Ärzten und Psychologen sichergestellt. Bei der Indikationsstellung geht es um die Wahl der für den Patienten richtigen Therapie. Kritiker äußern jedoch, daß somatische Faktoren bei psychischen Störungen und umgekehrt psychische Komponenten bei somatischen Erkrankungen oft nicht berücksichtigt werden. Den Schlüssel für dieses Problem bietet eine interdisziplinäre, kooperative Abklärung psychischer und somatischer Ursachen durch Ärzte und Psychologen. Wie eine derartige Kooperation aussehen kann, und welche Anforderungen Ärzte und Psychologen hierbei erfüllen müssen, sind Kernfragen, die nach wie vor ausgesprochen kontrovers diskutiert werden und „etablierter" Bestandteil von Auseinandersetzungen von Ärzten und Psychologen im Rahmen des Psychotherapeutengesetzes sind.

3.2.4 Gutachterverfahren (Beteiligung der psychologischen Psychotherapeuten)

Das Gutachterverfahren ist Teil der Qualitätssicherung der Psychotherapie-Richtlinien. Grundsätzlich wird das Gutachterverfahren bei der Durchführung einer sog. Langzeittherapie eingeleitet – also bei einer Therapiedauer über 25 Stunden. Darüber hinaus kann die Krankenkasse auch bei einer Kurzzeittherapie eine gutachterliche Stellungnahme einholen, sofern sie ein Erfordernis hierfür erkennt (vgl. hierzu Köhlke, in diesem Band).

Bisher sind auf der Basis der Psychotherapie-Richtlinien ausschließlich ärztliche Psychotherapeuten gutachterlich tätig. Über die Sinnhaftigkeit eines derartigen ärztlichen Exklusivrechts wird intensiv gestritten. Gleichwohl ist es gerade im Sinne einer zeitnahen und qualitätsgesicherten Zuführung zur adäquaten Psychotherapie geboten, daß in ausreichender Zahl qualifizierte Gutachter zur Verfügung stehen. Hierbei ist auch auf psychologische Gutachter zurückzugreifen.

3.2.5 Behandlungsstandards oder Behandlungs-Leitlinien

Die (Weiter-)Entwicklung von Behandlungsstandards und Leitlinien, die mehr als allgemeine Vorgaben darstellen, wird eine der vorrangigen Aufgaben der Leistungserbringer und Kostenträger sein. Ziel dieser Bemühungen muß es sein, eine adäquate Balance zwischen Standardisierung und therapeutischer Freiheit zu finden. Standards und Leitlinien sollten den aktuellen Stand medizinisch-psychotherapeutischen Wissens angemessen widerspiegeln und für Therapeut, Patient und Krankenkasse Hilfe bei der Therapiewahl und der Beurteilung von Therapieverlauf und -erfolg sein.

Eine Standardisierung hat jedoch insofern ihre Grenzen, als die Therapie auf den individuellen Fall abgestimmt sein muß. Daher müssen therapeutische Freiräume bestehen, die im Sinne einer qualitativ hochwertigen und gleichzeitig wirtschaftlichen Behandlung zu nutzen sind.

Ein Mehr an individueller therapeutischer Freiheit kann jedoch nur dann zugestanden werden, wenn dies nicht zu Lasten der Behandlungsqualität und der Wirtschaftlichkeit geht. Gerade im Bereich der Psychotherapie, in dem die Gefahr einer angebotsinduzierten Therapiewahl „systemimmanent" ist, kann aus Sicht der Kostenträger deshalb ein Wandel von Richtlinien hin zu Leitlinien nur vorgenommen werden, wenn die Qualitätssicherung in anderen Bereichen (z.B. der Implementierung von Verlaufsdokumentationen) weiter vorangetrieben wird.

3.3 Ergebnisqualität

3.3.1 Routinemäßige Auswertung von Verlaufsdokumentationen

Eine stärkere Berücksichtigung der Ergebnisqualität ist durch Implementierung aussagekräftiger Verlaufsdokumentationen vorzunehmen. Die Auswertung von Verlaufsdokumentationen ermöglicht u.a.:

- eine gezieltere Beurteilung des individuellen Therapieverlaufs und Therapieerfolges,
- das Aufzeigen struktureller Defizite in der psychotherapeutischen Versorgung,
- aufbauend auf der Defizit-Analyse eine gezielte Weiterentwicklung von Behandlungsleitlinien und -standards,
- aufbauend auf der Defizit-Analyse eine gezielte Weiterentwicklung des Versorgungsangebotes in verzahnter Betrachtung mit dem komplementären und dem stationären Bereich.

Für die Kostenträger bieten Verlaufsdokumentationen die Chance, daß sie eine neue Qualität an Transparenz darstellen und somit Grundlage für eine gemeinsam mit den Leistungserbringern vorzunehmende Weiterentwicklung des Versorgungssystems bilden können.

Aus Sicht vieler Therapeuten wird gerade dieser Gewinn an Transparenz als beängstigend empfunden und abgelehnt. Nicht selten wird der „gläserne Patient/Therapeut" als Gefahr gesehen und ein mit der Dokumentation verbundener essentieller Eingriff in das Therapeut-Patienten-Verhältnis befürchtet.

Zur Frage der Implementierung einer Basisdokumentation und ihrer Verwendung auf den unterschiedlichen Ebenen (Patient-Therapeut, Qualitätszirkelarbeit, Krankenkassen) bleibt die weitere Entwicklung praxistauglicher Dokumentationssysteme abzuwarten. Die Krankenkassen verfolgen Ansätze solcher Dokumentationen, wie sie beispielsweise von einer Arbeitsgruppe wissenschaftlich-medizinischer Fachgesellschaften (Heuft, Senf, Janssen, Lamprecht & Meermann, 1995) entwickelt wurde, mit großer Aufmerksamkeit.

Klarstellend sei in diesem Zusammenhang darauf hingewiesen, daß die Krankenkassen keine Offenlegung nicht-anonymisierter Daten verlangen. Gerade im Bereich der Psychotherapie ist dem Schutz der personenbezogenen Daten des Patienten höchste Priorität einzuräumen.

3.3.2 Patientenerfahrung und Behandlungszufriedenheit

Um eine größere Patientenorientierung zu erreichen, müssen Patientenerfahrungen und -zufriedenheit mit der psychotherapeutischen Behandlung als Parameter bei der Weiterentwicklung eine wichtige Rolle spielen. Die Berücksichtigung dieser Parameter stellt insofern eine wichtige Ergänzung bzw. Erweiterung der schon genannten Verlaufsdokumentation dar. Erfreulicherweise sehen viele Verlaufsdokumentationen inzwischen eine Beteiligung der Patienten als integralen Bestandteil vor.

3.3.3 Kosten-/Nutzen-Analysen psychotherapeutischer Verfahren

Aufwand und Wirkung müssen in einem angemessenen Verhältnis stehen. Dies gilt grundsätzlich für alle Leistungen, die die gesetzliche Krankenversicherung ihren Versicherten zur Verfügung stellt, und die demzufolge dem Wirtschaftlichkeitsgebot unterliegen. Insofern sind Entscheidungen über die Anerkennung oder Ablehnung von Verfahren auf der Grundlage differenzierter Kosten-/Nutzen-Analysen vorzunehmen, die den Vergleich verschiedener Therapieverfahren unter Berücksichtigung der mittel- und langfristigen Therapieergebnisse ermöglichen.

4. Perspektiven der Qualitätssicherung in der ambulanten Psychotherapie

4.1 Psychotherapeutengesetz

Wesentliche Impulse für die Qualitätsdiskussion werden in naher Zukunft möglicherweise von einem Psychotherapeutengesetz ausgehen. Die Regierungs-Koalition hat im Juni 1997 den zunächst letzten Entwurf für ein Psychotherapeutengesetz in den Bundestag eingebracht. Das Gesetz ist in zwei Teile gegliedert – in einen berufsrechtlichen und einen sozialrechtlichen (vgl. Deutscher Bundestag, 1997a).

Im berufsrechtlichen Teil werden die Grundzüge des eigenständigen Heilberufes des Psychotherapeuten konkretisiert. Es wird definiert, daß Psychotherapie im Sinne dieses Gesetzes jede mittels wissenschaftlich anerkannter psychotherapeutischer Verfahren vorgenommene Tätigkeit zur Feststellung, Heilung oder Linderung psychischer Störungen mit Krankheitswert ist, bei denen Psychotherapie indiziert ist. Die somatische Abklärung hat durch einen Arzt zu erfolgen.

Weiters werden die Voraussetzungen und das Prozedere zur Approbation als (psychologischer) Psychotherapeut definiert. Ferner ist geregelt, welche Psychotherapeuten, die bislang bereits Psychotherapien erbracht haben, im Rahmen sog. Übergangsregelungen zu approbieren sind.

Voraussetzung für die Approbation ist eine in Vollzeitform mindestens dreijährige oder in Teilzeitform mindestens fünfjährige Ausbildung in der Psychotherapie bzw. Kinder- und Jugendlichenpsychotherapie, die mit Bestehen einer staatlichen Prüfung abschließt. Voraussetzung für die Zulassung zu dieser Ausbildung wiederum ist ein abgeschlossenes Psychologiestudium bzw. bei Kinder- und Jugendlichen-Psychotherapeuten alternativ auch ein abgeschlossenes Studium der Pädagogik oder Sozialpädagogik.

Das Bundesministerium für Gesundheit wird ermächtigt, Rechtsverordnungen zu erlassen, in denen das Nähere zur Ausbildung zum Psychotherapeuten geregelt ist. Die weitere Konkretisierung obliegt – ebenfalls per Rechtsverordnung – den Ländern. In der Ausbildung sind eingehende Grundkenntnisse in wissenschaftlich anerkannten psychotherapeutischen Verfahren zu vermitteln. Die jeweilige Behörde, die eine entsprechende Rechtsverordnung mit Benennung der wissenschaftlich anerkannten Verfahren erläßt, stützt sich hierbei auf Gutachten der Vertretung der psychologischen

Psychotherapeuten sowie der Bundesärztekammer oder eines von diesen Organisationen gemeinsam gebildeten wissenschaftlichen Beirates.

Im sozialrechtlichen Teil erfolgt die Einbindung der psychologischen Psychotherapeuten in die vertragsärztliche/psychotherapeutische Versorgung.

Psychologen werden „vollwertige" Mitglieder in der ärztlichen Selbstverwaltung. Für Fragen der psychotherapeutischen Versorgung wird der Bundesausschuß um psychologische Psychotherapeuten erweitert. Für die Wahlen der innerärztlichen/psychotherapeutischen Selbstverwaltung wird das Verhältniswahlrecht zwingend vorgeschrieben. Dies wird voraussichtlich zur Folge haben, daß die Gruppe der Psychologen als eine der größeren „Fachgruppen" erheblichen Einfluß auf die Meinungsbildung innerhalb der Kassenärztlichen Vereinigungen erlangen wird.

Die Möglichkeiten der Kostenerstattung psychotherapeutischer Leistungen werden auf Kriseninterventionen beschränkt. Hierdurch soll nicht nur sichergestellt werden, daß keine „Parallelfinanzierung" psychotherapeutischer Leistungen erfolgt, sondern auch, daß Psychotherapie tatsächlich in größerem Umfang als bisher in der vertragsärztlichen/psychotherapeutischen Versorgung angeboten und wahrgenommen wird.

Als problematisch sind aus Sicht der gesetzlichen Krankenkassen die sozialrechtlichen Übergangsregelungen einzustufen. Jeder Therapeut, der die Approbation hat, kann im Rahmen einer Ermächtigung an der vertragsärztlichen/psychotherapeutischen Versorgung teilnehmen und sich tätigkeitsbegleitend nachqualifizieren. Da die Übergangsregelungen zur Approbation bereits sehr weit und weich gefaßt sind[3], ist zu befürchten, daß zumindest für die Phase der Nachqualifizierung die Krankenkassen Leistungen finanzieren müssen, die den Anforderungen an die vertragsärztliche/psychotherapeutische Versorgung nicht genügen und deren Kosten auch nicht als Kostenerstattung gemäß § 13 Abs. 3 SGB V[4] von den Krankenkassen übernommen würden.

Im Hinblick auf die Verfahren, die Psychotherapeuten im Rahmen ihrer heilberuflichen Tätigkeit erbringen und abrechnen können, wird es zwei Gruppen geben: die Gruppe der wissenschaftlich anerkannten Verfahren gemäß dem berufsrechtlichen Teil und als Untergruppe hiervon die Verfahren, die in der vertragsärztlichen/psychotherapeutischen Versorgung erbringbar sind.

Die Gruppe der Verfahren auf der Basis des berufsrechtlichen Teils ist bei der privat-psychotherapeutischen Tätigkeit abrechnungsfähig. Die Grundlagen des SGB V gelten hierfür nicht; dies bedeutet beispielsweise, daß diese Leistungen nicht den Geboten der Qualität und Wirtschaftlichkeit gemäß den gesetzlichen Bestimmungen für die soziale Krankenversicherung entsprechen müssen.

Für die soziale Krankenversicherung obliegt es dann dem Bundesausschuß der Ärzte, Psychotherapeuten und Krankenkassen darüber zu entscheiden, welche Ver-

---

3. Beispielsweise genügt eine psychotherapeutische Tätigkeit mittels eines wissenschaftlich anerkannten Verfahrens über einen bestimmten Zeitraum hinweg, die von einem Unternehmen der privaten Krankenversicherung vergütet wurde.
4. § 13 Abs. 3 SGB V: „Konnte die Krankenkasse eine unaufschiebbare Leistung nicht rechtzeitig erbringen oder hat sie eine Leistung zu Unrecht abgelehnt und sind dadurch Versicherten für die selbstbeschaffte Leistung Kosten entstanden, sind diese von der Krankenkasse in der entstandenen Höhe zu erstatten, soweit die Leistung notwendig war."

fahren aus dem großen Pool der wissenschaftlich anerkannten Verfahren zu Lasten der gesetzlichen Krankenkassen abzurechnen sind.

Es liegt also in der Gesetzeskonstruktion, daß den unterschiedlichen Erfordernissen des berufsrechtlichen und des sozialrechtlichen Teils Rechnung tragend, aus dem Fächer der wissenschaftlich anerkannten Verfahren nur ein Teil die „sozialrechtlichen Weihen" erhalten wird.

Wohin es führen kann, wenn eine eigenständige Handlungskompetenz der Selbstverwaltung im Gesundheitswesen im Hinblick auf die abrechnungsfähigen Verfahren nicht besteht, zeigt das Beispiel Österreich: Hier wurde zwar vor einigen Jahren eine berufsrechtliche Grundlage geschaffen, eine Ergänzung des Sozialrechtes blieb jedoch aus. Die Folge ist, daß die österreichischen Krankenkassen „Therapien" bezahlen müssen, die nach den Kriterien des deutschen Sozialrechtes nicht in die Leistungspflicht der gesetzlichen Krankenversicherung fallen.

Insofern ist es zu begrüßen, daß das Psychotherapeutengesetz in seiner vorliegenden Entwurfsfassung eine gemeinsame Verabschiedung eines berufsrechtlichen und eines sozialrechtlichen Teils vorsieht. Ob das Psychotherapeutengesetz in dem aktuell laufenden Gesetzgebungsprozeß es allerdings bis zur Verabschiedung schafft oder ob es (wieder einmal) scheitert, bleibt abzuwarten[5]. Ebenso bleibt abzuwarten, welche Handlungsfähigkeit im Falle einer Verabschiedung des Gesetztes die dann neu zusammengesetzte Selbstverwaltung aus Ärzten, Psychologen und Krankenkassen beweisen wird.

4.2 Veränderung der allgemeinen Rahmenbedingungen

Auch unabhängig von der Verabschiedung eines Psychotherapeutengesetzes wird es erforderlich sein, die Qualitätsdiskussion weiter voranzutreiben und die Versorgung – auch unter möglichst weitgehender Einbeziehung der psychologischen Psychotherapeuten – weiter zu optimieren. Bei Betrachtung der Qualitätsdebatte, in der insbesondere von Psychologenseite wichtige Impulse gesetzt wurden und werden, ist in den letzten Jahren eine Verlagerung hin zu einer stärkeren Fokussierung auf die Ergebnisqualität festzustellen. Diese Verlagerung der Qualitätssicherung ist bei den Leistungserbringern allerdings nicht unumstritten. Exemplarisch sei auf die Auseinandersetzungen um die Basisdokumentation von Psychotherapie verwiesen. Hinzu kommt, daß Qualitätssicherung nicht selten als originäre und alleinige Aufgabe der Behandler betrachtet wird, bei der eine Einbeziehung der Kostenträger als eher kontraproduktiv eingestuft wird.

Angesichts zunehmend knapper werdender finanzieller Mittel wird der Qualitätsaspekt bei der Weiterentwicklung des Versorgungssystems an Bedeutung gewinnen – und zudem eine wichtige Komponente im sich verschärfenden Kassenwettbewerb werden. In diesem Wettbewerb wird jene Kasse bestehen, die es am besten schafft, Qualität, Wirtschaftlichkeit und Humanität in den zur Verfügung gestellten Leistungen zu vereinen.

---

5. Die Zuzahlungsregelung wird in einem gesonderten Gesetz geregelt (Deutscher Bundestag, 1997b).

Aus Sicht der Krankenkassen stellt sich allerdings die Schwierigkeit, daß Kernfragen zur psychotherapeutischen Versorgung nach wie vor als offen angesehen werden müssen bzw. noch nicht einem abschließendem Konsens zugeführt werden konnten. Zu diesen Fragen gehören u.a. die nach:

- dem Bedarf an Psychotherapie und der optimalen Bedarfsdeckung,
- der optimalen Verzahnung der verschiedenen Versorgungsbereiche (komplementär, ambulant und stationär),
- den Anforderungen, die bei der kooperativen Krankenbehandlung an Ärzte und psychologische Psychotherapeuten zu stellen sind und
- der spezifischen Indikation für die verschiedenen Therapieverfahren.

Vor diesem Hintergrund ist der Ausbau einer versorgungsrelevanten Qualitätssicherung vorrangig. Im Mittelpunkt muß die Entwicklung und Implementierung von Instrumenten zur kontinuierlichen Evaluation von Therapieverläufen und Therapieerfolgen stehen. Qualitätssicherung sollte hierbei als gemeinsame Aufgabe von Patienten, Therapeuten und Krankenkassen verstanden werden. Ziel dieser gemeinsamen Bemühungen muß es sein, das Gesundheitssystem im Hinblick auf die Versorgung mit psychotherapeutischer Behandlung von der „Erst-Indikation" bis zur Beendigung der Therapie und ggf. darüber hinaus routinemäßig auf Qualitätsmängel zu überprüfen und kontinuierlich zu verbessern.

Literaturverzeichnis

Deutscher Bundestag (1997a). Gesetzentwurf der Fraktionen der CDU/CSU und F.D.P.: *Entwurf eines Gesetztes über die Berufe des Psychologischen Psychotherapeuten und des Kinder- und Jugendlichenpsychotherapeuten, zur Änderung des Fünften Buches Sozialgesetzbuch und anderer Gesetze.* Bundestagsdrucksache 13/8035.

Deutscher Bundestag (1997b). Gesetzentwurf der Fraktionen der CDU/CSU und F.D.P.: *Entwurf eines Neunten Gesetztes zur Änderung des Fünften Buches Sozialgesetzbuch (Neuntes SGB V-Änderungsgesetz – 9. SGB V-ÄndG).* Bundestagsdrucksache 13/8039.

Bundesministerium für Gesundheit (Hrsg.). (1996). *Modellprojekt Koblenzer Modell einer Koordinationsstelle für die psychotherapeutische Versorgung* (Schriftenreihe des BMG, Bd. 67). Baden-Baden: Nomos.

Deutsche Gesellschaft für Verhaltenstherapie (1997). Überlegungen zur Qualitätssicherung in der Psychotherapie. *Verhaltenstherapie und psychosoziale Praxis, 29,* 87–97.

Faber, F.R. & Haarstrick, R. (Hrsg.). (1994). *Kommentar Psychotherapie-Richtlinien* (3. Aufl.). Neckarsulm: Jungjohann.

Fischer, N. (1995). Die Vorstellungen der gesetzlichen Krankenkassen zu einem Psychotherapeutengesetz. In Berufsverband Deutscher Psychologinnen und Psychologen (BDP) (Hrsg.), *Gegenwart und Zukunft der Psychotherapie im Gesundheitswesen* (S.139–143). Bonn: Deutscher Psychologen Verlag.

Grawe, K.; Donati, R. & Bernauer, F. (1994*). Psychotherapie im Wandel. Von der Konfession zur Profession.* Göttingen: Hogrefe Verlag für Psychologie.

Heuft, G., Senf, W., Janssen, P.L., Lamprecht, F. & Meermann, R. (1995). Praktikabilitätsstudie zur qualitativen und quantitativen Ergebnisdokumentation stationärer Pschotherapie. *Psychotherapie, Psychosomatik & Medizinische Psychologie, 45,* 303–309.

Kassenärztliche Bundesvereinigung (1996). *Tätigkeitsbericht der Kassenärztlichen Bundesvereinigung 1995.* Köln: Deutscher Ärzteverlag.

Lubecki, P. (1996). Qualitätssicherung in der Psychosomatik – Unter Berücksichtigung psychotherapeutischer Aspekte – Aus Sicht der gesetzlich Krankenkassen. In Bundesministerium für Gesundheit (Hrsg.*), Qualitätssicherung in der ambulanten Versorgung* (Schriftenreihe des BMG, Bd. 73) (S. 93–100). Baden-Baden: Nomos.

Münstermann, J. & Pick, P. (Hrsg.). (1994). *Psychiatrie-Personalverordnung – Ein Instrument zur Qualitätssicherung, Sozialmedizinische Beratung der gesetzlichen Krankenversicherung* (Arbeitspapiere Reihe A Nr. 24). Essen: Medizinischer Dienst der Spitzenverbände der Krankenkassen e.V. – Eigenverlag.

Meyer, A.-E., Richter, R., Grawe, K., Graf v.d. Schulenburg J.-M. & Schulte B. (1991). *Forschungsgutachten zu Fragen eines Psychotherapeutengesetzes.* Hamburg: Universitäts-Krankenhaus Hamburg-Eppendorf.

Sachverständigenrat für die Konzertierte Aktion im Gesundheitswesen (1989). *Qualität, Wirtschaftlichkeit und Perspektiven der Gesundheitsversorgung, Jahresgutachten 1989,* Baden-Baden: Nomos.

Schmidt-Bodenstein, S. (1996). Qualität und Wirtschaftlichkeit in der Psychotherapie – Nachlese zum Workshop der Ersatzkassen. *Die Ersatzkasse, 76,* (11), 400–404.

Spitzenverbände der Krankenkassen (1995). *Eckpunkte für die Überarbeitung der Psychotherapie-Richtlinien des Bundesausschusses der Ärzte und Krankenkassen.* Unveröff. Manuskript. Bonn.

Üstün, T.B. & Sartorius, N. (Hrsg.). (1995). *Mental Illness in Health Care.* New York: Wiley.

Vogel, H. (1996). Psychotherapie in der ambulanten Gesundheitsversorgung – eine kritische Übersicht. *Verhaltenstherapie und psychosoziale Praxis, 28,* 105–126.

Ambulante Psychotherapie im außervertraglichen Bereich – Das Qualitätssicherungsmodell des Medizinischen Dienstes der Krankenversicherung in Hessen

Carmen Bender & Detlev Huber

Inhalt:

1. Einleitung 512
2. Exkurs: Der Medizinische Dienst der Krankenversicherung (MDK) 514
   2.1 Aufgaben 514
   2.2 Aufbau und Organisation 515
3. Die Begutachtung von ambulanten psychotherapeutischen Behandlungen im außervertraglichen Bereich durch den MDK in Hessen 516
   3.1 Ausgangslage 516
   3.2 Zur Entstehungsgeschichte 517
   3.3 Prämissen 517
   3.4 Beurteilungskriterien 518
       3.4.1 Inhaltliche Voraussetzungen der Indikation 518
       3.4.2 Anforderungen an die Strukturqualität der außervertraglichen psychotherapeutisch tätigen BehandlerInnen 519
   3.5 Das Verfahren 520
       3.5.1 Formaler Ablauf 520
       3.5.2 Für die Beurteilung notwendige Unterlagen 521
4. Besonderheiten im außervertraglichen Bereich 522
5. Ergebnisse des Qualitätssicherungsmodells des MDK in Hessen 523
6. Ambulante außervertragliche Psychotherapie – Vorteile der MDK-Begutachtung 528
7. Diskussion und Ausblick 529

1. Einleitung

Ambulante Psychotherapie wird, sofern sie der Krankenbehandlung dient, vom Gesetzgeber den ärztlichen Maßnahmen zugerechnet.

Nach § 27 des Fünften Buches des Sozialgesetzbuches (SGB V) haben Versicherte im Rahmen der Krankenbehandlung Anspruch auf ärztliche Behandlung, wenn sie notwendig ist, um eine Krankheit zu erkennen, zu heilen, ihre Verschlimmerung zu verhüten oder Krankheitsbeschwerden zu lindern. Die ärztliche Behandlung umfaßt gemäß § 28 SGB V die Tätigkeit der Ärztin oder des Arztes, die zur Verhütung, Früherkennung und Behandlung von Krankheiten nach den Regeln der ärztlichen Kunst ausreichend und zweckmäßig ist. Zur ärztlichen Behandlung gehört auch die Hilfeleistung anderer Personen, die von der Ärztin bzw. dem Arzt anzuordnen und zu verantworten ist. Hierzu zählen unter bestimmten Voraussetzungen auch psychotherapeutische Behandlungen, die von Diplom-PsychologInnen und von Kinder- und JugendlichenpsychotherapeutInnen erbracht werden (Delegationsverfahren).

Im Fünften Buch des Sozialgesetzbuches, das die Gesetzliche Krankenversicherung (GKV) betreffenden Fragen regelt, werden ambulante psychotherapeutische Leistungen nicht explizit erwähnt; jedoch wird die Leistungserbringung im Rahmen der GKV näher beschrieben. Diese Aufgabe der Festlegung des Leistungsspektrums der GKV hat der Gesetzgeber gemäß § 92 SGB V dem Bundesausschuß der Ärzte und Krankenkassen übertragen. Die Richtlinien des Bundesausschusses der Ärzte und Krankenkassen über die Durchführung von Psychotherapie (Psychotherapie-Richtlinien) in der geänderten Fassung vom 1. April 1994 bilden somit die gesetzliche Grundlage zur Erbringung psychotherapeutischer Leistungen zu Lasten der Gesetzlichen Krankenversicherung. Gemäß gesetzlichem Auftrag sollen die Psychotherapie-Richtlinien der Sicherung einer den gesetzlichen Erfordernissen entsprechenden, ausreichenden, zweckmäßigen und wirtschaftlichen psychotherapeutischen Behandlung der gesetzlich Krankenversicherten und ihrer Angehörigen dienen.

In den Psychotherapie-Richtlinien wird festgelegt, bei welchen psychischen Auffälligkeiten mit welchen psychotherapeutischen Methoden und in welchem Umfang Psychotherapien zu Lasten der Gesetzlichen Krankenversicherung durchgeführt werden können. Ebenso werden die Modalitäten der Antragstellung und der Begutachtung bestimmt sowie der zur Ausübung von Psychotherapie zu Lasten der Gesetzlichen Krankenversicherung berechtigte Personenkreis benannt. Nach den Psychotherapie-Richtlinien können nur solche psychotherapeutischen Methoden im Rahmen der Kassenärztlichen Versorgung zur Anwendung kommen, denen „ein umfassendes Theoriesystem der Krankheitsentstehung zugrunde liegt und deren spezifische Behandlungsmethoden in ihrer therapeutischen Wirksamkeit belegt sind" (Faber & Haarstrick, 1994: Psychotherapie-Richtlinien, 1994, Abschnitt B I.1).

Psychotherapeutische Behandlungen werden von den gesetzlichen Krankenkassen finanziert, wenn die Bedingungen der Psychotherapie-Richtlinien und der Psychotherapie-Vereinbarung (Vereinbarungen zwischen den Bundesverbänden der Krankenkassen und der Kassenärztlichen Bundesvereinigung gemäß Abschnitt I der Psychotherapie-Richtlinien) erfüllt sind. Das dem entsprechende Vorgehen wird auch als „Vertragsverfahren" (oder „Richtlinien-Psychotherapie") bezeichnet. Ebenso werden

PsychotherapeutInnen, die eine psychotherapeutische Aus- und Weiterbildung gemäß den Psychotherapie-Richtlinien absolviert haben und an der vertragsärztlichen Versorgung teilnehmen, d.h. über eine Zulassung der jeweiligen, regional zuständigen Kassenärztlichen Vereinigung verfügen, als VertragsbehandlerInnen bezeichnet. Gemäß den vertraglichen Regelungen findet die Begutachtung im sog. Vertragsverfahren durch von der Kassenärztlichen Bundesvereinigung im Einvernehmen mit den Bundesverbänden der Krankenkassen bestellte ärztliche GutachterInnen statt.

Zusammenfassend gehört die ambulante Psychotherapie gemäß den Psychotherapie-Richtlinien zu den Leistungen der Gesetzlichen Krankenversicherung, sofern sie von zur vertragsärztlichen Versorgung zugelassenen ÄrztInnen, Diplom-PsychologInnen und Kinder- und Jugendlichen-PsychotherapeutInnen erbracht wird, und unter der Voraussetzung, daß die vertraglich festgelegten Behandlungsverfahren zur Anwendung kommen.

Die tiefenpsychologisch fundierte und die analytische Psychotherapie sowie die Verhaltenstherapie erfüllen die Kriterien der Psychotherapie-Richtlinien. Der Bundesausschuß der Ärzte und Krankenkassen hat entschieden, daß die Erfordernisse der Psychotherapie-Richtlinien nicht von der Gesprächspsychotherapie, der Gestalttherapie, der Logotherapie, dem Psychodrama, dem Respiratorischen Biofeedback und der Transaktionsanalyse erfüllt werden. Das Katathyme Bilderleben wird nicht als eigenständige Psychotherapie im Sinne der Richtlinien gesehen. Im Rahmen eines übergeordneten tiefenpsychologisch fundierten Therapiekonzeptes kann es jedoch zur Anwendung kommen. Die Rational Emotive Therapie (RET) wird vom Bundesausschuß als Methode der kognitiven Umstrukturierung definiert, welche im Rahmen eines umfassenden verhaltenstherapeutischen Behandlungskonzeptes durchgeführt werden kann.

Neben dieser vertragsärztlichen psychotherapeutischen Versorgung hat sich ein zweiter Bereich konstituiert, der entsprechend als außervertraglich zu bezeichnen ist. Von seiten der in diesem „zweiten" Bereich der ambulanten Psychotherapie tätigen PsychotherapeutInnen und ihrer Verbände wird in diesem Zusammenhang von „Kostenerstattungspsychotherapie" oder „Kostenerstattungsverfahren" gesprochen (vgl. Vogel, 1996). Dieser zweite Bereich entstand, weil trotz der vertraglichen Behandlungsmöglichkeiten die psychotherapeutische Versorgung der Bevölkerung als in weiten Teilen eher unbefriedigend beschrieben werden muß. Dies gilt insbesondere für die letzten fünf Jahre, mit nach wie vor zunehmender Tendenz.

Gemäß des „Forschungsgutachtens zu Fragen eines Psychotherapeutengesetzes" von Meyer, Richter, Grawe, v.d. Schulenburg und Schulte (1991, S. 17)

- werden „Patienten mit behandlungsbedürftigen psychischen und psychosomatischen Erkrankungen erst nach Ablauf von durchschnittlich sieben Jahren erstmals adäquat diagnostiziert und behandelt";
- leiden „zwischen 21% und 33% der Patienten in Praxen von Allgemeinpraktikern und Internisten an psychoneurotischen/psychosomatischen Erkrankungen; aber bei nur 3% bis 4% werden diese Erkrankungen diagnostiziert";
- „Während etwa 5% der Bevölkerung einer ambulanten Psychotherapie bedürfen und diese beginnen würden, falls ein Behandlungsplatz vorhanden wäre, werden in

der kassen- und vertragsärztlichen Versorgung im Bundesdurchschnitt tatsächlich 0.2% (im mit Psychotherapiepraxen gut versorgten West-Berlin 1.1%) behandelt".

Die beschriebene Unterversorgung mit psychotherapeutischen Behandlungsplätzen hat zu einer Situation geführt, in der viele PatientInnen und ihre behandelnden ÄrztInnen auf PsychotherapeutInnen ausweichen, die nicht von der kassenärztlichen Vereinigung zugelassen sind. Als Folge davon sind die gesetzlichen Krankenkassen mit einer ständig steigenden Zahl von Anträgen in diesem Bereich und dem Wunsch nach Kostenerstattung für diese Leistungen konfrontiert, die dem Volumen nach in etwa den im vertraglichen Bereich entstehenden Kosten entsprechen.

Kostenerstattung bei nicht an der vertragsärztlichen Versorgung teilnehmenden PsychotherapeutInnen darf von den gesetzlichen Krankenkassen jedoch nur unter bestimmten Bedingungen gewährt werden. Diese sind im § 13 (3) SGB V ausgeführt, wo es heißt:

„Konnte die Krankenkasse eine unaufschiebbare Leistung nicht rechtzeitig erbringen oder hat sie eine Leistung zu Unrecht abgelehnt und sind dadurch Versicherten für die selbstbeschaffte Leistung Kosten entstanden, sind diese von der Krankenkasse in der entstandenen Höhe zu erstatten, soweit die Leistung notwendig war."

Dabei sind die Krankenkassen nach § 70 SGB V angehalten, auf Qualität, Humanität und Wirtschaftlichkeit der Leistungen zu achten. Eine Prüfung der Anträge gemäß § 70 wirft für die Krankenkassen vielfältige Probleme auf. Da es sich nicht um psychotherapeutische Behandlung im vertraglichen Bereich handelt, ist eine Begutachtung innerhalb der vertraglichen Regelungen nicht möglich. Es kann auch nicht Aufgabe der Krankenkassen-SachbearbeiterInnen sein, gutachterliche Funktionen zu übernehmen. Bei aller Sachkompetenz sind sie mit der Beurteilung der Behandlungsnotwendigkeit sowie der Prüfung der Strukturqualität überfordert. Hierzu bedarf es psychotherapeutisch-gutachterlichen Sachverstandes. Der Medizinische Dienst der Krankenversicherung (MDK) ist die hierfür vorgesehene und geeignete Institution, da er neben seinen Hauptaufgaben auch für solche und andere Beratungs- und Begutachtungsaufgaben im Bereich der Gesetzlichen Krankenversicherung vom Gesetzgeber eingerichtet wurde. Seine Aufgaben sind in den §§ 275 ff SGB V beschrieben, hinsichtlich der in den letzten Jahren hinzugekommen Begutachtung im Rahmen der Pflegeversicherung im SGB XI.

2. Exkurs: Der Medizinische Dienst der Krankenversicherung (MDK)

2.1 Aufgaben

Der Medizinische Dienst der Krankenversicherung ist der vom Gesetzgeber eingerichtete interessenunabhängige, sozialmedizinische Beratungs- und Begutachtungsdienst der Gesetzlichen Krankenversicherung. Gemäß § 275 (4) SGB V sind die Gutachter und Gutachterinnen bei der Wahrnehmung ihrer Aufgaben nur ihrem Gewissen unterworfen. Der MDK wurde als Nachfolger des Vertrauensärztlichen Dienstes der Landesversicherungsanstalten mit dem Gesundheitsreformgesetz zum 1.1.1990 geschaffen.

Er berät die gesetzlichen Krankenkassen bei allen Fragen der Leistungserbringung aus medizinischer Sicht. Die Beratung findet jeweils auf Anfrage der Krankenkasse statt. Das heißt, der MDK wird immer nur im Auftrag der Krankenkassen bzw. ihrer jeweiligen Landesverbände tätig.

Die Aufgaben des MDK sind sehr vielfältig. Es lassen sich zwei Arbeitsschwerpunkte erkennen:

1. Begutachtungsaufgaben im Einzelfall,
2. Beratungsaufgaben in Grundsatzfragen.

In bestimmten Bereichen besteht für die gesetzlichen Krankenkassen die Verpflichtung, vor der Leistungserbringung eine gutachterliche Stellungnahme des MDK einzuholen, so zum Beispiel bei:

- der Einleitung von Rehabilitationsmaßnahmen,
- zur Beseitigung von Zweifeln an der Arbeitsunfähigkeit,
- der Erbringung von Leistungen, insbesondere zur Prüfung von Voraussetzungen, Art und Umfang der Leistung.

In anderen geeigneten Fällen können die Krankenkassen die Beratungsleistung des MDK in Anspruch nehmen, ohne dazu gesetzlich verpflichtet zu sein.

Die Beratung durch den MDK erfolgt aus fachspezifischer, inhaltlicher Sicht. Die Begutachtung des Einzelfalles wird entweder nach Aktenlage oder nach persönlicher Untersuchung der Patientin oder des Patienten durchgeführt. Die gutachterliche Stellungnahme des MDK dient der Krankenkasse als Entscheidungshilfe für die leistungsrechtliche Beurteilung. Die rechtsverbindliche Kostenentscheidung wird – unter Berücksichtigung des Beratungsergebnisses – von der jeweils zuständigen Krankenkasse selbst getroffen.

2.2 Aufbau und Organisation

Der MDK ist auf Landesebene als eigenständige, von den gesetzlichen Krankenkassen gemeinsam getragene Arbeitsgemeinschaft organisiert.

Träger sind die gesetzlichen Krankenkassen. Die Rechtsform dieser Arbeitsgemeinschaft ist in den alten Bundesländern die einer Körperschaft des Öffentlichen Rechts, in den fünf neuen Bundesländern und in Berlin die eines eingetragenen Vereins.

Der MDK in Hessen versteht sich als modernes Dienstleistungsunternehmen, dessen Ziel es ist, den Krankenkassen und ihren Versicherten zeitnah ein breites Spektrum an qualifizierter sozialmedizinischer Beratung zu bieten. Er gliedert sich in eine

Hauptverwaltung mit Sitz in Oberursel und sieben Leitstellen (in Kassel, Gießen, Wiesbaden, Darmstadt, Fulda, Frankfurt und Offenbach) mit insgesamt 28 Beratungsstellen. Die Begutachtung psychiatrischer, neurologischer und psychotherapeutischer Fragestellungen erfolgt zentral in der Hauptverwaltung durch GebietsärztInnen für Psychiatrie und Neurologie sowie durch ärztliche und psychologische PsychotherapeutInnen.

3. Die Begutachtung von ambulanten psychotherapeutischen Behandlungen im außervertraglichen Bereich durch den MDK in Hessen

3.1 Ausgangslage

Es gibt eine Vielzahl niedergelassener PsychotherapeutInnen, die nicht über eine Zulassung zur Ausübung von Psychotherapie zu Lasten der Gesetzlichen Krankenversicherung verfügen. Sie rechnen privat ab.

Da vielerorts das Angebot an ambulanter Vertrags-Psychotherapie die Nachfrage nicht befriedigen konnte und kann, wird hier von BehandlerInnen höchst unterschiedlicher beruflicher Herkunft und Qualifikation die Möglichkeit gesehen, nicht nur SelbstzahlerInnen, sondern auch gesetzlich Krankenversicherte zu Lasten der Krankenkassen zu behandeln. Viele Krankenkassen übernehmen die Kosten für diese Behandlungen, zum einen weil sie bei nachgewiesener Unterversorgung gesetzlich verpflichtet sind, die Kosten der Therapie zu erstatten (gemäß § 13 (3) SGB V), zum anderen aber auch aus Wettbewerbsgründen.

Die bestehende Unterversorgung mit vertraglichen Behandlungsplätzen führt dazu, daß behandlungsbedürftige PatientInnen ebenso wie diejenigen, die einer Beratung und Lebenshilfe bedürfen, sich auf ihrer Suche nach einem Therapieplatz auch an nichtvertragliche BehandlerInnen wenden. Hinzu kommt, daß diese oft psychotherapeutische Methoden vertreten, die den Therapiesuchenden wirkungsvoller erscheinen als die gesetzlich zugelassenen.

Die gesetzlichen Krankenkassen waren und sind also in Hessen, wie in anderen Bundesländern auch, mit Anträgen auf Kostenerstattung für ambulante Psychotherapie im außervertraglichen Bereich konfrontiert. Die Entscheidungsweise der einzelnen Krankenkassen bezüglich solcher Anträge war über lange Zeit sehr unterschiedlich: teilweise wurden keine Behandlungskosten erstattet, teilweise wurden die Kosten jeglicher Behandlung unabhängig von ihrer Dauer ohne eingehende Begründung (wie es in den Psychotherapie-Richtlinien gefordert wird) und ohne fachliche Begutachtung übernommen. Eine Prüfung der psychotherapeutischen Aus- und Weiterbildung der BehandlerInnen fand in aller Regel nicht statt. In einzelnen Fällen, jedoch nicht regelmäßig, legten die Krankenkassen dem MDK diese Anträge vor. Eine Begutachtung erfolgte überwiegend durch die ÄrztInnen der jeweiligen Beratungsstelle. Der zuvor beschriebene ungeregelte und sicher nicht unbedenkliche Zustand wurde in Hessen schon 1990 – also kurz nach Gründung der Medizinischen Dienste – erkannt, und es wurden Schritte zur Abhilfe eingeleitet. In Abstimmung mit den Leistungsträgern wurde die Begutachtung von Anträgen im Bereich der außervertraglichen Psychotherapie sowohl hinsichtlich der Indikation der Maßnahmen als auch im Hinblick auf die Strukturqualität der PsychotherapeutInnen beim MDK Hessen etabliert. Diese Begutachtung ambulanter außervertraglicher Psychotherapien wurde in der Hauptverwaltung des MDK – zunächst in Frankfurt, später in Oberursel – für ganz Hessen zentralisiert, um eine einheitliche Bearbeitung zu gewährleisten.

3.2 Zur Entstehungsgeschichte

Das zentralisierte und umfassende Beratungsangebot im Bereich der ambulanten außervertraglichen Psychotherapie wurde wegen des Bedarfs einer großen Krankenkasse in Frankfurt im August 1990 eingerichtet. Hintergrund war, daß diese Krankenkasse ihren Versicherten in vielen Fällen keinen psychotherapeutischen Behandlungsplatz bei einer Vertragsbehandlerin bzw. einem Vertragsbehandler anbieten konnte. Aufgrund dessen suchten sich die Versicherten selbst eine Psychotherapeutin oder einen Psychotherapeuten und stellten einen Antrag auf Erstattung der Behandlungskosten. Bei der Überprüfung der Notwendigkeit, Angemessenheit und Wirtschaftlichkeit dieser selbst beschafften Leistung fühlten sich die SachbearbeiterInnen der Krankenkasse überfordert. Daher wandten sie sich mit der Bitte um Beurteilung dieser Anträge an den MDK.

Ein weiteres Anliegen dieser Krankenkasse war es sicherzustellen, daß auch die außerhalb des vertraglich festgelegten Verfahrens durchgeführten ambulanten Psychotherapien auf einem qualitativ hohen Niveau und den gesetzlichen Regelungen vergleichbar erbracht werden. In Zusammenarbeit mit KrankenkassenvertreterInnen und auf der Basis der Psychotherapie-Richtlinien und der Psychotherapie-Vereinbarung wurden Regularien zur Begutachtung ambulanter Psychotherapien im Bereich der Kostenerstattung erarbeitet.

Zunächst nahmen auch andere gesetzliche Krankenkassen im Frankfurter Raum das Beratungs- und Begutachtungsangebot des MDK in Anspruch. Dann kam es zu Anfragen von Krankenkassen aus Nord- und Südhessen. Mittlerweile legen alle Kassenarten aus ganz Hessen – in unterschiedlichem Ausmaß – Anträge zur Begutachtung vor. Beratungen und Abstimmungen mit den zuständigen Landesverbänden fanden und finden regelmäßig statt.

3.3 Prämissen

Bei der Beratung der Krankenkassen geht der MDK in Hessen von folgenden Voraussetzungen aus:
1. Die Kassenärztliche Vereinigung kann ihrem Sicherstellungsauftrag im Bereich der ambulanten Psychotherapie in der Region, in der die Patientin oder der Patient lebt, nicht entsprechen. Eine ausreichende ambulante psychotherapeutische Versorgung durch VertragsbehandlerInnen ist im Einzelfall nicht gewährleistet. Dies hat die Krankenkasse bereits vor Beauftragung des MDK festgestellt.

2. Die einzelfallbezogene Begutachtung sowie das Angebot der persönlichen Beratung von Krankenkassen-MitarbeiterInnen sollen ermöglichen, daß behandlungsbedürftige Versicherte auch in Gebieten, in denen eine Unterversorgung mit vertraglichen Behandlungsplätzen herrscht, eine qualitativ hochwertige psychotherapeutische Behandlung erhalten. Auch bei der außervertraglichen Psychotherapie sind, ebenso wie von allen an der kassenärztlichen Versorgung Beteiligten, die vom Bundesausschuß der Ärzte und Krankenkassen gemäß § 90 SGB V beschlossenen Psychotherapie-Richtlinien und die Psychotherapie-Vereinbarung zu beachten.
3. Die psychotherapeutische Leistung soll auch im Bereich der Kostenerstattung auf einem qualitativ hohen, der Vertragsbehandlung entsprechenden Niveau erbracht werden. Entscheidend ist dabei auch die Aus- und Weiterbildung der PsychotherapeutInnen. Zur Beantwortung der von den Krankenkassen gestellten Fragen werden deshalb vom MDK Hessen die im Einzelfall vorgelegten Unterlagen nicht nur hinsichtlich der Indikation der beantragten Behandlung, sondern auch in bezug auf die berufliche Aus- und Weiterbildung sowie die psychotherapeutische Erfahrung der vorgesehenen Behandlerin bzw. des Behandlers durchgesehen.
4. Die verwaltungsrechtliche Entscheidung hinsichtlich einer Kostenübernahme oder deren Ablehnung obliegt nicht den GutachterInnen des MDK. Die gutachterliche Aussage dient der Krankenkasse vielmehr als Entscheidungshilfe bzw. als Grundlage ihrer Entscheidung.

3.4 Beurteilungskriterien

Die Beurteilung von Anträgen auf Kostenerstattung für ambulante Psychotherapie im außervertraglichen Bereich erfolgt unter Berücksichtigung der gesetzlichen Regelungen, der Psychotherapie-Richtlinien und der Psychotherapie-Vereinbarung. Gegenstand der Begutachtung ist nach der Indikationstypologie von Bastine (1981) die Indikation zur Psychotherapie und die schulenspezifische Indikation, d.h. die Frage, welche psychotherapeutische Methode angewendet werden sollte, sowie die der Struktur- und Prozeßqualität der geplanten Maßnahme. Bei Anträgen auf Verlängerung einer psychotherapeutischen Behandlung wird die prozeßorientierte oder adaptative Indikation sowie die Prozeß- und Ergebnisqualität beurteilt. Gemäß des Auftrages der Landesverbände und ihrer Mitgliedskassen in Hessen nimmt die gutachterliche Beurteilung Stellung zur Notwendigkeit einer psychotherapeutischen Behandlung, zur Zweckmäßigkeit, Angemessenheit und Wirtschaftlichkeit der konkret geplanten Maßnahme und zur Frage, ob aufgrund der beruflichen Aus- und Weiterbildung der Behandlerin oder des Behandlers eine qualitativ hochstehende Behandlung i.S. der Psychotherapie-Richtlinien erwartet werden kann.

3.4.1 Inhaltliche Voraussetzungen der Indikation

Ambulante Psychotherapie kann gemäß SGB V nur dann zu Lasten der GKV durchgeführt werden, wenn eine seelische Krankheit vorliegt. Eine solche wird in den Psychotherapie-Richtlinien als krankhafte Störung der Wahrnehmung, der Erlebnisverarbeitung, der sozialen Beziehungen und der Körperfunktionen verstanden. Diese Störungen sind dadurch charakterisiert, daß sie der willentlichen Steuerung nicht mehr oder nur noch teilweise zugänglich sind. Eine seelische Krankheit kann sich äußern in seelischen Symptomen, in körperlichen Symptomen oder beidem oder in krankhaften Verhaltensweisen. Dabei stellt das Symptom allein nicht schon eine seelische Krankheit dar.

Nicht als seelische Krankheit gewertet werden Berufs-, Erziehungs- und Sexualprobleme. Psychosoziale Betreuung und Versorgung sowie Beratung ist keine Krankenbehandlung im Sinne des SGB V.

Beziehungsstörungen gelten nur dann als seelische Krankheit, wenn sie ursächlich durch eine krankhafte Veränderung hervorgerufen wurden. Eine seelische Krankheit muß im Rahmen eines umfassenden Theoriesystems der Krankheitsentstehung diagnostiziert werden. Das Krankheitsgeschehen wird als ursächlicher Prozeß verstanden. In diesem Sinne ist es von der Therapeutin bzw. von dem Therapeuten ätiologisch zu erfassen und darzustellen. In der Genese von seelischen Störungen müssen kausale Zusammenhänge erkennbar sein.

Hinweise auf belastende biographische Gegebenheiten oder belastende Realfaktoren (z.B. Ehekonflikt oder Arbeitslosigkeit) oder auf die Symptome alleine reichen nicht aus. Eine Differenzierung der pathogenen Faktoren nach ihrem ursächlichen Rang für das Krankheitsgeschehen sowie eine Einschätzung ihrer Wirksamkeit ist ebenfalls erforderlich (vgl. hierzu auch: Faber & Haarstrick, 1994; Keil-Kuri & Görlitz, 1993).

Psychotherapeutische Krankenbehandlung im Sinne des SGB V setzt eine konfliktdynamische oder bedingungsanalytische Erkenntnisweise mit Darstellung einer aktuellen, zeitlich und thematisch definierten Situation, welche das Krankheitsgeschehen auslöste, sowie der ursächlichen und aufrechterhaltenden Bedingungen voraus. Im Rahmen der tiefenpsychologisch fundierten und analytischen Psychotherapie ist dabei zwischen einer zugrunde liegenden neurotischen Struktur und dem neurotischen Konflikt, bzw. Konfliktstoff zu unterscheiden. Verhaltenstherapie erfordert eine funktionale Analyse der ursächlichen sowie der aufrechterhaltenden Bedingungen der Symptomatik, sowie die Erstellung eines daraus abgeleiteten übergeordneten Störungsmodells.

3.4.2 Anforderungen an die Strukturqualität der außervertraglichen psychotherapeutisch tätigen BehandlerInnen

Nach den Psychotherapie-Richtlinien können Behandlungen von erwachsenen Versicherten nur von ÄrztInnen und Diplom-PsychologInnen durchgeführt werden. Diese müssen eine abgeschlossene Weiterbildung in einem der vertraglich zugelassenen Behandlungsverfahren (tiefenpsychologisch fundierte oder/und analytische Psychotherapie oder Verhaltenstherapie) nachweisen können.

Psychotherapie bei Kindern und Jugendlichen kann auch von PsychotherapeutInnen durchgeführt werden, die ein Studium der Sozialpädagogik oder Pädagogik an einer Hochschule oder Fachhochschule abgeschlossen haben. Zusätzlich zu diesem Abschluß muß bei einem Antrag auf psychoanalytische Psychotherapie bei Kindern und Jugendlichen eine abgeschlossene Zusatzausbildung in psychoanalytisch begründeten Therapieverfahren an einem von der Kassenärztlichen Bundesvereinigung anerkannten Ausbildungsinstitut nachgewiesen werden. Bei verhaltenstherapeutischer Psychotherapie mit Kindern und Jugendlichen – die gegenwärtig nur von Diplom-PsychologInnen oder ÄrztInnen durchgeführt werden kann – müssen ebenfalls zusätzliche Weiterbildungen nachgewiesen werden.

Diese Aus- und Weiterbildungsvoraussetzungen stellen ebenfalls die Grundlage der Beurteilung der Strukturqualität der außervertraglich behandelnden PsychotherapeutInnen durch den MDK Hessen dar.

Die psychotherapeutische Weiterbildung der in Hessen außervertraglich tätigen ÄrztInnen, Diplom-PsychologInnen, Diplom-PädagogInnen und SozialpädagogInnen, welche Kostenerstattungen durch die GKV erwarten, sollte an einem von der KBV oder an einem von der Landesärztekammer zugelassenen Ausbildungsinstitut absolviert worden sein. Sofern das Ausbildungsinstitut die vorgenannten Bedingungen nicht erfüllt, erfolgt die Beurteilung der Weiterbildung aufgrund eines Vergleichs des Weiterbildungscurriculums mit den Anforderungen der Psychotherapie-Vereinbarung an zuzulassende Weiterbildungsinstitute. Voraussetzung ist jedoch, daß von seiten des Instituts eine Weiterbildung in einem der in den Psychotherapie-Richtlinien zugelassenen Verfahren, also in Verhaltenstherapie, tiefenpsychologisch fundierter oder analytischer Psychotherapie, angeboten wird.

Aus qualitativen Überlegungen heraus muß die Weiterbildung am Ausbildungsinstitut im Sinne eines Curriculums erfolgen und nicht im sogenannten „Einzelbaustein-Verfahren", wie dies noch bei einzelnen Landesärztekammern zum Erwerb des Zusatztitels Psychotherapie möglich ist.

3.5 Das Verfahren

3.5.1 Formaler Ablauf

Der MDK wird nur im Auftrag der gesetzlichen Krankenkassen oder ihrer Landesverbände tätig. Die Begutachtung von Anträgen auf Kostenerstattung für ambulante außervertragliche psychotherapeutische Leistungen findet jeweils auf Anfrage der zuständigen Krankenkasse im konkreten Einzelfall statt. Von den Krankenkassen werden dem MDK in der Regel folgende Fragen gestellt:

- „Ist die Behandlung aus medizinischen, sozialmedizinischen oder psychotherapeutischen Gründen indiziert?"
- „Liegt eine Indikation für die Behandlungsmethode vor?"
- „Ist die notwendige Strukturqualität bei der Behandlerin bzw. dem Behandler gegeben?"

Die Begutachtung erfolgt in der Regel nach Aktenlage. Bei besonderen Problemen oder speziellen Fragestellungen ist aber auch eine persönliche Untersuchung der behandlungsbedürftigen Versicherten im MDK möglich.

Die Indikation einer ambulanten psychotherapeutischen Behandlung ist durch eine im Rahmen der vertragsärztlichen Versorgung arbeitende ärztliche Psychotherapeutin bzw. einen ärztlichen Psychotherapeuten oder durch eine Fachärztin bzw. einen Facharzt für Psychotherapeutische Medizin zu stellen. Aus der Notwendigkeitsbescheinigung müssen hervorgehen:

- die aktuell bestehende Symptomatik,
- die Diagnose bzw. Differentialdiagnose,
- der psychopathologische Befund,
- Art und Umfang der notwendigen Behandlung,
- die prognostische Einschätzung und
- die Aussage, daß eine psychotherapeutische Behandlung in der eigenen Praxis aus Mangel an Kapazitäten nicht möglich ist.

Eine körperliche Verursachung des psychischen oder auch psychosomatischen Leidens muß ärztlicherseits ausgeschlossen sein bzw. deren Stellenwert ist im Hinblick auf die geplante Psychotherapie zu beurteilen.

Sofern in einem zumutbaren Zeitraum kein „vertraglicher" Behandlungsplatz zur Verfügung steht, kann der oder die Versicherte einen Antrag auf Kostenerstattung für psychotherapeutische Behandlung bei einer nicht von der Kassenärztlichen Vereinigung zugelassenen Behandlerin oder einem nicht zugelassenen Behandler stellen. Diese Behandlung darf jedoch erst dann begonnen werden, wenn eine schriftliche Zusage der Krankenkasse zur Kostenübernahme vorliegt.

3.5.2 Für die Beurteilung notwendige Unterlagen

Um die Indikation einer ambulanten psychotherapeutischen Behandlung und speziell der vorgesehenen Methode im Einzelfall beurteilen zu können, sind für die GutachterInnen des MDK folgende Unterlagen erforderlich:

1. Die Notwendigkeitsbescheinigung einer ärztlichen Psychotherapeutin oder eines ärztlichen Psychotherapeuten bzw. Facharztes/Fachärztin für Psychotherapeutische Medizin (s.o.).
2. Ein Bericht der behandelnden Psychotherapeutin bzw. des behandelnden Psychotherapeuten.

Bei Anträgen auf Langzeitbehandlung oder Umwandlung einer Kurzzeitbehandlung in eine Langzeitmaßnahme ist ein ausführlicher und aussagekräftiger Behandlungsbericht erforderlich (inhaltlich aufgebaut wie die Langzeitbehandlungsberichte im Vertragsverfahren, analog der Informationsblätter PT 3a oder VT 3a). Weitere Verlängerungsanträge sind ebenfalls mit einem neuen, aktuellen Behandlungsbericht (inhaltlich analog den Informationsblättern PT 3b/3c oder VT 3b/3c Vertragsverfahren) sowie einer neuen ärztlichen Indikationsstellung zu begründen.

Bei Anträgen auf psychotherapeutische Kurzzeitbehandlung (maximal 25 Sitzungen) ist ein kurzer Behandlungsbericht mit Angaben zur aktuellen Symptomatik,

zur Psychodynamik bzw. zu den Ergebnissen der Verhaltensanalyse, zu den Therapiezielen und den geplanten psychotherapeutischen Interventionstechniken zu erstellen.
3. Der Abschlußbericht der behandelnden Klinik, sofern sich die Patientin oder der Patient zuvor in einer stationären psychotherapeutischen, psychiatrischen oder neurologischen Behandlung befand.
4. Ein aktueller somatischer Befundbericht der Hausärztin oder des Hausarztes bzw. der behandelnden Fachärztin oder des behandelnden Facharztes.
5. Unterlagen zur beruflichen Aus- und Weiterbildung der Psychotherapeutin bzw. des Psychotherapeuten.

4. Besonderheiten im außervertraglichen Bereich

Gesetzlich Krankenversicherte erhalten psychotherapeutische Leistungen als Sachleistung, wenn diese durch dafür von der Kassenärztlichen Vereinigung zugelassene ÄrztInnen oder durch im Delegationsverfahren zugelassene Diplom-PsychologInnen durchgeführt wird. Diese Sachleistung ist dadurch charakterisiert, daß die Versicherten nicht mit den Formalitäten der Antragstellung und Honorierung belastet werden. Auch entstehen keine zusätzlichen Kosten („Zuzahlung") für die Versicherten. Die Leistungserbringung erfolgt zur Zeit letztlich per Krankenschein.

Das Gesetz über die Berufe des Psychologischen Psychotherapeuten und des Kinder- und Jugendlichenpsychotherapeuten, welches sich in Deutschland im Sommer 1997 erneut in parlamentarischer Beratung befindet, kann hier möglicherweise zu Veränderungen für die Versicherten i.S. einer generellen Zuzahlung für psychotherapeutische Behandlungen führen.

An der vertragsärztlichen Versorgung teilnehmende ärztliche PsychotherapeutInnen sind Mitglieder der für ihren Praxisort zuständigen Kassenärztlichen Vereinigung. Die Modalitäten der Leistungserbringung für alle medizinischen Leistungen, so auch für die Psychotherapie, sind zwischen den Verbänden der Krankenkassen und der Kassenärztlichen Vereinigung vertraglich geregelt. Diplom-PsychologInnen, die im Delegationsverfahren arbeiten, verfügen bislang nicht über eine KV-Mitgliedschaft. Die oben beschriebenen Modalitäten der Antragstellung und Finanzierung von Psychotherapie bleiben davon jedoch unberührt.

Alle mit der Psychotherapie-Antragstellung verbundenen Formalitäten werden daher von der zugelassenen Psychotherapeutin bzw. dem zugelassenen Psychotherapeuten direkt mit der Krankenkasse geregelt. Hierfür stehen den BehandlerInnen entsprechende Formulare der Kassenärztlichen Vereinigung zur Verfügung. Die Abrechnung der Kosten erfolgt dann zwischen den Krankenkassen und der Kassenärztlichen Vereinigung, welche ihren Mitgliedern die erbrachten Leistungen vergütet.

Die Tatsache, daß Kostenerstattungen bei nicht von der Kassenärztlichen Vereinigung zugelassenen PsychotherapeutInnen sozialrechtlich nur als individuelle Ausnahmeregelung zulässig sind, führt im Bereich der Kostenerstattung zu Besonderheiten. Die Krankenkasse wendet sich hier an ihr Mitglied, um die zu einer Beurteilung erforderlichen Unterlagen im Rahmen der Mitwirkungspflicht zu erhalten. Die Folgen fehlender Mitwirkung gemäß § 66 SGB I hat das Mitglied zu tragen. Die Entscheidung, ob die Kosten für eine psychotherapeutische Privatbehandlung übernommen werden oder eine Kostenerstattung abgelehnt wird, teilt die Krankenkasse ihrer Vertragspartnerin bzw. ihrem Vertragspartner, d.h. ihrem Mitglied mit. Die psychotherapeutischen PrivatbehandlerInnen müssen daher von ihren PatientInnen über die Entscheidung der Krankenkasse informiert werden.

Die Vorlage der zur Begutachtung notwendigen Unterlagen, auch derjenigen zur beruflichen Aus- und Weiterbildung der BehandlerInnen, bei der zuständigen Krankenkasse (zur Weitergabe an den MDK) erfolgt zwar auf freiwilliger Basis; ohne die oben bereits beschriebenen Informationen und Nachweise (vgl. Kapitel 3.4) kann jedoch seitens des MDK keine Beurteilung des Antrages auf Kostenerstattung erfolgen. Die Krankenkassen wiederum haben ohne die befürwortende Stellungnahme des MDK keine inhaltliche Grundlage, die beantragten Behandlungskosten zu übernehmen.

Die Übernahme der Behandlungskosten im außervertraglichen Bereich erfolgt zudem ohne Anerkennung einer Rechtspflicht. Es handelt sich vielmehr jeweils um eine auf eine oder einen konkreten Versicherten bezogene Einzelentscheidung. Ein Anspruch der nicht an der vertragsärztlichen Versorgung teilnehmenden PsychotherapeutInnen auf weitere Kostenübernahmen der gleichen Krankenkasse bei anderen Versicherten besteht nicht.

5. Ergebnisse des Qualitätssicherungsmodells des MDK in Hessen

Das strukturierte und zentralisierte Beratungs- und Begutachtungsmodell des MDK in Hessen im Bereich der Kostenerstattung ambulanter außervertraglicher psychotherapeutischer Behandlung wird von den gesetzlichen Krankenkassen weiterhin und in steigendem Ausmaß in Anspruch genommen. Abbildung 1 zeigt die Auftragsentwicklung in den Jahren 1991 bis 1996. Die Zahlen machen den steigenden Bedarf für Beratung und Begutachtung der hessischen Krankenkassen im außervertraglichen psychotherapeutischen Bereich deutlich. Die Gründe hierfür liegen in einer ständig zunehmenden Zahl von Anträgen auf Kostenerstattung und sind ebenfalls im Zusammenhang mit dem gestiegenen Kostenbewußtsein der Gesetzlichen Krankenversicherung sowie dem veränderten Vorgehen im Verwaltungsbereich (z.B. Einführung der Geschäftsführerhaftung, Urteile des Landessozialgerichts Nordrhein-Westfalen zu den Erstattungsverfahren der Techniker-Krankenkasse sowie der Bertriebs- und Innungskrankenkassen vom 24.10.96) zu sehen.

Abbildung 2 gibt einen Überblick, welche psychotherapeutischen Methoden wie häufig im Jahre 1996 zur Begutachtung vorgelegt wurden. Dabei zeigt sich, daß Anträge auf tiefenpsychologisch fundierte Psychotherapie mit 49.5% am häufigsten vorkommen. Anträge auf Verhaltenstherapie waren mit 41.3% etwas seltener vertreten. Der Unterschied in der Antragshäufigkeit zwischen den beiden Verfahren erscheint nicht bedeutend.

Bei lediglich 9.2% der im Jahre 1996 im MDK in Hessen begutachteten Anträge war eine psychotherapeutische Methode geplant, die nicht den in den Psychothera-

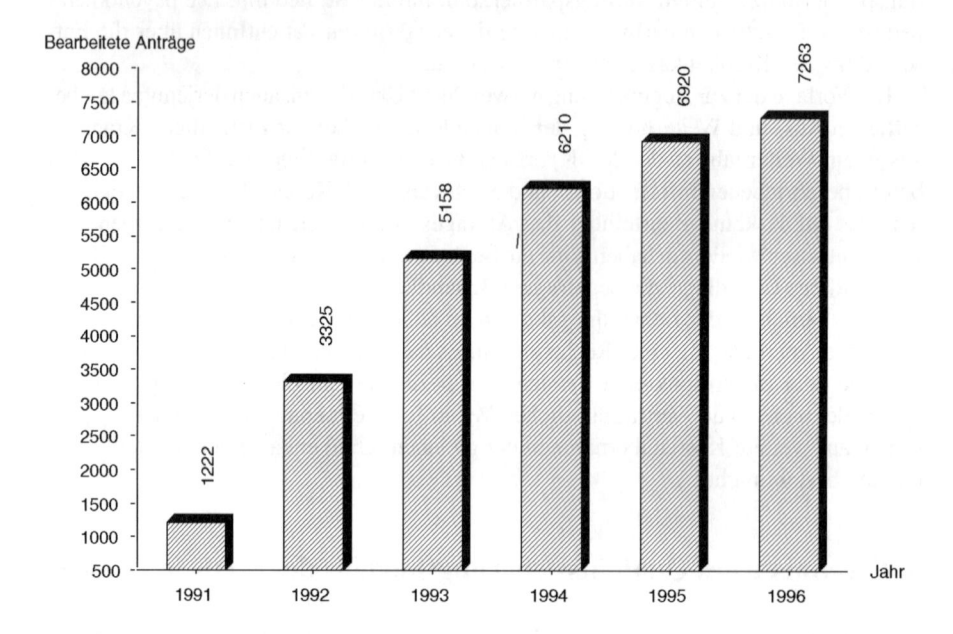

Abbildung 1: **Auftragsentwicklung der Anträge für außervertragliche ambulante Psychotherapie von 1991 bis 1996; MDK Hessen, Hauptverwaltung (Erst- und Folgeanträge)**

pie-Richtlinien zugelassenen entsprach (in der Abbildung als „Sonstige" bezeichnet). Es handelte sich hierbei sowohl um sogenannte „methodenübergreifende" Behandlungen als auch um Verfahren wie Gestalttherapie, Gesprächspsychotherapie, Psychodrama, Bioenergetik, nicht näher bezeichnete „Spieltherapie", Neuropsychologische Therapie usw.

Die hohe Anzahl von Anträgen auf Kostenerstattung für tiefenpsychologisch fundierte Psychotherapie war in diesem Ausmaß nicht erwartet worden. Aus den Angaben der Kassenärztlichen Bundesvereinigung vom April 1997 ist ersichtlich, daß 78.3% der zur Kassenärztlichen Versorgung zugelassenen ärztlichen, psychologischen und Kinder- und JugendlichenpsychotherapeutInnen über eine Zulassung in tiefenpsychologisch fundierter und/oder analytischer Psychotherapie verfügen. Der Anteil der BehandlerInnen, die eine Zulassung zur Ausübung von Verhaltenstherapie besitzen, liegt bei 30.1% (in dieser Zahl sind ärztliche PsychotherapeutInnen enthalten, die neben tiefenpsychologisch fundierter oder/und analytischer Psychotherapie auch Verhaltenstherapie abrechnen können). Vor diesem Hintergrund wäre ein Überwiegen von Anträgen auf Kostenerstattung für Verhaltenstherapie zu erwarten, da in diesem Bereich deutlich weniger vertragliche Behandlungsplätze zur Verfügung stehen. Eine abschließende Interpretation der vorgenannten Daten ist derzeit nicht möglich, da uns keine methodenspezifischen Analysen des tatsächlichen Psychotherapie-Bedarfs vorliegen.

Abbildung 2: Begutachtete Anträge im Jahr 1996, aufgeschlüsselt nach Methoden; MDK Hessen, Hauptverwaltung Oberursel (Erst- und Folgeanträge)

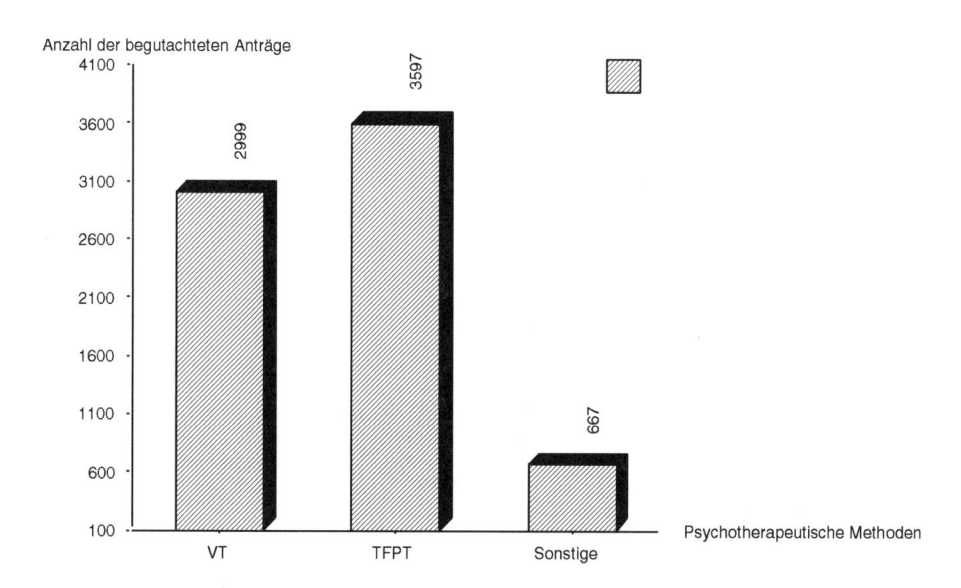

Anzahl der begutachteten Anträge

- VT: 2999
- TFPT: 3597
- Sonstige: 667

Psychotherapeutische Methoden

Es kann jedoch festgestellt werden, daß die hohe Anzahl von Anträgen auf Kostenerstattung für tiefenpsychologisch fundierte Psychotherapie einen hohen Bedarf für diese Behandlungsmethode widerspiegelt, der offensichtlich nicht im vertraglichen Bereich gedeckt werden kann. Ein Grund hierfür ist sicherlich darin zu sehen, daß besonders im ärztlichen Bereich davon ausgegangen werden muß, daß mit einer Zulassung zur Ausübung von tiefenpsychologisch fundierter oder/und analytischer Psychotherapie nicht notwendigerweise das Betreiben einer Vollzeit-Psychotherapiepraxis verbunden ist. Ein Rückschluß von der Zahl der zugelassenen PsychotherapeutInnen auf die zur Verfügung stehende Zahl von Behandlungsplätzen ist daher nicht möglich. Des weiteren begründet sich die hohe Antragszahl in dieser Methode auch mit dem jeweils scheiternden Versuch, nicht in den Psychotherapie-Richtlinien zugelassene psychotherapeutische Methoden über das Etikett „tiefenpsychologisch fundiert" abrechenbar zu machen.

Abbildung 3 gibt einen Überblick über die gutachterliche Entscheidung, getrennt dargestellt für Verhaltenstherapie, tiefenpsychologisch fundierte Psychotherapie und sonstige Methoden, bezogen auf die im Jahre 1996 bearbeiteten Anträge. Dabei zeigt sich, daß bei insgesamt 60.12% der Anträge den Krankenkassen nicht zu einer Kostenübernahme der Behandlung geraten werden konnte. Die Ablehnungen erfolgten sowohl wegen nicht hinreichend begründeter und dargelegter Behandlungsnotwendigkeiten, Behandlungsplänen sowie Behandlungszeiten und/oder wegen fehlender oder nichterbrachter Nachweise über psychotherapeutische Aus- und Weiterbildungen

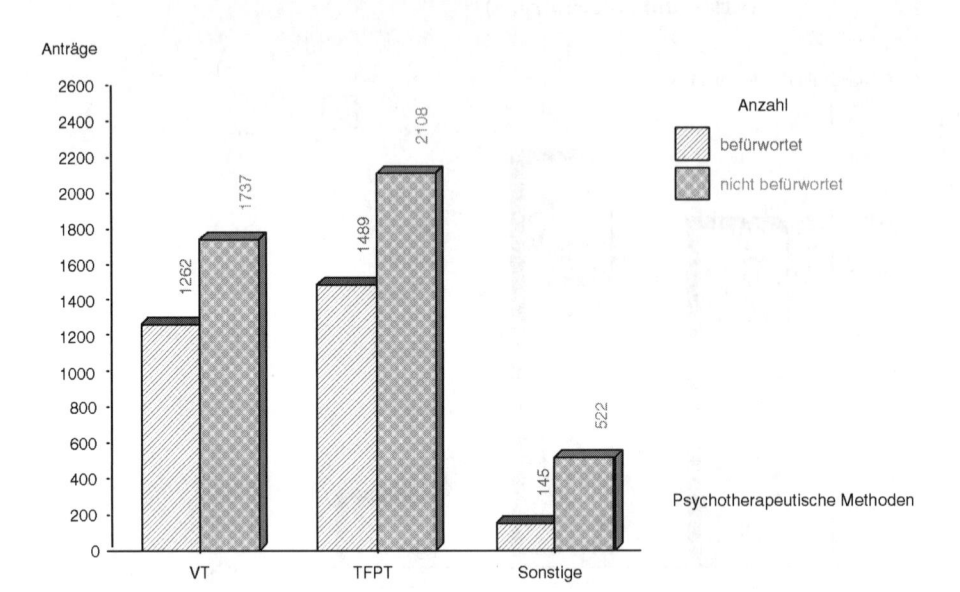

Abbildung 3: Begutachtungsergebnisse 1996, aufgeschlüsselt nach Methoden; MDK Hessen Hauptverwaltung

Anträge / Anzahl: befürwortet, nicht befürwortet

- VT: 1262 befürwortet, 1737 nicht befürwortet
- TFPT: 1489 befürwortet, 2108 nicht befürwortet
- Sonstige: 145 befürwortet, 522 nicht befürwortet

Psychotherapeutische Methoden

in einem der vertraglich zugelassenen Behandlungsverfahren bzw. wegen der beantragten Anwendung nicht zugelassener Verfahren (s.o.).

Das Verhältnis von befürworteten und abgelehnten Anträgen in Verhaltenstherapie und tiefenpsychologisch fundierter Psychotherapie ist in etwa vergleichbar. Zu den im Rahmen der „sonstigen" psychotherapeutischen Methoden befürworteten Anträgen gehören solche auf Kostenerstattung für neuropsychologische Therapie. Hierbei handelt es sich um ein Verfahren, welches stationär regelhaft bei PatientInnen mit erworbenen Hirnschädigungen durchgeführt wird. Eine Abrechnungsmöglichkeit im Rahmen der ambulanten vertragsärztlichen Versorgung besteht derzeit nicht.

Bei der Interpretation der hier erhobenen Daten ist zu beachten, daß die dem MDK zur Begutachtung vorgelegten Anträge nicht die Gesamtzahl derjenigen Privatbehandlungen widerspiegeln, für die von den Krankenkassen in Hessen Kostenerstattungen geleistet werden. Angaben zum Gesamtvolumen der in der Gesetzlichen Krankenversicherung durchgeführten Kostenerstattungen sind nicht verfügbar.

In Zusammenhang mit der Begutachtung der Anträge von Versicherten wurden in den letzten sechs Jahren die Unterlagen zur beruflichen Aus- und Weiterbildung von etwa 2.000 hessischen PsychotherapeutInnen gesichtet. Der MDK in Hessen verfügt über die Möglichkeit, die zur Verfügung gestellten Informationen zur beruflichen Aus- und Weiterbildung – sofern sich die PsychotherapeutInnen schriftlich damit einverstanden erklärt haben – automatisiert und systematisiert zu erfassen. Dies stellt eine Vereinfachung der Antragstellung für alle Beteiligten, d.h. PatientInnen, PsychotherapeutInnen und Krankenkassen dar. Ohne diese Informationsverwaltung müßten jedem Antrag auf Kostenerstattung auch die zur Begutachtung erforderlichen Unterlagen zur beruflichen Aus- und Weiterbildung der BehandlerInnen beigefügt werden. Eine erneute Prüfung dieser Unterlagen bei jedem einzelnen Antrag und somit verlängerte Begutachtungszeiten wären die Folge. Die vorhandenen Informationen erlauben auch eine gezielte Beratung anfragender Krankenkassen bei spezifischen Fragestellungen (z.B. bei der Suche nach BehandlerInnen mit bestimmten Sprachkenntnissen usw.) schon im Vorfeld einer einzelfallbezogenen Begutachtung.

Die auch strukturelle Aspekte beachtende Begutachtung durch den MDK führte zu einer Verbesserung der ambulanten psychotherapeutischen Versorgung von Versicherten in denjenigen Gebieten, in denen nicht genügend vertragliche Behandlungsplätze zur Verfügung stehen. Seit Einführung dieses Beratungs- und Begutachtungsmodells ist eine ganz erhebliche Verbesserung des Qualitätsniveaus ambulanter Psychotherapie im Bereich der Kostenerstattung zu verzeichnen. Viele DiplompsychologInnen sahen sich veranlaßt, eine Aus- bzw. Weiterbildung in einer in den Psychotherapie-Richtlinien zugelassenen Therapiemethode zu beginnen oder eine bereits begonnene abzuschließen. Darüber hinaus wurde die Kontrolle der von WeiterbildungsteilnehmerInnen durchgeführten Behandlungen durch die Auflage des Nachweises einer spezifischen und Regelmäßigkeit garantierenden Supervision durch qualifizierte SupervisorInnen sichergestellt.

Die Möglichkeit, auch hinsichtlich unterschiedlicher, die Psychotherapie betreffender, aber nicht einzelfallbezogener Fragestellungen durch den MDK kurzfristig beraten werden zu können, wurde gerne und häufig von KrankenkassenmitarbeiterInnen sowie VertreterInnen der Landesverbände in Anspruch genommen. So konnte den Versicherten schnell und unbürokratisch auch bei besonderen oder schwierigen Fragen geholfen werden.

Durch die modellhafte Beratung und Begutachtung des MDK in Hessen ist die Einhaltung der gesetzlichen Bestimmungen zur Durchführung von Psychotherapie, auch im Hinblick auf Fragen der wissenschaftlich fundierten und in der Praxis erprobten Therapiemethoden, der Höchststundenzahl, des Antragsverfahrens etc., im außervertraglichen Bereich dort gewährleistet, wo finanzielle Mittel der Versichertengemeinschaft in Anspruch genommen werden.

Die Zentralisierung der Begutachtung in der Hauptverwaltung des MDK in Hessen führte zu einer einheitlichen und transparenten Beurteilung der Anträge und zu einer Ökonomisierung der Arbeitsabläufe. Die Qualität der Begutachtung wird dadurch gesichert, daß diese von GutachterInnen durchgeführt wird, die über Ausbildungen in den Richtlinienverfahren und zusätzlich in anderen Methoden verfügen und die sich einer regelmäßigen Schulung unterziehen, als auch durch die Möglichkeit, bei spezifischen Fragestellungen auch FachärztInnen anderer Gebiete hinzuziehen zu können.

Die auch für PsychotherapeutInnen zur Verfügung stehenden Informationen hinsichtlich der Begutachtung durch den MDK und der Inanspruchnahme des Modells durch die gesetzlichen Krankenkassen sowie darüber hinausgehende Informationen zum gesamten Bereich psychotherapeutischer Versorgung im Bereich der Gesetzlichen Krankenversicherung führte bei BehandlerInnen zu größerer Transparenz und besserer Einschätzbarkeit der Frage, ob eine Kostenübernahme realistisch ist.

Das Beratungs- und Begutachtungsmodell des MDK in Hessen trägt auch zu einer Steigerung der Wirtschaftlichkeit außervertraglicher Behandlungen bei. Dies resultiert unmittelbar daraus, daß die Kosten von Behandlungen, die methodisch nicht den Erfordernissen der Psychotherapie-Richtlinien entsprechen, oder von Behandlungen durch nicht oder nicht ausreichend ausgebildete PsychotherapeutInnen meist nicht mehr von den Krankenkassen übernommen werden, wie dies früher zum großen Teil der Fall war. Zudem haben die qualitätssichernden Maßnahmen in diesem Bereich das Risiko von Fehlbehandlungen verringert, was langfristig zu einer Senkung von Folgekosten, z. B. für Krankenhausaufenthalte oder langfristige stationäre psychotherapeutische Behandlungen, führt.

Zusammenfassend kann festgestellt werden, daß die Akzeptanz des Modells des MDK in Hessen zur Begutachtung ambulanter außervertraglicher Psychotherapien inzwischen so hoch ist, daß nunmehr fast alle Primärkassen und die Mehrheit der Ersatzkassen in Hessen dieses Verfahren in Anspruch nehmen. Es wird davon ausgegangen, daß sich diese Entwicklung weiter fortsetzen wird, sofern keine neuen gesetzlichen Regelungen („Psychotherapeuten-Gesetz") in Kraft treten. Darüber hinaus gibt es immer wieder Anfragen anderer Medizinischer Dienste zu diesem Modell und den Möglichkeiten einer Übernahme.

6. Ambulante außervertragliche Psychotherapie – Vorteile der MDK-Begutachtung

Die in Hessen vorhandenen Erfahrungen bestätigen die Notwendigkeit einer fachspezifischen Beratung der gesetzlichen Krankenkassen im Bereich der Kostenerstattung für ambulante außervertragliche Psychotherapien. Die Vorteile einer solchen Beratung und Begutachtung durch eine bereits vorhandene und gemäß gesetzlichem Auftrag zuständige Institution lassen sich wie folgt beschreiben:

1. Der Medizinische Dienst der Krankenversicherung ist föderal gegliedert und existiert in allen Bundesländern. Er kann leicht in die Lage versetzt werden, Begutachtungs- und Beratungsaufgaben im Bereich der ambulanten Psychotherapie überall in Deutschland durchzuführen. Die Unabhängigkeit der Medizinischen Dienste der Krankenversicherung ist gesetzlich festgeschrieben. Dies garantiert die Objektivität der Begutachtung, unabhängig von Verbands- und berufsständischen Interessen.
2. Der MDK erfüllt gesetzliche Aufgaben im gesamten Spektrum der gesundheitlichen Versorgung kranker Menschen. Im Interesse zielgerichteter Indikations- und Weichenstellungen gehören auch unter Berücksichtigung gesundheitsökonomischer Gesichtspunkte Beratungs- und Begutachtungsaufgaben in der ambulanten Psychotherapie in die Aufgabenpalette des MDK. Aufgrund seiner Unabhängigkeit ist der MDK umso mehr in der Lage, eine ganzheitliche und interessensübergreifende Begutachtung und Beratung vorzunehmen.
3. Durch ÄrztInnen und PsychologInnen mit psychotherapeutischer Zusatzausbildung in zugelassenen Behandlungsverfahren und mit entsprechender beruflicher

Erfahrung wird eine hohe gutachterliche Kompetenz gewährleistet. Die Mischung von PsychotherapeutInnen unterschiedlicher beruflicher Herkunft erhöht ebenfalls die Qualität der Begutachtung. Diese ist auch hinsichtlich der Akzeptanz bei niedergelassenen PsychotherapeutInnen mit ebenfalls unterschiedlicher beruflicher Herkunft wichtig.

4. Die vorhandene gebietsärztliche Kompetenz ermöglicht die Berücksichtigung spezieller psychiatrischer, neurologischer, internistischer und anderer medizinischer Gesichtspunkte; auch dadurch ist eine hohe Qualität der Begutachtung ambulanter Psychotherapien gewährleistet.
5. Die Beurteilung von Widersprüchen bei Ablehnung der Kostenübernahme erfolgt zeitnah und ohne zusätzlichen Verwaltungsaufwand. Sie wird regelhaft nicht von der Vorgutachterin bzw. dem Vorgutachter, sondern durch eine andere MDK-Gutachterin bzw. einen anderen MDK-Gutachter durchgeführt. Dies erhöht die Objektivität der Begutachtung.
6. Die Wahrung des Datenschutzes sowohl der PatientInnendaten als auch der personenspezifischen Daten von TherapeutInnen ist gewährleistet.
7. In schwierig zu entscheidenden Zweifelsfällen hat der MDK die Möglichkeit, persönliche Untersuchungen durchzuführen und externe ExpertInnen hinzuzuziehen.
8. Durch die regionale Struktur des MDK ist ein umfassender, keine zusätzlichen Kosten verursachender Krankenkassenservice möglich. In der Zusammenarbeit nimmt die telefonische Beratung einen großen Stellenwert ein. Entscheidungen der Krankenkassen können deshalb in vielen Fällen zielsicherer, schneller und unbürokratischer getroffen werden. Durch Zusammenkünfte mit ReferatsleiterInnen und SachbearbeiterInnen der Krankenkassen wird die Kooperation ständig verbessert und intensiviert.
9. Seine Aufgabenstellung gibt dem MDK die Möglichkeit, eine Gesamtübersicht über das Versorgungsangebot ambulanter psychotherapeutischer Behandlungen zu schaffen. Versorgungsdefizite können festgestellt sowie Hinweise für die Vernetzung von stationären, teilstationären und ambulanten Maßnahmen gegeben werden.
10. Der MDK ist in der Lage, die Begutachtung ambulanter Psychotherapien zeitnah und wirtschaftlich durchzuführen.
11. Aufgrund der Nähe zu den Krankenkassen, den Versicherten und BehandlerInnen und aufgrund seiner umfangreichen Erfahrungen ist der MDK gut in der Lage, neue qualitätsverbessernde und wirtschaftlichere Formen des Begutachtungswesens für die ambulante und stationäre Psychotherapie vorzuschlagen, mit- und weiterzuentwickeln.

7. Diskussion und Ausblick

Das Beratungs- und Begutachtungsmodell des MDK Hessen stellt einen – wie die Erfahrung zeigt – gelungenen Versuch dar, die Versorgung von PatientInnen, die im Rahmen der vertragsärztlichen Versorgung nicht psychotherapeutisch behandelt werden können, zu verbessern.

Diese Behandlungen werden durch PsychotherapeutInnen durchgeführt, die aus den unterschiedlichsten Gründen nicht im Rahmen der vertragsärztlichen psychotherapeutischen Versorgung tätig sind. Gleichwohl soll die Finanzierung dieser Maßnahmen im Rahmen des derzeitigen Systems der gesundheitlichen Versorgung erfolgen. Die sich aus dieser Konstellation ergebenden Probleme sind vielfältig. Eine Beurteilung und Kostenerstattung der psychotherapeutischen Privatbehandlungen kann nur auf der Grundlage der derzeit gültigen gesetzlichen Regelungen erfolgen. Diese sind jedoch nicht allen PrivatbehandlerInnen bekannt oder werden als nicht für sie gültig angesehen oder auch aus berufspolitischen Gründen abgelehnt, was die Begutachtung der Anträge auf Kostenerstattung erschwert und regelmäßig zu – vermeidbaren – Verzögerungen bei der Behandlungseinleitung führt.

Die gesetzlichen Krankenkassen finanzieren nur solche Behandlungen, die der Heilung oder Linderung einer Störung von Krankheitswert dienen. Dementsprechend wird der Beurteilung der Behandlungsbedürftigkeit ein medizinischer Krankheitsbegriff zugrunde gelegt. Bei der Beurteilung muß also unterschieden werden zwischen „normalen" Lebensproblemen und psychischen Störungen von Krankheitswert, zwischen psychologischer Beratung und Psychotherapie und zwischen Prävention und Behandlung. Hinsichtlich der Zielsetzung ist ebenfalls festzustellen, ob die Behandlung primär der Heilung und Linderung einer Erkrankung dient oder beispielsweise der beruflichen Wiedereingliederung. Letzteres fiele dann in die Zuständigkeit anderer Sozialversicherungsträger.

Präventive und beratende psychologische Maßnahmen sind nicht im Rahmen der gesetzlichen Krankenversicherung zu leisten. Es handelt sich um soziale und Gesundheitsleistungen, die im Rahmen des gegliederten Systems der sozialen Sicherung der Bundesrepublik in die Zuständigkeit von Kommunen oder Gebietskörperschaften fallen.

Eine Grenzziehung zwischen Beratung und Therapie ist jedoch schwierig und problematisch. Die Schwierigkeiten sind nach Grawe, Donati und Bernauer (1994) eine Folge des Fehlens solcher kategorialen Grenzen zwischen „normalen" Lebensproblemen und Störungen von Krankheitswert in der Realität. Die Notwendigkeit zu solchen Unterscheidungen ergibt sich aus den Erfordernissen des derzeitigen Gesundheitssystems. Das Problematische solcher Unterscheidungen sehen Grawe et al. (1994) in einer Etikettierung, die darüber bestimmt, wie mit Problemen umgegangen wird. Als Folgen werden langwierige und teure rein somatische Behandlungen bei psychischer Problematik beschrieben. In diesem Zusammenhang weist Margraf (1996) auf eine große Verbreitung von Fehldiagnosen, Fehlbehandlungen und irrationalen Indikationsentscheidungen hin, welche eine beträchtliche Bedeutung für die Chronifizierung psychischer Erkrankungen haben.

Die Notwendigkeit, zwischen „normalen" Lebensproblemen und psychischen Störungen von Krankheitswert, zwischen psychologischer Beratung und Psychotherapie und zwischen Prävention und Behandlung zu unterscheiden, ergibt sich ebenso wie die Beschränkung der ambulanten psychotherapeutischen Behandlung auf die Methoden der tiefenpsychologisch fundierten und analytischen Psychotherapie und der Verhaltenstherapie aus den eingangs beschriebenen Erfordernissen des derzeitigen deutschen Gesundheitssystems. Grundlegende Änderungen – wünschenswerterweise auf der Basis des derzeitigen Standes der wissenschaftlichen Psychotherapie-Forschung – (vgl. Margraf, 1996), können nur auf politischer Ebene initiiert werden.

Das Modell des MDK in Hessen zur Qualitätssicherung und -verbesserung der ambulanten Psychotherapie im Bereich der Kostenerstattung außervertraglicher Behandlungen existiert seit nunmehr fast sieben Jahren. Ein solcher Zeitraum erlaubt nicht nur einen beschreibenden Rückblick, wie wir ihn in diesem Artikel versucht haben. Er versetzt uns vielmehr in die Lage, aus den Erfahrungen der Vergangenheit und Gegenwart einen Ausblick, eine Hoffnung für die Zukunft zu skizzieren.

Oberste Maxime muß dabei sein und bleiben, die Versorgung der psychisch kranken Menschen in der Bundesrepublik Deutschland durch ambulante Psychotherapie dort, wo sie indiziert ist, ausreichend und auf hohem qualitativen Niveau her- bzw. sicherzustellen. Grundvoraussetzung hierfür ist in allererster Linie, in der öffentlichen Diskussion für die Enttabuisierung und Entstigmatisierung psychischer Erkrankungen zu sorgen. Durch geeignete Aus- und Weiterbildungsmaßnahmen sollte erreicht werden, daß die niedergelassenen ÄrztInnen, aber auch alle in öffentlichen Einrichtungen des Gesundheitswesens Beschäftigten besser in die Lage versetzt werden, in ihre differentialdiagnostischen Überlegungen die Indikationsstellung für ambulante (und stationäre) Psychotherapien treffsicher und zeitnah aufzunehmen.

Zum Schutz der PatientInnen und um Mißbrauch vorzubeugen, muß die Berufsbezeichnung „Psychotherapeutin/Psychotherapeut" gesetzlich geschützt werden.

Um die Versorgung der Versicherten unter den genannten Kriterien zu sichern, um der Gesetzlichen Krankenversicherung größere Planungssicherheit zu geben und um eine adäquate Rechtsstellung der BehandlerInnen zu erreichen, bedarf es eines Psychotherapeutengesetzes, das nicht primär fiskalisch und durch berufsständische Interessen, ob von ärztlicher oder psychologischer Seite, geprägt ist. Qualität und Bedarf müssen vielmehr die Leitlinie, auch politischen und verbandspolitischen Handelns sein. Behandlungsbedürftigen psychisch kranken Menschen ist weder mit einem Gesetz gedient, das die Zugangsvoraussetzungen und Übergangsregelungen so eng gestaltet, daß die vertragliche Versorgung erneut nicht gewährleistet ist und gut ausgebildete und hinreichend erfahrene BehandlerInnen vom Versorgungssystem ausgeschlossen bleiben; noch ist den PatientInnen mit einem Gesetz gedient, welches so weit gefaßt ist, daß die notwendige Strukturqualität von psychotherapeutischen Behandlungen nicht erreicht wird.

Wissenschaftliche Evaluationsstudien zur Qualität und Effektivität der ambulanten Psychotherapie sowie der einzelnen psychotherapeutischen Verfahren sollten forciert und auch indikationsbezogen durchgeführt werden. Die Sinnhaftigkeit einer Pflicht zu standardisierten Therapieabschlußberichten muß in diesem Zusammenhang diskutiert werden (vgl. Deutsche Gesellschaft für Verhaltenstherapie, 1997). Aufgrund ihres breiten Aufgabenspektrums bieten sich die Medizinischen Dienste der Krankenversicherung geradezu an, in Zusammenarbeit mit der Gesetzlichen Krankenversicherung Längsschnittuntersuchungen durchzuführen, die die Effektivität von Psychotherapie auch im Hinblick auf Arbeits- und Erwerbsfähigkeit analysieren.

Föderal gegliederte Gesundheitskonferenzen könnten ein geeignetes Instrument einer sachlich adäquaten und wirtschaftlichen Bedarfsplanung der verschiedenen therapeutischen Angebote und ihrer den kranken Menschen in den Mittelpunkt stellenden Vernetzung sein. Gerade in diesem Kontext muß auch die Bedarfsdeckung durch ambulante, stationäre und teilstationäre Psychotherapie beleuchtet werden.

Der Beratungsservice der Medizinischen Dienste für die gesetzlichen Krankenkassen sollte weiter ausgebaut und könnte auch auf die Versicherten ausgedehnt werden. Die Information über seriöse Selbsthilfeangebote und -gruppen gehört ebenso dazu wie die Möglichkeit, spezialisierte PsychotherapeutInnen für spezifische und seltene Krankheitsformen vermitteln zu können. Allein hierdurch kann in nicht unerheblichem Umfang eine gezieltere, zeitnähere und ökonomischere psychotherapeutische Behandlung erreicht werden.

In Zusammenkünften der Psychotherapeutenverbände, der Kassenärztlichen Vereinigungen und der in der Psychotherapie gutachterlich Tätigen sollten Schritte zur Reflexion des Begutachtungswesens eingeleitet werden (vgl. auch Köhlke, in diesem Band). Hierbei sollten auch die im folgenden aufgeführten Fragen Beachtung finden:

- Wie kann die Begutachtung durch Fortbildung der GutachterInnen qualitativ verbessert werden?
- Wie kann die Begutachtung zeitnäher, wirtschaftlicher und unbürokratischer durchgeführt werden?
- Was kann die Begutachung zur Qualitätssicherung in der ambulanten Psychotherapie beitragen?
- Macht es Sinn, durch sporadische Supervisionsauflagen die Qualitätskontrolle auch bei ausgebildeten und langjährig tätigen BehandlerInnen zu verstärken?
- Können auch in diesem Bereich Qualitätszirkel zu einer Steigerung der Effektivität und Wirtschaftlichkeit beitragen?

Dies sind aus unserer Sicht die Aspekte und Fragen, die im Sinne einer adäquaten Versorgung mit ambulanter Psychotherapie und deren Qualitätssicherung in der nächsten Zukunft angegangen und beantwortet werden sollten.

Literaturverzeichnis

Bastine, R. (1981). Adaptative Indikationen in der zielorientierten Psychotherapie. In U. Baumann (Hrsg.), *Indikation zur Psychotherapie* (S. 158–168). München: Urban & Schwarzenberg.

Deutsche Gesellschaft für Verhaltenstherapie DGVT (1997). Überlegungen zur Qualitätssicherung in der Psychotherapie. *Verhaltenstherapie und psychosoziale Praxis, 29*, 87–97.

Faber, F.R. & Haarstrick, R. (Hrsg.). (1994). *Kommentar Psychotherapie-Richtlinien* (3. Aufl.) Neckarsulm: Jungjohann Verlagsgesellschaft.

Grawe, K., Donati; R. & Bernauer, F. (1994). *Psychotherapie im Wandel. Von der Konfession zur Profession.* Göttingen: Hogrefe Verlag für Psychologie.

Keil-Kuri, E. & Görlitz G. (1993). *Vom Erstinterview zum Kassenantrag.* Neckarsulm: Jungjohann Verlagsgesellschaft.

Landessozialgericht Nordrhein-Westfalen (1996 a). AZ.: L 11 Ka 19/95. Essen.

Landessozialgericht Nordrhein-Westfalen (1996 b). AZ.: L 11 Ka 51/96. Essen.

Margraf, J. (1996). Psychotherapie: Ideologie und Forschung. *Die Ersatzkasse, 5,* 162–168.

Meyer, A.-E., Richter, R., Grawe, K., Graf v.d. Schulenburg J.-M. & Schulte B. (1991). *Forschungsgutachten zu Fragen eines Psychotherapeutengesetzes.* Hamburg: Universitäts-Krankenhaus Hamburg-Eppendorf.

Vogel, H. (1996). Psychotherapie in der ambulanten Gesunheitsversorgung – Eine kritische Übersicht. *Verhaltenstherapie und psychosoziale Praxis, 28,* 105–126.

Qualitätssicherung und Wissenschaft: Eine spannungsvolle Geschichte

Ulrike Willutzki

Inhalt:

1. Einleitung 535
2. Die Perspektive der „Praxis" 536
3. Die Institution „Wissenschaft" und ihre Aufgabe
   bei der Qualitätssicherung 537
4. Kooperation von „Praxis" und „Wissenschaft":
   Was könnte das bedeuten? 541

1. Einleitung

Wer nach den Motiven für Qualitätssicherung bzw. -management in Psychotherapie und psychosozialer Versorgung fragt, wird etwas über Reduktion von Kosten, soziale Verantwortung, individuelle Ansprüche oder Legitimation der eigenen Vorgehensweise nach außen hören (vgl. auch die Beiträge Kordy & Hannöver; Laireiter & Vogel; Nübling & Schmidt; Palm; Schulz, Hoyer & Hahlweg, in diesem Band). Mit seiner wachsenden Bedeutung nimmt auch die Professionalisierung dieses Bereichs zu: Psychosoziale Einrichtungen beauftragen externe SpezialistInnen oder definieren interne Sonderzuständigkeiten; gleichzeitig entstehen Ausbildungsangebote etwa für die Leitung von Qualitätszirkeln (z.B. Vauth, 1995; vgl. auch Gierschner & Piwernetz in diesem Band). Häufig werden in diesem Zusammenhang auch Forschungsinstitute und Hochschulen einbezogen.

Eine positive Definition ihrer Rolle scheint schwierig: Selbmann, einer der Nestoren der Qualitätssicherung im deutschsprachigen Raum, grenzt Qualitätssicherung ausdrücklich von Wissenschaft oder Forschung ab, gesteht aber zu, daß die Qualitätssicherung von der Forschung profitieren könne (z.B. Selbmann, 1990). In diesem Beitrag wird versucht, das Potential von Wissenschaft bzw. Forschung für die Qualitätssicherung herauszuarbeiten. Hierzu kommen zunächst PraktikerInnen[1] zu Wort, die

---

1. Von „PraktikerInnen" (in Abgrenzung zu „WissenschaftlerInnen") zu sprechen, ist eher eine Charakterisierung einer rhetorischen Position denn eine trennscharfe Zuordnung einzelner Personen. Im Vordergrund steht bei so qualifizierten Äußerungen die Perspektive der „Praxis" auf die Qualitätssicherung und die Forschungsinstitutionen. Die im folgenden zitierten Perso-

die Kooperation mit wissenschaftlichen Einrichtungen bei der Qualitätssicherung durchaus kritisch sehen. Im Anschluß wird Argumenten für eine starke Rolle der Hochschulen nachgegangen. Einige Bemerkungen zur Kommunikation zwischen Praxis und Wissenschaft im Rahmen ihrer Zusammenarbeit bei der Qualitätssicherung beenden den Beitrag.

2. Die Perspektive der „Praxis"

Kommentare von PraktikerInnen bezüglich ihrer Zusammenarbeit mit VertreterInnen von Hochschulen sind oft kritisch: „Da ... Praktiker in der medizinischen und psychotherapeutischen Versorgung in der Regel von den Behandlungsnotwendigkeiten ihrer Patienten absorbiert werden, entspringen die Initiativen zur Entwicklung von Patienten-Dokumentationssystemen in den universitären Forschungseinrichtungen und werden bei der Festlegung der interessierenden Bereiche auch wesentlich von universitären Interessen bestimmt. Diese Interessenverteilung und Arbeitsteilung hat regelmäßig dazu geführt, daß Dokumentationssysteme ... einen derartig aufgefächerten theoretischen Differenzierungsgrad erreichten, der für primär wissenschaftliche Hypothesenbildung oder für die Verifizierung spezifischer theoretischer Ansätze von Bedeutung war, der jedoch das Informationsbedürfnis ... des Praktikers nur sehr begrenzt abdeckte und zudem noch in keinem vertretbaren Aufwand-Nutzenverhältnis zu den klinischen Interessen stand" (Zielke, 1994, S. 995). Verschiedentlich – so die Meinung von PraktikerInnen – führe Qualitätssicherung zu immer mehr Papier auf Kosten der PatientInnenbehandlung und trage damit eher zu einer Verschlechterung der Behandlungsangebote bei (vgl. Byalin, 1992; Melnick & Lyter, 1987). Die „Sammelwut" der WissenschaftlerInnen produziere ungenutzte „Datenfriedhöfe" und stelle die Validität der Daten in Frage; letztere sei nur zu gewährleisten, indem die Ziele der PraktikerInnen berücksichtigt würden, die z.B. Dokumentationssysteme vor Ort anwenden (vgl. Zielke, 1994). Kritisiert wird zudem, daß die meisten unter Mitarbeit von WissenschaftlerInnen entwickelten Instrumente zur Erfassung von Krankheitsverläufen und Behandlungen trotz des von den HochschulvertreterInnen formulierten weitestgehenden Geltungsanspruchs nicht über die erste Publikation in Fachzeitschriften hinauskämen (Zielke, 1994). Einerseits seien WissenschaftlerInnen nicht wirklich an PraktikerInnen und ihrer Expertise interessiert und produzierten so unbrauchbare Instrumente. Andererseits führten die Zwänge des Wissenschaftssystems, in dem jede/r WissenschaftlerIn sich als originell, anders und besser darstellen müsse, dazu, daß bereits vorliegende Konzepte jeweils kritisiert, verworfen und immer wieder neue, vorgeblich optimierte Ansätze entwickelt würden, die mit dem eigenen Namen identifiziert werden könnten (vgl. Kriz, 1996).

Trenckmann und Spengler (1995) geben auch zu bedenken, daß inhaltliche Anforderungen an die PraktikerInnen im Zusammenhang mit der Qualitätsicherung diagno-

---

nen selbst sind oft eher Wanderer zwischen den Welten, was sich – neben ihrer auch wissenschaftlichen Qualifikation – nicht zuletzt in ihrer zum Teil regen Publikationstätigkeit, einer eher dem akademischen Bereich entstammenden Arbeitsform (vgl. Bourdieu, 1992), ausdrückt.

stisch-therapeutische Prozesse stören können. Sie fordern deshalb eine klare Orientierung an der klinischen Praktikabilität, die sich in flexibel einsetzbaren, wenig aufwendigen Verfahren und vor allem dem Ausbau bereits entwickelter, bisher nur nicht als Qualitätssicherung definierter Ansätze niederschlage. So sei es etwa im Bereich der Psychiatrie und der dortigen psychotherapeutischen Arbeit (wie auch in anderen Arbeitsfeldern) schwierig bzw. unmöglich, die Erkenntnisse der universitär gestützten Praxis mit oft selegierten PatientInnenpopulationen auf die allgemeine psychosoziale Versorgungssituation zu übertragen. Auch Kordy (1992) betont den Primat der Praxis: „Qualitätssicherung ist primär nicht Forschung, sondern Teil der vertraglichen Regelung der therapeutischen Tätigkeit. D. h. insbesondere, daß nicht die Erkenntnisinteressen von Wissenschaftlern die Fragestellungen und das methodische Vorgehen bestimmen, sondern daß die konkreten – und dazu gehören (u.a.) berechtigterweise auch die wirtschaftlichen – Interessen der beteiligten Parteien im Mittelpunkt stehen." (S. 312)

Das Bild der Praxis von der Brauchbarkeit der Wissenschaft und Forschung für die Qualitätssicherung ist also wenig schmeichelhaft: Zusammenfassend vermitteln die Stellungnahmen den Eindruck, daß sich WissenschaftlerInnen nicht besonders für die Anliegen von PraktikerInnen interessieren, ihre Vorarbeiten eher ignorieren und stattdessen immer wieder neue aufwendige Projekte und Instrumente entwickeln, ohne die erhobenen Daten ausreichend auszuwerten. Nur durch konkrete Zielvorgaben und sehr kritische Diskussion möglicherweise interessierender Aspekte kann man sich offenbar der Ideenflut und dem Informationssammeltrieb der WissenschaftlerInnen erwehren. Echtes Interesse an der Sicherung der Qualität der psychotherapeutischen Versorgung scheint sich aus Sicht der PraktikerInnen paradoxerweise fast darin auszudrücken, daß sie sich gegen die Vorschläge von Hochschulseite abgrenzen. Wenn diese kritischen Stimmen zum Teil sicher auch dadurch motiviert sind, daß sich der jeweilige Kritiker als der bessere Kooperationspartner für die Praxis darstellen will, erinnert die Haltung an die Einwände von PraktikerInnen gegen die akademische Psychotherapieforschung, wie überhaupt an die klassische Theorie-Praxis-Debatte (vgl. Beelmann & Hamm, in Druck) und dürfte daher keine zu vernachlässigende Perspektive von Einzelpersonen sein.

3. Die Institution „Wissenschaft" und ihre Aufgabe bei der Qualitätssicherung

Warum sind Wissenschaft oder Forschung (bzw. die sie vertretenden Hochschulen und Forschungsinstitute) für die Qualitätssicherung im Bereich der Psychotherapie dennoch attraktiv? Im Kontrast zum kritischen Blick der PraktikerInnen wird dieser Frage im folgenden Abschnitt mit dem Fokus auf dem Potiential von Wissenschaft und Forschung nachgegangen.

In der Moderne stellt die Institution Hochschule die gesellschaftliche Ausdifferenzierung eines Reflexionsraumes dar: WissenschaftlerInnen werden dafür eingestellt und bezahlt, sich umfassend, systematisch und gründlich Gedanken über einen Gegenstand zu machen. Die genuine Aufgabe wissenschaftlicher Institutionen wie Hochschule und Forschungsinstitut liegt darin, Konzepte kritisch weiterzuentwickeln und Impulse jenseits der unter Handlungsdruck stehenden Praxis zu liefern. Zudem sollen sie Routinen und alltägliche Selbstverständlichkeiten eben dieser Praxis hinterfragen und damit zu einer Veränderung oder zumindest weiteren Explizierung des jeweiligen Vorgehens beitragen.

Wissenschaft stellt nach der Infragestellung anderer Legitimationsformen (wie Religion oder Tradition) eine zentrale Begründungs- und Rechtfertigungsinstitution unserer Gesellschaft dar (vgl. Bourdieu, 1992). Denjenigen, die bereit sind, mit Hochschulen oder anderen als wissenschaftlich anerkannten Institutionen zusammenzuarbeiten, winkt als Preis somit (auch) die Legitimation ihrer Bemühungen um z.B. Qualitätssicherung. Dieser Anspruch von Wissenschaft gründet darin, daß sie einen priviligierten Zugang zur Wahrheit und Wirklichkeit eröffnen und objektiv – also jenseits partikularer Interessen – unter Berücksichtigung des neuesten Erkenntnisstandes zu ihren Schlüssen kommen soll (Kriz, 1996). Ein naiver Glaube daran, daß Objektivität und Zugang zur Wahrheit möglich sind, wird von vielen WissenschaftlerInnen zwar abgelehnt (vgl. z.B. den Positivismusstreit in der Soziologie; Feyerabend, 1977; Westmeyer, 1995 u.v.a.). Dennoch wird oft vertreten, daß Wissenschaft rationaler und unabhängiger als andere Formen gesellschaftlicher Praxis sei, ihre Aussagen strengerer Prüfung unterziehe, tatsächlich Erkenntnisfortschritte erziele (z.B. Perrez, 1991) und damit einen besonderen Zugang zur Wirklichkeit habe. Von anderen gesellschaftlichen Gruppen wird die besondere Rolle der Wissenschaft im allgemeinen anerkannt (was sich etwa in Begutachtungs- und Expertisenaufgaben ausdrückt); Kritik bezieht sich zumeist weniger auf die Institution „Wissenschaft" an sich, sondern darauf, daß einzelne VertreterInnen ihrem Anspruch nicht gerecht werden, d.h. nicht unabhängig und systematisch genug arbeiten (vgl. Grawe, 1992).

Betrachtet man nun die wissenschaftliche Tätigkeit genauer, so lassen sich nach Kriz (1996) zwei Bereiche unterscheiden: Zum einen geht es um die Produktion von „Wissen" als Menge von Sätzen über bestimmte Inhalte, als systematisierte Erkenntnis oder inhaltliche Aussagen über die Welt; zum zweiten ist das systematische Unterfangen gemeint, zu solchen Sätzen zu kommen und damit das methodische Vorgehen, das „Wissen" schafft. Durchgängig ist die wissenschaftliche Tätigkeit dabei durch spezifische Handlungsmuster geprägt (Fixierung und Dokumentation von Erfahrung, Aufbereitung und Auswertung, Zusammenstellung und Interpretation sowie weitere Bearbeitung), die in der „scientific community" weitergegeben werden. Trotz dieser Ausdifferenzierung sind die Übergänge zwischen alltäglichem und wissenschaftlichem Tun fließend; WissenschaftlerInnen beschränken sich in ihrem Erkenntnisinteresse im allgemeinen auf einen engen Bereich, in dem sie sich erheblich spezialisieren. Qua Sozialisation und aufgrund ihrer (mehr oder weniger ausgeprägten) wirtschaftlichen Unabhängigkeit sind WissenschaftlerInnen also auf systematisches, umfassendes und methodisches Arbeiten sowie eine gewisse Distanz gegenüber partikularen Interessen ausgerichtet; diese Haltung macht ihre spezifische Qualität aus.

Aus den Merkmalen der wissenschaftlichen Tätigkeit läßt sich im Anschluß an Selbmann (1990) und Berger (1995) die Aufgabe der Wissenschaft für die Qualitätssicherung der psychotherapeutischen Versorgung ableiten: Anhand der Ergebnisse der Klinischen und Psychotherapieforschung – soweit entsprechende Forschung vorliegt

– kann zum einen die derzeit erreichbare optimale Qualität psychotherapeutischer Arbeit – und damit der Soll- bzw. Zielzustand – definiert werden (vgl. Abbildung 1).

Abbildung 1: Die Rolle der Klinischen und Psychotherapieforschung im Prozeß der Qualitätssicherung

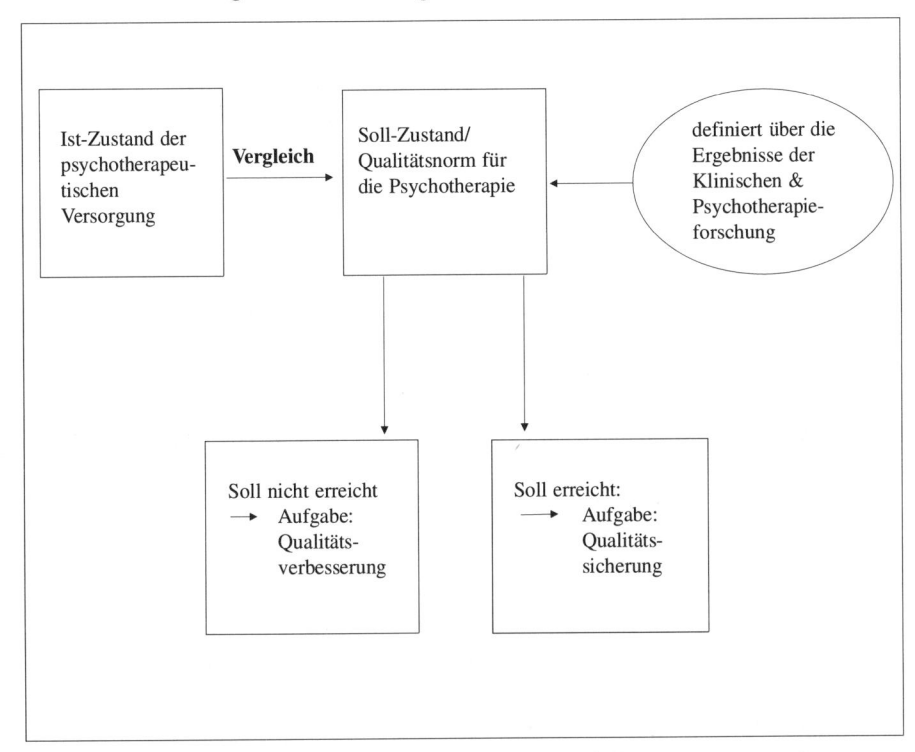

```
┌─────────────────┐              ┌─────────────────┐          ╭─────────────────╮
│ Ist-Zustand der │              │ Soll-Zustand/   │          │ definiert über die│
│ psychotherapeu- │  Vergleich   │ Qualitätsnorm für│         │ Ergebnisse der   │
│ tischen         │ ───────────▶ │ die Psychotherapie│ ◀──── │ Klinischen &     │
│ Versorgung      │              │                 │          │ Psychotherapie-  │
└─────────────────┘              └─────────────────┘          │ forschung        │
                                    │         │               ╰─────────────────╯
                                    ▼         ▼
                          ┌─────────────┐  ┌─────────────┐
                          │Soll nicht   │  │Soll erreicht:│
                          │erreicht     │  │→ Aufgabe:   │
                          │→ Aufgabe:   │  │  Qualitäts- │
                          │  Qualitäts- │  │  sicherung  │
                          │  verbesserung│  │             │
                          └─────────────┘  └─────────────┘
```

WissenschaftlerInnen tragen damit idealtypisch zur Formulierung von Normen bei, an denen sich die Praxis messen muß. Diese Normen sind nicht statisch, sondern werden in Folge weiterer Forschungsergebnisse ausdifferenziert und verändert. Mit dieser Aufgabe nehmen WissenschaftlerInnen eine Schlüsselstellung im Qualitätssicherungprozeß ein; gerade die ungenügende Definition von Qualitätsstandards stellt sehr oft ein Manko dar und führt dazu, daß die Logik der als Ist-Soll-Vergleich konzeptualisierten Qualitätsprüfung nicht umgesetzt werden kann (vgl. z.B. den Beitrag „Qualitätssicherung in der Psychotherapie – Grundlagen, Realisierungsansätze, künftige Aufgaben" von Nübling & Schmidt, in diesem Band).

Eine solche Rolle bei der Definition von Qualitätsstandards wird von VertreterInnen der Hochschulen z.T. recht selbstbewußt eingefordert: So sieht etwa Fiedler (1996, S. 183) die Möglichkeit, auf der Grundlage wissenschaftlicher Ergebnisse den Psychotherapiemarkt zu bereinigen. Nach Schulte (1996) sind PsychotherapeutInnen verpflichtet, ihr Vorgehen am aktuellen Stand der Therapieforschung zu orientieren. Prägnanten Ausdruck verleihen dieser Haltung auch Grawe, Donati und Bernauer (1994), die den Weg von der „Konfession Psychotherapie" hin zur professionellen, qualitativ besseren psychotherapeutischen Praxis über die gesammelte und integrierte Erkenntnis der Psychotherapieforschung beschrieben sehen (vgl. auch das Konzept der „Empirically Validated Treatments" der Task Force der American Psychological Association, Fachgruppe Klinische Psychologie, 1995).

Zum anderen kann die forschungsmethodische Expertise von WissenschaftlerInnen für die Qualitätssicherung genutzt werden, um sinnvolle Prüfverfahren für die Evaluation des derzeitigen Standes, zur Diagnose des Ist-Zustandes, zu erarbeiten (vgl. z.B. Möller & Leimkühler, 1995); entsprechende Materialien tragen zur Verbesserung des Qualitätssicherungsprozesses selbst bei. Gegebenenfalls können mit ihrer Hilfe auf der Ebene des Behandlungsprozesses herausgearbeitete Schwächen oder Probleme Ausgangspunkt für eine intensivierte Forschung sein, die wiederum zu neuen Qualitätsnormen führen (Berger, 1995).

Neben der Definition von Qualitätsstandards und der Entwicklung von Strategien zur Diagnose des Ist-Zustands lassen sich aus entsprechenden Publikationen (vgl. auch die Beiträge dieses Bandes) die folgenden weiteren Aufgabenbereiche von WissenschaftlerInnen in der Qualitätssicherung ausdifferenzieren (vgl. auch Roth & Fonagy, 1996):

- generell die Konzept- und Kriterienbildung (vgl. z.B. Schulte, 1993, der Qualitätsmaßstäbe für die Prozeß- und Ergebnisqualität zu formulieren sucht) sowie die Erarbeitung entsprechender Standarderhebungsmethoden,
- die Erarbeitung konkreter Qualitätssicherungsmodelle sowie die Durchführung von Modellprojekten (vgl. z.B. die Arbeiten von Braun; Kordy & Hannöver; Palm; Schulz, Hoyer & Hahlweg in diesem Band),
- die Ausarbeitung von Strategien zur Verbesserung der Prozeßqualität (vgl. z.B. Grawe & Braun 1994, die Zwischenergebnisse direkt und prägnant in den Therapieprozeß einbringen),
- die längst überfällige Evaluation der „Alltagspsychotherapie" im psychosozialen Feld (Versorgungsforschung),
- in bezug auf Struktur- und Prozeßqualität die Ausbildung von PsychotherapeutInnen in neu bzw. weiterentwickelten Interventionsmethoden sowie eine entsprechende Supervision bei der Umsetzung verbesserter psychotherapeutischer Ansätze,
- zur Optimierung des Qualitätssicherungsprozesses selbst die Evaluation von Qualitätssicherungsmaßnahmen (wie Qualitätszirkel, [kollegiale] Supervision etc.) und
- die Vermittlung von Qualitätssicherungskompetenz zur weiteren Verbreitung und Konsoldierung einer selbstverständlichen Qualitätssicherungshaltung (z.B. Vauth, 1995).

Positiv läßt sich die Beteiligung von WissenschaftlerInnen an Projekten in all diesen Bereichen als gewisse Akzeptanz und Nützlichkeit ihrer Arbeit auch für PraktikerInnen interpretieren (vgl. im einzelnen die Beiträge dieses Bandes).

Zusammenfassend läßt sich sagen, daß Einrichtungen der Wissenschaft und Forschung deshalb besonders geeignet scheinen, um zur Qualitätssicherung der psychotherapeutischen Versorgung beizutragen, weil sie (zumindest längerfristig) die inhaltliche Definition von Qualität, eine systematische und methodische Arbeit und nicht zuletzt das Legitimationspotential der Institution „Wissenschaft" anzubieten haben. Aus Sicht der WissenschaftlerInnen kommt ihnen potentiell eine Schlüsselstellung bei der Qualitätssicherung zu.

4. Kooperation von „Praxis" und „Wissenschaft": Was könnte das bedeuten?

Wie die Gegenüberstellung der Praxis- und Wissenschaftsperspektive verdeutlicht, stehen die Chancen für eine „Klärung" des Verhältnisses von Theorie und Praxis ziemlich schlecht. Während die Psychotherapieforscherin für viele PsychotherapeutInnen eine „reine" Theoretikerin ist, sehen sie ihre KollegInnen an der Hochschule als völlig der Praxis verhaftet, ohne Sinn für theoretische Fragestellungen. Die Begriffe „Theorie/Wissenschaft" bzw. „Praxis" werden häufig abgrenzend in Auseinandersetzungen verwandt: Wissenschaft oder theoretisches Arbeiten wird positiv mit Reflexion, Gründlichkeit und Systematik, negativ mit dem „Elfenbeinturm" und Weltfremdheit identifiziert; Praxis stellt sich dagegen positiv als Realismus und Tatkraft, negativ als Aktionismus und „Durchwursteln" dar. Auch Versuche, die Beziehung von Theorie/Wissenschaft und Praxis normativ bzw. über die Unterscheidung verschiedener Ableitungsebenen zu definieren (z.B. Perrez, 1989), führen kaum weiter, wenn die ProtagonistInnen der beiden Seiten z.B. bei der Qualitätssicherung zusammenarbeiten.

Aus den unterschiedlichen professionellen Sozialisationswegen und Aufgabenstellungen resultieren verschiedene Interessen- und Arbeitsschwerpunkte. WissenschaftlerInnen und PraktikerInnen müssen immer schon mit Abwertungen des je eigenen Ansatzes rechnen; gerechtfertigt ist eine generelle Abqualifizierung der Perspektive der anderen Seite dadurch nicht (trotz weiter Verbreitung: In der Befragung von Beelmann und Hamm (in Druck) lehnen etwa 20% der befragten PsychotherapeutInnen Forschung völlig ab). Mit Manteufel und Schiepek (1995) lassen sich die Strukturunterschiede von Wissenschaft und Praxis nicht nur negativ, sondern gerade positiv bewerten: als gegenseitige Anregung zur Reflexion und möglicherweise auch zur Veränderung von Handlungsformen.

Wie bereits im Kapitel 3 erwähnt, arbeiten Praxis und Wissenschaft trotz dieses Spannungsverhältnisses in der Qualitätssicherung vielfach zusammen (z.B. bei gemeinsamen Qualitätssicherungsprojekten bzw. ihrer Evaluation); im folgenden wird darauf eingegangen, wie die Kooperation sinnvoll gestaltet werden könnte. Leviton und Hughes (1981) unterscheiden zwischen einer argumentativen, konzeptionellen und instrumentellen Nutzung von Forschungsergebnissen. Eine rein argumentative Verwendung der Arbeit von WissenschaftlerInnen, bei der Forschungsergebnisse selektiv zur Bestätigung und Propagierung eines bestimmten Praxismodells benutzt werden (Legitimationsforschung), dürfte für viele ForscherInnen nicht besonders attraktiv sein (es sei denn, sie „profitieren" in irgendeiner Weise davon). Günstigere Kooperationsvoraussetzungen dürften dagegen für eine (zumindest auch) konzeptionelle Verwendung bestehen, bei der es zu einer Veränderung der Einstellung oder Handlungsorientierung der PraktikerInnen kommt. Die instrumentelle Nutzung von

Forschungsergebnissen, bei der wissenschaftlich evaluierte Interventionsmethoden direkt umgesetzt werden, dürfte den Ansprüchen von WissenschaftlerInnen am ehesten entsprechen (und die größte Anerkennung ihrer Arbeit bedeuten).

Für den Diskurs zwischen Wissenschaft und Praxis in bezug auf die Qualitätssicherung ist es sicher nützlich, wenn PraktikerInnen die Wünsche der ForscherInnen kennen. Das Interesse von PraktikerInnen an einer Unterstützung ihrer Arbeit ist jedoch legitim und auch von kooperierenden ForscherInnen zu akzeptieren. Besserwisserische oder Dominanzansprüche von HochschulvertreterInnen – als habe man die Wahrheit gepachtet – scheinen in diesem Zusammenhang wenig nützlich. Zu einer angemesseneren Haltung gehört auch, daß die Grenzen der eigenen wissenschaftlichen Arbeit (z.B. die bisher unzureichende Forschung zur allgemeinen psychotherapeutischen Versorgung) eingestanden werden. Die Forschungsseite muß akzeptieren, daß die Relevanz ihrer Arbeit ganz wesentlich davon abhängt, ob die potentiellen NutzerInnen am Forschungsprozeß beteiligt sind und Interesse bzw. Bindung an dessen Ziele besteht. Evaluations- und Verwendungsforschung geben Anregungen dazu, wie die Kommunikation mit PraktikerInnen gerade von der Forschungsseite verbessert werden kann (vgl. Beelmann & Hamm, in Druck; Wittmann, 1985). Wittmann (1985) sieht eine wesentliche Voraussetzung für erfolgreiche Evaluationsforschung (die strukturell der Situation bei der Qualitätssicherung ähnelt) in einer gelungenen Rollenverteilung der Beteiligten (wie Auftraggeber, Programmentwickler, Aus- und Durchführende, betroffene KlientInnen und ForscherInnen). Um die Rollen klären zu können, ist eine möglichst explizite und konkrete Definition von Auftragstellung, Zielen der Beteiligten, Bezugspunkten und akzeptablem Aufwand sinnvoll. Qualitätssicherung hat immer auch bewertende Komponenten; deswegen ist davon auszugehen, daß kooperierende ForscherInnen bei vielen Beteiligten Ängste und direkte oder indirekte Abwehr auslösen. Dies gilt vor allem für psychotherapeutische Orientierungen, die Forschung und Wissenschaft traditionell eher kritischer gegenüberstehen (wie etwa große Gruppen psychoanalytisch orientierter PsychotherapeutInnen). Diese Bedenken sind keine individuelle Bösartigkeit oder Ignoranz, sondern strukturell bedingt und müssen – hat man ein echtes Interesse an der Zusammenarbeit – zunächst ausgeräumt werden. Hierzu hält Wittmann gerade eine Orientierung auf diejenigen für sinnvoll, die die größten Vorbehalte gegen eine Kooperation haben (weitere konkrete Hinweise finden sich bei Wittmann, 1985, S. 455ff.). Die Verwendungsforschung betont u.a. die Kommunikation zwischen AnwenderInnen und ForscherInnen. Insbesondere die zeitlich direkte, knappe und gut verständliche Darstellung von (Zwischen-)Ergebnissen – die günstigerweise mündlich erfolgen sollte – trägt zu einer besseren Rezeption von und größeren Bindung an die Forschung bei (vgl. Beelmann & Hamm, in Druck). Vauth (1995) greift für die Arbeit in Qualitätszirkeln auf die Lehr-Lern-Forschung zurück, um Problemstellungen kooperativ und unter einer Vielzahl von Perspektiven zu bearbeiten. Ziel seiner didaktischen Überlegungen ist es, zu einem moderierten (und moderierbaren) Konflikt beizutragen und die Abschottung der je eigenen Position zu verhindern (indem PraktikerInnen bei Schwierigkeiten konkret und fallbezogen unterstützt werden, mögliche Einwände antizipierend angesprochen und entsprechend bearbeitet werden). Über die Gestaltung der Kommunikation hinaus könnte möglicherweise auch eine Veränderung der strukturellen Rahmenbedingungen sinnvoll sein: Aus dem Wissen um die Probleme der Zusammenarbeit zwischen Wissenschaft und Praxis macht etwa der Britische National Health Service ForscherInnen die Auflage, bereits bei der Beantragung von Forschungsprojekten Vorstellungen darüber zu entwickeln, wie die Ergebnisse später in der Praxis verbreitet, gegebenenfalls in der Versorgung implementiert werden (vgl. auch Roth & Fonagy, 1996).

Entscheidend für die Kooperation von Praxis und Wissenschaft bei der Qualitätssicherung ist somit, wie gut es den Beteiligten – im Wissen um die eigenen Stärken und Grenzen – gelingt, im Gespräch zu bleiben, sich nicht a priori festzulegen oder während des Prozesses zurückzuziehen. Damit wird nicht nur die Arbeit an der Qualitätssicherung zur Aufgabe der PartnerInnen, sondern auch die aktive und reflektierte Herstellung und Aufrechterhaltung einer Kooperationsbasis.

Literaturverzeichnis

Beelmann, A. & Hamm, G. (in Druck). Psychotherapieforschung aus der Sicht der Praxis: Rezeption, Bedeutung, Kritik, Erwartungen. In H. Petzold & M. Märtens (Hrsg.), *Psychotherapieforschung und die Praxis der Psychotherapie*. Paderborn: Junfermann.

Berger, M. (1995). Qualitätssicherung – Eine Standortbestimmung. In H.-J. Haug & R.-D. Stieglitz (Hrsg), *Qualitätssicherung in der Psychiatrie* (S. 7–25). Stuttgart: Enke.

Bourdieu, P. (1992). *Homo Academicus*. Frankfurt: Suhrkamp.

Byalin, K. (1992). The Quality Insurance Dilemma in Psychiatry: A Sociological Perspective. *Community Mental Health Journal, 28*, 453–459.

Fachgruppe Klinische Psychologie der Deutschen Gesellschaft für Psychologie (1995). Stellungnahme zur Auseinandersetzung um Forschungsergebnisse zur Psychotherapie. *Zeitschrift für Klinische Psychologie, 24*, 229.

Feyerabend, P. (1977). *Wider den Methodenzwang*. Frankfurt: Suhrkamp.

Fiedler, P. (1996). Psychotherapie. In PVU-Team (Hrsg.), *Perspektiven der Psychologie* (S. 169–202). Weinheim: PVU.

Grawe, K. (1992). Psychotherapieforschung zu Beginn der neunziger Jahre. *Psychologische Rundschau, 43*, 132–162.

Grawe, K. & Braun, U. (1994). Qualitätskontrolle in der Psychotherapiepraxis. *Zeitschrift für Klinische Psychologie, 23*, 242–267.

Grawe, K., Donati, R. & Bernauer, F. (1994). *Psychotherapie im Wandel. Von der Konfession zur Profession*. Göttingen: Hogrefe Verlag für Psychologie.

Kordy, H. (1992). Qualitätssicherung. Erläuterungen zu einem Reiz- und Modewort. *Zeitschrift für psychosomatische Medizin und Psychoanalyse, 38*, 310–324.

Kriz, J. (1996). Grundfragen der Forschungs- und Wissenschaftsmethodik. In R. Hutterer-Krisch, J. Kriz, E. Parfy, U. Margreiter, W. Schmetterer & G. Schwentner (Hrsg.), *Psychotherapie als Wissenschaft – Fragen der Ethik* (S. 15–160). Wien: Facultas.

Leviton, L.C. & Hughes, E.F. (1981). Research on the Utilization of Evaluations. *Evaluation Review, 5*, 525–548.

Manteufel, A. & Schiepek, G. (1995). Das Problem der Nutzung neuer Systemtheorien in der klinischen Praxis. *Zeitschrift für Klinische Psychologie, Psychiatrie und Psychotherapie, 43,* 325–347.

Melnick, S.D. & Lyter, L.L. (1987). The Negative Impacts of Increased Concurrent Review of Psychiatric Inpatient Care. *Hospital and Community Psychiatry, 38,* 300–303.

Möller, H.-J. & Leimkühler, A.M. (1995). Qualitätssicherung in der psychiatrischen Forschung. In H.-J. Haug & R.-D. Stieglitz (Hrsg), *Qualitätssicherung in der Psychiatrie* (S. 63–91). Stuttgart: Enke.

Perrez, M. (1989). Psychotherapeutic methods between scientific foundation and everyday knowledge. *New Ideas in Psychology, 7,* 133–145.

Perrez, M. (1991). Wissenschaftstheoretische Grundbegriffe der klinisch-psychologischen Interventionsforschung. In M. Perrez & U. Baumann (Hrsg.), *Klinische Psychologie. Bd. 2: Intervention* (S. 51–63). Bern: Huber.

Roth, A. & Fonagy, P. (1996). *What works for whom?* New York: Guilford.

Selbmann, H.-K. (1990). Konzeption, Voraussetzung und Durchführung qualitätssichernder Maßnahmen im Krankenhaus. *Das Krankenhaus, 82,* 470–474.

Schulte, D. (1993). Wie soll Therapieerfolg gemessen werden? *Zeitschrift für Klinische Psychologie, 22,* 374–393.

Schulte, D. (1996). *Therapieplanung.* Göttingen: Hogrefe Verlag für Psychologie.

Trenckmann, U. & Spengler, A. (1995). Qualitätssicherung im psychiatrischen Krankenhaus – Möglichkeiten, Erfordernisse, Grenzen. In W. Gaebel (Hrsg.), *Qualitätssicherung im psychiatrischen Krankenhaus* (S. 28–36). Wien: Springer.

Vauth, R. (1995). Qualitätssicherung in der ambulanten Versorgung. Qualitätszirkel und ihr didaktisches Konzept. In H.-J. Haug & R.-D. Stieglitz (Hrsg), *Qualitätssicherung in der Psychiatrie* (S. 112–131). Stuttgart: Enke.

Westmeyer, H. (1995). Persönlichkeitspsychologie zwischen Realismus und Konstruktivismus. In K. Pawlik (Hrsg.), *Bericht über den 39. Kongreß der DGfP* (S. 748–753). Göttingen: Hogrefe Verlag für Psychologie.

Wittmann, W.W. (1985). *Evaluationsforschung.* Berlin: Springer.

Zielke, M. (1994). Basisdokumentation in der stationären Psychosomatik. In M. Zielke & J. Sturm (Hrsg.), *Handbuch stationäre Verhaltenstherapie* (S. 995–1007). Weinheim: PVU.

VIII.

Aspekte von Prozeß- und Ergebnisqualität

Qualitätszirkel und Projektgruppen im Bereich stationärer und ambulanter psychotherapeutischer Versorgung

Hans-Christof Gierschner & Klaus Piwernetz

Inhalt:

1. Definition von Qualitätszirkeln und Projektgruppen 547
2. Integration von Qualitätszirkeln in Qualitätssicherungskonzepte 550
3. Aufbau und Durchführung von Qualitätszirkeln und Projektgruppen 552
4. Arbeitsformen und Möglichkeiten der Qualitätsgruppenarbeit im stationären Bereich 553
5. Arbeitsformen und Möglichkeiten der Qualitätsgruppen im ambulanten Bereich 554
6. Möglichkeiten und Grenzen der Qualitätsverbesserung durch Qualitätszirkel und Projektgruppen 556

1. Definition von Qualitätszirkeln und Projektgruppen

Das Konzept der Qualitätsverbesserung durch Kleingruppen hat seinen Ursprung im Industriebereich. Es wurde dort schon Anfang der siebziger Jahre unter unterschiedlichen Bezeichnungen eingeführt. Im Dienstleistungsbereich konnte sich Qualitätsverbesserung durch Kleingruppen erst in den letzten zehn Jahren etablieren; im Gesundheitsbereich, d. h. in Kliniken, beobachtet man eine Zunahme in den letzten zwei bis vier Jahren.

Als *Qualitätszirkel* werden Kleingruppen von Mitarbeiterinnen und Mitarbeitern bezeichnet, die dauerhaft und regelmäßig zusammentreten, um Probleme ihres Arbeitsbereiches zu lösen. Die Gruppenteilnahme sollte auf freiwilliger Basis erfolgen. Die zu bearbeitenden Probleme sucht die Gruppe fortlaufend selbst aus, bearbeitet sie und macht Lösungsvorschläge. Die Sitzungen erfolgen in den Organisationen in der Regel während der Arbeitszeit (vgl. Kamiske & Bauer, 1995). Begrifflich hiervon zu unterscheiden sind *Projektgruppen*. Während Qualitätszirkel in den meisten Qualitätsmanagementsystemen von den direkten Vorgesetzten eingesetzt werden, werden Projektgruppen vom Qualitätsausschuß etabliert und berichten auch diesem. Projektgruppen werden für die Lösung eines spezifischen Problems gebildet, sind bereichsübergreifend zusammengesetzt, bearbeiten das Problem und sind in der Dauer ihrer Arbeit zeitlich begrenzt (häufig zwei bis sechs Monate). Das heißt, sie lösen sich nach der Bearbeitung der Probleme wieder auf.

Beide Gruppenformen können allgemein als „Qualitätsgruppen" bezeichnet werden. Beide Gruppen sollten von einem ausgebildeten Moderator geleitet werden und anstehende Probleme strukturiert bearbeiten. Die Phasen der strukturierten Problembearbeitung gehen aus Abbildung 1 hervor.

Abbildung 1: Schritte systematischer Problembearbeitung

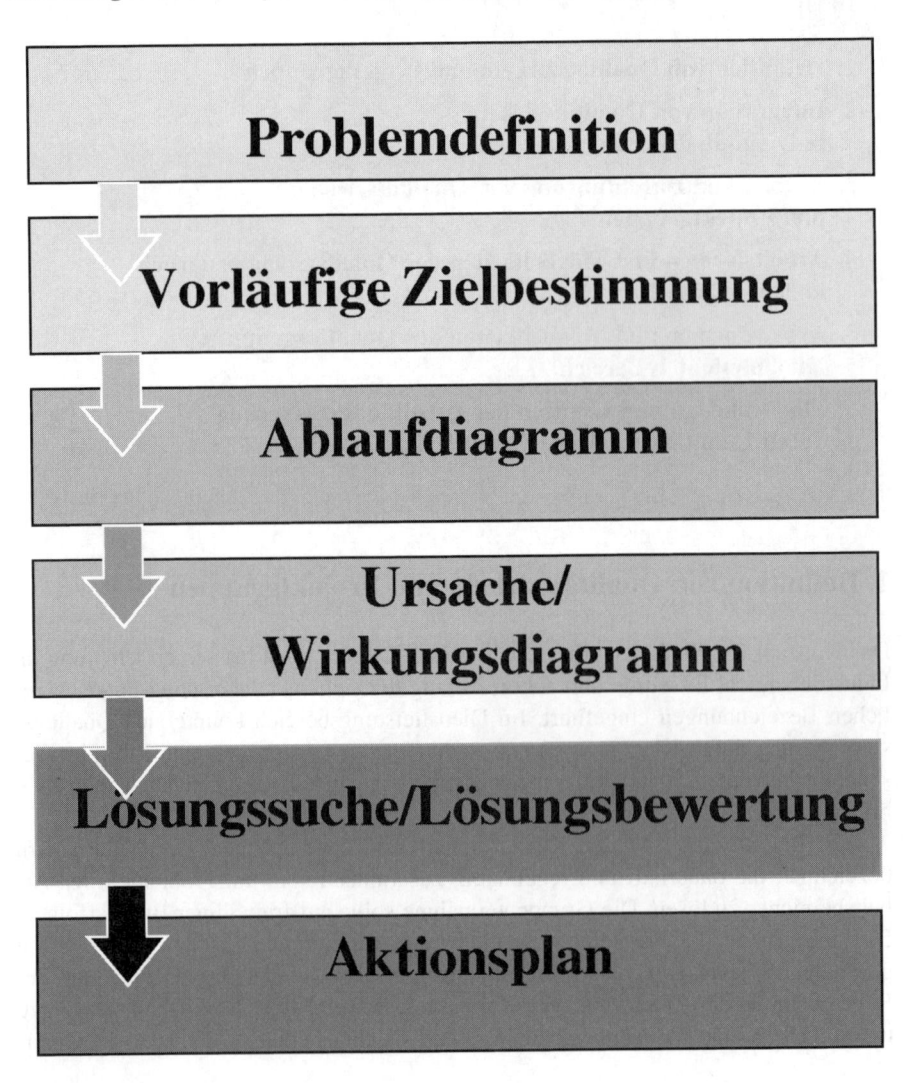

```
┌─────────────────────────────────────────┐
│         Problemdefinition               │
└─────────────────────────────────────────┘
              ▽
┌─────────────────────────────────────────┐
│      Vorläufige Zielbestimmung          │
└─────────────────────────────────────────┘
              ▽
┌─────────────────────────────────────────┐
│           Ablaufdiagramm                │
└─────────────────────────────────────────┘
              ▽
┌─────────────────────────────────────────┐
│              Ursache/                   │
│          Wirkungsdiagramm               │
└─────────────────────────────────────────┘
              ▽
┌─────────────────────────────────────────┐
│   Lösungssuche/Lösungsbewertung         │
└─────────────────────────────────────────┘
              ▽
┌─────────────────────────────────────────┐
│             Aktionsplan                 │
└─────────────────────────────────────────┘
```

Der Prozeß der strukturierten Problembearbeitung orientiert sich an Problemlöseschemata, die auch in anderen Bereichen Verwendung finden, z.B. bei der Problemlösung in der Psychotherapie (vgl. Bartling, Echelmeyer, Engberding & Krause, 1980).

In der Praxis werden die Begrifflichkeiten „Qualitätszirkel" und „Projektgruppe" oftmals heterogen, manchmal auch genau umgekehrt verwendet, was allerdings in der Konsequenz kaum inhaltliche Auswirkungen hat. Letztendlich ist es egal, ob die „Qualitätsgruppe" formal als Qualitätszirkel oder Projektgruppe bezeichnet wird.

Innerhalb der strukturierten Problembearbeitung der Gruppen werden weitere aus dem Qualitätsmanagement stammende Instrumente für die Problembearbeitung genutzt (Tabelle 1; vgl. auch Bruhn, 1996). Nachfolgend einige Beispiele:

Tabelle 1: Techniken zur Problembearbeitung in Qualitätsgruppen

Qualitätsmessung/ Fehleranalysen	Indikatorenbestimmung, Strichlisten, Paretodiagramme, Befragungen
Ursachenermittlung	Flußdiagramme (Flow Chart), Ursachen-/Wirkungsdiagramm (z.B. Ishikawa-Diagramm)
Qualitätsplanung/ Qualitätsverbesserung	Fehlermöglichkeits- u. Einflußanalyse (FMEA), Quality Function Deployment (QFD) Aktionsplan

Dies impliziert, daß sich der Moderator eines Qualitätszirkels nicht „nur" mit der allgemeinen Moderation einer Gruppe auskennen sollte, sondern auch die für die Gruppe geeigneten Instrumente des Qualitätsmanagements beherrschen und anwenden soll.

In der strukturierten Form der Problembearbeitung und der Ausrichtung einer Gruppe auf das Ziel der Qualitätsverbesserung liegt auch der Hauptunterschied zu anderen Formen der Arbeit in Gruppen. Es ist zwar sicherlich richtig, daß auch Teambesprechungen in einer Organisation wichtig sind und zur Qualität der Arbeit beitragen, sie sind aber dennoch keine Qualitätszirkel. Ebensowenig sind Selbsterfahrungs- oder Balintgruppen, Fortbildungsveranstaltungen oder Supervisionen als Qualitätszirkel zu bezeichnen, wobei die Trennung zu Supervisionsgruppen fließend sein kann, wenn diese strukturiert an der Qualität arbeiten. Die ausufernde Bezeichnung *jeder* Form von Gruppe, die potentiell zur Verbesserung der Arbeitsqualität beitragen könnte, als Qualitätszirkel, hat sicherlich zur Diskreditierung des Qualitätszirkelansatzes beigetragen, da in diesen Gruppen vielfach keine Qualitätsverbesserung erzielt wurde. Weiterhin sind diese Gruppen meist nicht im Sinne von „umfassendem Qualitätsmanagement" in ein Qualitätssicherungskonzept (vgl. Kapitel 2) integriert, was Veränderungsvorschläge der Gruppen im Alltag der Organisationen schnell scheitern läßt.

2. Integration von Qualitätszirkeln in Qualitätssicherungskonzepte

Qualitätszirkel und Projektgruppen sind die Grundbausteine von Qualitätsicherungskonzepten oder besser von Qualitätsmanagementkonzepten (DIN ISO 8402, 1992). Qualitätsmanagementsysteme sollen in der gesamten Organisation wirksam sein und werden im Krankenhausbereich als „Umfassendes Qualitätsmanagement" bezeichnet (im Industriebereich als „Total Quality Management", TQM). Ein Beispiel für ein solches System zeigt Abbildung 2. Im Prozeß „bottom up" erfolgt die Problembearbeitung durch die Gruppen, die im Prozeß „top down" von der Leitung initiiert wurden und (hoffentlich) weiter unterstützt werden. Für die Arbeit von Qualitätsgruppen sprechen folgende (Grund)überlegungen des Qualitätsmanagements:

- Produktions- und Dienstleistungsabläufe sollen von Anfang an so gestaltet werden, daß Fehler schon an ihren möglichen Entstehungsorten verhindert, minimiert oder entdeckt werden.
- Die Ausrichtung aller Prozesse erfolgt strikt kundenorientiert. Man unterscheidet interne und externe Kunden. Interne Kunden sind Empfänger einer Arbeitsleistung, die der Organisation angehören, z.B. Kollegen oder Vorgesetzte. Externe Kunden sind Empfänger von Leistungen außerhalb der Organisation, vor allem Patienten und Kostenträger. Die Verbesserung der Leistungen gegenüber internen Kunden führt zur Verbesserung der Leistungen gegenüber dem externen Kunden, der in der Regel am Ende der Prozeßkette steht.
- Nur diejenigen Mitarbeiterinnen und Mitarbeiter, die unmittelbar am Arbeitsablauf beteiligt sind, haben das notwendige Prozeßwissen, um Arbeitsabläufe zu optimieren und Fehler zu verhindern. Ein kontinuierlicher Verbesserungsprozeß (kurz KVP genannt) ist nur direkt und unmittelbar bei der Erzeugung des Produktes oder der Dienstleistung möglich.
- Qualität kann nicht „von oben" verordnet werden. Sie muß von den Ausführenden der Tätigkeiten erarbeitet und von ihnen vertreten werden.

Wenn auch die kontinuierliche Qualitätsverbesserung durch die „Basis" erfolgt, hat gleichwohl die Leitungsebene die Verantwortung für eine aktive Qualitätspolitik und für die Rahmenbedingungen, in denen die Arbeit in Qualitätszirkeln und Projektgruppen erfolgt.

Qualitätsgruppen sollten in diesem Rahmen teilautonomen Charakter haben, d.h. definierte Vollmachten zur Regelung von Problemen erhalten. Hierbei kann man u.a. an den Zugang zu bestimmten Informationen, begrenzte Budgets, eigenständige Untersuchungen oder Vollmachten für Ablaufänderungen in bestimmten Bereichen denken. Trotzdem durchbricht Qualitätsmanagement nicht die Verantwortung der direkt betroffenen Vorgesetzten. Die Gruppen sind immer berichtspflichtig gegenüber dem in der Organisation zuständigen Vorgesetzten oder dem Qualiätsausschuß. Sie können Entscheidungen nur in dem delegierten Rahmen treffen. Entsprechende Regelungen sollten beim Einsetzen einer Gruppe getroffen werden.

Abbildung 2: Beispiel eines Qualitätsmanagementsystems

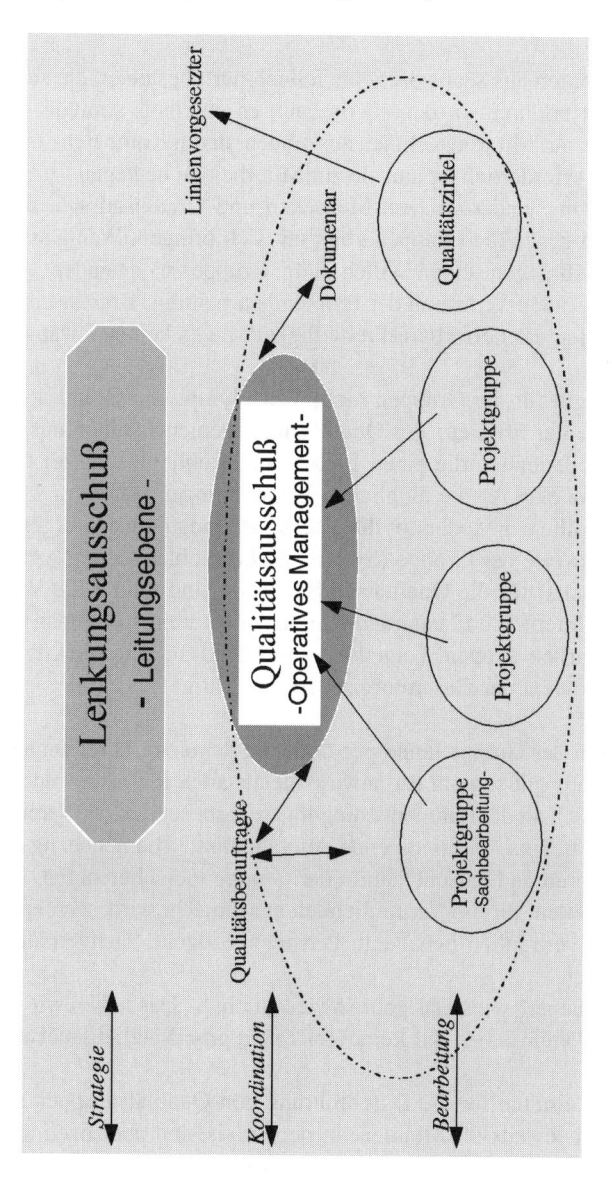

Anmerkungen: Die Qualitätspolitik und Strategie bestimmt die Klinikleitung. Im Bereich des mittleren Managements ist der Qualitätsausschuß tätig (operatives Management). Er bestimmt die Inhalte und die Umsetzung der Qualitätspolitik und koordiniert diese. Die Problembearbeitung erfolgt auf der Ebene der Qualitätsgruppen, die aus den direkt Betroffenen zusammengesetzt ist. Der Aufbau dieser Struktur erfolgt im Rahmen der Etablierung eines Qualitätsmanagementsystems.

3. Aufbau und Durchführung von Qualitätszirkeln und Projektgruppen

Die Gruppen sollten aus sechs bis zehn Teilnehmern bestehen, die sich freiwillig zur Mitarbeit bereit erklären. In der Praxis kann es durchaus sinnvoll sein, anfänglich „sanften" Druck auf MitarbeiterInnen auszuüben, deren Kompetenz in der Gruppe zur Problemlösung erforderlich ist, um sie zur Mitarbeit zu bewegen. Es ist nur natürlich, daß die Beharrungstendenzen von Menschen und Organisationen auch Ablehnung und Widerstand gegen die Gruppenarbeit mit sich bringen. Wenig sinnvoll ist es, jemanden dauerhaft gegen seinen Willen in die Gruppe zu entsenden. Insbesondere die kreativitätsfördernden Verfahren der Problembearbeitung (Brainstorming, Morphologischer Baukasten etc.) erfordern Freiwilligkeit, da es keinen Zwang zur Kreativität geben kann.

Ein Prinzip gilt für die Gruppen nicht: Der olympische Grundsatz „Dabeisein ist alles". Im Sinne der Effizienz des Qualitätsmanagements sollten nur diejenigen MitarbeiterInnen teilnehmen, die einen Beitrag zur Problemlösung leisten können oder deren Akzeptanz man für die möglichen Veränderungen benötigt.

Zu Beginn sollte der Moderator die Themenstellung (soweit vorgegeben) erläutern und die Arbeitsweise der Gruppe (Systematische Problemlösung, vgl. oben) vorstellen. Ausgangspunkt für die Qualitätsverbesserung sind immer die Wünsche und Erwartungen der internen und externen Kunden. Weiterhin sollte man sich auf Regeln der Zusammenarbeit einigen. Folgende Regeln sind für eine effektive Zusammenarbeit auch im Kontext der Gesamtorganisation wichtig:

1. Es werden in der Gruppe keine persönlichen Schuldzuschreibungen für Probleme getroffen. Dies gilt sowohl für anwesende als auch für abwesende Personen.
2. Alle halten sich an die Rahmenbedingungen, insbesondere an Vereinbarungen über pünktlichen Beginn, zu erledigende Aufgaben und Themenbezug der Diskussion.
3. Alle diskutieren und entscheiden in der Gruppe gleichberechtigt.
4. Angelegenheiten, für die Vertraulichkeit ausgemacht wird, werden auch von allen Mitgliedern vertraulich behandelt. Personenbezogene Sachverhalte gelten immer als vertraulich.
5. „Killerargumente" wie „Das geht sowieso nicht", „Das haben wir schon immer so gemacht", „Dafür haben wir keine Zeit" sind grundsätzlich unerwünscht.

Ein günstiger Zeitraum für die Durchführung von Qualitätsgruppen sind vierzehntägige Treffen für jeweils 90 Minuten. In der Praxis sind aber auch andere Varianten üblich, wie z.B. eintägige Problemlösungsworkshops, die ein Problem abteilungsübergreifend bearbeiten (vgl. Braun & Lawrence, 1997). Letztendlich wird sich die Festlegung solcher organisatorischer Rahmenbedingungen nach Größe und Struktur der Organisation, nach dem Tätigkeitsgebiet und der Beschaffenheit der Probleme richten müssen. So kann z.B. eine kleine Klinik Probleme damit haben, alle betroffenen Mitarbeiter und Mitarbeiterinnen im 14-tägigen Rhythmus zu versammeln.

Der Moderator hat die Verantwortung für die Zielerreichung der Gruppe im Sinne der Erarbeitung einer Problemlösung. Er/Sie sollte Moderationstechniken (z.B. Metaplantechnik) gut beherrschen, über gruppendynamische Interventionsmethoden verfügen und auf dem Kontinuum der Gruppenleitung von direktiv bis nondirektiv eher direktiv agieren.

Abbildung 3: Die Person des Moderators

Die Person des Moderators ...

- Organisiert die Gruppe
- Beherrscht Instrumente des Qualitätsmanagements
- Kann strukturiert arbeiten
- Ist von dem Ansatz überzeugt
- Verfügt über soziale Kompetenz
- Kann Gruppen aktiv lenken
- Hält sich inhaltlich zurück
- Hat Konfliktlösungsfähigkeiten
- Wird von Teilnehmer akzeptiert
- Kann Gruppe begeistern

Beherrscht den Drahtseilakt zwischen Lenkung und kreativer Freiheit!

Dies impliziert, daß er einerseits die Gruppe in ihrer Arbeit stringent führt, andererseits sich inhaltlich zurückhält und die Möglichkeiten der Gruppenmanipulation durch gesteuerten Einsatz der Moderationsinstrumente nicht ausnutzt. Dies würde dem Prinzip der besten Problemlösung durch Ausnutzung aller vorhandener Kompetenzen entgegenstehen und die Gruppe langfristig zu Widerstand gegen die Gruppenleitung und gegen die gesamte Gruppenarbeit veranlassen.

4. Arbeitsformen und Möglichkeiten der Qualitätsgruppenarbeit im stationären Bereich

Im stationären Bereich der Psychotherapie, in größeren Beratungsstellen und allen Organisationen, in denen eine psychotherapeutische oder psychosoziale Versorgung erfolgt, können Qualitätsgruppen, wie in Kapitel 2 beschrieben, als integrierter Bestandteil eines Qualitätsmanagementsystems Probleme bearbeiten.

Beispiele solcher Projekte im Krankenhausbereich sind zwar noch nicht zahlreich, aber vorhanden (z.B. das Projekt „Vertrauen durch Qualität" der städtischen Kliniken München, vgl. Hindringer & Piwernetz, 1995) und werden von den Rentenversicherungsträgern im Fünf-Punkte-Programm zur Qualitätssicherung in der Rehabilitation ausdrücklich gefordert und in einigen Kliniken umgesetzt (vgl. Böselt & Piwernetz, 1994). Eine breite Realisierung ist bislang in der Praxis nicht erfolgt.

> *Praxisbeispiel eines Gruppenthemas*:
> *In der Praxis sind z.B. Aufnahme (vgl. Döring, 1996), Therapieplanung, Visiten und Entlassungsberichte in vielen Organisationen „Dauerbrenner", die in Projektgruppen angegangen werden können. Eine Projektgruppe aus Ärzten, Psychologen, Pflegepersonal und Verwaltung kann gebildet werden, die das jeweillige Problem analysiert, mögliche Ursachen ermittelt und Lösungsvorschläge macht. Der Lösungsvorschlag wird an den Qualitätsausschuß weitergeleitet, der über die Umsetzung (in Absprache mit den Linienverantwortlichen) entscheidet oder eine Empfehlung an die Entscheidungsverantwortlichen gibt. Der letztendlich Entscheidungsverantwortliche sollte sich nur aus zwingenden Gründen über den Vorschlag der Gruppen hinwegsetzen und eine Ablehnung in jedem Fall begründen. In der Problembearbeitung werden Kreativitätstechniken und Techniken der systematischen Problemlösung eingesetzt. Die Moderation sollte ein entsprechend ausgebildeter Mitarbeiter übernehmen; Fachvorgesetzte von Gruppenmitgliedern sind in der Moderatorenrolle ungünstig. Sie sollten die formale Gruppenleitung (Begrüßung, Außenvertretung) ausüben.*

Besonders wichtig ist die Unterstützung der Gruppenarbeit durch die Leitungsebene der Organisation, denn jeder Versuch von Änderungen in Organisationen verursacht zwangsläufig auch Widerstand. Die Gruppen werden umso motivierter und erfolgreicher arbeiten, je mehr sie die Erfahrung machen, von der Leitung unterstützt zu werden und durch ihre Arbeit reale Verbesserungen für die Organisation und für sich zu erzielen. Insofern ist die Umsetzung der Gruppenergebnisse von zentraler Wichtigkeit.

Sowohl im stationären wie auch im ambulanten Bereich sollten die Qualitätszirkel längerfristig auf der Basis aktueller und verläßlicher Daten an der momentanen Qualität der Organisation arbeiten. Dies bedarf der fortlaufenden standardisierten Dokumentation. Die Grundlagen hierfür müssen zum Teil erst erarbeitet bzw. zusammengetragen werden. Eine gute Grundlage für psychiatrische Kliniken liefert der Leitfaden zur Qualiätsbeurteilung in psychiatrischen Kliniken des Bundesministeriums für Gesundheit (BMG, 1996). Eine Evaluierung der Effektivität der Gruppenarbeit muß fortlaufend erfolgen, denn dauerhaft können Qualitätszirkel und Projektgruppen nur dann gewinnbringend für die Organisation und zufriedenstellend für die Teilnehmer sein, wenn die Probleme effektiv bearbeitet werden. Ein Qualitätsmanagementsystem mit Gruppen, die vorwiegend den Charakter kollegialer Gespräche „über Gott und die Welt" haben, sind schnell als „Laberbuden" verschrieen und werden sowohl bei den Kollegen als auch bei der Leitungsebene mit Recht nicht mehr in der Arbeitszeit akzeptiert.

5. Arbeitsformen und Möglichkeiten der Qualitätsgruppen im ambulanten Bereich

Auch im ambulanten Bereich ist die Arbeit von Qualitätszirkeln möglich, wenn sie auch zunächst schwieriger erscheint. Die Teilnehmer kommen zwar nicht aus einem Arbeitsbereich, haben aber gleiche Arbeitsinhalte. Es können sich z.B. einzelne, selbständig arbeitende Therapeuten aus unterschiedlichen Praxen regional zu einer Gruppe zusammenfinden, um an Qualitätsproblemen gemeinsam zu arbeiten. Wenn sie in Form einer strukturierten Problembearbeitung unter Moderation vorgehen, bezeichnen sie sich mit Recht als Qualitätszirkel. Ansätze dieser Art gibt es seit längerer Zeit auf Ebene der kassenärztlichen Vereinigungen. Hier werden Ärzte von der KBV aufgefordert, Qualitätssicherung durch kollegial zusammengesetzte Qualitätszirkel zu betreiben (vgl. Qualitätssicherungs-Richtlinie der KBV nach § 135 Abs. 3, SGB V). Konzepte zur Strukturierung der Gruppenarbeit stehen aus Erfahrungen in diesem Bereich zur Verfügung (vgl. Häussler, Nolting & Schmidt, 1997). Im Curriculum der Bundesärztekammer für Ärztliches Qualitätsmanagement (1996) ist die Arbeitsform ebenfalls ausdrücklich angeführt.

> *Praxisbeispiel eines Gruppenthemas:*
> *Es können z.B. unterschiedliche Therapeuten zunächst für eine bestimmte Diagnose auf dem Stand der Wissenschaft und ihrer Kenntnisse gemeinsam Diagnosekriterien entwickeln und die notwendigen Behandlungsleitlinien erarbeiten bzw. in die Praxis übertragen. Für eine Reihe von „somatischen" Krankheitsbildern liegen solche Leitlinien über die Fachgesellschaften schon vor, im psychotherapeutischen Bereich steht die Konsensbildung oftmals noch am Anfang. Aufbauend auf diesen Leitlinien werden die Behandlungen zukünftig durchgeführt (oder alte Therapieunterlagen analysiert). Zukünftige Therapien werden in standardisierter Form durch die Gruppenteilnehmer dokumentiert. Die Ergebnisse, u.U. auch Zwischenergebnisse (intermediate outcomes), werden miteinander in der Gruppe verglichen (Benchmarking[1]). Ziel ist es, die besten Ergebnisse zu ermitteln, um von den Besten zu lernen und deren Erfahrungen fortlaufend zu übertragen. Wenn dieser Vergleich in ein fortdauerndes „monitoring" übertragen wird, ist ein Qualitätssicherungssystem über die Zirkelarbeit hinaus etabliert worden.*

Neben der Qualität der Moderation und der Strukturierung der Problembearbeitung ergeben sich für diese Gruppen mehrere Schwierigkeiten:

- Grundlage der Qualitätszirkelarbeit sollten möglichst abgesicherte Daten über Behandlungen und Behandlungsergebnisse sein. Dies wiederum bedarf einer standardisierten Dokumentation, die größtenteils bisher nicht vorhanden ist bzw. nicht durchgeführt wird. Der Aufbau von Benchmarkingverfahren über die Auswertungen standardisierter Dokumentationen bietet sich hierfür an und kann den Therapeuten zusätzliche Informationen über ihre Optimierungspotentiale geben. Dies erfordert aber Problemeinsicht und weitgehende Offenheit in der Gruppe.
- Die Übertragung der Problemlösungsergebnisse müssen die einzelnen Teilnehmer in ihren Praxen individuell vornehmen. Da die nötigen Veränderungen in der Regel

---

1. Unter Benchmarking versteht man den Vergleich unterschiedlicher Einrichtungen oder Therapeuten auf Basis einer standardisierten Dokumentation und Datenauswertung. Es sollte zunächst anonym erfolgen, d.h. jeder kennt nur seine eigene Position in der Rangreihe.

von den situativ unterschiedlichen Bedingungen der einzelnen Praxen abhängig sind, entstehen hier oftmals Umsetzungsschwierigkeiten.
- Es ist für die Teilnehmer nicht unproblematisch, wenn sie u.U. dem direkten Konkurrenten in ihrer Region ihre Schwächen offenlegen sollen oder Tips für eine Verbesserung für dessen Arbeit geben müssen.
- Die Erarbeitung gemeinsamer Diagnose- und Therapiestandards unter Berücksichtigung des aktuellen wissenschaftlichen Forschungsstandes ist in der Psychotherapie in Anbetracht der unterschiedlichen Therapieschulen sicherlich noch schwieriger als in der somatischen Medizin, obwohl auch dort in vielen Fragen keine Einigkeit herrscht.
- Es ist unbestreitbar, daß der Erfolg einer Psychotherapie auch entscheidend von der Person des Therapeuten abhängt. Diesen zu „standardisieren" wird kaum möglich sein. Trotzdem kann man aber mit Sicherheit gemeinsame Standards darüberhinaus bestimmen.

Sicherlich ist der Ansatz, über die kollegiale Fallsupervision hinaus Probleme der Diagnostik und Behandlung, aber auch des Praxisablaufs und Praxismanagements in regionalen Qualitätszirkeln zu lösen, grundsätzlich auch für psychotherapeutische Praxen sinnvoll. Insbesondere, da – ähnlich den Ärzten- ansonsten die psychotherapeutische Praxisarbeit zum Einzelkämpfertum führen kann.

Die Erfolge dieser Arbeit hängen, dies liegt in der Natur der Sache, von der praktischen Umsetzung vor Ort ab. So gibt es eine Reihe ärztlicher Qualitätszirkel, die über positive Resultate berichten (vgl. Bahrs, Gerlach & Szecsenyi, 1995) aber es gibt auch viel Frustration über ineffektiv gestaltete Zusammenkünfte.

6. Möglichkeiten und Grenzen der Qualitätsverbesserung durch Qualitätszirkel und Projektgruppen

Im Bereich der stationären Therapie ist die Arbeit in Qualitätsgruppen als Bestandteil eines funktionierenden Qualitätsmanagementsystems nach dem heutigen Stand der Forschung ein unverzichtbares Muß. Das Ausmaß der Arbeit, die Häufigkeit der Zusammenkünfte der Qualitätsgruppen etc. müssen von den Rahmenbedingungen der Organisation abhängig gemacht werden. Auf jeden Fall sind sie für eine hohe Problemlösungsqualität und für die Akzeptanz von Veränderungen bei den Betroffenen notwendig. Dabei sollte nicht nur der enge Bereich der Therapie, sondern im Sinne von „Umfassendem Qualitätsmanagement" auch der organisatorische Ablauf, die Kommunikation und Zusammenarbeit sowie Management und Verwaltung der Organisation zum Thema gemacht werden. Qualitätsgruppen sind Elemente der kontinuierlichen Qualitätsverbesserung. Sie dienen nicht dazu, umfangreiche Ablauforganisationen gänzlich neu zu gestalten. Hierfür wäre ein Reengineering-Ansatz[2] zu wählen, der natürlich mit Qualitätsmanagement verbunden werden kann.

---

2. Reengineering bedeutet die *Neukonstruktion* des Prozeßablaufes im Unterschied zur Verbesserung eines schon bestehenden Prozesses.

Voraussetzung für die effektive Arbeit von Qualitätsgruppen ist die Unterstützung durch die Führungsebene und die Glaubwürdigkeit der Führung hinsichtlich ihres Willens zur Veränderung der Organisation und zur Mitgestaltungsmöglichkeit der Mitarbeiterinnen und Mitarbeiter. Wo die Geschäftsführung keine Veränderungsbereitschaft besitzt, ist Qualitätsgruppenarbeit für die Mitarbeiter demotivierend und der Ressourceneinsatz unsinnig. Grenzen hat die Qualitätsgruppenarbeit auch dort, wo unmittelbar Arbeitsplätze zur Disposition stehen. Man wird Mitarbeiter zu einer Umgestaltung und Veränderung ihres Arbeitsbereiches motivieren können (wenn auch dies oftmals schwer genug ist). Man wird sie nicht dazu bringen können, sich durch ihre Gruppenarbeit selbst wegzurationalisieren.

Qualitätsgruppen im ambulanten Bereich sind ein guter Ansatz, der Vereinzelung der Therapeuten in ihrer täglichen Arbeit zu begegnen. Sie müssen strukturiert ablaufen und sollten ebenfalls auf systematische Dokumentationsdaten zurückgreifen. Nur dann leisten sie einen langfristig wirksamen Beitrag zur Qualitätsverbesserung. Sie haben ihre Grenzen in der oben schon angesprochenen unmittelbaren Konkurrenz der einzelnen beteiligten Praxeninhaber.

Abschließend kann man zusammenfassen, daß die Arbeit von Qualitätszirkeln und Projektgruppen für das Qualitätsmanagement in der Psychotherapie und psychosozialen Versorgung ein Ansatz ist, der weiter positiv ausgebaut werden sollte. Dafür wäre aber zunächst mehr Aufklärungsarbeit über Qualitätsmanagement insgesamt nötig, um Qualitätszirkel nicht weiter dadurch in Veruf zu bringen, daß völlig andere Gruppenformen unter dieser „Fahne" mitsegeln.

Literaturverzeichnis

Bahrs, O., Gerlach, F.M. & Szecsenyi (Hrsg.). (1995). *Ärztliche Qualiätszirkel*. Köln: Deutscher Ärzteverlag.
Bartling, G., Echelmeyer, L., Engberding, M. & Krause, R. (1980). *Problemanalyse im therapeutischen Prozeß*. Stuttgart: Kohlhammer.
Böselt, G. & Piwernetz, K. (1994). Total Quality Management in der stationären Rehabilitation. *f & w – führen und wirtschaften im Krankenhaus, 11*, 514–518.
Braun, K. & Lawrence, Ch. (1997). *TQM-Trainer*. München: Hanser.
Bruhn, M. (1996). *Qualitätsmanagement für Dienstleistungen. Grundlagen, Konzepte, Methoden*. Berlin: Springer.
Bundesärztekammer, Kassenärztliche Bundesvereinigung, Arbeitsgemeinschaft der wissenschaftlich medizinischen Fachgesellschaften (Hrsg.). (1996). *Curriculum Qualitätssicherung, Ärztliches Qualitätsmanagement*. Köln: Bundesärztekammer.
Bundesministerium für Gesundheit (Hrsg.). (1996). *Leitfaden zur Qualitätsbeurteilung in Psychiatrischen Kliniken*. Baden-Baden: Nomos.
Döring, P. (1996). Qualitätskontrolle versus (Total-) Quality Management. *Praxis der Klinischen Verhaltensmedizin und Rehabilitation, Heft 35*, 216–219.
Häussler, B., Nolting, H.-D. & Schmidt, D. (1997). *Ergebnisse eines strukturierten Programms der Qualitätssicherung in der ambulanten Versorgung*. Beitrag auf

dem GQMG (Gesellschaft für Qualitätsmanagement in der Gesundheitsversorgung e.V.) Kongreß, 18.–19. April 1997, Bielefeld.

Hindringer, B. & Piwernetz, K. (1995). Qualitätsmanagement im Krankenhaus. Das Projekt „Vertrauen durch Qualität" im Krankenhaus München-Neuperlach. In B. Hindringer, W. Rothballer & H. J. Thomann (Hrsg.), *Qualitätsmanagement im Gesundheitswesen, 04120* (S. 1–33). Köln: TÜV Rheinland.

Kamiske, G.E. & Bauer, J-P. (1995). *Qualitätsmanagement von A-Z* (2. Aufl.). München: Carl Hanser.

Ergebnisqualität –
Reichweite eines Konzeptes
in Psychiatrie und Psychotherapie

Walter Spöhring & Matthias Hermer

Inhalt:

1. Qualitätssicherung in der Psychiatrie:
   Bisherige Entwicklungen 559
2. Gesamtqualität und Finanzierung 562
3. Notwendigkeit von Ergebniskontrolle 563
4. Bereiche der Ergebnisqualität
   in der Psychiatrie/Psychotherapie 565
5. Schwierigkeiten einer Ergebniskontrolle 567
6. Bewertung und Ausblick 570

1. Qualitätssicherung in der Psychiatrie: Bisherige Entwicklungen

„Qualitätssicherung" – oder wie es heute umfassender heißt: „Qualitätsmanagement" – hat seit 1993 in der Psychiatrie Konjunktur. Zunächst befaßten sich zwei große Träger psychiatrischer Krankenhäuser (der Landeswohlfahrtsverband/LWV Hessen und der Landschaftsverband Westfalen-Lippe/LWL) mit dem Thema und legten dokumentierte Arbeitsergebnisse vor (Kunze & Kaltenbach, 1994; Landeswohlfahrtsverband Hessen, 1995, 1996; Arbeitsgruppe Qualitätssicherung, 1995). Sodann nahm sich die Deutsche Gesellschaft für Psychiatrie, Psychotherapie und Nervenheilkunde (DGPPN) des Themas an und gründete ein „Referat Qualitätssicherung" mit sieben spezialisierten Untergruppen, von denen besonders die von C. Cording (Regensburg) geleitete Gruppe „Basisdokumentation und Ergebnisqualität" von sich Reden machte und im Januar 1995 einen Merkmalskatalog und ein Konzept für eine neue psychiatrische Patienten-Basisdokumentation vorlegte (Cording, Gaebel, Dilling & Wolpert, 1994; Cording et al., 1995; Gaebel & Wolpert, 1994). Die „Bundesdirektorenkonferenz" der ärztlichen Leiter[1] psychiatrischer Krankenhäuser führte im Juni 1994 in

---

1. Die weibliche Form „Leiter/-in", „Mitarbeiter/-in", „Patient/-in" usw. ist hier und im folgenden immer mit gemeint.

Düsseldorf ein Symposium zum Thema „Qualitätssicherung im psychiatrischen Krankenhaus" durch. Im Jahr 1995 wurden drei deutschsprachige Sammelbände zum Thema veröffentlicht (Gaebel, 1995; Haug & Stieglitz, 1995; Hermer, Pittrich, Spöhring & Trenckmann, 1995). Das Bundesministerium für Gesundheit (BMG) setzte 1994 eine bei der Aktion Psychisch Kranke angesiedelte Projektgruppe unter der Leitung von H. Kunze und L. Kaltenbach zur internen Qualitätssicherung in der Psychiatrie ein, die im Mai 1996 ihren „Leitfaden zur Qualitätsbeurteilung in psychiatrischen Kliniken" öffentlich präsentierte (Bundesministerium für Gesundheit, 1996). Die Bundesarbeitsgemeinschaft (BAG) der öffentlich-rechtlichen Träger psychiatrischer Krankenhäuser hatte 1993/94 ebenfalls eine Expertengruppe zum Thema tagen lassen.

Entsprechend den §§ 112, 137 des Fünften Sozialgesetzbuches (SGB V) müssen zwischen der Leistungsanbieterseite (vertreten durch die Deutsche Krankenhausgesellschaft/DKG) und der Leistungsträgerseite (Spitzenverbände der gesetzlichen Krankenversicherung/GKV) unter Beteiligung der Ärztekammern und der Berufsvereinigungen der Krankenpflegekräfte „zweiseitige Verträge" über qualitätssichernde Maßnahmen im Krankenhaus abgeschlossen werden. 1995/96 griff die DKG das Thema auf und setzte eine Kommission „Qualitätssicherung in der Psychiatrie" ein. Von dieser Kommission wurde die DGPPN unter der Leitung von W. Gaebel (Düsseldorf) mit der Erarbeitung der Konzeption für ein „Modellprojekt zur externen Qualitätssicherung in der stationären psychiatrischen Versorgung gem. § 137 SGB V" zur Tracerdiagnose[2] Schizophrenie beauftragt. Nach Abstimmung der Projektkonzeption in der Kommission wird das Vorhaben durch eine finanzielle Förderung durch das BMG in zunächst vier Modelleinrichtungen während sechs Monaten Laufzeit und dann in zehn Einrichtungen während eines Jahres erprobt (insgesamt für zwei Jahre bis 1998). Ziel des Projektes ist es, eine fachliche und praktikable Grundlage für die Aushandlung von zweiseitigen Verträgen über extern qualitätssichernde Maßnahmen in der Psychiatrie *von seiten der Leistungsanbieter* zu erarbeiten.

Seit April/Mai 1996 führt im Auftrag des BMG eine Arbeitsgemeinschaft unter Führung der Aktion Psychisch Kranke (unter Beteiligung der DKG und der Spitzenverbände der GKV) eine Erhebung in psychiatrischen Krankenhäusern zur Evaluation der Psychiatrie-Personalverordnung (PsychPV) von 1990 durch, die in den Jahren 1991 bis 1995 in fünf Teilschritten umgesetzt worden ist. Diese Evaluation beschränkt sich aber weitgehend auf die Erhebung von globalen Struktur- und Leistungsdaten in den Kliniken und untersucht nicht die Prozeßqualität danach, ob die von den Krankenkassen nach Maßgabe der PsychPV bezahlten Leistungen am einzelnen Patienten tatsächlich erbracht werden oder gar, in welcher Güte dies der Fall ist – wie es unter dem Blickwinkel des Qualitätsmanagements zu erwarten gewesen wäre.

Im Vergleich zu einigen somatischen Medizinfächern (Neonatalogie, Geburtshilfe, Herzchirurgie u.a.) hat sich die Psychiatrie in Deutschland erst später auf die Neuentwicklung und Systematisierung zumindest von extern qualitätssichernden Maßnah-

---

2. Die Tracer-Methode als Kernstück einiger klassischer Ansätze zur Qualitätssicherung im Krankenhaus bedeutet verkürzt etwa folgendes: Anhand der Daten über die Behandlungsergebnisse bei einzelnen beispielhaft ausgewählten Fallgruppen (z.B. Cholezystektomie-Operationen) werden Behandlungseinrichtungen (z.B. Krankenhäuser) in eine Rangreihe gebracht und bewertet (vgl. ausführlicher: Paschen & Vitt, 1992).

men eingelassen, die in ein zwischen der Leistungsträger- und Leistungsanbieterseite gemäß §§ 112, 137 SGB V zu vereinbarendes Verfahren einmünden sollen (vgl. den Überblick des Instituts für medizinische Informationsverarbeitung 1994 von Selbmann, Pietsch-Breitfeld, Blumenstock, Geraedts, Krumpaszky & Schelp, 1994; 3 von 77 aufgeführten Maßnahmen der medizinischen Qualitätssicherung fanden im Bereich Psychiatrie und Psychotherapie statt). Allerdings hat es in den Versorgungseinrichtungen auch bereits *vor* Einsetzen des vermeintlichen Novums „Qualitätssicherung" derartige Maßnahmen gegeben, die der internen Qualitätssicherung oder der externen Kontrolle durch den Krankenhausträger dienten. Sie zeigen, daß Qualitätssicherung nicht gänzlich neu ist. Beispielhaft seien nur genannt:

- Dokumentation, Überwachung und Meldung von Medikamentenvergaben,
- Dokumentation und Überwachung von Patienten-Fixierungen und -Isolierungen,
- gemeinsame Visiten am Krankenbett unter Beteiligung mehrerer Ärzte bzw. mehrerer therapeutischer Berufsgruppen und des Pflegepersonals,
- Dokumentation und Evaluation des Behandlungs- und Pflegeplans und der daraus abgeleiteten einzelnen therapeutischen und pflegerischen Maßnahmen,
- Fort- und Weiterbildung des Personals,
- Fall- und Teamsupervision,
- Erfassung und Bearbeitung von Patientenbeschwerden,
- Erfassung und Bearbeitung von „besonderen Vorkommnissen" (z. B. Patientensuiziden, Suizidversuchen, Gewalthandlungen) in den Kliniken.

In der letzten Zeit wird in einigen innovativ orientierten psychiatrischen Krankenhäusern mit Verfahren experimentiert, die teilweise aus dem industriellen Qualitätsmanagement stammen:

- *Qualitätszirkel:* In zeitlich befristeten, nicht-hierarchischen Gruppen erarbeiten Mitarbeiter unterschiedlicher Berufsgruppen gemeinsam praktische Vorschläge zur Verbesserung ihrer täglichen Arbeit, insbesondere zur Vermeidung von Fehlern oder organisationsbedingten Reibungsverlusten.
- *Personalrotation:* Um ein Erstarren in der Alltagsroutine oder das häufig angesprochene „Ausbrennen" der Mitarbeiter im Umgang mit den Patienten zu vermeiden oder ihm abzuhelfen, wechseln Beschäftigte je nach den arbeitsorganisatorischen Möglichkeiten und je nach ihrem persönlichen Wunsch den Arbeitsplatz (die Station, die Abteilung, die Einrichtung).
- *Patientenbefragungen:* In Analogie zur Ermittlung der „Kundenzufriedenheit" werden Patienten bzw. Nutzer von Krankenhäusern und psychosozialen Diensten – meist zum Zeitpunkt der Beendigung der Behandlung oder Betreuung – anonym und schriftlich über ihre Zufriedenheit mit der erfahrenen Versorgung in ihren unterschiedlichen Dimensionen (Therapie, Pflege, persönlicher Umgang, Zusammenarbeit, räumliche Unterbringung, Stationsordnung, Verpflegung u.a.) befragt. Hieraus sollen Ansatzpunkte für mögliche Verbesserungen des Arbeitsablaufes sowie auch Informationen über die relative Zufriedenstellung der Patienten im Vergleich zu anderen Einrichtungen oder Stationen gewonnen werden. Bei den Mitar-

beitern soll durch eine derartige Rückmeldung ein stärkeres Qualitätsbewußtsein in der Arbeit bewirkt werden.
- *Mitarbeiterbefragungen:* Aus der Erkenntnis heraus, daß neben der zahlenmäßigen Ausstattung mit Personal und der beruflichen Qualifikation vor allem das Engagement, die Arbeitsmotivation und Arbeitsfreude der Beschäftigten entscheidende Faktoren guter Prozeßqualität sind, wird versucht, auf dem Wege von anonymen und schriftlichen Befragungen der Mitarbeiter Anlässe für Unzufriedenheit des Personals, aber auch auszubauende Stärken und Ressourcen der Arbeitsorganisation zu ermitteln.

2. Gesamtqualität und Finanzierung

Ein *Dilemma* der Qualitätssicherung in der Psychiatrie unter den in Deutschland vorherrschenden institutionellen und leistungsrechtlichen Rahmenbedingungen besteht zwischen der Krankenhaus- bzw. Institutionenorientierung einerseits und dem gemeindepsychiatrischen Verbund als angestrebtem Versorgungsnetz andererseits. Betrachtet man das System „psychiatrisches Krankenhaus" isoliert, bedeutet das Bemühen um Qualitätssicherung, daß die Behandlung und Versorgung während des stationären Aufenthaltes des Patienten in ihren Voraussetzungen (Strukturqualität), Abläufen (Prozeßqualität) und ihren Resultaten (Ergebnisqualität) optimiert werden sollen. Für den Nutzer viel maßgeblicher als die isolierte Qualität eines Teilsystems ist jedoch die *Gesamtqualität* der persönlich erfahrenen Behandlung und Betreuung über alle Dienste und Einrichtungen hinweg (Hausarzt, niedergelassener Psychiater, sozialpsychiatrischer Dienst, Suchtberatungsstelle, Allgemeinkrankenhaus, psychiatrisches Fachkrankenhaus, Rehabilitationseinrichtung u.a.). Diese „Gesamtqualität" wird durch die Einzelqualitäten jedes beteiligten Dienstes und jeder beteiligten Einrichtung positiv gefördert, hängt aber wesentlich von der guten Kooperation zwischen den einzelnen Elementen ab, die zeitgerechte und bruchlose Übergänge gewährleisten und damit eine fallbezogene „Vernetzung" herstellen soll. Die DGVT unterscheidet insofern zwischen einer partikularen „Qualitätssicherung der Behandlung" (bzw. der Einrichtung) und einer übergreifenden „Qualitätssicherung der Versorgung" (Deutsche Gesellschaft für Verhaltenstherapie, 1997).

Aus diesem Dilemma ergibt sich als Konsequenz, daß jeder einzelne Dienst zwar seine Struktur- und Prozeßqualität lenken kann und vielleicht auch die punktuelle Ergebnisqualität, gemessen zum Zeitpunkt des Behandlungsendes durch diesen Dienst in dieser Episode (im psychiatrischen Krankenhaus: bei der Entlassung). Werden die Ergebnisse eines Behandlungs- und Betreuungsprozesses jedoch in einem übergreifenden zeitlichen Zusammenhang betrachtet – z. B. der gesundheitliche und allgemeine Sozialstatus ein Jahr nach der Entlassung –, kann das Meßergebnis sehr viel stärker von der Prozeßqualität der nachbetreuenden Dienste als von der Prozeßqualität der stationären Behandlung selbst beeinflußt worden sein.

Obwohl die Bundespflegesatzverordnung in ihrer Neufassung von 1995 gemäß § 7 Abs. 1 Ziff. 1 und § 11 Abs. 4 (Fallpauschalen und Sonderentgelte) vorsieht, daß Zuschläge zu den Tagespflegesätzen für qualitätssichernde Maßnahmen zwischen den

Verhandlungspartnern vereinbart werden können, sind die Krankenkassen zumindest in Westfalen-Lippe bisher nicht bereit, sich zusätzliche Maßnahmen der Qualitätssicherung in der Psychiatrie auch zusätzlich etwas kosten zu lassen.[3]

3. Notwendigkeit von Ergebniskontrolle

Eine Übereinstimmung der Fachleute besteht derzeit nur darin, daß Erfolgskontrollen der Leistungen des Gesundheitssystems heute unverzichtbar geworden sind und einen höheren Stellenwert als in der Vergangenheit gewonnen haben. Zur Begründung dieser (neuen) Sichtweise können rechtliche, ökonomische, fachliche und psychologische Argumente angeführt werden.

In *rechtlicher* Hinsicht schreibt § 137 SGB V den Krankenhäusern vor, sich an Maßnahmen zur Qualitätssicherung zu beteiligen, die sich auch auf die Behandlungsergebnisse erstrecken und vergleichende Prüfungen erlauben sollen.

In *ökonomischer* Hinsicht wird zur Zeit ein bisher nicht bekannter Kostendruck auf die Anbieter von Gesundheitsdienstleistungen ausgeübt. Ressourcen, die bisher oftmals ein erhebliches Wachstum aufwiesen (allein durch die PsychPV etwa 20 % mehr therapeutisches und pflegerisches Personal von 1991–1995; Kunze, 1995, S. 26), sollen eingespart werden. Eine abnehmende Versorgungsqualität bedeutet auch eine sinkende Effektivität des Systems. Soll allerdings die Güte der Patientenversorgung nicht im gleichen oder sogar in einem höheren Ausmaß als die erforderliche Ressourcenersparnis abgesenkt werden, muß die Effizienz des Ressourceneinsatzes erhöht werden. Es ist pro Einheit der eingebrachten (finanziellen, personellen, technischen) Mittel ein größerer therapeutischer Effekt zu erzielen als bisher, um die bisherige Effektivität des Versorgungssystems aufrecht zu erhalten oder nur in einem geringeren Ausmaß abzusenken als den Ressourceneinsatz. Es gilt also, noch vorhandene Rationalisierungsreserven der Gesundheitsdienste auszuschöpfen oder – wie K. Dörner für die Psychiatrie herausfordernd sagt: „Aus leeren Kassen Kapital (zu) schlagen!"(Motto der Gütersloher Fortbildungswoche 1996).

Ein neu erfahrener Druck von außen kann auch dazu führen, den eingefahrenen „Schlendrian" zu überdenken und abzubauen. Dabei steht die Forderung nach Effizienzsteigerung der Ressourcennutzung in der derzeitigen gesundheitspolitischen Situation natürlich immer unter dem Verdacht, einen finanzpolitisch erzwungenen oder gesundheitspolitisch gewollten Abbau von Versorgungsleistungen rechtfertigen zu sollen.

In der *fachlichen* Dimension entwickeln sich der Stand der psychiatrisch-psychotherapeutischen Wissenschaften und auch die praktische Erfahrung mit unterschiedlichen institutionellen Lösungen der Versorgungsprobleme stetig fort. Um hier Sicherheit über einen tatsächlichen oder einen nur vermeintlichen „Behandlungsfortschritt" zu gewinnen, ist es unerläßlich, den „Erfolg" im Sinne des Zielerreichungsgrades von

---

3. Cording (1995) berichtet demgegenüber, daß die bayerischen Krankenkassen allen psychiatrischen Krankenhäusern, die die neue Basisdokumentation eingeführt haben, über das normale Budget hinaus eine halbe akademische Stelle und eine halbe Verwaltungsstelle zusätzlich finanzieren.

einzelnen neuartigen therapeutischen Interventionsformen oder institutionellen Versorgungslösungen zu evaluieren. Das hierzu erforderliche Instrumentarium einer methodologisch präzisen, empirisch gestützten Evaluationsforschung zur Bewertung der Wirksamkeit von therapeutischen Maßnahmen hat sich in den letzten Jahren zweifellos ebenfalls fortentwickelt (Spöhring, 1995), wenngleich wahrscheinlich nicht in demselben Maße wie die Vielfalt in den Behandlungsformen selbst: Fortschritte in der Psychopharmakotherapie (Tegeler, 1995), Soteria-Modelle[4], Tageskliniken, Abteilungspsychiatrie, Ausbreitung gruppentherapeutischer Methoden, Behandlung von Psychosen.

Schließlich sind kritische Erfolgskontrollen auch aus *psychologischen* Gründen heraus zunehmend wichtiger geworden: Eine positive Motivation spielt sowohl auf der Seite der Patienten („Kundenzufriedenheit", Vertrauen in die eingesetzten Behandlungsmittel, Mitarbeit/Compliance) wie auch auf der Seite des therapeutischpflegerischen Personals eine immer wichtigere Rolle. Dazu gehört auch auf beiden Seiten die Überzeugung, daß das therapeutische Tun oder Dulden im allgemeinen erfolgsbewährt und im Einzelfall deshalb erfolgsversprechend ist: Der Patient muß in seinem persönlichen Kalkül den Eindruck haben, daß der zu erwartende Gewinn seine persönlichen Kosten übersteigen wird.

Wie ein Autoverkäufer, um dauerhaft erfolgreich zu sein, nicht nur gute Autos anbieten, sondern deren Qualität den potentiellen Kunden auch überzeugend anpreisen muß, wird auch ein psychosozialer Behandler auf die Dauer nur dann Zulauf finden, wenn er den Patienten/Klienten in ihrem Leiden wirksam helfen und sie darüber hinaus von dieser Wirksamkeit überzeugen kann! Der Einwand, daß eine externe Erfolgsüberprüfung der Eigenart der therapeutischen Arbeit nicht gerecht werden könne oder gar zu einer Entmotivierung der sich kontrolliert fühlenden Mitarbeiter führe, muß abgelehnt werden. Polemisch überspitzt ließe sich erwidern: Würden Sie die regelmäßige TÜV-Untersuchung der Betriebssicherheit von Kraftfahrzeugen mit dem Hinweis abschaffen wollen, daß doch jeder Autofahrer selbst am guten Zustand seines Autos interessiert sei? Oder daß die Routinekontrolle von außen den Kfz-Mechaniker entmotivieren könne, da er sie als Mißtrauen gegenüber seiner Arbeitsqualität empfinde, wodurch er dann eher zu passivem Widerstand als zu fehlerfreier Arbeit veranlaßt würde? Daß ein derartiger Konsens zweifellos in der psychosozialen Versorgung schwieriger zu finden ist, darf keinen grundsätzlichen Einwand darstellen, sondern eher eine Herausforderung, unter der Mitwirkung von Patienten und Angehörigen transparente und einigungsfähige Qualitätskriterien (weiter-) zu entwickeln. In der Psychotherapie hat eine Diskussion um Methoden der Qualitätssicherung begonnen, die neben einer Effektkontrolle auf Vergleichbarkeit und Standardisierung der Verfahren abzielt (Fydrich, Laireiter, Saile & Engberding, 1996; Grawe & Braun, 1994; Schulte, 1994).

---

4. Unter dem „Soteria"-Modell der Psychosenbehandlung wird ein Setting mit entspanntem, reizgeschütztem Milieu, kontinuierlicher menschlicher Begleitung und enger Zusammenarbeit mit den Angehörigen verstanden, dem der Vorzug vor einer schwerpunktmäßig medikamentös ausgerichteten Behandlung gegeben wird (Aebi, Ciompi & Hansen, 1993).

4. Bereiche der Ergebnisqualität in der Psychiatrie/Psychotherapie

„Ergebnisqualität" bezieht sich auf die Effektivität einer Behandlung oder Betreuung, fragt also nach der erreichten Wirkung auf den Patienten bzw. Klienten und vielleicht auch auf sein Umfeld im Vergleich zu angestrebten Behandlungs- und Betreuungszielen. Die Messung der Effektivität erfolgt zumeist zum Abschluß eines Behandlungs- oder Betreuungsprozesses (etwa bei der Entlassung aus dem Krankenhaus) oder nach einer festen Zeitperiode ermittelt (z. B. 6-Monats-, 12-Monats- oder sogar Mehrjahreskatamnese):

- Wie geht es dem Patienten nach Abschluß der Behandlung?
- Hat sich sein Gesundheitszustand verbessert bzw. sein Leiden vermindert?
- Hat sich seine allgemeine Lebensqualität in den Bereichen Arbeit, Wohnung, Freizeitgestaltung, Partnerschaft und persönliches soziales Netzwerk verbessert?
- Ist der Klient (wieder) erwerbsfähig und erwerbstätig?
- Leidet er unter unerwünschten Nebenwirkungen der längerfristigen medikamentösen Behandlung?
- Wie zufrieden ist der Patient mit der Behandlung?
- Wie beurteilt der Patient den Einfluß der Behandlung auf sein weiteres Leben?
- Wie zufrieden sind seine Angehörigen?
- Hat der Patient die Behandlung planmäßig abgeschlossen oder vorzeitig beendet (abgebrochen)?
- Ist der Patient während oder nach der Behandlung gestorben?
- Hat er eine Selbsttötung oder einen Suizidversuch begangen?
- Hat der Patient gelernt, mit einem Rückfall oder einem erneuten Krankheitsschub (Rezidiv) besser umzugehen als zuvor?

Das „Rahmenkonzept psychiatrische Qualitätssicherung" des Landschaftsverbandes Westfalen-Lippe (Arbeitsgruppe Qualitätssicherung, 1995) nennt eine Reihe von Dimensionen der Ergebnisqualität psychiatrischer Behandlung und Versorgung mit zugeordneten Merkmalsbereichen bzw. Indikatoren zur empirischen Erfassung dieser Ergebnisdimensionen.

Als die entscheidenden Dimensionen der psychiatrischen Ergebnisqualität, die die Bewertung der Behandlung durch den Patienten und sein Umfeld prägen, können gelten:

a) Patientenzufriedenheit,
b) Zustandsänderung,
c) Lebensqualität und
d) Angehörigenzufriedenheit.

Insofern sollte auch die Erfassung der Ergebnisqualität schwerpunktmäßig auf diese Dimensionen abgestimmt sein. Das übergreifende Konzept der *„Lebensqualität"* (vgl. auch Lauer, in diesem Band) vereinigt dabei sowohl objektiv-normative Bestandteile

Tabelle 1: Dimensionen der psychiatrischen Ergebnisqualität

Dimensionen	Teilbereiche
Patientenzufriedenheit (ermittelt durch Patientenbefragung, z. B. zum Entlaßzeitpunkt) mit:	• Behandlung • Pflege • Unterbringung, Verpflegung, Versorgung • Befindlichkeit, Gesundheitszustand • Nebenwirkungen von Medikamenten • Information nach Art und Umfang
Zustandsänderung beim Patienten (Vorher-Nachher-Vergleiche, z. B. ermittelt zum Zeitpunkt der Aufnahme und der Entlassung, ggf. katamnestisch auch später)	
Lebensqualität nach der Entlassung hinsichtlich:	• „heimatnaher"/„heimatferner" Aufenthalt (bei Langzeitpatienten) • Einleitung einer erforderlichen Weiterbehandlung/Nachsorge • Wohnsituation • soziale Lebenssituation
Angehörigenzufriedenheit (ermittelt durch Angehörigenbefragung) mit:	• Behandlung • Unterbringung, Verpflegung, Versorgung • Befindlichkeit, Gesundheitszustand (des Patienten) • Nebenwirkungen von Medikamenten • Information nach Art und Umfang
Kooperativität des Patienten in bezug auf:	• Pharmakotherapie • Psychotherapie • andere Angebote
Teilhabe am Erwerbsleben	• Dauer der Arbeitsunfähigkeit • gelungene Wiedereingliederung ins Arbeitsleben • Entlassung • (vorzeitige) Berentung
Verweildauer im Krankenhaus	
Behandlungsabschluß	• regulärer Abschluß • irregulärer Abschluß („Abbruch"): Entweichung/Entlassung entgegen ärztlichem Rat/-vorzeitige Beendigung auf Veranlassung des Patienten/auf Veranlassung der Einrichtung

Dimensionen	Teilbereiche
Suizidversuch	• Art des Suizidversuchs • Umstände (Tageszeit, Ort)
Tod des Patienten (Erfassung durch effektive Leichenschau, ggf. durch Obduktion)	• Todesursache/-art (z. B. Suizid)
Erst- oder Wiederaufnahme	Möglicher Indikator für: • Akzeptanz der Klinik im Versorgungsgebiet • „Drehtür-Psychiatrie"
„Fallkosten" (sind nur in Zusammenarbeit mit den Kostenträgern zu ermitteln!)	• Behandlungskosten im Jahr *vor* und *nach* dem stationären Aufenthalt • im Fünf-Jahres-Zeitraum (anzustrebender Indikator!)
Betreuung von Patienten	• Betreuung nach dem Betreuungsgesetz während der Behandlung eingeleitet • Betreuung nach Aufgabenbereichen: Gesundheitsfürsorge, Aufenthaltsbestimmung, finanzielle Angelegenheiten u.a.
Abschlußevaluation durch • Abschlußgespräch mit dem Patienten nach Regelmäßigkeit und Dauer • Dokumentation • verallgemeinernde Auswertung • katamnestische Befragung des entlassenen Patienten	• Beurteilung des Heilungs- bzw. Besserungsfortschritts anläßlich der Entlassung

(gesellschaftliche Integration, Teilhabe am Erwerbsleben, Abwesenheit von sozialer Auffälligkeit, Vorhandensein einer Wohnung, von Bezugspersonen usw.) wie auch subjektiv-erfahrungsbezogene Komponenten (Erlebnisweise, Wohlbefinden, persönliche Bewertung, Einsicht und Kompetenz).

5. Schwierigkeiten einer Ergebniskontrolle

Die Vorstellung von einem „Ergebnis" einer Behandlung oder einer Betreuung läßt sich logisch in zwei Teilkonzepte untergliedern:

1. Der empirisch ermittelbare Zustand jeder einzelnen Ergebnisdimension (z. B. Gesundheitsstatus) läßt sich als eine *Variable* auffassen. Damit ist ein *Zustand in einem Veränderungsprozeß* gemeint, der in zeitlicher Hinsicht nicht immer dieselbe

Ausprägung hatte und in der Zukunft nicht immer dieselbe Ausprägung behalten wird, die er gegenwärtig aufweist.
2. Weiterhin bezieht sich ein „Ergebnis" immer auf vorangehende Ereignisse oder (Be-) Handlungen, denen ein *kausaler Einfluß* auf die Ergebnisvariable(n) zugesprochen wird. Ein „Ergebnis" ist also immer als „verursacht" oder „bewirkt" durch vorangehende Ereignisse gedacht. Im Falle der „Ergebnisse" eines Behandlungs-, Pflege- oder Betreuungsprozesses sind mit diesen kausal wirksamen Einwirkungen u. a. die therapeutischen oder pflegerischen Interventionen gemeint. Allerdings kann auch eine gute Behandlung grundsätzlich nicht eine Heilung oder Besserung des Patienten garantieren: Struktur- und Prozeßqualität sind zweifellos notwendige, aber keine hinreichenden Bedingungen für Ergebnisqualität!

Werden die Behandlungsergebnisse einer Bewertung unterzogen und nach ihrer „Ergebnis*qualität*" beurteilt, muß zusätzlich zur kausalen Zurechenbarkeit ein normativer Maßstab angelegt werden, der gewöhnlich aus den vorab definierten Behandlungs-, Pflege- oder Betreuungs*zielen* abgeleitet werden kann. Die „Ergebnisqualität" kann insofern nur in Bezugnahme auf die angestrebten Betreuungsziele hin beurteilt werden, wobei die *„beabsichtigten Wirkungen"* der therapeutischen Intervention eine Annäherung des beobachtbaren Zustands an den Zielstatus erreichen, während *„unbeabsichtigte Wirkungen"* umgekehrt die Abweichung vom Zielzustand noch vergrößern können.

Die Behandlungs- und Betreuungsziele können aus der Sichtweise der am Gesamtprozeß beteiligten Personen und Personengruppen durchaus unterschiedlich sein: Die Gesellschaft will vor Gefahren geschützt werden; Patienten wünschen eine Besserung ihrer Leiden, der Staat eine schnelle Behandlung mit Wiederherstellung der Arbeitsfähigkeit. Die Angehörigen der Kranken sind an einer Entlastung und späteren Anpassung des Kranken an das Familienleben interessiert, das Pflegepersonal im Krankenhaus an einer Einordnung der Patienten ins Stationsleben. Die Therapeuten hoffen auf einen ihren theoretischen Vorstellungen entsprechenden Erfolg, die Krankenhausverwaltung auf die Erstattung der Behandlungskosten, die Kostenträger auf Kostensenkung und vielleicht auch auf die Zuständigkeit eines anderen Leistungsträgers (vgl. Parsons, 1957). Insbesondere sind die *subjektive Zufriedenheit* des Patienten und die *objektiven Gesundheitseffekte* keineswegs in jedem Fall deckungsgleich. Bekanntlich hängen die Urteile der Patienten über die Krankenhausbehandlung mehr von der Güte der Verpflegung und den menschlichen Qualitäten der Behandler als von deren fachlichen Leistungen ab. Wichtiger als die Qualität der medizinischen Leistungen ist oftmals die Zufriedenheit der Patienten mit die Art, wie die Leistungen erbracht werden (Leimkühler, 1995). Insofern muß „Ergebnisqualität" zunächst in bezug auf folgende Fragen konkretisiert werden:

- Wessen Ziele sollen erreicht werden?
- Wie ist der Erreichungsgrad dieser Ziele empirisch zu bestimmen?
- Hat sich der jeweilige Ist-Status dem angestrebten Zielwert im Laufe der Betreuung angenähert oder nicht?
- Ist diese Annäherung überzeugend als von den therapeutischen Interventionen verursacht anzusehen?

Diese letztgenannte Frage ist im Einzelfall, d. h. für den individuellen Patienten im gegebenen Zeitintervall, niemals eindeutig zu beantworten, da man nicht wissen kann, wie sich der Gesundheitszustand des Patienten im selben Zeitraum ohne die therapeutische Intervention oder unter einer anderen Intervention entwickelt hätte: Es gibt keine eindeutigen Ursache-Wirkung-Beziehungen, weil Drittvariablen (z.B. neue Sozialbeziehungen, Liebe, Partnerschaft, Veränderung in der Familie, Verlust des Arbeitsplatzes) intervenieren können, die einen Einfluß auf die Entwicklung des Patienten ausüben. Deshalb behilft man sich in der Forschung häufig mit Kollektivaussagen über Patientengruppen, die in den unterschiedlichen Kontrollgruppen-Untersuchungsdesigns ermittelt werden (Möller & Leimkühler, 1995).

Allerdings hat man es – außer im Falle von experimentellen Wirksamkeitsstudien für neue Medikamente – in der Versorgungspraxis im allgemeinen nicht mit zufallsausgewählten und deshalb teststatistisch vergleichbaren Kontrollgruppen zu tun, sondern mit mehr oder weniger willkürlich ausgewählten Versuchsgruppen, denen eine bestimmte (neuartige) therapeutische Intervention oder institutionelle Versorgungsform zu Gute kommt und die dann mit einer externen Kontrollgruppe verglichen werden. Bei derartigen vergleichenden Betrachtungen, die auch vom Gesetz[5] gefordert werden, muß berücksichtigt werden, ob oder inwieweit die verglichenen Patientengruppen bezüglich der Krankheitstypen (Diagnosenverteilung), der Schwere bzw. Chronizität der Erkrankung, Sozialcharakteristik (Geschlecht, Alter, Lebenssituation u.a.) und hinsichtlich weiterer Parameter, wie z. B. des Anteils der unfreiwilligen Einweisungen, strukturell gleichartig sind. Da diese strukturelle Gleichartigkeit in der Praxis allenfalls annähernd erzielt werden kann, muß eine vergleichende Ergebnisaussage immer auf diese Randbedingungen der Vergleichsgruppe hin relativiert werden. Selbst exakte Studiendesigns mit einer hohen internen Validität gewährleisten noch keine zufriedenstellende externe oder ökologische Validität, d.h. Übertragbarkeit auf die realen Praxisbedingungen in Versorgungseinrichtungen außerhalb des Studienfeldes (Schwartz, Jakobi & Klein-Lange, 1996).

Viele Faktoren wirken beim Zustandekommen eines „Behandlungsergebnisses" – einer Besserung des Gesundheitszustandes, einer Wiederherstellung der Erwerbsfähigkeit, einer Zufriedenstellung des Patienten oder seiner Angehörigen – zusammen. Diese „multifaktorielle Wirkung" oder „Multikausalität" ist dann im allgemeinen eher qualitativ-interpretierend als experimentell-kausalitätsklärend auf die relative Wirkungsweise der einzelnen Bedingungen zurückzuführen. Sich angesichts dieser unleugbaren methodischen und gegenstandsimmanenten Schwierigkeiten resignierend aus einer Ergebniskritik zurückzuziehen, um sich ganz auf die Optimierung des Inputs an Geldmitteln, Personal, Qualifikation, Organisation u. a. (Strukturqualität) oder sich ausschließlich auf den Versorgungsablauf selbst zu konzentrieren (Prozeßqualität), kann jedoch keine befriedigende Alternative sein. Licht in das Dickicht der kausalen Einflüsse auf die Behandlungsergebnisse zu werfen, ist die Aufgabe der empirischen

---

5. Entsprechend § 137 SGB V müssen sich zugelassene Krankenhäuser an Maßnahmen der Qualitätssicherung bezogen auf die Qualität der Behandlung, der Versorgungsabläufe und der Behandlungsergebnisse beteiligen. Diese Maßnahmen „sind so zu gestalten, daß vergleichende Prüfungen ermöglicht werden".

Therapiewirksamkeitsforschung, die die Stärke (Höhe der Korrelation) und die Sicherheit (teststatistische Signifikanz bzw. Plausibilität) der partiellen Einflußfaktoren ermitteln soll. Sicherung und Überprüfung der Ergebnisqualität müssen sich auf die Ergebnisse dieser Therapieforschung stützen.

6. Bewertung und Ausblick

Am Erfordernis einer verstärkten Ergebniskontrolle in Psychiatrie und Psychotherapie besteht kein Zweifel. Angesichts der besonderen Komplexität sowie auch der schwierigen empirischen Erfaßbarkeit des Gegenstands „psychiatrisch/psychotherapeutische Behandlungsergebnisse" dürfen die Erwartungen an die Reichweite einer Sicherung der Ergebnisqualität jedoch nicht überfrachtet werden. Es wird ein langer und beschwerlicher Prozeß sein, die Ergebnisse und die Wirksamkeit psychiatrischer und psychotherapeutischer Behandlungen besser als in der Vergangenheit gewährleisten und nachweisen zu können. Dabei ist „psychiatrische Ergebnisqualität" als ein mehrdimensionales latentes Begriffskonstrukt anzusehen, das sich wahrscheinlich nicht zureichend auf eine oder zwei empirisch meßbare Indikatorvariablen (vgl. Tabelle 1) reduzieren lassen wird. Eine methodisch begründete Gewichtung bzw. Bewertung der einzelnen Ergebnisaspekte wird durch zunehmendes theoretisches Wissen erleichtert. Die Abschätzung von „Ergebnisqualität" wird auf die Resultate einer sich ausweitenden und sich qualifizierenden Therapiewirksamkeitsforschung (vgl. Grawe, Donati & Bernauer 1994 und die sich anschließende Diskussion für die Psychotherapie) einerseits aufbauen; andererseits wird sie in der Praxis schlechte Behandlungsergebnisse (sog. „bad apples") aufspüren und deren Gründe finden müssen.

Durch kritische „Selbstevaluation" (Heiner, 1995) unter Rückgriff auf unmittelbare Rückmeldungen der Patienten sollte sich der Praktiker in einem pragmatischen „Versuch-und-Irrtums-Ansatz" vorantasten. Es kann nur empfohlen werden, sich praxisnah und anwendungsbezogen – auch ohne einen umfassenden wissenschaftlichen Forschungsapparat – beispielsweise folgenden Fragen zu widmen, mit denen die ihre eigene Arbeit reflektierenden Praktiker zeitnah Aufschlüsse über den Erfolg resp. Mißerfolg ihrer Arbeit und über entsprechende Veränderungschancen gewinnen. Die Fragen eignen sich dazu, sowohl *Querschnittsvergleichen* zwischen mehreren Einrichtungen oder Stationen als auch *Längsschnittvergleichen* im Zeitablauf zugrunde gelegt zu werden:

- Wie hoch ist die Wiederaufnahme-Rate innerhalb von 12 Monaten nach der Entlassung?
- Bei stationären Behandlungen: Welcher Anteil der Patienten wird nach Hause entlassen?
- Mit welcher Medikation werden die Patienten entlassen? Ist die letzte Medikation geeignet für eine ambulante Weiterbehandlung? Werden bei der Entlassung noch Tranquilizer verordnet? Wenn ja, in welchem Umfang?
- Welche Häufigkeit von Todesfällen von Patienten, Suiziden, Suizidversuchen oder Gewalthandlungen ist feststellbar?

- Läßt sich die Quote der erwerbsfähigen und der erwerbstätigen Patienten durch eine Behandlung (dauerhaft) erhöhen (zum Behandlungsende, ein Jahr später usw.)?
- Welcher Anteil der Patienten hält die Behandlung bis zu ihrem planmäßigen, gemeinsamen vereinbarten Abschluß durch?
- Mit welcher Methodik wird die Abschlußevaluation einer Behandlung (z. B. anläßlich der Entlassung aus dem Krankenhaus) durchgeführt? Welche Ergebnisse erbringen die Abschlußevaluationen?
- Werden systematische Patientenbefragungen durchgeführt? Zu welchem Zeitpunkt? Wie hoch sind die Zufriedenheitswerte bezüglich der Behandlung, Pflege, Unterbringung und Beköstigung[6]? Wie beurteilt der Patient evtl. Nebenwirkungen von Medikamenten?
- Werden systematische Angehörigenbefragungen durchgeführt? Zu welchem Zeitpunkt? Wie sind die Zufriedenheitswerte der Angehörigen bezüglich der Behandlung, Pflege, Unterbringung und Beköstigung, der Art und dem Umfang der Information über die Behandlung?

Als Entwicklungsstrategien zur Sicherung der Ergebnisqualität von psychiatrisch/psychotherapeutischen Behandlungen erscheinen die Durchführung, die methodische Verbesserung und eine auf Vergleichbarkeit abzielende Vereinheitlichung der Befragung von Patienten über ihre Zufriedenheit mit der Behandlung und über die Veränderung ihrer Befindlichkeit vordringlich. (Zum Forschungsstand und zur Kritik vgl. Leimkühler, 1995; Leimkühler & Müller, 1996; Spiessl, Krischker, Spindler, Cording & Klein, 1996). Da sich bei pauschalen Fragen meist hohe Zufriedenheitswerte von 80% und mehr finden, sollten die Fragebögen einzelne Aspekte der Behandlung differenziert erfassen. Gerade bei der Einführung von neuen Therapieverfahren oder -elementen lassen sich dadurch wichtige Hinweise zur Evaluation gewinnen (Hermer, 1995). Auch Nachbefragungen ehemaliger Patienten nach Behandlungsende (Katamnesen) sollten durchgeführt, methodisch verbessert und zwecks Vergleichbarkeit vereinheitlicht werden.

Angesichts des derzeitigen Standes der Beurteilung und Sicherung der psychiatrisch/psychotherapeutischen Ergebnisqualität ist eine einseitige Ausrichtung auf die Behandlungsergebnisse im Sinne eines „Finalismus" nicht zu rechtfertigen. Die Devise „Egal was Ihr macht – Hauptsache, es geht dem Patienten besser!" darf aus fachlichen, ethischen und ökonomischen Gründen keinesfalls ausgegeben werden. Vielmehr stellen die Struktur- und die Prozeßqualität (gute Behandlung, Pflege und Unterbringung) durchaus einen Wert an sich dar[7]! Deshalb ist es systematisch nicht zulässig, das Augen-

---

6. Ergebnisse sind nur vergleichbar, wenn sie durch das gleiche Erhebungsinstrument ermittelt werden. Damit ein Vergleich nicht nur einrichtungsintern zwischen Stationen (Querschnitt) und zwischen Zeitpunkten (Längsschnitt) möglich ist, sondern auch extern zwischen Kliniken, ist eine Vereinheitlichung der verwendeten Fragebögen anzustreben.
7. Es kann nämlich nicht logisch ausgeschlossen werden, daß ein „schlechter" Prozeß (z. B. Schock- oder Aversionstherapie) zu einem „guten" (Behandlungs-) Ergebnis führen kann, oder auch, daß ein „guter" Behandlungsprozeß sich neutral in bezug auf das Ergebnis darstellt. Ein „guter" Prozeß soll nicht allein wirksam sein, sondern muß daneben eine Reihe von unabhängigen (z. B. humanen, ethischen, pragmatischen, finanziellen) Kriterien erfüllen.

merk von der Struktur- und Prozeßqualität abzuwenden und ausschließlich auf die Ergebnisse des Behandlungsprozesses zu richten: Eine ausreichende Personalausstattung, hohe Qualifikation, eine gute Kommunikation zwischen den Behandlern und dem Patienten, Therapie- und Pflegedokumentation u.a. bleiben unverzichtbare Bestandteile der Qualitätssicherung.

Als ein wertvolles Instrument für eine Verbesserung der Ergebnisqualität in der Psychiatrie/Psychotherapie wird auf den Leitfaden „Qualitätsbeurteilung in psychiatrischen Kliniken" (BMG, 1996) hingewiesen, der in Arbeits- bzw. Projektgruppen von Mitarbeitern zum Einsatz kommen kann, die ein Interesse an der Verbesserung der Patientenversorgung haben. Allerdings weist der Leitfaden gerade für die Ergebnisqualität noch viele Lücken auf.

Generell sollte man Versuche, die Ergebnisse psychiatrischer und psychotherapeutischer Arbeit zu überprüfen, beim derzeitigen Wissensstand breit anlegen. Die aktuelle Debatte um den Erkenntniswert von Erhebungen der Patientenzufriedenheit zeigt, daß vorschnelle (positive oder negative) Verallgemeinerungen zu vermeiden sind. Mit subjektiven Patienteneinschätzungen werden ebenso Erfahrungen zu sammeln sein wie mit dem breiten Einsatz psychometrischer Instrumente oder der Erfassung „harter" Daten wie Rückfälligkeit oder Arbeitsfähigkeit. Von zentraler Bedeutung dürfte der Aufbau von Netzwerken sein, in denen die Klinikmitarbeiter ihre Alltagsarbeit reflektieren und sich über kritische Ergebnisse angstfrei austauschen können. In der Literatur wird oft darauf hingewiesen, daß schon die gezielte Erfassung von Daten mittels einfacher Instrumente ein wichtiger Schritt sein kann, um die eigene Arbeit stärker unter Qualitätsaspekten zu beurteilen (Kaltenbach, 1993). Insofern lohnen sich alle Anstrengungen, die Ergebnisqualität im klinischen Alltag verstärkt zu erfassen, auch wenn das methodische Instrumentarium oft auf noch unsicherem Boden steht.

Literaturverzeichnis

Aebi, E. Ciompi, L. & Hansen, H. (Hrsg.). (1993). *Soteria im Gespräch. Über eine alternative Schizophreniebehandlung.* Bonn: Psychiatrie-Verlag.

Arbeitsgruppe Qualitätssicherung des Landschaftsverbandes Westfalen-Lippe (Janssen, P.L., Payk, T., Trenckmann, U., Ahlert, E., Sclebusch, P., Bätz, B., Spöhring, W., Camen, H., Weidenmann, K.H., Liekenbrock, A., Mügge, M., Schmidt, B., Thom, K.-W. & Ullrich, H.) (1995). Qualitätssicherung und -kontrolle in den Kliniken für Erwachsenenpsychiatrie des LWL: Rahmenkonzept für die psychiatrische Behandlung, Pflege und Versorgung. In M. Hermer, W. Pittrich, W. Spöhring & U. Trenkmann (Hrsg.), *Evaluation der psychiatrischen Versorgung in der Bundesrepublik. Zur Qualitätssicherung im Gesundheitswesen* (S. 117–144). Opladen: Leske + Budrich.

Bundesministerium für Gesundheit (BMG) (Hrsg.). (1996). *Leitfaden zur Qualitätsbeurteilung in Psychiatrischen Kliniken. Projekt 1994 – 1996 im Auftrag des BMG* (Schriftenreihe des BMG, Bd. 74). Baden-Baden: Nomos.

Bundespflegesatzverordnung 1995 vom 26.09.1994 (Verordnung der Bundesregierung zur Neuordnung des Pflegesatzrechts). *Das Krankenhaus, 86, Heft 8,* 1994 (Redaktionsbeilage).

Cording, C. (1995). Basisdokumentation und Ergebnisqualität. In W. Gaebel (Hrsg.), *Qualitätssicherung im psychiatrischen Krankenhaus* (S. 173–181). Wien: Springer.

Cording, C., Gaebel, W., Dilling, H. & Wolpert, E. (1994). Qualitätssicherung und Basisdokumentation: DGPPN-Empfehlung für erweiterten Merkmalskatalog. *Spektrum der Psychiatrie und Nervenheilkunde, 23,* 210–212.

Cording, C., Gaebel, W., Spengler, A., Stieglitz, R.-D., Geiselhart, H., John, U., Netzold, D.W., Schönell, H., unter Mitarbeit von Spindler, P. und Krischker, S. (1995). Die neue psychiatrische Basisdokumentation. Eine Empfehlung der DGPPN zur Qualitätssicherung im (teil)-stationären Bereich. *Spektrum der Psychiatrie und Nervenheilkunde, 24,* 3–41.

Deutsche Gesellschaft für Verhaltenstherapie DGVT (1997). Überlegungen zur Qualitätssicherung in der Psychotherapie. *Verhaltenstherapie und psychosoziale Praxis, 29,* 87-97.

Fydrich, T., Laireiter, A.-R., Saile, H. & Engberding, M. (1996): Diagnostik und Evaluation in der Psychotherapie: Empfehlungen zur Standardisierung. *Zeitschrift für Klinische Psychologie, 25,* 161–168.

Gaebel, W. (Hrsg.). (1995). *Qualitätssicherung im psychiatrischen Krankenhaus.* Wien: Springer.

Gaebel, W. & Wolpert, E. (1994). Qualitätssicherung in der Psychiatrie. Ein neues Referat der Deutschen Gesellschaft für Psychiatrie, Psychotherapie und Nervenheilkunde (DGPPN). *Spektrum für Psychiatrie und Nervenheilkunde, 23,* 4–13.

Grawe, K. & Braun, U. (1994). Qualitätskontrolle in der Psychiatriepraxis. *Zeitschrift für Klinische Psychologie, 23,* 242–267.

Grawe, K., Donati, R. & Bernauer, F. (1994). *Psychotherapie im Wandel. Von der Konfession zur Profession.* Göttingen: Hogrefe Verlag für Psychologie.

Haug, H.-J. & Stieglitz, R.-D. (Hrsg.). (1995). *Qualitätssicherung in der Psychiatrie.* Stuttgart: Enke.

Heiner, M. (1995). Selbstevaluation als Qualitätssicherung und Qualifizierung der psychosozialen Arbeit. In M. Hermer, W. Pittrich, W. Spöhring & U. Trenkmann (Hrsg.), *Evaluation der psychiatrischen Versorgung in der Bundesrepublik. Zur Qualitätssicherung im Gesundheitswesen* (S. 53–76). Opladen: Leske + Budrich.

Hermer, M. (1995). Evaluation in der stationären Psychotherapie. In M. Hermer, W. Pittrich, W. Spöhring & U. Trenkmann (Hrsg.), *Evaluation der psychiatrischen Versorgung in der Bundesrepublik. Zur Qualitätssicherung im Gesundheitswesen* (S. 177–195). Opladen: Leske + Budrich.

Hermer, M., Pittrich, W. Spöhring, W. & Trenckmann, U. (Hrsg.). (1995). *Evaluation der psychiatrischen Versorgung in der Bundesrepublik. Zur Qualitätssicherung im Gesundheitswesen.* Opladen: Leske + Budrich.

Kaltenbach, T. (1993). *Qualitätsmanagement im Krankenhaus.* Melsungen: Bibliomed.

Kunze, H. (1995). Die Psychiatrie-Personalverordnung (Psych-PV) als Ausgangspunkt für die Qualitätssicherung. In H.-J. Haug & R.-D. Stieglitz (Hrsg.), *Qualitätssicherung in der Psychiatrie* (S. 26–36). Stuttgart: Enke.

Kunze, H. & Kaltenbach, L. (Hrsg.). (1994). *Psychiatrie-Personalverordnung. Textausgabe mit Materialien und Erläuterungen für die Praxis* (2. Aufl.). Stuttgart: Kohlhammer.

Landeswohlfahrtsverband Hessen (Hrsg.). (1995). *Qualitätssicherung in der Gemeindepsychiatrie*. Kassel: LWV-Eigendruck.

Landeswohlfahrtsverband Hessen (Hrsg.). (1996). *Qualitätssicherung im Psychiatrischen Krankenhaus*. Kassel: LWV-Eigendruck.

Leimkühler, A.M. (1995). Die Qualität klinischer Versorgung im Urteil des Patienten. In W. Gaebel (Hrsg.), *Qualitätssicherung im psychiatrischen Krankenhaus* (S. 163-172). Wien: Springer.

Leimkühler, A. M. & Müller, U. (1996). Patientenzufriedenheit – Artefakt oder soziale Tatsache? *Der Nervenarzt, 67,* 765–773.

Möller, H.-J., Deister, A. & Laux, G. (1995). Outcome-Forschung als Mittel der Qualitätssicherung. In W. Gaebel (Hrsg.), *Qualitätssicherung im psychiatrischen Krankenhaus* (S. 147–162). Wien: Springer.

Möller, H.-J. & Leimkühler, A.M. (1995). Qualitätssicherung in der psychiatrischen For-schung. In H.-J. Haug & R.-D. Stieglitz (Hrsg.), *Qualitätssicherung in der Psychiatrie* (S. 63–91). Stuttgart: Enke.

Paschen, U. & Vitt, K.D. (1992). Das Tracer-Konzept der Qualitätssicherung im Krankenhaus – eine kritische Überprüfung. *Gesundheitswesen, 54,* 460–464.

Parsons, T. (1957). The Mental Hospital as a Type of Organization. In M. Greenblatt, D.J. Levinson, & R.H. Williams (Eds.), *The Patient and the Mental Hospital* (pp. 108–129). Glencoe: Free Press.

Selbmann, H.K., Pietsch-Breitfeld, B., Blumenstock, G., Geraedts, M., Krumpaszky, H.G., & Schelp, B. (1994). *Maßnahmen der Medizinischen Qualitätssicherung in der Bunderepublik Deutschland – Bestandsaufnahme. Projekt im Auftrag des BMG* (Schriftenreihe des BMG, Bd. 38). Baden-Baden: Nomos.

Schulte, D. (1993). Wie soll Psychotherapieerfolg gemessen werden? *Zeitschrift für Klinische Psychologie, 22,* 374 – 393.

Schwartz, F. W., Jakobi, U. & Klein-Lange, M. (1996). *Qualitätssicherung in einem stärker wettbewerblich orientierten Gesundheitswesen. Expertise im Auftrag des Ministeriums für Arbeit, Gesundheit und Soziales des Landes Nordrhein-Westfalen.* Hannover: Institut für Sozialmedizin, Epidemiologie und Gesundheitssystemforschung.

Spiessl, H., Krischker, S., Spindler, P., Cording, C. & Klein, H.E. (1996). Patientenzufriedenheit im psychiatrischen Krankenhaus. *Krankenhauspsychiatrie, 7,* 1–5.

Spöhring, W. (1995). Evaluation psychiatrischer Versorgung als ein Beitrag zur Qualitätssicherung. In M. Hermer, W. Pittrich, W. Spöhring & U. Trenkmann (Hrsg.), *Evaluation der psychiatrischen Versorgung in der Bundesrepublik. Zur Qualitätssicherung im Gesundheitswesen* (S. 7–27). Opladen: Leske + Budrich.

Stieglitz, R.-D. & Haug, H.-J. (1995). Therapiezielbestimmung und -evaluation als Mittel zur Qualitätssicherung. In H.-J. Haug & R.-D. Stieglitz (Hrsg.), *Qualitätssicherung in der Psychiatrie* (S. 191–199). Stuttgart: Enke.

Tegeler, J. (1995). Qualitätssicherung in der Psychopharmakotherapie. In W. Gaebel (Hrsg.), *Qualitätssicherung im psychiatrischen Krankenhaus* (S. 109–119). Wien: Springer.

Die Lebensqualitätsdimension in der Qualitätssicherung[1]

Gernot Lauer

Inhalt:

1. Einführung 576
2. Qualitätssicherungskonzepte in Psychiatrie und Psychotherapie:
   Ist „Lebensqualität" mehr als ein modisches Schlagwort? 576
   - 2.1 Konzepte in der Psychiatrie 577
   - 2.2 Konzepte in der Psychotherapie 578
3. Lebensqualität 580
   - 3.1 Überblick 580
   - 3.2 Erfassung der Lebensqualität in der Psychiatrie 581
4. Resümee und Ausblick 584

„Die Begeisterung für großangelegte Programme sozialer Planung für große Menschenmassen, die die individuelle Qualität unberücksichtigt lassen, ... sollte man getrost eine Zeitlang auf Eis legen" (Pirsig, 1994, S. 380).

„If this is true, then it is essential that (re)habilitation and community health programs be guided by quality of life models that provide a framework for service provision, quality assurance, and program evaluation. Furthermore, we should embrace a quality assurance system that is consumer-referenced and results in quantitative data that can be used to enhance quality, including one's quality of life" (Schalock, 1996, p. 118).

---

[1] Der Autor dankt Frau Dr. med. Martina von Wilmsdorff, Herrn cand. med. Manfred Filipiak und den Herausgebern des Buches für wertvolle Hinweise zu früheren Versionen des Manuskriptes.

1. Einführung

Der obige (fiktive) Dialog votiert für die Berücksichtigung individueller Qualitäten bei sozialen Planungsprogrammen, Programme, wie sie z.B. von Qualitätssicherungskonzepten in der Psychiatrie und Psychotherapie vorgeschlagen werden. Läßt sich durch die Berücksichtigung der Lebensqualität der drohende Verlust von Individualität in Qualitätssicherungsprogrammen vermeiden?

Neben den Begriffen „Substanz" und „Methode" entstammt auch der Begriff „Qualität" dem griechischen Denken. Die neuzeitliche Philosophie hat die Kategorie der „Qualität" aufgelöst und auf empirisch Beobachtbares und Zählbares ausgedehnt. Beide Begriffe der Überschrift implizieren die Quantifizierbarkeit von Qualität. Unterschiede bestehen jedoch hinsichtlich der Ziele: Während bei der Qualitätssicherung die „technische Relevanz" (Holzkamp, 1972) im Vordergrund steht, dient die Lebensqualitätsdimension – z.B. bei der Therapieplanung anhand von Bereichen mit niedriger Lebensqualität (vgl. Skantze & Malm, 1994) und dem Einsatz von Methoden zur Lebensqualitätsverbesserung (vgl. Schalock, 1996, p. 115) – mehr der „emanzipatorischen Relevanz" (Holzkamp, 1972).

In diesem Beitrag wird für die Notwendigkeit der Berücksichtigung der individuellen Sichtweise von Klienten bei der Qualitätssicherung votiert (vgl. auch Elmer, in Druck; Lauer & Mundt, 1995; Schalock, 1996; Volmer, 1995). Dieses Plädoyer erfolgt nach einer kritischen Sichtung bisheriger Qualitätssicherungskonzepte in der Psychiatrie und der Psychotherapie hinsichtlich der Lebensqualitätsdimension und einer Darstellung der psychiatrischen Lebensqualitätsforschung (vgl. Lauer, 1995).

Auf eine grundlegende Darstellung der Geschichte, der Inhalte und der gesetzlichen Verankerung der Qualitätssicherung wird hier verzichtet, da dieses Thema in den anderen Beiträgen zu diesem Band erörtert wird (vgl. auch Berger, 1995; Berger & Vauth, 1997; Nübling & Schmidt, in diesem Band; Richter, 1994). Es sei deshalb hier nur an die von Donabedian (1966) eingeführte Unterscheidung von Struktur-, Prozeß- und Ergebnisqualität erinnert (vgl. auch Donabedian, 1982; Schmidt & Nübling, 1994; Selbmann, 1990, 1995), wobei die Ergebnisqualität, „die eigentliche Zielgröße in der Qualitätssicherung" (Schmidt, Nübling & Vogel, 1995, S. 248) ist. Die Ergebnisqualität umfaßt den Outcome, der „sehr unterschiedliche Facetten z.B. von der rein medizinischen Änderung des Gesundheitszustands über die Beeinflußung sozialer und psychologischer Funktionen des Patienten bis hin zu gesundheitsbezogenen Bewußtseins-, Wissens- und Verhaltensänderungen und der Patientenzufriedenheit" (Schmidt & Nübling, 1994, S. 18) beinhalten kann.

2. Qualitätssicherungskonzepte in Psychiatrie und Psychotherapie: Ist „Lebensqualität" mehr als ein modisches Schlagwort?

Ein große Reihe der in der Literatur für ambulant wie auch stationär behandelbare Störungsbilder vorgestellten Qualitätssicherungskonzepte sowohl in der Psychiatrie als auch in der Psychotherapie beschränkt sich bezüglich der Ergebnisqualität auf die Erfassung von Symptomen, Beschwerden, sozialer Anpassung, Compliance, unerwünschten (Medikamenten-)Nebenwirkungen, schweren Komplikationen und Zwischenfällen (z.b. Suizid, Gewalttätigkeit, Rückfälle) etc. (vgl. z.B. Fauman, 1989; Finzen, 1995; Frank & Fiegenbaum, 1994; Kissling, 1994; Linden, 1995; McDonald & Marks, 1992; Möller, Deister & Laux, 1995; Stieglitz & Haug, 1995; Tegeler, 1995; World Health Organization, 1994; Überblick zur Psychotherapie: Schmidt & Nübling, 1995). Bestenfalls wird vorgeschlagen, die Patienten- bzw. Klienten- oder Kundenzufriedenheit zu berücksichtigen (vgl. z.B. Baumgärtel, 1996; Bertelmann, Jansen & Fehling, 1996; Cording, 1995a, 1995b, 1997; Donabedian, 1982; Grawe & Braun, 1994; Leimkühler, 1995; Schmidt & Nübling, 1994; Schmidt, Nübling, Lamprecht & Wittmann, 1994).

Einige Autoren – sowohl auf psychiatrischer als auch auf psychotherapeutischer Seite – jedoch fordern die Berücksichtigung der Lebensqualitätsdimension der Klientel bei der Qualitätssicherung.

2.1 Konzepte in der Psychiatrie

Es scheint, als sei die Forderung, bei der Qualitätssicherung in der Psychiatrie auch die Lebensqualität der Patienten zu berücksichtigen, in erster Linie durch die Übernahme eines modischen Schlagwortes begründet und weniger durch grundlegende konzeptionelle Überlegungen. Dies wird nachfolgend an einigen Beispielen exemplarisch gezeigt.

So heißt es bei Trenckmann und Spengler (1995, S. 33): „Daher wird es künftig besonders wichtig sein, weniger scharf definierte, gleichwohl bedeutsame Faktoren der Lebensqualität, Patientenzufriedenheit und Stärkung des Selbstvertrauens zu erfassen." Eine andere Publikation sieht in einer Änderung der Strukturqualität durch eine entsprechende Weiterbildung Hinweise für die Verbesserung der Lebensqualität der Klienten: „Die Abnahme der Wiederaufnahmehäufigkeit von verhaltenstherapeutisch behandelten Patienten und die Steigerung der Lebensqualität dieser Patienten können Hinweise auf die Effizienz der verbesserten Verhaltenstherapieausbildung geben" (Klieser, Lehmann & Strauß, 1995, S. 73). Unter der Überschrift: „Patientenzentrierte, individualisierte Behandlung" ist im neuen Bericht der Deutschen Gesellschaft für Psychiatrie, Psychotherapie und Nervenheilkunde (1997, S. 34) zu lesen: „Dies kommt auch in einer zunehmenden Anwendung patientenorientierter (z.B. Lebensqualität) zusätzlich zu institutionszentrierten Evaluationskriterien (z.B. Wiederaufnahmerate) zum Ausdruck."

Einige psychiatrische Qualitätssicherungskonzepte schlagen zur Erfassung der Ergebnisqualität auch explizit die Erhebung der Lebensqualität vor.

So zählt Berger (1995, S. 13 ff.; vgl. auch Berger & Vauth, 1997, S. 4 ff.) die Lebensqualität zur Ergebnisqualitätsdimension. Neben Patientenereignissen (Todesfällen, Suizidversuchen, Tätlichkeiten, besonderen psychiatrischen Behandlungsmaßnahmen wie Isolierung und Fixierung), dem Gesundheitszustand im Verhältnis zum Aufnahmebefund (z.B. dokumentiert durch psychopathometrische Verfahren), der Patientenzufriedenheit und der Rückfallgefährdung, sollten „disability und discomfort" erfaßt werden. „Damit wird der gesundheitliche Gesamtzustand des Patienten zum

Ausdruck gebracht; diesen versucht man über die Messung der Lebensqualität im Hinblick auf die physische, psychische und soziale Gesundheit zu erfassen" (Berger, 1995, S. 14f.).

In seiner Überblicksarbeit nennt Gaebel (1995a, S. 99, Tabelle 7) als Outcome-Merkmale psychiatrischer Therapie:

- Psychopathologische Symptome/Syndrome,
- Kognitive Defizite,
- Rückfallgefährdung,
- Psychosoziale Beeinträchtigungen,
- Bewältigungsverhalten,
- Subjektives Wohlbefinden,
- „Lebensqualität",
- Therapienebenwirkungen (ähnlich: Gaebel, 1995a, S. 108).

Im Text wird erläutert: „Konzeptualisierungen zur *„Lebensqualität"* (z.B. Awad, 1992) berücksichtigen vor allem auch das subjektive Patientenurteil in der Ergebnisqualität" (Gaebel, 1995a, S. 99, 1995b, S. 105, Hervorhebung im Original; ähnlich: Gaebel, 1997, S. 23). Insbesondere für chronisch psychisch Kranke wird die Berücksichtigung der Lebensqualität als ein Merkmal der Ergebnisqualitätsdimension der Qualitätssicherung propagiert: „Vor allem in der Postakut- und Langzeitbehandlung spielen auch andere als psychopathologische Zielkriterien eine Rolle, z.B. Arbeitsfähigkeit, Sozialkontakte, Rückfallgefährdung, Behinderungen, Lebensqualität und unerwünschte Therapieeffekte" (Gaebel, 1995a, S. 94, 1995b, S. 101).

Die hier vorgestellten Qualitätssicherungskonzepte postulieren zwar die Berücksichtigung der Lebensqualität der Patienten bzw. Klienten als Teil der Ergebnisqualität, theoretische Begründungen oder gar Empfehlungen zur Erfassung derselben bleiben jedoch aus, so daß vermutet werden kann, daß diese konzeptionellen Vorschläge zur Qualitätssicherung den Begriff Lebensqualität vor allem als modisches Schlagwort einsetzen.

2.2 Konzepte in der Psychotherapie

Auch von verschiedenen Autoren aus dem psychotherapeutischem Lager wird betont, daß neben den Symptomen das subjektive Befinden der Klienten Berücksichtigung finden solle.

Buchkremer und Schneider (1995) betrachten die Lebensqualität als einen wichtigen Parameter der Ergebnisqualität von Psychotherapie. „Die *Ergebnisqualität* befaßt sich mit den Effekten der Psychotherapie und somit mit der Frage, ob Psychotherapie zu einer Reduktion der Symptomatik oder zu einer Heilung führt und ob andere Ergebnisvariablen (z.B. subjektive Befindlichkeit, soziale Wiedereingliederung oder Lebensqualität) sich verbessern" (Buchkremer & Schneider, 1995, S. 143, Hervorhebung im Original).

Das Qualitätssicherungsmodell der Christoph-Dornier-Stiftung (Frank & Fiegenbaum, 1994) berücksichtigt, „daß der Kundennutzen bzw. die Kundenzufriedenheit ein wichtiger Parameter für die Beurteilung von Leistungen im Gesundheitsbereich werden wird" (Fiegenbaum, Tuschen & Florin, 1997, S. 139). Jedoch trägt dieser Parameter nur 20% zum vier Sektoren enthaltenden Qualitätssicherungsmodell bei (Mitarbeiter: 20%, Wissenschaft: 20%, Betriebswirtschaft: 40%; vgl. Fiegenbaum et al., 1997, S. 142). Zur Dokumentation des Kundennutzens werden „zu drei Erhebungszeitpunkten (sechs bis acht Wochen nach Therapieende, Ein-Jahres- und Fünf-Jahres-Katamnese) globale Therapieerfolgseinschätzungen durch die Patienten und Therapeuten, globale Veränderungsmessungen zu Beeinträchtigungen in verschiedenen Lebensbereichen, die narrative Erfassung des Therapierationals sowie störungsübergreifende und störungsspezifische Fragebogenbatterien eingesetzt" (Fiegenbaum et al., 1997, S. 143). Die Lebensqualität wird jedoch im Qualitätssicherungsmodell der Christoph-Dornier-Stiftung nicht explizit erhoben.

Hingegen wird der Lebensqualitätsdimension in den grundlegenden konzeptionellen Überlegungen zur Therapieerfolgsmessung im Rahmen der Qualitätssicherung in der Psychotherapie von Schulte (1993) eine eindeutige Rolle zugewiesen. „Therapieerfolg sollte demnach auf ... drei Ebenen gemessen werden: (1) gegebenenfalls auf der (zusammengefaßten) Ebene „Krankheitsdefekt und Ursachen" mittels theoriespezifischer Maße, auf die sich jede der verschiedenen Schulenrichtungen einigen könnte, (2) auf der Ebene der Symptome und Beschwerden mittels störungsspezifischer Instrumente und einem umfassenden Instrument zur Erfassung der allgemeinen Symptomatik und (3) auf der Ebene der Krankheitsfolgen mittels einiger allgemeiner, störungs- und schulenübergreifender Maße" (Schulte, 1993, S. 382).

Zur dritten Ebene, den Krankheitsfolgen, ist die Lebensqualitätsdimension zu rechnen, die Schulte (1993, S. 379) zu „ebenfalls legitimen Zielsetzungen" zählt, wie „etwa Verbesserung der Lebensqualität, Persönlichkeitsentwicklung oder Selbstverwirklichung."

Über konzeptionelle Überlegungen und programmatische Vorschläge hinaus geht das „Heidelberger Modell der Aktiven Internen Qualitätssicherung", ein Kooperationsprojekt der Stuttgarter Forschungsstelle für Psychotherapie und der Psychiatrischen Universitätsklinik Heidelberg (vgl. Kordy & Hannöver, in diesem Band; Lutz, 1993; Lutz, Lauer, Leeb, Bölle & Kordy, 1994; Schmidt & Nübling, 1995, S. 45 f.). Es untersuchte die Klientel der psychiatrisch-tiefenpsychologisch orientierten Psychotherapiestation „von Baeyer" (Hauptdiagnosen: Schwere Persönlichkeits- und Borderline-Störungen).

Die Lebensqualität wurde mittels eines in der Medizinischen Psychologie entwickelten Verfahrens, den „Fragen zur Lebenszufriedenheit" (FLZ) (Fahrenberg, Myrtek, Wilk & Kreutel, 1986) zu Beginn und am Ende der stationären Psychotherapie erfaßt. Die Lebensqualitätsdaten bekamen für dieses Qualitätssicherungsprojekt eine wichtige Funktion, da in Übereinstimmung mit dem Phasenmodell des Psychotherapieerfolges (Howard, Lueger, Maling & Martinovich, 1993) gezeigt werden konnte, daß eine Zunahme der Lebensqualität mit einer Symptomreduktion und einer besseren Lebensbewältigung einherging.

3. Lebensqualität

3.1 Überblick

Der subjektiven Sicht der Klienten von psychiatrischen und psychotherapeutischen Dienstleistungen wird seit 30 Jahren unter dem Begriff der „Patientenzufriedenheit" Rechnung getragen (Gruyters & Priebe, 1994; Leimkühler, 1995; Priebe, Gruyters, Heinze, Hoffmann & Jäkel, 1995). Die Perspektive der Lebensqualität, die auf eine ganzheitliche Sicht der Selbst- und Weltbezüge von Nutzern psychotherapeutischer und psychiatrischer Dienstleistungen zielt, hat erst eine kurze Tradition (Lauer, 1993). Nach einer Phase des „Wetterleuchtens und der programmatischen Forderungen" (Lauer, 1995, S. 357) Ende der 70er Jahre, in der insbesondere bei der Evaluation von Programmen für chronisch psychisch Kranke gefordert wurde, neben traditionellen Outcome-Maßen auch die Lebensqualität der Klienten zu berücksichtigen, entwickelte sich das Forschungsfeld mit großer Dynamik (Lauer, 1997). Obgleich für das (offene) psychologische Konstrukt Lebensqualität keine allgemeinverbindliche Definition vorliegt (Raphael, 1996), stellt sich heutzutage die Lebensqualitätsforschung bei psychisch Kranken als ein Bereich dar, dessen Ergebnisse (Überblick: Lauer, 1995, 1996, 1997) für die heuristische Fruchtbarkeit des Konstruktes sprechen (Breuer, 1991).

Die wichtigsten empirischen Ergebnisse lassen sich wie folgt zusammenfassen (vgl. auch Lauer, 1997):

1. Unabhängig vom speziellen psychopathologischen Befund und dem Störungsbild ist die Lebensqualität psychisch Kranker geringer als die der Normalbevölkerung und chronisch körperlich Kranker.
2. Selbst bei ausgeprägteren psychopathologischen Symptomen berichten gemeindenäher versorgte psychisch Kranke über eine bessere Lebensqualität als längerfristig im Krankenhaus Behandelte.
3. Einige Längsschnittuntersuchungen zeigen, daß die Lebensqualität beim Verbleib in therapeutischen und rehabilitativen Maßnahmen zunimmt.
4. Psychisch kranke Frauen erleben – zumindest sofern es sich um Erkrankungen aus dem schizophrenen Formenkreis handelt – eine geringere Beeinträchtigung der Lebensqualität als Männer.
5. Der Ausprägungsgrad psychopathologischer Syndrome – insbesondere von Angst und Depression – und die Anzahl von Rezidiven sind negativ mit der Lebensqualität korreliert.
6. Unerwünschte Psychopharmakanebenwirkungen beeinträchtigen die Lebensqualität.
7. Psychotherapie verbessert die Lebensqualität.
8. Ähnlich wie bei chronisch körperlich Kranken und bei Gesunden ist auch bei psychisch Kranken das Selbstwertgefühl einer der wichtigsten Prädiktoren der Lebensqualität.
9. Lebensqualität ist positiv mit sozialer Unterstützung korreliert.
10. Krankheitsbewältigung und Lebensqualität hängen auch bei chronisch psychisch Kranken positiv zusammen.

11. Die Lebensqualität von Angehörigen wird durch die Störung des Index-Patienten beeinträchtigt.
12. Sofern psychisch Kranke Opfer von Gewalttaten werden, geben sie eine niedrigere Lebensqualität als die davon Verschonten an.

Trotz der Fülle konsistenter empirischer Ergebnisse existieren viele grundlegende theoretische Probleme der Lebensqualitätsforschung (Lauer, in Druck). So konstatieren Renwick und Friefeld (1996, p. 36): „The development of conceptual approaches to quality of life ... is in its infancy." Unterschiedliche Lebensqualitätsdefinitionen zeigen jedoch in drei Punkten Übereinstimmung: Das Konstrukt Lebensqualität umfaßt (1) objektive (Lebensstandard) und (2) subjektive (Lebenszufriedenheit) Indikatoren sowie (3) die Unterscheidung beider in einer Reihe von Lebensbereichen (Lauer, in Druck). Beispielsweise betonen Pinkney, Gerber und Lafave (1991, p. 86): „Quality of life has been defined as the goodness of life as measured subjectively and objectively; valid indicators of quality of life include health, physical environment, quality of housing and other material circumstances", und Simmons (1994, p. 185) schlußfolgert: „In most discussions on the definition of QoL [Quality of Life, G. L.] it is acknowledged that it contains both objective and subjective elements." Unterschiedliche theoretische Modelle (vgl. Day & Jankey, 1996; Schipper, Clinch & Powell, 1990) stellen verschiedene Lebensqualitätsvariablen (z.B. soziale, [differential]psychologische, medizinische) in den Vordergrund und implizieren auch teilweise qualitative Forschungsansätze. Bei chronisch psychisch Kranken haben theoretische Ansätze, die sowohl objektive soziale Indikatoren als auch subjektive psychologische Indikatoren der Lebensqualität berücksichtigen, bisher die größte Aufmerksamkeit erhalten (vgl. z.B. Lehman, 1983). Dabei zeigte sich, daß den subjektiven Variablen die größere Bedeutung zukommt (Überblick: Lauer, in Druck).

3.2 Erfassung der Lebensqualität in der Psychiatrie

Die Erfassung der Lebensqualität psychiatrischer Patienten hat sich relativ eigenständig und unabhängig von der Lebensqualitätsforschung innerhalb der Klinischen und Medizinischen Psychologie und unbeeindruckt von den grundlegenden theoretischen Problemen entwickelt, obgleich noch gelegentlich die Meinung vertreten wird, Kliniker verfügten „derzeit über keine allgemein akzeptierte Meßmethode, welche reliabel die Lebensqualität ... angeben könnte" (Zapotoczky, 1994, S. 20). Einen chronologisch geordneten Überblick über die wichtigsten Lebensqualitätserfassungsverfahren, die mittels Rating-Skalen zwischen 4 und 15 unterschiedliche Lebensbereiche umfassen, und deren Gütekriterien gibt Tabelle 1 (vgl. auch Lehman, 1996; Lehman & Burns, 1990; Stieglitz, 1996).

Nur noch von historischem Interesse ist die „*Quality of Life Checklist*" *(QLC)* (Malm, May & Dencker, 1981) zur Erfassung der Lebensqualität ambulant betreuter schizophren erkrankter Klienten, deren psychometrische Kennwerte nie bestimmt wurden. Die „*Satisfaction with Life Domains Scale*" *(SLDS)* (Baker & Intagliata, 1982) wurde von einem in großen Bevölkerungsstudien (Andrews & Withey, 1976)

Tabelle 1: Instrumente zur Erfassung der Lebensqualität von Klienten in der Psychiatrie (nähere Erläuterungen im Text)

Instrument (Abkürzung)	Autor(en)	Reliabilität	Validität
Quality of Life Checklist (QLC)	Malm et al. (1981)	?	?
Satisfaction with Life Domains Scale (SLDS)	Baker & Intagliata (1982)	+	+
Oregon Quality of Life Questionnaire (OQLQ)	Bigelow et al. (1982)	?	?
Quality of Life Scale (QLS)	Heinrichs et al. (1984)	+	?
Quality of Life Interview (QLI)	Lehman (1988)	+	+
Quality of Life Index (QL-Index)	Schalock et al. (1989)	+	(+)
Quality of Life Questionnaire (QLQ)	Bigelow et al. (1991)	?	?
Lancashire Quality of Life Profile (LQOLP)	Oliver (1991)	+	+
Quality of Life Inventory (QOLI)	Frisch et al. (1992)	+	?
Quality of Life Self-Report (QLS-100)	Skantze et al. (1992)	+	?
Quality of life Index for Mental Health (QLI-MH)	Becker et al. (1993)	+	+
Quality of Life Enjoyment and Satisfactional Questionnaire (QLESQ)	Endicott et al. (1993)	+	+
Quality of Life Interview Scale (QOLIS)	Holcomb et al. (1993)	+	+
Berliner Lebensqualitätsprofil (BLQP)	Priebe et al. (1995)	+	+
Münchner Lebensqualitäts-Dimensionenliste (MLDL)	Franz et al. (1996)	+	+

benutzten Instrument abgeleitet, enthält nur 15 Items und zufriedenstellende Kennwerte hinsichtlich Reliabilität (Cronbach-Alpha: 0.84) und diskriminativer und konvergenter Validität (vgl. Baker, Jodrey & Intagliata, 1992). Die psychometrischen Daten des umfangreichen *„Oregon Quality of Life Questionnaire" (OQLQ)* (Bigelow, Brodsky, Stewart & Olson, 1982) sind hingegen nicht bekannt. Die Reliabilitätswerte des aus 21 Items bestehenden Fremdbeurteilungsverfahrens *„Quality of Life Scale" (QLS)* (Heinrichs, Hanlon & Carpenter, 1984) sind exzellent (Interrater-Reliabilitäten: zwischen 0.84 und 0.97). Jedoch bestehen erhebliche Zweifel an der Validität des

Instrumentes, da mehrfach sehr hohe Korrelationen mit Negativsymptomen berichtet wurden (z.B. Bellack, Morrison, Wixted & Mueser, 1990; Simon-Abbadi, Simon & Guelfi, 1996). Als „Rolls-Royce model" (Guyatt, Bombardier & Tugwell, 1986) der Lebensqualitätserfassung in der Psychiatrie gilt das *„Quality of Life Interview" (QLI)* (Lehman, 1983, 1988), dessen Anwendung für chronisch psychisch Kranke auch von der Weltgesundheitsorganisation empfohlen wird (World Health Organization, 1996). Seine erste Version enthält mehr als 200 Items, welche die Lebensqualität in neun Bereichen (Wohnsituation, Familienkontakte, Sozialkontakte, Freizeit, Arbeit und Beschäftigung, Religion, Finanzen, Sicherheit, Gesundheit) erheben. Insbesondere die subjektiven Skalen haben gute Reliabilitätswerte (Cronbach-Alpha: zwischen 0.79 und 0.88; durchschnittliche Test-Retest Reliabilität [eine Woche]: 0.72). Untersuchungen zu unterschiedlichen Kriterien konnten viele Hinweise auf die Validität des QLI liefern (z.B. Barry & Crosby, 1996; Corrigan & Buican, 1995; Lehman, 1996; Lehman, Postrado & Rachuba, 1993; Levitt, Hogan & Bucosky, 1990). Durch eine große, repräsentative Studie (Andrews & Withey, 1976) gibt es Normen für die amerikanische Allgemeinbevölkerung. Gute Reliabilitätswerte (Cronbach-Alpha und Interrater-Reliabilität: 0.83) und einige Validitätshinweise (z.B. eine dreifaktorielle Lösung bei einer Faktorenanalyse) liegen auch für den nur 28 Items umfassenden *„Quality of Life Index" (QL-Index)* (Schalock, Keith, Hofman & Karan, 1989) vor, jedoch wurde dieses Instrument nur an Klienten mit geistiger Behinderung untersucht. Als Weiterentwicklung des OQLQ haben Bigelow, McFarland und Olson (1991) den 263 Items enthaltenden *„Quality of Life Questionnaire" (QLQ)* vorgestellt, für den nur wenige Reliabilitäts- (Cronbach-Alpha der 14 Skalen: zwischen 0.05 und 0.97) und Validitätshinweise – vor allem auf diskiminative und prädiktive Validiät – vorliegen. 100 großteils vom QLI übernommene Items enthält die Ursprungsversion des *„Lancashire Quality of Life Profile" (LQOLP)* (Oliver, 1991), für das in einer Reihe von Studien in unterschiedlichen Übersetzungen seine Reliabilität (Cronbach-Alpha: zwischen 0.84 und 0.86; Test-Retest Reliabilität: zwischen 0.49 und 0.78) und Validität belegt werden konnte (vgl. z.B. Hinterhuber et al., 1995; Oliver, Huxley, Priebe & Kaiser, in Druck). Aus 17 Items besteht das bisher nur an alkoholabhängigen Klienten untersuchte *„Quality of Life Inventory" (QOLI)* (Frisch, Cornell, Villanueva & Retzlaff, 1992); die Cronbach-Alpha Koeffizienten liegen zwischen 0.77 und 0.91. Als eine Weiterentwicklung der von einer Göteborger Arbeitsgruppe stammenden QLC ist der aus 100 Items bestehende *„Quality of Life Self-Report" (QLS-100)* (Skantze, Malm, Dencker, May & Corrigan, 1992; vgl. auch Skantze & Malm, 1994) anzusehen, für den gute Reliabilitätswerte (Test-Retest Reliabilität [sieben bis zehn Tage]: 0.88) berichtet werden. Hinsichtlich der Validität liegen jedoch nur wenige Informationen vor. Die Erhebung der Lebensqualität sowohl aus der Selbst- als auch aus der Fremdbeobachterperspektive erlaubt der mit zufriedenstellenden psychometrischen Kennwerten ausgestattete *„Quality of Life Index Mental Health" (QLI-MH)* (Becker, Diamond & Sainfort, 1993; vgl. auch Sainfort, Becker & Diamond, 1996). Auch der 91 Items umfassende *„Quality of Life Enjoyment and Satisfaction Questionnaire" (QLESQ)* (Endicott, Nee, Harrison & Blumenthal, 1993) hat befriedigende psychometrische Kenngrößen. Bei der Konstruktion der 87 Items auf acht Faktoren enthaltenden *„Quality of Life Interview Scale" (QOLIS)* (Holcomb, Morgan, Adams, Ponder & Farrel,

1993) standen Überlegungen zur Itemselektion und Skalenoptimierung mehr als bei allen anderen in Tabelle 1 aufgeführten Verfahren im Vordergrund. Für dieses Erhebungsinstrument liegen gute Reliabilitätswerte (Cronbach-Alpha: zwischen 0.72 und 0.93) und Hinweise auf Kriteriums- und Konstruktvalidität vor. Eine deutschsprachige Version des LQOLP mit akzeptablen internen Konsistenzwerten (zwischen 0.71 und 0.86) und empirischen Daten, die für die Validität des Instrumentes sprechen (vgl. Kaiser, Priebe, Hoffmann & Isermann, 1996), ist das *„Berliner Lebensqualitätsprofil" (BLQP)* (Priebe et al., 1995). In einer Studie aus Gießen (Franz, Plüddemann, Gruppe & Gallhofer, 1996) wurde die ursprünglich als 19 Items umfassendes Selbstbeurteilungsinstrument für kardiologische Patienten konzipierte *„Münchner Lebensqualitäts Dimensionen Liste" (MLDL)* (Heinisch, Ludwig & Bullinger, 1991) den Bedürfnissen chronisch psychisch kranker Klienten angepaßt und zu einem Interview modifiziert. Für diese Interviewvariante der MLDL werden ebenfalls zufriedenstellende psychometrische Kenngrößen berichtet. So liegen die internen Konsistenzwerte zwischen 0.64 und 0.91. Hinsichtlich der Validität unterscheiden sich gesunde und schizophrene Probanden in allen vier Skalen der MLDL, und es bestehen negative Korrelationen zwischen der Lebensqualität und verschiedenen psychopathologischen Parametern.

4. Resümee und Ausblick

Die Lebensqualitätsdimension findet in Qualitätssicherungsprogrammen von Psychiatrie und Psychotherapie bislang keine konzeptionell ausreichende Berücksichtigung.
Insbesondere Autoren aus der Psychiatrie (z.B. Cording, 1995a, 1995b, 1997; Fauman, 1989; Finzen, 1995; Kissling, 1994; Linden, 1995; Möller et al., 1995; Stieglitz & Haug, 1995; Tegeler, 1995) kommen kaum über die Forderung nach Berücksichtigung der Patientenzufriedenheit hinaus. Dies verwundert insbesondere im Bereich der Prüfung von neuen Psychopharmaka (vgl. z.B. Tegeler, 1995), zumal erst kürzlich Bech (1995) vorschlug, bei der Erprobung neuer Präparate neben den Medikamentenwirkungen und -nebenwirkungen die Beeinträchtigung der Lebensqualität als dritte Dimension zu betrachten. So konnte beispielsweise in einer eigenen Studie (Lauer & Stegmüller-Koenemund, 1994) an schizophrenen Patienten gezeigt werden, daß die Neuroleptika-Nebenwirkungen die Lebensqualität in den Bereichen Sozialkontakte, Gesundheit, Sicherheit, Wohnsituation und Arbeit und Beschäftigung beeinträchtigen. Zwar wird von einigen psychiatrischen Qualitätssicherungskonzepten (Berger, 1995; Berger & Vauth, 1997; Gaebel, 1995a, 1995b, 1997) der Einbezug der Lebensqualitätsdimension in die Ergebnisqualität vorgeschlagen, konzeptionelle Begründungen oder gar Empfehlungen zur Lebensqualitätserfassung bleiben jedoch aus, so daß der Verdacht entsteht, man sehe in der Lebensqualität ein modisches Schlagwort zur individuellen Garnierung sozialtechnologischer Programme.
Eine Reihe von Autoren aus der Klinischen Psychologie und Psychotherapie (z.B. Baumgärtel, 1996; Bertelmann et al., 1996; Buchkremer & Schneider, 1995; Fiegenbaum et al., 1997; Frank & Fiegenbaum, 1994; Grawe & Braun, 1994; McDonald & Marks, 1992) berücksichtigen die Individualität der Klientel psychotherapeutischer Dienstleistungen bestenfalls in Form der Klienten- bzw. Patientenzufriedenheit. Einzig

Schulte (1993) gelingt es, im Rahmen konzeptioneller Überlegungen zur Messung des Therapieerfolges, also der Erfassung der Ergebnisqualität, der Lebensqualitätsdimension auf einer dritten, allgemeinen Ebene einen adäquaten Platz einzuräumen. Das „Heidelberger Modell der Aktiven Internen Qualitätssicherung" (vgl. Lutz, 1993; Lutz et al., 1994) konnte empirisch zeigen, daß die Berücksichtigung der Lebensqualitätsdimension in der Qualitätssicherung einerseits die ganzheitliche Welt- und Selbstsicht der Klienten berücksichtigt und andererseits zu wissenschaftlich sinnvollen und fruchtbaren Ergebnissen führt. Insofern soll der in diesem Beitrag vorgelegte Überblick über die Lebensqualitätsforschung bei psychisch Kranken und die Erhebungsmethoden der Lebensqualität eine Ermunterung sein, die Lebensqualitätsdimension in zukünftigen Qualitätssicherungsprojekten vermehrt zu berücksichtigen. Dabei sollte über Überlegungen, welche die Lebensqualitätsdimension nur als Bestandteil der Ergebnisqualität (vgl. z.B. Schulte, 1993; Volmer, 1995) betrachten, hinausgegangen werden, da die Lebensqualität auch die Struktur- und Prozeßqualität tangiert (vgl. das einleitende Zitat von Schalock, 1996, p. 118).

Im Rahmen dieses Beitrages ist eine grundlegende Diskussion über die Fragen, welche Lebensqualitätserhebungsmethoden sinnvoll bei welchen Patienten bzw. Klienten in der Qualitätssicherung eingesetzt werden sollten, und zu welchen Zeitpunkten die Erfassung der Lebensqualitätsdimension angebracht ist, nicht möglich. Jedoch wird die Beantwortung dieser Fragen auch mit darüber entscheiden, ob und inwieweit der drohende Verlust von Individualität in Qualitätssicherungsprogrammen vermieden werden kann.

Literaturverzeichnis

Andrews, F.R. & Withey, S.B. (1976). *Social indicators of well-being: Americans' perceptions of life quality*. New York: Plenum Press.

Awad, A. (1992). Quality of life of schizophrenic patients on medications and implications for new drug trials. *Hospital and Community Psychiatry, 43*, 262–265.

Baker, F. & Intagliata, J. (1982). Quality of Life in the Evaluation of Community Support Systems. *Evaluation and Program Planning, 5*, 69–79.

Baker, J., Jodrey, D. & Intagliata, J. (1992). Social Support and Quality of Life of Community Support Clients. *Community Mental Health Journal, 28*, 397–411.

Barry, M.M. & Crosby, C. (1996). Quality of Life as an Evaluation Measure in Assessing the Impact of Community Care on People with Long-Term Psychiatric Disorders. *British Journal of Psychiatry, 168*, 210–216.

Baumgärtel, F. (1996). Qualitätssicherung (Editorial). *Report Psychologie, 21*, 872–874.

Bech, P. (1995). Quality of life measurement in the medical setting. *European Psychiatry, 10* (Suppl. 3), 83–85.

Becker, M., Diamond, R. & Sainfort, F. (1993). A new patient focused index for measuring quality of life in persons with severe and persistent mental illness. *Quality of Life Research, 2*, 239–251.

Bellack, A.S., Morrison, R.L., Wixted, J.T. & Mueser, K.T. (1990). An analysis of social competence in schizophrenia. *British Journal of Psychiatry, 156*, 809–818.

Berger, M. (1995). Qualitätssicherung – eine Standortbestimmung. In H.-J. Haug & R.-D. Stieglitz (Hrsg.), *Qualitätssicherung in der Psychiatrie* (S. 7–25). Stuttgart: Enke.

Berger, M. & Vauth, R. (1997). Grundelemente der Qualitätssicherung in der Medizin. In M. Berger & W. Gaebel (Hrsg.), *Qualitätssicherung in der Psychiatrie* (S. 1–11). Berlin: Springer.

Bertelmann, M., Jansen, J. & Fehling, A. (1996). Qualitätsmanagement in der psychotherapeutischen Praxis. *Report Psychologie, 21*, 892–901.

Bigelow, D.A., Brodsky, G., Stewart, L. & Olson, M. (1982). The Concept and Measurement of Quality of Life as a Dependent Variable in Evaluation of Mental Health Services. In G.J. Stahler & W.R. Tash (Eds.), *Innovative Approaches to Mental Health Evaluation* (pp. 345–366). New York: Academic Press.

Bigelow, D.A., McFarland, B.H. & Olson, M.M. (1991). Quality of Life of Community Mental Health Program Clients: Validating a Measure. *Community Mental Health Journal, 27*, 43–55.

Breuer, F. (1991). *Wissenschaftstheorie für Psychologen. Eine Einführung.* (5. Aufl.). Münster: Aschendorff.

Buchkremer, G. & Schneider, F. (1995). Qualitätssicherung in der Psychotherapie. In H.-J. Haug & R.-D. Stieglitz (Hrsg.), *Qualitätssicherung in der Psychiatrie* (S. 141–150). Stuttgart: Enke.

Cording, C. (1995a). Basisdokumentation und Ergebnisqualität. In W. Gaebel (Hrsg.), *Qualitätssicherung im psychiatrischen Krankenhaus* (S. 173–181). Wien: Springer.

Cording, C. (1995b). Qualitätssicherung mit der Basisdokumentation. In H.-J. Haug & R.-D. Stieglitz (Hrsg.), *Qualitätssicherung in der Psychiatrie* (S. 169–183). Stuttgart: Enke.

Cording, C. (1997). Basisdokumentation als Grundlage qualitätssichernder Maßnahmen. In M. Berger & W. Gaebel (Hrsg.), *Qualitätssicherung in der Psychiatrie* (S. 33–51). Berlin: Springer.

Corrigan, P.W. & Buican, B. (1995). The Construct Validity of Subjective Quality of Life for the Severely Mentally Ill. *Journal of Nervous and Mental Disease, 183*, 281–285.

Day, H. & Jankey, S.G. (1996). Lessons from the Literature. Toward a Holistic Model of Quality of Life. In R. Renwick, I. Brown & M. Nagler (Eds.), *Quality of Life in Health Promotion and Rehabilitation. Conceptual Approaches, Issues, and Applications* (pp. 39–50). Thousand Oaks: Sage.

Deutsche Gesellschaft für Psychiatrie, Psychotherapie und Nervenheilkunde DGPPN (1997). *Die Behandlung psychischer Erkrankungen in Deutschland. Positionspapier zur aktuellen Lage und zukünftigen Entwicklung.* Berlin: Springer.

Donabedian, A. (1966). Evaluating the quality of medical care. *Milbank Memorial Funds Quarterly, 44*, 166–203.

Donabedian, A. (1982). *The Criteria and Standards of Quality.* Ann Arbor: Health Administration Press.

Elmer, O.E. (in Druck). „Lebensqualität" und „Qualitätssicherung" in der Psychiatrie. In G. Lauer (Hrsg.), *Die Lebensqualität in der Psychiatrie. Deutsche und internationale Perspektiven.* Stuttgart: Enke.

Endicott, J., Nee, J., Harrison, W. & Blumenthal, R. (1993). Quality of Life Enjoyment and Satisfaction Questionnaire: A New Measure. *Psychopharmacology Bulletin*, 29, 321–326.

Fahrenberg, J., Myrtek, M., Wilk, D. & Kreutel, K. (1986). Multimodale Erfassung der Lebenszufriedenheit: Eine Untersuchung an Herz-Kreislauf-Patienten. *Psychotherapie und Medizinische Psychologie*, 36, 347–354.

Fauman, M.A. (1989). Quality Assurance Monitoring in Psychiatry. *American Journal of Psychiatry*, 146, 1121–1130.

Fiegenbaum, W., Tuschen, B. & Florin, I. (1997). Qualitätssicherung in der Psychotherapie. *Zeitschrift für Klinische Psychologie*, 26, 138–149.

Finzen, A. (1995). Qualitätssicherung in der Sozialpsychiatrie. In H.-J. Haug & R.-D. Stieglitz (Hrsg.), *Qualitätssicherung in der Psychiatrie* (S. 132–140). Stuttgart: Enke.

Frank, M. & Fiegenbaum, W. (1994). Therapieerfolgsmessung in der psychotherapeutischen Praxis. *Zeitschrift für Klinische Psychologie*, 23, 268–275.

Franz, M., Plüddemann, K., Gruppe, H. & Gallhofer, B. (1996). Modifikation und Anwendung der Münchner Lebensqualitäts-Dimensionen-Liste bei schizophrenen Patienten. In H.-J. Möller, R.R. Engel & P. Hoff (Hrsg.), *Befunderhebung in der Psychiatrie: Lebensqualität, Negativsymptomatik und andere aktuelle Entwicklungen* (S. 103–111). Wien: Springer.

Frisch, M.B., Cornell, J., Villanueva, M. & Retzlaff, P. (1992). Clinical validation of the Quality of Life Inventory: A measure of life satisfaction for use in treatment planning and outcome assessment. *Psychological Assessment*, 4, 92–101.

Gaebel, W. (1995a). Qualitätssicherung diagnostischer und therapeutischer Maßnahmen im psychiatrischen Krankenhaus. In W. Gaebel (Hrsg.), *Qualitätssicherung im psychiatrischen Krankenhaus* (S. 87–108). Wien: Springer.

Gaebel, W. (1995b). Qualitätssicherung in der klinisch-stationären Versorgung. In H.-J. Haug & R.-D. Stieglitz (Hrsg.), *Qualitätssicherung in der Psychiatrie* (S. 95–111). Stuttgart: Enke.

Gaebel, W. (1997). Grundzüge der Qualitätssicherung in der Psychiatrie. In M. Berger & W. Gaebel (Hrsg.), *Qualitätssicherung in der Psychiatrie* (S. 13–32). Berlin: Springer.

Grawe, K. & Braun, U. (1994). Qualitätskontrolle in der Psychotherapie. *Zeitschrift für Klinische Psychologie*, 23, 242–267.

Gruyters, T. & Priebe, S. (1994). Die Bewertung psychiatrischer Behandlung durch die Patienten – Resultate und Probleme der systematischen Erforschung. *Psychiatrische Praxis*, 21, 88–95.

Guyatt, G.H., Bombardier, C. & Tugwell, P.X. (1986). Measuring disease-specific quality of life in clinical trials. *The Canadian Medical Association Journal*, 134, 889–895.

Heinisch, M., Ludwig, M. & Bullinger, M. (1991). Psychometrische Testung der „Münchner Lebensqualitäts Dimensionen Liste (MLDL)". In M. Bullinger, M. Ludwig & N. v. Steinbüchel (Hrsg.), *Lebensqualität bei kardiovaskulären Erkrankungen. Grundlagen, Meßverfahren und Ergebnisse* (S. 73–90). Göttingen: Hogrefe Verlag für Psychologie.

Heinrichs, D.W., Hanlon, T.E. & Carpenter, W.T. jr. (1984). The Quality of Life Scale:

An Instrument for Rating the Schizophrenic Deficit Syndrome. *Schizophrenia Bulletin, 10*, 388–396.

Hinterhuber, H., Holzner, B., Kemmler, G., Meise, U., Neudorfer, C., Schifferle, I. & Schwitzer, J. (1995). Verläufe schizophrener Psychosen. Die Tiroler Langzeitstudie. In H. Hinterhuber, W.W. Fleischhacker & U. Meise (Hrsg.), *Die Behandlung der Schizophrenien. State of the Art* (S. 51–76). Innsbruck: Verlag Integrative Psychiatrie.

Holcomb, W.R., Morgan, P., Adams, N.A., Ponder, H. & Farrel, M. (1993). Development of a Structured Interview Scale for Measuring Quality of Life of the Severely Mentally Ill. *Journal of Clinical Psychology, 49*, 830–840.

Holzkamp, K. (1972). *Kritische Psychologie.* Frankfurt a. M.: Fischer.

Howard, K.I., Lueger, R.J., Maling, M.S. & Martinovich, Z. (1993). A Phase Model of Psychotherapy Outcome: Causal Mediation of Change. *Journal of Consulting and Clinical Psychology, 61*, 678–685.

Kaiser, W., Priebe, S., Hoffmann, K. & Isermann, M. (1996). Subjektive Lebensqualität bei Patienten mit chronischer Schizophrenie. *Nervenarzt, 67*, 572–582.

Kissling, W. (1994). Qualitätssicherung in der Psychiatrie. *Psycho, 20*, 1–8.

Klieser, E., Lehmann, E. & Strauß H.W. (1995). Ärztliche und psychiatrische Weiterbildung als Mittel und Aufgabe der Qualitätssicherung. In W. Gaebel (Hrsg.), *Qualitätssicherung im psychiatrischen Krankenhaus* (S. 66–75). Wien: Springer.

Lauer, G. (1993). Ergebnisse der Lebensqualitätsforschung bei chronisch psychisch Kranken. *Psychiatrische Praxis, 20*, 88–90.

Lauer, G. (1995). Die Lebensqualität psychiatrischer Patienten: Theoretische Grundlagen, empirische Resultate und Implikationen für die weitere Forschung. In K. Pawlik (Hrsg.), *Bericht über den 39. Kongreß der Deutschen Gesellschaft für Psychologie in Hamburg 1994* (S. 357–362). Göttingen: Hogrefe Verlag für Psychologie.

Lauer, G. (1996). Lebensqualität und Schizophrenie: Ein Überblick über empirische Ergebnisse. In H.-J. Möller, R.R. Engel & P. Hoff (Hrsg.), *Befunderhebung in der Psychiatrie: Lebensqualität, Negativsymptomatik und andere aktuelle Entwicklungen* (S. 63–71). Wien: Springer.

Lauer, G. (1997). Zur Lebensqualität psychiatrischer Patienten. *Report Psychologie, 22*, 122–126.

Lauer, G. (in Druck). Advancing the concept of quality of life. In J.P.J. Oliver, S. Priebe & W. Kaiser (Eds.), *Quality of life and mental health care.* London: Routledge.

Lauer, G. & Mundt, C. (1995). Lebensqualität und Qualitätssicherung. In H.-J. Haug & R.-D. Stieglitz (Hrsg.), *Qualitätssicherung in der Psychiatrie* (S. 184–190). Stuttgart: Enke.

Lauer, G. & Stegmüller-Koenemund, U. (1994). Bereichsspezifische subjektive Lebensqualität und krankheitsbedingte Einschränkungen chronisch schizophrener Patienten. *Psychiatrische Praxis, 21*, 70–73.

Lehman, A.F. (1983). The well-being of chronic mental patients. Assessing their quality of life. *Archives of General Psychiatry, 40*, 369–379.

Lehman, A.F. (1988). A Quality of Life Interview for the chronically mentally Ill. *Evaluation and Program Planning, 11*, 51–62.

Lehman, A.F. (1996). Measures of quality of life among persons with severe and persistant mental disorders. *Social Psychiatry and Psychiatric Epidemiology*, *31*, 78–88.
Lehman, A.F. & Burns, B.J. (1990). Severe Mental Illness in the Community. In B. Spilker (ed.), *Quality of Life Assessments in Clinical Trials* (pp. 357–366). New York: Raven Press.
Lehman, A.F., Postrado, L.T. & Rachuba, L.T. (1993). Convergent validation of quality of life assessments for persons with severe mental illnesses. *Quality of Life Research*, *2*, 327–333.
Leimkühler, A.M. (1995). Die Qualität klinischer Versorgung im Urteil der Patienten. In W. Gaebel (Hrsg.), *Qualitätssicherung im psychiatrischen Krankenhaus* (S. 163–172). Wien: Springer.
Levitt, A.J., Hogan, T.P. & Bucosky, C.M. (1990). Quality of life in chronically mentally ill patients in day treatment. *Psychological Medicine*, *7*, 477–487.
Linden, M. (1995). Qualitätssicherung und Routinesupervision in der stationären Psychotherapie. In W. Gaebel (Hrsg.), *Qualitätssicherung im psychiatrischen Krankenhaus* (S. 120–131). Wien: Springer.
Lutz, G. (1993). *Qualitätssicherung stationärer Psychotherapie – Entwicklung und Implementierung eines Prototyps*. Unveröff. Dipl.Arbeit, Ruprecht-Karls-Universität, Heidelberg.
Lutz, G., Lauer, G., Leeb, B., Bölle, M. & Kordy, H. (1994). Was sind und wozu nützen Qualitätszirkel in der Psychotherapie? In F. Lamprecht & R. Johnen (Hrsg.), *Salutogenese. Ein neues Konzept in der Psychosomatik?* (S. 241–253). Frankfurt a. M.: Verlag für Akademische Schriften.
Malm, U., May, P.R.A. & Dencker, S.J. (1981). Evaluation of the quality of life of the schizophrenic outpatient: A checklist. *Schizophrenia Bulletin*, *7*, 477–487.
McDonald, R. & Marks, I.M. (1992). Qualitätssicherung im Gesundheitswesen: Ein Modell zur routinemäßigen Behandlungsauswertung. In W. Fiegenbaum, J. Margraf, I. Florin & A. Ehlers (Hrsg.), *Zukunftsperspektiven der Klinischen Psychologie* (S. 21–34). Berlin: Springer.
Möller, H.-J., Deister, A. & Laux, G. (1995). Outcome-Forschung als Mittel der Qualitätssicherung. In W. Gaebel (Hrsg.), *Qualitätssicherung im psychiatrischen Krankenhaus* (S. 147–162). Wien: Springer.
Oliver, J.P.J. (1991). The social care directive: Development of a quality of life profile for use in community services for the mentally ill. *Social Work and Social Science Review*, *3*, 5–45.
Oliver, J.P.J., Huxley, P.J., Priebe, S. & Kaiser, W. (in Druck). Measuring the quality of life of severely mentally ill people using the Lancashire quality of life profile. *Social Psychiatry and Psychiatric Epidemiology*, *32*.
Pinkney, A.A., Gerber, G.J. & Lafave, H.G. (1991). Quality of life after psychiatric rehabilitation: the clients' perspective. *Acta Psychiatrica Scandinavica*, *83*, 86–91.
Pirsig, R.M. (1994). *Zen und die Kunst ein Motorrad zu warten. Ein Versuch über Werte*. Frankfurt a. M.: Fischer Taschenbuch Verlag.
Priebe, S., Gruyters, T., Heinze, M., Hoffmann, C. & Jäkel, A. (1995). Subjektive Evaluationskriterien in der psychiatrischen Versorgung – Erhebungsmethoden für Forschung und Praxis. *Psychiatrische Praxis*, *22*, 140–144.

Raphael, D. (1996). Defining quality of life. Eleven debates concerning its measurement. In R. Renwick, I. Brown & M. Nagler (Eds.), *Quality of Life in Health Promotion and Rehabilitation. Conceptual Approaches, Issues, and Applications.* (pp. 146–165). Thousand Oaks: Sage.

Renwick, R. & Friefeld, S. (1996). Quality of life and rehabilitation. In R. Renwick, I. Brown & M. Nagler (Eds.), *Quality of Life in Health Promotion and Rehabilitation. Conceptual Approaches, Issues, Applications* (pp. 26–36). Thousand Oaks: Sage.

Richter, R. (1994). Qualitätssicherung in der Psychotherapie. Editorial. *Zeitschrift für Klinische Psychologie, 23,* 233–235.

Sainfort, F., Becker, M. & Diamond, R. (1996). Judgements of quality of life of individuals with severe mental disorders: Patient self-Report Versus provider perspectives. *American Journal of Psychiatry, 153,* 497–502.

Schalock, R.L. (1996). Quality of life and quality assurance. In R. Renwick, I. Brown & M. Nagler (Eds.), *Quality of Life in Health Promotion and Rehabilitation. Conceptual Approaches, Issues, and Applications* (pp. 104–118). Thousand Oaks: Sage.

Schalock, R.L., Keith, K.D., Hofman, K. & Karan, O.C. (1989). Quality of life: Its measurement and use. *Mental Retardation, 27,* 25–31.

Schipper, H., Clinch, J. & Powell, V. (1990). Definitions and conceptual issues. In B. Spilker (Ed.), *Quality of Life Assessments in Clinical Trials* (pp. 11–24). New York: Raven Press.

Schmidt, J. & Nübling, R. (1994). Qualitätssicherung in der Psychotherapie – Teil 1: Grundlagen, Hintergründe und Probleme. *GwG–Zeitschrift, 96,* 15–25.

Schmidt, J. & Nübling, R. (1995). Qualitätssicherung in der Psychotherapie. Teil 2: Realisierungsvorschläge, Modellprojekte und bereits laufende Maßnahmen. *GwG-Zeitschrift, 99,* 42–53.

Schmidt, J., Nübling, R., Lamprecht, F. & Wittmann, W.W. (1994). Patientenzufriedenheit am Ende psychosomatischer Reha-Behandlungen. Zusammenhänge mit Behandlungs- und Ergebnisvariablen und prognostische Bedeutung. In F. Lamprecht & R. Johnen (Hrsg.), *Salutogenese. Ein neues Konzept in der Psychosomatik?* (S. 271–283). Frankfurt a. M.: Verlag für Akademische Schriften.

Schmidt, J., Nübling, R. & Vogel, H. (1995). Qualitätssicherung in der stationären medizinischen Rehabilitation. Psychologische Beiträge zu einem modernen Trend in der Gesundheitsversorgung. *Verhaltenstherapie & psychosoziale Praxis, 21,* 245–263.

Schulte, D. (1993). Wie soll Therapieerfolg gemessen werden? *Zeitschrift für Klinische Psychologie, 22,* 374–393.

Selbmann, H.-K. (1990). Konzeption, Voraussetzung und Durchführung qualitätssichernder Maßnahmen im Krankenhaus. *Das Krankenhaus, 11,* 470–474.

Selbmann, H.-K. (1995). Konzept und Definition medizinischer Qualitätssicherung. In W. Gaebel (Hrsg.), *Qualitätssicherung im psychiatrischen Krankenhaus* (S. 3–10). Wien: Springer.

Simmons, S. (1994). Quality of life in community mental health care – A review. *International Journal of Nursing Studies, 31,* 183–193.

Simon-Abbadi, S., Simon, N. & Guelfi, J.D. (1996). Qualite de la vie chez des schizophrenes. *European Psychiatry, 11* (Suppl. 4), 424.

Skantze, K. & Malm, U. (1994). A new approach to facilitation of working alliances based on patients' quality of life goals. *Nordic Journal of Psychiatry, 48*, 73–51.

Skantze, K., Malm, U., Dencker, S.J., May, P.R.A. & Corrigan, P. (1992). Comparison of quality of life with standard of living in schizophrenic out-patients. *British Journal of Psychiatry, 161*, 797–801.

Stieglitz, R.-D. (1996). Erfassung von Lebensqualität bei schizophrenen Patienten. In H.-J. Möller, R.R. Engel & P. Hoff (Hrsg.), *Befunderhebung in der Psychiatrie: Lebensqualität, Negativsymptomatik und andere aktuelle Entwicklungen* (S. 73–81). Wien: Springer.

Stieglitz, R.-D. & Haug, H.-J. (1995). Therapiezielbestimmung und -evaluation als Mittel zur Qualitätssicherung. In H.-J. Haug & R.-D. Stieglitz (Hrsg.), *Qualitätssicherung in der Psychiatrie* (S. 191–199). Stuttgart: Enke.

Tegeler, J. (1995). Qualitätssicherung in der Psychopharmakotherapie. In W. Gaebel (Hrsg.), *Qualitätssicherung im psychiatrischen Krankenhaus* (S. 109–119). Wien: Springer.

Trenckmann, U. & Spengler, A. (1995). Qualitätssicherung im psychiatrischen Krankenhaus – Möglichkeiten, Erfordernisse, Grenzen. In W. Gaebel (Hrsg.), *Qualitätssicherung im psychiatrischen Krankenhaus* (S. 28–36). Wien: Springer.

Volmer, T. (1995). Lebensqualität und Qualitätsmanagement. Potentieller Nutzen eines neuen Ansatzes der Ergebnisbeurteilung. *Prävention – Rehabilitation, 7*, 147–154.

World Health Organization WHO (1994). *Quality Assurance Indicators in Mental Health Care. Report on a WHO Consensus Meeting. Stockholm, Sweden, 30.–31. August 1994*. Copenhagen: WHO-Euro.

World Health Organization WHO (1996). *Patient Outcome Measures in Health. Report on a WHO Consensus Meeting. Stockholm, 23.–24. November 1995*. Copenhagen (EUR/HFA target 31).

Zapotoczky, H.G. (1994). Psychosoziale Voraussetzungen der Lebensqualität. In H. Katschnig & P. König (Hrsg.), *Schizophrenie und Lebensqualität* (S. 15–32). Wien: Springer.

IX.

Ausbildungsqualität und Qualitätssicherung der Ausbildung in Psychotherapie

Einige Überlegungen zu den empirischen Grundlagen für Qualitätsstandards in der Psychotherapie-Ausbildung

Armin Kuhr

Inhalt:

1. Vorbemerkung 595
2. VerhaltenstherapeutIn – Vom Lehrberuf zur Profession 596
3. Exkurs: Psychologen und Ärzte – Berufspolitische Aspekte 598
4. Bevor die Ausbildung beginnt:
   Die Auswahl der TeilnehmerInnen 600
5. Auswahl der Lehrinhalte 602
   5.1 Leitlinien für die Theorieausbildung –
       Schulenorientierung oder empiriegeleiteter Eklektizismus? 602
   5.2 Basisfertigkeiten und interpersonelle Kompetenzen 604
   5.3 Ausbildung und Berufsfeld 607
   5.4 Die Vermittlung des Lehrstoffs –
       Didaktisch-methodische Überlegungen 610
6. Supervision 612
7. Effektivität und Validität von Psychotherapie-Ausbildung 613
8. Abschließende Bemerkungen 614

1. Vorbemerkung

Nur wenige Wochen nach Ablegen meiner Diplomprüfung stand ich auf der „anderen" Seite: als wissenschaftlicher Assistent mußte ich Lehrstudenten in die Grundlagen der Pädagogischen Psychologie einführen. Meine Angst und Unsicherheit waren sehr groß; deshalb bemühte ich mich bei mehreren gestandenen Professorinnen und Professoren darum, in deren Unterricht zu hospitieren, um Ideen für meine eigene

Lehrtätigkeit zu gewinnen. Nach mehreren fadenscheinigen Absagen („Es paßt diese Woche nicht in den gruppendynamischen Prozeß") gab ich auf. Ich gewann den Eindruck, daß die angesprochenen Hochschullehrerinnen und -lehrer vor mir, dem Grünschnabel, Angst hatten.

Fünf Jahre später – Beginn meiner Verhaltenstherapieausbildung bei V.E. Meyer in London: In einer der ersten Fallbesprechungen merkte ein Kollege an, daß er mit einer seiner Therapien in Schwierigkeiten stecke. Er wisse nicht mehr weiter, er brauche Hilfe. Anstatt aber nun über seine Probleme zu berichten, fragte er in die Runde, wer bereit sei, an einem der nächsten Therapiekontakte teilzunehmen, den Ablauf zu beobachten und hinterher (eventuell) Verbesserungsvorschläge zu machen.

Diese beiden Ereignisse haben mich so beeindruckt, daß ich zwanzig Jahre später immer noch regelmäßig daran zurückdenke und mich seit meiner Zeit in London darum bemühe, die von Victor Meyer übernommenen Leitlinien weiter zu vermitteln: Wir sollten die Therapie so anlegen, daß wir (auch) Dritten gegenüber Begründungen abgeben können, warum wir was zu welchem Zeitpunkt tun. Wir sollten einen hohen Grad an Offenheit im Hinblick auf Fehler oder Probleme in der Therapie erreichen. Wir alle „kochen mit Wasser" und müssen gelegentlich Niederlagen einstecken. Der Perfektionismus, den wir bei unseren Patienten disputierend in Frage stellen, sollte uns nicht dazu verführen, nach außen den Anschein zu erwecken, wir hätten therapeutisch beständig „alles im Griff".

Diese Grundhaltung scheint mir eine günstige Voraussetzung für die gegenwärtige Diskussion über Kontrolle und Verbesserung der Qualität psychotherapeutischer Arbeit zu sein. Psychotherapie-Ausbildung sollte die Absolventen nicht nur im Hinblick auf Beziehungsfähigkeit und Technologie hin ausbilden, sondern auch erreichen, daß sie sich vor der höheren Transparenz ihrer Arbeit nicht fürchten, weil darin eine wesentliche Voraussetzung für die beständige weitere Verbesserung der Qualität ihrer Arbeit liegt.

2. VerhaltenstherapeutIn – Vom Lehrberuf zur Profession

Strupp, Fox und Lessler (1969) beginnen ihre Einführung zu dem Buch „Patienten sehen ihre Psychotherapie" mit den Fragen:

„Ist sie effektiv? Zu welchen Veränderungen führt sie? Wie funktioniert sie? Wie lange dauert sie? Wann immer Psychotherapie (und Psychoanalyse, als eine ihrer Varianten) zum Gegenstand des Gesprächs wird, tauchen diese Fragen auf." (S. 1)

Genau die gleichen Fragen können auch im Hinblick auf Psychotherapie-Ausbildung gestellt werden. Dies ist in der Vergangenheit noch recht wenig geschehen, obgleich die Ähnlichkeiten offensichtlich bis hin zur Trivialität sind. Wenn Lernen im Kern die Veränderung von Verhalten als das Ergebnis von Erfahrung ist, ist die Psychotherapie-Ausbildung genauso ein legitimer Gegenstand von Forschung wie das Studium von Prozeß und Ergebnis der Psychotherapie selbst. Warum – trotz der offensichtlichen Analogien und des potentiellen Nutzens von Ausbildungsforschung – hinken unsere Erkenntnisse über den Ausbildungsprozeß so weit hinterher? Neben dem naheliegenden Gesichtspunkt, daß wir lieber Forschungssubjekt als Forschungsobjekt sind (aus leicht einsehbaren narzißtischen Gründen), hat dies auch mit der Entwicklung des psychotherapeutischen Feldes insgesamt zu tun. In einem historischen Rückblick schreibt Krasner (1988, S. 13) von seinem Eindruck, daß in der Zeit nach dem Krieg (er berichtet über die Erfahrungen am Maudsley-Hospital in London) Therapie eine „subjektive Erfahrung" gewesen sei, in der „unterschiedliche Therapeuten Unterschiedliches taten", in dieser Zeit „ging fast alles". Erst Anfang der 50er Jahre, in der Zeit, als Eysenck (1952) sein berühmt-berüchtigtes Paper zur Effektivität von Psychotherapie schrieb, begann sich Therapieforschung im eigentlichen Sinn zu entwickeln. Es mußte erst mehr Wissen angesammelt werden, bevor genauere Aussagen darüber möglich waren, wie Therapeuten sich verhalten bzw. was sie tun sollten, um „gute" Therapieergebnisse zu erlangen.

Bis zum Ende der 60er Jahre bestand die Ausbildung von Verhaltenstherapeuten mehr in der informellen Weitergabe von Erfahrungen aus der klinischer Praxis als einem systematischen Training. Dies entsprach dem damaligen Stand der Disziplin, da die verhaltenstherapeutische Literatur so begrenzt war, daß sie innerhalb weniger Monate zu bewältigen war (Bellack, Hersen & Kazdin, 1982). Die Deutsche Gesellschaft für Verhaltenstherapie (DGVT) bzw. die Vorläuferorganisation GVT entwickelte Anfang der 70er Jahre ihr Arbeitskreismodell, in dem sich Angehörige psychosozialer Berufgruppen zusammenfanden, um sich gemeinsam in die Verhaltenstherapie einzuarbeiten. Lazarus (1969) bezeichnete jene Periode als die „Do-it-yourself-Phase" verhaltenstherapeutischer Ausbildung. Ende der 60er Jahre gab es zwar zunehmend Stimmen (z.B. Wolpe, 1969), die eine formalere Ausbildung anmahnten, aber noch meine eigene Weiterbildung in Verhaltenstherapie entsprach primär einem Meister-Lehrling-Konzept: Der Meister wurde bei der Arbeit beobachtet, der Lehrling machte es möglichst gut nach und versuchte, Wissenslücken über das Studium der reichhaltiger werdenden Literatur zu füllen.

Die Entwicklung der Verhaltenstherapie in Deutschland begann im akademischen Bereich; in der frühen Phase lag der Schwerpunkt naturgemäß auf der Implementierung erster verhaltenstherapeutischer Therapieprogramme und deren Weiterentwicklung, weniger beim Aufbau eines formalen Trainingssystems. Die Ausbildung des Nachwuchses erfolgte primär durch „Learning by doing". Victor Meyer (1976, mündliche Mitteilung) konnte noch die Ansicht vertreten, daß wir dann, wenn wir das konzeptuelle verhaltenstherapeutische Rüstzeug hätten, im Prinzip alle Störungen behandeln könnten. Das mittlerweile akkumulierte Wissen und der Trend zur störungsspezifischen Behandlung relativieren diese Einschätzung, wenngleich die *Grundlagen* verhaltenstherapeutischer Fachkompetenz für den Umgang mit psychischen Störungen nichts von ihrer Bedeutung verloren haben. Formalere Fortbildung erfolgte zunächst primär in sporadischen Workshops (angegliedert an Kongresse) oder durch Einladung ausländischer Referenten an die verhaltenstherapeutisch aktiven psychologischen Abteilungen.

Mit der Anerkennung der Verhaltenstherapie als ein von den Krankenkassen finanziertes Verfahren im Jahr 1984 nahmen Ausbildungsfragen erheblich an Bedeutung zu. In der „Psychotherapievereinbarung" von 1990 (modifiziert 1993; vgl. Faber &

Haarstrick, 1994) wurden Kriterien für die Anerkennung von Ausbildungsstätten und Ausbildungsgängen zusammengestellt, die bis heute über weite Strecken den Rahmen vorgeben.

Definiert man mit Fifer (1980) Qualität als Annäherung an einen bestimmten Standard, sind mit der Psychotherapievereinbarung (vgl. Faber & Haarstrick, 1994) vor allem Maßstäbe für die Strukturqualität (personelle, organisatorische und technische Ressourcen) psychotherapeutischer Ausbildung gesetzt. Diese werden gegenwärtig weiterentwickelt und konkretisiert (vgl. die Beiträge von Reimer, Schüler & Ströhm sowie von Schmidt-Bodenstein, in diesem Band). Bei der Definition der Anforderungen an Prozeß- und Ergebnisqualität ist die Entwicklung noch nicht so weit fortgeschritten. Daher soll dieser Beitrag einige Gesichtspunkte zu diesen Bereichen aufgreifen, die nach meiner Auffassung für die Formulierung von „Standards" berücksichtigt werden sollten.

3. Exkurs: Psychologen und Ärzte – Berufspolitische Aspekte

Der Kampf um die Psychotherapie ist in vollem Gang. Die Diskussion um die gesetzliche Regelung von Psychotherapie ist stark durch berufspolitische Auseinandersetzungen geprägt, bei denen es letztendlich darum geht, wer das Feld „Psychotherapie" besetzt und das daraus resultierende Einkommen für sich reserviert. Die Mediziner sagen, Psychotherapie sei eine ärztliche Domäne. In Windeseile haben vor wenigen Jahren psychiatrische Abteilungen der Universitäten ihren Namen um die Kennung „und Psychotherapie" erweitert, in dem Versuch, „Duftmarken" zu setzen (vgl. auch Hermer, in diesem Band). Dies ist eine interessante Entwicklung, da die Psychiatrie vor ca. 20 Jahren eine Rückbesinnung auf ihre medizinisch-organischen Wurzeln begann und der sich entwickelnden biologischen Psychiatrie die Verbindung zur Psychotherapie eher suspekt erschien. Psychologen vertreten die Auffassung, daß Psychotherapie eine psychologische Behandlung sei (vgl. Strupp et al., 1969) und begründen dies mit dem Hinweis, daß das Gros der Psychotherapieforschung durch Psychologen geleistet wurde und werde. Dennoch befinden sich die Psychologen bei dieser Auseinandersetzung in einer etwas schwächeren Position.

Medizinisches Denken und medizinische Standespolitik haben immer noch das Übergewicht, nicht zuletzt aufgrund der Tatsache, daß der Arzt-Beruf bislang dem Psychologen-Beruf vorgeordnet war und ein größeres gesellschaftliches Prestige hatte. Nach wie vor – könnte man überspitzt sagen – verstehen die kassenärztlichen Vereinigungen den Sicherstellungsauftrag des Sozialgesetzbuches eher als Auftrag zur Sicherung von ärztlichen Standesprivilegien gegen andere Berufsgruppen. Die tatsächliche Versorgung der Bevölkerung mit Psychotherapie tritt demgegenüber in den Hintergrund.

Waren Klinische Psychologen bis zum Zweiten Weltkrieg in der Regel mit Diagnostik betraut, veränderte sich das Berufsprofil mit Kriegsbeginn und in den Folgejahren erheblich. Psychiater zogen Psychologen aufgrund des enormen Bedarfs in psychotherapeutische Dienstleistungen hinein, wobei letztere – umfeldbedingt – psychiatrisches Denken übernahmen. Die Anpassung der Psychologen an diese Normen und Wertvorstellungen wurde 1949 bei der Boulder-Konferenz (vgl. Frank, 1987) kritisiert. Das Training in Klinischer Psychologie solle eigenständig werden und auf der Grunddisziplin Psychologie gründen. Wie Frank (1987) feststellte, sei diese Absicht nicht zufriedenstellend realisiert worden. Er sieht dafür als wesentlichen Grund die Tatsache, daß klinisch-psychologische Forschung mehr grundlagen- als anwendungsorientiert war. Dies gilt zwar heute praktisch nicht mehr, aber die Psychiatrie ist die dominante Disziplin im Sektor „seelische Krankheit" geblieben. Schon 1985 warnte Schneider vor zu starker Orientierung an Therapiezertifikaten. Im Bemühen um Anerkennung ihrer Psychotherapie-Aktivitäten gäben Psychologen klinisch-psychologische Traditionen auf und verlören ihre Identität gegenüber der Medizin. Ähnliche Gedanken äußert Lieb (1996). Die gesundheitspolitischen Rahmenbedingungen, primär die Einbettung der Verhaltenstherapie in die kassenärztliche Versorgung, führe zu einem gewissen Zwang der Orientierung am medizinischen Krankheitsmodell, das dem ursprünglich lerntheoretischen Störungsmodell der VT entgegenstehe. Damit komme es, wie Lieb (1996) es ausdrückt, zu einem Schwergewicht auf der Pathologie-Orientierung im Gegensatz zu einer Ressourcen-Orientierung. Lieb weist auf die Notwendigkeit einer „doppelten Buchführung" hin, die die Gefahr in sich berge, daß heranzubildende Therapeuten das medizinische Modell der Defizitorientierung übernähmen und die Grundlegung in der Psychologie bzw. im sozialwissenschaftlichen Modell und im salutogenetischen Ansatz zu stark geschwächt werde. Wie realistisch es allerdings ist, die von Lieb (1996) geforderte Entwicklung „gesunder" Verhaltensweisen zu Ungunsten von Symptomreduktion in den Vordergrund zu rücken, muß angesichts der Schwierigkeiten mit der Etablierung präventiver Konzepte skeptisch beurteilt werden.

Die Entwicklung von Qualitätsstandards für Psychotherapie-Ausbildungen wird sich zukünftig im günstigeren Fall im Spannungsfeld zwischen psychiatrischen und psychologischen Ansätzen bewegen. Es gilt darauf zu achten, daß der Wissensfundus der Klinischen Psychologie nicht nur als Steinbruch genutzt wird, dessen Material zum Füllen von Lücken im „Medizinischen Modell" genutzt wird, sondern daß eine tatsächliche Ergänzung oder sogar Synthese erfolgt.

Psychologische Forschung – grundlagen- und anwendungsorientiert – hat nicht nur wesentliche Bedeutung für das therapeutische Vorgehen bei den verschiedensten Störungsformen, sondern sie stellt auch die Methodologie und Meßtechnologie bereit, die die Basis jeder prozeß- und ergebnisorientierten Qualitätssicherung ist. Die Ausbildungsplaner in Verhaltenstherapie – wenn es sie denn im engeren Sinne schon gibt – müssen versuchen, einen akzeptablen „Spagat" zu machen zwischen psychiatrischen Konzepten einerseits, welche unser Berufsfeld wesentlich mitbestimmen, und der Stärkung unserer Identität als Klinische Psychologen andererseits. Der bisherige, wesentlich an berufsständischen Interessen orientierte Weg, wie er sich in den Psychotherapierichtlinien (vgl. Faber & Haarstrick, 1994) niederschlägt, sollte verlassen werden; empirisch-psychologische und erziehungswissenschaftliche Prinzipien wären wesentlich stärker zu berücksichtigen.

4. Bevor die Ausbildung beginnt: Die Auswahl der TeilnehmerInnen

Eine Reihe von Studien gibt Hinweise darauf, daß selbstsichere, persönlich stabile Therapeuten bessere Ergebnisse erzielen (zusammenfassend bei Beutler, Machado & Neufeld, 1994). Beutler et al. (1994) warnen allerdings vor der Schlußfolgerung, daß die Selektion von Trainees auf der Basis solcher Persönlichkeitsvariablen erfolgen sollte, weil andere Forschungsarbeiten keine Beziehung zwischen Therapieergebnis und seelischer Gesundheit von Therapeuten gefunden hätten. Welche Kriterien sollten dann zugrunde gelegt werden? Diese Frage stellt sich mit zunehmender Dringlichkeit, da die Vermutung, daß es zwischen Psychotherapeuten große Effektivitätsunterschiede gibt (zu welchem, Ihnen bekannten, Psychotherapeuten würden Sie einen nahen Angehörigen schicken?), nach und nach empirisch erhärtet wird. Rathjen und Rathjen (1994) berichten über die Wirkung einer Depressionsbehandlung, die über 15 Jahre hinweg mit dem Beck Depressions Inventar (BDI) (Beck, 1978) gemessen wurde. Etwa 40 Therapeuten waren beteiligt. Deren Effektivität variierte (gemessen in einer 50% Reduktion des BDI-Wertes) zwischen 0% und 80%. Selbst wenn man dieses Ergebnis unter methodischen Gesichtspunkten (z.B. Qualität des BDI) abschwächt, bleibt sicher eine erhebliche „wahre Varianz" übrig.

Daß die „Therapeuten-Homogenitätshypothese" solange stillschweigend unterstellt wurde, hat nicht nur mit Narzißmus der Therapeuten zu tun, sondern wohl auch mit der Tatsache, daß die Designs der Studien nicht *noch* komplizierter werden sollten. In einer Überblicksarbeit fanden Moncher und Prinz (1991) nach Durchsicht von über 350 Ergebnisstudien, daß therapeutische Kompetenz oder Fähigkeit als Variable bei der Wirkung der Behandlung weitgehend unberücksichtigt blieb.

Daß der Psychotherapeut bedeutsam ist („The Psychotherapist Matters"), wird in einer weiteren Studie von Luborsky, McLellan, Diguer, Woody und Seligman (1997) bekräftigt, in der sich nicht nur zeigte, daß es zwischen den Therapeuten der berichteten Studien erhebliche Unterschiede gab, sondern daß „gute" Therapeuten auch mit unterschiedlichen Patientenstichproben (d.h. unterschiedlichen Störungsbildern) effektiv waren. Damit stellt sich endgültig die Frage therapeutischen „Talents" und wie dieses in der Vorauswahl bzw. der Ausbildung zu berücksichtigen sei. Bergin (1997) glaubt, daß die Aussage „Therapie funktioniert" das Faktum verdeckt, daß Therapeuten wie Klienten als „Personen" am Therapieprozeß beteiligt sind und insofern die Aussage um „Therapeuten funktionieren" und „Klienten funktionieren" erweitert werden müßte (S. 85). Eine Aussage dieser Art schwäche die Auffassung, daß Psychotherapie die Anwendung einer „objektiven Kraft" sei, welche automatisch zu Veränderungen beim Patienten führe. Die Effektivität der Therapeuten wird zumindest in den USA bald nachprüfbar, weil die Health Maintenance Organisations (HMO's) einen großen Datenpool von Therapieergebnissen mit Ergebnisdaten über Patienten aufbauen, die Rückschlüsse auf die Therapeuten zulassen. Der „gläserne Therapeut" kommt auch auf uns in Deutschland zu. Das könnte schließlich dazu führen, daß, wie Bergin (1997) fordert, irgendwann nicht mehr Techniken, sondern Therapeuten zertifiziert und rezertifiziert werden. Bergin geht soweit, daß er Techniken lediglich als Mediatoren für die therapeutische Beziehung versteht, Therapie als eine „künstlerische Aktivität" bezeichnet und provokativ fragt, ob die Ausbildung nicht ins Leere liefe, wenn das Talent fehle. Kunstakademien erwarteten von ihren zukünftigen Studenten schließlich ebenfalls Arbeiten vor der Zulassung. Sollten also „therapeutische Probegespräche" als Aufnahmekriterium eingeführt werden? Der Gedanke ist nicht so abwegig, wie er zunächst scheint.

Garfield, Affleck und Muffley (1963) suchten nach Prädiktoren für die Weiterführung der Therapie mit Hilfe der Analyse von Erstgesprächen. Aufgezeichnet wurden Gespräche von sechs Therapeuten mit jeweils vier neuen Patienten. Die Interaktionen wurden analysiert und die Beurteiler (natürlich ohne Wissen über den weiteren Verlauf) brachten die Therapeuten im Hinblick auf deren generelle Effektivität in eine Rangordnung. Diese Rangordnungen waren sehr zuverlässig, und sie machten auch eine Aussage über die Fortführung der Therapie: Die zwei besteingeschätzten Therapeuten „verloren" jeweils nur einen der vier Patienten, während die zwei am Ende der Rangreihe nur einen Patienten „behielten" (Garfield et al., S. 477).

Marziali und Alexander (1991) erinnern an die Tatsache, daß viele Patienten während der ersten drei bis fünf Sitzungen die beginnende Therapie abbrechen. Zwar mag dies daran liegen, daß etliche dieser Patienten (neben denen, die nicht mehr therapiebedürftig sind) letztlich nicht psychotherapiefähig oder -bereit sind, es könnte aber auch sein, daß die Therapeuten Fehler bei der „Allianz-Bildung" gemacht haben. Ausbildungsteilnehmer, die eine besonders hohe Abbrecherquote haben, übersehen vielleicht die oft subtilen Hinweise auf Akzeptanz oder Ablehnung. Ein kleiner Teil der supervisorischen Ressourcen sollte deshalb für die Live-Supervision von Erstkontakten genutzt werden.

Costanzo und Philpott (1986) suchten nach Kriterien für das „therapeutische Talent" bei zukünftigen Klinischen Psychologen. Vier Variablen-Kategorien wurden untersucht: Interpersonelle Intelligenz, Persönlichkeitszüge, soziodemographische Charakteristika (Alter, Geschlecht und frühere Beratungserfahrung) und akademische Leistung.

Die interpersonelle Intelligenz wurde mit zwei Maßen bestimmt: Analyse eines Therapieprozesses (Video-Aufnahme einer Beratungssitzung) und Interpretation sozialer Situationen (ebenfalls nach Videoband). Diese beiden Kriterien erwiesen sich als die aussagekräftigsten Prädiktoren für therapeutische Fähigkeiten. Dies ist deswegen nicht überraschend, weil soziale Wahrnehmungsfähigkeit und Sensibilität essentielle Qualitäten effektiver Psychotherapeuten darstellen. Andere Prädiktoren (in absteigender Reihenfolge) waren Alter, akademische Leistungen und Beratungserfahrung. Nach dem gegenwärtigen Stand verspricht die Suche nach pragmatischen, realitätsnahen Tests therapeutischen „Talents" mehr als der Einsatz von Checklisten mit empfohlenen Charakteristika Klinischer Psychologen (z.B. Raimy, 1950; Schiepek, 1997).

Wenn dieser Buchbeitrag vor zehn Jahren geschrieben worden wäre, hätte er Überlegungen zum Zusammenhang zwischen Therapeutenpersönlichkeit und therapeutischer Orientierung enthalten. Genauso wie Internisten und Chirurgen sich vom Typ her oft unterscheiden, konnte man davon ausgehen, daß Analoges z.B. für Gesprächspsychotherapeuten und Verhaltenstherapeuten gilt. In einer Untersuchung von Tremblay, Herron und Schultz (1986) legten Verhaltenstherapeuten besonderen Wert auf Objektivität, äußere Ereignisse, Distanz, Planung, Kontrolle und Zentrierung auf die Gegenwart. Damit unterschieden sie sich deutlich von psychodynamischen- und Gesprächspsychotherapeuten. Eine entsprechende Untersuchung im Jahr 1997 würde wahrscheinlich – aufgrund der Entwicklung der letzten Jahre – weniger deutliche Unterschiede erbringen. Die Verhaltenstherapie hat ihre Schwerpunkte verändert. Deshalb ist davon auszugehen, daß die Therapeut-Therapieschule-Wechselwirkung inzwischen geringer ausfällt. Die Annäherung von Therapieschulen führte wohl dazu, daß sich die „Eignung" für eine bestimmte Therapieform nicht mehr differentiell erörtern läßt.

In den bislang üblichen Zulassungsverfahren von Psychotherapie-Ausbildungseinrichtungen werden entweder Aufnahmegespräche geführt, in denen in relativ unstrukturierter Weise das Interesse für psychotherapeutische Arbeit erfragt wird, oder in Wochenendseminaren mit hohem Selbsterfahrungsanteil werden potentielles Engagement, Gruppenfähigkeit etc. einer Prüfung unterzogen. Über die Validität dieser Verfahren wissen wir zum gegenwärtigen Zeitpunkt nichts. Es wird noch längerfristiger Bemühungen bedürfen, bis validere Auswahlmodalitäten gefunden sind (vgl. Kapitel 5.2). Diese können sich nach dem momentanen Stand nicht allein auf Eingangskriterien stützen, sondern müssen sich auch an den Ergebnissen der Ausbildungstherapien orientieren. Voraussetzung für die Definition von „cut off points" bzw. Standards ist eine empirische Begleitung solcher Therapien über einen längeren Zeitraum.

5. Auswahl der Lehrinhalte

5.1 Leitlinien für die Theorieausbildung – Schulenorientierung oder empiriegeleiteter Eklektizismus?

Die grundsätzlich hohe Bedeutung von Theorievermittlung innerhalb der Psychotherapie-Ausbildung ist unumstritten. Problematisch wird es erst, wenn es darum geht, *welche* Inhalte mit wieviel Gewicht in der Theorie und der Anwendung vermittelt werden sollten. Die aktuell gültige Psychotherapievereinbarung (1990) gibt die Leitlinien vor, sie geht aber auf das Jahr 1990 zurück und kann daher nicht Bezug nehmen auf die von Grawe, Donati und Bernauer (1994) angestoßene Diskussion über den Sinn einer schulenspezifischen Ausbildung, die aktuell von Fiedler (1997) mit einem phänomen- bzw. störungsspezifischen Ansatz fortgeführt wird. Baumann (1997) meint ebenfalls, daß „Psychotherapieschulen nicht zentrale Strukturierungselemente der Psychotherapie darstellen" (S. 40) sollten. Was diese Aussage für die Konzeption einer psychotherapeutischen Ausbildung bedeutet, bleibt noch offen. Hoffmann (1997) hält dagegen, da er der „Allgemeinen Psychotherapie" mißtraut. Es sei besser, „...wenn sich ein Therapeut klar für ein *Koordinatensystem von Grundannahmen und Interventionsvariablen* entscheidet und mit diesem größtmögliche Sicherheit gewinnt" (S. 23). Die Diskussion ist in vollem Gange, und es läßt sich nicht vorhersagen, in welche Richtung sich das Pendel bewegen wird. Allerdings denkt Fiedler (1997), daß die Polarisierung zwischen den Vertretern psychotherapeutischer Schulen auf der einen Seite und denen der Allgemeinen Psychotherapie auf der anderen eher künstlich sei, da sie sich auf „Mythen" gründe. Die verschiedenen Schwerpunktsetzungen bildeten *keine* Gegensatzpaare (z.B. Ressourcenperspektive versus Defizitorientierung), sondern seien durchaus kompatible Sichtweisen. Damit sind die Probleme der Verhaltenstherapie und ihrer Vermittlung an werdende Psychotherapeuten aber nicht gelöst.

Die Konferenz der europäischen Verhaltenstherapiegesellschaft (EABCT) in London (1993) war in wesentlichen Teilen Aaron T. Beck gewidmet, dessen Lebenswerk mit einer „Festschrift" geehrt wurde. Innerhalb dieser Veranstaltungsreihe hielt Beck selbst einen Vortrag, in welchem er die Auffassung vertrat, daß der von ihm entwickelte kognitive Therapieansatz in 10–20 Jahren als solcher nicht mehr identifizierbar sei, da er einfließe in die psychotherapeutische Tätigkeit „in general". Dies ist ebenfalls ein Hinweis darauf, daß sich die schulenspezifische Orientierung der Psychotherapie abschwächen könnte. Gewicht erhält eine solche Auffassung besonders dann, wenn sie von einem „Schulengründer" selbst geäußert wird.

Goldfried (1992) sieht die Verhaltenstherapie in einer Art Midlife-crisis: „Wo stehe ich? Was habe ich erreicht? Welche Erwartungen wurden nicht erfüllt? Was nun? Mehr vom Gleichen, oder muß ich etwas anderes machen?" (S. 38) Die Verhaltenstherapie hat wesentliche Beiträge zur Weiterentwicklung der Psychotherapie geleistet: Vielfältige Probleme bei Kindern wurden besser behandelbar, es gab Durchbrüche bei der Therapie von Angststörungen, die Disziplin Verhaltensmedizin wurde aus der Taufe gehoben, VT hat wesentliche Anstöße für die Ergebnisforschung psychosozialer Interventionen gegeben, sie hat andere Orientierungen ermutigt, ihre therapeutischen Prozeduren zu spezifizieren, so daß sie empirischer Forschung zugänglich wurden. Im Zuge ihrer Entwicklung und der Befruchtung des gesamten Feldes Psychotherapie hat sich die VT ihrerseits weiterentwickelt und ist gewachsen.

Angesichts dieser positiven Entwicklung ist es schwer verständlich, wenn Wittchen (1996) meint, die Verhaltenstherapie sei von der Gefahr der Erosion bedroht. Seine durch einige Einzelbeispiele belegte Beobachtung ist, daß niedergelassene Verhaltenstherapeuten nicht die wissenschaftlich erarbeiteten Methoden nutzen. Dies führt er auf mangelhafte Ausbildung zurück. Wittchen sieht die Klinische Psychologie gefordert, sich an der Entwicklung von Qualitätssicherungs-Maßnahmen zu beteiligen, sich verstärkt in der Fort- und Weiterbildung zu engagieren und schließlich Konsensuskonferenzen zu organisieren, in denen Therapieempfehlungen für bestimmte Störungsbilder erarbeitet werden sollten.

Reichen diese Rezepte aus? Zur Zeit ist dies nicht entscheidbar; wenn aber die Geschichte praktizierter Psychotherapie Hinweise gibt, stehen die Chancen nicht gut. Die primäre Ausrichtung von Psychotherapeuten in der Praxis, wie sie (z.B. von Mahoney, 1991) immer wieder untersucht wurde, war und ist trotz schulenspezifischer Ausbildung meist eklektisch, da sich die niedergelassenen Therapeuten den Alltagsanforderungen mit *einem* Modell nicht gewachsen fühlten.

„Eklektische Therapieforschung" in diesem Sinn gab es aber nicht, sondern lediglich theoretische Ansätze (z.B. Garfield, 1980, 1995), in denen versucht wurde, die Bestandteile des Psychotherapieprozesses theorieübergreifend – „generisch" – in den Griff zu bekommen. Einen ehrgeizigen Versuch, die Elemente zu definieren, die verschiedenen therapeutischen Schulen gemeinsam sind und (auch Psychotherapie) bezüglich ihrer aktiven Bestandteile zu beschreiben, stellt das von Orlinsky und Howard (1987) entwickelte „generische Modell der Psychotherapie" dar. Nach einer ausführlichen Analyse der psychotherapeutischen Forschung (psychodynamisch, erfahrungsorientiert, kognitiv und interpersonell) kommen sie zu dem Schluß, daß jede Therapieform durch fünf Bestandteile charakterisiert werden kann: durch den therapeutischen Vertrag, therapeutische Interventionen, die therapeutische Allianz, den persönlichen Selbstbezug (Therapeut wie Patient) und die praktische Umsetzung der Therapie. Inzwischen liegen empirisch begründete generische Analysen des Psychotherapieprozesses vor, die bei der Erstellung von Curricula berücksichtigt werden sollten, da sie den Psychotherapieprozeß theorieübergreifend in den Blick nehmen und versuchen, alle als wesentlich erachteten Faktoren einzubeziehen. Solch ein „generisches Modell" ist nicht nur hilfreich bei der übersichtlichen Strukturierung der Prozeß- und Ergebnisforschung (vgl. Orlinsky, Grawe & Parks, 1994), sondern es bildet auch ein gutes Raster, mit dem die inhaltliche Seite (Theorie wie Praxis) der Ausbildung auf ihre Vollständigkeit hin abgeprüft werden kann.

Die Weiterentwicklung eines Curriculums, welches den jeweiligen Forschungsstand des Faches adäquat abbildet, ist für die Verhaltenstherapie deswegen unproblematisch, da ihre Fortschritte mit der Entwicklung der empirischen Psychologie im allgemeinen recht eng verkoppelt waren und sind. Die von Ubben (1997) beklagte „top-down Mentalität" unserer Gesundheitsbürokratie mit den hinter ihr stehenden standespolitisch orientierten Beratern bildet ein Hemmnis. Diesen Strömungen sollte intensiv entgegengesteuert werden. Am besten gelingt dies dann, wenn der Verhaltenstherapie ihre größte Stärke, nämlich die der Empirieorientierung mit ihren eindrucksvollen Wirksamkeitsbelegen, erhalten bleibt. Die Innovations- und Weiterentwicklungsfreudigkeit der VT sollte sich im Curriculum im Sinne eines Ausbildungszieles, als Bereitschaft, auf empirischer Grundlage Neues zu erproben, niederschlagen. Die Forschungsorientierung stützt nicht nur die Legitimation der Ausbildung, sondern sie verringert möglicherweise die traditionelle Kluft zwischen Theorie und Praxis. Der erhoffte Effekt wäre eine Immunisierung gegenüber Verkrustungen.

5.2 Basisfertigkeiten und interpersonelle Kompetenzen

Die Forschungslandschaft im Psychotherapiebereich hat sich verändert. Die Ergebnisorientierung schwächte sich ab, prozeßbezogene Fragestellungen rückten in den Vordergrund. Die Feinanalyse psychotherapeutischer Abläufe und die Betrachtung von Therapeuten als „abhängige Variable" haben den Blick für die therapeutische Beziehung geschärft. Auch wenn wir noch weit davon entfernt sind, dieses komplexe Konzept detailliert aufzuschlüsseln, ist schon heute klar, daß diese Forschung von direkter Ausbildungsrelevanz sein wird, da sie konkrete Aussagen über günstiges und ungünstiges Therapeutenverhalten ermöglicht.

Patterson (1984) gelangt nach seiner Analyse der relevanten Literatur zu der Auffassung, daß es „wohl wenige Dinge im Bereich der Psychologie [gäbe], für die die Hinweise so stark sind, daß es eine notwendige (wenn auch nicht hinreichende) Bedingung ist, daß der Therapeut akkurat Empathie, Respekt oder Wärme und therapeutische Echtheit realisieren kann." (S. 437) Es besteht kein Zweifel, daß die therapeutische Beziehung die vermutlich bedeutendste Variable für den Therapieerfolg ist.

Unabhängig von theoretischer Schule, theoriespezifischen Konzepten oder einer Vielfalt von Meßmethoden hat sie sich als robuster Indikator erwiesen. Allerdings muß die Fähigkeit zur Förderung einer guten Beziehung nicht allein als *eine* Therapeutenqualität angesehen werden, sondern als ein komplexer Prozeß, welcher durch die Interaktion Therapeut-Klient bestimmt ist (vgl. Beutler et al., 1994).

Da ein erheblicher Teil der Ergebnisvarianz der Therapeut-Klient-Beziehung zuzuordnen ist, muß das Curriculum in breiter Form Elemente zur Entwicklung des Beziehungsverhaltens einschließen (bei der Anwendung von Techniken, in Supervision und Selbsterfahrung). Tscheulin (1980) faßt ihre Bedeutung folgendermaßen:

„Bestandteil jeder einzelnen Tätigkeit des klinischen Psychologen ist die Aufnahme einer personalen Beziehung. Die Beziehung zu seinem oder seinen Patienten muß ungestört und tragfähig bleiben, wenn unverzerrte Informationen erhalten (Psychodiagnostik), konstruktive psychische Veränderungen erreicht (Psychotherapie und Beratung) oder entwicklungsfördernde zwischenmenschliche Interaktionen eingeleitet und erhalten werden sollen (Prävention und Rehabilitation)." (S. 109)

Auch Bergin und Garfield (1994) unterstreichen, daß Psychotherapietraining sich intensiver mit Beziehungsfaktoren als mit Techniken beschäftigen sollte. Das Ausmaß der Patientenkooperation (Motivation) sei das Wichtigste, und dabei kämen die interaktionellen Fähigkeiten des Therapeuten am ehesten zum Tragen. Daher müssen die Ausbildungsteilnehmer während des Trainings mit vielfältigen interaktionellen Situationen konfrontiert werden und diese explizit unter dem Beziehungsaspekt diskutieren: eigene Stärken und Schwächen in Relation setzen zu den Stärken und Schwächen der Interaktionspartner (Mit-Lernende, Lehrende, Patienten). Wie innerhalb des Curriculums die wesentlichen Beziehungs- bzw. Allianz-fördernden Faktoren im Verhalten (wenn nicht in der Persönlichkeit) des Therapeuten zu verankern sind, ist noch eine relativ offene Frage (vgl. die Rolle der Selbsterfahrung). Vorläufig sind wir auf Plausibilitätsargumente angewiesen.

Wie brisant dieses Thema ist, zeigt der Befund aus einer Untersuchung von Lutz (1997) (vgl. Kordy & Hannöver, in diesem Band). Er evaluierte das Qualitätssicherungsprogramm des „Heidelberger Modells". Kernstück ist ein Satz von Bewertungsregeln (aus Patientensicht, aus Therapeutensicht, durch Fragebogen), mit denen gute bzw. „auffällige" Therapieverläufe identifiziert werden sollen. Ein wesentliches Ergebnis war, daß „aus Therapeutensicht ... zweimal ein auffälliger Verlauf angezeigt" wurde, während „aus Patientensicht ... insgesamt elfmal ein auffälliger Verlauf angezeigt" wurde. „Kein einziges Mal gab es eine Überlappung zwischen den Bewertungsregeln aus Therapeutensicht und Patientensicht" (Lutz, 1997, S. 90).

Wie sensibel sind also Therapeuten dafür, daß sich in der Therapie Probleme entwickeln?

Wenn sie Negativentwicklungen nicht sehen können oder wollen, besteht keine Möglichkeit zu Gegenmaßnahmen. Insofern ist es von hoher Bedeutung, zukünftige Therapeuten für Probleme zu sensibilisieren und sie auf deren Lösung vorzubereiten. Erst eine gewisse Sicherheit im Umgang mit kritischen Situationen macht es leichter, vor Unangenehmem nicht die Augen zu verschließen.

Binder und Strupp (1997) vertreten – in einem Aufsatz zu „negativen Prozessen" in der Psychotherapie – die Auffassung, daß die Fähigkeit von Therapeuten, eine gute Beziehung zu etablieren und beizubehalten, überschätzt worden sei. Die Autoren sehen dies begründet in den enormen Schwierigkeiten, die Menschen haben, wenn es um zwischenmenschliche Konflikte geht, an denen sie selbst beteiligt sind. In einer großen Literaturübersicht versuchen die Autoren, diese Auffassung zu untermauern. Sie glauben, daß konventionelles Psychotherapietraining, auch wenn es mit der Hilfe von Manualen systematisiert sei, Therapeuten nicht auf die vielfältigen Krisen und Auseinandersetzungen vorbereiten kann, da diese die verschiedensten Formen annehmen könnten (direkt, indirekt, offene oder verdeckte Feindseligkeit etc.). In einem Artikel zu Erfolgen und Fehlschlägen in zeitbegrenzter Psychotherapie kommt Strupp (1980) zu folgendem Schluß:

„In unserer Studie haben wir keine einzige Situation gefunden, in der die Feindseligkeit oder der Negativismus von Patienten erfolgreich konfrontiert oder gelöst wurde ... Ungünstige Reaktionen von Therapeuten auf schwierige Patienten sind weit häufiger und viel schwerer zu lösen, als allgemein akzeptiert wird." (S. 954)

In einer späteren Studie (Strupp, 1993) wurde dies bestätigt. Das Training in manualisierter Therapie führte zu technisch angemessener Durchführung des entsprechenden Programms, aber – entgegen den Erwartungen – verbesserten sich dadurch nicht die Fähigkeiten der Therapeuten, interpersonelle Prozesse innerhalb der therapeutischen Beziehung zu beobachten und zu lenken, solange die Therapeuten sich unmittelbar in der Interaktion befanden. Binder und Strupp (1997) folgern daraus: „Die Ergebnisse dieser Studie legen nahe, daß negative Prozesse schwer zu kontrollieren oder gar zu vermeiden sind, auch dann, wenn das Therapiemodell und das daran orientierte Training spezifisch darauf angelegt sind, diese negativen Prozesse auszumerzen." (S. 128) Eine weitere Analyse dieser Daten (Najavits & Strupp, 1994) erbrachte ebenfalls den Befund, daß die relative Effektivität der Therapeuten durch das Trainingsprogramm *nicht* beeinflußt wurde.

Langjährige klinische- und Ausbildungserfahrung haben mir gezeigt, daß es sehr schwer ist, auf Feindseligkeit von Patienten nicht mit Gegenfeindseligkeit zu reagieren. Der beste Umgang mit negativen therapeutischen Prozessen besteht wohl in dem, was Schon (1987) „Reflexion beim Handeln" genannt hat. Dies setzt voraus, daß der Therapeut während der Therapie hinreichend kognitive Kapazität frei hat, den Prozeß zu beobachten und effektive Strategien zu improvisieren, mit deren Hilfe die Krise (möglicherweise) vermieden werden kann. Die Fähigkeit zur Metakommunikation, mit der ungünstige Prozesse aufgelöst werden sollen, kann und muß in der Ausbildung gelehrt und gelernt werden. Es gibt aber (vermutlich) bislang keine empirische Forschung dazu, wie Selbstbeobachtung und Improvisationsfähigkeit am besten geübt werden können (vgl. Binder & Strupp, in Druck). Binder und Strupp (1997) schlagen vor, während des Trainings systematisch interpersonelle Prozesse anhand von Therapie-Videobändern zu analysieren, um die Ausbildungsteilnehmer zu sensibilisieren und eine Grundlage für Überlegungen und Übungen zu schaffen, wie mit negativen Prozessen besser umzugehen sei. Wahrscheinlich sind die „radikalen Neuerungen im

Trainingsansatz", von denen die Autoren sprechen, gar nicht nötig, da nach meiner Einschätzung Ansätze zum Training eines besseren Umgangs mit Therapieproblemen durchaus in den üblichen VT-Ausbildungen enthalten sind. Dennoch stimmt wahrscheinlich die Aussage, daß die „Reflexion beim Handeln" im Moment noch eher in der Praxis, oft mit begrenzter Effektivität, erworben wird, da sie kein definiertes, operationalisiertes Ausbildungsziel ist.

5.3 Ausbildung und Berufsfeld

Der Hinweis, curriculare Planungen sollten sich an den Forderungen bzw. Herausforderungen der psychotherapeutischen Alltagsarbeit orientieren, ist trivial. Dennoch scheint es nach wie vor schwer, die Ausbildung so anzulegen, daß die wesentlichen Dimensionen der Durchführung von Psychotherapie erfaßt sind und ein weicher Übergang in die volle Verantwortung möglich ist. Zu Recht spricht Willutzki (1996, vgl. auch Willutzki, in diesem Band) immer noch vom „Praxisschock der Anfänger und der Einsamkeit der Erfahrenen".

Bernstein (1995), die nach Jahren der Arbeit an Universitäten jetzt in einer privaten Praxis tätig ist, beschreibt sich selbst als „Generalistin". Ihre Klientel repräsentiere ein breites Spektrum klinischer Probleme, und es sei für sie vorteilhaft, auf möglichst viele dieser Schwierigkeiten vernünftig vorbereitet zu sein. Die zunehmende Differenzierung des Feldes Psychotherapie mit der Entwicklung von Behandlungsansätzen für definierte Störungen mag aber dazu führen, daß die „Generalistenhaltung", der sich niedergelassene Psychotherapeuten in der Vergangenheit aufgrund praktischer Notwendigkeit verpflichtet fühlten, zurückgedrängt wird. Es wird vermutlich eine Entwicklung zur „störungsspezifischen Fachpraxis" (Fiedler, 1997; Köhlke, 1997) geben, die als richtige Konsequenz auf das verfeinerte wissenschaftliche Störungs- und Behandlungswissen für verschiedene Indikationsbereiche angemessen ist. Die Ausbildung sollte neben der Vertiefung in wesentlichen Störungsbereichen (die epidemiologisch hohe Bedeutung haben) soviel psychotherapeutische Grundausbildung enthalten – auch das Wissen, wie man sich Wissen aneignet –, daß die Absolventen solch einer Ausbildung die nötige Flexibilität haben, sich relativ rasch und wissenschaftlich fundiert in neue Bereiche einzuarbeiten.

Material aus Befragungen praktizierender Therapeuten zu Schwierigkeiten im Beruf ist eine weitere Quelle, welche für die Auswahl von Curriculumsinhalten nützlich ist. Als wesentlichste Belastungsfaktoren wurde genannt (Farber & Heifetz, 1982): „Mangel an therapeutischen Erfolgen" (74%), „einseitige Aufmerksamkeit geben" (57%), „Verantwortlichkeit, wie sie in der therapeutischen Beziehung verlangt wird" (57%). Darüber hinaus finden sich in der Literatur folgende Themen (Farber, 1983): exzessive Arbeitsbelastung, organisatorisch-politische Rahmenbedingungen, emotionale Erschöpfung, konstante Aufmerksamkeit, Suizidalität, Aggression und Feindseligkeit, schwere Depressivität, agitierte Angst, offensichtliche Apathie/Motivationsmangel, vorzeitige Beendigung der Therapie, hohe Ziele bzw. Perfektionismus im Hinblick auf Hilfe für Klienten.

Davis, Francis, Davis und Schröder (1992) faßten die Problembereiche therapeutischer Praxis, wie sie sich in einer Befragung ergaben, in einer Faktorenanalyse zusammen:

1. schwierige Patienten (Quelle der Probleme: entweder der Patient selbst oder dessen Lebenssituation)
2. Zweifel der Therapeuten an sich selbst
3. „moralische" Belastung durch Konflikte: z.B. Ärger über die eigene Machtlosigkeit gegenüber der tragischen Lebenssituation der Patienten, Irritation durch Faktoren im Leben des Patienten, welche einen positiven Ausgang unmöglich machen etc.

Kein anderes Thema bereitet Psychotherapeuten so gut auf das „wirkliche Leben" vor wie das Training im Umgang mit schwierigen Patienten. Dies bedeutet, in allen Ausbildungsteilen (störungsbezogene Theorie, Supervision, Selbsterfahrung) den Umgang mit Mißerfolgen zu bearbeiten. Dozenten und Supervisoren sollten selbstsicher genug sein, eigene Mißerfolge oder Scheitern einzuräumen und dies modellhaft der Analyse und Diskussion zu öffnen.

Über 90% der befragten Psychiater gaben an, ihre Rolle als Psychotherapeut führe zu besonderen emotionalen Problemen (Guy, 1987). Eine neuere Studie zeigte, daß die Suizidrate amerikanischer Psychologen zweimal höher liegt als die von Patienten psychiatrischer Kliniken (Millar, 1995). Die Quellen und Effekte psychischer Belastung und mögliche Methoden der Prävention und Lösung müssen als hohe Priorität für Forschung und Ausbildung betrachtet werden. Dabei geht es auch um die Frage, ob diejenigen, welche den Pychotherapeutenberuf wählen, besonders vulnerabel sind und/oder ob die Belastungen des Berufes so hoch sind, daß es in überdurchschnittlichem Maße zu persönlichen Problemen kommt. Deutsch (1984) berichtet von Beziehungsschwierigkeiten (82%), Depression (57%), Substanzmißbrauch (11%) und Suizidversuchen (2%).

Diese Befunde legen nahe, der Frage der psychischen Belastbarkeit in der Ausbildung einen höheren Stellenwert zu geben. Wir wissen, daß einige Psychotherapeuten den Beruf aufgrund eigener persönlicher Probleme suchen. Ambühl und Willutzki (1995) stellten fest, daß 58% der befragten Therapeuten in ihrer Entwicklung wesentlich dadurch beeinflußt wurden, „daß sie ihre eigenen Probleme erkunden und lösen wollten" (1995, S. 14). Die Motivation der Berufswahl durch private Probleme ist in ihren Auswirkungen noch zu unklar, als daß sich daraus Folgerungen (z.B. Hinderungsgrund für die Zulassung zur Ausbildung) ziehen ließen.

Angesichts der Befundlage ist es nicht verwunderlich, wenn zwei Drittel der befragten Psychotherapeuten (Ambühl & Willutzki, 1995, S. 14–15) eine Eigentherapie für „unentbehrlich und obligatorisch" und 23% für „eindeutig wünschenswert" halten. Tatsächlich haben auch ca. 60% der Therapeuten aktuelle (22%) und/oder frühere (58%) Eigentherapie-Erfahrungen. Diese Zahlen entsprechen in etwa denen, die in amerikanischen Untersuchungen berichtet werden, während in Großbritannien der Prozentsatz geringer ist: Dort liegt er bei ca. 40% (Darongkamas, Burton & Cushway, 1994). Der Großteil der Absolventen von Eigentherapie berichtet positive Effekte: bessere Arbeitsbeziehung mit den Patienten, verbesserte therapeutische Fähigkeiten, größere Empathie und bessere Klarheit bei eigenen Problemen. Eine ältere empirische Untersuchung (McNamara, 1986) untersuchte die Wirkung von Eigentherapie während des Trainings von Verhaltenstherapeuten. Die positive Sichtweise eigener Therapieerfahrungen wird hier bestätigt. Die Ausbildungsteilnehmer waren nicht nur in der Lage, verhaltensorientierte Selbstmanagementprinzipien besser einzusetzen, um ein persönliches Problem von Bedeutung zu modifizieren, sondern dieser Perspektivenwechsel führte nach eigener Einschätzung auch zu größerer Einsicht bei Anforderungen, die an Patienten gestellt werden, und den damit verbundenen Widerständen. Darüber hinaus führte diese Erfahrung subjektiv zu größerer Selbstsicherheit, da der erfolgreiche Abschluß der „Therapie" nicht nur als beruflicher, sondern auch als privater Kompetenzzuwachs gesehen wurde.

Von Interesse für die Beurteilung der Curricula sind auch die Einstellungsveränderungen von Psychotherapeuten im Verlauf ihres Berufslebens. Mahoney (1991) konnte zeigen, wie sich die Einschätzung verschiedener Faktoren im Hinblick auf den Therapieerfolg verändert. Die Daten zeigen, daß besonders die theoretische Orientierung der Therapeuten an Bedeutung verliert (vgl. Kapitel 5.1). Dem entspricht der Befund, daß ein hoher Prozentsatz sich selbst als eklektisch einschätzt, sich also keinem System voll verschreibt (Mahoney, 1991). Auch in neueren Studien (Ambühl & Willutzki, 1995) gab nur ein relativ geringer Anteil der Therapeuten für sich eine „reine" Hauptorientierung an (ca. 12%). Vernachlässigt man diejenigen, die keine Orientierung benannten (ca. 8%), bleiben 80% der Therapeuten übrig, die mehrere Hauptorientierungen anwenden, diese nicht notwendigerweise in reiner Form, sondern modifiziert oder „eklektisch". Dieser Trend gilt besonders für kognitiv-verhaltenstherapeutisch orientierte Therapeuten, Psychoanalytiker bleiben bislang noch eher bei ihrer Orientierung und verfolgen diese nach Ambühl und Willutzki (1995, S. 15) „recht puristisch" weiter.

Davon etwas abweichende Ergebnisse berichten Friedling, Goldfried und Stricker (1984). Sie untersuchten die therapeutischen Aktivitäten von Verhaltenstherapeuten und tiefenpsychologischen Therapeuten. Es wurde ein Fragebogen entwickelt, der die klinischen Praktiken der verschiedenen Schulen (ohne Fachjargon) beschrieb. Da jedes Item des Fragebogens implizit schulenorientiert war, bestand die Möglichkeit zu bestimmen, in welchem Maße die Beantworter Prozeduren der jeweils anderen Orientierung einsetzten. Es zeigte sich, daß etwa 78% der psychodynamischen Items und 55% der verhaltenstherapeutischen Items von beiden Orientierungen bejaht wurden. Überschneidungen gab es vor allem in folgenden Bereichen: Fokussierung auf spezifische Situationen und die Reaktionen der Klienten auf diese; Nutzen der eigenen persönlichen Reaktionen, um die Probleme des Klienten zu verstehen; Verhaltensweisen des Klienten benennen, welche die therapeutische Arbeit zu stören scheinen; Fokussierung auf das Ausmaß, in dem Einstellungen/Ansichten des Klienten unrealistisch oder rational sind; Besprechung der Alltagsaktivitäten zwischen den Therapiesitzungen; Feedback für den Klienten über sein Verhalten während der Therapie.

Offensichtlich hatten sich die Absolventen der Ausbildungen nach Verlassen des akademischen „Nests" von den Textbuch-Vorschriften entfernt. Warum? Es gab keine Beziehung zur Erfahrung (Anzahl der Praxisjahre), aber eine positive Korrelation zwischen dem Anteil Erwachsener in der Klientel und dem Einsatz „psychodynamischer"

Prozeduren bei Verhaltenstherapeuten. Bei psychodynamischen Therapeuten stieg der Einsatz „verhaltenstherapeutischer" Methodik mit dem Prozentsatz von Patienten aus niedrigeren sozioökonomischen Schichten an. Universitätsabsolventen, die im akademischen/Forschungs-Bereich weiterarbeiteten, waren weniger eklektisch als niedergelassene Psychotherapeuten.

Viele Therapeuten verändern ihre therapeutische Orientierung im Laufe der beruflichen Entwicklung in Richtung Eklektizismus. Der Praxisdruck führt wohl dazu, „reine" Therapieschulen aufzugeben, da deren Technologie sich nicht auf ein hinreichend breites Spektrum von Patienten anwenden läßt. Ob dieser „Erosionsprozeß" (vgl. Wittchen, 1996) durch störungsbezogene Therapieansätze gestoppt wird, bleibt abzuwarten. Wünschenswert wäre es, da Therapeuten, die sich „eklektisch" verschiedener theoretischer Ansätze bedienen, dies oft auf einer unreflektierten Ad-hoc-Basis tun. Widersprüche bleiben unberücksichtigt. Damit wird es schwerer, die Therapieergebnisse mit dem Prozeß zu verknüpfen, ein Umstand, der prozeßorientierte Qualitätskontrolle in Frage stellt. Psychoanalytiker leisten sich – nach meinen langjährigen Klinikerfahrungen – immer noch den Luxus einer stärkeren Selektion. Dies entspricht aber weder dem Selbstverständnis von Verhaltenstherapeuten noch den Notwendigkeiten der Versorgung, die ein breites Spektrum therapeutischer Dienstleistungen für ein weites Feld an Problemen bereitstellen muß.

Ambühl und Willutzki (1995) werteten Datenmaterial aus der Befragung von Therapeuten unter dem Gesichtspunkt aus, welche Inhalte der Ausbildung für praktizierende Therapeuten im Rückblick von besonderer Bedeutung waren. Therapieerfahrung mit Patienten steht an erster Stelle, einschließlich der Supervision der Ausbildungstherapien. Eigentherapie wird von den Psychoanalytikern traditionell als sehr wichtig eingestuft, Verhaltenstherapeuten halten dies für weniger wichtig, wenngleich ein recht hoher Prozentsatz Eigentherapie für bedeutsam hält (s.o.). Darüber hinaus zeigte sich, daß Supervisions- und Beratungstätigkeit für andere, wie auch die Durchführung von Kursen und Seminaren, in positivem Zusammenhang mit der beruflichen Zufriedenheit steht. Diesem Teil des späteren Berufsfeldes sollte innerhalb der Curricula ein größerer Stellenwert eingeräumt werden – zum Beispiel durch größere aktive Beteiligung der Teilnehmer an der Vermittlung theoretischer oder praktischer Inhalte. Dies würde auch der zunehmenden Verschulung der Ausbildung mit ihren ungünstigen Folgen (z.B. Tendenz zu passiver Rezeption) entgegenwirken. Das Beobachten therapeutischer Modelle wurde als weniger bedeutsam erachtet als zum Beispiel das Studium der Literatur; möglicherweise hängt dies aber damit zusammen, daß die befragten Therapeuten mehr an Therapieaufzeichnungen dachten als an die direkte Teilnahme an Behandlungs-Sitzungen. Letzteres erscheint – nach meinen Erfahrungen – sehr fruchtbar.

5.4 Die Vermittlung des Lehrstoffs – Didaktisch-methodische Überlegungen

Eine der wesentlichen Herausforderungen bei der Entwicklung einer Ausbildungsstruktur ist die stimmige Verknüpfung von Inhalt und Prozeß. Besteht Übereinstimmung zwischen dem Veränderungsmodell der zu erlernenden Psychotherapieform, dem zugrundeliegenden Menschenbild, den Wertvorstellungen psychotherapeutischer Arbeit und der Art ihrer Vermittlung?

In der Frühzeit der Verhaltenstherapie wurde deren Technologie unmittelbar in der Ausbildung genutzt. Beispielhaft seien die Empfehlungen von Gray (1974) genannt:

1. Supervisor-geführte Gruppendemonstrationen, um Therapieprozeduren zu illustrieren (Entspannungstraining, Flooding etc.)
2. Beobachtung von Video-Modellen, um therapeutische Techniken in der Praxisumsetzung zu illustrieren
3. Beobachtung erfahrener Verhaltenstherapeuten in der Therapie, gefolgt von Diskussionen
4. Microcounseling zur Lehre von Entspannungstraining, Konstruktion von Hierarchien, kontingenter Verstärkung etc.
5. Beobachtung der Therapiesitzungen Auszubildender durch Experten, bei denen der Supervisor dem Lernenden kontinuierlich Rückmeldung gibt (auditiv per Ohrhörer/visuell über Videomonitor/als Kotherapeut).

Diese Vorschläge sind nach wie vor relevant. Allerdings decken sie nur einen Teil der heute geforderten Kompetenzen ab. Besonders im Bereich der Therapeut-Patient-Beziehung galt und gilt es, das Curriculum weiterzuentwickeln. Ein Blick über den Zaun erscheint wünschenswert.

Im Training spezifischer therapeutischer Fähigkeiten hat die Gesprächspsychotherapie viel Erfahrung (z.B. Truax & Carkhuff, 1967). Es wurden strukturierte Übungen entwickelt und beforscht, welche den klientenzentrierten Therapeuten dabei helfen sollten, die „notwendigen und hinreichenden therapeutischen Fähigkeiten" zu erwerben, besonders die „Verbalisierung emotionaler Erlebnisinhalte", die für die Gesprächspsychotherapie seinerzeit als zentral angesehen wurde. Diese Erfahrungen könnten für die VT-Ausbildung nutzbar gemacht werden.

Darüber hinaus sollten aktuell wenig genutzte Ansätze aus der pädagogischen Psychologie, wie „Microcounseling" (Ivey & Morland, 1971) oder „Microconsultation" (z.B.: Goodwin, Garvey & Barclay, 1971) wieder mehr Eingang in die Vermittlung von Lern- bzw. Trainingsinhalten finden. Techniken des Microteachings erlauben es, spezifische und konkrete Verhaltensweisen effektiv zu lehren. Ausgehend von therapeutischen Basisfertigkeiten (z.B. offene Fragen stellen, Blickkontakt halten, die verbale Kommunikation des Patienten fördern) können progressiv immer komplexer werdende Verhaltensketten zusammengestellt werden. Dieses Vorgehen erleichtert es, den Lernprozeß durch operationalisierte Kompetenzkriterien zu begleiten.

Die Akkumulation des Wissens zwingt zunehmend zu einer Auswahl der Inhalte, um die Ausbildungscurricula nicht zu überfrachten. So gibt es mittlerweile einen großen Kanon verhaltenstherapeutischer Techniken. Welche sollten in welcher Breite gelehrt werden? Es erscheint sinnvoll, dies nicht primär von Dozentenvorlieben abhängig zu machen, sondern auf empirische Forschung zurückzugreifen. Von Interesse ist z.B. eine Studie von Spiegler und Guevremont (1994). Die Autoren erfragten die Häufigkeit der Nutzung spezifischer verhaltenstherapeutischer Techniken durch niedergelassene Therapeuten. Außerdem wurde in einer Literaturanalyse erhoben, welche VT-

Technologie in den letzten Jahren primär beforscht wurde. Wie der Tabelle 1 zu entnehmen ist, wiesen die Rangreihen eine bemerkenswert hohe Übereinstimmung auf:

Tabelle 1: Rangreihen verhaltenstherapeutischer Techniken

Literaturanalyse	Häufigkeit der Nutzung durch Praktiker
1. Bekräftigung	1. Bekräftigung
2. Kognitive Umstrukturierung	2. Selbstbeobachtung
3. Behaviour Rehearsal	3. Prompting
4. Entspannungstraining	4. Token Economy
5. Techniken der Problemlösung	5. Transfer/Generalisierung
6. Modellernen	6. Behaviour Rehearsal
7. Training sozialer Fertigkeiten	7. Modellernen
8. Kognitive Therapie	8. Entspannungstraining
9. Selbstsicherheitstraining	9. Techniken der Problemlösung
10. Transfer/Generalisierung	10. Kognitive Umstrukturierung

Die Ergebnisse gaben (nach Ansicht der Forscher) einen Hinweis auf den funktionierenden Wissenschaft-Praxis-Transfer. Die Listen mögen *eine* Grundlage für das Setzen von Ausbildungsprioritäten sein.

6. Supervision

Die Supervision hat im Kontext des Erwerbs geeigneter interpersoneller Fertigkeiten besondere Bedeutung. Die Konfrontation mit eigenem therapeutischen Verhalten – am besten über Videoaufzeichnungen – hat sich im Urteil von Ausbildungsteilnehmern für das Lernen als besonders fruchtbar erwiesen. In einer Befragung (Kuhr, 1993) wurde die persönliche Bedeutung von Supervision beschrieben als:

- Kompetenzerweiterung (Fall- und Methoden-zentrierte Supervision)
- emotionale Unterstützung/Freiraum
- Aktivierung für den Lernprozeß

Einige der Antworten zielten explizit auf Selbsterfahrungsanteile innerhalb der Supervision ab („Spiegelung des eigenen Verhaltens"; „Selbsterfahrung"; „Therapeutenhygiene"; Stützung des Therapeuten, wenn dieser in Selbstzweifeln steht ...").

Trotz grundsätzlich positiver Rückmeldungen von Teilnehmern zur Supervision und ihrer „face validity" bleibt vorläufig offen, wie effektiv Supervision tatsächlich ist. Betrachtet man jedoch die komplexe Beziehung zwischen Supervision, therapeutischer Leistung und Therapieergebnis, ist es kein Wunder, daß es bislang nicht gelungen ist, diese Faktoren empirisch fundiert miteinander zu verknüpfen.

Dem Supervisor fällt eine erhebliche Verantwortung zu, wenn es um die Frage geht, ob Ausbildungsteilnehmer der therapeutischen Rolle gewachsen sind. Tedesco (1982, zit. nach Guy, 1987) gibt die Gründe an, deretwegen Teilnehmern an psychologischen Praktika die Fortführung der Ausbildung verweigert wurde. In der Reihenfolge der Häufigkeit und Bedeutung: emotionale Instabilität, Persönlichkeitsstörung, mangelndes Wissen über Psychotherapie, mangelndes Wissen bezüglich Erstuntersuchung und Diagnostik, unethisches Verhalten, Mangel an intellektuellen Fähigkeiten und Mangel an Wissen um Beratungstechniken. Der Anteil der ungeeigneten Ausbildungsteilnehmer liegt nach Angaben in der Literatur (Guy, 1987) zwischen 4 und 21%. Meine Ausbildungserfahrungen führen zu einer Schätzung von ca. 10%, wobei es im Einzelfall sehr schwer ist, die Grenze zwischen „geeignet" und „ungeeignet" zu ziehen. Deshalb mag es sein, daß nach wie vor nicht alle Teilnehmer, welche die Ausbildung abschließen, letztlich geeignet sind. Es bleibt eine Herausforderung, die Forschung zur Verfeinerung der Auswahlverfahren so weit voranzutreiben, daß zuverlässige Aussagen ermöglicht werden und das Risiko „falscher Ablehnungen" möglichst gering gehalten wird.

In der Vergangenheit war die Fähigkeit zu supervidieren prinzipiell denen unterstellt worden, die ihrem Therapeutenberuf eine Zeitlang nachgegangen waren. Daten von Ronnestad, Orlinsky, Parks, Davis and the Society for Psychotherapie Research (SPR) Collaborative Research Network (1997) bestätigen, daß ein Großteil erfahrener Therapeuten ihr Wissen als Supervisoren weitergeben und das als wesentliche Bereicherung ihrer eigenen Arbeit empfinden. Wird diese naturwüchsige Entwicklung dem Spezialisierungstrend zum Opfer fallen müssen? Erste Ausbildungsgänge für Supervisoren sind entwickelt worden und haben Probeläufe hinter sich. Zukünftige Supervisoren müssen sich zumindest damit abfinden, kritischer unter die Lupe genommen zu werden. Angesichts der vermuteten Bedeutung von Supervision ist dies nachvollziehbar.

7. Effektivität und Validität von Psychotherapie-Ausbildung

Trotz der Forschungsorientierung der Verhaltenstherapie gibt es bislang relativ wenig Studien, welche die Effektivität des Trainings evaluiert haben. Bootzin und Ruggill (1988) konnten zeigen, daß Trainingsprogramme, welche Instruktion, Modellernen, praktisches Üben und Feedback einsetzten, Ausbildungsteilnehmern den zuverlässigen Erwerb therapeutischer Fähigkeiten ermöglichen.

In einer Zusammenfassung von Studien zur Ausbildung kommen Alberts und Edelstein (1990) zu dem gleichen Schluß. Was aber noch fehle, sei das Training für die Integration und Anwendung der Techniken in komplexen Situationen. Am ehesten sollte die Supervision von Therapien diese Lücke füllen, aber auch hierzu gibt es bislang relativ wenig Forschung (vgl. Robiner & Schofield, 1990).

Edelstein (1985) stieß sich an der geringen Zahl publizierter Studien zur Evaluation von Ausbildungsprozessen. Deswegen startete er eine Rundfrage an verhaltenstherapeutische Ausbildungsinstitutionen mit folgenden Inhalten:

1. Werden Erstuntersuchungsfähigkeiten evaluiert?

2. Werden klinische Interventionsfähigkeiten überprüft?
3. Wird der allgemeine berufliche Fortschritt der Studenten gemessen?
4. Werden klinische Forschungsfähigkeiten überprüft?
5. Werden Unterrichtsfähigkeiten evaluiert?

Die meisten angesprochenen Ausbildungsleiter reagierten, und Edelstein stellte fest, daß ca. zwei Drittel der Ausbildungsgänge zumindest für einen Teil der angesprochenen Fertigkeiten Rating-Skalen einsetzten. Edelstein konnte aber zeigen, daß es seinerzeit wenig verstärkende Kontingenzen gab, welche Evaluation ermutigten. Dies ist im Zeitalter der Qualitätssicherung anders.

Der Zusammenhang von Intensität und Stundenanzahl des Psychotherapietrainings und dem Erwerb psychotherapeutischer Fähigkeiten ist noch unklar. Nach mehreren Untersuchungen (z.B. Shaw & Dobson, 1988) hat Erfahrung mit Psychotherapie und Supervision allein relativ wenig Bedeutung für das erreichte therapeutische Fähigkeitsniveau. Praxis allein – ohne systematische Instruktion für spezifisch formulierte Fähigkeiten – führt vermutlich nicht zu guten Therapieergebnissen (vgl. Guest & Beutler, 1988). Garb (1989) denkt, daß die Beziehung zwischen der Länge des Trainings psychotherapeutischer Fähigkeiten und der Ausbildung des klinischen Urteils weniger direkt und niedriger ist, als allgemein angenommen. Luborsky (1990) bekräftigt, daß die Realisierung therapeutischer Fähigkeiten in der Psychotherapie am meisten mit klaren Zielen, spezifischem Feedback und angeleiteter Übung zu tun hat, weniger mit ungerichteter und allgemein gehaltener Supervision.

Die zentrale Fragestellung jeder Ausbildung ist, inwieweit die angestrebten therapeutischen Fähigkeiten (soweit wir wissen, welche bedeutsam sind) am effektivsten erworben werden können. Im Moment muß ich noch die Skepsis von Alberts und Edelstein (1990) teilen, die meinen, daß es noch keine „offensichtlichen Hinweise darauf gibt, daß unsere gegenwärtigen Ausbildungs- und Trainingspraktiken zu kompetenter professioneller Leistung" (S. 220) führen.

8. Abschließende Bemerkungen

In den 70er Jahren seufzten Luborsky und Spence (1971), daß noch viel Arbeit geleistet werden müsse, bis wir wüßten, was gute Therapeuten „gut" macht. Viel ist inzwischen passiert, so daß die Frage, ob professionelles Training Therapeuten effektiver macht (Berman & Norton, 1985), heute eher mit „Ja" beantwortet werden kann. Wir können uns aber nicht auf den Lorbeeren ausruhen, an vielen Stellen des vorangehenden Textes wurde auf offene Probleme hingewiesen. Lutz (1997) stellte fest,

„..., daß der Einsatz eines Qualitätssicherungsprogramms nicht direkt und zwangsläufig zu einer kontinuierlichen Verbesserung der Ergebnisraten führt bzw. letztlich auch zur Sicherung nicht ausreicht." (S. 103)

Es ist auch von einer klinik- und praxisnahen Weiterentwicklung der Ausbildung und einer gezielteren Kontrolle der Ergebnisse nicht zu erwarten, daß sich rasche Verbesserungen zeigen. Über einen längeren Zeitraum müssen Erfahrungen und Daten gesammelt werden, die dann eine der modern gewordenen „Konsensus-Konferenzen" zu Empfehlungen verarbeitet.

Das Feld Psychotherapie befindet sich in einer Phase großer Veränderungen. Die politischen Rahmenbedingungen sind instabil; es ist unklar, wohin die Entwicklung gehen wird. Klar scheint aber, daß die „Industrialisierung des Gesundheitswesens", wie sie in den USA schon „große Fortschritte" gemacht hat, auch in Deutschland an Bedeutung gewinnen wird.

Psychotherapeuten müssen auf diese Entwicklungen in ihrer Ausbildung vorbereitet werden, damit sie sich den Entwicklungen anpassen können und die Umbruchsituation – wie sie es ihre Klienten lehren – weniger als Bedrohung, sondern eher als Herausforderung verstehen.

Auch auf der inhaltlichen Seite befindet sich die Psychotherapie in großer Bewegung. Die Schulenorientierung wird in Frage gestellt, Psychotherapeuten werden zunehmend unter die Lupe genommen, sie müssen in nicht allzuferner Zukunft ihre Effektivität individuell nachweisen können. Dieser Legitimationszwang mag für alle, die es sich „gemütlich" in einer Nische eingerichtet haben, angstauslösend sein („Qualitätssicherer, die neue Plage"; Braun, 1995), andererseits kann man diese Entwicklung auch als einen Aufbruch begreifen, der uns zu fruchtbaren Auseinandersetzungen mit uns selbst, den Patienten, den Kostenträgern und den Politikern antreibt. Auf diese Diskussionen muß die Ausbildung vorbereiten, wenn sie ihre Absolventen zukunftssicher ausbilden will. Die verhaltenstherapeutische Vorgehensweise mit ihrem Rückbezug auf die Forschungsentwicklung sollte uns dafür rüsten, besonders dann, wenn sie ergänzt ist durch eine gesunde Selbstsicherheit, die auch, wie zu Beginn betont, das Einräumen eigener Mängel oder Fehler zuläßt.

Literaturverzeichnis

Alberts, G.M. & Edelstein, B.A. (1990). Training in behavior therapy. In A.S. Bellack, M. Hersen & A.E. Kazdin (Eds.), *International handbook of behavior modification and behavior therapy* (2nd ed., pp. 497–511). New York: Plenum Press.

Ambühl, H. & Willutzki, U. (1995). *Was brauchen PsychotherapeutInnen mit behavioral-kognitivem Hintergrund für eine Ausbildung?* Unveröff. Manuskript, Psychologisches Institut, Universität Bern.

Baumann, U. (1997). Zur Verwechslung von Psychologie mit Psychologen/Innen. *Report Psychologie, 22,* 38–42.

Beck, A.T. (1978). *Beck Depression Inventory (BDI).* New York: Psychological Corporation HLC.

Beck, A.T. (1993). *Festschrift for A.T. Beck. Concluding comments.* Vortrag bei der Jahrestagung der European Association for Behaviour and Cognitive Therapy (EABCT). London.

Bellack A.S., Hersen, M. & Kazdin, A.E. (1982). *International handbook of behavior modification and therapy.* New York: Plenum Press.

Bergin, A.E. (1997). Neglect of the therapist and the human dimensions of change: A commentary. *Clinical Psychology, 4*, 83–89.
Bergin, A.E. & Garfield, S.L. (Eds.). (1994). *Handbook of psychotherapy and behavior change* (4th ed.). New York: Wiley.
Berman, J.S. & Norton, N.C. (1985). Does professional training make a therapist more effective? *Psychological Bulletin, 98*, 401–407.
Bernstein, G.S. (1995). Toward a functional analysis of the behavior of behavior therapists. *The Behavior Therapist, 18*, 35–36.
Beutler, L.E., Machado, P.P.P. & Neufeld, S.A. (1994). Therapist variables. In A.E. Bergin & S.L. Garfield (Eds.), *Handbook of psychotherapy and behavior change* (4th ed., pp. 229–269). New York: Wiley.
Binder, J.L. & Strupp, H.H. (1997). „Negative Process": A recurrently discovered and underestimated facet of therapeutic process and outcome in the individual psychotherapy of adults. *Clinical Psychology, 4*, 121–139.
Binder, J.L. & Strupp, H.H. (in Druck). Supervision of psychodynamic psychotherapies. In C. E. Watkins Jr. (Ed.), *Handbook of psychotherapy supervision*. New York: Wiley.
Bootzin, R.R. & Ruggill, J.S. (1988). Training issues in behavior therapy. *Journal of Consulting and Clinical Psychology, 56*, 703–709.
Braun, R. (1995). Qualitätssicherer: Eine neue Plage für frei niedergelassene Diplompsychologen. *Psychotherapeutenforum, 4/95*, 56–59.
Costanzo, M. & Philpott, J. (1986). Predictors of therapeutic talent in aspiring clinicians: A multivariate analysis. *Psychotherapy, 23*, 363–369.
Darongkamas, J., Burton, M.V. & Cushway, D. (1994). The use of personal therapy by clinical psychologists working in the NHS in the United Kingdom. *Clinical Psychology and Psychotherapy, 1*, 165–173.
Davis, J.D., Francis, V.M., Davis, M.L. & Schroder, T.A. (1992). *Development of a taxonomy of therapists' coping strategies: Initial report.* Unveröff. Manuskript, Department of Psychotherapy, University of Derby, Great Britain.
Deutsch, C.J. (1984). Self-reported sources of stress among psychotherapists. *Professional Psychology: Research and Pratice, 15*, 833–845.
Edelstein, B.A. (1985). Empirical evaluation of clinical training. *The Behavior Therapist, 8*, 67–70.
Eysenck, H.J. (1952). The effects of psychotherapy: An evaluation. *Journal of Consulting Psychology, 16*, 319–324.
Faber, F.R. & Haarstrick, R. (1994). *Kommentar Psychotherapie-Richtlinien* (3. Aufl.). Neckarsulm: Jungjohann.
Farber, B.A. (1983). Psychotherapists' perceptions of stressful patient behavior. *Professional Psychology: Research and Pratice, 14*, 697–705.
Farber, B.A. & Heifetz, L.J. (1982). The process and dimensions of burnout in psychotherapists. *Professional Psychology: Research and Pratice, 13*, 293–301.
Fiedler, P. (1997). *Mythen, Gegenwart und die Zukunft psychologischer Therapie.* Vortrag bei der 4. Jahrestagung des Deutschen Fachverbandes für Verhaltenstherapie e.V. (DVT) vom 29.–31. Mai 1997. Kontrapunkte: Psychotherapie zwsichen Forschung und Praxis. Münster.

Fifer, W.R. (1980). Quality assurance in health care. In A.G. Awad, H.B. Durost & W.O. McCormick (Eds.), *Evaluation of quality of care in psychiatry* (pp. 2–11). Toronto: Pergamon Press.
Frank, G. (1987). Clinical Psychology in a new context. *Psychological Reports, 60*, 3–8.
Friedling, C., Goldfried M.R. & Stricker G. (1984*). Convergences in psychodynamic and behavior therapy.* Vortrag bei der Eastern Psychological Association. Baltimore.
Garb, H.N. (1989). Clinical judgment, clinical training and professional experience. *Psychological Bulletin, 105,* 387–396.
Garfield, S.L. (1980). *Psychotherapy. An eclectic approach.* New York: Wiley.
Garfield, S.L. (1995). *Psychotherapy: An eclectic-integrative approach.* (2nd ed.), New York: Wiley.
Garfield S.L., Affleck, D.C. & Muffley, R.A. (1963). A Study of psychotherapy interaction and continuation in psychotherapy. *Journal of Clinical Psychology, 19,* 473–478.
Goldfried, M.R. (1992). Psychotherapy integration: A mid-life crisis for behavior therapy? *The Behavior Therapist, 15,* 38–42.
Goodwin, D.L., Garvey, W.P. & Barclay, J.R. (1971). Microconsultation and behavior analysis: A method of training psychologists as behavioral consultants. *Journal of Consulting and Clinical Psychology, 37,* 355–363.
Grawe, K., Donati, R. & Bernauer, F. (1994). *Psychotherapie im Wandel. Von der Konfession zur Profession.* Göttingen: Hogrefe Verlag für Psychologie.
Gray, J. (1974). Methods of training psychiatric residents in individual behavior therapy. *Journal of Behavior Therapy and Experimental Psychiatry, 5,* 19–25.
Guest, P.D. & Beutler, L.E. (1988). The impact of psychotherapy supervision on therapist orientation and values. *Journal of Consulting and Clinical Psychology, 56,* 653–658.
Guy, J.D. (1987). *The personal life of the psychotherapist.* New York: Wiley.
Hoffmann, S.O. (1997). Dem Arzt den Körper, die Seele dem Psychologen – Kritische Anmerkungen zum Beitrag von Urs Baumann: Wissenschaftliche Psychotherapie auf der Basis der wissenschaftlichen Psychologie. *Report Psychologie, 22, 23.*
Ivey, A.E. & Moreland, J.R. (1971). *Microcounseling: Innovations in interviewing training.* Springfield, IL: Charles C. Thomas.
Köhlke, H.-U. (1997). „*Praxis ohne Forschung – Forschung ohne Praxis?"* Vortrag bei der 4. Jahrestagung des Deutschen Fachverbandes für Verhaltenstherapie e.V. (DVT) vom 29.–31. Mai 1997. Kontrapunkte: Psychotherapie zwischen Forschung und Praxis. Münster.
Krasner, L. (1988). The Maudsley Stream. *The Behavior Therapist, 11,* 13–14.
Kuhr, A. (1993). *Was war wichtig während der Ausbildung?* Ergebnisse einer Befragung von Teilnehmern einer Verhaltenstherapieausbildung. Unveröff. Manuskript. Arbeitsbereich Klinische Psychologie, Medizinische Hochschule Hannover.
Lazarus, A. (1969). The content of behavior-therapy training. In R. Rubin & C.M. Franks (Eds.), *Advances in behavior therapy* (Vol. 1, pp.163–179). New York: Academic Press.
Lieb, H. (1996). Weiterbildung in Verhaltenstherapie. In W. Senf & M. Broda (Hrsg.),

Praxis der Psychotherapie. Ein integratives Lehrbuch für Psychoanalyse und Verhaltenstherapie (S. 35–42). Stuttgart: Thieme.

Luborsky, L. (1990). Theory and technique in dynamic psychotherapy: Curative factors and training therapists to maximize them. *Psychotherapy and Psychosomatics, 53*, 50–57.

Luborsky, L., McLellan, A.T., Diguer, L., Woody, G. & Seligman, D.A. (1997). The psychotherapist matters: comparison of outcomes across twenty-two therapists and seven patient samples. *Clinical Psychology, 4*, 53–65.

Luborsky, L., McLellan, A.T., Woody, G.E., O'Brien, C.P. & Auerbach, A. (1985). Therapist's success and its determinants. *Archives of General Psychiatry, 42*, 602–611.

Luborsky, L. & Spence, D.P. (1971). Quantitative research on psychoanalytic therapy. In A.E. Bergin & S.L. Garfield (Eds.), *Handbook of psychotherapy and behavior change* (pp. 408–437). New York: Wiley.

Lutz, W. (1997). *Evaluation eines Qualitätssicherungsprogrammes in der Psychotherapie*. Regensburg: Roderer.

Mahoney, M. J. (1991). *Human change processes: Theoretical bases for psychotherapy*. New York: Basic Books.

Marziali, E. & Alexander, L. (1991). The power of the therapeutic relationship. *American Orthopsychiatric Association, 61*, 383–391.

McNamara, J.R. (1986). Personal therapy in the training of behavior therapists. *Psychotherapy, 23*, 370–374.

Millar, K. (1995). Media Watch. *The Psychologist, 42*, 6.

Moncher, F.J. & Prinz, R.J. (1991). Treatment fidelity in outcome studies. *Clinical Psychology Review, 11*, 247–266.

Najavits, L.M., & Strupp, H.H. (1994). Differences in the effectiveness of psychodynamic therapists: A process-outcome study. *Psychotherapy, 31*, 114–123.

Orlinsky, D.E., Grawe, K. & Parks, B.K. (1994). Process and outcome in psychotherapy – Noch einmal. In A.E. Bergin & S.L. Garfield (Eds.), *Handbook of psychotherapy and behavior change* (4th ed., pp. 270–376). New York: Wiley.

Orlinsky, D.E. & Howard, K.I. (1987). A generic model of psychotherapy. *Journal of Integrative and Eclectic Psychotherapy, 6*, 6–27.

Patterson, C.H. (1984). Empathy, warmth, and genuineness in psychotherapy: A review of reviews. *Psychotherapy, 21*, 431–438.

Raimy, V.C. (Ed.) (1950). *Training in clinical psychology (Boulder Conference)*. New York: Prentice-Hall.

Rathjen, E. & Rathjen, D. (1994). *Problems with applying research derived practice guidelines for treatment of depression in a public community mental health setting*. Poster presented at the AABT 1994 meeting, San Diego, California.

Robiner, W.N., & Schofield, W. (1990). References on supervision in clinical and counselling psychology. *Professional Psychology: Research and Practice, 21*, 297–312.

Ronnestad, H.M., Orlinsky, D.E., Parks, B.K., Davis J.D. & the Society of Psychotherapy Research (SPR) Collaborative Research Network (1997). Supervisors of psychotherapy: Mapping experience level and supervisory confidance. *European Psychologist, 2*, 191–201.

Schiepek, G. (1997). Ausbildungsziel: Systemkompetenz. In L. Reiter, E.J. Brunner & S. Reiter-Theil (Hrsg.), *Von der Familientherapie zur systemischen Perspektive* (2., vollständig überarbeitete Aufl., S. 181–215). Berlin: Springer.

Schneider, S.F. (1985). What then must we do? A proposal for academic psychology in the late eighties. *The Behavior Therapist, 8*, 89–92.

Shaw, B.F. & Dobson, K.S. (1988). Competency judgments in the training and evaluation of psychotherapists. *Journal of Consulting and Clinical Psychology, 56*, 666–672.

Schon, D.A. (1987). *Educating the reflective practitioner.* San Francisco: Jossey-Bass.

Spiegler, M.D. & Guevremont, D.C. (1994). *The relationship between behavior therapy practice and research.* Paper presented at the meeting of the Association for Advancement of Behavior Therapy, San Diego, CA.

Strupp, H.H. (1980). Success and failure in time-limited psychotherapy: A systematic comparison of two cases (comparison 1). *Archives of General Psychiatry, 37*, 708–716.

Strupp, H.H. (1993). The Vanderbilt psychotherapy studies: Synopsis. *Journal of Consulting and Clinical Psychology, 6*, 431–433.

Strupp, H.H., Fox, R.E. & Lessler, K. (1969). *Patients view their psychotherapy.* Baltimore: Johns Hopkins Press.

Tedesco, J.S. (1982). Premature termination of psychology interns. *Professional Psychology: Research and Practice, 13*, 695–698.

Tremblay J.M., Herron, W.G. & Schultz, C. L. (1986). Relation between therapeutic orientation and personality in psychotherapists. *Professional Psychology: Research and Practice, 17*, 106–110.

Truax, C.B. & Carkhuff, R.R. (1967). *Toward effective counselling and psychotherapy: Training and practice.* Chicago: Aldine.

Tscheulin, D. (1980). Lernziel Therapeutisches Basisverhalten. In V. Birtsch & D. Tscheulin (Hrsg.), *Ausbildung in klinischer Psychologie und Psychotherapie* (S. 109–127). Weinheim: Beltz.

Ubben, B. (1997). *Was leisten Ausbildungsinstitute? Perspektiven der Psychotherapie-Ausbildung.* Vortrag bei der 4. Jahrestagung des Deutschen Fachverbandes für Verhaltenstherapie e. V. (DVT) vom 29.–31. Mai 1997. Kontrapunkte: Psychotherapie zwischen Forschung und Praxis. Münster.

Willutzki, U. (1996). *Supervision.* Vortrag bei der Fachtagung Dienstleistung Psychotherapie. Göttingen.

Wittchen, H.-U. (1996). Klinische Psychologie und Verhaltenstherapie – Zwischen Aufstieg und Erosion. *Verhaltenstherapie, 6,* 170–177.

Wolpe, J. (1969). Foreword. In R. Rubin & C.M. Franks (Eds.), *Advances in behavior therapy*, (pp. vi – vii). New York: Academic Press.

Qualitätssicherung in der Verhaltenstherapie-Ausbildung[1]

Marlis Reimer, Peter Schüler & Walter Ströhm

Inhalt:

1. Qualitätssicherung in der Psychotherapie-Ausbildung durch die Psychotherapierichtlinien 622
2. Anforderungen an die verhaltenstherapeutische Ausbildung an DVT-anerkannten Ausbildungsinstituten 623
   - 2.1 Qualitätsanforderungen an die theoretische Ausbildung 624
   - 2.2 Qualitätsanforderungen bei der Selbsterfahrung 625
   - 2.3 Qualitätskriterien der praktisch-therapeutischen Ausbildung ... 627
     - 2.3.1 Anforderungen an die Ausbildungsteilnehmer 627
     - 2.3.2 Auswahl und Information an Patienten der Ausbildungstherapien 628
     - 2.3.3 Dokumentation der Ausbildungstherapien 628
     - 2.3.4 Ausbildungstherapien in der Institutsambulanz 628
     - 2.3.5 Ausbildungstherapien in einer Lehrpraxis 630
     - 2.3.6 Ausbildungstherapien an der Ambulanz einer Klinik 631
   - 2.4 Rahmenbedingungen der verhaltenstherapeutischen Ausbildung 631
     - 2.4.1 Der Ort der Weiterbildung 631
     - 2.4.2 Ausstattung der Räume 631
     - 2.4.3 Bibliothek und Testothek 632
   - 2.5 Kooperation mit Kliniken 632
   - 2.6 Kooperation mit Hochschulen 633
   - 2.7 Anforderungen an die Ausbilder 633
     - 2.7.1 Dozenten 633

---

1. Vorschläge der Fort- und Weiterbildungskommission (FWK) und der Arbeitsgruppe Qualitätssicherung des Deutschen Fachverbandes für Verhaltenstherapie (DVT) an DVT anerkannte Weiterbildungsinstitute.

2.7.2 Supervisoren 634
2.7.3 Prüfer/Prüfungen 635
2.8 Auswahl der Teilnehmer und Zulassung zur Ausbildung 636
2.8.1 Auswahlverfahren 636
2.8.2 Umgang mit „problematischen" Ausbildungsteilnehmern . 636
3. **Qualitätsmonitoring der Prozeß- und Ergebnisqualität der Weiterbildung** 638
3.1 Gegenwärtige Qualitätsprüfung (Routinemonitoring) 639
3.1.1 Interne Maßnahmen des Routinemonitorings innerhalb des Instituts 639
3.1.2 Maßnahmen der externen Qualitätssicherung 640
3.2 Die Bedeutung der Qualitätssicherung durch ein Qualitätsmanagementsystem 640
4. **Perspektiven der Ausbildung** 643

1. Qualitätssicherung in der Psychotherapie-Ausbildung durch die Psychotherapierichtlinien

Nachdem verschiedene Berufs- und Fachverbände Kriterien für die Anerkennung von Ausbildungsgängen vorgelegt hatten, wurde erstmals 1987 von der Kassenärztlichen Bundesvereinigung (KBV) ein Gutachtergremium berufen, das sich aus Ärzten und Diplom-Psychologen zusammensetzt. Dieses Gutachtergremium prüft Anträge auf Anerkennung als Ausbildungsinstitut für Verhaltenstherapie. Grundlage für die Prüfung ist der Kriterienkatalog für die Anerkennung als Ausbildungsinstitut für Verhaltenstherapie, der als Anlage 3 den Psychotherapie-Vereinbarungen (PTV: Richtlinien des Bundesausschusses der Ärzte und Krankenkassen über die Durchführung der Psychotherapie in der Kassenärztlichen Versorgung) beigefügt ist. Ausbildungsinstitute können erst nach einem Vorlauf von drei Jahren einen Antrag auf Zulassung stellen. Der Anerkennungsprozeß stellt sich als ein Vorgang der externen Qualitätssicherung dar und hat die Zertifizierung eines Ausbildungsganges zum Ziel. Die anerkannten Ausbildungsinstitute sind fortlaufend angehalten, diese Qualitätsstandards zu erfüllen. Die vom Deutschen Fachverband für Verhaltenstherapie (DVT) anerkannten Institute sind darüber hinaus ständig bemüht, neben den Vorgaben durch die PTV die vorgegebenen Standards weiterzuentwickeln. In der Fort- und Weiterbildungskommission und dem Instituteausschuss werden über die KBV-Kriterien hinausgehende Standards festgelegt, die ein Institut erfüllen muss, um eine DVT-Anerkennung zu erhalten (s. Deutscher Fachverband für Verhaltenstherapie, DVT, 1996).

Die Entwicklung der Qualitätssicherung in der Verhaltenstherapie-Weiterbildung entspricht dem allgemeinen Trend, sich mit Fragen der Qualitätssicherung in Psychotherapie zu befassen (Richter, 1994; Schneider & Buchkremer, 1995).

Eine qualifizierende Verhaltenstherapie-Ausbildung hat zum Ziel, angehenden Psychotherapeuten Wissen und Fertigkeiten so zu vermitteln, daß diese nach Abschluß der Ausbildung in der Lage sind, Patienten in den Indikationsbereichen der Verhaltenstherapie selbständig und eigenverantwortlich zu behandeln. Damit werden hohe Anforderungen an ein Ausbildungsinstitut gestellt. Es wird im folgenden aufgezeigt, wie die Verhaltenstherapie-Ausbildung im theoretischen und praktischen Teil von Richtlinien-Instituten (KBV-anerkannte Institute) durchgeführt werden sollte. Dabei wird sich zeigen, daß dem praktischen Teil der Ausbildung eine besondere Bedeutung zukommt.

Am Beispiel der Ausbildungstherapien wird verdeutlicht, wie durch die formalen Vorgaben der PTV Durchführungsbedingungen geschaffen werden, die eine hohe Qualität gerade hinsichtlich der Patientenbehandlung ermöglichen.

Es soll aufgezeigt werden, daß es bei der Durchführung einer Verhaltenstherapie-Ausbildung nicht nur um die Organisation von Theorieveranstaltungen geht. Es muß eine Krankenbehandlungseinrichtung aufgebaut werden, die auch Ausbildungsaufgaben übernimmt.

Die Institutsleitung garantiert die ordnungsgemäße Durchführung der Ausbildung. Sie muß deshalb nachweisen, daß genügend Dozenten und Supervisoren vor Ort zur Verfügung stehen, um jährlich mit einem Ausbildungsgang beginnen zu können. Es ist gefordert, die regionalen Fachkompetenzen zu bündeln, um den Ausbildungsbetrieb gewährleisten zu können.

2. Anforderungen an die verhaltenstherapeutische Ausbildung an DVT-anerkannten Ausbildungsinstituten

Bei der Ausbildung zum Verhaltenstherapeuten geht es in erster Linie um die Ausbildung der Fähigkeit, bei verschiedenen psychischen Erkrankungen in unterschiedlichsten interaktionellen Bezugssystemen bei variablen Patientenmerkmalen effektiv und effizient verhaltenstherapeutische Maßnahmen einzusetzen. Ausbildungsziel ist eine hohe Kompetenz, Verhaltenstherapie als Krankenbehandlung durchzuführen. Beratende Tätigkeiten (z.B. Erziehungs-, Ehe-, Sexualberatung, heilpädagogische Maßnahmen usw.) nehmen bei dieser Ausbildung eine untergeordnete Rolle ein. Selbsterfahrung und theoretisches Wissen sind notwendige, aber nicht hinreichende Bedingungen für eine hohe Therapiekompetenz, sondern hinzukommen muß eine möglichst früh in der Ausbildung einsetzende praktisch-therapeutische Erfahrung mit unterschiedlichen Störungsbildern. Diese praktische Ausbildung kann nur optimal durchgeführt werden, wenn sie in die regionale Versorgung eingebettet ist.

Konkret bedeutet dies:

- Das Ausbildungsinstitut verfügt über eine gut funktionierende **Ausbildungsambulanz**, an der Ausbildungsteilnehmer in erforderlichem Umfang ihre Ausbildungsfälle unter Supervision durchführen können.

- Das Ausbildungsinstitut verfügt im Umkreis über kooperierende **Lehrpraxen** oder **Ambulanzen an Kliniken**, die es den Ausbildungsteilnehmern ermöglichen, in angemessener Entfernung zum eigenen Wohnort Therapien im Beauftragungsverfahren durchzuführen.
- Das Ausbildungsinstitut ist an mehrere Kliniken angebunden mit Weiterbildungsermächtigung für Psychiatrie und Psychotherapie, an der Ausbildungsteilnehmer klinisch-praktische Erfahrung (Klinisches Jahr) sammeln können.
- Das Ausbildungsinstitut steht darüber hinaus in enger Kooperation mit einem psychologischen Universitätsinstitut und/oder einer Universitätspsychiatrie, um die Verbindung von Forschung und Lehre mit der konkreten Psychotherapiepraxis herzustellen.

Schon die Ausbildung ist also sehr intensiv an der Versorgung orientiert, die Institutsambulanz und die ausgelagerten Ambulanzen sind in das Netz der psychosozialen Versorgung einer Region eingebettet.

Durch die Kooperation sowohl mit klinischen Einrichtungen als auch mit Universitätsinstituten und Universitätskliniken bildet das Ausbildungsinstitut einen Schnittpunkt zwischen Forschung und Praxis.

2.1 Qualitätsanforderungen an die theoretische Ausbildung

Die theoretische Ausbildung umfaßt 600 Stunden und wird in Theoriekursen und Praxisseminaren abgehalten. Die Ausbildungsteilnehmer sind in Ausbildungskurse eingeteilt. Die durchschnittliche Jahrgangsstärke eines Kurses soll maximal 20 Teilnehmer nicht überschreiten. Ein Ausbildungskurs muß jährlich beginnen, damit versäumte Seminare in angemessener Zeit vom Ausbildungsteilnehmer nachgeholt werden können. Das Curriculum umfaßt die Vermittlung von Grundkenntnissen der Verhaltenstherapie und darauf aufbauende störungsrelevante Kenntnisse zur Behandlung spezifischer Krankheitsbilder. Das Curriculum und die in ihm festgeschriebenen Lehrinhalte und Lernziele müssen klar definiert werden und sinnvoll aufeinander aufgebaut und strukturiert sein.

Für die ordnungsgemäße Durchführung des Lehrplans ist die Institutsleitung (Ausbildungsausschuß) verantwortlich. Es ist zu gewährleisten, daß die Veranstaltungen weit im voraus geplant werden und entsprechende Ausbildungsprogramme mit genauen Termin-, Orts- und Dozentenangaben mindestens drei Monate vor Beginn des nächsten Ausbildungsabschnittes bekanntgegeben werden.

Von jedem Ausbildungsteilnehmer wird ein Ausbildungsbuch geführt, in dem die absolvierten Seminare vom Dozenten bestätigt werden.

Die Durchführung einer Lehrveranstaltung entspricht folgenden Kriterien:

- Die Lehrveranstaltung muß rechtzeitig angekündigt werden.
- Verschiebungen sind nur in dringenden Ausnahmefällen zu billigen und müssen vom Dozenten begründet werden.
- Ersatztermine müssen rechtzeitig angekündigt sein.

- Die Veranstaltung muß pünktlich beginnen und pünktlich enden und muß ausreichende Pausen für Teilnehmer und Dozenten vorsehen.

Kriterien für eine gute Lehrveranstaltung:

- Die angestrebten Lerninhalte und Lernziele liegen den Ausbildungsteilnehmern vor dem Kurs zusammengefaßt in schriftlicher Form vor.
- Vorbereitende Literatur wird vorher schriftlich mitgeteilt und steht den Ausbildungsteilnehmern in der Institutsbibliothek zur Verfügung.
- Bezogen auf den jeweiligen Kursinhalt werden die grundlegenden Störungs- und Therapietheorien vermittelt.
- Das Thema wird auf dem neuesten wissenschaftlichen Standard aufbereitet.
- Neben der theoretischen Wissensvermittlung demonstriert der Dozent das praktisch-therapeutische Vorgehen anschaulich (per Video-Demonstration, Rollenspiel).
- Es besteht ausreichend Raum für die Teilnehmer, das richtige Vorgehen selbst einzuüben.
- Der Dozent initiiert an geeigneten Stellen die Möglichkeit zur Selbsterfahrung.
- Bisherige Erfahrungen der Teilnehmer mit dem Störungsbild oder der Therapiemethode werden aufgegriffen und reflektiert.
- Es besteht ausreichend Raum zu einer sachbezogenen Diskussion.
- Die wichtigsten Lerninhalte, die Gegenstand späterer Prüfungen sind, werden den Teilnehmern schriftlich mitgeteilt.
- Am Ende der Veranstaltung erhalten die Teilnehmer eine Liste von Prüfungsfragen.

2.2 Qualitätsanforderungen bei der Selbsterfahrung

Eine Selbsterfahrung auf hohem Niveau ist maßgeblicher Bestandteil der Kompetenzentwicklung von Verhaltenstherapeuten. Orientiert an den von Grawe, Donati und Bernauer (1994) formulierten generellen Psychotherapie-Wirkfaktoren sollten folgende Ziele erfüllt werden:

Eine verhaltenstherapeutische Selbsterfahrung sollte

- die Teilnehmer bei einer motivationalen Klärung ihrer Entscheidungen für die Verhaltenstherapie-Ausbildung und für das Berufsziel „Psychotherapeut/in" anleiten und begleiten;
- die Fähigkeiten und Interessen identifizieren, die ihnen i.S. einer Ressourcennutzung bei der Anwendung verhaltenstherapeutischer Beziehungs- und Methodenregeln zur Verfügung stehen;
- die für die verhaltenstherapeutische Tätigkeit dysfunktionalen Problemmuster aktualisieren;
- den Teilnehmern eine Selbst-Anwendung verhaltenstherapeutischer Hilfen zur Problemlösung abverlangen. Eine solche Selbstmodifikation fördert die Überzeugung und Zuversicht in die Wirksamkeit der Verhaltenstherapie (Identifikation). Außerdem

weckt sie Verständnis dafür, welche Schwierigkeiten und Hindernisse für Patienten im therapeutischen Änderungsprozeß auftreten können (Empathie-Voraussetzung).

Die Selbsterfahrungsleiter (Lehrtherapeuten) erfüllen folgende Kriterien:

- mehrjährige Erfahrung als Verhaltenstherapie-Supervisoren;
- eine authentische Präsentation als Verhaltenstherapeuten-Modelle. Hierdurch werden den Teilnehmern eine Identifikation mit der Therapeutenrolle erleichtert und funktionale Therapeutenhaltungen gefördert;
- die Beherrschung der flexiblen Didaktik, die einen ausbalancierten Wechsel zwischen erlebnisinduzierenden und kognitiv strukturierenden Übungen leistet, die konstruktive Interaktionsprozesse in der Selbsterfahrungs-Gruppe in Gang setzen und begleiten kann und die die Teilnehmer mit den Zielen und Normen der Verhaltenstherapie vertraut macht.

Die Ausbildungsteilnehmer sollten in ihrer Selbsterfahrung folgende Anforderungen erfüllen:

- eine hohe Motivation, sich in einem intensiven, ggf. auch belastenden persönlichen Entwicklungsprozeß zu engagieren, in dem außerdem ein überdurchschnittliches Ausmaß an Selbstöffnung, Mitarbeit und Bereitschaft zum Ausprobieren neuer Reaktionsmuster gefordert sind (analog zu den von Schulte, 1996, formulierten Basisverhaltensweisen von Patienten);
- die Durchführung einer verhaltenstherapeutischen Selbstmodifikation und die Bereitschaft, im Falle ausgeprägter Problemmuster, die nach Einschätzung der Selbsterfahrungsleiter wesentlich der Einnahme der Therapeutenrolle im Wege stehen, selbst als Patient eine Psychotherapie zu absolvieren;
- die Erstellung einer Dokumentation der Selbstmodifikation. Diese sollte die Struktur der Fallberichte haben, die in der Supervision verlangt werden.

Selbsterfahrung ist zunächst in der ersten Ausbildungsphase ein zentraler Punkt des Lehrplans mit hohem Stundenanteil. Bis zur Zwischenprüfung sollten 50 % der Selbsterfahrung abgeleistet sein. Hier dominieren Themen zur motivationalen Klärung und zur Selbstmodifikation. Nach der Grundausbildungsphase ist Selbsterfahrung zunehmend auf die verhaltenstherapeutische Arbeit der Teilnehmer mit ihren Patienten zu beziehen. Im Sinne einer „indikativen Selbsterfahrung" sollten Themen bearbeitet werden, die von den Teilnehmern eingebracht werden (z.B. persönliche Schwierigkeiten mit bestimmten Störungsbildern und Therapiesituationen, die an die Ergebnisse der vorher absolvierten Selbsterfahrung anknüpfen). Weitere Selbsterfahrungs-Punkte der späteren Ausbildungsphasen sind die Identifikation subjektiver Schwächen in der Selbstwahrnehmung und sozialen Wahrnehmung sowie die Entwicklung eines authentischen persönlichen Therapiestils. Um eine Komplementarität von Supervision und Selbsterfahrung zu erreichen, sind regelmäßige Abstimmungen der Supervisoren und Lehrtherapeuten zu Abgrenzungen und Überschneidungen von Selbsterfahrung und Supervision geeignet.

Die Diskussion, wie qualitativ gute verhaltenstherapeutische Selbsterfahrung zu gestalten ist und ob ergänzend zur Selbsterfahrung in der Gruppe auch Einzelselbsterfahrung zu fordern ist, ist derzeit nicht abgeschlossen (vgl. dazu Ubben, 1998).
Modelle zur Praxis verhaltenstherapeutischer Selbsterfahrung und erste empirische Studien zur evaluativen Überprüfung an den Weiterbildungsinstituten liegen inzwischen vor (Döring-Seipel, Schüler & Seipel, 1995, in Druck).

2.3 Qualitätskriterien der praktisch-therapeutischen Ausbildung

Um zu gewährleisten, daß Ausbildungsteilnehmer hinreichend praktische Erfahrungen bei verschiedenen Störungsbildern erwerben und die Umsetzung des Gelernten üben, ist eine Mitarbeit in der Institutsambulanz oder einer ihr angegliederten Ambulanzen notwendig. Die Bedeutung einer praxisnahen Ausbildung in der ambulanten Versorgung ist unumstritten (Frank, 1995; Laireiter, 1995).

Die anerkannten Ausbildungsambulanzen des Ausbildungsinstituts arbeiten mit anderen psychosozialen Einrichtungen zusammen. Damit wird auch die Integration der verhaltenstherapeutischen Ausbildung in das regionale Versorgungsnetz für psychisch kranke Menschen gefördert.

Die Supervisoren in den ausgelagerten Ambulanzen sind anerkannte Supervisoren des Ausbildungsinstituts.

Die Regularien für die Ausbildungstherapien, die an den ausgelagerten Ambulanzen durchgeführt werden, entsprechen denen der Institutsambulanz.

2.3.1 Anforderungen an die Ausbildungsteilnehmer

Der Ausbildungsteilnehmer verpflichtet sich, an der ambulanten Versorgung der Patienten in einem gemeinsam vereinbarten Zeitraum teilzunehmen. Dieser Zeitraum muß so groß gewählt sein, daß auch Langzeittherapien sorgfältig zu Ende geführt werden können.

Der Ausbildungsteilnehmer muß regelmäßig präsent sein und von ihm übernommene Fälle verantwortungsbewußt und sorgfältig in Absprache mit dem Supervisor behandeln. Er führt die von ihm übernommenen Fälle zu Ende, es sei denn, es sprechen andere schwerwiegende Gründe dagegen.

Bevor der Ausbildungsteilnehmer in der Institutsambulanz oder Lehrpraxis in das Beauftragungsverfahren übernommen werden kann, muß er die Zwischenprüfung bestanden und das Klinische Jahr (1 Jahr Tätigkeit in einer Institution mit ärztlichem Weiterbildungsrecht für Psychiatrie) absolviert haben. Die Abrechnung seiner Behandlungsfälle kann dann bereits über die Kassenärztliche Vereinigung erfolgen.

Es werden vorab klare Absprachen über die finanziellen Konditionen der Tätigkeit getroffen. Die DVT-Institute unterliegen der Regelung, daß die Mitarbeit im Beauftragungsverfahren es dem Ausbildungsteilnehmer ermöglicht, einen großen Teil der gesamten Ausbildungskosten über das Beauftragungsverfahren wieder „hereinzuarbeiten".

2.3.2 Auswahl und Information an Patienten der Ausbildungstherapien

Besondere Aufmerksamkeit muß auf die Auswahl und Information der zu behandelnden Patienten gerichtet werden. Die Patienten werden vor der Behandlung über den organisatorischen Rahmen der Behandlung unterrichtet. Der Patient muß informiert sein, daß er von einem Ausbildungsteilnehmer unter Supervision behandelt wird. Dem Patienten muß die Möglichkeit aufgezeigt werden, bei Bedarf den beauftragenden Arzt oder Supervisor konsultieren zu können.

Er muß damit einverstanden sein, daß die Behandlung per Kassetten- oder Videorecorder regelmäßig aufgezeichnet wird und Besprechungen seiner Therapie mit dem Supervisor oder im Rahmen einer Supervisionsgruppe stattfinden. Hierfür wird eine schriftliche Entbindung von der Schweigepflicht vom Patienten eingeholt.

Darüber hinaus müssen alle Ausbildungsteilnehmer erklären, die Schweigepflicht entsprechend § 203 StGB einzuhalten. Die audiovisuellen Aufzeichnungen werden nach der Behandlung gelöscht. Sollen für Lehrzwecke einzelne Passagen archiviert werden, so wird eine schriftliche Einverständniserklärung der Patienten und der Therapeuten eingeholt. Die Patientenakten werden in der Ambulanz verschlossen aufbewahrt. Damit werden die Anforderungen an den Datenschutz erfüllt.

2.3.3 Dokumentation der Ausbildungstherapien

Die Behandlung wird wie folgt dokumentiert:

- Von jedem Patienten wird eine Basisdokumentation erstellt.
- Auf einer einseitigen Kurzdokumentation werden die wichtigsten Basisdaten der Therapie erfaßt; dieser Bogen muß spätestens nach der zweiten Behandlungsstunde vorliegen; die Kurzdokumentation wird am Ende der Behandlung ergänzt.
- Über jeden Behandlungsverlauf wird vom behandelnden Therapeuten eine Falldokumentation erstellt. Richtlinien für die Falldokumentation liegen in schriftlicher Form vor.
- Von jeder Therapiestunde wird neben der schriftlichen Aufzeichnung eine Tonband- oder Videoaufzeichnung angefertigt. Diese dient in erster Linie der Supervision.

2.3.4 Ausbildungstherapien in der Institutsambulanz

Am Beispiel eines Institutes soll die Durchführung von Ausbildungstherapien an der Institutsambulanz geschildert werden.

Die Institutsambulanz hat die Aufgabe, den Weiterbildungsteilnehmern aus der Region einen Zugang zu ambulanten Patienten mit verschiedenen Störungsbildern der Psychiatrie und Psychosomatik zu verschaffen und dabei für eine qualifizierte praktische Weiterbildung durch kontrollierte verhaltenstherapeutische Fallarbeit zu sorgen.

Die Ambulanz des Weiterbildungsinstitutes erhält Zuweisungen von den niedergelassenen kooperierenden Ärzten verschiedener Fachgebiete. Der Zugang kann auch über Kliniken im Sinne einer Nachbetreuung erfolgen.

Die Mitarbeiter der Ambulanz setzen sich zusammen aus den psychologischen und ärztlichen Supervisoren des Instituts und den beteiligten Fachärzten für Psychiatrie und Psychotherapie oder Psychotherapeutische Medizin. Über die kooperierenden Kliniken können auch die weiterbildungsermächtigten Ärzte in die Ambulanztätigkeit einbezogen sein.

Eine Sekretärin, bzw. Sprechstundenhilfe, ist für den organisatorischen Ablauf und die Abrechnung erforderlich. Die Leitung der Ambulanz ist festzulegen. Eine multiprofessionelle Teamarbeit anzustreben, kann als Standard angesehen werden. Die ausreichende Präsenz von Supervisoren in den Räumen der Ambulanz ist zu gewährleisten.

In den ausreichend zur Verfügung stehenden Räumlichkeiten finden die Weiterbildungsteilnehmer die notwendigen technischen Voraussetzungen für die Therapiedurchführung vor.

Das Institut verfügt über Durchführungsbestimmungen für die Ausführung der Psychotherapie durch die Ausbildungsteilnehmer.

Die Kontaktaufnahme mit dem Patienten erfolgt zunächst über die Sekretärin, die die ersten telefonischen Absprachen mit dem Patienten trifft und ihn zum Erstgespräch einbestellt. Das Erstgespräch soll von einem ärztlichen oder psychologischen Supervisor durchgeführt werden, der den Patienten einem für diesen Fall geeigneten Ausbildungsteilnehmer zuweist. Alle Patienten der Ambulanz müssen nach den derzeitigen Bestimmungen einem beauftragungsermächtigen Arzt (ärztlicher Psychotherapeut, der als Supervisor für Verhaltenstherapie anerkannt ist) des Instituts vorgestellt werden, der dann den Ausbildungsteilnehmer formal mit der Behandlung beauftragt.

Die Standarddiagnostik zu Beginn der Therapie wird dem Ausbildungsteilnehmer zur Verfügung gestellt. Wenn möglich, bietet die Ambulanz EDV-gestützte Verfahren zur Psychodiagnostik und Verlaufsmessung an.

Nach den probatorischen Sitzungen erfolgt die Indikationsentscheidung für die Durchführung einer Verhaltenstherapie. Die Entscheidung sollte möglichst im Team der Ambulanz besprochen werden, zumindest jedoch mit dem Supervisor. In Absprache mit dem Supervisor oder nach Vorstellung des Falles im Team werden die Indikation und die vorläufige Fallkonzeptualisierung besprochen.

Die Anträge zur Kostenübernahme (Berichte an die Gutachter) werden in Absprache mit dem Supervisor gestellt, der bei der Abfassung beratend und unterstützend tätig werden kann. Nach der Kostenübernahme erfolgt der Beginn der Therapie. Die Form der Supervision wird vereinbart: Audio-, Video- oder Life-Supervision. Zu Basisdokumentation, Dokumentation der Therapiemaßnahmen, Verlaufsmessung, Abschlußuntersuchung, Katamnesen liegen Richtlinien der Ambulanz vor.

Die Supervision der ersten Behandlungsstunden durch einen ärztlichen oder psychologischen Supervisor erfolgt engmaschig, bei komplizierten oder chronifizierten Störungen kann die anfängliche Supervision sogar im Verhältnis 1 : 1 notwendig sein. Bei fortschreitender Therapie werden die therapeutischen Maßnahmen und die therapeutische Beziehung nach jeder dritten bis vierten Behandlungsstunde supervidiert.

Nach Abschluß der Therapie sollte im Team der Ambulanz eine kurze Fallvorstellung erfolgen, die als Grundlage für die abschließende schriftliche Falldarstellung dienen kann.

2.3.5 Ausbildungstherapien in einer Lehrpraxis

Die Lehrpraxis bietet dem Ausbildungsteilnehmer Gelegenheit, Therapien in angemessener Entfernung vom eigenen Wohnort durchzuführen. Die Institutsambulanz ist oft zu weit entfernt, um dort regelmäßig an der Versorgung teilnehmen zu können. Nur durch eine tatsächliche Präsenz kann der Ausbildungsteilnehmer die Betreuung von Patienten real übernehmen und auch in Krisensituationen zugegen sein, bei Bedarf eben auch mehrmals wöchentlich. Daraus ergibt sich die Notwendigkeit, mit geeigneten Lehrpraxen der Region zu kooperieren.

Räumlich materielle Ausstattung der Lehrpraxis als Qualitätskriterium:
Die Lehrpraxis muß für alle dort arbeitenden Ausbildungsteilnehmer in ausreichender Zahl geeignete Therapieräume zur Verfügung stellen. Auf zwei Ausbildungsteilnehmer sollte ein zusätzlicher Therapieraum gerechnet werden. Sie verfügt über einen ausreichend großen Gruppenraum, in dem Gruppensupervisionen und Gruppentherapien durchgeführt werden können. Sie stellt in ausreichender Zahl Videokameras, Wiedergabegeräte und Kassettenrecorder zur Verfügung. Sie verfügt über die notwendigen Testmaterialien und Unterlagen zur Dokumentation des Behandlungsprozesses und führt die aktuellen Lehrbücher zur Verhaltenstherapie und die wesentlichen verhaltenstherapeutischen und psychotherapeutischen Zeitschriften.

Personelle Ausstattung der Lehrpraxis und Funktion der einzelnen Personen:
In der Lehrpraxis ist wenigstens ein anerkannter Supervisor des Ausbildungsinstituts tätig (meist der Praxisinhaber), der regelmäßig an den Supervisorenkonferenzen teilnimmt und am Ausbildungsinstitut eine Dozententätigkeit innehat. Um den Ablauf des Beauftragungsverfahrens reibungslos zu gestalten, muß die Lehrpraxis neben dem psychologischen Supervisor über einen zur Beauftragung ermächtigten ärztlichen Supervisor in der Praxis selbst oder in der Nähe verfügen. Ein „Patiententourismus" (der Patient besucht einen über viele Kilometer entfernten beauftragungsermächtigten Arzt) ist zu vermeiden.

Der Supervisor betreut das Beauftragungsverfahren organisatorisch und supervidiert die Behandlung der Ausbildungsteilnehmer engmaschig, mindestens nach jeder vierten Therapiesitzung. Er ordnet jedem Ausbildungsteilnehmer geeignete Fälle zu. Weniger erfahrene Ausbildungsteilnehmer müssen die Möglichkeit haben, einfache Störungsbilder ohne Comorbidität mit guter Prognose behandeln zu können, erfahreneren Ausbildungsteilnehmern müssen komplexere Störungsbilder zugewiesen werden. Der Supervisor ist dafür verantwortlich, daß Störungsbild und Ausbildungsstand des Therapeuten so aufeinander abgestimmt sind, daß ein möglichst ungestörter Behandlungsverlauf zu erwarten ist. Er bietet Gelegenheit zur sofortigen Lifesupervision, insbesondere in Krisensituationen oder in Phasen, in denen der Therapieablauf stagniert. Der Supervisor ist während der Behandlungszeiten der Ausbildungskandidaten in der Regel präsent und kann bei Bedarf kurzfristig zu Rate gezogen werden.

Die Lehrpraxis hat ein Sekretariat mit einer mindestens halbtags beschäftigten Sekretärin, die Patientenanrufe oder Anrufe niedergelassener (Fach)ärzte usw. unmittelbar entgegennimmt und an den Ausbildungsteilnehmer weiterleitet.

Eine Schreibkraft steht zur Verfügung, die Formulare, Berichte usw. für den Ausbildungsteilnehmer fertigstellt.

2.3.6 Ausbildungstherapien an der Ambulanz einer Klinik

Hat der Ausbildungsteilnehmer Zugang zu einer verhaltenstherapeutisch arbeitenden Ambulanz eines Krankenhauses, so kann auch diese Ambulanz für die Ausbildung genutzt werden. Hierzu kommen in Frage: Ambulanzen psychiatrischer Krankenhäuser sowie Ambulanzen von Universitäts-Psychiatrien.

Die Supervision der verhaltenstherapeutischen Tätigkeit an einer Klinikambulanz muß von einem Supervisor des Ausbildungsinstitutes übernommen werden, der auch Mitarbeiter der Klinik sein kann. Ergänzend sind auch andere Formen der Anleitung der Ausbildungsteilnehmer möglich. Die Einbeziehung des Ausbildungsteilnehmers in das therapeutische Team der Klinikambulanz ist zu gewährleisten. Hier finden die Ausbildungsteilnehmer Möglichkeiten der Betreuung im multiprofessionellen therapeutischen Team. Die Ausbildungsteilnehmer werden in die Fallbesprechungen einbezogen. Kooperationspartner des Institutes sind die ärztlichen und psychologischen Mitarbeiter der Einrichtungen.

2.4 Rahmenbedingungen der verhaltenstherapeutischen Ausbildung

2.4.1 Der Ort der Weiterbildung

Wenn wir die Verhaltenstherapieausbildung aus der Perspektive von Qualitätssicherungskonzepten betrachten, dann ist festzustellen, daß ein Ausbildungsinstitut eine Dienstleistung anbietet, die ein Ausbildungsteilnehmer als Kunde in Anspruch nimmt. Der Kunde richtet an die Organisation der Ausbildung entsprechende Erwartungen.

Bezüglich der Unterrichtsräume darf gefordert werden, daß diese hinreichend groß bemessen und für Unterrichtszwecke ausgestattet sind. Eine Weiterbildungsgruppe mit 15, maximal 20 Teilnehmern benötigt einen Seminarraum mit mindestens 40, idealerweise 60 qm Fläche. Darüberhinaus sollten für Kleingruppenarbeit weitere Kleingruppenräume zur Verfügung stehen, die außerdem als Behandlungsräume für Therapiezwecke der Institutsambulanz genutzt werden können.

Daneben wird für die Organisationsleitung ein Büro und für Patienten der Institutsambulanz ein Wartezimmer benötigt. Insgesamt werden ca. 150 qm veranschlagt bei einer Ausbildungskapazität von ca. 75 Ausbildungsteilnehmern (von fünf Ausbildungsjahrgängen).

2.4.2 Ausstattung der Räume

Seminar- und Behandlungsräume benötigen neben einer geeigneten Seminarbestuhlung professionelle Konferenztechnik. Der Seminarraum ist mit einem großen Monitor auszustatten, an den Videorecorder angeschlossen sind, die das Abspielen von Video-8 und VHS-Bändern erlauben. Um Rollenspiele aufzeichnen zu können, wird daneben noch eine Videokamera benötigt. Die Ausstattung wird komplettiert durch Flipchart, Overhead- und Diaprojektor. Die Kleingruppenräume sind gut ausgestattet, wenn neben Flipchart eine Videoanlage mit Kamera vorhanden ist. Ein Kleingruppenraum sollte über einen Einwegspiegel oder eine Videoübertragungsmöglichkeit in den Seminarraum verfügen, um Lifesupervision und Therapiedemonstrationen durchführen zu können.

2.4.3 Bibliothek und Testothek

Im Ausbildungsinstitut muß die aktuelle verhaltenstherapeutische Literatur dem Ausbildungsteilnehmer zur Verfügung stehen. Durch ein entsprechendes Budget muß gewährleistet sein, daß Neuerscheinungen regelmäßig angeschafft werden können. Das Institut muß die wichtigsten psychotherapeutischen Fachzeitschriften abonnieren. Für die Diagnostik und Evaluation der Therapieverläufe werden Diagnostische Inventare und Psychologische Tests benötigt. Über die Auswahl der zur Anwendung kommenden Verfahren ist in der Supervisorenkonferenz und der Ambulanzleitung zu entscheiden.

2.5 Kooperation mit Kliniken

In der ambulanten Versorgung kann von ärztlichen und psychologischen Psychotherapeuten Verhaltenstherapie als Krankenkassenleistung erbracht werden. Für beide Berufsgruppen besteht die Pflicht, einen Teil der Ausbildung in einer klinischen Einrichtung mit Weiterbildungsermächtigung für Psychiatrie/Psychotherapie zu absolvieren (Klinisches Jahr), wobei derzeit nur für Mediziner das Privileg besteht, reguläre Stellen für diesen Teil der Ausbildung zur Verfügung gestellt zu bekommen.

Da die Ausbildungsgänge von Ärzten und Psychologen sich teilweise überschneiden, ist es sinnvoll, die Curricula von Ärzten und Psychologen zur psychotherapeutischen Ausbildung streckenweise zusammenzulegen.

Diese Verknüpfung bietet folgende Vorteile:

- Beide Berufsgruppen profitieren von der spezifischen Vorqualifizierung der jeweils anderen,
- werden in der interdisziplinären Zusammenarbeit geschult und
- erlernen die sinnvolle Zusammenarbeit mit komplementären psychosozialen Diensten, wie sie später auch im ambulanten Bereich genutzt werden müssen (z.B. Zusammenarbeit mit dem Psychosozialen Dienst, mit Beratungsstellen, mit Übergangseinrichtungen für psychisch Kranke, mit Beschützten Wohngruppen u.ä.).

Um den eigenen Ausbildungsteilnehmern diese Lernmöglichkeiten zu eröffnen, ist jedes Institut angehalten, eine Kooperation mit möglichst mehreren Kliniken herzustellen. Die Ausbildungsinstitute kooperieren je nach Standort mit psychiatrischen Kliniken oder mit psychiatrischen Abteilungen an einem Allgemeinkrankenhaus. Die

Anbindung an eine psychosomatische Fachklinik ist ebenfalls gängige Praxis (sofern diese über eine Weiterbildungsermächtigung verfügt).

Die *Qualität der Kooperation* ist dann als gut zu bewerten, wenn

- das Institut bevorzugt Ausbildungsteilnehmer der kooperierenden Klinik aufnimmt,
- die Klinik bevorzugt Ausbildungsteilnehmern des Instituts Ausbildungsplätze zur Verfügung stellt,
- klinikinterne Curricula und Curricula des Instituts aufeinander abgestimmt werden,
- ein gegenseitiger Supervisoren- und Dozentenaustausch gewährleistet ist und
- von Institut und Klinik gemeinsam getragene Fortbildungen und Tagungen veranstaltet werden.

2.6 Kooperation mit Hochschulen

Die Ausbildungsinstitute sind verpflichtet, ihre Ausbildung nach dem neuesten wissenschaftlichen Standard anzubieten. Dies kann schließlich nur gewährleistet sein, wenn eine enge Kooperation mit den Universitäten (Hochschulinstituten für Klinische Psychologie/Psychiatrische Universitätskliniken) gewährleistet wird.

Die Qualität dieser Kooperation kann als gut erachtet werden, wenn sie beispielsweise folgende Punkte erfüllt:

- Hochschulangehörige sind in den Gremien der Institute vertreten (z.B. im wissenschaftlichen Beirat, in der Institutsleitung, im Ausbildungsausschuß, im Prüfungsausschuß)
- Die Ausarbeitung der Lehrpläne erfolgt in Zusammenarbeit mit Hochschulangehörigen
- Am Institut werden wiederholt auch Lehrveranstaltungen von Hochschuldozenten durchgeführt
- An die Hochschuldozenten werden spezifische wissenschaftliche Fragestellungen gerichtet
- Hochschule und Ausbildungsinstitut führen gemeinsame Forschungsvorhaben durch
- Ausbildungsteile werden von seiten der Hochschule wissenschaftlich begleitet. Die Autonomie des Ausbildungsinstituts bleibt gewahrt. Das Ausbildungsinstitut ist nicht den Hochschulen unterzuordnen

2.7 Anforderungen an die Ausbilder

2.7.1 Dozenten

An Dozenten sind folgende Qualitätsanforderungen gestellt:

- Da sie zukünftige Praktiker ausbilden, sollen sie selbst langjährige Erfahrung in der ambulanten Krankenbehandlung haben.
- Sie sollten über Klinikerfahrung verfügen und
- müssen sich auf die von ihnen angebotenen Themen spezialisiert haben (bezüglich der theoretischen Aufarbeitung wie der praktischen Durchführung). Eigene wissenschaftliche Tätigkeit und Veröffentlichungen sind erwünscht.
- Sie müssen diese Themen entsprechend dem aktuellen, wissenschaftlichen Standard lehren,
- dazu müssen sie didaktisch geschult sein. Hierzu sollte das Institut für seinen eigenen Dozentenstamm regelmäßige Dozentenschulungen anbieten.
- Das Institut ist angehalten, den eigenen Dozentenstamm durch externe Dozenten zu ergänzen (z.B. Hochschullehrer, Klinikärzte und -psychologen, Praktiker).
- Der Fort- und Ausbildungsausschuß informiert sich fortlaufend anhand von Veröffentlichungen und Kongreßprogrammen, wer für bestimmte Themeninhalte als externer Dozent besonders qualifiziert ist und gewonnen werden kann.

2.7.2 Supervisoren

Supervisor kann nach den derzeit geltenden Psychotherapierichtlinien werden, wer nach abgeschlossener Ausbildung zum Psychotherapeuten fünf Jahre in der Krankenbehandlung tätig ist und eine regelmäßige Lehrtätigkeit an einem Institut oder einer vergleichbaren Einrichtung nachweisen kann. Bevor das Institut die Anerkennung eines Supervisors beantragt, prüft es dessen Fähigkeit zur Supervision im Rahmen eines Eingangskolloquiums, bei dem auch Videoaufnahmen von Supervisionssitzungen vorzustellen sind. Ein solches Kolloquium wird vom Prüfungsausschuß durchgeführt. Die Eignung des Supervisors wird vom Ausbildungsinstitut festgestellt. Bevor vom Institut die Anerkennung als Supervisor ausgesprochen wird, sind die Unterlagen dem Gutachtergremium bei der KBV vorzulegen, die nach einer Prüfung Bedenken gegen eine Anerkennung aussprechen kann. Das Institut erwartet von seinen Supervisoren neben der Supervisionstätigkeit eine regelmäßige Mitarbeit in der Weiterbildung, in der Selbsterfahrung und in den Ausschüssen des Instituts.

Darüber hinaus müssen Supervisoren folgende Anforderungen erfüllen:

- Sie müssen über eine umfangreiche eigene Therapieerfahrung (möglichst im stationären und ambulanten Bereich) verfügen und
- haben sich auf bestimmte Teilgebiete der Verhaltenstherapie spezialisiert, so daß der Ausbildungsteilnehmer überdurchschnittliche Kenntnisse erwarten kann.
- Der Supervisor ist verpflichtet, nach seiner Supervisorenanerkennung regelmäßig an Supervisorentreffen teilzunehmen und seine Arbeit einer kritischen Reflexion zu unterziehen. Inhalte dieser Supervisorentreffen sind: Reflexion eigener Supervisionsfälle, Besprechung formaler und inhaltlicher Kriterien für Falldokumentationen, Supervision der Supervisoren.
- Er muß eine regelmäßige Weiterbildung auch zukünftig nachweisen und
- ist zu einer Dokumentation jeder Supervisionsstunde verpflichtet.

Supervisorenanwärter führen Lehrveranstaltungen am Institut durch, können regelmäßig auf eigenen Wunsch an Supervisionssitzungen verschiedener Supervisoren teilnehmen und können Supervisionsbänder jederzeit einsehen (Supervisorenschulung).

Allein die fachliche Qualifiktion ist nicht ausreichend, um therapeutisches Fachwissen vermitteln zu können. Dieser Vermittlungsprozeß ist als pädagogische Aufgabe zu verstehen, der in geeigneten Weiterbildungsveranstaltungen zum Supervisor zu fordern ist (Zimmer, 1996).

Aufgaben des Supervisors:
Er betreut die Behandlung eines Falles in allen wesentlichen Punkten wie z.B.

- Eignung des Ausbildungsteilnehmers für den jeweiligen Patienten
- Durchführung einer biographischen Anamnese
- Datenerhebung (Verhaltensbeobachtung, Tests, Fragebogen)
- Verhaltens-/Problemanalyse
- Diagnose/Differentialdiagnose
- Motivationsanalyse
- Therapiezieldefinition
- Festlegung des Behandlungsplans
- Therapieverlaufskontrolle und Dokumentation (Es wird erwartet, daß der Ausbildungsteilnehmer jede Behandlungsstunde schriftlich aufzeichnet)
- Beziehungsanalyse Therapeut/Patient
- Beziehungsanalyse Therapeut/Supervisor
- Reflexion von Selbsterfahrungsanteilen bezogen auf den konkreten Behandlungsfall
- Beendigung des therapeutischen Prozesses und abschließende Bewertung des Behandlungsergebnisses
- Nachuntersuchungen/Katamnese
- Kriseninterventionen während und nach Abschluß der Therapie
- Hilfestellung bei der Abfassung der abschließenden Falldokumentation
- Der Supervisor gibt schriftliche Rückmeldung über die Durchführung eines Falles an den Prüfungsausschuß des Instituts und an den Ausbildungsteilnehmer
- Entsprechend dem Kenntnis- und Erfahrungsstand des Supervisanden macht der Supervisor Auflagen hinsichtlich der Belegung weiterer Veranstaltungen, Pflichtlektüre sowie Behandlung von Störungsbildern bzw. Patientengruppen

Das Institut muß gewährleisten, daß ein ausreichendes Supervisionsangebot für seine Ausbildungsteilnehmer gesichert ist.

2.7.3 Prüfer/Prüfungen

Prüfer müssen Supervisoren und Dozenten des Instituts sein und dem Prüfungsausschuß als Prüfer benannt worden sein. Sie müssen selbst Kurse zum Lehrstoff abgehalten haben und in Zusammenarbeit mit anderen Dozenten und dem Prüfungsausschuß die Prüfungsfragen zusammenstellen.

Die Prüfungsfragen müssen in regelmäßigem Abstand auf den neuesten wissenschaftlichen Stand gebracht werden und müssen den gesamten Lehrstoff für die Zwischen- und Abschlußprüfung repräsentieren.

Zukünftige Prüfer waren in früheren Sitzungen Protokollanten und Beisitzer.

2.8 Auswahl der Teilnehmer und Zulassung zur Ausbildung

Die Ausbildungsgruppen werden zusammengestellt durch den Ausbildungsausschuß. Sorgfalt bei der Auswahl und Zusammenstellung der Ausbildungsgruppe (z. B. Multiprofessionalität, Niedergelassene und Kliniker, Hochschulangehörige und Praktiker) kann bereits die Qualität des Ausbildungsganges beeinflussen.

2.8.1 Auswahlverfahren

Der Bewerber führt mindestens ein Vorgespräch mit einem Mitglied des Ausbildungsausschusses. Das Gespräch erfolgt in Form eines semistrukturierten Interviews. Es wird ein Protokoll mit einer Beurteilung durch den Interviewer angefertigt. Einzelne Institute führen Auswahlseminare in Form von Selbsterfahrungswochenenden durch (assessment unit). Der Vorschlag des/der Beurteiler wird im Ausbildungsausschuß weiter bearbeitet. Die endgültige Entscheidung über die Zulassung obliegt dem Ausbildungsausschuß des Institutes bzw. der Geschäftsführung.

Die Weiterbidungsinstitute können heute auf eine mehr als zehnjährige Erfahrung in der praktischen und theoretischen Ausbildung in Verhaltenstherapie zurückblicken. Dabei konnten im bisherigen Weiterbildungsprozeß erste Prognosekriterien gewonnen werden, die zur Auswahl geeigneter Teilnehmer nützlich sein können. Am Beispiel der Weiterbildungseinrichtung für Klinische Verhaltenstherapie Marburg werden diese zusammengefaßt (vgl. Kasten auf der nächsten Seite).

2.8.2 Umgang mit „problematischen" Ausbildungsteilnehmern

Trotz sorgfältiger Auswahl der Ausbildungsteilnehmer kann es zu Konflikten bis hin zur Feststellung der Nichteignung kommen. Das Institut hat ein geeignetes Procedere für den Umgang mit „Problemfällen" zu entwickeln. Die Definition eines „Problemfalles" ist vor Willkür und Mißbrauch zu schützen. Daher ist ein klares und für alle Seiten transparentes Ablaufschema des Umgangs mit „Problemfällen" vorzulegen. Das vorgelegte Procedere sollte von Ausbildungsausschuß, Vorstand und Gruppensprechern verabschiedet sein. Ein hierarchisiertes Ablaufschema zur Handhabung des Umgangs mit „Problemfällen" kann die folgende Form haben:

1. Schritt: Der Ausbildungsteilnehmer wird vom „Problemseher" (Dozent, Supervisor, Selbsterfahrungsleiter) angesprochen. Gemeinsam werden Wege gesucht und Empfehlungen gegeben.
2. Schritt: Der Ausbildungsteilnehmer wird darüber informiert, daß die Information an den Mentor (Mitarbeiter des Instituts, der eine Ausbildungsgruppe verantwortlich betreut) weitergeleitet werden muß.

Fragen und Kriterien für Bewerber am Beispiel der Weiterbildungseinrichtung für Klinische Verhaltenstherapie e.V. (WKV) Marburg

- Abgeschlossenes Hochschulstudium der Psychologie oder Medizin.
- Warum erfolgte die Entscheidung für Psychologie / Medizinstudium?
- Was ist das Berufsziel?
- Welche theoretische und praktische verhaltenstherapeutische Vorerfahrung?
- Welche Vorerfahrungen anderer psychotherapeutischer Schulen?
- Warum entscheidet sich der Interessent für eine Ausbildung in VT?
- Warum entscheidet er sich gerade jetzt?
- Welche Erwartungen bestehen an eine VT-Ausbildung?
- Fachliche Eignung?
- Mitarbeit in einer kooperierenden Klinik?
- Mitarbeit in einer anderen Klinik?
- Jahre klinischer Berufserfahrung insgesamt (ambulant und stationär)?
- Wie will der Bewerber das Klinische Psychiatrische Jahr realisieren?
- Falls eine Eigentherapie durchgeführt wurde, muß diese seit mindestens sechs Monaten beendet sein.
- Konstanz der sozialen Situation über die nächsten Jahre ist zu erwarten (persönliche und berufliche Planung)?
- Wieviel Zeit pro Woche veranschlagt der Bewerber für die Ausbildung?
- Hat der Bewerber seine private und berufliche Planung so eingerichtet, daß er sich in ausreichendem Maße der Ausbildung widmen kann?
- Bereitschaft zur vollen Teilnahme an dem Pflichtprogramm.
- Bereitschaft, inhaltliche Redundanzen im curricularen Ablauf hinzunehmen.
- Wie und wo kann die Mitarbeit an den Ambulanzen realisiert werden (Entfernung, mögliche Therapiezeiten)?
- Liegt bereits eine Anmeldung an einem anderen Institut vor? Wo?
- Ist sich der Ausbildungsteilnehmer über die Finanzierung der Ausbildung im klaren?
- Mangelnde Motivation für VT (Pseudomotivation)
- Einziges Motiv Kassenzulassung
- Bevorzugt seit langem andere Psychotherapierichtung
- Wenig bis keine berufliche Erfahrung
- Berufliche Erfahrung ist demnächst auch nicht in Aussicht
- Nicht-klinischer Tätigkeitsbereich
- Hohe Sicherheit bei geringer Kompetenz
- Neurotizismus (hohe Unsicherheit, Gestörtheit...)
- Spezifische Behinderungen (z.B ....)

3. Schritt: Gespräch zwischen Ausbildungsteilnehmer (auf Wunsch gemeinsam mit einer Vertrauensperson), dem „Problemseher" und Mentor der Gruppe. Es

wird etwas Überprüfbares zur Veränderung vereinbart (evtl. Therapie), operationalisierte Ziele werden festgelegt. Geeignete Förderprogramme für den Teilnehmer sind zu erstellen.

4. Schritt: Institutsleitung entscheidet.

Wichtig bei diesem Ablauf ist:

- Der Prozeß muß durchsichtig sein, auch für Ausbildungsteilnehmer.
- Die verantwortlichen Mitarbeiter am Institut müssen bei der Klärung des Sachverhalts im Dialog mit allen direkt und indirekt Beteiligten stehen.
- Die Entscheidung muß transparent sein.

3. Qualitätsmonitoring der Prozeß- und Ergebnisqualität der Weiterbildung

Die von Donabedian (1980, 1982) für das Gesundheitswesen vorgenommene Anpassung des industriell geprägten Qualitätsbegriffs und die eingeführte Differenzierung der Qualitätsdimensionen Struktur, Prozeß und Ergebnis lassen sich auf den Bereich der psychotherapeutischen Behandlung und auf den psychotherapeutischen Weiterbildungsbereich übertragen (vgl. Berger & Vauth, 1997).

Dementsprechend verstehen wir unter Qualitätssicherung in der verhaltenstherapeutischen Weiterbildung folgende Schritte:

- Die Qualitätsstandards für die psychotherapeutische Weiterbildung werden im einzelnen Institut und im Fachverband erstellt. Regelmäßige überregionale Konferenzen (Fort- und Weiterbildungskommission und Instituteausschuß des Fachverbandes) finden statt und sichern diesen Austausch.
- Ein auf alle Teilbereiche der Weiterbildung bezogenes Qualitätsmonitoring (i.S. eines Routinemonitorings) vergleicht die gesamte Weiterbildung, einzelne Elemente (Teilsysteme) und die einzelnen Weiterbildungsmaßnahmen hinsichtlich Struktur, Prozeß, Ergebnis mit den gesetzten Standards.
- Dieses Qualitätsmonitoring umfaßt institutsinterne und externe Qualitätssicherungsmaßnahmen.
- Defizite zwischen erreichbarer und tatsächlich erreichter Qualität werden durch Routinemonitorings deutlich erkennbar.
- Lösungen werden gesucht. Die Beseitigung von Defiziten erfolgt unter Einbeziehung der Betroffenen.
- Sowohl bei der Defizitbenennung, bei der Lösungssuche und bei der Umsetzung der vereinbarten Qualitätsverbesserungen sind die einzelnen Ebenen und Subsysteme (Fachverband, Institutsleitung, Weiterbildungsausschuß, Mentoren, Supervisoren, Dozenten und die Ausbildungsteilnehmer selbst) in geeigneter Weise einzubeziehen.

3.1 Gegenwärtige Qualitätsprüfung (Routinemonitoring)

Die Überprüfung der Weiterbildung hinsichtlich der Prozeß- und Ergebnisqualität bezieht sich auf die einzelnen Bestandteile der Ausbildung (theoretische Weiterbildung, die Ambulanztätigkeit, Qualität der Dokumentation, Selbsterfahrung usw.).

Die Systeme des Routinemonitorings der Prozeß- und Ergebnisqualität und Strategien der Sicherstellung und Verbesserung der Prozeßqualität sind vielfältig und umfassen das institutsinterne Qualitätsmonitoring und die externen Qualitätssicherungsmaßnahmen durch den Fachverband.

Die Qualitätssicherungsmaßnahmen i.S. des derzeitigen Routinemonitorings lassen sich nun auf den einzelnen Ebenen, Systembereichen und Qualitätsdimensionen auszugsweise genauer beschreiben.

3.1.1 Interne Maßnahmen des Routinemonitorings innerhalb des Instituts

Zur Erfassung der Prozeßqualität der theoretischen Weiterbildung dienen beispielsweise Dozententreffen/regelmäßige Dozentenbesprechungen (einmal pro Semester), die sich mit didaktischen Fragestellungen, Schulung und (didaktischer) Fortbildung der Dozenten, Veranstaltungsevaluationen etc. befassen.

Beispiele für Evaluationen sind Rückmeldebögen der Teilnehmer und der Dozenten zu jeder einzelnen Theorieveranstaltung an den Weiterbildungsausschuß des Instituts. Es sollte zum Standard gehören, daß die Ausbildungsteilnehmer und Dozenten die einzelnen Veranstaltungen auf verschiedenen Dimensionen beurteilen. Solche Rückmeldungen können herangezogen werden, um mit Dozenten an der Verbesserung der Seminarkonzeption zu arbeiten oder um Dozenten bei zukünftigen Planungen entsprechend ihrer Kompetenzen besser einsetzen zu können.

Solche Rückmeldesysteme geben erfahrungsgemäß die Zufriedenheit der Ausbildungsteilnehmer sehr sensibel wieder und müssen Konsequenzen für den Ausbildungsbetrieb haben. Die Prozeßqualität der praktischen Weiterbildung wird beispielsweise gesichert durch Durchführungsbestimmungen für die Weiterbildungsfälle an den Ambulanzen, durch einen Behandlungsplan, durch klare Richtlinien für die Supervision, durch eine engmaschige Supervision bei schwierigen und komplexen Fällen und durch klare Hinweise für die Falldokumentationen.

Die im Verlauf der Weiterbildung und zu den Prüfungen eingereichten 20 Falldokumentationen werden durch zwei Gutachter bewertet und schriftlich beurteilt. Ausbildungsteilnehmer beurteilen auf Rückmeldebögen die Supervisionsqualität.

Zur Konzeption, Praxis und Evaluation der verhaltenstherapeutischen Selbsterfahrung sind aus den Instituten Konzepte vorgelegt worden. Es liegen erste Erfahrungsberichte und Evaluationen vor (Döring-Seipel et al., 1998, in Druck).

Das Konferenzsystem am Institut dient ebenfalls der Überprüfung der Prozeßqualität. Dazu gehören regelmäßige Dozentenbesprechungen, Supervisorenkonferenzen und Treffen der Selbsterfahrungsleiter.

Die Gruppensprecher der Weiterbildungsgruppen sind an Planungen, organisatorischen Lösungen etc. beratend beteiligt. Das wird umgesetzt durch die Teilnahme an Konferenzen (Dozentenbesprechungen, Weiterbildungsausschuß). So können auftretende Probleme im Weiterbildungsprozeß frühzeitig erkannt und korrigiert werden.

Die Erreichung der definierten Ausbildungsziele (Ergebnisqualität hinsichtlich einzelner Weiterbildungsabschnitte) wird durch das Konferenzsystem, die Überprüfung der theoretischen und praktischen Ausbildungsfortschritte, die Beurteilung der Falldokumentationen etc. überprüft.

Die Ergebnisqualität orientiert sich an den operationalisierten Zielen der Ausbildung. Die Lernzielüberprüfung erfolgt durch Zwischen- und Abschlußprüfungen, sowie Rückmeldungen während der Weiterbildung. Es besteht ein System von Rückmeldungen, das die Weiterbildungsteilnehmer kennen:

- routinemäßige Überprüfungen
- schriftliche / mündliche Prüfung der Ausbildungsteilnehmer
- Falldokumentationen
- Leistungsüberprüfungen
- regelmäßige Rückmeldungen und Austausch über die Durchführung der theoretischen und praktischen Elemente der Ausbildung
- Rückmeldungen durch Patientenfragebogen
- Einschätzung der Therapeut/Patient Beziehung durch den Patienten
- Beurteilung des Falles durch den Supervisor

3.1.2 Maßnahmen der externen Qualitätssicherung

Externe Maßnahmen der Qualitätssicherung sind vorhanden:

- Eingangskriterien für die Anerkennung als DVT-Institut liegen vor. Sie werden bei der Aufnahme eines Instituts in den Fachverband zugrundegelegt und von der Fort- und Weiterbildungskommission geprüft.
- Regelmäßige Treffen des Instituteausschusses dienen zur Vorstellung der Institute und zum ständigen Austausch.
- Eingangsvoraussetzungen für Supervisoren und Selbsterfahrungsleiter werden vom Fachverband festgelegt.
- Eine andere Form der externen Qualitätssicherung ist die Überprüfung und Anerkennung des einzelnen Instituts durch die Gutachterkommission der KBV.
- Die interne und externe Qualitätssicherung an den Instituten des DVT, die neben den Qualitätsdimensionen Struktur, Prozeß und Ergebnis auch mehrere Ebenen des Institutes und des Verbandes einschließt, soll in Tabelle 1 (vgl. nächste Seite) veranschaulicht werden.

3.2 Die Bedeutung der Qualitätssicherung durch ein Qualitätsmanagementsystem

Das Qualitätsmanagementsystem kann durch die Entwicklung standardisierter Qualitätsnormen die verhaltenstherapeutische Ausbildung verbessern. Die Qualität der Ausbildung liegt in der Art der Vermittlung von Inhalten, Kenntnissen, Fertigkeiten und

Tabelle 1: Schema zur Erläuterung der Qualitätssicherung

Ebenen	Qualitätsdimensionen (Q)				
	Struktur-Q	Prozeß-Q			Ergebnis-Q
		Theorie	Praktischer Teil	Selbsterfahrung	
Fachverband (Fort- und Weiterbildungskommission in Verbindung mit Instituteausschuß)	Vorgaben zur Strukturqualität	Vorgaben zur Theorieausbildung	Vorgaben zum praktischen Teil der Weiterbildung	Diskussion von Konzepten zur VT-Selbsterfahrung	Verbesserung der psychotherapeutischen Versorgung
Institutsleitung	Schafft die Strukturqualität; Auswahl der Ausbildungsteilnehmer	Organisiert die Theorieveranstaltungen	Leitet die Ambulanzen; organisiert die praktische Weiterbildung	Organisiert die Selbsterfahrungsgruppen	Prüfungswesen
Weiterbildungsausschuß		Konzipiert die Theorieveranstaltungen; Abstimmung der Theorieveranstaltungen; bewertet die Rückmeldungen	Entwickelt das Dokumentationssystem	Konzipiert die Selbsterfahrung	Organisation, Durchführung und Auswertung der Zwischen- und Abschlußprüfungen
Supervisoren		verpflichtet, als Dozent tätig zu sein; Rückmeldung über Theorieveranstaltungen an den Weiterbildungsausschuss	Anleitung der praktischen Fallarbeit; garantiert die fachliche Durchführung; Rückmeldung	Durchführung der Selbsterfahrung; Rückmeldung an den Weiterbildungsausschuss	operationalisierte Kriterien zur Beurteilung der Falldokumentation als Teil der Ergebnisqualität
Weiterbildungsgruppe	regionalisierte, wohnortnahe Weiterbildungsmöglichkeiten; Nutzung der vorhandenen materiellen, personellen und organisatorischen Strukturen	Rückmeldung: Subjektive Beurteilung; Gruppensprecher nehmen an Konferenzen teil	Rückmeldung: Subjektive Beurteilung über die praktische Ausbildung; Konferenzsystem	Rückmeldung: Subjektive Beurteilung der Selbsterfahrung; Konferenzsystem	Teilnahme an Zwischen- und Abschlussprüfungen; Erstellung von 20 Falldokumentationen/Teilnehmer; Teilnahme an Prüfungen; subjektive Rückmeldung über den Ausbildungsfortschritt

Ebenen	Qualitätsdimensionen (Q)			
	Struktur-Q	Prozeß-Q		Ergebnis-Q
		Theorie	Praktischer Teil	Selbsterfahrung	
Einzelner Ausbildungsteilnehmer	Nutzung der vorhandenen materiellen, personellen und organisatorischen Strukturen; Rückmeldungsmöglichkeiten für Verbesserungen	Rückmeldung über subjektive Zufriedenheit mit jeder einzelnen Theorieveranstaltung	Rückmeldung über Zufriedenheit mit Supervisoren und Möglichkeit der Nutzung der Ambulanzen	Evaluation subjektiv beurteilter Fortschritte hinsichtlich Methodenkompetenz, Beziehungskompetenz und Ressourcenkompetenz	Teilnahme an Prüfungen; Erstellung von Falldokumentationen

Erfahrungen, nicht allein in der Regulierung von formalen Abläufen. Dennoch ist eine Qualitätssicherung der verhaltenstherapeutischen Ausbildung im Sinne europäischer Normen sinnvoll. Eine Zertifizierung der Ausbildungsinstitute nach DIN EN ISO 9000 könnte Standard werden (Dembski & Lorenz, 1995; Pfitzinger, 1995).

Durch die ISO-Norm 9001 werden 20 Bereiche angesprochen, über die Träger von Ausbildung ihren Ausbildungsgang beschreiben sollten. Es werden keine Forderungen aufgestellt, welches Qualitätsniveau erreicht werden muß. Das Ausbildungsinstitut würde also in einem internen Diskussionsprozeß festlegen, wie die Dienstleistung Ausbildung beschaffen sein soll, und wie diese Beschaffenheit (Qualität) zu erreichen ist. Dieses interne Anforderungsprofil wird schriftlich in Form eines Qualitätsmanagementhandbuchs (QMH) dokumentiert.

Als Beispiel ließe sich anführen, daß im Kapitel „Kundenbetreuung" festgelegt wird, daß der Antrag eines Ausbildungsteilnehmers auf Anerkennung seines klinischen Jahres von der Institutsleitung innerhalb von 14 Tagen beantwortet wird. Im Detail müßte also festgelegt werden, wie dieses Ziel erreicht werden kann, wenn das zuständige Gremium nur quartalsweise zusammentrifft. Ein anderes Beispiel könnte aus dem inhaltlichen Bereich stammen. Wie kann ein Mindeststandard bei der Durchführung von Ausbildungstherapien gewährleistet werden? Wie gelangen entsprechende Informationen (Beschwerden von Patienten, Einschätzungen von verschiedenen Supervisoren und des Ausbildungsteilnehmers selbst) an welchen Ansprechpartner und wie können dabei noch Aspekte der Schweigepflicht und des Datenschutzes berücksichtigt werden? Hat man erst einmal angefangen, solche Fragen aufzuwerfen, wird man feststellen, daß eine für ausreichend gehaltene Organisationsstruktur sich als ein brüchiges Netz mit erschreckend vielen Löchern erweist.

Strebt ein Träger die Zertifizierung durch eine Zertifizierungsgesellschaft an, wird sich eine professionelle Beratung bei der Erstellung des QMH und der daraus folgenden Änderung der Organisationsstrukturen als notwendig erweisen. Um Mißverständnissen vorzubeugen, sei nochmals hervorgehoben, daß bei der Erstellung des QMH keinerlei Vorgaben über das anzustrebende Qualitätsniveau zu erfüllen sind. Hat ein Träger sich aber zu einer Zertifizierung entschlossen, dann wird in regelmäßigen Abständen durch einen Prüfer der Zertifizierungsgesellschaft festgestellt, ob der selbst gestellte Anspruch eingelöst werden konnte. Der Prüfer würde also in den Betrieb (Ausbildungsinstitut) kommen und in einem Gespräch (Auditsitzung) mit dem zuständigen Mitarbeiter nachvollziehen, wie groß die Deckung von Ist- und Sollzustand (QMH) sich darstellt.

Worin liegt der Nutzen eines solch aufwendigen Vorhabens? Zuerst ist festzustellen, daß eine Zertifizierung nach der ISO-Norm nicht externe Qualitätssicherungsansätze ersetzen kann, wie sie durch die Psychotherapievereinbarungen oder im Rahmen eines Psychotherapeutengesetzes vorgegeben werden. Durch den Versuch, den Ausgangszustand zu beschreiben (Diagnostikphase), beginnt der Nutzen, bevor die Qualität gesichert wird. Es sticht ins Auge, daß dieses Vorgehen nur eine weitere Anwendung des Problemlöseansatzes in der Verhaltenstherapie darstellt und uns deshalb sehr vertraut sein dürfte.

4. Perspektiven der Ausbildung

Schulte (1996) ist zuzustimmen, wenn er schreibt:

> Für den Therapeuten (und das Institut) ergibt sich die Verpflichtung, sein Vorgehen am aktuellen Stand der Therapieforschung zu orientieren. In den letzten 20 Jahren hat sich die Psychotherapieforschung in erstaunlicher Weise quantitativ und qualitativ weiterentwickelt und in Teilen erhebliche Fortschritte erzielt.
> Die Zeiten sind vorbei, in denen ein praktisch tätiger Therapeut mit ruhigem Gewissen ein vor Jahren gelerntes therapeutisches Vorgehen Jahr für Jahr weiterhin anwenden konnte, modifiziert bestenfalls aufgrund des eigenen Erfahrungszuwachses.
> Auch die Postulate und Glaubenssätze von Therapieschulen und ihren Gründern können angesichts des rasanten Forschungsfortschrittes nicht mehr als konstante Leitlinien therapeutischen Handelns gelten. Der Therapeut ist zur Fortbildung verpflichtet, und entsprechend sind die Wissenschaftler verpflichtet, Forschungsfortschritte nicht nur in wissenschaftlichen Zeitschriften zu publizieren, sondern auch praktisch tätigen Kollegen und Kolleginnen zugänglich zu machen. (S. 6)

Die DVT Richtlinien-Institute arbeiten inzwischen seit mehr als zehn Jahren in diesem Sinne.

Die Psychotherapierichtlinien wurden im Jahre 1987 entwickelt. Die Entwicklung geht inzwischen weiter: Was ist zukünftig gute und weiter verbesserte Qualität der verhaltenstherapeutischen Ausbildung?

Folgende Aspekte der Verbesserung verhaltenstherapeutischer Ausbildung erscheinen für die Zukunft wichtig:

- Die weitere Vertiefung des Praxisbezugs der Ausbildung:
  Die Erweiterung der praktischen Anteile der Weiterbildung ist besonders erstrebenswert und läßt sich herstellen durch die weitere Einbeziehung der verhaltens-

therapeutischen Ausbildung in die psychosoziale Versorgung (Psychiatrie, Psychosomatik, ambulante Praxen, komplementäre Dienste).
- Vollzeitausbildung auch für psychologische Psychotherapeuten:
Die Weiterbildung von Psychologen erfolgte bisher überwiegend berufsbegleitend. Grundliegende Aufgabe der Fachorganisationen (Therapieverbände, Berufsverbände) und der Ausbildungsinstitute muß es sein, Politik, Ministerien, Träger von Institutionen, Kostenträger von der Notwendigkeit zu überzeugen, auch für psychologische Ausbildungsteilnehmer das Ausbildungsangebot in Kliniken mit Weiterbildungsrecht für Psychiatrie und Psychotherapeutische Medizin auszudehnen.
- Erarbeitung von Selbsterfahrungskonzepten für die verhaltenstherapeutische Weiterbildung:
Die Richtlinien-Institute im DVT bemühen sich derzeit um die Konzeption und Evaluation der verhaltenstherapeutischen Selbsterfahrung. Im Austausch mit anderen Institutionen, die sich diesem Thema widmen, können zukünftig verbesserte Selbsterfahrungsmodelle zur Verhaltenstherapie als Krankenbehandlung durchgeführt werden. Einen Schwerpunkt sollte dabei (auch für Psychologen) die patientenzentrierte Selbsterfahrung einnehmen.
- Anbindung an die Hochschulen:
Die Institute können ihre Funktion als Schnittstellen zwischen Praxis und Hochschule weiter ausbauen. Sie gewährleisten einen schnellen Wissenstransfer von Hochschule an die Ausbildungsteilnehmer. Auch die ehemaligen Weiterbildungsteilnehmer, die sich inzwischen in der Region niedergelassen haben, werden Interesse nach fortlaufender Weiterbildung, Aktualisierung ihres Wissens und Kooperation haben. Konkret heißt das beispielsweise, daß Hochschulmitarbeiter als Dozenten, in psychotherapeutischer Praxis erfahrene Hochschulmitarbeiter als Supervisoren tätig sind, und daß Spezialisten einzelner Bereiche in die praktische Ausbildung am Institut einbezogen werden.
- Evaluation der Ergebnisqualität der Ausbildung:
Es muß ein besonderes Anliegen von Ausbildungsinstituten sein, das Ausbildungsergebnis ihrer Weiterbildungsteilnehmer durch standardisierte Kriterien zu erfassen. Probleme hinsichtlich der Ergebnisqualität in der verhaltenstherapeutischen Aus- und Weiterbildung werden zurecht beklagt (Wittchen, 1996). Dabei kommt es nicht nur darauf an, theoretisches Wissen und Methodenkompetenz, die Möglichkeit, eine therapeutische Beziehung aufzubauen und diagnostisches Wissen zu prüfen, sondern auch das Selbstverständnis des zukünftigen Therapeuten als Verhaltenstherapeut.

Literaturverzeichnis

Berger, M. & Vauth, R. (1997). Grundelemente der Qualitätssicherung in der Medizin. In M. Berger & W. Gaebel (Hrsg.), *Qualitätssicherung in der Psychiatrie* (S. 1–19). Berlin: Springer.
Dembski, M. & Lorenz, T. (1995). *Zertifizierung von Qualitätsmanagementsystemen bei Bildungsträgern.* Renningen: Expert-Verlag.

Deutscher Fachverband für Verhaltenstherapie (DVT). Ausschuß der Institute im DVT (1996). Qualitätsstandards für Weiterbildungsinstitute im DVT. *Verhaltenstherapie, 6*, 62–63.

Döring-Seipel, E., Schüler, P. & Seipel, K.-H. (1995). Selbsterfahrung für Verhaltenstherapeuten: Konzept eines Trainings zielorientierter Selbstreflexion: Erste Erfahrungen. *Verhaltenstherapie, 5*, 138–148.

Döring-Seipel, E., Schüler, P. & Seipel, K.-H. (in Druck). Wie beurteilen Ausbildungsteilnehmer Selbsterfahrung in der Verhaltenstherapie? Beiträge zur Evaluation eines Selbsterfahrungskonzeptes. In A.-R. Laireiter (Hrsg.), *Selbsterfahrung in der Verhaltenstherapie. Band 2: Empirische Befunde und Evaluation.* Tübingen: dgvt-Verlag.

Donabedian, A. (1980). *Explorations in quality assessment and monitoring. Vol. I: The definition of quality and approaches to its assessment.* Ann Arbor: Health Administration Press.

Donabedian, A. (1982). *Explorations in quality assessment and monitoring. Vol II: The criteria and standard of quality.* Ann Arbor: Health Administration Press.

Frank, R. (1995). Psychotherapie-Supervision. *Report Psychologie, 20*, 33–46.

Grawe, K., Donati, R. & Bernauer, F. (1994). *Psychotherapie im Wandel. Von der Konfession zur Profession.* Göttingen: Hogrefe Verlag für Psychologie.

Laireiter, A.-R. (1995). Die Therapeut-Klient-Beziehung in der Verhaltenstherapie. *Psychotherapie Forum, 3*, 128–146.

Pfitzinger, E. (1995). *DIN EN ISO 9000 für Dienstleistungsunternehmen.* Berlin: Beuth-Verlag.

Richter, R. (1994). Qualitätssicherung in der Psychotherapie. Editorial. *Zeitschrift für Klinische Psychologie, 23*, 233–235.

Rossel, E. (1996). Konzept einer praxisnahen verhaltenstherapeutischen Psychotherapeutenausbildung und -supervision. *Verhaltenstherapie, 6*, 107–109.

Schneider, F. & Buchkremer, G. (1995): Weiterbildung in Psychotherapie: Ein Aspekt von Qualitätssicherung. *Psycho, 21*, 220–228.

Schulte, D. (1996). *Therapieplanung.* Göttingen: Hogrefe Verlag für Psychologie.

Ubben, B. (1998). Selbsterfahrung in der Verhaltenstherapie. In H. Lieb (Hrsg.), *Selbsterfahrung für Psychotherapeuten. Konzepte, Praxis, Forschung* (S. 203–224). Göttingen: Hogrefe Verlag für Psychologie.

Wittchen, H.U. (1996). Klinische Psychologie und Verhaltenstherapie – Zwischen Aufstieg und Erosion. *Verhaltenstherapie, 6*, 170–177.

Zimmer, D. (1996). Supervision in der Verhaltenstherapie. In J. Margraf (Hrsg.), *Lehrbuch der Verhaltenstherapie. Band 1: Grundlagen, Diagnostik, Verfahren, Rahmenbedingungen* (S. 525–551). Berlin: Springer.

Qualitätssicherung durch Psychotherapie-Supervision

Renate Frank

Inhalt:

1. Supervision: eine Anleitungs- und Kontrollmethode mit Tradition 648
2. Psychotherapie-Supervision: ein auferlegter Zwang? 649
3. Eine eigene Theorie der Psychotherapie-Supervision ist erforderlich 650
4. Supervisionsziele aus der Sicht von Patienten, Therapeuten und Kostenträgern 651
5. Zum Stellenwert von Psychotherapie-Supervision 652
6. Das Herzstück der Weiterbildung und seine besonderen Einflußmöglichkeiten 655
7. Merkmale idealer Supervisorinnen und Supervisoren 657
8. Zur Rolle der Supervidenden 662
9. Zielgerichtete, kriterienorientierte Supervisionsarbeit 663
   9.1 Gütekriterien für Psychotherapeuten 663
   9.2 Entwicklungsdiagnostische Meßverfahren 664
   9.3 Direkte Verhaltensbeobachtungen 667
   9.4 Schriftliche Fallberichte 668
   9.5 Beurteilung von Patientenmerkmalen 668
   9.6 Dokumentation von Supervisionssitzungen 669
10. Supervisionsforschung 670
11. Abschließende Beurteilung 671

1. Supervision: Eine Anleitungs- und Kontrollmethode mit Tradition

Qualitätskontrolle, Qualitätssicherung und Qualitätsmanagement sind Begriffe, die in letzter Zeit sehr in Mode gekommen sind (Kordy, 1992). Allerdings ist das Thema „Qualität" nicht erst in den letzten Jahren im Bereich der Psychotherapie bedeutsam geworden, seit z. B. die Weltgesundheitsorganisation mit ihrem Programm „Gesundheit 2000" im Jahre 1984 zur Einführung neuer Methoden und Verfahren zur systematischen Überwachung der Patientenversorgung aufgerufen hat oder seit die Sicherung der Qualität von Leistungen in der Krankenversicherung als Aufgabe von Kostenträgern, Krankenhausträgern und Leistungserbringern im Gesundheitsreformgesetz im Januar 1989 gesetzlich festgelegt worden ist (§§ 135-139 SGB V; vgl. auch Richtlinien der Kassenärztlichen Bundesvereinigung, KBV, 1993). Qualitätskontrolle durch Supervision ist vielmehr eine „klassische" Maßnahme, die bereits eine sehr lange Tradition hat.

Schon bereits vor mehr als 100 Jahren wurden die ersten Supervisionskonzepte entwickelt, wonach Supervision zunächst eng mit Sozialarbeit verbunden war und die zentrale Ausbildungsmethode im Rahmen von „social casework" darstellte (Belardi, 1992; Bernler & Johnsson, 1993; Kadushin, 1976, 1990). Das „Meister-Lehrlings-Modell" wurde zugrundegelegt, was bedeutet, daß eine Person (Supervisor oder Supervisorin[1]), die über mehr Wissen und Können verfügt, eine andere anleitet. Der Supervisor ist dafür verantwortlich, daß die soziale Arbeit in akzeptabler Weise erledigt wird. Damit ist Supervision anfangs vor allem als Kontroll- und Überwachungsinstanz aufzufassen (Wieringa, 1990).

In den 20er Jahren verlagerte sich der Schwerpunkt durch den Einfluß der Psychoanalyse dann mehr auf die Analyse der Beziehung zwischen Sozialarbeiter und Klient. Zugleich wurde die vorwiegend administrative Funktion der Supervision aufgegeben. Es kommt zu einer Akzentverschiebung, nach der Supervision nun teilweise auch therapeutischen Charakter annimmt. Nun geht es vor allem auch darum, die Persönlichkeit der Supervidierten zu verändern und zwar immer dann, wenn zu erwarten ist, daß dadurch ihre berufliche Wirksamkeit erhöht werden kann. Zu den Aufgaben von Supervision gehört es zudem, therapeutische Fertigkeiten anzuleiten, eine gute Arbeitsmotivation aufzubauen und berufliche Sicherheit zu vermitteln. Schließlich soll Supervision nicht selten auch dabei helfen, ein institutionelles Zugehörigkeitsgefühl zu entwickeln (Kadushin, 1976, 1990).

Die Arbeitsfelder, in denen Supervision als sinnvolles Mittel zur Arbeitsunterstützung eingesetzt wird, haben sich in den letzten Jahren mehr und mehr ausgeweitet. Als Zielgruppen werden nun auch Lehrer und Erzieher (Fengler, 1992; Meidinger, 1987; Remmers, 1992; Rotering-Steinberg, 1990), Mitarbeiter im Strafvollzug (Wettreck, 1980) sowie in der medizinischen Versorgung arbeitende Personen (Scobel &

---

1. Zu Beginn jedes neuen Unterpunktes werden immer beide Geschlechter ausdrücklich benannt, um deutlich hervorzuheben, daß es um Therapeutinnen und Therapeuten, Supervisorinnen und Supervisoren, Patientinnen und Patienten geht. Aus Gründen der flüssigeren Lesbarkeit wird dann aber im weiteren Text nur die männliche Form als Rollenbezeichnung verwendet.

Reimer, 1988; Wittern, 1992) angesprochen. All diese Berufsgruppen haben zur Aufgabe, andere Menschen zu unterstützen, zu leiten und zu beeinflussen. Da diese psychosoziale Tätigkeit immer auch sehr risikobelastet ist (Auckenthaler & Kleiber, 1992), soll durch Supervision ein möglichst entwicklungsförderliches und menschenwürdiges Handeln verwirklicht werden. Supervision wird deshalb hier als eine Maßnahme verstanden, die sich besonders gut dazu eignet, die große Verantwortung und das hohe Maß an sozialer Macht und Kontrolle im Berufsalltag besser wahrzunehmen und Machtmißbrauch, aber auch Gefühle von Ohnmacht, Einflußlosigkeit und Überforderung zu mindern. Damit wird Supervision nicht mehr auf ihre ursprüngliche Überwachungsfunktion reduziert, sondern vielmehr als eine *ideale Methode des Lernens* verstanden, die eine geeignete, handlungsleitende Orientierung und Reflexion bei komplexen Aufgaben bietet und darüber hinaus auch die wichtige Funktion hat, emotionale Entlastung für die Supervidierten zu schaffen (vgl. auch Sitkin, Sutcliff & Schroeder 1994). Die gegenwärtige Hochkonjunktur von Supervision auch außerhalb der Psychotherapie und der fließende Übergang zu Organisationsberatung und Organisationsentwicklung (vgl. Edding, 1985; Fatzer, 1993; Filsinger, 1992; Weigand, 1990; Wimmer, 1992) geben dazu Anlaß, die spezifischen supervisorischen Erfordernisse im Bereich Psychotherapie deutlich herauszuarbeiten.

2. Psychotherapie-Supervision: Ein auferlegter Zwang?

Psychotherapie-Supervision beinhaltet eine strukturierte Kooperation, bei der Psychotherapeuten miteinander in Dialog eintreten, um Bedingungen zu erwirken, die schließlich eine angemessene Behandlungsdurchführung und ein positives Behandlungsergebnis für Patienten sicherstellen. Neben einer Einzelsupervision kann es sich dabei auch um eine Gruppensupervision handeln, die von einem erfahrenen Fachkollegen (Supervisorin oder Supervisor) oder in Form einer kollegialen Supervision durchgeführt wird. Handelt es sich um eine Ausbildungssupervision, dann ist der Dialogpartner ein qualifizierter Fachkollege, der gemäß der Psychotherapie-Richtlinien und der zu erwartenden Psychotherapie-Gesetzgebung über Therapieerfahrung und spezifische didaktische Kenntnisse und -fähigkeiten verfügen muß.

Der Aspekt der Kooperation, das dialogische Arbeitsmoment, die Zielgerichtetheit der Zusammenarbeit und die Ausrichtung auf Patient und Therapeut werden in den folgenden Abschnitten noch genauer betrachtet.

Supervision wird von den meisten Psychotherapeuten als unverzichtbarer Bestandteil ihrer Arbeit verstanden. Dies gilt insbesondere für die Zeit der postgradualen Weiterbildung. Hier begleitet sie die noch unerfahrenen Therapeuten anleitend und ratgebend und ist darauf ausgerichtet, Risiken und Schäden für die behandelten Patienten auszuschließen. Im allgemeinen wird Supervision auch noch nach Abschluß der Weiterbildungszeit von den meisten Psychotherapeuten mehr oder weniger regelmäßig in Anspruch genommen. Die überwiegende Zahl der Supervidierten empfindet Supervision als grundsätzlich hilfreich und nützlich (vgl. dazu Befunde von Frank & Vaitl, 1986; Wittern, Daniels, Kettmann & Nolte, 1986).

Erinnern wir uns noch einmal daran, daß Supervision nicht erst an Wert und Bedeutung gewonnen hat, seit sie in die Ausbildungsrichtlinien aller psychotherapeutischen Richtungen aufgenommen worden ist (vgl. dazu Auckenthaler & Kleiber, 1992; Kommer, 1996) und als Voraussetzung für eine Kassenzulassung gilt. Sie war vielmehr bereits seit jeher eine Selbstverständlichkeit für Psychotherapeuten. Wenn schließlich die zu erwartende Psychotherapie-Gesetzgebung künftig Supervision als Bestandteil der Psychotherapeuten-Ausbildung verpflichtend vorschreibt und in Art und Umfang festlegt, wird dies sicher nicht als Zwang erlebt, sich einem unerwünschten Kontrollinstrument unterwerfen zu müssen. Das wesentliche qualitätssichernde Einflußmoment von Psychotherapie-Supervision liegt auch nicht in der Kontrolle, sondern in der Hilfe und Unterstützung, die sie Psychotherapeuten bieten kann, wie dies auch bereits im Forschungsgutachten zum Psychotherapeutengesetz hervorgehoben wurde (vgl. Meyer, Richter, Grawe, v. Schulenburg & Schulte, 1991). Neben Supervision bleiben darüber hinaus aber auch Selbstreflexion und Selbstkontrolle als qualitätsfördernde Maßnahmen wichtig (vgl. Schmelzer, 1995).

3. Eine eigene Theorie der Psychotherapie-Supervision ist erforderlich

Obgleich Supervision zum traditionellen Selbstverständnis des Berufsbildes von Psychotherapeutinnen und Psychotherapeuten gehört, existiert keine verbindliche Theorie, die vorschreibt, was Psychotherapie-Supervision kennzeichnet und die vorhersagt und erklärt, wodurch Psychotherapie-Supervision ihre Wirkung erlangt. Das konzeptuelle Verständnis von Supervision und die Art und Weise, wie sie praktisch durchgeführt wird, ist noch immer vor allem durch schulenspezifische Charakteristika geprägt (z. B. Brandau, 1991; Caligor, Bromberg & Meltzer, 1984; Hinnen, 1990; Linehan, 1980; Linster & Panagiotopoulos, 1990; Nellessen, 1990; Schmelzer, 1997; Tillmanns, 1990). Daß dies nicht genügt, sondern vielmehr eine eigene „*Theorie der Supervision*" erforderlich ist, betonte vor allem Hess (1986) sehr nachhaltig. Eine solche Theorie muß sich an den Bedürfnissen der Supervidierten orientieren und beschreiben und vorhersagen, wie Therapeuten dabei unterstützt werden können, ihre professionelle Rolle einzunehmen und notwendige psychotherapeutische Fähigkeiten und Fertigkeiten zu erwerben. Aus den Befunden der Psychotherapieforschung (vgl. dazu auch Grawe, 1992) ist abzuleiten, welche Merkmale dabei von besonderer Wichtigkeit sind. Die immer wieder *üblichen* Lerninhalte dürfen nur dann weiterhin tradiert werden, wenn sie nachgewiesenermaßen dazu beitragen, daß Therapeuten wirksame Veränderungen bei Patienten erzielen. Eine Supervisionstheorie muß auch präzisieren, wie die jeweiligen Lerninhalte *praxisgerecht* und *effektiv* vermittelt werden können und welche Maßnahmen ergänzend und begleitend zur Supervision hinzu kommen müssen.

Schulenübergreifende Theorien, die Supervision als Entwicklungsprozeß beschreiben (z. B. Hogan, 1964; Loganbill, Hardy & Delworth, 1982; Skovholt & Ronnestad, 1992; Stoltenberg & Delworth, 1987; zusammenfassend Frank, 1995) bieten sich in diesem Sinne als eine geeignete konzeptuelle und handlungsleitende Basis an. Sie können gut mit einer spezifischen Behandlungsmethodik (vgl. Frank, 1996) kombiniert werden und neue Ansätze wie z. B. die „Allgemeinen Psychotherapie der Zukunft" (Grawe, Donati & Bernauer, 1994) oder eine störungsspezifische Behandlungsplanung (Fiedler, 1997) integrieren. Als weitere Alternativen, die jeweils verschiedene theoretische Konzepte vereinen, sind der System-Ansatz von Holloway (1995) oder die integrative Supervisionkonzeption von Schreyögg (1991) zu nennen. Ich werde im folgenden *Entwicklungsmodelle der Supervision* favorisieren.

4. Supervisionsziele aus der Sicht von Patienten, Therapeuten und Kostenträgern

Was soll durch Psychotherapie-Supervision gesichert werden? Worauf soll sich das Augenmerk der Supervisorinnen und Supervisoren richten? Im Mittelpunkt der Qualitätssicherung muß der *Patient* stehen, so argumentiert Lubecki (1990) aus der Sicht der Krankenkassen. Seine Heilung ohne Komplikationen soll gesichert werden. Supervision wird als qualitätssicherndes Instrument allerdings nicht nur in dieser Hinsicht betrachtet. Gerade während der postgradualen Weiterbildungszeit muß Psychotherapie-Supervision vielmehr zunächst vor allem als Ziel im Auge haben, kompetente Therapeuten auszubilden und damit in ihrer *edukativen* Funktion wirksam werden. Nur bei ausreichenden Therapeutenfertigkeiten kann Psychotherapie-Supervision in ihrer auf Patienten ausgerichteten qualitätssichernden Funktion überhaupt erst wirksam werden. Deshalb muß sich Qualitätssicherung durch Psychotherapie-Supervision gleichermaßen auf Therapeut und Patient beziehen.

Die Weiterentwicklung von Therapeuten muß im Rahmen der Qualitätssicherung der Aus- und Weiterbildung überprüft werden. Eine gute Struktur- und Ergebnisqualität der Aus- und Weiterbildung setzt eine geeignete Kombination von Wissenschaft und Praxis voraus. Nicht nur Reinecker und Schindler (1996) halten deshalb die Einrichtung von postgradualen Studiengängen an Universitäten, die eine enge Kooperation mit Praxiseinrichtungen aufweisen, für unabdingbar (vgl. auch Wissenschaftler-Praktiker-Modell: Eifert & Lauterbach, 1995; Lehrpraxenmodell: Rossel, 1996). Nach Auffassung von Kommer (1996) hat eine solche Kooperation den Vorteil, daß eine gemeinsame Definition spezifischer Wissensanforderungen der klinischen Praxis auf der Basis des jeweiligen Forschungsstandes erfolgen kann und ein besserer Zugang zu Innovationen gewährleistet ist.

Bei Qualitätssicherung mit Blick auf die behandelten Patienten geht es um die Prozeß- und Ergebnisqualität von Psychotherapien. Der Auftrag zur Sicherstellung eines positiven Behandlungsergebnisses (u.a. Ausmaß der Heilung, Heilungsdauer, Arbeitsfähigkeit und Verbesserung der Lebensqualität, Minderung des Medikamentenkonsums, Vermeidung von Komplikationen) kommt von seiten der Kostenträger, implizit aber auch vom Patienten selbst.

Insgesamt bestimmen eine Reihe von Zwischenzielen die Supervisionsarbeit maßgeblich mit, von denen anzunehmen ist, daß sie sich auf den Verlauf und das Ergebnis einer psychotherapeutischen Behandlung qualitäts*fördernd* auswirken. Da die Behandlungsplanung und -durchführung durch Supervision möglichst frühzeitig und mit rekursiven Abläufen reguliert wird, wäre es deshalb angebrachter, nicht von Qualitäts-„*Sicherung*", sondern von Qualitäts-„*Management*" zu sprechen. Welche qualitätsdienlichen *Zwischen- und Endziele* eine Rolle spielen, wird unter verschiedenen Blickwinkeln, nämlich bezogen auf die Therapeuten, die Patienten und die Kostenträger in Tabelle 1 aufgezeigt.

Tabelle 1: Psychotherapie-Supervision unter Gesichtspunkten der Qualitätssteigerung

Ziele von Psychotherapie-Supervision		
bezogen auf Therapeuten	bezogen auf Patienten	bezogen auf Kostenträger
• praxisgerechte Anleitung und Modellierung	• Orientierung der Behandlung an wissenschaftlich fundierten Erkenntnissen	• Überprüfung der Notwendigkeit der Behandlung
• emotionale Unterstützung und Entlastung	• systematische Unterstützung des Rückgangs von Beschwerden	• Überprüfung der Zweckmäßigkeit der Behandlung
• Sensibilisierung für das Wesentliche und Anregung zu kritischer Selbstreflexion	• systematische Förderung des Wohlbefindens	• Überprüfung der Wirtschaftlichkeit der Behandlung
• Rückmeldung über professionelle Stärken und Schwächen	• Vermeidung von Therapieabbrüchen, Kunstfehlern/ Schäden	
• Möglichkeit zur Selbstpräsentation als kompetenter Therapeut	• Verbesserung der Langzeitwirkung	
	• Erweiterung des Wirkungsspektrums	
	Endziele	
professionelle Weiterentwicklung	**positives Behandlungsergebnis**	**wirtschaftliche Mittelverwendung**

Der qualitätssteigernde Nutzen von Psychotherapie-Supervision muß sich demnach grundsätzlich in dreierlei Hinsicht erweisen: für die supervidierten Therapeuten, die behandelten Patienten und schließlich auch für die Kostenträger.

5. Zum Stellenwert von Psychotherapie-Supervision

Psychotherapie-Supervision sichert in Verbindung mit anderen Maßnahmen die Qualität der psychotherapeutischen Arbeit. Zunächst werden im Rahmen eines vorausgehenden Studiums die notwendigen *Grundlagen* für eine gute therapeutische Kompetenz geschaffen. Welche dies sind, erläutere ich im folgenden beispielhaft für das Studium der Psychologie[2], weil in diesem Studiengang wesentliche Kenntnisse vermittelt werden, auf die im Rahmen einer psychotherapeutischen Weiterbildung in idealer Weise aufgebaut werden kann:

- Grundstudium der Psychologie
  (Erwerb von Kenntnissen über Wahrnehmung, Lernen, Informationsverarbeitung und Denken, Motivation, Entwicklung, Differentielle und Persönlichkeits-Psychologie in ihren „normalen" Varianten, sozialwissenschaftliche und biologische Grundlagen des Verhaltens, Kenntnisse statistischer Methoden)
- Hauptstudium der Psychologie
  (u. a. Psychologische Diagnostik, Kenntnisse über psychische und psycho-pathologische Störungsformen, psychologisches Behandlungswissen, exemplarische Veranschaulichung von unterschiedlichen Psychotherapietechniken, Kenntnisse der Psychotherapieforschung, Grundlagen der Psychopharmakologie)

Die Kenntnisse über *normales* Verhalten und *normale* Entwicklung, wie sie vor allem im Grundstudium der Psychologie vermittelt werden, sind für die spätere psychotherapeutische Tätigkeit von zentraler Wichtigkeit. Sie ermöglichen es Therapeutinnen und Therapeuten, ihren Patienten die notwendigen Leitlinien für ihren Gesundungsprozeß hin zu „normalen" Verhaltensvarianten vorzeichnen zu können, und sie begünstigen eine ressourcenorientierte Arbeitsweise. Es handelt sich folglich um entscheidende Kenntnisse, die für den Erfolg einer psychotherapeutischen Behandlung ebenso wichtig sind wie die Kenntnisse von Störungsbildern und Behandlungswissen.

Während der postgradualen psychotherapeutischen Weiterbildung kommen folgende qualitätsbildende Maßnahmen hinzu (vgl. Richtlinien des Akkreditierungsausschusses der Föderation der Deutschen Gesellschaft für Psychologie, DGPs, und des Berufsverbandes Deutscher Psycholginnen und Psychologen, BDP, bzw. der Kassenärztlichen Bundesvereinigung, KBV):

- theoretische Vertiefung der psychologischen Kenntnisse
  (insbesondere klinisch-psychologische, psychopathologische und psychiatrische Störungsbilder, Indikations- und Behandlungswissen, Berufskunde und Ethik)
- Selbsterfahrung / Lehranalyse
- psychotherapeutische Praxistätigkeit unter Supervision.

Die genannten Aus- und Weiterbildungsmaßnahmen sollen gesamtheitlich zur individuellen Entwicklung psychotherapeutischer Kompetenzen beitragen und grundsätzlich hohe professionelle Standards für psychotherapeutisches Handeln gewährleisten. Alle drei Bausteine der postgradualen Weiterbildung sind wichtig und unverzichtbar. Ihr jeweiliger gesonderter Beitrag läßt sich schwer ermitteln. Die einzelnen erfah-

---

2. Nach den Psychotherapie-Richtlinien ist auch der Studiengang Medizin möglich und in dem zu erwartenden Psychotherapeutengesetz wird für die Psychotherapie von Kindern und Jugendlichen zudem der Studiengang der Sozialpädagogik genannt.

rungsbildenden Elemente sind in aller Regel nicht nur eng miteinander verwoben. Sie werden auch durch unterschiedliche Vorerfahrungen der Weiterbildungsteilnehmer und deren jeweiligen psychotherapeutischen Alltag (Klientel, Setting) in starkem Maße mitbeeinflußt.

Nach der Aus- und Weiterbildungszeit tritt anstelle des ursprünglichen Meister-Lehrlings-Verhältnisses eine kollegiale, gegenseitige Supervision („Intervision", vgl. Fengler, 1986). Supervision trägt nun im Verbund folgender Maßnahmen zur Qualitätssicherung von Psychotherapien bei (vgl. dazu Broda, Dahlbender, Schmidt, v. Rad & Schors, 1993; Cording, 1995; Laireiter, 1994; Laireiter & Baumann, 1996; Richter, 1994; Schmidt & Nübling, 1994, 1995; Vogel, 1993; Zielke, 1993):

- Gutachterverfahren
- Balintgruppen
- Qualitätszirkel
- Basis- und Verlaufs-Dokumentation.

Im folgenden konzentrieren wir uns ausschließlich auf Supervision während der Weiterbildungszeit. Über den Weiterbildungsbaustein *theoretische Vertiefung* informiert Kommer (1996); zum Aspekt *Selbsterfahrung* wird auf Bruch und Hoffmann (1996) sowie Laireiter und Elke (1994) verwiesen. Das Thema *Lehranalyse* wird von Lange (1994) bezüglich seines qualitätsfördernden Beitrages kritisch beleuchtet.

In der Palette der praxisbezogenen Aus- und Weiterbildungsmethoden ist fallbezogene Supervisionsarbeit neben Microteaching, Orientierung an Therapiemanualen und Anleitung in Form von Kotherapeutentätigkeit einzuordnen. Allerdings wird in den gegenwärtigen Weiterbildungsrichtlinien keine *gesonderte* Phase der praktischen Einübung von Psychotherapietechniken (z. B. mittels Microteaching oder durch ein manualbezogenes Training) vorgesehen, wie dies in amerikanischen Ausbildungsprogrammen der Fall ist. Hier zeigt sich eine deutliche Ausbildungslücke. Auch im Hauptstudium der Psychologie werden psychotherapeutische Techniken vielerorts nur vereinzelt eingeübt oder ausschließlich exemplarisch veranschaulicht.

Die zentrale Rolle der Psychotherapie-Supervision innerhalb der Weiterbildung wird auf diesem Hintergrund mehr als deutlich. Die Supervidenden[3] können sich hier jeglichen Rat bei der Umsetzung theoretischen Wissens in praktisches Handeln holen und Unterstützung bei den ersten eigenständigen Therapiebemühungen erfahren. Kommer (1996) spricht von der „kompensatorischen Funktion" (S. 259) der Supervision, da ihr seiner Auffassung nach die Aufgabe zukommt, mit didaktischem Geschick an all jenen Punkten dafür zu sorgen, daß der Wissenstransfer in die psychotherapeutische Praxis optimiert wird, an denen dies mit anderen Mitteln nicht erreicht werden konnte.

Supervision sorgt dafür, daß durch regelhafte Arbeitsanleitungen zunächst *wissensgestütztes Können* ausgebildet wird und trägt später durch spezifische Beobachtungs- und Reflexionshilfen beim Analysieren des eigenen therapeutischen Alltags zum Er-

---

3. Abgeleitet vom lateinischen Verb „supervidere" sprechen wir bei den zu Supervidierenden von „Supervidenden", auch wenn der Begriff „Supervisand" gebräuchlicher ist.

werb von *erfahrungsgebundenem Wissen* bei. Auf diesem Hintergrund wird schließlich routiniertes therapeutisches Arbeiten möglich. Die Entwicklung von psychotherapeutischer Expertise mit kognitiv differenzierten und gut integrierten psychologischen Wissensbeständen kann vor allem durch Psychotherapie-Supervision gezielt gefördert werden (vgl. dazu Schacht, 1991).

6. Das Herzstück der Weiterbildung und seine besonderen Einflußmöglichkeiten

Supervision kann als das *Herzstück* einer praxisgerechten postgradualen Weiterbildung angesehen werden, dessen Funktionsfähigkeit zum einen von einer strukturierten, kriterienorientierten Arbeitsausrichtung, zum andern aber auch von der Qualität der Supervisionsbeziehung abhängt.

Die folgenden vier charakteristischen Einflußmöglichkeiten, welche die Psychotherapie-Supervision als qualitätsfördernde Methode in besonderer Weise prägen, stellen wichtige Ansatzpunkte für eine Überprüfung der Güte von Supervision dar.

1. Praxisbegleitung

Psychotherapie-Supervision ist grundsätzlich auf konkrete Fragen des praktisch-therapeutischen Arbeitens bezogen. Psychotherapeutinnen und Psychotherapeuten geben dabei Einblick in ihre psychotherapeutische Arbeit mit konkreten Patienten, die sich aktuell bei ihnen in Behandlung befinden. Die Supervisoren begleiten die therapeutische Arbeit aber mit mehr oder weniger großer Distanz zum Geschehen. Die Mehrzahl der Supervisionen erfolgt auf der Basis verbaler Berichte der Supervidenden. Bei diesem Vorgehen steht im Mittelpunkt, wie die behandelnden Therapeuten den Therapieprozeß erleben und wo sie Probleme sehen, die ihnen diskussionsbedüftig erscheinen. Daß ihre Berichte über das Therapiegeschehen subjektiven Auswahlgesichtspunkten unterliegen, die vieles auch im Dunkeln lassen (Muslin, Thurnblad & Meschel, 1981) und daß diese je nach Selbstsicherheit der Supervidenden (Ward, Friedlander, Schoen & Klein, 1985) und je nach Entwicklungsstand (Winter & Holloway, 1991) von unterschiedlichen Strategien der Selbstpräsentation mitbestimmt werden, muß kein Mangel sein. Schließlich geht es in einer Psychotherapie-Supervision auch darum zu reflektieren, wie die Supervidierten therapeutische Geschehnisse subjektiv erleben und glauben, damit umgehen zu können (Zielke, 1982).

Erfolgt Supervision dagegen anhand von Ton- oder Video-Mitschnitten von Therapien oder auch, indem Supervisoren die Therapie direkt hinter einem Einweg-Spiegel mitverfolgen (Life-Supervision), wie dies von den meisten Weiterbildungseinrichtungen inzwischen in bestimmtem Umfang vorgeschrieben ist, dann können sehr konkrete Verhaltenskompetenzen von den Supervisoren in den Blick genommen werden. Dabei besteht immer auch die Möglichkeit, das aus der Sicht der Supervisoren gut gelungene Behandlungsvorgehen aufzeigen zu können (vgl. dazu Baum & Gray, 1992; Ellgring, 1982). Life-Supervisionen sind vor allem in der Familientherapie-Ausbildung üblich (Lewis & Rohrbaugh, 1989) und werden ansonsten trotz ihres positiven Effektes beim Aufbau einer guten therapeutischen Arbeitsbeziehung (Kivlighan, Angelone & Swafford, 1991) eher selten durchgeführt.

Verbindlich zu fordern wäre vor allem zu Beginn der Weiterbildung, daß Supervisoren grundsätzlich auch einen Blick auf das unmittelbare psychotherapeutische Geschehen werfen können. Nur dann können sie sich ihr eigenes Bild vom Patienten machen und das Therapeutenverhalten präziser beeinflussen.

Ein Rückgriff auf theoretisches Wissen findet während der supervisorischen Begleitung mit einem praxisgerechten Blickwinkel auf das Wesentliche statt. Mittels Handlungsregeln nimmt der Supervisor auf den laufenden Therapieprozeß Einfluß. Im Idealfall begleitet er dabei alle wichtigen psychotherapeutischen Entscheidungen mit Problemlösehilfen, unterstützt eine sachgerechte Anwendung von psychotherapeutischen Interventionsmethoden, regt gezielt zur Reflexion des eigenen psychotherapeutischen Handelns an und gibt dazu konkrete Rückmeldungen.

Supervision ist durch ihre Arbeit mit konkreten Patienten von anderen didaktischen Methoden abzugrenzen, die lediglich ein Training spezifischer therapeutischer Fertigkeiten zum Ziel haben (z. B. Microteaching, vgl. Forsyth & Ivey, 1980), ohne daß dabei ein Transfer in den Therapiealltag enthalten ist. Durch ihre Konzentration auf die Arbeit mit konkreten Patienten unterscheidet sie sich zudem von personbezogener Selbsterfahrung und schließt aus, daß sie zur Therapie des Therapeuten umfunktioniert wird.

Therapiemanuale, die sehr an Bedeutung gewonnen haben, geben zwar eine gute Handlungsstruktur vor und begünstigen zielführendes, kriterienorientiertes Handeln, können aber gerade das nicht leisten, was im Rahmen von Supervision durch individuelle Anleitung und Modellierung, sowie durch einen persönlichen, wertenden Meinungsaustausch vermittelt werden kann (Alberts & Edelstein, 1990; Binder, 1993; Lambert & Bergin, 1994; Luborsky & DeRubeis, 1984).

2. Fachlicher Dialog

Wesentlicher Bestandteil der Supervision ist ein fachlicher Austausch von Wissen und Erfahrungen. Handelt es sich um eine Ausbildungs-Supervision, dann ist der Dialogpartner ein erfahrener Fachexperte (Supervisorin oder Supervisor). Dieser übt eine gezielte soziale und fachliche Beeinflussung aus (Clarkson & Aviram, 1995; Dixon & Claiborn, 1987; Dorn, 1985), ohne daß er dabei den Supervidierten eine passive Lernhaltung aufzwingt. Der Supervisor nutzt vertrauensbildende, überzeugende und strukturierende methodische Möglichkeiten, um all jene praxisbezogenen Erfahrungen glaubwürdig zu vermitteln, welche einen erfolgreichen Behandlungsabschluß begünstigen.

Durch sein Denken und Handeln, in das er Einblick gewährt, veranschaulicht er zudem professionelle Standards (Arkowitz, 1994; Guest & Beutler, 1988; Kennard, Stewart & Gluck, 1987; Stone, 1994). Dieser intensive, persönliche Kontakt mit einem kompetenten Dialogpartner prägt in entscheidender und nachhaltiger Weise die professionelle Identität der Supervidierten. Supervision kultiviert damit auch bestimmte psychotherapeutische Denkweisen und Stile (Halgin & Murphy, 1995).

3. Kooperative Arbeitsbeziehung

Der supervisorische Dialog setzt eine kooperative Arbeitsbeziehung voraus („working alliance"; vgl. Efstation, Patton & Kardash, 1990; Ladany & Friedlander, 1995), zu der die Supervisoren durch gute Fähigkeiten in der Gestaltung einer vertrauenswürdigen Arbeitsbeziehung (Heppner & Handley, 1981, 1982) und die Supervidenden durch ausreichende Lern- und Mitarbeitsbereitschaft beitragen müssen (Holloway, 1992). Mit ausreichender Offenheit müssen die Supervidenden Einblick in die eigene praktische Arbeit gewähren und sich mit ihren Fähigkeiten und ihren Schwächen einbringen können (vgl. Winter & Holloway, 1991). Gemeinsam erstellte Supervisionsziele leiten den Gang der Zusammenarbeit in systematischer Weise (vgl. Schmelzer, 1997). Im Falle einer Gruppensupervision geht es darum, durch Kooperation *aller* Beteiligten Qualitätsverbesserungen zu erzielen (Holloway & Johnston, 1985), d.h. einen wechselseitigen Austausch in Gang zu setzen, in dem die Eigeninitiative jedes Gruppenmitgliedes gefragt ist. Handelt es sich um ein interdisziplinäres Team von Supervidenden verschiedener Fachrichtungen, wie dies in stationären Einrichtungen vielfach der Fall ist, dann kann Supervision auch in entscheidendem Maße Lernfeld für die Kooperation verschiedener Berufsgruppen sein (Engelhardt, 1994).

4. Rückmeldung und Kontrolle

Jede Rückmeldung an die supervidierten Therapeuten beinhaltet immer auch ein Kontrollmoment, mittels dessen Risiken und Schäden für die behandelten Patienten gemindert werden sollen. Kompetenzförderung und Kontrolle stehen dabei in einem diffizilen Verhältnis zueinander. Sorgfältig muß dabei abgewogen werden, in welchem Maße der administrativen und in welchem der supportiven und der edukativen Funktion der Vorrang eingeräumt werden kann und wie zu verhindern ist, daß die ausgeübte Kontrolle förderliche Erfahrungen, Autonomieentwicklung und Kreativität auf seiten der Supervidierten beeinträchtigt (vgl. Salvendy, 1993; Schmelzer, 1995; Stenack & Dye, 1982; Zimmer, 1996).

Die vier Aspekte lassen erkennen, welche zentralen Aufgaben von Supervisoren in Hinblick auf die Beziehungsgestaltung, die Strukturierung und die methodisch-inhaltliche Gestaltung der Psychotherapie-Supervision bewältigt werden müssen. Welche Merkmale „gute" Supervisorinnen und Supervisoren kennzeichnen, soll deshalb im folgenden Abschnitt näher beleuchtet werden.

7. Merkmale idealer Supervisorinnen und Supervisoren

Welche Eigenschaften von Supervisorinnen und Supervisoren werden für besonders wichtig gehalten? Wittern und Mitarbeiter (1986) ermittelten dazu bei ihrer Befragung von 480 Psychologen eine breite Palette von unterschiedlichen Merkmalen. Diejenigen, die in mehr als 75% der Fälle genannt wurden, sind in Tabelle 2 zusammengefaßt.

Tabelle 2: Wichtige Eigenschaften von Supervisorinnen und Supervisoren

Rang-platz	Er / Sie soll...
1	• eine gute Wahrnehmungsfähigkeit auf verschiedenen Ebenen besitzen
2	• sich Konflikten stellen
3	• ein hohes Maß an Einfühlungsvermögen besitzen
4	• den Überblick über das Geschehen behalten
5	• sich selbst gut kennen
6	• auf seine bzw. ihre Gefühle achten
7	• gruppendynamische Prozesse berücksichtigen
8	• belastbar sein
9	• viel therapeutische Erfahrung haben
10	• die Sitzung strukturieren können
11	• für klare Beziehungen sorgen
12	• ein gutes Modell sein

Anmerkung:
Nach Befunden von Wittern, Daniels, Kettmann und Nolte (1986)

Eine Reihe weiterer empirischer Studien beleuchtet diese Frage ebenfalls aus der Sicht der Supervidierten. Meist wurde ermittelt, welche Merkmale zur Zufriedenheit mit den Supervisoren führen. Darüber hinaus wurden aus dem Vergleich von besten und schlechtesten Supervisionserfahrungen förderliche Supervisorenmerkmale abgeleitet. Zusätzliche Aspekte ergeben sich aus Ansätzen, die sich damit befassen, welche Maßnahmen die Entwicklung von Expertise begünstigen (vgl. Allen, Szollos & Williams, 1986; Bereiter & Scardamaglia, 1986; Binder, 1993; Dreyfus & Dreyfus, 1986; Friedlander & Snyder, 1983; Nelson, 1978; Robyak, Goodyear & Prange, 1987; Worthington, 1984; Worthington & Roehlke, 1979).

Besonders wichtig ist eine unterstützende Supervisionsbeziehung mit Respekt und Toleranz in Verbindung mit guten Konzeptualisierungs- und Interventionsfähigkeiten. Neben Sachwissen wird aber auch die eigene psychotherapeutische Erfahrung der Supervisoren für unverzichtbar angesehen. Der Supervisor sollte darüber hinaus ein deutliches Interesse an der Weiterentwicklung seiner Supervidenden haben.

Carifio und Hess (1987) kamen zum Ergebnis, daß neben personalen und fachlichen Kompetenzen auch die Lehrbefähigung eine Rolle spielt. Shanfield, Matthews und Hetherly (1993) ermittelten, daß Supervisoren, die von ihren Supervidierten als „exzellente" Ausbilder beurteilt wurden, sich vor allem dadurch auszeichneten, daß sie sich konsistent an den aktuellen Bedürfnissen und Problemen ihrer Supervidierten orientierten.

Henry, Schacht, Strupp, Butler und Binder (1993) konnten zeigen, daß ein direktiver Supervisionsstil, bei dem die Supervidierten *spezifische* Anleitungen erhalten, durch die sie ihre Wahrnehmungs- und Interventionsfähigkeiten verbessern können, günstiger ist als ein Stil, der die Therapeut-Patient-Interaktion eher allgemein aus verschiedenen Blickwinkeln beleuchtet. Als günstig erwies sich auch, wenn sich die Supervidierten anhand von Videoaufzeichnungen ihrer Therapien direkt mit ihren *eigenen* Denkprozessen befassen mußten, die ihr konkretes Handeln begleiteten („Was ging Ihnen an dieser Stelle durch den Kopf?"). Dabei ist wichtig, daß die Supervidierten systematisch zum *Erkennen und Benennen* ihrer handlungsleitenden Konzepte und zur genauen Begründung ihres therapeutischen Handelns angehalten werden („Welches Beziehungsthema liegt hier vor?" „Was veranlaßte Sie zu dieser Frage?"). Weniger günstig war dagegen eine prozeßfernere Abfrage zum Fallgeschehen, bei der sich der Fokus auf den Patienten richtete und bei dem ein besseres Verständnis von dessen Erleben und Verhalten im Vordergrund stand. Soll dennoch das Erleben und Verhalten des Patienten diskutiert werden, so ist es günstig, wenn dies mit spezifischem Blick auf Aspekte geschieht, die das Therapeutenverhalten in den *kommenden* Sitzungen betreffen. Weniger zweckmäßig ist es dagegen, wenn das Therapeutenverhalten im Rahmen breiter theoretischer Konzepte diskutiert wird, die zwar im Kontext des gesamten Behandlungsplans relevant sind, bei denen aber nicht auf potentielle *spezifische* Interventionen Bezug genommen wird. Eine präzise Rückmeldung zu spezifischen Interventionen, die *gut* gelungen sind und problemgerecht ausgeübt wurden, ist besser als globales Lob. Nehmen die Supervidierten Anregungen nur zögernd an oder sind deutliche Widerstände spürbar, dann sollte dies respektvoll konfrontierend angesprochen oder als „Herausforderung" positiv umgedeutet werden.

Insgesamt leiten sich aus den Studien zum Fragenkreis „guter Supervisor/ förderliches Supervisorenverhalten" eine Vielfalt von Aspekten mit unterschiedlicher Schwerpunktsetzung ab. Zusammenfassend ergibt sich ein komplexes und anspruchsvolles Anforderungsprofil mit folgenden Merkmalen:

I. Personale und Beziehungs-Kompetenzen:

- Empathie, Echtheit, Vertrauenswürdigkeit
- Aufgeschlossenheit / Offenheit
- Respekt
- Toleranz
- Humor
- Flexibilität
- Fähigkeit zum Aufbau einer guten Arbeitsbeziehung
- auf Weiterentwicklung der Supervidierten gerichtete Aufmerksamkeit
- Fähigkeit zur Einnahme unterschiedlicher Rollen (Lehrer, Berater, Helfer)

II. Fachliche Kompetenzen:

- behandlungsspezifisches Wissen (Kenntnisse über Störungsbilder, Bedingungswissen, Änderungswissen)
- Kenntnisse über Psychotherapieforschung

- Kenntnisse über Supervisionstheorien und Supervisionsforschung
- Therapieerfahrung
- Supervisionserfahrung

III. Lehrfähigkeiten:

- Kenntnisse über die Entwicklung von Expertise
- Orientierung an den Bedürfnissen der Supervidenden
- Arbeit mit konkreten Lernzielen, die gemeinsam entwickelt werden
- Einsatz unterschiedlicher, didaktisch gut aufbereiteter Lehrmethoden
- prozeßbezogene, veränderungsförderliche Fragen
- systematisches, konkretes, eindeutiges Feedback zur rechten Zeit
- respektvolle, konstruktive Unterstützung mit reziproker Kommunikation
- klare Grenzziehung zwischen Supervision und Therapie.

Natürlich wurde auch untersucht, welche Merkmale sich negativ auswirken. Die folgenden fünf Supervisionsstile werden als besonders ungeeignet erachtet und sollten vermieden werden (vgl. Allen, Szollos & Williams,1986; Pope, Levenson & Schrover, 1979; Rosenblatt & Mayer, 1975):

Der Supervisor verhält sich...

- **restriktiv**
  Er setzt dogmatische Grenzen, die keinen Raum für autonomes Handeln geben.
- **formlos**
  Klare Anleitungen fehlen.
- **wenig unterstützend**
  Er wirkt distanziert, unbeteiligt, kühl.
- **therapeutisch**
  Er behandelt seine Supervidenden wie Patienten.
- **sexuell mißbräuchlich**
  Er stellt eine zu intime oder sexuell diskriminierende Beziehung her.

Können reale Supervisoren diese vielfältigen Anforderungen, die an sie gestellt werden, tatsächlich auch alle erfüllen oder handelt es sich um ein völlig utopische Anforderungsprofil? Offenbar gibt es durchaus Supervisoren, welche die geforderten Gütemerkmale soweit erfüllen, daß ihre Supervidierten zufrieden sind und auch Gewinn aus der Supervisionsarbeit ziehen (zusammenfassend Frank, 1998). Sind aber tatsächlich alle Merkmale immer gleichermaßen wichtig und grundsätzlich einzubringen? Empirisch vielfach belegt ist, daß Supervisoren die Fähigkeit besitzen müssen, flexibel unterschiedliche Rollen ausüben zu können (Bernard, 1979, 1981; Stenack & Dye, 1982), die möglichst gut an das jeweilige Entwicklungsniveau ihrer Supervidierten angepaßt sind (zusammenfassend Stoltenberg, McNeill & Crethar, 1994; Worthington, 1984, 1987). Je nach Entwicklungsstand ihrer Supervidenden müssen sie erfahrungsgerechte Lernangebote bereitstellen und einen angemessenen Supervisionsstil umsetzen, damit deren Weiterentwicklung nicht stagniert. Glidden und Tracey (1992) fanden dazu, daß die von ihnen ermittelten supervisorischen Verhaltensdimensionen bei Anfängern und erfahrenen Therapeuten in unterschiedlichem Maße wichtig sind. Im einzelnen handelt es sich um die folgenden vier Dimensionen:

1. Verbesserung des Verständnisses der therapeutischen Dynamik,
2. didaktische Instruktionen,
3. beratende vs. supportive Supervisorenfunktionen,
4. autoritativer vs. mitarbeiterorientierter Arbeitsstil.

Während Anfänger eher didaktische Instruktionen benötigen und zumeist auch erhalten, wird bei erfahreneren Therapeuten der Schwerpunkt auf Verständnisprozesse gelegt. Die beiden anderen Dimensionen waren nicht differentiell aussagekräftig.

Welche Rolle spielt die Supervisionserfahrung? Verändern sich die Supervisionsfähigkeiten im Laufe der Zeit, d.h. verfügen erfahrene Supervisoren über bessere Fähigkeiten als Anfänger? Einige Hinweise darauf gibt es. Erfahrene Supervisoren erledigen ihre Arbeit z. B. mit mehr Humor und demzufolge in einer entspannteren Atmosphäre (Worthington, 1984). Nach Befunden von Stone (1980) konnte man zunächst auch davon ausgehen, daß erfahrene Supervisoren ihre Sitzungen gedanklich intensiver vorplanen. Die Studie von Marikis, Russell und Dell (1985) replizierte diese Befunde allerdings nicht. Hier wurde jedoch deutlich, daß erfahrene Supervisoren kommunikativer sind, eine größere Bereitschaft zur Selbstenthüllung zeigen und häufiger direkte Anleitungen zur Anwendung bestimmter Fertigkeiten geben, was von den Supervidierten positiv erlebt wird.

Wie in anderen Bereichen, in denen man sich mit Fragen der Expertise befaßt, gilt auch hier, daß sich die Fähigkeiten zum Supervidieren allein durch eine längere Supervisionstätigkeit nicht entscheidend verbessert (Worthington, 1987). Ist erst einmal eine minimale supervisorische Anfangserfahrung erworben, d.h. sind Supervisoren mit ihrer neuen Rolle und deren Anforderungen vertraut, dann ist bereits der entscheidende Schritt getan.

Empirisch zu klären bleibt aber, ob nicht doch noch weitere Verbesserungen in der Beziehungsgestaltung und bezüglich der Anwendung bestimmter Supervisionstechniken durch eine systematische Supervisorenschulung erreicht werden könnten. Als erfahrungsbildende Mechanismen wären dabei all diejenigen Aspekte zu erforschen, die zur kognitiven Differenzierung und flexiblen Handlungskompetenz beitragen. Denn Supervisionserfahrung läßt sich nicht angemessen durch die Anzahl an Jahren abbilden, in denen Supervision ausgeübt wurde. Zweckmäßiger wäre es vielmehr, den Einfluß der Vielfalt von Therapie- und Supervisionserfahrungen zu untersuchen und konkrete Arbeitsbelege heranzuziehen, welche die erworbene kognitive Differenziertheit im klinisch-therapeutischen Bereich sowie die Fähigkeiten zu flexiblem dialogischen Arbeiten kennzeichnen.

Konzepte, die sich mit der Entwicklung von Supervisoren befassen, gehen, ähnlich wie dies die Entwicklungsmodelle für Supervidenden tun, von mehreren, aufeinanderfolgenden Entwicklungsphasen aus. In jeder dieser Entwicklungsphasen ergeben sich neue Anforderungen, die bewältigt werden müssen. Im allgemeinen werden drei (vgl. z. B. Hess, 1986; Stoltenberg & Delworth, 1987) bzw. vier Stadien (Watkins, 1990, 1992) angenommen, über die sich die Entwicklung von zunächst noch sehr rollenunsicheren, ängstlichen Anfängern bis hin zu Supervisoren mit klar geprägter, sicherer Identität vollzieht. Das vierphasige „Supervisor Complexity Model" von Watkins ist am weitesten ausgereift und läßt Vorhersagen über die notwendige Supervisorenentwicklung auf drei Dimensionen, nämlich bezüglich Kompetenz, Identität und Selbstaufmerksamkeit zu (Watkins, 1993, 1994). Eine empirische Überprüfung dieser Konzepte zur Supervisorenentwicklung steht noch aus und wird als dringlichste Aufgabe angesehen. Hieraus könnten sich wesentliche Impulse für ein angemessenes Supervisorentraining ergeben (Russell & Petrie, 1994).

Bisher zeigte sich, daß Manuale eine sinnvolle Trainingshilfe darstellen, da sie bestimmte Supervisionstechniken didaktisch überzeugend spezifizieren und illustrieren. Im Verbund mit dem Erwerb von Kenntnissen über Supervisionstheorien, Supervisionsforschung und berufliche Ethik können sie die Supervionsleistungen deutlich verbessern (Neufeldt, 1994).

Auch in Deutschland wird der Ausbildung von Supervisoren für den Bereich Psychotherapie inzwischen mehr Beachtung geschenkt. Erste Modellversuche im Zentrum für Psychotherapie der Universität Bochum in Zusammenarbeit mit der Deutschen Gesellschaft für Verhaltenstherapie (DGVT), im Institut für Therapieforschung (IFT) in München und im Institut für klinische Verhaltenstherapie (IFKV) in Bad Dürkheim bieten mit unterschiedlichen Konzepten eine Supervisorenschulung an. Ausgehend vom Bochumer Ansatz wird derzeit von einer Arbeitsgruppe der Universitäten Bochum, Freiburg, Gießen und Bern ein in mehreren Dimensionen durchstrukturiertes Curriculum zur Supervisorenausbildung erstellt, mit dem eine verbindlichere Regelung darüber angestrebt wird, welche theoretischen Grundlagen, Ziele, Inhalte und Methoden bei der Ausbildung von Supervisoren für den Bereich Psychotherapie und psychotherapeutische Beratung berücksichtigt werden müßten.

Da nicht allein die pure Praxistätigkeit, sondern erst deren gezielte Reflexion und kognitive Verarbeitung erfahrungsbildend wirken (Wiley & Ray, 1986), sind von einer gezielten Supervisoren-Schulung grundsätzlich qualitätsfördernde Auswirkungen zu erwarten. Welche dies im einzelnen sind, und wie sie sich für die supervidierten Therapeuten und deren Patienten niederschlagen, muß empirisch ermittelt werden.

8. Zur Rolle der Supervidenden

Es klang schon an, daß Supervision nur dann erfolgreich gelingen kann, wenn auch die Supervidierten ihrer Rolle gerecht werden. Zur Qualitätssicherung gehört demgemäß auch, daß geprüft wird, ob sie eine hinreichende Lern- und Mitarbeitsbereitschaft und Fähigkeit zur Selbstöffnung mitbringen und mit ausreichender Eigeninitiative die supervisorischen Abläufe im Interesse ihrer eigenen Bedürfnisse mitgestalten (vgl. Frank, 1996). Günstig ist es, wenn Supervidenden bereits vor Beginn ihrer Supervision wissen, was auf sie zukommt und über regelhafte Entwicklungsabläufe und mögliche Beziehungsprobleme informiert sind (Berger & Buchholz, 1993). Sie können dann realistische Erwartungen darüber aufbauen, welche Hilfestellungen ihnen eine Psychotherapie-Supervision bieten kann und was sie selbst dazu beitragen müssen, daß sich eine positive Wirkung entfaltet. Rollenkonflikte können vermieden werden, und Spannungen im Supervisionsprozeß können mit ausreichendem Vorwissen möglicherweise eher als eine Herausforderung verstanden werden, nach besseren Lösungen zu suchen (vgl. Frank, Walter & Vaitl, 1992; Friedlander, Keller, Peca-Baker & Olk, 1986, Olk & Friedlander, 1992).

Auch Informationen darüber, welche Merkmale kompetente Psychotherapeuten auszeichnen, könnten eine realistische Leitlinie für die supervisorische Zusammenarbeit anbieten. An ihnen kann dann die Supervision zielführend ausgerichtet und kriterienorientiert überprüft werden (vgl. Hirschenberger, McGuire & Thomas, 1987; Shaw & Dobson, 1988; Talen & Schindler, 1993).

9. Zielgerichtete, kriterienorientierte Supervisionsarbeit

9.1 Gütekriterien für Psychotherapeuten

Welche Beziehungs- und Interventionsmerkmale zum Repertoire einer Psychotherapeutin oder eines Psychotherapeuten gehören sollten, um wirksam behandeln zu können, muß anhand empirischer Befunde aus der Psychotherapieforschung ermittelt werden (z. B. Beutler, Machado & Neufeldt, 1994; Dürr et al., 1992; Hautzinger, 1992; Lambert & Bergin, 1994; Margraf & Schneider, 1992; Schindler, 1991; Schulte, 1992). Allgemeingültige Gütekriterien, wodurch sich ein „guter" Psychotherapeut auszeichnet, werden allerdings kaum bestimmbar sein, da die Art der Klientel, das Setting und die Form der Psychotherapie mitberücksichtigt werden müssen. Aber Orientierung gebende Minimalstandards können erstellt werden.

Entwicklungspsychologische Modelle der Supervision geben durch ihre Dimensionen, in denen sie Therapeutenkompetenzen vorzeichnen, erste, allerdings nur grobe Anhaltspunkte. Ein kompetenter Therapeut verfügt über eine stabile Arbeitsmotivation, hohe therapeutische Sicherheit, eigenständiges Denken und Kritikfähigkeit sowie einen autonomen Arbeitsstil. Eine Einschätzung dieser und anderer Therapeutenkompetenzen zu Zwecken der Qualitätssicherung kann durch Selbstbeurteilungen der Supervidenden erfolgen und durch Fremdbeurteilungen (Supervisoren, Patienten) ergänzt werden. Vor allem die von Patienten eingeschätzten Therapeutenkompetenzen lassen dabei auch eine gute Vorhersage des Therapieerfolges zu (vgl. Margraf & Schneider, 1992).

Zunächst gehört es zu den wichtigen Aufgaben von Supervisoren, die vorliegende „Entwicklungsstufe" ihrer Supervidierten rasch zu erkennen und ihre Supervisionsangebote auf dieses Niveau und die damit einhergehenden Bedürfnisse abzustimmen. Geeignete Diagnostika erleichtern und objektivieren diese Einschätzung. Zwei unterschiedliche Instrumente zur Entwicklungsdiagnostik von Therapeuten, eine Selbstbeurteilung und eine Fremdeinschätzung, werden im folgenden dargestellt.

9.2 Entwicklungsdiagnostische Messverfahren

Für den deutschen Sprachraum liegt als spezielles, entwicklungsdiagnostisches Instrument der Fragebogen zur Supervision von Psychotherapien (FSPT) von Frank und Vaitl (1985) vor. Konzeptuelle Grundlage dieses Fragebogens ist die entwicklungspsychologische Modellvorstellung der Supervision von Hogan (1964), zu der Reising und Daniels (1983) ihren Counselor Development Questionnaire (CDQ) entwickelten. Ins Deutsche übertragen und an deutsche Verhältnisse adaptiert, entstand daraus der aus zwei Teilen bestehende FSPT, der meßmethodisch sorgfältig überprüft wurde (vgl. Frank, Eucker & Vaitl, 1988; Frank & Vaitl, 1987).

Er erlaubt differenzierende, praxisrelevante Aussagen (vgl. Frank & Vaitl, 1986) und ermöglicht ein empiriegesteuertes Qualitätsmanagement im Rahmen der Weiterbildung (vgl. Frank, 1996).

Im ersten Teil erfaßt der FSPT mit vier Skalen die folgenden *Kompetenzmerkmale:*

- therapeutische Sicherheit bzw. Unsicherheit
- Arbeitsstil: empirieorientiert, verhaltenstheoretisch geprägt
- Lern- und Kritikbereitschaft
- reziproke Kritikfähigkeit im Umgang mit dem Supervisor.

Im zweiten Teil werden mit fünf Skalen folgende *Supervisionsbedürfnisse* erfaßt:

- Bedürfnis nach emotionaler Unterstützung
- Bedürfnis nach Kompetenzerweiterung
- Bedürfnis nach emotionalem Freiraum und Selbsterfahrung
- Bedürfnis nach fall- und methodenzentrierter Supervision
- Bedürfnis nach allgemeiner Aktivierung.

Differentielle Entwicklungsverläufe über die Weiterbildungszeit hinweg lassen sich mittels des FSPT gut abbilden (vgl. Frank et al., 1992). Mithilfe des FSPT konnten auch spezifische, schulengeprägte Supervisionsbedürfnisse ermittelt werden, die signalisieren, welchen Erwartungen Supervisoren bei ihren Supervidierten nachkommen sollten (vgl. Frank, 1996). Daß eine bedürfnisgerechte Supervision zur Zufriedenheit der Supervidierten beiträgt und die Entwicklung der therapeutischen Kompetenz in besonderem Maße fördert, zeigen die Befunde aus der Gießener Weiterbildung recht deutlich (Frank, Rzepka & Vaitl, 1996). Dabei wurde auch kenntlich, daß die therapeutische Vorerfahrung sehr maßgeblich den weiteren Entwicklungsverlauf der supervidierten Therapeuten mitbestimmt.

Zur orientierenden, raschen Einschätzung des Entwicklungsniveaus der supervidierten Therapeuten (Tabelle 3) und zur Anpassung der Supervision an den ermittelten Entwicklungsstand (Tabelle 4) eignen sich die folgenden, nach Wiley und Ray (1986) in Anlehnung an das Modell von Stoltenberg und Delworth (1987) erstellten Beurteilungsmatrizen.

Tabelle 3: Entwicklungsniveau von Supervidendinnen und Supervidenden (nach Wiley & Ray, 1986)

Kategorie	1	2	3	4
Ausmaß von Vertrauen in die vorhandenen therapeutischen Fähigkeiten	Sie haben kein Vertrauen in die eigenen therapeutischen Fähigkeiten; im Vordergrund steht ihre eigene Unfähigkeit.	Sie schwanken zwischen Gefühlen von Vertrauen in die eigenen therapeutischen Fähigkeiten und Gefühlen von großer Unsicherheit.	Sie haben im allgemeinen gutes Vertrauen in die eigenen therapeutischen Fähigkeiten, sind allerdings durch andere (Patienten, Supervisoren, Kollegen) noch leicht irritierbar.	Sie haben ein konsistentes, gut ausgeprägtes Vertrauen in die eigenen therapeutischen Fähigkeiten; dies trifft auch bei besonderen Anforderungen seitens Patienten, Supervisoren oder Kollegen zu.
Wissen um den eigenen Einfluß auf Patienten	Sie wissen noch sehr wenig über den Einfluß ihrer Stärken, Schwächen, Motivationen, „neurotischen" Bedürfnisse etc. auf die behandelten Patienten.	Sie haben eine konsistente Auffassung über die Wirkung ihrer Stärken, Schwächen, Motivationen, „neurotischen" Bedürfnisse etc. auf die behandelten Patienten.	Sie kennen die Wirkung ihrer Stärken, Schwächen, Motivationen und Bedürfnisse auf Patienten gut und beginnen, eine Fähigkeit zu entwickeln, diese als Ressourcen während der therapeutischen Arbeit zu nutzen.	Sie kennen ihre Stärken, Schwächen, Motivationen und Bedürfnisse und können ihre Ressourcen in angemessener Weise in der therapeutischen Arbeit nutzen.
Theoretischer Arbeitsrahmen	Sie beginnen, sich mit einer theoretischen Schule oder einem individuellen Praktiker zu identifizieren.	Sie beginnen, Patienten aus verschiedenen Perspektiven zu betrachten. Sie werden sich darüber bewußt, daß sie einen eigenen theoretischen Rahmen für die therapeutische Arbeit entwickeln müssen.	Sie sehen Patienten unter verschiedenen, gut überprüften Perspektiven und testen aus, welche gut zum eigenen theoretischen Arbeitsrahmen passen.	Sie fühlen sich einem bestimmten theoretischen Arbeitsrahmen oder einer Kombination von Konzepten verbunden und können dies gut in die eigene therapeutische Arbeit integrieren und auch eine Begründung dafür angeben.
Gefühl von professioneller Identität	Sie schauen nahezu immer, wie andere sich als Therapeuten verhalten.	Sie beginnen, ein Gefühl für sich als Therapeut zu entwickeln, schauen aber auch immer noch häufig, wie andere sich als Therapeuten verhalten.	Sie haben ein gut entwickeltes Gefühl für sich als Therapeut und beginnen langsam, dies auch in ihr persönliches Selbstbild zu integrieren.	Sie haben ein klares Gefühl für sich als Therapeut entwickelt. Dieses Gefühl ist in das persönliche Selbstbild gut integriert.

Kategorie	1	2	3	4
Wissen um die psychotherapeutischen Grenzen	Sie tendieren dazu, Psychotherapie als etwas Allmächtiges anzusehen.	Sie sehen Therapie als machtvolles Instrument an, haben aber bereits eine Ahnung davon, daß ihre Wirkung bei einigen Problemen und Patienten begrenzt oder inadäquat ist.	Sie sind sich vieler Unzulänglichkeiten und Grenzen von Therapien bewußt und bemühen sich darum, dies in das eigene professionelle Selbstempfinden zu integrieren.	Sie kennen therapeutische Grenzen sehr genau und wissen um die Reichweite von Therapien. Sie haben dieses Wissen vollständig in die eigene professionelle Identität integriert.

Tabelle 4: Supervisionsbedingungen je nach Entwicklungsstand (nach Wiley & Ray, 1986)

Kategorie	1	2	3	4
Rolle der Supervisorin oder des Supervisors	Die Supervisoren geben meist direkte Anleitungen oder fungieren als Modell, sie verweisen auf geeignete Literatur, geben Beispiele und schaffen didaktisch geeignete Gelegenheiten für Beobachtungen und Instruktionen.	Direkte Anleitungen treten zurück hinter Ermunterungen an die Supervidenden, die neu erworbenen therapeutischen Fertigkeiten auszuprobieren.	Die Supervisoren werden zu „Mentoren". Sie beraten ihre Supervidenden bei persönlichen und professionellen Problemen und geben gelegentlich auch noch Anleitungen.	Die Supervisoren sind nun primär kollegiale Berater.
Affektiver Fokus der Supervision	Die Supervidierten wissen noch zu wenig über ihre Gefühle während der Therapie, und es ist Aufgabe der Supervisoren, ein besseres Bewußtsein davon bei ihren Supervidierten zu entwickeln.	Die Supervisoren helfen ihren Supervidierten mit Nachdruck dabei, über ihre Gefühle und Ambivalenzen gegenüber ihren Patienten und Supervisoren Klarheit zu erlangen.	Die Supervisoren bemühen sich in erster Linie darum, das zunehmende Vertrauen ihrer Supervidierten bei der Entwicklung eines professionellen Stils und einer eigenen professionellen Identität zu stärken.	Die Supervisoren helfen ihren Supervidierten dabei, ihre Gefühle zu verarbeiten, die mit der Entwicklung ihrer persönlichen und professionellen Identität verbunden sind.
Schwerpunkt auf kognitiven und handlungsbezogenen Fertigkeiten	Die Supervisoren richten ihre Aufmerksamkeit darauf, wie die Supervidierten ihre Kenntnisse in therapeutisches Handeln umsetzen.	Der Schwerpunkt liegt auf der Entwicklung von basalen strategischen Fertigkeiten; außerdem wird die Fähigkeit zu eigenständigen Entscheidungen unterstützt.	Die Supervisoren bearbeiten schwerpunktmäßig die Konzeptualisierung von Fällen und regen zu Vergleichen zwischen verschiedenen Patienten an.	Die Aufmerksamkeit ist nun im wesentlichen auf Aspekte des „timing" und „orchestrating" des therapeutischen Handelns gerichtet.

Kategorie	1	2	3	4
Abhängigkeit während der Supervision	Die Supervidierten sind durchgängig angewiesen auf die Instruktionen, Anleitungen, Direktiven und Regeln ihrer Supervisoren.	Die Supervidierten fluktuieren zwischen Abhängigkeit und Unabhängigkeit von ihre Supervisoren.	Die Supervidierten arbeiten überwiegend eigenständig. Nur in seltenen Fällen müssen die Supervisoren noch Rat geben.	Die Supervidierten arbeiten jetzt gänzlich eigenständig und werden ihrer professionellen Rolle im allgemeinen vollends gerecht.
Rolle von Unterstützung und Konfrontation	Die Supervidierten können mit Konfrontation noch nicht umgehen, weshalb die Supervisoren ausschließlich unterstützend mit ihnen arbeiten.	Die Supervisoren verhalten sich noch überwiegend unterstützend, konfrontieren ihre Supervidenden aber gelegentlich auch bereits in milder Weise.	Die Supervisoren unterstützen und konfrontieren ihre Supervidierten in etwa gleichem Ausmaß.	Nur noch selten benötigen die Supervidierten emotionale Unterstützung, und auch konfrontative Interventionen sind kaum mehr erforderlich.

9.3 Direkte Verhaltensbeobachtungen

Direkte Verhaltensbeobachtungen (z. B. anhand von Videoaufzeichnungen oder bei Life-Supervision) haben den Vorteil, daß handlungsnahe, konkrete Rückmeldungen über geeignete und verbesserungsbedürftige Interventionsformen gegeben werden können. Der Fokus der Betrachtung muß dabei auf jene Merkmale gerichtet werden, die sich im allgemeinen für Psychotherapien als wichtig und wirksamkeitssteigernd erwiesen haben. Anhand dieser Merkmale können Supervisoren dann spezifischen, qualitätsfördernden Einfluß nehmen, der für Therapeuten wie Patienten gleichermaßen nützlich ist. Zur Beobachtung und Beurteilung der Therapeutenkompetenz gibt es einige geeignete Auswertungshilfen, die spezifische Kompetenzen erfassen (z. B. Beck, 1981; Bernard, 1982 in: Bernard & Goodyear, 1992; Strosahl & Jacobson, 1986); nicht immer sind sie allerdings leicht zugänglich (vgl. z.B. Gillich, 1990; Lober & Winkler, 1989: zit. nach Dürr et al., 1992).

Ein Beobachtungsbogen, der im Verlauf des Therapieprozesses in ausgewählten Sitzungsabschnitten (Anfang, Mittelphase, Ende) eine Einschätzung des Therapeutenverhaltens durch den Supervisor erlaubt, ist gerade für eine prozeßorientierte Rückmeldung besonders notwendig. Orientiert sich die Auswahl der berücksichtigten Therapeutenmerkmale an Befunden aus der Psychotherapieforschung (zusammenfassend Beutler et al., 1994; Lambert & Bergin, 1994; Schindler, 1991) und berücksichtigt sie „die Umrisse einer zukünftigen Psychotherapie" (Grawe, 1996), dann sollten folgende Aspekte reliabel erfaßbar sein und zur Qualitätssicherung herangezogen werden:

- Fähigkeiten zur psychotherapeutische Beziehungsgestaltung (therapeutische Bindung: Beachtung und Verständnis, Rapport zum Patienten; Aufgaben- und Zielorientierung; Aufbau von Motivation und Wirksamkeitserwartungen)
- Fähigkeiten zur Strukturierung der Sitzung (formal, inhaltlich)

- Fähigkeiten zur Anwendung psychotherapeutischer Handlungsstrategien (Problemaktualisierung, Problemklärung, Problembewältigung, Ressourcenorientierung)
- Attraktivität, Vertrauenswürdigkeit und Expertise als allgemeine Kennzeichen von Psychotherapeuten.

Erste Erfahrungen mit der Anwendung eines entsprechenden Beobachtungsbogens liegen aus der Gießener postgradualen Weiterbildung vor. Hierbei wurde deutlich, daß systematische Verhaltensbeobachtungen (z. B. durch den Supervisor) eine notwendige Ergänzung zur Einschätzung der therapeutischen Kompetenz durch die Therapeuten selbst darstellen, vor allem dann, wenn es um Aspekte der therapeutischen Sicherheit geht. Die beobachtbare therapeutische Handlungskompetenz und die subjektive Sicherheit der Therapeuten klafften merklich auseinander. Eine zu geringe subjektive Sicherheit kann ebenso wie eine unangemessen hohe mit Rückgriff auf die Beobachtungsergebnisse ganz konkret gemeinsam überprüft und korrigiert werden.

9.4 Schriftliche Fallberichte

Schriftliche Fallberichte über abgeschlossene Behandlungen oder Antragsberichte (Erst- oder Verlängerungsanträge) zur Begutachtung der Kostenübernahme eignen sich gut zur Beurteilung spezifischer Therapeutenkompetenzen. Sie können zur Einschätzung der Konzeptualisierungsfähigkeiten und der Güte einer integrierenden Verarbeitung von Bedingungs- und Behandlungswissen herangezogen werden. Welche große Bedeutung der Abfassung von schriftlichen Fallberichten bei der Vorhersage der Therapeutenentwicklung zukommt, zeigt Rzepka (1997). Supervisoren sollten es deshalb auch als eine ihrer Aufgaben ansehen, Supervidenden frühzeitig zum Schreiben von Fallberichten anzuhalten und gegebenenfalls konkret anzuleiten. Das Abfassen von Fallberichten wirkt sich aufgrund der vielfältigen Reflexionsanlässe erfahrungsbildend aus und fördert ein stringentes, psychotherapeutisches Handeln.

9.5 Beurteilung von Patientenmerkmalen

Diejenigen Aspekte, die routinemäßig erfaßt werden, sollten möglichst ökonomisch registrierbar sein und fortlaufend überprüft werden können (Grawe & Braun, 1994; McDonald & Marks, 1992). Zur Erfolgsmessung geben Frank und Fiegenbaum (1994) eine Auswahl von Meßverfahren an, die Laireiter und Baumann (1996) noch um geeignete Verlaufs- und Interventionsverfahren ergänzen, mit denen behandlungsrelevante Daten dokumentiert werden können (vgl. auch Fydrich, Laireiter, Saile & Engberding, 1996).

Therapeuten wie Supervisoren können sich hier gut informieren, welche Möglichkeiten sie bisher nicht genügend ausgeschöpft haben. Besonders empfehlenswert als zielführende Supervisionshilfen sind u. a. die „Goal-Attainment"-Skalierung (Bolm, 1994), der Stundenbogen (Klient) von Schindler, Hohenberger-Sieber und Hahlweg

(1990) und der Veränderungsprozeßbogen (Grawe, 1982; Grawe & Braun, 1994). Diese Instrumente liefern Informationen, aus denen der Supervisor Interventionsvorschläge ableiten kann, welche die Behandlungsfortführung optimieren können.

Stundenbögen, in denen von den Therapeuten der Sitzungsverlauf in wichtigen Aspekten frei dokumentiert wird (z. B. Sitzungsplanung, verabredete Hausaufgaben und deren Realisierung, vorgenommene Interventionen, erzielte Erfolge oder dabei eingetretene Schwierigkeiten), bieten ebenfalls gute Ansatzpunkte für eine systematische, zielgerichtete Supervision.

9.6 Dokumentation von Supervisionssitzungen

Der Supervisionsvorgang selbst ist in Deutschland noch nicht dokumentationspflichtig (Laireiter & Baumann, 1996). Ablauf und Ergebnis der Supervision werden im allgemeinen aber in mehr oder minder standardisierter Form aufgezeichnet. Verwendung finden publizierte Protokollblätter zur Aufzeichnung von Supervisionssitzungen (z. B. Kanfer, Reinecker & Schmelzer, 1996; Schmelzer, 1997; Sulz, 1992) neben unterschiedlichsten, nicht formalisierten Aufzeichnungen der jeweiligen Supervisoren. Zur Qualitätsbeurteilung brauchen Weiterbildungsinstitute Einblick in einige wesentliche Eckdaten der Supervision. Deshalb sollte erfaßt werden, wieviel Patientinnen und Patienten von jedem Supervidenden vorgestellt wurden, um welche Störungsformen es sich dabei handelte und welche Supervisionsanliegen die Therapeuten formuliert haben. Dies kann sowohl von den Supervisoren als auch von den Supervidierten festgehalten werden. Will der Supervisor aus didaktischen Gründen darauf Einfluß nehmen, daß ein Supervidend ganz bestimmte Störungsformen vorstellt, muß ihm bekannt sein, welche Patienten er bereits bei anderen Supervisoren vorgestellt hat.

Welche Supervisionsempfehlungen gegeben und dann tatsächlich auch in den nächsten Sitzungen umgesetzt wurden und welcher Erfolg dabei erzielt werden konnte, sollte vom Therapeuten selbst aus seiner Sicht dokumentiert werden. Der erzielte Erfolg sollte zusätzlich durch Patientenangaben (Grawe, 1982; Grawe & Braun, 1994; Schindler et al., 1990) abgeklärt werden; dann können Diskrepanzen zwischen Therapeut und Patient gezielter in der Supervision bearbeitet werden.

Sinnvollerweise sollte der Supervidend auch festhalten, welche Supervisionshilfen außer acht gelassen wurden und, soweit dies von ihm begründbar ist, warum sie ignoriert wurden. Supervision ist ein rekursiver Prozeß, der schrittweise angepaßt und verbessert werden muß (vgl. Schmelzer, 1997). Schriftliche Aufzeichnungen des Supervidenden über Supervisionsangebote, die als ungeeignet, störend und erschwerend wahrgenommen wurden, sind neben Aufzeichnungen über günstige und erfolgsunterstützende Supervisonshilfen geeignete supervisionsvorbereitende Diagnostika, durch welche dieser gemeinsame Arbeitsprozeß kontinuierlich strukturiert und optimiert werden kann. Wie wichtig es ist, die Eigeninitiative der Supervidenden bei der Mitgestaltung der Supervisionsarbeit frühzeitig anzuregen, konnte bereits gezeigt werden (vgl. Frank, 1996).

10. Supervisionsforschung

Mit Richtlinien und gesetzlichen Verordnungen kann nur der Rahmen für eine effektive Psychotherapie definiert werden. Psychotherapie-Supervision ist dabei als eine der qualitätssichernden Maßnahme vorgesehen. Ob sie ihren vielfältigen Aufgaben auch in ausreichendem Maße gerecht wird, muß anhand der Ergebnisse der Supervisionsforschung beantwortet werden (Übersichten bei Holloway, 1984; Holloway & Neufeldt, 1995; Lambert & Arnold, 1987; Stein & Lambert, 1995). Im deutschen Sprachbereich gibt es bisher leider noch viel zu wenige empirische Studien zur Psychotherapie-Supervision. Wegweisend sind hier die Arbeiten von Auckenthaler (1995), Buchheim, Cierpka, Gitzinger, Kächele und Orlinsky (1992), Frank und Vaitl (1986), Frank et al. (1992), Rzepka (1997), Schreyögg (1992) sowie Wittern et al. (1986), wobei die qualitativ-empirische Studie von Anna Auckenthaler (1995) besonders anschaulich und praxisnah zeigt, welche Strukturen, Muster und Ansprüche dem supervisorischen Handeln zugrunde liegen.

Überzeugend belegt ist, daß der überwiegende Anteil von Psychotherapeutinnen und Psychotherapeuten, die sich einer Supervision unterziehen, mit dieser auch zufrieden ist. Für den deutschen Sprachraum wurde dies von Wittern und Mitarbeitern (1986) nachgewiesen. Ob bestimmte Settingbedingungen dabei eine wesentliche Rolle spielen (z. B. Einzel- oder Gruppensupervision, Team- oder Expertensupervision), läßt sich empirisch bisher nicht ausreichend beantworten. Bekannt ist lediglich, daß sich die Ansprüche an eine expertengeleitete Gruppensupervision von denen unterscheiden, die an eine kollegiale Gruppensupervision gestellt werden (Frank & Vaitl, 1986).

In der Supervision laufen komplexe Lernprozesse ab, die in zentraler Weise von persönlichen Merkmalen der Supervidierten wie auch der Supervisoren mitbestimmt werden (z. B. Holloway, 1992). Auf seiten der Supervidierten wurden eine Reihe von Einflußmerkmalen untersucht, wie z. B. Ich-Entwicklung, Selbstwirksamkeit, Dogmatismus und kognitive Komplexität, aber auch das Ausmaß an beruflicher Erfahrung. In Abhängigkeit vom Ausmaß an Erfahrung, sowie der Unsicherheit der Therapeuten konnten im Verlauf einer dreijährigen Supervision bedenkenswerte Unterschiede bezüglich der Supervisionszufriedenheit festgestellt werden. Unerfahrene Therapeuten, die sich allerdings subjektiv in ihrem therapeutischen Handeln bereits sehr sicher fühlten, durchliefen eine recht schwierige, spannungsreiche Supervisionszeit, in der sie zunehmend unzufriedener mit ihrer Supervision wurden. Diese Spannungen wirkten sich jedoch nicht negativ auf ihre Kompetenzentwicklung aus (vgl. Frank et al., 1992). Grundsätzlich wird durch die Gießener Längsschnittstudie die entwicklungspsychologische Modellvorstellung bestätigt, nach der eine Ausbildungssupervision zu größerer therapeutischer Sicherheit, einer stabileren Arbeitsmotivation, einer eindeutigeren therapeutischen Identität sowie einem autonomen therapeutischen Arbeitsstil beiträgt (vgl. Rzepka, 1997). Dieses Ergebnis fügt sich in das Gesamtbild der übrigen empirischen Befunde ein, wonach als gesichert gelten kann, daß die professionelle Weiterentwicklung von Psychotherapeutinnen und Psychotherapeuten durch eine angemessene Psychotherapie-Supervision gut unterstützt wird. Insbesondere attraktive und vertrauenswürdige Supervisoren, die ein lerngünstiges Arbeitsklima schaffen, tragen dazu bei, daß Psychotherapeuten ihre Beziehungsfähigkeiten verbessern und in ihrem Kompetenzerleben gestärkt werden. Zudem vermitteln Supervisoren wesentliche professionelle Werte. Bisher kann jedoch noch nicht schlüssig beantwortet werden, wieviel Supervision überhaupt nötig und sinnvoll ist, und wie zweckmäßig das in den Ausbildungscurricula vorgesehene Verhältnis von Gruppen- und Einzelsupervision ist.

Negative Auswirkungen von Supervision können zweifellos aber auch auftreten. Allerdings sind sie empirisch bisher noch selten systematisch untersucht worden (vgl. Henry, Schacht et al., 1993; Henry, Strupp et al., 1993; Sandell, 1985; Sauer, 1996).

Daß sich Psychotherapie-Supervision für die Patienten positiv auswirkt, über die in der Supervision beraten wird, läßt sich empirisch bisher noch nicht ausreichend belegen (zusammenfassend Frank, 1998). Mehr Studien mit Relevanz für die Praxis, die diesen Aspekt der Qualitätssicherung durch Psychotherapie-Supervision überprüfen, sind unerläßlich.

Abschließend sollen noch die Auswirkung von Supervision auf die Kostenträger betrachtet werden, wobei allerdings nicht speziell von Psychotherapie-Supervision die Rede sein wird. Widauer (1991) konnte zeigen, daß nach Einführung von Supervision in einem Krankenhaus die Beschwerden von Patienten sowie die Krankenstunden und Versetzungsanträge des Personals erheblich zurückgingen und die gegenseitige Akzeptanz zwischen den verschiedenen Berufsgruppen zunahm.

11. Abschließende Beurteilung

Psychotherapie-Supervision kann gewiß in vieler Hinsicht eine sehr geeignete Maßnahme zur Qualitätssicherung sein. Daß damit allerdings alle Ziele in wirkungsvoller Weise erreicht werden, wie sie in Tabelle 1 für die supervidierten Therapeutinnen und Therapeuten, die behandelten Patientinnen und Patienten sowie die Kostenträger aufgestellt worden sind, muß bezweifelt werden. Empirisch ist belegt, daß Supervision praxisgerechte Hilfen und Anregungen geben kann, die die behandelnden Therapeuten entlasten, für das Wesentliche sensibilisieren, zu kritischer Reflexion über die eigene Arbeit anregen und die ihnen durch Selbstdarstellungsmöglichkeiten und direkte Rückmeldung geeignete Entwicklungsimpulse bieten. Demgemäß kann die professionelle Weiterentwicklung von Therapeuten in vielfältiger Weise durch Psychotherapie-Supervision unterstützt werden. Allerdings darf dabei nicht übersehen werden, daß Psychotherapie-Supervision derzeit noch sehr uneinheitlich und wenig strukturiert angeboten wird. Es ist nicht selbstverständlich, daß erfahrene und gute Psychotherapeuten a priori auch gute Supervisoren sind. Damit dies der Fall ist, müssen sie auch über spezifische edukative und didaktische Fähigkeiten verfügen. Noch können nicht alle Supervisoren in überzeugender Weise spezifizieren, welche handlungsleitenden Supervisionstheorien oder -modelle ihren Supervisionsprozeß steuern. Wenn es gelingt, das gegenwärtige Supervisionsangebot durch eine zweckmäßige Supervisorenschulung zu optimieren, wird sich dies schließlich auch auf die Prozeß- und Ergebnisqualität von psychotherapeutischen Behandlungen positiv auswirken.

Die Auswirkungen von Supervision auf die behandelten Patienten wurden bisher noch viel zu selten überprüft (vgl. dazu Dodenhoff, 1981; Steinhelber, Patterson, Cliffe & LeGoullon, 1984). Als gesichert kann aber gelten, daß durch Psychotherapie-Supervision einheitlichere Qualitätsstandards stärker ins Blickfeld rücken, die Behandlungsabläufe systematischer gestaltet werden und Therapieabbrüche oder grobe Behandlungsfehler zumeist noch rechtzeitig abgefangen werden können. In welcher Weise und in welchem Ausmaß die Heilung oder Besserung von Patienten durch Psychotherapie-Supervision begünstigt wird, muß noch genauer erforscht werden (vgl. dazu auch Schulte, 1993). Gleichfalls muß noch geklärt werden, ob Psychotherapie-Supervision bewirken kann, daß zweckmäßigere und wirtschaftlichere Behandlungsansätze präferiert werden und daß dadurch, längerfristig gesehen, auch eine Kostensenkung erreicht wird.

Daß spezifische Trainings- und Supervisionsmaßnahmen, die in laufende Therapieprozesse eingreifen, auch nachteilige Effekte haben können, indem sie die supervidierten Therapeuten von ihrem gewohnten Handeln abbringen, irritieren und zu neuem Verhalten veranlassen, welches noch nicht genügend in den Gesamtstil ihres persönlichen Therapierens integriert ist, zeigen die Vanderbilt-II Studien sehr anschaulich (Henry, Schacht et al., 1993; Henry, Strupp et al., 1993). Hier wurde deutlich, daß die trainierten und intensiv supervidierten Therapeuten die neu erlernte Methode zwar zur Anwendung brachten, allerdings ohne zugleich eine gute Therapiebeziehung dabei verwirklichen zu können. Es kann demnach grundsätzlich bezweifelt werden, daß sofort umgesetzte Supervisionsempfehlungen auch wirklich den gewünschten Effekt erzielen. Zumeist benötigen die Supervidierten etwas Zeit für eine integrierende Verarbeitung. Erst dann ist es ihnen möglich, die neuen Denkweisen und Interventionsformen zu einem wirklich passenden Zeitpunkt und mit dem rechtem Maß und Ziel anzuwenden.

Im deutschen Sprachraum ist Supervisionsforschung bisher noch eine Rarität. Die Güte von Psychotherapie-Supervision und die Qualität psychotherapeutischer Arbeit wird sich aber nur dann merklich verbessern, wenn jede Weiterbildungsinstitution es sich auch zur Aufgabe macht, über die Entwicklung von Therapeutenkompetenzen und Fragen einer angemessenen Supervisorenschulung systematisch zu forschen.

Literaturverzeichnis

Alberts, G. & Edelstein, B. (1990). Therapist training: A critical review of skill training studies. *Clinical Psychology Review, 10*, 497–511.
Allen, G. J., Szollos, S. J. & Williams, B. E. (1986). Doctoral students' comparative evaluations of best and worst psychotherapy supervision. *Professional Psychology: Research and Practice, 17*, 91–99.
Arkowitz, S. W. (1994). Mediating the struggle of perfectionism: A developmental challenge in supervision. *Psychotherapy in Private Practice, 13*, 77–92.
Auckenthaler, A. (1995). *Supervision psychotherapeutischer Praxis. Organisation – Standards – Wirksamkeit.* Stuttgart: Kohlhammer.
Auckenthaler, A. & Kleiber, D. (Hrsg.). (1992). *Supervision in Handlungsfeldern der psychosozialen Versorgung.* Tübingen: DGVT-Verlag.

Baum, B. E. & Gray, J. J. (1992). Expert modeling, self-observation using videotape, and acquisition of basic therapy skills. *Professional Psychology: Research and Practice, 23*, 220–225.

Beck, A. T. (1981). *Kognitive Therapie der Depression.* München: Urban & Schwarzenberg.

Belardi, N. (1992). Entwicklung und Schwerpunkte der Supervision in Deutschland. *Soziale Arbeit, 41*, 301–309.

Bereiter, C. & Scardamaglia, M. (1986). Educational relevance of the study of expertise. *Interchange, 17*, 10–19.

Berger, S. S. & Buchholz, E. S. (1993). On becoming a supervisee: Preparation for learning in a supervisory relationship. *Psychotherapy, 30*, 86–92.

Bernard, J. M. (1979). Supervisor training: A discrimination model. *Counselor Education and Supervision, 19*, 60–68.

Bernard, J. M. (1981). Inservice training for clinical supervisors. *Professional Psychology: Research and Practice, 12*, 740–748.

Bernard, J. M. (1982). Evaluation of Therapist Performance. Short Form. In J. M. Bernard & R. K. Goodyear (Eds.). (1992), *Fundamentals of Clinical Supervision* (pp. 283–287). Boston: Allyn and Bacon.

Bernard, J. M. & Goodyear, R. K. (1992). *Fundamentals of clinical supervision.* Boston: Allyn and Bacon.

Bernler, G. & Johnsson, L. (1993). *Supervision in der psychosozialen Arbeit. Integrative Methodik und Praxis.* Weinheim: Beltz.

Beutler, L. E. , Machado, P. P. P. & Neufeldt, S. A. (1994). Therapist variables. In A. E. Bergin & S. L. Garfield (Eds.), *Handbook of psychotherapy and behavior change* (4th. ed., pp. 229–269). New York: Wiley.

Binder, L. J. (1993). Is it time to improve psychotherapy training? *Clinical Psychology Review, 13*, 301–318.

Bolm, W. (1994). Goal Attainment Scaling: Gütemaß und praktische Erfahrungen bei 379 psychiatrischen Behandlungsverläufen. *Zeitschrift für Klinische Psychologie, Psychopathologie und Psychotherapie, 42*, 128–138.

Brandau, H. (Hrsg.). (1991). *Supervision aus systemischer Sicht.* Salzburg: Otto Müller.

Broda, M., Dahlbender, R. W., Schmidt, J., von Rad, M. & Schors, R. (1993). Überregionale Basisdokumentation in der stationären Psychotherapie und Psychosomatik. In W. Schneider et al. (Hrsg.), *Diagnostik und Klassifikation nach ICD-10 Kap. V. Eine kritische Auseinandersetzung* (S. 227–237). Göttingen: Vandenhoeck & Ruprecht.

Bruch, M. & Hoffmann, N. (1996). (Hrsg.). *Selbsterfahrung in der Verhaltenstherapie?* Berlin: Springer.

Buchheim, P., Cierpka, M. Gitzinger, I., Kächele, H. & Orlinsky, D. (1992). Entwicklung, Weiterbildung und praktische Tätigkeit von Psychotherapeuten. Erfahrungen einer ersten Befragung von Psychotherapeuten mit der deutschen Version des „Common Core Questionnaire"-Fragebogens im Rahmen der 41. Lindauer Psychotherapie-Wochen. In P. Buchheim; M. Cierpka & Th. Seifert (Hrsg.), *Liebe und Psychotherapie. Der Körper in der Psychotherapie. Weiterbildungsforschung* (S. 251–283). Berlin: Springer.

Caligor, L., Bromberg, P. M. & Meltzer, J. D. (1984). *Clinical perspectives on the supervision of psychoanalysis and psychotherapy.* New York: Plenum.
Carifio, M.,S. & Hess, A. K. (1987). Who is the ideal supervisor? *Professional Psychology: Research and Practice, 18,* 244–250.
Clarkson, P. & Aviram, O. (1995). Phenomenological research on supervision: Supervisors reflect on „being a supervisor". *Counseling Psychology Quarterly, 8,* 63–80.
Cording, D. (1995). Basisdokumentation und Ergebnisqualität. In W. Gaebel (Hrsg.), *Qualitätssicherung im psychiatrischen Krankenhaus* (S. 173–181). Wien: Springer.
Dixon, D. N. & Claiborn, C. D. (1987). A social influence approach to counselor supervision. In J. E. Maddux, C. D. Stoltenberg & R. Rosenwein (Eds.), *Social Process in Clinical and Counseling Psychology* (pp. 83–93). New York: Springer.
Dodenhoff, J. T. (1981). Interpersonal attraction and direct-indirect supervisor influence as predictors of counselor trainee effectiveness. *Journal of Counseling Psychology, 28,* 47–52.
Dorn, F. J. (1985). Utilizing the social influence model in clinical supervision. *The Clinical Supervisor, 3,* 77–84.
Dreyfus, H. L. & Dreyfus, S. E. (1986). Five steps from novice to experts. In H. L. Dreyfus & S. E. Dreyfus (Eds.), *Mind over machine: The power of human intuition in the era of the computer* (pp. 16–51). New York: Free Press.
Dürr, H., Hahlweg, K., Müller, U., Feinstein, E., Hank, G. & Wiedemann, G. (1992). Interaktionsprozesse in der verhaltenstherapeutischen Fallarbeit. In J. Margraf & J. C. Brengelmann (Hrsg.), *Die Therapeut-Patient-Beziehung in der Verhaltenstherapie* (S. 161–184). München: Röttger.
Edding, C. (1985). Supervision-Teamberatung-Organisationsentwicklung. Ist das denn wirklich alles dasselbe? *Supervision, 7,* 9–24.
Efstation, J. F., Patton, M. J. & Kardash, C. M. (1990). Measuring the working alliance in counselor supervision. *Journal of Counseling Psychology, 37,* 322–329.
Eifert, G. H. & Lauterbach, W. (1995). Das Wissenschaftler-Praktiker-Modell zur Ausbildung von Klinischen Psychologen/Psychotherapeuten: Erfahrungen und Vorschläge aus amerikanischer Sicht. *Zeitschrift für Klinische Psychologie, 24,* 209–215.
Ellgring, H. (1982). Video-unterstützte Therapie und Supervision. Ein Überblick. In B. Kügelgen (Hrsg.), *Video und Medizin* (S. 213–220). Erlangen: Perimed.
Engelhardt, W. (1994). Supervision. In M. Zielke & J. Sturm (Hrsg.), *Handbuch Stationäre Verhaltenstherapie* (S. 975–981). Weinheim: Psychologie Verlags Union.
Fatzer, G. (Hrsg.). (1993). *Supervision und Beratung. Ein Handbuch* (4. Aufl.). Köln: Edition Humanistische Psychologie.
Fengler, J. (1986). Supervision, Intervision und Selbsthilfe. *Gruppendynamik, 17,* 59–64.
Fengler, J. (1992). Wege zur Supervision. In W. Pallasch, W. Mutzeck & H. Reimers (Hrsg.), *Beratung, Training, Supervision. Eine Bestandsaufnahme über Konzepte zum Erwerb von Handlungskompetenz in pädagogischen Arbeitsfeldern* (S. 173–187). Weinheim: Juventa.

Fiedler, P. (1997). Therapieplanung in der modernen Verhaltenstherapie. Von der allgemeinen zur phänomen- und störungsspezifischen Behandlung. *Verhaltenstherapie und Verhaltensmedizin, 18,* 7–39.

Filsinger, D. (1992). Der institutionelle Handlungskontext als Gegenstand der Supervision und Organisationsberatung. In A. Auckenthaler & D. Kleiber (Hrsg.), *Supervision in Handlungsfeldern der psychosozialen Versorgung* (S. 78–100). Tübingen: DGVT-Verlag.

Forsyth, D. R. & Ivey, A. E. (1980). Microtraining: An approach to differential supervision. In A. K. Hess (Ed.), *Psychotherapy supervision. Theory, research and practice* (pp. 242–261). New York: Wiley.

Frank, M. & Fiegenbaum, W. (1994). Therapieerfolgsmessung in der psychotherapeutischen Praxis. *Zeitschrift für Klinische Psychologie, 23,* 268–275.

Frank, R. (1995). Psychotherapie-Supervision. *Report Psychologie, 20,* 33–46.

Frank, R. (1996). Das Gießener Weiterbildungsmodell in Klinischer Psychologie/Verhaltenstherapie: Konzepte und Ergebnisse. In H. Reinecker und D. Schmelzer (Hrsg.), *Verhaltenstherapie, Selbstregulation, Selbstmanagement* (S. 457–475). Göttingen: Hogrefe Verlag für Psychologie.

Frank, R. (1998). Die Relevanz der Supervisionsforschung für die Praxis der Psychotherapie. In H. Petzold & M. Märtens (Hrsg.), *Psychotherapieforschung und die Praxis der Psychotherapie.* Paderborn: Junfermann.

Frank, R., Eucker, S. & Vaitl, D. (1988). Faktorenstruktur des Fragebogens zur Supervision von Psychotherapien (FSPT): Eine Replikationsstudie. *Diagnostica, 34,* 340–350.

Frank, R., Rzepka, U. & Vaitl, D. (1996). Auswirkungen von Psychotherapie-Supervision auf die Entwicklung von Psychotherapeutinnen und Psychotherapeuten. In H. Bents, R. Frank & E.-R. Rey (Hrsg.), *Erfolg und Mißerfolg in der Psychotherapie* (S. 218–239). Regensburg: Roderer.

Frank, R. & Vaitl, D. (1985). Supervision von Psychotherapien. Kurzbericht über einen Fragebogen (FSPT). *Zeitschrift für Klinische Psychologie, 4,* 325–330.

Frank, R. & Vaitl, D. (1986). Empirische Analysen zur Supervision von Therapien. *Zeitschrift für personenzentrierte Psychologie und Psychotherapie, 5,* 255–269.

Frank, R. & Vaitl, D. (1987). Entwicklung eines mehrdimensionalen Fragebogens zur Erfassung von Supervisionsaspekten (FSPT). *Diagnostica, 33,* 30–42.

Frank, R., Walter, B. & Vaitl, D. (1992). Spannungsfeld Supervision: Eine Verlaufsstudie zur Beziehung zwischen Supervisoren und Supervidierten während einer verhaltenstherapeutischen Supervision. In J. Margraf & J. C. Brengelmann (Hrsg.), *Die Therapeut-Patient-Beziehung in der Verhaltenstherapie* (S. 265–294). München: Röttger.

Friedlander, M. L., Keller, K. E., Peca-Baker, T. A. & Olk, M. E. (1986). Effects of role conflict on counselor trainees' self-statements, anxiety level, and performance. *Journal of Counseling Psychology, 33,* 1–5.

Friedlander, M. L. & Snyder, J. (1983). Trainees' expectations for the supervisory process: Testing a developmental model. *Counselor Education and Supervision, 23,* 342–348.

Fydrich, T., Laireiter, A.-R., Saile, H. & Engberding, M. (1996). Diagnostik und Evaluation in der Psychotherapie: Empfehlungen zur Standardisierung. *Zeitschrift für Klinische Psychologie, 25*, 161–168.

Gillich, G. (1990). *Kooperation und Widerstand in der verhaltensorientierten Familienbetreuung schizophrener Patienten.* Unveröff. Diplomarbeit, Ludwig-Maximilians-Universität, München.

Glidden, C. E. & Tracey, T. J. (1992). A multidimensional scaling analysis of supervisory dimensions and their perceived relevance across trainee experience levels. *Professional Psychology: Research and Practice, 23*, 151–157.

Grawe, K. (1982). Der Veränderungsfragebogen (VPB). In M. Zielke (Hrsg.), *Diagnostik in der Psychotherapie* (S. 231–252). Stuttgart: Kohlhammer.

Grawe, K. (1992). Psychotherapieforschung zu Beginn der neunziger Jahre. *Psychologische Rundschau, 43*, 132–162.

Grawe, K. (1996). Umrisse einer zukünftigen Psychotherapie. In H. Bents, R. Frank & E.-R. Rey (Hrsg.), *Erfolg und Mißerfolg in der Psychotherapie* (S. 38-58). Regensburg: Roderer.

Grawe, K. & Braun, U. (1994). Qualitätskontrolle in der Psychotherapiepraxis. *Zeitschrift für Klinische Psychologie, 23*, 242–267.

Grawe, K., Donati, R. & Bernauer, F. (1994). *Psychotherapie im Wandel. Von der Konfession zur Profession.* Göttingen: Hogrefe Verlag für Psychologie.

Guest, P. D. & Beutler, L. E. (1988). Impact of psychotherapy supervision on therapist orientation and value. *Journal of Consulting and Clinical Psychology, 56*, 653–658.

Halgin, R. P. & Murphy, R. A. (1995). Issues in the training of psychotherapists. In B. Bongar & L. E. Beutler (Eds.), *Comprehensive Textbook of Psychotherapy. Theory and Practice* (pp. 434–455). New York: Oxford University Press.

Hautzinger, M. (1992). Aspekte der Therapeut-Patient-Beziehung in der kognitiven Verhaltenstherapie bei Depressiven. In J. Margraf & J. C. Brengelmann (Hrsg.), *Die Therapeut-Patient-Beziehung in der Verhaltenstherapie* (S. 135–159). München: Röttger.

Henry, W. P., Schacht, T. E., Strupp, H. H., Butler, S. F. & Binder, J. L. (1993). Effects of training in time-limited dynamic psychotherapy: Therapists' responses to training. *Journal of Consulting and Clinical Psychology, 61*, 441–447.

Henry, W. P., Strupp, H. H., Butler, S. F., Schacht, T. E. & Binder, J. L. (1993). Effects of training in time-limited dynamic psychotherapy: Changes in therapist behavior. *Journal of Consulting and Clinical Psychology, 61*, 434–440.

Heppner, P. P. & Handley, P. G. (1981). A study of the interpersonal influence process in supervision. *Journal of Counseling Psychology, 28*, 437–444.

Heppner, P. P. & Handley, P. G. (1982). The relationship between supervisory behaviors and perceived supervisor expertness, attractiveness or trustworthiness. *Counselor Education and Supervision, 22*, 37–46.

Hess, K. A. (1986). Growth in supervision: Stages of supervisee and supervisor development. In F. W. Kaslow (Ed.), *Supervision and Training. Models, Dilemmas and Challenges* (pp. 51–67). New York, London: Haworth Press.

Hinnen, P. (1990). Gestaltansatz der Supervision. Die Geschichte vom Eichhörnchen und Maulwurf oder Der Umgang mit Oberfläche und Tiefe in der Supervision. In

G. Fatzer (Hrsg.), *Supervision und Beratung. Ein Handbuch* (S. 123–141). Köln: Edition Humanistische Psychologie.

Hirschenberger, R. H., McGuire, P. S. & Thomas, D. R. (1987). Criterion-referenced, competency-based training in behavior modification. In B. A. Edelstein & E. S. Berler (Eds.), *Evaluation and accountability in clinical training* (pp. 299–329). New York: Plenum Press.

Hogan, R. A. (1964). Issues and approaches in supervision. *Psychotherapy: Theory, Research and Practice, 1,* 139–141.

Holloway, E. L. (1984). Outcome evaluation in supervision research. *The Counseling Psychologist, 12,* 167–174.

Holloway, E. L. (1992). Supervision: A way of teaching and learning. In S. D. Brown & R. W. Lent (Eds.), *Handbook of counseling psychology* (2nd ed., pp. 177–214). New York: Wiley.

Holloway, E. L. (1995). *Clinical Supervision: A systems approach.* Thousand Oaks, London: Sage.

Holloway, E. L. & Johnston, R. (1985). Group supervision: Widely practiced but poorly understood. *Counselor Education and Supervision, 24,* 332–340.

Holloway, E. l. & Neufeldt, S. A. (1995). Supervision: Its contribution to treatment efficacy. *Journal of Consulting and Clinical Psychology, 63,* 207–213.

Kadushin, A. (1976). *Supervision in social work.* New York: Columbia University Press.

Kadushin, A. (1990). Supervision in der Sozialarbeit. *Supervision, 18,* 4–24.

Kanfer, F. H., Reinecker, H. & Schmelzer, D. (1996). *Selbstmanagement-Therapie. Ein Lehrbuch für die klinische Praxis* (2., überarbeitete Aufl.). Berlin: Springer.

Kennard, B. D.; Stewart, S. M. & Gluck, M. R. (1987). The supervision relationship: Variables contributing to positive and negative experiences. *Professional Psychology: Research and Practice, 18,* 172–175.

Kivlighan, Jr., D. M., Angelone, E. O. & Swafford, K. G. (1991). Life supervision in individual psychotherapy: Effects on therapist's intention use and client's evaluation of session effect and working alliance. *Professional Psychology: Research and Practice, 22,* 489–495.

Kordy, H. (1992). Qualitätssicherung: Erläuterungen zu einem Reiz- und Modewort. *Zeitschrift für psychosomatische Medizin und Psychoanalyse, 38,* 310–324.

Kommer, D. (1996). Historische Anfänge und aktuelle Trends in der Verhaltenstherapieausbildung: Vom „scientist-practitioner-Modell" zur wissenschaftsfernen „professional school"? In H. Bents, R. Frank und E.-R. Rey (Hrsg.), *Erfolg und Mißerfolg in der Psychotherapie* (S. 240–263). Regensburg: Roderer.

Ladany, N. & Friedlander, M. L. (1995). The relationship between the supervisory working alliance and trainees' experience of role conflict and role ambiguity. *Counselor Education and Supervision, 34,* 220–231.

Laireiter, A.-R. (1994). Dokumentation psychotherapeutischer Fallverläufe. *Zeitschrift für Klinische Psychologie, 23,* 236–241.

Laireiter, A.-R. & Baumann, U. (1996). Dokumentation von Verhaltenstherapie. In J. Margraf (Hrsg.), *Lehrbuch der Verhaltenstherapie, Bd. 1* (S. 500–524). Berlin: Springer.

Laireiter, A.-R. & Elke, G. (Hrsg.). (1994). *Selbsterfahrung in der Verhaltenstherapie*. Tübingen: DGVT–Verlag.
Lambert, M. J. & Arnold, R. C. (1987). Research and the supervisory process. *Professional Psychology: Research and Practice, 18*, 217–224.
Lambert, M. J. & Bergin, A. E. (1994). The effectiveness of psychotherapy. In A. E. Bergin & S. L. Garfield (Eds.), *Handbook of psychotherapy and behavior change* (4th ed., pp.143–189). New York: Wiley.
Lange, A. (1994). Nicht-schulenspezifische Faktoren und die Pflicht zur Lehrtherapie: Eine kritische Auseinandersetzung. *Psychologische Rundschau, 45*, 148–156.
Lewis, W. & Rohrbaugh, M. (1989). Live supervision by family therapists: A Virginia survey. *Journal of Marital and Family Therapy, 15*, 323–326.
Linehan, M. M. (1980). Supervision in behavior therapy. In A. K. Hess (Ed.), *Psychotherapy supervision: Theory, Research and Practice* (pp. 148–180). New York: Wiley.
Linster, H. W. & Panagiotopoulos, P. (1990). Supervision in der klientenzentrierten Psychotherapieausbildung. In H. Pühl (Hrsg.), *Handbuch der Supervision* (S. 82–97). Berlin: Edition Marhold.
Lober, H. & Winkler, H. (1989). *Entwicklung und Erprobung eines Rating-Systems zur Einschätzung von Therapeutenkompetenzen in der verhaltenstherapeutischen Familienbetreuung schizophrener Patient(inn)en*. Unveröff. Diplomarbeit, Universität Heidelberg.
Loganbill, C., Hardy, E. & Delworth, U. (1982). A conceptual model for supervision. *The Counseling Psychologist, 10*, 3–43.
Lubecki, P. (1990). Qualitätssicherung der Verhaltenstherapie aus Sicht der Krankenkassen. *Praxis der Klinischen Verhaltensmedizin und Rehabilitation, 3* (12), 303–306.
Luborsky, L. & DeRubeis, R. J. (1984). The use of psychotherapy treatment manuals: A small revolution in psychotherapy research style. *Clinical Psychology Review, 4*, 5–14.
Margraf, J. & Schneider, S. (1992). Therapeutische Beziehung und Therapieerfolg bei Angststörungen. In J. Margraf & J. C. Brengelmann (Hrsg.), *Die Therapeut-Patient-Beziehung in der Verhaltenstherapie* (S. 109–133). München: Röttger.
Marikis, D. A., Russell, R. K. & Dell, D. M. (1985). Effects of supervisor experience level on planning and in-session supervisor verbal behavior. *Journal of Counseling Psychology, 32*, 410–416.
McDonald, R. & Marks, M. (1992). Qualitätssicherung im Gesundheitswesen: Ein Modell zur routinemäßigen Behandlungsauswertung. In W. Fiegenbaum, J. Margraf, I. Florin & A. Ehlers (Hrsg.), *Zukunftsperspektiven der Klinischen Psychologie* (S. 21–34). Berlin: Springer.
Meidinger, H. (1987). Supervision von Beratungslehrern als eine Aufgabe des Schulpsychologen. *Report Psychologie, 12*, 23–27.
Meyer, A. E., Richter, R., Grawe, K., Graf v. d. Schulenburg, J.-M. & Schulte, B. (1991). *Forschungsgutachten zu Fragen eines Psychotherapeutengesetzes*. Hamburg: Universitätskrankenhaus Hamburg-Eppendorf.
Muslin, H. L., Thurnblad, R. J. & Meschel, G. (1981). The fate of the clinical interview: An observational study. *American Journal of Psychiatry, 138*, 825–833.

Nellessen, L. W. (1990). Die Gruppendynamik in der Supervision. In G. Fatzer (Hrsg.), *Supervision und Beratung. Ein Handbuch* (S. 159–170). Köln: Edition Humanistische Psychologie.

Nelson, G. L. (1978). Psychotherapy supervision from the trainee's point of view: A survey of preferences. *Professional Psychology, 9*, 539–550.

Neufeldt, S. A. (1994). Use of a manual to train supervisors. *Counselor Education and Supervision, 33*, 327–336.

Olk, M. E. & Friedlander, M. L. (1992). Trainees' experiences of role conflict and role ambiguity in supervisory relationships. *Journal of Counseling Psychology, 39*, 389–397.

Pope, K. S., Levenson, H. & Schrover, L. R. (1979). Sexual intimacy in psychology training: Results and implications of a national study. *American Psychologist, 34*, 682–689.

Reinecker, H. & Schindler, L. (1996). Aus- und Weiterbildung. In J. Margraf (Hrsg.), *Lehrbuch der Verhaltenstherapie,* (Bd. 1, S. 491–498). Berlin: Springer.

Reising, G. N., & Daniels, M. H. (1983). A study of Hogan's model of counselor development and supervision. *Journal of Counseling Psychology, 30*, 235–244.

Remmers, H. (Hrsg.). (1992). *Beratung, Training, Supervision. Eine Bestandsaufnahme über Konzepte zum Erwerb von Handlungskompetenz in pädagogischen Arbeitsfeldern.* Weinheim: Juventa.

Richter, R. (1994). Qualitätssicherung in der Psychotherapie. Editorial. *Zeitschrift für Klinische Psychologie, 23*, 233–235.

Robyak, J. E., Goodyear, R. K. & Prange, M. E. (1987). Effects of supervisors' sex, focus, and experience on preferences for interpersonal power bases. *Counselor Education and Supervision, 26*, 299–309.

Rosenblatt, A. & Mayer, J. (1975). Objectionable supervising styles: Student's views. *Social Work, 18*, 184–189.

Rossel, E. (1996). Konzept einer praxisnahen verhaltenstherapeutischen Psychotherapeutenausbildung und -supervision. *Verhaltenstherapie, 6*, 107–109.

Rotering-Steinberg, S. (1990). Ein Modell kollegialer Supervision. In H. Pühl (Hrsg.), *Handbuch der Supervision* (S. 428–440). Berlin: Edition Marhold.

Russell, R. K. & Petrie, T. (1994). Issues in training effective supervisors. *Applied & Preventive Psychology, 3*, 27–42.

Rzepka, U. (1997). *Supervision von Verhaltenstherapien: Eine Längsschnittstudie zur Entwicklung von Therapeuten.* Wiesbaden: Deutscher Universitäts-Verlag

Salvendy, J. T. (1993). Control and power in supervision. *International Journal of Group Psychotherapy, 43*, 363–376.

Sandell, R. (1985). Influence of supervision, therapist's competence, and patient's ego level on the effect of time-limited psychotherapy. *Psychotherapy and Psychosomatics, 44*, 103–109.

Sauer, J. (1996). Skizzen einer mißglückten Teamsupervision. *Supervision, 29*, 52–64.

Schacht, T. E. (1991). Can psychotherapy education advance psychotherapy integration? A view from the cognitive psychology of expertise. *Journal of Psychotherapy Integration, 1*, 305–319.

Schindler, L. (1991). *Die empirische Analyse der therapeutischen Beziehung. Beiträge zur Prozeßforschung in der Verhaltenstherapie.* Berlin: Springer.
Schindler, L., Hohenberger-Sieber, E. & Hahlweg, K. (1990). SB Stundenbeurteilung. In G. Hank, K. Hahlweg & N. Klann (Hrsg.), *Diagnostische Verfahren für Berater: Materialien zur Diagnostik und Therapie in Ehe-, Familien- und Lebensberatung* (S. 331–339). Weinheim: Beltz.
Schmelzer, D. (1995). Supervision in der Verhaltenstherapie: Ziele und Aufgaben unter dem Aspekt Förderung der therapeutischen Qualität. In Fachverband Sucht e. V. (Hrsg.), *Qualitätsmerkmale in der stationären Therapie Abhängigkeitskranker – Praxisorientierte Beiträge* (S. 109–127). Geesthacht: Neuland.
Schmelzer, D. (1997). *Theorie und Praxis verhaltenstherapeutischer Supervision: Die „Selbstmanagement"-Perspektive.* Göttingen: Hogrefe Verlag für Psychologie.
Schmidt, J. & Nübling, R. (1994). Qualitätssicherung in der Psychotherapie. Teil 1: Grundlagen, Hintergründe und Probleme. *GwG-Zeitschrift, 96,* 15–25.
Schmidt, J. & Nübling, R. (1995). Qualitätssicherung in der Psychotherapie. Teil 2: Realisierungsvorschläge, Modellprojekte und bereits laufende Maßnahmen. *GwG-Zeitschrift, 99,* 42–53.
Schreyögg, A. (1991). *Supervision. Ein integratives Modell. Lehrbuch zu Theorie und Praxis.* Paderborn: Junfermann.
Schulte, D. (1992). Direktivität und Kontrolle therapeutischer Gespräche. In J. Margraf & J. C. Brengelmann (Hrsg.), *Die Therapeut-Patient-Beziehung in der Verhaltenstherapie* (S. 185–214). München: Röttger.
Schulte, D. (1993). Wie soll Therapieerfolg gemessen werden? *Zeitschrift für Klinische Psychologie, 22,* 374–393.
Scobel, W. A. & Reimer, C. (1988). *Was ist Supervision?* Göttingen: Vandenhoek & Rupprecht.
Shanfield, S. B., Matthews, K. L. & Hetherly, V. (1993). What do excellent psychotherapy supervisors do? *American Journal of Psychiatry, 150,* 1081–1084.
Shaw, B. F. & Dobson, K. S. (1988). Competency judgements in the training and evaluation of psychotherapists. *Journal of Consulting and Clinical Psychology, 56,* 666–672.
Sitkin, S. B., Sutcliff, K. M. & Schroeder, R. G. (1994). Distinguishing control from learning in total quality management: A contincency perspective. *Academy of Management Review, 19,* 537–564.
Skovholt, T. M. & Ronnestad, M. H. (1992). *The evolving professional self: Stages and themes in the therapist and counselor development.* Chichester: Wiley.
Stenack, R. J. & Dye, H. A. (1982). Behavioral description of counseling supervision roles. *Counselor Education and Supervision, 21,* 295–304.
Stein, D. M. & Lambert, M.J. (1995). Graduate training in psychotherapy: Are therapy outcomes enhanced? *Journal of Consulting and Clinical Psychology, 63,* 182–196.
Steinhelber, J., Patterson, V., Cliffe, K. & LeGoullon, M. (1984). An investigation of some relationships between psychotherapy supervision and patient change. *Journal of Clinical Psychology, 40,* 1346–1353.
Stoltenberg, C. D., & Delworth, U. (1987). *Supervising counselors and therapists: A developmental approach.* San Francisco: Jossey-Bass.

Stoltenberg, C. D., McNeill, B. W. & Crethar, H. C. (1994). Changes in supervision as counselors and therapists gain experience: A review. *Professional Psychology: Research and Practice, 25,* 416–2449.
Stone, A. A. (1994). Ethical and legal issues in psychotherapy supervision. In S. E. Greben & R. Ruskin (Eds.), *Clinical perspectives on psychotherapy supervision* (pp. 11–40). Washington: APA.
Stone, G. L. (1980). Effects of experience on supervisor planning. *Journal of Counseling Psychology, 27,* 84–88.
Strosahl, K. & Jacobson, N. S. (1986). Training and supervision of behavior therapists. In F. H. Kaslow (Ed.), *Supervision and training. Models, dilemmas and challenge* (pp. 183–206). New York: Haworth Press.
Sulz, S. K. D. (1992). *Das Verhaltens-Diagnostik-System VDS: Von der Anamnese zum Therapieplan.* München: CIP-Mediendienst.
Talen, M. R. & Schindler, N. (1993). Goal-directed supervision plans: A model for trainee supervision and evaluation. *Clinical Supervisor, 11,* 77–88.
Tillmanns, A. (1990). Supervision in der Verhaltenstherapieausbildung. In H. Pühl (Hrsg.), *Handbuch der Supervision* (S. 98–109). Berlin: Edition Marhold.
Vogel, H. (1993). Was heißt Qualitätssicherung in der Psychotherapie? Tagung am 26./27. November in Freiburg. *Verhaltenstherapie und psychosoziale Praxis, 25,* 93–100.
Ward, L. G., Friedlander, M. L., Schoen, L. G. & Klein, J. G. (1985). Strategic self-presentation in supervision. *Journal of Counseling Psychology, 32,* 111–118.
Watkins, C. E. Jr. (1990). Development of the psychotherapy supervisor. *Psychotherapy, 27,* 553–560.
Watkins, C. E. Jr. (1992). Reflections about the preparation of psychotherapy supervisors. *Journal of Clinical Psychology, 48,* 145–147.
Watkins, C. E. Jr. (1993). Development of the psychotherapy supervisor: Concepts, assumptions, and hypotheses of the Supervisor Complexity Model. *American Journal of Psychotherapy, 47,* 58–74.
Watkins, C. E. Jr. (1994). The supervision of psychotherapy supervisor trainees. *American Journal of Psychotherapy, 48,* 417–431.
Weigand, W. (1990). Interventionen in Organisationen: Ein Grenzgang zwischen Teamsupervision und Organisationsberatung. In H. Pühl (Hrsg.), *Handbuch der Supervision* (S. 175–193). Berlin: Edition Marhold.
Wettreck, H. (1980). Supervision im Strafvollzug. Versuch einer Standortbestimmung. *Zeitschrift für Strafvollzug und Straffälligenhilfe, 29,* 86–89.
Weltgesundheitsorganisation WHO (Hrsg.). (1985). *Einzelziele für Gesundheit 2000.* Frankfurt a. M.
Widauer, H. (1991). Supervision in Institutionen und ihre Mitarbeiter: Am Beispiel der Veränderung des Arbeitsklimas im Krankenhaus. In H. Brandau (Hrsg.), *Supervision aus systemischer Sicht* (S. 116–122). Salzburg: Otto Müller.
Wieringa, C.F. (1990). Entwicklungsphasen der Supervision (1860–1950). *Supervision, 18,* 37–42.
Wiley, M. O. & Ray, P. B. (1986). Counseling supervision by developmental level. *Journal of Counseling Psychology, 33,* 439–445.

Winter, M. & Holloway, E. L. (1991). Relation of trainee experience, conceptual level, and supervisor approach to selection of audiotaped counseling passages. *The Clinical Supervisor, 9*, 87–103.

Wimmer, R. (Hrsg.). (1992). *Organisationsberatung. Neue Wege und Konzepte.* Wiesbaden: Gabler.

Wittern, J.-O. (1992). Erfahrungen mit Supervision in einem Zentrum der beruflichen Rehabilitation. In A. Auckenthaler & D. Kleiber (Hrsg.), *Supervision in Handlungsfeldern der psychosozialen Versorgung* (S. 29–41). Tübingen: DGVT-Verlag.

Wittern, J. O., Daniels, J., Kettmann, U. & Nolte, K. (1986). *Supervision im Rahmen der Psychologie – Ausgewählte Ergebnisse einer schriftlichen Befragung von Diplom-Psychologen in der BRD.* Vortrag auf dem Kongreß für Klinische Psychologie und Psychotherapie von DGVT und GwG, Berlin.

Worthington, E. L. (1984). Empirical investigation of supervision of counselors as they gain experience. *Journal of Counseling Psychology, 31*, 63–75.

Worthington, E. L. (1987). Changes in supervision as counselors and supervisors gain experience: A review. *Professional Psychology: Research and Practice, 18*, 189–208.

Worthington, E. L. & Roehlke, H. J. (1979). Effective supervision as perceived by beginning counselors-in-training. *Journal of Counseling Psychology, 26*, 64–73.

Zielke, M. (1982). Supervision. In R. Bastine, P. A. Fiedler, K. Grawe, S. Schmidtchen & G. Sommer (Hrsg.), *Grundbegriffe der Psychotherapie* (S. 403–406). Weinheim: Edition Psychologie.

Zielke, M. (1993). Basisdokumentation in der stationären Psychosomatik. *Praxis der Klinischen Verhaltensmedizin und Rehabilitation, 5, 218–226.*

Zimmer D. (1996). Supervision in Verhaltenstherapie. In J. Margraf (Hrsg.), *Lehrbuch der Verhaltenstherapie, Bd. 1* (S. 525–542). Berlin: Springer.

Qualitätssicherung durch Evaluation in der Psychotherapie-Ausbildung: Ein Beitrag aus dem Bereich der Integrativen Therapie

Hilarion G. Petzold, Wolfgang Hass & Michael M. Märtens

Inhalt:

1. Ausbildungsevaluation – konzeptuelle Vorüberlegungen 684
2. Zur Situation der Ausbildungsevaluation in der
   Integrativen Therapie an FPI/EAG 686
3. Aufbau, Inhalt und Methodik der Curriculums- und
   Institutsevaluation 691
   3.1 Aufbau und Inhalt der Curriculums- und Institutsevaluation 691
   3.2 Methodik 691
4. Ergebnisse 693
   4.1 Teilnehmerprofil 693
   4.2 Bewertung der Ausbildung durch die Teilnehmer 695
      4.2.1 Globalbewertung und Bewertung einzelner Aspekte
         der Ausbildung 695
      4.2.2 Bewertung einzelner Aspekte in Abhängigkeit
         zum Ausbildungsjahr 700
      4.2.3 Weitere Einzelergebnisse 701
   4.4 Bewertung des Abschlußkolloquiums und Einschätzung
      der Ausbildung aus der Retrospektive 702
5. Diskussion, Überlegungen, Empfehlungen 705

1. Ausbildungsevaluation – konzeptuelle Vorüberlegungen

Evaluationen von Psychotherapie-Ausbildungen, zusammen mit den sie anbietenden und durchführenden Ausbildungsinstitutionen, sind im professionellen Feld bisher offenbar nicht erfolgt oder zumindest nicht publiziert worden, wie eine Durchsicht der internationalen Literatur ergab. Wenn Psychotherapie-Ausbildungen jedoch keine „Initiationsriten" (Kraft, 1990) sein wollen, müssen sie sich der Frage stellen, ob und wie therapeutische Kompetenz gelehrt werden kann (Finke, 1990). Dies gilt ebenso für angrenzende Bereiche der Ausbildung von Supervisoren[1], Familientherapeuten und Beratungslehrern, für die es nur einige kleinere Untersuchungen gibt (Schigl & Petzold, 1997).

Im Feld der Psychotherapie-Ausbildung handelt es sich zumeist – gerade bei den tiefenpsychologisch orientierten Verfahren – eher um *Ausbildungsordnungen* als um Curricula. Damit wird Evaluationsforschung bei psychoanalytischen Ausbildungen schwierig bis unmöglich, was das Fehlen entsprechender Forschung zu einem Teil erklären mag. Für psychotherapeutische Aus- bzw. Weiterbildungen, die in standardisierten Curricula angeboten werden, ergibt sich aber die unbedingte Forderung nach Evaluation, die dem Standard moderner berufsbezogener Erwachsenenbildung entspricht.

Psychotherapieausbilder sind „Ausbilder von Fachleuten" (Ärzte, Psychologen, Humanwissenschaftler). Die durch diese Situation *strukturell vorgegebenen* Maßstäbe sind daher anspruchsvoll. Schon die Eingangsvoraussetzungen für die Zulassung zu Psychotherapie-Ausbildungen sind bei den meisten Verfahren umfangreich und die Anforderungen an Lehrtherapeuten – nach Abschluß der eigenen vier- bis fünfjährigen Psychotherapie-Ausbildung, drei bis fünf Jahre praktischer Tätigkeit und Durchlaufen von weiterbildenden Maßnahmen, um den Status bzw. die Funktion eines Ausbilders, d.h. Lehrtherapeuten zu erhalten – entsprechend hoch.

Dieses in der „professional community" der Psychotherapeuten offenbar in der Grobstruktur konsensfähige Anforderungsprofil für Lehrtherapeuten (Frühmann, 1993) bleibt aber, was die detaillierte Ausarbeitung und die Umsetzung anbelangt, weitgehend offen.

Aussagen über die Effektivität von Ausbildungsprogrammen können letztlich nur getroffen werden, wenn überprüft wird, inwieweit die „interventive Kompetenz und Performanz", also das theoretische Wissen und die Fähigkeit der praktischen Umsetzung (zur Differenzierung der Begriffe vgl. Petzold, Lemke & Rodriguez-Petzold, 1994), die in einer Aus- oder Weiterbildung vermittelt wurden[2], in der psychotherapeutischen Praxis auch den Klienten zugute kommen (Kniskern & Gurman, 1979; van der Mei, Petzold & Bosscher, in Druck). Umgekehrt ist natürlich auch die Beurteilung der psychotherapeutischen Qualität bzw. die Wirksamkeit therapeutischer Interven-

---

1. Die Beschränkung auf die männliche Form dient ausschließlich der Lesbarkeit und schließt die weibliche Form ausdrücklich jeweils mit ein.
2. Die Effektivität auf der Klientenebene kann eigentlich nur beurteilt werden, wenn die „interventive Kompetenz und Performanz" vor Beginn und nach Abschluß der Aus- bzw. Weiterbildung erfaßt würde (Prä-Postvergleich) und mit einer Kontrollgruppe ohne Aus- bzw. Weiterbildung verglichen würde.

tionen wesentlich von der Güte der psychotherapeutischen Ausbildung abhängig (Schneider & Buchkremer, 1995)[3].

Dies verweist darauf, daß die Evaluation von Therapieausbildungen nicht losgelöst von der Wirksamkeitsforschung bei Patienten gesehen werden darf (Hass, Märtens & Petzold, in diesem Band).

Stolk und Perlesz (1990) stellten z.B. im Verlauf einer Familientherapieausbildung fest, daß die Zufriedenheit der behandelten Familien nicht mit dem Ausbildungsstand der Therapeuten zunahm, sondern eher abnahm. Dies verweist auf die Schwierigkeit, „Expertenperspektiven" und „Klientenperspektiven" zur Deckung zu bringen (vgl. z.B. Rudolf, 1991), eine Schwierigkeit, die auch in einigen Forschungsergebnissen im Bereich psychoanalytisch orientierter Vorgehensweisen zu finden ist, zumal man die Perspektiven der Differenzierung einer „doppelten Expertenschaft" (Petzold, 1991) – die der Patienten und die der Therapeuten – nicht nutzt. In die gleiche Richtung weisen die von Svartberg und Stiles (1994) ermittelten Befunde, nach denen die therapeutische Kompetenz (operationalisiert über die *STAPP Competence Rating Form* für *short-term anxiety-provoking psychotherapy*, die die Kompetenz im Sinne der differenzierten Umsetzung der Konzeption von Sifneos operationalisiert), negativ mit der Patientenbesserung korreliert war. Beunruhigend ist hier wiederum, daß in einer völlig anderen Therapieform als der familientherapeutischen, nämlich der psychoanalytischen Kurzzeittherapie, ebenfalls eine Kluft zwischen der Experten- und der Klientenperspektive zu finden ist. Da diese Unterschiede außerdem nicht in einem Mehrpersonensetting auftraten, können sie nicht darauf zurückgeführt werden, daß verschiedene Systemmitglieder selbstverständlich aufgrund ihrer unterschiedlichen Positionen auch oft unterschiedliche Einschätzungen haben. Was aus therapieschulenspezifischer Sicht als therapeutische Kunstfertigkeit erscheint, wird auf Patientenseite erstens nicht entsprechend gewürdigt und zweitens auch nicht mit entsprechenden Erfolgen belohnt.

Henry, Strupp und Binder (1992; vgl. auch Svartberg und Stiles, 1994) fanden in der „Vanderbilt-II-Studie" im Rahmen ihrer Evaluation, daß sich hinter der operationalisierten technischen Präzision häufig *rigides Therapeutenverhalten* verbirgt, was möglicherweise die negativen Auswirkungen erklären könnte. Trotzdem bleibt auch dann die Notwendigkeit bestehen, die zentralen Techniken, ihre Implikationen (z.B. verdeckte Machtstrukturen, vgl. Orth, Petzold & Sieper, 1996) und/oder die Art der Vermittlung kritisch zu hinterfragen und vielleicht andere Formen der Intervention zu entwickeln. Die Befunde verlangen unter allen Umständen nach weiteren Forschungen und machen deutlich, daß bei der Bewertung und letztendlichen Beurteilung dieser komplexen Zusammenhänge viele Perspektiven notwendig sind und die Perspektive der Ausbildungsteilnehmer zwar ein wichtiger Mosaikstein in einem großen Gebilde ist, die Effektivität aber letztendlich vor allem am Nutzen für die Klienten gemessen werden muß.

---

3. Eine Untersuchung der Wirksamkeit von Psychotherapeuten lange nach Durchlaufen der Ausbildung besagt allerdings nur wenig über die Effektivität der Ausbildung selbst, da die Einflüsse des Praxisfeldes, weiterbildende Maßnahmen (Supervision, Intervision) und das Lernen durch die Erfahrung mit Patienten in der Praxis eine wesentliche Dimension der Veränderung von *Performanz* darstellen.

Fraglich bleibt in diesem Zusammenhang natürlich, warum das Thema „Evaluation", das seit einigen Jahren „Hochkonjunktur" hat und z.B. unlängst zur Gründung einer neuen internationalen Fachzeitschrift („Evaluation – The International Journal of Theory, Research and Practice") führte, im Bereich der Psychotherapie noch so wenig Resonanz fand (Laireiter, 1995; Ringler, 1995), obgleich von seiten der Kosten- und Leistungsträger die Forderung nach *Qualitätssicherung* immer nachhaltiger erhoben wird und der Nachweis der Effektivität und Effizienz psychotherapeutischer Verfahren in der berufspolitischen Anerkennungsdiskussion eine zentrale Rolle spielt.

2. Zur Situation der Ausbildungsevaluation in der Integrativen Therapie an FPI/EAG

Das „Fritz Perls Institut" (FPI), eine gemeinnützige GmbH und privater Träger der „Europäischen Akademie für psychosoziale Gesundheit" (EAG), eine staatlich anerkannte Einrichtung der beruflichen Bildung – im folgenden FPI/EAG abgekürzt – hat schon relativ früh mit systematischen Maßnahmen zur Sicherung von Qualität auf unterschiedlichen Ebenen begonnen (z.B. durch Therapie-, Ausbildungs- und Supervisionsforschung). Dabei ist das Attribut „privat" zu unterstreichen, weil die psychotherapeutischen Ausbildungsinstitute, die außerhalb der Hochschule angesiedelt sind – und das ist die Mehrzahl – im Bereich der Forschung vielfach kaum Mittel und Engagement investieren (können).

FPI/EAG hat hier die Prioritäten anders gesetzt. So wurden von Anfang an die angebotenen psychotherapeutischen Ausbildungen curricular ausformuliert (Petzold & Sieper, 1972, 1993) und nachfolgend auch die Lehrtherapeutenausbildungen bzw. -weiterbildungen in curricularer Form ausgearbeitet (Petzold & Frühmann, 1993; Petzold & Orth, 1993), um diese evaluieren zu können. Derartige Untersuchungen wurden zum Teil als Graduierungsarbeiten von Ausbildungskandidaten durchgeführt (Buhl & Jaspersen, 1982; Schubert, 1983; Weller & Meier-Räder, 1990)[4].

Vor diesem Hintergrund wurde nach vielen Bedenken, Vorbehalten und Diskussionen zur Akzeptanz, Methodik etc. in den Ausbildungsausschüssen des Instituts beschlossen, vom Jahr 1990 an die Gesamtausbildung am FPI/EAG zu evaluieren, und zwar in folgenden Bereichen:

---

4. Wenngleich diese Untersuchungen von der wissenschaftlichen Leitung des Instituts angeregt wurden, war es doch ein Anliegen, AusbildungskandidatInnen an diesen Projekten zu beteiligen bzw. diese von ihnen durchführen zu lassen, weil damit auch eine kritische Sicht auf die eigene Ausbildung möglich wird.
Es handelt sich dabei um Untersuchungen mit allgemeineren Fragestellungen zum Berufsprofil, zu den Tätigkeitsfeldern und zur Einstellung von Psychotherapeuten, die die Ausbildung am FPI/EAG durchlaufen hatten. Fragen zur Bewertung der Ausbildung machten nur einen Teil der Untersuchungen aus. Immerhin waren die Ergebnisse nützlich und aufschlußreich und haben im Sinne eines „korrektiven Feedbacks" dazu geführt, daß Veränderungen im Ausbildungsprogramm und in der Didaktik der Ausbildung vorgenommen werden konnten.

1. Effektivität der Ausbildung von Integrativen TherapeutInnen und SupervisorInnen,
2. Kompetenzförderung von Ausgebildeten durch Weiterbildung und Supervision,
3. Dienstleistungen der anbietenden Weiterbildungsinstitution,
4. Effektivität der Integrativen Therapie für die Behandlung von Patienten.

Dabei wurden folgende Qualitäts„sektoren" in den Blick genommen:

1. Die Einrichtung, die die Weiterbildung anbietet, Organisation, Verwaltung, Räumlichkeiten, sachliche Austattung etc. als Determinanten von *Kontextqualität* (im Sinne einer weitergefaßten, auch ökologische Aspekte einbeziehenden Strukturqualität);
2. Lehr- und Lernprozesse sowie das Gruppengeschehen in der Ausbildung, die Arbeit von Gremien und Teams (z.B. Ausbildungskandidaten- und Dozententreffen, Zusammenkünfte der Zentralkonferenz; vgl. Akademiesatzung in *Gestalt und Integration*, Bd. 2, Heft 2, 1997) als Bestimmungsmerkmale von *Prozeßqualität*;
3. die Zahl der in Aus-, Weiter- und Fortbildungen geschulten Seminarteilnehmer (vgl. Schmiedel, 1993) sowie die Zahl der Patienten, die mit Integrativen Verfahren behandelt wurden, als Determinaten von *Ergebnisqualität*;
4. die interventive Kompetenz und Performanz der Aus- und Weiterbildungsteilnehmer sowie die Verbesserung der Symptomatik bei Patienten, die mit Integrativen Verfahren behandelt wurden (vgl. van der Mei, Petzold & Bosscher, in Druck) als Determinanten von *Produktqualität*.

Neben den prinzipiellen qualitätssichernden Erwägungen gibt es – wie so oft bei Evaluationsstudien – auch externe Anlässe, z.B. wenn die Frage der Anerkennung von Ausbildungsstätten im Rahmen des kommenden Psychotherapie-Gesetzes im Raum steht. Hierfür werden Evaluationen wie die vorliegende von Bedeutung sein, und so entschied sich die wissenschaftliche Leitung mit Blick auf sich „abzeichnende Zukunftsprobleme quasi ‚Evaluation auf Vorrat' zu betreiben" (Lösel & Nowack, 1987, S. 80).

Diese Entscheidung fiel jenseits der Kontroversen in der Evaluationsforschung über den Primat quantitativer oder qualitativer Methodologie (Scriven, 1972) aus rein pragmatischen Gründen. Es ging darum, einen Gesamteindruck der Ausbildungsangebote zu erhalten, die langjährig und sehr komplex sind und unter Beteiligung zahlreicher Mitarbeiter überregional durchgeführt werden. In Teilbereichen, z.B. der Supervision (Schreyögg, 1993a; Petzold & Schigl, 1996) oder der Gruppenarbeit (Frühmann, 1987) liegen qualitative Untersuchungen vor, die die Grundlage für notwendige Veränderungen bereitstellen, *Entscheidungshilfen* für Gremien bieten sollen und einem „policy making" dienen[5].

---

5. Partizipative Evaluationsansätze, die alle beteiligten Gruppen, die „stakeholding audiences" einbeziehen und dem Korrespondenzmodell des Integrativen Ansatzes (Petzold, 1992) besonders entsprechen, schienen uns nach dem komplizierten Vorlauf des Evaluationsvorhabens und bei der vorhandenen Dezentralität zum gegenwärtigen Zeitpunkt nicht realisierbar. Das Modell der „responsiven Evaluation" (Beywl, 1988) als rekursiver Prozeß vielfacher Rückkopplungsschleifen zwischen „Beobachtung/Weiterkonzipierung/ Bewertung einerseits, Be-

Maßnahmen der Qualitätssicherung in solch einem komplexen System, wie es FPI/EAG darstellt, müssen zum einen als ein Schritt für Schritt ablaufender Organisationsentwicklungsprozeß aufgefaßt werden (Schreyögg, 1993b), zum anderen erfordern sie auch ein Gesamtkonzept bzw. ein Modell, in dessen Rahmen sie erfolgen. Da Konzepte wie das „Total Quality Management" (TQM) eher für den technischen Bereich bzw. für Unternehmen aus dem Profit-Sektor konzipiert waren, wurden Überlegungen für die Adaptierung an den psychotherapeutischen Bereich notwendig. Um sich von dysfunktionalen *Maximierungsphilosophien*, wie sie zum Teil im Profit-Bereich charakteristisch sind, abzugrenzen, wurde hier eine *Optimierungsphilosophie* angestrebt, die anstatt der Forderung nach „Total Quality" die für „soziale Systeme" angemessenere Konzeption einer „Optimal Quality" vertritt (Petzold, im Druck).

Die eingangs skizzierten Zusammenhänge zwischen Therapieausbildung und der Wirksamkeitsforschung auf Klientenebene haben am FPI/EAG zu der Entwicklung eines *Integrativen Modells zur Qualitätssicherung in der Psychotherapie- und Ausbildungsevaluation* geführt (vgl. Abbildung 1).

Das hier vorgestellte Qualitätssicherungsprojekt ist anhand von Überlegungen im Rahmen dieses Modells entwickelt worden und zugleich ein Schritt zu seiner Realisierung. Das Modell zeichnet sich durch Verschränkung einer „Binnen"- (Ausbildungsforschung und -evaluation) und einer „Außen"-Perspektive (Psychotherapieforschung und -evaluation) mit den jeweiligen Zielgruppen aus, die vom Forschungsinstitut an der EAG evaluiert werden, womit eine theoretisch-konzeptuelle wie auch methodische Verknüpfung mit entsprechenden Synergieeffekten erreicht wird. Die Bezeichnung „integrativ" leitet sich zum einen von dieser Verknüpfung ab, zum anderen ist das Modell in seinen Fragestellungen am didaktischen Konzept des Curriculums und natürlich an den Inhalten und Methoden des dahinterstehenden Verfahrens, der „Integrativen Therapie" (Petzold, 1992), orientiert, d.h., es will die spezifische Verschränkung von Therapietheorie und -praxis, von einer Didaktiktheorie „persönlich bedeutsamen Lernens" (Bürmann, 1992) und „kreativen Lehrens" (Sieper & Petzold, 1993) untersuchen.

Die Fragestellungen des Evaluationsvorhabens sind also an einer komplexen Gesamtkonzeption ausgerichtet und die hier gewonnenen und vorgestellten Daten werden mit anderen Daten aus anderen Ausbildungsevaluationen von EAG/FPI konnektiert – z. B. mit den Ergebnissen aus einer Studie, die eine Ausbildungsgruppe (mit Kontrollgruppe) über die gesamte Ausbildungszeit (vier Jahre) mit qualitativen und quantitativen Methoden beforschte (Schigl & Petzold, 1997).

Die vorliegende Studie ist somit vor dem Hintergrund institutspolitischer Entscheidungen zu sehen, in deren Rahmen das Leitungsgremium in einem Psychotherapie-

---

richterstattung/Aushandlung/Weiterkonzipierung andererseits" (Beywl, 1988, S. 155), wie wir es in der Evaluation einzelner Ausbildungsgruppen oder Seminarsequenzen für nützlich erachten und praktikabel fanden (Petzold & Schigl, 1996), kommt indes durch die beständige Interferenz mit den Prozessen in therapeutischen bzw. quasitherapeutischen Settings an Grenzen. Für Lehranalysen oder Ausbildungsgruppen z.B. ist das Postulat beständiger Rekursivität im Evaluationsprozeß schwer umsetzbar. „Während des gesamten Evaluationsprozesses werden die Ziele, Themen und Fragestellungen, Interpretationen und Empfehlungen im Gespräch mit den Beteiligtengruppen bestimmt, überprüft, revidiert" (Beywl, 1988, S. 145).

Abbildung 1: Integratives Modell zur Qualitätssicherung und -entwicklung durch Psychotherapie- und Ausbildungsevaluation

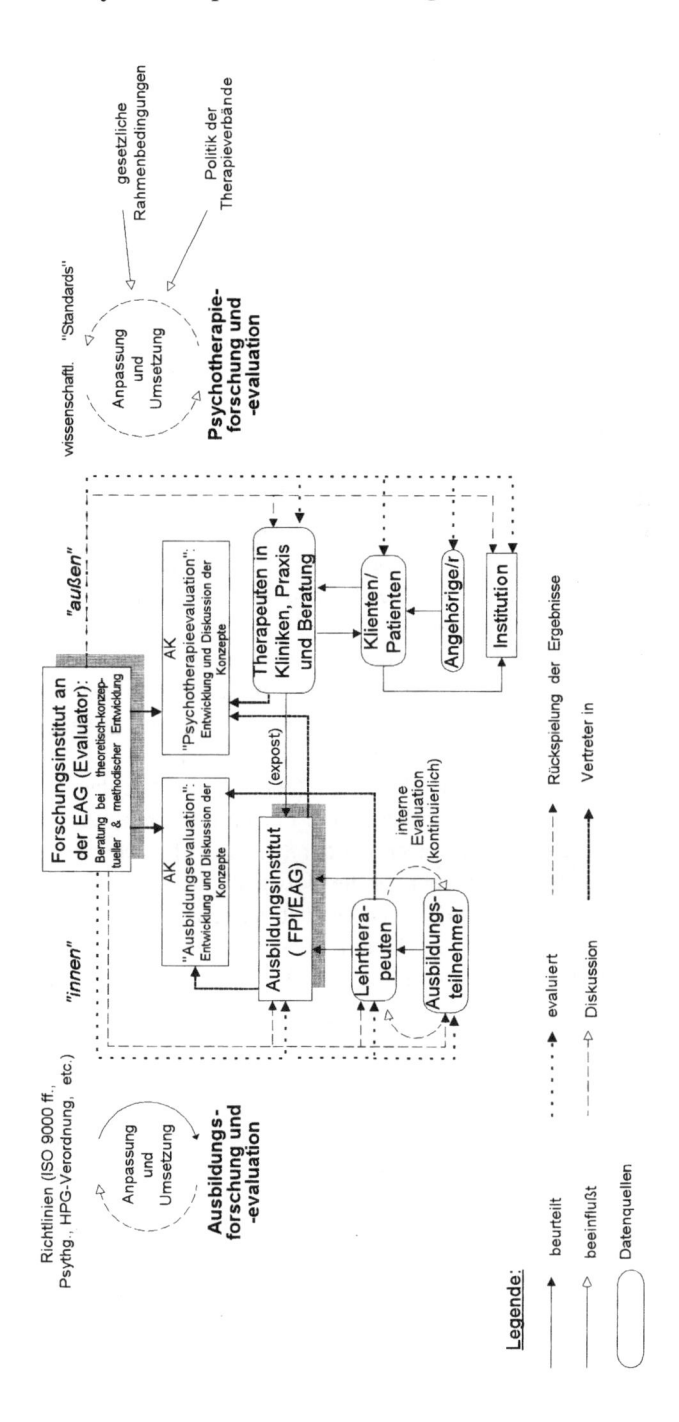

Ausbildungsinstitut eine Verschränkung von Theorie, Praxis, Forschung und didaktischer und theoretischer Arbeit anstrebt, nämlich Therapieforschung mit Patienten und Therapeuten (Heinl, 1996; van der Mei et al., in Druck), Forschung zur Lebenssituation von Risikogruppen (Hentschel, 1993; Knobel, Mankwald, Petzold & Sombrowsky, 1992; Sombrowski, 1994), Ausbildungsforschung (Schigl & Petzold, 1997) mit der dreifachen Zielsetzung von *quality attainment* (= die Qualität psychotherapeutischer Arbeit und Ausbildung zu erreichen), *quality maintainance* (= Erhaltung eines optimalen Niveaus) und *quality development* (= permanente Entwicklung von Qualität) zu betreiben.

Vor dem Hintergrund der Entscheidung für eine „dokumentierende, bewertende Erhebung" wurde das Evaluationsraster im Sinne einer *Expertenbefragung* mit einigen langjährig erfahrenen Lehrtherapeuten (nicht nur der eigenen Schule) diskutiert (Lösel & Nowack, 1987) und nicht im Vorfeld an alle 240 Lehrtherapeuten gegeben. Evaluationen lösen häufig Widerstände aus und vielfältige Argumente, warum sie nicht sinnvoll seien. Dabei wird natürlich nicht berücksichtigt, daß „eine Evaluationsstudie nur einer von vielen Faktoren in einem komplexen Prozeß des Aushandelns von Entscheidungen ist" (Lösel & Nowack, 1987, S. 82). Wenn man aber eine weite Perspektive der *Nutzung* zugrunde legt, können *instrumentelle Nutzungen* für direkte Entscheidungen herangezogen werden; *konzeptuelle Nutzungen* (Leviton & Hughes, 1981) – und das ist die *primäre Intention* der vorliegenden Studie – sollen Diskurse anregen und zu einem *veränderten Denken* über vermittlungstheoretische und didaktische Vorgehensweisen führen.

Aus all diesem wird deutlich, daß eine Evaluation eine *Intervention* in einem Ausbildungsprozeß darstellt, eine durchaus konflikthafte *Intervention auch in die Gruppendynamik eines Ausbildungsinstitutes*. Dies war bei einer so großen Dozentenschaft vorauszusehen und wohl auch nicht zu vermeiden. Da die Evaluationsbemühungen prinzipiell nicht in Frage gestellt wurden (oder von der Sachlage her in Frage gestellt werden konnten), waren es insbesondere Fragen der Form, der Information und des Designs, die kritisch aufgeworfen wurden (Petzold, Hass, Jakob, Märtens & Merten, 1996). Damit wird einmal mehr auf die Notwendigkeit verwiesen, in psychotherapeutischen Ausbildungsinstituten eine „evaluationsfreundliche" und „forschungsfreundliche" Kultur aufzubauen, ein Unterfangen, das sicher eine Implementierung über mehrere Jahre und eine „konzeptuelle Nutzung" (Leviton & Hughes, 1981) vorliegendender Evaluationen erforderlich macht.

Im Bereich der Psychotherapieforschung am FPI/EAG sind wir bestrebt, komplexe Untersuchungen, wie sie für den Supervisionszweig vorgenommen werden konnten, natürlich auch für die psychotherapeutischen Ausbildungszweige in Angriff zu nehmen (vgl. Hass, Märtens & Petzold, in diesem Band). Die vorgelegte Gesamtevaluation der Ausbildungen am FPI/EAG wird hierzu als ein wesentlicher Schritt angesehen.

3. Aufbau, Inhalt und Methodik der Curriculums- und Institutsevaluation

3.1 Aufbau und Inhalt der Curriculums- und Institutsevaluation

Das im folgenden vorgestellte Qualitätssicherungs-Projekt ist gewissermaßen Pionierarbeit, mit allen Problemen und Einschränkungen, die sich mit einem solchen Unterfangen verbinden, zumal ein sehr komplexes Ausbildungssystem, differenzierte, langlaufende Curricula (drei- bis fünfjährig), ein recht großer Lehrkörper (240 Personen), alle Ausbildungsgruppen und damit eine große Zahl von Ausbildungskandidaten (ungefähr 1.200) in den Blick genommen werden[6].

Curriculumsevaluationen haben sich an den Vorgaben der vorliegenden Curricula auszurichten, sind auf die Formen ihrer Umsetzung und auf die durchführende *Institution* zentriert, wobei der Grad der Elaboration der Curricula und die Leistungsfähigkeit der Institution entscheidende Faktoren sind.

In der vorliegenden Studie soll keine Lernzielevaluation auf das Erreichen von „Feinzielen" vorgenommen werden, was bei dem Gegenstand „Psychotherapie-Ausbildung" ohnehin eine Mischform von qualitativen und quantitativen Erhebungsinstrumenten erforderlich gemacht hätte (Lösel, 1985). Es geht um bewertende Teilnehmereinschätzungen einer Gesamtausbildung und ihrer Teilsegmente sowie der durchführenden Institution, ihrer Lehrtherapeuten und Lehrbeauftragten, um die Verifizierung der Vermittlung wichtiger Richtziele mit Bezug auf die *personale, soziale und professionelle Kompetenz und Performanz* sowie das *„soziale Engagement"*, wie sie seit mehr als 20 Jahren (Petzold & Sieper, 1972) in den Curricula des Instituts stehen (vgl. Curriculum I, 1., Petzold, 1988, S. 602; vgl. dazu auch Petzold et al., 1994).

3.2 Methodik

Gegenstand der Befragung war die Bewertung verschiedener, vom FPI/EAG angebotener Ausbildungszweige durch die Teilnehmer. Damit sind deren subjektive Einschätzungen Grundlage der Untersuchung.

Die Befragung erfolgte mittels eines vierseitigen, an den Curricula der Institution ausgerichteten und nach verschiedenen Kriterien gegliederten, detaillierten Fragebogens. Der Eingangsteil erhebt allgemeine, personenbezogene und ausbildungsbezogenen Daten. Dann wird um eine „globale Auswertung der Ausbildung als Gesamtmaßnahme" und der Institution gebeten; danach werden differentielle Bewertungen abgefragt. Wesentlich sind Informationen zur Bewertung der *Kompetenz* und *Performanz* der Ausbilder in theoretischer, didaktischer und klinischer Hinsicht, ihre Ver-

---

6. Damit hebt es sich von Untersuchungen ab, die z.B. nur ein bis zwei Ausbildungsgruppen (Pawlik, 1991) oder kurzzeitige Weiterbildungen (Buchheim, Triebel & Sell, 1992; Cierpka, Buchheim, Gitzinger, Seifert & Golinsky, 1993) untersucht haben, oder in denen spezifischen Wirkungszusammenhängen – Trainerverhalten, Trainingserfolgen, Empathieförderung (Gunkel, 1989), Selbsterfahrung (Goerlitz & Hippler, 1992), Diagnostik-Kompetenz (Zimprich, 1992) etc. nachgegangen wurde.

wendung von didaktischen Mitteln („Mini-Lectures", d.h. kompakte Theorieeinheiten, die Konzepte verankern wollen, wie Kreative Medien, Processing, Gruppenprozeßanalyse etc.). Neben der Bewertung der *curricularen und didaktischen Qualität* wird nach der Einschätzung der Ausbildungselemente im Hinblick auf die Förderung von *Persönlichkeitsentwicklung* und *Professionalität* gefragt sowie nach der Vermittlung der hierzu erforderlichen Kenntnisse und Skills. Der *Praxistransfer* für die Patientenarbeit ist ein weiterer Gesichtspunkt. Ein Anhang mit „Fragen für Absolventen" soll die Qualität des Abschlußkolloquiums und seine Modalitäten erfassen – ein wichtiges Thema und ein schwieriger Bereich (Prüfungsstreß, Beurteilung). Von besonderem Interesse für jede Ausbildung ist schließlich ihre Bewertung durch Absolventen aus der Retrospektive, nicht zuletzt mit Blick auf ihre Nützlichkeit und Relevanz für die berufliche Praxis.

Diejenigen, die die Ausbildung bereits abgeschlossen hatten, erhielten auf einer angefügten fünften Seite die Möglichkeit der Bewertung ihres Abschlusses. Die Befragten konnten bei größtenteils geschlossenen Fragen auf vorgegebenen Rating-Skalen in Anlehnung an das Schulnotensystem ihr persönliches Urteil von sehr gut (= 1) bis mangelhaft (= 5) abgeben bzw. Ja/Nein-Vorgaben ankreuzen. Eine Bewertung in Anlehnung an das Schulnotensystem wurde gewählt, da bei den meisten der Ausbildungskandidaten davon ausgegangen werden kann, daß sie noch mit dem traditionellen Notensystem großgeworden sind und das Bewerten als „kognitive Strategie" im Ausbildungskontext bei Anwendung dieser Methode verhältnismäßig leichtfällt.

Der Fragebogen gab den Befragten zudem die Möglichkeit, in freier Form eine abschließende Stellungnahme abzugeben. Dabei konnten die Teilnehmer bis zu 5 Statements zu jenen Themen abgeben, die ihnen besonders wichtig erschienen oder aber im standardisierten Fragebogenteil unberücksichtigt geblieben waren, was von 50% aller Befragten (mindestens ein Statement) genutzt wurde (zu diesbezüglichen Ergebnissen siehe Petzold et al., 1995).

Von den im Juni bis September 1995 angeschriebenen ca. 1200 Teilnehmern an allen vom FPI/EAG angebotenen Aus- und Weiterbildungen schickten 456 den Fragebogen bis zum 30.11.95 ausgefüllt an die wissenschaftliche Abteilung der EAG in Düsseldorf zurück, was einer *Response*-Rate von ca. 38% entspricht, womit der Rücklauf um 13% höher liegt als bei einer vorausgegangenen institutsinternen Untersuchung aus dem Jahre 1987 (Weller & Meier-Räder, 1990).

Da es sich um eine institutsinterne Auswertung im Rahmen der Verpflichtung von Weiterbildungsinstitutionen zur Qualitätssicherung (Wolff, 1996) handelt, ist natürlich der Objektivitätsaspekt zu berücksichtigen. Während bei den erwähnten Studien (z. B. Schubert, 1983; Weller & Meier-Räder, 1990) die Auswerter Psychologen waren, die die Ausbildung am FPI durchlaufen hatten (was Vor- und Nachteile hatte), ergab sich bei der vorliegenden Evaluation die günstige Situation, daß in der Forschungsstelle der EAG zum Herbst 1995 drei neue wissenschaftliche Mitarbeiter für ein Therapieforschungsprojekt begonnen hatten, die bisher mit der Institution FPI nichts zu tun hatten und insofern unvoreingenommen an die statistische Auswertung herangehen konnten.

Das gesamte Material (Fragebögen und Auswertung) wurde darüber hinaus an einen externen Gutachter[7] zur Überprüfung gegeben. Bewertungen und Empfehlungen wurden sparsam vorgenommen, um der Diskussion über Umsetzung und Konsequenzen der Evaluation in den zuständigen Gremien nicht vorzugreifen. Die wichtigsten Ergegebnisse der Gruppe der Psychologen und Psychotherapeuten (n=145) sind im folgenden wiedergegeben.

4. Ergebnisse

Im folgenden werden lediglich die relevant erscheinenden Ergebnisse präsentiert, d.h., auf eine Darstellung der für den externen Betrachter weniger interessanten Details wird verzichtet. Die Ergebnisse sind in Anbetracht der Fallzahl auf dem 5%-Niveau als signifikant ausgegeben.

4.1 Teilnehmerprofil

Ausbildungsstatus: Bei den Befragten handelt es sich um Psychologen bzw. Psychotherapeuten, von denen zwei Drittel die Ausbildung noch nicht abgeschlossen haben und durchschnittlich im vierten Ausbildungsjahr sind. Das Schwergewicht liegt mit ca. 61% der Teilnehmern im dritten bis fünften Ausbildungsjahr. Die Angaben zum Ausbildungsstatus sowie weitere Daten zum Teilnehmerprofil sind Tabelle 1 zu entnehmen.
Alter und Geschlecht: Nur 4% der Teilnehmer sind bis zu 30 Jahre alt, der Schwerpunkt liegt mit 31% in der Gruppe der 36- bis 40jährigen. Das Durchschnittsalter beträgt bei beiden Geschlechtern 40 Jahre. Der Frauenanteil liegt, für psychotherapeutische Ausbildungen typisch, mit ca. 67% recht hoch.
Ausbildungszweig/Orientierung: Die therapeutische Ausbildung am FPI/EAG umfaßt insgesamt 13 verschiedene Schwerpunkte. Zusätzlich wird ein Ausbildungszweig „Supervision" angeboten. Ausbildungszweige mit unter 10 Nennungen wurden zu einer Kategorie „sonstige" zusammengefaßt, Angaben zu einer zweiten Ausbildung (dies betrifft 5% der Teilnehmer) wurden nicht berücksichtigt. Der größte Teil der Befragten (ca. 66%) hatte sich für den Ausbildungszweig „Psychotherapie" entschieden, gefolgt von 15%, die Kinder- und Jugendtherapie und 7%, die Integrative Bewegungstherapie gewählt hatten. Geschlechtsunterschiede bestehen in der Bewegungstherapie: Diesen Zweig hatten ca. 11% der befragten Männer gewählt, etwas mehr als doppelt soviel wie der entsprechende Anteil der Frauen.
Institution: Die größte Gruppe stellen die 43% freiberuflich bzw. in eigener Praxis Tätigen dar, ca. 20% arbeiten in einer Klinik, gut 14% in einer Beratungsstelle. Die übrigen 23% der Nennungen verteilen sich auf Institutionen und Dienste verschiedener Art, wie Tabelle 1 zu entnehmen ist.

---

7. Das Fragebogenmaterial und die statistische Auswertung wurden durch Herrn Jörg Mutke, Abteilung Allgemeine Psychologie, Psychologisches Institut, an der Universität Bonn, geprüft. Die Erhebungsbögen sind archiviert.

Tabelle 1: Teilnehmer-Statistik (absolute Zahlen, gültige Fälle)

	Frauen	Männer	ges.
Ausbildungsstatus			
abgeschlossen	30	19	49
noch in Ausbildung	69	25	94
davon: 1. Ausb.jahr	7	0	7
2. Ausb.jahr	7	6	13
3. Ausb.jahr	13	2	15
4. Ausb.jahr	34	14	48
5. Ausb.jahr u. höher	8	3	11
Gesamt	99	44	143
Alter			
bis 30 Jahre	3	2	5
31-35 Jahre	22	7	29
36-40 Jahre	26	16	42
41-45 Jahre	21	8	29
über 45 Jahre	19	11	30
fehlende Angaben			8
Gesamt	91	44	143
Ausbildungszweig[a]			
Psychotherapie	68	27	95
Kinder-u. Jugendpt.	15	6	21
Bewegung (IBT)	5	5	10
sonstige	11	6	17
Gesamt	99	44	143
Institution[b]			
freiberufl./ Praxis	42	15	57
Beratungsstelle	9	9	18
Sucht/ Drogen	3	1	4
Psychiatrie	7	1	8
Verbände/ Vereine	2	0	2
Schule	2	1	3
Klinik	17	9	26
Einricht. f. Kinder/Jugendl.	2	1	3
Bildung/Forschung/Lehre	1	1	2
Verwaltung/ Behörde	3	0	3
sonstige	1	4	5
fehlende Angaben			12
Gesamt	89	42	143

	Frauen	**Männer**	**ges.**
Status			
berufstätig	89	41	130
studierend	3	1	4
arbeitslos	4	1	5
fehlende Angaben			4
Geamt	96	43	143

Anmerkungen:
[a] Hierzu zählen Soziotherapie und Supervision (jeweils 3.4%) Kunsttherapie (0.7%) und andere am Institut angebotene Verfahren.
[b] Die Frage nach der Institution, in der gearbeitet wird, war „offen", also ohne Vorgaben gestellt, was eine nachträgliche Zusammenfassung notwendig machte.

Erwerbsstatus: 94% der Befragten sind berufstätig, jeweils nur ca. 3% arbeitslos oder studierend.

4.2 Bewertung der Ausbildung durch die Teilnehmer

Die Bewertung der Ausbildung durch die Teilnehmer ist auf ein hochkomplexes Ausbildungs*system* gerichtet. Es „als ganzes" zu erfassen, erfordert eine gewisse Erfahrung mit diesem System, insofern spielt auch die Zugehörigkeit zu diesem System eine Rolle. Weiterhin wird ein breites Angebot bewertet – z. B. Theorie, Methodik, Praxis, Selbsterfahrung –, dem bei den Bewertenden durchaus unterschiedliche Vorerfahrungen, Vorlieben oder Abneigungen gegenüberstehen. Die Zahlen geben deshalb vielfache Motive und Interessen wieder, deren weitere Untersuchungen lohnenswert scheint.

4.2.1 Globalbewertung und Bewertung einzelner Aspekte der Ausbildung

Die im Fragebogen zu beantwortenden, einzelnen *Items* lassen sich insgesamt 11 verschiedenen Bewertungsaspekten der Ausbildung zuordnen[8]. Gleich zu Beginn der ins-

---

8. Diese Aspekte konnten, in Abhängigkeit der jeweiligen Fragestellung, nur zum Teil explizit global beurteilt werden. Bei den Aspekten, bei denen keine entsprechende Gesamteinschätzung erbeten wurde, wurden Indices gebildet, indem die einzelnen, dem jeweiligen Bewertungsaspekt zugehörigen Fragen addiert und der sich ergebende Summenwert durch die jeweilige Anzahl der Fragen geteilt wurde, so daß die ursprüngliche Fünfer-Skalierung der Einzel-*Items* im Index beibehalten wird. Um eine hohe und einheitliche Fallzahl zu erhalten, wurden fehlende Werte jeweils durch den Mittelwert des betreffenden *Items* ersetzt. Auf insgesamt 16 Fragen gaben einige Teilnehmer der Ausbildung eine „6". Diese Benotungen bezogen sich etwa zur Hälfte auf Einzelbeurteilungen des Aspekts „Selbsterfahrungs- und Ausbildungsgruppe" (erstes bis drittes Jahr) und zur Hälfte auf solche des Aspekts „Ausbilderkompetenz". „Ungenügend" fand sich darüber hinaus bei der regionalen Theoriebetreuung (Bewertungsaspekt „Theorieprogramm") sowie beim Informations- und Kommunikationsfluß.

gesamt recht umfangreichen Benotungsprozedur wurde von den Ausbildungsteilnehmern eine Globalbewertung ihrer Ausbildung erbeten. Mit einer Note von 2.1 ist hier ein gutes Niveau der curricular angebotenen Aus- und Weiterbildung am EAG/FPI dokumentiert. Die zusammenfassenden Bewertungen der einzelnen Aspekte sowie die Globalbewertung sind Abbildung 2 zu entnehmen.

Abbildung 2: Globalbewertung der Ausbildung insgesamt sowie verschiedener Auswertungsaspekte ($n = 145$)[a]

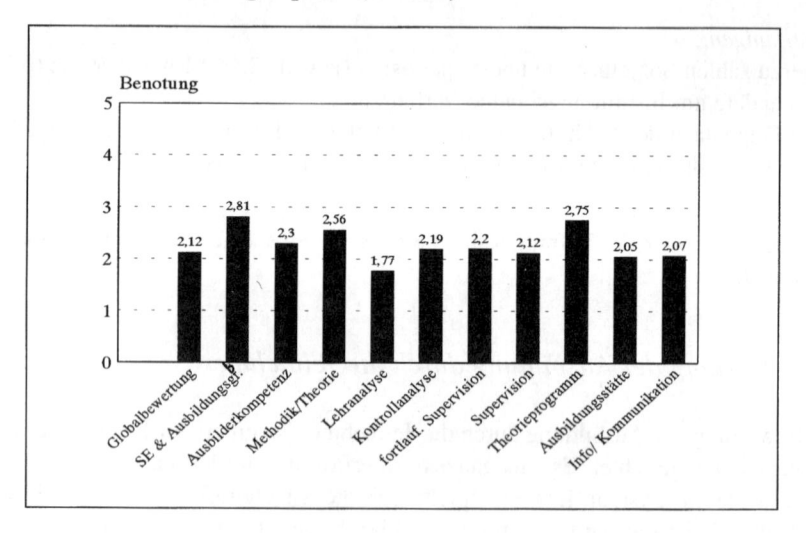

Aspekt	Benotung
Globalbewertung	2,12
SE & Ausbildungsjg.[b]	2,81
Ausbilderkompetenz	2,3
Methodik/Theorie	2,56
Lehranalyse	1,77
Kontrollanalyse	2,19
fortlauf. Supervision	2,2
Supervision	2,12
Theorieprogramm	2,75
Ausbildungsstätte	2,05
Info/ Kommunikation	2,07

Anmerkungen:
[a] Abweichende Fallzahlen bei der Bewertung der Lehranalyse (125), der Kontrollanalyse (57), der fortlaufenden Supervision (99), der Supervision (80) sowie beim Theorieprogramm (130).
[b] Selbsterfahrung gemittelt aus den getrennt erfragten Bewertungen des ersten, zweiten und dritten Ausbildungsjahres.

Demnach steht die Lehranalyse mit der Durchschnittsnote von 1.8 in der Gunst der Befragten ganz oben, wie schon in der Untersuchung von Weller und Meier-Räder (1990, S.103), in der 56% die Lehranalyse und 78% die Selbsterfahrung als besondere Stärken der Ausbildung ansahen – Ergebnisse, die der hohen Bedeutung entsprechen, die Teilnehmer an therapeutischen Weiterbildungsangeboten in unterschiedlichen Schulen den *Selbsterfahrungsanteilen* bei Evaluationen beimessen (Buchheim, Triebel & Sell, 1992; Cierpka, Buchheim, Gitzinger, Seifert & Golinsky, 1993; Goerlitz & Hippler, 1992) und auch der Bedeutung, die Therapeuten der verschiedensten Richtungen der Selbsterfahrung zuschreiben (für die Gesprächstherapie vgl. z.B. Frohburg,

---

Da diese Benotungen außerhalb der vorgegebenen Skala (1–5) liegen, wurden sie, um sie für die Auswertung berücksichtigen zu können, auf den schlechtmöglichsten zulässigen Wert rekodiert.

1989; für die Verhaltenstherapie Goerlitz & Hippler, 1992; für weitere Schulen die Beiträge in Frühmann & Petzold, 1993), so daß hier auch das Gewicht von wechselseitigen Erwartungsstrukturen (Rosenthal, 1972) und Attributionsprozessen berücksichtigt werden muß. Es wird hier die *Qualität integrativer Lehranalyse* (laut Curriculum ca. 250 Stunden) bewertet, was dieses Ergebnis interessant macht, da der Wert von Lehranalysen für die Psychotherapie-Ausbildung ja durchaus strittig diskutiert wird, wie von Grawe, Donati und Bernauer (1994) oder von Lange (1994), der sich nach Auswertung der Forschungsliteratur gegen psychoanalytische Lehranalysen, in denen das Moment des „Lehrens" im Sinne der gezielten Vermittlung von Skills und spezifischen Qualitäten zu kurz komme, als Form der Qualifizierung ausspricht. Gerade im didaktischen Anliegen aber werden in integrativen Lehranalysen Schwerpunkte gesetzt (Frühmann, 1993), für die Evaluationsergebnisse aufschlußreich sind: Der eigentherapeutische Wert rangiert sehr hoch, auch die Konzeptvermittlung liegt im Wert gut, die Methodikvermittlung fällt indes leicht ab in Richtung „befriedigend". Letztlich muß jedes dieser Ergebnisse detailliert betrachtet und mit den Lehrtherapeuten diskutiert werden, um zu etwaigen ausbildungsdidaktischen Konsequenzen zu kommen.

Hoch bewertet wurden auch das „Supervisionsprogramm" (Note 2.1) sowie die „Kontrollanalyse" und die „fortlaufende Supervision" (jeweils Note 2.2). Aber auch hier ist eine detaillierte Betrachtung notwendig. Diese guten Gesamtbewertungen setzen sich fort in der positiven Beurteilung für die Förderung der klinischen *Kompetenz* und auch der klinischen *Performanz* sowie im Hinblick auf den Nutzen für die Behandlung von Patienten. Bei der Theorie-/Praxisverschränkung und der Vermittlung integrativ-therapeutischer Konzepte findet sich sowohl in der Kontrollanalyse (56% bzw. 57% „befriedigend" und schlechter) als auch in der Supervision (52% bzw. 62%) ein sehr deutliches Abfallen. Das schmälert das ansonsten gute Ergebnis und wird Überlegungen und Maßnahmen zur Qualitätsverbesserung notwendig machen, besonders mit Blick auf die Auswertungsergebnisse der Absolventen „aus der Retrospektive", die die Ausbildung für die Arbeit in multidisziplinären Teams und für den fachlichen Diskurs mit Kollegen eher schwach bewerten (vgl. Abschnitt 4.5). Kontrollanalyse und Supervisionsgruppe sind aber der Ort, wo diese Kompetenzen gefördert werden sollten. Gegenüber der Studie von Weller und Meier-Räder (1990) hat sich die Bewertung der Kontrollanalyse (21% sahen sie als Stärke, 9.5% als Schwäche der Ausbildung) deutlich verbessert, was auf die als Konsequenz aus dieser Evaluation erfolgte systematische Schulung der Kontrollanalytiker und kollegiale Intervision zurückzuführen sein dürfte sowie auf die theoretische Weiterentwicklung im Bereich von Kontrollanalyse und Supervision im Integrativen Ansatz (Schreyögg, 1991; Petzold, 1990, 1993, 1997). Die Bewertung der Supervision, die in der Studie von Weller und Meier-Räder (1990, S. 103) von 37% als Stärke und von 6 % als Schwäche eingestuft wurde, ist gleichfalls positiv gestiegen.

Desweiteren ist die Bewertung der Ausbildungsstätte (in Hückeswagen am Beversee – Note 2.1) beachtenswert.

Bei den Methodik- bzw. Theorie/Praxisseminaren (Note 2.6) gibt es nach Aussagen der Teilnehmer sehr große Unterschiede je nach Seminar und durchführendem Lehrtherapeuten. Hier können nur detaillierte, seminarspezifische Evaluationen, die im laufenden Jahr in Angriff genommen werden, weiteren Aufschluß bringen. Mit einer 2.8 noch etwas schlechter wird die Selbsterfahrungs- und Ausbildungsgruppe (Mittelwert aus den Angaben zu den beiden Blöcken im ersten, zweiten und dritten Jahr) bewertet. Der Bereich „Kommunikations- und Informationsfluß" in den Organisationsstrukturen schließlich weist mit 3.1 das schlechteste Ergebnis auf, was im wesentlichen durch schlechte Einzelwerte bei der Kommunikation mit den zuständigen Fachbereichsausschüssen (3.8) und den (nebenamtlichen) Fachbereichsleitern (3.6) bestimmt wird, wobei Differenzierungen nach Ausschüssen möglich sind.

Ein Vergleich der Bewertung sowohl der Ausbildung insgesamt als auch der verschiedenen Bewertungskomplexe *nach Geschlecht* erbringt bis auf die Supervision keine nennenswerten Unterschiede. Hier vergeben Frauen eine deutlich bessere Note als Männer (2.0 versus 2.3).

Im Vergleich zwischen Personen, die die Ausbildung bereits abgeschlossen haben und denjenigen, die noch dabei sind, ergibt sich bei den meisten Bewertungskomplexen eine Höherbewertung durch die letztgenannte Gruppe. Andersherum verhält es sich hingegen bei der Bewertung der Kontrollanalyse (hier fällt mit 2.5 versus 2.0 die bessere Bewertung durch die sich noch in der Ausbildung Befindenden besonders deutlich aus), der fortlaufenden Supervisonsgruppe sowie der Informations- und Kommunikationsstrukturen am Institut. Die Unterschiede sind mit Ausnahme der Bewertung des Komplexes „Ausbilderkompetenz" aber nicht signifikant.

Im Bereich „Methodik- bzw. Theorie/Praxisseminare" spricht einiges dafür, daß die Didaktik (nur von knapp der Hälfte der Befragten als gut und besser bewertet) verbessert werden müßte. Ähnlich steht es mit dem „Theoriestand" und dem „Praxistransfer", wobei wiederum auf die große Unterschiedlichkeit der Dozenten hinzuweisen ist, was auf die Notwendigkeit von Qualitätskontrollen, inhaltlichen Leitlinien, seminartypspezifische Dozentenfortbildung bzw. kollegiale Dozenten-Intervision verweist. Auch diese wurden schon vor der Evaluation konzeptuell vorbereitet (Petzold, Orth & Sieper, 1996) und inzwischen in Angriff genommen.

Nahezu unverändert fallen die Globalbewertung sowie die Beurteilungen der „Selbsterfahrungs- und Ausbildungsgruppe im dritten Ausbildungsjahr" und der Ausbildungsstätte aus.

Bei einer *nach Ausbildungszweig* differenzierten Betrachtung der Bewertungskomplexe konnten aufgrund der jeweils vorliegenden Fallzahlen nur die Zweige „Psychotherapie", „Kinder- und Jugendpsychotherapeuten", „Bewegungstherapie" und „sonstige" berücksichtigt werden.

Signifikante Unterschiede zwischen den Ausbildungszweigen (Mittelwertvergleiche) ergeben sich nur bei der Bewertung der Ausbilderkompetenz und der „Selbsterfahrungs- und Ausbildungsgruppe im ersten bis zweiten Jahr": So bewerten Auszubildende im Zweig „Kinder- und Jugendpsychotherapie" beide Komplexe deutlich positiver (2.0 bzw. 2.8) als die des Zweiges „Psychotherapie" (2.4 bzw. 3.1) und „Bewegungstherapie" (2.3 bzw. 3.3). Die Globalbewertung der Ausbildung fällt im Zweig „Bewegungstherapie" mit der Note 1.9 am besten aus.

Abbildung 3 sind zudem die Rangplätze bei der Bewertung der einzelnen Ausbildungskomplexe zu entnehmen: So hat der Ausbildungszweig „Kinder- und Jugendpsychotherapie" (neben den sonstigen Zweigen) am häufigsten den besten Noten-

Abbildung 3: Bewertung der Ausbildung insgesamt sowie verschiedener Ausbildungsaspekte nach Ausbildungszweig

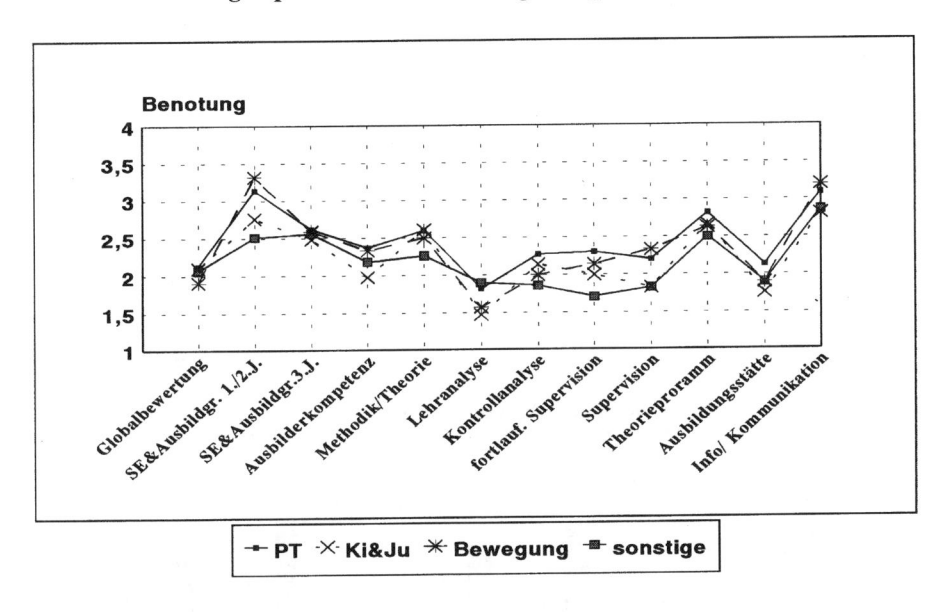

Anmerkungen:
a Wie beurteile ich die Ausbildung in Hinblick auf die Förderung meiner professionellen Kompetenz?
b Wie beurteile ich die Ausbildung in Hinblick auf die Förderung meiner professionellen Performanz?
c Wie gut fühle ich mich durch die Ausbildung für die praktische psychotherapeutische/soziotherapeutische/kreativtherapeutische/supervisorische/gestaltpädagogische Arbeit ausgerüstet?
d Wie gut bereitet die Ausbildung auf den Transfer in die Arbeit mit Patienten vor?
e Wie gut hat mich die Ausbildung auf die Arbeit in Teams im Praxisfeld vorbereitet?
f Wie gut hat mich die Ausbildung auf den fachlichen Diskurs mit Vertretern anderer Therapieschulen vorbereitet?

durchschnitt vergeben (jeweils fünfmal), die „Bewegungstherapie" und die „Psychotherapie" diesen dagegen nur einmal bzw. gar nicht. Interpretieren läßt sich dieses Ergebnis sowohl in Richtung eines tatsächlich erfahrbaren Unterschiedes in der Qualität der einzelnen Zweige – wobei noch einmal angemerkt sei, daß die Benotungsunterschiede zum Großteil marginal sind – als auch hinsichtlich einer kritischeren Einstellung und/oder höheren Erwartungen bei den „Psychotherapeuten".

Im direkten Vergleich der Zweige „Psychotherapie" und „Kinder- und Jugendtherapie" erweist sich zudem die Lehranalyse von ersteren als schlechter benotet (1.8 versus 1.5).

4.2.2 Bewertung einzelner Aspekte in Abhängigkeit zum Ausbildungsjahr

Vergleich der Selbsterfahrungs- und Ausbildungsgruppe im ersten, zweiten und dritten Ausbildungsjahr:

Schloß die „Selbsterfahrung und Ausbildungsgruppe im ersten bis zweiten Jahr" mit einer glatten 3.0 in der Gesamtbewertung ab, so steigt der korrespondierende Abschnitt im dritten Jahr auf 2.6 an. Die *einzelnen* Ergebnisse des Vergleichs sind der Abbildung 4 zu entnehmen.

Abbildung 4: Vergleich der Selbsterfahrungs- und Ausbildungsgruppe im ersten, zweiten und dritten Ausbildungsjahr (paarweiser Vergleich)

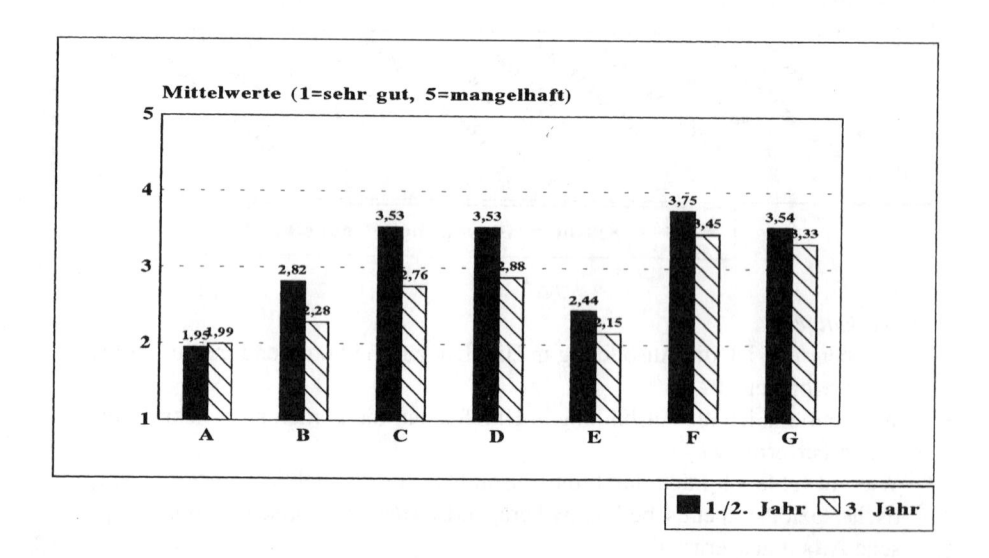

Anmerkungen:
A Selbsterfahrung ($n = 120$)
B Vermittlung von Therapiemethoden ($n = 119$)
C Vermittlung von Theoriekonzepten ($n = 120$)
D Theorie-Praxisverschränkung ($n = 120$)
E Zusammenarbeit zwischen Lehrtherapeut und Co ($n = 117$)
F Berufspolitische Informationen ($n = 118$)
G Förderung gesundheitspolitischen Engagements ($n = 116$)

Offensichtlich fallen – mit Ausnahme der Selbsterfahrungsanteile – alle Benotungen im dritten Jahr hochsignifikant besser aus als im ersten Jahr ($p = .001$, zweiseitiger Test). Mit einer Verbesserung um ca. 25% (Mittelwertanstieg von 3.5 auf 2.8) sind die Unterschiede in der Benotung bei der „Vermittlung von Theoriekonzepten" am größten, gefolgt mit ca. 21% bei der „Theorie-/Praxisverschränkung" (Mittelwertanstieg von 3.5 auf 2.9). Wenig hat sich dagegen bei den „berufspolitischen Informationen" und der „Förderung gesundheitspolitischen Engagements" verändert (Verbesserung von 3.7 um 6.3% bzw. von 3.5 um 8%). Hier besteht ein Verbesserungsbedarf, da die Ergebnisse im Vergleich zu den anderen Aspekten auf einem relativ schlecht bewerteten Niveau stehen.

Ausbilderkompetenz: Die didaktische Kompetenz der Ausbilder wird im dritten Jahr der Ausbildung durchweg signifikant positiver bewertet als im ersten und zweiten (Abbildung 5). Für diese Zunahme an Positivbewertungen können folgende Gründe angenommen werden: Die Teilnehmer haben „Erfahrung" mit der Ausbildung und dem Ausbildungssystem gewonnen und sind deshalb in ihrem Urteil sicherer geworden. Die Selbsterfahrungsanteile im dritten Jahr haben nicht mehr ein so großes Gewicht bzw. haben die Qualität professionaler Selbsterfahrung (sie sind auf das Erleben von Methoden und Behandlungstechniken im praktischen Umgang mit diesen zentriert). Schließlich wird auch die hohe Bewertung der Bedeutung von Selbsterfahrung in den ersten beiden Ausbildungsjahren und die *Nachordnung der Vermittlung theoretischer Inhalte* in diesem Ausbildungsabschnitt durch viele Ausbilder (Lehrtherapeuten) selbst ein nicht zu unterschätzender Faktor sein, ein Zusammenhang, der sicherlich kritischer Reflexion bedarf.

4.2.3 Weitere Einzelergebnisse

Abbildung 6 sind die Ergebnisse zu Fragen nach Umfang und Qualität einzelner Seminarbestandteile, ausgedrückt als prozentualer Anteil der „Ja"-Antworten, zu entnehmen.

Die Bewertung der Themenzentrierung durch die Teilnehmer kann als ein wichtiges *Feedback* für die inhaltliche Strukturierung der Ausbildungsziele und ihrer didaktischen Umsetzung angesehen werden. Äußerten im ersten und zweiten Jahr knapp 40% den Wunsch nach einer stärkeren Berücksichtigung dieses Aspektes, sind dies im Jahr knapp über 60%. Somit sollte in der Ausbildungskonzeptionierung der thematischen Arbeit im dritten Jahr ein höherer Stellenwert beigemessen werden, wenn man den Bedürfnissen der Teilnehmer entsprechen will. 59% votieren für eine Vorbereitung von Wochenenden durch ausgewählte Literatur, jedoch nur etwas über die Hälfte (52%) mag hierfür eine eigene Theoriesitzung anberaumt wissen.

Die Gruppenprotokolle finden mit 78% große Bestätigung, ebenso wird das Ausmaß der Arbeit mit kreativen Medien mit großer Mehrheit bestätigt (72%). Für knapp 43% findet zuwenig „*processing*", d.h. systematische Prozeßreflexion der Einzelarbeit statt; es wird also eine *Intensivierung* dieses methodisch-didaktischen Elements gewünscht. Noch prägnanter: Es kritisieren 75% der Befragten, daß zu wenig Kurzvorträge und ca. 67%, daß zu wenig Gruppenprozeßanalysen stattfinden (vgl. Orth & Petzold, 1995, als Grundlage eines angelaufenen Schulungsprogrammes). Auch werden Fragen zur Verbesserung der Ausbildungsdidaktik aufgeworfen.

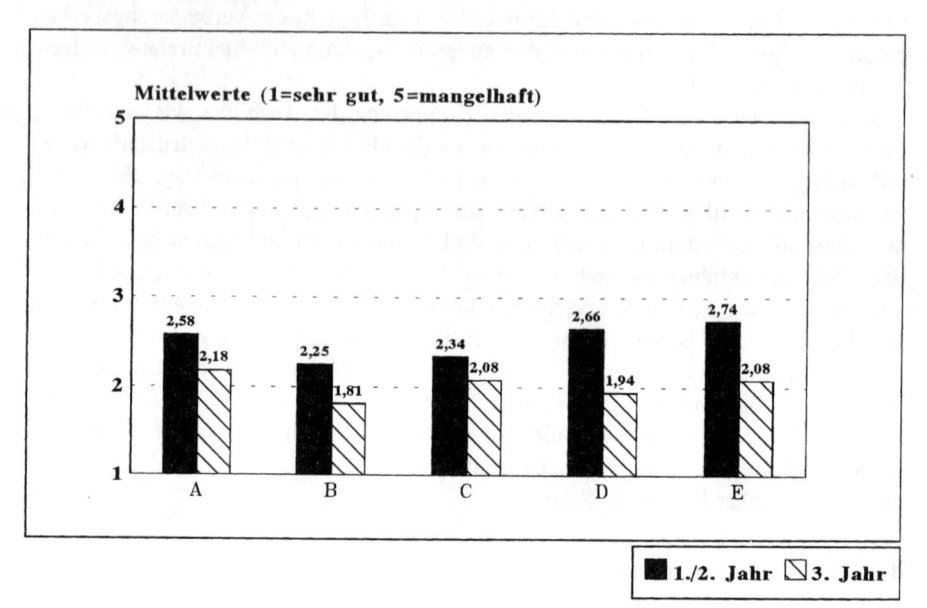

Abbildung 5: Bewertung der Ausbilderkompetenz im ersten, zweiten und dritten Jahr

Mittelwerte (1=sehr gut, 5=mangelhaft)

	A	B	C	D	E
1./2. Jahr	2,58	2,25	2,34	2,66	2,74
3. Jahr	2,18	1,81	2,08	1,94	2,08

Anmerkungen:
A Betreuung des Ausbildungsprozesses durch die Lehrbeauftragten ($n = 120$)
B Klinische Kompetenz der Lehrbeauftragten ($n = 115$)
C Klinische Performanz der Lehrbeauftragten ($n = 101$)
D Didaktische Kompetenz der Lehrbeauftragten ($n = 114$)
E Didaktische Performanz der Lehrbeauftragten ($n = 96$)

4.4 Bewertung des Abschlußkolloquiums und Einschätzung der Ausbildung aus der Retrospektive

Prüfungen, besonders Abschlußprüfungen, sind ein sensibler Bereich in Ausbildungen, weil Bewertungen, Prüfungsstreß, „Prüfungsnarrative" (dysfunktionale Wiederholungsmuster aus der Geschichte mit Prüfungen) ins Spiel kommen. Die Prüfung von Erwachsenen, fertigen Therapeuten, die das „Studium lange hinter sich haben" und fest „in der Praxis" stehen, wirft besondere Fragen der Prüfungsdidaktik auf. Deshalb wurde das Abschlußkolloquium mit in die Evaluation einbezogen.

Bei den bewertenden Personen liegt der Ausbildungsabschluß durchschnittlich zwei Jahre zurück, bei einem Viertel etwa ein Jahr und bei knapp 40% zwei Jahre. Bei 32% der Befragten waren drei bis fünf Jahre vergangen. Die Prüfungen, über die dieser Teil des Fragebogens informiert, wurden überwiegend vom wissenschaftlichen Leiter mit der für Prüfung erforderlichen Beisitzerin bzw. dem Beisitzer abgenommen. Im Unterschied zu den übrigen Bewertungen in dieser Evaluation, die eine Iden-

Abbildung 6: Bewertung der Ausbilderkompetenz – Anteile positiver Antworten, gültige Fälle

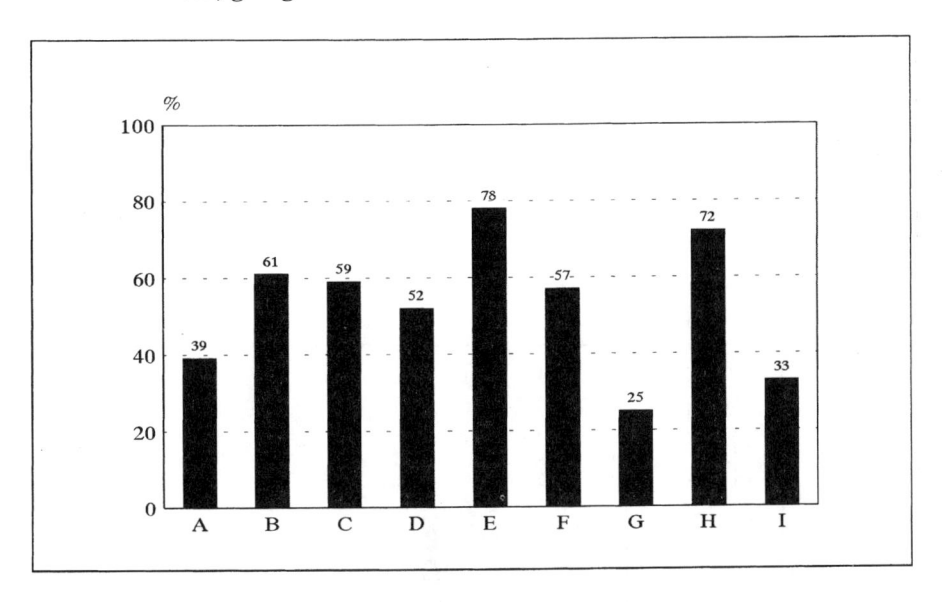

Anmerkungen:
A Würden Sie eine stärkere Themenzentrierung im ersten / zweiten Jahr wünschen?
B Würden Sie eine stärkere Themenzentrierung im dritten Jahr wünschen?
C Sollten die Wochenenden durch ausgewählte Literatur vorbereitet werden?
D Sollten die Vorbereitungen in einer gesonderten Theoriesitzung bearbeitet werden?
E Halten Sie die Gruppenprotokolle für sinnvoll?
F Findet genügend Prozeßreflexion von Einzelarbeit statt?
G Finden genügend Mini-Lectures statt?
H Wird genügend mit kreativen Medien gearbeitet?
I Werden genügend Gruppenprozeßanalysen durchgeführt?

tifizierung der einzelnen Lehrtherapeuten und Lehrbeauftragten nicht zuläßt, ist hier eine Anonymisierung nicht möglich. Mit ca. 90% Zustimmung wurde das Anspruchsniveau des Abschlußkolloquiums im Rückblick als höchst angemessen bewertet. 80% bzw. 83% beurteilten das Klima des Kolloquiums und den Umgang der Prüfer mit Prüfungsstreß jeweils als gut oder sehr gut, 4% geben sogar (außerhalb der vorgegebenen Notenbandbreite) an, überhaupt keinen Prüfungsstreß erlebt zu haben. 94% fanden die Bewertung der Prüfungsleistungen angemessen, die Öffentlichkeit des Kolloquiums wurde von 78% befürwortet.

Hat die Ausbildung Nachwirkungen, hat sie gehalten, was sie verspricht? Das sind wichtige Fragen, die nur aus der Retrospektive beantwortet werden können, also durch eine Nachbefragung. Im allgemeinen Frageteil unterscheiden sich die fortgeschrittenen Kandidaten und die Absolventen nicht wesentlich (s. o.). Ihre Fragebögen konnten also zusammengefaßt werden. Im Anhang für die Absolventen finden sich dann spezifische und relevante Informationen.

Die Ergebnisse zur sogenannten „externen Funktionalität" der Ausbildung, also die Frage betreffend, inwieweit die Ausbildung am FPI/EAG hinsichtlich der späteren beruflichen Tätigkeit als hilfreich eingeschätzt wird, ergeben ein zum Teil widersprüchliches Bild (Abbildung 7).

Abbildung 7: Bewertung der Ausbildung durchschnittlich zwei Jahre nach Abschluß durch die Graduierten ($n = 50$, gemittelte Fallzahlen A-F, gültige Fälle).

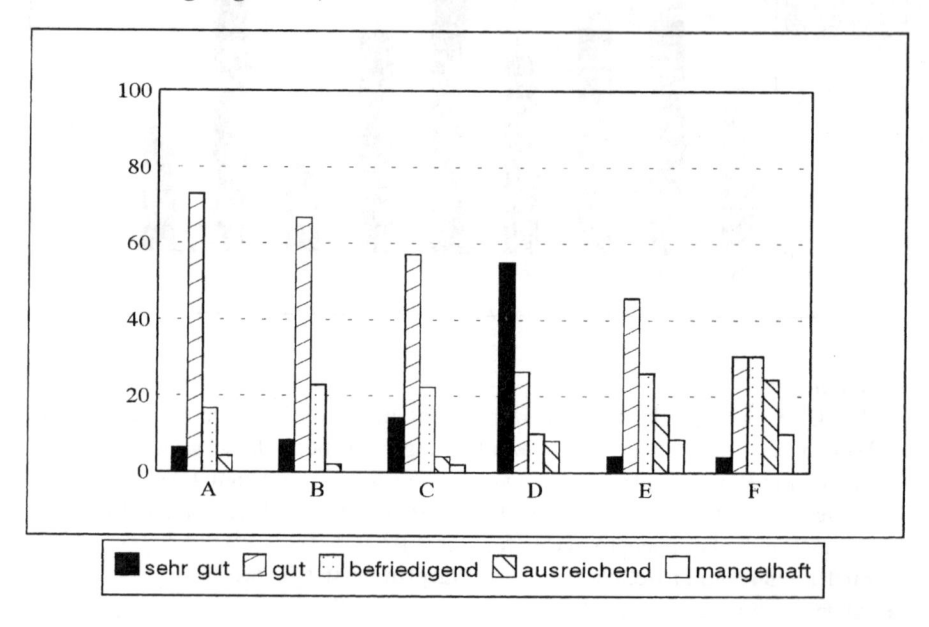

Anmerkungen:
A Wie beurteile ich die Ausbildung in Hinblick auf die Förderung meiner professionellen Kompetenz?
B Wie beurteile ich die Ausbildung in Hinblick auf die Förderung meiner professionellen Performanz?
C Wie gut fühle ich mich durch die Ausbildung für die praktische psychotherapeutische/soziotherapeutische/kreativtherapeutische/supervisorische/gestaltpädagogische Arbeit ausgerüstet?
D Wie gut bereitet die Ausbildung auf den Transfer in die Arbeit mit Patienten vor?
E Wie gut hat mich die Ausbildung auf die Arbeit in Teams im Praxisfeld vorbereitet?
F Wie gut hat mich die Ausbildung auf den fachlichen Diskurs mit Vertretern anderer Therapieschulen vorbereitet?

Während die Förderung der professionellen Kompetenz und Performanz sowie die der Vorbereitung für die praktische Arbeit jeweils von etwa drei Viertel der Befragten gute und sehr gute Noten erhält (A-C), fällt die Beurteilung der Vorbereitung auf den Transfer (D) in die Patientenarbeit mit 55% gut, die Arbeit in Teams (E) mit 50% gut und besser, auf den fachlichen Diskurs (F) mit Kollegen anderer Schulen (35% gut und besser) aber vergleichsweise zurückhaltend aus. Die Förderung der eigenen professionellen Performanz betreffend kann zudem noch ergänzt werden, daß deren Bewertung umso ungünstiger ausfällt, je mehr Zeit seit dem Abschluß vergangen ist. Der Zusammenhang ist allerdings schwach (Pearson's $r = 0.10$).

Bei der Interpretation dieser Ergebnisse kommen die eingangs (vgl. Abschnitt 1. und 2.) aufgeworfenen Fragen nach der „*Effektivität auf der Klientenebene*" ins Spiel. Sie wird durch diese Zahlen nicht beantwortet, die lediglich besagen, die Ausbildung hätte knapp die Hälfte der Befragten besser auf den Praxistransfer mit den Patienten vorbereiten können. Gleichzeitig aber wird die „professionelle Performanz" sehr hoch bewertet, ebenso die allgemeine Vorbereitung auf die therapeutische Arbeit (71%). Hier sind verschiedene Probleme verborgen: Psychotherapie-Ausbildungen sind „generalistisch". Sie decken ein bestimmtes Spektrum an Krankheitsbildern ab, für dessen Behandlung methodisches Rüstzeug und vertieftes konzeptuelles Wissen vermittelt wird und vermittelt werden kann. Viele Spezialgebiete bleiben am Rande (z.B. Suchtkrankentherapie) bzw. erfordern Spezialisierungen. Therapie erfolgt in sehr unterschiedlichen Settings (Praxis, Ambulanz, Reha-Einrichtung etc.). Therapieausbildungen bereiten nur für wenige Settings vor (vgl. aber das Spektrum der Einrichtungen, in denen die Absolventen arbeiten, dargestellt in Tabelle 1). Der „Praxisschock" und das „Lernen in spezifischen Settings" werden nicht zu umgehen sein. Nur das Fortführen von *Supervision in Gruppen* (sie vermittelt „klinische Vielfalt" durch das Material der Gruppenteilnehmer) und/oder *Kontrollanalysen* im Einzelsetting (sie vermitteln „klinische Feinarbeit in der Kontinuität", von Stunde zu Stunde; vgl. Petzold, 1993) kann hier Lösungen bieten. Dennoch bleiben Fragen an Supervision und Kontrollanalyse in der Ausbildung offen, und es muß über differentielle Lösungen (z.B. ein Verzeichnis von Spezialisierungen der einzelnen Supervisoren) nachgedacht werden, um die gute Gesamtbewertung „aus der Retrospektive" in verschiedenen spezifischen Bereichen noch zu verbessern.

Die Zeit, wie lange der Abschluß zurückliegt, spielt bei den genannten Bewertungen, mit Ausnahme der Benotung der Förderung der eigenen professionellen Performanz, praktisch keine Rolle.

5. Diskussion, Überlegungen, Empfehlungen

Diese Curriculumsevaluation hatte von Anfang an eine strategische Zielsetzung: Es sollte versucht werden, ein differenziertes Bild des Gesamtcurriculums und der einzelnen Curriculumselemente *aus der Sicht der Ausbildungskandidaten* zu erhalten, eine Einschätzung der „perceived quality", um Informationen über Stärken, Schwächen und „Mittellagen" zu bekommen, als Grundlage für Maßnahmen der Qualitätssicherung, z.B. der Weiterbildung des Lehrkörpers, ihre Planung und ihre curriculare Ausarbeitung. Evaluation wird nur fruchtbar und mehr als nur „l'art pour l'art", wenn ihre Ergebnisse konsequent zur Qualitätssicherung, Qualitätsentwicklung und damit gegebenenfalls zur Curriculumsrevision eingesetzt werden, nicht zuletzt aber für die gezielte Weiterbildung des Lehrkörpers. Weiterbildung von Lehrtherapeuten und Lehrsupervisoren ist ohnehin ein noch sehr offener Bereich. Sie muß „theoriegeleitet sein", auf der Grundlage einer elaborierten Didaktik stehen (Sieper & Petzold, 1993), sie bedarf aber auch des *Feedbacks* durch die Evaluation, was mit der vorliegenden Untersuchung deutlich gemacht wird. Die intensiven Bemühungen am FPI/EAG zur Entwicklung einer solchen Didaktik und eines stringenten konzeptuellen Angebotes zur Weiterbildung von Lehrtherapeuten (Petzold & Orth, 1996; Petzold, Orth & Sieper, 1996) erhalten durch die vorliegende Evaluation und ihre Vorläuferuntersuchung einen entsprechenden Boden.

Die Diskussion der Ergebnisse dieser Evaluationsstudie soll in den Gremien erfolgen, die am FPI/EAG mit der Qualitätssicherung und der theoretischen und didaktischen Gestaltung der Ausbildung befaßt sind. Die Untersuchung stellt Daten und Materialien bereit, die in *Qualitätszirkeln*, d.h. mit allen Beteiligten und auf verschiedenen Ebenen diskutiert und ausgewertet werden müssen (vgl. Petzold & Orth, 1996) – zwischen Lehrtherapeuten bzw. Lehrbeauftragten in Intervisionen, der Institutsleitung und Dozenten, zwischen Dozenten und Ausbildungskandidaten auf der Gremienebene (Ausbildungskandidaten-Vertreter, Gruppensprechertreffen), aber auch in der unmittelbaren Ausbildungssituation. Die verschiedenen Aspekte der „Evaluationsnutzung" (Solomon & Shortell, 1981) können nur zum Tragen kommen, wenn das Moment von *„joint competence"*, des Zusammenführens aller Kompetenzen, optimal genutzt wird. Die Empfehlung, die aufgrund der vorliegenden Untersuchung und ihrer insgesamt sehr erfreulichen Ergebnisse zu geben ist, geht dahin, der Schwachstellenanalyse (Theorie-Praxisverschränkung, Konzeptspezifität, Transfer auf multiple Settings) besondere Aufmerksamkeit zu schenken und hier spezifische Weiterbildungsangebote zu entwickeln und umzusetzen, da solche Maßnahmen offenbar greifen. Die Qualitätsverbesserung im Bereich Kontrollanalyse und Supervision gegenüber den Ergebnissen der 1987 durchgeführten Studie von Weller und Meier-Räder (1990) durch spezifische Weiterbildung legt dies nahe (vgl. den Bericht von Schreyögg, 1987 über die von H. Petzold durchgeführte und mehrfach wiederholte Lehrtherapeutenweiterbildung zum Thema Kontrollanalyse).

Die hier anhand differenzierter Fragestellungen wiedergegebene Beurteilung der Ausbildung am FPI/EAG durch die Teilnehmer kann natürlich nur ein relatives Maß für das Niveau dieser Ausbildung sein, schon deshalb, da es sich hier um einen Querschnitt aus einer Vielzahl von Ausbildungskohorten handelt, der nicht unbedingt repräsentativ für alle Ausbildungsteilnehmer sein muß und zu dem obendrein, da es sich hier um die erste *umfassende* Evaluation am Institut handelt, kaum Vergleichswerte anderer Jahrgänge vorliegen. Gleichwohl verweist das sich in der Gesamtnote „2.1" widerspiegelnde Niveau auf ein offenbar gutes Zusammenwirken unterschiedlicher Faktoren hin: einer gut ausgebildeten und arbeitenden Dozentenschaft, der offenbar bei der doch sehr komplexen Ausbildung eine hohe Synchronisation der verschiedenen Ausbildungselemente gelingt, eine leistungsfähige Organisation und Verwaltung. Der letztgenannte Bereich hat sich gegenüber der Evaluation von 1987, in der er sehr schwach bewertet wurde (5% positive Angaben, Weller & Meier-Räder, 1990, S. 103), ganz grundsätzlich verbessert (mit 81% „gut" und besser beurteilt). Eine Rolle spielt auch die Qualität des Ausbildungszentrums (über 90% „gut" und besser beurteilt).

Es ist offenbar die *Kohärenz der Gesamtkonzeption*, die in 25 Jahren der Arbeit dieser Institution entwickelt werden konnte, die hier zu Buche schlägt. Die Untersuchung, ihr Zustandekommen und ihre Durchführung zeigt auf, daß den Themen Forschung, Evaluation und der Entwicklung einer forschungs- und evaluationsfreundlichen „Kultur" besondere Aufmerksamkeit geschenkt werden sollte. In Zukunft soll daher sukzessive der Aufbau eines umfassenden Evaluationskonzeptes erfolgen, das unter anderem eine Erweiterung um auf verschiedenen Ebenen und in verschiedenen Bereichen vom FPI/EAG installierten Feedback-Schleifen (vgl. Abbildung 1) ermöglicht. Folgende Konsequenzen können aus diesem Evaluationsprojekt berichtet werden:

1. Es enstand eine „Arbeitsgruppe Evaluation" der Ausbildungskandidaten vom FPI/EAG.
2. Gemeinsam mit der Forschungsstelle des Instituts und Vertretern der KandidatInnen und des Lehrkörpers wurde ein Evaluationsbogen für die Seminarveranstaltungen erarbeitet, in den die Evaluationsinteressen der drei beteiligten Gruppen eingingen. Dieser Bogen wird jetzt bei allen Seminarveranstaltungen ausgegeben und mit Zielsetzung der Qualitätssicherung von den Dozenten der pädagogischen Leitung und der Forschungsstelle ausgewertet.
3. Für den Abschluß der Drittjahresgruppen konnte in Zusammenarbeit aller Gremien und der Forschungsstelle ein Schema der Kompetenz- und Performanzbewertung von Kandidaten erstellt werden, das seit Frühjahr 1997 in den verschiedenen Ausbildungskohorten erprobt und ab Herbst 1997 in allen angewandt wird.
4. Es wurde ein differenzierter Evaluationsbogen zur Beurteilung der Kompetenz und Performanz der Ausbildungskandidaten in der Behandlungsstufe für die Zulassung zur Graduierung entwickelt.
5. Es wurde ein Beurteilungsverfahren für die Bewertung der Grundstufe und der Behandlungsstufe der Ausbildung erstellt.
6. Ausbildungkandidatenvertreter, Dozentenschaft und Leitung sind vermehrt im Austausch und es wurde in der Zentralkonferenz vom FPI/EAG (vorgeschrieben vom nordrhein-westfälischen Erwachsenenbildungsgesetz), in welcher Vertreter von Dozenten und Studierenden mit den Leitern zusammenarbeiten, ein „institutionalisierter Diskurs über die Qualität" eingerichtet.
7. Die Ergebnisse dieser und anderer Evaluationsstudien am FPI/EAG wurden und werden in den Ausbildungscurricula von Lehrtherapeuten (Petzold & Orth, 1993) und in der Weiterbildung des Lehrkörpers (Petzold, Orth & Sieper, 1996) umgesetzt.

Es ist zu hoffen, daß es in einem kontinuierlichen Evaluationsprozeß mit diesen Maßnahmen gelingt, das hohe Niveau der Ausbildung zu halten sowie weitere Verbesserungen zu ermöglichen.

Literaturverzeichnis

Beywl, W. (1988). *Zur Weiterentwicklung der Evaluationsmethodologie*. Frankfurt a. M.: Fischer.
Buchheim, P., Triebel, A. & Sell, R. (1992). Konzept einer curricularen psychotherapeutischen Weiterbildung und deren Einschätzung durch die teilnehmenden Ärzte. *Praxis der Psychotherapie und Psychosomatik, 37*, 69–80.
Bürmann, J. (1992). *Gestaltpädagogik und Persönlichkeitsentwicklung*. Bad Heilbronn: Klinkhardt.
Buhl, E. & Jaspersen, G. (1982). *Der Gestalttherapeut in seinem sozialen Umfeld. Eine Untersuchung zu „sozialer Kompetenz" und „sozialem Engagement"*. Unveröff. Graduierungsarbeit, Fritz Perls Institut, Düsseldorf.
Cierpka, M., Buchheim, P., Gitzinger, J., Seifert, T. & Golinsky, D. (1993). Persönliche und berufliche Entwicklungen von Psychotherapeuten. Die Einflüsse auf die Programmauswahl der Teilnehmerinnen und Teilnehmer bei den Lindauer Psychotherapiewochen – Eine empirische Studie. *Praxis der Psychotherapie und Psychosomatik, 6*, 336–351.
Finke, J. (1990). Can psychotherapeutic competence be taught? *Psychotherapy and Psychosomatics, 1*, 64–67.
Frohburg, J. (1989). „Selbsterfahrung" in der Gesprächspsychotherapie-Ausbildung. *Psychologie für die Praxis, 2*, 107–112.
Frühmann, R. (1987). *Die Bedeutung der Gruppe in der Integrativen Therapie*. Unveröff. Diss., Universität Salzburg.
Frühmann, R. (1993). Die Vermittlung therapeutischer Grundqualitäten im Prozeß der Lehranalyse aus der Sicht der Integrativen Therapie. In R. Frühmann & H.G. Petzold (Hrsg.), *Lehrjahre der Seele* (S. 331–363). Paderborn: Junfermann.
Frühmann, R. & Petzold, H.G. (Hrsg.). (1993). *Lehrjahre der Seele*. Paderborn: Junfermann.
Goerlitz, G. & Hippler, B. (1992). Selbsterfahrung in der Ausbildung zum Verhaltenstherapeuten – Erfahrungsbericht. *Verhaltenstherapie, 2*, 151–158.
Grawe, K., Donati, R. & Bernauer, F. (1994). *Psychotherapie im Wandel. Von der Konfession zur Profession*. Göttingen: Hogrefe Verlag für Psychologie.
Gunkel, S. (1989). Empathie im Psychodramatischen Rollenspiel: Training der Perspektivenübernahme. *Integrative Therapie, 15*, 141–169.
Heinl, H. (1996). Ein integriertes Kurzzeit-Gruppenpsychotherapiemodell zur Behandlung chronischer psychosomatischer Schmerzsyndrome des Bewegungssystems. In H. Riedel & R. Sandweg (Hrsg.), *Die Behandlung der psychosomatischen Erkrankungen des Bewegungssystems und ihre Ergebnisse* (S. 293–324). Blieskastel: Selbstverlag der Stiftung „Psychosomatik der Wirbelsäule".
Henry, W.P., Strupp, H.H. & Binder, J.L. (1992). *Treatment manuals: What they can and cannot do: Lessons from the Vanderbilt II study*, Panel presentation at the Annual Meeting of the Society for Psychotherapy Research, Berkeley.
Hentschel, U. (1993). *Niederschwellige Angebote in der Drogenarbeit. Abschlußbericht zum Modellvorhaben in Nordrhein-Westfalen im Auftrag des Ministeriums für Arbeit, Gesundheit und Soziales des Landes Nordrhein-Westfalen*. Düsseldorf:

Weiterbildungsstelle für Drogenarbeit und Suchtprobleme, Europäische Akademie für psychosoziale Gesundheit.

Kniskern, D.P. & Gurman, A.S. (1979). Research on training in marital and family therapy. Status, issues, and directions. *Journal of Marital and Family Therapy, 3,* 83–94.

Knobel, R., Mankwald, B., Petzold, H.G. & Sombrowsky, C. (1992). Qualitative Forschung als Grundlage therapeutischer Interventionen in den Neuen Bundesländern – Ein interdisziplinärer Ansatz. *Integrative Therapie, 18,* 429–454.

Kraft, H. (1990). Die Rituale der Initiation in Schamanismus und Psychotherapie/Psychoanalyse. *Praxis der Psychotherapie und Psychosomatik, 5,* 254–262.

Laireiter, A.-R. (1995). Auf dem Weg zur Professionalität: Qualität und Qualitätssicherung für die Psychotherapie. *Psychotherapie Forum, 4,* 175–185.

Lange, A. (1994). Zwischenmenschliche Fähigkeiten fordern Zweifel am Nutzen der Lehrtherapie. *Psychoscope, 1,* 8–11.

Leviton, L.C. & Hughes, E.F. (1981). Research on the utilization of evaluations: A review synthesis. *Evaluation Review, 5,* 525–548.

Lösel, F. (1985). Zur Kontroverse um eine gegenstandsangemessene psychologische Forschung. Bemerkungen aus der Sicht der Forschungspraxis. In W.F. Kungemann, S. Preiser & K.A. Schneewind (Hrsg.), *Psychologie und komplexe Lebenswirklichkeit* (S. 65–91). Göttingen: Hogrefe Verlag für Psychologie.

Lösel, F. & Nowack, W. (1987). Evaluationsforschung. In J. Schulz-Grambard (Hrsg.), *Angewandte Sozialpsychologie* (S. 57–90). München: Psychologie Verlags Union.

Orth, I. & Petzold, H.G. (1995). Gruppenprozeßanalyse – Ein heuristisches Modell für Integrative Arbeit in und mit Gruppen. *Integrative Therapie, 21,* 197–212.

Orth, I., Petzold, H.G. & Sieper, J. (1996). Ideologeme der Macht in der Psychotherapie – Reflexionen zu Problemen und Anregungen für alternative Formen der Praxis. In H.G. Petzold, I. Orth & J. Sieper (Hrsg.), Qualitätssicherung und Didaktik in der therapeutischen Aus- und Weiterbildung [Sonderheft]. *Gestalt und Integration, 18,* 119–179.

Pawlik, M. (1991). Systemische Familientherapie und berufliche Praxis. Eine Evaluation der Ausbildung systemischer Familienberater. *Systeme, 2,* 153–158.

Petzold, H.G. (1988). „Multiple Stimulierung" und „Erlebnisaktivierung". In H.G. Petzold & M. Stöckler (Hrsg.), Aktivierung und Lebenshilfen für alte Menschen. Aufgaben und Möglichkeiten des Helfers. *Integrative Therapie, Beiheft 13,* 65–86

Petzold, H.G. (1990). Konzept und Praxis von Mehrperspektivität in der Integrativen Supervision, dargestellt an Fallbeispielen für Einzel- und Teambegleitung. *Gestalt und Integration, 12,* 7–37.

Petzold, H.G. (1991). Selbsthilfe und Professionelle – Gesundheit und Krankheit, Überlegungen zu einem „erweiterten Gesundheitsbegriff". In H.G. Petzold & R. Schobert (Hrsg.), *Selbsthilfe und Psychosomatik* (S. 17–28). Paderborn: Junfermann.

Petzold, H.G. (1992). *Integrative Therapie. Ausgewählte Werke* (Bd. II/2: Klinische Theorie). Paderborn: Junfermann.

Petzold, H.G. (1993). „Kontrollanalyse" und Gruppensupervision in „Kompetenzgruppen"– Zwei unverzichtbare, aber unterschiedliche Methoden der psychotherapeutischen Weiterbildung in einer integrativen Perspektive. In R. Frühmann &

H.G. Petzold (Hrsg.), *Lehrjahre der Seele* (S. 479–616). Paderborn: Junfermann.
Petzold, H.G. (in Druck). *Integrative Supervision und Organisationsentwicklung.* Paderborn: Junfermann.
Petzold, H.G. & Frühmann, R. (1993). Die Weiterbildung von Lehrtherapeuten. In R. Frühmann & H.G. Petzold (Hrsg.), *Lehrjahre der Seele* (S. 617–628). Paderborn: Junfermann.
Petzold, H.G., Hass, W., Jakob, S., Märtens, M. & Merten, P. (1996). Evaluation in der Psychotherapieausbildung: Ein Beitrag zur Qualitätssicherung in der Integrativen Therapie. In H.G. Petzold, I. Orth & J. Sieper (Hrsg.), Qualitätssicherung und Didaktik in der therapeutischen Aus- und Weiterbildung [Sonderheft]. *Gestalt und Integration, 18,* 180–223.
Petzold, H.G., Lemke, J. & Rodriguez-Petzold, F. (1994). Die Ausbildung von Lehrsupervisoren. Überlegungen zur Feldentwicklung, Zielsetzung und didaktischen Konzeption aus Integrativer Perspektive. *Gestalt und Integration, 16,* 298–345.
Petzold, H.G. & Orth, I. (1993). Curriculum für die Ausbildung von Lehrtherapeuten und Lehrbeauftragten an EAG und FPI. In R. Frühmann & H.G. Petzold (Hrsg.), *Lehrjahre der Seele* (S. 629–646). Paderborn: Junfermann.
Petzold, H.G. & Orth, I. (1996). Weiterbildung von Lehrtherapeuten – Ein Muß für die Qualitätssicherung in der Ausbildung von Psychotherapeuten. Konzepte für die Mitarbeiterfortbildung an FPI und EAG. In H.G. Petzold, I. Orth & J. Sieper (Hrsg.), Qualitätssicherung und Didaktik in der therapeutischen Aus- und Weiterbildung [Sonderheft]. *Gestalt und Integration, 18,* 30–66.
Petzold, H.G., Orth, I., & Sieper, J. (Hrsg.). (1996). Qualitätssicherung und Didaktik in der therapeutischen Aus- und Weiterbildung [Sonderheft]. *Gestalt und Integration, 18, Heft 1.*
Petzold, H.G. & Schigl, B. (1996). *Evaluation einer Supervisorenausbildung für den sozialgerontologischen und Krankenhausbereich.* Wien: Karl Kummer Institut.
Petzold, H.G. & Sieper, J. (1972). *Ausbildungsrichtlinien des Fritz Perls Instituts.* Düsseldorf: Selbstverlag.
Petzold, H.G & Sieper, J. (Hrsg.). (1993). *Integration und Kreation.* Paderborn: Junfermann.
Ringler, M. (1995). Qualitätsmanagment in der Psychotherapie. Umsetzungsmöglichkeiten und Probleme. *Psychotherapie Forum, 3,* 207–213.
Rosenthal, R. (1972). *On the social psychology of the self-fulfilling prophecy, Further evidence for Pygmalion effects and their mediating mechanisms.* Boston: Harvard University, Department of Social Psychology.
Rudolf, G. (1991). PSKB-Se – Ein psychoanalytisch fundiertes Instrument zur Patienten-Selbsteinschätzung. *Zeitschrift für psychosomatische Medizin und Psychoanalyse, 37,* 350–360.
Schigl, B. & Petzold, H.G. (1997). Evaluation einer Ausbildung in Integrativer Supervision mit Vertiefungsschwerpunkt für den klinisch-geriatrischen Bereich – Ein begleitendes Forschungsprojekt. *Integrative Therapie, 23,* 85–145.
Schmiedel, I. (1993). Curricula, Seminare, Tagungen – Zahlen und Entwicklungen. In H.G. Petzold & J. Sieper (Hrsg.), *Integration und Kreation* (S. 43–50). Paderborn: Junfermann.

Schneider, F. & Buchkremer, G. (1995). Weiterbildung in Psychotherapie: Ein Aspekt von Qualitätssicherung, *Psyche, 5*, 220–228.

Schreyögg, A. (1987). Kontrollanalyse – Protokoll einer Lehrtherapeutenfortbildung. *Gestalt-Bulletin, 1*, 114–119.

Schreyögg, A. (1991). *Integrative Supervision.* Paderborn: Junfermann.

Schreyögg, A. (1993a). *Supervision – Didaktik und Evaluation.* Paderborn: Junfermann.

Schreyögg, A. (1993b). Prozesse der Organisationsentwicklung bei FPI/EAG – Kultur und Strukturanalyse. In H.G. Petzold & J. Sieper (Hrsg.), *Integration und Kreation* (S. 25–42). Paderborn: Junfermann.

Schubert, K. (1983). Überblick über den Anwendungsbereich und die Indikation der Gestalttherapie. *Integrative Therapie, 9*, 239–247.

Scriven, M. (1972). *The logic of evaluation.* California: Edgepress.

Sieper, J. & Petzold, H.G. (1993). Integrative Agogik – Ein kreativer Weg des Lehrens und Lernens. In H.G. Petzold & J. Sieper (Hrsg.), *Integration und Kreation* (S. 359–370). Paderborn: Junfermann.

Solomon, M.A. & Shortell, S.M. (1981). Designing health research for utilization. *Health Policy Quaterly, 1*, 15–30.

Sombrowski, C. (1994). Zerbrochene Karrieren. Ostdeutsche Frauen (und Männer) zwischen Anpassung und Widerstand. Magdeburg: Staatskanzlei des Landes Sachsen-Anhalt.

Stolk, Y. & Perlesz, A.Y. (1990). Do better trainees make worse family therapists? A follow up study of client-families. *Family Process, 1*, 45–58.

Svartberg, M. & Stiles, T.C. (1994). Therapeutic alliance, therapist competence, and client change in short-term anxiety-provoking psychotherapy. *Psychotherapy Research, 1*, 20–33.

van der May, S.H., Petzold, H.G. & Bosscher, R.J. (in Druck). Runningtherapie: Ein übungszentrierter Ansatz in einer integrativen leib- und bewegungsorientierten Psychotherapie. *Integrative Therapie, 3.*

Weller, W. & Meier-Räder, D. (1990). Arbeits- und Tätigkeitsfeld von Gestalttherapeuten in der Bundesrepublik Deutschland. Ergebnis einer Umfrage 1986/87. *Gestalt und Integration, 12*, 91–105.

Wolff, D. (1996). Total Quality Management (TQM) in der Weiterbildung und Zertifizierung nach DIN EN ISO 9000ff. – mit exemplarischen Überlegungen für die Umsetzbarkeit in einer Psychotherapie-Weiterbildungseinrichtung. In H.G. Petzold, I. Orth & J. Sieper (Hrsg.), Qualitätssicherung und Didaktik in der therapeutischen Aus- und Weiterbildung [Sonderheft]. *Gestalt und Integration, 18*, 67–78.

Zimprich V. (1992). *Untersuchung des Erstinterviews von praktischen Ärzten mit und ohne psychotherapeutische Ausbildung.* Unveröff. Diplomarbeit. Grund- und Integrativwissenschafliche Fakultät, Universität Wien.

X.
Qualitätsicherung in der Diskussion

Zertifizierung für Psychotherapiepraxen als Zukunftschance?

Eduard Geisler

„Die Verantwortung ist ein scheues Reh"[1]

Inhalt:

1. Qualitätssicherung und Kostenreduzierung in der
   Gesundheitsversorgung durch DIN ISO 9004 716
2. **Die DIN ISO 9000-Normenfamilie** 719
   - 2.1 Ausgangspunkt, Zielsetzung und Aufbau der Normen 719
   - 2.2 Für die Psychotherapie bedeutsame Inhalte der Normen 720
3. **Zweifel am Sinn eines an der ISO 9004 ausgerichteten Qualitätsmanagements für die Psychotherapie unter den derzeitigen Voraussetzungen (12 Thesen)** 727
4. **Alternativen für mehr Qualität** 740
   - 4.1 Nutzen der Produktivitäts- und Qualitätsreserven
     durch Strukturänderung 740
   - 4.2 Voraussetzungen für Kooperation schaffen 740
   - 4.3 Expertenwissen nutzen 741
   - 4.4 Entrümpeln von Vorschriften nach dem Kriterium von
     Kosten und Nutzen 741
   - 4.5 Möglichkeiten und Anreize zur Selbstkontrolle schaffen 742
5. **Resumée** 742

---

1. Sprenger, 1995, S. 191

1. Qualitätssicherung und Kostenreduzierung in der Gesundheitsversorgung durch DIN ISO 9004

Publikationen in Tagespresse wie Fachzeitschriften vermitteln eindrucksvoll, daß die deutsche Gesundheitsversorgung derzeit mit zwei zentralen Themen ringt: Kosteneinsparung und Qualitätssicherung. Auch die Psychotherapie bleibt hiervon nicht unberührt (Homann, 1995). Niemand wird ernsthaft die Notwendigkeit von Kostenreduzierungen und Qualitätsverbesserungen bestreiten. Angezweifelt werden kann allerdings, ob der derzeit eingeschlagene Weg diese Ziele wirklich zu erreichen vermag (Deppe, Friedrich & Müller, 1995). An dieser Stelle soll der Frage nachgegangen werden, inwieweit das intendierte Qualitätsmanagement auf der Basis der Normenfamilie EN DIN ISO 9000[2] mit dem Endziel einer externen Zertifizierung für die Praxis psychologischer Psychotherapeuten im beanspruchten Umfang erfolgreich sein kann (vgl. Baumgärtel, 1996).

Die Beantwortung der Frage verlangt, Entstehungsgeschichte, Ziele, Nutzen und Folgen der scheinbar ubiquitären Bewegung „Qualitätssicherung (QS) durch Qualitäts-Management (QM)" und ihre Einvernahme für die Belange der Psychotherapie einer Betrachtung zu unterziehen.

Der Ruf nach mehr Qualität oder Sicherung der Qualität setzt anscheinend eine unzureichende Qualität (Minderqualität) oder zumindest schwindende Qualität voraus. Dies war jedoch keineswegs der Ausgangspunkt der Entstehung der „Qualitätsbewegung DIN ISO 9000". Vielmehr zwangen zunächst industrielle Endabnehmer ihre Zulieferer, die Qualitätskontrolle ihrer Produkte künftig selbst durchzuführen und dafür Standards zu entwickeln, welche seitens dieser Endabnehmer anerkannt werden konnten. Ausschlaggebend hierfür war allein der Wunsch des Endabnehmers, die Kosten der Qualitätskontrolle auf den Zulieferer zu übertragen. Zulieferer, die sich dagegen sperrten, schieden aus. „Kunde" war hier also der Abnehmer des entsprechenden Zulieferer-Produktes, nicht etwa der Käufer des Endprodukts. Mit der Einführung der Normenfamilie EN DIN ISO 9000 wurde ein verbindlicher Standard für diese Vorgänge erreicht. Anhand der Beschreibung ihrer Definition von und ihrer Bemühungen um Qualität können „zertifizierte Betriebe" ihren Kunden diesbezüglich Transparenz und Kontrolle vorweisen und versprechen sich so einen Wettbewerbsvorteil gegenüber ihren Kunden (jetzt auch inklusive der Letzt-Kunden).

Entsprechende, sehr kostenintensive Maßnahmen laufen inzwischen in vielen industriellen Bereichen und werden zunehmend häufiger auch auf den Dienstleistungsbereich (DIN ISO 9004) übertragen. Die bisherige Einschätzung ihres Nutzens ist allerdings unterschiedlich.

Während externe QS-Fachleute und Zertifizierer überwiegend positiv urteilen, hört man von den Betroffenen in den Unternehmen neben Positivem nicht selten auch viel Kritisches: In der Tat werden zahlreiche bislang vernachlässigte Maßnahmen der Organisations- und Personalentwicklung stärker ins Zentrum gerückt, doch muß dies

---

2. EN = Europa-Norm
   DIN = Deutsches Institut für Normung e.V. (ehemals: Deutsche Industrie Norm)
   ISO = International Standard Organisation

alles *bei anhaltendem Personalabbau* und *häufig weiterbestehender unzureichender Führungskompetenz* geleistet werden, was vielfach unmöglich ist. Somit scheint wohl das im Moment interessanteste Motiv für eine Zertifizierung der Werbeeffekt zu sein (Rath, 1994; Simon, 1996).

Auch im Gesundheitswesen verspricht man sich viel von QS durch QM. Zweifellos gibt es hier Bereiche, die analog industrieller Organisationen funktionieren und somit dort praktizierten Problemlösungen zugänglich sind. Der wohl entscheidend neue Impuls der QS durch die DIN 9004 für das Gesundheitswesen wäre darin zu sehen, daß *Qualitätsverbesserungen vor allem durch eine Optimierung von Schnittstellen* erreicht werden können (Döring, 1996), denn das ist die Stärke dieser DIN-Normen. Gerade aber im Gesundheitswesen sind die für eine Behandlungsqualität wirklich entscheidenden Schnittstellen weit weniger variabel als in der industriellen Produktion, im Handel oder in anderen Dienstleistungsbereichen: Ihre Änderung ist in der Mehrzahl nur gesetzlich möglich und daher durch Maßnahmen der QS nicht erreichbar.

Es stellt sich damit die grundsätzliche Frage, was QS durch die DIN ISO 9004 in der Gesundheitsversorgung zu leisten vermag, wenn ihr Hauptelement (Schnittstellenoptimierung) hier nicht zum Tragen kommen kann (natürlich gilt dies nicht generell; so werden zum Beispiel für die Schnittstellenregelung *innerhalb* einer Institution Erfolge vermeldet).

Der Einführung der QS in der Gesundheitsversorgung ist keine umfassende, das bestehende System transzendierende Problemanalyse vorangegangen. Das Fehlen einer solchen stellt wohl auch hier einen wesentlichen Baustein der „Logik des Mißlingens" dar (Dörner, 1989), denn ganz wesentliche Fragen werden somit gar nicht gestellt.

Stellt man nämlich Überlegungen bezüglich der Verbesserung einer (Dienst-) Leistung wie „der" Psychotherapie an, läge es als erstes nahe, sich zu fragen: Wie wurde eigentlich ihre Qualität bisher erreicht und gesichert? Nicht nachvollziehbar ist zuerst, warum im Rahmen des Gesundheitsversorgungs-Systems, welches sich vor vielen anderen Bereichen durch strenge Zugangs- und Arbeitskriterien auszeichnet, dringend ein neues Kriterium geschaffen werden muß. Die Anerkennungsrichtlinien im Rahmen der Psychotherapierichtlinien (PTR) stellen jedenfalls erhebliche Anforderungen an die Therapeuten. Auch die prozessualen Standards der PTR bilden durchaus eine Grundlage effektiven Arbeitens. Es sind im übrigen weitgehend jene, welche auch in der psychotherapeutischen Ausbildung als unverzichtbar angesehen werden und deshalb einen ganz erheblichen Anteil ihrer Lehrinhalte darstellen: Einzelfallorientierte Darstellung der lebens- und lerngeschichtlichen Entwicklung, der Verhaltensanalyse, der Diagnose, der Therapieziele, der Prognose sowie der geplanten therapeutische Maßnahmen. Man sollte sich also fragen, warum dies auf einmal nicht mehr genügen soll (eine andere Frage ist es, ob Therapiepläne fortwährend durch Gutachter genehmigt werden müssen; vgl. hierzu Köhlke, in diesem Band).

Der Ruf nach einem neuen Kriterium kann nur als ein Eingeständnis der Unzulänglichkeit der Gesundheitsversorgung in seiner bisherigen Form gewertet werden (Deppe et al., 1995). Besteht eine solche Unzulänglichkeit, müßte man zuallererst prüfen, ob die Ausübenden von Psychotherapie vielleicht gehindert werden, die oben genannten, angeblich weitgehend bewährten (weil ja wohl immer noch an den Hochschulen gelehrten) Kriterien anzuwenden.

Damit stellt sich auch die Frage, warum QS bzw. Bemühungen um Qualität angeblich bislang ausblieben, obwohl sie eigentlich schon immer im Aufgabenbereich wie im Interesse der Führungskräfte und Mitarbeiter von Institutionen wie auch einzeln Wirkender hätten liegen müssen. Wurden nicht einfache, aber wirkungsvolle Qualitätsverbesserungen gefordert, die aber unterblieben (z.B. Benotung der Lehrkräfte durch Studenten)?

Woher will man eigentlich wissen, ob nicht die Ursachen, welche für bestehende Qualitätsmängel wie auch für das Scheitern bisheriger Verbesserungsversuche verantwortlich waren, nicht bei der DIN-Anwendung ebenso zur Wirkung gelangen? Warum glaubt man dennoch, mit weit komplexeren Verfahren aus einem Bereich hoher Standardisierbarkeit (industrielle Produktion) jetzt diesbezüglich (mehr) Erfolg zu haben?

Es wäre also zu prüfen, ob Mangel an Wissen über Qualitätsmanagement, wie die Befürworter der DIN ISO 9004 implizieren, oder nicht etwa andere, weit mehr im Therapiealltag liegende Ursachen (z.B. Restriktionen im Bereich von Finanzen, Personal und Einbindung in das Gesamtsystem der Gesundheitsversorgung) eine weitergehende Qualität verhindern.

Die Erfahrungen der Anwender (Initiatoren, Zertifizierer, Beschäftigte, Kunden) scheinen für die Übertragung auf den Gesundheitsbereich jedenfalls keine Rolle zu spielen, zumindest ist der QS/QM-Bewegung nicht bekannt, daß eine kritische Auswertung ihrer Erfahrungen *vor* der Einführung der gesetzlichen Forderung nach QS im Gesundheitswesen stattfand.

Inzwischen ist QS mit den §§ 108, 135 ff. des Fünften Sozialgesetzbuches (SGB V) für alle im Rahmen der gesetzlichen Krankenversicherung (GKV) zugelassenen Institutionen Pflicht.

Obwohl die DIN ISO 9004 nicht vorgeschrieben ist, wird sie häufig als Methode der Wahl angesehen (vgl. Bertelmann, Fehling & Jansen, 1996; Fiegenbaum, Tuschen & Florin, 1997). Möglicherweise war hier in Abwandlung eines bekannten Zitats die Überlegung leitend: „Was gut ist für Ford, ist auch gut für die Gesundheit". Man erhofft sich in jedem Falle durch eine DIN-Standardisierung sowohl eine Sicherung der Wirtschaftlichkeit als auch der Qualität von Struktur, Prozeß und Ergebnis gesundheitsrelevanter Tätigkeiten.

Erstaunlich ist wiederum nur, daß man nicht *zuvor* Vergleiche angestellt hat, ob nicht etwa andere Verfahren als die externe Zertifizierung auf Basis der DIN ISO 9004 für den vorliegenden Bereich geeigneter sein könnten. Ein solches Verfahren stellt mit Sicherheit jenes der „Selbstbewertung anhand des Europäischen Modells für Umfassendes Qualitäts-Management (TQM) 1996" (European Foundation of Quality Management, 1995) dar, welches aber nirgends erwähnt wird, obwohl es in der Industrie ebenfalls sehr bekannt ist.

Um die Intention wie auch das Faszinosum einer Zertifizierung nach DIN ISO 9000 ff. und der an sie geknüpften Hoffnungen würdigen zu können, ist eine kurze Darstellung der wichtigen, für den vorliegenden Gegenstand „Psychotherapie" relevanten Aussagen dieser Norm hier unerläßlich. Die entsprechenden Aussagen erfahren jeweils eine kurze kritische Beurteilung bezüglich ihrer Übertragbarkeit auf die Gesundheitsversorgung.

Im Anschluß daran werden diese kritischen Anmerkungen in Thesenform zusammengefaßt und dahingehend diskutiert, ob nicht gerade aus psychologischer Sicht andere Vorgehensweisen als die Zertifizierung auf der Basis der DIN ISO 9004 den Zielen von mehr Qualität und Wirtschaftlichkeit angemessener wären.

Wenn der Leser sich bei den folgenden Ausführungen zu den DIN-Normen über die teilweise geringe Verständlichkeit der Originalzitate wundern sollte, findet er sich bereits in den Umsetzungsproblemen der DIN-Normenreihe 9000 ff.

2. Die DIN ISO 9000-Normenfamilie

2.1 Ausgangspunkt, Zielsetzung und Aufbau der Normen

Die Idee zu QS-Normen entstammt ihrer eigenen Aussage nach folgendem europaweiten Bestreben: Der Kunde soll Vertrauen in die Fähigkeit seines Lieferanten gewinnen (Deutsches Institut für Normung/DIN, 1994). Dies erfolgt gemäß EN ISO 8402 dadurch, daß der Lieferant über ein Qualitätssicherungssystem (QS-System) verfügt und dem Kunden sein Qualitätsmanagementsystem (QM-System) darlegt. Drei Normen (EN ISO 9001, 9002 und 9003) enthalten jeweils ein QM-Darlegungs-Modell. Diese europäischen Normen (EN) haben auch den Status einer deutschen Norm, im folgenden kurz DIN ISO 9000 ff. genannt. Sie beschreiben, welche Elemente Qualitätsmanagementsysteme enthalten sollen, nicht aber wie ein Unternehmen diese Elemente realisiert (DIN, 1994, S. 6). Es besteht lediglich der Anspruch, prinzipielle Konzepte des QM zu beschreiben und eine Anleitung für deren Auswahl für die Anwendung zu geben.

Kritische Beurteilung:
Natürlich läßt sich die Forderung nach Schaffung eines QS-Systems und Darlegung eines dazugehörigen QS-Systems auf das System der Gesundheitsversorgung und damit auf eine therapeutische Institution und wohl auch auf eine psychotherapeutische Einzelpraxis übertragen. Allerdings darf man sich dabei nicht zu viel Gewinn bzw. Nutzen für die Versorgungsergebnisse erhoffen, nicht nur, weil wichtige Schnittstellenveränderungen unbeachtet bleiben, sondern auch, weil die meisten Ausführungen in den DIN-Normen längst bekannte Inhalte der Organisations- und Personalentwicklung sind, welche in der Norm lediglich in Form von Worthülsen aufgeführt werden. Positiv könnte es allerdings angesehen werden, daß durch die Anleitung der QS-Normen kein Maßnahmebereich „vergessen" bzw. unberücksichtigt bleibt, was in Institutionen wie auch Einzelpraxen genauso von Bedeutung sein wird wie in industriellen Unternehmen.

Über die Anleitung zum QM hinaus ist die DIN ISO 9000 Normenfamilie für weitere drei Situationen vorgesehen: Als vertragliche Vereinbarung zwischen Kunde und Lieferant, als Grundlage von Genehmigungen oder internen Registrierungen sowie als Zertifizierung oder Registrierung durch unabhängige Stellen (DIN, 1994, S. 20).

Kritische Beurteilung:
Wird der „Patient" – wie in den QS-Normen, speziell in der DIN 9004, üblich – mit „Kunde" gleichgesetzt (Fiegenbaum et al., 1997), verspricht dies endlich interessante, höchst erfreuliche Perspektiven: Der Patient wäre zum ersten Male persönlich (und nicht über seine Kasse) gleichberechtigter Partner des Therapeuten (=„Dienstleister"). Dieser müßte sich ihm offenbaren und seine Entscheidung akzeptieren (vgl. Hermer, in diesem Band).

Die anderen beiden Punkte könnten als neuerliche oder zusätzliche Zulassungsregelung von Personen und Institutionen verstanden werden. Hier stellt sich die Frage nach der Kosten-Nutzenrelation bzw. den Regiekosten der Übernahme der DIN-Normen in die Gesundheitsversorgung. Auch stellt sich die Frage, ob und inwieweit diese neuen Zulassungsregelungen die bereits bestehenden -oben teilweise erwähnten- Zulassungsregelungen ergänzen oder ersetzen sollen (für die ambulante Psychotherapie sind beispielsweise die „Psychotherapierichtlinien" maßgeblich, vgl. Köhlke und Schmidt-Bodenstein, in diesem Band).

2.2 Für die Psychotherapie bedeutsame Inhalte der Normen

Eine Durchsicht der DIN-Beschreibungen lenkt das Augenmerk auf eine Reihe von Inhalten, die im Hinblick auf ihre Übertragung auf die Ausübung von Psychotherapie interessant erscheinen. So heißt es dort: „Die technischen Forderungen an ein Produkt sind nicht Gegenstand der Norm, sondern haben anderen Normen zu entstammen. Der Preis eines Produktes ist kein Qualitätselement" (DIN, 1994, S. 14).

Kritische Beurteilung:
Für die Psychotherapie ergibt sich nach dieser Aussage -wörtlich genommen- zwangsläufig eine Normierung auch in ihrem Handlungsteil (Dienstleistungsprodukt), wobei geklärt werden muß, woher diese „anderen Normen" stammen sollen (s.u., These 3). Und: Daß der Preis kein Qualitätselement ist, muß bezüglich der Psychotherapie diskutiert werden, entscheidet er schließlich doch über ihre Verfügbarkeit bzw. „Zugänglichkeit" (s.u., These 2).

Ein wesentliches Anliegen des auf den Normen basierenden QM ist die gleichbleibende Produktqualität. Um hier effektiv sein zu können, „wird das QM-System mit Hilfe von Prozessen realisiert, die es sowohl innerhalb als auch quer durch die Funktionen gibt". Ferner „.... sollten diese Prozesse und die zugehörigen Verantwortlichkeiten, Befugnisse, Verfahren und Mittel festgelegt und in einer miteinander vereinbaren Art eingesetzt werden". Weiter „ ... benötigt ein QM-System Koordinierung und Verträglichkeit seiner einzelnen Prozesse sowie die Festlegung ihrer Schnittstellen" (DIN, 1994, S. 17).

Kritische Beurteilung:
Hier ist sie wieder, die „Festlegung der Schnittstelle": Diese Aussage ist von hoher Bedeutung für das Gesundheitssystem, müßte sie doch als die Aufforderung zu einer Restrukturierung der Funktion und Verknüpfung seiner Elemente *vor* der Festschreibung seiner Prozesse durch Normen verstanden werden (s.u., These 1).

Sodann heißt es: „Um die Einhaltung dieser Forderungen zu gewährleisten, sind interne und/oder externe Audits vorzusehen, welche eine fortlaufende QM-Bewertung zum Gegenstand haben. Zertifizierungsaudits können durch kompetente Zertifizierungsstellen durchgeführt werden, um eine Zertifizierung oder Registrierung zu erlangen, wobei für eine Reihe möglicher Kunden für Vertrauen gesorgt wird" (DIN, 1994, S. 19).

Kritische Beurteilung:
Es stellt sich die Frage: Wer ist im Gesundheitssystem ein kompetenter Zertifizierer? Welche sind die Kriterien und Standards für Kompetenz in diesem Bereich, und wer ist befugt und in der Lage, diese sachgerecht festzulegen? Wer kann beurteilen, ob die zur Zertifizierung notwendige Dokumentation richtig ist (s.u., These 6)? Wer zählt zur Reihe möglicher Kunden?

Weiter: „Das ausgewählte Modell (zur Qualitätssicherung/QM-Darlegung) sollte aus der Sicht des Kunden des Lieferanten angemessen und nicht irreführend sein" (DIN, 1994, S. 29).

Kritische Beurteilung:
Hier stellt sich die Frage, inwieweit Patienten eine solche Angemessenheit beurteilen können bzw. ob nicht wieder Fachleute ihre Stellvertretung einnehmen. Allein die Problematik der Anwendung des Kriteriums „Kundenzufriedenheit" (Hermer, in diesem Band) dürfte angesichts dieser Forderung nicht unerhebliches Kopfzerbrechen bereiten (s.u., These 5). Interessant ist auch die Gegenüberstellung der Begriffe „angemessen und nicht irreführend", müßte es doch wohl eher „richtig und nicht falsch" heißen.

Schließlich wird der Dokumentation eine bedeutende Rolle eingeräumt: „Dokumentation ist wichtig für Qualitätsverbesserung. Wenn Verfahren dokumentiert, geplant und verwirklicht sind, kann man verläßlich feststellen, wie die Dinge laufend getan werden, und man kann die laufende Leistung messen. Dann ist auch eine verläßliche Messung der Wirkung einer Änderung verbessert (Formulierung im Original). Darüber hinaus sind dokumentierte gebräuchliche Arbeitsverfahren wesentlich für die Aufrechterhaltung des Gewinns aus Qualitätsverbesserungsmaßnahmen" (DIN, 1994, S. 20).

Kritische Beurteilung:
Die hier ausgedrückte Hoffnung auf den Wert solcher Dokumentationen ist nicht nur im Gesundheitswesen anzuzweifeln, da die Dignität von Dokumentationsdaten von

Voraussetzungen abhängt, die vielfach in der Praxis in der Vergangenheit schon nicht gegeben waren und erst recht in Zukunft nicht gegeben sein werden (s.u., These 6).

Die Norm unterscheidet weiter ausdrücklich zwischen Forderungen an die Qualitätssicherung/ Qualitätsdarlegung und der Qualitätsforderung an ein Produkt, wobei als übergeordnete Produktkategorien die Hard- und Software, die verfahrenstechnischen Produkte sowie die Dienstleistungen unterschieden werden.
Die Gesundheitsversorgung wird als Teil des Industrie- und Wirtschaftssektors unter der Maßgabe subsummiert, daß hier alle „Lieferanten gruppiert werden, deren Angebotsprodukte ähnliche Kundenerfordernisse erfüllen" (DIN, 1994, S. 9).

Kritische Beurteilung:
Die Gesundheitslieferanten können sich aber beträchtlich von anderen Lieferanten des Wirtschaftssektors wie auch untereinander unterscheiden, so beispielsweise bezüglich der Abhängigkeit von Höchstpreisen oder Werbeverboten (s.u., These 2).

Die für die Gesundheitsversorgung vorherrschende Produktkategorie ist aus Sicht der Norm die Dienstleistung. Sie ist das „an der Schnittstelle zwischen Lieferant und Kunde sowie durch interne Tätigkeiten des Lieferanten erbrachte Ergebnis zur Erfüllung der Erfordernisse des Kunden" (DIN, 1992, S. 9). Für die Dienstleistung gilt die DIN ISO 9004: „Kundenbeurteilung, oft sehr subjektiv, ist der oberste Maßstab für die Dienstleistungsqualität" (DIN, 1994, S. 26).

Kritische Beurteilung:
Es ist denkbar, daß zwischen Dienstleistung und Psychotherapie erhebliche Unterschiede bestehen und daher lohnenswert, dieser Frage nachzugehen (s.u., These 3). Vor allem ist zu klären, in welchem Maße und an welcher Stelle des therapeutischen Prozesses sich ein Therapeut als „oberstem Maßstab" der Subjektivität von Kundenbeurteilungen unterordnen kann bzw. auch muß.

Eine andere wichtige Aussage ist diese: „Die erfolgreiche Anwendung des Qualitätsmanagements auf eine Dienstleistung verschafft besondere Gelegenheiten für

- verbesserten Leistungsstand der Dienstleistung und Kundenzufriedenheit,
- erhöhte Produktivität, Wirksamkeit und Verringerung der Kosten und
- erhöhte Marktanteile" (DIN, 1992, S. 5 f).

„Um diese Vorteile zu erreichen, sollte ein für die Dienstleistung ausgelegtes Qualitätssicherungssystem *auch* [Hervorhebung v. Verf.] auf die mit dem Erbringen einer Dienstleistung verknüpften menschlichen Aspekte eingehen. Dies geschieht durch:

- Management der mit einer Dienstleistung verbundenen sozialen Prozesse,
- Betrachten zwischenmenschlicher Beziehungen als einen wesentlichen Teil der Dienstleistungsqualität,

- Erkennen der Bedeutung der Vorstellungen eines Kunden vom Image, der Kultur und dem Leistungsstand der Dienstleistungsorganisation,
- Entwicklung der Fertigkeiten und Fähigkeiten der Mitarbeiter und
- Motivierung der Mitarbeiter, die Qualität zu verbessern und Erwartungen der Kunden zu erfüllen" (DIN, 1992, S. 6).

Kritische Beurteilung:
Diese Ansprüche sind auf das Gesundheitssystem und die Psychotherapie übertragbar. Gerade hier stellt sich aber auch zugleich die Frage, inwieweit derartige Ansprüche mit den bereits erfolgten bzw. noch folgenden Kosten- und damit Personaleinsparungen einzulösen sind.

Die in DIN ISO 9004 enthaltenen Konzepte „sind sowohl für große als auch für kleine Organisationen passend" Und: „Der Unterschied besteht lediglich in der Größenordnung" (DIN, 1992, S. 7)

Kritische Beurteilung:
Diese lapidare Aussage scheint in ihrer Übertragbarkeit auf eine psychotherapeutische Einzel-Praxis fragwürdig, da die Teilung von Arbeit und Finanzierung bzw. Verwaltung bei ihr keine erhebliche Rolle spielen dürfte und interne Schnittstellen damit wegfallen. Kosten der QS können damit auch nicht verteilt werden (s.u., These 7).

Weiter ist wichtig: „Die Forderungen an eine Dienstleistung müssen in Form von Merkmalen, die wahrnehmbar sind und vom Kunden bewertet werden können, eindeutig festgelegt werden" (DIN, 1992, S. 10). Und: Die Prozesse müssen in Form von Merkmalen festgelegt werden, die „nicht immer durch den Kunden wahrgenommen werden können, die aber den Leistungsstand der Dienstleistung direkt beeinflussen" (DIN, 1992, S. 10).

Kritische Beurteilung:
Gerade diese Kernaussage der DIN ISO 9004 erscheint im Hinblick auf Psychotherapie verwirrend. Patienten erwarten natürlich letztlich Heilung oder Besserung, könnten aber bezüglich Produkt- bzw. Dienstleistungsmerkmalen und Prozeßmerkmalen wohl kaum unterscheiden. So zeigt sich in der Praxis häufig, daß Patienten über therapeutische Zwischenziele durchaus andere Vorstellungen als der Therapeut haben. Man kann nicht annehmen, daß Patienten einen Forderungskatalog zu erwartender therapeutischer Leistungen a priori artikulieren und bewerten können. Und könnten sie es, so bräuchten sie vermutlich keinen Therapeuten. Versteht man den therapeutischen Prozeß als das wesentliche Element der psychotherapeutischen Dienstleistung, ergeben sich also Abgrenzungsprobleme: Was von der therapeutischen Leistung und was vom Prozeß soll nun der Kunde wahrnehmen und bewerten können und was nicht?

Das Dienstleistungsmerkmal kann qualitativ oder quantitativ sein, wobei angemerkt wird: „Viele vom Kunden subjektiv bewertete qualitative Merkmale sind einer quantitativen Messung durch die Dienstleistungsorganisation zugänglich" (DIN, 1992, S. 10). Als Beispiele werden genannt:

- „Betriebsmittel, Kapazität, Anzahl der Mitarbeiter und Materialien,
- Wartezeit, Lieferzeit und Ablaufzeit,
- Hygiene, Sicherheit, Funktionsfähigkeit und Schutz,
- Ansprechbarkeit, Zugänglichkeit, Höflichkeit, Bequemlichkeit, Ästhetik der Umgebung, Kompetenz, Zuverlässigkeit, Genauigkeit, Vollständigkeit, Stand der Technik, Glaubwürdigkeit und wirksame Kommunikation" (DIN, 1992, S. 10).

Kritische Beurteilung:
Natürlich können diese und ähnliche Merkmale auch im Gesundheitswesen gelten und quantifiziert werden. Von Wert wäre dies allerdings nur dann, wenn sie vom Kunden als Differenz zum notwendigen Optimum wahrgenommen werden könnten. Wohl keine Institution und kein Praxisinhaber kann und wird sich dahingehend quantitativ festlegen wollen.

Nimmt man zum Beispiel das wichtige Merkmal „Glaubwürdigkeit" heraus, so kann man im industriellen Bereich von Arbeitnehmern wie Kunden des öfteren hören, daß die Glaubwürdigkeit entgegen angeblichen Bemühungen um ihre Verbesserung gegenwärtig auf dem Nullpunkt angelangt ist. Quantifizierungen, die kaum über den Mikrobereich des Nullpunktes hinausführen dürften, sind (vielleicht mit Ausnahme der Blut-Alkohol-Konzentration, angegeben in Promille) von geringem Nutzen für den Kunden. Es wäre nachzuweisen, daß dies in Institutionen der Gesundheitsversorgung (z.B. Krankenhaus) anders ist. Hier überhaupt Zusagen und speziell längerfristige machen wollen, erscheint zudem nicht erst aufgrund der GSG-Reform und ihrer Folgen sehr gewagt.

Weiter wird festgestellt: „In den meisten Fällen kann die Lenkung von Dienstleistungsmerkmalen und Merkmalen des Erbringens der Dienstleistung nur durch die Lenkung des Prozesses, durch welchen die Dienstleistung erbracht wird, erreicht werden" (DIN, 1992, S. 10).
Als Qualitätsziel wird an erster Stelle „die Zufriedenstellung des Kunden unter Beachtung der berufsspezifischen Maßstäbe und der Berufsethik", später dann „die Optimierung der qualitätsbezogenen Kosten für die verlangte Dienstleistungsausführung und (Anspruchs-) Klasse" (DIN, 1992, S. 12) genannt.

Kritische Beurteilung:
Diese Formulierungen erleichtern nicht gerade das Verständnis des Anliegens. Wenn man es so versteht, daß der therapeutische Prozeß das zentrale Mittel für die Herstellung von Kundenzufriedenheit ist, stellt sich die Frage nach dessen Beschreib- und Normierbarkeit (s.u., Thesen 9 und 10).

Aussagen bezüglich der Wirksamkeit von Psychotherapie aus Sicht der Patienten liegen in verschiedener Form vor, sind aber oft nicht einfach interpretierbar (Seligman, 1995). Auf die „Zufriedenstellung des Kunden" wird an anderer Stelle dieser Veröffentlichung eingegangen (vgl. dazu Hermer, in diesem Band). Sie bildet ein äußerst kritisches Glied in der Argumentationskette für QS in der Gesundheitsversorgung.

Die Frage, welche Kosten eine Heilbehandlung haben darf, wird im medizinischen Sektor der Gesundheitsversorgung heftig diskutiert, ebenso der Umgang mit „Anspruchsklassen". Nicht zu übersehen ist, daß – anders als in der Wirtschaft – hier bislang die möglichst gerechte Verteilung unzureichender Mittel und nicht die Kundenzufriedenheit oberstes Ziel zu sein scheint. Deshalb stellt sich auch hier die Frage nach der Übertragbarkeit dieses Ansatzes.

Besonders eingehend werden die Voraussetzungen abgehandelt, unter denen das Personal seine (Dienst-) Leistung erbringen soll. Die oberste Leitung soll u.a. als Anreiz zur Motivation, Entwicklung, Kommunikation und Leistung der Mitarbeiter:
– „Mitarbeiter auf der Grundlage ihrer Fähigkeit auswählen, um festgelegten Stellenbeschreibungen gerecht zu werden,
– ein Arbeitsumfeld bieten, das herausragende Leistungen und ein *sicheres* [Hervorhebung v. Verf.] Arbeitsverhältnis fördert,
– das Potential jedes Mitglieds der Organisation durch abgestimmte kreative Arbeitsmethoden und Gelegenheiten zu stärkerem Engagement erkennen" (DIN, 1992, S. 15).

Kritische Beurteilung:
Angesichts der derzeit in vielen Betrieben (und wohl auch Kliniken) herrschenden Verhältnisse können diese Ausführungen fast als Hohn erscheinen: Mitarbeiter werden von der nackten Angst um ihren Arbeitsplatz gelähmt, Manager richten gezwungenermaßen ihre Aktionen ultimativ auf einen Shareholder-Value[3] von 18% Rendite aus und kündigen jede Loyalität den Mitarbeitern gegenüber: Das Mittel der Wahl ist Druck.

Schlußendlich werden die Anforderungen an Qualitätsdokumentationen und -aufzeichnungen ausführlich angeführt. So ist ein Qualitätshandbuch erforderlich, welches die Beschreibung des QS-Systems mit Angaben zur Qualitätspolitik, der Qualitätsziele u.v.a. enthält. Sodann ein Qualitätssicherungsplan, Verfahrensanweisungen und Qualitätsaufzeichnungen. Letztere sollen Informationen enthalten:

– „über den Grad, bis zu dem die Qualitätsziele erreicht wurden,
– über das Ausmaß der Zufriedenheit oder Unzufriedenheit des Kunden mit der Dienstleistung,
– über die Ergebnisse des Review des Qualitätssicherungssystems und die Verbesserung der Dienstleistung,
– für Analysen, um Qualitätstendenzen zu identifizieren,
– für Korrekturmaßnahmen und deren Wirksamkeit,

---
3. Shareholder-Value entspricht – verkürzt ausgedrückt – der Rendite von Aktienwerten, bzw. dem zu erwartenden Gewinn beim Kauf von Anteilen des jeweiligen Unternehmens.

- über angemessene Leistungen des Unterlieferanten,
- über die Fertigkeiten und die Schulungen des Personals,
- über Konkurrenz-Unternehmen" (DIN, 1992, S. 20).

Kritische Beurteilung:
Therapeuten in Einzelpraxen müssen sich darüber klar sein, daß sie sich hier eine Last auferlegen, die im Herkunftsbereich der Norm auf viele Schultern verteilt ist. Es ist daher zu prüfen, was davon wirklich von praktischer Relevanz ist, und was Vollständigkeit vortäuscht, die unter gegebenen Verhältnissen gar nicht erreicht werden kann.

Die Qualitätsaufzeichnungen sollten u.a.:
- „als *gültig nachgewiesen* [Hervorhebung v. Verf.] werden,
- leicht wieder auffindbar sein,
- während eines bezeichneten Zeitraums aufbewahrt werden (DIN, 1992, S. 20).

Kritische Beurteilung:
Hier liegt die Schwierigkeit wohl vor allem im Nachweis der Gültigkeit. Gutwilligkeit einmal vorausgesetzt, dürfte diese doch in der Einzelpraxis zwangsläufig in beträchtlichem Ausmaß der Subjektivität des Urteils zum Opfer fallen.

Zahlreiche weitere Ausführungen u.a. zu internen Qualitätsaudits, Kundenschnittstellen, Designprozeß, Analyse und Verbesserung der Dienstleistungsqualität ergänzen das „DIN-Blatt". Soweit die für den vorliegenden Gegenstand interessanten Punkte der DIN ISO 9000 ff.

Kritische Beurteilung:
Frappierend für einen Sozialwissenschaftler ist das Ausmaß von abstrakten Formulierungen, nahezu unverständlichen Aussagen, zahlreichen verschachtelten Wiederholungen und Worthülsen in den Ausführungen dieser Norm. Noch frappierender ist für Praktiker die Kluft zwischen Anspruch und Wirklichkeit der Unternehmenskulturen bzw. Betriebswelten.

So wird seit Jahren „der Mensch als Mittelpunkt" immer wieder neu entdeckt, ohne jedoch irgendwelche diesbezüglichen positiven Veränderungen in den Betrieben zu zeitigen, im Gegenteil. Auch kann man als Kunde nicht feststellen, daß Produkte und Dienstleistungen immer besser werden, was sie ja bei aller QS längst sein müßten. So entscheidet zum Beispiel bezüglich Wartezeiten auf ein Produkt oder eine Dienstleistung überwiegend das Kriterium der Rentabilität der Herstellung und nicht das der Kundenzufriedenheit.

3. Zweifel am Sinn eines an der ISO 9004 ausgerichteten Qualitätsmanagements für die Psychotherapie unter den derzeitigen Voraussetzungen (12 Thesen)

Die vorangegangene Darstellung einiger relevanter Inhalte der DIN ISO 9000 ff. und ihre kritische Kommentierung lassen unschwer erkennen, daß der Verfasser unter den derzeitigen Voraussetzungen Zweifel am Sinn einer pflichtmäßigen Anwendung dieses Verfahrens im Bereich der Gesundheitsversorgung im allgemeinen und der psychotherapeutischen Praxen im besonderen hat. Vor allem beziehen sich diese Zweifel auf den beanspruchten Umfang des Nutzens und sein Verhältnis zum Aufwand.

Die Zweifel beziehen sich nicht auf die Notwendigkeit, die Qualität der psychotherapeutischen Versorgung zu verbessern, im Gegenteil: Es wird vermutet, daß durch die Einführung eines an der DIN ISO orientierten QM diese Notwendigkeit aus dem Blickpunkt gerät bzw. die Qualität fälschlicherweise als „gesichert" nachgewiesen wird. Die strukturkonservative Anwendung der DIN ISO 9004 in der Gesundheitsversorgung könnte über gravierende, von den Patienten nicht zu erkennende Mängel hinwegtäuschen und eine wirkliche Qualitätsverbesserung eher verhindern als fördern. Denn zur tatsächlichen Qualitätsverbesserung stehen andere Maßnahmen als die DIN-Normen zur Verfügung (vgl. Kapitel 4.).

Unter „Praxis" wird hier und im folgenden die Einzel- oder Gemeinschaftspraxis *selbständig arbeitender psychologischer Psychotherapeuten* verstanden, welche im Rahmen der gesetzlichen oder privaten Krankenversicherung *tätig sind oder künftig sein wollen*. Viele Aussagen gelten jedoch aus der Sicht des Verfassers auch für die Psychotherapie in anderen Institutionen, welche im Rahmen der Gesundheitsversorgung tätig sind. Für die ambulante Psychotherapie außerhalb der gesetzlich geregelten Honorierung entsprechend den Psychotherapie-Richtlinien gelten wohl kaum einheitliche Voraussetzungen. Hier steht bislang trotz eines vorhandenen „Heilpraktikergesetzes" faktisch jedem offen, was er anbieten will. „Kunden" solcher nicht wissenschaftlich orientierter Therapieangebote über Zertifizierungen Qualität garantieren zu wollen, erscheint – gelinde gesagt – fragwürdig, wäre aber nach dem Gesamtverständnis der DIN ISO selbstverständlich via Kundenzufriedenheitsnachweis möglich.

These 1: Qualität in der Gesundheitsversorgung kann nur durch eine Restrukturierung des Gesamtsystems erreicht werden.

Es wird an dieser Stelle die übergeordnete These aufgestellt, daß Unzulänglichkeiten in der Qualität der Gesundheitsversorgung zuerst durch die Erhöhung der Selbstverantwortung der in ihr Agierenden (Therapeuten wie Patienten), weiters durch Veränderung der strukturellen Bedingungen des Systems (bessere Vernetzung von Ärzten und Psychologen, ambulantem und stationärem Bereich u.a.) und schließlich durch größere finanzielle Mittel (und damit Personal) reduziert werden können.

Da allein mangels Mittel und auch sachlicher Gründe eine vorzügliche Orientierung der Qualität an der Kundenzufriedenheit nicht möglich ist, bleibt das gesamte Unterfangen DIN ISO 9004 solange fragwürdig, wie man sich nicht auf klare Zielsetzungen im System der Gesundheitsversorgung (z.B. Maximalversorgung, Rationierung) einigen kann. Sinnvoll wäre gerade in Anwendung der DIN ISO 9004 – wie in Industrie-Unternehmen üblich – der Ansatz *unter der Option, notfalls das gesamte System zu restrukturieren, um eine notwendige Qualität zu erreichen.* Dies ist aber bislang absolut ausgeschlossen.

Diese Restrukturierung müßte notwendigerweise auch das Gesundheitsmanagement (Gesundheitsgesetzgebung) miteinbeziehen (Sczudlek, 1996).

Unterbleiben diese Maßnahmen und konzentriert man sich – wie es bis jetzt der Fall ist – dennoch auf QS und QM nach der DIN 9004, so drückt dies die implizite Annahme (Hoffnung) aus, daß die erforderliche Qualität allein hierdurch erreicht sei.

Es kann durchaus sinnvoll sein, eine Institution oder Organisation mit therapeutischem Aufgabenbereich einem QM zu unterziehen, vor allem dann, wenn sie ihre bisherigen Hausaufgaben nicht gemacht hat. Ob dabei jedoch die prinzipiell für den „Kunden", will sagen Patienten, *notwendigen* und *möglichen* Qualitäten erzielt und geboten werden, ist dabei nicht gesagt (Abholz, 1995).

Insgesamt ergibt sich die These, daß es unmöglich ist, das eine (QS der Behandlung nach DIN ISO) zu tun, ohne das andere (Qualitäts-Entwicklung der Rahmenbedingungen des Systems der Gesundheitsversorgung) zu unterlassen. Wenn weiterhin keine Strukturänderungen simultan in die QS Eingang finden, muß man befürchten, daß das eine getan wird, um das andere zu unterlassen.

These 2: Es werden gravierende Unterschiede zwischen Wirtschaft und Gesundheitssystem übersehen.

Wenn die Gesundheitsversorgung von den DIN-Experten dem Wirtschaftssystem zugeordnet wird, gilt dies nur begrenzt. Es gibt gravierende Unterschiede, die eine solche Zuordnung unter derzeitigen Gegebenheiten zumindest im Sektor der Psychotherapie fragwürdig erscheinen lassen:

Das System der Gesundheitsversorgung ist im Unterschied zum Wirtschaftssystem national begrenzt und bezüglich seiner Teilnehmer, Leistungen und Vergütungen gesetzlich geregelt (Sicherstellung der Versorgung im staatlichen Auftrag).

Es besteht eine Marktsituation, die nachhaltig durch einen Nachfrageüberschuß gekennzeichnet ist. Dies verhindert, was auf dem „Markt" sonst möglich ist: Der Kunde macht sich gewöhnlich selbst ein Bild und handelt nach seinen Erfahrungen. Lessing sagte bereits: Man muß kein Koch sein, um zu merken, daß die Suppe versalzen ist. Gasthäuser zum Beispiel, die nichts taugen, verschwinden alsbald vom Markt, da der Kunde erst mit dem Mund, und dann mit den Füßen abstimmt.

Nun spräche nichts dagegen, so auch mit der Psychotherapie zu verfahren. Der Patient könnte sich während der probatorischen Sitzungen ein Bild von der Leistungsfähigkeit des Therapeuten verschaffen und bei Unzufriedenheit wechseln. Dies wäre möglich, handelte es sich bei diesem Vorgang tatsächlich um das Geschehen eines freien Marktes. Bei Wartezeiten von über einem Jahr auf einen freien Therapieplatz ist ein solches Verhalten jedoch illusorisch. Die Verfügbarkeit von Leistungen wird daher anders als im System der „freien" Wirtschaft sehr leicht zum entscheidenden Qualitätsmerkmal für den „Kunden" (Patient). Es besteht nämlich zum Beispiel die Möglichkeit, daß der Patient trotz Entrichtung eines Krankenkassenbeitrags zum Zeitpunkt des Bedarfs keine ambulante Psychotherapie erhält, sondern entweder eine stationäre Einrichtung aufsuchen oder (wieder) warten muß.

Es bestehen noch andere Unterschiede: Werbung ist für Gesundheitsberufe nicht erlaubt. Ebenso herrscht vielfach kein freier Markt für Anbieter (Zulassungssperren). Das Angebot ist oft politisch motiviert (Kurklinik als Infrastrukturhilfe, Kreiskrankenhäuser als kommunalpolitische Gratifikation).

Auch ist gegenwärtig (vielleicht glücklicherweise) noch kein freier Wettbewerb möglich: Wettbewerb innerhalb dieses geschlossenen Systems hätte fatale Folgen. Es wäre dann unausweichlich, daß die ohnehin knappen Ressourcen noch weniger als bisher auf die Versorgung der Gruppen mit dem höchsten Krankheitsrisiko und der geringsten Selbsthilfefähigkeit gelenkt würden (Kühn, 1995).

Es kann also gefolgert werden: *Ein Verhältnis „Lieferant-Kunde" herrscht also möglicherweise in vielen gesellschaftlichen Bereichen, allerdings nicht im System der Gesundheitsversorgung, speziell der gesetzlichen Krankenversicherung (GKV).*

These 3: Es bestehen Unterschiede zwischen Dienstleistung und Therapie.

Dienstleistung besteht aus einem Anteil „Technik" oder „Handwerkszeug" und einem Anteil „Handeln" (Abholz, 1995), speziell in Form von individueller Zuwendung. In der Psychotherapie scheint die Zuwendung jedoch die „Technik" als solche zu sein. Angeblich wissen wir doch, daß nicht die therapeutische Schulrichtung im Gefolge ihrer Interaktionsregeln den Erfolg sichert, sondern in erster Linie die Variable „Therapeut" (vgl. Kuhr, in diesem Band).

Der Anteil der Technik im Sinne von Handwerkszeug in der Psychotherapie ist verhältnismäßig leicht zu erfassen und durchaus einem Verständnis nach DIN ISO 9004 zugänglich: Ein Psychotherapeut verwendet Formblätter, er verfügt über Leitfäden, Tests und neuerdings zumeist auch über einen Computer. Sinnvoll im Sinne von QS wäre zum Beispiel die Verpflichtung, mit den neuesten Revisionen dieser Mittel zu arbeiten. Wie läßt sich aber ihre indikationsgerechte Anwendung sicherstellen? Und was ist indikationsgerecht? Hierzu ein Beispiel:

Im Rahmen der Beurteilung der Eignung eines Patienten zur verhaltenstherapeutischen Behandlung ist die Frage nach der intellektuellen Befähigung des Patienten zu beantworten. Ist hierfür im Rahmen der probatorischen Sitzungen ein Intelligenztest durchzuführen oder genügt der Eindruck des Therapeuten, die Intelligenz des Patienten sei „ausreichend"? Ist – mit anderen Worten – die Durchführung des Tests mit mehr oder seine Unterlassung mit weniger Qualität eines therapeutischen Vorgehens gleichzusetzen?

Nun zum Anteil des therapeutisches Handelns. Der Therapeut kann durch die Verpflichtung zur Fortbildung im Rahmen seiner therapeutischen Grundausrichtung und durch Weiterbildung die Aktualität und die Breite seines Handlungsrepertoires sichern. Fraglich ist, was er davon tatsächlich anwendet und noch mehr, wie er es anwendet. Den Patienten (Kunden) wird es kaum möglich sein, die Differenz zwischen Möglichkeit und Vorgefundenem einzuschätzen. Sie erwarten konzentrierte Zuwendung (Aufmerksamkeit, Empathie und Wertschätzung), die auf äußerst vielfältige Weise dargebracht werden kann (oder aber eben auch nicht). Diese Kernvorgänge therapeutischen Handelns transparent zu machen und dem Kunden als Qualität zuzusichern, erscheint vermessen.

Die DIN ISO 9004 würde aber ausdrücklich eine lückenlos dokumentierte Verfahrensanweisung für das „Zuwendungsverhalten" verlangen, denn letzlich ist dies der Bereich, in dem überhaupt Bewertungen des „Kunden" möglich sind und in dem folglich Verbesserungen zentral wichtig sein dürften.

Zur Zeit diskutierte und auch eingesetzte Dokumentationssysteme, Leitlinien etc. (vgl. die Beiträge von Braun; Laireiter, Lettner & Baumann sowie von Palm, in diesem Band) klammern den Bereich der „Zuwendung" aber ausdrücklich aus. Deshalb drängt sich die Befürchtung auf, daß mit allen Versuchen, den therapeutischen Prozeß zu systematisieren, *jene Variablen in den Hintergrund rücken, die entscheidend für dessen Ergebnis verantwortlich sind, gleichzeitig aber auch am schlechtesten zu systematisieren und zu dokumentieren sind.* Dies ist an erster Stelle das Therapeutenverhalten. Für Marginales wiederum lassen sich leichter Standards und Beschreibungen finden. Das Ergebnis kann daher vermutlich nur ein Standard in Form eines Treatment-Patchworks *„standardisierter Patient",* nicht aber ein „Psychotherapie-Standard" sein. Abholz (1995) führt zum hier vergleichbaren Bereich der Medizin aus, „... daß die Qualitätssicherung im Bereich des ärztlichen *Handwerkszeuges* [Hervorhebung v. Verf.] einfacher durchführbar ist, objektivere Befunde bringt, administrativ prüfbar und somit gut zu organisieren ist. Qualitätssicherung im Bereich ärztlichen *Handelns* [Hervorhebung v. Verf.] ... ist weniger objektivierbar in ihrem Effekt, setzt die freiwillige Mitarbeit von Ärzten voraus und läßt sich *kaum erzwingen und dabei weiterhin wirksam vorstellen* [Hervorhebung v. Verf.].

Zudem sind die Ergebnisse der Qualitätssicherung hier weitaus schwieriger in ihrem Nutzen zu objektivieren. Schon deshalb läßt sich vermuten und befürchten, daß bei flächendeckender Einführung der Qualitätssicherung die bürokratisch leichter handhabbaren Formen der Qualitätssicherung bei den unterschiedlichen Akteuren im Gesundheitswesen Bevorzugung finden." (a.a.O. S. 51 f.)

Dieser Einwand wiegt schwer: Wie denn definiert sich Qualität in unterschiedlichen Bereichen, z.B. „Zuwendung" (Gesprächsführung, emotionaler Rapport etc.)? Wie ist hier ein Benchmarking[4] zu leisten, wie definieren sich demgemäß Standards für bestimmte Vorgehensweisen? Wie sind einzelne Verhaltenskomponenten zu gewichten? Gilt eine solche Wichtung für alle Patienten?

Wie ist das jedem von uns vertraute Phänomen in Standards zu fassen, daß verschiedene Patienten ein und dieselbe therapeutische Einrichtung, ja denselben Therapeuten völlig unterschiedlich beurteilen?

Wie ist zu berücksichtigen, daß rituelle therapeutische Maßnahmen (Zauber) nicht selten hervorragend ihren Zweck erfüllen (nicht nur in der Kindertherapie), obwohl für deren Struktur-, Prozeß und Ergebnisqualität seit Urzeiten keine Standards vorliegen?

---

4. Unter „Benchmarking" (wörtlich: „Festpunkt setzen") versteht man die Schaffung einer „Prüfprozedur" zum quantitativen (Leistungs-) Vergleich verschiedener Verfahren, Organisationen oder Institutionen mittels weniger Parameter. Zum Beispiel: Benchmarking der chirurgischen Abteilungen von Krankenhäusern anhand der Komplikationsrate bei bestimmten Operationen. Die beteiligten Institutionen erhalten üblicherweise nur Rückmeldungen über die Spannbreite der Ergebnisse und ihre eigene Position in der Rangreihe.

All dies ist eben nur schwer objektivierbar und dürfte bei einer Qualitätssicherung nach DIN ISO 9004 weitgehend auf der Strecke bleiben (s.u., These 9).

These 4: Es gibt weder „die" Wissenschaft noch „die" Praxis. Somit gibt es keine „wissenschaftlich fundierten Standards für die Praxis", welche konsequent in Normen überführt werden können, sondern nichts anderes als systematisierte Aussagen von Wissenschaftlern.

Ein wichtiges Argument für die Einführung von Standards ist die Berücksichtigung wissenschaftlicher Erkenntnisse. Die Sorge um die „Wissenschaftlichkeit" der Klinischen Psychologie, speziell der Psychotherapie und des damit von ihr zu beanspruchenden Terrains mündete erst jüngst wieder in Kontroversen, diesmal mit der Forderung nach einer wissenschaftlichen Psychotherapie (z.B. Baumann, 1996; Eilers, 1997; Hargens, 1997; Hoffmann, 1997; Mundt, 1997).

Bezeichnenderweise kommt der Ruf nach mehr Wissenschaftlichkeit in der Psychotherapie nicht von Patienten oder selbständigen Praktikern (zumindest ist dem Verf. keine diesbezügliche Veröffentlichung bekannt), sondern fast ausschließlich von Wissenschaftlern oder in Institutionen tätigen Kollegen (z.B. Frank & Fiegenbaum, 1994). Warum schweigen erstere? Aus Ignoranz, aus Zeitmangel, oder weil sie keinen Bedarf erkennen können?

Nun kann man dem entgegenhalten, daß Patienten mangels Urteilsfähigkeit fehlende Wissenschaftlichkeit in der Psychotherapie gar nicht bemerken und demzufolge nicht beurteilen können (damit wäre allerdings auch die DIN ISO 9004 für die Psychotherapie hinfällig, denn sie baut ja zentral auf dem *Urteil* der Kunden auf).

Selbständige Praktiker könnten aus Zeitmangel schweigen oder auch deshalb, weil sie aufgrund ihrer Hochschulerfahrungen in den wissenschaftlichen Aussagen zumeist wenig für die Praxis Brauchbares erwarten (vgl. Willutzki, in diesem Band).

Gewiß ist nichts gegen die Anlegung wissenschaftlicher Kriterien bei der Bewertung psychologischer Aussagen einzuwenden, sofern sich solche Aussagen auf psychologische Grundlagenforschung oder einzelne, klar umrissene Anwendungen beschränken. Hinter der gegenwärtigen Diskussion spürt man jedoch andere, weitergehende Ansprüche. Hier will man „der" Praxis unter dem Signum „wissenschaftlich" in toto verbindliche Wege aufzeigen.

Jeder, der in der Forschung arbeitet oder gearbeitet hat, weiß, daß sich Wissenschaft heute primär aus empirischer Forschung speist und Forschung wiederum nur das ist, was Forscher machen. Die Annahme, ihre Gegenstände würden sich aus dem Verlangen verschiedener Arten von Praxis ableiten, ist naiv. Geforscht wird, was Forscher zeitgeistgemäß interessiert und was – nicht unwichtig – gleichzeitig finanziert wird. Finanziert wird aber nur das, was in den Augen der Bewilliger machbar ist, und das ist eben nicht zwangsläufig das, was „die" Praxis (= multiple Anwender) benötigt. Es ergeben sich angesichts dessen drei Aspekte:

1. Insbesondere in der Psychologie repräsentiert die empirische Wissenschaft einen beeindruckenden Fleckenteppich, derzeit ohne Aussicht auf verbindende Muster. Nachvollziehbar ist deshalb der „Hunger nach Praxisdaten" (zum Beispiel „Krebs-

register"). Standarddokumentationen könnten eine solche Datenquelle darstellen. Für die Praxis brächten sie keinen unmittelbaren Nutzen, da nichtstandardisierte verbale Beschreibungen ein weit aussagefähigeres Bild liefern. Die letztendlich dichotome Einordnung in ein verzweigtes Kategoriensystem kann ihrerseits die Praktiker überfordern und so der Wissenschaft Daten von zweifelhaftem Wert liefern. Anhand der Modellversuche mit der ICD-10 zeigen sich zwar durchaus positive Effekte (Hons, 1997); aber auch Schwachstellen rigider Standardisierungen sind hinreichend beschrieben (Kutscher, 1996). Sollte also mit dem Wunsch nach Standardisierung eine einfach verfügbare Forschungsgrundlage geschaffen werden, wäre es umso notwendiger, deren Validitätschancen vorab eingehend unter Praxisbedingungen zu prüfen. Und, dies sei hier klar gesagt: Zweck des Unterfangens ist zunächst die Verbesserung der Forschungsgrundlagen, nicht der konkreten Versorgungspraxis.
2. Das, was Forscher aus der oben genannten Arbeitsperspektive heraus demzufolge für Praxis halten, ist nicht „die" Praxis, sondern in der Regel die „Praxis der Forschungseinrichtungen". Ganz deutlich wird dies immer wieder, wenn etwa bestimmten Verfahren lapidar „Praxistauglichkeit" (z.B. Grawe & Braun, 1994) zugeschrieben wird. Es ist nicht nachvollziehbar, wie sie der betreffende Forscher unter den herrschenden Restriktionen auf die in der Therapie vorherrschende Einzelpraxis übertragen will. Ähnliches gilt für die angeblich lustvoll an ausgiebigen Stundenevaluationen teilnehmenden Patienten. Solche sind in der Praxis nur schwer zu gewinnen, solange nicht (wie z. B. an Universitätsinstituten üblich) Gratissitzungen gewährt werden.
3. Die eben aufgezeigten Mängel aus Sicht eines Praktikers sprechen keineswegs gegen eine Fortsetzung empirischer Forschungsaktivitäten im Bereich der therapeutischen Wirkungsforschung. Auch sprechen sie nicht dagegen, sich um brauchbare Instrumente von Therapieverlaufs- und Ergebniskontrolle zu bemühen. Und keinesfalls kann ein Praktiker auf Beiträge aus der Therapieforschung verzichten, denn sie geben immer wieder (auch in ihrer Widersprüchlichkeit) Anlaß zu fruchtbarer Selbstreflexion und Änderung der Arbeit. Eine Alternative vermag man hier nicht zu erkennen. Eine andere Sache ist aber eben die oft selbstbewußte und lapidare Feststellung der Brauchbarkeit solcher Aussagen für eine vorschriftennahe Anwendung in der Praxis (s.o., These 4, Unterpunkt 1). Wie ein Blick auf die leidvollen Erfahrungen und fast unlösbaren Probleme der nunmehr fast ein Jahrhundert alten epidemiologische Forschung in der Medizin lehren könnte, ist eine 1:1 – Übertragung solcher Erkenntnisse auf die Vielfalt von Praxis – noch dazu in Form von Standardvorschriften – fragwürdig.

These 5: Das Vorhandensein eines Standards hat nicht automatisch etwas mit der Verbesserung der Qualität einer Leistung zu tun. Qualität ist das Ergebnis von Handlung unter Selbstverantwortung.

Das DIN ISO 9000-Zertifikat und ähnliche besagen, wie eingangs zitiert, nicht mehr und nicht weniger, als daß der Betreffende mit einem Standard arbeitet. Damit ist weder gesagt, wie hoch dieser realiter ist, noch daß er aktuell tatsächlich eingehalten wird oder daß er dem Wunsche oder Bedürfnis des „Kunden" voll entspricht. Qualität von Psychotherapie resultiert primär aus dem Therapeutenverhalten, sekundär aus praxisexternen strukturellen Bedingungen des Gesundheitssystems, welche das Therapeutenverhalten mitsteuern.

Therapeutenverhalten kommt weder notwendigerweise erst auf der Basis von Standards zustande, noch wird es durch solche „gesichert". Die Qualität des Therapeutenverhaltens ist vorrangig das Ergebnis einer fortgesetzt ausgeübten Selbstverantwortung. Verantwortung aber läßt sich nicht vorschreiben und noch viel weniger delegieren! „Selbstverantwortung ist eine Einstellung, sie ist nicht übertragbar" (Sprenger, 1995, S. 171).

In der Diskussion um die Einführung der DIN ISO 9004 für die Psychotherapie wird offenkundig stets davon ausgegangen, daß mindere Qualität liefernde Therapeuten dies nur deshalb täten, weil sie es nicht besser wüßten. Der Standard soll deshalb einen notwendigen Wissensstand garantieren und präsent halten. Mit anderen Worten hat man hier ein Bild vom gutwilligen Ahnungslosen vor Augen, der ja alles richtig machen würde, wenn er nur wüßte, wie.

Verantwortungslosigkeit, Fehlverhalten und strukturelle Mängel halten sich aber doch wohl in der Regel nicht mangels, sondern trotz besseren Wissens. Auch die Bibel, wohl das erste Handbuch für Qualitätssicherung durch „audit by third party", vermochte dieses Phänomen nicht wirksam aus der Welt zu schaffen.

Dem Verfasser gelang es bislang nicht, Publikationen aufzutreiben, die sich mit den Ursachen (nicht mit der Beschreibung) von Fehlverhalten im Bereich der Medizin oder Psychotherapie (Ausnahme: sexuelle Übergriffe) auseinandersetzen. Hingegen legen zahlreiche Berichte über Abrechnungsbetrügereien (z.B. Tagesprofile, welche eine berufliche Tätigkeit von über 24 Stunden ergäben) aus dem medizinischen Bereich nahe, daß mangelnde Qualität im Gesundheitswesen nicht nur auf das Konto der Ahnungslosen geht. Vielmehr ist anzunehmen, daß mangelnde Selbstverantwortung zusammen mit einer Unzahl von Einzel- und Gruppeninteressen weit mehr Qualitätsreserven blockiert, als sie sich jeder Standard zu erdenken vermag.

Mangelnde Selbstverantwortung ist zuletzt darauf zurückzuführen, daß Verantwortungslose an Wissensmangel oder fehlenden Standards leiden: Verantwortungsdefizite reifen auf dem Hintergrund personaler Defizite und struktureller oder prozeduraler Restriktionen.

Es wäre deshalb unbedingt notwendig, verantwortungs- und speziell kooperationshemmende Bedingungen auf wisenschaftlicher Grundlage aufzuspüren und daraus praktikable Vorschläge für ihren Abbau abzuleiten. Feststellungen wie „Die direkte Verantwortung für die Verwirklichung eines Qualitätssicherungssystems liegt jedoch bei den einzelnen Psychologen" (Nienhaus, Schreiner-Kürten & Wilker, 1997, S. 26) sind wenig konstruktiv und klingen mehr wie das Eingeständnis eigener Hilflosigkeit.

These 6: Standards sind nur insofern nützlich, als sie befolgt werden (können).

Diese These soll am Beispiel der Dokumentation beleuchtet werden. Ihr wird eine zentrale Rolle im QM zugewiesen (vgl. Kapitel 2.1). Sprenger (1995, S. 32) sieht die DIN ISO 9000 ff. konsequent auf drei Säulen ruhen:

1. Dokumentation,
2. Dokumentation,
3. Dokumentation.

In der Tat ist es ein wichtiges Argument der DIN ISO, daß nur Dokumentiertes als Grundlage systematischer Änderungen Eingang finden kann. Der Rezipient kommt somit leicht zu dem Schluß, daß bisher die Qualität vor allem deshalb im Argen lag, weil ungenügend dokumentiert wurde.

Plausibel ist es jedenfalls nicht, warum Leute, die – aus welchen Gründen auch immer – mindere Qualität leisten, ausgerechnet bei der Dokumentation qualitätsvoll arbeiten sollten.

Man weiß, daß mit jedem neuen Steuergesetz sofort Umgehungen geschaffen werden, was inzwischen zu einem selbst für Fachleute undurchschaubaren Gesetzes- und Verordnungsdschungel und dem juristischem Terminus des Umgehungstatbestandes geführt hat. Es ist nicht nachvollziehbar, warum ausgerechnet die Gesundheitsversorgung eine derartige Entwicklung nicht aufweisen sollte.

Gespräche mit Führungskräften ergeben selbst für den Produktionsbereich, daß vielfach sofort nach Erhalt der Zertifizierung bis zum nächsten Audit oft wieder weitergemacht wird wie zuvor bzw. wie es die Umstände zulassen. Dokumentationen werden sehr häufig „nachgetragen", d.h. „getürkt". Ernsthafte oder brauchbare Evaluationen sind somit gar nicht möglich. Nicht wenige Unternehmer äußern sich skeptisch bis negativ zur extern zertifizierten Qualitätssicherung. Wenn man sie dennoch macht, dann als Alibi (Zertifikat) oder Verkaufsförderung („Weinsiegel").

Und wie sieht es in der Dienstleistung aus? Pflegekräfte im Krankenhaus berichten, daß sie ebenfalls Daten „nach Dienstschluß aus dem Gedächtnis ergänzen", da sie sonst bei anhaltend schwindender Mitarbeiterzahl nicht mehr in der Lage wären, eine qualifizierte Versorgung ihrer Patienten zu gewährleisten.

Amüsant ist es mitunter, Berichte mancher stationärer Einrichtungen mit den Erlebnissen der Patienten zu vergleichen: Bei der „intensiven „Ergotherapie" im Bericht einer psychosomatischen Klinik handelt es sich demnach um zwei unbeaufsichtigte Bastelstunden; der „schmerzfrei in alle Richtungen frei bewegliche Hals" entlockte der Patientin bei der Probe einen solchen Schrei, daß die Schwester aus dem Nachbarzimmer hereinstürzte. Einzelfälle?

Im Rahmen der Einführungsversuche der ICD-10 machte sich ein Arzt den Spaß, Säuglingen die Diagnose F 52.7 (exzessive sexuelle Lust) oder F 60.2 (antisoziale Persönlichkeit) zuzuschreiben. Eine 82jährigen Patientin im Altersheim erhielt Z 56.1 (Arbeitsunfähigkeit). Die Empfänger dieser Diagnosen (KV und Kassen) haben diesen gewollten Nonsens nicht einmal bemerkt (Nienhaus et al., 1997). Damit soll nicht der Standard ICD-10 lächerlich gemacht werden, vielmehr soll darauf hingewiesen werden, daß es offensichtlich zumindest in ärztlichen Praxen, Kassenärztlichen Vereinigungen und Kassen bisher an Voraussetzungen fehlt, die Standards wirklich im vorgesehenen Sinne zur Anwendung zu bringen und ihre Einhaltung zu überprüfen (so zum Beispiel fehlt es bereits an hinreichend Zeit für die Sichtung einer Dokumentation). Damit besteht die reale Gefahr, daß letztlich mit großem Aufwand Datenfriedhöfe angelegt werden.

These 7: Qualitätsverbesserung (insbesondere in der Dienstleistung) ist weder zeit- noch kostenneutral.

QS auf der Basis der DIN ISO 9004 für die Psychotherapie sollte andere Erfahrungen aus dem Bereich der Wirtschaft nicht vernachlässigen: Ein System durch immer weitere Prozeduren zu verkomplizieren, kann bedeuten, daß die eigentliche und ursprüngliche Funktion der Produktion und des gewinnträchtigen Verkaufs allmählich zum Erliegen kommt und Regiekosten alle eventuellen Einsparungen „auffressen" (vgl. Köhlke, in diesem Band). Wenn Zertifizierung in der Wirtschaft scheinbar doch der „Renner" ist, so hat dies vorwiegend zwei Gründe:

1. Zum einen ist es sehr sinnvoll, intern bessere Produktionsbedingungen zu schaffen (was immer wirkliche Schnittstellenkontrolle beinhaltet) und dem Kunden mehr Produkttransparenz und -sicherheit zu bieten. Bei richtiger (vor allem langfristig orientierter) Vorgehensweise besteht dann auch die Aussicht, durch QM einen Überschuß zu erwirtschaften und zusätzliche Gewinne (sic!) via mehr Kundenzufriedenheit einzufahren.
2. Zum anderen ist die werbetechnische Funktion des Zertifikats (Simon, 1995) in bestimmten Bereichen (z.B. Zulieferer) von Interesse, zumindest solange die Kosten auf den Endabnehmer weitergegeben werden können.

Bezeichnenderweise finden sich in den Ausführungen über QS der meisten Kollegen keine Angaben zur Höhe der Kosten und deren Übernahme, bzw. gehen diese von unrealistischen Annahmen aus (Richter, 1996).

Die versuchsweise Durchführung der Anlage, Datenerfassung, Dokumentation, ganz zu schweigen von der Evaluation in der Ausführlichkeit verschiedener QM-Vorschläge (vgl. u.a. Laireiter, 1994) war dem Verfasser im Durchschnitt nicht unter 20 Minuten pro Kurzzeittherapiesitzung möglich, was wahrscheinlich auf seine „Ungeübtheit" zurückzuführen ist; die Relation entspricht aber etwa dem Aufwand im medizinischen Bereich.

Eine eigene Evaluation des Verfassers (genannt „Anfangs- und Schlußblitzlicht") darf bei Kurzzeittherapien, welche mit etwa Zweidrittel die Mehrzahl der Behandlungen des Verfassers konstituieren, nicht mehr als fünf Minuten in Anspruch nehmen, um noch einen quasi-wirtschaftlichen Betrieb zuzulassen. Anlaßbezogen ist eine Evaluation auch mit Hilfe der während der Sitzungen kontinuierlich durchgeführten Aufzeichnungen möglich.

20 Minuten bedeuten aber in praxi einen Einkommensverlust von ca. einem Drittel pro Sitzung. Daß angesichts der derzeitigen und noch viel weniger der zukünftigen Situation diese Kosten von den Kassen übernommen werden (Richter, 1996), ist vollkommen illusorisch. Auch die Patienten werden nicht bereit sein, diese Kosten aus eigener Tasche zu bezahlen.

Andere Schätzungen kommen zu einem Ergebnis der Kosten von 20.3% des Gesamthonorars für einen Fall (Richter, 1996).

Doch selbst, wenn die Kostenfrage geklärt wäre: Der Zeitaufwand bedeutet bei drei Dokumentationen bereits eine Therapiesitzung weniger pro Tag. Damit verlängern sich die Wartezeiten für die Patienten noch mehr. Dies könnte eine fragwürdige Art der Qualitätsverbesserung sein, wenn man die Verfügbarkeit bzw. Zugänglichkeit einer Dienstleistung wie die DIN ISO 9004 (wohl nicht unberechtigt) zu deren Qualität zählt.

Fazit: Ein Standard schafft gewöhnlich kein Geld, er kostet vielmehr Geld (Hermanns, 1995). Eine notwendige Voraussetzung für Qualität in der Dienstleistung im Unterschied zur industriellen Produktion ist Zeit, viel Zeit. Zeit kostet auch in der Psychotherapie Geld, und dies kann im Unterschied zur industriellen Produktion oder Dienstleistung nicht (mehr) als Forderung an die Patienten weitergegeben werden.

Wo angesichts mangelnder Kostendeckung dennoch ein unangemessener Standard vorgeschrieben wird, droht die Gefahr von Pfusch oder Betrug.

Leider entfällt (zumindest bislang) die Möglichkeit, durch Qualitätsverbesserung gewonnene Einsparungen unmittelbar auf den Leistungserbringer zurückzuführen und so Kosten zu kompensieren, denn dies könnte wohl einer der mächtigsten Anreize (auch für weniger Gutwillige) sein, Qualität zu erbringen. Keinesfalls darf es aber so sein, daß in Maßnahmen der QS vorwiegend ein Mittel für Kosteneinsparungen gesehen wird (Hermanns, 1995).

These 8: Zertifizierung: Ein Deutsches Weinsiegel für Psychotherapeuten.

Die Anwendung der DIN ISO 9004 setzt nicht zwingend die (externe) Zertifizierung voraus. Bestrebungen nach Zertifizierung sind also viel weitergehend und müssen sich demzufolge über die bislang geäußerten Zweifel hinaus möglicherweise weitere gefallen lassen (Haflar, 1996).

Die Lebensmittel-Industrie, Landwirtschaft und Gastronomie bemühen sich nicht erst seit heute um externe Standards. Jeder, der einmal ein Wirtshaus von außen gesehen hat, wird sich an mindestens ein „Zertifikat" erinnern, das dem Gast die Gewißheit suggerieren soll, sich hier in guten Händen zu befinden. Das Stück Butter in der Hand ist ebenfalls gesiegelte Qualität und was wäre der Deutsche Wein ohne das Weinsiegel? Ja, was wäre er?

Da jeder Winzer das Weinsiegel braucht, um mit vertretbaren Stückzahlen am Markt erscheinen zu können, dürfte es wohl keine allzu hohen Standards voraussetzen. Zudem wissen wir aus manchen Skandalen, daß es keine Versicherung gegen Panscherei ist. Noch viel weniger ist es eine Garantie dafür, daß das Produkt schmeckt.

Werbemaßnahmen, die sich jeder leisten muß und kann, können keinen hohen Nutzwert für den Kunden aufweisen. Jeder, der einen neuen Videorecorder sein eigen nennt, wird ehrfürchtig die vielen Prüfsiegel zur Kenntnis nehmen, um sich sodann wieder über die gleichen prinzipiellen Mängel wie beim letzten zu ärgern.

These 9: Standards können Patienten kein Vertrauen garantieren.

Die Zertifizierungs-Experten sagen: Die Kunden wollen den Standard, Standard schafft Vertrauen.

Patienten suchen zunächst einmal zuverlässige und Mißbrauch ausschließende Hilfe! Wo sie diese wirklich finden, kann auch trotz Standard weiterhin nur durch Versuch und Irrtum festgestellt werden (s.o., These 8). Aus der Sicht der Patienten ist eine verständliche Checkliste für an- bzw. unangemessenes Therapeutenverhalten wie z.B. ein Patienteninformationsblatt der DGVT (19997b) zunächst weit nützlicher als der Nachweis eines Zertifikates. Solch ein Blatt könnte z. B. für die Patienten den Rat enthalten, ihren Gefühlen zu trauen und die Behandlung abzubrechen, wenn der Therapeut nicht in der Lage ist, sie *zufriedenzustellen*. Externe strukturelle Voraussetzung dafür wäre allerdings ein problemloser, d.h. verzögerungs- und suppressionsfreier Wechsel zumindest nach Ablauf der probatorischen Sitzungen. Bei derzeitigen Wartezeiten von einem Jahr und mehr ist dies jedoch nicht möglich und erinnert einmal mehr an die hier viel zitierten strukturellen Restriktionen bzw. die Widersprüche zwischen Anspruch und Wirklichkeit der Gesundheitsversorgung.

Gleichfalls problematisch ist in dieser Hinsicht die Wartezeit von zwei Jahren bis zur Wiederaufnahme einer neuen Therapie mit derselben Diagnose, denn sie könnte aus Gründen des Therapeutenversagens notwendig sein.

Es erscheint aufgrund derartiger Voraussetzungen fragwürdig, ob Standards ohne die Möglichkeit einer fortlaufenden individuellen Gegenkontrolle und nachfolgenden Korrekturmöglichkeit durch die Patienten für diese einen ähnlichen Nutzen (Vertrauen) wie für Kunden in anderen Bereichen der Wirtschaft bieten können.

Nicht ahnen können die Patienten eine andere *fatale Folge von solchen Standards*, die sich vorwiegend auf den handwerklichen Bereich beschränken müssen (s.o., These 2):

„Sollte man nur auf die Qualitätssicherung im handwerklichen Bereich setzen, so wird über kurz oder lang damit das Verständnis vom Kranksein in einer sehr technischen, eindimensionalen Weise geprägt. Der *nur noch standardisiert versorgbare* [Hervorhebung v. Verf.] Patient rückt eine Stufe näher, so wie wir es aus entsprechenden Einrichtungen des US-amerikanischen Gesundheitssystems heute schon kennen" (Abholz, 1995, S. 52).

Standards können Vielfalt empfindlich reduzieren. Patienten, die dies nicht wissen, sähen sich in ihrem Vertrauen erheblich getäuscht, wenn sie mehr als nur eine Standardbehandlung erwarteten.

These 10: Der Standard bietet Gewähr dafür, daß alles stets so bleibt, wie es einmal für gut befunden wurde.

Es ist die Frage zu prüfen, inwieweit eine vorwiegend als Kontrolle verstandene QS – und eine solche ist die Form der extern zertifizierten (Selbmann, 1997) – nicht zur Festschreibung von Strukturen und Prozessen innerhalb einer Praxis beitragen kann.

Jeder Therapeut weiß, wie er zu Beginn seiner Ausbildung handelte und wie er heute handelt. Psychotherapie, die weder innovativen Ansätzen Raum läßt noch zuläßt, daß sie der Therapeut im Zuge seines (hoffentlich vorhandenen) eigenen Veränderungsprozesses modifiziert, ist ein wirklichkeitsfremdes Konstrukt.

Zwar läßt auch die DIN ISO 9004 Raum für Veränderungen, jedoch nur für dokumentierte und auditierte. Dies dürfte vor allem in der Einzelpraxis weder die Lust zum Experimentieren noch den Mut zu einem gegebenenfalls notwendigen Paradigmenwechsel in der Therapie fördern.

Nicht wenige in einer bestimmten Richtung ausgebildete Therapeuten berichten, mit einer eklektizistischen Arbeitsweise gute Erfolge zu erzielen (vgl. Kuhr, in diesem Band), obwohl dies von wissenschaftlicher Seite bezweifelt wird. Ein „zurück zur reinen Lehre" ist ihnen nicht möglich, da sie sich mit dieser oft nicht mehr identifizieren können. Diese Therapeuten scheuen sich deshalb, ihre Arbeitsweise zu dokumentieren, würde sie doch mit ihrem „Therapiemix" in einem Audit vermutlich keine Anerkennung finden. Wären sie zu einer solchen Prozedur gezwungen, so wären vermutlich falsche Vorgaben die Folge (s.o., These 5). Statt mehr wäre dann weniger Transparenz erzielt. Dies würde Änderungsprozesse nicht gerade effizienter machen. Andere Vorgehensweisen (vgl. Kapitel 4.5) könnte hier weit angemessener sein.

These 11: Vorauseilender Gehorsam ist speziell für psychologische Psychotherapeuten unangebracht und gefährlich.

Eine besondere Betrachtung verdient die Vehemenz, mit der das Thema Qualitätssicherung in Zusammenhang mit Zertifizierung für die Psychotherapie seitens der psychologischen Wissenschaftler und Kliniken angegangen wird: „Der Gesetzgeber wird *bald* auch in der Psychotherapie Qualitätssicherung *erzwingen*" (Richter, 1994, S. 234).

Soweit man sich entsinnt, gebiert der Gesetzgeber seit ca. 20 Jahren ein Psychotherapeutengesetz. Angesichts dieser Eile erscheint es vollkommen unangebracht, sich jetzt mit dem Argument der Unausweichlichkeit von QS als Inhaber einer Einzelpraxis in ein hinsichtlich Nutzen und Kosten vollkommen ungeklärtes Abenteuer einzulassen, dessen Folgen die Mediziner derzeit schmerzhaft zu spüren bekommen, wobei man auch in der Medizin noch weit von einer „flächendeckenden" QS entfernt ist.

Die wohl erste und notwendige Bedingung für Qualität einer wie auch immer gearteten Psychotherapie stellt das Psychotherapeutengesetz dar, welches mit vorhandenen Kriterien eine wirksame Regelung des Zugangs zum Markt der Psychotherapie leisten kann. Hat der Gesetzgeber seine Hausaufgaben ordentlich gemacht, wofür auch weiterhin wenig spricht, könnte man sich auf dieser Grundlage Gedanken über eine möglicherweise zu erreichende Qualität in der Psychotherapie machen, denn:

Strukturen steuern Prozesse, Prozesse bestimmen Ergebnisse (vgl. DGVT, 1997a). Die katastrophale, sich nach den TK-Urteilen vom Herbst 1996 (vgl. Bender & Huber, in diesem Band) dramatisch weiter verschlechternde Versorgung in und mit Psychotherapie, die verworrenen Zugangswege und Angebote verbieten nicht, sondern fordern auf, sich Gedanken über Prozesse und Ergebnisse zu machen. „Denn keinesfalls sollte Struktur in der Psychotherapie auf rudimentäre interne Elemente verkürzt werden" (Richter, 1996, S. 7).

Der gegenwärtige Stand des Gesundheitswesens und damit der (unbedeutende)

Standort der Psychotherapie ist politisch gewollt. Man muß sich darüber bewußt sein, daß ein unkritisches Übernehmen des dadurch vorgegebenen Verständnisses von Therapie-Qualität unter dem Signum der Wissenschaft politisch als Legitimation zur Beibehaltung des gegenwärtigen Standes gewertet werden kann. Es muß deshalb sehr sorgfältig bedacht werden, ob nicht mit dem Anbieten der standardisierten Psychotherapie gleichzeitig auch ein Votum (noch dazu unter Berufung auf die Zufriedenheit von Patienten) für den gegenwärtigen Stand der Gesundheitsversorgung abgegeben wird (s.o., These 1).

These 12: Die Zertifizierung muß bei den Zertifizierern beginnen.

Interessant ist, daß es vor allem die „Überwachungsvereine" sind, die sich um Qualität und Zertifizierung sorgen. Nicht zu Unrecht, zumindest was ihre eigene angeht. So stellen z. B. die Medizinisch-psychologischen Untersuchungsstellen (MPU) der Technischen Überwachungsvereine (TÜV) ein hochstandardisiertes Verfahren zur Begutachtung der Fahreignung von Verkehrsauffälligen dar, allerdings mit recht dürftigem Ergebnis.

Der Verfasser macht z. B. folgende Beobachtungen: Stereotype Gutachten geben ein mindestens zwanzigminütiges Gespräch mit den Probanden vor. Die Patienten (solche mit Therapieauflage) können sich jedoch in einer Vielzahl von Fällen glaubhaft und übereinstimmend bestenfalls an fünfzehn Minuten oder nicht selten auch an deutlich weniger Gesprächsdauer erinnern. Mehrfach finden sich in den Gutachten Interpretationen von Prozenträngen von 0 bei Testergebnissen, obwohl doch alle Diplom-Psychologen wissen sollten, daß man solche nicht einmal durch Raten erreichen kann, sondern Instruktionsfehler vorliegen müssen. Es fänden sich weitere Beispiele in erheblichem Umfang. Gerade die krassen Unterschiede zwischen Anspruch und Wirklichkeit der MPU, die als solche ein weit weniger anspruchsvolles Unterfangen als eine Psychotherapie darstellt, sollte zu allerhöchster Vorsicht mahnen!

Die Feststellung, daß eine Norm erst dann erarbeitet wird, wenn Experten einen Gegenstand als normierbar erklären (Winterfeld, 1996), beruhigt deshalb weiß Gott nicht, solange nicht definiert wird, wer ein Experte ist. Solche im Dienste privatwirtschaftlicher oder kommerzieller Interessen können es wohl alleine nicht sein (Karwat, 1996).

Gut wäre es deshalb, mit der Zertifizierung der Zertifizierer anzufangen. Eine wesentliche Bedingung ihrer Eignung wäre zum Beispiel eine mehrjährige, selbständige oder institutionsgebundene, ganztägige Tätigkeit im Bereich der Psychotherapie. Auch Experten aus der Wissenschaft sollten nachweisen müssen, daß sie persönlich (nicht über die Mitarbeiter des Institutes) über Therapieerfahrungen verfügen, die mindestens dem Durchschnitt der Praktiker entsprechen.

Derartige Argumente werden nicht gerne gehört, denn die Zertifizierung verspricht vor allem anderen einen riesigen Markt (Simon, 1996). Richtig aufgezogen, könnte sie einer Lizenz zum Gelddrucken gleichkommen, die jeden Bezirksschornsteinfeger vor Neid erblassen lassen würde.

4. Alternativen für mehr Qualität

Gewiß, es ist für einen Mechaniker ungemein ärgerlich, wenn eine Mutter wegen fehlender Normeinhaltung bei der Herstellung nicht auf die Schraube paßt. Paßgenauigkeit wäre auch für Psychotherapie eine feine Sache. Aber paßt die DIN ISO 9004 auf die Psychotherapie?

Zunächst sollte man von dem Gedanken Abschied nehmen, mit der QS andere als „Gutwillige" ansprechen zu können. Weiter sollte man nicht mehr vorgeben oder gar selbst glauben, mehr Qualität bieten zu können, als das unzureichend arbeitende System zuläßt.

Und schließlich sollte man vom Zentralkriterium der DIN ISO 9004, der Kundenzufriedenheit, Abschied nehmen. Unter diesen Beschränkungen würden alle Bemühungen um mehr Qualität der Psychotherapie weit glaubwürdiger, gleichwohl auch nicht mehr gerade revolutionär. Wie könnten diese Bemühungen aussehen?

4.1 Nutzen der Produktivitäts- und Qualitätsreserven durch Strukturänderung

Das Gesundheitssystem in der Bundesrepublik bietet in seiner jetzigen Form nicht nur große Produktivitäts- sondern auch Qualitätsreserven. Zur Zeit sind alle Veränderungen im Rahmen der gesetzlichen Gesundheitsversorgung immer noch strukturkonservativ. QS nach DIN ISO 9004 ändert daran überhaupt nichts.

Beispielsweise ist gegenwärtig eine regelhafte konsiliarische Einbeziehung (psychologischer) Psychotherapeuten bei der Behandlung eines Patienten mit einer chronischen Erkrankung des Magen-Darm-Traktes ebenso undenkbar wie eine verordnete Durchführung von Patientenschulungen bei Diabetes durch Psychologen.

Eine wirksame Verzahnung von 1.) ärztlicher und psychologischer Versorgung und 2.) von ambulanter und stationärer Versorgung könnte mit Sicherheit nicht nur Patienten Irrwege bei ihren Diagnose- und Heilungsprozessen ersparen, sondern auch Kosten minimieren (vgl. DGVT, 1997a). Die durch Verzahnungsmaßnahmen zu erwartenden Effekte wären qualitätsbezogen wie ökonomisch weit mächtiger als jeder wie auch immer geartete Qualitätsstandard für den einzelnen Versorger im status quo.

Ernsthafte Bemühungen um Qualität müssen deshalb auf *strukturelle Veränderungen* hinarbeiten. Zertifizierungen geben gewollt oder ungewollt vor, daß alle hinter dem Zertifizierungssystem stehenden Grundlagen möglicher Qualität geklärt sind. Und dies ist eben überhaupt nicht der Fall.

4.2 Voraussetzungen für Kooperation schaffen

Es fehlt seit langem an psychologischer Basisarbeit (nicht an Verbandsquerelen), öffentlichkeitswirksam und auf Einführung von Veränderungen bedacht auf andere Disziplinen zuzugehen. Psychotherapeuten unterschiedlicher Disziplinen eines Ortes kennen sich oft nicht einmal persönlich, ja manchmal nicht einmal namentlich. Andererseits funktioniert die Kooperation mit manchen Ärzten hervorragend. Gleiches gilt für öffentliche Einrichtungen (z.B. Kliniken, Beratungsstellen). Warum geht, was manchmal geht, nicht immer?

Zusammenarbeit lebt von der Offenheit und der persönlichen Einsatzbereitschaft der Beteiligten, nicht von Vorschriften. Forschung und Verbandsaktivitäten könnten sich einmal der Frage annehmen, wie Offenheit und Engagement gefördert werden können, und wie auf lokaler und regionaler Ebene entsprechende Hindernisse abgebaut und Anreize gesetzt werden. Im Rahmen wissenschaftlicher und publizistisch begleiteter Modellversuche könnte bewiesen werden, daß Verbesserungen möglich sind. Einsparungen könnten hälftig an Kostenträger und Beteiligte rückgeführt werden, und damit dürfte auch ein monetärer Anreiz für Qualitätsverbesserungen geschaffen werden.

Bislang herrscht jedoch die Vorstellung, daß Zusammenarbeit erst gesetzlich geregelt und dann praktiziert werden darf. Dadurch wird sie wirksam verhindert.

4.3 Expertenwissen nutzen

Experten für Qualitätsverbesserungen sind zuallererst jene, die Produkte herstellen oder Dienste leisten, weiters jene, welche die Endabnehmer dieser Produkte und Dienstleistungen sind, und zuletzt solche, die diese Prozesse von außen untersuchen oder steuern wollen.

Die Erstellung von Standards für QS und zugehöriges QM muß deshalb (nicht nur in der Gesundheitsversorgung) *bottom-up* und nicht *top-down* erfolgen. Nur so kann sichergestellt werden, daß der Aufwand dafür dort Grenzen findet, wo er unter Praxisbedingungen nicht mehr sinnvoll erscheint (vgl. Willutzki, in diesem Band).

Damit ist die Einbeziehung von Praxisbetreibern ebenso zwingend wie die von Patienten. Letztere darf sich jedoch nicht in zweifelhaften „Zufriedenheitsbefragungen" erschöpfen. Weit ergiebiger für eine Qualitätsverbesserung wären vermutlich Befragungen über ihre Erlebnisse im Zugang und während der Behandlung in den Praxen und Institutionen. Diese Aussagen könnte man dann mit dem Anspruch und Selbstbild der Betreiber vergleichen und in Konsequenzen umsetzen.

4.4 Entrümpeln von Vorschriften nach dem Kriterium von Kosten und Nutzen

Was fehlt, ist keine weitere Komplizierung, sondern eine rigorose Vereinfachung von Arbeitsbedingungen mit Konzentration auf den ursprünglichen Tätigkeitszweck, insbesondere unter dem Aspekt der Mittelknappheit. So verursacht z. B. allein die Langzeitantragstellung der Richtlinien-Psychotherapie in der bisherigen Form nicht nur Kosten, sondern vermittelt den Patienten auch noch den Eindruck, an einer besonderen Gnade seitens ihrer Beitragsverwalter teilzuhaben. Diese Prozedur könnte für jene Therapeuten wegfallen, denen bereits eine große Zahl von Anträgen genehmigt wurde, und die so gezeigt haben, daß sie verantwortlich arbeiten. Bei Klagen bestünde jederzeit die Möglichkeit eines Widerrufs dieser Vereinfachung (vgl. Köhlke, in diesem Band).

Jede weitere Einführung von Prozeduren erhöht den Verwaltungsaufwand. Eine Kosten/Nutzen-Rechnung ist daher *vor* Einführung von Maßnahmen des QM und erst recht von Zertifizierungen unabdingbar.

In der Wirtschaft ist der Kampf um die Reduzierung von Regiekosten schon lange im Gange. So bezahlen beispielsweise einzelne Profitcenters eines Unternehmens (Phillips) der eigenen Verwaltung nur noch das, was sie wirklich brauchen. Die Verwaltung schrumpft dadurch Zug um Zug auf das für die Praxis erforderliche Maß.

4.5 Möglichkeiten und Anreize zur Selbstkontrolle schaffen

Vor dem Hintergrund einer so oder so ähnlich geschaffenen Strukturqualität läßt sich sodann Prozeßqualität (wie bislang auch schon üblich und gut) mittels „Self-Audits" verbessern. Das angesprochene Verfahren „Selbstbewertung anhand des Europäischen Modells für umfassendes Qualitäts-Management (TQM) 1996" (European Foundation of Quality Management, 1995) eignet sich hierfür gut. Den angestrebten Zweck einer einfachen, wirkungsvollen und an dynamischen Praxisbedingungen orientierten Qualitätssicherung läßt sich auch hervorragend durch Benchmarking-Prozeduren sichern (Haflar, 1996). Ebenso haben sich „Peer Audits" im Rahmen von Qualitätszirkeln bewährt (Selbmann, 1997). Und sie sind vor allem attraktiv (Meudt, 1996). Sie entsprechen – ernsthaft organisiert und sinnvoll genutzt – der kollegialen Supervision, die unter Psychotherapeuten und Beraterteams in Teamsitzungen, BDP-Fachteams oder DGVT-Arbeitskreisen geleistet wird (vgl. Arbeitsgruppe Qualitätssicherung des DPTV, 1997; Gierschner & Piwernetz, in diesem Band).

Diese Arten der Selbstkontrolle sind auf relativ einfache Weise und dennoch auf systematischer Basis praktizierbar. Und: Peer-Audits sind aufgrund der einfachen Initiierung wie auch der unmittelbaren Rückmeldung ebenso effektiv wie attraktiv, da hier nicht externe kommerzielle Prüfer wirken, sondern Betroffene unterschiedlicher Richtungen weitgehend repressionsfrei und offen über ihre Schwachstellen diskutieren und Ideen zu ihrem Abbau äußern können. Dabei ist zugleich sichergestellt, daß nicht leeres Stroh gedroschen oder Zeit geschunden wird, sondern daß sich die Arbeiten auf wirklich praxisrelevante Themen beschränken. Standardisierungen bzw. „Angleichungen von Methoden" erfolgen auf der Basis von Überzeugung und nicht von Zwang; lokal wie regional wächst ein gegenseitiges Verständnis für die als beibehaltenswert erachteten Abweichungen. Zudem ist ein hoher Kosten/Nutzen-Effekt gegeben, wenn die Qualitätszirkel lediglich auf Unkostenbasis finanziert werden.

5. Resumée

Die Anwendung der DIN ISO 9004 auf die Psychotherapie, insbesondere in Form einer externen Zertifizierung der Praxis, kann nicht als Chance für eine notwendige Verbesserung der Qualität der Versorgung oder deren Sicherung betrachtet werden.

Es wäre erfreulich, wenn Wissenschaftler und Verbandsfunktionäre unter „der psychotherapeutischen Praxis" nicht nur die der Klinikambulanz verstehen könnten, sondern sich in größerem Umfang der außeruniversitären und -institutionellen Praxis hinsichtlich deren Vorstellungen und Möglichkeiten von Qualitätsverbesserungen annähmen. Die enormen Probleme und Widerstände der Betroffenen der GSG-Reformen zeigen, wie sich mangelnde Problemanalyse und fehlender Konsens mit der Basis auswirken können: für die Patienten als Minderqualität ihrer Versorgung und für die Therapeuten (Psychologen wie Ärzte) in einer fortwährenden Verunsicherung ihres Handelns, ihrer Investitionen und nicht zuletzt auch Lebensgrundlagen. Also Abschied von der DIN ISO 9004? Nicht ganz:

Sinnvoll erscheint die Anwendung der Norm in Institutionen. Hierbei muß allerdings erstens die Restriktion des strukturkonservativen Verständnisses von Qualität offen dargelegt, zweitens der Kernbereich des therapeutischen Interaktionsprozesses, sofern nicht mit der erforderlichen Dignität erfaßbar, ausgeklammert und drittens die Fragwürdigkeit des Begriffes „Kundenzufriedenheit" (s.o.) ausgeräumt werden. Dann kann die Norm hier wirklich ihre großen Vorzüge der Schnittstellenkontrolle zur Geltung bringen, zu deutlich mehr Transparenz von Zielprioritäten führen und wenigstens ansatzweise eine gewisse Regelhaftigkeit wichtiger Führungsmaßnahmen gewährleisten. Denn noch einmal:

Standards sind nur insofern hilfreich, als man sie – aus welchen Gründen auch immer – *handelnd zu erfüllen vermag* und *Vielfalt nicht unzulässig reduziert. Handlungsqualität ist vor allem anderen das Produkt von Selbstverantwortung* (Selbmann, 1997). Diejenigen, die zu Selbstverantwortung nicht in der Lage sind, wird auch keine externe Kontrolle daran hindern, ihr „Werk" fortzusetzen: *Selbstverantwortung kann man nicht delegieren und nicht erzwingen, auch nicht via Norm.*

Abgesehen davon bleibt abzuwarten, was in Deutschland in ca. fünf bis sechs Jahren von der Bestrebung der QS durch Zertifizierung nach DIN ISO 9004 realiter übrigbleibt. „Shareholder-Value" und „Cash-Management" sind „in", „Synergie" und „lean" bereits wieder „out". Management-Theorien sind schnellebig. Und vor allem scheinen sie kein Rezept zu bieten, mit dessen Hilfe der widerspenstige „Produktionsfaktor Mensch" kostengünstig, d.h. unter Verzicht auf individuelle Wertschätzung, motivierbar ist. Ein jeder prüfe sich selbst.

Literaturverzeichnis

Abholz, H.-H. (1995). Qualitätssicherung im ambulanten Bereich – Zerstörung oder Rettung eines ganzheitlichen Arbeitsansatzes? In H.-U. Deppe, H. Friedrich & R. Müller (Hrsg.), *Qualität und Qualifikation im Gesundheitswesen* (S. 36–54). Frankfurt a. M.: Campus.

Arbeitsgruppe Qualitätssicherung des DPTV (1997). DPTV Qualitätszirkel Psychotherapie (QPT). Leitlinien für die Gestaltung, Durchführung und Anerkennung. *Psychotherapeutenforum, 3/97*, 24–25.

Baumann, U. (1996). Wissenschaftliche Psychotherapie auf der Basis der wissenschaftlichen Psychologie. *Report Psychologie, 21*, 686–699.

Baumgärtel, F. (1996). Q– QM – TQM – TM??? *Report Psychologie, 21*, 902–909.
Bertelmann, M., Fehling, A. & Jansen, J. (1996). Qualitätsmanagement in der psychotherapeutischen Praxis. *Report Psychologie, 21*, 892–901.
Deppe, H.-U., Friedrich, H. & Müller, R. (Hrsg.). (1995). *Qualität und Qualifikation im Gesundheitswesen*. Frankfurt a. M.: Campus.
Deutsche Gesellschaft für Verhaltenstherapie DGVT (1997a). Überlegungen zur Qualitätssicherung in der Psychotherapie. *Verhaltenstherapie und psychosoziale Praxis, 29*, 87–97.
Deutsche Gesellschaft für Verhaltenstherapie DGVT (1997b). *Psychotherapie-Informationen für Klienten*. Tübingen: Faltblatt-Selbstverlag.
Deutsches Institut für Normung e.V. DIN (1992). *Qualitätsmanagement und Elemente eines Qualitätssicherungssystems. Leitfaden für Dienstleistungen. ISO 9004-2*. Berlin: Beuth.
Deutsches Institut für Normung e.V. DIN (1994). *Normen zum Qualitätsmanagement und zur Qualitätssicherung / QM-Darlegung. Teil 1. Leitfaden zur Auslegung und Anwendung. ISO 9000-1*. Berlin: Beuth.
Döring, P. (1996). Qualitätskontrolle versus (Total-) Quality Management. *Praxis der Klinischen Verhaltensmedizin und Rehabilitation, 35*, 217–219.
Dörner, D. (1989). *Die Logik des Mißlingens*. Hamburg: Rowohlt.
European Foundation of Quality Management (1995). *Selbstbewertung anhand des Europäischen Modells für Umfassendes Qualitäts-Management (TQM) 1996*. Brüssel: E.F.Q.M.
Eilers, H.-J. (1997). Entgegnung zu „Wissenschaftliche Psychotherapie auf der Basis der wissenschaftlichen Psychologie" (von Baumann, U.). *Report Psychologie, 22* (1), 34–36.
Fiegenbaum, W., Tuschen, B. & Florin, J. (1997). Qualitätssicherung in der Psychotherapie. *Zeitschrift für Klinische Psychologie, 26*, 138–149.
Frank, M. & Fiegenbaum, W. (1994). Therapieerfolgsmessung in der psychotherapeutischen Praxis. *Zeitschrift für Klinische Psychologie, 23*, 268–275.
Grawe, K. & Braun, U. (1994). Qualitätskontrolle in der Psychotherapiepraxis. *Zeitschrift für Klinische Psychologie, 23*, 242–267.
Haflar, B.(1996). Benchmarking statt Zertifikate. *Social Management, 1*, 25–27.
Hargens, J. (1997). Wissenschaft als Beruhigungspille. *Report Psychologie, 22*, 30–32.
Hermanns, F. (1995). Für eine wirtschaftlich und qualitätsgesicherte psychotherapeutische Praxis. *VPP aktuell, Heft 2–3*, 10.
Hoffmann, S.O. (1997). Dem Arzt den Körper, die Seele dem Psychologen. *Report Psychologie, 22*, 22–25.
Hons, J. (1997, 26. Mai). Die ICD-10 hat in manchen Kassen bei der Erfassung zur Einführung der Handarbeit geführt. *Ärzte Zeitung*, S. 11.
Homann, R. (1995). Das Hohelied der Qualität. *Management & Seminar, Heft 6*, 13.
Kühn, H. (1995). Gesundheitspolitik ohne Ziel: Zum sozialen Gehalt der Wettbewerbskonzepte in der Reformdebatte. In H.-U. Deppe, H. Friedrich & R. Müller, (Hrsg.), *Qualität und Qualifikation im Gesundheitswesen* (S. 11–35). Frankfurt a. M.: Campus.

Karwat, H. (1996). Qualitätssicherung von freiberuflichen Leistungen durch käufliche Zertifizierungsstellen. *Der Betriebswirt, 4,* 43–46.

Kutscher, J. (1996). Diagnosen aus dem Katalog. *Psychologie heute, Heft 3,* 68–71.

Laireiter, A.-R. (1994). Dokumentation psychotherapeutischer Fallverläufe. *Zeitschrift für Klinische Psychologie, 23,* 236–141.

Meudt, M. (1996, 28. Oktober). Viele Hausärzte sehen in Qualitätszirkelarbeit eine Chance, das Einzelkämpferdasein zu überwinden. *Ärzte Zeitung,* S. 90.

Mundt, C. (1997). Stellungnahme zu Urs Baumann: Wissenschaftliche Psychotherapie auf der Basis der wissenschaftlichen Psychologie. *Report Psychologie, 22,* 26–29.

Nienhaus, R., Schreiner-Kürten, K. & Wilker, F.-W. (1997). *Qualitätssicherung für Psychologen. Definition, Inhalte Methoden.* Bonn: Deutscher Psychologen Verlag.

Rath, K.-P. (1994, 25. Februar). Die genormte Fabrik. *Die Zeit,* S. 32.

Richter, R. (1994). Qualitätssicherung in der Psychotherapie. Editorial *Zeitschrift für Klinische Psychologie. 23,* 233–235.

Richter, R. (1996). Die qualitätsgesicherte Psychotherapie-Praxis: Entwurf einer Leitlinie. *Psychotherapeutenforum, 3/96,* 6–8.

Sczudlek, G. (1996). Qualitätssicherung in der ambulanten psychotherapeutischen Versorgung. *Psychotherapeutenforum, 2/96,* 50–54.

Selbmann, H.-K. (1997, 26. Mai). Rat zur Vorsicht bei vielen Qualitätsberatern. *Ärzte Zeitung,* S. 10.

Seligman, M.E.P. (1995). The Effectiveness of Psychotherapy. The Consumer Reports Study. *American Psychologist, 50,* 965–974.

Simon, W. (1996). Die Schaumschlägerei mit ISO 9000. *Sales Profi, Heft 2,* 7.

Sprenger, R.K. (1995). *Das Prinzip Selbstverantwortung.* Frankfurt a. M.: Campus.

Winterfeld, U. (1996). Der genormte Psychologe? *Report Psychologie, 21,* 278.

Kundenorientierung in Psychiatrie und Psychotherapie:
Zur Metamorphose von Patienten in Kunden

Matthias Hermer

Inhalt:

1. Psychiatrie: Kunden in feindlicher Umgebung 747
2. Der Kundenbegriff als Sprachverwirrung 750
3. Gemeinsamkeiten von Patienten und Kunden 752
4. Eigentümlichkeiten von Kunden im Gesundheitswesen 754
5. Einige Eigenheiten therapeutischer Dienstleistungen 756
6. Grenzen des Kundenparadigmas am Beispiel
   der Psychotherapie 758
7. Entwicklungsperspektiven einer kundenorientierten
   Psychotherapie 760
8. Eine ambivalente Bilanz der Kundenorientierung 763

1. Psychiatrie: Kunden in feindlicher Umgebung

„Bei uns ist der Kunde König", heißt es in einem bekannten Werbespruch. Bisher hätte man diesen Satz mit der Psychiatrie nicht in Verbindung gebracht. Patienten waren nicht Kunden, sondern Kranke. Psychiatrische Patienten im besonderen mußten davor bewahrt werden, sich selbst oder anderen Schaden zuzufügen. Ihre Therapeuten wußten besser als sie selbst (oder meinten es wenigstens), was gut für sie sei. Im Zweifelsfall setzte sich ein Behandlungsalltag durch, der rein zufällig den Interessen des Personals entsprach. Beispiele finden sich zuhauf: Wecken zu nachtschlafender Zeit, Medikamente bei störendem Verhalten, Pflichtbesuch von Gottesdiensten, Abendbrot schon am Nachmittag, Versäumnis von Entlassungen bei fleißigen, den Anstaltsbetrieb aufrechterhaltenden Patienten. Ein Kritiker psychiatrischer Krankenhäuser meinte dazu lakonisch, Patienten gingen von vornherein davon aus, daß die

Regeln solcher Kliniken nicht der Gesundung der Patienten dienten, sondern dem Wohl der Mitarbeiter (Matakas, 1988).

Und auf einmal entdecken auch psychiatrische Krankenhäuser die Patienten als Kunden. Was ist passiert? Haben irgendwelche Marketingmenschen eine clevere Werbekampagne gestartet? Haben die Betriebsleitungen einen Lehrgang in Marktwirtschaft absolviert? Versucht man Herrn Seehofers Kritik am Gesundheitswesen den Wind aus den Segeln zu nehmen? Oder hat vielleicht sogar das Gute in der Psychiatrie gesiegt, und der Mensch, sprich Patient, steht plötzlich im Mittelpunkt des Geschehens?

Wie immer in solchen Fällen ist Mißtrauen angesagt. Es ist schon erstaunlich, daß seit kurzer Zeit in vielen Kliniken Patienten bei der Entlassung nach ihrer Zufriedenheit gefragt werden. Bis dahin war offensichtlich niemand der Meinung, daß die Zufriedenheit von Patienten mit ihrer Behandlung von Bedeutung ist. Allein diese Tatsache müßte den psychiatrisch Tätigen sehr zu denken geben. Anscheinend waren wir unserer Sache so gewiß, daß wir auf das Urteil der Betroffenen verzichten konnten (oder wir waren in weiser Voraussicht so klug, lieber nicht zu fragen).

Nun wird man einwenden können, daß es vereinzelte Ansätze schon gab, Patienten mehr Gestaltungsspielraum zu geben. Manche Krankenhausträger richteten in den letzten zwei Jahrzehnten Beschwerdestellen für Patienten ein. In einzelnen Kliniken gibt es einen Patientenrat, der ganz formal mit festgelegten Rechten ausgestattet ist. Die Sozialpsychiatrie fordert neuerdings den „Trialog", also die gleichberechtigte Weiterentwicklung der psychiatrischen Versorgung durch Patienten, Angehörige und Professionelle. Mancherorts können Patienten inzwischen schriftliche Vereinbarungen mit der psychiatrischen Klinik über die Art ihrer Behandlung abschließen. In vielen Suchtkliniken gibt es Patientensprecher, in Heimen gesetzlich vorgeschriebene Beiräte.

Aber das ist wenig, oft noch neu und mitunter nicht ganz freiwillig eingerichtet. Wir sind weiterhin meilenweit davon entfernt, daß Patienten auf die Bedingungen ihrer Behandlung einen vergleichbaren Einfluß nehmen können wie Kunden bei der Wahl ihrer Dienstleistungen:

- Der Patient hat kaum einen Einfluß darauf, wer ihn im Krankenhaus behandelt. Es gibt keine freie Wahl des Therapeuten, und nur selten können Patienten entscheiden, in welcher Station sie aufgenommen werden. Mit wachsender Verbreitung der als fortschrittlich geltenden Bezugspflege in der Krankenpflege wird auch die Beziehungswahl im Hinblick auf Schwestern und Pfleger eingeschränkt (denn der Patient wählt meist nicht selbst aus, sondern wird einem Mitarbeiter zugeteilt).
- Alle zwangsweise untergebrachten Patienten sind Kunden wider Willen!
- Ein Hotel, das die sanitären Standards der Psychiatrie aufwiese, würde seine erste Saison nicht überleben.
- Fast alle Räume in Kliniken sind öffentlich; die Privatsphäre von Patienten entspricht der von Kindern im Elternhaus.
- Der Alltag ist meist bis ins kleinste geregelt, wobei natürlich alle Regeln therapeutisch begründet, also gut gemeint sind (aber bekanntlich heißt es: Gut gemeint ist das Gegenteil von gut).

- Wie oft ist es passiert, daß beim Bau oder Umbau eines psychiatrischen Gebäudes, bei der Einrichtung einer Station, bei der Festlegung von Tagesablauf oder Stationsordnung die Patienten entschieden haben? Umgekehrt: Haben Sie schon einmal gehört, daß ein neues Pkw-Modell so konstruiert wurde, wie es für die Montagearbeiter am bequemsten war?

Und trotzdem ist allenthalben von der Entdeckung des Patienten als Kunden die Rede. Es wird so getan, als handle es sich um eine neue humanitäre Wohltat der Psychiatrie. Aber man wird den Verdacht nicht los, daß da eher jemand im Wald pfeift, um sich Mut zu machen. Denn zumindest für die bisherigen Großkrankenhäuser, also die alten Anstalten, gilt, daß ihnen der Wind um die Ohren braust. Patientenrückgang, Auflösung von Stationen, Verkleinerung der Aufnahmebereiche, Anpassung der Mitarbeiterzahlen sind die Stichworte der Gegenwart. Vor allem sind die großen, alten Landeskrankenhäuser bestenfalls noch dritte Wahl. Die Privatkliniken für die feineren Leute gab es schon früher; aber sie waren keine Bedrohung für die Krankenhäuser mit Pflichtversorgungsauftrag. Doch nun schwärmt die Fachwelt von den psychiatrischen Abteilungen an Allgemeinhäusern, und die Fachkrankenhäuser schwanken zwischen Untergangsstimmung und überhasteten Umstrukturierungen. Die alten Anstalten schrumpfen dahin und allein ihre Immer-noch-Existenz wirkt seltsam anachronistisch.

Konkurrenz belebt das Geschäft, und die Relikte des 19. Jahrhunderts müssen sich im Überlebenskampf etwas einfallen lassen. Wie sollen sie bestehen als eine der letzten Bastionen des real existierenden Hospitalismus angesichts der jungen, schönen Abteilungspsychiatrie, die sich ihrer Überlegenheit gewiß ist und noch keine Gedanken an mögliche Spätschäden verschwenden muß? Unter dem Diktat der Modernisierung wird alles versucht, um die alten Heil- und Pflegeanstalten in angesehene Kliniken zu verwandeln:

- Die chronischen Patienten werden in Heime abgeschoben (eine schon in den Siebzigern angewandte Strategie mit mäßigem Erfolg). Angesichts einer Entlassung von mehr als 70 Prozent der bisherigen Langzeitpatienten in Heime, davon 40 Prozent in Einrichtungen mit mehr als 80 Plätzen, ist der gern gebrauchte Begriff der Enthospitalisierung völlig fehl am Platze. Statt dessen handelt es sich lediglich um eine Umhospitalisierung (Zechert, 1996).
- Die häßlichen Langzeitbereiche werden in Förder- und Pflegezentren umdeklariert und in die Selbständigkeit abgestoßen (zur Zeit das bevorzugte Modell, das relativ einfach zu verwirklichen ist, Gelder aus der Pflegeversicherung erschließt und den angenehmen statistischen Nebeneffekt hat, die stationären Behandlungszeiten drastisch zu verkürzen).
- Gemeindepsychiatrische Zentren werden geplant, mit denen nun für eine wohnortnahe Behandlung geworben wird, ohne die Trägerschaft an lokale Konkurrenten abgeben zu müssen (solche Pläne landen häufig im Papierkorb der politischen Entscheidungsträger, die darin lediglich alten Wein in neuen Schläuchen vermuten).
- Die Akutbereiche strukturieren sich nach den Maßstäben einer modernen, therapeutisch ausgerichteten und gemeindenahen Psychiatrie um (ein mühsamer und

langfristiger Weg, der außerdem ständig mit den Organisationsregeln von Einrichtungen kollidiert, deren Grundprinzipien nicht Flexibilität und Veränderung, sondern Ruhe und Ordnung sind).

Der Weg ist also weit. Was liegt näher, als die Verpackung des Produkts zu überarbeiten, wenn der Inhalt nicht so leicht zu verbessern ist? Als erstes muß ein neuer Name her und so wurden aus den Heil- und Pflegeanstalten zunächst Landeskrankenhäuser, die später zu Kliniken für Psychiatrie mutierten, um sich nun den Ehrentitel „Psychotherapie" zuzulegen, auf daß sie in einigen Jahren ... Man sieht: eine unendliche Geschichte, die lediglich daran krankt, daß die Öffentlichkeit den schnellen Wechseln nicht folgen kann und deshalb weiter davon spricht, jemand sei in die Anstalt gekommen.

Und nun die Sache mit den Kunden. Sprache ist geduldig, und wenn man nur lange genug das neue Zauberwort gebraucht, werden sich psychiatrische Patienten genauso frei, konsumfreudig und zufrieden fühlen wie der ominöse Allerweltskunde. So lautet wohl die Rechnung, die aber bekanntlich mitunter ohne den Wirt gemacht wird. Unglücklicherweise sind Kunden ziemlich unberechenbare Geschöpfe, die den Regeln der Vernunft ebenso wenig folgen wie psychiatrische Anstalten. Sie sind anspruchlich, unstet, reklamieren bei schlechter Leistung, ordnen sich ungern den Vorschriften des Verkäufers unter und werden magisch von Moden des Zeitgeistes angezogen, dem Anstalten in den seltensten Fällen zuzurechnen sind.

Vergleicht man die Kundenerwartungen mit dem Angebotsprofil traditioneller psychiatrischer Kliniken, passen die beiden folglich zusammen wie die Marktmechanismen mit der Funktionsweise totaler Institutionen. „Der schon wieder!" lautet häufig der Kommentar, wenn mancher Stammkunde mit unverhohlenem Widerwillen im psychiatrischen Krankenhaus in Empfang genommen wird. Urbaniok und Beine (1995) stellen sich eine derartige Reaktion durch den Kellner eines Restaurants vor und vermuten zu Recht, daß das Trinkgeld wohl mager ausfallen würde.

2. Der Kundenbegriff als Sprachverwirrung

Umso erstaunlicher erscheint es, daß die Umwandlung der Patienten in Kunden allseits als Durchbruch gefeiert wird und kaum auf Einwände stößt. Der Grund liegt darin, daß die beteiligten Parteien ganz Unterschiedliches meinen, wenn sie der Psychiatrie den Kundenbegriff in den Mund legen:

- Für die politischen Interessenvertreter dient der Kundenbegriff dazu, die gesundheitliche Versorgung stärker in Funktionsweisen der gesamtgesellschaftlichen Prozesse einzugliedern. Gesundheit als Ware wird den gängigen Marktmechanismen unterworfen. Rationalisierung, Kostenminimierung, Konkurrenz, Qualitätsmanagement, Kosten-Nutzen-Rechnungen und ökonomisch bestimmte Globalsteuerung werden zu Selbstverständlichkeiten.
- Für die Klinikbürokratie bietet das Kundenparadigma den Anreiz, die bisher dominierende therapeutische Sprache durch eine ökonomische Sprachregelung abzulö-

sen. Dies ist nur konsequent auf dem Hintergrund einer Entwicklung, in der Kliniken verstärkt wie x-beliebige Unternehmen zu führen sind. Das Besondere von Patienten verschwindet hinter Kategorien des Dienstleistungsgewerbes. Psychiatrische Versorgung wird eine Sparte kaufmännischen Denkens wie Mülldeponien oder Straßenbau (die nordrhein-westfälischen Landschaftsverbände sind neben der Psychiatrie tatsächlich für die letztgenannte Branche mitzuständig). Gesundheit wird in buchhalterischen Kategorien abgehandelt.

Dabei ist zu berücksichtigen, daß natürlich auch vorher schon ökonomische Bedingungen den Rahmen abgaben, innerhalb dessen therapeutische Aktivitäten sich entfalten konnten. Köhler zieht in einer historischen Untersuchung das Fazit: „Nicht die Psychiatrie bestimmt die Anstalten, sondern die Anstalten bestimmen die Psychiatrie" (1977, S. 162). Auch für die ambulante psychotherapeutische Versorgung lassen sich mühelos Belege für den Primat wirtschaftlicher Faktoren finden (Hermer, 1995). Im übrigen ist die dadurch ausgelöste Bewegung für die Krankenhausbürokratie widersprüchlich. Viele technische Bereiche psychiatrischer Kliniken rechnen sich nicht mehr, werden aufgelöst und verringern so die Machtbasis der Verwaltungen.

Therapeuten in leitender Funktion sprechen gern von Kunden, um die Arbeitshaltung ihrer Mitarbeiter zu beeinflussen. Patienten werden bisher oft wie lästige Kinder behandelt: Sie kommen unpassend, sind ziemlich rechtlos, stören die Ordnung der Station, machen Arbeit und haben sich den Bedürfnissen und Launen des Personals unterzuordnen. Kunden dagegen sind stets freundlich und zuvorkommend zu behandeln, ihren Reklamationen ist nachzugehen; sie haben ein Anrecht auf qualifizierte Leistungen. Aus Sicht der leitenden Therapeuten ist der Kundenbegriff eine Waffe im Umgang mit unmotivierten und rüden Mitarbeitern, die dem Ruf der Einrichtung schaden.

- Einfache Mitarbeiter staunen oft über die Selbstverständlichkeit, mit der therapeutisch Verantwortliche neuerdings von Kunden sprechen. Leiter scheinen sich so als moderne Manager auszuweisen. Ihre Untergebenen würden sich vielfach wünschen, daß dem euphorischen Bezug auf die Segnungen des freien Marktes bei den Vorgesetzten eine Qualifikation entspräche, wie sie im industriellen Management verbreitet ist. Dies ist aber in den seltensten Fällen gegeben. Da der Gebrauch des Kundenbegriffs dadurch unglaubwürdig wird, verwenden normale Mitarbeiter den Ausdruck selten.
- Patienten begeistern sich für den Kundenstatus, weil er ihnen mehr Autonomie und Rechte verspricht (z.B. Miles-Paul, 1992). Kunden wählen ihre Waren selbst aus. Sie sind begehrenswert, weil sie etwas zu bieten haben, und der Verkäufer hat sich in der Regel nach ihnen zu richten. Die Nutzer kontrollieren die Lieferanten. Alles in allem beschreibt der Begriff eine Umkehrung der Machtverteilung in der traditionellen Psychiatrie. Der Kunde wird so zum Kampfbegriff gegen das psychiatrische Krankenhaus und seine patriarchalischen Strukturen.

Wenn sich die Teilnehmer des psychiatrischen Marktes also großteils am Patienten als Kunden berauschen, benutzen sie dasselbe Wort, meinen damit aber ganz verschiedene Sachverhalte. Unter dem Mantel der scheinbaren Übereinkunft verfolgen die

Akteure unterschiedliche Interessen, und es ist zu bezweifeln, daß die divergierenden Ziele gleichzeitig in Erfüllung gehen können. Statt dessen entsteht bei scheinbar identischem Sprachgebrauch eine Geschichte ständiger Kommunikationsfallen.

3. Gemeinsamkeiten von Patienten und Kunden

Wie läßt sich das Verhältnis von psychiatrischen Patienten im besonderen zu Kunden einer Dienstleistung im allgemeinen bestimmen? Abbildung 1 soll widerspiegeln, daß es sich um zwei Begriffe handelt, die zwar eine gemeinsame Schnittmenge haben, sich aber nicht zur Deckung bringen lassen. An beiden Seiten bleibt ein eigenständiger Rest.

Abbildung 1: Zum Verhältnis von Patienten und Kunden

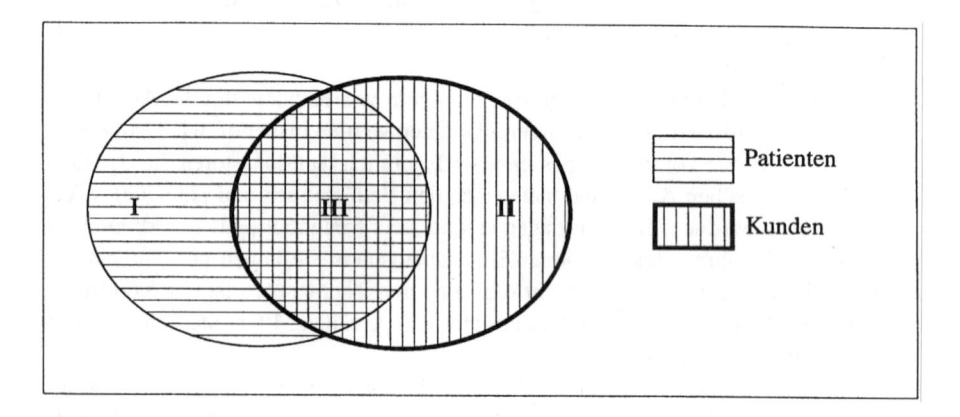

Der gemeinsame Bereich III symbolisiert die Anteile des Kundenbegriffs, die sich auf die psychiatrische Behandlung übertragen lassen. Er enthält die emanzipatorischen Inhalte einer Warenbeziehung, in der sich Patient und Therapeut als formal gleichberechtigte Marktteilnehmer begegnen. Der Patient hat die Freiheit, das Angebot des Therapeuten anzunehmen, abzulehnen oder die Therapie ganz abzubrechen, wenn sie seinen Vorstellungen nicht entspricht. Der Kunde ist König. Er ist nicht Objekt einer undurchschaubaren, unkontrollierbaren oder gar ungewollten Behandlung, sondern handelt als Subjekt mit einem Aktionsspielraum wie der Professionelle. „Geld gegen psychiatrische Dienstleistung", lautet die Formel; oder provokativer: „Geld gegen Zuwendung".

Auf einer solchen Geschäftsgrundlage wird nicht nur behandelt, sondern zunehmend mehr verhandelt. Das ist für Therapeuten ungewohnt. Zum einen widerspricht es dem klassischen medizinischen Paradigma mit klarer Rollenzuweisung, in dem von Personen abstrahiert Krankheiten behandelt werden und Compliance lediglich als Befolgung therapeutischer Anweisungen durch den Patienten verstanden wird. Zum anderen stehen Therapeuten plötzlich in Konkurrenz zu anderen Anbietern, seien es Homöopathen, Esoteriker, Selbsthilfegruppen oder VHS-Kurse zur Selbstfindung. Das Erklärungs- und Behandlungsmonopol der psychiatrischen Professionen weicht einer bunten Vielfalt auf dem Psychomarkt.

Kunden bummeln oft durch die Geschäfte, ohne zu kaufen. Aus Sicht der Verkäufer heißt die Aufgabe, aus potentiellen Kunden Konsumenten zu machen. De Shazer (1989) hat den Gedanken auf die Therapiesituation übertragen. Er unterscheidet drei Typen von Patienten: Besucher, die ohne konkrete Beschwerden beim Arzt vorbeischauen und deren Anliegen diffus bleibt; Klagende, die sich aufs Klagen beschränken wollen, ohne etwas zu verändern; schließlich Kunden, die hinsichtlich ihrer Beschwerden etwas tun möchten. Das Ziel besteht darin, durch geeignete Interventionen aus Besuchern kooperative Kunden zu machen. Huhn (1996) streicht den Wert der Typologie für eine Abklärung der Motivation beim Patienten heraus und für eine höhere Zufriedenheit bei Therapeut und Patient durch kongruentere Erwartungen. Offen bleibt allerdings, ob es sinnvoll ist, Besucher immer in Kunden verwandeln zu wollen – eine Frage, die nicht nur aus ökonomischen Gründen interessant ist, sondern auch die Grenzen eines an Marktgesetzen orientierten Denkens überschreitet.

Verhandeln vor behandeln bedeutet auch, daß sich Anbieter auf die Vorstellungen der Kunden einzustellen haben. Während dies für europäische Psychiatrie-Verhältnisse ein ungewohnter Gedanke ist, wird den Erwartungen der Patienten in den USA im Sinne eines marktorientierten Denkens schon länger Rechnung getragen. Patienten sehen sich dort eher als aktive Konsumenten denn als passive Empfänger von Versorgungsleistungen. Entsprechend forderte in den USA bereits 1972 ein Gerichtsurteil die Anpassung von Versorgungsstandards und individuellen Behandlungsplänen an die Wünsche der Patienten (Corrigan, 1990).

In eine vergleichbare Richtung gehen die in psychiatrischen Kliniken um sich greifenden Befragungen von Patienten über ihre Zufriedenheit mit der Behandlung. Dabei stellen sich zwei Probleme. Einmal sind Messungen der Zufriedenheit nur dann interessant, wenn schlechte Ergebnisse Anstoß für Veränderungen sind. Es gibt aber bisher kaum Hinweise, wie psychiatrische Einrichtungen auf negative Rückmeldungen reagieren, ob sie – mit anderen Worten – überhaupt in der Lage sind, aus ihren Erfahrungen zu lernen. Vor unkritischem Optimismus bei der Beantwortung dieser Frage sollte man sich hüten. Tatsächlich dienen Ergebnisse von Patientenbefragungen oft nur dem Krankenhausmanagement dazu, seine Position in Verhandlungen mit den Krankenkassen zu stärken, ohne aus den Resultaten weitere Konsequenzen zu ziehen (Schwartz, Jakobi & Klein-Lange, 1996).

Zum zweiten ist bekannt, daß die Ergebnisse klinischer Befragungen allgemein sehr günstig ausfallen. Unabhängig von den jeweiligen konkreten Behandlungsbedingungen ist die große Mehrheit der Patienten mit ihrer Therapie global zufrieden (Leimkühler & Müller, 1996; Spießl & Klein, 1995). Urteilsbildungen von Patienten sind ein komplexer Prozeß, in den neben der zu bewertenden Qualität einer Behandlung diverse sozialpsychologische Faktoren eingehen. Auf der anderen Seite fehlen in ihm Aspekte, die aus Sicht der Professionellen wichtig sind, beispielsweise die Rückfallhäufigkeit. Eine hohe Patientenzufriedenheit sagt also noch relativ wenig über die Güte der Behandlung aus. Sie läßt sich aber von den Professionellen prächtig als Alibi verwenden, um alles so zu lassen, wie es ist.

Im Interesse der psychiatrischen Kunden würde sich bei der Interpretation von Ergebnissen aus Patientenbefragungen empfehlen, positive Daten nur äußerst zurückhaltend als Bestätigung der Behandlungsqualität zu werten, schlechte Resultate aber unbedingt zum Anlaß einer Fehleranalyse und Korrektur zu nehmen. Tatsächlich gehen Professionelle im psychosozialen Bereich bei Bewertungen ihrer Arbeit in der Regel genau entgegengesetzt vor. Sie führen einen Therapieerfolg eher auf sich als auf den Patienten oder die Umgebung zurück. Dagegen sehen sie die Ursache von Mißerfolgen primär in der Person des Klienten, sekundär in hinderlichen Umgebungsfaktoren und erst an letzter Stelle in eigenen Fehlern (König-Fuchs, 1991). So immunisieren sie sich gegenüber der Möglichkeit des Versagens, verschenken aber zugleich die Chance, ihre Arbeit im Sinne ihrer Kunden weiterzuentwickeln.

4. Eigentümlichkeiten von Kunden im Gesundheitswesen

Neben den Gemeinsamkeiten gibt es unübersehbar Bereiche, in denen sich die Begriffe von „Kunden" und „Patienten" nicht zur Deckung bringen lassen und wo die Gleichsetzung von Kunden mit Patienten eine Fiktion ist. Bereich II symbolisiert Kundenmerkmale, die bei Patienten nicht vorzufinden sind. An erster Stelle ist hierbei an ökonomische Mechanismen der Marktwirtschaft zu erinnern, die im Gesundheitswesen eingeschränkt sind. Dies gilt sowohl für die Anbieter- als auch für die Käuferseite.

Der klassische Kunde kann sich entscheiden, ob er eine Ware überhaupt kauft, und wenn ja, bei welchem Anbieter. Der Behandlung suchende Patient besitzt diesen Spielraum nur eingeschränkt. Er muß „kaufen", und zwar sofort. Er besitzt oft nicht die Möglichkeit, Vergleichsangebote einzuholen oder sich seinen Behandler frei zu wählen. Es ist für ihn auch sehr viel schwieriger, die Qualität des Angebots zu beurteilen. Der Autokäufer kann auf Mängelstatistiken von ADAC oder TÜV zurückgreifen. Dem Patienten helfen vereinzelte FOCUS-Artikel wenig weiter. Ob sich diese Situation durch die geplante Zertifizierung des klinischen Qualitätsmanagements zumindest für den stationären Sektor langfristig ändern wird, bleibt abzuwarten.

Patienten sind auch insofern ungewöhnliche Kunden, als keine direkte Beziehung zwischen den von ihnen beanspruchten Gesundheitsleistungen und dem zu entrichtenden Preis besteht. Der Krankenkassenbeitrag entspricht eher einer Monatsfahrkarte, mit der öffentliche Verkehrsmittel (bzw. hier: Ärzte) unbegrenzt benutzt werden dürfen. Zwar hält sich – entgegen ständigen politischen Behauptungen – der Lustgewinn, dauernd in Arztpraxen zu sitzen, für normale Menschen genauso in Grenzen wie das Vergnügen, ohne Anlaß Bus zu fahren. Trotzdem sind die Gralshüter des Marktliberalismus seit einiger Zeit angestrengt bemüht, den angeblichen Schwarzfahrern des Gesundheitswesens durch Selbstbeteiligungen, Rezeptgebühren und Ausgrenzung bisheriger Krankenkassenleistungen ein echtes Kundenbewußtsein einzubleuen.

Auf weniger politisches Mißfallen stößt die Tatsache, daß auch die hippokratisch vereidigten Anbieter beträchtlich von traditionellen Marktmechanismen abweichen. Welcher Unternehmer würde nicht davon träumen, die Nachfrage nach seinen Waren so beeinflussen zu können wie der Arzt? Der schafft sich bekanntlich seine Nachfrage zu großen Teilen selbst (Wulff, 1971), und kaum ein Patient wird eine angeblich notwendige diagnostische Maßnahme verweigern, auch wenn sie tatsächlich vor allem der Auslastung der teuer angeschafften Geräte dient. Mit Einführung der Fallpauschalen läßt sich in den USA (und ansatzweise inzwischen auch in Deutschland) ein ähnlicher Mechanismus in den Krankenhäusern beobachten: Nicht gerechtfertigte Indikationen werden wegen hoher Gewinnspannen ausgeweitet; leichte und billige Fälle werden aufgenommen, schwere und teure dagegen an Krankenhäuser mit Versorgungsauftrag weiterverwiesen; pauschal vergütete Krankenhausleistungen werden in den nicht pauschal vergüteten ambulanten Bereich verschoben; ICD-Diagnosen werden „zufällig" so gestellt, daß maximale Vergütungspauschalen resultieren (Schwartz et al., 1996).

Mit der Regulierung des Preises über die Konkurrenz ist es bekanntlich im Gesundheitswesen ebenfalls nicht weit her. Statt dessen haben die Anbieter in Deutschland in diesem Jahrhundert noch die meisten wichtigen Auseinandersetzungen mit den Krankenkassen als „ideellem Gesamtkunden" gewonnen – unter solidarischer Unterstützung der sonst so emphatisch das freie Spiel der Kräfte betonenden politischen Klasse. Nachdem sich die Ärzte zur Jahrhundertwende berufsständisch organisiert hatten, erreichten sie bereits 1913 einen ersten wichtigen Sieg, als den Krankenkassen ihr bisheriges Recht genommen wurde, alleine festzulegen, welche Ärzte sie zur Versorgung ihrer Mitglieder heranziehen wollten. Nach einer kurzen Offensive der Krankenkassen Mitte der zwanziger Jahre, die ihren Niederschlag vor allem in der Gründung von Ambulatorien fand, kam mit Beginn der Weltwirtschaftskrise das langanhaltende Rollback. Die Rezepte zur Bewältigung der Finanzierungskrise und zur Senkung der Lohnnebenkosten lauteten damals: Herabsetzung des Krankengeldes, zusätzliche Beteiligung der Versicherten an den Arzneikosten, Ausschluß präventivmedizinischer Leistungen, Streichung von Zahlungen bei Bagatellerkrankungen. Von da an blieben die Krankenkassen in der Defensive und gingen aus offenen Konflikten meist geschwächt hervor (Näheres bei Deppe, 1987).

Nach innen entspricht der Einschränkung marktwirtschaftlicher Mechanismen eine ärztliche Berufsordnung, die Mediziner ausdrücklich darauf verpflichtet, nicht miteinander zu rivalisieren, die Tätigkeit anderer Ärzte vor Patienten nicht zu kritisieren, nicht für sich zu werben oder andere Ärzte namentlich zu empfehlen. Damit soll jeder Wettbewerb verhindert werden, angeblich zum Schutz der Patienten vor Überforderung und unsachlicher Information, tatsächlich auch auf Kosten der auf anderen Märkten selbstverständlichen, offen ausgetragenen Konkurrenz. Natürlich bleibt die Frage offen, ob eine stärker an den sonst üblichen Wettbewerbsregeln orientierte medizinische Versorgung zu mehr Transparenz und Qualität führt. Es ist aber ein offensichtlicher Widerspruch, wenn Ärzteverbände einerseits in der politischen Auseinandersetzung die Bedeutung des Rechts auf freie Arztwahl betonen, gleichzeitig aber die Möglichkeiten ihrer Kunden stark reglementieren, sich umfassende Informationen über die Anbieter von Gesundheitsleistungen zu verschaffen (Richard, 1994). So finden sonst propagierte hehre Werte ihre Grenzen am ökonomischen Interesse der Ärzteschaft als Gesamtverband.

Dies gilt auch für den Staat, der einerseits einen am Konkurrenzprinzip ausgerichteten Marktmechanismus im Gesundheitswesen wünscht und folgerichtig die Privatisierung der gesundheitlichen Versorgung unterstützt. Damit wird das bisher vorherrschende Solidarprinzip allmählich aufgeweicht. Andererseits wird in der gesetzlichen Krankenversicherung eine Beschränkung auf ein wie auch immer definiertes notwendiges Maß an Leistungen gesetzlich vorgegeben, um die Lohnnebenkosten nicht zu steigern. Die aktuelle Ausgliederung präventiver und gesundheitsfördernder Leistungen der Krankenkassen ist ein besonders beeindruckendes Beispiel. Die mögliche Konkurrenz der Kostenträger wird also im nächsten Moment wieder eingeschränkt.

Was eine Einschränkung üblicher Kundenfreiheiten betrifft, gilt dies auch für die Verwalter der Kundengelder, also die Krankenkassen. Ein markantes Beispiel trug sich in Holland zu (Vogel, 1996). Eine Krankenkasse zahlte psychiatrischen Alterspatienten das Geld aus, das die Versicherung je nach Diagnose für ein Jahr stationärer Behandlung ausgegeben hätte. Die Patienten, die sich die notwendige Hilfe nun gezielt selbst einkaufen konnten, waren ob ihrer neuen Autonomie zufriedener als eine Kontrollgruppe. Sie beanspruchten weniger professionelle Hilfe, schöpften in mehr als einem Drittel der Fälle das zur Verfügung stehende Geld nicht aus, und nur acht Prozent der Patienten kamen mit ihrem Budget nicht hin. Allerdings stellte die Krankenkasse das Experiment wieder ein, denn: Die Teilnehmer der Studie lebten länger als die der Kontrollgruppe und verursachten dadurch mehr Kosten.

Es findet sich damit bei den Teilnehmern am Gesundheitsmarkt dasselbe Muster wieder, das uns bereits bei den Gruppen im Krankenhaus begegnete. Jede Partei greift den Kundengedanken dort auf, wo es ihr in ihre Interessen paßt. Die Betroffenen müssen aufpassen, daß sie nicht lediglich für andere Zwecke instrumentalisiert werden. Trotzdem liegt in Beispielen wie dem letztgenannten aus Holland eine Chance, da plötzlich Widersprüche zwischen Versorgungssystemen und Nutzerinteressen deutlich werden. Das Ergebnis der Studie erinnert im übrigen an die etymologische Verwandtschaft von Kunden und Kundigen, die eben oft besser als Professionelle wissen, was gut für sie ist.

5. Einige Eigenheiten therapeutischer Dienstleistungen

Feld I der Abbildung 1 steht für Eigenarten von Patienten, die nicht im Kundenbegriff aufgehen und auf die hinzuweisen lohnt. Beim Kauf eines Autos gewährleistet der Hersteller eine fehlerlose Qualität; er haftet bei Mängeln des Produktes. Dagegen ist eine Heilung bei psychiatrischer Therapie nicht gewiß. Eine Verbesserung der Behandlungsqualität kann die Erfolgswahrscheinlichkeit nur erhöhen, nicht sicherstellen. Das Produkt Gesundheit kann prinzipiell nie garantiert werden (das gilt auch für andere Dienstleistungen: Die Konsultation eines Rechtsanwalts garantiert keinen Erfolg im Rechtsstreit). Die Behandler haften nur für Kunstfehler, das heißt für eine nachgewiesen schlechte Prozeßqualität. Patienten befinden sich also von vorneherein in einer erheblich schlechteren Position als viele sonstige Kunden. Man denke allein an die Schwierigkeit, einen Gutachter zu finden, der seinem Standeskollegen Therapiefehler bescheinigt (sofern man sich nicht – wie in der Psychotherapie – schon bei der Erörterung der Behandlungsstandards hoffnungslos in die Haare gerät).

Patienten sind – vom Wortursprung her – Leidende, weisen also auf eine spezifische menschliche Qualität hin, die dem abstrakten Kunden fehlt (wenn man einmal davon absieht, daß mancher Kunde nach Konsum der von ihm erstandenen Ware oder Dienstleistung zu den Leidenden überwechselt). Sie befinden sich, zumal bei psychischen Krisen, in einer oft existentiell bedrohlichen Lage, in der ihnen die Autonomie und Gelassenheit des Allerweltskonsumenten abgeht. Dadurch wird die therapeutische Beziehung mit einer Bedeutung beladen, die dem normalen Tauschgeschäft selbst in Anrechnung seiner fetischistischen Anteile fremd ist.

Die Verlockung auf seiten der Professionellen ist groß, aus der besonderen Bedeutung, die sie für ihre Kunden haben, eine gänzlich andere, paternalistische bis mystisch überhöhte Beziehung zu konstruieren. In ihr wird die Grundlage der Begegnung, nämlich das Geldopfer des Behandelten, ausgeblendet (oder noch besser in der psychoanalytischen Argumentation mit der Notwendigkeit erklärt, beim Patienten einen Leidensdruck zu erzeugen). Der Akt des Heilens wird aus den Niederungen marktwirtschaftlicher Handelsbeziehungen herausgehoben und zu etwas ganz Besonderem stilisiert (Wilkening, 1978).

Ein angenehmer Nebeneffekt besteht für die Therapeuten darin, sich selbst eine unangreifbare Stellung zuzuschanzen. Dies zeigt sich bei den Widerständen gegen die in anderen Konsumentenbereichen selbstverständliche Forderung, die Qualität der Dienstleistung zu kontrollieren. Da wird dann festgestellt, der Arzt habe nur mit einer übermenschlichen Bereitschaft zur Selbstkritik eine Chance zum Erkennen eigener Fehler. Es folgt ein Plädoyer, die Frage nach dem therapeutischen Erfolg beim einzelnen Patienten im gnädigen Dunkel des Arzt-Patienten-Paktes zu belassen (Wegscheider, 1992). Verbandsvertreter empören sich immer wieder offen über das gesellschaftliche Verlangen nach einer externen Kontrolle ihrer Behandlungsqualität und wittern eine Einschränkung des Rechts auf Therapiefreiheit.

Angesichts solch anachronistischen Dünkels liegt die Versuchung nahe, auf einer radikalen Durchsetzung des Kundengedankens im psychosozialen Bereich (Feld III in Abbildung 1) zu bestehen. Und doch ist es nötig, den dadurch nicht abgedeckten und nicht abzudeckenden Inhalt der therapeutischen Beziehung herauszustellen. Dabei ist grundsätzlich zwischen zwei Ausgangslagen zu unterscheiden: zum einen psychiatriespezifische Situationen offener Gewalt wie Zwangsunterbringungen oder Fixierungen, zum anderen die Konstellation in einer vergleichsweise „sanften" Behandlung wie der Psychotherapie.

Im Sinne der Kundenorientierung – sofern der Begriff in diesem Zusammenhang überhaupt angemessen ist – kann für Zwangsunterbringungen nur zweierlei gelten: ihre Häufigkeit so gering und ihre Dauer so kurz wie möglich zu halten. Hier bleibt viel zu tun. Spengler (1994) fand bei allerdings kleiner, nicht repräsentativer Stichprobe im Vergleich zu den achtziger Jahren ein prozentuales Anwachsen zwangsweiser Unterbringungen. Dabei hatte die Abteilungspsychiatrie die alten Anstalten sogar überholt. Für die Bewertung der Zwangsmaßnahmen durch die Patienten ist offenbar entscheidend, wie die weitere Behandlung bis zur Entlassung verläuft. Es gibt Hinweise, daß die unfreiwilligen Kunden ihren Krankenhausaufenthalt zum Zeitpunkt der Entlassung nach ähnlichen Maßstäben erleben und beurteilen wie freiwillig aufgenommene Patienten. Auf die Frage, ob sie im Falle einer erneuten Erkrankung wieder in die Klinik gehen würden, fanden Spießl und Klein (1995) erstaunlicherweise keine signifikanten Unterschiede zwischen den beiden Gruppen.

6. Grenzen des Kundenparadigmas am Beispiel der Psychotherapie

Im allgemeinen bemühen sich Anbieter – in den Grenzen der Profitmaximierung – um eine möglichst perfekte Anpassung ihrer Produkte an die Wünsche der Kunden (zunehmend allerdings auch um eine Schaffung von Kundenbedürfnissen nach den neu entwickelten Waren). Es gilt, daß der Kunde immer recht hat. In der Psychotherapie ist das Verhältnis komplizierter, wobei die Unterschiede zu anderen Dienstleistungsbranchen manchmal eher gradueller als grundsätzlicher Art sind. Eine Analyse der Grenzen des Kundenparadigmas in der Psychotherapie muß zwischen den verschiedenen therapeutischen Grundrichtungen differenzieren.

Besonders markant sind die Schwierigkeiten, das Konzept der Kundenorientierung anzuwenden, im System der Psychoanalyse. Hier besteht die charakteristische Konstellation in einer Übertragungsprozessen zu verdankenden häufigen Spannung zwischen Patient und Therapeut, in der Entwicklung und Aufarbeitung von Konflikten in der therapeutischen Beziehung. Wunschversagung und damit Unlusterzeugung gelten als Voraussetzungen für Behandlungsfortschritte, das heißt als genuine Elemente der Therapie. Ausgangslage der geschäftlichen Beziehung ist nicht nur das gemeinsame Interesse von Patient und Helfer, die Symptome und deren Ursachen zu beseitigen. Zugleich geht es aus Sicht des Therapeuten darum, sich eben nicht anzupassen und die Bedürfnisse seines Kunden vorschnell (scheinbar) zu erfüllen. Im Gegenteil ist das Ziel, eine Differenz und Spannung herzustellen und auszuhalten, die sich aus der Verweigerung der momentanen Kundenforderungen ergibt.

Ein solches Vorgehen widerspricht gängigen Marketingstrategien. Normalerweise würde man sich nach dem Auftrag der Kunden richten, der in unserem Fall (zugegeben etwas überspitzt) häufig so hieße:

„Beseitige meine Leiden, ohne daß ich mein Leben ändern muß! Tu mir nicht weh, erspare mir Konfrontationen und Korrekturen meines Selbstbildes! Hilf mir, meine Situation dadurch in den Griff zu bekommen, daß sich meine Umgebung ändert! Schütze mich vor Enttäuschungen und erkläre meine Schwierigkeiten aus Unzulänglichkeiten meiner Mitmenschen! Bestätige so weit wie möglich meine Sicht der Dinge und stehe mir sofort zur Verfügung, wenn ich Dich brauche!"

Die Realität der Therapiesituation wird diesen Erwartungen der Kunden wenig gerecht. Da werden Widerstände aufgedeckt, Abwehrhaltungen hinterfragt, Wiederholungszwänge in der therapeutischen Beziehung bloßgelegt und Wünsche durch die Abstinenz des Behandlers frustriert. Vor allem: Wo der Patient meist mit einem eng umgrenzten Auftrag zur Symptombeseitigung kommt, stellt der Therapeut die aus seiner Sicht ursächlichen Fundamente in Frage.

Das Schaffen von Unlustzuständen ist kein Privileg der tiefenpsychologischen Therapien. Auch Verhaltenstherapeuten erzeugen in Reizkonfrontationen und Angstexpositionen massive Streßsituationen und identifizieren alle Versuche des Patienten, dem auszuweichen, als therapieschädliches Vermeidungsverhalten. Am ehesten entspricht noch die Methodik der klientenzentrierten Psychotherapie einem marktfreundlichen, schonenden Vorgehen. Doch auch der Rogerianer gerät in Schwierigkeiten, sobald sein Klient Ratschläge und Orientierungshilfen verlangt, also Struktur anstelle der angebotenen Hilfe zur Selbsterkenntnis. Dabei ist das Argument, der Therapeut kenne besser als der Klient dessen „wahre" Bedürfnisse und handle also doch im Kundeninteresse, in einem marktorientierten Denken nicht unterzubringen. Der Markt kennt keine wahren und falschen Bedürfnisse, sondern nur vorhandene und nichtexistente (aus Sicht des Kunden bestenfalls noch bezahlbare und unerschwingliche).

Nun gilt, daß auch andere Dienstleistungen mit Unlust verbunden sind und ertragen werden, wenn dies als notwendig für den längerfristigen Erfolg angesehen wird. Der Zahnarzt ist ein Beispiel. Hier ist der Schmerz ein überflüssiges Übel, das man mit Spritzen oder Laserbestrahlungen auszuschalten versucht. Sein Auftreten ist nicht notwendig für den Erfolg der Behandlung – im Gegenteil verbessern schmerzfrei arbeitende Zahnärzte (bei ansonsten gleicher Behandlungsqualität) ihre Marktchancen. Schon in der Verhaltenstherapie liegt die Sache etwas anders. Die erfolgreiche Behandlung einer Angststörung setzt voraus, daß die Angst in der Therapiesituation – je nach Vorgehensweise dosiert oder massiv – hervorgerufen wird. Dies muß einem kundenorientierten Vorgehen noch nicht widersprechen, sofern der Patient über das Vorgehen informiert ist und zustimmt und solange keine sanftere Methode bekannt ist.

Grundsätzlich anders ist die Ausgangslage in der psychoanalytischen Behandlung. Dafür sind zwei Faktoren verantwortlich. Zum einen besteht zwischen Kundenauftrag und Therapeutensicht eine große Diskrepanz, die der analytischen Störungstheorie geschuldet ist. Das Symptom ist für den Therapeuten lediglich Ausdruck einer viel umfangreicheren Problematik, die es zu bearbeiten gilt. Mit der vom Therapeuten angestrebten Persönlichkeitsumstrukturierung kauft der Kunde also sehr viel mehr ein, als er häufig möchte – ohne daß dies zumindest nach dem derzeitigen Forschungsstand oft erforderlich ist, um das Symptom zu beseitigen und eine Symptomverschiebung zu verhindern.

Wichtiger noch scheint ein zweiter Aspekt. Die Psychoanalyse versteht sich nicht nur als klinische Methode, sondern auch als Kulturkritik, als Instrument, um das gesellschaftliche Leben zu erforschen, als Möglichkeit, den Menschen aus seiner Unmündigkeit zu befreien. Der Therapeut hat – zumindest im Idealfall – neben seiner heilenden auch diese aufklärerische Bestimmung, die weit über eine übliche geschäftliche Beziehung hinausgeht. Sie bedeutet, Kundenwünsche nicht nur zu erfüllen, sondern auch zu hinterfragen, gegebenenfalls ihren Surrogatcharakter aufzuzeigen. Damit gewinnt der psychoanalytische Therapeut eine über den Auftrag des Patienten hinausgehende Funktion, die einer normalen Dienstleistung meist fremd ist. Die vergleichsweise „einfache" verhaltenstherapeutische Sichtweise, der eine solche Metatheorie fehlt, greift Kundenwünsche unvermittelter auf, gerät aber in Schwierigkeiten, wenn es mit dem Patienten zu Konflikten über die anzustrebenden Ziele kommt. Die vorgeschlagenen Lösungen bleiben dann meist verschwommen (z. B. Bartling, Echelmeyer, Engberding & Krause, 1992; Schulte, 1974) und selbst dort, wo eine differenzierte Methodik der Zielanalyse vorgestellt wird, individualistisch-pragmatisch, das heißt die gesellschaftliche Dimension der Konflikte eher ausklammernd (Kanfer, Reinecker & Schmelzer, 1996).

Eine ganz in der Kundenideologie aufgehende Psychotherapie läßt für den Therapeuten wenig Raum, die Bedürfnisse des Patienten und seine Art der Lebensbewältigung in Frage zu stellen. Statt zum Beispiel für unterdrückte homosexuelle Regungen des Klienten Partei zu ergreifen, würde sich der Helfer auf den nicht seltenen Auftrag beschränken, solche konfliktträchtigen Wünsche abzuwehren. Kundenorientierung ginge notwendig mit einer stärker auf Anpassung ausgerichteten Behandlung einher, vielleicht auch mit einer zunächst höheren Patientenzufriedenheit auf Kosten längerfristiger Entwicklungschancen.

Daß sich mit einer solchen Art des therapeutischen Bündnisses die Psychoanalytiker vermutlich am schwersten täten, hängt – positiv ausgedrückt – mit ihrem zumindest theoretisch vertretenen Anspruch zusammen, den ängstigenden Triebregungen Gehör zu verschaffen und Psychotherapie auch als Emanzipation von gesellschaftlichen Zwängen zu verstehen (die Praxis sieht vermutlich meist anders aus, vgl.. Parin, 1992). Man kann es natürlich auch anders formulieren: Die Psychoanalyse ist mit ihren zentralen Konzepten besonders weit davon entfernt, die vom Patienten geäußerten Erwartungen unmittelbar und unhinterfragt aufzugreifen und sich um ihre Erfüllung im Kundensinne zu bemühen. Ihr sind (wohl ebenso wie den systemischen Therapien) besonders stark „patriarchalische" Elemente immanent im Sinne eines: „Ich weiß besser als Du, was Deine Symptome bedeuten, welche Ziele anzustreben und welche Mittel einzusetzen sind."

Verkäufer passen sich den Kunden an (oder beeinflussen sie subtil), um ihre Waren abzusetzen. Psychotherapie lebt von der Begegnung zweier Menschen, die ihre Eigenständigkeit beibehalten. Eine zu Ende gedachte Kundenorientierung hieße, dieses Spannungsverhältnis zugunsten eines auf gefällige Wirkung bedachten Therapeuten aufzulösen. Es würde die Behandlung für den Patienten vielleicht angenehmer machen, aber die Chance einer wirklichen Begegnung verunmöglichen. Blinde Anpassung hier, therapeutischer Paternalismus da – zwischen diesen Polen muß eine gute Therapie ihren Weg finden. Kundenorientierung allein löst das Problem nicht.

Dabei wird der Unterschied zwischen dem psychotherapeutischen Kunden und dem Empfänger anderer Dienstleistungen oft eher graduell als kategorisch sein. Daß Dienstleister ihren Kunden Unangenehmes zumuten, ist so selten nicht. Der einen Kredit verweigernde Bankbeamte, der Schmerzen zufügende Operateur oder der vor der Absolution die Beichte verlangende Pfarrer sind Beispiele. Häufig nehmen Kunden kurzfristige Versagungen im Interesse übergelagerter Bedürfnisse in Kauf. Hier ist die Parallele zum psychotherapeutischen Patienten offensichtlich, dessen Leidensdruck Voraussetzung ist, um die Mühsal der Behandlung auf sich zu nehmen.

7. Entwicklungsperspektiven einer kundenorientierten Psychotherapie

Definiert man Kundenorientierung als ein Vorgehen, das sich an den Wünschen und Erwartungen der Patienten ausrichtet, ist klar, daß die psychotherapeutische oder psychiatrische Behandlungssituation komplizierter wird. Kundenorientierung ist eine zusätzliche Bedingungsvariable, die zunächst einmal relativ unabhängig von anderen

Faktoren wie Wirtschaftlichkeit der Behandlung, wissenschaftlichem Forschungsstand und methodischer Ausrichtung des jeweiligen Therapeuten ist. Die Variablen beeinflussen sich gegenseitig.

Eine Verlagerung der Einflußfaktoren auf die psychotherapeutische Versorgung beginnt bei einer stärkeren Artikulation der Betroffenen. Ein erstes Beispiel dafür findet sich in einer 1995 erschienenen Ausgabe von Consumer Reports, einer US-amerikanischen Verbraucherzeitschrift. 7000 Personen, darunter über 4000 Kunden psychotherapeutischer Leistungen, berichteten mittels eines umfangreichen Fragebogens über Erfahrungen bei der Behandlung ihrer seelischen Probleme. Die Wirksamkeit der Therapien wurde anhand dreier Kriterien beurteilt: Symptombesserung und Problemverringerung; generelle Zufriedenheit mit der Behandlung; globale Verbesserung der Lebenszufriedenheit. Es handelt sich vermutlich um die größte Stichprobe, die je im Hinblick auf die Wirkung von Psychotherapie untersucht wurde. Von den zahlreichen Ergebnissen seien nur die Befunde erwähnt, die in unserem Zusammenhang interessant sind.

Keine der verschiedenen psychotherapeutischen Methoden erwies sich als den anderen überlegen. Längerfristige Behandlungen waren wirksamer als Kurzzeittherapien. Dies betraf sowohl die Symptomreduzierung als auch allgemeine Maße wie soziale Beziehungsfähigkeit, Arbeitsproduktivität, Umgang mit Streß, Lebensfreude oder Selbstvertrauen. Klienten, die aktiv auftraten, sich über alternative Methoden informierten, mehrere Therapeuten ausprobierten und kritisch waren, erzielten größere Veränderungen als passive Klienten. Wenn die Krankenkassen die Auswahl des Therapeuten oder die Frequenz und Dauer der Sitzungen vorschrieben, wirkte sich dies negativ auf das Behandlungsergebnis aus (Hutterer, 1996).

Zunächst fällt auf, daß sich einzelne Ergebnisse wie die Methodenunabhängigkeit der Erfolge oder die Überlegenheit längerer Behandlungen nicht mit verbreiteten Einschätzungen decken, die aus den Resultaten traditioneller Wirksamkeitsstudien abgeleitet sind (vgl. Grawe, Donati & Bernauer, 1994). Der Einwand ist berechtigt, daß eine Interpretation der Befunde von Consumer Reports mit erheblichen methodischen Problemen zu kämpfen hat. Dabei geht es wesentlich um die Frage, wie weit die Klientenzufriedenheit ein aussagekräftiges Maß für die Güte einer Behandlung ist. Angesichts einer durchgängig hohen Zufriedenheit von Patienten mit ihrer Versorgung – unabhängig von deren tatsächlicher Qualität – ist eine gewisse Vorsicht angebracht, Patientenzufriedenheit als Evaluationskriterium überzubewerten (Leimkühler & Müller, 1996).

Andererseits erfordern die üblichen kontrollierten Therapiestudien eine Vorgehensweise, die die Aussagekraft über ihre Wirkung in der realen Versorgungspraxis einschränkt. Ihre Merkmale sind meist: Zuteilung der Klienten auf die Behandlungs- bzw. Kontrollgruppe nach Zufall, stark standardisierte, manualisierte Behandlungen, Ausschluß multipler Störungen, von vorneherein festgelegte Anzahl von Therapiestunden. Dagegen ist Psychotherapie „im Feld" in der Dauer nicht festgelegt, sondern abhängig vom Verlauf. Therapeuten gehen je nach Situation variabel vor und bevorzugen mehrheitlich eine eklektische Orientierung. Patienten suchen sich vielfach die für sie passende Methode und Therapeutenpersönlichkeit aus; ihre Probleme sind gewöhnlich komplexer Natur (Seligman, 1995). Ergebnisse kontrollierter Studien beziehen sich also auf Zusammenhänge wesentlich anderer Natur, als sie im Therapiealltag vorliegen. Hieraus bezieht die Untersuchung von Consumer Reports ihre Rechtfertigung und Notwendigkeit. Einfach gesagt: Um die Wirkung von Psychotherapie im klinischen Alltag einschätzen zu können, muß man auch im Feld forschen.

Daß sich dabei Unterschiede zu den Ergebnissen kontrollierter Therapiestudien ergeben, ist zu erwarten. Aus der Medizin sind ähnliche Effekte bekannt. Nach chirurgischen Eingriffen unter alltäglichen Bedingungen wurden in einzelnen Indikationsgruppen Komplikationsraten gefunden, die bis zum zehnfachen über denen der publizierten Fachliteratur lagen (Bitzer, Dörning & Schwartz, 1997). Aus der Kundenperspektive sind einzig und allein die Erfahrungen relevant, die im Versorgungsalltag gemacht werden, nicht Befunde aus unrepräsentativen Forschungsdesigns (wobei Differenzen in der Wirksamkeit keineswegs immer zu Lasten der Praxis gehen müssen).

Es ist zu erwarten, daß eine stärkere Berücksichtigung der Kundeninteressen die Entwicklung der Psychotherapie auch inhaltlich prägen wird. Eine Emanzipation der Kunden von den Maßstäben der Professionellen wird bedeuten, daß psychotherapeutische Methoden umso bessere Marktchancen haben werden, je weniger eingreifend sie vorgehen (s. auch das Prinzip der minimalen Intervention bei Kanfer et al., 1996). Eine Behandlung ist umso eingreifender, je schmerzhafter, ängstigender, länger, defizit- statt ressourcenorientierter, autonomiebeschneidender und nebenwirkungsreicher sie ist. Entscheidend ist dabei natürlich nicht die Einschätzung der Therapeuten, sondern das Urteil der Patienten, das von Standards der scientific community erheblich abweichen kann.

Psychiatrische und psychotherapeutische Verfahren werden sich in Zukunft nicht nur den Fragen von Effektivität und Wirtschaftlichkeit stellen müssen. Unter dem Maßstab der Kundenorientierung werden solche Methoden auf dem Markt erfolgreicher konkurrieren, die weniger eingreifend sind. Dies kann im Einzelfall mit anderen Kriterien wie der Symptomreduzierung, der Rückfallhäufigkeit oder der Behandlungsdauer kollidieren. Patienten bevorzugen – unabhängig von der Diagnose – psychotherapeutische gegenüber medikamentösen Interventionen, auch wenn zum Beispiel bei Psychosen eine Pharmakotherapie derzeit die niedrigeren Rückfallraten aufweist. Es gehört wenig Mut zu der Prognose, daß traditionelle stationäre Settings schlechtere Marktchancen haben als am Modell der „Soteria" orientierte Einrichtungen, in denen einem entspannten, reizgeschützten Milieu, kontinuierlicher mitmenschlicher Begleitung und enger Zusammenarbeit mit den Angehörigen der Vorzug vor einer primär medikamentös ausgerichteten Behandlung gegeben wird (Aebi, Ciompi & Hansen, 1993). Drogenpatienten wählen bevorzugt einen „weichen", also methadongestützten Entzug gegenüber einem restriktiveren, gegebenenfalls durch Medikamente unterstützten; die Drogeneinrichtungen werden sich, wollen sie nicht gegenüber den Konkurrenten zurückbleiben, nach diesen Bedürfnissen richten (Gößling, 1997). Flooding erzielt bei bestimmten Angststörungen die besten Ergebnisse; in der Praxis spielt dagegen die „weichere" gestufte Konfrontation eine viel größere Rolle (Mundt, 1997). Man mag in diesen Einzelbefunden erste Niederschläge dessen sehen, daß der psychiatrische und psychotherapeutische Markt Kundenwünsche mitberücksichtigen muß.

8. Eine ambivalente Bilanz der Kundenorientierung

Professionellen sollte zu denken geben, daß große Teile ihrer Patienten die Metamorphose zu Kunden attraktiv finden. Es ist Ausdruck einer Ungleichgewichtigkeit und eines Mangels, den die therapeutische Beziehung aus Sicht der Klienten enthält. Es ist natürlich auch Ausdruck einer konkreten historischen Verfaßtheit unserer Gesellschaft. Künzel-Schön (1996) macht darauf aufmerksam, wie sich die Bezeichnung der Empfänger psychosozialer Leistungen in den letzten Jahrzehnten verändert hat.

In den siebziger Jahren sei der Begriff der „Betroffenen" favorisiert worden als Ausdruck von benachteiligten und stigmatisierten Menschen, deren Lage gesellschaftlich verschuldet war. Ziel war eine Änderung dieser benachteiligenden sozialen Strukturen. Diese Sichtweise sei im folgenden Jahrzehnt abgelöst worden durch die Bezeichnung „Klienten" im Sinne ratsuchender Menschen, denen in ihrer Notlage von Experten zu helfen sei. Beim Übergang in die neunziger Jahre habe eine verstärkte Pathologisierung der Probleme mit entsprechender Therapeutisierung der sozialen Arbeit stattgefunden. Auf dem Hintergrund einer zunehmenden Ökonomisierung wohlfahrtsstaatlicher Leistungen setze sich nun der Kundenbegriff auch im sozialen Bereich durch.

Deutlich wird an diesem Beispiel, daß es nicht darum geht, den „richtigen" Begriff für die Menschen zu finden, die vor einem professionellen psychosozialen Helfer sitzen (oder liegen). Vielmehr bringt die Sprachregelung, die gerade en vogue ist, zum Ausdruck, welche Projektionsfläche für die therapeutische Beziehung gesellschaftlich dominiert oder besonders attraktiv ist. Dabei werden dann einzelne Aspekte hervorgehoben und andere ausgeblendet. Die sprachliche Konstruktion schlägt sich wiederum im Sinne eines Regelkreises auf die Selbstdefinition des therapeutischen Prozesses nieder.

Neue Konstrukte erweitern so den Bedeutungshorizont, in dem eine therapeutische Begegnung wahrgenommen und verstanden werden kann. Dies gilt auch für den als Kunden verstandenen Patienten:

- Der Patient wird nicht nur als hilflos und ohnmächtig gesehen, sondern auch als entscheidungsfähig und autonom. Ein solches Verständnis paßt gut zum Bemühen in Psychiatrie und Psychotherapie, stärker ressourcenorientiert vorzugehen.
- Der Patient wird nicht nur als Empfänger einer therapeutischen Wohltat gesehen, sondern als Kontrolleur einer von ihm bezahlten Dienstleistung.
- Der Patient wird nicht nur als ratlos Leidender gesehen, sondern auch als Fachmann im Hinblick auf seine eigenen Bedürfnisse und Behandlungsziele.
- Die Institution wird primär nicht unter dem Aspekt ihrer Funktionalität für die Mitarbeiter, sondern für die Patienten gesehen.

Für solche Vorteile der Nutzung des Kundenbegriffs im psychosozialen Bereich wird man sich andererseits Gefahren einhandeln. In der Wissenschaft wie im Leben haben wir immer wieder die Erfahrung machen müssen, daß Fortschritte ihren Preis haben. Eines der bekanntesten Beispiele aus der Psychiatriegeschichte ist die Aufnahme der Psychiatrie in den Bereich der Medizin im letzten Jahrhundert. Die Folgen waren ein

Aufschwung der Psychiatrie als Wissenschaft, die Trennung der psychisch Kranken von anderen Randgruppen wie Landstreichern oder Kriminellen und eine größere gesellschaftliche Anerkennung der Menschen, die in den nun entstehenden psychiatrischen Anstalten arbeiteten (Dörner, 1973). Aber man bezahlte diese Entwicklung erst einmal mit einer Explosion der Zahl hospitalisierter Menschen und vor allem auf lange Sicht mit einem Wissenschaftsverständnis, das ganz naturwissenschaftlich-biologisch ausgerichtet war und alles ausblendete, was nicht in dieses Raster paßte.

Die „Umwandlung" von Patienten in Kunden ist zunächst Ausdruck gesellschaftlicher und ökonomischer Prozesse. Ihre Folgen für die psychosoziale Arbeit sind zwiespältig. Patienten als Kunden zu begreifen, enthält einerseits eine emanzipatorische Chance. Sie liegt im gewachsenen Selbstbewußtsein besonders verletzbarer Menschen und ihrer gestiegenen Autonomie gegenüber den Anbietern psychosozialer Hilfen. Professionelle erfahren, daß sie nicht allein entscheiden können, was für die Patienten gut ist. Andererseits handelt man sich mit dem Kundenbegriff alle Gefahren ein, die damit verbunden sind, wenn man Gesundheit kaufmännisch, also als eine Ware wie jede andere behandelt. Auf dem Markt der Kunden ist der angesehen, der bezahlen kann. Alle anderen haben das Nachsehen; wer arm ist, ist als Kunde uninteressant. Nicht ohne Grund gibt es die Redensart vom armen Irren (Köhler, 1977). Die normale Psychiatrie war stets der Ort für die armen psychisch Gestörten. Die Reichen hatten andere Möglichkeiten.

Der Patient, der nur noch als Kunde gesehen wird, zahlt einen erheblichen Preis dafür, sich ganz den Gesetzen der ökonomischen Vernunft (Gorz, 1990) zu unterwerfen. Der Markt kennt keine Moral, sondern nur Tauschwerte. Wo Gesundheit zur Ware wie jede andere wird, liegt es in der Logik des Systems, daß Anbieter nichts so sehr fürchten müssen wie Gesundheit (dann verdienen sie nichts). Statt dessen wollen sie möglichst viele und möglichst teure Leistungen verkaufen. Dies konterkariert nicht nur Bemühungen zur Kostendämpfung. Wichtiger ist, daß in der Welt der ökonomischen Vernunft nur noch ein Denken in Kosten-Nutzen-Maßstäben vorstellbar ist. Demgegenüber fordert Gorz, daß die therapeutische Beziehung von der Verkaufsbeziehung abzutrennen sei. Ihr Motto müsse sein: „Ich bin da, um Ihnen zu helfen. Natürlich will ich auch meinen Lebensunterhalt verdienen. Doch das Geld macht es mir möglich, meinen Beruf auszuüben, nicht umgekehrt. Zwischen dem, was ich tue, und dem was ich verdiene, gibt es kein gemeinsames Maß" (1990, S. 205). Die Vision ist vielleicht nicht so unrealistisch, wie sie auf den ersten Blick erscheint, wenn man an das alte China denkt, in dem Ärzte ihr Einkommen erhielten, so lange ihre Patienten gesund blieben. Im Rahmen des Kundenparadigmas sind solche Überlegungen ebenso wenig vorstellbar wie jedes andere Handeln, das ökonomischen Kriterien widerspricht.

Hüten wir uns also vor zu viel Euphorie, wenn sich Patienten neuerdings in Kunden verwandeln! Die Sache hat ihre positiven Seiten. Aber in einer Gesellschaft, die vor lauter Standortpolitik die Sozialpolitik über Bord wirft, können arme Kunden schnell wieder zu armen Irren werden.

Literaturverzeichnis

Aebi, E., Ciompi, L. & Hansen, H. (Hrsg.). (1993). *Soteria im Gespräch. Über eine alternative Schizophreniebehandlung.* Bonn: Psychiatrie-Verlag.

Bartling, G., Echelmeyer, L., Engberding, M. & Krause, R. (1992). *Problemanalyse im therapeutischen Prozeß.* (3. Aufl.). Stuttgart: Kohlhammer.

Bitzer, E.M., Dörning, H. & Schwartz, F.W. (1997). Mittelfristiger Operationserfolg von meniskuschirurgischen Eingriffen. *Public Health Forum, 15,* 11.

Corrigan, P.W. (1990). Consumer satisfaction with institutional and community care. *Community Mental Health Journal, 26,* 151–165.

De Shazer, S. (1989). *Der Dreh.* Heidelberg: Auer.

Deppe, H.-U. (1987). *Krankheit ist ohne Politik nicht heilbar.* Frankfurt a. M.: Suhrkamp.

Dörner, K. (1973). Zur Entwicklung der Psychiatrie in der BRD. In M. Cramer & P. Gottwald (Hrsg.), *Verhaltenstherapie in der Diskussion* (S.43–50). München: Gesellschaft für Verhaltenstherapie.

Gößling, H.-W. (1997). Klinischer Drogenentzug im Schnittpunkt zwischen akzeptierenden und abstinenzorientierten Behandlungsstrategien. *Sozialpsychiatrische Informationen, 27, Heft 2,* 6–9.

Gorz, A. (1990). *Kritik der ökonomischen Vernunft.* (3. Aufl.). Berlin: Rotbuch.

Grawe, K., Donati, R. & Bernauer, F. (1994). *Psychotherapie im Wandel. Von der Konfession zur Profession.* Göttingen: Hogrefe Verlag für Psychologie.

Hermer, M. (1995). Über den Verlust der Gesellschaft in der Psychotherapie. In M. Hermer (Hrsg.), *Die Gesellschaft der Patienten* (S.15–47). Tübingen: DGVT-Verlag.

Huhn, W. (1996). Warum sich „Besucher" nicht behandeln lassen! *Zeitschrift für Allgemeinmedizin, 72,* 1270–1276.

Hutterer, R. (1996). Die Consumer Reports Studie: Längere Psychotherapien sind effektiver! *Psychotherapie Forum Supplement, 4,* 2–6.

Kanfer, F.H., Reinecker, H. & Schmelzer, D. (1996). *Selbstmanagement-Therapie. Ein Lehrbuch für die klinsche Praxis.* (2. Aufl.). Berlin: Springer.

Köhler, E. (1977). *Arme und Irre.* Berlin: Wagenbach.

König-Fuchs, C. (1991). *Therapeutischer Erfolg und Mißerfolg.* Frankfurt a. M.: Lang.

Künzel-Schön, M. (1996). Vom „Klienten" zum „Kunden"? *Theorie und Praxis der sozialen Arbeit, 47, Heft 11,* 6–14.

Leimkühler, A.M. & Müller, U. (1996). Patientenzufriedenheit – Artefakt oder soziale Tatsache? *Nervenarzt, 67,* 765–773.

Matakas, F. (1988). Psychoanalyse in der Anstalt. *Psyche, 42,* 132–158.

Miles-Paul, O. (1992). *„Wir sind nicht mehr aufzuhalten." Behinderte auf dem Weg zur Selbstbestimmung.* München: AG SPAK.

Mundt, C. (1997). Stellungnahme zu Urs Baumann: Wissenschaftliche Psychotherapie auf der Basis der wissenschaftlichen Psychologie. *Report Psychologie, 22,* 26–29.

Parin, P. (1992). *Der Widerspruch im Subjekt.* Hamburg: Europäische Verlagsanstalt.

Richard, S. (1994). Wettbewerb auf dem Markt für Arztleistungen? *Arbeit und Sozialpolitik, Heft 3–4,* 35–40.

Schulte, D. (1974). Der diagnostisch-therapeutische Prozeß in der Verhaltenstherapie. In D. Schulte (Hrsg.), *Diagnostik in der Verhaltenstherapie* (S. 60–73). München: Urban & Schwarzenberg.

Schwartz, F.W., Jakobi, U. & Klein-Lange, M. (1996). *Qualitätssicherung in einem stärker wettbewerblich orientierten Gesundheitswesen. Expertise im Auftrag des Ministeriums für Arbeit, Gesundheit und Soziales des Landes Nordrhein-Westfalen.* Hannover: Institut für Sozialmedizin, Epidemiologie und Gesundheitssystemforschung.

Seligman, M.E.P. (1995). The Effectiveness of Psychotherapy. The Consumer Reports Study. *American Psychologist, 50,* 965–974.

Spengler, A. (1994). Sofortige zwangsweise Unterbringungen in der Bundesrepublik Deutschland, 1991–1992: Erste Ergebnisse. *Psychiatrische Praxis, 21,* 118–120.

Spießl, H. & Klein, H.E. (1995). Psychiatrische Patienten beurteilen Institution und Personal. *Psycho, 21,* 613–619.

Urbaniok, F. & Beine, K. (1995). Qualitätssicherung am psychiatrischen Krankenhaus – Chancen und Gefahren. In M. Hermer, W. Pittrich, W. Spöhring & U. Trenckmann (Hrsg.), *Evaluation der psychiatrischen Versorgung in der Bundesrepublik* (S.105–116). Opladen: Leske & Budrich.

Vogel, R. (1996). Patientenbeteiligung stärken. *Soziale Psychiatrie, 20,* 4–6.

Wegscheider, K. (1992). Was ist ein therapeutischer Erfolg? *Zeitschrift für Allgemeinmedizin, 68,* 715–719.

Wilkening, H.J. (1978). Das Psychotherapeut-Patient-Verhältnis als berufliche Beziehung. In H. Keupp & M. Zaumseil (Hrsg.), *Die gesellschaftliche Organisierung psychischen Leidens* (S. 407–437). Frankfurt a. M.: Suhrkamp.

Wulff, E. (1971). Der Arzt und das Geld. *Das Argument, 13,* 955–970.

Zechert, C. (1996). Enthospitalisierung in Heime? *Soziale Psychiatrie, 20,* 24–30.

Dokumentationssysteme, Qualitätszirkel, Qualitätsmanagement –
Neue Machtinstrumente für alte Spiele oder neue Werkzeuge zur Steigerung der therapeutischen Qualität?

Ralf Adam

Inhalt:

1. Einleitung 768
2. Computerunterstützte Dokumentationssysteme und die neue Herausforderung an die Psychotherapie 769
   2.1 Von der Krankenakte zum computerunterstützten Dokumentationssystem 769
   2.2 Folgen einer unzureichenden Dokumentation der psychotherapeutischen Behandlung 770
   2.3 Die Ziele und ihre Hindernisse bei der Einführung eines computerunterstützten Dokumentationssystems 771
   2.4 Praktische Anregungen für die Gestaltung eines Dokumentationssystems 772
3. Zwischen Kontrolle und Unterstützung – Rahmenbedingungen effektiven Qualitätsmanagements in der stationären Psychiatrie . 773
   3.1 Externe und interne Qualitätskontrolle 773
   3.2 Der Informationsfluß in einem Qualitätsmanagement 774
   3.3 Der Qualitätszirkel 775
4. Die Planungszelle: ein neuer Baustein im Qualitätsmanagement . 777
   4.1 Eigeninteressen: eine bedeutsame Einflußgröße in Managementsystemen 777
   4.2 Der Ablauf einer Planungszelle 778
   4.3 Die Vorteile des Einsatzes einer Planungszelle im Rahmen des Qualitätsmanagements 780
5. Zusammenfassung 782

1. Einführung

Im Gesundheitswesen waren vor einigen Jahren Qualitätssicherung und Qualitätsmanagement noch befremdliche Schlagwörter. Langsam werden die Begriffe von den Gesundheitsinstitutionen, Gesetzgebern und Kostenträgern immer deutlicher mit Inhalten ausgefüllt. Es geht nicht mehr um die Frage, ob es sinnvoll ist, ein Qualitätsmanagement einzuführen; die Frage, die heute gestellt wird, lautet: Wie kann so ein Qualitätsmanagement umgesetzt werden? In der konkreten Umsetzung zeigen sich vielerlei Probleme, auf die im folgenden Beitrag näher eingegangen werden soll.

Die dargestellten Probleme stellen sensible Bereiche dar, in denen die Weichen gestellt werden, ob ein Qualitätsmanagement zu einer wirklichen Qualitätsverbesserung beiträgt oder nur ein Alibi für Kosteneinsparung und Kontrollzwänge darstellt. Die Machtstrukturen in Institutionen neigen dazu, neue Organisationsformen zu vereinnahmen, in dem Sinne, daß sie zur Legitimation der eigenen Macht benutzt werden (vgl. Urbaniok & Beine, 1995). Besonders brisant wird dieses soziologische Phänomen, wenn die neuen Organisationsformen von außen vorgeschrieben werden, wie es im Gesundheitswesen durch die Gesundheitsreform mit der gesetzlichen Verpflichtung zur Qualitätssicherung der Fall ist. Die Anfälligkeit der neuen Organisationsform „Qualitätsmanagement" für eine Okkupierung durch vorherrschende institutionelle Strukturen ist recht hoch.

Es wird eine großer Aufwand betrieben, Qualitätsmanagements in den Kliniken einzuführen, und es gibt viele Hoffnungen und Befürchtungen. Positiv gesehen kann die Umsetzung des Qualitätsmanagements zu einer förderlichen Entwicklung für Patienten und Mitarbeiter der Kliniken beitragen. Damit sich diese Hoffnungen erfüllen können, müssen jedoch erhöhte Sensibilität und Achtsamkeit vorhanden sein, um die Gefahren einer Fehlentwicklung rechtzeitig zu erkennen. In diesem Artikel soll versucht werden, einige dieser Gefahren aufzuzeigen und mögliche Alternativen vorstellen.

Für die Einführung eines Qualitätsmanagements müssen sich zwei Entwicklungen ergänzen. Zum einem ist dies die Austattung der einzelnen Arbeitsplätze in einer Klinik mit PCs, die untereinander vernetzt sind. Ein Beispiel dafür sind die Zentren für Psychiatrie in Baden-Württemberg, in denen seit 1985 das Projekt „EDV 2000" im Auftrag des Sozialministeriums durchgeführt wurde mit dem Ziel, alle Zentren für Psychiatrie mit PC-Netzwerken auszustatten. Die andere Entwicklung ist die zunehmende Diskussion um Qualität bzw. Behandlungsstandards und der stärker werdende Druck der Kostenträger, die mehr Transparenz von Leistungsangeboten in den Kliniken erwarten. Diese Forderungen münden in die Einführung eines Qualitätsmanagement-Systems. Die Parallelität der genannten Entwicklungen kommt nicht von ungefähr: Ein gut umgesetztes Qualitätsmanagement ist darauf angewiesen, deutliche und transparente Rückmeldungen über erbrachte Behandlungsleistungen und Daten der Patientenversorgung zu erhalten. Diese vielschichtige und komplexe Datenmenge ist nur mit Hilfe entsprechender computerunterstützter Dokumentationssysteme erstellbar. Dazu ist ein gut ausgebautes PC-Netz wiederum Voraussetzung.

Im ersten Teil dieses Beitrags wird der Fokus auf das computerunterstützte Dokumentationssystem gelenkt. Es ist ein wichtiger Baustein innerhalb des Qualitätsmanagements und wird mit Blick auf kritische Entwicklungen reflektiert.

Der zweite Teil beschäftigt sich mit der organisatorischen Umgebung des Qualitätsmanagements. Es werden mögliche Gefahren angesprochen, die dazu führen können, daß sich das Qualitätsmanagement in ein übermächtiges Kontrollinstrument verwandelt.

Im dritten Teil wird ein weiteres Organisationsmodell vorgestellt, welches sich sehr gut mit den Zielen eines Qualitätsmanagements ergänzt und die Möglichkeiten erweitert, die Qualitätsdiskussion am Patienten zu orientieren.

2. Computerunterstützte Dokumentationssysteme und die neue Herausforderung an die Psychotherapie

2.1 Von der Krankenakte zum computerunterstützten Dokumentationssystem

Seit vielen Jahren werden unterschiedliche Dokumentationssysteme entwickelt, um die Behandlung in der Psychiatrie in den verschiedensten Bereiche abzubilden (z.B. Cording, 1995). Das klassische Dokumentationssystem ist die Krankenakte. Ein großer Nachteil ist, daß es Berge von Krankenakten in den Archiven gibt – das Erfahrungswissen, welches sich in ihnen verbirgt, bleibt jedoch ungenutzt. Es ist nicht mehr transparent abrufbar und kann nur für einzelne Projekte und Fragestellungen in mühsamer Kleinarbeit wieder verfügbar gemacht werden. Dies wäre mit einem computerunterstützten Dokumentationssystem kein Problem mehr. In sehr kurzen Zeiträumen könnte das dokumentierte Erfahrungswissen zur Verfügung gestellt und für den aktuellen Entscheidungsbedarf einer Behandlung herangezogen werden. Dies wird durch eine statistische Auswertung der Daten realisiert. Diese ist eines der zentralen Anliegen eines computerunterstützten Dokumentationssystems.

Der Unterschied zwischen der klassischen Krankenakte und dem computerunterstützten Dokumentationssystem besteht in der Möglichkeit einer Kodierung der zu dokumentierenden Informationen. Für eine statistische Auswertung ist die Kodierung eine wesentliche Voraussetzung. Mit der Einführung eines computerunterstütztes Dokumentationssystem ist nicht notwendigerweise eine Kodierung der Daten verbunden. Die Software „MediCare" z. B. stellt dem Benutzer frei, ob er die Daten im Freitext oder in kodierten Form dokumentieren will.

Im Bereich der Psychotherapie stößt bereits das klassische Dokumentationssystem an seine Grenzen. Vielfach herrscht noch die Meinung vor, daß Psychotherapie nicht adäquat abgebildet werden könne. Dies wird damit begründet, daß die einzelnen Therapieschulen verschiedene Begriffswelten hätten und daß in der Psychotherapieforschung keine einheitlichen Ergebnisse hinsichtlich der Frage, was relevante Therapievariablen seien, vorliegen würden. Jedoch gibt es immer wieder diesbezüglich vielversprechende Versuche, wie die populäre Untersuchung von Grawe, Donati und Bernauer (1994) oder weniger bekannte Versuche, wie etwa der von Sponsel (1995). Am verbreitetsten sind jedoch die Lösungen, die den Behandlungverlauf entweder in erzählerischer Form in der Krankengeschichte dokumentieren oder ihn bei Kassenanträgen nach schulspezifischen Mustern darstellen.

Durch die Einführung computerunterstützter Dokumentationssysteme verschärft sich das Problem der Dokumentation von Psychotherapie um eine neue Dimension. Die dabei erforderliche digitale Abbildung von Psychotherapie fordert eine präzise Formulierung des Geschehens in der Therapie. Daraus resultiert u.a. die wichtige Frage, welche Informationen innerhalb einer psychotherapeutischen Behandlung kodiert werden sollen. Oft genug wird dieser Frage ausgewichen, indem nur sehr wenige, inhaltlich oberflächliche Items erfaßt werden, wofür unterschiedliche Motive vorliegen können: von der bereits erwähnten Schwierigkeit, die richtigen Items zu finden, über eine Schutzhaltung vor zu starker Kontrolle bis hin zur Abwertung des Stellenwertes der psychotherapeutischen Behandlung in der Psychiatrie. Dieses Verhalten hat fatale Folgen, wenn es weiterhin gepflegt wird.

Die Kodierung nimmt eine Schlüsselstellung im Qualitätsmanagement ein. Sie ist die Basis und Ausgangslage für den gesamten Datengewinnungsprozeß, und das bedeutet, daß auch nichts ausgewertet werden kann, was nicht kodiert ist!

2.2 Folgen einer unzureichenden Dokumentation der psychotherapeutischen Behandlung

In der Analyse mehrerer Dokumentationssysteme aus dem psychosomatischen und psychiatrischen Bereich wurde deutlich, daß die Bereiche „Psychotherapie" und „klinisch psychologische Merkmale" im Vergleich zu anderen Bereichen (z.B. Pharmakotherapie oder somatischer Behandlung) unterrepräsentiert sind. Ein Grund dafür mag sein, daß sich somatische Untersuchungen und Behandlungen leichter operationalisieren lassen als psychotherapeutische Interventionen und psychosoziale Behandlungsergebnisse.

Aus der geringen Repräsentanz der psychotherapeutischen und klinisch psychologischen Leistungsmerkmale können sich mehrere problematische Entwicklungen ergeben. Es entsteht die Gefahr – vor allem bei nicht therapeutischen Berufsgruppen –, daß aus der geringen Repräsentanz auf eine geringe Wichtigkeit geschlossen wird, anstatt sie als Operationalisierungsproblem zu interpretieren. Für die Verwaltung erscheint Psychotherapie dann nur als ein schmaler Leistungsposten, der bei der Kostenplanung eine entsprechend geringe Aufmerksamkeit bekommen wird. Dieses Mißverständnis kann möglicherweise bis zu einer Negierung bzw. Marginalisierung des psychotherapeutischen bzw. klinisch psychologischen Leistungsangebot führen.

Ein weiterer Nachteil besteht darin, daß die schmale Datenbasis nicht ausreicht, um Fragestellungen zu beantworten, die für den Therapeuten vor Ort von praktischem Interesse wären. Bei der Einführung der Basisdokumentation in den psychiatrischen Kliniken in Baden-Württemberg gab es neben dem Problem einer unzureichenden Software ein großes Motivationsproblem bei den Mitarbeitern (Cording, 1995), deren Bereitschaft zur Dokumentation sehr gering ausgeprägt war, da kein praktischer Nutzen für ihre Arbeit erkennbar war.

2.3 Die Ziele und ihre Hindernisse bei der Einführung eines computerunterstützten Dokumentationssystems

Eine wichtige Anforderung an ein computerunterstütztes Dokumentationssystem der Zukunft sollte sein, Daten zu liefern, auf deren Grundlage die Qualität der Behandlung erkennbar wird. Dazu ist es notwendig, daß die statistische Aufbereitung der Daten Ergebnisse liefert, die für den Therapeuten wichtige Rückschlüsse über seine Arbeit ermöglicht. Die statistische Rückmeldung über die eigene Arbeit eröffnet eine Vielzahl von Möglichkeiten, die bis heute noch nicht ausgelotet sind, da diese Entwicklung erst noch am Anfang steht. Einige Fragestellungen sollen an dieser Stelle beispielhaft genannt werden (vgl. dazu auch die Beiträge von Kordy & Hannöver sowie von Nübling & Schmidt, in diesem Band):

- Wie lang ist die durchschnittliche Behandlungsdauer, und von welchen Variablen wird sie beeinflußt?
- Führt die Einführung einer neue Therapiemethode zu Veränderungen im Behandlungsverlauf und in den Behandlungsergebnissen?
- Verläuft die aktuelle Behandlung im Rahmen des Erwartungsbereichs oder liegt ein atypischer Verlauf vor?
- Gibt es Unterschiede zwischen den Behandlungsverläufen verschiedener Therapeuten oder Institutionen?

Trotz der vielen Vorteile können sehr schnell Hindernisse bei der Einführung von Dokumentationssystemen aufgebaut werden. Wenn bestehende Dokumentationssysteme übernommen werden müssen, wird nicht nur der Widerstand der beteiligten Mitarbeiter gefördert, sondern auch bisherigen organisationspsychologischen Erkenntnissen zuwider gehandelt.

Zur Erhöhung der Akzeptanz und der Identifikation mit den Zielen des Qualitätsmanagements ist ein hoher Grad von Selbständigkeit beim Entwickeln des Monitorings eine wichtige Voraussetzung. Dem steht allerdings die Erfahrung gegenüber, daß es dem psychotherapeutisch Tätigen, der plötzlich mit der Frage der Dokumentation seiner Arbeit konfrontiert wird, schwer fällt, komplexe und sinnvolle Items zu formulieren. Die Frage nach sinnvollen Operationalisierungen wird zu einer Sisyphusarbeit, wenn man die Literatur zur Psychotherapieforschung zu eruieren beginnt (Grawe et al., 1994).

An dieser Stelle kann sich durch ein Mißverständnis ein weiteres Hindernis einstellen, beruhend auf der Annahme, daß Daten auf wissenschaftlichem Niveau produziert werden müßten. Qualitätsmanagement sollte aber nicht als wissenschaftliche Forschung verstanden werden. Im Krankenhaus-Alltag ist es nicht möglich, ständig Kontrollgruppen und Zufallsstichproben zu schaffen (Hermer, 1995). Eine Teilaufgabe des Qualitätsmanagements besteht in der Rückmeldung über die geleistete Arbeit und ihre Auswirkungen.

2.4 Praktische Anregungen für die Gestaltung eines Dokumentationssystems

Im folgenden werden einige pragmatische Vorschläge gemacht, die eine Anregung für inhaltliche Konzepte eines Dokumentationssystems darstellen könnten. Die vorgestellten Beispiele stammen aus der forensischen Psychiatrie. Um eine halbwegs ausreichende Datenbasis zu haben, müssen auf der Itemebene drei Inhaltsbereiche repräsentiert sein: die Interventionen, sowie ihre quantitative und ihre qualitative Erfassung.

Für die Dokumentation der Interventionen besteht eine Lösung in der Auflistung aller bekannten Therapiemethoden und Einzelverfahren. Hier ergeben sich eine Fülle von Items, in denen sich die meisten Therapeuten mit ihrer Arbeit wiederfinden können. Es ist wichtig anzumerken, daß es nicht um Ausgrenzung („Schulenstreit") geht, sondern darum, Transparenz in dem differenzierten Angebot an psychotherapeutischen Interventionen und klinisch psychologischen Leistungen zu schaffen.

Die quantitative Erfassung der psychotherapeutischen Interventionen ist relativ einfach umzusetzen: zum Beispiel die Minutenzahl in einer Woche, die an therapeutischen Interventionen durchgeführt wurde, oder die Stundenzahl im Monat bei langen Aufenthaltszeiten, wie sie beispielsweise in der forensischen Psychiatrie mit durchschnittlich vier Jahren vorkommt. Zusätzlich kann die Anzahl der therapeutischen Kontakte erfaßt werden. Die Zahlen geben einen Überblick über die Dichte der therapeutischen Interventionen, die ein Patient oder eine Patientengruppe während seines/ihres Aufenthaltes erhalten hat. Die Schwankungen der Dichte können sehr informativ sein.

Die qualitative Erfassung einer psychotherapeutischen Behandlung ist wohl der sensibelste und subtilste und damit am schwersten zu erfassende Bereich. Eine direkte Beurteilung der Qualität, in der nur die „Resultate" – also die Ergebnisqualität – erfaßt werden, ist nicht ausreichend. Ergänzend sollte eine Verlaufsdokumentation hinzugefügt werden, in der kontinuierlich Daten der psychotherapeutischen Behandlung dokumentiert werden. Damit wird die Basis für die Erfassung der Prozeßqualität gelegt.

Die Daten können in zwei Inhaltsbereiche unterteilt werden: Der erste Bereich betrifft die Verhaltensdaten, die den stationären Aufenthalt betreffen, z.B. Zwischenfälle (Alkoholisierungen, Konflikte, Gewalt), Ausgangslockerungen, Verlegungen, Arbeitstherapien usw. Der zweite Bereich betrifft die psychischen Merkmale. Diese können am praktischsten mittels der etablierten psychologischen Testdiagnostik erhoben werden, wobei es nützlich ist, ein testdiagnostische Standardbatterie einzuführen. Damit können Veränderungen der psychischen Merkamle recht genau erfaßt werden. Es gibt eine Reihe von Empfehlungen, welche testdiagnostischen Verfahren sich besonders eignen (vgl. z.B. Fydrich, Laireiter, Saile & Engberding, 1996).

Die Daten zu Therapiemethoden und ihren zeitlichen Einsatz und zu Ausprägungen auf Persönlichkeitsskalen und Leistungsmaßen sowie Verhaltensdaten aus dem stationären Bereich ergeben ein gutes Datenraster, mit dem komplexe und praxisrelevante Fragestellungen beantwortet werden können.

Neben dem statistischen Überblick ist die Einzelfalldarstellung in graphischer Form sehr nützlich. Voraussetzung dafür ist, daß das Dokumentationssystem ein Modul für die Verlaufsdokumentation beinhaltet (was nicht selbstverständlich ist). Die Erfahrungen der forensischen Abteilung im Zentrum für Psychiatrie Bad Schussenried zeigen, daß eine graphische Darstellung des Behandlungsverlaufs, der z.B. Ausgangsstufen und Krisen beinhaltet, gekoppelt mit den Werten der Testdiagnostik, einen einfachen und schnellen Überblick erlaubt (vgl. auch Kordy & Hannöver, in diesem Band). Vor allem bei Teambesprechungen und Therapieplanungen ist dies eine gute Unterstützung für Diskussionen und Entscheidungsfindungen. Gleichzeitig steigt durch diese praktische Anwendung die Akzeptanz des computerunterstützten Dokumentationssystems. Ähnliche Erfahrungen wurden mit den sogenannten „Figurationen" – Graphiken zur Veranschaulichung von Therapieverläufen – gemacht (Grawe & Braun, 1994; vgl. auch Braun, in diesem Band).

3. Zwischen Kontrolle und Unterstützung – Rahmenbedingungen effektiven Qualitätsmanagements in der stationären Psychiatrie

Das computerunterstützte Dokumentationssystem liefert wesentliche Informationen, auf die sich die Entscheidungen in einem Qualitätsmanagement stützen können. Ob ein Dokumentationssystem zur Qualitätssteigerung beiträgt, ist neben einer differenzierten Datenbasis von den organisatorischen Rahmenbedingungen, in die es eingebettet ist, abhängig.

3.1 Externe und interne Qualitätskontrolle

Qualitätssicherung war in ihren Anfängen schwerpunktmäßig auf externe Kontrolle ausgerichtet. Bereits in den sechziger Jahren wurde in den USA damit begonnen, Qualitätssicherung auf Krankanhäuser zu übertragen. In der Anfangsphase wurde der Schwerpunkt noch auf die Realisierung einer externen Kontrolle gelegt. In der westlichen Industrie wurde das Qualitätsmanagement unter dem Begriff des „Total Quality Managment" (TQM) eingeführt. Ein wichtiges Kennzeichen besteht darin, daß der Schwerpunkt nicht mehr auf eine externe Qualitätskontrolle bzw. Endproduktkontrolle gelegt wird, sondern daß die Qualitätssicherung in der Selbstverantwortung der Mitarbeiter liegt und durch ein Qualitätsmanagment entsprechend kanalisiert werden kann.

Ab 1986 wurde das Konzept des TQM mit Schwerpunkt auf die interne Qualitätskontrolle auch in Krankenhäuser in den USA eingeführt (Zink, 1995). In der Industrie wurden in der Normreihe ISO 9000 – 9004 internationale Standards eines Qualitätsmanagments formuliert. Das Modell beinhaltet nicht mehr den Versuch, das Endprodukt zu kontrollieren; vielmehr wird das Qualitätsmanagement-System selbst überprüft, indem die einzelnen organisatorischen Bausteine, aus denen sich das Qualitätsmanagement nach ISO 9000 zusammensetzt, geprüft werden. Die vorliegenden Erfahrungen aus den USA und die Definitionen der ISO Normierung werden im deutschen Gesundheitssystem nur begrenzt berücksichtigt. In Deutschland wird im Gesundheitswesen von den Kostenträgern unter anderem eine „strengere" Form des Qualitätsmanagements diskutiert, welches neben den organisatorischen Elementen des ISO 9000 den

Schwerpunkt auf eine externe Qualitätssicherung seitens der Kostenträger vorsieht. Die dafür notwendigen Daten verbleiben somit nicht innerhalb des betriebseigenen Qualitätsmanagements, sondern werden von den Kostenträgern in Form von Qualitätsberichten angefordert. Bei den verschiedenen Ausformungen von Qualitätsmanagementsystemen sollte der Grundgedanke einer Förderung des Qualitätsbewußtseins im Sinne einer selbständigen Qualitätsverbesserung nicht aus den Augen verloren werden.

3.2 Der Informationsfluß in einem Qualitätsmanagement

Es gibt im Gesundheitswesen viele unterschiedliche Interessengruppen, die die Daten, die ein Dokumentationssystem liefert, für ihre spezifischen Ziele gebrauchen können (vgl. Schmidt & Nübling, in diesem Band): Kostenträger, Verwaltung, Personalabteilung, Klinikleitung, Chefärzte, Therapeuten, Stationsleitungen und der Patient selbst. Die Interessen mögen divergierend bis widersprüchlich sein. An dieser Stelle entsteht ein Regelungsbedarf, der durch zwei zentrale Fragen bestimmt wird, die den Informationsfluß in einem Qualitätsmanagement betreffen:

1. Wer bestimmt, was ausgewertet wird?
2. Wer bekommt die Ergebnisse?

Die Antworten auf diese beiden Fragen entscheiden darüber, ob der Einsatz eines Dokumentationssystems zu einer verschärften Kontrolle führt, oder ob sich daraus eine förderliche kollegiale Reflexion entwickelt. Um zu vermeiden, daß das Qualitätsmanagement zu einem totalen Kontrollsystem wird, ist eine klare Regelung zu treffen, welche Ergebnisse an die Verwaltung, welche an die Personalabteilung und welche an das medizinische Personal (Pflegekräfte, Therapeuten u.a.) gehen. Würden z.B. therapeutenbezogene Auswertungsergebnisse in die Personalabteilung gelangen, könnten diese Daten eine wichtige Grundlage für entsprechende Personalentscheidungen darstellen.

Da die Frage, an wen die Informationen gehen, ein sehr kritischer Punkt in der Konzeption eines Qualitätsmangement-Systems ist, soll an einem Beispiel die Problematik erläutert werden: Mit dem computerunterstützten Dokumentationssystem kann die durchschnittliche Aufenthaltsdauer der Patienten eines behandelnden Therapeuten ermittelt werden. Eine – im Vergleich mit anderen Therapeuten – längere Aufenthaltsdauer kann von der Personalabteilung leicht als ineffektives Arbeiten des betreffenden Therapeuten interpretiert werden. Wenn diese Zahlen nur im Qualitätszirkel der betroffenen Therapeuten diskutiert werden, könnte z.B. deutlich werden, daß der entsprechende Therapeut aufgrund seiner großen Erfahrung immer die schwierigsten Patienten übernimmt.

Wenn keine Sicherheit darüber existiert, wie mit den Informationen umgegangen wird, entwickelt sich sehr schnell die Angst vor einem übermäßigen Kontrolldruck. Der hohe Kontrolldruck würde bei den Daten nur zu einem höheren Grad an Verfälschung führen. Überdies würde ein kollegialer fachlicher Austausch über die Daten unter der Kontrollsituation zu einer Farce verkümmern, und ein wichtiger Bestandteil des Qualitätsmanagement-Systems wäre damit zerstört. Deshalb sollte sehr genau geregelt werden, welche Daten an die Verwaltung gehen und welche für das therapeutische Personal zur fachlichen Reflexion bereitgestellt werden.

Der Kontrolldruck ensteht nicht nur seitens der Verwaltung, sondern kann auch unter den Kollegen im Sinne von Konkurrenz entstehen bzw. im Verhältnis Vorgesetzter-Untergebener eine übergroße Rolle spielen. Die Organisationskultur auf einer Station bzw. in einer Klinik ist eine entscheidende Einflußgröße bei der Frage, ob die gewonnenen Daten zu einer fruchtbaren Diskussion führen.

3.3 Der Qualitätszirkel

Es gibt eine ganze Reihe von organisatorischen Maßnahmen, um eine Organisationskultur zu beeinflussen. An dieser Stelle soll aber nur ein Element diskutiert werden, das in direktem Zusammenhang mit dem Qualitätsmanagement steht: der Qualitätszirkel. Qualitätszirkel sind das Forum, in dem die gewonnen Daten diskutiert und interpretiert werden (vgl. Gierschner & Piwernetz, in diesem Band). Ziel eines Qualitätszirkels sind Verbesserungsmaßnahmen, die aus der fachlichen Reflexion hervorgehen.

Im Klinikbereich bestehen bereits Arbeitstreffen zwischen dem medizinischen Personal – sogenannte Teambesprechungen oder Therapeutenkonferenzen usw. –, die aber nicht mit Qualitätszirkeln verwechselt werden dürfen. Der Qualitätszirkel zeichnet sich durch spezifische Merkmale aus, die in den oben genannten Arbeitstreffen meist nicht vorhanden sind.

In der Industrie steht ein reiches Erfahrungspotential über die Einrichtung und Arbeitseffektivität von Qualitätszirkeln zur Verfügung (vgl. Zink, 1995). Auch wenn einer Übertragbarkeit aus der Industrie auf das Gesundheitssystem Grenzen gesetzt sind, lohnt es sich, einige Erfahrungen näher zu betrachten. Zunächst werden kurz die Merkmale eines Qualitätszirkels in Anlehnung an Zink (1995) angeführt:

1. freiwillige und auf Dauer angelegte Mitarbeit,
2. in der Regel 7 bis 10 Teilnehmer eines Arbeitsbereiches,
3. regelmäßige Sitzungen (z.B. 14-tägig) mit einer Dauer von ca. einer Stunde während der Arbeitszeit,
4. Leitung durch einen entsprechend ausgebildeten Moderator,
5. strukturiertes Vorgehen unter Anwendung verschiedener Problemanalysen und Lösungstechniken,
6. Lösungen von (Qualitäts-) Problemen des eigenen Arbeitsbereiches (ggf. können Fachexperten als Gäste eingeladen werden),
7. selbständige Themenwahl durch die Gruppe (Vorschläge können auch vom Vorgesetzten oder von Vertretern anderer Bereiche eingebracht werden),
8. ganzheitliche Problembearbeitung und Beteiligung an der Lösungsumsetzung,
9. Beteiligung am Rationalisierungsgewinn.

Die oben dargestellten Merkmale sind nicht feststehend, sondern abhängig von den Zielen eines Qualitätszirkels. Hier kann z. B. unterschieden werden zwischen problemorientierten oder aufgabenfeld-bezogenen Zielen. Bei einem problemorientierten Qualitätszirkel ist die Dauer seines Bestehenes befristet; er trifft solange zusammen, bis das Problem zufriedenstellend gelöst wurde. Im Gegensatz dazu wird ein aufgabefeld-bezogener Qualitätszirkel langfristig eingerichtet.

Für die Effektivität eines Qualitätszirkels sind u.a. drei Punkte wichtig: Der bereits oben erwähnte Punkt 4., demzufolge der Qualitätszirkel von einem ausgebildeten Moderator geleitet werden sollte, ist sehr wesentlich. Der Moderator soll die anderen Mitarbeiter durch Struktuierung zu einem zielorientierten Arbeiten hinführen und die Motivation steigern. Die Schulung der Mitarbeiter ist einer der kostenintensivste Punkte bei der Einführung des Qualitätsmanagements (Zink, Schubert & Fuchs, 1994). Es besteht die Gefahr, daß gerade an dieser Stelle Einsparungen vorgenommen werden. Der zweite Punkt zur Effektivitätssteigerung betrifft eine Erfahrung aus der Industrie, die auch auf das Gesundheitssystem übertragen werden kann: der positive Einfluß von „People Empowerment". Darunter kann der Grad von Eigenverantwortlichkeit und Selbständigkeit der Mitarbeiter eines Qualitätszirkels verstanden werden (Zink, 1995) Die Eigenverantwortlichkeit in einem Qualitätszirkel kann nach Lawler (1988) durch die Einführung von Vorschlags-, Beteiligungs- und Entscheidungsrechten gesteigert werden. Aus Untersuchungen in der Industrie wurde deutlich, daß die Motivation der Qualitätszirkel-Teilnehmer umso geringer ist, je eingeschränkter die Autonomie des Qualitätszirkels ist. Das war auch ein Grund für das Scheitern von vielen Qualitätszirkeln in der Industrie (Ackermann, 1989). Die Teilnehmer eines Qualitätszirkels brauchen eine angemessene Entscheidungskompetenz, so daß sie auch einen Sinn in der Qualitätszirkel-Arbeit sehen können.

Der dritte Punkt besteht darin, darauf zu achten, daß alle Berufsgruppen (Psychologen, Ärzte, Pflegepersonal, Sozialarbeiter usw.) im Qualitätszirkel vertreten sind. Vor allem wäre wünschenswert, daß sich alle Berufsgruppen, die in relevantem Ausmaß an einem Arbeitszusammenhang beteiligt sind, in einem Qualitätszirkel zusammenfinden. Dadurch wird gewährleistet, daß alle Aspekte eines Arbeitsvorganges oder Problems umfassend erfaßt werden und ein großes Potential an Fachkompetenz im Qualitätszirkel vertreten ist. Die Kommunikation und Führungsleitlinien müssen einen kooperativen, vertrauensvollen und kreativen Arbeitsstil fördern, was nicht immer eine Selbstverständlichkeit im Hierarchiegefüge einer Klinik ist. Bei der Einrichtung eines Qualitätsmanagements sollte ein entsprechendes Organisationsklima vorhanden sein bzw. geschaffen werden, da anderenfalls der Aspekt der Kontrolle überwiegt und das kreative Potential der Mitarbeiter gelähmt wird. Gerade das kreative Potential der Mitarbeiter und ihre Motivation zu einer qualitativ hochstehenden Behandlung sind Grundvoraussetzungen für eine Qualitätssteigerung (Spöhring, 1995).

Inwieweit die Erfahrungen aus der Industrie auf das Gesundheitswesen übertragbar sind, bleibt zu überprüfen. In dem großangelegten Forschungsprojekt „Forschungsgruppe Qualitätssicherung Süd-Baden" der Abteilung für Psychiatrie und Psychotherapie der Universitätsklinik Freiburg unter Leitung von Dr.Dr. Martin Härter wird bei niedergelassenen Ärzten in Südbaden untersucht, wie Qualitätszirkel-Arbeit effektiv gestaltet werden kann (vgl. Härter & Berger, 1995; Vauth, 1995).

Ein gute Orientierung bei der Einführung von Qualitätsmanagement-Instrumenten wie Qualitätszirkeln und Dokumentationssytemen bieten die „14 Thesen zum Problem und zu den Perspektiven der Qualitätssicherung" im Bereich der Psychotherapie von Schmidt und Nübling (1994).

4. Die Planungszelle: ein neuer Baustein im Qualitätsmanagement

4.1 Eigeninteressen: eine bedeutsame Einflußgröße in Managementsystemen

Das Qualitätsmanagement hat das Ziel, die Aktivitäten einer Institution zu einer Qualitätssteigerung und Kundenorientierung hinzuführen. Neben den bisher besprochenen Einflußgrößen, die ein Qualiäsmanagement in seiner Effektivität beeinträchtigen können, stellen die Eigeninteressen der beteiligten Personen einen weiteren einschränkenden Faktor dar. Der Einfluß der Eigeninteressen soll erläutert und eine Möglichkeit der Korrektur in Form der Planungszelle vorgestellt werden.

Unter dem Begriff „Eigeninteressen" sind Einflußgrößen zusammengefaßt, die sich in allen Formen von Management-Systemen, auch in Qualitätszirkeln, wiederfinden lassen. Unter Eigeninteressen werden z.B. Karriere-Interessen, Konflikte mit Kollegen, berufspolitische Interessen, Konkurrenzsituationen usw. verstanden.

Abbildung 1: Der Einfluß von Eigeninteressen in einem Qualitätszirkel

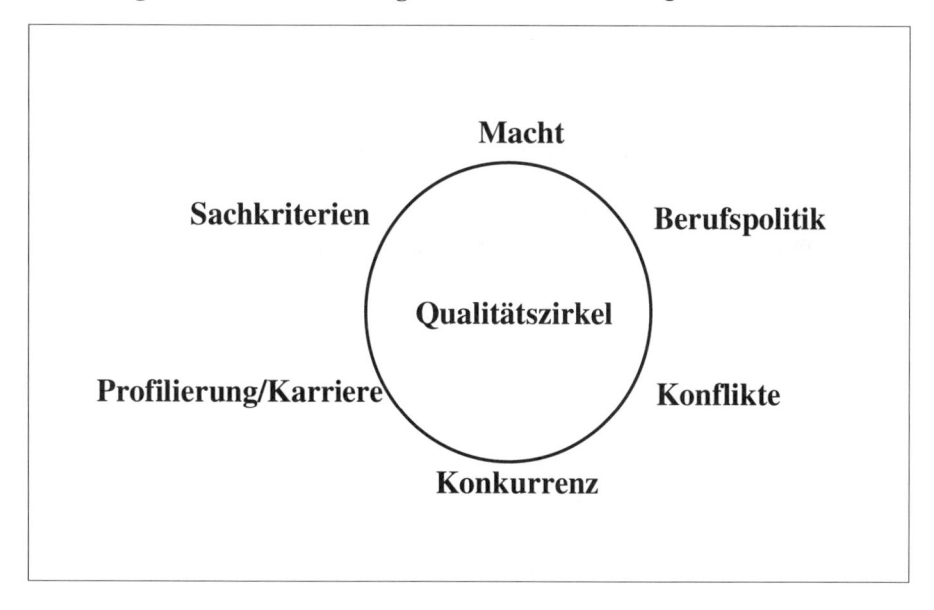

All diese Interessen und Motive beinflussen die sachbezogene Diskussion erheblich. Die sachlichen Anteile nehmen oft nur einen geringen Platz neben den Eigeninteressen ein. Die meisten Menschen setzen sich zunächst für ihre eigenen Interessen ein. Dies ist keine moralische Wertung, sondern eine realistische Einschätzung. Die Tatsache des Vorhandenseins ausgeprägter Eigeninteressen wird in den meisten Organisationsstrukturen nicht berücksichtigt, was zu großen Reibungs- und Qualitätsverlusten führen kann.

Diskussionen über Behandlungsstandards in einem Qualitätszirkel können durch das Verfolgen von Eigeninteressen der Beteiligten derart überfrachtet werden, daß das Ziel einer Qualitätssteigerung nur noch eingeschränkt erreicht werden kann. Brisant wird dies bei der Festlegung von Behandlungsstandards auf Bundes- oder Landesebene, z.B. durch die Deutsche Gesellschaft für Psychiatrie, Psychotherapie und Nervenheilkunde (DGPPN). Es sind unweigerlich Eigeninteressen, wie z.B. berufspolitische Interessen, in der Diskussion enthalten. Ein weiteres Beispiel bezieht sich auf das Versorgungsangebot der psychotherapeutischer Behandlung in Deutschland. Seit Jahrzehnten ist ein Psychotherapiegesetz in Diskussion. Durch berufspolitische und parteipolitische Interessen kam es bisher zu keiner Verabschiedung des Gesetzes (Wollschläger, 1996).

In der Psychiatrie wurde mit der Festlegung des Personalbedarfs in der Psychiatrie-Personalverordnung eine wichtige Basis für die Sicherstellung der Qualität der psychiatrischen Behandlung gelegt (Kunze & Kaltenbach, 1994). Der Personalbedarf wird nach Minutenwerten, die einer Berufsgruppe für die Behandlung zur Verfügung stehen, berechnet. Auch auf diese Festlegung hatten die unterschiedlichsten Interessen Einfluß (vgl. z.B. Luthmann, 1996).

4.2 Der Ablauf einer Planungszelle

Eine Möglichkeit, Eigeninteressen weitgehend zu reduzieren, wird im Organisationsinstrument „Planungszelle" verwirklicht. Die Planungszelle ist ein Organisationsinstrument, das von Prof. Dienel an der Universität Wuppertal entwickelt wurde (Dienel, 1970). Neben der Reduzierung von Eigeninteressen stellt die Planungszelle eine kooperative und unbürokratische Form des Einbeziehens anderer Gruppen dar. Die Planungszelle wurde als ein demokratisches Beteiligungsverfahren konzipiert. Sie ist folgendermaßen aufgebaut:

Die Grundidee besteht darin, einer repräsentativen Stichprobe der Zielgruppe die Möglichkeit zu geben, sich unabhängig von der Alltagseinbettung mit an der Lösung von Fragestellungen zu beteiligen.

Der Ablauf einer Planungszelle beginnt mit der zufälligen Auswahl von z.B. 25 Personen am Einwohnermeldeamt. Die ausgewählten Personen werden für ca. drei bis fünf Tage von ihrer Arbeit freigestellt, bzw. es wird eine Haushaltshilfe bereitgestellt. Die Gesamtgruppe wird in Kleingruppen von ca. fünf Personen eingeteilt. Von einer Organisationsgruppe werden Fachinformationen aufbereitet, die für die Bearbeitung einer spezifische Fragestellung notwendig sind und den Kleingruppen als Arbeitsmaterial dienen. Des weiteren werden Referenten eingeladen, um den einzelnen Kleingruppen die kontroversen Standpunkte zum betreffenden Thema vorzustellen und für Fragen zur Verfügung zu stehen. Jede Kleingruppe erarbeitet Lösungen für die Fragestellungen. Die Lösungen der fünf Gruppen werden zu einem Gutachten zusammengefaßt, welches den Auftraggebern bzw. den Entscheidungsinstanzen vorgelegt wird.

Abbildung 2: Ablaufdiagramm einer Planungszelle

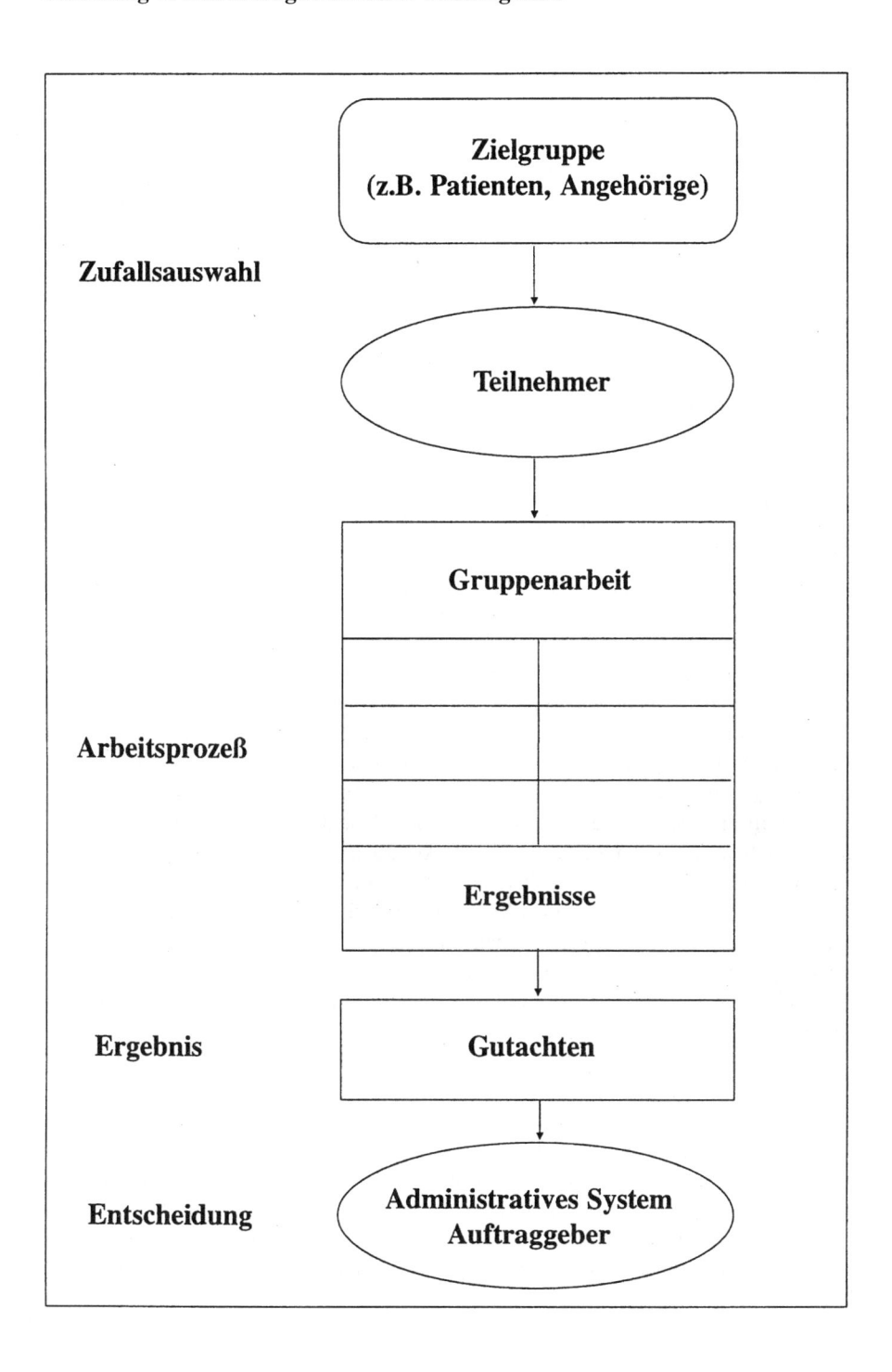

Zufallsauswahl
- Zielgruppe (z.B. Patienten, Angehörige)
- Teilnehmer

Arbeitsprozeß
- Gruppenarbeit
- Ergebnisse

Ergebnis
- Gutachten

Entscheidung
- Administratives System Auftraggeber

An diesem Punkt ist es vom Entscheidungsträger abhängig, ob die Ergebnisse der Planungszelle umgesetzt werden, wobei die Meinung der Zielgruppe mit in die Entscheidungsvorgänge einfließen kann.

4.3 Die Vorteile des Einsatzes einer Planungszelle im Rahmen des Qualitätsmanagements

In vielen gesellschaftlichen Bereichen – sowohl im Inland als in letzter Zeit auch im Ausland – wurde die Planungszelle bereits sehr erfolgreich eingesetzt (Dienel, 1991).

Sie ermöglicht eine direkte Beteiligung der Bevölkerung bzw. betroffener Gruppen an Entscheidungvorgängen. Damit werden die hohen Reibungsverluste vermieden, die entstehen, wenn Interessen und Bedürfnisse sich in politischen Auseinandersetzungen artikulieren (Dienel, 1991).

Im Rahmen eines Qualitätsmanagements könnte die Beteiligung der Bevölkerung bzw. der Betroffenen – im Sinne der Kundenorientierung – mit geringem Aufwand ermöglicht werden; im Vergleich dazu verursachen repräsentative Umfragen größere Kosten, und Auseinandersetzungen mit Selbsthilfegruppen und Bürgerinitiativen sind meist langwieriger. Selbst in der aktuell geführten Diskussion um Qualität in der Psychiatrie gibt es immer noch große Unterschiede zwischen Vorstellungen von Patienten und Behandlern darüber, was Qualität in der psychiatrischen Behandlung sei. In der Zeitschrift „Sozialpsychiatrische Informationen" (Gunkel & Kruse, 1996) wurde eine größere Umfrage zur Qualität in der Psychiatrie veröffentlicht. In den schriftlichen Rückmeldungen auf die offenen Fragestellungen wurde deutlich, daß von den Betroffenen andere Qualitätsansprüche gestellt werden als von den Behandlern.

Im Qualitätsmanagement sind als Instrument zur Festellung der Kundenwünsche meist nur Umfragen vorgesehen. Kunden bzw. Patienten sind nicht direkt in den Qualitätszirkeln vertreten. Mit Hilfe der Planungszelle steht ein Instrument zur Verfügung, das eine differenzierte Zusammenarbeit mit den Patienten bzw. Psychiatrie-Erfahrenen ermöglicht. Sie kann z.B. zum Einsatz kommen, wenn mit Hilfe der computerunterstützten Dokumentation die Daten in den Qualitätszirkeln aufgearbeitet sind und Vorschläge für Qualitätssicherungs-Maßnahmen vorliegen. Es liegt in der Natur der Sache, daß es mehrere Entwürfe geben wird. Diese Vorschläge werden im Projekt „Planungszelle" zur Diskussion gestellt und möglicherweise ergänzt.

Die Ergebnisse werden in einem Gutachten zusammengefaßt, welches z. B. der Klinikleitung als Entscheidungsgrundlage vorgelegt wird. Bei einem solchen Vorgehen läßt sich die Kundenorientierung in besonders hohem Maße umsetzen. Die Qualität einer solchen Form der Meinungsäußerung ist weitaus differenzierter als die Ergebnisse einer Meinungsumfrage, da eine äußerst intensive Ausseinandersetzung mit dem zur Diskussion stehenden Thema stattfindet. Begleituntersuchungen von Planungszellen haben gezeigt, daß bei den meisten Teilnehmern die Eigeninteressen in den Hintergrund treten und sich ein nach Kohlbergs Prinzipien geleitetes Niveau an Normorientierung herausbildet, d.h. die Teilnehmer suchen nach Lösungen, die an den gesamtgesellschaftlichen Wertvorstellungen orientiert sind (Garbe & Hoffmann, 1988).

Abbildung 3: Organisatorisches Umfeld eines Qualitätszirkels und einer Planungszelle

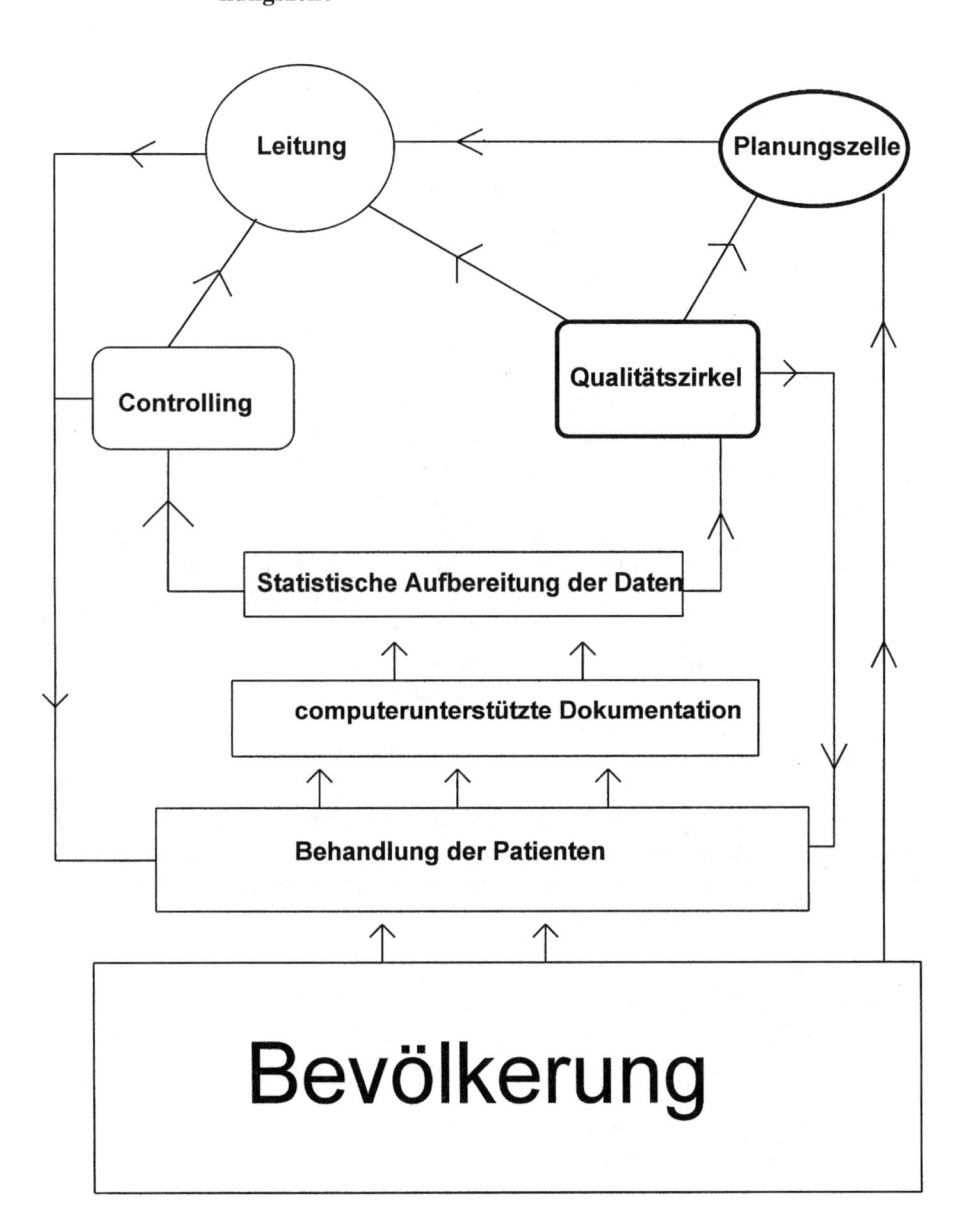

Die Planungszelle braucht nicht nur auf externe Nutzer einer Organisation beschränkt bleiben, sie kann auch innerhalb einer Institution eingesetzt werden. Themen der Institution werden von Mitgliedern in Planungszellen aufgearbeitet, so daß ein repräsentatives Meinungsbild der Mitglieder der Institution ermittelt werden kann. Gerade in der Psychiatrie wären solche demokratischen Beteiligungsverfahren in Form von Planungszellen eine gute Möglichkeit, die Fach- und Betroffenen-Interessen auf einem hohen Niveau mit in die Gestaltung der Kliniken und Behandlungssettings einfließen zu lassen.

5. Zusammenfassung

Die Einführung des Qualitätsmanagements garantiert noch keinen Erfolg im Sinne einer Qualitätssteigerung. Beim Aufbau des Qualitätsmanagements müssen unterschiedlichste Aspekte beachtete werden, um negative Entwicklungen, wie z.B ein überdimensioniertes Kontrollsystem, zu vermeiden. Ein zentrales Element ist das Dokumentationssystem, im Rahmen dessen auf eine genügende Differenziertheit der abgebildeten Leistungen geachtet werden sollte. Es wäre vorteilhaft, wenn in den nächsten Jahren mehr konkrete Beispiele für Dokumentationssysteme für die Mitarbeiter von Qualitätszirkeln zur Verfügung stehen würden. Jedoch sollten diese den Mitarbeitern nicht aufgezwungen werden, sondern ihnen als Anregung für die eigenen Umsetzung dienen.

Bei der Einführung des Qualitätsmanagements können viele Reibungsverluste vermieden werden, wenn frühzeitig für alle Beteiligten eine befriedigende Lösung der Fragen: „Wer bestimmt, was ausgewertet wird, und wer bekommt die Ergebnisse?" erzielt werden kann. In der Philosophie des Qualitätsmanagements wird davon ausgegangen, daß die Mitarbeiter nicht kontrolliert, sondern motiviert werden, sich selbständig für eine Qualitätssteigerung ihrer Arbeitsleistung einzusetzen. Daraus folgen bestimmte Konzeptionen (z.B. „people empowerment"), die in der vorherrschenden Organisationskultur vieler Kliniken noch sehr fremd wirken und deshalb der Gefahr unterliegen, nicht umgesetzt zu werden.

Wichtige Aspekte des Qualitätszirkels sind die multiprofessionelle Zusammensetzung sowie ein hoher Grad an Mitbestimmung.

Ein überall wirkender psychologischer Faktor sind die Eigeninteressen, die auch durch ein gut entwickeltes Qualitätsmanagement nicht eleminiert werden. Hier bietet sich die Ergänzung durch die Planungszelle an. Sie ermöglicht Rahmenbedingungen, unter denen die Eigeninteressen in den Hintergrund treten und gesamtgesellschaftliche Wertvorstellungen eine stärkere Bedeutung bekommen, wobei auch Gruppen, die nicht direkt in der Organisation einer Klinik ihren Platz haben, miteinbezogen werden können. Das Ziel der Kundenorientierung des Qualitätsmanagements könnte mit der Planungszelle besser erreicht werden. In diesem Sinne kann die Planungszelle selbst eine qualitätssteigernde Maßnahme des Qualitätsmanagements darstellen.

Qualitätsmanagement erfordert große Aufmerksamkeit und Achtsamkeit aller Beteiligten, um die damit verbundenen Ziele einer Qualitätssteigerung zu erreichen und nicht eine neue Variante alter Machtspiele zu werden.

Literaturverzeichnis

Ackermann, M. (1989). *Quality circles in der Bundesrepublik Deutschland Hemmende und fördernde Faktoren einer erfolgreichen Realisierung.* Frankfurt a. M: Lang.
Cording, C. (1995). Basisdokumentation und Ergebnisqualität. In W. Gaebel (Hrsg.), *Qualitätssicherung im psychiatrischen Krankenhaus* (S. 173–182). Wien: Springer.
Dienel, P.C. (1970). Techniken bürgerschaftlicher Beteiligung an Planungsprozessen. In Wirtschafts- und gesellschaftspolitisches Bildungswerk (Hrsg.), *Partizipation – Aspekte politischer Kultur.* [*Offene Welt, 101*], 144–156.
Dienel, P.C. (1991). *Planungszelle.* Opladen: Westdeutscher Verlag.
Fydrich, T., Laireiter, A.-R., Saile, H. & Engberding, M. (1996). Diagnostik und Evaluation in der Psychotherapie: Empfehlungen und Standardisierung. *Zeitschrift für Klinische Psychologie, 25,* 161–168.
Garbe, D. & Hoffmann, M. (1988). *Soziale Urteilsbildung und Einstellungsänderung in Planungszellen.* Werkstattpapier Nr. 25. Universität Wuppertal, Forschungsstelle Bürgerbeteiligung & Planungsbeteiligung.
Grawe, K. & Braun, U. (1994). Qualitätskontrolle in der Psychotherapiepraxis. *Zeitschrift für Klinische Psychologie, 23,* 242–267.
Grawe, K., Donati, R. & Bernauer, F. (1994). *Psychotherapie im Wandel. Von der Konfession zur Profession.* Göttingen: Hogrefe Verlag für Psychologie.
Gunkel, S. & Kruse, G. (1996). Der neue Terminus „Qualitätssicherung". Ergebnisse einer Umfrage. Stellungnahme zur Qualitätssicherung. *Sozialpsychiatrische Informationen, 26,* 3–34.
Härter, M. & Berger, M. (1995). Qualitätszirkel – Eine Maßnahme der Qualitätssicherung in der ambulanten psychiatrisch-psychotherapeutischen Versorgung. In M. Berger & W. Gaebel (Hrsg.), *Qualitätssicherung in der Psychiatrie* (S. 89–98). Berlin: Springer.
Hermer, M. (1995). Glauben und Wissen im klinischen Alltag. In M. Hermer, W. Pittrich, W. Spöhring & U. Trenkmann (Hrsg.), *Evaluation der psychiatrischen Versorgung in der Bundesrepublik. Zur Qualitätssicherung im Gesundheitswesen* (S. 29–52). Opladen: Leske + Budrich.
Kunze, H. & Kaltenbach, L. (Hrsg.). (1994). *Psychiatrie-Personalverordnung. Textausgabe mit Materialien und Erläuterungen für die Praxis.* Stuttgart: Kohlhammer.
Lawler, E.E. (1988). Choosing an Ivolvement Strategy. *Academy of Management Executive, 2,* 197–204.
Luthmann, R. (1996). Die Personalverordnung Psychiatrie und ihre Auswirkung auf die Qualität psychologischer Tätigkeiten an Psychiatrischen Landeskrankenhäusern. *Krankenhauspsychiatrie, 7,* 126–129.
Schmidt, J. & Nübling, R. (1994). Qualitätssicherung in der Psychotherapie. *GwG-Zeitschrift, 96,* 12–25.
Sponsel, R. (1995). *Handbuch Integrativer Psychologischer Psychotherapie. Zur Theorie und Praxis der schulen- und methodenübergreifenden Psychotherapie.* Erlangen: IEC-Verlag.
Spöhring, W. (1995). Evaluation psychiatrischer Versorgung als ein Beitrag zur Quali-

tätssicherung. In M. Hermer, W. Pittrich, W. Spöhring & U. Trenkmann (Hrsg.), *Evaluation der psychiatrischen Versorgung in der Bundesrepublik. Zur Qualitätssicherung im Gesundheitswesen* (S. 11–28). Opladen: Leske + Budrich.

Urbaniok, F. & Beine, K. (1995). Qualitätssicherung am psychiatrischen Krankenhaus – Chancen und Gefahren. In M. Hermer, W. Pittrich, W. Spöhring & U. Trenkmann (Hrsg.), *Evaluation der psychiatrischen Versorgung in der Bundesrepublik. Zur Qualitätssicherung im Gesundheitswesen* (S. 105–116). Opladen: Leske + Budrich.

Vauth, R. (1995). Qualitätssicherung in der ambulanten Versorgung. In H.-J. Haug & R.-D. Stieglitz (Hrsg.), *Qualitätssicherung in der Psychiatrie* (S. 112–131). Stuttgart: Enke.

Wollschläger, M. (1996). *Das Berufsbild des Psychologen in der psychiatrischen Klinik*. Tübingen: dgvt-Verlag.

Zink, K., Schubert, H.-J. & Fuchs, A.E. (1994). Umfassendes Qualitätsmanagement im Krankenhaus. *f & w – führen und wirtschaften im Krankenhaus, 11,* 26–30.

Zink, K. (1995). *TQM als integratives Managementkonzept.* München: Carl Hanser Verlag.

Qualitätssicherung durch Gutachterverfahren
Aber – wie qualitätsgesichert ist das Verfahren selbst?

Hans-Ulrich Köhlke

Inhalt:

1. Einleitung 786
2. Psychotherapie im öffentlich-rechtlich strukturierten
   Gesundheitswesen 787
   - 2.1 Gutachterverfahren statt nachträgliche
     Wirtschaftlichkeitsprüfung 788
   - 2.2 Gutachterverfahren im Schnittpunkt von Wirtschaftlichkeit
     und Qualitätssicherung 789
3. **Wie qualitätsgesichert ist das Gutachterverfahren
   eigentlich selbst?** 789
   - 3.1 Rechtsgrundlage und Auftrag des Gutachterverfahrens ... 790
   - 3.2 Strukturqualität des Gutachterverfahrens 790
     - 3.2.1 Kriterien zur Anerkennung als Psychotherapie-Gutachter .. 790
     - 3.2.2 „Arztvorbehalt" bzw. Ausschluß von Psychologen
       als Gutachter 792
     - 3.2.3 Therapiespezifische Qualifikation 794
     - 3.2.4 Beeinträchtigung der Strukturqualität durch
       ungeeignete Gutachter 795
   - 3.3 Prozeßqualität des Gutachterverfahrens 796
     - 3.3.1 Indikationsüberprüfung 796
     - 3.3.2 Zweckmäßigkeitskriterium 799
   - 3.4 Ergebnisqualität 802
   - 3.5 Wirtschaftlichkeit des Gutachterverfahrens 803
     - 3.5.1 Die Kostenseite des Gutachterverfahrens 804
     - 3.5.2 „Einnahmen" durch Gutachterverfahren: Ablehnungsfälle . 807
     - 3.5.3 Einnahme-Ausgabe-Überschußrechnung 808
   - 3.6 Resumée 809

4. Sekundäre Legitimation des Gutachterverfahrens 810
   4.1 Pädagogischer Effekt 810
      4.1.1 Schlechtere Therapien bei fehlendem gutachterlich
      veranlaßten Reflexionszwang? 811
      4.1.2 Erreicht der „pädagogische Effekt" überhaupt die,
      die er erreichen sollte? 812
   4.2 Sekundäreffekt: Mengenbegrenzung 813
      4.2.1 „Abschreckungseffekt" des Antragsaufwands 813
      4.2.2 Bürde gutachterpflichtiger Anträge: Transfer „analoger"
      Fallinformationen in eine „digitale" Berichtssprache 814
      4.2.3 Konsequenz des Ausweichens auf Kurzzeittherapie 816
   4.3 Resumée 817

**5. Unverhältnismäßigkeit der Antragsstufen im Vergleich
der Psychotherapieverfahren** 817
   5.1 Wirtschaftliche Unverhältnismäßigkeit 818
   5.2 Unverhältnismäßigkeit des Zeitaufwands 818

6. Notwendige Änderungen 819
   6.1 Befreiung vom ersten Antragsschritt bei spezifischem
   Qualifikationsnachweis 819
   6.2 Reduzierung auf zwei Bewilligungsetappen für
   die kürzeren Therapieverfahren 820
   6.3 Rationalisierung und „Enttheoretisierung" des Antragsverfahrens:
   Patientenbeteiligung 821
   6.4 Zusammenfassung der Korrekturvorschläge 822

7. Schlußbemerkungen 823

Anhang..828

1. Einleitung

Als Leistung der gesetzlichen Krankenversicherung wird langzeitliche Psychotherapie von einer sachverständigen Vorprüfung, dem sogenannten Gutachterverfahren, abhängig gemacht. Diesem vorgeschalteten Gutachterverfahren wird qualitätssichernde Wirkung zugeschrieben, weshalb sowohl die Krankenkassen (Fischer, 1995; Lubecki, 1990) als auch die Kassenärztliche Bundesvereinigung (KBV) (Dahm, 1996) daran festhalten wollen. Während die Gutachter selber vom Sinn und Nutzen dieses Prüfverfahrens überzeugt sind (Faber & Haarstrick, 1996; Linden & Dankesreiter, 1996), wird das Gutachterverfahren von der psychotherapeutischen Praxis kritisch beurteilt (vgl. die Diskussion zwischen Gutachtern und Begutachteten in Lieb & Lutz, 1992) und nicht selten vehement und drastisch abgelehnt (vgl. Flöttmann, 1991, und die z.T. zornigen Reaktionen in der Zeitschrift *neuro date aktuell* von 1991-1996).

Fast immer haben die Aussagen zum Gutachterverfahren den Charakter reiner Mutmaßungen und subjektiver sogenannter Expertenmeinungen, sowohl auf seiten seiner Befürworter als auch seiner Kritiker. Untersuchungen, die objektiv überprüfen, ob dieses Prüfverfahren tatsächlich „zweckmäßig" und angesichts des mit ihm verbundenen Kosten- und Arbeitsaufwands wirklich „notwendig" ist, fehlen gänzlich. In der Kritik kommt die Empörung gerade über diese ungesicherte, spekulative Legitimationsgrundlage immer wieder zum Ausdruck. Der damit anhaftende Anschein einer gewissen Willkür mit hierarchischer Machtausstattung wird als provokant und zuweilen schikanös empfunden.

Es scheint daher notwendig, das Gutachterverfahren selbst einmal genauer unter die Qualitäts-Lupe zu nehmen, dessen Auftrag, Struktur, Zwecktauglichkeit und Verhältnismäßigkeit zu überprüfen und konstruktive Modifikationen zu entwickeln.

Der Autor hat aus seiner nunmehr über 15jährigen Praxis als „Richtlinien-Vertragspsychotherapeut" und Verfasser einer großen Zahl von gutachterpflichtigen Antragsberichten, aus vielen Kollegengesprächen und berufspolitischen Verbandsdiskussionen eingehende Erfahrungen über die Praktikersicht zum Gutachterverfahren gesammelt. Diese sehr konkrete (verhaltenstherapeutische) Praxis-Perspektive fließt sicherlich in diesen Beitrag mit ein. Aber sie soll hiermit ausdrücklich benannt sein, um gerade nicht im Zusammenhang mit der immer wieder ausbrechenden Gutachtendiskussion (vgl. Dahm, 1996) einer taktischen Unart zu verfallen, subjektive Interessen hinter wissenschaftlicher Attitüde zu verbergen.

Dieser Beitrag stellt den Versuch dar, die vielen Facetten dieses Themas nicht nur plakativ zu benennen, sondern sachlich und umfassend zu erörtern.[1]

2. Psychotherapie im öffentlich-rechtlich strukturierten Gesundheitswesen

Kaum eine Leistung im kassenärztlichen Versorgungssystem ist so schwer einzugrenzen und zu überprüfen wie die psychotherapeutische. Zwar ist die grundsätzliche Wirksamkeit von Psychotherapie zur Heilung oder Besserung seelischer Krankheiten mittlerweile hinreichend belegt (vgl. Grawe, Caspar & Ambühl, 1990; Grawe, Donati & Bernauer, 1994), und ebenso liegen gesicherte Daten über den erheblichen Psychotherapie-Versorgungsbedarf vor (vgl. Meyer, Richter, Grawe, Graf v. d. Schulenburg & Schulte, 1991). Aber die konkrete Psychotherapie-Anwendung in der ambulanten Alltagspraxis ist bis heute kaum erforscht (Neher, 1996; Schmidt & Nübling, 1994, 1995; vgl. aber Scheidt & Wirsching, 1996). Stattdessen üben sich Forscher im Spekulieren, ob denn die wissenschaftlichen Diagnose- und Behandlungs-Standards tat-

---

1. An dieser Stelle sei Herrn Dipl.- Psych. u. Jurist J.C. Lammers, Hamburg und meiner Frau Dipl.-Psych. Dr.med.vet. K. Köhlke für ihre vielfältigen Anregungen und kritische Durchsicht des Manuskripts gedankt.

sächlich Einzug in die niedergelassenen Psychotherapiepraxen nehmen (vgl. Köhlke, 1997). So bleibt es derzeit weitgehend im dunkeln, wie die ambulante Versorgungspraxis (vgl. Vogel, 1996) die Kassenleistung „Psychotherapie" letztendlich konkret umsetzt.

Auch sind grundsätzliche differentielle Indikationsentscheidungen im Psychotherapiebereich bis heute noch weitgehend offen. Wann ist welches Psychotherapieverfahren bei welcher Krankheit und welchem Patienten angezeigt? Welchen Umfang benötigt eine psychotherapeutische Behandlung bei welcher Krankheit und welchem Patienten (und welchem Therapeuten)? Und überdies kann die gebotene Abgrenzung von Psychotherapie als Krankheitsbehandlung gegenüber einer primär psychosozialen Berufs-, Ehe- oder Lebensberatung im Einzelfall eventuell zu verwischen drohen (vgl. Vogel, 1996).

Es ist nicht nur allzu verständlich, daß hier die gesetzliche Krankenversicherung eine gewisse Transparenz und Übersicht haben möchte. Mehr noch, es ist dies gesetzliche Pflicht. Gemäß § 2 Abs. 4 SGB V (Fünftes Buch des Sozialgesetzbuches) sind öffentliche Gelder und Beiträge wirtschaftlich und sparsam auszugeben. Dies betrifft nicht nur die öffentlichen Körperschaften, also die Krankenkassen, sondern ebenso die Leistungserbringer, die Psychotherapeuten. Sogar die Anspruchsberechtigten selbst, die versicherten Patienten, unterstehen dem Gebot, auf Wirksamkeit und Wirtschaftlichkeit öffentlichen Mitteleinsatzes zu achten.

Dieser allgemeine Sparsamkeitsgrundsatz bedeutet für das Sachleistungssystem der gesetzlichen Krankenversicherung, daß schon die Leistung selbst einem wirtschaftlichen Maßstab genügen muß. Unwirtschaftliche Leistungen dürfen Versicherte gemäß § 12 SGB V nicht beanspruchen, Leistungserbringer nicht bewirken und die Krankenkassen nicht bewilligen. Aus dieser haushaltsrechlich-fiskalischen Perspektive sind Leistungen und Maßnahmen der gesetzlichen Krankenversicherung, auch Qualitätssicherung und Gutachterverfahren, zu bewerten.

2.1 Gutachterverfahren statt nachträgliche Wirtschaftlichkeitsprüfung

Zur Wahrung dieses Wirtschaftlichkeitsgebots ist den Kassenärztlichen Vereinigungen nach § 106 SGB V aufgegeben, wirtschaftliches Verhalten in der kassenärztlichen Versorgung zu überwachen und zu prüfen. Dazu hat sie Prüfungsausschüsse errichtet. Neben vereinzelten Stichproben wird grundsätzlich nur diejenige Abrechnung geprüft, bei der der Computer anzeigt, daß eine erhebliche Abweichung (z.B. mehr als 50%) vom fallbezogenen Durchschnittswert anderer Ärzte der gleichen Fachgruppe vorliegt. Durch einen sogenannten Prüfarzt wird dann untersucht, ob die Behandlungs- und Verordnungsweise des jeweiligen Arztes zweckmäßig war und nicht das Maß des Notwendigen überschritten hat. Im Ausnahmefall kann es dann auch einmal zu einem Abzug (Kürzung) wegen unwirtschaftlicher Behandlung kommen. Ärzte, die „im Fahrwasser schwimmen", kommen mit dieser Wirtschaftlichkeitsprüfung so gut wie nie in Berührung.

Nicht selten wird argumentiert, daß ein Vorteil des für die Psychotherapie eingerichteten Antrags- und Gutachterverfahrens gerade darin läge, daß die bewilligte

Psychotherapie nach § 9 der Psychotherapie-Vereinbarung (gültig ab 31.8.93 mit Änderungen vom 1.1.94 und vom 1.9.94) nicht einer solchen nachträglichen Wirtschaftlichkeitsüberprüfung unterzogen wird (vgl. Nedelmann, 1990). Besonders unter den mit dem KV-Abrechnungs- und Prüfungsprocedere wenig vertrauten psychologischen Psychotherapeuten ist dieses Argument, das Gutachterverfahren böte einen Schutz vor „rückwirkender Kürzung" (Faber & Haarstrick, 1996, S. 27), weit verbreitet. Indes ist nicht einsichtig, weshalb diese für die meisten Ärzte eher unproblematische nachträgliche Wirtschaftlichkeitsprüfung nicht grundsätzlich auch im Psychotherapiebereich möglich und zweckmäßig sein sollte (etwa wenn jemand 60 Sitzungen wöchentlich abrechnete). Und weiterhin wird nicht klar, worin – angesichts des enormen Antragsaufwands – stattdessen im Gutachterverfahren tatsächlich ein Vorteil für einen fachlich und wirtschaftlich seriös behandelnden Psychotherapeuten liegen soll.

2.2 Gutachterverfahren im Schnittpunkt von Wirtschaftlichkeit und Qualitätssicherung

Leistungen, die nicht notwendig und zweckmäßig sind, sind per se unwirtschaftlich; deshalb müssen unnötige, übertriebene, nicht ausreichende und uneffektive Behandlungsmaßnahmen vermieden bzw. entdeckt und beseitigt werden. Im öffentlich-rechtlich gebotenen Ziel einer optimalen „Effizienz" bei minimalem Mitteleinsatz treffen Wirtschaftlichkeits- und Qualitätsgesichtspunkte zusammen. Es ist daher nicht verwunderlich, daß für die kassenärztliche Versorgung Qualitätssicherung als Pflicht (§§ 135 bis 139 SGB V) erstmalig 1989 im Zuge des Gesundheitsreformgesetzes (vgl. Lubecki, 1995) vor dem Hintergrund knapper werdender öffentlicher Mittel normiert wurde.

Der Auftrag an das Gutachterverfahren ist der Schutz der berechtigten Wirtschaftlichkeitsinteressen der Krankenkassen sowie die Sicherung einer hochwertigen Qualität der psychotherapeutischen Versorgung. Die völlig emotionslose Sachfrage ist demnach: Kann das Gutachterverfahren diese Aufgabe tatsächlich leisten? Oder etwas polemischer gefragt:

3. Wie qualitätsgesichert ist das Gutachterverfahren eigentlich selbst?

Auch Maßnahmen der Qualitätssicherung unterstehen im öffentlich-rechtlich strukturierten Gesundheitswesen den oben genannten Grundsätzen der Wirksamkeit und Wirtschaftlichkeit. Sie verursachen zum Teil erhebliche Ausgaben, über die Rechenschaft abzulegen ist. Die Beurteilung, ob eine kosten- und aufwandsintensive Prüfinstanz wie das Gutachterverfahren „notwendig, zweckmäßig und effektiv" ist, ist nach objektiven Kriterien und nicht aufgrund von persönlichen Überzeugungen und subjektiven Mutmaßungen vorzunehmen. Der Maßstab von Qualität in den drei Dimensionen von Struktur-, Prozeß- und Ergebnisqualität (Donabedian, 1966; Selbmann,

1984) sollte an das derzeitige Gutachterverfahren selbst angelegt werden, um seine Einrichtung und Ausgestaltung als öffentliche Ausgabe zu legitimieren.

3.1 Rechtsgrundlage und Auftrag des Gutachterverfahrens

Das Psychotherapie-Gutachterverfahren hat seine Rechtsgrundlage in § 72 Abs. 2 SGB V und darauf basierenden Psychotherapie-Richtlinien (in der geänderten Fassung vom 31.8.1993), die wiederum die Psychotherapie-Vereinbarung begründen.

„Bei Psychotherapie ... von mehr als 25 Stunden ist der Antrag durch einen bestellten Gutachter zu prüfen. Der Gutachter hat sich dazu zu äußern, ob die in diesen Richtlinien genannten Voraussetzungen erfüllt sind" (Psychotherapie-Richtlinien: F II).

„Dabei ist insbesondere zu prüfen, ob das beantragte Psychotherapie-Verfahren ... indiziert ist und ob die Prognose einen ausreichenden Behandlungserfolg erwarten läßt" (Psychotherapie-Vereinbarung, § 8 Abs. 1 S. 2).

Die Qualitätsfrage ist: Erfüllt das Gutachterverfahren seinen Auftrag („Qualitätsforderung"), so wie es derzeitig eingerichtet ist und stattfindet („Ist-Beschaffenheit") (vgl. Schmidt & Nübling, 1994)?

3.2 Strukturqualität des Gutachterverfahrens

Für die Psychotherapeuten, Supervisoren, Ausbildungsleiter etc. wird der Nachweis spezifischer Qualifikationsmerkmale in den Psychotherapie-Richtlinien und in der Psychotherapie-Vereinbarung nebst Anlagen explizit definiert. Desgleichen findet sich nicht für die Gutachter. Natürlich interessiert es besonders die Begutachteten, welche Eignungsanforderungen an die Gutachter selbst gestellt werden (vgl. Langlotz-Weis & Koppenhöfer-Lorenzen, 1992).

3.2.1 Kriterien zur Anerkennung als Psychotherapie-Gutachter

Die Kassenärztliche Bundesvereinigung (KBV) bestellt die Gutachter „im Einvernehmen" mit den Bundesverbänden der Krankenkassen (§ 8 Abs. (3) Psychotherapie-Vereinbarung). Sie verfährt dabei nach einer eigenen Kriterienliste, die zunächst vorgestellt und anschließend aus strukturqualitativer Perspektive diskutiert werden soll.

KBV-Kriterien zur Anerkennung von Psychotherapie-Gutachtern

1. Er muß die Approbation als Arzt besitzen.

2. Im Bereich Verhaltenstherapie (VT):
   Er muß eine abgeschlossene Weiterbildung in Verhaltenstherapie nachweisen.
   Im Bereich tiefenpsychologisch fundierte und analytische Psychotherapie (PA):
   Er muß eine abgeschlossene Weiterbildung an einem anerkannten psychotherapeutischen Institut nachweisen.

3. VT:
   Er muß mindestens 5 Jahre nach dem Abschluß der Weiterbildung ganz oder überwiegend auf dem Gebiet der Verhaltenstherapie in einer Praxis oder einer verhaltenstherapeutischen Fachklinik bzw. Poliklinik tätig gewesen sein.
   PA:
   Er muß mindestens 5 Jahre nach dem Abschluß der Weiterbildung an einem anerkannten psychotherapeutischen Institut ganz oder überwiegend auf dem Gebiet der tiefenpsychologisch fundierten und analytischen Psychotherapie in einer Praxis oder einer psychotherapeutischen Fachklinik bzw. Poliklinik tätig gewesen sein.

4. VT:
   Er muß den Nachweis führen, daß er an einer verhaltenstherapeutischen Fachklinik oder im Fachgebiet Verhaltenstherapie an einer Universität als Lehrer (Dozent) tätig gewesen ist.
   Der Gutachter soll auch weiterhin lehrend auf dem Gebiet der Verhaltenstherapie und ihrer Anwendungsformen tätig sein, um den Anschluß an die wissenschaftliche Entwicklung seines Faches und der sich davon ableitenden Verfahren und Methoden zu behalten.
   PA:
   Er muß den Nachweis führen, daß er an einem anerkannten psychotherapeutischen Institut oder einer psychotherapeutischen Fachklinik oder im Fachgebiet Psychotherapie, Psychosomatik oder Psychoanalyse an einer Universität als Lehrer (Dozent) tätig gewesen ist.
   Der Gutachter soll auch weiterhin lehrend auf dem Gebiet der Psychoanalyse und ihrer Anwendungsformen tätig sein.

5. VT:
   Er muß mindestens 3 Jahre an der vertragsärztlichen Versorgung auf dem Gebiet der Verhaltenstherapie teilgenommen haben.
   PA:
   Er muß mindestens 3 Jahre an der vertragsärztlichen Versorgung auf dem Gebiet der tiefenpsychologisch fundierten und analytischen Psychotherapie teilgenommen haben.

6. Er soll zu Beginn seiner Gutachtertätigkeit nicht älter als 59 Jahre sein.

3.2.2 „Arztvorbehalt" bzw. Ausschluß von Psychologen als Gutachter

Insbesondere das erste Auswahlkriterium: „Der Gutachter muß Arzt sein" fordert immer wieder Diskussionen gerade unter Verhaltenstherapeuten heraus. Langlotz-Weis und Koppenhöfer-Lorenzen (1992) bringen es für den Verhaltenstherapiebereich auf die Kurzformel: Gutachter sind ausschließlich Ärzte und ausschließlich Männer, und Begutachtete sind fast ausschließlich Psychologen und wohl in der Mehrzahl Frauen. Unabhängig von der eventuellen Geschlechtsbenachteiligung, die aus der Perspektive des Gleichberechtigungsgesetzes erst recht in öffentlich-rechtlichen Organisationsstrukturen wie der kassenärztlichen Selbstverwaltung nicht unproblematisch erscheint, ist die Ausklammerung von Psychologen als Gutachter durch die KBV-Kriterien zumindest für die Verhaltenstherapie sachlich äußerst zweifelhaft.

Verhaltenstherapie ist eine genuin psychologische und ganz überwiegend von Psychologen entwickelte und repräsentierte Therapieform. Dies kommt auch in den Psychotherapie-Richtlinien („vorwiegend auf der Basis der Lern- und Sozialpsychologie entwickelt", B I.1.2) zum Ausdruck. Die enormen Fortschritte der letzten 20 Jahre in bezug auf Entwicklung verhaltenstherapeutischer Behandlungskonzepte bei spezifischen psychischen Störungen, körperlichen Krankheiten und Behinderungen (vgl. Fiedler, 1997) sind insbesondere auf klinisch-psychologische Forschungsinnovationen zurückzuführen (Baumann, 1996; Comer, 1996; Hahlweg & Ehlers, 1996; Margraf, 1996; Reinecker, 1994; mit weiteren vielzähligen Nachweisen). Engagiert ausgetragene, wissenschaftliche Diskussionen über die zukünftige Richtung einer modernen Verhaltenstherapie als Krankenbehandlung werden mit wenigen Ausnahmen primär von Psychologen geführt (Caspar & Grawe, 1996; Fiedler, 1997; Köhlke, 1997; Köhlke & Kuhr, 1993; Schulte, 1995, 1996b; Wittchen, 1996; Zarbock, 1996; aber auch Hand, 1992; vgl. diesbezüglich auch die jüngste Diskussion in der Zeitschrift *Verhaltenstherapie und Verhaltensmedizin*, 1997, zum Thema „Individualisierung versus Standardisierung in der modernen Verhaltensherapie" oder die seit 1992 bis heute anhaltende ähnliche Diskussion in der Zeitschrift *Verhaltenstherapie*). Der ganz überwiegende Teil der offiziellen Ausbildung in „klinischer" Verhaltenstherapie gemäß den Psychotherapie-Richtlinien wird ebenfalls von Psychologen geleistet, sowohl als Dozenten als auch als Supervisoren. Und schließlich errechnet sich aus den Leistungsfrequenzstatistiken der KBV etwa für das Jahr 1994, daß Verhaltenstherapie als Kassenleistung zu 88% von Psychologen und zu 12% von Ärzten durchgeführt wird. Und der in diesem Zusammenhang besonders interessierende Anteil der gutachterpflichtigen Langzeittherapien wird ebenfalls zu über 90% von Psychologen geleistet (vgl. Vogel, 1996), was die grundsätzliche Richtigkeit der obigen Aussage bestätigt: Im Bereich Verhaltenstherapie sind Gutachter Ärzte und Begutachtete Psychologen.

Dieses Mißverhältnis mit sachlichen Qualitätsargumenten gerade auch gegenüber den Krankenkassen („im Einvernehmen") zu rechtfertigen, gelingt nur mit der Erklärung, neben der psychotherapeutischen sei auch medizinisch-somatische Fachkompetenz erforderlich, um die richtige Indikationsstellung abzusichern (vgl. Dahm & Effer, 1990). Dieser Begründung soll näher nachgegangen werden.

Der Ausschluß bzw. die Berücksichtigung organischer Befunde, die Einleitung einer eventuell notwendigen begleitenden Somatotherapie etc. erfordern eine ärztliche

Untersuchung, die selbstverständlich nicht von Psychologen durchgeführt werden kann. Alle politischen Entwürfe eines etwaigen Psychotherapeutengesetzes sehen dementsprechend einen „Arztvorbehalt" vor (Köhlke, 1996). Damit soll gezeigt werden: Die Notwendigkeit einer konsiliarischen Beurteilung somatischer und psychiatrischer Krankheitsursachen vor Beginn einer psychotherapeutischen Behandlung wird nicht angezweifelt. Aber zu fragen bleibt, ob diese somatische Beurteilung tatsächlich durch das „theoretische" Gutachterverfahren nachvollzogen werden muß bzw. kann oder ob diese nicht durch die kassenärztliche Versorgungsstruktur bereits abgedeckt ist.

Linden & Dankesreiter (1996) sind der Auffassung, daß Richtlinien-Psychotherapie als „Therapie der dritten Versorgungslinie" anzusehen ist. Zunächst sind primär- und/oder fachärztliche Behandlungsversuche zu machen. Hierzu gehört dann „in aller Regel auch nochmalige spezifische differentialdiagnostische Abklärung" (Linden & Dankesreiter, 1996, S. 539).[2] Diese ärztlich-somatische Kontrolle vor Psychotherapiebeginn, die schon erhebliche Kosten, vielleicht eher zu viel als zu wenig, verursacht, muß als hinreichend abgesichert gelten. Denn nicht nur die primär- und fachärztlichen Vorbehandlungen sorgen für einen somato-medizinischen Filter, bevor es zur Weiterverweisung kommt. Insbesondere ist diese ärztliche Überprüfungszuständigkeit in die Richtlinien-Psychotherapie quasi eingebaut, indem „die Verantwortung für die Indikationsstellung zur Psychotherapie" der die Therapie selbst durchführende oder delegierende Arzt trägt (Abschnitt H 2. der Psychotherapie-Richtlinien). Diese verantwortliche Pflicht (und Haftung) für die Indikation und Differentialindikation vor Therapiebeginn ist demnach bereits zugewiesen, sie liegt beim (Delegations-)Arzt und kann auch nicht vom Gutachter abgenommen werden. Ein Gutachtersystem, das die grundsätzliche Medizinkompetenz und „Untersuchungsmaxime" des „Facharztes vor Ort" durch ein überregionales, rein theoretisches Prüfverfahren kontrollieren soll, führt sich als eine unzweckmäßige, rein akademische Wiederholung einer bereits stattgefundenen Leistung schon aus kostenrechtlichen Gründen ad absurdum.

Interessant wäre diesbezüglich die Frage, ob überhaupt und wieviele der rund 60.000 rückgemeldeten Gutachtenfälle im Jahr (Quelle: Zahlen zur Gutachterstatistik der KBV) tatsächlich ein Indikationsproblem aus solchen somato-medizinischen Gründen aufweisen und erst recht, wieviele der rund 2.000 gutachterlichen Ablehnungen (ca. 3.5%) damit begründet werden (wahrscheinlich strebt die Zahl gegen Null). Nach dem Standard-Kommentar von Faber und Haarstrick (1996) sind es wohl in erster Linie Schwächen der ätiologischen Begründung eines angemessenen Störungsmodells und Defizite in der Begründung der Auswahl von Behandlungstechniken, die gutachterlich moniert werden. „Die häufigsten Beanstandungen im Gutachterverfahren beziehen sich dagegen darauf, daß die funktionale Verhaltensanalyse oder die übergeordnete Behandlungsstrategie oder beide nicht überzeugen" (Faber & Haarstrick, 1996, S. 75). Dies aber sind inhaltlich-therapeutische Fragenkomplexe,

---

2. Hinter solchen hierarchischen Ordnungsvorstellungen oder fragwürdigen „4-Filter-Modellen" zur kassenärztlichen Versorgung verbergen sich zuweilen erhebliche berufspolitische Interessen, so daß solche Strukturvorschläge, die der (ebenfalls fachärztlichen) Psychotherapie eine Nachrangigkeit und speziellen Arztgruppen eine fachliche (und pekuniäre) Definitionsmacht zuordnen, mit grundsätzlicher Skepsis zu betrachten sind.

für die die Psychologen als Vertreter ihrer eigenen Therapierichtung (s.o.) mindestens (!) genauso zuständig und kompetent sind wie Ärzte.

Es soll hier nicht die verhaltenstherapeutische Kompetenz der ärztlichen Gutachter in Frage gestellt werden. Es geht um die KBV-Gutachter-Auswahlkriterien, und hier muß aus einer strukturqualitativen Dimension ernsthaft bezweifelt werden, daß es tatsächlich „notwendig und zweckmäßig" ist, die aufgezeigte Fachkompetenz von Psychologen für Verhaltenstherapie im Gutachterverfahren auszuklammern.

3.2.3 Therapiespezifische Qualifikation

Die Kriterienliste der KBV stellt für die Verhaltenstherapie nicht ausreichend sicher, daß die Gutachter tatsächlich besser oder mindestens genauso qualifiziert sind wie die von ihnen Begutachteten.

Als Anerkennungskriterium für Gutachter wird neben der oben genannten Approbation der Nachweis einer abgeschlossenen „Weiterbildung" verlangt. Nicht aufgeführt ist das Kriterium „an einem anerkannten Institut", das bei den analytischen Gutachtern vorausgesetzt wird. Es ist nicht zu vermuten, daß dies ein redaktionelles Versehen ist. Die bloße Verwendung des Begriffs „Weiterbildung" findet sich in der Psychotherapie-Vereinbarung und ihren Anlagen an verschiedener Stelle. So wird z.B. in den Qualifikationskriterien für verhaltenstherapeutische Supervisoren in der Anlage 4 ausgeführt: „Approbation als Arzt und *Weiterbildung* gemäß den in § 2 (3) genannten Voraussetzungen". Dort findet sich die Definition von „Weiterbildung":

> „... wenn er der Kassenärztlichen Vereinigung gegenüber die Berechtigung zum Führen der Zusatzbezeichnung ‚Psychotherapie' oder ‚Psychoanalyse' und den Erwerb eingehender Kenntnisse und Erfahrungen auf dem Gebiet der Verhaltenstherapie nachgewiesen hat (ärztlicher Verhaltenstherapeut)".

Das verfahrensspezifische Kriterium „eingehende Kenntnisse und Erfahrungen auf dem Gebiet der Verhaltenstherapie" ist generalklauselartig und erheblich schwächer als die Anforderung an psychologische Verhaltenstherapeuten: „Abgeschlossene Zusatzausbildung in Verhaltenstherapie entsprechend den in den Psychotherapie-Richtlinien und -Vereinbarungen genannten Voraussetzungen". Dies heißt, an einem anerkannten Ausbildungsinstitut eine formal geordnete und inhaltlich durchstrukturierte, „mindestens dreijährige ganztägige oder fünfjährige berufsbegleitende Ausbildung" (Psychotherapie-Richtlinien G II.).

Daraus ergibt sich, daß die „offiziell" ausgebildeten psychologischen Verhaltenstherapeuten über eine umfassendere Qualifikation verfügen müssen als die Gutachter selber. Diese Regelung der KBV muß angesichts der enormen Diversifizierung und der oben genannten wissenschaftlichen Fortschritte auf dem Gebiet der Verhaltenstherapie (vgl. Fiedler, 1997) befremdlich erscheinen.

Das derzeitige VT-Gutachterverfahren ist mit Einführung der Verhaltenstherapie in die kassenärztliche Versorgung 1980 und Aufnahme in die Psychotherapie-Richtlinien erst 1987 aus einer Übergangssituation entstanden. Aus dieser Sicht hat es als Kompromißlösung durchaus funktioniert. Aber mit der starken Zunahme von erforschten und ausgebildeten verhaltenstherapeutischen Spezialkenntnissen könnte es bei einzelnen Gutachtern zu problematischen qualitativen Kompetenzkonflikten mit erfahrenen Praktikern und Supervisoren kommen, wenn die Qualifikationsvoraussetzungen und Eignungskriterien nicht zumindest gleichwertig oder gutachterlicherseits eher noch höherwertig angesetzt sind.

3.2.4 Beeinträchtigung der Strukturqualität durch ungeeignete Gutachter

Das Gutachterverfahren beinhaltet erhebliche formale Definitionsmacht und einschneidende informelle Sanktionsmacht. Ablehnungen können nicht nur Kränkungen bedeuten, sondern gerade wegen des hohen Antragsaufwands durchaus Motivationskrisen und dauerhafte Widerstände bei den Psychotherapeuten auslösen. Vom Gutachter (zumeist mit einem einzigen Satz) eingeforderte „Nachbesserungen" können willkürlich erscheinen und kosten zusätzliche Arbeitszeit, egal ob diese Ergänzungsaufforderung vom Therapeuten befolgt oder durch ein eingeleitetes Obergutachterverfahren überprüft wird.

Wegen dieser ganz erheblichen Alltagskonsequenzen gutachterlicher Entscheidungen ist an die Eignung als Gutachter ein hoher Maßstab anzulegen. Wo und wie aber findet Qualitätskontrolle (auf der Ebene der Strukturqualität) hier statt? Was passiert etwa, wenn ein Gutachter tatsächlich ungeeignet für dieses Amt ist?

Der Patient, dessen Antrag im Rahmen des Gutachterverfahrens abgelehnt wurde, kann ein Obergutachten beantragen und hat als letzte Möglichkeit die Klage vor einem Sozialgericht. Aber selbst wenn sich herausstellt, daß die Einwände des Gutachters unkorrekt oder willkürlich waren und erheblichen unnötigen Zusatzaufwand gekostet haben, hat dies keine Konsequenzen für den Gutachter. Die immense Unruhe, die problematische Wartezeit bzw. Therapieunterbrechung und der inadäquate Arbeits-, Kosten- und Zeiteinsatz, den der Gutachter in diesem Fall überflüssigerweise anderen zugemutet hat, bleibt unsanktioniert. Allenfalls Obergutachter haben einen kleinen Überblick über häufigen Gutachtenärger, der aber nicht weitergegeben wird. Außerdem werden die meisten Antragskollisionen in dem hierarchisch strukturierten Gutachtersystem von den Psychotherapeuten submissiv widerspruchslos (im Sinne von „there will be no wisdom – let it be") hingenommen, trotz ihres eventuell immensen Ärgers. Jeder Psychotherapeut kennt die Forschung zu den äußerst schädlichen Folgen wiederholter Erfahrungen von Ohmacht und Hilflosigkeit, so daß die eigene Psychohygiene durch chronisch ungeeignete Gutachter beschädigt werden kann. Dieses Problem ergibt sich insbesondere für die Verhaltenstherapie, bei der aufgrund der extrem kurzen Bewilligungsschritte sehr häufig neue Anträge zu stellen sind.

Diese durchaus nicht konstruierten Probleme mit ungeeigneten Gutachtern sind nicht geregelt. Einzig verbleibende Abhilfe ist nur eine Beschwerde an die Adresse der KBV.

Die KBV kann dann ihrerseits vielleicht nicht im Einzelfall prüfen, aber zumindest sammeln und im Turnus der Gutachterbestellung auf vier Jahre den Gutachter dann gegebenenfalls nicht mehr berücksichtigen.

3.3 Prozeßqualität des Gutachterverfahrens

Im Rahmen der Prozeßqualität ist zu fragen, ob das derzeitige Gutachterverfahren tatsächlich effizient ist und seiner offiziellen Aufgabe gerecht wird:

> „zu prüfen, ob das beantragte Psychotherapie-Verfahren nach den Psychotherapie-Richtlinien anerkannt und im konkreten Behandlungsfall indiziert ist und ob die Prognose einen ausreichenden Behandlungserfolg erwarten läßt" (Psychotherapie-Vereinbarung § 8 Abs. (1) S. 2).

Die Feststellung, ob das Verfahren anerkannt ist, ist ein einfacher, eher verwaltungstechnischer Subsumtionsvorgang, der sich auf die Anwendung der Psychotherapie-Richtlinien, Abschnitt B I., bezieht. Die Eingrenzung auf bestimmte zugelassene Verfahren ist bereits durch die grundsätzliche Zulassungsüberprüfung seitens der Kassenärztlichen Bundesvereinigung sichergestellt und bedürfte nicht extra eines Gutachterverfahrens. Als sehr viel problematischer sind die beiden weiteren Aufgabenstellungen zu beurteilen. Die Eignung des Gutachterverfahrens zur Prüfung der Indikation und der Zweckmäßigkeit der beantragten Therapie („ausreichender Behandlungserfolg zu erwarten") wird in den oben angeführten verschiedentlichen Gutachtendiskussionen ganz besonders kritisch beurteilt.

3.3.1 Indikationsüberprüfung

Nach den Psychotherapie-Richtlinien ist die Voraussetzung für die Bewilligung einer beantragten Psychotherapie, daß sie der Heilung oder Besserung von „Krankheit" dient und daß das beantragte Verfahren „im konkreten Behandlungsfall indiziert ist" (Psychotherapie-Richtlinien, Abschnitt B I.).

Behandlung von „Krankheit"
Die Gutachter haben zu prüfen, ob die beantragte Psychotherapie tatsächlich der Behandlung von „Krankheit" im Sinne der Psychotherapie-Richtlinien (Abschnitt D) dient. Die Feststellung von psychotherapeutisch relevanter Krankheit erfordert zur einen Seite die Abklärung, ob nicht ein organischer Befund bzw. die Indikation für eine Somatotherapie vorliegt und zur anderen Seite, ob nicht reine soziale Anpassungs-, Berufs- oder Eheprobleme etc. vorliegen, die zwar einen erheblichen Leidensdruck verursachen können, aber eben nicht „Krankheit" im Sinne des SGB V sind.

Bereits oben wurde dargelegt, daß die abgestufte primär- und fachärztliche Versorgungsstruktur einen organ-medizinischen Kontrollfilter vor Psychotherapiebeginn darstellt. Es wurde ausgeführt, daß die letztendliche Verantwortung für die Indikationsstellung zur Psychotherapie und ggf. Einleitung somatischer Begleittherapien der die Therapie selbst durchführende oder delegierende Arzt trägt. Mit diesem „Arztvorbehalt" sind Fehlindikationen bei somatischen Erkrankungen prinzipiell abgesichert, so daß diesbezüglich ein nochmaliges, dazu rein theoretisches Gutachter-Prüfverfahren schon aus Kostengründen nicht gerechtfertigt ist.

Die Prüfung zur anderen Seite soll sicherstellen, daß nicht eine Indikationsausweitung stattfindet und umfassende psychosoziale Versorgung, Lebensberatung oder sonstige allgemeine Fördermaßnahmen von der Solidargemeinschaft der Krankenversicherten finanziert werden. Derartige soziale Beratungs- und Unterstützungsangebote, so notwendig und prophylaktisch sinnvoll sie auch sein mögen, sind nicht Psychotherapie im Sinne der Richtlinien.

Linden & Dankesreiter (1996) vermuten, die Indikationsfrage sei deshalb so bedeutungsvoll, weil Psychotherapie „traditionellerweise im Verdacht steht, weniger der Krankenbehandlung als der allgemeinen Lebensentwicklung zu dienen" (S. 537). Auch an anderer Stelle werden ähnliche Assoziationen gebildet. So äußert Hand (1992), daß die Krankenkassen befürchteten, daß letztendlich „Lebenshilfe" bezahlt und deshalb „nicht auf die Frage, ob eine Krankheit im Sinne der RVO[3] vorliegt", verzichtet würde (S. 88).

Die hierin widergespiegelten Mutmaßungen zur Unkontrolliertheit und Beliebigkeit der psychotherapeutischen Alltagspraxis reihen sich ein in den beliebten Kanon sonstiger Spekulationen über das konkrete Praxisgeschehen (vgl. Fiedler, 1997; Schulte, 1995; Wittchen, 1996). Diesen Unterstellungen auf reinem Meinungsniveau ist an anderer Stelle ausführlich widersprochen worden (Köhlke, 1997). Für die Verhaltenstherapie jedenfalls ist festzustellen, daß sie schon vom Ansatz her besonders krankheitssymptom- und störungsspezifisch angelegt ist und daß der enorme alltagspraktische Effizienzdruck durch das kurze VT-Zeitbudget die unterstellte „Beliebigkeit" als grundsätzlich absurd zurückweisen läßt.

Überdies erweist es sich als reine Illusion zu erhoffen, daß das Gutachterverfahren solche Fälle von mißbräuchlicher Indikationsausweitung tatsächlich verhindern kann. Da die Gutachter von den schriftlichen Berichtsdarstellungen abhängig sind, haben sie keinen Einblick in das tatsächliche Therapiegeschehen. Und daß ein Therapeut so naiv sein sollte, bereits im Antrag auszuführen, er wolle „Lebenshilfe" ohne aktuelle Krankheitssituation durchführen, ist wohl kaum zu erwarten.

Verfahrensspezifische Indikationsstellung: Differentialindikation
Um es vorwegzunehmen: Das Gutachterverfahren erweist sich zur Prüfung der differentiellen Methodenindikation als absolute Fehleinrichtung.

Die bedeutungsvolle Frage, ob der jeweils beantragte Therapieansatz Psychoanalyse/Tiefenpsychologie oder aber Verhaltenstherapie denn tatsächlich im konkreten Krankheitsfall am besten geeignet ist, wird a priori fast vollständig ausgeblendet. Diese gutachterliche Ausklammerung einer fachlichen Nachprüfung muß aber hier als besonders zweifelhaft beurteilt werden, weil gerade die konkreten Patienten-Zugangswege in ein bestimmtes Therapieverfahren zumeist alles andere als rational und sachlich begründet verlaufen. Die Entscheidung für oder gegen eines der Psychotherapieverfahren findet primär nicht nach fachlichen oder sachlichen Indikationskriterien statt, sondern nach „spontanistischen" Zufälligkeiten: Etwa bei welchem Therapeuten zufällig der erste Kontakt stattfindet, weil derjenige gerade keine Wartezeit hat, im

---
3. Seit 1989 hat das SGB V die Reichsversicherungsordnung (RVO) in den entsprechenden Teilen ersetzt.

Branchenbuch gefunden wurde, fahrtechnisch schnell erreichbar ist oder ähnliches. Oder ob der überweisende Arzt mehr von Psychoanalyse oder Verhaltenstherapie „hält" oder mit dem Therapeuten in engerem Kontakt steht. Oder – noch zweifelhafter – welche Therapie der Patient selbst für sich bevorzugt etc.

Die sogenannte Differentialindikation geschieht de facto aufgrund von inadäquaten Zufalls-, Beliebigkeits- und Beliebtheitskriterien, ohne daß hier das Gutachterverfahren eine korrigierende, qualitätssichernde Funktion einzunehmen imstande wäre. Diese irrationale Therapieweichenstellung wird gutachterseits übersehen, weil jedes Therapieverfahren „die uneingeschränkte Kompetenz für alle Indikationsbereiche" beansprucht (Faber & Haarstrick, 1996, S. 37). Und da die Psychotherapie-Richtlinien keine Spezifizierung des Indikationskatalogs nach den verschiedenen Therapieverfahren vorsehen, sind eben per definitionem alle zugelassenen Verfahren für die enumerativ aufgeführten Anwendungsbereiche (Psychotherapie-Richtlinien, Abschnitt D) gleichermaßen indiziert.

Mit dieser grundsätzlichen Feststellung, daß die beantragte Therapie „nach den PT-Richtlinien anerkannt und indiziert" ist, begnügen sich denn auch die Gutachter und vermeiden mit eben dem Verweis auf die diesbezüglich unspezifischen Psychotherapie-Richtlinien einen äußerst unbequemen Konfliktstoff (vgl. Faber & Haarstrick, 1996).

Diese gern auferlegte Selbstbeschränkung ist aber nicht unproblematisch. Eine Entscheidung zur Differentialindikation kann nicht von den Psychotherapie-Richtlinien erwartet werden. Diese müssen als Rahmenbedingung generalklauselartig offen formuliert sein, um einerseits den jeweiligen Forschungsfortschritten und andererseits der Besonderheit des Einzelfalls zu genügen. Die Differenzierung danach, welches der grundsätzlich angezeigten Verfahren nun aber im vorliegenden Einzelfall hinsichtlich der Prüfkriterien „notwendig, zweckmäßig und wirtschaftlich" am indiziertesten ist, ist auf konkreter Fallebene festzustellen und dementsprechend auch gutachterlich zu überprüfen. Es darf erinnert werden: Bei der Qualitätssicherung geht es um *Optimierung* des Mitteleinsatzes hinsichtlich Wirksamkeit und Wirtschaftlichkeit. Im Rahmen der kassenärztlichen Versorgung muß und darf *nur das* getan werden, was nötig ist, um einen bestehenden Krankheitszustand zu bessern (Sponer, 1987).

Letztendlich geht es hier um das Streitthema, welches Psychotherapieverfahren sich aus der Perspektive von Zweckmäßigkeit und Wirtschaftlichkeit für welche Störungen als besser indiziert erweist (vgl. Grawe et al., 1990). Dies soll hier nicht vertieft werden. Der Verfasser ist gerade nicht der Auffassung, daß eine „Allgemeine Psychotherapie" (Grawe et al., 1994), die schulenübergreifend die jeweiligen ansatzbezogenen Wirkprinzipien integriert, tatsächlich eine zukünftige Lösung darstellt. Psychoanalyse und Verhaltenstherapie unterscheiden sich so wesentlich, daß sie wegen ihrer methodenbezogenen Eigengesetzlichkeit nicht seriös zu kombinieren sind. Vielmehr verbürgt gerade ihre beizubehaltende Unterschiedlichkeit jene wechselseitigen Innovationen und Erkenntnisfortschritte, die die schwierige Balance zwischen psychischer Komplexität und ressourcenbedingter Pragmatik immer wieder neu finden läßt. Aber angesichts der zunehmend drängenden Forderungen sowohl von wissenschaftlicher Seite (vgl. Grawe et al., 1994) als auch von seiten der Gesundheitspolitik scheint es

– in konzertierter Aktion der Fachvertreter – dringend geboten, Konzepte und Entscheidungsraster zu entwickeln, für welche Störungen oder Patienteneigenschaften welche Psychotherapieverfahren die Methode der (ersten) Wahl sein müssen. Abgesehen von Effizienzforderungen der Krankenkassen und empirisch orientierter Psychotherapie-Forscher kann es zu Sozialgerichtsprozessen z. B. bei abgelehnten Fortsetzungsanträgen kommen. Im Rahmen der juristischen Überprüfung könnte dann die Fragwürdigkeit evident werden, daß es bisher mehr oder weniger von Schicksal, Glück und Zufall abhängt, ob etwa eine Angst-, Zwangs- oder Persönlichkeitsstörung mit Verhaltenstherapie oder Psychoanalyse behandelt wird.

Die von Faber und Haarstrick (1996) gutgemeinten Differenzierungsvorschläge vermögen nicht zu überzeugen: „Eine monosymptomatische Phobie z.B. sollte in der Regel durch eine Verhaltenstherapie behandelt und nicht einer analytischen Psychotherapie zugeführt werden. Eine Angstneurose bei einem schweren Beziehungskonflikt sollte dagegen in der Regel eher einer konfliktzentrierten oder auch analytischen Behandlung vorbehalten bleiben, statt der Anwendung einer verhaltenstherapeutischen Anwendungsform den Vorzug zu geben" (S. 89). Zum einen ist es nur eine Frage des Begründungsaufwands, eine Phobie mit oder ohne komplexen Hintergrund darzustellen, zum anderen hat sich die Verhaltenstherapie erheblich weiterentwickelt als daß man ihr durch diesen „monosymptomatischen" Zuschnitt gerecht würde (vgl. Fiedler, 1997; Hand, 1993; Schulte, 1996a).

Festzuhalten bleibt, daß die Differentialindikation und damit die Frage des optimalen Therapieansatzes von den Gutachtern „wie ein heißes Eisen" gemieden wird, und insofern wird auch der gutachterliche Auftrag einer Angemessenheits- und Wirtschaftlichkeitsprüfung nicht adäquat erfüllt.

3.3.2 Zweckmäßigkeitskriterium

Das Gutachterverfahren soll die Wirksamkeit und Wirtschaftlichkeit der beantragten Psychotherapie sichern. Kann es diese Aufgabe erfüllen?

Reine Plausibilitäts- und Schlüssigkeitsprüfung
Während sonstige Gutachterverfahren in Wirtschaft, Handwerk und überwiegend auch im juristischen Bereich grundsätzlich die Unmittelbarkeit der Inaugenscheinsnahme und eine direkte Untersuchung voraussetzen, findet hier eine Beurteilung „rein theoretisch nach Aktenlage" statt. Dabei kann sich der Gutachter kaum auf gesichertes Datenmaterial und eine objektive Tatsachenebene beziehen, sondern ist primär auf die Darstellung des behandelnden Therapeuten angewiesen, so wie sie in dem Antragsbericht zum Ausdruck kommt. Da der Gutachter keinerlei Kontakt mit dem Patienten hat, sich also keinen eigenen Eindruck und kein eigenes Urteil verschaffen kann, reduziert sich letztendlich seine Beurteilung auf eine reine Plausibilitäts- und Schlüssigkeitsprüfung der Antragsformulierung. Originär wird allenfalls schulbuchmäßiges „theoretisches" Wissen abgeprüft: Ob der Therapeut beispielsweise die aktuellen wissenschaftlichen Fortschritte zu störungsspezifischen Erklärungs- und Behandlungsmodellen richtig benannt und deren planerische Berücksichtigung im Antragsbericht angemessen beschrieben hat.

Anpassung an gutachterliche Erwünschtheit
Das Hauptkriterium zur Kontrolle und Sicherung von Qualität basiert auf Anscheinseindrücken.
Ironischerweise wohl eher unbeabsichtigt bringt Linden (1992) dies „aus Gutachtersicht" in seinen Pro-Argumenten auf den Punkt: „Und wenn jemand in einem Bericht den Eindruck vermittelt, daß er weiß, was Sache ist und plausibel machen kann, warum er denkt, daß das, was er tut, etwas bringen wird, dann möchte ich den Antrag sehen, der dann abgelehnt würde" (S. 89). Genau so ist es! Es geht um Plausibelmachen und Eindrucksvermittlung und damit um äußere Formulierungs- und Darstellungsfertigkeiten.

Der berichterstattende Therapeut paßt sich diesen aufgezwungen Spracherwartungen an, standardisiert seine Anträge nach Anwendungsbeispielen (Keil-Kuri & Görlitz, 1995), trainiert vielleicht sogar konkret das Anträgeschreiben im Rahmen seiner Psychotherapie-Ausbildung oder zahlt für – von Gutachtern selbst vertriebenen – computergestützte Antrags-Rationalisierungsprogramme (Sulz, 1992). Ähnlich wie nach einem Training beruflicher Bewerbungsschreiben sind die Therapieanträge dann zunehmend geklont und führen im Endeffekt zu einer Diskrimination nur noch derjenigen Praktiker, die diese formalen Spiel- und Sprachregeln (noch) nicht kennen.

Informelle „Kooperation"
Diese Reduzierung von Komplexität auf ein leicht „durchgängiges Niveau" bedeutet eine formale und inhaltliche Realitätsanpassung an einen störungsfreien Ablauf: „Der Normalfall läuft doch!" (Linden,1992). Es entwickelt sich eine stillschweigende, inzidenten systemischen Regeln gehorchene Übereinkunft, bei der Praktiker wie Gutachter so zeitökonomisch wie möglich durch dieses Verfahren durchkommen möchten. Linden (1992) illustriert diese informelle „Kooperation" für die Seite der gutachterlichen „Vertragspartei": „Ich denke, wir sollten das Ganze als ein kooperatives Verfahren verstehen, mit allen Konsequenzen! Ich habe vorhin schon gesagt, ich kenne eigentlich niemanden, der sich als Gutachter gerne Arbeit macht mit einer Ablehnung, und eine solche ist immer mehr Arbeit als eine Genehmigung" (S. 89). Wenn sich der nur lesende Gutachter schon nicht gerne Arbeit macht, was erwartet er dann von seinem „Kooperationspartner"? Und „mit allen Konsequenzen"? Die Praktiker kennen die Konsequenzen eines zweifelhaften, mehrstündigen Antragsaufwands bei völlig inadäquater Honorierung. Was aber sind die „zu ertragenden" (oder ertragreichen?) Konsequenzen ihres „Teampartners" Gutachter?

Schlechter Antrag = schlechte Therapie?
Das Gutachterverfahren als vermeintliches Instrument der Qualitätssicherung basiert primär auf der Annahme, daß von einem guten Antrag auch auf eine gute Therapie und von einem schlechten Antrag auch auf eine schlechte Therapie zu schließen ist. Auch dies wird von Linden (1992) am deutlichsten ausgedrückt: „Ein schlechter Antrag, eine schlechte Falldarstellung, aus der erkennbar ist, daß z.B. ein Fall nicht überblickt wird – und das sind die Ablehnungsfälle – garantiert schon mit einer gewissen Wahrscheinlichkeit eine fragwürdige Therapie" (S. 80f.).

Zunächst einmal ist auf die nicht unerhebliche Vermessenheit aufmerksam zu machen, die darin liegt, auf der schmalen Basis schlechter schriftlicher Angaben eines vermeintlich „den Fall nicht überblickenden" Therapeuten dann aus gutachterlicher Ferne einen besseren Ein-, Aus-, Über- oder Durchblick haben zu meinen. Es geht hier schließlich nicht um die Erfassung relativ gut nachvollziehbarer technischer Sachverhalte, sondern um zumeist komplexe, lebensbiographisch und lebenswirklich verwobene Störungskontexte. Da der Gutachter weder Therapeut noch Patient kennt und deshalb Erklärungslücken von sich aus auch nicht nachbessern kann, bleibt ihm nur der schmale Grat von vermittelter „Einsicht", den ihm der antragstellende Therapeut verschafft oder nicht verschafft. Da er durch die Realitätsferne gerade nicht einen Soll-Ist-Vergleich anstellen kann, weiß er im Prinzip erst recht nicht, „was Sache ist", um es mit den Worten von Linden (1992, S.89) auszudrücken. Diese gutachterliche „Ferndiagnostik" unterscheidet dieses Verfahren ganz wesentlich von sonstigen Prüfvorgängen und dies – wie schon gesagt – bei der ohnehin viel weniger klar beschreib- und vermittelbaren Komplexität menschlicher „Beschaffenheiten".

„Garantierte Wahrscheinlichkeit"
Die qualitätssichernde Wirkung des Gutachterverfahrens und damit seine eigentliche Legitimation wird von Gutachterseite ganz erheblich auf der folgenden, von Linden (1992) auf den Punkt gebrachten Annahme gestützt: „Ein schlechter Antrag garantiert mit einer gewissen Wahrscheinlichkeit eine fragwürdige Therapie" (S. 81). Bei näherer Analyse dieser Kernaussage zeigt sich, auf welch unsicherem Terrain sich diese Annahme bewegt. Ohne das geringste empirische Fundament wird ein korrelativer (oder eventuell gar kausaler) positiver Zusammenhang zwischen Antragsqualität und Therapiequalität unterstellt!

Als wäre dies so selbstverständlich, daß es die Mühe und Kosten dieses Verfahrens „garantiert" lohnt. Aber: Die Fertigkeit zum Formulieren guter Anträge ist eine qualitativ andere Kompetenz als die Fähigkeit, effektive Therapien zu gestalten (vgl. auch Abschnitt 4.2.2). Aus der Position dieser Alternativhypothese soll die „gewisse Wahrscheinlichkeit" kurz unter die Lupe genommen werden. Grundsätzlich gibt es bei einfacher Gegenüberstellung dichotomer Beurteilungen vier mögliche Fallgestaltungen (A, B, C, D):

Tabelle 1: Vier (idealtypische) Fallgestaltungen für das Verhältnis von Antrags- und Therapiequalität

	Antrags-Qualität	Therapie-Qualität
A	Guter Antrag	Gute Therapie
B	Guter Antrag	Schlechte Therapie
C	Schlechter Antrag	Schlechte Therapie
D	Schlechter Antrag	Gute Therapie

A und C sind quasi diejenigen Idealfälle, die mit entsprechenden „Musterfällen" von den Gutachtern als Rechtfertigung gutachterlicher Qualitätssicherung vorgeführt werden (vgl. *Praxis der Klinischen Verhaltensmedizin und Rehabilitation, 1992, Heft 17ff.*). Aber leider steht der Annahme A mit genau so großer Wahrscheinlichkeit die Annahme B im Wege, nämlich, daß jemand durchaus gute „theoretische" Anträge schreiben, aber keine effektive Therapien gestalten kann. Und ebenso steht der gutachterlichen Grundannahme C, „ein schlechter Antrag läßt eine schlechte Therapie erwarten", die ebenso mögliche Annahme D gegenüber, daß nämlich ein Therapeut durchaus sehr qualifiziert sein, aber gleichwohl keine guten Anträge formulieren kann. So entlarvt sich die Annahme, die Antragsqualität „garantiert mit gewisser Wahrscheinlichkeit" einen Schluß auf die Therapiequalität, als gewiß genauso unwahrscheinlich, wie mit diesem Urteil garantiert falsch zu liegen.

Erhebliche Ablehnungsvarianz = Subjektive Willkür?
Wie unzuverlässig die sogenannte Qualitätssicherung des Gutachterverfahrens erfolgt, zeigt sich aus der enormen Ablehnungsvarianz von 0.5 – 12.8% (Quelle: Zahlen zur Gutachterstatistik der KBV). Hinter dieser nüchternen Zahl für 1995 steht die Aussage: Es gibt Gutachter, die nur jeden 200. Antrag ablehnen und andere, die jeden 8. Fall ablehnen! Die Varianzdifferenz für 1994 war noch drastischer: 0.2 – 38.7%, d.h. es gab Gutachter, die nur jeden 500. Antrag und andere, die fast jeden 2. oder 3. Antrag abgelehnt hatten.

Sicher, die jeweiligen Endpunkte markieren die statistischen „Ausreißer", und das Gros der Ablehnungen wird sich um 2–6% bewegen. Aber daß solche Extreme überhaupt möglich sind, zeigt den Mangel an einheitlichen Standards bzw. Kriterien sowie die unzureichende Objektivität des Verfahrens (im Sinne der Testtheorie) und läßt die zum Teil heftigen Emotionen der Praktiker verstehen. Und vergegenwärtigt man sich den von Praktikern immer wieder beklagten Aufwand des Anträgeschreibens, dann stellt folgende Aussage aus Gutachterkreisen im Spiegel ihrer eigenen Unzuverlässigkeit und Unberechenbarkeit eine echte Provokation dar: „Und wenn es zu einer Ablehnung kommt, würde ich sagen: Das ist vielleicht eine Kränkung des Narzißmus, ... aber keine Katastrophe" (Linden, 1992, S. 89).

3.4 Ergebnisqualität

Als dritte wichtige Dimension der Qualitätssicherung gilt die Ergebnis-Qualität. Dabei geht es um die Beurteilung, ob und inwieweit ein gewünschtes Zielkriterium tatsächlich erreicht worden ist.

Für psychotherapeutische Leistungen werden zunehmend Vorschläge und Maßnahmen entwickelt, die die Effekte und Effizienz therapeutischer Leistungen angemessen evaluieren sollen (Bell et al., 1996; Frank & Fiegenbaum, 1994; Fydrich et al., 1996; Grawe & Braun, 1994; Richter, 1994; Vogel, 1993). Dabei wird angestrebt, eine Überprüfung der Ergebnisqualität möglichst objektiv und direkt zu erheben (Meyer et al., 1991), wobei insbesondere auch die Erfahrungen und die Bewertungen der Patienten als ein besonders wichtiges Kriterium (Fischer, 1995; Kordy, 1992) erachtet werden.

Derartige Überlegungen oder gar empirische Datenerfassung zur Wirksamkeitsprüfung des Gutachterverfahrens sind nicht in Sicht. Schon gar nicht werden Erhebungen angestellt, in der die Begutachteten selber befragt werden, welche Erfahrungen sie mit dem Gutachterverfahren gemacht haben und wie sie als unmittelbar „Betroffene" dessen Eignung, Zweckmäßigkeit und Effektivität beurteilen. Diesbezüglich begnügen sich die für die Einrichtung des Gutachterverfahrens zuständigen Krankenkassen (vgl. Lubecki, 1990) und die KBV (vgl. Dahm, 1996) mit einem subjektiven Dafürhalten und werden bei diesem persönlichen Meinungsbild tatkräftig durch Gutachter unterstützt. Dies wäre bei einer Psychotherapie-Outcomeforschung so, als würden nur die Therapeuten selbst zum Ergebnis ihrer eigenen Maßnahmen befragt und objektive Erfolgsmaße weder erhoben noch durch Befragung der „betroffenen" Patienten angestrebt werden.

Wenn die Verantwortlichen im Gesundheitswesen gerade in letzter Zeit so sehr das Thema Qualitätssicherung reklamieren, so sollten sie insbesondere auch die Ergebnisqualität ihrer eigenen Maßnahmen und Einrichtungen mit ins Visier nehmen. So wie von ordentlichen Therapeuten als primäres Qualitätskriterium erwartet werden darf, daß sie Beschwerden, Klagen und Kritik ihrer Patienten ernstnehmen und sich selbstkritisch befragen, ob etwas an ihrem Vorgehen nicht stimmt und zu ändern wäre, so sollte auch von verantwortlichen Stellen die „Kritik unterschiedlicher Seiten" (Dahm, 1996) und das wiederholte Aufflammen (über-)„emotionalisierter Diskussionen" (Kallinke, 1992) zum Gutachterverfahren ernstgenommen werden. Schließlich ist dies ein deutlicher Ausdruck der Unzufriedenheit und des erheblichen Zweifels eines großen Teils der Psychotherapiepraktiker, der ganz offensichtlich die Ergebnisqualität des Gutachterverfahrens sehr viel kritischer und negativer beurteilt als die von der KBV bestellten Gutachter selber.

Diese zum Teil extreme Unzufriedenheit der Praktiker damit zu erklären, daß sie das Gutachterverfahren als aversive Kontrolle und die Antragsablehnung als „narzißtische Kränkung" erleben (vgl. Linden, 1992), der sie sich durch Abschaffungsforderungen zu entziehen suchen, ist eine Zumutung und schürt weiter erhebliches Konfliktpotential. Die Praktiker fürchten nicht eine Kontrolle ihrer therapeutischen Arbeit, nicht die externe Beurteilung durch einen Gutachter (vgl. Faber, 1991), sondern den extremen Antragsaufwand und weitere zeitintensive gutachterliche „Nachbesserungsauflagen" oder aufwendige Erklärungen an Obergutachter. Wenn das Gutachterverfahren als zweckmäßige und sinnvolle Einrichtung gesehen würde, könnte es – wie viele sonstigen Pflichten des Lebens – „zähneknirschend" hingenommen werden. So aber ist die sich immer wieder entwickelnde scharfe Emotionalisierung der Gutachtendiskussion nur zu verstehen als Protest eines Großteils der Praktiker gegen eine immense formale Bürde, die als ineffektiv, überflüssig und willkürlich beurteilt wird.

3.5 Wirtschaftlichkeit des Gutachterverfahrens

Maßnahmen der Qualitätssicherung im Gesundheitswesen sind an den Grundsätzen der Zweckmäßigkeit und Wirtschaftlichkeit zu messen. Auch die Instrumente der Qualitätssicherung selber sind Kosten- und Nutzenanalysen zu unterziehen.

3.5.1 Die Kostenseite des Gutachterverfahrens

Aus der „Gutachterstatistik der KBV" geht hervor, daß 1995 im Bereich Psychoanalyse und Tiefenpsychologie 44 Gutachter 46.829 Fälle begutachtet hatten, was im Schnitt 1.064 Gutachten pro Gutachter entspricht. Im Bereich Verhaltenstherapie hatten 18 Gutachter 19.118 Fälle begutachtet, was einem Schnitt von 1.062 Gutachten pro Gutachter entspricht.

Als „Gutachtenfall" wird jeder Antragsschritt, also sowohl Erst- als auch Fortsetzungsanträge, gezählt. Die Gutachterstatistik der KBV erfaßt nur die Daten, soweit Gutachter sie rückgemeldet haben. Von daher werden die tatsächlichen Summenwerte deutlich höher liegen (ca. ein Drittel der Gutachter haben nach KBV-Angaben ihre Jahresstatistik nicht rechtzeitig rückgemeldet).

Die lukrative Seite der Gutachtertätigkeit
Die Honorare für die Gutachter betragen für die statistisch erfaßten 66.000 Antragsfälle (1995) bei einem (zwischen Primär- und Ersatzkassen gemittelten) Honorarsatz von DM 77,- pro Gutachten insgesamt ca. 5 Millionen DM.

Die durchschnittliche Einnahme eines Gutachters für seine gutachterliche Tätigkeit im Auftrag der Gesetzlichen Krankenversicherung (GKV) – also nicht Privatkrankenversicherung, Beihilfe etc. – beträgt demnach ca. DM 82.000,- pro Jahr. Interessant ist ein Vergleich mit den jährlichen GKV-Einnahmen der Vertragspsychotherapeuten, denn dies macht deutlich, daß den gutachtenden Psychotherapiekollegen durchaus auch aus pekuniären Gründen an der Beibehaltung des Gutachterverfahrens gelegen sein kann.

Die GKV-Umsatzzahlen der Richtlinien-Vertragspsychotherapeuten betrugen 1994 für ärztliche Psychotherapeuten DM 72.312,60 und für „nicht-ärztliche" Psychotherapeuten DM 68.940,49 (Quelle: KBV-Honorar-Umsatzstatistik, alte Bundesländer). Das heißt, die Gutachter erwirtschaften allein durch ihre gutachterliche Nebentätigkeit ein höheres Einkommen als sie als Vertragspsychotherapeuten erzielen würden und dies vor dem Hintergrund der erheblich höheren Betriebskosten einer psychotherapeutischen Praxis.

Der Einwand, das von der KBV ermittelte Durchschnittseinkommen ärztlicher und „nicht-ärztlicher" Psychotherapeuten falle zu niedrig aus, weil es viele psychotherapeutische „Nebenbeipraxen" gäbe, die den Mittelwert nach unten drückten, außerdem etwa Einkünfte seitens Privatversicherter nicht berücksichtigt worden seien, ist nicht stichhaltig.

Auch bei dem oben angeführten Gutachtereinkommen sind die Gutachtenaufträge privater Krankenversicherungen nicht hinzugezählt, außerdem gibt es auch bei ihnen eine erhebliche Varianz von 138–3.023 erstellte Gutachten pro Gutachter (Quelle: Zahlen zur Gutachterstatistik der KBV), was bedeutet, daß es Gutachter mit ca. DM 10.000,- und andere mit ca. DM 230.000,- Jahres(-neben)einkommen allein durch GKV-Gutachten gibt.

Antragskosten
Das gutachterliche Antragsverfahren kostet weiterhin die Gebühr für den Antrag in

Höhe von DM 140,- (EBM Nr. 868: 1.400 Punkte x 0.10 DM[4]) und für die „ergänzenden ärztlichen Angaben" in Höhe von DM 40,- (EBM Nr. 869: 400 Punkte x 0.10 DM), also insgesamt DM 180,- pro Antragsfall. Dies führt zu weiteren Kosten in Höhe von ca. 12 Millionen DM. Weiterhin fallen Schreib-, Kopie-, Portogebühren (EBM Nr. 7130, 7140, 7120/1) beim Therapeuten an. Auch den Krankenkassen entstehen Porto-, Druck- und Verwaltungskosten etc. Insgesamt sind hierfür ca. DM 50,- pro Antragsfall zu veranschlagen, was insgesamt weitere 3.3 Millionen DM ausmacht. Das Gutachterverfahren kostet die Solidargemeinschaft der Krankenversicherten schon insoweit mindestens 20 Millionen DM.

Damit sind die Kosten aber noch nicht abgedeckt. So müssen sich etwa die Patienten im Delegationsverfahren bei jedem Antragsschritt (Umwandlung-, Fortführungsantrag) neu beim Delegationsarzt, häufig auch noch beim somatomedizinischen Arzt, zur Erhebung des körperlichen Befundes vorstellen. Mit diesen, rein für den Antrag durchgeführten, ärztlichen Untersuchungen sind weitere erhebliche Kosten verbunden. So verursacht allein die Wiedervorstellung beim delegierenden Arzt im Delegationsverfahren weitere Kosten von ca. 70,- DM – 100,- DM (EBM-Leistungsziffern z.B.: Nr. 820, 822, 823, 851, 861, plus Grundleistungen plus Pauschalerstattungen).

Ob diese Antrags-Grundkosten zum Beispiel bei dem kurzen VT-Verlängerungsumfang von 15 Sitzungen (1. Fortsetzungsstufe) noch verhältnismäßig sind, muß stark bezweifelt werden. Hier kommen leicht tatsächliche Kosten der Fortsetzungsbeantragung von über DM 400,- zusammen, um damit eine Bewilligung von ca. DM 2.200,- für weitere 15 Sitzungen zu erreichen. Das heißt für „Qualitätsprüfungsmaßnahmen" werden hier ca. 20% der infrage stehenden Kosten aufgewendet. Auf solche Mißverhältnisse ist später im Zusammenhang der Verhältnismäßigkeitsprüfung (vgl. Abschnitt 5.1) näher einzugehen.

Tatsächliche Zeit-Kosten des Antragsberichts
Wenn Meyer et al. (1991) die Beibehaltung des Gutachterverfahrens empfehlen, weil es „relativ aufwandsarm in die Qualitätssicherung einbezogen werden" könne (S. 152), dann spricht nicht nur die oben angeführte realistische Kostenrechnung dagegen. „Aufwandsarm" ist das Gutachterverfahren für die Praktiker nun ganz und gar nicht. Alle publizierten Diskussionsbeiträge von Praktikern, alle verbandsinternen Erhebungen und Verlautbarungen sprechen von einer Zeitbelastung von mindestens drei bis vier Stunden pro Langzeitantrag. Teilweise werden bis zu fünf Stunden als realistische Zeiteinschätzung angegeben, rechnet man alle zu leistenden Arbeiten bis zur endgültigen Absendung des Antrages zusammen: Vorarbeiten (Aktenstudium, Aus-

---

4. Es wurde der EBM (Einheitlicher Bewertungsmaßstab) mit Stand vom 1.7.1997 zugrunde gelegt. Im EBM wird der Wert der einzelnen Leistungen und ihr Verhältnis zueinander durch Punktzahlen festgestellt. Diese Punktzahlen werden mit dem aktuellen Punktwert des zuständigen KV-Bezirks im Rahmen des Honorarverteilungsmaßstabs (HVM) multipliziert, woraus sich das Honorar errechnet. Der Einfachheit halber wurde hier mit einem Punktwert von 0.10 DM gerechnet, der zur Zeit allerdings nur in einigen KV-Bezirken durch entsprechende Stützung mittels HVM gegeben ist. (Erläuterungen zum KV-Honorarsystem, Zustandekommen des EBM etc. im Zusammenhang mit der Integration von Psychologen in das System der ärztlichen Selbstverwaltung finden sich bei Köhlke, 1996.)

wertung von Explorations-, Erhebungsdaten, Sitzungsmitschriften etc.), Berichtsabfassung, Korrektur, Formularbearbeitung etc.

Lehrmeisterhafte Äußerungen, auch von Gutachterseite, die eine Stunde pro Antrag als zeitliche Vorgabe und entsprechend Abweichungen hiervon als persönliche Inkompetenz des Antragstellers definieren, müssen Praktiker als puren Hohn empfinden – insbesondere wenn die Gutachter für ihre Lesearbeit und zumeist dreisätzige Gutachten-Textschablone fast das gleiche Honorar erhalten wie die Ersteller dreiseitiger Antragsberichte. Wenn Gutachter, wie erwähnt, im Schnitt pro Jahr mehr als 1.000 Anträge, im Extrem bis zu 3.000 Anträge „bearbeiten" (und dies zumeist neben ihrem Hauptberuf als Klinikchefarzt, Lehrstuhlinhaber etc.), dann handelt es sich bei der Antragsbegutachtung in der Regel um ein Minutengeschäft, das in keinem Verhältnis zum Antragsaufwand des Therapeuten steht.

Auch rechtlich erscheint es problematisch, wenn den Therapeuten einerseits ein umfangreicher „Fragenkatalog" zur Antragsstrukturierung vorgelegt, andererseits dessen erheblicher Bearbeitungsaufwand nicht angemessen honoriert wird. So haben KBV und Krankenkassen durch Gutachter einen „Katalog der Fragen" (Faber & Haarstrick, 1996, S. 61) ausarbeiten lassen, der mehrere Dutzend Einzelkriterien umfaßt (vgl. z.B. „Fragenkatalog für den Erst- und Fortführungsantrag für Verhaltenstherapie"), um, wie es heißt, „das Beantragungs- und Begutachtungsverfahren zu erleichtern" (Linden et al., 1993, S. 102).

Angesichts der unterschiedlichen Perspektiven wäre es wünschenswert, wenn sich auch Gutachter auf ihren Tagungen und im Kontakt mit Krankenkassen und KBV für eine korrekte Honorierung des tatsächlichen Antragsaufwands einsetzten, statt die Arbeitsbelastung der Praktiker durch das Antragstellen herunterzuspielen und als nicht viel aufwendiger als die ohnehin ärztliche Dokumentationspflicht zu bezeichnen (vgl. Dahm, 1996). Allerdings müßten Gutachter fast sicher befürchten, daß das für sie lukrative Gutachterverfahren, weil zu aufwendig, von den Krankenkassen abgeschafft würde, wenn die Anträge nach tatsächlichem Zeitaufwand honoriert würden, wie es eigentlich selbstverständlich wäre. In diesem Zusammenhang ist auch zu hinterfragen, ob nicht der sogenannte Antrags-„Bericht" eigentlich ein „Gutachten" und das schriftliche Ergebnis des Gutachters nicht eher ein „Prüfbericht" ist und hier durch falsche Begriffsfestlegungen fachspezifische Leistungen inadäquat bewertet werden.

Die im Gutachterverfahren vom Therapeuten geforderte übergeordnete Beurteilung funktionaler Zusammenhänge, die Ausarbeitung von Erklärungshypothesen aus „einer ätiologischen Betrachtungsweise mit Erläuterung der Gründe (causae) der Entstehung der neurotischen Erkrankung" (Faber & Haarstrick, 1996, S. 63) und daraus entwickelte „übergeordnete Behandlungsstrategie" stellt eine sachverständige Würdigung, kein einfaches Abfassen eines Berichts dar. Vielmehr sind „die verhaltensdiagnostischen Befunde auf einem der Komplexität der Störung angemessenem Abstraktionsniveau zu verdichten und zu einem Modell der Störung zusammenzufassen" (Faber & Haarstrick, 1996, S. 76). Eine Charakterisierung dieser eigentlich sachverständigen Leistung des Therapeuten mit dem Begriff „Bericht" kommt einem „Etikettenschwindel" nahe und führt auf lange Sicht zu impliziten nachteiligen Folgen bei den sich als übervorteilt empfindenden psychotherapeutischen Praktikern.

Zur Vermeidung von Qualitätseinbußen durch Anreizverlust, Demotivations- und

Resignationsempfinden der – ohnehin am Schlußlicht ärztlicher Einkommensskala befindlichen (vgl. Köhlke, 1996) – Vertragspsychotherapeuten ist dieser fachlich anspruchsvolle Leistungsaufwand auch entsprechend zu honorieren, so daß das oben genannte Honorar für den Erstantrags-„Bericht" ausgehend von 3 Stunden Arbeitszeit mit DM 400,- bewertet (EBM-Nr. 868: 4000 x DM 0.10) sein sollte.

Dementsprechend müßte eine korrekte Kostenkalkulation des Gutachterverfahrens die adäquate Honorierung des Antrag-Zeitaufwands eigentlich mit einbeziehen.

Mindest-Antragskosten pro Behandlungsfall
Unter Berücksichtigung nur der tatsächlichen, von den Krankenkassen derzeit aufgewandten Kosten ergibt sich folgende Mindest-Kostenrechnung für das Gutachterverfahren pro Antragsfall:

Gutachterhonorar	DM 77,-
Antragsgebühr (EBM 868)	DM 140,-
Somatischer Befund	DM 70,-
Ergänz. ärztl. Bericht (EBM 869)	DM 40,-
Verwaltungs-, Schreibkosten etc.	DM 50,-
Kosten pro Gutachter-Fall	DM 377,-

Der interessierte Leser wird leicht feststellen, daß dieser Kostensatz einen untersten Wert darstellt und bei detaillierter Kostenanalyse deutlich nach oben zu korrigieren wäre. Diesbezüglich sollte auch einmal über die Einkalkulierung erheblicher „versteckter" Kosten nachgedacht werden. Auch Störungen des Therapieprozesses durch das Gutachtenprocedere sind nicht kostenneutral! Von Praxisseite wird hier in Diskussionen aufgeführt:

- Verfremdung probatorischer Sitzungen auf Antragszuschnitt und gutachterlichen Datenbedarf;
- Abbau der therapierelevanten Eindrucks- und Informationsspeicherung und des sensiblen Beziehungsgefüges durch Gutachten-Wartezeit;
- Verschlechterung des Krankheitszustands durch ggf. mehrmonatige Wartezeit auf das Gutachtenergebnis;
- Störung des Therapieprozesses und Abbau von therapeutischer Wirkung durch Wartezeit;
- versteckte Therapieverlängerung zur amortisierenden Kompensation des erheblichen Berichtsaufwands.

3.5.2 „Einnahmen" durch Gutachterverfahren: Ablehnungsfälle

Die gutachterliche Nichtbefürwortung von Psychotherapie-Anträgen soll bewirken, daß unzweckmäßige bzw. unwirtschaftliche Therapiemaßnahmen nicht zur Anwendung kommen. Theoretisch sind daher mit einer solchen Ablehnung Einsparungen von Kosten verbunden. Ob das Schicksal der abgelehnten Fälle diese nicht auf anderen Wegen letztendlich doch noch zu einer Psychotherapie führt – eventuell bei einem anderen Therapeuten, in anderer Therapieart, bei einem anderen Gutachter – , sei hier dahingestellt. In der folgenden Rechnung soll davon ausgegangen werden, daß diese Ablehnungen auch tatsächliche Einsparungen im Psychotherapiebereich bedeuten. Die Zahlen sind den KBV-Frequenz- und Umsatz-Statistiken entnommen, so wie sie dankenswerterweise von der Vereinigung der Kassenpsychotherapeuten (1996) veröffentlicht wurden. Die nachfolgende Kalkulation ist exemplarisch für die von Psychologen durchgeführte Verhaltenstherapie berechnet, da das angegebene Zahlenmaterial zur Psychoanalyse/Tiefenpsychologie keine eindeutige Trennung von Kurz- oder Langzeittherapien (gutachterfreien bzw. -pflichtigen) und von ärztlichen oder psychologischen Therapeuten ermöglicht.

Die psychologischen Verhaltenstherapeuten haben 1994 31.789 Behandlungsfälle im Delegationsverfahren durchgeführt und dafür (inklusive Gruppentherapie) 45.1 Millionen DM an Honorar erhalten. Daraus errechnet sich ein Durchschnitt von ca. DM 1.420,- pro Behandlungsfall. Dieser zunächst gering erscheinende Durchschnitt erklärt sich dadurch, daß als „Behandlungsfall" jeweils eine Antragsstufe gezählt wird. Bei den kurzen Verhaltenstherapie-Bewilligungsabschnitten und vielen Umwandlungsfällen belaufen sich (nach durchgeführter Kurzzeittherapie von 25 Sitzungen) häufig die gutachterlichen Antragsschritte über den Sitzungsumfang 20–15–20. Jeder dieser Antragsschritte zählt als „Behandlungsfall", und da der Durchschnitt auch von Abbrechern und den im Jahr der Zählung unverbrauchten Sitzungen beeinflußt wird, ist der oben genannte Durchschnittsbetrag von DM 1.420,- Kosten pro Behandlungsfall nachvollziehbar. Die Ablehnungsquote in Verhaltenstherapie betrug 1994 4.62% (Quelle: KBV – Zahlen zur Gutachterstatistik), was bei insgesamt 18.094 Verhaltenstherapie-Gutachtenfällen bedeutet, daß 835 Anträge abgelehnt wurden. Die Multiplikation dieser 835 Ablehnungsfälle mit den oben errechneten Kosten pro Behandlungsfall von DM 1.420,- bedeutet, daß im Bereich Verhaltenstherapie 1.2 Millionen DM an Kosten durch gutachterliche Nichtbefürwortungen „eingespart" wurden.

Gegen diese Rechnung könnte eingewandt werden, sie berücksichtige nicht, daß bei Ablehnung von Erstanträgen auch die Kosten eventuell weiterer Abschnitte (1. und 2. Fortsetzungsantrag) eingespart werden. Leider ergibt sich (auch nach mündlicher Nachfrage) aus der von der KBV mitgeteilten VT-Ablehnungsquote von 4.6% nicht, wie sich diese auf Erst- und Fortsetzungsanträge verteilt.

Wie dem auch sei. Zur Vermeidung kritischer Einwände soll von folgender Maximumschätzung der Einsparungen durch Gutachterverfahren ausgegangen werden: Alle Ablehnungen betreffen nur Erstanträge und alle abgelehnten Fälle umfassen durchschnittlich zwei Antragsstufen (Normalfall und Besonderer Fall), dann würden nach obiger Rechnung maximal 2.4 Millionen DM durch Gutachterverfahren eingespart werden.

3.5.3 Einnahme-Ausgabe-Überschußrechnung

Diesem „Einspareffekt" für Verhaltenstherapie-„Ablehnungen" sind die Ausgaben für das Gutachterverfahren im Bereich Verhaltenstherapie gegenüberzustellen. Die

18.094 Verhaltenstherapie-Gutachtenfälle sind mit den oben angeführten Mindestkosten pro Gutachtenfall von DM 377,- zu multiplizieren, so daß das Gutachterverfahren im Bereich Verhaltenstherapie insgesamt Mindest-Ausgaben in Höhe von 6.8 Millionen DM verursacht.

Dementsprechend steht eine Maximal-Einsparung von 2.4 Millionen DM den Minimum-Kosten von 6.8 Millionen DM gegenüber.

Unter einem reinen Kostenaspekt bedeutet dieses Ergebnis, daß es fast dreimal „preisgünstiger" wäre, alle vermeintlich abzulehnenden Therapien ohne irgendwelches Gutachterverfahren durchführen zu lassen und zu finanzieren, als die weit höheren Kosten für das Gutachterverfahren zu tragen.

Aus solchen Kalkulationsbeispielen könnte etwa der Vorschlag entwickelt werden, daß es kostengünstiger ist, eine erste Therapie gutachtenfrei zu genehmigen und erst ab einer zweiten Therapie innerhalb einer Karenzzeit von etwa fünf Jahren ein außerordentliches Begründungs- und Prüfverfahren einzurichten.

3.6 Resumée

Das Gutachterverfahren, das der Qualitätssicherung im Psychotherapiebereich dienen soll, ist selbst nicht qualitätsgesichert genug, um seine Aufgabe zweckmäßig zu erfüllen. Eine nähere Analyse des Gutachterverfahrens zeigt, daß es die erforderliche Qualität in den drei Dimensionen Struktur, Prozeß und Ergebnis nicht gewährleistet. Weder gibt es verläßliches, objektives Zahlenmaterial, noch kommt die hier vorgelegte Untersuchung zu dem Ergebnis, daß die behauptete Effektivität des Gutachterverfahrens zur Qualitätssicherung tatsächlich diese erhebliche Ausgabe öffentlicher Gelder und den enormen Arbeitsaufwand legitimieren kann.

Eine Kosten-Nutzen-Analyse des Gutachterverfahrens kommt ebenfalls zu einem negativen Ergebnis. Die Wirtschaftlichkeitsberechnungen haben gezeigt, daß die Durchführung dieses Prüfverfahrens auf jeden Fall erheblich mehr Kosten verursacht als durch Ablehnungen unzweckmäßiger Therapien eingespart werden. Aus Kostenerwägungen wäre es letztendlich also deutlich preisgünstiger, unangemessene Therapien zu finanzieren als sie durch ein aufwendiges Gutachterverfahren herausfiltern zu lassen, wobei dann noch nicht einmal gesichert ist, daß diese Fälle woanders nicht doch noch kostenrelevant werden. Das Gutachterverfahren ist als Instrument der Qualitätssicherung nach alledem sowohl fachlich-inhaltlich als auch aus wirtschaftlicher Kosten-Nutzen-Perspektive ungeeignet.

Angesichts der aufgezeigten Kosten-Schieflage des Gutachterverfahrens und angesichts des Wirtschaftlichkeitsgebots und Sparsamkeitsprinzips im öffentlich-rechtlich strukturierten Gesundheitswesen bedarf es besonders guter inhaltlicher Gründe, um dieses Verfahren in dieser Form trotz alledem zu rechtfertigen.

4. Sekundäre Legitimation des Gutachterverfahrens

Wie gezeigt, ist die Effektivität des Gutachterverfahrens zur Erfüllung seiner primären Aufgaben nicht gesichert genug, so daß es in dieser Form wegen der öffentlich-rechtlichen Legitimationspflicht nicht fortgeführt werden dürfte.

Dem Gutachterverfahren werden aber Sekundäreffekte unterstellt, wodurch es doch ein Vorteil, quasi ein „sekundärer Gewinn" sein soll, diese „Prüfschwelle" vor langzeitlicher Psychotherapie beizubehalten. Insbesondere zwei vermeintliche Sekundäreffekte des Gutachterverfahrens sind zu diskutieren: Zum einen seine „pädagogische Wirkung", zum anderen seine „mengenbegrenzende Wirkung".

4.1 Pädagogischer Effekt

Von verschiedener Seite wird dem Gutachterverfahren ein positiver Effekt insofern zugeschrieben, als es den Therapeuten durch den Antrags-Berichts-Zwang zur ausführlichen Reflexion über die therapeutische Situation, über sein hypothetisches Störungsmodell und die geeigneten Behandlungsmaßnahmen veranlasse und ihn nötige, seine diagnostische und konzeptionelle Sicht zu begründen und in verdichteter Abstraktion überzeugend zu formulieren.

Die Autoren des Forschungsgutachtens zu Fragen eines Psychotherapeuten-Gesetzes (Meyer et al., 1991) widmen diesem Sekundäreffekt einen eigenen Abschnitt: „Das Gutachterverfahren hat einen starken pädagogischen Effekt. Es zwingt den Behandler, die gewonnenen Informationen noch einmal zu sichten, zu gewichten und zu integrieren (notfalls zu ergänzen) und einen Behandlungsplan zu konzipieren" (S. 152). Andere Autoren sprechen von „bedeutsamem Gewinn" (Faber & Haarstrick, 1996, S. 61) oder von „erwiesener Chance" (Weigeldt, 1996, S. 508), die in der Fallreflexion und in der schlüssig formulierten Darlegung der Antragsbegründung läge. In einem Tagungsbericht zur Qualitätssicherung in der Psychotherapie berichtet Vogel (1993) über eine kontroverse Diskussion zum Gutachterverfahren und zitiert A.-E. Meyer, der zwar eine Qualitätsprüfung im Rahmen des derzeitigen Gutachterverfahrens bezweifele, aber „die Hauptfunktion der Psychotherapieanträge darin [sehe], daß der Antragsteller veranlaßt werde, sich vor Beginn der Therapie über die Zielsetzung und Behandlungsplanung differenzierte Gedanken zu machen" (S. 98). Dahm (1996) faßt die diesbezüglichen Meinungsäußerungen der Gutachter zusammen: „Das Gutachterverfahren erfüllt durchaus einen Qualitätssicherungsaspekt in der Psychotherapie. Dies gilt vor allem im Hinblick auf die Begründung von Berufsanfängern. Weiterhin sorgt das Gutachterverfahren für einen Zwang zum fortgesetzten Selbstkontrollieren des Therapeuten. ... Zudem wird der Arzt bzw. Therapeut durch die Begründung der Antragstellung zur Präzisierung der Diagnostik, Indikationsstellung und Prognose gezwungen, was wiederum dem Patienten selbst bzw. dessen qualifizierter Behandlung zugute kommt" (S. 497).

Auch in Praktikerkreisen ist diese Meinung anzutreffen. Wenn überhaupt Pro-Argumente zum Gutachterverfahren von Praktikern zu hören sind, dann zumeist mit der Begründung eines für sie positiven pädagogischen Begleitaspekts.

Diese pädagogische Zweckverschreibung und die zugrunde liegende Annahme, daß durch das Anträgeschreiben die Qualität der Therapien verbessert wird, sind aus mehreren Gründen zweifelhaft.

Zunächst einmal ist darauf hinzuweisen, daß auch diese sekundäre Gutachtenlegitimation auf rein subjektiven Aussagen basiert und daß es sicherlich mindestens genau so viele Gegenstimmen gibt, die einen „pädagogischen Effekt" durch Anträgeschreiben nun gerade nicht verspüren.

Insbesondere ältere, erfahrene Praktiker können die Legitimation des Gutachterverfahrens mit dessen Zuschreibung eines „starken pädagogischen Effekts" auch als Zumutung empfinden. Ob diese aufwendige Antragsarbeit tatsächlich einen „bedeutsamen Gewinn" für sie hat, möchten und können nur sie selbst entscheiden und brauchen hier keine suggestive Bevormundung (vgl. auch Nedelmann, 1990). Sie ärgern sich über eine fürsorgende Argumentation von „erwiesener Chance". Sie wehren sich gegen die Verschreibung eines „pädagogischen Effekts", so als wären sie Schüler, die immer wieder zu korrekter Arbeit ermahnt und angehalten werden müßten. So als hätten sie nicht durch Studium, aufwendige Fachausbildung und eventuell noch jahrelange Praxis ein gereiftes, beruflich seriöses Selbstverständnis erreicht, das solche Applizierung von pädagogischen Maßnahmen nicht nötig hat. Wie wäre es, wenn man z. B. allen Chirurgen, Steuerberatern oder Handwerksmeistern vor deren eigentlicher Arbeit zunächst eine schriftliche Abhandlung über das, was sie warum und wie machen wollen, vorschriebe, weil dies eine „pädagogische Wirkung" habe?

Es geht nicht darum, sich nicht immer wieder reflektorisch selbstkritisch in Frage zu stellen und selbst zu kontrollieren. Die sensible Selbstreflexion gehört zu den therapeutischen Grundvoraussetzungen. Es kann ja auch durchaus sein, daß manche Therapeuten diesen Berichtsanlaß brauchen, um sich einen Überblick zu verschaffen. Vielleicht gilt dies verstärkt für sehr lange Therapien. Aber die psychotherapeutische Praxis von Amts wegen mit einem derartigen Aufwand allgemein zu überziehen und ihr dann (beinahe väterlich) zu erklären, dies habe für sie einen „pädagogischen Effekt" trägt moralisierende, autoritäre Züge. Darin dann auch noch die „Hauptfunktion" des aufwendigen Gutachterverfahrens zu sehen, ist schlichtweg absurd.

Darüber hinaus gibt es aber auch „handfeste" Gründe, die einen zurückhaltenderen Umgang mit der Lobpreisung eines „starken pädagogischen Effekts" des Gutachterverfahrens anraten lassen.

4.1.1 Schlechtere Therapien bei fehlendem gutachterlich veranlaßten Reflexionszwang?

Mehrfach findet sich in den Aussagen, daß das Gutachterverfahren den Praktiker quasi zur Reflexion „zwinge". Ohne einen solchen „Zwang" steht demnach wohl zu befürchten, daß er sich zuwenig „differenzierte Gedanken über die Zielsetzung und Behandlungsplanung vor Beginn einer Therapie" (Meyer et al., 1991, zitiert nach Vogel, 1993) macht, daß er sich ohne solchen Zwang nicht ausreichend selbst kontrolliert, Informationen nicht genügend sichtet und gewichtet und nicht präzise genug seine Arbeit verrichtet.

Wenn diese Logik stimmt, daß der Praktiker ohne solch einen externen Zwang zur gedanklichen Differenzierung unreflektiertere, unpräzisere, unbegründetere, unqualifiziertere Therapien durchführt, ist denn dann überhaupt noch das gutachterfreie Kurzzeittherapieverfahren dem Patienten gegenüber zu verantworten und im öffentlich-rechtlichen Rahmen des Gesundheitsystems zu rechtfertigen? Immerhin werden fast 40% der gesamten Kosten für Richtlinien-Psychotherapie, im Jahre 1994 ca. 245 Millionen DM (Quelle: KBV – Umsätze 1994) nur für Kurzzeitverfahren aufgewandt. Zieht man die Analytische Psychotherapie ab, weil sie ja keine gutachterfreie Kurzzeittherapie (KZT) kennt, heißt dies dann, daß fast 70% (!) der Kosten bei der tiefenpsychologisch fundierten Therapie und Verhaltenstherapie für eine qualitativ zweifelhafte, zweitklassige Therapie aufgewandt werden? Fragt man Therapeuten, so beurteilen sie ihre Kurzzeittherapien als grundsätzlich qualitativ gleichwertig und führen Langzeittherapien nicht wegen eines Qualitätssprunges, sondern wegen eines größeren Zeitbedarfs durch.

Dieser Vergleich mit den gutachtenfreien Kurzzeittherapien macht deutlich, daß der unterstellte pädagogische Effekt durch Berichtabfassung keinen so signifikanten Einfluß auf die spätere Therapiequalität haben dürfte.

4.1.2 Erreicht der „pädagogische Effekt" überhaupt die, die er erreichen sollte?

Die Befürworter des Gutachterverfahrens gehen davon aus, daß der Therapeut durch die Berichterstellung veranlaßt wird, sich „über die Zielsetzung und Behandlungsplanung differenzierte, präzisierende Gedanken zu machen" (Meyer et al., 1991, zitiert nach Vogel, 1993). Scheinbar soll ihn der Bericht zu etwas anregen, was er sonst zu wenig täte? Aber ist die differenzierte Fallreflexion nicht eine grundsätzliche Anforderung an den seriösen Therapeuten, die für den gesamten Therapieprozeß und nicht nur für die Beginn- oder Fortsetzungsplanung gilt? Wen soll dieser gutachterlich veranlaßte Reflexionszwang also eigentlich erreichen?

Zur besseren Illustration soll hier eine Unterscheidung in verantwortungsbewußte und weniger verantwortungsbewußte Therapeuten vorgenommen werden.

Die „verantwortungsbewußten" Therapeuten zeichnen sich dadurch aus, daß ihre berufliche Grundeinstellung an der Effektivität ihrer Arbeit zum Nutzen der jeweiligen Patienten orientiert ist. Die „Therapiefreiheit", die gerade im Psychotherapiebereich wegen der eingeschränkten Nachprüfbarkeit sehr groß ist, wird von ihnen weder für inhaltlich therapiefremde noch zeitverzögernde Zwecke ausgenutzt. Solche Therapeuten brauchen keinen äußeren Zwang, unabhängig von der Tatsache, daß sich ein solcher ohnehin nicht im alltäglichen Praxisgeschehen installieren ließe. Die Verantwortungsbewußten reflektieren nun nicht nur zu Beginn der Therapie, um einen plausiblen Bericht erstellen zu können, sondern während der gesamten Therapiedauer. Sie wissen, daß sie sich keinesfalls auf den Erkenntnissen der ersten Stunden „ausruhen" können, sondern müssen andauernd neue Informationen sichten und gewichten und fortlaufend Anpassungen an den (wenig vorhersagbaren) Therapieverlauf leisten. Für sie bedeutet psychotherapeutische Arbeit eine permanente sensible und sensitive Konzentration und einen andauernden Differenzierungsvorgang, der sowohl analysierende, diagnostizierende, planerische Metaprozesse als auch persönlich involvierte, aktive und reaktive Interventionsprozesse umfaßt. Grundsätzlich benötigen sie keinen pädagogischen Zeigefinger, um ihre Arbeit ordentlich zu tun, da dies bereits ihrer berufsethischen Grundeinstellung entspricht. Die ihnen mit dem Antragsbericht abverlangte „Fallreflexion" ist eine Leistung, die sie ohnehin (permanent) vornehmen, so daß der „pädagogische (Nachhilfe)Effekt" bei ihnen prinzipiell unnötig ist.

Der „weniger verantwortungsbewußte Therapeut" könnte diesen Zwang zur Reflexion und Differenzierung grundsätzlich gebrauchen. Aber da er sich seine Arbeit möglichst leicht machen will, wird er optimale Strategien entwickeln, mit einem Minimum an Aufwand „durch das gutachterliche Prüfverfahren zu kommen" oder aber die Kurzzeitalternative wählen. Seine Berichtsstrategien orientieren sich an gutachterlicher Erwünschtheit, lassen eher austauschbare Fallschablonen und standardisierte Behandlungspläne entwickeln und clevere Erleichterungstatbestände erfüllen. Für diesen Personenkreis ist das Schreiben der Berichte noch nicht einmal so schlimm, gerade weil sie nicht reflektorisch „am Fall kleben", sondern sehr pragmatisch dieses ganze Antragsprocedere als notwendiges Übel „abhaken" wollen.

Für die Argumentation mit dem sogenannten „pädagogischen Sekundäreffekt" heißt das: Diejenigen, die er erreicht, brauchen ihn im Grunde genommen nicht, vor allem nicht mit diesem Aufwand, und die „schwarzen Schafe", die er eigentlich erreichen soll, verfehlt er um Längen.

Und um zum Thema Zweckmäßigkeit und Wirtschaftlichkeit zurückzukommen: Für Praktiker, die ein Bedürfnis nach einem „pädagogischen Effekt" verspüren, gibt es direktere, sinnvollere und auch erheblich kostengünstigere Wege (Qualitätszirkel, Supervison, Intervision etc.).

4.2 Sekundäreffekt: Mengenbegrenzung

Es ist leicht vorstellbar, daß sich die durchschnittliche Therapiedauer pro Fall signifikant ausweitet, wenn keinerlei Grenzen im Psychotherapiebereich gesetzt wären. Insofern dienen die jeweiligen Antrags- und Bewilligungsabschnitte (I. Normalfall, II. Besonders begründeter Fall, III. Ausnahmefall) (vgl. Faber & Haarstrick, 1996) und die therapiespezifischen Höchstgrenzen (Psychoanalyse 300 Sitzungen, tiefenpsychologisch fundierte Verfahren 100 Sitzungen, Verhaltenstherapie 80 Sitzungen) einer Eindämmung diesbezüglicher Leistungsmengen. Eine solche Leistungsbegrenzung könnte prinzipiell ohne Gutachterverfahren geregelt und überwacht werden, wie es jetzt im Kurzzeitverfahren ja auch geschieht.

Das Gutachterverfahren entfaltet aber eine spezifisch mengenbegrenzende Wirkung und zwar als Sekundäreffekt.

4.2.1 „Abschreckungseffekt" des Antragsaufwands

Das Gutachterverfahren bedeutet für die Praxis einen ganz erheblichen Berichts- und Begründungsaufwand. Diese echte Hürde veranlaßt viele Therapeuten, die Alternative der gutachterfreien Kurzzeittherapie (maximal 25 Sitzungen) zu wählen. Wenn fast 70% aller tiefenpsychologisch fundierten Therapien und Verhaltenstherapien als Kurzzeitverfahren durchgeführt werden, so ist dies in vielen Fällen sicher auf diese Begutachtungs-Barriere zurückzuführen. Als „sekundär" ist diese Wirkung des Gutachterverfahrens zu bezeichnen, weil nicht etwa die Gutachter einen Antrag auf Langzeittherapie ablehnten und stattdessen eine Indikation für eine Kurzzeittherapie feststellten. Es ist allein schon der drohende formale und inhaltliche Berichtsaufwand, die befürchteten oder auch schon erfahrenen Konsequenzen und sonstigen Nachteile des Gutachterverfahrens (Wartezeit, Inflexibilität etc.), die abschreckend wirken und in das Kurzzeitverfahren ausweichen lassen. Die hohe Quote von Kurzzeittherapien wäre demnach häufig nicht wegen einer spezifischen Kurzzeit-Indikation, sondern aufgrund des erheblich weniger aufwendigen Antragsprocederes erklärbar. Die sich so entscheidenden Therapeuten werden zur Veranschaulichung in drei Gruppen aufgeteilt:

A. Therapeuten, die seriös und verantwortungsbewußt arbeiten und häufiger auch Langzeittherapien für eigentlich indiziert halten, die aber trotz eventueller Versuche einfach keine Anträge schreiben können oder „unendlich" viel Zeit dazu benötigen und deshalb quasi gezwungen sind, nur Kurzzeitverfahren durchzuführen.
B. Erfahrene Therapeuten, die zwar Anträge schreiben können und dies auch mehrfach „bewiesen" haben, die aber den immer wieder neu sich stellenden (und zudem nicht adäquat honorierten) Antragsaufwand nicht mehr zu leisten bereit sind und als Konsequenz zunehmend nur noch Kurzzeittherapie anbieten.
C. Therapeuten, die bisher keine oder kaum Anträge geschrieben haben, die es könnten oder nicht könnten, aber es in jedem Fall auch bei eindeutiger Langzeit-Indikation nicht tun, weil sie grundsätzlich solchen Aufwand scheuen und sich im Kurzzeitverfahren quasi „eingenistet" haben.

Während Gruppe C sich grundsätzlich dem Antragsaufwand bei gutachterpflichtigen Langzeittherapien entzieht und sich über ein ausschließliches Kurzzeitangebot nach außen definiert, ist das überwiegende Kurzzeittherapie-Wählen der Gruppe A und B nicht ohne weiteres verständlich. Warum weichen diese an sich seriösen und engagierten Gruppen dem Gutachterverfahren aus? Was macht denn die Hürde des Gutachterverfahrens so hoch, daß selbst fleißige und erfahrene Therapeuten sie als so „abschreckend" empfinden?

4.2.2 Bürde gutachterpflichtiger Anträge: Transfer „analoger" Fallinformationen in eine „digitale" Berichtssprache

Grundsätzlich „abschreckend" ist das gutachterliche Antragsverfahren für die Praxis nicht nur wegen des enormen Zeitbedarfs, sondern für viele Praktiker auch wegen der extremen konzentrativen Anforderung, die die Berichtsabfassung erfordert. Bereits oben wurde festgestellt, daß diese Tätigkeit eher einer sachverständigen Gutachtertätigkeit nahekommt. Die Begründungserwartung etwa an Verhaltenstherapieanträge, nämlich „die verhaltensdiagnositischen Befunde auf einem der Komplexität der Störung angemessenem Abstraktionsniveau zu verdichten und zu einem Modell der Störung zusammenzufassen" (Faber & Haarstrick, 1996, S. 76), bedeutet für die meisten Praktiker – selbst wenn man „nur" drei bis vier Stunden dafür als durchschnittlichen Zeitbedarf unterstellte – eine geistig überaus anstrengende Leistung.

Dieses „Schwertun" hängt nun weniger mit mangelnder Übung zusammen, denn auch erfahrene Praktiker, die reichlich Antragsberichte im Laufe ihrer Berufszeit erstellt haben, berichten von diesem, vielleicht durch Routine etwas reduzierten, aber grundsätzlich anhaltenden Formulierungsjoch. Der Verfasser vermutet, daß diese chronischen Versprachlichungsschwierigkeiten mit folgenden Voraussetzungen zusammenhängen: Der therapeutische Erkenntnisgewinn vollzieht sich in einem sehr komplexen, rationalen und emotionalen Konzentrationsvorgang, der von intellektuell-subtilen und empathischen Fähigkeiten des Therapeuten bestimmt ist (vgl. Köhlke, 1992b). Nur zu einem geringeren Teil bezieht er seine Erkenntnisse aus leicht wiedergebbaren, „harten" Daten und Fakten. Vielmehr sind es die vielfältigen Eindrücke, „sensiblen Abtastvorgänge, heuristischen Verstehensprozesse", die in der therapeutischen Beziehungsannäherung auf „Fühl-Nähe" den Therapeuten schrittweise mosaikhaft zu einem ganzheitlichen Bild des Patienten und seiner Störung kommen lassen. Dieses „ganzheitliche Bild" ist mehrdimensional, vielfältig und vielfarbig, mit Vorder- und Hintergründen, Kohärenzen und Ambivalenzen etc., so daß seine Komplexität nur in einem emotiv-kognitiven Verdichtungsprozeß erfaßt und „gespeichert" werden kann. Es an andere weiterzuvermitteln, fällt schon in „mündlicher" Sprache äußerst schwer und setzt ein eloquentes Spielen auf der Klaviatur verbaler und nonverbaler Kommunikation voraus. Der noch weit schwierigere Transfer in die gutachterlich geforderte Schriftsprache bedeutet eine Decodierung „analoger" Informationen in „digitale" Übertragungseinheiten, was manchmal so schwierig sein kann, wie jemandem eine ihm unbekannte Melodie beschreiben zu wollen.

All dies hat nur wenig mit therapeutischer Kompetenz, sondern in erster Linie mit Formulierungskompetenz zu tun und macht noch einmal deutlich, auf welch zweifelhaftem Niveau Therapie-Qualitätssicherung durch mittelbare Berichts-Beurteilung postuliert wird. Diesen komplizierten Bericht des Therapeuten als „Kostenvoranschlag" herabzuwürdigen und verharmlosend zu meinen, das Antragsverfahren mit Begutachtung würde „in ähnlicher Form beim Antrag auf Zahnersatz durchgeführt" (Linden & Dankesreiter, 1996, S. 540), zeigt, aus welch unterschiedlichen Arbeitsperspektiven die berichterstellenden Praktiker und die berichtlesenden Gutachter zum Teil operieren.

In der grundsätzlichen Codierungsschwierigkeit der „Bildübertragung" („der Gutachter erwartet, sich ein Bild vom konkreten Fall machen zu können") liegt denn auch eine der Hauptbelastungen des Antragsaufwands, so daß die simplifizierende Anpassung an ein gutachterlich durchgängiges Niveau als Zwang zur verfremdenden Trivialisierung empfunden werden muß.

Diese Bürde der Einzelfallvermittlung tritt mit jedem neuen Antrag auch neu auf, denn die der Störung unterlegte Komplexität von personalen, situationalen, sozialen etc. Kontextvariablen ist immer wieder grundsätzlich anders und erlaubt weder eine Antrags- noch eine Therapiestandardisierung (vgl. Köhlke, 1997).

Vermutlich sind es solche komplizierten Gründe, die einem „schlanken", zügig abzuarbeitenden „Herunterformulieren" entgegenstehen, so daß das Berichtswesen im Gutachterverfahren den Anfänger quält, den „leichtfüßigen" Therapeuten vermeiden oder umgehen läßt und den erfahrenen Praktiker erschöpft.

4.2.3 Konsequenz des Ausweichens auf Kurzzeittherapie

Es erscheint durchaus sinnvoll, einen Riegel vor ausufernde Mengenausweitung zu setzen, zumal gerade Leistungen im Psychotherapiebereich schwer zu kontrollieren sind und kaum von außen überblickt werden können. Das Gutachterverfahren erfüllt hier in seiner grundsätzlichen Hindernisfunktion unzweifelhaft einen Abschreckungseffekt. Indem es gerade auch diejenigen Therapeuten abschreckt, die „es sich nicht so schwer machen wollen", wirkt es im Sekundäreffekt möglicherweise sowohl qualitätsfördernd als auch ökonomisch und schützt vor mißbräuchlicher Mengenausweitung.

Es ist zu vermuten, daß die Krankenkassen gerade an diesem mengenbegrenzenden Sekundäreffekt besonders interessiert sind und deshalb auch so sehr auf dessen ursprünglicher Installierung bestanden haben (vgl. Faber & Haarstrick, 1996) und auf dessen Beibehaltung auch heute noch bestehen (vgl. Lubecki, 1990). Hier könnten sie aber aus allzu kurzsichtigen wirtschaftlichen Erwägungen übersehen, daß dieser Sekundäreffekt auch erhebliche Nebenwirkungen hat, die sie und die Patienten letztendlich zu bezahlen haben.

Eines ist doch klar: Je stärker die gutachterpflichtige Antragsschraube angezogen wird (etwa noch mehr Aufwand oder höhere Ablehnungsquoten), desto mehr Therapeuten werden ins „Kurzzeitlager abwandern". Wenn die Kassen allein aus wirtschaftlichem Interesse wollen, daß Kurzzeittherapie tatsächlich die Methode der Wahl werden soll, wie sie es jetzt ja schon zu 60–70% bei tiefenpsychologisch fundierter Therapie und Verhaltenstherapie geworden ist, dann sollten sie das Gutachterverfahren für die Praktiker eher noch ein bißchen aufwendiger machen und dies weiterhin so schlecht bezahlen. Aber bitte dann keine großen Reden von „bedarfsorientierter" Indikation, „bedarfsgerechter" Versorgung, „qualitativ hochwertiger Form der Behandlung" (Fischer, 1995, S. 100) oder „im Mittelpunkt steht der Patient", „Sicherung einer adäquaten Behandlung" (Lubecki, 1995, S. 767f.).

Wenn Kurzzeittherapie häufig nicht aus Kurzzeit-Indikationsgründen, sondern wegen des extremen Berichtaufwands für Langzeittherapien durchgeführt wird, dann kollidiert dies mit solchen programmatischen Kassenaussagen, wonach der Versicherte Anspruch auf eine „bedarfsgerechte, vollwertige" Versorgung habe (Lubecki, 1990, S. 303).

Die Durchführung von Kurzzeittherapie war doch eher als Ausnahme denn als Regel eingeführt worden, um rasch, flexibel und unbürokratisch etwa in akuten Krisenfällen eingreifen zu können oder „längerfristigen Halt" im Rahmen niederfrequenter Sitzungen zu gewähren. Wenn sie aus antragskompensatorischen, also therapiefremden, dysfunktionalen Gründen zur Regel wird, dann müssen sich die Beteiligten fragen (lassen), was aus den „antherapierten" Fällen wird, die nach 25 Sitzungen halbfertig nach Hause geschickt werden? Und ist das die „bedarfsgerechte, vollwertige Versorgung" in qualitativ hochwertiger Form im Psychotherapiebereich, bei der der Patient (und nicht die Wirtschaftlichkeit) im Mittelpunkt steht?

4.3 Resumée

Das Gutachterverfahren erhält seine Legitimation auch nicht mit der bemühten Zuschreibung eines „pädagogischen Sekundäreffekts".

Allerdings ist nicht zu bezweifeln, daß das Gutachterverfahren wegen seines enormen (und schlecht bezahlten) Antragsaufwands einen „Abschreckungseffekt" entfaltet. Dieser Sekundäreffekt des Gutachterverfahrens wirkt mengenbegrenzend und in gewissem Maße insofern auch qualitätsfördernd, als dadurch die therapeutischen „schwarzen Schafe" zum Teil abgeschreckt werden. Aber leider werden durch den immensen, immer wieder neu sich zeigenden Antragsaufwand auch die „fleißigen, engagierten und erfahrenen" Psychotherapeuten abgeschreckt, die dann tendenziell auf Langzeittherapie-Anträge verzichten und deren wichtige therapeutische Kompetenz gerade für die schwierigeren Fälle, die längere Therapien erfordern, somit nicht mehr zur Verfügung steht.

5. Unverhältnismäßigkeit der Antragsstufen im Vergleich der Psychotherapieverfahren

Auch das Gebot der Verhältnismäßigkeit begrenzt die Maßnahmen im öffentlich-rechtlichen Gesundheitswesen. Dabei geht es nicht nur um wirtschaftliche Verhältnismäßigkeit von Aufwand und Ertrag, sondern auch um die Verhältnismäßigkeit der Mittel zur Erreichung eines angestrebten Zweckes, um nicht mit „Kanonen auf Spatzen zu schießen".

Das Gutachterverfahren mit seinen therapiespezifischen Antragsschritten verstößt gegen das Gebot der Verhältnismäßigkeit, soweit es die tiefenpsychologisch fundierte Therapie und Verhaltenstherapie betrifft. Zur besseren Illustrierung konzentriert sich die folgende Darstellung vornehmlich auf Verhaltenstherapie als Repräsentant „kürzerer Therapieverfahren".

Als am 1.10.1980 Verhaltenstherapie durch Vereinbarung zwischen KBV und Ersatzkassen in das System der kassenärztlichen Versorgung aufgenommen wurde, hatte man das seit 1967 mit Kasseneinführung der psychoanalytischen Verfahren eingerichtete Gutachtersystem zur Vorlage.

Die drei Schrittfolgen Normaler-, Besonderer- und Höchstantragsfall wurden auch auf die Verhaltenstherapie übertragen, so daß wir heute die drei Antrags- und Bewilligungsetappen: 45 – 15 – 20 kennen. Bei diesem einfachen Transfer – hier drei Stufen (Psychoanalyse) da drei Stufen (Verhaltenstherapie) – scheint man aber ganz übersehen zu haben, daß es um jeweils völlig andere Sitzungsumfänge geht. In dem gleichen Zeitraum, den der Psychoanalytiker mit einem einzigen Erstantrag (160 Sitzungen) abdeckt, hat der Verhaltenstherapeut bereits sechs Erst- und Fortsetzungsanträge für zwei Fälle geschrieben! Da der Antragsaufwand in beiden Therapieverfahren mindestens gleich ist (eventuell ist der Aufwand an „exakter Beweisführung" bei der empirisch ausgerichteten Verhaltenstherapie sogar größer), kann hier die Verhältnismäßigkeit zwischen Prüfaufwand und Risiko niemals stimmen, weder wirtschaftlich noch inhaltlich.

5.1 Wirtschaftliche Unverhältnismäßigkeit

Oben wurde ausgeführt, daß jeder Antragsschritt ca. DM 377,- an Kosten für das Gutachterverfahren verursacht. Diesen Prüfkosten ist das beantragte Kostenvolumen der einzelnen Etappen von Psychoanalyse und Verhaltenstherapie gegenüberzustellen, um damit einen „Risikovergleich" anzustellen.

Die Berechnung in Tabelle 2 bezieht sich auf Einzelbehandlung (EBM Nrn. 877 und 882) bei einem zugrunde gelegten Punktwert von 0.10 DM und dementsprechend einer Gebühr von DM 145,- pro Sitzung.

Tabelle 2: Antragsvolumen: Psychoanalyse versus Verhaltenstherapie

Begutachtungs-Antragsschritte	Psychoanalyse Sitzungsvolumen Kosten	Verhaltenstherapie Sitzungsvolumen Kosten
Erstantrag	160 Sitzungen DM 23.200,-	45 Sitzungen DM 6.525,-
1. Fortführung	80 Sitzungen DM 11.600,-	15 Sitzungen DM 2.175,-
2. Fortführung	60 Sitzungen DM 8.700,-	20 Sitzungen DM 2.900,-
Insgesamt	300 Sitzungen DM 43.500,-	80 Sitzungen DM 11.600,-

Bei beiden Therapieverfahren beträgt der Aufwand für die gutachterliche Kontrolle der drei Antragsschritte insgesamt DM 377,- x 3 = DM 1.131,-. Das heißt, mit einem Kostenaufwand von DM 1.131,- wird einmal ein Risiko von DM 43.500,- und zum anderen ein Risiko von DM 11.600,- zu kontrollieren versucht. (Dieses Ungleichverhältnis bleibt auch auf den jeweiligen Antragsstufen in etwa gleich.)

Dieses Mißverhältnis kann nicht richtig sein. Es zeigt sich, daß die Prüfkosten für Verhaltenstherapie viel zu hoch sind, nämlich ca. 10% des eigentlichen Risikos (1.131,- in Relation zu 11.600,-) ausmachen, während die der Psychoanalyse nur mit ca. 2.5 % (1.131,- in Relation zu 43.500,-) zu Buche schlagen.

5.2 Unverhältnismäßigkeit des Zeitaufwands

Oben wurde ausgeführt, daß der eigentliche zeitliche Antragsaufwand in allen informellen Praktikerberichten und Erhebungen mit ca. drei bis vier Stunden angesetzt wird. Insbesondere wird über diesen extremen Zeitaufwand geklagt, weil selbst fünf Stunden in besonders gelagerten Fällen nicht ausreichen.

Diese tatsächliche Antragsbearbeitungszeit im Gutachterverfahren wirkt sich besonders kraß negativ für die Verhaltenstherapie im Vergleich zur Psychoanalyse aus. Während der Analytiker, wie oben gezeigt, einen Erstantrag schreibt, muß der Verhaltenstherapeut im gleichen Zeitraum sechs Anträge schreiben. Und realistisch aufs Jahr gesehen, heißt das: Wenn der Analytiker insgesamt 8 Anträge (Erst-, Fortsetzungsanträge) zu fertigen hat, hat der Verhaltenstherapeut mehr als 30 pro Jahr zu erstellen. Vergegenwärtigt man sich noch einmal, welch immense Bürde dieses Ausformulieren menschlich-komplexer Sachverhalte bedeutet (vgl. Abschnitt 4.2.2), dann steht hinter diesen andauernd neuen Antragsberichten der Verhaltenstherapeuten ganz erheblicher „Leidensdruck". Dies macht dann auch deutlich, daß selbst erfahrene und engagierte Verhaltenstherapeuten Langzeittherapien meiden, was nicht im Interesse einer „qualitativ hochwertigen Versorgung" liegen kann.

Wenn die Praktiker schon nicht ausreichend Einfluß auf die Entscheidungsprozesse bei den zuständigen Verantwortlichen der Psychotherapieversorgung finden (siehe die Wirkungslosigkeit der vielfältigen Praxisklagen zu den unpraktikablen Gruppentherapieregelungen – Köhlke, 1992a, 1995), dann dürften sie zumindest von den – dies alles überblickenden und den Selbstverwaltungsorganen näherstehenden – Gutachtern erwarten, daß sie auf solche Mißverhältnisse aufmerksam machen, selbst wenn dies eventuell mit eigenen negativen Konsequenzen für die Anzahl der zu bearbeitenden Anträge verbunden sein könnte.

6. Notwendige Änderungen

Auf der Suche nach geeigneten Lösungen sollten Wunsch und Realität auseinandergehalten werden. So wünschenswert es vielleicht wäre, mit einem Gutachterverfahren die Qualität der psychotherapeutischen Versorgung zu kontrollieren, zu sichern und zu verbessern, so wenig kann das Gutachterverfahren dies im sehr spezifischen Psychotherapiebereich tatsächlich leisten. Daran festhalten zu wollen, hieße, sich Illusionen hinzugeben, was nicht Legitimationsgrundlage eines derartigen Leistungs- und Kostenaufwands sein kann.

Auf den einzig realistischen Sekundäreffekt des Gutachterverfahrens, eine Mengenbegrenzung aufgrund der hohen Antragshürde zu erzielen, scheinen weder die verantwortlichen Selbstverwaltungsorgane noch die politischen Entwürfe im Gesundheitswesen verzichten zu wollen. Vielmehr soll im „Integrationsmodell" eines zukünftigen Psychotherapeuten-Gesetzes das derzeitige Gutachterverfahren sogar erstmalig gesetzlich verankert werden (vgl. Köhlke, 1996).

Von dieser „politischen Gestimmtheit", das Gutachterverfahren grundsätzlich beibehalten zu wollen, wird bei den nachfolgenden Verbesserungsvorschlägen ausgegangen.

6.1 Befreiung vom ersten Antragsschritt bei spezifischem Qualifikationsnachweis

Es wurde aufgezeigt (Abschnitt 4.2.3), daß der erhebliche, sich immer wiederholende, gleichbleibende Antragsaufwand auch auf diejenigen Psychotherapeuten „abschreckend" wirkt, die eigentlich erfahren und kompetent genug sind, um zuverlässig und erfolgreich zu arbeiten. Diese negativen Nebenwirkungen sollte eine zukünftige Lösung vermeiden.

Als Lösung wird für die kürzeren Therapieverfahren (Tiefenpsychologie und Verhaltenstherapie) eine Befreiung vom ersten gutachterlichen Antragsschritt vorgeschlagen, wenn eine bestimmte Anzahl befürworteter Langzeitanträge erreicht ist. Dieser Vorschlag wird schon seit einiger Zeit diskutiert (vgl. Dahm, 1996).

Das Gutachterverfahren hat wenig objektive Legitimation, verursacht eine Menge Arbeit und Ärger und läßt die Praktiker Ausweichtatbestände entwickeln, die auch die Krankenkassen nicht gutheißen können, wenn sie es mit der „qualitativ hochwertigen" Versorgung ernst meinen. Diesen Mängeln hilft dieser Vorschlag wenigstens zum Teil ab. Ein solcher Gutachtenverzicht bei nachgewiesener Qualifikation scheint auch unter Kostenspargesichtspunkten für die kurzen Therapieverfahren adäquat.

Als Schwellenkriterium für einen solchen Befreiungsantrag könnte eine nachgewiesene Zahl von 50 bis 70 gutachterlich befürworteter Langzeit-Erstanträge gefunden werden. Psychotherapeuten, die eine so große Zahl von positiven Langzeitanträgen erreicht haben, haben damit nachgewiesen, daß sie es sich „nicht leicht machen", sondern den erheblichen Gutachtenaufwand leisten, obwohl auch sie ihn bei gleichen Einkünften aus Kurzzeittherapien hätten umgehen können. Mit dieser Leistungsbereitschaft kommt eine gewisse intrinsische Berufsmotivation zum Ausdruck, die ein Ausnutzen der nach außen wenig transparenten „Therapiefreiheit" und eine mißbräuchliche Ausdehnung von Leistungsmengen nicht erwarten läßt. Diesen ohnehin motivierten Personenkreis immer wieder mit dem unbestreitbaren „Abschreckungseffekt" des Gutachterverfahrens zu konfrontieren, ist gerade wegen der aufgezeigten Nebenwirkungen eher kontraproduktiv.

6.2 Reduzierung auf zwei Bewilligungsetappen für die kürzeren Therapieverfahren

Die kurzen Bewilligungsschritte der kürzeren Therapieverfahren, insbesondere der Verhaltenstherapie, lassen den Antragsaufwand sowohl von der Kostenseite als auch vom Arbeitsaufwand als völlig unverhältnismäßig erscheinen. Der Vergleich mit der Psychoanalyse zeigt, daß im Verhaltenstherapiebereich bis zu sechsmal höhere Kosten für die Kassen und bis zu sechsmal höherer Berichtsaufwand für die Verhaltenstherapeuten für die Durchführung des Gutachterverfahrens verursacht werden. Es hat den Anschein, als würden die kürzeren Therapiezeiten der Verhaltenstherapie durch immer neuen Antragsaufwand geradezu bestraft. Dieser extreme Gutachtenaufwand, der die Verhaltenstherapeuten ohnmächtig zornig verzweifeln läßt, steht in geradezu umgekehrtem Verhältnis zu den wissenschaftlichen Nachweisen verhaltenstherapeutischer Effektivität. Diese Unverhältnismäßigkeit ist nicht zu rechtfertigen und führt zum Teil zu absurden Konstellationen, wenn z. B. für die Beantragung von 15 Sitzungen der ersten VT-Fortsetzungsstufe den Therapeuten ein erheblicher Arbeitsaufwand, den Patienten eine viel zu lange, therapiediskontinuierliche Wartezeit und den Kassen leicht über DM 400,- „Qualitätssicherungskosten" für ein etwa DM 2.000,- teures Risiko abverlangt werden.

Die drei Bewilligungsschritte, die aufgrund des großen Sitzungsumfangs der Psychoanalyse ihre Berechtigung hatten, sind für die kürzeren Therapieverfahren aus Kosten- und Arbeitsgründen auf zwei Schritte zu reduzieren

Die neuen zwei VT-Bewilligungsschritte im Langzeitverfahren könnten dann etwa sein: 50 plus 30.

Die erstantrags-befreiten Therapeuten hätten einen gutachterlich zu prüfenden Antragsbericht zu erstellen, wenn nach Durchführung des ersten Bewilligungsschritts noch eine Fortführung als zweiter Bewilligungsschritt notwendig wäre.

6.3 Rationalisierung und „Enttheoretisierung" des Antragsverfahrens: Patientenbeteiligung

Aufgrund des beschriebenen, einer psychotherapeutischen Routinepraxis nicht zumutbaren Antragsaufwands sind Lösungen zu suchen, die einerseits dem Rationalisierungswunsch der Praxis, andererseits dem Informationsbedarf der Gutachter Rechnung tragen.

Der vom Verfasser bereits seit 1995 praktizierte Vorschlag sieht eine stärkere Einbindung der Patienten in dieses Antragsprocedere vor, soweit dies im Einzelfall keine intellektuelle Überforderung darstellt. Die Patienten erhalten dabei – spezifisch für das gutachterliche Antragswesen vom Verfasser ausgearbeitete – Formulare, die eine starke Verdichtung von Informationen und einen schnellen unmittelbaren Überblick sowohl für den Therapeuten, gegebenenfalls den delegierenden Arzt und den Gutachter gewährleisten. Die Patienten bearbeiten diese Formulare als Hausaufgabe in einer – zumeist maschinenschriftlichen, zumindest druckschriftlichen – Form, die sich zur direkten Weitergabe an den Gutachter eignet. Ein Einverständnis der Patienten mit der anonymisierten Weitergabe ist gewährleistet. Diese „unmittelbare Berührung" mit dem Patienten soll dem Gutachter in einer sehr komprimierten Form eine prägnante „In-vivo-Perspektive" ermöglichen und ensprechend den Antragsaufwand des Therapeuten reduzieren.

Für den *Erstantrag* werden folgende vom Patienten bearbeitete Formulare beigefügt:

a) *„Statuserhebung zum Therapiebeginn"*: beinhaltet eine Selbstauskunft des Patienten zu Krankheitssymptomatik, Medikamenteneinnahme, Verhaltensproblematik (-defizite), kritischer Lebenssituation, aktuellen Stressoren sowie seine Krankheits-Kausalvermutungen.

b) *„Selbstexploration"* im Sinne eines Schnellüberblicks zu den wichtigsten lebens- und krankheitsgeschichtlichen Eckdaten: Therapieanlaß, Ätiologie, Erstauslösung, Sozialisation, Schule/Beruf, evtl. Krankheiten, Partnerbeziehung, Freizeit, sozialem „Netzwerk" und Therapieerwartungen.

Für den *Fortführungsantrag* werden folgende vom Patienten bearbeitete Formulare beigefügt:

a) *„Statuserhebung zum Therapie-Fortführungsantrag"*: umfaßt eine Selbstauskunft des Patienten zu Veränderungen bezüglich Symptomatik, Medikamenteneinnahme, Verhaltensproblematik (-defizite), Lebenssituation, „Stressoren" bzw. Entlastungen, Krankheits-Kausalattribuierung.

b) *„Schriftliche Reflexion des Patienten zum bisherigen Therapieprozeß"* im Sinne einer Darstellung und Einschätzung der therapeutischen Arbeit und des bisherigen Veränderungsprozesses, konkrete Veränderungen hinsichtlich Symptomauftreten, Verhaltensmuster und Denkstile (Einstellungen), Veränderung von Selbstbewußtsein und „self efficacy" sowie eine Auseinandersetzung, weshalb weitere Verlängerung nötig ist.

Diese Aufgaben veranlassen genau zu der Selbstreflexion, die das Gutachterverfahren als Sekundäreffekt erreichen soll, nur mit dem Unterschied, daß hier quasi auch der Patient mitdenkt.

Da der oben genannte „Statusbogen zum Fortführungsantrag" auf einen Vergleich zum Status bei Therapiebeginn hin konstruiert ist, erlaubt er sowohl dem Therapeuten, ggf. auch dem delegierenden Arzt als auch dem Gutachter quasi eine „Zwischenbilanz" zum bisherigen Therapieverlauf und -erfolg aus Patientenperspektive.

Diese Formulare sind äußerst platzökonomisch entworfen und gestatten tatsächlich einen gutachterlichen Schnellüberblick, so daß der bisherige Einsatz dieser bearbeiteten, jeweils zweiseitigen Formblätter ganz überwiegend zu positiven Reaktionen geführt hat.

Um einen Eindruck zu vermitteln, werden im Anhang anonymisierte Echtbeispiele einer Statuserhebung beigefügt.[5]

6.4 Zusammenfassung der Korrekturvorschläge

Trotz erheblicher Bedenken, daß das Gutachterverfahren Aufwand und Kosten tatsächlich lohnt, scheint nicht dessen Abschaffung, sondern vielmehr nun auch eine gesetzliche Installierung in einem zukünftigen Psychotherapeuten-Gesetz im Raum zu stehen. An diesen politischen Realitäten haben sich Korrekturvorschläge zu orientieren.

Um die negativen Auswirkungen des „Abschreckungseffekts" des Antragsaufwands im Gutachterverfahren zu reduzieren, sind für die tiefenpsychologisch fundierte Therapie und Verhaltenstherapie folgende Änderungen notwendig:

- Befreiung vom ersten Antragsschritt derjenigen Psychotherapeuten, die bereits 50 bis 70 gutachterlich befürwortete Langzeit-Erstanträge nachweisen können.
- Wegen der Unverhältnismäßigkeit sollte für diese kürzeren Therapieverfahren eine Reduzierung von bisher drei auf zwei Antragsschritte (Erstantrag und ein Fortführungsantrag) vorgenommen werden.

---

5. Die Formulare können beim DGVT-Verlag bestellt werden unter: H.-U. Köhlke, Rationalisierungsformulare zum Antragsverfahren

Von einer solchen Änderung darf erwartet werden, daß überzogene Kosten für das Gutachterverfahren eingespart werden sowie die Abwanderung erfahrener und engagierter Therapeuten in die gutachtenfreie Kurzzeitalternative beendet und damit deren wichtige Therapiekompetenz für die Behandlung der schwierigen Langzeitfälle zurückgewonnen wird. Diese Korrekturvorschläge sind sowohl aus qualitativer als auch wirtschaftlicher Perspektive notwendig und sinnvoll.

- Zur Verringerung des Antragsaufwands der Therapeuten und zur Herstellung eines direkteren gutachterlichen „Patientenkontakts" wird die Einbindung hoch verdichteter, vom Patienten zu bearbeitender Explorations- und Evaluationsformulare vorgeschlagen.
- Weniger als Korrektur, sondern eher als Selbstverständlichkeit wäre darüberhinaus zu realisieren, daß der tatsächliche, sachverständige Berichtsaufwand der Therapeuten auch angemessen honoriert wird und daß auch PsychologInnen als Gutachter in das Gutachterverfahren einbezogen werden.

7. Schlußbemerkungen

Bei allem notwendigen und verständlichen Interesse der gesetzlichen Krankenversicherung an einer Optimierung der eingesetzten Mittel sollte die „Kirche im Dorf gelassen" werden. „Qualitätssicherung" ist zu einem Modewort geworden (Kordy, 1992), hinter dessen pathetischem Anspruch sich teilweise erhebliche akademische, finanzielle, karrieristische, arbeitsbeschaffende und sonstige Interessen verbergen. Ob für den Praktiker und dessen Patienten am Ende tatsächlich eine Qualitätsverbesserung herauskommt, bleibt abzuwarten. Angesichts seiner Erfahrungen gerade mit dem sogenannten qualitätssichernden Gutachterverfahren muß er befürchten, daß mit den neuen Qualitätspostulaten nur immer mehr Aufwand auf ihn zukommt, der seine eigentliche Arbeit beeinträchtigt und eher anderen als ihm und den Patienten nutzt.

Wenn gerade im Psychotherapiebereich ein so aufwendiges gutachterliches Prüfverfahren für notwendig erklärt wird, dessen kosten- und arbeitsintensiver Aufwand bei weitem alles übersteigt, was bei den übrigen Arztgruppen noch nicht einmal zu diskutieren gewagt würde, dann kann man sich schon fragen, ob hier nicht mit Kanonen auf Spatzen geschossen wird.

Es sei zum Abschluß am Rande erinnert, daß dieses besonders aufwendige Gutachterverfahren für Psychotherapie und dessen Legitimation mit Kosten- und Qualitätskontrolle ausgerechnet in einem Sekundärbereich der Medizin statuiert ist, der mit seinem 0.5% Anteil an den 400 Milliarden DM Gesamtkosten des Gesundheitswesens pro Jahr gerade soviel ausmacht, „wie für Gingko-Baum-Extrakte aufgewendet wird" (Statement von Ellis Huber anläßlich der Tagung „Was heißt Qualitätssicherung in der Psychotherapie?" vom 26/27.11.1992 in Freiburg, zitiert in Vogel, 1993, S. 95). Und nur am Rande sollte bei allen Kontrollbedürfnissen im Psychotherapiebereich auch nicht unerwähnt bleiben, daß die vermeintlich unkontrollierbaren, tendenziell ausufernden Einkünfte von Psychotherapeuten gegenüber allen anderen Arztgruppen mit weitem Abstand das Schlußlicht bilden, was gerade damit zu tun hat, daß sie bei ihren zeitgebundenen Leistungen kaum Täter, sondern vor allem Opfer ungezügelter Mengenausweitung der Leistungen der übrigen Arztgruppen sind, von der keine einzige ein derartig aufwendiges Gutachterverfahren kennt und wohl auch nicht akzeptieren würde.

Zu guter Letzt kann der Psychotherapie-Praktiker den häufig vertretenen Grundsatz, daß Qualitätssicherung in der Medizin möglichst einfach und wenig aufwendig sein soll, aus seiner konkreten Alltagsperspektive nur als Hohn empfinden.

Literaturverzeichnis

Baumann, U. (1996). Wissenschaftliche Psychotherapie auf der Basis der wissenschaftlichen Psychologie. *Report Psychologie, 21,* 686–699.
Bell, K., Janssen, P.L., Meermann, R., Senf, W. & Wirsching, M. (1996). Qualitätssicherung in der Psychotherapeutischen Medizin. *Psychotherapeut, 41,* 250–253.
Caspar, F. & Grawe, K. (1996). Was spricht für, was gegen individuelle Fallkonzeptionen? Überlegungen zu einem alten Problem aus einer neuen Perspektive. In F. Caspar (Hrsg.), *Psychotherapeutische Problemanalyse* (S. 65–86). Tübingen: dgvt-Verlag.
Comer, R.J. (1996). *Klinische Psychologie.* Heidelberg: Spektrum Wissenschaft.
Dahm, A. (1996). Gesundheitspolitische Grundlagen der ambulanten Psychotherapie im Rahmen der gesetzlichen Krankenversicherung. In W. Senf & M. Broda (Hrsg.), *Praxis der Psychotherapie. Ein integratives Lehrbuch für Psychoanalyse und Verhaltenstherapie* (S. 495–498). Stuttgart: Thieme.
Dahm, A. & Effer, E. (1990). Das Delegationsverfahren aus Sicht der Kassenärztlichen Bundesvereinigung. *Praxis der Klinischen Verhaltensmedizin und Rehabilitation, 3,* 60–63.
Donabedian, A. (1966). Evaluating the quality of medical care. *Milbank Memorial Funds Quarterly, 44,* 166–203.
Faber, F.R. (1991). Verhaltenstherapie in der gesetzlichen Krankenversicherung der BRD. Eine kritische Bilanz der ersten 10 Jahre (1980–1990). *Verhaltenstherapie, 1,* 15–25.
Faber, F.R. & Haarstrick, R. (1996). *Kommentar Psychotherapie-Richtlinien* (4. Aufl). Neckarsulm: Jungjohann.
Fiedler, P. (1997). Therapieplanung in der modernen Verhaltenstherapie. Von der allgemeinen zur phänomen- und störungsspezifischen Behandlung. *Verhaltenstherapie und Verhaltensmedizin, 18,* 7–39.
Fischer, N. (1995). Qualitätsorientierte Anforderungen. Integration der psychotherapeutischen Versorgung. *Gesellschaftspolitische Kommentare, 36,* 100–101.
Flöttmann, H.-B. (1991). Wider das Gutachterverfahren nach den Psychotherapie-Richtlinien. *Neuro date aktuell,* 21–22.
Frank, M. & Fiegenbaum, W. (1994). Therapieerfolgsmessung in der psychotherapeutischen Praxis. *Zeitschrift für Klinische Psychologie, 23,* 268–275.

Fydrich, T., Laireiter, A.-R., Saile, H. & Engberding, M. (1996). Diagnostik und Evaluation in der Psychotherapie: Empfehlungen zur Standardisierung. *Zeitschrift für Klinische Psychologie, 25,* 161–168.

Grawe, K. & Braun, U. (1994). Qualitätskontrolle in der Psychotherapiepraxis. *Zeitschrift für Klinische Psychologie, 23,* 242–267.

Grawe, K., Caspar, F. & Ambühl, H. (1990). Die Berner Therapievergleichsstudie: Wirkungsvergleich und differentielle Indikation. *Zeitschrift für Klinische Psychologie, 19,* 338–361.

Grawe, K., Donati, R. & Bernauer, F. (1994). *Psychotherapie im Wandel. Von der Konfession zur Profession.* Göttingen: Hogrefe Verlag für Psychologie.

Hahlweg, K. & Ehlers, A. (Hrsg.). (1996). *Psychische Störungen und ihre Behandlungen.* Göttingen: Hogrefe Verlag für Psychologie.

Hand, I. (1992). Wortbeiträge zur Plenardiskussion „Auf dem Prüfstand: Das Delegations- und Gutachterverfahren in der ambulanten Verhaltenstherapie". In H. Lieb & R. Lutz (Hrsg.), *Verhaltenstherapie. Ihre Entwicklung – ihr Menschenbild.* (S. 73–78). Stuttgart: Verlag für Angewandte Psychologie.

Hand, I. (1993). Exposition-Reaktions-Management (ERM) in der strategisch-systemischen Verhaltenstherapie. *Verhaltenstherapie, 3,* 61–65.

Kallinke, D. (1992). Das Gutachterverfahren in der Verhaltenstherapie – „Muster-Fälle"? *Praxis der Klinischen Verhaltensmedizin und Rehabilitation, 5,* 60–63.

Keil-Kuri, E. & Görlitz, G. (1995). *Vom Erstinterview zum Kassenantrag* (2. Aufl.). Neckarsulm: Jungjohann.

Köhlke, H.-U. (1992a). Gruppen-Verhaltenstherapie in der gesetzlichen Krankenversicherung der BRD. Eine kritische Auseinandersetzung aus Praxis-Perspektive. *Verhaltenstherapie, 2,* 55–61.

Köhlke, H.-U. (1992b). Aktuelle verhaltenstherapeutische Standardprogramme: Moderner Rückschritt in die Symptomtherapie?! *Verhaltenstherapie, 2,* 256–262.

Köhlke, H.-U. (1995). EBM-Reform: Psychotherapie – Dringend gebotene Änderung der Gruppenpsychotherapie-Ziffern. *Mitteilungen des Verbands der Vertragspsychotherapeuten Nordbaden.*

Köhlke, H.-U. (1996). Integrationsmodell oder Sektionsmodell? Versuch einer objektiven Darstellung und sachlichen Abwägung. *Psychotherapeut, 41,* 267–274.

Köhlke, H.-U. (1997). Die Zukunft der verhaltenstherapeutischen Praxis: Spezialisierung? Ein Versuch zur Verständigung zwischen Forschung und Praxis. *Verhaltenstherapie und Verhaltensmedizin, 18,* 175–190.

Köhlke, H.-U. & Kuhr, A. (1993). Standard-Symptom-Therapie versus hintergrundorientierte Verhaltenstherapie: Vorgeschichte und Fortsetzung einer aktuellen Kontroverse zwischen wissenschaftlicher Therapievorstellung und „renitenter" Praxiswirklichkeit. *Verhaltenstherapie und psychosoziale Praxis, 25,* 229–246.

Kordy, H. (1992). Qualitätssicherung: Erläuterungen zu einem Reiz- und Modewort. *Zeitschrift für Psychosomatische Medizin und Psychoanalyse, 38,* 310–324.

Langlotz-Weis, M. & Koppenhöfer-Lorenzen, E. (1992). Begutachten und Begutachtetwerden. Welche Auswirkungen hat das Gutachterverfahren auf die ambulante Praxis. In H. Lieb & R. Lutz (Hrsg.), *Verhaltenstherapie. Ihre Entwicklung – ihr Menschenbild.* (S. 73–78). Stuttgart: Verlag für Angewandte Psychologie.

Lieb, H. & Lutz, R. (Hrsg.). (1992). *Verhaltenstherapie. Ihre Entwicklung – ihr Menschenbild.* Stuttgart: Verlag für Angewandte Psychologie.

Linden, M. (1992). Wortbeiträge zur Plenardiskussion „Auf dem Prüfstand: Das Delegations- und Gutachterverfahren in der ambulanten Verhaltenstherapie". In H. Lieb & R. Lutz (Hrsg.), *Verhaltenstherapie. Ihre Entwicklung – ihr Menschenbild* (S. 73–78). Stuttgart: Verlag für Angewandte Psychologie.

Linden, M. & Dankesreiter, R. (1996). Die Durchführung von Verhaltenstherapie im Rahmen der kassenärztlichen Versorgung: Fallbericht, Antragsverfahren und Kassenabrechnung. In J. Margraf (Hrsg.), *Lehrbuch der Verhaltenstherapie* (S. 537–542). Berlin: Springer.

Linden, M., Förster, R., Oel, M. & Schlötelburg, R. (1993). Verhaltenstherapie in der kassenärztlichen Versorgung: Eine versorgungsepidemiologische Untersuchung. *Verhaltenstherapie, 3*, 101–111.

Lubecki, P. (1990). Qualitätssicherung der Verhaltenstherapie aus Sicht der Krankenkassen. *Praxis der Klinischen Verhaltensmedizin und Rehabilitation, 3*, 303–306.

Lubecki, P. (1995). Qualitätssicherung. Positionen für die Ausgestaltung bei der Gesundheitsreform. *DOK, 23/24*, 766–769.

Margraf, J. (Hrsg.). (1996). *Lehrbuch der Verhaltenstherapie* (Bd. 1 und 2). Berlin: Springer.

Meyer, A.E., Richter, R., Grawe, K., v. d. Schulenburg, J.M. & Schulte, B. (1991). *Forschungsgutachten zu Fragen eines Psychotherapeutengesetzes.* Hamburg: Universitäts-Krankenhaus Hamburg-Eppendorf.

Nedelmann, C. (1990). Die Psychoanalyse als Krankenbehandlung in der kassenärztlichen Versorgung. 2. Teil. Ein Leitfaden zur Antragstellung. *Forum der Psychoanalyse, 6*, 147–162.

Neher, M. (1996). Kassenantrag: Verhaltenstherapie. In W. Senf & M. Broda (Hrsg.), *Praxis der Psychotherapie. Ein integratives Lehrbuch für Psychoanalyse und Verhaltenstherapie.* (S. 514–519). Stuttgart: Thieme.

Reinecker, H. (Hrsg.). (1994*). Lehrbuch der Klinischen Psychologie. Modelle psychischer Störungen* (2. Aufl.). Göttingen: Hogrefe Verlag für Psychologie.

Richter, R. (1994). Qualitätssicherung in der Psychotherapie. Editorial. *Zeitschrift für Klinische Psychologie, 23*, 233–235.

Scheidt, C.E. & Wirsching, M. (1996). Qualitätssicherung in der ambulanten Fachpsychotherapie – Erste Ergebnisse einer Untersuchung in 40 psychotherapeutischen Fachpraxen. *Mitteilung des Deutschen Kollegiums für Psychosomatische Medizin, 29*, 67–73.

Schmidt, J. & Nübling, R. (1994). Qualitätssicherung in der Psychotherapie – Teil 1: Grundlagen, Hintergründe und Probleme. *GwG-Zeitschrift, 96*, 15–25.

Schmidt, J. & Nübling, R. (1995). Qualitätssicherung in der Psychotherapie – Teil 2: Realisierungsvorschläge, Modellprojekte und bereits laufende Maßnahmen. *GwG-Zeitschrift, 99*, 42–53.

Schulte, D. (1995). Standardisierung des Individuellen. Individualisierung des Standardisierten: Versuch einer Klärung aus Anlaß eines Artikels von Caspar und Grawe. *Verhaltenstherapie, 5*, 42–46.

Schulte (1996a). *Therapieplanung.* Göttingen: Hogrefe Verlag für Psychologie.

Schulte, D. (1996b). Lohnt sich eine Verhaltensanalyse? In F. Caspar (Hrsg.), *Psychotherapeutische Problemanalyse* (S. 65–86). Tübingen: dgvt-Verlag.

Selbmann, H.- K. (1984). *Qualitätssicherung ärztlichen Handelns.* Gerlingen: Bleicher.

Sponer, K. (1987). *Wirtschaftlichkeitsprüfung kassenärztlicher Leistungen und Verordnungen.* Köln: Deutscher Ärzte-Verlag.

Sulz, S.K.D. (1992). *Das Verhaltensdiagnostiksystem VDS. Von der Anamnese zum Therapieplan.* München: CIP-Mediendienst.

Vereinigung der Kassenpsychotherapeuten (1996). Kosten der Richtlinienpsychotherapie. *Verhaltenstherapie, 6,* 258–265.

Vogel, H. (1993). Was heißt Qualitätssicherung in der Psychotherapie? *Verhaltenstherapie und psychosoziale Praxis, 25,* 93–100.

Vogel, H. (1996). Psychotherapie in der ambulanten Gesundheitsversorgung – Eine kritische Übersicht. *Verhaltenstherapie und psychosoziale Praxis, 28,* 105–126.

Weigeldt, I. (1996). Kassenantrag: Tiefenpsychologisch fundierte und analytische Therapie. In W. Senf & M. Broda (Hrsg.), *Praxis der Psychotherapie. Ein integratives Lehrbuch für Psychoanalyse und Verhaltenstherapie.* (S. 507–514). Stuttgart: Thieme.

Wittchen, H.-U. (1996). Die Zukunft der Klinischen Psychologie – Zwischen Glanz und Erosion. In W. Bungart, G.E. Dlugosch, P. Fiedler, D. Frey, R.S. Jäger u.a., *Perspektiven der Psychologie. Eine Standortbestimmung* (S. 145–167). Weinheim: Psychologie Verlags Union.

Zarbock, G. (1996). Individualisierung statt Standardisierung: Verhaltenstherapie als biographisch orientierte Neuerfahrung. *Verhaltenstherapie, 6,* 244–251.

Anhang

Statuserhebung zum Therapie-Beginn (STB): S. 829
Patientenbeispiel

Statuserhebung zur Therapie-Fortführung (STF): S. 831
Patientenbeispiel

Chiffre: *M 13 04 74*	Copyright Praxis für Verhaltenstherapie Dr. K. u. H.- U. Köhlke 76356 Weingarten/Karlsruhe
(Anfangsbuchstabe d. Nachnamens u. Geburtsdatum)	
Datum: *25.07.96* Beruf: *Justizangestellte* verheiratet seit: *1985* Anzahl d. Kinder: *1*	

Statuserhebung zum Therapiebeginn

Bitte deutlich schreiben (evtl. maschinenschriftlich)
Um Wiederholungen zu vermeiden: Bitte den Fragebogen zunächst ganz durchlesen.

I. Symptomatik

Stellen Sie sich vor, Sie sollten Ihrer Krankenkasse Ihre Krankheitssymptome schildern.
Zählen Sie bis zu 5 körperliche oder psychische Hauptsymptome auf (möglichst konkret!), derentwegen Sie hier eine Verhaltenstherapie beginnen möchten. Zum Beispiel: 1. Angst vor plötzlich auftretenden Panikattacken; 2. Angst, allein Straßenbahn zu fahren; 3. Schwindel; 4. depressive Stimmungszustände; 5. Einschlafstörungen.
Schätzen Sie für jede Symptomatik die Intensität Ihrer Belastung („Leidensdruck") auf einer Skala zwischen 0 und 10 ein (0 = „keinerlei Belastung" bis 10 = „maximale/extreme Belastung").

Hauptsymptomatik	Belastungsempfinden 0 - 10
1. *Immer vorhandenes Schwindelgefühl, Sehstörungen*	*10*
2. *Panikattacken, Angst vor Attacken*	*10*
3. *Depressionen, möchte am liebsten nie mehr aufstehen*	*8*
4. *Angst vorm allein Autofahren, Einkaufen, Einladungen usw.*	*10*
5. *Schlafstörungen, 5 Monate nur 2-3 Std. pro Nacht*	*10*

II. Welche Medikamente nehmen Sie zur Zeit ein (Präparat u. Dosis):

Insidon 1-1-1

III. Verhaltensproblematik

Geben Sie an, was Sie an Ihrem Verhalten, an Ihren Einstellungen oder an Ihrer „Persönlichkeit" für sich oder für andere als Problematik, als Belastung oder als „Störung" beurteilen.
Zum Beispiel: Bin konfliktscheu; kann nicht „Nein" sagen; bin perfektionistisch; neige zu grüblerischem Selbstzweifel; bin zu unselbständig; fühle mich häufig unterlegen.
Beschränken Sie sich auf maximal fünf hauptsächliche Problembereiche.
Schätzen Sie für jede Symptomatik die Intensität Ihrer Belastung („Leidensdruck") auf einer Skala zwischen 0 und 10 ein (0 = „keinerlei Belastung" bis 10 = „maximale/extreme Belastung").

Verhaltensproblematik	Belastungsempfinden 0 - 10
1. *zu unselbständig*	*10*
2. *zu grüblerisch, Negativdenker*	*7*
3. *null Selbstwertgefühl, vertraue meinen Fähigkeiten nicht*	*9*
4. *Fühle mich nicht akzeptiert*	*8*
5. *Hang zum Perfektionismus*	*6*

IV. Lebenssituation

Jetzt geht es um Ihre äußeren Lebensumstände. Eventuell sind Sie der Auffassung, daß Ihre konkrete Lebenssituation ungünstig für Sie ist. Zum Beispiel: Ungünstige Wohnsituation; keine ausreichende Zeit (warum?) zur besseren Interessenentfaltung (welche?); finanzielle Belastungen, schlechte Arbeitsbedingungen, (drohende) Arbeitslosigkeit; keine Partnerschaft/keine Kinder trotz Wunsch etc.).
Beschreiben Sie hier bitte, ob, seit wann und inwiefern Ihre äußere Lebenssituation Ihnen problematisch erscheint:

Äußerlich könnte Lebenssituation nicht besser sein. Große Wohnung, finanziell abgesichert, viel Zeit für mich, die ich aber nicht nutzen kann.

Von Seiten meines Mannes hätte ich alle Freiheiten zur Verwirklichung.

Große Belastung stellt meine Schwiegermutter dar, die in unserem Haus eine eigene Wohnung hat und durch ihre Dominanz mich in meinem eigenen Bereich unwohl fühlen läßt und mir das Gefühl vermittelt, daß alles letztendlich nur ihr zu verdanken sei.

V. „Stressoren" und „kritische Lebensereignisse"

Hier geht es nun um innere Belastungen, psychische Druck- oder Streßfaktoren. Eventuell gibt es Ihrer Meinung nach Bedingungen, Ereignisse oder sonstige Umstände, die Sie psychisch belasten („stressen"). Zum Beispiel: Prüfungssituation, besonderes bevorstehende Ereignis, schwerer Schicksalsschlag, Konflikt mit Arbeitskollegen, Vorgesetzten oder Verwandten etc.).
Beschreiben Sie hier bitte, ob, seit wann und welche Belastungseinflüsse aus Ihrer Sicht vorhanden sind:

Die beschriebene jahrelange Angstsymptomatik, die einen nie losläßt, belastet ungemein. Ständige Konflikte mit meiner Mutter und Schwiegermutter und daraus resultierende Konflikten mit meinem Mann. Jahrelanges Nicht-Aushaltenkönnen von alltäglichen Situationen (Einkaufen, Besuche, Elternabende, Urlaub, Essengehen) geben mir das Gefühl, versagt zu haben und nicht lebenstauglich zu sein.

VI. Worin sehen Sie mögliche Ursachen Ihrer Symptomatik?

(Vergegenwärtigen Sie sich jetzt noch einmal, was Sie unter I. angegeben haben.)
Worauf führen Sie Ihre Symptome zurück und inwiefern?
Hier geht es nicht darum, die tatsächlichen Ursachen und Zusammenhänge Ihrer Symptomatik darzustellen, sondern um Ihre subjektive Einschätzung - unabhängig von Übereinstimmung mit „wissenschaftlichen Erkenntnissen". Dabei können Sie durchaus auch mehrere, sich eventuell auch widersprechende Möglichkeiten beschreiben.

Vielleicht von der Kindheit? Bin von kleinauf in eine Schiene gedrängt worden, die meine Mutter als Lebensschiene vorgesehen hatte, „nur zu meinem Besten". Mir wurde alles Schwierige abgenommen und so durfte ich nie selbständig werden. Dadurch entstand eine große Abhängigkeit zu meiner Mutter und später zu meinem Mann - Selbstaufgabe.
Gespräche, Konfliktlösungen durch Streit, eine eigene Meinung vertreten, das gab es in meiner Ursprungsfamilie nicht und hatte es nicht zu geben.

Chiffre: M 13 04 74	Copyright Praxis für Verhaltenstherapie Dr. K. u. H.- U. Köhlke 76356 Weingarten/Karlsruhe
(Anfangsbuchstabe d. Nachnamens u. Geburtsdatum)	

Datum: *14.06.97* Beruf: *Justizangestellte* verheiratet seit: *1985* Anzahl d. Kinder: *1*

Statuserhebung zur Therapie-Fortführung

Bitte deutlich schreiben (evtl. maschinenschriftlich)
Um Wiederholungen zu vermeiden: Bitte den Fragebogen zunächst ganz durchlesen.

I. Symptomatik

A. Vergleichen Sie bitte Ihre Angaben in „Statuserhebung zum Therapiebeginn".
Beurteilen Sie, ob Sie eine Veränderung bezüglich der von Ihnen seinerzeit angegebenen Hauptsymptomatik feststellen können.
Vergleichen Sie für jedes Symptom die Intensität Ihrer Belastung auf einer Skala zwischen 0 und 10 und zwar zum heutigen Zeitpunkt gegenüber dem Beginn der Therapie
(0 =„keinerlei Belastung" bis 10 = „maximale/extreme Belastung").

Hauptsymptomatik	Belastungsempfinden	
	Beginn	zur Zeit
1. Schwindelgefühl, Sehstörungen	10	6
2. Panikattacken, Angst vor Attacken	10	5
3. Depressive Stimmungszustände	8	4
4. Angst vorm Autofahren, Einkaufen usw.	10	5
5. Schlafstörungen	10	3

B. Gibt es andere, eventuell neu hinzugekommene Beschwerden, die zur Hauptsymptomatik gerechnet werden sollten? Wenn ja, welche und seit wann?

Nein

II. Welche Medikamente nehmen Sie zur Zeit ein?

Auslaufend Insidon 1 x tgl.

III. Verhaltensproblematik

Vergleichen Sie bitte Ihre Angaben in „Statuserhebung zum Therapiebeginn".
Beurteilen Sie, ob Sie eine Veränderung der von Ihnen angegebenen Verhaltensproblematik feststellen können.
Vergleichen Sie für jede Verhaltensproblematik die Intensität Ihrer Belastung auf einer Skala zwischen 0 und 10 und zwar zum heutigen Zeitpunkt gegenüber dem Beginn der Therapie
(0 =„keinerlei Belastung" bis 10 = „maximale/extreme Belastung").

Verhaltensproblematik	Beginn	zur Zeit
1. zu unselbständig	10	6
2. grüblerisch, Negativdenker	7	4
3. kein Selbstwertgefühl	9	5
4. Fühle mich nicht akzeptiert	8	5
5. Perfektionisstreben	6	4

III. Änderung der Lebenssituation

Jetzt geht es um Änderungen Ihrer äußeren Lebensumstände. Eventuell hat sich in der Zwischenzeit seit Therapiebeginn Ihre konkrete Lebenssituation verändert. Zum Beispiel: Neue Partnerschaftsbeziehung oder -trennung; neue soziale Kontakte; Beginn neuer oder/und Aufgabe von Aktivitäten und Freizeitgestaltung; Umzug, neue Wohnsituation; Veränderung der Arbeitssituation oder Arbeitsstelle; etc.).

Beschreiben Sie hier bitte, ob, seit wann und inwiefern sich Ihre Lebenssituation in der Zwischenzeit verändert hat:

Habe für mich eine ausbaufähige berufliche Perspektive gefunden (freie Mitarbeiterin bei einem regionalen Radiosender). Habe dadurch einige neue soziale Kontakte geknüpft.

Nehme auch wieder mehr an Aktivitäten (Einladungen usw.) teil.

Bin dabei, dieses „Anerkennung-Um-Jeden-Preis-Denken" abzubauen und mich mehr an mir als an anderen zu orientieren.

Fortschreitende „Abnabelung" vom Elternhaus und stärkeres Eigenständigkeitsempfinden gegenüber meinem Mann. Allerdings auch Zunahme von partnerschaftlichen Streitigkeiten.

IV. Neue „Stressoren" oder positive Einflüsse

Hier geht es nun um Änderungen psychischer Belastungen, „Druckeinflüsse" oder auch positive Entlastungsfaktoren. Eventuell sind nach Therapiebeginn neue Bedingungen, Ereignisse oder sonstige Umstände eingetreten, die Sie psychisch belasten oder - wenn es positive Veränderungen sind - Sie positiv beeinflussen bzw. negativen Druck aufheben.

Beschreiben Sie hier bitte, ob, seit wann und welche Belastungs- oder Entlastungseinflüsse vorhanden sind:

Mein neu entdecktes Selbstbewußtsein steht noch „auf wackeligen Beinen". Dadurch kommt es zu Rückfällen von Schwindel- und Angstattacken. Meine Vermeidungshaltung vor schwierigen, unbequemen Situationen und Aufgaben ist geringer.

Durch die Therapie kann ich meine Problematik einer defensiven Lebensorientierung erkennen, habe aber noch Mühe, eigene konkrete Lebensperspektiven zu entwickeln und in die Praxis umzusetzen.

Die Suche nach einer inhaltlichen Perspektive stellt auch eine Belastung dar, weil sie mich wieder mit meiner Grundproblematik („ich bin nichts wert, ich kann nichts") konfrontiert.

V. Worin sehen Sie mögliche Ursachen Ihrer Symptomatik?

Sehen Sie heute neue, andere Zusammenhänge hinsichtlich der Ursachen Ihrer Symptomatik? Welche?

Die Erziehung in meiner Ursprungsfamilie mußte zwangsläufig in einer Sackgasse enden. Ein auf Unselbständigkeit und Angepaßtheit aufgebautes Lebensgebäude mußte zum Einsturz kommen. Ich habe die Verantwortung für mein Leben immer auf andere übertragen und somit ein völlig „fremdbestimmtes Ich" entwickelt. Ich versuchte immer, den vermeintlich bequemeren Weg zu gehen.

Die Ursachen meiner Symptomatik sind mir rational völlig klar und durchschaubar geworden. Jetzt verstehe ich die Zusammenhänge und weiß, daß mich meine Lebensunzufriedenheit und die Orientierungslosigkeit meines öden Alltags im Laufe der Zeit völlig destabilisiert haben, so daß es zu den Attacken kommen mußte. Ich sehe jetzt auch, daß ich mich durch Angst vor der Angst regelrecht hineinsteigere, kann dies aber noch nicht vollständig unterlassen.

XI.
Ausblick

Qualitätssicherung in Psychotherapie und psychosozialer Versorgung – Auf der Suche nach den geeigneten Werkzeugen für ein zerbrechliches Material

Heiner Vogel & Anton Rupert Laireiter

Inhalt:

1. Qualitätssicherung – Ein neues Paradigma der Gesundheitsversorgung 836
2. Die Verheißungen von Qualitätssicherung 837
3. Qualität von Psychotherapie und psychosozialer Versorgung – Was ist das eigentlich? 839
4. Von der „Kariesnorm" zur kritischen Reflexion der Versorgungsziele 840
5. Und wie erstellt man ein Qualitätssicherungs-Programm? 843
6. Qualitätssicherung ist nicht gleich Qualitätssicherung – oder: Nicht jedes Werkzeug paßt für jedes Werkstück 844
7. Zum Verhältnis von Rahmen und Inhalt 845
8. Qualität und Wirtschaftlichkeit der Versorgung 848
9. Qualitätszertifikate: Das hehre Ziel und die Fallstricke des Versorgungsalltags 849
10. Dokumentationsstandards, -pflichten und -ziele 850
11. Das Dilemma der niedergelassenen PsychotherapeutInnen in der Qualitätssicherungs-Diskussion 854
12. Schlußbemerkungen: Wie ist der Stand der Qualitätssicherung und wo besteht noch Entwicklungsbedarf?..............854

Quidquid agis prudenter agas et respice finem
(Was du auch tust, tue es klug und bedenke, wie es ausgeht [Gesta Romanorum])

Der folgende Beitrag versucht, eine vorläufige Bewertung des Entwicklungsstandes von Qualitätssicherung im Bereich von Psychotherapie und psychosozialer Versorgung zu geben. Beispielhaft sollen auch Problemstellungen und offene Fragen angesprochen werden, die zur weiteren Bearbeitung herausfordern. Im wesentlichen wird dabei auf die entsprechenden Beiträge dieses Buches Bezug genommen, ohne sie allerdings jeweils einzeln zu nennen.

Zunächst sei noch einmal an die im Einleitungsartikel vorgestellte Metapher von der „Werkstatt Qualitätssicherung" erinnert. Dieses Bild gewinnt Konturen bei dem Versuch einer Gesamt-Übersicht der vorliegenden Arbeiten zum Thema. An vielen Orten der Werkstatt wird gearbeitet, und trotz beträchtlicher, beinahe drängender Nachfrage haben manche HandwerkerInnen[1] noch Skrupel, mit ihren Produkten „in Serie" zu gehen. Anhand einzelner Prototypen kommen sie allerdings immer wieder – und das scheint bei anspruchsvollen Produktionen auch sinnvoll – ins Gespräch mit den potentiellen KundInnen über deren Wünsche und die Anforderungen an die Produkte. Einige dieser Gespräche sollen im folgenden zusammengefaßt werden.

1. Qualitätssicherung – Ein neues Paradigma der Gesundheitsversorgung

Jede Handlung dient – folgt man dem idealtypischen handlungstheoretischen Konzept – dazu, vorgegebene Ziele bei Berücksichtigung bestehender Randbedingungen in optimaler Weise zu erreichen und anhand des Ergebnisses weiteren Handlungsbedarf zu klären (vgl. Miller, Galanter & Pribam, 1973; Parsons & Shils, 1967; Volpert, 1974). Diese allgemeine (allerdings etwas vereinfacht dargestellte) Struktur von Handlungen oder Tätigkeiten gilt insbesondere auch für professionelles Handeln. Berufstätigkeit im Bereich der Gesundheitsdienstleistungen zielt somit a priori auf die optimale Erreichung gesundheitlicher Zielvorstellungen.

Insofern wäre Qualitätssicherung tatsächlich „ein alter Hut". Und tatsächlich lassen sich viele übliche Regelungen, Aktivitäten und Standards der psychosozialen Berufsgruppen zwanglos als Maßnahmen der Qualitätssicherung einordnen. So muß auch nicht verwundern, wenn der Begriff gelegentlich wie eine Worthülse gebraucht wird, um Dinge mit einem schmückenden Beiwort zu bekleiden, die früher zutreffend mit Fortbildung, Teamarbeit, Supervision, Dokumentation oder Evaluation bezeichnet wurden.

Die Idee der Qualitätssicherung im Gesundheitswesen geht jedoch – ergänzend zum allgemeinen Handlungsschema – davon aus, daß die eigentlichen (primären) Handlungsziele der Beteiligten in der Gesundheitsversorgung (Symptomlinderung, Verbesserung von Lebensqualität) in der Regel zwar implizit vorhanden sind und verfolgt werden, daß sie im Versorgungs-Alltag aber häufig durch Sekundärziele oder wenig reflektierte Routinen ersetzt werden. Dies gilt insbesondere in größeren Institutionen oder in Tätigkeitsfeldern, die stark durch Sachzwänge oder administrative Vorgaben beeinflußt werden. Hier besteht die latente Gefahr, daß die institutionellen oder administrativ vorgegebenen Teilziele („Sachzwänge" etc.) sich verselbständigen und die primären Versorgungsziele in den Hintergrund treten lassen. Qualitätssiche-

---

1. In diesem Beitrag wird das große „I" verwendet, um bei Personen- und Berufsbezeichnungen auszudrücken, daß jeweils sowohl Männer als auch Frauen gemeint sind.

rung soll in diesen Fällen dazu dienen, die Ziele der Gesundheitsversorgung in ihrer Bedeutung für die jeweilige Versorgungseinheit und ihren Handlungszweck explizit herauszuarbeiten und das tägliche Handeln und die Behandlungs-/Versorgungsabläufe ausdrücklich daraufhin auszurichten. Es geht um die Förderung von Transparenz und um Aufmerksamkeitslenkung auf diesbezügliche Qualitätsmerkmale, es geht um strukturierte Maßnahmen zur Überprüfung der Zielerreichung und um kontinuierliche Rückkopplungen auf den Behandlungsprozeß. Viele erprobte Methoden aus den Bereichen Psychodiagnostik, Evaluationsforschung oder Organisationspsychologie können für diese Zwecke sinnvoll genutzt werden, und somit wird verständlich, daß dem Neuling in der „QS-Szene" manche Ansätze der Qualitätssicherung durchaus bekannt vorkommen.

Mit der Forderung nach einem Aus- oder Aufbau von Qualitätssicherung wird nicht unterstellt, daß im Gesundheitswesen nicht schon immer ein Bemühen um hochwertige Leistungen vorherrsche. Es wird jedoch gefordert, explizite Mechanismen in der Alltagsroutine zu installieren, um sicherzustellen, daß Qualitätsmängel frühzeitig erkannt und in Handlungskorrekturen umgesetzt werden. Der Ansatz der Qualitätssicherung läßt sich somit auch als neues Paradigma der Gesundheitsversorgung bezeichnen, indem er eine ausdrückliche Ausrichtung aller Versorgungsbestandteile und -routinen am übergeordneten Ziel hoher der Versorgungsqualität verlangt.

2. Die Verheißungen von Qualitätssicherung

Wollte man die übergreifenden Zielsetzungen beim Ausbau von Qualitätssicherung[2] idealtypisch beschreiben, so lassen sich zwei unterschiedliche Perspektiven finden, die sich gegenseitig ergänzen (können):

- *Für die Einrichtungen und die BehandlerInnen* geht es um ein (internes) Qualitätsmanagement-Konzept, welches routinemäßig „mitläuft" und sachorientierte sowie hinreichend differenzierte Ansatzpunkte zur Mängelanalyse im Einzelfall und zur darauf aufbauenden Qualitätsentwicklung bietet.
- *Für die Leistungs-/Kostenträger* ist es ein berechtigtes Bedürfnis zu wissen, ob die erbrachte Qualität in der Regel einen gewissen Standard erreicht. Es ist zudem verständlich, daß sie die Erwartung haben, daß die Erreichung dieses Zieles durch ein effektives Qualitätsmanagement-System erleichtert wird.

---

2. Das Deutsche Institut für Normung e.V. (DIN) hat mit der Neuübersetzung der ISO-Norm 8402 (1992, vgl. Kamiske & Bräuer, 1995) und ihrer Formulierung als DIN-Norm 8402 eine Sprachregelung vorgeschlagen, nach der „Qualitätsmanagement" als Oberbegriff für unterschiedlichste betriebliche qualitätsbezogene Aktivitäten einschließlich spezieller Qualitätssicherungsaktivitäten verwendet werden soll. Im vorliegenden Text wird diesem Vorschlag nicht immer gefolgt, weil hier die betriebliche Sichtweise weniger im Vordergrund steht und im deutschen Sprachraum, speziell auch bei den Trägern und in der Politik, der Begriff Qualitätssicherung inzwischen gebräuchlicher ist.

Die verschiedenen Bereiche der Qualität (Struktur-, Prozeß- und Ergebnisqualität) haben für die beiden genannten Perspektiven eine unterschiedliche Bedeutung:

Einrichtungsintern wird es – im Rahmen der internen Qualitätssicherung – darum gehen, bei Vorhandensein ausreichender Rahmenbedingungen (Strukturqualität) auf der Basis von *routinemäßigen Verlaufs- und Ergebnisüberprüfungen* Verbesserungen der *Prozessqualität* zu erreichen, in der Annahme, daß sich dadurch auch die Ergebnis verbessert bzw. erhöht.

Die spannende Frage ist dabei, welche Verlaufs- und Ergebnismaße qualitätsrelevant sind. Letztlich geht es auch um den Konflikt zwischen dem Anspruch der empirischen Forschung auf der einen Seite, die möglichst objektive, reliable und valide Fragebogendaten anstrebt, und der klinisch erfahrenen TherapeutIn auf der anderen Seite. Letztere hat aufgrund ihrer Berufserfahrung nach einem kurzen Gespräch mit der PatientIn über die Entwicklung seit der letzten Therapiestunde den Eindruck, ein viel valideres Bild von den tatsächlichen Veränderungen der PatientIn erhalten zu haben als es ein – teilweise aufwendig auszuwertender – Fragebogen überhaupt erbringen könnte. Die empirische PsychotherapieforscherIn wird dagegen nur die Ergebnisse von reliablen Meßinstrumenten akzeptieren. Beide Blickwinkel werden in Teilen richtig sein. Fragebogendaten können besser verallgemeinert werden, sind dafür aber weniger zuverlässig, was die Situationsbeurteilung und Prognose einer einzelnen PatientIn angeht; bei individuellen, in der Regel nur qualitativ zu verwertenden Daten ist dies genau umgekehrt. Allerdings hat jeder Mensch, und natürlich auch jede PsychotherapeutIn seine bzw. ihre berühmten „blinden Flecke". Und so dürfte es sinnvoll sein, eine vernünftige und praktikable Ergänzung zwischen beiden Ebenen anzustreben, der qualitativ-ideographischen und der quantitativ-vergleichbaren Datenebene.

In größeren Institutionen (wie Beratungsstellen, Ambulanzen oder Kliniken) mit mehreren TherapeutInnen, deren Aufgaben sich sinnvoll zusammenfügen müssen, und die sich auch gegenseitig vertreten müssen, wird die objektivierende und transparente Dokumentation wichtiger sein als in der Einzelpraxis niedergelassener TherapeutInnen. In der Einzelpraxis dient die objektivierende Dokumentation mittels anerkannter Standardinstrumente vor allem als Hilfe zur Korrektur von „blinden Flecken" (im Rahmen der Selbstkontrolle und zur Unterstützung der Supervision).

Im Rahmen der *Qualitätskontrolle*[3] durch externe Stellen wird es zum einen um die regelmäßige Überprüfung der Einhaltung von strukturellen Standards der Versorgung (Ausstattung, Anzahl und Qualifikation der MitarbeiterInnen) gehen (*Strukturqualität*) sowie um die routinemäßige stichprobenweise Überprüfung der *Ergebnisqualität* auf einer globalen Ebene (Screening).

Die Umsetzung der externen Qualitätskontrolle kann dabei durch die Kosten-/Leistungsträger selbst erfolgen (wie beim Qualitätssicherungs-Programm der Deutschen Rentenversicherungsträger), sie kann aber auch an unabhängige, außenstehende Or-

---

3. Im weiteren wird der Einschätzung der Aktion Psychisch Kranke (BMG, 1996) gefolgt, die für Qualitätsüberprüfungen durch externe Stellen den Begriff Qualitätskontrolle gegenüber dem Begriff der externen Qualitätssicherung bevorzugt. Eine Sicherung oder gar Verbesserung der Behandlungsleistungen ist a priori nur durch die BehandlerInnen selbst erreichbar, externe Stellen können hierzu im besten Fall hilfreiche Impulse geben.

ganisationen delegiert werden (z.B. Selbstorganisationen der Einrichtungen, TÜV, Joint Commission on Accreditation of Health Care Organizations/JCAHO).

Wichtig ist es dabei, daß interne Qualitätssicherung und externe Qualitätskontrolle sich gegenseitig in sinnvoller Art und Weise ergänzen, sich ggf. gegenseitig fördern. Dies kann nicht deklariert werden, sondern muß in der konkreten Ausformulierung der Qualitätssicherungs-Konzepte erarbeitet und sorgfältig geprüft werden.

Konkret könnte das z.B. in dem Prinzip resultieren, die quantifizierende Datenerhebung für externe Qualitätskontrollen so sparsam zu gestalten, daß die Aufgabe des „Qualitätsscreenings" zwar erfüllt wird, daß aber innerhalb der betrachteten Einrichtung Mißtrauen und Abgrenzung/Reaktanz nicht gefördert werden. Auch sollten sich diese Datenerhebungen auf hinreichend valide Daten beziehen, und es sollte genügend Erfahrung in der Auswertung und Interpretation der Ergebnisse vorliegen, bevor das Verfahren „in die Routineanwendung geht". Prinzipien wie Transparenz, Verbindlichkeit und gegenseitiges Vertrauen, welche innerhalb von Institutionen einen zielorientierten Führungsstil kennzeichnen, sollten auch für das Verhältnis von Kosten- bzw. Leistungsträger und Einrichtung gelten, wenn ein wirklich produktives Zusammenwirken angestrebt wird.

3. Qualität von Psychotherapie und psychosozialer Versorgung – Was ist das eigentlich?

In Anlehnung an Jospe, Shueman und Troy (1991) lassen sich für Psychotherapie und psychosoziale Versorgung sechs teilweise unabhängige Qualitätsdimensionen[4] aufzählen:

a) Erreichbarkeit (Accessibility) der im Einzelfall erforderlichen Behandlungseinrichtungen/-dienste für Bedürftige;
b) Notwendigkeit (Necessity) der durchgeführten Leistungen, d.h. Begrenzung der Angebote auf die wirklich Bedürftigen, und Angemessenheit (Appropriateness) der Maßnahmen im Einzelfall;
c) prinzipielle Wirksamkeit (Efficacy) der angebotenen Therapien
d) Nutzen und Brauchbarkeit (Effectiveness) für den Versorgungsalltag;
e) Wirtschaftlichkeit bzw. Kosten-Nutzen- oder Kosten-Wirksamkeits-Verhältnis (Efficiency) der Maßnahmen und der Versorgung insgesamt;
f) Qualifikation der Einrichtung und der BehandlerInnen; das bedeutet für die Einrichtung: angemessene strukturelle Voraussetzungen, für die BehandlerInnen ent-

---

4. Eine alternative Beschreibung bietet die bekannte Unterscheidung von Donabedian (1966) in Struktur-, Prozeß- und Ergebnisqualität. Sie stellt die Aspekte der Professionalität der TherapeutInnen stärker heraus, während die hier vorgestellte Konzeption stärker die Einbindung des Behandlungsprozesses in strukturelle Rahmenbedingungen, in wissenschaftliche Grundlagen und wirtschaftliche Notwendigkeiten betont. Badura (1997a, ähnlich auch Badura & Strodtholz, 1998) unterscheidet dagegen drei Zugänge zur Diskussion der Qualitätssicherung (den professionsbezogenen, den organisationsbezogenen und den ergebnisorientierten Zugang), die sich sinnvollerweise gegenseitig ergänzen sollten.

sprechende professionelle Standards (Ausbildung, kontinuierliche Fortbildung und Supervision).

Die gegenwärtige Fachdiskussion konzentriert sich auf die Bereiche c), e) und f), obgleich eigentlich wenig gegen die Annahme einer insgesamt ausreichenden bis mittleren Qualität in diesen Bereichen spricht. Gleichzeitig gibt es hinreichend viele empirische Belege für die Annahme, daß die Qualität in den Bereichen a) und b) eher mäßig ist (vgl. Meyer, Richter, Grawe, v.d. Schulenburg & Schulte, 1991). Nach dem gesundheitsökonomischen Prinzip des Grenznutzens würden aber vermutlich bereits leichte Verbesserungen in den Bereichen a) und b) einen deutlich verbesserten Gesamtnutzen des Versorgungssystems erbringen im Vergleich zu geringen Verbesserungen des Gesamtnutzens, die durch beträchtliche Anstrengungen in den anderen Bereichen überhaupt erzielt werden können.

4. Von der „Kariesnorm" zur kritischen Reflexion der Versorgungsziele

Aus dem Grundkurs der Methodenlehre ist bekannt, daß die Ausrichtung auf Standards oder Normen voraussetzt, daß zunächst sorgfältig geprüft wird, welche Norm im entsprechenden Fall eine wünschenswerte Zielvorstellung darstellt. Das amüsante Beispiel aus der Statistik illustriert das Problem: Wenn die meisten Schulkinder Karies haben (statistische Norm), sollte dies dann für alle angestrebt werden?

Das Konzept des Benchmarkings[5] wird häufig in der Art eines Ranking verwendet, so daß ähnliche Einrichtungen anhand eines definierten Parameters hinsichtlich ihrer Leistungsfähigkeit in eine Rangreihe gebracht werden und die Einrichtung mit der (statistisch) günstigsten Ausprägung dieses Parameters zur Norm erhoben wird. Dies erinnert in einigen Aspekten durchaus an die Naivität der „Kariesnorm". Bei bestimmten Fragestellungen mag diese Methode ein probater Ansatz sein, um die beteiligten Einrichtungen, die schlechter abgeschnitten haben, zum Nachdenken über die Gründe dafür und ggf. auch zu Qualitätsverbesserungen zu motivieren. Standards, die explizit oder implizit zur Norm erhoben werden, sollten aber inhaltlich begründbar und erreichbar sein.

Wichtig ist auch zu klären, durch welche Parameter diese anzustrebenden Kriterien zu operationalisieren sind. Schließlich sollte gefragt werden, welche Nebenwirkungen von Methoden wie Benchmarking anhand einfacher, leicht zu überprüfender Dimensionen zu erwarten sind (Paschen, 1990). Wenn beispielsweise beim Benchmarking (bzw. in diesem Fall beim Ranking) außer acht gelassen wird, daß z.B. die Häufigkeit von Komplikationen und die Behandlungsdauer in kardiologischen Abteilungen we-

---

5. Der englische Begriff „Benchmarking" stammt aus dem Bauhandwerk und bezieht sich dort auf das Fixieren einer Meßlatte zum Justieren von Wänden etc. Im Qualitätssicherungs-Bereich wird darunter ursprünglich ein umfassender Vergleich einer Versorgungseinheit mit (bezüglich der Zielsetzung oder des Auftrags) ähnlichen Einheiten aus anderen Bereichen verstanden, der darauf gerichtet ist, Unterschiede in Organisation oder Ablaufstruktur festzustellen und zu prüfen, ob ihre Übernahme Vorteile bringen kann (vgl. z.B. Paeger, 1996).

sentlich vom Patientengut der jeweiligen Einrichtungen abhängen, dann braucht es nicht zu verwundern, daß solche Einrichtungen sich zukünftig auf „leichte Fälle spezialisieren" – ein rationales Verhalten angesichts der vorgegebenen Qualitätsnorm.

Die Forschung in Psychotherapie und psychosozialer Versorgung ist noch nicht so weit, daß die *Ergebnisstandards* der Versorgung in einfacher Form und für die Qualitätssicherung nutzbar definiert werden könnten. Dies hängt nicht zuletzt damit zusammen, daß es bereits unterschiedliche Sichtweisen darüber gibt, welche Dimensionen zur Messung von Therapieerfolg geeignet sind. Von besonderem Nutzen für die Fachdiskussion zur Qualitätssicherung war in dieser Frage der – auch in den Beiträgen dieses Buches – vielfach gewürdigte Artikel von Schulte (1993), in dem er vorschlug, therapieschulenübergreifende Parameter oder Dimensionen für die Therapieerfolgsmessung festzulegen, speziell in den Bereichen „Kranksein" (Beschwerden, Symptome und Befunde) und „Krankheitsfolgen" (Krankenrolle und Einschränkungen normalen Rollenverhaltens). Diese sind operationalisierbar und bieten damit die notwendige Voraussetzung, um einerseits Vergleiche vornehmen zu können und um andererseits die Forschung zur Entwicklung von Qualitätsstandards voranzutreiben.

Bei der Frage nach der Ergebnisqualität von Psychotherapie sind aber noch weitere Schritte zu gehen (vgl. Kazdin, 1994): Welche Verbesserungen müssen auf den vorgeschlagenen Dimensionen erreicht werden, um von guter Qualität sprechen zu können? Auf welche Bezugsgruppen beziehen sich diese Standards dann? Soll es unterschiedliche Ergebnis-Qualitäts-Normen für verschiedene Therapierichtungen geben? Diese scheinbar einfachen Fragen sind beim jetzigen Stand der Diskussion noch offen.

Allgemeine *Standards für die Prozeßqualität* sind als Leitlinien vorstellbar, wie sie in Deutschland gegenwärtig – nach amerikanischem Vorbild – für alle Fächer der Medizin innerhalb der Arbeitsgemeinschaft der Wissenschaftlichen Medizinischen Fachgesellschaften (AWMF), einem Zusammenschluß ärztlicher Fachgesellschaften, von den jeweils zuständigen Gesellschaften entwickelt werden.

So wichtig das Ziel ist, allgemeine Handlungsregeln für den therapeutischen Alltag zu formulieren, so schwierig ist dieses Vorhaben jedoch in die Tat umzusetzen. Bei der Entwicklung von Leitlinien wird zunächst häufig auf grundlegende Probleme hingewiesen, die sich unter anderem auf die Qualität des Prozesses der Leitlinienentwicklung beziehen (Welche Fachleute werden einbezogen? Wie erfolgt der Abstimmungsprozeß besonders bei unterschiedlichen Meinungen der ExpertInnen? Welchen Stellenwert haben wissenschaftliche Untersuchungsergebnisse? Wie geht man mit Bereichen um, für die keine empirischen Untersuchungsergebnisse vorliegen?[6] – vgl. Klemperer, 1996).

Auch für den Bereich der Behandlung psychischer Störungen werden im Auftrag der ärztlich-psychotherapeutischen Fachgesellschaften der AWMF gegenwärtig derartige Leitlinien erstellt. Hier ergibt sich das spezielle zusätzliche Problem, daß einerseits die Verhaltenstherapie unter den „Psycho-Fachgesellschaften" der AWMF kaum vertreten, ist und daß andererseits auch die originär psychologischen Fachge-

---

6. Für den Bereich der Inneren Medizin wird beispielsweise geschätzt, daß therapeutische Maßnahmen sich nur in ca. 4 bis 10 Prozent der Fälle auf empirisch belegte Forschungsbefunde („evidence based medicine") berufen können (Müller, 1996).

sellschaften und damit ein wichtiger Anteil der im Bereich der Psychotherapieforschung tätigen ExpertInnen aus dem Konsensprozeß der Leitlinienentwicklung ausgeschlossen bleibt. Angesichts der Tatsache, daß Psychotherapie in Deutschland überwiegend von PsychologInnen und annähernd hälftig von VerhaltenstherapeutInnen erbracht wird (Vogel, 1996), ist dies eine kaum akzeptable Schieflage, die mit den Grundsätzen der Leitlinienentwicklung („gleichberechtigte Beteiligung aller relevanten Fachgruppen", vgl. Rüther & Antes, 1997; Winter, 1997) kaum zu vereinbaren ist.

Läßt man diese Probleme, die sich als Spätfolge der Auseinandersetzungen im Zusammenhang mit den Psychotherapeutengesetz und den Bemühungen um die Sicherung traditioneller Vormachtstellungen erklären lassen, außer acht, so bleiben verschiedene inhaltliche Fragen, die speziell bei der Leitlinienerstellung im Bereich der Psychotherapie zu berücksichtigen sind. Sie ergeben sich etwa aus der besonderen Bedeutung der therapeutischen Beziehung sowie der Bedeutung von Erwartungen, Ziele und Mitarbeitsbereitschaft der PatientIn für die Behandlung (Schulte, 1997). Diese Aspekte sind bedeutsame Moderatorvariablen für den Verlauf und das Ergebnis der Therapie und stellen insofern – neben der Diagnose – relevante Gesichtspunkte für die Indikationsstellung und Therapieplanung dar.

Ein wichtiges Problem ergibt sich aus der häufigen Komorbidität psychischer Störungen. Für PatientInnen mit Monosymptomatik (bezogen auf die psychische Störung) und mit geringen somatischen und sozialen Beeinträchtigungen liegen erprobte Behandlungskonzepte in standardisierter Form vor. Hier lassen sich Behandlungsleitlinien und gesicherte Erwartungen („Soll-Werte") an die Behandlungsergebnisse formulieren (vgl. Fiedler, 1997). Nur leider sind diese „Standard-PatientInnen" im Versorgungsalltag – außerhalb universitärer Forschungsprojekte – eher die Ausnahme als die Regel (Caspar, 1997).

Eine weitere Einschränkung wurde kürzlich als Folge der Consumer-Reports-Study (Seligman, 1995) in der Fachwelt intensiv diskutiert: Die in empirischen Studien – quasi unter Laborbedingungen – gefundene Wirksamkeit (Efficacy) einer Intervention im Vergleich zu einer Kontrollbedingung darf nicht mit ihrer Brauchbarkeit für den Versorgungsalltag (Effectiveness) verwechselt werden. Ähnlich wie in der Pharma-Forschung, wo zwischen verschiedenen Phasen der Medikamentenprüfung – von Laborprüfungen bis hin zur Anwendung unter den Bedingungen der Praxis des niedergelassenen Arztes (sogenannte Phase IV-Forschung) – unterschieden wird, wird eine solche Differenzierung zukünftig auch für die Psychotherapieforschung vonnöten sein (vgl. Badura & Strodtholz, 1998; Schwartz & Dörning, 1992). Die bisherige Psychotherapieforschung hat sich nur unzureichend mit den Niederungen der Alltagstauglichkeit ihrer Ergebnisse beschäftigt, und so war die ForscherInnenwelt entsprechend verblüfft, als die Ergebnisse der erwähnten Consumer-Reports-Study – bei aller berechtigten Kritik am Zustandekommen der Daten – darauf hindeuteten, daß ehemalige Psychotherapie-PatientInnen sich umso zufriedener mit den Ergebnissen der Therapie äußerten, je länger diese gedauert hatte.

Die skizzierten Probleme bei der Festlegung von Standards für die Prozeß- und Ergebnisqualität weisen zunächst auf einen beträchtlichen Bedarf an Klärungen auf wissenschaftlicher Ebene hin (vgl. Beutler & Clarkin, 1990; Roth & Fonagy, 1996).

Sie zeigen auch, daß das klinische Handeln im psychosozialen und psychotherapeutischen Bereich gegenwärtig sehr nachhaltig durch eine Vielzahl von individuell zu treffenden Entscheidungen über therapeutische Interventionen geprägt ist. Von besonderer Bedeutung für die Verbesserung der Versorgungspraxis dürfte es deshalb sein, die übergreifende Fähigkeit der TherapeutInnen zu verbessern, klinische Entscheidungssituationen als solche zu erkennen und mit rationalen Mitteln und auf der Basis der in Grenzen vorhandenen Leitlinien/Empfehlungen oder weiterer Entscheidungshilfen individuell angemessene Lösungen zu erarbeiten (Greve, 1993; Westmeyer, 1987).

Solange die genannten zugrundeliegenden Fragen und vielfältige Transferprobleme wissenschaftlicher Erkenntnisse auf den klinischen Alltag nicht gelöst sind und solange für viele der im Praxisalltag erprobten Handlungskonzepte keine empirischen Befunde vorliegen, sollten Leitlinien eher den Charakter von Empfehlungen und Anregungen für das klinische Alltagshandeln erhalten als den Anspruch von Standards erheben.

5. Und wie erstellt man ein Qualitätssicherungs-Programm?

Qualitätssicherung umfaßt alle formalen Aktivitäten, die dazu dienen, das Ergebnis der Versorgung zu verbessern. Auf der Ebene dieser allgemeinen Definition läßt sich zwischen allen Beteiligten Einvernehmen erreichen. Je stärker diese allgemeine Definition auf die konkrete Ebene bezogen wird, desto unterschiedlicher werden die anzuwendenden Konzepte. Sie finden eine gemeinsame Grundlinie zumeist in den Grundsätzen der Einführung von Qualitätssicherung, wie sie etwa von Jospe et al. (1991) näher beschrieben werden:

1. *Qualitätsstandards (für Struktur-, Prozess- und Ergebnisqualität) müssen im Konsens definiert werden und transparent sein.* Dabei ist die Konsensfindung bereits ein wichtiger Schritt der Qualitätsentwicklung.
2. *Qualität muß mehrdimensional erfaßt werden*, da globale Maße in der Regel keine Ansatzpunkte zur Verbesserung bieten.
3. *Qualitätssicherung heißt Verbesserung, nicht Bestrafung.* Rückkopplungsmechanismen, die installiert werden, sollten daher bevorzugt über positive Anreize wirksam werden. Auch die Information über den erreichten Qualitätsstand (Ist-Wert) kann bereits wichtig sein, da bei TherapeutInnen und BeraterInnen durchaus ein intrinsisches Motiv zur optimalen Erreichung der eigenen professionellen Handlungsziele unterstellt werden kann.
4. *Vermeide Unterbrechungen im Tagesgeschäft* – Qualitätssicherung muß Teil der Behandlungsabläufe sein. Aber auch: Die Kosten für Qualitätssicherung müssen auf seiten des Kostenträgers und auf seiten des Leistungserbringers im Rahmen der vereinbarten Gesamtkosten ausdrücklich vorgesehen sein.
5. *Die betrachtete Versorgung soll repräsentativ für die tatsächliche Versorgung sein.* Das bedeutet auch, daß die Parameter für die Qualitätsmessung wesentlich für die tatsächliche Leistungsqualität sein müssen. Es heißt nicht, daß gerade diejenigen

Parameter erfragt/erhoben werden, für die praktikable Fragebögen zur Verfügung stehen.

Eine Konkretisierung dieser Prinzipien und die Erarbeitung eines Qualitätssicherungs-Konzeptes wird sich dann jeweils nach den Rahmenbedingungen, der Arbeitsstruktur und der Ablauforganisation der entsprechenden Institution oder des Bereiches richten, auf die oder den sich das Vorhaben bezieht. Hier sind beträchtliche Unterschiede zu erwarten, und sie sind auch sinnvoll, denn:

6. Qualitätssicherung ist nicht gleich Qualitätssicherung – oder: Nicht jedes Werkzeug paßt für jedes Werkstück

Psychotherapie und psychosoziale Versorgung umfassen ein breites Feld mit ganz unterschiedlichen Einrichtungen, Fachgebieten und Aufgabenstellungen, in denen es bei der Qualitätssicherung entsprechend auch auf unterschiedliche Themen und Gebiete ankommt.

Die Behandlungsqualität in der Einzelpraxis des bzw. der niedergelassenen PsychotherapeutIn dürfte – neben einigen randständigen Rahmenbedingungen – ganz wesentlich von der Qualität der professionellen Arbeit, d.h. dem fachlichen Wissen, der Erfahrung und den praktischen Kompetenzen, abhängen. Demgegenüber geht es in größeren Institutionen, wie Kliniken, Beratungsstellen oder psychosozialen Diensten, neben der Qualität der Einzelbehandlung oder -betreuung auch um die Art und Weise des Zusammenspiels der verschiedenen Bestandteile der Versorgungseinheit. Qualitätssicherung befaßt sich hier in erster Linie mit institutionellen Regelungen und Abläufen. Es geht um die Kommunikation zwischen den TherapeutInnen (und anderen MitarbeiterInnen), um die Transparenz nach innen und außen sowie um die Angemessenheit der formalen Abläufe und der Therapieplanung.

Qualitätsmanagement benutzt in größeren Institutionen, wie Beratungsstellen und Kliniken, daher häufig auch Methoden und Ansätze der Organisationsentwicklung (vgl. Gmür & Straus sowie Rückert & Linster, in diesem Band), obgleich die Therapiequalität hier für das Behandlungsergebnis ebenso wichtig ist wie in der ambulanten, privaten Praxis. Diese implizite Prioritätensetzung der Qualitätssicherer, die sich in zahlreichen Artikeln und Projekten wiederfindet, läßt sich zumeist gut begründen. Denn eine Qualitätssicherung der Behandlungsleistung im herkömmlichen Sinne findet bei TherapeutInnen in größeren Einrichtungen, ebenso wie bei niedergelassenen PsychotherapeutInnen, bereits oft in umfassender Form statt. Entwicklungsbedarf scheint dagegen viel häufiger auf der Ebene der Organisation zu bestehen, sei es bei den Kooperations- und Abstimmungsformen, sei es bei den Anreizsystemen und den Entscheidungs- und Verantwortungsstrukturen (vgl. v. Eiff, 1997; Schmidt, Nübling & Vogel, 1995).

Für die ambulante Behandlung bei privat niedergelassenen PsychotherapeutInnen sind Fragen der Kooperation und Kommunikation mit MitbehandlerInnen und Institutionen zwar häufig ebenfalls wichtig. Der einzelne Therapeut oder die einzelne Therapeutin kann – für sich allein genommen – aber nur bedingt zu strukturellen Verbesserungen beitragen. Qualitätssicherung in der ambulanten psychotherapeutischen Behandlung ist daher in erster Linie auf die Optimierung der Behandlungsleistung konzentriert. Sie wird von den PsychotherapeutInnen durch – mehr oder weniger strukturierte – Selbstreflexion, durch kontrollierte Praxis und kollegiale oder extern angeleitete Supervision, geleistet.[7] In manchen Fällen mag es hier Qualitätsmängel geben, etwa wenn Supervision gar nicht in Anspruch genommen wird, oder wenn – aus welchen Gründen auch immer – der selbstkritische Blick auf das Ergebnis der eigenen therapeutischen Leistungen schwächer wird. In vielen Fällen scheint das herkömmliche System der Qualitätssicherung ambulanter PsychotherapeutInnen aber gut zu funktionieren. Somit dürfte der Hinweis wichtig sein, daß bei Vorgaben von außen zur Weiterentwicklung der Qualitätssicherung das sensible soziale System „therapeutische Beziehung" und die Bereitschaft und Motivation der TherapeutInnen zur Selbstreflexion nicht übermäßig strapaziert werden sollten. Die Verpflichtung zur regelmäßigen Fortbildung und Supervision sowie Vorgaben für standardisierte Basisdokumentationen (die noch näher zu definieren wären) dürften unter diesen Prämissen zunächst hinreichend in der Lage sein, Voraussetzungen des Qualitätsmanagements in der ambulanten Praxis zu gewährleisten (vgl. DGVT, 1997).

7. Zum Verhältnis von Rahmen und Inhalt

Psychotherapie und die gesamte psychosoziale Versorgung finden nicht in einem luftleeren Raum statt, sondern in einer durch Gesetze und Verordnungen sorgfältig definierten Versorgungslandschaft. Wenn es ein berechtigtes Ziel ist, die Versorgung durch Qualitätssicherung effektiver zu gestalten, so darf es nicht nur darum gehen, die Durchführung der Behandlung im Einzelfall oder in bestimmten Einrichtungen unter die kritische Lupe zu nehmen. Besonderes Augenmerk muß auf die Rahmenbedingungen und strukturellen Regelungen der Versorgung gelegt werden. Hier geht es um den angemessenen Versorgungsgrad mit Behandlungseinrichtungen, es geht um die Frage des Zugangs zu den Behandlungseinrichtungen, um die Kooperationsstrukturen unterschiedlicher Institutionen und auch um die Regelung von Kostenfragen. Jeder, der im psychosozialen Bereich tätig ist, kennt viele Beispiele, bei denen die strukturellen Bedingungen der Versorgung den weiteren Verlauf der Behandlung maßgeblicher beeinflußten als manche gutgemeinten und engagierten therapeutischen Interventionen.

Weder lassen sich Qualitätsmängel der einzelnen Behandlung durch Veränderungen in der Versorgungsstruktur grundlegend beheben (wenngleich sie auf diese Weise ggf. kompensiert werden können), noch lassen sich Versorgungsmängel (z.B. bzgl. der Anzahl von zugelassenen PsychotherapeutInnen) durch Verbesserungen der Behandlungsqualität der einzelnen BehandlerInnen beheben. Eine grobe Übersicht zu

---

7. Im ärztlichen Bereich, wo Supervision weitgehend unbekannt ist, wird in Deutschland gegenwärtig mit beträchtlicher finanzieller Unterstützung der kassenäztlichen Vereinigungen der Aufbau von Qualitätszirkeln unterstützt: Sie „sind auf freiwilliger Basis gegründete Foren für einen kontinuierlichen interkollegialen Erfahrungsaustausch, der problembezogen, systematisch und zielgerichtet ist und ... eine gegenseitige Supervision der Teilnehmer zum Ziel hat" (Gerlach & Bahrs, 1994, S. 30).

den verschiedenen Qualitätsaspekten in den genannten Ebenen wurde kürzlich von der Deutschen Gesellschaft für Verhaltenstherapie (1997, vgl. Tabelle 1) vorgelegt.

Tabelle 1: Aspekte der Qualitätssicherung in Psychotherapie und psychosozialer Versorgung (nach DGVT, 1997)

	Versorgungsebene (Systemebene)	Behandlungsebene
Struktur-Qualität	a) Dichte der Angebote ambulanter Psychotherapie b) Dichte der Angebote stationärer Psychotherapie c) Struktur und Dichte der Angebote psychosozialer Beratung d) Qualifikation der ambulant tätigen PsychotherapeutInnen e) Strukturqualität der stationären Psychotherapie-Einrichtungen f) Strukturqualität der psychosozialen Beratungsstellen	a) Ausbildung b) Fortbildung und Supervision c) Institutionelle Organisation der Therapiedurchführung d) Organisation des Therapiezugangs
Prozeß-Qualität	Kooperationsstrukturen und „Vernetzung" psychotherapeutischer Angebote mit anderen Gesundheits- u. Sozialleistungen Sicherung der Weiterentwicklung des Systems der Versorgung unter Berücksichtigung wissenschaftlicher Erkenntnisse aus den Bereichen der klinisch-psychologischen und der Gesundheitssystemforschung.	Eingangsdiagnostik, (adaptive) Indikationsstellung und Zielformulierung Therapiedurchführung (Einsatz von Techniken, Beziehungsaufbau, Krisenbewältigung u.a.) Therapiedokumentation Fortlaufende Überprüfung des Therapieverlaufs; Supervision
Ergebnis-Qualität	Hohes allgemeines Versorgungsniveau der Bevölkerung	Hohe Behandlungsqualität im Einzelfall
Schwerpunkte der Weiterentwicklung	Fachlich fundierte Ausgestaltung der strukturellen Anforderungen: Was ist eine *„angemessene Versorgungsdichte"* und eine *„erforderliche Qualifikation"*?	Förderung von Qualitätsmanagement – Entwicklung von Leitlinien und Standards unter Berücksichtigung wissenschaftlicher Erkenntnisse

Die Verbreiterung des Blickwinkels auf die Ebene des Versorgungssystems zeigt bereits in dieser knappen Übersicht, daß die Übertragung der Begrifflichkeiten von Donabedian (1966), die von ihm zunächst allein für die professionelle Ebene gedacht waren, trotz der einfachen Dichotomisierung bereits zu interessanten Fragestellungen führt. Wichtig erscheint es für die Sicherung der Versorgungsqualität beispielsweise, sich über die im Versorgungsalltag anzustrebenden und realisierbaren Anforderungen an die Versorgungsstruktur und die Ziele (Ergebniserwartungen, Indikatoren) guter Versorgungsstruktur zu verständigen. Hier dürfte zunächst auch die epidemiologische Forschung gefragt sein.

Hinsichtlich der Entwicklung von Standards für die psychosoziale Versorgungsqualität existiert im deutschsprachigen Raum bereits ein interessantes Forschungs-Vorhaben, das „Koblenzer Modell" (Löcherbach, Knopp-Vater & Schneider, 1997). Auf der Basis von Erfahrungen mit einem mehrjährigen Modellversuch zur Verbesserung des Zugangs zur ambulanter Psychotherapie wird in diesem Projekt angestrebt, durch sorgfältige Erhebungen zum Psychotherapiebedarf und zur Gewährleistung der psychotherapeutischen Versorgung in ausgewählten Modellregionen Hinweise auf Bedarfsdeckung bzw. Deckungslücken im System der ambulanten psychotherapeutischen Versorgung zu gewinnen. Speziell soll geklärt werden, inwieweit die bisherigen Instrumente der Kassenärztlichen Bundesvereinigung zur Festlegung der angemessenen Versorgungsdichte im ärztlichen Bereich – die sich im Kern als eine Fortschreibung früherer Maßzahlen zur Versorgungsdichte in der jeweiligen Region und im jeweiligen Facharztbereich beschreiben lassen – ohne weiteres auf den Psychotherapiebereich übertragen lassen (vgl. auch Meyer et al., 1991, S. 34). Leider zeigt sich in der Umsetzung dieses ehrgeizigen Projektes, welches mit vielfältigen (berufs-)politischen Erwartungen verbunden wird, daß Konflikte der beteiligten Interessengruppen Verlauf und Ergebnis zu gefährden drohen.

Die auch in diesem Buch mehrfach erwähnten Psychotherapie-Richtlinien des Bundesausschusses der Ärzte und Krankenkassen sind, untersucht man sie näher, ein beredtes Beispiel dafür, welchen Einfluß strukturelle Regelungen für die innere Ausgestaltung eines Versorgungsbereiches haben. Vor annähernd 20 Jahren zum ersten Mal für den Bereich der Verhaltenstherapie erstellt, entsprachen sie schon damals kaum mehr dem Stand der Wissenschaft, eher dem kleinsten gemeinsamen Nenner von VertreterInnen divergierender Psychotherapieschulen. Seit damals wurden diese Richtlinien einige Male aktualisiert. Dabei wurde jedoch kaum verschwiegen, daß die Angleichung an den wissenschaftlichen Fortschritt weniger wichtig war als die Verschärfung der Anforderungen mit dem Ziel einer Beschränkung der Zulassungszahlen.

Heute, in einer Zeit, da die Integration und die Annäherung verschiedener Psychotherapieansätze im wissenschaftlichen Diskurs längst nicht mehr hinterfragt werden, stellen sich diese Psychotherapie-Richtlinien in Teilen als ausgeprägter Anachronismus dar. Sie verlangen von den TherapeutInnen zum Zwecke der Richtlinienerfüllung (und der Antragsgenehmigung), traditionelle Konzepte und Begriffe darzustellen, hinter denen häufig selbst ihre AusbildungsdozentInnen nicht mehr stehen und die die aktuelle Psychotherapieforschung längst hinter sich gelassen hat.

Bezogen auf die Gruppentherapie gilt es inzwischen beinahe als eine Art Treppenwitz der Versorgung, daß diese Behandlungsform zwar anerkanntermaßen von besonderem Nutzen bei vielen Indikationsgruppen ist, aber dennoch so gut wie nicht durchgeführt wird, weil Gruppentherapien nach den Vorgaben der Psychotherapie-Richtlinien für die niedergelassenen PsychotherapeutInnen unwirtschaftlich und organisatorisch kaum umsetzbar sind.

Das gerade verabschiedete Psychotherapeutengesetz bietet die Hoffnung, daß – angesichts neuer Gremien und eines generellen Neubeginns der Zuständigkeitsregelungen und der Definitionsmacht, was die ambulante kurative Psychotherapie angeht – eine Anpassung an den Stand der Wissenschaft erfolgt. Sicher ist dies aber keineswegs, da als inhaltlicher Ausgangspunkt für die Neustrukturierung der ambulanten Psychotherapie wieder die Psychotherapie-Richtlinien verwendet werden, und durch die Regelungen der Mehrheitsverhältnisse der Psychotherapieausschüsse erneut zu erwarten ist, daß Fachlichkeit bei den Beratungen weniger wichtig sein wird als die Sicherung von Einflußsphären.[8]

Ambulante kurative Psychotherapie ist allerdings nur ein (Teil-)Bereich der psychosozialen Versorgung (zu anderen Bereichen und Themen siehe Tabelle 1, vgl. auch DGVT, 1997). Wichtig bleibt der Hinweis, daß beim Nachdenken über Qualitätssicherung in der Psychotherapie und psychosozialen Versorgung, wenn diese den Beteiligten, den Professionellen und den NutzerInnen[9] gegenüber fair sein will, immer beide Ebenen der Versorgung, die Strukturebene und die Behandlungsebene, im Blick bleiben müssen.

8. Qualität und Wirtschaftlichkeit der Versorgung

Nicht von ungefähr ist die Diskussion um Qualitätssicherung vor dem Hintergrund des Kostendrucks in der Sozial- und Gesundheitsversorgung entstanden. Wirksamkeit (Effektivität) und Wirtschaftlichkeit (Effizienz) sind zwar zunächst unterschiedliche Ziele der Gesundheitsversorgung, sie bauen aber aufeinander auf. Ineffektive Leistung ist a priori auch – aus dem Blickwinkel der Gesundheitsversorgung – unwirtschaftlich. Wirtschaftlichkeit, d.h. ein günstiges Preis-Leistungsverhältnis, setzt effektive Leistungserbringung voraus. Die Gesundheitsversorgung wird berechtigterweise beide Ziele im Auge behalten, auch wenn sie tendenziell in einem Spannungsverhältnis zueinander stehen (Andersen, 1992).

Dabei muß zugestanden werden, daß die Wirtschaftlichkeit einer Einrichtung, sei es eine ambulante Psychotherapiepraxis oder eine Klinik, nicht mit der Wirtschaftlichkeit eines Gemeinwesens oder eines Kostenträgers gleichgesetzt werden darf. Was

---

8. Die mit dem Gesetz beschlossene Unterscheidung berufs- und sozialrechtlicher Zulassungen (mit jeweils unterschiedlicher Regelungshoheit) kann in der Umsetzung des Gesetzes zu der Situation führen, daß für den Bereich der ambulanten Krankenbehandlung die skizzierten „alten" Regelungen der Psychotherapie-Richtlinien leicht adaptiert und dann übernommen werden, während im Berufsrecht je nach Bundesland unterschiedliche Definitionen von wissenschaftlich begründeter Psychotherapie gelten.

9. Der Begriff „Nutzer" scheint für den Qualitätssicherungs-Diskurs in psychosozialen Einrichtungen besser geeignet zu sein als der Begriff „Kunde", der aus der industriellen QS-Diskussion stammt und dort implizit von autonomen, gleichberechtigten Partnern ausgeht (vgl. BMG, 1996, sowie Hermer, in diesem Band).

für die Einrichtung wirtschaftlich ist, muß nicht für den Kostenträger wirtschaftlich sein – und umgekehrt. Insofern ist es auch verständlich, daß die Leistungs-/Kostenträger eigene Ansätze zur Qualitätssicherung/Qualitätskontrolle entwickeln und umsetzen, die in Teilen andere Zielsetzungen verfolgen (müssen) als Qualitätsmanagement-Ansätze von Behandlungseinrichtungen.

9. Qualitätszertifikate: Das hehre Ziel und die Fallstricke des Versorgungsalltags

Qualitätszertifikate[10] sollen bestätigen, daß das zertifizierte Werkstück oder die zertifizierte Dienstleistung bestimmte, definierte Qualitätsstandards erfüllt. Beim TÜV-geprüften Auto kann man beispielsweise davon ausgehen, daß eine Reihe von wesentlichen, die Fahrsicherheit beeinträchtigenden Qualitätsmängeln ausgeschlossen sind. Ein ähnlich sinnvolles Ziel liegt auch den Überlegungen zu Qualitätszertifikaten für Gesundheitseinrichtungen zugrunde.

Die zur Zeit intensiv diskutierten Qualitätszertifikate nach DIN-ISO 9000 ff. für Gesundheitseinrichtungen bestätigen, daß die Einrichtung Anforderungen an die eigene Arbeitsweise in bestimmter, näher definierter Weise erarbeitet hat (welche in einem Qualitätshandbuch dokumentiert sind) und daß sie diesen eigenen Anforderungen auch entsprechen will. Ob diese einrichtungsspezifischen Qualitätsziele (hinsichtlich Struktur-, Prozeß- und Ergebnisqualität) mit den Qualitätsstandards der Kostenträger und der PatientInnen zusammenfallen, ist damit zunächst nicht gesagt[11] (Schubert, 1997). Unter anderem aus diesem Grund werden Zertifizierungen nach DIN-ISO 9000ff. von der Deutschen Krankenhausgesellschaft (DKG) sowie den zuständigen Leistungs-/Kostenträgern bislang als wenig hilfreich abgelehnt (vgl. DKG, 1995). Auch ist beispielsweise – im Extremfall – nicht allgemein und vorab definiert, wie die Institution bei Zielkonflikten zwischen effektiver Patientenversorgung und wirtschaftlicher Betriebsführung ihre Prioritäten setzt. Seit der Einführung von Fallpauschalen in deutschen Krankenhäusern werden in der Presse immer wieder Fallbeispiele zitiert, in denen schwierige (teure) PatientInnen von den Kliniken abgeschoben werden – das verbessert die Erfolgsstatistiken und schont den Haushalt. Allerdings leiden darunter die betroffenen PatientInnen und darüber hinaus auch die Versorgungsqualität insgesamt.

Zertifizierungen sind im Gesundheitswesen „... insbesondere für die Werbung von Bedeutung. Evaluationen dieser Ansätze in Deutschland fehlen noch" (Rienhoff,

---

10. „Zertifizieren" meint im Zusammenhang der Qualitätssicherung die Bestätigung eines bestimmten Leistungsstandards durch eine außenstehende Institution. „Akkreditierung" bedeutet dagegen die Zulassung zur Erbringung bestimmter Leistungen (was ggf. eine Art von Zertifizierung einschließt). Beide Begriffe werden im englischen Sprachraum – und so auch in deutschen Rückübersetzungen – häufig synonym verwendet, was ihre ursprüngliche Bedeutung allerdings verwischt.

11. Als spöttische Kritik an der ISO-9000ff.-Zertifizierung wird gelegentlich darauf verwiesen, daß man nach diesen Regeln durchaus auch die Produktion von Beton-Schwimmwesten erfolgreich zertifizieren lassen könne.

1998, S. 590; vgl. auch Sprenger, 1995). Die verbesserte Wettbewerbsposition durch eine Zertifizierung ist auch für Fiegenbaum, Tuschen und Florin (1997, S. 141) das vorrangige Argument für die Einführung eines Qualitätsmanagement-Systems.

Mehr noch als im industriellen Bereich ist die Qualität von Dienstleistungen in der Gesundheitsversorgung einschließlich psychotherapeutischer bzw. psychosozialer Leistungen von Prozeßmerkmalen bestimmt, die in einer Zertifizierung nicht thematisiert werden (können). Die Psychotherapieforschung „entdeckt" die Person des Therapeuten bzw. der Therapeutin als bedeutsamen Wirkfaktor und untersucht komplexe Interaktionen mit PatientInnen- und Verlaufsvariablen (vgl. Kuhr, in diesem Band). Eine Zertifizierung, die bei Vorliegen bestimmter struktureller Voraussetzungen in der Psychotherapiepraxis oder in der Klinik eine „gute Qualität" bescheinigt, dabei aber wesentliche oder wesentlichere Aspekte der Psychotherapie außer acht läßt, bezieht sich nur auf einen eingeschränkten Qualitätsbegriff und wird dadurch (gewollt?) mißverständlich (vgl. Geisler, in diesem Band).

Während Zertifizierungen und die Einführung umfassender Qualitätssicherungs-Konzepte mit beträchtlichem Aufwand (und Kosten) sowie zeitlichem Vorlauf verbunden sind, bietet sich gerade in sozialen Dienstleistungsunternehmen in einem ersten Schritt der Aufbau eines Basis-Qualitätssteuerungssystems, etwa entsprechend dem „Selbstbewertungssystem des Europäischen Modells für ein umfassendes Qualitätsmanagement" (European Foundation of Quality Management, 1995; de Raad & Fuhr, 1997; vgl. auch Geisler, in diesem Band) an, das sich an der begrifflichen Einteilung von Donabedian (1966) orientiert und die wesentlichen Bestimmungsstücke für Struktur-, Prozeß- und Ergebnisqualität der institutionellen Dienstleistung enthält (vgl. auch Gmür & Straus sowie Rückert & Linster, in diesem Band). Ein solches selbstgesteuertes System sollte das primäre Ziel haben, diejenigen Prozesse zu klären und kontinuierlich zu überprüfen, die unmittelbar mit dem definierten Auftrag zusammenhängen und damit von existentieller Bedeutung für die Institution sind. Es kann bei Bedarf in weiterführende Konzepte integriert werden und als Basis für Gespräche mit Kostenträgern dienen, wenn es etwa zukünftig verstärkt darum gehen sollte, Kern-Dienstleistungen zu definieren und die dafür benötigten (und zu finanzierenden) strukturellen Voraussetzungen zu beschreiben (Schubert, 1997). Wichtig ist dabei, die Entwicklung eines Qualitätsmanagement-Systems nicht als eine einmal zu erbringende Leistung (z.B. für ein Zertifikat, das in diesem Sinne leicht als Alibi genutzt oder mißbraucht werden könnte) zu begreifen, sondern als kontinuierlichen Verbesserungsprozeß.

10. Dokumentationsstandards, -pflichten und -ziele

Methoden für die Dokumentation psychotherapeutischer und psychosozialer Tätigkeiten liegen in ausgereifter Form vor (vgl. in diesem Band die Beiträge im Teil Ambulante Psychotherapie, in denen Erprobungsmodelle vorgestellt werden, sowie die Artikel zur stationären Psychotherapie einschließlich Suchtbehandlung und zur Psychiatrie, in denen bereits auf längere Erfahrungen mit strukturierten Dokumentationsinstrumenten in der Routineanwendung verwiesen wird).

Es gibt gute Gründe für die Forderung nach einer sorgfältigen und angemessenen Dokumentation psychotherapeutischer und psychosozialer Tätigkeit. Sie ist eine notwendige Voraussetzung für die Erstellung von Statistiken, eine beträchtliche Hilfe bei einer vergleichenden Prüfung von Behandlungen und schließlich auch eine wertvolle Ausgangsbasis für diverse Maßnahmen der Qualitätssicherung (Baumann & Ühlein, 1997; Laireiter & Baumann, 1996).

Größere Institutionen – wie Kliniken und Beratungsstellen – haben beim Ausbau von Dokumentationen gegenüber den privaten Praxen aus naheliegenden Gründen einen gewissen Vorsprung: Die in ersteren zu erbringende Dienstleistung und der – ggf. implizite – Behandlungsvertrag ist hier nicht primär auf die Person des Therapeuten bzw. der Therapeutin bezogen, sondern auf die Institution. Da die Einrichtung im Vertretungsfalle des Therapeuten bzw. der Therapeutin verpflichtet ist, die Behandlung uneingeschränkt und ohne Verzögerung fortzuführen, ergibt sich die Notwendigkeit hinreichender Transparenz und ausreichender Dokumentation der bisherigen Behandlung. Auch haben Krankenhäuser und weitere Kliniken gegenüber den Kostenträgern zumeist eine Berichtspflicht über die abgelaufene Behandlung, was ebenfalls durch eine sorgfältige und strukturierte Dokumentation erleichtert wird. Standarddokumentationen sind in größeren Einrichtungen und Teams organisatorisch wesentlich einfacher durchzuführen. Hier sind zumeist komplexere EDV-Systeme installiert, und es können auch kostengünstig (im Verhältnis zum Umsatz der Einrichtung) Spezialisten für die Dokumentation abgestellt/eingestellt werden. Oft können Basisdokumentationen schließlich – zumindest in Teilen – bereits als „Nebenprodukt" zweckmäßiger betriebswirtschaftlicher Leistungsdokumentationen, die dem hausinternen Controlling[12] dienen, erstellt werden.

Auch niedergelassene PsychotherapeutInnen werden überwiegend ihre Arbeit dokumentieren – nicht nur, weil sie durch formale Vorgaben (in Deutschland durch das Sozialgesetzbuch) und berufsethische Normen dazu verpflichtet sind (z.B. DGVT, 1995), sondern auch, weil dies der eigenen Arbeit dient und sinnvolle Ansatzpunkte zur kritischen Selbstreflexion und zur Reflexion der Therapien in der Supervision bietet. Es handelt sich zumeist um „freie", teilweise inhaltlich strukturierte Berichte über Ziele, Verlauf und Ergebnisse der einzelnen Therapiestunden (vgl. Borg-Laufs, 1997; Kanfer, Reinecker & Schmelzer, 1996; Laireiter, Lettner & Baumann, 1997), die sich in der Regel – mit Ausnahme bestimmter Items – als qualitative Dokumentationsinstrumente kennzeichnen lassen. Gelegentlich werden ergänzend einzelne Patienten-Fragebögen (z.B. Lazarus, 1973, 1995, mit qualitativ und quantitativ auszuwertenden Bestandteilen/Items) oder indikationsspezifische Symptomlisten und Schweregradinstrumente eingesetzt, wie z.B. die Symptom-Checkliste SCL-90-R (Franke, 1995) oder das Beck-Depressions-Inventar (BDI) (Hautzinger, Bailer, Worall & Keller, 1995), um sie als quantitativ-empirisch auswertbare und auszuwertende Dokumentationsverfahren nutzen zu können.

Allerdings werden die niedergelassenen PsychotherapeutInnen kaum die Doku-

---

12. Teilfunktion der Unternehmensführung, die zur Steuerung des Unternehmens Planungs-, Kontroll- und Koordinationsaufgaben wahrnimmt, um die betrieblichen Entscheidungsträger mit den notwendigen Informationen zu versorgen (Brockhaus, 1987).

mentationsstandards von Universitätsambulanzen erfüllen und sie werden insbesondere auch keine umfangreichen Standardfragebogenbatterien zur Evaluation benutzen (vgl. dazu auch Braun, in diesem Band). Wozu auch? Was gut für die Forschung ist, muß nicht gut sein für die Qualitätssicherung der einzelnen Behandlung bei dem bzw. der niedergelassenen TherapeutIn (Rudolf, Laszig & Henningsen, 1997). Da gibt es zunächst generelle Fragen nach der Durchführungsobjektivität (z.B., wenn die Fragebögen im Zusammenhang mit einem Therapiewunsch ausgefüllt werden), und dementsprechend lassen sich auch die Reliabilität und die Validität/Interpretierbarkeit der Testergebnisse für den Einzelfall in Frage stellen. Schließlich geht es aber auch um das aus Sicht der PraktikerInnen häufig ungünstige Verhältnis von Aufwand und Nutzen (vgl. Palm, in diesem Band).

Dennoch ist Dokumentation auch in der ambulanten Psychotherapie unverzichtbar für die Qualitätssicherung. Die Festlegung der Instrumente und der Anforderungen an Inhalt und Umfang der Dokumentation ist allerdings von der Zielsetzung und den für die Qualität in der Behandlung wesentlichen Merkmalen[13] abzuleiten, sie darf sich nicht primär durch das Kriterium der einfachen Meßbarkeit leiten lassen (vgl. BMG, 1996, S. 17). Welche Ziele sind aber mit der Dokumentation verbunden? Wenn es um das Oberziel der Qualitätssicherung geht, sind hier zwei Bereiche, das „interne" Qualitätsmanagement und die „externe" Qualitätskontrolle durch Kostenträger etc., zu unterscheiden.

Welche Dokumentation dient dem (internen) Qualitätsmanagement in der Psychotherapiepraxis? Qualitätsmanagement der ambulanten Psychotherapie bedeutet gegenwärtig systematische Reflexion der Behandlung, der Behandlungsvoraussetzungen und der therapeutischen Veränderungen im Einzelfall durch die TherapeutInnen und ggf. auch gemeinsam mit FachkollegInnen in der Supervision. Auf dieser Basis werden Schlußfolgerungen für die weitere Therapieplanung und -durchführung gezogen. Eine Dokumentation, die der Transparenz dient, sollte vor allem die Bereiche Problemanalyse, Differentialdiagnostik, Therapieplanung und -verlauf umfassen. Dabei kommt den oben erwähnten qualitativen Dokumentationen, die sich auf die entsprechenden therapierelevanten Daten beziehen, eine besondere Bedeutung zu. Sie sind durch sparsam einzusetzende, quantitativ auszuwertende Instrumente zu ergänzen. In diesem Band bieten die Arbeiten von Braun, von Grawe & Baltensperger, von Laireiter, Lettner & Baumann, von Palm sowie von Seipel jeweils interessante Anregungen zur Entwicklung eines solchen Dokumentationssystems, welches in der ambulanten Praxis nutzbar ist.

Für die externe Qualitätskontrolle durch Kostenträger wären quantitative Daten über den Therapieverlauf und seine Ergebnisse eventuell von Nutzen, um auf ihrer Grundlage zwischen verschiedenen TherapeutInnen Vergleiche ziehen zu können. Nur: Es gibt weder Standard-TherapiepatientInnen noch typische TherapiepatientIn-

---

13. Wenn wir beispielsweise heute wissen, daß die therapeutische Beziehung einen entscheidenden Aspekt der Prozeßqualität in der Psychotherapie darstellt, wir aber erst wenige validierte Instrumente zur quantifizierenden Erfassung dieses mehrdimensionalen Konstruktes haben, so müssen wir eingestehen, daß zentrale Bestandteile der Behandlungsqualität durch die bisherigen Dokumentationssysteme noch nicht ausreichend erfaßt werden können.

nen, die im Sinne von Tracern[14] als Vergleichsgruppen genutzt werden können. Darüber hinaus sind psychologische Tests und Fragebögen nicht immun gegen Verfälschungstendenzen. Diese sind ohne Frage zu erwarten, wenn die entsprechenden Instrumente nicht unter neutralen Erhebungsbedingungen eingesetzt werden, sondern (für den Fall, daß Symptomlisten oder Beschwerdefragebögen im Zusammenhang mit dem Psychotherapie-Antragsverfahren ausgefüllt werden) in einer Situation, in der PatientIn und TherapeutIn eine Psychotherapiegenehmigung erhalten wollen. Schließlich ein wesentliches Argument: Viele niedergelassene PsychotherapeutInnen sind aufgrund eigener Kompetenzen, Interessen oder aufgrund der Rahmenbedingungen ihrer Tätigkeit in gewisser Weise spezialisiert – sei es auf bestimmte Patientengruppen, bestimmte Störungsbilder oder bestimmte Rahmenbedingungen. Diese im Grunde zweckmäßige Entwicklung würde – insbesondere in Zeiten einer ausgeprägten Psychotherapieunterversorgung – dann konterkariert, wenn die TherapeutInnen durch TherapeutInnen-Effektivitätsvergleiche nach der „Bürstenschnittmethode" veranlaßt würden, sich auf eine „einfache", leicht handhabbare Klientel mit sicherer Erfolgsprognose zu beschränken (Koch & Schulz, 1996, fordern in diesem Zusammenhang eine „faire Qualitätssicherung"). Viele PatientInnen, die bereits heute Schwierigkeiten bei der Suche nach einem Therapieplatz haben (speziell PatientInnen mit Persönlichkeitsstörungen, mit schweren oder chronifizierten Störungen oder mit Mehrfachdiagnosen), würden bei einer solchen Entwicklung kaum noch Chancen auf eine Psychotherapie haben.

Ansätze für die externe Qualitätskontrolle, so notwendig ihre Entwicklung auch ist, sollten sich also im psychosozialen und psychotherapeutischen Bereich vorerst nicht einfach auf das Erheben und Vergleichen von Daten aus Standard-Routinefragebögen beziehen, wenn gewisse Anforderungen an die wissenschaftliche Redlichkeit des Methodeneinsatzes gewahrt werden sollen (Brandtstädter, 1990). Für die Verwendung in der externen Qualitätskontrolle, die sich z.B. auf der Basis einer Weiterentwicklung des Gutachterverfahrens nach den Psychotherapie-Richtlinien ergeben könnte, dürften deshalb insbesondere ausgewählte qualitative Dokumentationen in Frage kommen (vgl. in diesem Band die Beiträge von Schmidt-Bodenstein und von Köhlke, speziell seinen Dokumentations-Vorschlag im Anhang).

---

14. Damit sind typische Behandlungsfälle bzw. -arten gemeint, die pars pro toto (repräsentativ) als Anhaltspunkte für die Beurteilung der Qualität der Leistungserbringung der Behandlungseinrichtung oder des Behandlers verwendet werden können. Die aus der Industrie entlehnten Tracer-Verfahren sollten nach Rienhoff (1998, vgl. auch Schardt, 1997) im Gesundheitswesen nur noch sehr gezielt angewendet und zurückhaltend interpretiert werden, weil einerseits die zugrundeliegende Repräsentativitätsannahme nur selten als ausreichend gewährleistet gelten kann und weil andererseits aus diesen Vergleichen nur unbedeutende Veränderungsanregungen resultieren.

11. Das Dilemma der niedergelassenen PsychotherapeutInnen in der Qualitätssicherungs-Diskussion

Ambulante Psychotherapie bei Erwachsenen wird in Deutschland überwiegend in privaten Praxen erbracht. Die Protagonisten der Qualitätssicherungs-Diskussion sind aber zumeist in größeren Ambulanzen oder Kliniken tätig und können dort in verschiedener Hinsicht unter gänzlich anderen Rahmenbedingungen als ihre niedergelassenen KollegInnen therapeutisch arbeiten.

Nicht nur, daß ihr eigenes Einkommen qua Angestellten- oder Beamtenvertrag nicht durch die Notwendigkeit bestimmt ist, hinreichend viele Therapiestunden pro Tag zu leisten. Auch dürften die Erfahrungen mit der Klientel von Universitäts-Ambulanzen oder von psychosomatischen Kliniken wohl kaum ohne Einschränkungen auf die Klientel der privaten Praxis zu übertragen sein, da die Stichproben in Ambulanzen oder Kliniken zumeist in verschiedener Hinsicht selektiert sind und jeweils umfassende therapeutische Angebote vorfinden, welche in der niedergelassenen Praxis nicht herzustellen sind. Hier sind stattdessen eine Vielzahl von Rahmenbedingungen für die Durchführung der Psychotherapie relevant, die in größeren Institutionen in der Regel unbekannt sind, wie z.B. das Antragsverfahren, Besonderheiten der Praxisorganisation bei „Ein-Personen-Praxen", fehlende Vergütung für Vernetzungsarbeit, beschränkte Ressourcen für fachliche Weiterentwicklung, Einschränkungen der Leistungsbeschreibungen der Gebührenordnung. Ähnliches gilt für die Ergebnisse der Psychotherapieforschung. Sie sind notwendig und wichtig für die Weiterentwicklung der psychotherapeutischen Methoden, dennoch lassen sich nicht nach dem „1 zu 1-Prinzip" auf den Versorgungsalltag übertragen (vgl. Köhlke & Kuhr, 1993; Seligman, 1995). Als wichtige Forderung läßt sich daher ableiten, daß die Entwicklung von Qualitätssicherungs-Konzepten und -Anforderungen sowie von Standards und Leitlinien für die ambulante Praxis nur unter maßgeblicher Beteiligung von TherapeutInnen aus diesem Feld erfolgen muß.

12. Schlußbemerkungen: Wie ist der Stand der Qualitätssicherung und wo besteht noch Entwicklungsbedarf?

Die Versorgung mit Psychotherapie und psychosozialen Angeboten hat im deutschen Sprachraum einen im internationalen Vergleich durchaus guten Stand erreicht, nimmt man globale Versorgungsmaße zum Standard (vgl. Meyer et al., 1991). Dennoch wird immer wieder, gerade von seiten der PsychotherapeutInnen und VersorgungsforscherInnen, Kritik laut. Sie bezieht sich darauf, daß es Probleme der Erreichbarkeit entsprechender Einrichtungen und trotz aller vorhandenen Angebote auch noch Lücken gibt. Verhältnismäßig selten scheint sich die Kritik auf wirklich mangelhafte Behandlungsleistungen selbst zu richten. Das mag unterschiedliche Gründe haben. Möglicherweise besteht über weite Strecken beträchtliche Unklarheit darüber, welche Behandlungsqualitäten tatsächlich zu erwarten und zu fordern sind, so daß auch ihre Einhaltung kaum überprüft werden kann. Sicher aber bestehen daneben auch eine ganze Reihe von Defiziten auf der strukturellen Ebene der psychosozialen Versorgung.

Qualitätssicherung von Psychotherapiebehandlungen und von Behandlungseinrichtungen ist gleichwohl sinnvoll und sollte angestrebt werden, denn: Psychotherapie kann nicht gut genug sein! Und angesichts begrenzter Ressourcen im Gesundheitssektor ist es ein berechtigtes Ziel der für die Versorgung Verantwortlichen, die vorhandenen Ressourcen möglichst effizient einzusetzen. Aber es soll vor falschen Argumenten und Hoffnungen im Zusammenhang mit dem Ausbau von Qualitätssicherung gewarnt werden. Strukturprobleme sind auf diesem Weg nicht lösbar.

Bereits heute lassen sich eine Reihe von allgemeinen Normen für die Prozeßqualität psychotherapeutischer und psychosozialer Behandlungen beschreiben und einfordern, die sich etwa auf die Transparenz der Behandlung, die Verpflichtung zur Supervision und zur Dokumentation von Problemanalyse, Differentialdiagnostik, Therapieplanung und -verlauf beziehen (vgl. DGVT, 1997). Für größere Einrichtungen im psychosozialen Bereich läßt sich verlangen, daß sie ihre Behandlungsziele und -standards ausarbeiten sowie ihre Arbeitsformen und -inhalte explizieren und transparent machen, damit sie auch von NutzerInnen wahrgenommen und ggf. hinterfragt werden können.

Auch für die Aus- und Weiterbildung von TherapeutInnen als dem wohl wichtigsten Aspekt der Strukturqualität der Psychotherapie existieren Standards (vgl. Reimer, Schüler & Ströhm, in diesem Band). Sie harren zwar noch einer wissenschaftlich-empirischen Begründung sowohl was den Umfang als auch was Form und Inhalte der Aus- und Weiterbildung angeht (vgl. Kuhr, in diesem Band); sie lassen sich aber aufgrund der mit ihnen gewonnenen Erfahrungen und der inhaltlichen Plausibilität als vorläufig brauchbar annehmen.

Eine engagierte Weiterarbeit an der Entwicklung von Grundlagen und Rahmenbedingungen sowie konkreten Inhalten der Qualitätssicherung in der Psychotherapie und psychosozialen Versorgung ist dennoch erforderlich. Wichtig erscheint es dabei, beide Ebenen, die „bevölkerungsbezogene Versorgungsqualität" und die „patientenbezogene Behandlungsqualität" im Blick zu behalten und auf der zweiten Ebene die Aufgaben und Anforderungen der internen Qualitätssicherung von der notwendigen externen Qualitätskontrolle zu unterscheiden.

Deutlicher Entwicklungsbedarf besteht bei der Klärung der Perspektive derjenigen, für die die Qualitätssicherung eigentlich gedacht ist, den KlientInnen und PatientInnen. Zwar gibt es inzwischen, zumindest im Bereich stationärer Settings, eine ganze Palette von Ansätzen zur Patienten-Zufriedenheitsforschung, und auch die Ergebnisbewertungen von Interventionen berücksichtigen – gerade im psychotherapeutischen und psychosozialen Bereich – die PatientInnen- bzw. KlientInnen-Bewertungen (Ruprecht, 1998). Allerdings sollte die Frage nach den Erwartungen und Wünschen der NutzerInnen (respektive KundInnen) ja noch weiter gehen: Welche Erwartungen haben die NutzerInnen im Bereich Psychotherapie/psychosozialer Beratung an diese Leistungen? Welche Erwartungen haben sie an die Ergebnisse der Behandlungen? Bieten die Institutionen ihnen genügend Transparenz, um eine bewußte Entscheidung bezüglich der Inanspruchnahme zu ermöglichen?

Die Qualität der Gesundheitsdienstleistungen und ihrer AnbieterInnen gehört in Deutschland nach Badura (1997b) zu den „bestgehüteten Dienstgeheimnissen der Republik". Ein wichtiger erster Schritt ist es, sachgerechte Informationen über psychotherapeutische Leistungen, über unterschiedliche Durchführungsformen und Zielsetzungen, Evaluationsergebnisse und Zugangswege zur Verfügung zu stellen (vgl. DGVT, 1996). Im weiteren wird es darum gehen, die NutzerInnen der psychotherapeutischen und psychosozialen Angebote auch in die Qualitätsdiskussion, d.h. die Entwicklung von Standards und die Bearbeitung von Qualitätsproblemen, einzubeziehen. Die Beteiligung von Selbsthilfeorganisationen, die schon des öfteren, beispielsweise in der Psychiatrie, zaghaft versucht wird, könnte hier ein erster Ansatzpunkt sein (BMG, 1996).

Angesichts der hohen Erwartungen an die Qualitätssicherung und in Anbetracht der vorliegenden und in diesem Buch vielfältig vorgestellten Entwicklungen und Konzeptentwürfe sollten die mit den Gesundheitsreformgesetzen gegebenen Chancen zur Erprobung solcher Vorschläge in Modellvorhaben genutzt werden, um eine sachgerechte Weiterentwicklung der Qualitätssicherung voranzutreiben. Dabei wäre zu wünschen, daß die Festlegung entsprechender Vorgaben und Standards sensibel und vorsichtig genug erfolgt, um die durchaus vorhandene Bereitschaft der Beteiligten zur Qualitätsförderung und die durch bereits gegebene professionelle Standards bestehenden Ansätze nicht zu gefährden, sondern sie zu nutzen und auszubauen.

Literaturverzeichnis

Andersen, H.H. (1992). Themenschwerpunkte und Forschungsfelder der Gesundheitsökonomie. In H.H. Andersen, K.-D. Henke & J.M. Graf v.d. Schulenburg (Hrsg.), *Basiswissen Gesundheitsökonomie. Band 1* (S. 13–38). Berlin: Edition Sigma.

Badura, B. (1997a). Möglichkeiten einer verstärkten Ergebnisorientierung im Gesundheitswesen. In U. Laaser & A. Schwalbe (Hrsg.), *Das Gesundheitswesen in Deutschland: Von der Ausgaben- zur Ergebnisorientierung. Reader zum 5. Gesundheitswissenschaftlichen Kolloquium, Bielefeld, 17./18.1.1997* (S. 10–18). Universität Bielefeld: Selbstverlag.

Badura, B. (1997b). *Auf der Suche nach einer Qualitätsstrategie für das Gesundheitswesen.* Eröffnungsvortrag zum Verbundtag des Nordrhein-Westfälischen Forschungsverbundes Public Health am 21.11.1997 in Bonn (Veröffentlichung in Vorbereitung).

Badura, B. & Strodtholz, P. (1998). Qualitätsförderung, Qualitätsforschung und Evaluation im Gesundheitswesen. In F.W. Schwartz, B. Badura, R. Leidl, H. Raspe & J. Siegrist (Hrsg.), *Das Public Health Buch* (S. 574–584). München: Urban & Schwarzenberg.

Baumann, U. & Ühlein, H. (1997). *Dokumentationsstandards für Klinische Psychologie/Psychotherapie* (2. Aufl.). Bonn: Deutscher Psychologen Verlag.

Beutler, L.E. & Clarkin, J.F. (1990). *Systematic Treatment Selection. Toward Targeted Therapeutic Interventions.* New York: Bruner & Mazel.

Borg-Laufs, M. (1997). *Strukturierungshilfe zur Falldokumentation (Materialie Nr. 36).* Tübingen: dgvt-Verlag.

Brandtstädter, J. (1990). Evaluationsforschung: Probleme der wissenschaftlichen Bewertung von Interventions- und Reformprojekten. *Zeitschrift für Pädagogische Psychologie, 4,* 215–227.

Brockhaus (1987). *Brockhaus-Enzyklopädie, Band 4.* (19. Aufl.). Mannheim: Brockhaus.

Bundesministerium für Gesundheit BMG (Hrsg.) (1996). *Leitfaden zur Qualitätsbeurteilung in Psychiatrischen Kliniken. Expertenbericht der Aktion Psychisch Kranke.* Schriftenreihe des Bundesministeriums für Gesundheit. Baden-Baden: Nomos.

Caspar, F. (1997). Ist die „alte" Problemanalyse wirklich so hinterwäldlerisch? *Verhaltenstherapie und Verhaltensmedizin, 18,* 161–169.

Deutsche Gesellschaft für Verhaltenstherapie DGVT (1995). *Ethische Rahmenrichtlinien der DGVT und Kommentare.* Verabschiedet auf der Mitgliederversammlung am 10.3.1995. Tübingen.

Deutsche Gesellschaft für Verhaltenstherapie DGVT (1996). *Psychotherapie-Information für Klient(inn)en und Patient(inn)en.* Tübingen: Selbstverlag.

Deutsche Gesellschaft für Verhaltenstherapie DGVT (1997). Überlegungen zur Qualitätssicherung in der Psychotherapie. *Verhaltenstherapie und psychosoziale Praxis, 29,* 87–99.

Deutsche Krankenhausgesellschaft DKG (1995). DKG und GKV-Spitzenverbände verabschieden Thesenpapier zur Weiterentwicklung der Qualitätssicherung in Krankenhäusern. *Das Krankenhaus, 5,* 219–220.

Donabedian, A. (1966). Evaluating the Quality of Medical Care. *Milbank Memorial Funds Quarterly, 44,* 166–206

Eiff, W. von (1996). Die TQM-Falle: Ein 14-Punkte Programm von Fehlermöglichkeiten und Fehlereinflüssen. *Management & Krankenhaus, Heft 11,* 6–8.

European Foundation of Quality Management (1995). *Selbstbewertung anhand des Europäischen Modells für umfassendes Qualitäts-Management (TQM) 1996.* Brüssel: E. F. Q. M.

Fiedler, P. (1997). Therapieplanung in der modernen Verhaltenstherapie. Von der allgemeinen zur phänomen- oder störungsspezifischen Behandlung. *Verhaltenstherapie und Verhaltensmedizin, 18,* 7–39.

Fiegenbaum, W., Tuschen, B. & Florin, I. (1997). Qualitätssicherung in der Psychotherapie. *Zeitschrift für Klinische Psychologie, 26,* 138–149.

Franke, G.H. (1995). *Die Symptom-Checkliste von Derogatis SCL-90-R.* Göttingen: Beltz Test.

Gerlach, F. & Bahrs, O. (1994). *Qualitätszirkel durch hausärztliche Qualitätszirkel. Strategien zur Etablierung.* Berlin: Ullstein-Mosby.

Greve, W. (1993). Ziele therapeutischer Intervention: Probleme der Bestimmung, Ansätze der Beschreibung, Möglichkeiten der Begründung und Kritik. *Zeitschrift für Klinische Psychologie, 22,* 347–373.

Hautzinger, M., Bailer, M., Worall, H. & Keller, F. (1995). *Beck-Depressions-Inventar (BDI)* (2., überarbeitete Aufl.). Göttingen: Beltz Test.

Jospe, M., Shueman, S.A. & Troy, W.G. (1991). Quality Assurance and the Clinical Health Psychologist. A Programmatic Approach. In J.J. Sweet, R.H. Rozensky & S.M. Tovian (Eds.), *Handbook of Clinical Psychology in Medical Settings* (pp. 95–112). New York. Plenum Press.

Kanfer, F.H., Reinecker, H. & Schmelzer, D. (1996). *Selbstmanagement-Therapie. Ein Lehrbuch für die klinische Praxis* (2., erweiterte Aufl.). Berlin: Springer.

Kamiske, G.F. & Bräuer, J.-P. (1995). *Qualitätsmanagement von A bis Z. Erläuterung moderner Begriffe* (2. Aufl.). München: Hauser.

Kazdin, A.E. (1994). Methology, Design, and Evaluation in Psychotherapy Research. In A.E. Bergin & S.L. Garfield (Eds.), *Handbook of Psychotherapy and Behavior Change* (4th ed., pp. 19–71). New York: John Wiley & Sons.

Klemperer, D. (1996). Neue medizinische Kultur: Der patientenzentrierte Qualitätsbegriff. *Dr. med. Mabuse, 99,* 22–27.

Koch, U. & Schulz, H. (1996). Qualitätssicherung in der Psychotherapeutischen Medizin. In S. Ahrens (Hrsg.), *Lehrbuch der Psychotherapeutischen Medizin* (S. 14–25). Stuttgart: Schattauer.

Köhlke, H.-J. & Kuhr, A. (1993). Standard-Symptom-Therapie versus hintergrundorientierte Verhaltenstherapie: Vorgeschichte und Fortsetzung einer aktuellen Kontroverse zwischen wissenschaftlicher Therapievorstellung und „renitenter" Praxiswirklichkeit. *Verhaltenstherapie und psychosoziale Praxis, 25,* 229–243.

Laireiter, A.-R. & Baumann, U. (1996). Dokumentation von Verhaltenstherapie. In J. Margraf (Hrsg.), *Lehrbuch der Verhaltenstherapie, Band 1: Grundlagen, Diagnostik, Verfahren, Rahmenbedingungen* (S. 499–524). Berlin: Springer.

Laireiter, A.–R., Lettner, K. & Baumann, U. (1997). *PSYCHO-DOK. Allgemeines Dokumentationssystem für Psychotherapie. Manual und Glossar.* Tübingen: dgvt-Verlag.

Lazarus, A.A. (1973). *Fragebogen zur Lebensgeschichte.* Übersetzt und erweitert von D. Zimmer und L. Echelmeyer. Materialie Nr. 8. Tübingen: dgvt-Verlag.

Lazarus, A.A. (1995). Multimodaler Fragebogen zur Lebensgeschichte. Anhang 1 in A.A. Lazarus, *Praxis der multimodalen Therapie* (S. 218–233). Tübingen: dgvt-Verlag.

Löcherbach, P., Knopp-Vater, M. & Schneider, A. (1997). *Indikatoren zur Ermittlung des Bedarfs an ambulanter Psychotherapie* (BPP-Arbeitsbericht Nr. 1/97). Koblenz: Bedarfsplanungsprojekt Psychotherapie.

Meyer, A.E., Richter, R., Grawe, K., Graf v. d. Schulenburg, J.M. & Schulte, B. (1991). *Forschungsgutachten zu Fragen eines Psychotherapeutengesetzes.* Hamburg: Universitäts-Krankenhaus Hamburg-Eppendorf.

Miller, G.A., Galanter, S. & Pribam, K. (1973). *Strategien des Handelns.* Stuttgart: Klett.

Müller, O.A. (1996). Entwicklung medizinischer Standards in Deutschland. In Behörde für Arbeit, Gesundheit und Soziales (Hrsg.), *Hamburger Workshop „Qualität im Gesundheitswesen". Fachtagung am 29.2.1996. Tagungsbericht* (S. 78–85). Hamburg: Selbstverlag.

Paeger, A. (1996). Benchmarking sichert die Zukunft des Krankenhauses. *Das Krankenhaus, 10,* 616–620.

Parsons, T. & Shils, E.A. (1967). *Toward a General Theory of Action.* Cambridge: Harvard University press.

Paschen, U. (1990). Qualität darf kein Mittelmaß sein. *Deutsches Ärzteblatt, 87,* B-1403–1407.

Raad, G. de & Fuhr, H. (1997). Die EFQM zeigt Wege zur Qualitätsverbesserung auf. *QualiMed, 5,* 4–6.

Rienhoff, O. (1998). Qualitätsmanagement. In F.W. Schwartz, B. Badura, R. Leidl, H. Raspe & J. Siegrist (Hrsg.), *Das Public Health Buch* (S. 585–598). München: Urban & Schwarzenberg.

Roth, A. & Fonagy, P. (Eds.). (1996). *What works for whom? A Critical Review of Psychotherapy Research.* New York: The Guilford Press.

Rudolf, G., Laszig, P. & Henningsen, C. (1997). Dokumentation im Dienste von klinischer Forschung und Qualitätssicherung. *Psychotherapeut, 42,* 145–155.

Rüther, A. & Antes, G. (1997). Evidence-Based Medicine und die Cochrane Collaboration: Konzepte und Mittel zur Qualitätsverbesserung medizinischen Handelns. *GQMG-Newsletter 1,* 16–21.

Ruprecht, T.M. (Hrsg.). (1998). *Qualitätssicherung in der medizinischen Rehabilitation: Konsensfähige Leitlinien für die Praxis.* Neuwied: Luchterhand.

Schardt, T. (1997). Künftige Aufgabenschwerpunkt zur Sicherung von Qualität in der Gesundheitsversorgung. *QualiMed, 5,* 7–15.

Schmidt, J., Nübling, R. & Vogel, H. (1995). Qualitätssicherung in der stationären medizinischen Rehabilitation. Psychologische Beiträge zu einem modernen Trend in der Gesundheitsversorgung. *Verhaltenstherapie und psychosoziale Praxis, 27,* 245–263.

Schubert, H.-J. (1997). Bewertung bzw. Zertifizierung von Qualitätsmanagementsystemen. *GQMG-Newsletter, 2,* 18–22.

Schulte, D. (1993). Wie soll Therapieerfolg gemessen werden? *Zeitschrift für Klinische Psychologie, 22,* 374–393.

Schulte, D. (1997). Störungsbezogene Therapieplanung. *Verhaltenstherapie und Verhaltensmedizin, 18,* 171–173.

Schwartz, F.W. & Dörning, H. (1992). Evaluation von Gesundheitsleistungen. In H.H. Andersen, K.-D. Henke & J.M. v.d. Schulenburg (Hrsg.), *Basiswissen Gesundheitsökonomie* (Bd. 1, S. 173–200). Berlin: Edition Sigma.

Seligman, M.E.P. (1995). The Effectiveness of Psychotherapy: The Consumer Reports Study. *American Psychologist, 50,* 965–974.

Sprenger, R. (1995). Der große Bluff. Die Zertifizierung nach ISO-Norm ist vor allem ein Riesengeschäft. Qualitätssicherung? Eher ein Rückschritt in stumpfsinnige Bürokratie. *manager magazin, Heft 8,* 128–131.

Vogel, H. (1996). Ambulante Psychotherapieversorgung – Eine kritische Übersicht. *Verhaltenstherapie und psychosoziale Praxis, 28,* 105–126.

Volpert, W. (1974). *Handlungsstrukturanalyse als Beitrag zur Qualifikationsforschung.* Köln: Pahl-Rugenstein.

Westmeyer, H. (1987). Möglichkeiten der Begründung therapeutischer Entscheidungen. In F. Caspar (Hrsg.), *Problemanalyse in der Psychotherapie. Bestandsaufnahme und Perspektiven* (S. 20–31). Tübingen: dgvt-Verlag.

Winter, C. (1997). *Experten fragen – Patienten antworten. Patientenzentrierte Qualitätsbewertung von Gesundheitsdienstleistern – Konzepte, Methoden, praktische Beispiele.* Sankt Augustin: Asgard Verlag.

AutorInnenverzeichnis

Ralf Adam, Dipl.-Psych.
Zentrum für Psychiatrie Bad Schussenried, Klosterhof 1, 88427 Bad Schussenried; Tel.: 07583/33201

Ausbildung in Gestalttherapie, Klinischer Psychologe/Psychotherapeut (BDP) und Supervisor (BDP); seit 1992 im forensischen Bereich des Zentrums für Psychiatrie Bad Schussenried tätig; 1995 Übernahme der Leitung einer forensischen Station; Koordinator der Arbeitsgruppe „Qualitätsmanagement" des Verbandes der Psychologinnen und Psychologen in der Psychiatrie Baden-Württemberg e.V. (VdPP); Mitarbeit in der Landesarbeitsgruppe „Dokumentationssystem und Qualitätssicherung in der Forensik" der forensischen Abteilungen der Zentren für Psychiatrie in Baden Württemberg; seit 1996 Mitglied der Steuerungsgruppe Qualitätsmanagment der psychiatrischen Kliniken Süd-Württemberg.
Arbeits- und Forschungsschwerpunkte: Qualitätssicherung/Qualitätsmanagement; Ethnopsychologie.

Claudia Baltensperger, Dr. phil., lic.phil.
Institut für Psychologie der Universität Bern, Lehrstuhl Klinische Psychologie, Muesmattstr. 45, CH-3000 Bern 9; Tel.: (0041) (0)31-6314731; E-mail: Claudia.Baltensperger@psy.unibe.ch

Postgraduale Weiterbildung in Psychotherapie an der Psychotherapeutischen Praxisstelle der Universität Bern; seit 1995 Forschungsassistentin bzw. Assistentin am Lehrstuhl für Klinische Psychologie des Psychologischen Instituts der Universität Bern.
Arbeits- und Forschungsschwerpunkte: Kosten-Nutzen-Aspekte der Psychotherapie; Qualitätssicherung; psychotherapeutische Versorgung; Testdiagnostik.

Urs Baumann, O.Univ.Prof., Dr. phil., Dipl.-Psych.
Institut für Psychologie der Universität Salzburg, Hellbrunnerstr. 34; A-5020 Salzburg; Tel.: (0043) (0)662-8044-5103; Fax: (0043) (0)662-8044-5126; E-mail: Urs.Baumann@mh.sbg.ac.at

Ausbildung in Verhaltenstherapie; Klinischer Psychologe und Gesundheitspsychologe, Psychotherapeut; seit 1982 Inhaber des Lehrstuhls für Klinische Psychologie an der Universität Salzburg.

Arbeits- und Forschungsschwerpunkte: Evaluation im Gesundheitswesen; klinisch-psychologische Diagnostik; klinische Gerontopsychologie; Soziales Netzwerk, Soziale Unterstützung und Soziale Belastung.

Carmen Bender, Dipl.-Psych.
Medizinischer Dienst der Krankenversicherung in Hessen, Gablonzer Straße 35, 61440 Oberursel; Tel.: 06171/634-252; Fax: #155

Psychotherapeutische Weiterbildungen in Verhaltenstherapie, Gesprächspsychotherapie und tiefenpsychologisch fundierter Psychotherapie; Klinische Psychologin/Psychotherapeutin (BDP); siebenjährige psychotherapeutische Tätigkeit in einer Beratungsstelle für Eltern, Kinder und Jungendliche; seit 1991 beim MDK in Hessen.

Arbeits- und Forschungsschwerpunkte: Strukturelle Fragen der ambulanten und stationären Psychotherapie; Qualitätssicherung; Beratung der gesetzlichen Krankenversicherung in einzelfallbezogenen Fragestellungen sowie in Grundsatz- und Vertragsfragen.

Urs Braun, lic. phil.
Psychiatriezenrum Oberwallis, Kreisspital Brig, CH-3900 Brig; Tel.: (0041) (0)27-922-3650; E-mail: braun.pzo@spectraweb.ch

Postgraduale Weiterbildung in Psychotherapie an der Universität Bern; Assistent am Lehrstuhl für Klinische Psychologie in Bern; seit 1996 am Psychiatriezentrum Oberwallis, Brig.

Arbeits- und Forschungsschwerpunkte: Psychotherapie; Qualitätssicherung von Psychotherapie und Forschungsmethoden.

Michael Broda, Dr., Dipl.-Psych.
Institut für Psychotherapie und Qualitätssicherung, ParkKlinik, Kurtalstr. 83-85, 76887 Bad Bergzabern; Tel.: 06343/942100

Achtjährige Tätigkeit als wissenschaftlicher Angestellter in verschiedenen rehabilitationswissenschaftlichen Forschungsprojekten am rehabilitationspsychologischen Lehrstuhl in Freiburg; zehn Jahre Leitender Psychologe in der Psychosomatischen Fachklinik Berus/Saarland; seit 1997 zuständig für Qualitätssicherung an der ParkKlinik, Bad Bergzabern, sowie Tätigkeit in eigener Praxis; VT-Supervisor, Gutachter des Medizinischen Dienstes der Krankenversicherung (MDK).

Arbeits- und Forschungsschwerpunkte: Krankheitsbewältigung; Katamnese; Salutogeneseforschung.

Clemens Cording, Dr. med.
Bezirksklinikum Regensburg, Universitätsstr. 84, 93042 Regensburg; Tel.: 0941/941-0

Facharzt für Psychiatrie, Psychotherapie und Psychotherapeutische Medizin; Ausbildung in Psychoanalyse und Verhaltenstherapie; 1975–1984 am Max-Planck-Institut für Psychiatrie in München; seit 1985 Stv. Ärztl. Direktor des Bezirksklinikums Regensburg; Leiter des Referats „Dokumentation" der Deutschen Gesellschaft für Psychiatrie, Psychotherapie und Nervenheilkunde (DGPPN), Entwicklung der bundeseinheitlichen psychiatrischen Basisdokumentation; Leiter des BMG-Projektes „Externe Qualitätssicherung durch freiwillige Krankenhausvergleiche".
Arbeits- und Forschungsschwerpunkte: Basisdokumentation und Qualitätssicherung in der Psychiatrie.

Heribert Fleischmann, Dr. med.
Bezirksklinikum Regensburg, Universitätsstr. 84, 93042 Regensburg; Tel.: 0941/941-0

Facharzt für Nervenheilkunde und Psychotherapeutische Medizin; seit 1983 Leiter der Abteilung für Suchtkranke am Bezirksklinikum Regensburg.
Arbeits- und Forschungsschwerpunkte: Klinische Verlaufsforschung.

Renate Frank, Dr. phil., Dipl.-Psych.
Fachbereich Psychologie, Abteilung für Klinische und Physiologische Psychologie, Justus-Liebig-Universität, Otto-Behaghelstr. 10, 35394 Gießen; Tel.: 0641/702-5420

Ausbildung in Verhaltenstherapie; seit 1970 wissenschaftliche Mitarbeiterin im Fachbereich Psychologie der Justus-Liebig-Universität, Gießen; klinisch-psychotherapeutische Lehr- und Praxistätigkeit, Gutachtertätigkeit, Psychotherapie-Supervision; seit 1985 Leitung des föderativen Postgraduierten-Modells „Klinische Psychologie/Verhaltenstherapie" (zusammen mit Prof. Dr. D. Vaitl).
Arbeits- und Forschungsschwerpunkte: Selbstsicherheit; Körperliches Wohlbefinden; Evaluation postgradualer Weiterbildung (Supervision und Selbsterfahrung).

Wolfgang Gaebel, Prof. Dr. med.
Rheinische Landes- und Hochschulklinik Düsseldorf / Psychiatrische Klinik der Heinrich-Heine-Universität, Bergische Landstraße 2, 40629 Düsseldorf; Tel.: 0211/922-2000; Fax: #2020; E-mail: wolfgang.gaebel@uni-duesseldorf.de

Facharzt für Neurologie, Psychiatrie und Psychotherapie; Direktor der Psychiatrischen Klinik der Heinrich-Heine-Universität Düsseldorf; Leitender Arzt der Rheinischen Landes- und Hochschulklinik Düsseldorf; Vizepräsident (1995 –1996 Präsident) der DGPPN und Leiter des Referats Qualitätssicherung; Studienleiter und -koordinator verschiedener Projekte; Lehrtätigkeit.

Arbeits- und Forschungsschwerpunkte: Therapie, Verlauf und Prognose schizophrener Störungen; Klinische Psychophysiologie; Experimentelle Psychopathologie; Qualitätssicherung in der Psychiatrie.

Eduard Geisler, Dr. rer. soc., Dipl.-Psych.
Im Inneren Bogen 6, 72622 Nürtingen; Tel: 07022/939343 u. 939345; Fax: 939344; E-mail: eddybox@t-online.de

Ausbildung in Verhaltenstherapie; wissenschaftlicher Mitarbeiter in einem Sonderforschungsbereich der DFG an der Universität Stuttgart; im Sachverständigenrat der Bundesregierung für Umweltfragen sowie im Senatsausschuß für Umweltforschung der DFG und seit 1981 als Verhaltenstherapeut in eigener Praxis tätig; Tätigkeiten im Bereich der Organisations- und Personalentwicklung.

Arbeits- und Forschungsschwerpunkte: Verhaltenstherapie, vorwiegend Einzelbehandlung im Rahmen der psychotherapeutischen Regelversorgung („Delegationsverfahren"); Verhaltens- und Kommunikationstraining sowie Coaching von Unternehmern und Führungskräften.

Hans-Christof Gierschner, Dr., Dipl.-Psych.
Kobellstr. 3, 80336 München; Tel.: 089/74719-140; Fax: #180; E-mail: cgi@diabcare.de

Studium der Psychologie und Politikwissenschaften; Tätigkeit an den Universitäten Gießen und Göttingen; Tätigkeit in einer Unternehmensberatung im Bereich Personal/Organisationsentwicklung und Qualitätsmanagement; Lehrbeauftragter der Universität Göttingen für Personalentwicklung und Qualitätsmanagement; seit 1995 Projektleiter der Q4 Qualitätsmanagement im Gesundheitswesen GmbH, München.

Arbeits- und Forschungsschwerpunkte: Beratung bei der Konzeption und Implementierung von Qualitätsmanagementsystemen im Gesundheitsbereich und der öffentlichen Verwaltung; Durchführung von Selbstbewertungen nach *European Foundation of Quality Management*; Weiterbildungsmaßnahmen im Qualitätsmanagementbereich; Einführung systematischer Personalentwicklungskonzepte; Ausbildung und Supervision von Qualitätsgruppen.

Wolfgang Gmür, Dipl.-Psych.
Institut für Praxisforschung und Projektberatung (IPP), Ringseisstr. 8, 80337 München; Tel.: 089/5435977-0; Fax: #9; E-mail: ipp.muenchen@t-online.de

Langjährige wissenschaftliche und beraterische Tätigkeit in verschiedenen Feldern der psychosozialen Arbeit; Supervisor (nach DGSv); Praxisberater/Organisationsberater; Mitarbeiter des Instituts für Praxisforschung und Projektberatung (IPP München) und am Institut für Psychologie – Sozialpsychologie – der Ludwig-Maximilians-Universität München; Konzept- und Leitbildentwicklung; Mitwirkung bei der Umsetzung der Agenda 21 in München (Fachforum „Zukunftsfähige Lebensstile in der Stadtgesellschaft").

Arbeits- und Forschungsschwerpunkte: Identitätsentwicklung junger Erwachsener (Schwerpunkte: Soziales Netzwerk, Besonderheiten männlicher Identitätsentwicklung, regionalstrukturelle Einflußfaktoren); Professionelle Kooperationsbeziehungen; Qualitätsmanagement (Schwerpunkte: Schnittstellenmanagement, Jugendhilfeplanung).

Klaus Grawe, Prof. Dr. phil., Dipl.-Psych.
Institut für Psychologie der Universität Bern, Lehrstuhl Klinische Psychologie, Muesmattstr. 45, CH-3000 Bern 9; Tel.: (0041) (0)31-6314731; E-mail: grawe@psy.unibe.ch

Ausbildung in Verhaltenstherapie; 1969–1979 Klinischer Psychologe mit dem Schwerpunkt „stationäre Psychotherapie" an der Psychiatrischen Universitätsklinik Hamburg-Eppendorf; seit 1979 Inhaber des Lehrstuhls für Klinische Psychologie und Leiter der Psychotherapeutischen Praxisstelle der Universität Bern; Past President der Society for Psychotherapy Research (SPR) und Gründungs-Herausgeber der Zeitschrift *Psychotherapy Research.*

Arbeits- und Forschungsschwerpunkte: Wirksamkeit und Wirkungsweise von Psychotherapie; Psychotherapie-Ausbildung.

Kurt Hahlweg, Prof. Dr. phil., Dipl.-Psych.
Institut für Psychologie, Technische Universität Braunschweig, Spielmannstr. 12a, 38106 Braunschweig; Tel.: 0531/391-3146; Fax: #8105; E-mail: K.Hahlweg@TUBS.DE

Weiterbildung in Verhaltenstherapie; Klinischer Psychologe (BDP); 1973 – 1988 am Max-Planck-Institut für Psychiatrie, München tätig; seit 1988 Professor für Klinische Psychologie, Psychotherapie und Diagnostik an der Technischen Universität Braunschweig; wissenschaftliche Leitung des Instituts Braunschweig der Christoph-Dornier-Stiftung für Klinische Psychologie.

Arbeits- und Forschungsschwerpunkte: Verhaltenstherapeutische Ehe- und Familientherapie; interpersonelle Faktoren und psychische Störung; Qualitätssicherung in der Psychotherapie.

Wolfgang Hannöver, Dipl.-Psych.
Forschungsstelle für Psychotherapie, Christian-Belser-Str. 79a, 70597 Stuttgart; Tel.: (0049) (0)711-6781-407; E-mail: hann@psyres-stuttgart.de

Seit 1996 an der Forschungsstelle für Psychotherapie Stuttgart als wissenschaftlicher Mitarbeiter mit dem Schwerpunkt „Qualitätsmanagement in der Psychotherapie" tätig.

Arbeits- und Forschungsschwerpunkte: Informationsgewinnung aus der klinischen Dokumentation für Qualitätsmanagementsysteme – Entscheidungsbäume und Mustererkennung.

Wolfgang Hass, M.A.
Europäische Akademie für psychosoziale Gesundheit (EAG), Kühlwetterstr. 49, 40239 Düsseldorf; Tel.: 0211/622344; Fax: #614851; E-mail: Forschung.EAG@t-online.de

Studium der Soziologie, Psychologie, Politik, Volkswirtschaftslehre und Medizin; NLP-Master-Ausbildung; wissenschaftlicher Mitarbeiter am Forschungsinstitut der Europäischen Akademie für psychosoziale Gesundheit (EAG) in Düsseldorf; seit 1988 Tätigkeiten als wissenschaftlicher Mitarbeiter am Institut für Medizinsoziologie der Universität Ulm und an der Abteilung für Allgemeinmedizin der Universität Düsseldorf; freie Beratungstätigkeit im Gesundheitswesen, Organisationsberatung und Coaching.

Arbeits- und Forschungsschwerpunkte: Evaluation; Entwicklung und Durchführung von Qualitätssicherungs-Programmen in der Psychotherapie; Gesundheitsförderung; Hilfesuchverhalten; Soziales Netzwerk, Soziale Unterstützung.

Matthias Hermer, Dipl.-Psych.
Westfälische Klinik für Psychiatrie und Psychotherapie Warstein, Franz-Hegemann-Str. 23, 59581 Warstein; Tel.: 02902/822256

Seit 1977 in der Westfälischen Klinik für Psychiatrie und Psychotherapie, Warstein (Sauerland) tätig.

Arbeits- und Forschungsschwerpunkte: Gesellschaftliche und institutionelle Aspekte psychosozialer Arbeit; Überwindung des Schulendenkens in der Psychotherapie; Qualitätssicherung im Sinne einer kritischen Reflexion der eigenen Arbeit.

Heike Hoyer, Dipl.-Psych.
Institut für Psychologie, Technische Universität Braunschweig, Spielmannstr. 12a, 38106 Braunschweig

Wissenschaftliche Mitarbeiterin im Forschungsprojekt „Aggression bei Kindern und Jugendlichen" an der Technischen Universität Braunschweig.

Detlev Huber, Dipl.-Psych.
Medizinischer Dienst der Krankenversicherung in Hessen, Gablonzer Straße 35, 61440 Oberursel; Tel: 06171/634-252; Fax: #155

Tiefenpsychologisch fundierte Psychotherapieausbildung; Klinischer Psychologe/Psychotherapeut und Supervisor (BDP); Sozialgerichtsgutachter; ein Jahr beim Landeswohlfahrtsverband Hessen tätig; seit 1979 Angestellter der Landesversicherungsanstalt Hessen mit gutachterlichen und beratenden Aufgaben; seit 1990 beim MDK in Hessen, seit 1996 dort Leiter der Personal- und Organisationsabteilung.
Arbeits- und Forschungsschwerpunkte: Personalmanagement, Personalentwicklung; Arbeitsmotivation, betriebliche Motivation; Reformprozesse im Öffentlichen Dienst.

Hans-Ulrich Köhlke, Dipl.-Psych., Dipl. Jurist
Jöhlinger Str. 36, 76356 Weingarten; Tel.: 07244/10 15; Fax: #706 358

Weiterbildung in Verhaltenstherapie; seit 1981 als Richtlinien-Vertragspsychotherapeut in eigener Praxis tätig, mit Spezialisierung auf Angst- und Selbstsicherheitsstörungen.
Arbeits- und Forschungsschwerpunkte: Gruppentherapie; Psychotherapeutengesetz; „hintergrundorientierte Verhaltenstherapie" , die über eine Symtomzentrierung hinaus an den vernetzten biographischen und lebenskontextuellen Problemzusammenhängen therapeutisch ansetzt.

Hans Kordy, Dr. phil., Dipl.-Math.
Forschungsstelle für Psychotherapie Stuttgart, Christian Belser Straße 79a, 70597 Stuttgart; Tel.: 0711/6781410; Fax: #6876902; E-mail: kordy@psyres-stuttgart.de

Studium der Mathematik, Wirtschaftswissenschaften und Psychologie; als wissenschaftlicher Angestellter der Universität Heidelberg in der Psychotherapieforschung aktiv; seit 1990 an der Forschungsstelle für Psychotherapie Stuttgart, seit 1993 dort stellvertretender Leiter (Koordination der wissenschaftlichen Aktivitäten); Lehrbeauftragter am Psychologischen Institut der Universität Heidelberg; seit 1996 Präsident der Society for Psychotherapy Research (SPR) (Continental European Chapter).
Arbeits- und Forschungsschwerpunkte: Psychotherapieevaluation und Qualitätssicherung; Versorgungssystemforschung; Modellierung von Krankheits- und Gesundungsverläufen.

Stefan Krischker, Dipl.-Psych.
Bezirksklinikum Regensburg, Universitätsstr. 84, 93042 Regensburg; Tel.: 0941/941-0

1989–1993 selbständiger Berater (Knowledge Engineering); seit 1993 als Mitarbeiter im Bezirksklinikum Regensburg für Basisdokumentation und Qualitätssicherung zuständig.
Arbeits- und Forschungsschwerpunkte: wissensbasierte Systeme, Mensch-Maschine-Interaktion; Basisdokumentation und Qualitätssicherung; Patientenzufriedenheit.

Armin Kuhr, Prof. Dr. phil., Dipl.-Psych.
Institut für Beratung und Therapie, Große Seite 14, 31174 Dinklar; Tel.: 05123/2466; Fax: #2488; E-mail: Armin.Kuhr@IBT.de

Ausbildung in Gesprächspsychotherapie und Verhaltenstherapie; Assistent für Pädagogische Psychologie in Göttingen; seit 1978 Mitglied, zuletzt Leiter des Arbeitsbereiches Klinische Psychologie an der Medizinischen Hochschule Hannover; seit 1997 Leiter des Instituts für Beratung und Therapie in Dinklar/Hildesheim.
Arbeits- und Forschungsschwerpunkte: Therapie von Angst- und Zwangsstörungen; Stottern; Qualitätssicherung; Psychotherapieausbildung.

Anton-Rupert Laireiter, Dr. phil.
Institut für Psychologie der Universität Salzburg, Hellbrunnerstr. 34; A-5020 Salzburg; Tel.: (0043) (0)662-8044-5122; Fax: #5126; E-mail: Anton.Laireiter @mh.sbg.ac.at

Ausbildung in Verhaltenstherapie; Klinischer Psychologe, Gesundheitspsychologe, Psychotherapeut; Universitätsassistent für Psychologie; Lehrbeauftragter für Klinische Psychologie und Verhaltenstherapie (Arbeitsgemeinschaft für Verhaltensmodifikation in Österreich/AVM).
Arbeits- und Forschungsschwerpunkte: Qualitätssicherung von Psychotherapie; Dokumentation von Psychotherapie; Selbsterfahrung in der Ausbildung in Psychotherapie; Soziales Netzwerk und Soziale Unterstützung.

Gernot Lauer, Dr. med., Dipl.-Psych.
Psychiatrische Universitätsklinik, Voßstraße 4, 69115 Heidelberg; Tel.: 06221/ 565598; Fax: #565477

Weiterbildung in Innerer Medizin, Neurologie, Psychiatrie, Psychosomatik und Psychotherapie; wissenschaftlicher Mitarbeiter an der Psychiatrischen Universitätsklinik Heidelberg.
Arbeits- und Forschungsschwerpunkte: Suchtrückfallforschung; Lebensqualitätsforschung.

Karin Lettner, Mag. phil., Dr. phil. (verh. Astegger)
Pädagogische Leitung, Lebenshilfe Salzburg, Gutenbrunnstr. 34; A-5020 Salzburg; Tel.: (0043) (0)662-825909-11; Fax: #20

Ausbildung in Verhaltenstherapie, Klinische Psychologin und Gesundheitspsychologin.
   Arbeits- und Forschungsschwerpunkte: Transkulturelle Psychologie; Soziales Netzwerk, Soziale Unterstützung und Soziale Belastung; Psychotherapieforschung; Behindertenarbeit.

Johannes Lindenmeyer, Dr. rer. nat., Dipl.-Psych.
Salus Klinik Lindow, Straße nach Gühlen 10, 16835 Lindow; Tel.: 033933/88-0; Fax: #119

Direktor der Salus-Klinik Lindow; Ausbilder und Supervisor für Verhaltenstherapie (KBV); seit 16 Jahren in der Behandlung von Alkohol- und Medikamentenabhängigen tätig.
   Arbeits- und Forschungsschwerpunkte: Motivierungsstrategien; Rückfallprävention; Exposition in vivo in der Suchtbehandlung; Organisationsentwicklung; Supervision.

Hans Wolfgang Linster, Dipl.-Psych., Dr. phil.
Psychologisches Institut der Universität, Belfortstr. 18, 79085 Freiburg; Tel.: 0761/203-3009; Fax: #3022; E-mail: linster@cssun3.psychologie.uni-freiburg.de

Studium der Psychologie, Philosophie und Germanistik; Ausbildung in Gesprächspsychotherapie; wissenschaftlicher Angestellter am Psychologischen Institut der Universität Freiburg; psychotherapeutische Tätigkeit, Aus-, Fort- und Weiterbildung, Supervision.
   Arbeits- und Forschungsschwerpunkte: Psychologische Diagnostik; Klinische Psychologie und Entwicklungspsychologie; Suchtforschung; Psychotherapieforschung; Qualitätssicherung/Qualitätsmanagement.

Elmar J. Mans, Dr. phil., Dipl.-Psych., Dipl.-Päd., M.A.
Psychosomatische Fachklinik, St. Franziska Stift, Franziska-Puricelli-Str. 3, 55543 Bad Kreuznach; Tel.: 0671/8820-201; Fax: #190

Studium der Sprach- und Literaturwissenschaft und Philosophie; Psychoanalytiker (DGPT), Gruppenanalytiker (DAGG); klinische und wissenschaftliche Tätigkeit an den Universitätskliniken für Psychotherapie und Psychosomatik in Marburg und Düsseldorf; seit 1993 Leitender Psychologe der Psychosomatischen Fachklinik St. Franziska Stift in Bad Kreuznach; Lehranalytiker am Institut für Psychotherapie und Psychoanalyse Rhein-Eifel.

Arbeits- und Forschungsschwerpunkte: Psychosomatik, besonders HNO-Erkrankungen; Psychotherapieforschung; Diagnostik und Indikation, differentielle Indikation; stationäre Psychotherapie; psychosomatische Rehabilitation; Gruppenpsychotherapie; Qualitätssicherung; Sozialmedizin, soziale Faktoren und Sozialarbeit bei psychosomatischen Erkrankungen.

Michael M. Märtens, Prof. Dr. phil., Dipl.-Psych.
Europäische Akademie für psychosoziale Gesundheit (EAG), Kühlwetterstr. 49, 40239 Düsseldorf; Tel.: 0211/622344; Fax: #614851; E-mail: Forschung.EAG@t-online.de

Studium der Vergleichenden Literaturwissenschaften, Kunsterziehung, Philosophie und Psychologie; Ausbildung in Gesprächspsychotherapie (GwG), Verhaltenstherapie, Familientherapie; Klinischer Psychologe (BDP), Supervisor (BDP; DGSv); vier Jahre in Psychosomatischer Fachklinik tätig; sechs Jahre wissenschaftlicher Mitarbeiter in der Abteilung Klinische Psychologie am Psychologischen Institut der TU Berlin; Tätigkeiten in der Personalentwicklung und Organisationsberatung; Lehrtherapeut für Familientherapie und systemische Organisationsberatung; mehrjährige Honararätigkeiten an einer ambulanten Beratungsstelle für politisch Verfolgte in Berlin und in einer ambulanten Suchtberatungsstelle in Bonn; Professor für Psychologie an der evangelischen Fachhochschule für Sozialarbeit in Dresden; Psychotherapieforscher am Forschungsinstitut der Europäischen Akademie für psychosoziale Gesundheit (EAG) in Düsseldorf.
Arbeits- und Forschungsschwerpunkte: Psychotherapie- und Beratungsforschung; Psychotherapieschäden; Familien- und Kinderpsychotherapie; Evaluationsforschung.

Wolfgang Menz, Dr. med.
Heilpädagogisches Zentrum Carina, St. Antoniusstraße 7, A-6800 Feldkirch; Tel.: (0043) (0) 5522-73330

Ausbildung zum Facharzt für Kinder- u. Jugendheilkunde, Zusatzfacharzt-Ausbildung in Kinder- und Jugendneuropsychiatrie; Ausbildung in systemischer Familientherapie; seit 1983 ärztlicher Leiter der kinderpsychiatrisch-heilpädagogischen Beobachtungs- und Therapiestation HPZ Carina; Leiter der kinderpsychiatrisch-heilpädagogischen Ambulanz im Landeskrankenhaus Feldkirch; gerichtlich beeideter Sachverständiger.
Arbeits- und Forschungsschwerpunkte: Qualitätssicherung und Qualitätsmanagement in sozialen Institutionen.

Rüdiger Nübling, Dr. phil., Dipl.-Psych.
Gesellschaft für Evaluation und Qualitätssicherung im Gesundheits- und Sozialwesen mbH (eqs.), Karlstraße 49a, 76133 Karlsruhe; Tel.: 0721/93278-0; Fax: #20

1985–1988 in der psychosomatischen Klinik Schömberg tätig; 1988–1997 in der Hauptverwaltung der Karlsruher Sanatorium AG und seit August 1997 stellvertretender wissenschaftlicher Leiter von eqs.; seit 1995 Lehrbeauftragter der Universität Freiburg.

Arbeits- und Forschungsschwerpunkte: Dokumentation; Evaluationsforschung; Qualitätssicherung; Rehabilitation.

Wolfgang Palm, Dr. phil., Dipl.-Psych., Dipl.-Phys.
Douglasstraße 9, 76133 Karlsruhe; Tel.: 0721/23353; Fax: #26280; E-mail: Wo.Palm@t-online.de

Ausbildung in Verhaltenstherapie, Weiterbildung in Analytischer Psychologie nach C. G. Jung, in Gestalttherapie und körperorientierten Verfahren; Tätigkeiten als Lehrer, in der Industrie und als Psychotherapeut in Kliniken; 1992–1997 Dozententätigkeit an der Universität Koblenz-Landau in den Fächern Methoden und Differentielle Psychologie; Verhaltenstherapeut in eigener Praxis.

Arbeits- und Forschungsschwerpunkte: Qualitätssicherung in der ambulanten Psychotherapie.

Hilarion G. Petzold, Univ. Prof., Dr. phil., Dr. theol., Dr. phil.
Europäische Akademie für psychosoziale Gesundheit (EAG), Kühlwetterstr. 49, 40239 Düsseldorf; Tel.: 0211/622344; Fax: #614851; E-mail: Forschung.EAG@t-online.de

Studium der Philosophie, Psychologie, orientalischen Theologie, Medizin sowie Heil- und Sonderpädagogik; Ausbildung in Psychoanalyse, Psychodrama, Körpertherapie, Gestalttherapie; Habilitation in Pastoralpsychologie, Paris; seit 1979 Professor für klinische Bewegungstherapie und Psychomotorik, FU Amsterdam; seit 1981 wissenschaftlicher Leiter der Europäischen Akademie für psychosoziale Gesundheit Düsseldorf/Hückeswagen.

Arbeits- und Forschungsschwerpunkte: Methodenintegration in der Psychotherapie; vergleichende Psychotherapie; Entwicklungspsychologie der Lebensspanne; Leib- und Bewegungstherapie; Supervision.

Klaus Piwernetz, Dr. phys., Dr. med.
Kobellstr. 3, 80336 München; Tel.: 089/74719-140; Fax: #180

Zehn Jahre in zwei Krankenhäusern als Arzt tätig; Mitarbeiter des Gesundheitsreferats der Stadt München (Entwicklung und Betreuung des Projektes „Vertrauen durch Qualität" der städtischen Kliniken München); Leiter für mehrere Projekte im Bereich der Gesundheitsversorgung im Auftrag der WHO, der EU und des Gesundheitsministeriums; geschäftsführender Gesellschafter der Q4 Qualitätsmanagement im Gesundheitswesen GmbH, München.

Arbeits- und Forschungsschwerpunkte: Beratung bei der Konzeption und Implementierung von Qualitätsmanagementsystemen im Gesundheitsbereich und der öffentlichen Verwaltung; Entwicklung von Qualitätsindikatoren und Datendiensten zur Qualitätsmessung unter Nutzung von Telekommunikationsverfahren; Vorbereitung auf Zertifizierung nach DIN ISO oder Bewertung nach *European Foundation of Quality Management*; Erprobung neuer Versorgungsmodelle.

Marlis Reimer, Dipl.-Psych., Dr. phil.
Bahnhofstraße 10, 74189 Weinsberg; Tel.: 07134/8470; Fax: #900716

Ausbildung in Verhaltenstherapie; 1975–1984 Tätigkeit in der Kinder- und Jugendpsychiatrie und im Bereich der Akut- und Langzeitpsychiatrie Erwachsener an verschiedenen Krankenhäusern; seit 1984 in eigener Praxis tätig; Dozenten- und Supervisorentätigkeit an KBV-anerkannten Ausbildungsinstituten; Mitglied der Fort- und Weiterbildungskommission des DVT und Vorstandsmitglied des IVT-Kurpfalz/Mannheim.

Arbeits- und Forschungsschwerpunkte: Verhaltenstherapie in der ambulanten Versorgung; Organisationsstrukturen der Verhaltenstherapieausbildung.

Dorothee Rückert, Dipl.-Psych.
Universität Gesamthochschule Siegen, Postfach, 57068 Siegen; Tel.: 0271/740-3171; Fax: #3171

Praktische und wissenschaftliche Tätigkeit im Bereich der Arbeits-, Betriebs- und Organisationspsychologie sowie der Klinischen Psychologie; langjährige praktische Tätigkeit im Bereich der ambulanten Psychotherapie mit Kindern, Jugendlichen und deren Bezugspersonen sowie in Aus-, Fort- und Weiterbildung und Supervision für diesen Versorgungsbereich; seit 1996 an der Universität Gesamthochschule Siegen, seit 1997 dort als Frauenbeauftragte tätig.

Arbeits- und Forschungsschwerpunkte: Sucht (Prävention, Behandlung, Evaluation); Forschung zur beruflichen Rehabilitation; Mobbing; Psychotherapie mit Kindern und Jugendlichen; Arbeit an einem Qualitätsmanagement-Handbuch für Frauen- bzw. Gleichstellungsbeauftragte an Hochschulen.

Jürgen Schmidt, Dr. phil., Dipl.-Psych.
Gesellschaft für Evaluation und Qualitätssicherung im Gesundheits- und Sozialwesen mbH (eqs.), Karlstraße 49a, 76133 Karlsruhe; Tel.: 0721/93278-0; Fax: -20

1982–1984 bei einer Beratungsfirma im ABO-Bereich tätig; 1984–1990 in der psychosomatischen Klinik Schömberg tätig; 1990–1997 in der Hauptverwaltung der Karlsruher Sanatorium AG und seit August 1997 wissenschaftlicher Leiter von eqs.; seit 1994 Lehrbeauftragter der Universität Mannheim.

Arbeits- und Forschungsschwerpunkte: Dokumentation; Evaluationsforschung; Qualitätssicherung; Rehabilitation.

Sören Schmidt-Bodenstein, M.A.
Verband der Angestellten Krankenkassen e.V. (VdAK), Frankfurter Straße 84, 53721 Siegburg; Tel.: 02241/108-0; Fax: #248

Studium der Politikwissenschaften, Volkswirtschaftslehre und Psychologie; 1991–1993 wissenschaftlicher Mitarbeiter am Institut für Sozialpolitik der Universität Bonn; seit 1994 Vertragsreferent des Verbandes der Angestellten-Krankenkassen e.V. (VdAK) in Siegburg; Sachverständiger für die Ersatzkassen im Arbeitsausschuß Psychotherapie-Richtlinien des Bundesausschusses der Ärzte und Krankenkassen.

Arbeits- und Forschungsschwerpunkte: vertragsärztliche Versorgung, insbesondere ärztliche Vergütung; Modellvorhaben; ambulantes Operieren; Prävention und Krankheitsfrüherkennung; Psychotherapie.

Ralf Schneider, Dipl.-Psych.
Salus-Kliniken Friedrichsdorf, Landgrafenplatz 1, 61381 Friedrichsdorf; Tel.: 06172/950-108; Fax: #102

Direktor der Salus-Kliniken Friedrichsdorf, Ausbilder und Supervisor für Verhaltenstherapie (KBV); seit über 20 Jahren in der Behandlung von Alkohol- und Medikamentenabhängigen tätig; Aufbau und langjährige Tätigkeit als Leitender Psychologe der ersten verhaltenstherapeutischen Suchtklinik Deutschlands (Furth im Wald).

Arbeits- und Forschungsschwerpunkte: Motivierungsstrategien; Organisationsentwicklung; Supervision.

Peter Schüler, Dipl.-Psych.
Psychiatrisches Krankenhaus Merxhausen, 34308 Bad Emstal; Tel.: 05624/925047; Fax: #06421-64452

Ausbildung in Verhaltenstherapie und Rational Emotiver Therapie; Klinischer Psychologe; Lehrtherapeut und Supervisor für Verhaltenstherapie; verschiedene Tätigkeiten in der Medizinischen Psychologie, Psychosomatischen Medizin und überwiegend in der Psychiatrie; seit 1985 als Psychologischer Psychotherapeut auf der Psychotherapiestation des Psychiatrischen Krankenhauses Merxhausen; geschäftsführendes Vorstandsmitglied der Weiterbildungseinrichtung für Klinische Verhaltenstherapie e. V. (WKV) Marburg; im Vorstand des Deutschen Fachverbandes für Verhaltenstherapie (DVT) tätig.

Arbeits- und Forschungsschwerpunkte: Kognitive Verhaltenstherapie in der stationären, teilstationären, komplementären und ambulanten Psychiatrie; Organisation und Qualitätssicherung in den theoretischen und praktischen Bereichen der Psychotherapeutischen Weiterbildung; Selbsterfahrung in der Verhaltenstherapie.

Wolfgang Schulz, Prof. Dr., Dipl.-Psych.
Institut für Psychologie, Technische Universität Braunschweig, Spielmannstr. 12a, 38106 Braunschweig; Tel.: 0531/391-3146; Fax: #8105

Klinischer Psychologe (BDP); 1977–1981 wissenschaftlicher Assistent an der Technischen Universität Berlin; 1981–1982 am Krankenhaus am Urban, Berlin, tätig; seit 1982 Professor für Psychologie an der Technischen Universität Braunschweig; fachliche Leitung der Verhaltenstherapie-Ambulanz und der Sozial- und Suchtberatung an der Technischen Universität Braunschweig.
Arbeits- und Forschungsschwerpunkte: Alkohol-, Medikamenten- und Drogenabhängigkeit; Psychotherapieforschung; Qualitätssicherung in der Psychotherapie.

Markus Schwarz, Dr. med.
Rheinische Landes- und Hochschulklinik Düsseldorf/Psychiatrische Klinik der Heinrich-Heine-Universität, Bergische Landstraße 2, 40629 Düsseldorf; Tel.: 0211/922-2001; Fax: #2020

Oberarzt an der Psychiatrischen Klinik der Heinrich-Heine-Universität/Rheinische Landes- und Hochschulklinik Düsseldorf.
Arbeits- und Forschungsschwerpunkte: Versorgungsforschung; Krisenintervention.

Karl H. Seipel, Dipl.-Psych., Dipl.-Päd.,
Psychologische Praxis, Friedrich-Ebert-Str. 29, 34131 Kassel; Tel.: 0561/780841; Fax: #774369

Sozialarbeiter (grad.); Ausbildung in Verhaltenstherapie (DVT), Gesprächspsychotherapie (GwG) und Katathymem Bilderleben; Klinischer Psychologe/Psychotherapeut (BDP); 1978–1982 psychotherapeutische Arbeit mit Kindern, Jugendlichen und Familien; seit 1982 psychotherapeutische Tätigkeit mit Erwachsenen in eigener Praxis; 1985–1995 Landesvorstand der Vereinigung der Kassenpsychotherapeuten in Hessen; Vorstandsmitglied der Weiterbildungseinrichtung für Klinische Verhaltenstherapie e. V. (WKV), Marburg; gutachterliche Tätigkeit im Auftrag des Medizinischen Dienstes der Krankenversicherung in Hessen (MDK); Supervisor und Lehrtherapeut für Verhaltenstherapie (KBV, DVT, WKV).
Arbeits- und Forschungsschwerpunkte: Einzeltherapie mit Erwachsenen; Supervision und Ausbildung in Verhaltenstherapie; Selbsterfahrung in der Verhaltenstherapie; Qualitätssicherung in der ambulanten Praxis; Berufspolitik.

Walter Spöhring, Dr. disc. pol., Dipl.-Sozialw.
Landschaftsverband Westfalen-Lippe, Abteilung Krankenhäuser u. Psychiatrie, Warendorfer Str. 21-23, 48133 Münster; Tel.: 0251/591-4794; Fax: #267

1982-1988 akademischer Rat am Seminar für Soziologie, Technische Universität Braunschweig; 1989 in der evangelischen Stiftung Neuerkerode (Heimeinrichtung für geistig behinderte Menschen) tätig; seit 1990 Referent für Qualitätssicherung, Landschaftsverband Westfalen-Lippe, Abteilung Krankenhäuser und Psychiatrie.
Arbeits- und Forschungsschwerpunkte: Qualitätsmanagement; Evaluationsforschung; empirische Forschungsmethoden; Wissenschaftstheorie.

Florian Straus, Dipl.-Soz.
Institut für Praxisforschung und Projektberatung (IPP), Ringseisstr. 8, 80337 München; Tel.: 089/5435977-5; Fax: #9; E-mail: ipp.muenchen@t-online.de

Geschäftsführer des Instituts für Praxisforschung und Projektberatung (IPP München) und Mitarbeiter am Institut für Psychologie – Sozialpsychologie – der Universität München; Fort- und Ausbildner, Praxisberater/Organisationsberater in unterschiedlichen Feldern der Jugendhilfe; langjährige Erfahrung in praxisorientierter Evaluationsforschung.
Arbeits- und Forschungsschwerpunkte: Soziale Netzwerke; Jugendgesundheitsforschung; Identitätsentwicklung junger Erwachsener; sozialökonomische Entwicklungsprozesse; Beratungsforschung; berufsbezogene Jugendhilfe; Qualitätsmanagement im psychosozialen Bereich.

Bernhard Strauß, Prof. Dr. phil. habil., Dipl.-Psych.
Institut für Medizinische Psychologie, Klinikum der Friedrich-Schiller-Universität, Stoystraße 2, 07740 Jena; Tel.: 03641/636501; Fax.: #636546; E-mail: strauss@landgraf.med.uni-jena.de

1981-1986 wissenschaftlicher Mitarbeiter an der Psychiatrischen Klinik des Universitätskrankenhauses Hamburg-Eppendorf (Abteilung für Sexualforschung); 1986-1989 wissenschaftlicher Mitarbeiter an der Klinik für Psychotherapie und Psychosomatik der Christian-Albrechts-Universität, Kiel; 1991 Habilitation (Venia legendi für die Fächer Medizinische Psychologie und Psychotherapie); seit 1996 Direktor des Instituts für Medizinische Psychologie des Klinikums der Friedrich-Schiller-Universität, Jena.
Arbeits- und Forschungsschwerpunkte: Psychotherapieforschung; Sexualwissenschaften; Psychosomatik und Medizinische Psychologie in der Gynäkologie; Klinische Entwicklungspsychologie.

Walter Ströhm, Dr. phil., Dipl.-Psych.
Salzstraße 52, 48143 Münster; Tel.: 0251/44075; Fax: #44074

Ausbildung in Verhaltenstherapie; 1988–1991 Geschäftsführer der APV-Gesellschaft für Angewandte Psychologie und Verhaltensmedizin mbH; 1992–1995 Geschäftsführer des Christoph-Dornier-Zentrums für Klinische Psychologie; seit 1995 Geschäftsführer der WOB-Weiterbildungsorganisations- und Beratungsgesellschaft mbH; seit 1997 Vorstandsmitglied und Sprecher der Ausbildungsinstitute im DVT.

Arbeits- und Forschungsschwerpunkte: Konzeption, Organisation und Beratung von Institutionen in der psychotherapeutischen Krankenversorgung.

Heiner Vogel, Dipl.-Psych.
Institut für Psychotherapie und Medizinische Psychologie, Universität Würzburg, Klinikstraße 3, 97070 Würzburg; Tel.: 0931/31-2713; Fax: #572096; E-mail: h.vogel@mail.uni-wuerzburg.de

Ausbildung in Verhaltenstherapie; Supervisor (DGVT); zwei Jahre Tätigkeit in der ambulanten psychiatrischen Versorgung, mehrere Jahre in der stationären medizinischen Rehabilitation und Psychosomatik; 1989 – 1993 wissenschaftlicher Mitarbeiter für die Kommission zur Weiterentwicklung der medizinischen Rehabilitation des Verbandes Deutscher Rentenversicherungsträger; seit 1993 wissenschaftlicher Mitarbeiter am Institut für Psychotherapie und Medizinische Psychologie der Universität Würzburg.

Arbeits- und Forschungsschwerpunkte: Verhaltensmedizin; Qualitätssicherung in der Gesundheitsversorgung; Rehabilitation, Psychotherapieforschung.

Ulrike Willutzki, Dr. phil., Dipl.-Psych.
Arbeitseinheit Klinische Psychologie, Fakultät für Psychologie, Ruhr-Universität Bochum 44780 Bochum; Tel.: 0234/700 4915; Fax: #7094 304; E-mail: willutz@kli.psy.ruhr-uni-bochum.de

Ausbildung in Verhaltenstherapie und systemischer Therapie; seit 1986 an der Fakultät für Psychologie der Ruhr-Universität Bochum beschäftigt; wissenschaftliche Assistentin mit Aufgaben in Lehre, Forschung und postgraduierter Weiterbildung; am Zentrum für Psychotherapie der Ruhr-Universität psychotherapeutisch und als Supervisorin tätig.

Arbeits- und Forschungsschwerpunkte: Psychotherapieforschung (ressourcenorientierte Ansätze, soziale Phobie); Supervision; PsychotherapeutInnenforschung.

Sachwortregister

A

Abschreckungseffekt
   siehe Sekundäreffekte
Abbildungsgüte 427
Abschlußevaluation 571
Akkreditierung 849
Allgemeine Psychotherapie 158, 602
ambulante Nachbetreuung 284
Angehörige 174
Angehörigenbefragungen 571
Ansprechbarkeit 325
Antragsverfahren 112, 433, 496, 503, 654, 668
Arbeitsgemeinschaft der wissenschaftlichen medizinischen Fachgesellschaften 59, 841
Arbeitszufriedenheit 281
Arztvorbehalt 792
Assessment
   siehe Datenerhebung
Auffälligkeitssignal 357
Aufnahmeanfrage 468
Aufnahmebereitschaft 325
Aufzeichnung, Ton-/Video 433
Ausbildung
   praktisch-therapeutische 595, 627
   schulenspezifische 602
   theoretische 595, 624
Ausbildungsambulanz 623
   siehe auch Universitätsambulanz
Ausbildungsevaluation 614, 683
Ausbildungstherapien 627
Auswahlverfahren
   siehe Zulassungsverfahren
Auswertung, computergesteuerte 172
AWMF
   siehe Arbeitsgemeinschaft der wissenschaftlichen medizinischen Fachgesellschaften

B

Balintgruppen 654
Basisdokumentation 61, 114, 118, 123, 126, 172, 192, 213, 235, 279, 337, 401, 402, 483, 504, 654, 845
   siehe auch Dokumentation
   kinder-/jugendpsychiatrisch 434
Basismodul 401
BDI
   siehe Beck Depressions Inventar
Beauftragungsverfahren 625
Beck Depressions Inventar 127, 138, 851
Beeinträchtigungsschwerescore 124, 227, 358
Befinden 578
Begutachtung 514
Behandlungsdaten 403
Behandlungsdauer
   siehe Therapiedauer
Behandlungsdokumentation 203
Behandlungserwartung 166, 565
Behandlungsevaluation 435
Behandlungsfehler 379, 672
Behandlungsleitlinien
   siehe Leitlinien
Behandlungsprozeß und -ergebnis 406
Behandlungsprüfungen 471
Behandlungsqualität 137
Behandlungsstandards 406, 777
Behandlungsvereinbarung 467
Behandlungsziele
   siehe Behandlungserwartung
Belastungen 169
Benchmarking 363, 555, 730, 742, 840
Berater, externe 461
Beratung 84
Berner Modell
   siehe QS-Modelle
Berufsgruppen 776

Berufspflichten 20
Berufspolitik 598
Beteiligungsverfahren, demokratisches 778
Bewertungsalgorithmus 359
Bewertungskriterien, überprüfbare 81
Beziehung, therapeutische 305, 605
Bezugspersonen 432ff
Bottom Up-Prinzip 359
Brauchbarkeit (Effectiveness) 849
BSS
    siehe Beeinträchtigungsschwerescore
Bundesausschuß Ärzte und Krankenkassen 495, 512

C

Case-Management 482
Co-Therapie 279
Consumer Reports Study 842
Controlling 851
Curriculumsevaluation 683ff
Datenerhebung 256
Datenschutz 405
Delegation 431
Delegationsverfahren 494, 512
Deutsche Krankenhausgesellschaft 849
Deutsche Rentenversicherungsträger 838
Deutsches Institut für Normung
    siehe DIN
Diagnostik 12, 195, 303
Dialog, fachlicher 656
Dienstleistung 427, 460, 722
Differentialindikation
    siehe Indikation
DIN: 837
DIN 8402: 837
DIN EN ISO 9000 ff.: 23, 457, 720
DIN ISO 9000: 717
DIN ISO 9004, Teil 2: 84, 717
DKG
    siehe Deutsche Krankenhausgesellschaft

Dokumentation 12, 209, 391, 401, 721, 731
    siehe auch Basisdokumentation
    computerunterstützte 769
    qualitätssichernde 174
Dokumentationsstandards 175
Dokumentationssysteme 34, 294, 401, 427, 434
Dokumentationsziele, -pflichten, -standard 850
Dosis-Wirkungs-Relation 284
Dynamischer Fokus, psychodynamischer 307

E

EBM
    siehe Einheitlicher Bewertungsmaßstab
Effekte, langfristige 286
Effektfiguration 183, 228
Effektivität
    siehe Wirksamkeit
Effektivitätsunterschiede 600
Effektstärken 183, 369
Effizienz
    siehe Wirtschaftlichkeit
Eigeninteressen 776
Eigenverantwortlichkeit 775
Eingliederungshilfe 430
Einheitlicher Bewertungsmaßstab 805
Einzelfallanalyse 180
Einzelfalldarstellung 772
Einzelfallstudien 255
Empfehlungsvereinbarung Suchtbehandlung 479
EN
    siehe DIN
Entlaßfragebögen 285
Entlassungsmodalitäten 403
Entscheidungsprozeße (Flußdiagramm) 468
Entwicklungsprozeß 650
Ergebnis-Qualitäts-Standards 233, 841

Ergebnisbeurteilung 363
Ergebnisevaluation, Ergebnisbeurteilung 179, 360
Ergebniskriterien, multiple o. singuläre 345
Ergebnisqualität 24, 121, 137, 153, 158, 213, 227, 254, 320, 331, 386, 475, 559
Ergotherapie 279
Erhebungsaufwand 162
Erreichbarkeit (Accessebility) 839, 854
Erziehungs-/Familienberatung, institutionelle 77, 422ff
Ethik 653
Europa-Norm (EN)
  siehe DIN
Europäisches Modell für umfassendes QM 718
Evaluation 126, 255, 322
Evaluation, fomative 87
Evaluationsforschung 11, 295, 542, 564
Experten, Expertenwissen 739, 741

F

Facharzt für Psychotherapeutische Medizin 281
Fachpraxis, störungsspezifische 607
Fairneß 56, 817
Fallberichte 668
Feedback, Feedbacksystem 162, 230, 361, 657
Fehlindikation
  siehe Indikation
Figuration, Figurationsanalyse 29, 179, 228
  siehe auch Effektfiguration
Fokus, psychodynamischer 306
Forschung 535, 731
  qualitative 191
  quantifizierende 157, 191
Forschungsgutachten Psychotherapeutengesetz 58
Fortbildung 281, 845

Fremdbeurteilung 663
Fünf-Punkte-Programm der Rentenversicherung
  siehe QS-Modelle

G

GAF
  siehe Global Assessment of Functioning Scale
GAS
  siehe Goal Attainment Scaling
Gemeinschaftspraxen, ärztlich-psychologische 399
Gesetzliche Krankenversicherung (GKV)
  siehe Krankenkassen
Gesprächspsychotherapie 611
Gesundheitsmanagement 728
Gesundheitsreformgesetze 856
Gesundheitsversorgung 717, 727
Global Assessment of Functioning Scale 124, 226, 403
Goal Attainment Scaling 29, 234, 239, 668
Grundversorgung, ambulant psychiatrisch 230
Gruppenpsychotherapeutische Methoden
  siehe Gruppentherapie
Gruppenpsychotherapie, stationäre 319ff
Gruppentherapie 319, 847
  Einführungsgruppen 282
  interaktionelle Problemlösegruppe 284
  Langzeitgruppenpsychotherapie 331
  psychodynamische 329
  Selbstsicherheitsgruppe 284
Gruppentherapien, Prozeßmerkmale 325
Gruppenuntersuchungen 180
Gutachterstatistik 804
Gutachterverfahren
  siehe Antragsverfahren
Gütekriterien 663

H

Haftungsrechte 19
Handeln, klinisches 843
Handlungstheoretisches Konzept 836
HAQ
 siehe Helping Alliance Questionnaire
Heidelberger Modell
 siehe QS-Modelle
Heilpädagogik 458ff
Helping Alliance Questionnaire 64, 118, 243, 305
Hilfeplan, Helferkonferenz 430, 432, 441
Hochschulen 399, 514, 535, 633

I

IIP 170, 183, 227, 238, 321, 358
Inanspruchnahme-Verhalten 137, 158, 235
Indikation 396, 397, 793, 812, 813
Informationsfluß 774
Informationsmanagement 391
Innovationsanforderungen 76
Institutionen 844
Institutsambulanz 628
 siehe auch Universitätsambulanz, Ausbildungsambulanz
Integrative Therapie 686
Integratives Behandlungsmodell 319
Interessengruppen 56, 90, 288, 774, 847
International Standard Organisation
 siehe DIN
Intervision 654
Inventar Interpersonaler Konflikte
 siehe IIP
ISO
 siehe DIN

J

Jugendhilfe 441

K

Kassenärztliche Bundesvereinigung 33, 595
Kassenzulassung 650
Katamnese 196, 212, 345, 483
KBV
 siehe Kassenärztliche Bundesvereinigung
Kieler Modell
 siehe QS-Modelle
Kinder- und Jugendhilfegesetz
 siehe SGB VIII
Kinder-AMDP 434
Kinderpsychiatrie 458ff
Kindes- und Jugendwohl 424
KJHG
 siehe SGB VIII
Klassifikation Therapeutischer Leistungen 66, 284, 308
Kleingruppen 547
Klient/in
 siehe Patient/in
Klienten, primäre, sekundäre, tertiäre 458
 siehe auch Kunden, Nutzer
Klientenakt
 siehe Krankengeschichte
Klima 350, 475, 670
Klinikvergleiche 340
Koblenzer Modell 847
Kodierung 769
Kommunale Gemeinschaftsstelle Köln 79f
Kommunikationsroutinen 466
Kompetenz- und Performanzbewertung 707
Konfrontation 667
Konsumentenschutz 19
Kontext, gesundheitsökonomischer/gesundheitspolitischer 312
Kontinuierlicher Verbesserungsprozeß 77, 550
Kontroll-Charts 357
Kontrollaspekt 158

Kontrolldruck, Kontrollsystem 774
Konzeption, stationäre psychoanalytische Psychotherapie 300
Kooperation 97, 536, 845
Kosten-Nutzen-Analyse 505, 721, 809
Kostenerstattungspsychotherapie 494, 506, 513ff, 522
Kostenträger
   siehe Leistungs-/Kostenträger
Krankenakte, Krankengeschichte 470, 769
Krankenkassen 494, 563
Krankenstand 283
Krankheit 796
   seelische 518
Krankheitsmodell, medizinisches 599
Krankheitsrisiko 729
Krankheitsverhalten, chronisches 279
Kriterien, klinische 321
KTL
   siehe Klassifikation Therapeutischer Leistungen
Kunde 12, 89, 721, 728, 848
   siehe auch Klienten, Nutzer
Kunden, interne 405
Kundenbegriff 80, 750, 758
Kundenerwartung 460
Kundenorientierung 426, 483, 749, 780
Kundenzufriedenheit 564, 721, 740
KVP
   siehe Kontinuierlicher Verbesserungsprozeß

L

Laborprüfungen 843
Lean Management 79, 482
Lebenshilfe 797
Lebensqualität/Lebenszufriedenheit 158, 164, 386, 578ff
Lebenswelt 430
Legitimation 535
Lehranalyse 653

Lehrbefähigung/Lehrfähigkeiten 658, 660
Leistungs-/Kostenträger 837, 852
Leistungsablauf 467
Leistungserbringer 50
Leitlinien 379, 387, 427, 436, 503, 841

M

Machtmißbrauch 649
Managed Care 26
Manuale 662
Markt 728
MAS
   siehe Multiaxiales Klassifikationsschema
MDK
   siehe Medizinischer Dienst der Krankenkassen
Medizinischer Dienst der Krankenkassen 34, 112, 514
Mengenbegrenzung
   siehe Sekundäreffekte
Metakommunikation 606
Microcounseling/-teaching 611, 654
Mißerfolge 608
   siehe auch negative Prozeße
Mitarbeiterbefragungen 562
Mitarbeiterorientierung 426
Modellvorhaben 856
Moderator 77ff, 552
Module 215, 446
Monitoring 29, 159, 269, 341, 427, 771
Motivierung/Motivation 282, 482
Multiaxiales Klassifikationsschema 430
Multiperspektivität therapeutischer Prozeße 160
Münchner Modell
   siehe QS-Modelle

N

Nachweis der Gültigkeit 726

Netzwerk, soziales 162, 163
Nicht-Richtlinien-Verfahren 158
  siehe auch Kostenerstattungspsychotherapie
Non-Profit-Organisation 458
Notwendigkeitsbescheinigung 431
Nutzer 12, 440
  siehe auch Kunde, Klient

O

OPD
  siehe Operationalisierte Psychodynamische Diagnostik
Operationalisierte Psychodynamische Diagnostik 303
Operationalisierungen 157
Organisationsentwicklung 443, 453
Organisationshandbuch
  siehe QM-Handbuch
Organisationskultur 775
Österreich 506
Outcome-Merkmale 388, 578

P

Pädagogischer Effekt
  siehe Sekundäreffekte
Paradigma der QS 835
Paradigma, nomothetisches 157
Patenpatienten 283
Patient/in 855
  siehe auch Kunde
Patientenbefragungen 561, 571
Patientenbeteiligung 821
Patientendaten 405
Patientendokumentation 203
Patientenereignisse 387, 570
Patienteninformationsblatt 737
Patientenorientierung 504, 671
Patientenstruktur 401
Patientenstundenbogen 217, 240
Patientenvereinbarungen 747

Patientenzufriedenheit 386, 578, 584, 753
  siehe auch Kundenzufriedenheit
Peer Audit, Peer Review 32, 35, 742
People Empowerment 776
Personalausstattung 572
Personalentwicklung 443, 453
Perspektive 855
Phase-IV-Forschung, Pharma-Forschung 21, 28, 31, 235, 842
Phasenmodell des Therapieerfolgs 579
Planungszelle 777
Praktikabilität, klinische 537
Praxen, Lehrpraxen 109ff, 625, 651
Praxis 536
  kontrollierte 845
  psychotherapeutische 727
Praxisroutine 168
Prioritätensetzung 844
Problembearbeitung 549
Produktmerkmale 723
Produkttransparenz 735
Programmevaluation 344
Projektgruppen 547
  siehe auch Qualitätsgruppen
Prozeß-Ergebnis-Zusammenhänge 319, 326
Prozesse, negative 606
  siehe auch Mißerfolge
Prozeßevaluation 179, 195
Prozeßfiguration 183, 228
  siehe Figurationsanalyse
Prozeßkontrolle 22, 255
Prozeßmerkmale 328, 723
Prozeßorientierung 426
Prozeßqualität 24, 112, 137, 153, 158, 213, 301, 310, 325, 384, 475, 481, 585
Psychiatrie 537, 576
  forensische 772
Psychiatrie-Personalverordnung 384, 404, 500, 560
Psychoanalyse 648
Psycho-Doc 210 ff.
Psychologiestudium 653

Psychosomatische Rehabilitation 335
Psychotherapeuten, niedergelassene 851, 854
Psychotherapeutengesetz 59, 505, 650, 739, 848
Psychotherapie 584, 770
   ambulante 512
   Generisches Modell 602
   stationäre 299, 317
Psychotherapie-Ausbildung 499, 684
   siehe auch Ausbildung
Psychotherapie-Gutachter 790
   siehe auch Antragsverfahren
Psychotherapie-Richtlinien 112, 170, 433, 495, 512, 622, 717, 790
Psychotherapie-Standard 730
Psychotherapie-Vereinbarung 112, 496, 512, 602, 622, 789
Psychotherapieforschung 254, 278, 535ff

Q

QM-System
   siehe QS-System
QS des Behandlungsprozeßes 302, 309
QS, Black-Box-Konzeption 297
QS, Fehlentwicklungen, Gefahren und Mißverständnisse 67, 80, 170, 296
QS, positive Folgen 95
QS, Wirkung nach außen 97
QS-Elemente, iterative u. sequentielle 310
QS-Kreislauf
   siehe Qualitätskreis
QS-Modell
   Berner Modell 62, 228
   Fünf-Punkte-Programm der Rentenversicherung 27, 64, 113, 298
   Heidelberger Modell 27, 63, 227, 357
   Kieler Modell 319
   Münchner Modell 77
   QS in der Psychosomatik 64, 773
   Zweigleisiges Modell 63

QS-Studie: Folgen 327
QS-System 719, 722
Qualität 50, 55
   im Gesundheitswesen 24
Qualitäts-Dimensionen 51, 839
Qualitäts-Management (QM) 53, 768, 837
Qualitäts-Screening 114, 839
Qualitätsanforderungen 59
Qualitätsarten 87
Qualitätsaudits, externe u. interne 470ff, 472
Qualitätsaufzeichnungen 725
Qualitätsausschuß 551
Qualitätsbeauftragte 96
Qualitätsgruppen 548
   siehe auch Qualitätszirkel
Qualitätshandbuch
   siehe QM-Handbuch
Qualitätskontrolle 21, 773, 838
Qualitätskreis 86, 426
Qualitätskriterien 564
Qualitätsmanagement/QM-Handbuch 111, 117, 446, 463, 725
Qualitätsmanagementsysteme 23, 457, 550
Qualitätsmonitoring 29, 125, 168, 173, 232, 359
   siehe auch Monitoring
Qualitätspolitik 92, 464
Qualitätspreise 23
Qualitätsprobleme 41
Qualitätsquader 87
Qualitätsreserven 733, 740
Qualitätssicherung 11, 18, 55, 158, 401
   siehe auch QS
   ambulanter Bereich 28, 135
   externe 22, 57
   interne 22, 57, 301, 302, 335
   Kosten 735
   Mißverständnisse 298
   Paradigma der 53
   psychiatrische 32
   stationärer Bereich 30

Qualitätssicherungsablauf 92
Qualitätssicherungsmaßnahmen, empirisch gestützte 61, 402
Qualitätssicherungsrichtlinien der KBV 59
Qualitätsstandards 90, 232, 379, 461, 537
Qualitätszertifikate 849
Qualitätszirkel 22, 32, 35, 227, 349, 360, 460, 547, 561, 747, 774, 775
Quality Control Charts 363

R

Rahmenbedingungen 845
Rahmenkonzept 565
Ranking 840
Realisierung (Wirklichkeit) 83
Realisierungsansätze 81
Reengeneering 557
Referenzgruppe 185
Reflexion, systematische 82
Regiekosten
 siehe Qualitätssicherung, Kosten
Reha-Kommission 281
Reha-Qualitätssicherungsprogramm
 siehe Fünf-Punkte-Programm
Reibungsverluste 780
Reinerzauer-Katamnese-Studie 345
Reliabilität 582ff
Rentenversicherungsträger
 siehe Fünf-Punkte-Modell
Report-Card 357, 363
Ressourcen, Ressourceneinsatz 79, 163, 729
Resultatsverantwortung 482
Rückkopplung 359

S

Sachleistung 522
Schnittstelle 465, 717, 721
Schulenspezifische Charakteristika 650

Schwierigkeiten im Beruf 607
SCL-90-R: 65, 126, 138, 161, 183, 226, 227, 321, 358, 369, 851
Sekundäreffekte 810, 811, 813
Selbstbeurteilung, Selbstbewertung 583, 663, 718
Selbsterfahrung 653
Selbsterfahrung, verhaltenstherapeutische 625
Selbstevaluation 427, 570
Selbstkontrolle, Selbstreflexion 32, 742, 811, 845
Selbstverantwortung 727
Selektionskriterien 235
Self-Audit
 siehe Selbstkontrolle
Service quality gap model 460
Setting, stationäres 318
SGB V: 378, 423, 441, 495, 560
SGB VIII: 77, 423, 441
Signifikanz, klinische 150, 246
Software 405
Sozialpsychiatrie 748
Sport-/Bewegungstherapie 279
Stake Holder
 siehe Interessengruppen
Standardisierbarkeit 435, 718
Standardpatienten 842
Standards 427, 428, 654, 731, 736, 841
Statusdokumentation 211
Steuerung, output-orientierte 82
Steuerungsmodelle, neue 78
Störfaktoren 266
Störungsspezifische u. übergreifende Meßmittel 295
Strukturdokumentation 211
Strukturelle Voraussetzung 737
Strukturgleiche Einrichtungen 342, 479, siehe auch Klinikvergleiche
Strukturqualität 24, 106 (ambulant), 137, 329, 382, 478, 683
Strukturqualität der stationären Psychotherapie 294
Stundenbegleitbögen 160, 161, 217
 siehe auch Patientenstundenbogen

Suchtbehandlung 408, 477ff
Supervidend/Supervisand 654ff
Supervidierten Entwicklungsniveau 660
Supervision 35, 119, 279, 283, 648, 656, 845
    Entwicklungsprozeß/-modelle 651
    kollegiale 742
    von Psychotherapie 649
Supervisor/in 656
Supervisorentraining 662
Survivalkurven 409
Systemebene 846

T

Teamarbeit 279
Testauswertung 195
Testdiagnostik 772
Testprofil 199
Therapeut-Patient-Interaktion 659
Therapeuten 771
Therapeutenverhalten 732
Therapeutische Prozesse/Ergebnisse 401
Therapie-/Behandlungsdauer 171, 327, 387, 388, 410
Therapieergebnis-Feedback-System
    siehe Feedback
Therapieergebnismessung 183, 195, 579
Therapieevaluation 473
Therapiemix 739
Therapieverfahren, erlebnisaktivierende 159
Therapieziele 220, 286, 328
    siehe auch Behandlungserwartungen
Top Down-Prinzip 359
Total Quality Management 23, 77, 484, 550, 564, 718, 734, 773
TQM
    siehe Total Quality Management
Tracer 560
Transparenz 855

U

Überforderung 649
Überwachungsaudit
    siehe Qualitätsaudits, externe
Überwachungssystem
    siehe Monitoring
Umfassendes Qualitätsmanagement 550
    siehe auch TQM
Umsetzungsmöglichkeiten 76
Universitäten
    siehe Hochschulen
Universitätsambulanz 852

V

Validität 268, 433, 582, 598ff
Veränderungsmessung 195, 226, 403
Verfahrensanweisungen 725
Verfälschungstendenzen 853
Verfügbarkeit
    siehe Zugänglichkeit
Verhaltenstherapie 598, 792
Verhältnismäßigkeit
    siehe Fairneß
Verlaufsdokumentation 112, 121, 211, 502, 654, 773
Verlaufskontrolle, empirische 257
Vernetzung 727
Versorgung, psychosoziale 845
Versorgungsforschung 540
Versorgungssystem 423, 430
Vertragsärztliche Versorgung 494
Vertrauen 736
Verweildauer
    siehe Therapiedauer

W

Wahrheit 538
Wartezeiten 283
Weiterbildungsrichtlinien 654

Weltgesundheitsorganisation 19
Werbung 849
Wettbewerb 729
WHO
   siehe Weltgesundheitsorganisation
Wiederaufnahmerate 410
Wirkfaktoren 328
Wirkmechanismen 159
Wirksamkeit (Efficacy) 157, 171, 563, 724, 842
   symptomspezifische 235
Wirtschaftlichkeit (Efficiency) 563, 839, 848
Wirtschaftlichkeitsprüfungen 496, 788
Wissenschaft 12, 535, 731

Z

Zauberberg-Studie 344
zentrale Tendenz 170
Zentrales Beziehungskonflikt-Thema (ZBKT) 307
Zertifizierung 122, 472, 716, 721, 849
Zielsetzung – Zielvorstellung 81, 727
   siehe auch Behandlungsziele
Zugänglichkeit 720
Zulassungsregelung 720
Zulassungsverfahren 602, 613, 636
Zustandsfiguration 185, 228
   siehe auch Figurationsanalyse
Zuwendung 730
Zweigleisiges Modell
   siehe QS-Modelle
Zwischenmessungen 196

GÜNTER SCHIEPEK, CHRISTOPH WEGENER, DUNJA WITTIG &
GERRIT HARNISCHMACHER

SYNERGIE & QUALITÄT IN ORGANISATIONEN
EIN FENSTERBILDERBUCH

Vernetztes und prozeßorientiertes Denken gilt heutzutage als wesentliche Voraussetzung für kompetentes Handeln, und zwar sowohl in der psychosozialen und medizinischen Versorgung wie auch im Wirtschaftsleben.

Der vorliegende Band bietet deshalb eine allgemeinverständliche Einführung in die zentralen Konzepte des modernen Systemdenkens und illustriert mit Hilfe der didaktischen Möglichkeiten eines Fensterbilderbuches - nämlich sukzessiv aufbauend und visuell anschaulich - an zwei Beispielen (Psychotherapiestation und Perinatalzentrum) wie qualitativ hochwertige Arbeit als Produkt vielfältiger vernetzter Prozesse zustandekommt.

dgvt-Verlag, 1998, 88 Seiten, DM 39.-
ISBN 3-87159-015-0

AUS DEM INHALT :

GRUNDLEGENDE KONZEPTE

Komplexe Systeme
Systemmodellierung
Selbstorganisation
Qualitätssicherung
Ressourcenorientierung
Kooperation
Organisationsentwicklung
Systemkompetenz

DIE FENSTERBILDERBÜCHER

Psychotherapiestation
Perinatalzentrum
Beschreibung der Unternetzwerke

Manfred Beck (Hrsg.)
EVALUATION ALS MASSNAHME DER QUALITÄTSSICHERUNG
Pädadogisch-psychologische Interventionen auf dem Prüfstand

Das Konzept der Persönlichkeitsstörung wird in diesem Buch einer grundsätzlichen Kritik unterzogen. Die vorliegende verdienstvolle und längst fällige Arbeit weist in einer Zusammenschau auf, daß die vielen therapeutisch wertvollen Beiträge, die unter Zugrundelegung dieses Ansatzes erarbeitet wurden, eigentlich nichts mit dem Begriff einer „Störung" der Persönlichkeit zu tun haben. Vielmehr werden interaktionelle Probleme individualisiert, Verhaltens- und Denkweisen verdinglicht sowie weniger für die Leistungsgesellschaft „taugliche" Menschen stigmatisiert.

Weil die Störungsetikettierung mehr stört als nützt, folgt als Konsequenz daraus, daß sie grundsätzlich fallengelassen werden muß. Die fruchtbaren Beiträge dieser Forschungsrichtung für die Psychotherapiepraxis können sowieso, wie der Autor zeigt, auch gänzlich ohne den Störungsbegriff weiterhin nutzbringend angewendet werden, da sie nicht aus diesem hervorgegangen sind und sogar erst bei gezielter Unterlassung solcher Diagnosen oder Begrifflichkeiten ihre volle Wirkung richtig entfalten: Eine Einladung zum Denken und zur kritischen Reflektion der eigenen Arbeit.

dgvt-Verlag, Tübinger Reihe 19, 1998, ca. 200 Seiten, ca. DM 22,80
ISBN 3-87159-219-6

Aus dem Inhalt :

GRUNDLEGENDE THEORETISCHE & METHODISCH/METHODOLOGISCHE KONZEPTIONEN

Waldemar Mittag & Willi Hager
Entwurf eines integrativen Konzeptes zur Evaluation pädagogisch-psychologischer Interventionen

Willi Hager
Vergleichsgruppen bei der Evaluation von Förderprogrammen

Sigrid Hübner & Willi Hager
Einige Vorschläge zur Qualitätssicherung bei der Anwendung
von Förderprogrammen in der Praxis

Marcus Hasselhorn & Willi Hager
Kognitive Trainings auf dem Prüfstand: Welche Komponenten
charakterisieren erfolgreiche Fördermaßnahmen?

EMPIRISCHE BEITRÄGE

Gerd Mannhaupt
Förderung von Kindern mit Lese-Rechtschreibschwierigkeiten: Stand der empirischen Forschung

Waldemar Mittag & Matthias Jerusalem
Gesundheitsförderung in der Schule: Evaluation eines Interventionsprogrammes zur Alkoholprävention

Marcus Hasselhorn, Willi Hager & Claudia Sümpelmann
„Teufelsgeschichten und Teufelsspiele": Konzeption, Wirksamkeit und Akzeptanz eines Kurzzeitgedächtnis-Trainings zur Prävention von Lese-Rechtschreib-Schwächen

Manfred Beck
Therapiebaukasten oder Trainingsprogramm? Das Aufmerksamkeitstraining von Lauth & Schlottke als schulische Intervention

GABRIELE AMANN & RUDOLF WIPPLINGER (HRSG.)

SEXUELLER MIßBRAUCH
ÜBERBLICK ZU FORSCHUNG, BERATUNG UND THERAPIE.
EIN HANDBUCH

Dieses Handbuch stellt den gegenwärtigen Stand von Forschung und Praxis in dem - immer mehr in das öffentliche Interesse gerückten - Bereich *sexueller Mißbrauch* umfassend, und durch aktuelle Befunde und Erkenntnisse fundiert, dar.

In 48 Artikeln geben die internationalen AutorInnen einen Überblick über Verbreitung und Entstehung von sexuellem Mißbrauch, über dessen Folgen, seine Diagnostik, Behandlung und Bewältigung sowie die Prävention. Darüber hinaus werden auch juristische und weitere damit zusammenhängende Aspekte behandelt.

Das Buch richtet sich an alle in Beratung, Therapie und Forschung Tätigen und alle, die eine grundlegende Aufarbeitung dieses bedeutsamen Themenbereiches suchen.

1997, 2. Aufl. 1998, 880 Seiten, fest geb., DM 88.-
ISBN 3-87159-012-6

Mit Beiträgen von:

GABRIELE AMANN, RUDOLF WIPPLINGER; ELISABETH TRUBE-BECKER; DAVID FINKELHOR; CÉCILE ERNST; ULRIKE BROCKHAUS, MAREN KOLSHORN; HANS-CHRISTIAN HARTEN; FRIGGA HAUG; HANNES KINZL; WOLFGANG BERNER; KATHLEEN A. KENDALL-TACKETT, LINDA MEYER WILLIAMS, DAVID FINKELHOR; FRANZ MOGGI; HERTHA RICHTER-APPELT; PETER FIEDLER; PAUL E. MULLEN; ULRIKE KREYSSIG; SHIRLEY FELDMAN-SUMMERS, KENNETH S. POPE; STEVE SPACCARELLI, CAROLA FUCHS; GÜNTHER DEEGENER; CHRISTINE HEIM, ULRIKE EHLERT; MAX STELLER; LUISE GREUEL; RENATE VOLBERT; RENATE BOOS; GÜNTHER DEEGENER; ROSEMARIE STEINHAGE; MATHIAS HIRSCH; CLAUDIA BOMMERT; FRAUKE TEEGEN; ELISABETH BINGEL; WILHELM ROTTHAUS, THOMAS GRUBER; HERBERT DUFFEK; ULRIKE WILLUTZKI, BARBARA NEUMANN, ANDREA BERTELMANN; MANFRED ZIELKE; ARNOLD LOHAUS, SABINE SCHORSCH; FRANZ MOGGI; MARIE-LUISE CONEN; DIRK BANGE, ULFERT BOEHME; AIHA ZEMP, ERIKA PIRCHER, CHRISTINE NEUBAUER; HANNA KIPER; MARIA EDER-RIEDER; SABINE KIRCHHOFF UND HENRIETTE NABER.

Bitte fordern Sie unser Gesamtverzeichnis an!
dgvt-Verlag, Postfach 1343, 72003 Tübingen, Tel. (07071) 943434, Fax (07071) 943435

Anton Rupert Laireiter, Karin Lettner & Urs Baumann
PSYCHODOK
Allgemeines Psychotherapie Dokumentationssystem

Die Dokumentation stellt einen zentralen Bestandteil der psychotherapeutischen Tätigkeit dar und ist aus naheliegenden Gründen als verpflichtend anzusehen. Leider fehlt es bislang sowohl an verbindlichen Richtlinien und Kriterien, als auch an einheitlichen und übergeordneten Systemen zur Dokumentation dieser Tätigkeit, insbesondere im ambulanten Bereich. Deshalb wurde von den AutorInnen das Allgemeine Psychotherapie Dokumentationssystem PSYCHO-DOK entwickelt, das dazu geeignet ist, diesen Mangel - zumindest im Hinblick auf das Fehlen breiterer und umfassenderer Systeme - zu beheben.

Das System umfaßt zwei große Elemente, die *Struktur- und Statusdokumentation* einerseits und die *Verlaufsdokumentation* andererseits. Beide beinhalten wiederum eine ganze Reihe von Einzelbestandteilen. Das Manual führt in die Anwendung des Systems ein, ist aber auch zur allgemeinen Lektüre geeignet. Die dazugehörigen Erhebungsbögen sind in einer separaten Mappe lieferbar.

dgvt-Verlag, Materialie 34, 1998,
Manual, 180 Seiten, DM 36.-
Dokumentationsmappe m. Kurzanleitung, allen Erhebungsbögen & Reserveblöcken, 360 Seiten, DM 68.-
Manual & Dokumentationsmappe zusammen DM 89.-, ISBN 3-87159-335-4

Aus dem Inhalt :

BASISDOKUMENTATION
- Erstgespräch
- Anamnesen
- Problemanalyse / Diagnostik und Therapieplanung
- Therapieverlauf und Evaluation

MODULE
- Angaben zum Therapeuten
- Problemanalyse, biographische Anamnese und Zielanalyse im Rahmen des Erstgesprächs
- Angaben zum/zur Partner/in
- Angaben zu den Kindern
- Einkommenssituation
- Dokumentation von Tests und Testbefunden: standardisierte Verfahren
- Dokumentation von Tests und Testbefunden: nicht normierte Verfahren, Fragebögen
- Weiterführende berufliche Anamnese
- Biographische Anamnese
- Krankheitsanamnese
- Zusammenfassend dargestellter Behandlungsverlauf
- Veränderungen während/nach der Therapie
- Katamnese

VERLAUFSDOKUMENTATION
- Bevorstehende Sitzung/Vorbereitung
- Hausaufgaben, Vereinbarungen
- Stundenverlauf/Themen
- Besondere Probleme & Auffälligkeiten
- Durchgeführte Interventionen/ eingesetzte Methoden
- Therapeut-Patient-Beziehung
- Unmittelbares Ergebnis der Stunde für den Patienten
- Diagnostische Erkenntnisse
- Veränderungen
- Zwischenzeitliche Ergebnisse
- Planung/Supervision

ALLGEMEINES PROGRAMM IM DGVT-VERLAG

Jeffrey K. Zeig (Hrsg.)
PSYCHOTHERAPIE
Entwicklungslinien und Geschichte
1991, fest geb., 672 Seiten, DM 64.- ISBN 3-87159-97-4

Bernie Zilbergeld
DIE NEUE SEXUALITÄT DER MÄNNER
Was Sie schon immer über Männer, Sex und Lust wissen wollten
1994, 2. überarb. Aufl. 1996, fest geb., 640 Seiten DM 39.-, ISBN 3-87159-099-1

Heidi Möller (Hrsg.)
FRAUEN LEGEN HAND AN
Untersuchungen zu Frauen und Kriminalität
1996, 244 Seiten, DM 36.-, ISBN 3-87159-010-X

Andreas Haase, Nils Jösting, Kai Mücke & Detlef Vetter (Hrsg.)
AUF UND NIEDER
Aspekte männlicher Sexualität und Gesundheit
1996, 228 Seiten, DM 28.-, ISBN 3-87159-011-8

Gabriele Amann & Rudolf Wipplinger (Hrsg.)
SEXUELLER MIßBRAUCH
Überblick zu Forschung, Beratung und Therapie: Ein Handbuch
1997, 880 Seiten, fest geb., DM 88.-, ISBN 3-87159-012-6

Yann Seyrer
DIFFERENTIELLE OPTIMALENTWICKLUNG
Zur Validierung eines entwicklungspsychologischen Ansatzes
1997, 200 Seiten, DM 28.-, ISBN 3-87159-014-2

Günther Schiepek, Christoph Wegener, Dunja Wittig & Gerrit Harnischmacher
SYNERGIE UND QUALITÄT IN ORGANISATIONEN
Ein Fensterbilderbuch
1997, 100 Seiten, DM 38.-, ISBN 3-87159-015-0

Gabriele Amann & Rudolf Wipplinger (Hrsg.)
GESUNDHEITSFÖRDERUNG
Ein multidimensionales Tätigkeitsfeld
1998, fest geb., 576 Seiten, DM 68.-, ISBN 3-87159-016-9

Michael Borg-Laufs
AGGRESSIVES VERHALTEN
Mythen und Möglichkeiten
1997, 200 Seiten, DM 32.-, ISBN 3-87159-017-7

Hans Reinecker et al.
LEHRBUCH DER VERHALTENSTHERAPIE
erscheint 1998, ca. 350 Seiten, ca. DM 48.-, ISBN 3-87159-020-7

Bitte fordern Sie unser Gesamtverzeichnis an!
dgvt-Verlag, Postfach 1343, 72003 Tübingen, Tel. (07071) 94 34 34, Fax (07071) 94 34 35

DIE MATERIALIEN-REIHE IM DGVT-VERLAG

Materialie 2: R. Anneken et al.
KOMMUNIKATIONSTRAINING FÜR PAARE Handanweisung für Therapeuten
1977, 39 Seiten, DM 4,50, ISBN 3-922686-02-8

Materialie 5: Beck, Rush & Kovacs
THERAPEUTENMANUAL FÜR DIE KOGNITIVE VERHALTENSTHERAPIE VON DEPRESSIONEN
1978, 89 Seiten, DM 9.-, ISBN 3-922686-05-2

Materialie 6: Echelmeyer & Zimmer
INTENSIV-ENTSPANNUNGSTRAINING (auf Jacobson-Basis) 30-Min. und 15-Min. Form
1978, 12 Seiten, DM 3.-, ISBN 3-922686-06-0

Materialie 7: Anneken et al.
SUK - SELBSTSICHERHEITS- UND KONTAKTTRAINING IN GRUPPEN
Manual für Therapeuten
1978, 56 Seiten, DM 4,50, ISBN 3-922686-07-9

Materialie 8: A.A. Lazarus, erw. durch Zimmer & Echelmeyer
FRAGEBOGEN ZUR LEBENSGESCHICHTE
1978, 21 Seiten, DM 3.-, ISBN 3-922686-08-7

Materialie 9: R. Stuart & F. Stuart
EHE- UND PARTNERSCHAFTSFRAGEBOGEN
1978, 21 Seiten, DM 3.-, ISBN 3-922686-09-5

Materialie 10: Lo Piccolo & Steeger
FRAGEBOGEN ZUR SEXUELLEN INTERAKTION (sexual interaction inventory SII)
1978, 2. überarb. Aufl. 1986, 35 Seiten, DM 4.-, ISBN 3-922686-10-9

Materialie 11: Zimmer et al.
FRAGEBOGEN ZUR KOMMUNIKATION IN DER PARTNERSCHAFT (KIP)
1978, 24 Seiten, DM 3.-, ISBN 3-922686-11-7

Materialie 12: D. Zimmer
KOMMUNIKATION IN DER PARTNERSCHAFT Manual zum Fragebogen
1978, 2. überarb. Aufl. 1986, 29 Seiten, DM 3,50 ISBN 3-922686-79-6

Materialie 14: Emminghaus & Kuhnle
PRAXISANLEITUNG VERHALTENS-MODIFIKATION ein praxisbegleitendes Fortbildungsprogramm für Erzieher
1979, 67 Seiten, DM 8,50, ISBN 3-922686-14-1

Materialie 15: M. Pieper-Räther
THERAPIEPROGRAMM ZUR BEHANDLUNG VON PATIENTEN MIT PSYCHOSOMATISCHEN STÖRUNGEN
1979, 2. überarb. Aufl. 1993, 64 Seiten & 16 Beiblätter, DM 19.-, ISBN 3-87159-315-X

Materialie 17: G.W. Lauth
TRAININGSMANUAL ZUR VERMITTLUNG KOGNITIVER FÄHIGKEITEN BEI RETARDIERTEN KINDERN
2., vollst. revidierte Aufl. 1988, DM 18.- ISBN 3-8142-0273-2

Materialie 18: Kolb & Hoffmann
PROBLEMANALYSE UND DOKUMENTATION KOGNITIV ORIENTIERTER THERAPIE BEI DEPRESSIONEN
1987, Gesamtbroschüre: Teile 1-3, 138 Seiten DM 14,50, ISBN 3-922686-82-6

Materialie 19: D. Zimmer
FRAGEBOGEN ZUR SEXUALITÄT UND PARTNERSCHAFT
1988, 3. überarb. Aufl. 1994, 44 Seiten, DM 8,50 ISBN 3-922686-96-6

Materialie 21: S. Rotering-Steinberg
HYPERTONIE Prävention und Therapie
1989, 106 Seiten, DM 14.-, ISBN 3-922686-89-3

DIE MATERIALIEN-REIHE IM DGVT-VERLAG

Materialie 22: Sommer & Fydrich
SOZIALE UNTERSTÜTZUNG
1989, 94 Seiten, DM 14.-, ISBN 3-922686-94-X

Materialie 23: B. Cramer
VERHALTENSTHERAPEUTISCHES TRAININGSPROGRAMM FÜR
FEHLHÖRIGE KINDER
1990, 2 Teile, 98 und 139 Seiten, zusammen DM 48.-, ISBN 3-922686-95-8

Materialie 24: P. Bee-Göttsche
LAUTMÄRCHEN & CO
1990, 2 Teile, 40 und 80 Seiten, zusammen DM 34.-, ISBN 3-87159-001-0

Materialie 25: R. Braun
KLASSISCHE VERHALTENSTHERAPIE BEI SCHWER GEISTIG BEHINDERTEN
MENSCHEN
1992, 2. überarb. Aufl. 1997, 92 Seiten, DM 18.-ISBN 3-87159-301-X

Materialie 27: Kieserg & Hornung
PSYCHOEDUKATIVES TRAINING FÜR SCHIZOPHRENE PATIENTEN (PTS)
Ein verhaltenstherapeutisches Programm zur Rezidivprophylaxe
1994, 2. überarb. & erw. Aufl. 1996, 80 S. & 16 Kopiervorlagen, DM 27.-, ISBN 3-87159-300-1

Materialie 28: H. Unland
WIR GEWÖHNEN UNS DAS RAUCHEN AB - WIEDER FREI UND SELBSTBE-
STIMMT LEBEN Ein kognitiv-verhaltenstherapeutisches Raucherentwöhnungsprogramm (KVR) in 8
Sitzungen à 120 min.: Anleitung für den Kursleiter & Materialien für die Kursteilnehmer
1995, 40 Seiten & 20 Kopiervorlagen, DM 27.- ISBN 3-87159-328-1

Materialie 29: A. Dutschmann
AGGRESSIVITÄT BEI KINDERN UND JUGENDLICHEN
Steuerung hoch erregten Verhaltens
1995, 80 Seiten, DM 25.-, ISBN 3-87159-329-X

Materialie 31: H. Lugt-Tappeser
SPIELERISCHE FÖRDERUNG SOZIAL ÄNGSTLICHER KINDER Das Marburger
Interventionsprogramm zur Förderung des Spiel- und Kontaktverhaltens ängstlicher Kinder
erscheint 1998, 2 Teile, ca. 40 & 50 Seiten, farb. Abb., ca. DM 34.-, ISBN 3-87159-331-1

Materialie 32: Th. Tuschhoff
MIT BAUCH UND KOPF Therapiemanual
zur gruppentherapeutischen Behandlung von Adipositas in der stationären Rehabilitation
1996, 84 Seiten, DM 24.-, ISBN 3-87159-332-X

Materialie 33: H. Leymann
HANDANLEITUNG FÜR DEN LIPT-FRAGEBOGEN ZUM MOBBING
(Leymann Inventory of Psychological Terror)
1996, 40 Seiten & 5seitiger Fragebogen, DM 9.- ISBN 3-87159-333-8

Materialie 34: J.E. Young
KOGNITIVE THERAPIE VON PERSÖNLICHKEITSSTÖRUNGEN
erscheint 1998, ca. 110 Seiten
ca. DM 28.-, ISBN 3-87159-334-6

Materialie 35: Laireiter et al.
PSYCHO-DOK - Allgemeines Psychotherapie Dokumentationssystem
1997, 180 Seiten, DM 36.-, ISBN 3-87159-335-4

Materialie 36: M. Borg-Laufs
STRUKTURIERUNGSHILFEN ZUR FALLDOKUMENTATION
1997, 40 Seiten, DM 10.-, ISBN 3-87159-336-2

Materialie 37: S. Rotering-Steinberg
SELBSTSICHERHEIT - EIN LEBENSLANGES LERNPROJEKT
erscheint 1998, ca. 72 Seiten, ca. DM 16.-, ISBN 3-87159-337-0

Bitte fordern Sie unser Gesamtverzeichnis an!
dgvt-Verlag, Postfach 1343, 72003 Tübingen, Tel. (07071) 94 34 34, Fax (07071) 94 34 35

DIE FORUM-REIHE IM DGVT-VERLAG:

11 DGVT (Hrsg.):
VERHALTENSTHERAPIE: THEORIEN & METHODEN - Ein Lehrbuch
1986, 6. Auflage 1994, 306 Seiten, DM 34.-
ISBN 3-922686-76-1

14 Jarg Bergold & Uwe Flick (Hrsg.):
EIN-SICHTEN - Zugänge zur Sicht des Subjekts mittels qualitativer Forschung
1987, 2. Auflage 1990, 274 Seiten, DM 38.-
ISBN 3-922686-85-0

15 Irmtraud Beerlage & Eva-Maria Fehre (Hrsg.):
PRAXISFORSCHUNG - Zwischen Intuition und Institution
1989, 220 Seiten, DM 32.-
ISBN 3-922686-91-5

16 G. Terence Wilson, Cyril M. Franks, Philip C. Kendall & John P. Foreyt:
VERHALTENSTHERAPIE IM ÜBERBLICK - Theorie und Praxis; Band 11
1989, 3. Auflage 1994, 546 Seiten, DM 38.-
ISBN 3-922686-92-3

17 Christa Schulze (Hrsg.):
GYNÄKOPSYCHOLOGIE
1990, 2. Auflage 1992, 220 Seiten, DM 32.-
ISBN 3-87159-000-2

18 Manfred Beck, Gerhard Brückner & Heinz-Ulrich Thiel (Hrsg.):
PSYCHOSOZIALE BERATUNG - Klient/inn/en - Helfer/innen - Institutionen
1991, 263 Seiten, DM 36.-
ISBN 3-87159-118-1

19 Irmgard Vogt & Monika Bormann (Hrsg.):
FRAUEN - KÖRPER - Lust und Last
1992, 2. Auflage 1994, 280 Seiten, DM 38.-
ISBN 3-87159-119-X

20 Alexa Franke & Michael Broda (Hrsg.):
PSYCHOSOMATISCHE GESUNDHEIT
- Versuch einer Abkehr vom Pathogenese-Konzept
1993, 186 Seiten, DM 34.-
ISBN 3-87159-120-3

21 Eva Arnold & Ute Sonntag (Hrsg.):
ETHISCHE ASPEKTE DER PSYCHOSOZIALEN ARBEIT
1994, 248 Seiten, DM 38.-
ISBN 3-87159-121-1

22 Anton-Rupert Laireiter & Gabriele Elke (Hrsg.):
SELBSTERFAHRUNG IN DER VERHALTENSTHERAPIE
Konzepte und praktische Erfahrungen
1994, 310 Seiten, DM 48.-
ISBN 3-87159-122-X

23 Franz Caspar (Hrsg.):
PSYCHOTHERAPEUTISCHE PROBLEMANALYSE
1995, 270 Seiten, DM 38.-
ISBN 3-87159-123-8

24 Fritzsche et al.:
WENN DER BERG NICHT ZUM PROPHETEN KOMMT...
Beiträge zur aufsuchenden psychosozialen Arbeit mit Einzelnen & Familien
1994, 288 Seiten, DM 39.-
ISBN 3-87159-124-6

25 Arnold A. Lazarus:
PRAXIS DER MULTIMODALEN THERAPIE
1995, 280 Seiten, DM 38.-
ISBN 3-87159-125-4

26 Matthias Hermer:
DIE GESELLSCHAFT DER PATIENTEN
Gesellschaftliche Bedingungen und psychotherapeutische Praxis
1995, 312 Seiten, DM 48.-
ISBN 3-87159-126-2

DIE FORUM-REIHE IM DGVT-VERLAG:

27 Ute Sonntag et al. (Hrsg.):
ÜBERGRIFFE UND MACHTMISSBRAUCH IN PSYCHOSOZIALEN ARBEITSFELDERN
1995, 332 Seiten, DM 44.-
ISBN 3-87159-127-0

28 Iman Attia et al. (Hrsg.):
MULTIKULTURELLE GESELLSCHAFT - MONOKULTURELLE PSYCHOLOGIE?
1995, 308 Seiten, DM 38.-
ISBN 3-87159-128-9

29 Arnold Stark (Hrsg.):
VERHALTENSTHERAPEUTISCHE UND PSYCHOEDUKATIVE ANSÄTZE IM UMGANG MIT SCHIZOPHREN ERKRANKTEN
1996, 344 Seiten, DM 48.-
ISBN 3-87159-129-7

30 Hans-Peter Michels (Hrsg.):
CHRONISCH KRANKE KINDER UND JUGENDLICHE
Psychosoziale Betreuung und Rehabilitation.
1996, 296 Seiten, DM 44.-
ISBN 3-87159-130-0

31 Karin Egidi & Marion Boxbücher (Hrsg.):
SYSTEMISCHE KRISENINTERVENTION
1996, 216 Seiten, DM 36.-
ISBN 3-87159-131-9

33 Thomas Giernalczyk (Hrsg.):
SUIZIDGEFAHR - Verständnis und Hilfe
1997, 168 Seiten, DM 28.-
ISBN 3-87159-133-5

34 Otto Kruse (Hrsg.):
KREATIVITÄT ALS RESSOURCE FÜR VERÄNDERUNG & WACHSTUM
1997, 352 Seiten, DM 48.-
ISBN 3-87159-134-3

35 Heiner Keupp:
ERMUTIGUNG ZUM AUFRECHTEN GANG
1997, 252 Seiten, DM 38.-
ISBN 3-87159-135-1

36 Aaron Antonovsky:
SALUTOGENESE - Zur Entmystifizierung der Gesundheit
1997, 224 Seiten, DM 38.-
ISBN 3-87159-136-X

37 Frank Nestmann (Hrsg.):
BERATUNG - Bausteine für eine interdisziplinäre Wissenschaft und Praxis
1997, 220 Seiten, DM 38.-
ISBN 3-87159-137-8

38 Christof T. Eschenröder (Hrsg.):
EMDR - Eine neue Methode zur Verarbeitung traumatischer Erinnerungen
1997, 192 Seiten, DM 36.-
ISBN 3-87159-138-6

39 Arnold Stark (Hrsg.):
LEBEN MIT CHRONISCHER ERKRANKUNG DES ZNS
Krankheitsbewältigung - Rehabilitation - Therapie
1998, 304 Seiten, DM 44.-
ISBN 3-87159-139-4

Bitte fordern Sie unser Gesamtverzeichnis an!
dgvt-Verlag, Postfach 1343, 72003 Tübingen, Tel. (07071) 94 34 34, Fax (07071) 94 34 35

DIE AUSBILDUNGSMANUALE IM DGVT-VERLAG

Ausbildungsmanual 1:
Irmgard Vogt & Eva Arnold
SEXUELLE ÜBERGRIFFE IN DER THERAPIE
Anleitungen zur Selbsterfahrung und zum Selbstmanagement
1993, 110 Seiten, DM 32.- ISBN 3-87159-401-6

Ausbildungsmanual 2:
Steffen Fliegel & Thomas Heyden
VERHALTENSTHERAPEUTISCHE DIAGNOSTIK I
Problemanalyse & Methoden der Informationsgewinnung
1994, 100 Seiten, DM 32.-, ISBN 3-87159-402-4

Ausbildungmanual 3:
Frank Ziesing & Ulrich Pfingsten
SELBSTVERÄNDERUNG
Verhaltenstherapie selbst erfahren
1996, 164 Seiten, DM 36.-, ISBN 3-87159-403-2

Ausbildungsmanual 4:
Heiner Vogel, Rudi Merod, Arnold Stark, Ewald Heinz Strauß & Georg Zilly (Hrsg.)
VERHALTENSTHERAPEUTISCHE FALLBERICHTE
1994, 244 Seiten, DM 38.-, ISBN 3-87159-404-0

DIE REIHE: FORTSCHRITTE DER GEMEINDE-PSYCHOLOGIE & GESUNDHEITSFÖRDERUNG IM DGVT-VERLAG

Gemeindepsychologie 1:
Bernd Röhrle & Gert Sommer (Hrsg.)
GEMEINDEPSYCHOLOGIE
Bestandsaufnahme und Perspektiven
1995, 216 Seiten,, DM 28.-, ISBN 3-87159-601-9

Gemeindepsychologie 2:
Bernd Röhrle, Gert Sommer & Frank Nestmann (Hrsg.)
NETZWERKINTERVENTION
1998, 340 Seiten, DM 48.-, ISBN 3-87159-602-7

Gemeindepsychologie 3:
Johannes Klein-Heßling
STREßBEWÄLTIGUNGSTRAININGS FÜR KINDER
Eine Evaluation
1997, 260 Seiten, DM 34.-, ISBN 3-87159-603-5

Bitte fordern Sie unser Gesamtverzeichnis an!
dgvt-Verlag, Postfach 1343, 72003 Tübingen, Tel. (07071) 94 34 34, Fax (07071) 94 34 35